Stephan Moebius · Dirk Quadflieg (Hrsg.)

Kultur. Theorien der Gegenwart

Stephan Moebius
Dirk Quadflieg (Hrsg.)

Kultur. Theorien der Gegenwart

2., erweiterte und aktualisierte Auflage

Bibliografische Information der Deutschen Nationalbibliothek
Die Deutsche Nationalbibliothek verzeichnet diese Publikation in der
Deutschen Nationalbibliografie; detaillierte bibliografische Daten sind im Internet über
<http://dnb.d-nb.de> abrufbar.

1. Auflage 2006
2., erweiterte und aktualisierte Auflage 2011

Alle Rechte vorbehalten
© VS Verlag für Sozialwissenschaften | Springer Fachmedien Wiesbaden GmbH 2011

Lektorat: Frank Engelhardt

VS Verlag für Sozialwissenschaften ist eine Marke von Springer Fachmedien.
Springer Fachmedien ist Teil der Fachverlagsgruppe Springer Science+Business Media.
www.vs-verlag.de

Das Werk einschließlich aller seiner Teile ist urheberrechtlich geschützt. Jede
Verwertung außerhalb der engen Grenzen des Urheberrechtsgesetzes ist ohne
Zustimmung des Verlags unzulässig und strafbar. Das gilt insbesondere für
Vervielfältigungen, Übersetzungen, Mikroverfilmungen und die Einspeicherung
und Verarbeitung in elektronischen Systemen.

Die Wiedergabe von Gebrauchsnamen, Handelsnamen, Warenbezeichnungen usw. in diesem Werk
berechtigt auch ohne besondere Kennzeichnung nicht zu der Annahme, dass solche Namen im
Sinne der Warenzeichen- und Markenschutz-Gesetzgebung als frei zu betrachten wären und daher
von jedermann benutzt werden dürften.

Umschlaggestaltung: KünkelLopka Medienentwicklung, Heidelberg
Druck und buchbinderische Verarbeitung: Stürtz GmbH, Würzburg
Gedruckt auf säurefreiem und chlorfrei gebleichtem Papier
Printed in Germany

ISBN 978-3-531-16775-6

Inhaltsverzeichnis

Stephan Moebius/Dirk Quadflieg
Kulturtheorien der Gegenwart – Heterotopien der Theorie   11

Symbol – Diskurs – Struktur

Dirk Quadflieg
Roland Barthes: Mythologe der Massenkultur und Argonaut der Semiologie   21

Marc Rölli
Gilles Deleuze: Kultur und Gegenkultur   34

Christian Lavagno
Michel Foucault: Ethnologie der eigenen Kultur   46

Stephan Moebius
Pierre Bourdieu: Zur Kultursoziologie und Kritik der symbolischen Gewalt   55

Michael T. Schetsche/Christian Vähling
Jean Baudrillard: Wider die soziologische Ordnung   70

Dynamiken der Kulturen

Hans Joas
Robert Bellah: Religiöse Evolution und symbolischer Realismus   83

Berndt Ostendorf
Samuel Huntington: From Creed to Culture   92

Thomas Keller
Kulturtransferforschung: Grenzgänge zwischen den Kulturen   106

Miriam Nandi
Gayatri Chakravorty Spivak: Übersetzungen aus Anderen Welten   120

Jochen Bonz/Karen Struve
Homi K. Bhabha: Auf der Innenseite kultureller Differenz: „in the middle of differences"   132

Ethnographien fremder Kulturen

Peter J. Bräunlein
Victor W. Turner: Rituelle Prozesse und kulturelle Transformationen   149

Inhaltsverzeichnis

Hans Peter Hahn
Mary Douglas: Symbolische Anthropologie und die Entdeckung der Konsumkultur   159

Karsten Kumoll
Clifford Geertz: Die Ambivalenz kultureller Formen   168

Volker Gottowik
James Clifford. Ethnographie als allegorische Beschreibung des Fremden   178

Phänomene des Alltags

Hubert Knoblauch
Erving Goffman: Die Kultur der Kommunikation   189

Jörg Volbers
Stanley Cavell: Selbstverhältnis und Lebensform   202

Bernt Schnettler
Thomas Luckmann: Kultur zwischen Konstitution, Konstruktion und
Kommunikation   212

Ronald Kurt
Hans-Georg Soeffner: Kultur als Halt und Haltung   227

Jochen Roose
Jürgen Gerhards: Quantifizierende Kultursoziologie   241

Reiner Keller
Michel Maffesoli: Die Wiederkehr der Stämme in der Postmoderne   251

Manfred Prisching
Ronald Hitzler: Existenzbastler und Inszenierungshermeneutiker   263

Die Psyche, der Andere und die Gesellschaft

Lars Gertenbach
Cornelius Castoriadis: Gesellschaftliche Praxis und radikale Imagination   277

Kathrin Busch
Bernhard Waldenfels: Kultur als Antwort   290

Andreas Reckwitz
Ernesto Laclau: Diskurse, Hegemonien, Antagonismen   300

Maria Muhle
Jacques Rancière. Für eine Politik des Erscheinens   311

Christian Kupke
Julia Kristeva: Das Pathos des Denkens oder Die zweifache Genese des Subjekts   321

Inhaltsverzeichnis 7

Andreas und Mechthild Hetzel
Slavoj Žižek: Psychoanalyse, Idealismus und Populärkultur 334

Heike Kämpf
Judith Butler: Die störende Wiederkehr des kulturell Verdrängten 345

Perspektiven auf den Spätkapitalismus

Johannes Angermüller
Fredric Jameson: Marxistische Kulturtheorie 359

Matthias Junge
George Ritzer: Die McDonaldisierung von Gesellschaft und Kultur 371

Sven Opitz
Richard Sennett: Das Spiel der Gesellschaft – Öffentlichkeit, Urbanität und
Flexibilität 379

Christian Papilloud
MAUSS: Mouvement Anti-Utilitariste dans les Sciences Sociales 394

Manfred Lauermann
Michael Hardt & Antonio Negri: Kulturrevolution durch *Multitudo* 409

Kritiken der Exklusion

Konrad Thomas
René Girard: Ein anderes Verständnis von Gewalt 425

Johannes Scheu
Giorgio Agamben: Überleben in der Leere 439

Thomas Kron/Melanie Reddig
Zygmunt Bauman: Die ambivalente Verfassung moderner und postmoderner Kultur 452

Populärkultur und Counter Culture

Rainer Winter
Stuart Hall: Die Erfindung der *Cultural Studies* 469

Lutz Hieber
Douglas Crimp: Vom Postmodernismus zur Queer Culture 482

Udo Göttlich
Paul Willis: Alltagsästhetik und Populärkulturanalyse 495

Bilder, Literaturen und Schriften der Kultur

Samuel Strehle
Hans Belting: „Bild-Anthropologie" als Kulturtheorie der Bilder   507

Franziska Kümmerling
Gottfried Boehm: Sinn und Logik der Bilder   519

Katrin Trüstedt
Anselm Haverkamp: Latenz und Geschichte   530

Andreas Langenohl
Aleida und Jan Assmann: Kultur als Schrift und Gedächtnis   541

Technik – Körper – Wissenschaft

Claus Morisch
Paul Virilio: Geschwindigkeit ist Macht   559

Geoffrey Winthrop-Young
Friedrich Kittler: Kultur als Datenverarbeitungsgestell   572

Karin Harrasser
Donna Haraway: Natur-Kulturen und die Faktizität der Figuration   580

Werner Krauss
Bruno Latour: Making Things Public   595

Medien, Kommunikation und Rationalität

Kai Hochscheid
Vilém Flusser: Kommunikation und menschliche Existenz   613

Petra Gehring
Michel Serres: Gärten, Hochgebirge, Ozeane der Kommunikation   625

Gerd Nollmann
Manuel Castells: Kultur, Technologie und Informationsgesellschaft   635

Dirk Jörke
Jürgen Habermas: Das Vernunftpotential der Moderne   645

Bernd Ternes
Niklas Luhmann: Systemtheoretiker und Poet zivilklinischer Theorie   657

Frithjof Nungesser
Michael Tomasello: Auf experimentalpsychologischem Wege zu einer kognitiven Kulturtheorie   671

Andrea Maurer
Rational Choice: Kultur als Mittel der Handlungsorientierung   683

Inhaltsverzeichnis

Herausforderungen der Globalisierung

Matthias Koenig
Shmuel Noah Eisenstadt: Kulturtheoretische Zivilisationsanalyse   699

Bernd Heiter
Immanuel Wallerstein: Unthinking Culture?   708

Jörg Rössel
Ronald Inglehart: Daten auf der Suche nach einer Theorie – Analysen des
weltweiten Wertewandels   722

Jörg Dürrschmidt
Roland Robertson: Kultur im Spannungsfeld der Glokalisierung   734

Angelika Poferl
Ulrich Beck: Für einen „Kosmopolitismus mit Wurzeln und Flügeln"   746

Konstanze Senge
John W. Meyer: Kultur als Hintergrundwissen und Konstituens sozialer Handlungen   763

Autorinnen und Autoren   773

Kulturtheorien der Gegenwart – Heterotopien der Theorie

Stephan Moebius/Dirk Quadflieg

Wirft man einen Blick auf die Entwicklung der geisteswissenschaftlichen Theoriebildung des letzten Jahrhunderts, so lässt sich ein seit den dreißiger Jahren besonders durch Marcel Mauss und Claude Lévi-Strauss angeregter, aber erst ab dem letzten Drittel des 20. Jahrhunderts beschleunigter und weit ausdifferenzierender *cultural turn* entdecken. Entgegen behavioristischen oder funktionalistischen Erklärungsmodellen des Sozialen aus den fünfziger Jahren, die meinten, die subjektiven Sinn- und Weltdeutungen sowie die Handlungsmodalitäten der sozialen Akteure außen vor zu lassen und lediglich die hinter den Akteuren liegenden Kräfte zum bevorzugten Untersuchungsgegenstand zu erheben, entwickelten sich gerade in den letzten drei Jahrzehnten zahlreiche und durchaus heterogene Theoriestränge, die sich zu einem „kulturtheoretischen Feld" verdichteten und deren kleinster gemeinsamer Nenner in einem wachsenden Interesse für die kulturellen Dimensionen des Sozialen besteht. Dieser Prozess ist – wie man durch die feldtheoretischen Analysen des französischen Soziologen Pierre Bourdieu weiß – nicht bloß gesellschaftlichen Veränderungen und Wirkungen geschuldet, sondern geht einher mit innertheoretischen Transformationen. Auch wenn beide Transformationsprozesse – gesellschaftliche wie innertheoretische – nicht gänzlich jeweils aufeinander reduzierbar sind, sind sie nichtsdestoweniger in einem engen Zusammenhang zu sehen. Einen gewichtigen Auslöser des *cultural turn* sehen Achim Landwehr und Stefanie Stockhorst beispielsweise in den zunehmenden Globalisierungsprozessen; die Forschungen richten ihr Augenmerk vermehrt auf Kultur, Sinnsysteme und Wissensordnungen just in dem Augenblick, wo diese brüchig zu werden drohen (vgl. Landwehr/Stockhorst 2004: 74f.).

Die Entwicklung des kulturtheoretischen Feldes führt auch zu neuen definitorischen Bestimmungen und Sinngehalten des Begriffes „Kultur" (vgl. Reckwitz 2000: 64ff.; Daniel 2002: 195ff., 443ff.; Ort 2003). Gilt „Kultur" schon bei Johann Gottfried Herder als das Ganze einer Lebensweise eines Kollektivs und ganz ähnlich bei Jacob Burckhardt als die Gesamtheit der menschlichen Lebensverhältnisse, so erscheint „Kultur" in differenzierungstheoretischen Untersuchungen hingegen lediglich als ein Teilsystem unter anderen. Dem entspricht ebenfalls das Alltagsverständnis von „Kultur", mit dem vor allem jene geistigen Werte angesprochen sind, die historisch als Errungenschaften gelten und in Kunst, Literatur, Musik, Schauspiel etc. reproduziert und fortgeschrieben werden. In der soziologischen Theoriebildung galt, insbesondere in ihrer kritischen Variante, Kultur im Sinne eines Teilphänomens lange Zeit als Ausdruck einer (bürgerlichen) Trennung zwischen materieller und geistiger Produktion, die überwunden werden sollte (vgl. Adorno 1996). Den geistesgeschichtlichen Hintergrund für diese Ablehnung bildete eine normative Aufladung, die der Kulturbegriff spätestens seit Kant erfahren hat, und in dessen Folge er dann – bis hinein ins 20. Jahrhundert – in Frontstellung zu der mit Entfremdung, gefühlsloser Rationalität und „uneigentlicher" Masse assoziierten *civilisation* trat. Während also auf der einen Seite die „Kultur" als Folie einer Kritik an der Massengesellschaft diente, wurde auf der anderen Seite noch die Kulturkritik selbst als verstrickt in eine bürgerliche Ideologie wahrgenommen.

Erst die neueren Kulturtheorien erweitern in Anlehnung u.a. an Ernst Cassirers Philosophie der symbolischen Formen, Edmund Husserls Phänomenologie sowie allgemein den Pragmatismus und die Sprachphilosophie den Begriff „Kultur" auf den Bereich der Lebensformen insgesamt, d.h. diejenigen welterschließenden symbolischen Strukturen und Sinnsysteme, durch die soziale Wirklichkeit erschaffen und ein gezieltes Handeln in der Welt möglich, aber auch begrenzt wird (vgl. Reckwitz 2000: 84f.; Moebius 2009, 123f.). Aus dieser Perspektive lassen sich nicht nur bestimmte geistige und materielle Produktionen, sondern letztlich alle Wissensbestände und Praktiken als Ausdruck oder Erscheinungsweise einer spezifischen Kultur interpretieren. Mit dem zeichen- und bedeutungstheoretisch gewendete Kulturbegriff können entsprechend sowohl soziale Institutionen als auch mentale Dispositionen für kulturtheoretische Betrachtungen erschlossen werden; mit anderen Worten solche Gegenstandsbereiche, die vormals zum Kernbestand getrennter Disziplinen gehörten. In der Begrifflichkeit von Marcel Mauss könnte man die so verstandene „Kultur" deshalb als ein „soziales Totalphänomen" deuten (vgl. Moebius 2006), das sowohl materiale, biologische, religiöse, ästhetische, mentale als auch soziale Dimensionen umfasst. Obwohl eine solche Neubestimmung im Sinne eines „sozialen Totalphänomens" auf den ersten Blick einleuchten mag, birgt sie dennoch die Gefahr einer konturenlosen Erweiterung des Kulturbegriffs, bei der schließlich alles mit „Kultur" etikettiert wird und die Grenzen – beispielsweise zwischen Kultur und Gesellschaft – verschwimmen. Umkehrt stehen jene zeitgenössischen Ansätze, die entgegen dieser Tendenz weiterhin oder erneut für eine stärker gegenstandsbezogene Definition von Kultur plädieren und an einer Differenz zu anderen Phänomenbereichen festhalten, vor dem Problem, auf welcher Grundlage sich heute ein sozialer Teilbereich gegenüber anderen als ausschließlich „kulturell" auszeichnen lässt. Nicht nur, weil seit der sprachtheoretischen Wende in den Geisteswissenschaften alle tradierten Kategorisierungen auf dem Prüfstand stehen, sondern vor allem, weil die Vorherrschaft einer vormals klar distinguierten „Hochkultur" zunehmend von einer ubiquitären Populärkultur und trendangebenden Subkulturen aufgelöst wird, scheint ein differenzierungstheoretischer Kulturbegriff erklärungsbedürftig.

Vor diesem Hintergrund lässt sich festhalten, dass trotz der Transformationen der Kulturtheorien und -begriffe die Polarität zwischen einer totalitätsorientierten, „sozial- und zeichentheoretischen Übergeneralisierung von ‚Kultur' einerseits und deren Unterscheidung und ‚differenztheoretischen' Abgrenzung von ‚Gesellschaft' andererseits" für die derzeitige Theorielandschaft prägend geblieben ist (Ort 2003: 25). Obwohl sich in der Theoriebildung zweifellos eine gewisse Präferenz für eine bedeutungsorientierte Konzeption von Kultur abzeichnet, sind eine ganze Reihe der folgenden Beiträge solchen Arbeiten gewidmet, die eher der zweiten Richtung zuzuordnen wären. Anstatt einer bestimmten Auffassung von „Kultur" den Vorzug zu geben, folgt das Buch dem Ziel, eine möglichst große Bandbreite gegenwärtig vertretener und diskutierter Positionen vorzustellen. Das Nebeneinander von alternativen, teils konkurrierenden Deutungsmodellen sollte allerdings nicht den Eindruck vermitteln, die gegenwärtige Landschaft der Kulturtheorien sei durch eine große Beliebigkeit gekennzeichnet. Vielmehr zeigt sich in der Vielfalt der dargestellten Ansätze, dass eine Definition des Kulturbegriffs selbst nur innerhalb der jeweiligen theorie- und disziplinabhängigen Konstruktion von Gegenständen und Fragestellungen kohärent möglich ist. Anders ausgedrückt: Solange sich der Wunsch nach einem einheitlichen Konzept von Kultur nur durch den Ausschluss zahlreicher anderer Sichtweisen einlösen lässt, kann die Pluralität der Methoden und Deutungen ihrerseits als ein positives Faktum und begrüßenswertes Potential kulturwissenschaftlicher Forschung angesehen werden.

Wenn aber Kultur selbst nur in Abhängigkeit von ihrer jeweiligen Thematisierung erscheint, stellt sich die Frage, ob die Rede von einer „kulturtheoretischen Wende" überhaupt ein einheitliches wissenschaftliches Feld bezeichnet, das sich durch einen mehr oder weniger gemeinsamen Phänomenbereich definieren lässt. Hier wäre zunächst zwischen einem disziplingeschichtlichen Wandel in der Wissenschaftslandschaft, der zur Erweiterung des universitären Fächerkanons um die sogenannten Kulturwissenschaften geführt hat, und einer theoriegeschichtlichen Wende, die man in Anlehnung an den *lingusitic turn* als *cultural turn* bezeichnet, zu unterscheiden (vgl. Göller/Recki et al. 2005; Bachmann-Medick 2009). Dieser *cultural turn* darf jedoch nicht als neuerliche Überbietung der sprachtheoretischen Wende verstanden werden, sondern als deren Vertiefung und Ausdifferenzierung. Die Fundierung von geisteswissenschaftlicher Theoriebildung mit Hilfe von sprach- und zeichentheoretischen Überlegungen hat von Anbeginn einen kulturhistorischen Aspekt auf den Plan gerufen, sofern Sprache als solche immer schon als verwurzelt in einem geschichtlichen, sozialen Kontext wahrgenommen wurde. Nach Hegels Versuch, diesen „Geist" der Sprache in einem „absoluten Wissen" systematisch einzuholen, hat sich an der Epochenschwelle zur Moderne die Einsicht durchgesetzt, dass sich sprachlich sedimentiere Bedeutungsdimensionen allenfalls partiell einer theoretischen Explikation öffnen, da sie selbst die Begriffe für ihr Verständnis liefern müssen. Kultur steht dann neben anderen Begriffen, wie etwa „Lebenswelt" (Husserl) oder „Lebensform" (Wittgenstein), stellvertretend für einen nicht mehr vollständig hinterfragbaren Horizont der sprachlichen-symbolischen Weltvermittlung, in dem die Theoriebildung selbst eingelassen ist.

Gleichwohl ist mit dem Eingeständnis eines konstitutiven „blinden Flecks" infolge der sprachtheoretischen Wende das Projekt der Aufklärung keineswegs obsolet geworden. Allerdings wird die Utopie einer vollständig durchsichtigen Vernunfteinsicht in das, was ist, durch eine Heterotopie[1] ersetzt, das heißt eine Verstreuung der Analysen auf unterschiedlichste Orte mit jeweils verschiedenen Methoden. *Kulturtheorie als Heterotopie* bleibt dann nicht allein auf Betrachtungen des Kulturbereichs im alltagsprachlichen Sinne (sei es Hoch- oder Subkultur) beschränkt, sondern kann philosophische, soziologische, literaturwissenschaftliche, psychologische, historische usw. Untersuchungen gleichermaßen in sich aufnehmen. Eigentümlicherweise entscheidet daher weder der Gegenstand noch die Wahl der methodischen Mittel allein darüber, ob kulturtheoretisch gearbeitet wird. In der Medizin bedeutet „Heterotopie" die Bildung von Gewebe am falschen Ort. Auf die Kulturtheorie übertragen kann man in diesem Bild zugleich ihre spezifische institutionelle Fremdheit und eine zuweilen subversive bis parasitäre Anpassungs- und Anschlussfähigkeit an bereits vorhandene Denktraditionen sehen. Es wäre somit vor allem das Zugeständnis an die Begrenztheit des eigenen Aussagebereiches sowie die Offenheit gegenüber andersartigen Diskursen, die eine heterotopische Kulturtheorie auszeichnen würde.

---

[1] Den Perspektivwechsel von der Utopie auf eine Heterotopie beschreibt bereits Michel Foucault. Allerdings reserviert er den Begriff der Heterotopie – in einer an Georges Batailles' „Heterologie" erinnernden Wendung – für existierende soziale Räume, die sich auf konstitutive Weise außerhalb von allen gewöhnlichen Orten befinden und doch zugleich als eine Art Spiegel oder Brennglas einer historischen Kultur funktionieren. In Stammesgesellschaften können dies beispielsweise heilige oder verbotene Plätze sein; in modernen Gesellschaften Psychiatrien, Friedhöfe oder Museen (vgl. Foucault 2005).

Der skizzierten Heterotopie auf Seiten der Theoriebildung korrespondiert zweifellos die Erfahrung einer lebensweltlichen „neuen Unübersichtlichkeit" (vgl. Habermas 1985), die sich durch das Aufbrechen von politischen, sozialen und identifikatorischen Ordnungen auszeichnet. Dem daraus erwachsenden Wunsch nach umfassenden Erklärungsmodellen zum Verständnis der eigenen Wirklichkeit kann die geisteswissenschaftliche Theoriebildung indes aus angeführten Gründen nur noch in Teilbereichen entsprechen. Eine mögliche Antwort auf dieses Dilemma liegt in der Überschreitung von eingespielten Arbeitsteilungen in den geisteswissenschaftlichen Disziplinen. Die heute in diesem Zusammenhang reflexartig angeführte Inter- bzw. Transdisziplinarität findet jedoch nicht selten ihre Grenze dort, wo andere Begriffsverwendungen und methodologische Weichenstellungen die eigene Wissenskultur und -tradition in Frage stellen oder sich als heterogen erweisen. Dem Gegenüber steht eine wachsende Anzahl von kulturtheoretischen Erklärungsansätzen und Modellen, die sich längst „zwischen den Stühlen" eingerichtet haben und deren Rezeption insbesondere in der deutschen Wissenschaftslandschaft oftmals keinen rechten Ort zu finden vermag oder allenfalls selektiv und verspätet einsetzt.

Das Anliegen des vorliegenden Buches ist es daher, eine Reihe von aktuellen fächerübergreifenden Kulturtheorien einführend vorzustellen und einem größeren Fachpublikum bekannt zu machen. Die Auswahl der hier versammelten Theoretikerinnen und Theoretiker bzw. Forschungsansätze kann selbstverständlich keinen Anspruch auf Vollständigkeit erheben. Sie spiegelt vielmehr den Versuch wider, gerade solche Theorien zusammenzuführen, die gegenwärtig für verschiedene Disziplinen von Interesse sind oder ihrerseits für ein Denken jenseits der Fachgrenzen eintreten. Neben bekannteren Namen und Ansätzen finden sich deshalb auch solche, deren Rezeption vielfach noch aussteht. Weiterhin antwortet der Band einem Bedürfnis, das sich bei interdisziplinärer Zusammenarbeit ebenso wie in der universitären Lehre immer häufiger einstellt: Im ständig größer werdenden Repertoire der Namen und Schlagworte ein möglichst breites Nachschlagewerk bei der Hand zu haben, in dem sich kürzere Überblicksbeiträge und wertvolle Hinweise für weitere Lektüren finden.

Der Gegenwartsbezug ist dabei – auch aufgrund der verzögerten Rezeptions- und Übersetzungsgeschichte einiger Ansätze – im weiteren Sinne zu verstehen. Explizit nicht aufgenommen werden sollten sogenannte „Klassiker" der Kulturtheorie, wie etwa Lévi-Strauss, Freud, Cassirer, Simmel, Bataille oder Benjamin (vgl. Hofmann et al. 2004). Die behandelten Theorien hingegen reichen bis in die sechziger Jahre des letzten Jahrhunderts zurück und berühren somit eine Zeit, deren Umbruchcharakter sich erst heute, mit dem Abstand von über 40 Jahren, in seinem ganzen Umfang abzeichnet und wirksam wird. Nicht nur, weil das Denken von beispielsweise Foucault, Barthes, Deleuze und Bourdieu eine nach wie vor gewichtige Rolle im Diskurs der Kulturtheorien spielt, sondern auch, weil sie selbst zu Referenz- und Ausgangspunkten für zahlreiche jüngere Ansätze geworden sind, scheinen sie für das Verständnis der aktuellen Diskussionen unerlässlich, insofern also „gegenwärtig".

Ebenfalls mit Einschränkungen zu versehen ist die Anordnung der Beiträge in 10 größere Themenfelder. Eine solche inhaltliche Gliederung bietet den Vorteil einer gezielten thematischen Auswahl und Lektüre, sollte jedoch nicht über den Umstand hinwegtäuschen, dass jeder einzelne Beitrag mit gleichem Recht auch in mindestens einem anderen Themenfeld hätte aufgenommen werden können. Der Anlass für diese Form der Anordnung war der Wunsch, den Leserinnen und Lesern eine erste Orientierung zu geben, und nicht, eine ausschließende inhaltliche Klassifikation vorzunehmen.

Kulturtheorien der Gegenwart – Heterotopien der Theorie

Ein breit gefächerter Überblick, wie ihn der vorliegende Band bietet, kann nur durch die tatkräftige und engagierte Mitwirkung vieler Autorinnen und Autoren zustande kommen. Ihnen gilt unser ganz besonderer Dank. Ihre kompetenten Beiträge und ihr großes Interesse an der Sache waren für uns der treibende Motor des Projekts. Ebenso herzlich möchten wir dem VS-Verlag danken, namentlich Herrn Frank Engelhardt und Frau Britta Christmann, deren voller Unterstützung wir zu jeder Zeit sicher waren.

Vorwort zur zweiten, erweiterten und aktualisierten Auflage

Man wird kaum behaupten wollen, dass sich in der relativ kurzen Zeit zwischen der ersten und der zweiten Auflage des vorliegenden Bandes die Situation der Kulturtheorien dramatisch verändert hätte. Gleichwohl scheint sich ein Trend zu verstärken, der sich bereits seit einigen Jahren abzeichnet und nunmehr einen gewissen institutionellen, mithin manifesten Niederschlag gefunden hat. Gemeint ist die Tendenz einer stärkeren Ausdifferenzierung und – wie man vielleicht sagen könnte – „Redisziplinierung" der Kulturwissenschaften auch und insbesondere im Hinblick auf die deutsche Universitätslandschaft. Anzeichen dafür können zunächst in der Ausrufung zahlreicher sogenannter *turns* gefunden werden, wobei in Anlehnung an den *linguistic turn* nicht nur allgemein von einem *cultural turn* ausgegangen wird, sondern immer kleinteiliger von nebeneinander bestehenden *postcolonial*, *performativ*, *spatical* oder *iconic turns* (vgl. Bachmann-Medick 2009). Abgesehen davon, dass die Semantik der „Wende" – soweit sie denn an die tiefgreifende „sprachtheoretische Wende" Mitte des 20. Jahrhunderts erinnern soll – durch ihre inflationäre Verwendung ausgehöhlt wird, scheint die damit zum Ausdruck gebrachte Fokussierung auf thematische Einzelaspekte parallel zur Etablierung von zahlreichen neuen Studienbereichen innerhalb der Kulturwissenschaften zu laufen. Vor allem im angloamerikanischen Raum haben sich in den letzten Jahrzehnten eine ganze Reihe von neuen *studies* herausgebildet, die sich – angefangen bei den älteren *cultural studies* über die *gender* bzw. *queer* und *postcolonial studies* zu den neueren *space* und *visual studies* (vgl. Moebius 2009, 162ff.) – als eigenständige Studienfächer behaupten konnten. Während die von Bachmann-Medick beschriebenen *turns* quer durch die verschiedenen kultur- und geisteswissenschaftlichen Disziplinen laufen, können die *studies* hingegen als ein Versuch verstanden werden, vormals interdisziplinäre Forschungsfelder zu neuen Einzeldisziplinen zu bündeln. In beiden Bewegungen geht es allerdings nicht nur darum, ein bestimmtes Thema einseitig in den Mittelpunkt der Forschung zu rücken; vielmehr sollen aus der Konzentration auf bestimmte Untersuchungsbereiche und -objekte neue allgemeine Analysekategorien gewonnen werden. Ob dies immer in der gleichen Weise gelingen kann, wie dies paradigmatisch im *linguistic turn* der Fall war, lässt sich jedoch durchaus bezweifeln (vgl. Quadflieg 2010).

Angesichts dieser zwei neueren Entwicklungslinien, der theoretischen Spezialisierung bei gleichzeitiger institutioneller Redisziplinierung, verstärkt sich der Eindruck einer zunehmenden Fragmentarisierung der Kulturwissenschaften in getrennte und voneinander unabhängige Forschungsbereiche und -fragen. Denn obwohl die *studies* die Methodenpluralität gewissermaßen zum Programm erheben, befinden sie sich als eigenständige Studiengänge in Zeiten finanzieller Unterversorgung in einem Kampf um Ressourcen und einem damit verbundenen Rechtfertigungszwang, der sie gemäß der Eigengesetzlichkeit akademischer Institutionen in eine inhaltliche Absetzungsbewegung gegenüber anderen Fächern treibt. Solche Mechanismen der Separierung kann man sicherlich nur zum Teil den neugegründeten Studiengängen selbst anlasten, dennoch ist absehbar, dass sie einen nachhaltigen Einfluss auf die zukünftige Entwicklung der Kulturwissenschaften haben werden. Damit soll weder die innovative Theoriebildung im Rahmen der *turns*, die gegen den als hegemonial empfundenen sprachwissenschaftlichen Diskurs erneut auf das konstitutive Moment der Praxis und die Widerständigkeit einer „materiellen" Dimension abheben, noch der sozialkritische Gehalt der *studies* (insbesondere der *gender*, *queer* und *postcolonial studies*) bestritten werden.

Auf den ersten Blick scheint die Situation an deutschen Universitäten eine andere zu sein, da die Einrichtung von differenzierten kulturwissenschaftlichen Studiengängen, die mit den *studies* vergleichbar wären, nach wie vor eher die Ausnahme darstellt. Das liegt nicht zuletzt daran, dass die teils programmatischen, teils pragmatischen Neugründungen von kulturwissenschaftlichen Einrichtungen in den 1980er Jahren auf eine hochschulpolitische Reformbestrebung zurückgingen, mit der gerade die Spezialisierung und Anwendungsferne der traditionellen Geisteswissenschaften aufgebrochen werden sollte (vgl. Stierstorfer 2005: 12; Kittsteiner 2004: 14). Nicht wenige der neuen kulturwissenschaftlichen Studiengänge haben ihren Lehrbetrieb deshalb zunächst durch Vernetzung bestehender Lehrangebote anderer Fächer bestritten und waren somit buchstäblich „interdisziplinär", zwischen den Disziplinen angesiedelt. Dank des Erfolgs solcher Modellprojekte wurden die Kulturwissenschaften dann zu selbständigen Forschung- und Lehreinheiten mit eigenen Planstellen, Profilen und Schwerpunkten ausgebaut. Im Zuge des 1999 eingeleiteten „Bologna-Prozesses" zur Schaffung eines einheitlichen europäischen Hochschulraumes bis zum Jahr 2010, der in Deutschland mit einer sukzessiven Umstellung aller bisherigen Magister- und Diplomstudiengänge auf modularisierte Bachelor- und Master-Abschlüsse einhergeht, stehen die institutionalisierten Kulturwissenschaften heute, ebenso wie alle anderen Fächer, vor der Aufgabe, ihre Curricula an die neuen, kürzeren Studienverläufe anpassen zu müssen. Als Folge dieser bildungspolitischen Vorgabe ist daher auch hierzulande eine verstärkte Spezialisierung und Profilierung zu beobachten, die im Ergebnis zu einer ähnlich problematischen Situation führt wie jene, in denen sich vor allem die US-amerikanischen *studies* derzeit wiederfinden (vgl. Bachmann-Medick 2009: 412).

Die Tendenz zur Redisziplinierung und Ausdifferenzierung der akademischen Kulturwissenschaften sagt freilich noch nichts über die gegenwärtige Lage der Kulturtheorie als solche aus, die – das zeigen zahlreiche Beiträge in diesem Band – in erster Linie aus dem „alten" geisteswissenschaftlichen Fächerkanon von Philosophie, Geschichts- und Literaturwissenschaften, Soziologie, Ethnologie etc. hervorgegangen ist. Da aber diese Fächer durch die Umstellung und Verkürzung ihrer Lehrangebote ebenfalls zu einer verstärkt disziplinären Ausrichtung neigen, steht zu befürchten, dass zusammen mit dem Stellenwert insgesamt auch die Bereitschaft bzw. die Kapazität schwindet, sich mit interdisziplinär angelegten Theorien und Fragestellungen auseinanderzusetzen.

Sollten die holzschnittartig skizzierten Tendenzen tatsächlich zutreffend sein, dann ist das Anliegen, mit dem Band *Kultur. Theorien der Gegenwart* eine Auswahl fächerübergreifender kulturtheoretischer Ansätze einführend vorzustellen, aktueller denn je. Aber auch die überarbeitete und um 16 Beiträge erweiterte Neuauflage kann zunächst nicht mehr als einen selektiven Überblick über ein weit ausgreifendes Feld von Kulturtheorien im weitesten Sinne bieten, deren Zusammenhang lediglich am dünnen Faden eines gemeinsamen Bezugs auf „Kultur" hängt, ohne dass es für diesen Begriff eine einheitliche und unstrittige Defini-

Kulturtheorien der Gegenwart – Heterotopien der Theorie

tionsgrundlage gäbe. Die Einleitung zur ersten Auflage hatte zur Charakterisierung dieser Sachlage den von Foucault entliehenen Ausdruck „Heterotopie" vorgeschlagen, mit dem die Vielgestaltigkeit, Verstreutheit und auch Unvereinbarkeit der Orte und Verortungen im kulturtheoretischen Feld benannt werden sollte. Gemäß dieser durchaus programmatisch gemeinten Bestimmung der *Kulturtheorien als Heterotopie* lässt sich die folgende Zusammenstellung in Anlehnung an eine Formulierung aus dem Vorwort von Wittgensteins *Philosophischen Untersuchungen* vielleicht am besten als ein „Album" mit einer „Menge von Landschaftsskizzen" beschreiben, in denen wiederkehrende Landmarken aus unterschiedlichen Perspektiven betrachtet werden (vgl. Wittgenstein 1984: 231). Die im Verlauf des Buches zum Ausdruck kommende Pluralität von Methoden und Ansätzen, die sich dem Kulturbegriff aus immer neuen Richtungen nähern, mag bereits einen Hinweis darauf geben, weshalb die Tendenz zur neuerlichen Aufteilung des kulturtheoretischen Raumes in klar getrennte Subdisziplinen problematisch erscheinen muss.

Wie eine ganze Reihe von Publikationen der vergangenen Jahre gezeigt hat, lässt sich das heterogene Feld der Kulturtheorien gleichwohl historisch umgrenzen und in bestimmten Hinsichten auch systematisch kartieren (vgl. u.a. Reckwitz 2000; Bachmann-Medick 2009; Moebius 2009). Der Anspruch des vorliegenden Bandes war jedoch von Anfang an ein anderer. Ausgehend von der Erfahrung, dass – dem sprichwörtlich gewordenen „Tod des Autors" zum Trotz – einzelne Autorennamen nach wie vor eine wichtige Orientierungsfunktion bei der Aneignung theoretischer Grundlagen erfüllen, sollte eine möglichst breite Auswahl von einführenden Beiträgen in aktuell diskutierte Werke oder Ansätze zusammengestellt werden, die sich lose um verschiedene Aspekte gegenwärtiger kulturtheoretischer Fragen gruppieren. Die Aufteilung der Beiträge in nunmehr 12 Themenkomplexe ist dabei, das sei erneut betont, lediglich tentativ zu verstehen und soll vor allem als Anregung dienen, sich einen Einblick in umliegende, alternative oder konkurrierende Deutungsmodelle zu verschaffen. Trotz aller Ungenauigkeiten und Verkürzungen, die mit einer solchen Gliederung zwangsläufig verbunden sind, scheint sie uns nach wie vor einer rein kontingenten alphabetischen Sortierung vorzuziehen. Zudem wird mit Fußnoten auf weitere Einführungsbeiträge des Bandes verwiesen, wenn der dort besprochene Ansatz oder die Autorin in einem anderen Zusammenhang erneut auftaucht. Die Möglichkeit zu vielfachen „Querlektüren" sollte allerdings nicht über die Tatsache hinwegtäuschen, dass selbst die beste Einführung das eigene Studium der besprochenen Werke nur erleichtern, keineswegs ersetzen kann.

Erneut gilt unser ganz besonderer Dank allen Mitwirkenden, den neu hinzugekommenen Beiträgerinnen und Beiträgern ebenso wie denen der ersten Auflage, die ihre Texte auf Fehler durchgesehen und bei Bedarf aktualisiert haben. Von Seiten des VS-Verlags haben Frank Engelhardt und Cori Mackrodt alles dafür getan, dass diese zweite Auflage zustande kam und reibungslos in den Druck gehen konnte. Für die ausgesprochen gute Zusammenarbeit sei Ihnen sehr herzlich gedankt.

Literatur

Adorno, Th. W.: Kulturkritik und Gesellschaft. Gesammelte Schriften, hrsg. v. R. Tiedemann et al., Bd. 10.1: Kulturkritik und Gesellschaft I. 2. Aufl. Frankfurt/M. 1996, S. 11-30.
Bachmann-Medick, D.: Cultural Turns. Neuorientierung in den Kulturwissenschaften. 3., neu bearb. Aufl., Reinbek bei Hamburg 2009.

Daniel, U.: Kompendium Kulturgeschichte. Theorien, Praxis, Schlüsselwörter. 3. Aufl. Frankfurt/M. 2002.

Foucault, M.: Von anderen Räumen. In: Foucault, M.: Schriften in vier Bänden – Dits et Ecrits, Bd. IV: 1980-1988, hrsg. v. D. Defert/F. Ewald. Frankfurt/M. 2005, S. 931-943.

Göller, Th./Recki, B. et al.: Die kulturwissenschaftliche Wende. In: Information Philosophie, Nr. 3, 2005, S. 20-32.

Habermas, J.: Die Neue Unübersichtlichkeit. Kleine politische Schriften V. Frankfurt/M. 1985.

Hofmann, M. L. et al.: Culture Club. Klassiker der Kulturtheorie. Frankfurt/M. 2004.

Kittsteiner, H.-D.: Vorwort: Was sind Kulturwissenschaften? 13 Antworten. In: ders. (Hg.): Was sind Kulturwissenschaften? 13 Antworten. München 2004, S. 7-23.

Landwehr, A./Stockhorst, S.: Einführung in die Europäische Kulturgeschichte. Paderborn 2004.

Moebius, S.: Marcel Mauss. Konstanz 2006.

Moebius, S.: Kultur. Themen der Soziologie. Bielefeld 2009.

Ort, M.: ‚Kulturbegriffe und Kulturtheorien'. In: Nünning, A./Nünning, V. (Hg.): Konzepte der Kulturwissenschaften. Theoretische Grundlagen – Ansätze – Perspektiven. Stuttgart 2003, S. 19-38.

Quadflieg, D.: „Zum Öffnen zweimal drehen". Der *spatial turn* und die doppelte Wendung des Raumbegriffs. In: Alpsancar, S./Gehring, P./Rölli, M. (Hg.): Raumprobleme. Philosophische Perspektiven. München 2010 (i. E.).

Reckwitz, A.: Die Transformation der Kulturtheorien. Zur Entwicklung eines Theorieprogramms. Weilerswist 2000.

Stierstorfer, K.: Einleitung. Anmerkung zur Interdisziplinarität der Kulturwissenschaften. In: ders./Volkmann, L. (Hg.): Kulturwissenschaft interdisziplinär. Tübingen 2005, S. 9-18.

Wittgenstein, L.: Philosophische Untersuchungen. Werkausgabe Bd. 1, Frankfurt/M. 1984.

Symbol – Diskurs – Struktur

Roland Barthes: Mythologe der Massenkultur und Argonaut der Semiologie

Dirk Quadflieg

Die Allegorie des Argoschiffs, das während der Fahrt nach und nach in allen Einzelteilen ersetzt und verändert wird und nur den Namen beibehält, steht, so Barthes in seinen autobiographischen Fragmenten *Über mich selbst*, wie kein anderes Bild sowohl für die Semiologie als auch für seine eigene Arbeitsweise (vgl. Barthes 1978: 50f.). Denn obwohl kein anderer Autor derart eng mit dem Begriff ‚Semiologie' verbunden wird wie Roland Barthes, fällt es aufgrund der verschiedenen Wendungen, die er dieser Form der Bedeutungsanalyse in seinen zahlreichen Schriften gibt, schwer, sein semiologisches Projekt auf einen festen und einheitlichen Kernbestand zurückzuführen. So bleibt ein Name, Semiologie, bestehen, ohne dass ihm eine feste Bedeutung entsprechen würde. Und doch ist bereits mit dieser Feststellung etwas Wesentliches über Barthes' „semiologisches Abenteuer" gesagt: Das Zeichen (griech.: *sēmeîon*) verweist auf keinen natürlichen und feststehenden Gegenstand, es erhält seine Bedeutung vielmehr aus einer Irrfahrt, d.h. einem geschichtlichen Prozess, dessen Anfangspunkt nicht mehr auffindbar ist.

Und auch Barthes selbst vergleicht sich zu Recht mit der Argo, denn er scheint sich mit der Zeit immer wieder zu ersetzen, neu zu erfinden: als Literaturwissenschaftler, Kritiker, Schriftsteller, Philosoph, Kulturwissenschaftler, als Verfasser akademischer Bücher ebenso wie von unzähligen Zeitungs- und Zeitschriftenartikeln, als Vertreter der *nouvelle critique*, des Strukturalismus sowie des Poststrukturalismus und schließlich als Verfasser von experimentellen autobiographischen Fragmenten – und diese Liste ist keineswegs vollständig. Diesen vielen Gesichtern des Roland Barthes entspricht ein multiples Schreiben, aber kein einheitliches ‚Werk' (vgl. Bürger 1992: 100). Es gibt deshalb stets mehr als eine Möglichkeit, sich ihm zu nähern. Da der Argonaut sein Schiff während der Fahrt ständig verändert, bietet sich für eine Einführung eine chronologische Vorgehensweise an, die nicht mehr als einige wichtige Stationen zusammenstellen kann. Barthes hat in den siebziger Jahren an mindestens zwei Stellen eine Einteilung seiner eigenen Schriften in verschiedene Phasen vorgeschlagen, hat jedoch – wie könnte es anders sein – in beiden Fällen eine jeweils andere Einordnung vorgenommen (vgl. Barthes 1988: 7-12 und 1978: 158). Auch wenn uns also Barthes zu verstehen gibt, welchen Wert solche Selbstcharakterisierungen haben, sollen im Folgenden – nach einer kurzen biographischen Skizze – jene übersichtlichen vier Phasen, die in *Über mich selbst* (1978) genannt werden, als Leitfaden dienen.

Biographische Skizze

Roland Barthes wird 1915 in Cherbourg geboren. Sein Vater, Louis Barthes, stirbt knapp ein Jahr nach der Geburt seines Sohnes bei einer Seeschlacht des Ersten Weltkrieges. Nach einer Kindheit in Bayonne folgt der Umzug nach Paris, wo Barthes im Jahr seines Abiturs an einer Lungentuberkulose erkrankt, die ihn bis 1946 immer wieder dazu zwingt, insgesamt acht Jahre in verschiedenen Sanatorien zu verbringen. Die Erkrankung verhindert nicht nur die Teilnahme an der Aufnahmeprüfung des begabten Schülers an der *École normale supérieure* und versperrt somit den geradlinigen Weg in die universitäre Laufbahn, sie wird ihm auch – so darf man vermuten – zeitlebens eine besondere Aufmerksamkeit für den eigenen Körper und die Frage nach der Bedeutung der Körperlichkeit im Allgemeinen mitgegeben haben (vgl. Barthes 1978: 66f.). Einem Studium der klassischen Literatur an der Sorbonne folgt eine kurze, durch Sanatoriumsaufenthalte unterbrochene Tätigkeit als Gymnasiallehrer. Erst 1952 wechselt er nach verschiedenen Zwischenstationen in den Wissenschaftsbetrieb im engeren Sinne und findet eine Anstellung am *Centre National de la Recherche Scientifique* (CNRS), wo er bis 1960 tätig ist.

In diese Zeit fällt die erste eigenständige Buchpublikation, *Le Degré zéro de l'écriture* (1953), die bereits zentrale Aspekte seiner späteren Schriften vorwegnimmt. Obwohl Sartre, Marx und Brecht zu den wichtigsten Bezugspunkten dieser Arbeit zählen, verschiebt Barthes darin den Status des engagierten Schriftstellers und den der Literatur in den umgreifenden Bereich der *écriture*, des Schreibens, der sich den willentlichen Entscheidungen des Einzelnen entzieht.[1] Ebenfalls zu dieser frühen Schaffensphase gehört die kulturwissenschaftliche Studie *Mythen des Alltags* (1957), die ein breit gefächertes Panorama von Alltagsbeobachtungen mit einer bedeutungstheoretischen Ideologiekritik verbindet. 1960 wird Barthes *Chef de travaux* der Sektion VI. an der *École pratique des hautes études*, einer gegenüber den Elitehochschulen zwar eher randständigen, aber in der damaligen Zeit höchst dynamischen Institution, zu deren Prestige Barthes steigender Bekanntheitsgrad nicht unwesentlich beigetragen hat (vgl. Ette 1998: 182).

Mit der Veröffentlichung seiner *Elemente der Semiologie* (1964, auf Drängen von Umberto Eco) und dem umfangreichen Projekt *Sprache der Mode* (1967) avanciert Barthes zu einem der führenden Vertreter der strukturalistischen Literatur- und Kulturtheorie. In einem akademischen Streit um seine Interpretation des Klassikers Racine (*Sur Racine*, 1963) antwortet er seinen Kritikern 1966 mit dem schmalen Bändchen *Kritik und Wahrheit*, in dem er den Begriff der *nouvelle critique* prägt, und wird damit zeitweise zum Sprachrohr einer bis dahin noch heterogenen neuen Denkrichtung, die sich in den sechziger Jahren um die Zeitschrift *Tel Quel* und insbesondere in den Schriften von Michel Foucault, Julia Kristeva und Jacques Derrida abzuzeichnen beginnt.

Vor dem Hintergrund der Diskussionen in diesem Umfeld entfernt sich Barthes immer weiter von einem sprachtheoretischen Strukturalismus Saussure'scher Prägung und wendet sich einem Denken zu, das nicht mehr von einer rekonstruierbaren stabilen Struktur der Bedeutung ausgeht, sondern jedes Sinngebilde als plurales und unabschließbares Verweissystem von Zeichen betrachtet. Ausdruck dieser Phase wird die Publikation *S/Z* (1970), eine höchst eigenwillige Balzac-Lektüre, in der er, wie im Japan-Buch *Das Reich der Zeichen* aus dem selben Jahr, versucht, die veränderte theoretische Zugangsweise auch in einer neuen Praxis des Schreibens umzusetzen.

---

[1] Dieser ‚Nullpunkt der Schrift' markiert gewissermaßen auch den Nullpunkt der beispiellosen Karriere des Schriftbegriffs, „der während der sechziger und siebziger Jahre zur vielleicht wichtigsten begrifflichen Spielmarke der französischen Intellektuellen avanciert" (Ette 1998: 62), etwa bei Philippe Sollers, Michel Foucault und an prominentester Stelle bei Jacques Derrida. Zu Letzterem siehe Quadflieg 2007: 40ff.

Bereits 1973 radikalisiert er sein Verfahren und beginnt eine letzte Arbeitsphase mit stark aphoristischen Texten. In *Die Lust am Text* (1973), *Über mich selbst* (1975) und dem Bestseller *Fragmente eine Sprache der Liebe* (1977) gelingt Barthes eine faszinierende Verbindung von Alltagsbeobachtungen, theoretischen Reflexionen, literarischem Schreibstil und autobiographischen Einsprengseln, die weitgehend auf argumentative Herleitungen verzichtet und dennoch in der Kürze des Fragmentes eine erstaunliche Reflexionskraft freisetzt.

Auf Vorschlag von Michel Foucault wird Barthes, der sich selbst Zeit seines Lebens als intellektueller Außenseiter versteht, 1976 an das renommierte *Collège de France* berufen und erhält damit eine der höchsten institutionellen Anerkennungen des französischen Wissenschaftssystems. Sein letztes Buch über das Verhältnis von Fotografie und Text, *Die hellen Kammern* (1980), kreist um ein leeres Zentrum, ein fehlendes (fotografisches) Bild seiner 1977 verstorbenen Mutter.[2] Im Jahr der Publikation stirbt Roland Barthes an den Folgen eines tragischen Verkehrsunfalls.

Massenkultur und Ideologiekritik

Die *Mythen des Alltags* bieten nicht nur den heutigen Leserinnen und Lesern einen anregenden Blick auf die verschlüsselten Botschaften der Massenkultur, sie stellen im Rückblick auch eine geradezu paradigmatische Momentaufnahme des (französischen) Geisteslebens Ende der fünfziger und Anfang der sechziger Jahre dar, in dem sich eine marxistische Ideologiekritik mit einer strukturalistischen Sprachtheorie überkreuzen. Anders als Adorno, der etwa zur selben Zeit eine Reihe von kleineren Studien zur Kulturindustrie veröffentlicht (vgl. Adorno 1963), führt Barthes die von ihm beobachteten Phänomene nicht auf die ökonomische Verfassung des Industriekapitalismus zurück, sondern gewinnt seine kritische Distanz aus einer komplexen Bedeutungsanalyse. Zwar gilt auch ihm das (Klein)Bürgertum als Erfinder und Nutznießer einer mythisch aufgeladenen Welt, in der die bestehenden Verhältnisse auf Dauer gestellt werden, doch greift er deren Mythen nicht aus der Warte eines – wenn auch utopischen – besseren und mythenfreien Lebens an (vgl. Barthes 1964: 149).

Der Mythos, so Barthes, dient in erster Linie dazu, eine historisch gewordene Situation mit dem Anstrich der Natürlichkeit zu versehen: „Wir sind hiermit beim eigentlichen Prinzip des Mythos: er verwandelt Geschichte in Natur." (Barthes 1964: 113) Was genau eine solcher Mythos sein kann, lässt sich am Besten anhand einer der kurzen Analysen erläutern, die den ersten Teil von *Mythen des Alltags* ausmachen und die Barthes zunächst als Zeitschriftenkolumne veröffentlicht hatte. Ungebrochen aktuell scheint beispielsweise der Abschnitt zu einem neuen Automodell von Citroën: „Ich glaube, daß das Auto heute das genaue Äquivalent der großen gotischen Kathedralen ist. Ich meine damit: eine große Schöpfung der Epoche, die mit Leidenschaft von unbekannten Künstlern erdacht wurde und die in ihrem Bild, wenn nicht überhaupt im Gebrauch von einem ganzen Volk benutzt wird, das sich in ihr ein magisches Objekt zurüstet und aneignet." (Barthes 1964: 76) Nie lediglich

---

[2]   Über das Todesdatum von Henriette Barthes finden sich unterschiedliche Angaben: Die Biographie im Anhang von *Die Körnung der Stimme* gibt den November 1978 (vgl. Barthes 2002: 398), Gabriele Röttger-Denker das Jahr 1979 an (vgl. Röttger-Denker 1989: 170). Wahrscheinlicher indes ist das von Ottmar Ette und anderen Quellen genannte Datum des 25. Oktober 1977 (vgl. Ette 1989: 441).

Gebrauchsgegenstand ist das Auto bis in die Form seiner Karosserie, die Innenausstattung oder den Seriennamen hinein ein „superlativisches Objekt", das betastet und bestaunt wird. Im mythisch aufgeladenen Auto verschwindet dessen ursprüngliche Funktion als Transportmittel, es erscheint vielmehr als ein vollkommenes, fast überirdisches Objekt – und, so darf man Barthes ergänzen, weckt gerade deshalb ein derart großes Begehren, genau dieses Objekt zu besitzen.

Neben Konsumprodukten können fast alle anderen Bereiche des alltäglichen Lebens zum Träger eines Mythos werden: politische oder wissenschaftliche Diskurse, nationale Gebräuche, die Kunst und das Theater, der Film, die Photographie und die Werbung, ja sogar Landschaften und Architektur sind vor einer Mythisierung nicht sicher. Das liegt daran, dass Barthes den Mythos rein formal als ein Mitteilungssystem, als eine Aussage (*énoncé*) versteht (vgl. Barthes 1964: 85). Die mythische Botschaft verhält sich wie eine Metasprache zu einer Objektsprache und beraubt diese ihres ursprünglichen Sinngehaltes, sie verschiebt ihn und macht ihn für ihre eigenen Zwecke nutzbar. Wenn beispielsweise die Zeitschrift *Paris-Match* auf ihrem Titelblatt einen farbigen Soldaten mit einer Trikolore im Hintergrund abbildet, dann bedeutet das Bild nicht nur die darauf abgebildeten Gegenstände, es steht insgesamt für die Größe Frankreichs und den Stolz ihrer Bürger, unabhängig von deren Hautfarbe (vgl. Barthes 1964: 95). Der ideologische Hintergrund des Mythos – hier ein bestimmtes Franzosentum – liegt dabei gewissermaßen völlig offen: Man versteht sofort, was mit diesem Bild gemeint ist. Aber darin liegt zugleich seine ganze Subtilität: Die Botschaft scheint ganz natürlich und doch ist sie eine Deformation eines ersten semiologischen Systems, in dem die Fahne eine Fahne, der Soldat einen Soldaten und die Uniform eine Uniform darstellt.

Die Aufgabe des Mythologen der Massenkultur besteht dann in der Entzifferung der vielfältigen Mythen seiner Zeit; er entmythologisiert eine offenkundige Bedeutung, indem er die Deformation der Objektsprache aufzeigt. Aber, und hier kippen Barthes scheinbar klare Trennungen zwischen Objekt- und Metasprache, der Versuch, sich den Mythologisierungen vollständig zu entziehen, läuft selbst Gefahr, einem Mythos zu folgen – etwa dem des Widerstands: „Der Mythos kann alles erreichen, alles korrumpieren, sogar die Bewegung, durch die sich etwas ihm gerade entzieht [...]." (Barthes 1964: 117) In den *Mythen des Alltags* skizziert Barthes zwei mögliche Weisen, wie die Sprache sich des Zugriffs des Mythos entziehen kann: Einerseits in Form einer „politischen Sprache", in der die bezeichneten Objekte nur den Sinn haben, eine Handlung zu bestimmen. Wie von ferne klingt hier der marxistische Diskurs einer nichtentfremdeten Arbeit an, denn, so Barthes, dies sei „die Sprache des produzierenden Menschen" (Barthes 1964: 134). Dem Mythologen aber, als den sich Barthes selbst versteht, bleibt diese Dimension verschlossen, seine Aussagen über den Mythos sind selbst metasprachlich und somit immer korrumpierbar. Er kann lediglich den Mythos mit seinen eigenen Waffen schlagen, indem er einen künstlichen Mythos schafft: „Die beste Waffe gegen den Mythos ist in Wirklichkeit vielleicht, ihn selbst zu mythifizieren, das heißt einen *künstlichen Mythos* zu schaffen." (Barthes 1964: 121) Das Vorbild hierzu liefert jedoch nicht der wissenschaftliche Diskurs, sondern die Literatur, solange sie nicht für sich in Anspruch nimmt, eine Realität abzubilden. Paradoxerweise ist gerade die Vieldeutigkeit der poetischen Sprache das beste Mittel gegen eine Mythisierung, weil sie in der Potenzierung der Sinnbezüge die scheinbar natürliche Bedeutung aushöhlt und außer Kraft setzt.

Roland Barthes: Mythologe der Massenkultur und Argonaut der Semiologie   25

In *Kritik und Wahrheit* präzisiert Barthes diese Form der literarischen Kritik anlässlich einer Auseinandersetzung um die Interpretation von so genannten klassischen Texten. Den traditionellen Literaturkritikern, die sich vehement gegen Barthes *Sur Racine* gewandt hatten, rechnet er die Mythisierung der Kritik selbst vor, wenn sie fordern: „Man muss von einem Buch mit ‚Objektivität', mit ‚Geschmack' und mit ‚Klarheit' sprechen." (Barthes 1967: 46) Das aber sind für Barthes historisch veraltete Kategorien, die zu einem reinen Selbstzweck geronnen sind, ohne dass man sagen könne, was im Einzelnen eigentlich damit gemeint ist. Wie dem Mythos geht es der herkömmlichen Literaturwissenschaft vor allem darum, eine Eindeutigkeit in der Interpretation zu bewahren und somit die Literatur in ihrer Bedeutung zu konservieren. Dem hält Barthes eine Reihe von Veränderungen entgegen, die durch die Schriften Blanchots und Mallarmés sowie durch das Denken von Marx, Freud und Nietzsche den gesamten Diskurs der Interpretation verschoben haben. Mit den drei Letztgenannten wird, wie Foucault wenig später in einem Vortrag festhält, die Hermeneutik „abgründig", weil sie die Position des Hermeneutikers mit in den Verstehensprozess einbeziehen und permanent in Frage stellen (vgl. Foucault 1967).[3] Dadurch wird die Trennung zwischen dem Kritiker und dem Schriftsteller obsolet, denn der Kritiker kann nicht mehr für sich beanspruchen, die Wahrheit eines Textes entdeckt zu haben: „Ohne Zweifel: es vollzieht sich eine allgemeine Umwandlung der diskursiven Rede, eben die, durch die der Kritiker sich dem Schriftsteller nähert: wir erleben eine Krise des Kommentars [...]." (Barthes 1967: 60)

Was sich in den *Mythen des Alltags* bereits ankündigt, arbeitet Barthes in *Kritik und Wahrheit* für die *nouvelle critique* zum Programm aus: Die Grenze zwischen Objekt- und Metasprache muss fallen, d.h. der Kritiker wird selbst zum Schreibenden, sein Text hat keinen höheren Wahrheitsanspruch als jener, den er bespricht. Der neue Kritiker „verdoppelt" vielmehr die Bedeutungen, indem er über den besprochenen Text einen zweiten wie ein „Netz aus Zeichen" wirft (vgl. Barthes 1967: 76). Ein solches Verfahren, das Barthes „Lektüre" nennt, legt den ersten Text nicht auf einen bestimmten Sinn fest, sondern entfaltet eine Art Kommunikation zwischen gleichberechtigten Texten – eine „Intertextualität", wie Barthes in Anlehnung an Julia Kristeva sagen wird (vgl. u.a. Barthes 2002: 58)[4] –, in der Bedeutung erzeugt, vervielfältigt und verschoben wird. An die Stelle der zweistufigen Ordnung aus Objekt- und Metasprache tritt dann das Einheitskonzept der *écriture*, der Schrift, im Sinne einer „pluralen Sprache" (vgl. Barthes 1967: 57 u. 61). Da sich eine Lektüre nur noch auf die offene Struktur der Bedeutungskonstitution berufen kann, bedarf die Literaturwissenschaft einer neuen Leitdisziplin: die der (strukturalen) Semiologie.

Mode und Strukturalismus

Zwar zielt *Kritik und Wahrheit* in erster Linie auf eine verknöcherte literaturwissenschaftliche Methode, hat aber – zumindest zwischen den Zeilen – alle hermeneutischen Wissenschaften im Visier. Die Anthropologie von Claude Lévi-Strauss ebenso wie die Psychoanalyse von Jacques Lacan führt Barthes als richtungsweisend an; beide zeigen, dass sich der linguistische Strukturalismus über die Textinterpretation im engeren Sinne hinaus für das Verständnis von allgemein kulturellen Phänomenen fruchtbar machen lässt (vgl. Ette 1998:

---

[3]   Zu Michel Foucault vgl. den Beitrag von Christian Lavagno in diesem Band.
[4]   Zu Julia Kristeva vgl. den Beitrag von Christian Kupke in diesem Band.

191 f.). In diesem Zusammenhang steht auch Barthes' eigenes Großprojekt einer *Sprache der Mode*, das zwischen 1957 und 1963 – also chronologisch vor *Kritik und Wahrheit* – aufwendig erarbeitet, jedoch erst 1967 veröffentlicht wird. Man kann es zugleich als Höhepunkt und Abschluss seiner strukturalistischen Arbeitsphase verstehen, und Barthes selbst charakterisiert es im spater geschriebenen Vorwort als eine „etwas naive Glasmalerei", die zum Zeitpunkt ihrer Präsentation bereits durch neue intellektuelle Weichenstellungen überholt scheint (vgl. Barthes 1985a: 7).

Im Vergleich mit allen anderen Schrift Barthes' ist *Die Sprache der Mode* wohl das einzige Projekt, bei dem er ein kulturelles Teilsystem in seiner ganzen Differenziertheit und in aller Ausführlichkeit behandelt und analysiert. Allerdings mit einer gewissen Einschränkung des Gegenstandbereiches: „Gegenstand dieser Untersuchung ist die strukturale Analyse der weiblichen Kleidung, wie sie heute von den Modezeitschriften beschrieben wird." (Barthes 1985a: 7) Hier ist freilich nicht der Ort, um die dort entwickelte mehrschichtige Systematik der verschiedenen Bedeutungsebenen der Mode auch nur annähernd nachzuvollziehen (alleine das detaillierte Inhaltsverzeichnis umfasst in der deutschen Übersetzung fast zehn Seiten). Im Mittelpunkt des Interesses soll lediglich Barthes' Ansatz stehen, mit dem er sprachwissenschaftliche Analysetechniken auf kulturelle Phänomenbereiche überträgt.

Nun scheint dies zunächst recht einfach, wenn der Untersuchungsgegenstand nicht die wirklich getragene Kleidung, sondern deren Beschreibung in Modezeitschriften ist, denn dort taucht Mode immer schon in versprachlichter Form auf. Indes verhält sich für Barthes die reale Mode zu ihrer Beschreibung nicht wie das Bezeichnete zum Zeichen; vielmehr konstituiert der massenhafte Diskurs über die Mode ein ganz eigenes Feld der Bedeutung, er codiert ein „kollektiv Imaginäres" (Barthes 2002: 66). Im Schlussteil seiner Studie geht Barthes sogar noch einen Schritt weiter: Im System der Mode als eigenständigem sprachlichen Code „verdampft" letztendlich die Substanz des ‚wirklichen' Kleidungsstücks (seine materielle Beschaffenheit) unter dem Druck des ihm auferlegten Sinngehaltes (vgl. Barthes 1985a: 285). Insofern müsste eine Soziologie der Mode, die sich mit ihrer gesellschaftlichen Verbreitung befasst, immer schon auf einer Semiologie der Mode aufbauen, die bestimmt, was überhaupt als Mode gilt und wahrgenommen wird.

Dennoch hält Barthes auch in seinem Mode-Buch an der in den *Mythen* eingeführten Strukturdifferenz von Objekt- und Metasprache fest, verlagert sie indes nun in den Diskurs über die Mode selbst. Eine Beschreibung der Kleidung kann demnach denotativ genannt werden, wenn sie lediglich funktional und technisch deren reale Verwendung darlegt; die eigentliche „Rhetorik der Mode" zeichnet sich jedoch vor allem durch konnotative Elemente aus, in denen eine Vielzahl anderer Bedeutungen die Funktion und die materielle Beschaffenheit der Kleidung überlagert (vgl. Barthes 1985a: 241ff.). Während das denotative Bezeichnungssystem an die Materialität des beschriebenen Gegenstandes gebunden, mithin begrenzt bleibt, öffnet sich das konnotative für ideologische Aussagen, es ist „zur Welt hin offen" und stellt, so könnte man sagen, das Einfallstor für zahlreiche Mythen dar.

Insgesamt erscheint *Die Sprache der Mode* von seiner theoretischen Fundierung her betrachtet ambivalent: Einerseits operiert die Analyse in den weitaus umfangreicheren Teilen des Buches auf der Grundlage von klaren strukturalistischen Binär-Differenzen (allen voran jener von Signifikat und Signifikant). Auf der anderen Seite unterlaufen die Schlusskapitel sowie das Vorwort diese strikte Trennung, indem sie der Seite des Signifikanten und der Konnotation einen höheren ‚Realitätsgrad', d.h. faktische Gültigkeit zubilligen. Im System der Mode verschwindet daher tendenziell die Seite des Inhalts, der Denotation, erstaunlicherweise aber zugunsten einer Ausbreitung der Bedeutung: „Es ist ein potentiell unendliches Sprechen, weil es leer ist und doch bedeutsam." (Barthes 1985a: 295) Insofern wird die Modebeschreibung anschlussfähig an die Literatur, deren Funktion Barthes darin sieht, den Prozess des Bedeutens selbst lesbar zu machen.

Literatur und Textualität

Die in *Die Sprache der Mode* angedeutete und in *Kritik und Wahrheit* vollzogene Wende Barthes' hin zu einem eher poststrukturalistischen Denken, das die binären Oppositionen des Strukturalismus unterläuft, lässt sich zweifellos innerhalb einer größeren intellektuellen Bewegung im Frankreich der ausgehenden sechziger und beginnenden siebziger Jahre verorten. In seiner 1968 veröffentlichten *Grammatologie* konstatiert Derrida gleich zu Beginn: „Mit einer behutsamen Bewegung, deren Notwendigkeit kaum wahrzunehmen ist, beginnt alles, was seit wenigstens zwei Jahrtausenden sich unter dem Namen der Sprache zu versammeln trachtet [...], sich nun in den Namen der Schrift zu verlagern [...]." (Derrida 1974: 17) Der Begriff der *écriture*, verstanden als bedeutungsgenerierendes System aufeinander verweisender Signifikanten, ist in aller Munde und wird zum Signum einer neuen sprachtheoretischen Kritik, die in Literatur, Philosophie, Linguistik und Psychoanalyse gleichermaßen ihre Anwendung findet. Zwar hatte auch Roland Barthes seit seiner ersten Publikation *Le degré zero de l'écriture* (dt.: *Am Nullpunkt der Literatur*) immer wieder auf das Konzept der Schrift rekurriert, allerdings noch nicht in jener radikalisierten Form, die Derrida ihm später geben sollte.[5] Nicht zuletzt unter dem Eindruck eines Referats seiner Seminarteilnehmerin Julia Kristeva über Michail Bachtin, einem russischen Sprach- und Literaturwissenschaftler, wendet sich Barthes nunmehr verstärkt einer Analyseform auf der Grundlage eines pluralen Textbegriffs zu, die er in *Kritik und Wahrheit* bereits theoretisch skizziert hatte (vgl. Dosse 1999: 77f.).

In seinem Buch *S/Z* geht es für Barthes dann vor allem darum, an einem überschaubaren Beispiel die „unendlichen Spielmöglichkeiten" eines Textes vorzuführen (vgl. Barthes 1976: 7), also das, was er im Rahmen seiner Mode-Analyse das Konnotationssystem genannt hatte. Dazu eignet sich ein begrenzter literarischer Text erheblich besser als ein so vielschichtiges und unübersichtliches Feld wie das der Kleidung. Allerdings ist mit ‚Text' nicht nur der geschriebene gemeint, vielmehr, wie schon in den kulturtheoretischen Schriften Barthes' deutlich wird, lässt sich die Welt insgesamt als lesbarer Text, als Vielzahl unterschiedlichster Sinngebilde begreifen. Dass Barthes' Wahl dennoch auf einen eher klassischen Text der Literatur, die Novelle *Sarrasine* von Balzac, gefallen ist, hat mehrere Gründe: Einerseits kann die Analyse verdeutlichen, inwiefern sich in der Tat alle Erzählungen – und nicht nur die zeitgenössischen – in einem pluralen Gewebe von Konnotationen bewegen. Andererseits ermöglicht gerade die lineare und zusammenhängende Erzählweise von Balzac einen „prozessualen Kommentar", bei dem der Text Satz für Satz in kleine Einheiten – Lexien – zerlegt und interpretiert werden kann. Die Analyse eines *nouveau*

---

[5]   Man hat, selbst mit dem Abstand von nunmehr vierzig Jahren, noch gar nicht zur Gänze erfasst, welche Verschiebungen die *écriture* tatsächlich nicht nur im französischen Denken bewirkt hat. Es wäre vielleicht an der Zeit, die komplexe Geschichte der *écriture* zu schreiben.

roman beispielsweise, in dem diese chronologische Ordnung zerstört ist, bedürfte dagegen einer deutlich komplexeren Vorgehensweise.

Die Interpretation der einzelnen Lexien geschieht vor dem Hintergrund des zur Verfügung stehenden Bedeutungssystems des Lesers und nicht im Hinblick auf die Intention oder das historische Umfeld des Autors. Diesen Hintergrund nennt Barthes „das Schreibbare"; es macht aus dem „Leser nicht mehr einen Konsumenten, sondern einen Textproduzenten" (Barthes 1976: 8). Die produktive Lektüre-Arbeit hat nicht die Aufgabe, den gelesenen Text auf einen übergeordneten und kohärenten Sinn hin zu untersuchen, sie zerteilt den Text, ‚dekomponiert' und zerstreut die Bedeutungsebenen. Barthes scheut sich daher nicht zu sagen, dass seine Form der Kommentierung gerade darin besteht, „den Text zu *mißhandeln*, ihm *das Wort abzuschneiden*" (Barthes 1976: 19).

Gleichwohl geht die so umrissene Lektüre nicht völlig beliebig mit der Novelle Balzacs um. Aus einer Analyse des Titels und des ersten Satzes gewinnt Barthes fünf Codes, die ihm verschiedene Perspektiven auf die folgenden 561 Lexien zur Verfügung stellen (vgl. Barthes 1976: 23f.; 2002: 84f.). Zunächst einen Handlungscode, der die beschriebenen Verhaltensweisen und Aktionen der Personen des Stücks miteinander in Beziehung setzt und somit überhaupt erst eine zusammenhängende Geschichte daraus macht. Des Weiteren einen semantischen Code, der die Ebene der Konnotationen im engeren Sinne betrifft und implizite Bedeutungen frei legt. Ein kultureller Code umfasst die bekannten und geteilten Wissenshorizonte einer Epoche, während der hermeneutische Code gerade die rätselhaften und durch die Erzählung aufzuklärenden Momente betrifft. Schließlich das symbolische Feld, in dem sich zentrale Motive der Geschichte miteinander verbinden lassen, ohne auf eine logisch-kausale Ordnung aufbauen zu müssen. Dieser letzte Code ist zweifellos inspiriert durch die (lacanianische) Psychoanalyse und ermöglicht es Barthes, beispielsweise die Figur des Kastraten Zambinella mit dem ursprungslosen Gold der in *Sarrasine* beschriebenen neureichen Pariser zusammen zu bringen.[6]

Man kann sich nun leicht vorstellen, wie eine Satz-für-Satz-Lektüre, die jeweils einem oder mehreren dieser Codes folgt, zu einer enormen Ausweitung des Ursprungstextes führen muss. Zwischen den Codes besteht jedoch keine Hierarchie oder Ordnung, auch folgen die mit Hilfe der einzelnen Codes aufgedeckten Bedeutungsfelder keiner durchgehenden Linie oder Struktur. So entsteht ein vielstimmiger Text, ein „Gewebe von Stimmen", die keine Struktur abbilden, sondern, wie Barthes sagt, eine „Strukturation produzieren" (Barthes 1976: 25). Die Polyphonie wird weiterhin dadurch verstärkt, dass Barthes zwischen die mit arabischen Ziffern nummerierten Lektüre-Abschnitte mit römischen Ziffern nummerierte kommentierende Textteile einfügt, in denen einzelne Erträge der Lektüre vertieft werden. Die anhand von Balzacs *Sarrasine* aufgezeigte Vielstimmigkeit wiederholt sich also auf der Ebene von Barthes eigenem Text. Diese Form des fragmentarischen Schrei-

---

[6]   Der rätselhafte Titel, *S/Z*, erweist sich als eine höchst subtile Bündelung von unterschiedlichen Bedeutungsebenen – mit Barthes könnte man auch von Codes sprechen –, die erst im Verlauf des Buches deutlich werden. Zunächst sind damit die Anfangsbuchstaben der beiden zentralen Personen von Balzacs Novelle angesprochen: Sarrasine, der Bildhauer, und Zambinella, der Kastrat. Die Verkürzung der Eigennamen auf einen Buchstaben macht weiterhin aus den Personen Figuren oder Funktionsstellen, womit eine bestimmte Sichtweise der von Barthes vorgeschlagenen Lektüre von Texten im Allgemeinen zum tragen kommt. Schließlich, und das ist sicherlich nicht die letzte Bedeutung, die man diesen zwei Buchstaben geben kann, verweisen sie auf die Formelsprache von Jacques Lacan und damit auf einen wichtigen Bezugspunkt für Barthes Lektürearbeit.

bens, die Barthes in *S/Z* zum ersten Mal ausprobiert, wird er in den folgenden Jahren weiter radikalisieren.

Körperlichkeit des Textes

Mit *S/Z* gelingt Barthes eine Überwindung von Objekt- und Metasprache, die sich bis hinein in das Schriftbild und den Aufbau seiner Analyse zieht. Diese Verschlingung von Syntax und Semantik, eigentlich sogar der Vorrang der Syntax über die Semantik, gehört fest in den poststrukturalistischen Diskurs der siebziger Jahre. Derrida, Kristeva und Lacan probieren in verschiedener Weise, der gewonnenen Einsicht in ihren Schreibweisen Rechnung zu tragen – was ihnen nicht selten den Vorwurf der Unverständlichkeit eingebracht hat, da sie eine scheinbar fest gefügte Gepflogenheit des akademischen Stils missachten, wenn sie die Suche nach Klarheit gezielt durch ein mehrdeutiges und unabschließbares Geflecht von Sinnbezügen ersetzen. Ein weiteres Thema aber drängt in den siebziger Jahren in den Vordergrund, nicht nur im Denken von Roland Barthes: die Frage nach dem Subjekt. Hatte der Strukturalismus und die Dekonstruktion dem alten cartesianisch-kantischen Subjekt, das über sein Denken und Handeln autonom verfügt, zunächst den Kampf angesagt, tauchen nunmehr verstärkt Überlegungen auf, ob und wie eine Form der (vor allem politisch agierenden) Subjektivität denkbar ist, ohne in den alten Diskurs zurückzufallen.

Im Rahmen seiner Arbeiten an *S/Z* veröffentlicht Barthes 1967 seinen Vortrag *Der Tod des Autors*, in dem er das Autor-Subjekt voll und ganz auf den Moment der Schrift reduziert: „Hingegen wird der moderne Schreiber [*scripteur*] im selben Moment wie sein Text geboren. Er hat überhaupt keine Existenz, die dem Schreiben voranginge oder es überstiege; er ist in keiner Hinsicht das Subjekt, dessen Prädikat sein Buch wäre." (Barthes 2000: 189) Das Gegenmodell zur literaturwissenschaftlichen Autorzentrierung ist der Leser, der erst die mannigfaltigen Bezüge eines Textes herstellt und aktualisiert: „Die Geburt des Lesers ist zu bezahlen mit dem Tod des *Autors*." (Barthes 2000: 193)

Welchen Status aber hat die Figur jenes Lesers, wenn er nicht mehr als Subjekt oder Person im traditionellen Sinne verstanden werden kann? Da sich Roland Barthes selbst als einen solchen modernen Leser begreift, kann er gewissermaßen mit einem Text über sich selbst eine Antwort entwerfen. Seine autobiographischen Fragmente, *Roland Barthes par Roland Barthes* (dt. *Über mich selbst*), künden bereits im französischen Originaltitel die fundamentale Teilung im Subjekt an: Der Barthes, der über sich schreibt, ist nicht derselbe wie jener, über den er schreibt. Oder, wie es im Motto des Buches heißt: „All dies muß als etwas betrachtet werden, was von einer Romanperson gesagt wird." (Barthes 1978: 5) Mit anderen Worten, auch dem Leser entspricht keine kohärente und vom Text unabhängige Position; doch Subjektivität muss deshalb nicht vollständig aufgegeben werden, sie ist jedoch nur noch in einer „dekonstruierten", verschobenen Form ohne feste Verankerung möglich (vgl. Barthes 1978: 182). Die eigene „Verstreuung" wird in *Über mich selbst* nicht nur in der fragmentarischen Darstellung sichtbar, sie zeigt sich auch in der ungeordneten und nicht chronologischen Zusammenstellung von disparaten Themen, die in den einzelnen aphoristischen Stücken behandelt werden. Hier tauchen tagebuchähnliche Beschreibungen gleichberechtigt neben allgemeinen Reflexionen über das Schreiben, die Literatur oder den wissenschaftlichen Diskurs auf und vermischen sich sogar zuweilen – und trotz dieser scheinbaren Beliebigkeit hat man beim Lesen dieses Buches den starken Eindruck, einen geradezu intimen Einblick in das Leben und Denken von Roland Barthes zu bekommen. Man erlebt gleichsam, wie sich Roland Barthes als Roland Barthes selbst schreibt.

Stärker auf ein Thema hin konzipiert sind dann die 1977 veröffentlichten *Fragmente einer Sprache der Liebe*. Wie schon in *Über mich selbst* sind die einzelnen Textstücke mit einer Überschrift versehen und in alphabetischer Reihenfolge angeordnet. Einem „Thesaurus" vergleichbar definiert Barthes zunächst den in der Überschrift genannten Begriff, um ihn anschließend mit einer Reihe von Referenztexten zu erläutern, in erster Linie anhand von Goethes *Werther*, weiterhin Platons *Symposion*, der Psychoanalyse, Nietzsche, Texten der Mystiker und anderen (vgl. Barthes 1984: 22). Und dennoch will Barthes nicht *über* die Liebe schreiben, weder als kulturellem Phänomen noch als Thema der Literatur. Vielmehr versucht er, den Liebesdiskurs mit Hilfe einer „dramatischen" Methode nachzubilden, das heißt, er inszeniert ihn und analysiert ihn nicht (vgl. Barthes 1984: 15). Auch soll das Ergebnis dieser Arbeit kein Roman, keine Liebesgeschichte werden, die sich in der Dramaturgie einer linearen Entwicklung abspielt – daher die gewollt „bedeutungslose Gliederung" des Alphabets. Ausgangspunkt sind jeweils „Figuren" des/der Liebenden, und zwar nicht als starre Rollenmodelle, sondern verstanden als Bewegungen. Betrachtet wird in der Tat der sprachliche *dis-cursus*, das Hin-und-Her der Gedanken und Empfindungen, die als bekannte Sprachszenen – etwa in der Literatur – in Erscheinung treten, aber eben auch der eigenen Erfahrung Ausdruck verleihen können. Insofern ist für Barthes die Liebe immer eine kulturell codierte Sprache, die eine Matrix für das Erleben zur Verfügung stellt: „Diesen Code kann jeder nach Maßgabe seiner eigenen Geschichte ausfüllen […]." (Barthes 1984: 17)

Innerhalb dieses – prinzipiell erweiterbaren – Diskurses der Liebe konstituiert sich das liebende Subjekt, dem Barthes hier auf der Spur ist und das vereinzelt und einsam auftritt. Gleichwohl darf dieser einsame Diskurs des Liebenden nicht mit dem Monolog des philosophischen Subjekts verwechselt werden, denn das liebende Ich ist nie vollständig bei sich selbst, es spricht immer „angesichts des Anderen" (Barthes 1984: 15) – auch wenn dieser Andere schweigt oder es nicht (er)hört. Besonders plastisch an Barthes Ausführungen wird nun die Verbindung zwischen Sprache und Körperlichkeit, in denen er keineswegs einen Gegensatz sieht: „Die Sprache ist eine Haut:", schreibt Barthes in einem Abschnitt über die ‚Unterhaltung', „ich reibe meine Sprache an einer anderen. So als hätte ich Worte anstelle von Fingern oder Finger an den Enden meiner Worte. Meine Sprache zittert vor Begierde." (Barthes 1984: 162)

Es gehört sicherlich zu den spezifischen Eigenarten des Barthes'schen Denkens, dass er – auch schon in früheren Texten – die von Lacan hervorgehobene symbolische Codierung des Begehrens [*désire*] umkehrt und von einer Lust [*plaisir*] am Text ausgeht (vgl. Ette 1998: 365f.). In den *Fragmenten*, wie überhaupt in dieser Arbeitsphase, zeigt sich diese lustvolle Besetzung des Schreibens und Sprechens noch einmal in aller Deutlichkeit. Anders aber als etwa Bataille, der eine Form der literarisch-sexuellen Überschreitung und Verausgabung sucht (vgl. Moebius 2006), interessiert sich Barthes vor allem für die kreisende Bewegung der erotischen Spannung und der Zärtlichkeiten, die kleinen Gesten und Zeichen, die aus der Liebe überhaupt erst einen Diskurs machen. Die sexuelle Vereinigung dagegen gilt Barthes als „nicht metonymisch", sie liegt damit in gewisser Weise jenseits des Diskurses der Liebenden (vgl. Barthes 1984: 256).

Man sollte dies jedoch nicht vorschnell mit dem Erreichen eines Ziels oder höchsten Kulminationspunktes verwechseln. Für Barthes spielt der geschlechtliche Akt im Span-

Roland Barthes: Mythologe der Massenkultur und Argonaut der Semiologie   31

nungsbogen der Liebe höchstens eine nebengeordnete Rolle – in ihm geht das Imaginäre „zum Teufel" (Barthes 1984: 214) –, die eigentlichen Grenzpunkte des Liebesdiskurses liegen woanders: Den ‚Nullpunkt' macht dabei das so abgedroschene und doch so schwierig auszusprechende „Ich liebe dich" aus; in seiner ganzen Leere und Unbestimmtheit ist es für Barthes ein rein performativer Akt, der an der Grenze der Sprache agiert – eine reine Anrede und rückhaltlose Bejahung des Anderen (vgl. Barthes 1984: 136ff.). Erfüllung aber findet die Liebe höchstens in kurzen und transitorischen Momenten der Umarmung: „Augenblick der Bejahung; für eine bestimmte Zeit hat es einen wirklichen Abschluss gegeben, einen *Umbruch*, ist etwas gelungen: ich habe Erfüllung erlebt […]." (Barthes 1984: 214f.) Nur ist dies kein Ende, sondern der Ansporn für weitere Wiederholungen. Als Antrieb fungiert hier der Traum einer wirklichen Vereinigung, die aus den Zweien eine vollkommene Einheit werden lässt; ein unmöglicher Traum und dennoch kann die/der Liebende nicht darauf verzichten (vgl. Barthes 1984: 234).

So skizzieren die *Fragmente* eine liebende Beziehung zum Anderen ohne Telos, aber mit Höhen und Tiefen, in einer fortdauernden kreisenden Bewegung der Näherung und der Distanzierung. Da Barthes in seiner Autobiographie diese letzte Arbeitsphase selbst mit dem Stichwort *moralité* versieht (vgl. Barthes 1978: 158), kann man diesen Diskurs der Liebe vielleicht sogar im Sinne einer ethischen Positionierung verstehen. Der von Emmanuel Lévinas ausgearbeiteten ‚Ethik des Anderen' nicht unähnlich, konstituiert sich hier das Subjekt in einem endlosen Prozess der sprachlichen Artikulation, die immer schon als Anrede, als gerichtet auf einen Anderen begriffen werden muss (vgl. Röttger-Denker 1989: 77, 118ff.). Im liebenden Diskurs, in der Lust an den kleinen sprachlichen Gesten und der Vervielfältigung ihrer Bezüge, eröffnet sich für Barthes eine Möglichkeit, dem durch die Sprache notwendig mit sich entzweiten Subjekt ein – wenn auch prekäres – Moment der Erfüllung und der Geborgenheit zurückzuerstatten. Als sprachliche Wesen können wir dem kulturell geprägten Diskurs nicht entkommen, aber wir können ihn ausweiten, seine Bezüge multiplizieren und alte Verweise reaktivieren. Dies ist nicht nur die Aufgabe des wissenschaftlich reflektierenden Semiologen, es bestimmt in fundamentaler Weise die Beziehung zu uns selbst, d.h. zu unserem Körper, unseren Lüsten, unserer Geschichte und den Anderen. Aus dieser Perspektive sind die *Fragmente einer Sprache der Liebe* weit mehr als ein Buch über das Phänomen des Verliebtseins. Sie sind, in ihrer ganzen Verstreuung und ihrer Hingabe an das Detail, die Manifestation eines möglichen ethischen Diskurses.

Interdependenzen und Ausblicke

Die Frage nach den Einflüssen von Barthes Schriften auf andere Theorieansätze lassen sich nur schwer auf den Punkt bringen. Das liegt zum einen an dem stetigen Wandel, dem Barthes' eigene Begrifflichkeiten unterworfen sind, mit anderen Worten, an dem Fehlen eines ‚Werkes' im traditionellen Sinne. Zum anderen scheint diese ständige Bewegung einer nicht nachlassenden Rezeption von und der Offenheit für andere Perspektiven und Sichtweisen geschuldet. Es sind vor allem die bereits im Vorhergehenden erwähnten Personen aus dem Umkreis des Strukturalismus und Poststrukturalismus, mit denen Barthes in intellektuellem Austausch und zum Teil freundschaftlichem Kontakt steht. Obwohl er beispielsweise mit seinem ersten Buch, *Le degré zero de l'ércriture*, gewissermaßen zu den ‚Gründungsvätern' eines Denkens der Schrift gehört, hat er die zehn Jahre später von Derrida ausgearbeiteten Konsequenzen dieser Denkweise gerne aufgenommen und in seine eigenen Arbeiten (re-)integriert. Ein ähnliches Verhältnis verbindet ihn mit Julia Kristeva, die als Studentin an seinen Seminaren an der *École pratique des hautes études* teilnimmt und die durch ihr Referat über Bachtin maßgeblich zur Radikalisierung von Barthes' Text-Begriff beigetragen hat (vgl. Dosse 1999: 74ff.). Und in einem Interview gibt Barthes 1970 über *S/Z* zu Protokoll, dass die Vorbilder für sein Buch – obwohl sie dort nicht namentlich genannt sind – „unter anderem Lacan, Julia Kristeva, Sollers, Derrida, Deleuze und Serres" sind (vgl. Barthes 2002: 88f.).

Trotzdem ist es natürlich nicht so, als würde Barthes besonders in seinen späten Schriften von den Früchten anderer leben; er tut vielmehr genau das, was seiner eigenen Texttheorie zufolge die Semiologie heute leisten kann: Die bekannten Texte aufnehmen, sie ‚zitieren', um sie zu verschieben und zu vervielfältigen (vgl. Ette 1998: 339). Insofern ist Barthes' Schreiben immer – mit dem von Kristeva übernommenen Begriff – Intertextualität *in actu*.

Jenseits der intellektuellen Debatten Frankreichs hat die Semiologie, vermittelt über Umberto Eco, schon frühzeitig eine größere Resonanz in Italien und, seit der Teilnahme von Roland Barthes an einer Tagung an der Johns Hopkins Universität 1966, auch in den USA gefunden (hier u.a. durch die Schriften von Paul de Man). Im deutschsprachigen Raum hingegen, so Ottmar Ette noch 1998, ist Barthes zwar kein Unbekannter, aber trotz guter Übersetzungslage allenfalls partiell rezipiert (vgl. Ette 1998: 15). Neben der allgemeine Skepsis gegenüber den ‚französischen Denkern', denen hierzulande vielerorts immer noch der Ruf der Unverständlichkeit anhaftet, mag dazu vor allem die thematische Breite von Barthes' Schriften beigetragen haben. Sein Denken fällt, so scheint es, durch das Raster der deutlich strengeren Einteilung der wissenschaftlichen Disziplinen in der deutschen Geisteslandschaft, weil es literaturwissenschaftliche, linguistische, sprachphilosophische und kulturtheoretische Aspekte miteinander amalgamiert und schließlich selbst ‚romaneske' Züge annimmt. Es bleibt zu hoffen, dass die wachsende Forderung nach Inter- und neuerdings sogar Transdisziplinarität ein neues Interesse an den Schriften Barthes' zu wecken vermag. Nicht, weil sie dazu bereits eine fertige Theorie präsentieren würden, die es nun anzuwenden gelte, sondern als Vorbild für ein Denken, das den sich wandelnden Anforderungen einer komplexer werdenden historischen Wirklichkeit mit ebenso beweglichen Instrumenten zu deren Verständnis entgegentritt.

Literatur von Roland Barthes

Barthes, R.: Am Nullpunkt der Literatur. Frankfurt/M. 1981.
Barthes, R.: Mythen des Alltags. Frankfurt/M. 1964.
Barthes, R.: Kritik und Wahrheit. Frankfurt/M. 1967.
Barthes, R.: Die Sprache der Mode. Frankfurt/M. 1985a.
Barthes, R.: Der Tod des Autors. In: Jannidis, F. et al. (Hg.): Texte zur Theorie der Autorenschaft. Stuttgart 2000, S. 185-193.
Barthes, R.: Das Reich der Zeichen. Frankfurt/M. 1981.
Barthes, R.: S/Z. Frankfurt/M. 1976.
Barthes, R.: Die Lust am Text. Frankfurt/M. 1975.
Barthes, R.: Über mich selbst. München 1978.
Barthes, R.: Fragmente einer Sprache der Liebe. Frankfurt/M. 1984.
Barthes, R.: Die helle Kammer. Bemerkungen zur Photographie. Frankfurt/M. 1985b.

Barthes, R.: Die Körnung der Stimme. Interviews 1962-1980. Frankfurt/M. 2002.
Barthes, R.: Das semiologische Abenteuer. Frankfurt/M. 1988.

Weitere zitierte Literatur

Adorno, Th. W.: Eingriffe. Neun kritische Modelle. Frankfurt/M. 1963.
Bürger, P.: Roland Barthes, Schriftsteller. In: Bürger, P.: Das Denken des Herrn. Bataille zwischen Hegel und dem Surrealismus. Frankfurt/M. 1992, S. 90-108.
Derrida, J.: Grammatologie. Frankfurt/M. 1974.
Dosse, F.: Geschichte des Strukturalismus. Band 2: Die Zeichen der Zeit 1967-1991. Frankfurt/M. 1999.
Ette, O.: Roland Barthes. Eine intellektuelle Biographie. Frankfurt/M. 1998.
Foucault, M.: Nietzsche, Marx, Freud. In: Foucault, M.: Dits et Ecrits. Schriften Bd. 1. Frankfurt/M. 2001, S. 727-743.
Moebius, S.: Die Zauberlehrlinge. Soziologiegeschichte des Collège de Sociologie. Konstanz 2006.
Quadflieg, D.: Differenz und Raum. Zwischen Hegel, Wittgenstein und Derrida. Bielefeld 2007.
Röttger-Denker, G.: Roland Barthes. Eine Einführung. Hamburg 1989.

Gilles Deleuze: Kultur und Gegenkultur

Marc Rölli

> „Dschingis Khan – das ist schon was." (Deleuze)

Im Juli 1972 hält Gilles Deleuze auf dem legendären Kolloquium „Nietzsche aujourd'hui" in Cerisy-la-Salle einen Vortrag mit dem Titel „Pensée nomade", „Nomaden-Denken". Dort heißt es: „Als Beginn unserer modernen Kultur gilt das Dreigestirn Nietzsche, Freud, Marx. Gleichgültig, ob dabei jeder von vornherein entschärft wird. Marx und Freud sind vielleicht der Beginn unserer Kultur, aber Nietzsche ist etwas ganz anderes, nämlich der Beginn einer Gegenkultur." (Deleuze 1973: 367) Marxismus und Psychoanalyse erscheinen Deleuze, vor dem Hintergrund des gemeinsam mit Félix Guattari verfassten *Anti-Ödipus*, als fundamentale Kulturbürokratien, die das (unaufhörlich decodierte) gesellschaftliche Leben durch den Staat bzw. durch die Familie recodieren (vgl. Deleuze/Guattari 1972a). Dagegen eröffnet Nietzsche die Möglichkeit, die verfestigten Machtapparate auf Distanz zu halten, ihre Rechtfertigung bloßzustellen und ihre disziplinierenden Kräfte umzulenken. Den repräsentativen Makrostrukturen einer herrschenden Kultur stehen demzufolge „liliputanische" und „subkulturelle" Mikrostrukturen entgegen, die dem Richtungssinn fügsamer Anpassung an etablierte Gegebenheiten opponieren. Diese Zusammenhänge hat Deleuze nicht im Rahmen einer Kulturtheorie oder Kulturphilosophie entwickelt. Er steht dem Diktum Luhmanns nahe, dass der Begriff der Kultur einer der schlimmsten Begriffe ist, die je gebildet worden sind. Gleichwohl liefert er Ansätze zu einem (veränderten) Kulturbegriff, sowohl in analytischer Absicht zur Kritik bestehender Verhältnisse als auch im Sinne eines Begreifens minoritärer Lebensformen, die sich dem Primat der einen weltgeschichtlichen Menschheitskultur entziehen. Seit den 70er Jahren verlässt Deleuze mehr und mehr die „Einbahnstraße" der akademischen Philosophie und wendet sich – im guten alten Sinne des Wortes: popularphilosophisch – die lebensweltliche Praxis strukturierenden (allgemein als „kulturell" bezeichneten) Phänomenen zu: im *Anti-Ödipus* (1972) der „Befreiung" des Begehrens von seinen Verunstaltungen durch „bürgerliche" Denk- und Handlungsgewohnheiten; in *Tausend Plateaus* (1980) den Kontrollmechanismen staatlicher Institutionen, z. B. bildungspolitischer Maßnahmen, sowie alternativen, dezentralisierten Organisationsformen in den unterschiedlichsten Bereichen; in den Büchern über das *Kino* (1983, 1985) der Entwicklung künstlerischer Ausdrucksformen in der Moderne.

1

Gilles Deleuze, 1925 in Paris geboren und aufgewachsen, studiert von 1944 bis 1948 Philosophie an der Sorbonne (u. a. bei Georges Canguilhem und Jean Hyppolite) und lehrt das Fach bis 1957 an Gymnasien in Amiens, Orléans und Paris. Die ersten Publikationen in den 50er Jahren beschäftigen sich mit David Hume und einer pragmatistischen Lesart der empiristischen Philosophie, sowie mit Henri Bergson und einer zeitphilosophischen Transformation der Ontologie. 1953 erscheint *Empirisme et Subjectivité*, das im zweiten Kapitel „die Welt der Kultur" zum Thema macht. Ab 1957 arbeitet Deleuze als Assistent für Geschichte der Philosophie an der Sorbonne, von 1960 bis 1964 am *Centre National de la Recherche Scientifique* (CNRS). In diese Zeit fällt die Konsolidierung seiner systematischen Position: sie kommt in *Nietzsche et la philosophie* (1962) zum Durchbruch. Fortan steht der Name „Deleuze" für eine radikale Philosophie der Differenz, die sich (eher von links) gegen die Dialektik und damit gegen die vorherrschenden Meinungen in der politischen Theorie richtet. 1964 wird Deleuze Lehrbeauftragter am philosophischen Institut in Lyon. Im Laufe der 60er Jahre erscheinen eine ganze Reihe Bücher über philosophische „Klassiker": über Kant (1963), noch einmal Nietzsche (1965), Bergson (1966), Spinoza (1968) sowie Studien über die Literatur z. B. Prousts (1964) und Sacher-Masochs (1967). Gemeinsam mit Michel Foucault gibt er 1967ff. die französische Gesamtausgabe der Werke und nachgelassenen Schriften Nietzsches heraus. Neben der *thèse complémentaire* über Spinoza reicht Deleuze die ebenso 1968 publizierte *thèse principale* unter dem Titel *Différence et répétition* ein, die vielerorts als sein „Hauptwerk" gilt. Den beiden Arbeiten verdankt er die Berufung auf den Lehrstuhl für Philosophie an der Reformuniversität Paris VIII (Vincennes, später St. Denis). Im selben Jahr erscheint *Logique du sens* (1969), die die Themen von Differenz und Wiederholung mit neuen Akzentsetzungen, etwa im Hinblick auf die Romane Lewis Carrolls und eine Theorie der Ereignisse, variiert. Im experimentierfreudigen Umfeld der (Nach)68er-Bewegung lernt Deleuze den Psychologen Félix Guattari kennen, mit dem er in den 70er Jahren wissenschaftlich und politisch eng zusammenarbeitet. Der *Anti-Ödipus* (1972) prägt nachhaltig das intellektuelle Pariser Klima, gegen den Konservatismus in Politik und Psychiatrie: „der revolutionäre Schizo im Gegensatz zum despotischen Signifikanten" (Deleuze, Guattari 1972b: 40). Im Rekurs auf literarische Texte aller Art analysieren die Autoren die unmittelbar libidinösen Besetzungen des gesellschaftlichen Feldes, so dass die „Wunschmaschinen" im Kontext spezifischer kapitalistischer Lebensverhältnisse von aktuellen Formen ihrer Ödipalisierung unterschieden werden können. Weitere zusammen mit Guattari geschriebene Bücher erscheinen, z. B. über Kafka (1975), vor allem aber *Mille Plateaux* (1980). Dieser zweite Band zum Komplex „Kapitalismus und Schizophrenie" führt einen neuen „transdisziplinären" Stil in die Philosophie ein. Im Namen einer „verallgemeinerten Pragmatik" nehmen die Autoren das von Foucault bestimmte Thema der Macht in ihr Konzept auf und entwickeln eine neuartige, sog. „mikropolitische" Perspektive, die den Machtstrukturen ein kollektives Gefüge (frz. *agencement*, engl. *assemblage*) zugrunde legt, das sich mit den Fluchtlinien des Begehrens konstituiert. In den 80er Jahren beschäftigt sich Deleuze dann zunächst mit der Malerei Francis Bacons (1981) und mit der Geschichte des Films (1983, 1985). Es sind vor allem die Kino-Bücher, die (nach dem *Anti-Ödipus*) eine zweite Rezeptionswelle auslösen. Mit Hilfe einer an Peirce angelehnten Semiotik entwickelt er eine Theorie der Bilder, die der Philosophie das Kino als neues Thema – von Griffith und Eisenstein über den italienischen Neorealismus bis zur *nouvelle vague* – erschließt. In der Folgezeit schreibt er ein Buch über Foucault, das 1986 erscheint, und sich schwerpunktmäßig mit *Sexualität und Wahrheit*, d. h. mit dessen letzten Arbeiten beschäftigt. Es geht Deleuze vor allem darum, Foucaults späte Konzeptionen der „Selbsttechniken" und der „Sorge um sich" vor dem Hintergrund der Theorie der Macht so zu interpretieren, dass sie eine deutlich sichtbare Widerstandslinie in den verkrusteten Sozialstrukturen hinterlassen. 1987 wird Deleuze emeritiert. In seinen letzten Arbeiten beschäftigt er sich mit dem Werk von Leibniz (1988), schreibt gemeinsam mit Guattari ein Buch über das Wesen der Philosophie (1991) und ediert eine Sammlung eigener Aufsätze unter der Überschrift *Critique et Clinique* (1993). In den letzten Jahren seines Lebens kommt die Arbeit mehr und mehr zum Erliegen. Sein gesundheitlicher Zustand verschlechtert sich zunehmend. Im November 1995 wählt Deleuze den Freitod.

Von „Kultur" spricht Deleuze selten. Will man dennoch dieses Thema mit Deleuze verknüpfen, so macht es Sinn, einige Haken zu schlagen. Zweifellos lässt sich nichts gegen eine archäologische Untersuchung einwenden, die sich fragt, was seit der zweiten Hälfte des 18. Jahrhunderts geschieht, wenn große Teile der gesellschaftlichen Selbstverständigung, wenigstens im mitteleuropäischen Raum, als Kultur registriert werden. Keine historische Arbeit dieser Art hat Deleuze geschrieben. Nur in den ersten Büchern über Hume und über Nietzsche schreibt er über und operiert mit einem Kulturbegriff, indem er die Zweideutigkeiten seines herkömmlichen Gebrauchs in kritischer Absicht thematisiert: das Aufkommen der Rede von Kulturen ist mit einem Identifizierungsproblem behaftet, weil sich eine Kultur nur im Unterschied zu anderen Kulturen bestimmt. Im Namen der Kultur wird regelmäßig die Auflösungsbewegung traditioneller Werte, die die Moderne charakterisiert, zugunsten einer emphatischen Selbststiftungsphantasie umgedeutet, die *per se* die kulturellen Unterschiede asymmetrisch nach dominanten und inferioren Merkmalen konzeptualisiert.[1] Problematisch ist der Begriff der Kultur für Deleuze, weil er dazu gebraucht wird, einen gesellschaftlichen Zusammenhang unter dem Aspekt majoritärer Festlegungen als eine Sinneinheit zu repräsentieren und von anderen, vergleichsweise als minderwertig geltenden (nicht repräsentativen) Phänomenen abzugrenzen. So werden etwa die Nomaden regelmäßig in den kanonischen Texten der abendländischen Kulturgeschichte als unkultivierte Horden bezeichnet, die sich gegen die natürliche Weiterentwicklung der Gattung sperren, indem sie „mit Verachtung auf die sich anbauende[n] Völker herabsehen" (Kant 1798: 268-269). Der von Deleuze und Guattari zur Selbstbezeichnung ihrer Arbeit verwendete Ausdruck „Nomadologie" signalisiert dagegen, dass eine ganze Reihe impliziter Postulate der Aufklärungsphilosophie, z. B. die Ansicht von der in der kulturellen Entwicklung historisch sich manifestierenden Bestimmung des Menschen durch die Vernunft, einer tief greifenden Revision unterzogen werden. Die Kultur der (qualitativen) Mehrheit steht für eine Ansammlung dogmatischer Annahmen, die die an den geltenden Normen gemessenen (qualitativen) Minderheiten abwerten und marginalisieren. Von daher gibt sich jede Kultur als kolonial zu erkennen. Bevor ich auf diese mehr implizite Behandlung des Kulturbegriffs mit Blick auf das Thema des Minoritären im Deleuzeschen Denken zurückkomme, werde ich zunächst die 1953 im Buch über Hume vorgelegte Institutionenlehre als Ansatz zu einer

---

[1] Vgl. dazu etwa Baecker (2000), Hetzel (2001), Waldenfels (2001). Zwar ist mit Deleuze zuzugeben, dass die Philosophie ihre dirigierende Stellung im Konzert der Wissenschaften im Laufe des 19. Jahrhunderts endgültig verloren hat, und damit auch z. T. ihre herkömmlichen Gegenstandsgebiete, während sie sich mehr und mehr anderen und neu zu erschließenden Gebieten – z. B. der Kunst, der Geschichte, der Sprache, dem Sozialen, der Zeit, der Technik u. v. m. – zuwendet und sich insofern dem Bereich des „Kulturellen" öffnet. Ebenso wie die soziologische, linguistische, performative Wende erfasst aber auch der sog. „cultural turn" nicht die Philosophie im Ganzen. Die Philosophie lässt sich nach Deleuze nicht ohne wesentliche Verluste in Kulturwissenschaften oder auch Kulturphilosophie überführen, selbst wenn sich hinter dem Kulturparadigma die Einsicht in die Kontingenz der Kultur und in den Zerfall der „großen Erzählungen" sowie ein „postkoloniales" Selbstverständnis verbergen kann. Die – gerne mit Bezug auf die Philosophie der symbolischen Formen von Ernst Cassirer statuierte – „Wende zur Kultur" hat in vieler Hinsicht das 19. Jahrhundert noch vor sich. Vgl. Deleuze/Guattari (1991: 15f.) und im *L'abécédaire de Gilles Deleuze* den Buchstaben C – comme Culture.

Gilles Deleuze: Kultur und Gegenkultur

Kulturtheorie skizzieren und anschließend auf die Nietzsche geschuldeten Überlegungen zu einer vorhistorischen, posthistorischen und historischen Kultur eingehen (vgl. Deleuze 1953: 30-55, Deleuze 1962: 145-154).

2

In seinem 1953 erscheinenden Buch *Empirisme et subjectivité* präsentiert Deleuze den Empirismus David Humes als praktische Philosophie der Assoziation und der Einbildungskraft. Beeinflusst von der Vernunftkritik Henri Bergsons und William James', der sich dezidiert der pragmatistischen Erneuerung empiristischer Themen verschrieben hat, und dessen *Studies in radical empiricism,* die Deleuze durch die Vermittlung von Jean Wahl bekannt waren, fokussiert er auf die assoziativ gelenkten Überschreitungen des gegebenen Datenmaterials, d. h. auf die in der Einbildungskraft auf zweitem Niveau ihrerseits *gegebenen* Relationen. Im Zentrum der erkenntnistheoretischen Überlegungen steht hier der Begriff der Kausalität, der einen passiven Glauben (*belief*) an die Wiederholung bestimmter Ereignisse impliziert: eine auf eine „Ursache" folgende „Wirkung". Dieser Glaube resultiert aus den Gewohnheiten, die ein Subjekt zusammensetzen, sofern sich besondere Erwartungen aus vergangenen Erfahrungen „notwendig" ableiten. Bereits an diesem Punkt wird eine quasi-kulturelle Welt der Gewohnheiten, des Glaubens und der imaginären Relationen sichtbar, die sich auf alle assoziativ bedingten Verhältnisse der Kausalität, der Ähnlichkeit und der Kontiguität erstreckt.

Enger und terminologisch fasst Deleuze das Problem der Kultur in seiner aus Hume heraus gelesenen Theorie der Institutionen. Sie basiert auf dem Gedanken, dass sich die natürlichen Sympathien des Menschen nur dann als gesellschaftlich kommensurabel erweisen, wenn sie in einem künstlich erzeugten Rahmen sowohl *erweitert* als auch *korrigiert* werden. Halten wir zunächst fest, „daß der Mensch", so Hume, „weniger egoistisch als parteiisch ist" (Deleuze 1953: 31, 41). Nicht der Eigennutz liegt als Triebfeder dem Handeln zugrunde, sondern das immer schon kollektiv vermittelte Einzelinteresse, das in Familie, Freundeskreis, Clan, Gemeinschaft etc. seine natürlichen Bestimmungen als Sympathie findet. Das heißt zwar nicht, dass hiermit bereits die Widersprüche und Gewaltsamkeiten zwischen den Menschen ausgeräumt sind: die einzelnen Parteien stehen sich unversöhnlich gegenüber. Aber entgegen den Vertragstheorien besteht nun das Problem der Gesellschaft darin, die Sympathien zu integrieren, und *nicht* darin, die Egoismen durch das Gesetz zu begrenzen oder zu unterdrücken. „Das moralische und soziale Problem besteht darin, von wirklichen, sich ausschließenden Sympathien zu einem wirklichen, die Sympathien einschließenden Ganzen überzugehen." (Deleuze 1953: 34) Diese Ausweitung beruht auf einer „allgemeinen Regel", die die natürlichen Interessen auf eine politische, nicht naturgegebene, sondern künstlich erzeugte Ganzheit bezieht. Hiermit lassen sich die Neigungen einzig und allein auf Umwegen befriedigen, auf denen sie gleichzeitig korrigiert werden. Zum Beispiel verlängert „der Rechtssinn [...] Affekt und Interesse, die lediglich als parteiliche Bewegung negiert und niedergehalten werden. In diesem Sinn ist die Ausdehnung in sich eine Korrektur, eine Reflexion." (Deleuze 1953: 39) Institutionen begreift Deleuze mit Hume als Handlungsmodelle, als erfundene und auf positiven Mitteln beruhende *kulturelle Systeme*, die sich nicht aus den Neigungen und Affekten im Sinne einer natürlichen Disposition erklären lassen, sondern aus ihrer (erweiternden und korrigierenden) Reflexion in der

Einbildungskraft (vgl. Deleuze 1953: 44). Die empirischen Gegebenheiten werden in den Gewohnheiten und Institutionen kollektiver Subjektivierungsformen überschritten, so dass sich eine (zweite) Wirklichkeit des Imaginären als Netz gesellschaftlicher Beziehungen konstituiert (vgl. Deleuze 1972: 242-246). In Gesellschaft sein heißt, soziale Institutionen als objektive und künstliche Veranstaltungen einzurichten, die das Zusammenleben ermöglichen, weil sie den Interessen der beteiligten Personen entsprechen. Die Institutionen transformieren die Begierden und Ziele der einzelnen Akteure, indem sie ihnen einen öffentlich vertretbaren Sinn vermitteln. Unmissverständlich heißt es bei Deleuze, dass die Institution „ein kulturelles System ist", das einen positiven Begriff des Sozialen als schöpferische und erfinderische Instanz konkretisiert (vgl. Deleuze 1953: 43).

Der Begriff der Kultur fungiert somit als Gegenkonzept gegen ein abgeleitetes und negatives Verständnis von Gesellschaft, das sich auf den Staat und das Gesetz zur Begrenzung der (egoistischen) Handlungen kapriziert. „Grundidee ist, daß sich Gesellschaftlichkeit nicht dem Gesetz, sondern der Institution verdankt." (Deleuze 1953: 42) Während die Vertragstheorien Natur und Kultur so ins Verhältnis setzen, dass der *status naturalis* als Zustand außerhalb der Gesellschaft begriffen und dem *status culturalis* entgegengesetzt wird, demzufolge dieser als Zustand des Glücks (Pufendorf) bzw. des Unglücks (Rousseau) gelten kann, insistiert Hume darauf, dass „Natur und Kultur [...] einen unauflöslichen Komplex" bilden (vgl. Deleuze 1953: 41, 44). Sowohl der Ideologie eines vor der Kultur liegenden Naturzustands als auch der Vorstellung eines die Natur restlos sich aneignenden Kulturfortschritts gegenüber ist Skepsis angebracht. „Daher lehnt Hume sowohl die Thesen ab, die alles [...] vom Instinkt abhängig machen, als auch die, die alles [...] der Politik und der Erziehung anlasten. Die einen bieten uns, indem sie die Kultur unterschlagen, ein falsches Bild der Natur, die anderen verzerren, indem sie die Natur unterschätzen, die Kultur." (Deleuze 1953: 41) Natur und Kultur fallen zusammen, insofern sie institutionell miteinander vermittelt werden, und sie fallen auseinander, insofern sich diese nicht aus jener erklären lässt. Der Gegensatz zwischen Natur und Kultur ist selbst innerhalb einer Kultur hervorgebracht: daher ist es unmöglich, die beiden (ineinander verzahnten) Bereiche säuberlich voneinander zu trennen. Deleuze bezieht in seiner Hume-Interpretation eine zwischen den traditionell kulturoptimistischen bzw. -pessimistischen Denkschulen liegende Stellung. Im Unterschied zu den geläufigen Varianten einer stets negativen Interpretation der Gesellschaft, die entweder kulturkritisch auf die künstlichen Lebensbedingungen in modernen Zivilisationen (bzw. auf die Entfremdungserscheinungen der menschlichen Natur im Unterdrückungssystem kapitalistischer Arbeitsverhältnisse) verweisen, oder aber die Natur in einen Kulturzustand erheben, indem sie selbst noch die kulturellen Differenzen in einem fortschreitenden Prozess der Vergeistigung zur Aufhebung bringen, insistiert Deleuze auf einem positiven, unabgeschlossenen und pluralistischen Verständnis der immer schon sozial vermittelten Affekte und Neigungen (vgl. Deleuze 1953: 121). Diese „Vermittlung" vollzieht sich nicht in einem universalen, an und für sich wirklichen Medium des Geistes, sondern in einer sowohl den konkreten Umständen und Situationen als auch den abstrakten Prinzipien der Assoziation verpflichteten Einbildungskraft, die die empirischen Gegebenheiten überschreitet, ohne sie in sich aufzuheben.[2] In einer expliziten Wendung gegen Kant

---

[2]   Bereits in seinen frühen Arbeiten über Hume geht es Deleuze darum, in den Grundzügen eine Philosophie zu entwickeln, die sich progressiv von rationalistischen Systemen, sei es der transzendentalphilosophischen oder dialektischen Spielart, unterscheidet. Das zeigt sich nicht nur in der Art und Weise, wie Deleuze einen Begriff des Sozialen in Absetzung von Gesetz und Entfremdung konzipiert, sondern auch im Festhalten an

betont Deleuze den Zusammenhang zwischen den „ruhigen Affekten" (Hume) und dem angemessenen Begriff praktischer Vernunft: „Die Reflexion der natürlichen Disposition ist die Bewegung, durch die sich die praktische Vernunft herausbildet, die Vernunft ist nur ein bestimmtes Moment der Affektion des Geistes, eine [...] ruhig gestellte Affektion." (Deleuze 1953: 40; zur Genealogie des Pflichtgefühls, Deleuze 1953: 37). Die Vernunft ergibt sich aus der Reflexion des nicht a priori ihrer Autorität unterworfenen Begehrens in der Einbildungskraft, wenngleich sie sich nicht von den empirischen Ausgangsbedingungen oder Nützlichkeitserwägungen ableiten lässt.[3] Dass Deleuze mit seiner Skizze einer Kulturtheorie der Institutionen weniger die bestehenden Verhältnissen adäquat beschreiben als vielmehr eine kontrafaktische Zukunftsperspektive eröffnen wollte, die ein Umdenken erforderlich macht, und doch in den unterschwelligen Prozessen der stets partiellen Vergesellschaftung auf virtuelle Realitäten setzen kann, das lässt sich aus seiner Einführung in den von ihm herausgegebenen Band *Instincts et Institutions* (1955) unschwer entnehmen. Er schreibt, dass die Theorie der Institutionen „uns endlich politische Kriterien liefern [sollte]: die Tyrannei ist ein Regime, in dem es viele Gesetze und wenige Institutionen gibt, die Demokratie ein Regime, indem es viele Institutionen und sehr wenige Gesetze gibt. Die Unterdrückung zeigt sich, wenn die Gesetze unmittelbar die Menschen und die vorgeschalteten Institutionen betreffen, die die Menschen schützen." (Deleuze 1955: 25)[4] Der Staat hat demzufolge die Aufgabe, nicht das allgemeine Interesse zu repräsentieren, sondern aus ihm einen Gegenstand des Glaubens zu machen, z. B. durch sein Gewaltmonopol, durch die besonderen Interessen der Regierenden, durch einen florierenden Handel u. v. m. Auf diese Weise kann dem allgemeinen Interesse die nötige Lebendigkeit und Wirklichkeit zuteil werden. Wenn die Regierung die Treue der Untertanen für ihre eigenen (parteilichen) Zwecke instrumentalisiert, dann ist allerdings „der Widerstand im Namen einer allgemeinen Regel legitim." (vgl. Deleuze 1953: 51)

---

einer Logik der „äußerlichen" Relationen, die nicht imstande ist, die Logik des Seins in sich bruchlos aufzunehmen. In der Rezension von *Logique et existence* (1953) seines Lehrers und Hegel-Spezialisten Jean Hyppolite fordert er eine „Ontologie des Sinns", die sich auf eine innere Differenz des Seins bezieht, die nicht negationslogisch – und d. h. für Deleuze generell: „anthropologisch" (selbst wenn er die Position von Hyppolite ein Stück weit gegen die Hegeldeutung von Kojève verteidigt) – gefasst werden darf: „kann man nicht eine Ontologie der Differenz entwickeln, die nicht bis zum Widerspruch zu gehen brauchte, weil der Widerspruch weniger wäre als die Differenz und nicht mehr? Ist der Widerspruch nicht nur der phänomenale und anthropologische Aspekt der Differenz?" (Deleuze 1954: 23)

[3] Die Beziehungen zwischen „Instinkten und Institutionen", so der Titel einer von Deleuze 1955 herausgegebenen Anthologie, sind nicht bruchlos und symmetrisch. Instinkte sind unmittelbar in ihre Umwelten oder Milieus verstrickt, während Institutionen wie Sprachen die konstruktiven und imaginären Dimensionen des Kulturellen – und eigentlich Menschlichen, wie Deleuze hinzufügt – ins Spiel bringen (vgl. Deleuze 1953: 44-47). Allerdings gibt er diesem scheinbar anthropologischen Zugeständnis eine bestimmte Wendung: „Der Mensch ist ein Tier, das im Begriff ist, die Gattung abzustreifen." (Deleuze 1955: 27)

[4] Einige Zeilen früher heißt es: „Daß die Neigung in der Institution Befriedigung findet, steht außer Zweifel [...]. Man wird dem das Beispiel von Institutionen wie dem Staat entgegenhalten, denen keinerlei Neigung entspricht. Aber es liegt auf der Hand, daß solche Institutionen zweitrangig sind, daß sie bereits institutionalisierte Verhaltensweisen voraussetzen und daß sie sich auf einen abgeleiteten gesellschaftlichen Nutzen berufen, der in letzter Instanz das Prinzip dessen findet, wovon er sich in der Beziehung des Gesellschaftlichen zu den Neigungen herleitet." (Deleuze 1955: 24-25; vgl. auch Deleuze 1953: 49).

3

Knapp zehn Jahre nach der Publikation seiner Studie über den schottischen Philosophen bringt Deleuze eine zweite Monographie auf den Markt. Wiederum handelt es sich um die Ausarbeitung einer grundlegenden philosophischen Position auf dem Weg der Auslegung eines „Klassikers": dieses Mal steht Nietzsche im Zentrum der Aufmerksamkeit. Das Thema der Kultur greift Deleuze im vierten Kapitel auf, das die Wegstrecke „vom Ressentiment zum schlechten Gewissen" durchmisst (vgl. Deleuze 1962: 122-159, insb. 145-154). Deutlicher als zuvor wird die Ambivalenz des Kulturbegriffs thematisch, wenn Deleuze angelehnt an Nietzsche von der Kultur aus geschichtlicher und übergeschichtlicher Sicht spricht. In dieser Redeweise manifestiert sich, dass die Unterscheidung zwischen den aktuell gegebenen und den ideell zu denkenden „kulturellen Praktiken" und Institutionen zunehmend Gewicht erhält. Aus historischer Sicht hat sich demnach eine Kultur des Ressentiments etabliert, die in der Dialektik ihren zugespitzten ideologischen Ausdruck findet (vgl. Deleuze 1962: 132-133). Deleuze macht sich ein gebrochenes Kulturverständnis zu eigen, indem er der von Nietzsche gewiesenen Idee einer „Selbstaufhebung der Kultur" folgt.

In einem ersten Schritt beschäftigt sich Deleuze mit der Kultur aus „prähistorischer Sicht". Wie Nietzsche in der zweiten Abhandlung der *Genealogie der Moral* (1887) darlegt, war es „die eigentliche Arbeit des Menschen an sich selber in der längsten Zeitdauer des Menschengeschlechts [...], ein Thier heranzuzüchten, das versprechen darf [...]." (Nietzsche 1887: 293) Deleuze legt diese These auseinander, indem er die prinzipielle kulturelle Tätigkeit des Menschen darin sieht, dem Menschen ein solideres Bewusstsein zu verschaffen, das ihn für sein Handeln verantwortlich macht. Dies geschieht, indem die Kultur den Menschen „mit einem neuen Vermögen [ausstattet], das der Vergeßlichkeit entgegengesetzt scheint: dem Gedächtnis." (Deleuze 1962: 146)[5] Es ist die Mnemotechnik, mit der es gelingt, „diesem theils stumpfen, theils faseligen Augenblicks-Verstande" etwas so einzuprägen und einzubrennen, dass es gegenwärtig bleibt (vgl. Nietzsche 1887: 295). Als Äquivalent eines nicht eingehaltenen Versprechens bzw. überhaupt des Vergessens wird das Leiden als Strafe kultiviert („verursachter Schaden = erlittener Schmerz"), weshalb sich als Grundtypus der gesellschaftlichen Organisation das Verhältnis zwischen Schuldnern und Gläubigern angeben lässt (vgl. Deleuze 1962: 147). So zeigt sich, dass der vornehmste Wert der Kulturentwicklung darin besteht, dass Menschen hervorgebracht werden, die für sich selbst verantwortlich eine Schuld und eine Strafe auf sich nehmen können. Das heißt allerdings nicht, wie Deleuze zweitens aus „posthistorischer Sicht" deutlich macht, dass hiermit die Regionen des moralischen Schuldgefühls und des schlechten Gewissens, schon gar nicht als ursprüngliche Erklärungsinstanzen, inthronisiert sind. Wer sich für seine reaktiven Kräfte *verantwortlich fühlt*, ist nicht zu verwechseln mit jemandem, der sich für seine reaktiven Kräfte *schuldig fühlt* – und diese als schuldig, sündig, verwerflich etc. empfindet. Die Kultur als der „Vollzug einer formgebenden Aktivität" hat ein ganz anderes (posthistorisches) Resultat, nämlich das „souveräne Individuum", das versprechen darf (vgl. Deleuze 1962: 149f. und Nietzsche 1887: 293). Hiermit ist eine Bewegung der Selbstaufhebung der Kultur beschrieben, sofern „das Produkt der Kultur nicht mit deren Mittel" identisch ist. Ihr eigentliches und vorhistorisches Element ist das Gesetz, Gesetzen

---

[5] „Versprechen-können ist der Effekt der Kultur als auf den Menschen bezogenes Tun des Menschen; der Mensch, der versprechen kann, ist das Produkt der Kultur als Gattungstätigkeit." (Deleuze 1962: 147)

Gilles Deleuze: Kultur und Gegenkultur

zu gehorchen, während ihr transzendentes und posthistorisches Produkt der souveräne, nicht der dem Gesetz gehorchende Mensch ist, der „sich durch die Macht über sich selbst auszeichnet" (Deleuze 1962: 150).[6]

Es ist nun entscheidend, dass das Wesen der Kultur nicht mit dem Sinn der Geschichte in eins fällt. Die Geschichte bekundet „den faktischen Sieg der niederen und reaktiven Kräfte", während die Kultur in ihren wesentlichen Merkmalen von der vorgeschichtlichen *cultura animi* bis zum außerkulturellen, weil nicht länger eine Gattung repräsentierenden, souveränen Einzelwesen (als „Übermenschen") verläuft (vgl. Deleuze 1962: 151).[7] Hiermit bezieht Deleuze für einen Moment die Position einer „negativen Kulturtheorie", indem er mit Nietzsche ein *utopisches Wesen* der Kultur verteidigt, das in ihren faktischen geschichtlichen Manifestationen vollkommen denaturiert wird. „Von der Kultur gilt in einem, daß sie seit langem schon untergegangen ist und daß ihr Beginn noch aussteht. [...] In der Geschichte erhält die Kultur einen gegenüber ihrem Wesen sehr abweichenden Sinn, wird sie doch von gänzlich andersartigen und fremden Kräften ins Schlepptau genommen." (Deleuze 1962: 151) Im Unterschied zum dialektischen Utopismus gilt hier der Nihilismus als Prinzip der Weltgeschichte. An die Gattungstätigkeit schließen sich die Organisationen reaktiven Charakters an, die ihr eigenes Produkt, nämlich „den gezähmten Menschen" als „Herdentier" hervorbringen. Die Kultur wird historisch als rechtmäßiger Besitz von „Rassen, Völkern, Klassen, Kirchen und Staaten" repräsentiert, die sich ihrer Verfahren zur Abrichtung und Disziplinierung bedienen, um „den Menschen zu bearbeiten und seine reaktiven Kräfte in Dienst zu stellen." (Deleuze 1962: 152)

Die Kultur aus historischer Sicht fällt zusammen mit der, wie Nietzsche sagt, „Degenereszenz der Kultur" (vgl. Deleuze 1962: 151). Allerdings sind die oben erwähnten Textpassagen über die Kultur noch interpretationsbedürftig, weil sie die „Gattungstätigkeit", auf die der Kulturbegriff Nietzsches verpflichtet ist, noch nicht problematisieren. Lediglich ihre von der Geschichte untrennbare Bewegung wird als solche herausgestellt (vgl. Deleuze 1962: 151). In einem späteren Abschnitt verdeutlicht Deleuze, dass keineswegs in kulturkritischer Absicht auf einem Eigentlichen der Kultur insistiert werden soll, da im Gegenteil im Medium des Überhistorischen, das im Verlauf der Selbstaufhebung der Kultur hervorkommt, das Wesen des Menschen zurückgelassen wird (vgl. Deleuze 1962: 181-185)[8]. „Nietzsche will sagen, daß die Gattungstätigkeit des Menschen oder der Kultur nur als ein vom Reaktiv-werden vorausgesetztes Stadium Bestand hat, von einem Werden, das das Prinzip der Aktivität zu einem mißratenen und das Produkt derselben zu einem verfehlten werden läßt." (Deleuze 1962: 182-183) Unterhalb der Bestimmung des Menschen treibt der

---

[6]   Ebd. heißt es zusammenfassend: „Die Sittlichkeit der Sitte erschafft den von der Sittlichkeit der Sitte befreiten Menschen [...]. Kultur macht die Gattungstätigkeit des Menschen aus; da diese ganze Aktivität jedoch züchtend wirkt, erzeugt sie als ihr Endziel jenes Individuum, *in dem das Gattungsspezifische selbst seinen Untergang erfährt*." [Hervorh. v. Vf.] Die Aktivität der Kultur bringt im Grunde nicht den Menschen hervor, „der wesentlich (d. h. gattungsmäßig) ein reaktives Wesen ist", sondern „anderes als den Menschen [...]." (Deleuze 1962: 153).

[7]   „Schon in den *Unzeitgemäßen Betrachtungen* hatte Nietzsche ja Vertrauen ins 'Unhistorische und Überhistorische' als Element der Kultur gesetzt (was er den griechischen Sinn der Kultur hieß)." (Deleuze 1962: 153).

[8]   Dort heißt es explizit mit Bezug auf das Kapitel über „die Kultur aus prähistorischer Sicht": „Einem ersten Blick gibt sich die Aktivität des Menschen als Gattungstätigkeit; klammern sich die reaktiven Kräfte an diese, denaturieren sie und lenken sie von ihrer Sinnbestimmung ab. Einem tieferen Blick jedoch offenbart sich das wahrhaft Gattungsspezifische als Reaktiv-werden aller Kräfte, worin die Aktivität nur als ein von diesem Werden vorausgesetztes Stadium fungiert." (Deleuze 1962: 182)

Wille zur Macht sein Unwesen: ein Werden der Kräfte, das noch dem Reaktiv-werden, das den Menschen im Allgemeinen charakterisiert, zugrunde liegt. Mit dem Nihilismus im Bunde steht die Kultur in der Geschichte für diverse Formen der Selbsthervorbringung des Menschen, indem die aktiven Kräfte von dem abgetrennt werden, was sie vermögen, so dass sie sich gegen sich selbst wenden und reaktiv werden.[9]

In *Jenseits von Gut und Böse* (1886) liefert Nietzsche die moraltheoretische Parallele zur Trias der „Kulturepochen". Auf die vormoralische folgt die moralische Ära, die zuletzt in eine außermoralische mündet, die sich aus der „Selbstüberwindung der Moral" ergibt (vgl. Nietzsche 1886: 50ff.). Die Moral erscheint als ein historisches Übergangsphänomen, das mit der jüdisch-christlichen Religionsgeschichte als Geschichte des Nihilismus verschmilzt. In diesem Kontext kommt es mir darauf an, dass Nietzsche die vormoralische „vornehme Kultur" nicht nur als verloren behandelt, sondern auch als überkommen: ihr fehlt die moderne Psychologie, die den Menschen interessant macht, indem sie ihn mit einem Willen zur Wahrheit ausstattet.[10] Dieser Wille basiert auf Entdeckungslust und intellektueller Neugier, die sich zwar von der moralischen Innerlichkeit herleiten, aber nicht von ihr abhängig sind. Der erkennende Wille des „sehr freien Geistes" ist imstande, das theologisch und metaphysisch abgesicherte Bild des Denkens in Frage zu stellen, indem er die „psychologischen" Hintergründe als Machtphänomene analysiert. Hiermit bejaht Nietzsche den destruktiven Charakter, der im Innersten der neuzeitlichen Aufklärungsbewegung am Werk ist. Er bezieht ihn auf den historischen Sinn des modernen europäischen „Halbbarbaren": „Durch unsere Halbbarbarei in Leib und Begierde haben wir geheime Zugänge überallhin, wie sie ein vornehmes Zeitalter nie besessen hat, vor Allem die Zugänge zum Labyrinthe der unvollendeten Culturen." (Nietzsche 1886: 158) Die unhistorischen und überhistorischen Gegenkräfte gegen die historisch dominierende Kultur bringen sich in der Bejahung des Willens zur Macht zum Ausdruck und agieren in den mannigfaltigen, der Vollendung zuwiderlaufenden Strömungen einer in unzählige Ereignisse zerfallenden Geschichte, die sich nicht mehr einer großen gattungsspezifischen Erzählung subsumieren lassen. Wenn irgendwo, dann steckt im Insistieren auf dieser Unmöglichkeit das Potential einer Gegenkultur, die sich in den mit Blick auf Hume von Deleuze beschriebenen Formen der Selbstorganisation in freien Assoziationen und Institutionen, im Sinne einer Machtausübung „von unten", (gegen-) verwirklichen kann.

4

Nach 1962 scheint Deleuze nicht mehr mit dem Kulturbegriff zu „arbeiten". Seine Abneigung gegen den Begriff ist spürbar groß.[11] Es liegt nahe, diese Missachtung darauf zurück-

---

[9] „Das Wesen des Menschen wie der vom Menschen okkupierten Welt ist dies Reaktiv-werden aller Kräfte, ist der Nihilismus und nichts sonst. [...] Gegen den Nihilismus ins Feld zu ziehen [...] heißt deshalb, den Menschen zu überwinden." (Deleuze 1962: 183, 181)

[10] Vgl. zur „Überwindung" der vornehmen Kulturen durch die (ultra)moderne Form der Halbbarbarei sowie zur eigentümlichen Ausprägung der Psychologie als philosophische Denkungsart bei Nietzsche: Rölli (2004).

[11] Die Antworten von Deleuze auf die Frage nach der Kultur („C comme Culture") im Rahmen des 1988-89 mit Claire Parnet aufgenommenen und nach seinem Tod 1996 gesendeten Fernsehinterviews *L'abécédaire de Gilles Deleuze* sind eindeutig: weder glaubt er an die Kultur (er hasst sie), noch hält er sich selbst für kultiviert. Die Kultur ist als etablierte und kommerzielle Kultur dem gesprochenen Wort verpflichtet, z. B. der

zuführen, dass sich unter Kultur mehr oder weniger alles fassen lässt, was Menschen tun und lassen, mit sich und anderen. Die Kultur nimmt als Kulturanthropologie gegen Ende des 18. Jahrhunderts ihren begriffsgeschichtlichen Aufschwung, indem sie kulturelle Unterschiede voraussetzt, und gleichzeitig die regionale Charakteristik (der Völker und Rassen) dem humanistischen Menschenbild unterordnet. Im Verhältnis von Anthropologie und Humanismus liegt die grundlegende Zweideutigkeit, die sich in den Begriff der Kultur eingeschrieben hat. Zwar bestätigt die moderne Terminologie der Kulturen die Pluralisierung des Geistes, der Vernunft und der Sitten – eine Kultur bestimmt sich in Abgrenzung von anderen Kulturen –, gleichwohl schließt sich die so gewonnene Identität als eine Sinneinheit gegen weniger sinnvolle Einheiten ab, indem sie in besonderem Maße an einem nach wie vor universalen Prinzip des Geistes (z. B. die Volksgeister und der Weltgeist) partizipiert. Der Begriff der Kultur verschleiert, was er voraussetzt: den Niedergang eines legitimen, über den Teilnehmerperspektiven stehenden Beobachterstandpunkts.[12] Andererseits hilft es wenig, sich an den kulturellen Unterschieden festzuklammern, nicht nur, weil jede Kultur dahin tendiert, sich als (sprachliche, nationale, ethnische, religiöse etc.) Einheit zu konstituieren, sondern vor allem aufgrund der gegenwärtigen, den Kapitalismus insgesamt charakterisierenden, Globalisierung „westlicher Kultur".[13] Durch sie wird unübersehbar, dass der interkulturelle Anspruch auf symmetrische Beziehungen des Dialogs zwischen den Kulturen mehr auf gutem Glauben als auf Einsicht in die wirklichen Machtverhältnisse beruht.

Daraus ergibt sich, dass die von Deleuze im Laufe der 60er Jahre erarbeitete Perspektive auf das *Minoritär-Werden* eine philosophische Antwort auf das mit dem Begriff der Kultur gestellte Problem gibt. Die impliziten Prämissen des traditionell philosophischen Denkens sind demzufolge im *Prinzip der Majorität* verankert, weil die von Rechts wegen gültigen Bestimmungen der allgemein menschlichen Vernunft, ihre natürliche Beziehung zur Wahrheit etc., in der empirischen Normalität (z. B. des gesunden, harmonisch abgestimmten, moralisch vertretbaren Gebrauchs der Erkenntnis- und Begehrungsvermögen) ihre Legitimation und objektive Realität finden. Abweichungen von der Norm des kultivierten Menschen werden in der Regel nur als Ausnahmen, periphere Erscheinungen, Anomalien gewertet – und bieten als solche der determinierenden Festsetzung einer Kultur lediglich die negative Abgrenzung. Von daher reicht es nicht aus, das Minoritäre aus der Sicht des identifizierenden Denkens als „anders", „nichtidentisch" etc. zu begreifen. Vielmehr muss es darum gehen, die Kategorien im von Deleuze sog. „moralischen Bild des Denkens" methodisch geschickt durcheinander zu bringen und neu zu fassen. Plakativ gesagt, muss

---

Kommunikation von reisenden Intellektuellen, die an Kongressen teilnehmen. Kultur und Kulturindustrie gehören zusammen, allerdings nicht im Sinne einer unumstößlichen Diagnose, dass die Zeiten der wirklich bewegenden künstlerischen Produktionen und politischen Veränderungen ein für alle Mal der Vergangenheit angehören. Gegen die Kultur setzt Deleuze überall im Kleinen stattfindende Begegnungen, Ereignisse – oder weniger salbungsvoll gesagt: singuläre Treffen, z. B. mit einem (mitreißenden) Kinofilm. Die Kultur geht vornehm auf Distanz zu den vulgären Regionen, in denen das Leben pulsiert, während die Philosophie nach Deleuze dazu aufgerufen ist, sich direkt – ohne weitere Vermittlungsschritte im Medium der Kultur – auf ihr Außen (Perzepte, Affekte, Begehren) zu beziehen.

[12] Anders gesagt: die stets den Kulturbegriff flankierenden Gegenbegriffe der Natur und des Anderen („Barbaren") sind ein Indiz für die Unmöglichkeit, die Kultur aus ihrem historisch gegebenen identifizierenden Konzept herauszulösen und anders zu bestimmen.

[13] Vgl. die Schilderung der durch die kapitalistische Produktionsweise unumgänglichen Ersetzung externer, kulturspezifischer Codes durch die rein quantitative Axiomatik des Geldes: Deleuze/Guattari (1972a: 286ff.).

die Hierarchie zwischen Identität und Differenz, oder zwischen Transzendenz und Immanenz, umgekehrt werden. Diese Umkehrung ist qualitativ, weil sie das Minoritäre von Rechts wegen zur differentiellen Regel und somit die faktisch vorliegenden kulturellen identifizierenden Merkmale zu Effekten einer voraus liegenden Sinnbildung macht.

In ihrem Buch *Kafka. Für eine kleine Literatur* (1975) liefern Deleuze und Guattari ein Beispiel dafür, wie die Mikropolitik eines gegen die herrschende Kultur gerichteten Schreibens funktioniert. Kleine Literatur (*littérature mineure*) entkleidet die Sprache ihrer repräsentativen Gestalt und verkörpert sich in komplexen sozialen Verkettungen, die unterhalb der großen segmentierten Linien situiert sind und eine kollektive Deterritorialisierungsbewegung vorantreiben. Sie beruht auf dem minoritären Gebrauch einer großen Sprache: etwa das Deutsch der Prager Juden, die Präpositionen und Reflexivpronomen „falsch" verwenden, eigenartig betonen, immer wieder dasselbe Verb benutzen, Adverbien anhäufen etc.[14] Dieser Gebrauch auf „enge[m] Raum bewirkt, dass sich jede individuelle Angelegenheit unmittelbar mit der Politik verknüpft" (Deleuze/Guattari 1975: 25, 26-27). Es sind die unterentwickelten Momente im Sprachgebrauch einer Minderheit, die von Kafka aufgesucht werden, um die Machtzentren zu entdecken, „die entscheiden, was man sagen kann und was nicht". Somit wird „das Unterdrückte der Sprache dem Unterdrückenden in der Sprache" entgegen gestellt (Deleuze/Guattari 1975: 38). Die Minoritäten werden in der Gesellschaft nicht angemessen repräsentiert: sie fallen durch ihre großflächigen Anerkennungsstrukturen hindurch. Daher bieten sie einen Zugang zur mikrosoziologischen Ebene immanenter gesellschaftlicher Kräfte und Strömungen. Es reicht nicht aus, das, was die Minderheiten zu Minderheiten macht, zu kritisieren: es gilt vielmehr, die Prozesse des Minoritär-Werdens zu intensivieren, so dass die Immanenzmilieus sichtbar werden, in denen die etablierten Strukturen der Mehrheit als bedingt erscheinen.[15] Wenn es gelingt, die gesellschaftlichen Verkettungen unterhalb der Repräsentationen aufzudecken, so ist dieser Vorgang laut Deleuze und Guattari gleichzeitig eine virtuose Demontage des kulturellen Sinns. Die mikropolitischen Verbindungen sind auf der Ebene der Immanenz nicht neutralisiert oder blockiert, ihre vielfältigen Anschlussstellen sind nicht länger einer abstrakten Logik folgend auf einen Signifikanten ausgerichtet. Vielmehr wuchern und multiplizieren sich die Serien unaufhaltsam, produzieren intensive Quantitäten im gesellschaftlichen Raum und erstellen polyvalente und kollektive Verbindungen. In diesem Sinne „gibt [es] Nomaden, die eine andere Verkettung bezeugen, [...] die dem transzendenten Gesetz des Kaisers [...] zugrunde liegt." (Deleuze/Guattari 1975: 101)

---

[14] „Kein Wort fast, das ich schreibe, passt zum anderen, ich höre, wie sich die Konsonanten blechern aneinanderreihen, und die Vokale singen dazu wie Ausstellungsneger." (Kafka, zit. in Deleuze/Guattari 1975: 33)

[15] Die herkömmlichen Kafka-Interpretationen, die mit dem Gesetz aufwarten, mit der unauffindbaren Transzendenz, der unausweichlichen Schuld, werden von Deleuze und Guattari zurückgewiesen. Selbst eine kritische Lektüre, die Verwirrungen und Schmerzen als authentischen Ausdruck einer ausweglosen Zeit begreift, verfehlt die eigentliche Kraft des Kafkaschen Schreibens. Diese liegt in seinem Humor, mit dem er bereits in der Gesellschaft vorhandene Tendenzen aufgreift und beschleunigt, indem er mit einer Möglichkeit experimentiert, „die bereits Wirklichkeit ist, ohne schon Gegenwart zu sein." (Deleuze/Guattari 1975: 67) Weniger ein Spiegel, sondern eher „eine Uhr, die vorgeht", erforscht er die Immanenz der gesellschaftlichen Verkettungen, verlängert sie auf einer Fluchtlinie und agiert im Namen freier Assoziationen, indem er die Bedingungen ihrer Aussagenproduktion schafft. „In Wahrheit gibt es nur zwei Gründe, aus denen man Kafka voll akzeptieren kann: Er ist lachender Autor, erfüllt von einer tiefen Fröhlichkeit, trotz oder gerade wegen seiner Clownerien, die er wie eine Falle aufbaut oder wie einen Zirkus vorführt. Und er ist von A bis Z ein politischer Autor [...]." (Deleuze/Guattari 1975: 58)

Gilles Deleuze: Kultur und Gegenkultur

Literatur von Gilles Deleuze

Deleuze, G. (1953): David Hume. Frankfurt/M./New York 1997.

Deleuze, G. (1954): Jean Hyppolite, Logik und Existenz. In: Deleuze, G.: Die einsame Insel. Texte und Gespräche 1953-1974. Hg. v. D. Lapoujade, Frankfurt/M. 2003, S. 18-23.

Deleuze, G. (1955): Instinkte und Institutionen. In: Deleuze, G.: Die einsame Insel. Texte und Gespräche 1953-1974. Hg. v. D. Lapoujade, Frankfurt/M. 2003, S. 24-27.

Deleuze, G. (1962): Nietzsche und die Philosophie. Hamburg 1991.

Deleuze, G. (1972): Hume. In: Deleuze, G.: Die einsame Insel. Texte und Gespräche 1953-1974. Hg. v. D. Lapoujade, Frankfurt/M. 2003, S. 236-247.

Deleuze, G. (1973): Nomaden-Denken. In: Deleuze, G.: Die einsame Insel. Texte und Gespräche 1953-1974. Hg. v. D. Lapoujade, Frankfurt/M. 2003, S. 366-378.

Deleuze, G./Guattari, F. (1972a): Anti-Ödipus. Winterthur 1974.

Deleuze, G./Guattari, F. (1972b): Gespräch über den Anti-Ödipus. In: Deleuze, G.: Unterhandlungen 1972-1990. Frankfurt/M. 1993, S. 25-40.

Deleuze, G./Guattari, F. (1975): Kafka. Für eine kleine Literatur. Frankfurt/M. 1976.

Deleuze, G./Guattari, F. (1991): Was ist Philosophie? Frankfurt/M. 1996

Weitere zitierte Literatur

Baecker, D. (2000): Wozu Kultur? Berlin 2003.

Hetzel, A. (2001): Zwischen Poiesis und Praxis. Elemente einer kritischen Theorie der Kultur. Würzburg 2001.

Kant, I. (1798): Anthropologie in pragmatischer Hinsicht. In: Kant's gesammelte Schriften, hg. v. d. Königlich Preußischen Akademie der Wissenschaften, Band VII., Berlin 1917, S. 117-333.

Nietzsche, F. (1886): Jenseits von Gut und Böse. In: F. Nietzsche: Sämtliche Werke. Kritische Studienausgabe, hg. v. G. Colli u. M. Montinari, Bd. 5, München/Berlin/New York 1980ff., S. 9-243.

Nietzsche, F. (1887): Zur Genealogie der Moral. In: F. Nietzsche: Sämtliche Werke. Kritische Studienausgabe, hg. v. G. Colli u. M. Montinari, Bd. 5, München/Berlin/New York 1980ff., S. 245-412.

Rölli, M. (2004): „Wir modernen Menschen – wir Halbbarbaren". Zu Nietzsches Kritik der Modernität. In: Sic et Non. Zeitschrift für Philosophie und Kultur. Im Netz. Darmstadt 2004, www.sicetnon.org

Waldenfels, B. (2001): Genealogie der Kultur. In: ders.: Verfremdung der Moderne. Phänomenologische Grenzgänge. Essen 2001, S. 97-117.

Michel Foucault: Ethnologie der eigenen Kultur

Christian Lavagno

Intellektueller Werdegang

Michel Foucault, 1926 in Poitiers geboren, studiert von 1946 bis 1951 Philosophie und Psychologie an der französischen Eliteschule *École normale supérieure* in Paris. Da die akademische Philosophie, die seinerzeit von der Phänomenologie und vom Hegelianismus bestimmt wird, ihn nicht zu begeistern vermag, liest er nebenher Nietzsche, Freud und Heidegger. Vorübergehend gehört er auch der kommunistischen Partei an. In den fünfziger Jahren führt er ein unstetes Wanderleben in Europa, mit den Stationen Lille, Uppsala, Warschau und Hamburg. In dieser Zeit vollzieht er eine Hinwendung zu strukturalistischen Fragestellungen, die er später als „eine Art Konversion" (Foucault 1974: 8) bezeichnen wird.

1961 erscheint sein erstes bedeutendes Buch, *Wahnsinn und Gesellschaft*, das jedoch zunächst auf wenig Resonanz stößt. 1962 wird er Professor für Philosophie in Clermont-Ferrand, mit Lehraufgaben in Psychologie. Mit seinem zweiten großen Buch, *Die Ordnung der Dinge*, gelingt ihm 1966 der publizistische Durchbruch: die erste Auflage ist binnen weniger Wochen ausverkauft. Vor allem die suggestive Schlussthese, man könne „sehr wohl wetten, dass der Mensch verschwindet wie am Meeresufer ein Gesicht im Sand" (Foucault 1971: 462) – eine Absage an den bis dahin vorherrschenden Humanismus zugunsten der strukturalistischen Dezentrierung des Menschen –, katapultiert das Buch in die Kulturspalten von Zeitungen und Zeitschriften. Foucault wird ein gefragter Interviewpartner. 1969 lässt er den Band *Archäologie des Wissens* folgen; das theoretische Fundament beider Bücher ist die Diskursanalyse.

1970 wird Foucault ans renommierte *Collège de France* berufen. Seine Antrittsvorlesung *Die Ordnung des Diskurses* kündigt eine methodologische Wende an: statt nach dem inneren Funktionieren des Diskurses fragt er nun nach dessen äußeren Entstehungsbedingungen. Dementsprechend rückt in seinen Arbeiten der siebziger Jahre der Begriff der Macht in den Mittelpunkt. Wichtige Publikationen aus dieser Zeit sind das Gefängnis-Buch *Überwachen und Strafen* (1975) sowie der erste Band von *Sexualität und Wahrheit* (1976). Parallel zu seinen theoretischen Arbeiten engagiert sich Foucault, von seinem Bekanntheitsgrad profitierend, als Intellektueller zugunsten von Gefängnisinsassen und gegen Fremdenfeindlichkeit.

Seit Ende der siebziger Jahre nimmt er immer häufiger Einladungen in die USA an, unter anderem nach San Francisco. Zugleich vollzieht er erneut eine theoretische Wende: an die Stelle der Analytik der Macht treten eine an der Antike orientierte Ethik und die Frage nach dem Subjekt. Ihren Niederschlag finden die Überlegungen in den Bänden zwei und drei von *Sexualität und Wahrheit*, die im Juni 1984 erscheinen. Im gleichen Monat stirbt Foucault in Paris an Aids.

Er hinterlässt ein doppeltes Œuvre: neben den genannten Büchern zahlreiche Aufsätze, Vorträge und Interviews, die jetzt in der vierbändigen Ausgabe *Schriften* versammelt sind (vgl. Foucault 2001-05) und die sich im Stil deutlich von den Büchern unterscheiden. Während in den Büchern sehr detailliert historisches Material ausgebreitet wird, dafür aber die entscheidenden Thesen oft in den Falten verborgen bleiben, lässt sich Foucault in den Interviews viel eher in die Karten schauen, freilich um den Preis einer gewissen Vergröberung. Ein gründliches Foucault-Studium erfordert die Auseinandersetzung mit beiden Typen von Texten.

Ethnologie der eigenen Kultur

Bei aller theoretischen Strenge ist Foucault kein Systemdenker; wie sich schon andeutete, hat er mehrfach den Standort gewechselt. Es bereitete ihm sichtlich Vergnügen, „woanders aufzutauchen und [...] zu höhnen: nein, nein, ich bin nicht da, wo Ihr mich vermutet, sondern ich stehe hier, von wo aus ich Euch lachend ansehe" (Foucault 1973: 30). Diese wiederholten Wendungen und Wandlungen waren vor allem für die Verehrer unter seinen Lesern mitunter schwer nachzuvollziehen.

Trotz der daraus resultierenden Vielgestaltigkeit gibt es gleichwohl in seinem Denken wiederkehrende Motive und einen Grundansatz. Er selber hat seine Arbeit einmal folgendermaßen charakterisiert: „Ich versuche tatsächlich, mich außerhalb der Kultur, der wir angehören, zu stellen, um ihre formalen Bedingungen zu analysieren." (Foucault 1974: 12) Das bedeutet: es geht ihm darum, die Praktiken und Diskurse, die unsere Kultur ausmachen, in ihrer Regelhaftigkeit zu untersuchen, und zu diesem Zweck nimmt er den Standpunkt eines Beobachters ein, der das Geschehen wie ein Ethnologe von außen betrachtet. Wir können von einer *Ethnologie der eigenen Kultur* sprechen: in entschiedenem Gegensatz zu hermeneutischen Ansätzen versucht Foucault, sein eigenes kulturell eingespieltes Vorverständnis auszublenden. Er nähert sich den Phänomenen in einer Weise, als bliebe ihm ihr Sinn verschlossen und als müsste er sich – wie weiland Lévi-Strauss bei den Bororo im Amazonas-Gebiet – darauf beschränken, Gesetzmäßigkeiten in den Abläufen zu konstatieren. Sein Ziel besteht darin, das System oder Regelwerk aufzudecken, das, den Teilnehmern selber oft gar nicht bewusst, dem Geschehen zugrunde liegt.

Als Bezeichnung für dieses Verfahren führt er in den sechziger Jahren den Terminus *Archäologie* ein; da sein Untersuchungsgegenstand in dieser Phase überwiegend Diskurse sind, hat sich auch der Ausdruck *Diskursanalyse* eingebürgert. Festzuhalten bleibt die Differenz zur Hermeneutik: wenn Foucault in *Die Ordnung der Dinge* verschiedene Wissensgebiete in ihrem historischen Wandel seit der Renaissance untersucht, so nicht im Stil einer Ideengeschichte mit ihren herkömmlichen interpretativen Verfahren. Er interessiert sich nicht dafür, was dieser oder jener Autor „gemeint" hat und welcher Sinn aus seiner Theorie herauszulesen ist. Stattdessen geht es ihm um die Funktionsweise eines Diskurses, d. h. um die Art und Weise, wie die Elemente zirkulieren, und vor allem um das Prinzip, das ihre Zirkulation steuert.

So ist, um ein Beispiel zu nennen, das Denken der Renaissance um das Prinzip der *Ähnlichkeit* organisiert (vgl. Foucault 1971: 46). Die Theoriebildung dieser Epoche geht davon aus, dass die Entitäten der Welt untereinander verbunden sind und dass sie wie Zeichen aufeinander verweisen. Übereinstimmung in der äußeren Form gilt dabei als Indiz für

Sympathie zwischen den Dingen, Verschiedenheit als Indiz für Antipathie. Das erklärt den heute bizarr anmutenden medizinischen Ratschlag, Kopfschmerzen und Geistesverwirrungen mit Walnussextrakt zu behandeln: zugrunde liegt die Beobachtung, dass die Walnuss mit ihrer weichen Rinde, der harten Schale und dem zweigeteilten, gewundenen Inneren Ähnlichkeiten mit dem menschlichen Kopf aufweist. In dieser Weise ist die Ähnlichkeit das *historische Apriori* des Renaissancedenkens.

Analog arbeitet Foucault für die europäische Neuzeit zwei weitere Diskursformationen heraus, wobei die Formationen nicht im Sinne eines Fortschritts aufeinander aufbauen, sondern sich im Gegenteil diskontinuierlich ablösen. Auf die Renaissance folgt das Zeitalter der Klassik (etwa von der Mitte des 17. bis zum Ende des 18. Jahrhunderts), das vom Prinzip der Repräsentation bestimmt wird (vgl. Foucault 1971: 107). Die Wissenschaftler dieser Epoche nehmen eine Ordnung der Dinge als gegeben an und sehen ihre Aufgabe darin, ein gigantisches Tableau zu errichten, in dem alle Entitäten eines Wissensgebietes *repräsentiert*, d. h. erfasst, benannt und ihren natürlichen Konstellationen entsprechend angeordnet sind. Linnés Tafeln aller bekannten Pflanzen- und Tierarten stellen ein anschauliches Beispiel für Wissenschaft auf dem Boden dieses Paradigmas dar. Es handelt sich um einen Diskurs *klassifikatorischen* Typs; Grundvoraussetzung ist neben der Gegebenheit der Ordnung der Dinge die völlige Transparenz der Sprache.

Gegen Ende des 18. Jahrhunderts wird die Klassik ihrerseits von der Moderne abgelöst und der klassifikatorische Diskurs durch einen *kausal-genetischen* ersetzt (vgl. Foucault 1971: 269ff.). Die Ordnung gilt nicht länger als metaphysisch garantiert, sie muss vielmehr allererst hergestellt werden, und dazu bedarf es einer Reflexion, die sich nicht, wie im Zeitalter der Repräsentation, mit der Oberfläche der Dinge zufrieden gibt, sondern die gleichsam hinabsteigt und nach Ursachen und Entstehungsbedingungen fragt. Kausalketten treten an die Stelle der klassischen Tableaus. Die moderne Biologie etwa begnügt sich nicht damit, Tiere nach Merkmalen wie Hufe und Flossen zu klassifizieren, stattdessen untersucht sie fundamentale Lebensprozesse wie Atmung, Verdauung und Fortpflanzung. Konsequenz ist unter anderem die große „Wanderung" der Wale zu den Säugetieren – Linné hatte sie noch wie selbstverständlich zu den Fischen gerechnet.

Wie Foucault in seiner Diskursanalyse der Moderne herausarbeitet, sind es in der Hauptsache zwei Figuren, mit denen das moderne Denken bei seinen Erklärungsversuchen operiert: einmal die Historisierung, die auf die Geschichte als entscheidende Erklärungsinstanz rekurriert, und dann die Anthropologisierung, die den Menschen paradigmatisch ins Zentrum rückt (vgl. Foucault 1971: 337). Den zweiten Fall analysiert Foucault genauer als *Analytik der Endlichkeit*. Er erläutert am Beispiel von Kant, wie auf der Grundlage der Endlichkeit ein Wissensfeld neu geordnet und fundiert werden kann: die Transzendentalphilosophie kann nur deshalb die Frage nach den Bedingungen der Möglichkeit der Erkenntnis stellen, weil sie vom Menschen als „endliche[m] denkende[m] Wesen" (Kant 1787: 72) ausgeht. Auch in verschiedenen Wissenschaften rücken im 19. Jahrhundert Figuren der Endlichkeit ins Zentrum, so zum einen in der Politischen Ökonomie, die sich im klassischen Zeitalter noch als Analyse der Reichtümer und ihrer Zirkulation entfaltete, die nun aber das spezifisch menschliche Phänomen der Arbeit als paradigmatischen Ausgangspunkt wählt, und zum anderen in den Humanwissenschaften (zu denen Foucault neben der Psychologie auch die Literatur- und Kulturwissenschaft zählt), die ja den anthropozentrischen Ansatz bereits im Begriff mit sich führen. Die Analytik der Endlichkeit wird so zum historischen Apriori des modernen Wissens.

Das ist jedoch genau der Punkt, an dem Foucault die Maske des distanzierten Ethnologen fallen lässt und sich mit einer engagierten Kritik in die Erörterung der Moderne einmischt. Sein Argument gegen die Analytik der Endlichkeit lautet, dass in ihr der Mensch eine hybride Doppelrolle spielt: er ist auf der einen Seite transzendentales Subjekt und auf der anderen empirisches Objekt des Wissens (vgl. Foucault 1971: 384). Einerseits ermöglicht er mit seinem Wesenszug der Endlichkeit allererst das moderne Wissen, ist also das Bedingende, andererseits gehört er selber zu den Gegenständen dieses Wissens, ist also ein Bedingtes. Das ist aber ein fundamentaler Widerspruch, sofern die sorgfältige Trennung von Bedingung und Bedingtem zur unverzichtbaren Grundlage jedes rationalen Diskurses gehört. Der Mensch, als „empirisch-transzendentale Dublette" (Foucault 1971: 385) gedacht, ist eine haltlose Konstruktion; der Diskurs der Moderne erweist sich als Münchhausen-Geschichte.

Foucault führt in *Die Ordnung der Dinge* genüsslich die Aporien vor, in die sich das moderne Denken aufgrund dieses fundamentalen Widerspruchs verstrickt. Aber er hält auch Ausschau nach einer Alternative. Seine Prognose lautet, dass die Humanwissenschaften über kurz oder lang von strukturalen Gegenwissenschaften wie der Systemlinguistik oder der Lacanschen Psychoanalyse abgelöst werden, die nicht mehr den Menschen, sondern die Sprache ins Zentrum stellen (Foucault 1971: 447ff.). Konsequenz ist die bereits zitierte These vom sich abzeichnenden Verschwinden des Menschen. Wir können sie jetzt genauer (freilich auch weniger provokativ) formulieren: verschwinden wird nicht der empirische Mensch, die Spezies Homo sapiens, wohl aber eine bestimmte Denkfigur – die Analytik der Endlichkeit –, die den Menschen zum Paradigma stilisiert und ihn damit theoretisch hoffnungslos überfordert.

Die Diskursanalyse kommt also zu dem Schluss, dass der wissenschaftliche und philosophische Diskurs der Neuzeit in drei diskontinuierlich aufeinander folgende Formationen zerfällt, von denen sich insbesondere die dritte als in sich haltlos erweist, so dass ihr baldiges Ende vorausgesagt werden kann. Das ist das Tableau, mit dem Foucault in den sechziger Jahren so viel Aufsehen erregt hat. Was die Wirkungsgeschichte seiner Thesen betrifft, sind zwei Punkte hervorzuheben: 1.) Die von ihm zwar nicht begonnene, aber doch energisch vorangetriebene Dezentrierung des Menschen hat sich weitgehend durchgesetzt. Die Anthropologie ist heute keine paradigmatische Grundlagenwissenschaft mehr, sondern eine verarbeitende Disziplin, die ihre Modelle anderen Bereichen entlehnen muss, z. B. den Naturwissenschaften. 2.) Der Gedanke, nicht nach den Intentionen von Autoren, sondern nach der Funktionsweise eines gleichsam anonymen Diskurses zu fragen, ist in der Literaturwissenschaft auf fruchtbaren Boden gestoßen. Dort hat sich die Diskursanalyse als Konkurrenzparadigma zur Hermeneutik mittlerweile fest etabliert. Foucault hat dem durch eigene literaturtheoretische, ebenfalls diskursanalytisch ausgerichtete Arbeiten vorgearbeitet (vgl. Foucault 1979).

Von der Diskursanalyse zur Analytik der Macht

Wie bereits angedeutet verschiebt sich um 1970 der Fokus von Foucaults Analysen. Er sieht den Diskurs nicht länger als autonome, selbstgenügsame Einheit an, sondern berücksichtigt seine kulturellen und gesellschaftlichen Entstehungsbedingungen. Der Diskurs selber gilt zwar weiterhin als die Menge der gesagten Dinge *(choses dites)*, aber der Akzent liegt jetzt auf der Perspektive, dass diese Menge ursprünglich amorph und ungeordnet, tendenziell sogar überbordend und gefährlich ist und dass deswegen Ordnungsschemata eingeführt werden müssen, um dem unkontrollierten Wuchern des Diskurses Einhalt zu gebieten. Das kulturtheoretisch Bedeutsame dieser Wendung liegt darin, dass Foucault von nun an neben den Diskursen auch die *Praktiken*, die unsere Kultur bestimmen, in den Blick bekommt.

In seiner Antrittsvorlesung *Die Ordnung des Diskurses* beschränkt er sich noch darauf, die innertheoretischen Kontrollmechanismen zu beschreiben, die zur Bändigung des Diskurses eingeführt werden. Vielfach sind es Dichotomien, die diese Funktion übernehmen: wahr vs. falsch, vernünftig vs. wahnsinnig, wissenschaftlich (rational) vs. unwissenschaftlich (irrational) – stets geht es darum, den Diskurs zu verknappen und einen beträchtlichen Teil des Sagbaren auszuschließen (vgl. Foucault 1991: 16). Besonders frappierend ist hieran natürlich, dass die Wahrheit nur eine Funktion des Diskurses sein soll und keinen Wert an sich darstellt. In seinem frühen Buch *Wahnsinn und Gesellschaft* war Foucault noch anderer Auffassung gewesen, dort hatte er dem Wahnsinn in emphatischer Weise eine höhere Wahrheit zuerkannt. Nun jedoch, nach einer vertieften Nietzsche-Lektüre, sieht er die Wahrheit bloß noch als abhängige Variable, als einen Einsatz im Spiel des Diskurses. Das liegt daran, dass Aussagen und Theorien, mögen sie noch so evident erscheinen, von einer institutionellen Basis abhängen, die sie allererst hervorgebracht hat. Jeder Wahrheit geht ein *Wille zur Wahrheit* voraus, und der muss sich seit Nietzsche gefallen lassen, auf seine Motive, Interessen, Voraussetzungen und Dependenzen hin befragt zu werden.

Es ist deshalb nur konsequent, wenn Foucaults weitere Arbeiten der siebziger Jahre um den Begriff der *Macht* zentriert sind. Denn in der Hauptsache sind es äußere Einflüsse, die das Diskursgeschehen steuern, und damit erweist sich der Diskurs (einschließlich seiner Wahrheit) als eine Funktion der Macht. Hierbei erhält der Begriff der Macht jedoch eine positive Konnotation: im Unterschied zur Kritischen Theorie der Frankfurter Schule, deren Herrschaftsbegriff überwiegend repressiv angelegt war, versteht Foucault die Macht als etwas Produktives (vgl. Foucault 1977: 106). Er geht davon aus, dass Machtstrategien, um erfolgreich zu sein, Wissen produzieren müssen, auf das sie sich bei ihren Manövern stützen können. Dadurch sind Wissen und Macht ineinander verschränkt.

Foucault zeigt dies in seinem Buch über das Gefängnis anhand des historischen Wandels der Strafpraktiken vom 17. bis zum 19. Jahrhundert. Auf den ersten Blick hat es den Anschein, als sei die um 1800 erfolgende Abschaffung der peinlichen Strafen – die stets auf den Körper des Verurteilten zielten und die den Vollzug der Strafe als öffentliches Ritual zelebrierten – ein Akt der Menschlichkeit, der dem Humanitätsideal der Aufklärung zu verdanken sei. De facto verhält es sich jedoch ganz anders. Zwar geht es um Aufklärung, aber in einem eher technischen Sinne: Pranger, Kerker und Schafott werden durch das moderne Gefängnis ersetzt, weil dessen spezifische Architektur die nahezu lückenlose Überwachung der Häftlinge gestattet (vgl. Foucault 1976: 256). Das Modell hierfür ist das *Panopticon* von Bentham: ein ringförmiges, in viele Zelle unterteiltes Gebäude mit einem Wachturm in der Mitte. Die Zellen haben Fenster nach außen und zum Turm hin, sind untereinander jedoch nicht verbunden. Auf diese Weise ist es möglich, mit wenigen Wärtern eine große Anzahl von Häftlingen zu überwachen, die ihrerseits voneinander abgeschnitten sind. Resultat ist ein umfangreiches Wissen über das Verhalten der Verurteilten.

Geradezu lückenlos wird dieses Wissen dadurch, dass man neben ihrem äußeren Verhalten auch ihr Innenleben erforscht. Hierfür sind im modernen Strafvollzug all die Psychologen, Therapeuten, Sozialarbeiter und Bewährungshelfer zuständig, die – auf der Legitimationsgrundlage der angestrebten „Resozialisierung" – ins Innere des Delinquenten dringen. Geht es ihnen allein um die Humanisierung des Umgangs der Gesellschaft mit Verbrechern? Gewiss, die Strafmacht schreibt sich nicht mehr in grausamer Weise in den Körper des Verurteilten ein. Aber zugleich ist ihr das Individuum mehr denn je ausgeliefert. Deshalb hat sich nur die Erscheinungsform der Macht verändert, sie ist subtiler geworden. Ihr Anspruch – der unbeschränkte Zugriff auf die ihr Unterworfenen – hat sich eher noch verstärkt.

Hinzu kommt, dass die physische und psychische Überwachung mit einer umfassenden *Disziplinierung* einhergeht (vgl. Foucault 1976: 173ff.). Im Laufe des 19. Jahrhunderts werden nicht nur die Gefängnisse, sondern auch die Schulen, Spitäler, Heime und Erziehungsanstalten nach dem Vorbild des Militärs organisiert: überall ein straffes, durch Drill eingeübtes Reglement, dessen minutiöse Einhaltung genau überwacht wird. Durch die Disziplinierung geht die Macht dazu über, einen bestimmten Menschentypus aktiv hervorzubringen.

Auch im ersten Band von *Sexualität und Wahrheit* ist die Produktivität der Macht ein wichtiges Thema. Foucault wendet sich dort gegen die von ihm so genannte Repressionshypothese, d. h. die Annahme, seit dem 17. Jahrhundert und vor allem dann im viktorianischen Zeitalter werde die Sexualität und insbesondere das Sprechen über den Sex unterdrückt (vgl. Foucault 1977: 27). Diese Hypothese war zeitweise sehr populär; um 1970 führte sie zur Forderung nach einer „sexuellen Revolution". Foucault leugnet nun keineswegs, dass der Puritanismus die Regeln des Anstands verschärft und das zulässige Vokabular einer Säuberung unterzogen hat, mit der Konsequenz, dass in gehobenen Kreisen die sexuelle Thematik aus der Alltagskommunikation verschwunden ist. Aber er bestreitet, dass eine Zensur vorliegt, und stellt die Gegenthese auf, dass in Wirklichkeit in dem genannten Zeitraum eine Vervielfältigung der Diskurse über die Sexualität stattfindet: „Um den Sex herum zündet eine diskursive Explosion." (Foucault 1977: 27) Sein Argument: in bestimmten außeralltäglichen Kontexten hat es explizite Anreize gegeben, die eigenen sexuellen Phantasien, Wünsche und Erlebnisse zum Gegenstand eines ausführlichen Sprechens zu machen. Foucault zieht hier eine Linie von der christlichen Beichte über die Anfänge der medizinischen Psychologie im 19. Jahrhundert bis zur Psychoanalyse: überall wuchern die Diskurse über die Sexualität. Das schamhafte Schweigen kennzeichnet also nur die Oberfläche, darunter sprudeln die Worte, Berichte und Erzählungen. Und stets ist das Sprechen in einen Machtkontext eingebettet, wie nicht nur die Beichte beweist, sondern auch die moderne Psychologie, die ja nur so lange als Wissenschaft anerkannt ist, wie sie in Machtkämpfen als Normalisierungsfaktor eingesetzt werden kann.

Die Einsicht in die Produktivität der Macht erfordert jedoch einen grundlegend veränderten Machtbegriff. Von den klassischen bürgerlichen Theorien bis hin zu marxistischen Ansätzen ist die Macht immer als hierarchisch organisierte Zentralgewalt verstanden worden, die – sei es als Staat, herrschende Klasse oder individueller Patriarch – „von oben" auf die Masse der Unterworfenen einwirkt und deren vitale Äußerungen unterdrückt. Dieser Makroperspektive stellt Foucault eine *Mikrophysik der Macht* gegenüber, die davon ausgeht, dass die Macht „von unten" kommt und als die Gesamtheit der Kräfteverhältnisse, die in einem sozialen Feld wirksam sind, bestimmt werden kann (vgl. Foucault 1977: 115). Die primäre Ebene der Machtanalyse ist deshalb die der lokalen Kämpfe; der Staat und seine Apparate (Gesetzgebung, Verwaltung, Justiz) sind Zusammenballungen vieler winziger

Macht effekte und insofern sekundär. *Die* Macht gibt es im Grunde gar nicht. Vielmehr ist der relationale Charakter der Machtverhältnisse hervorzuheben: jede Macht erzeugt eine Gegenmacht in Gestalt von Widerstand (vgl. Foucault 1977: 116). Deshalb ist es auch falsch, Foucault eine pessimistische oder resignative Haltung zu unterstellen. Zwar leugnet er die Möglichkeit eines Reichs der Freiheit jenseits der Macht, und das hat ihm die Feindschaft der Marxisten eingetragen. Aber die Ubiquität der Machtbeziehungen ist für ihn kein Grund zu verzweifeln, da ja jeder Machtanspruch den Keim des Widerstands gegen ihn bereits in sich enthält. Freilich muss sich der Widerstand – selber ein Einsatz im Spiel der Macht – über seine Ziele im Klaren sein: es geht nicht um (absolute) Freiheit *von* der Macht, sondern um (relative) Befreiung *innerhalb* der Machtverhältnisse. Im Foucaultschen Modell ist für Utopie kein Platz.

Mit seinen nichtmarxistischen und gleichwohl gesellschaftskritischen Machtanalysen hatte Foucault in den siebziger und achtziger Jahren enormen Erfolg, sowohl in den Sozialwissenschaften als auch in der linken „Szene". Die Ursache hierfür liegt primär in der politischen Konstellation: in der Theorie vom Geflecht der Machtbeziehungen und vom lokalen Widerstand konnten sich die sozialen Bewegungen jener Zeit, die Bürgerinitiativen der Umwelt- und Friedensbewegung, viel eher wiederfinden als in altgedienten Revolutionstheorien. In die entsprechende Richtung gehen denn auch Foucaults Reflexionen zur Rolle des kritischen Intellektuellen in der Gesellschaft: der Intellektuelle nicht so sehr als Wortführer *(porte-parole)*, sondern als Teilnehmer und Mitstreiter (vgl. Foucault 1996: 107). Freilich gab es auch Einwände; kritisiert wurde unter anderem, dass Foucault einseitig den Kampf als Paradigma des Sozialen bestimmt habe und die vielfältigen Formen der Anerkennung zwischen Menschen nicht genügend berücksichtige (vgl. Honneth 1986).

Regierungskunst: Sich und andere lenken

Als Foucault gegen Ende der siebziger Jahre noch einmal den Fokus seiner Untersuchungen verschiebt, leitet ihn dabei die Einsicht, dass Macht nicht allein Wissen hervorbringt, sondern auch Subjektivität. Das Subjekt ist keineswegs etwas Ursprüngliches, vielmehr wird es im Geflecht der Machtbeziehungen allererst erzeugt. Foucault führt in diesem Zusammenhang den Terminus Regierungskunst *(gouvernementalité)* ein, und sein erstes Beispiel ist die *Pastoralmacht* (Foucault, in Dreyfus/Rabinow 1987: 248). Seine Beobachtung: wenn sich der christliche Priester oder Seelsorger wie ein Hirte um seine Schäfchen kümmert, so übernimmt er dabei auch ihre Lenkung, und vor allem befragt er sie darauf hin, wer sie sind, das heißt, er legt sie auf eine Identität fest. Seit dem 18. Jahrhundert sind im Zuge der Aufklärung die Befragungstechniken subtiler und die Erfassungsmethoden umfassender geworden, aber das Prinzip ist das gleiche geblieben: stets wird das Individuum mit psychologischer Raffinesse dazu gebracht, sich ein Bild von sich selber zu machen, und an die so gewonnene Subjektivität bleibt es fortan gekettet.

Auch dieser Prozess der Subjektwerdung des Menschen wird freilich von Foucault nicht rein repressiv ausgelegt. Im Gegenteil sieht er darin die Möglichkeit einer ethischen Selbstprüfung und -formung des Einzelnen angelegt. Er versucht sogar zu zeigen, dass es Abschnitte in der abendländischen Geschichte gab, in denen derartige *Techniken des Selbst* in voller Blüte standen. Zu diesem Zweck geht er in den Bänden zwei und drei von *Sexualität und Wahrheit* bis in die Antike zurück und untersucht die kulturellen Praktiken, mit deren Hilfe die Menschen über ihre Lebensführung und ihr Verhältnis zu sich selbst bestimmten. Seine These lautet, dass das Christentum das Verhältnis des Menschen zu seinem eigenen Körper von Grund auf verändert hat; impliziert ist die Idee, dass das Studium der vorchristlichen Praktiken uns die Möglichkeit eines anderen Umgangs mit uns selbst vor Augen führen kann. Was sich hier abzeichnet, ist eine *Ästhetik der Existenz*, die das Selbstverhältnis des Menschen ins Zentrum stellt. Dieser Gedanke ist übrigens von der feministischen Theorie produktiv aufgenommen worden; deutlich wird das vor allem an den Arbeiten von Judith Butler[1].

Klarzustellen ist jedoch, dass mit der Rede vom ästhetischen Selbstbezug und mit der *Sorge um sich* keineswegs ein – etwa durch politischer Enttäuschungen motivierter – Rückzug ins Private gemeint ist. Im Gegenteil muss die Suche nach neuen Lebensformen und nach einem veränderten Verhältnis zum eigenen Selbst als eine nur in der Gemeinschaft mit anderen zu lösende Aufgabe und insofern als ein eminent politischer Akt gesehen werden. An den entscheidenden Stellen, wo er eine Zukunftsperspektive andeutet, wechselt Foucault daher stets in den Plural: „Wir müssen neue Formen der Subjektivität zustandebringen, indem wir die Art von Individualität, die man uns jahrhundertelang auferlegt hat, zurückweisen." (Foucault, in Dreyfus/Rabinow 1987: 250)

Dieses letzte Zitat mag abschließend verdeutlichen, dass die Foucaultschen Schriften bei aller historischen Detailfülle niemals bloß akademische Arbeiten sind. Im Gegenteil sind sie in emphatischer Weise stets von einem existentiellen Einsatz getragen und zeugen von einem enormen Engagement. Wenn Foucault sich in die Geschichte des Diskurses, der Macht oder des Subjekts vertieft und unendlich weit auszuholen scheint, so allein zu dem Zweck, die Gegenwart – uns – besser zu verstehen. Das erklärt die bis heute anhaltende Faszination, die von seinen Texten ausgeht.

Literatur von Michel Foucault

Foucault, M.: Wahnsinn und Gesellschaft. Eine Geschichte des Wahns im Zeitalter der Vernunft. Frankfurt/M. 1969.
Foucault, M.: Die Ordnung der Dinge. Eine Archäologie der Humanwissenschaften. Frankfurt/M. 1971.
Foucault, M.: Archäologie des Wissens. Frankfurt/M. 1973.
Foucault, M.: Überwachen und Strafen. Die Geburt des Gefängnisses. Frankfurt/M. 1976.
Foucault, M.: Sexualität und Wahrheit 1. Der Wille zum Wissen. Frankfurt/M. 1977.
Foucault, M.: Schriften zur Literatur. Frankfurt/M. 1979.
Foucault, M.: Sexualität und Wahrheit 2. Der Gebrauch der Lüste. Frankfurt/M. 1986.
Foucault, M.: Sexualität und Wahrheit 3. Die Sorge um sich. Frankfurt/M. 1986.
Foucault, M.: Von der Subversion des Wissens. Frankfurt/M. 1987.
Foucault, M.: Die Ordnung des Diskurses. Frankfurt/M. 1991.
Foucault, M.: Der Mensch ist ein Erfahrungstier. Gespräch mit Ducio Trombadori, Frankfurt/M. 1996.
Foucault, M.: Schriften – in vier Bänden. Hg. von D. Defert, Frankfurt/M. 2001-05.

---

[1]   Vgl. zu Judith Butler den Beitrag von Heike Kämpf in diesem Band.

Weitere zitierte Literatur

Brieler, U.: Die Unerbittlichkeit der Historizität. Foucault als Historiker. Köln 1998.

Dreyfus, H. L./Rabinow, P.: Michel Foucault. Jenseits von Strukturalismus und Hermeneutik. Frankfurt/M. 1987.

Eribon, D.: Michel Foucault. Eine Biographie. Frankfurt/M. 1991.

Fink-Eitel, H.: Foucault zur Einführung. Hamburg 1992.

Gehring, P.: Innen des Außen – Außen des Innen. Foucault, Derrida, Lyotard. München 1994.

Gutting, G.: The Cambridge Companion to Foucault. Cambridge 1994.

Habermas, J.: Der philosophische Diskurs der Moderne. Zwölf Vorlesungen. Frankfurt/M. 1985.

Honneth, A.: Kritik der Macht. Reflexionsstufen einer kritischen Gesellschaftstheorie. Frankfurt/M. 1986.

Kant, I.: Kritik der reinen Vernunft. 2. Aufl. Riga 1787.

Kleiner, M. S.: Michel Foucault. Eine Einführung in sein Denken. Frankfurt/M. 2001.

Lavagno, C.: Rekonstruktion der Moderne. Eine Studie zu Habermas und Foucault. Münster 2003.

Marti, U.: Michel Foucault. München 1988.

Schneider, U. J.: Michel Foucault. Darmstadt 2004.

Welsch, W.: Präzision und Suggestion: Bemerkungen zu Stil und Wirkung eines Autors. In: Ewald, F./Waldenfels, B.: Spiele der Wahrheit. Michel Foucaults Denken. Frankfurt/M. 1991, S. 136-149.

Pierre Bourdieu: Zur Kultursoziologie und Kritik der symbolischen Gewalt

Stephan Moebius

Vorbemerkung

Pierre Bourdieu gehört neben Raymond Boudon, Alain Touraine und Michel Crozier zu den vier „modernen Klassikern", die seit 1960 eine geradezu paradigmatische Funktion innerhalb der französischen Soziologie einnehmen (vgl. Moebius/Peter 2004b). Im Vergleich zu den anderen drei Soziologen führt sein Denken nicht nur die Tradition der Durkheim-Schule am deutlichsten fort (vgl. Moebius 2006a), sondern Bourdieu knüpft auch am konsequentesten an die strukturalistische Kulturtheorie von Claude Lévi-Strauss an, indem er sie gleichzeitig überschreitet (vgl. Reckwitz 2000: 308; Moebius/Peter 2009a): Die strukturalistische Kulturtheorie wird von ihm unter Ausarbeitung des noch zu klärenden „Habitus-Begriffs" in eine „Theorie sozialer Praxis" transformiert (vgl. Bourdieu 1978), „die sich sowohl von der subjektivistischen Theorie des intentionalen Bewusstseins als auch von der objektivistischen Theorie des unbewussten Geistes distanziert [...]." (Reckwitz 2000: 310). Er knüpft dabei unter anderem unmittelbar an Denkansätze des Durkheim-Schülers und Vorreiters der strukturalistischen Kulturtheorie, Marcel Mauss, an (vgl. Moebius 2006a, 2009a), indem er zum Beispiel verstärkt den Blick auf die „Techniken des Körpers", die „praktische Vernunft", die Klassifikationsformen, die Relationen und die Entstehung übersubjektiver symbolischer Sinnzusammenhänge lenkt.[1] Ferner ist er von der Epistemologie von Gaston Bachelard und Georges Canguilhem geprägt (vgl. Moebius/Peter 2009b). Angelehnt an Bachelards Konzept des „epistemologischen Bruchs" kritisiert Bourdieu nicht nur eine alltägliche Sichtweise der sozialen Welt, sondern auch spezifische „Spielarten" der Soziologie, die nur deshalb auf den ersten Blick eine besondere Evidenz erlangen, weil sie „ihre wissenschaftliche Fragestellung um Termini aus dem vertrauten Wortschatz der Alltagssprache aufbauen" (Bourdieu et al. 1991: 26). In der Soziologie seien Mischtermini oder Mischschemata besonders beliebt, die ihre „pseudo-explikative Leistung" genau dieser doppelten Zugehörigkeit zu den „naiven wie wissenschaftlichen Äußerungen" verdanken und „ihre Herkunft aus der Umgangssprache unter dem Zierrat des wissenschaftlichen Jargons" kaschieren (Bourdieu et al. 1991: 27) – man denke etwa an Begriffe wie „Massen-", „Informations-" oder „Kommunikationsgesellschaft". Stattdessen gelte es, einen Bruch mit dem Alltagswissen herbeizuführen. Darüber hinaus greift er auch auf Theorieansätze von Max Weber, Karl Marx und Norbert Elias zurück, mit Hilfe derer er einerseits Herrschaftsmomente und andererseits die spezifische historische Entwicklung symbolischer Sinnsysteme in den Blick nimmt.

---

[1] Zur zentralen Rolle von Mauss für Bourdieus Theorie siehe neben meinem Beitrag (Moebius 2009) auch Schultheis (2007: 70ff.). Zur wesentliche Bedeutung von Mauss für die Genese des Konzepts der symbolischen Gewalt siehe Schultheis (2008: 38 ff.).

Aus den zahlreichen Arbeiten Bourdieus sollen im Folgenden vor allem diejenigen über die „symbolische Herrschaft" vorgestellt und analysiert werden, da diese meines Erachtens am deutlichsten den kulturtheoretischen Aspekt seines Werkes offenbaren. Nach einem knappen Überblick über die Biographie Bourdieus werden die Konzepte der „Soziologie der symbolischen Herrschaft", der unterschiedlichen „Kapitalsorten" und des „Habitus" dargestellt.

Ausgehend davon kommen drei Beispiele symbolischer Herrschaft zur Sprache: die „männliche Herrschaft", die „politische Ontologie Martin Heideggers" und der „neoliberale Diskurs". Den Schluss bildet ein knapper Überblick über aktuelle internationale Kritiken an Bourdieus Kultursoziologie.

Biographie

Bourdieu wird am 1. August 1930 in Denguin, einem kleinem Ort am Rand der Pyrenäen, geboren. Beide Eltern sind bäuerlicher Herkunft; sein Vater arbeitet zunächst als Briefträger, später wird er Vorsteher des Postamtes im Dorf. Bourdieu besucht in Pau das Gymnasium und wird Internatsschüler. Die Zeit auf dem Internat prägt seine Sicht auf gesellschaftliche Beziehungen und soziale Unterschiede. Im Internat ist „angesichts der Not des Überlebenskampfes alles bereits vorhanden [...], Opportunismus, Servilität, Denunziantentum und Verrat" (Bourdieu 2002: 103). Nach bestandenem Abitur wechselt er an das Gymnasium Louis le Grand in Paris und bereitet sich auf die Aufnahmeprüfung der Spitzenhochschule *École Normale Supérieure* (ENS) vor.

Es ist außergewöhnlich und es widerspricht ein wenig seiner eigenen Theorie, dass ein aus einfachen Verhältnissen stammender Schüler eines Provinz-Gymnasiums den Sprung an eine der „Bildungsstätten der geistigen Elite" (Bourdieu), der so genannten *Grandes Écoles*, schafft. Selbstreflexiv spricht er von einem gespaltenen Habitus, der noch bis in den Stil seiner Forschungen und die Auswahl der Forschungsgegenstände hinein wirksam ist (vgl. Bourdieu 2002: 117)

1955 schließt Bourdieu als Bester seines Jahrganges das Studium an der ENS mit der *Agrégation* in Philosophie ab. Zu seinen Lehrern gehören die Epistemologen Gaston Bachelard und Georges Canguilhem sowie Jules Vuillemin. Nach seinem Abschluss wird er Lehrer an einem Gymnasium in Moulin, zum Wehrdienst einberufen und muss schließlich nach Algerien, in dem gerade der Befreiungskrieg tobt. Er baut an der Universität von Algier einen Studiengang für Soziologie auf und nimmt dort seine erste akademische Stelle an. 1961 nach Frankreich zurückgekehrt, lehrt er an der Sorbonne in Paris und an der Universität von Lille. Der Begründer des sozialwissenschaftlichen Strukturalismus, Claude Lévi-Strauss, überzeugt ihn, den eingeschlagenen Weg seiner soziologischen Forschung weiter zu gehen. 1964 wird Bourdieu zum Forschungsdirektor an die *Ecole Pratique des Hautes Etudes* berufen.[2] Besonders gefördert wird er von dem Soziologen Raymond Aron, der ihn zum Co-Direktor seines Instituts ernennt. Im Zuge der 68er kommt es jedoch zum Bruch zwischen Aron und Bourdieu, woraufhin Letzterer sein eigenes Institut gründet, das *Centre de Sociologie Européenne*. 1975 ruft er eine interdisziplinär ausgerichtete Zeitschrift unter dem Titel *Actes de la rechercheen sciences sociales* ins Leben. In der Veröffentli-

---

[2] Später trägt die Hochschule den Namen *Ecole des Hautes Etudes en Sciences Sociales* (EHESS).

Pierre Bourdieu: Zur Kultursoziologie und Kritik der symbolischen Gewalt

chungsreihe „Le sens commun" trägt Bourdieu dazu bei, Soziologen wie Norbert Elias, Paul Lazarsfeld und Erving Goffman, aber auch die nahezu vergessenen Durkheim-Schüler Marcel Mauss und Maurice Halbwachs wieder mehr ins Licht sozialwissenschaftlicher Forschung zu rücken (vgl. Krais 2004: 182). Ferner gibt Bourdieu die Zeitschrift *Liber* heraus, die sich auf ihre Fahnen eine „Internationale der Intellektuellen" geschrieben hat.

Bourdieu wird 1981 auf den Lehrstuhl für Soziologie am renommierten Collège de France berufen. 1993 erhält er die Goldmedaille des CNRS, die höchste Auszeichnung des *Centre National de Recherche Scientifique*. Es folgen weitere Ehrungen wie die Ehrendoktorwürde der Freien Universität Berlin 1989, die Ehrendoktorwürde der Goethe-Universität Frankfurt am Main 1996 und im Jahr 2000 die „Huxley Medal" des *Royal Anthropological Institute* in London. Bourdieu stirbt am 23. Januar 2002 in Paris.

Soziologie der symbolischen Herrschaftsformen

Im Mittelpunkt der Soziologie Bourdieus stehen die Thematiken der sozialen Ungleichheit und der Herrschaft, insbesondere die symbolische Herrschaft.[3] Neben der politischen, ökonomischen oder physischen Gewalt gehört sie nach Bourdieu zu einem der subtilsten Mittel der (Re-)Produktion und Stabilisierung sozialer Ungleichheit und Herrschaft.[4] Die symbolische Herrschaft – ein Ausdruck, den Bourdieu synonym zu symbolischer Gewalt oder symbolischer Macht gebraucht – ist vor allem über Kultur, das heißt über die symbolischen Dimensionen des sozialen Lebens, die Sinnbezüge, die Weltansichten und selbstverständlichen Denkweisen vermittelt. Zu ihren Grundeigenschaften gehört, dass ihr Repressionsgehalt weder unmittelbar bewusst wird noch offen zutage tritt. Sie ist eine „sanfte Gewalt" bzw. Herrschaft über die „Köpfe und Herzen" (Krais 2004: 186), die insbesondere in kulturproduzierenden Institutionen wie das öffentliche Bildungswesen, Kirchen, Parlamenten, Medien, in Literatur- und Kunstbetrieben sowie in den Wissenschaften auftritt und verbreitet wird, also in Institutionen, die für gewöhnlich den Ruf zweck- oder besonders herr-

---

[3] Die folgende, notwendigerweise ausschnitthafte Darstellung widmet sich insbesondere diesem Aspekt des Bourdieu'schen Werkes, eingedenk der Tatsache, dass sein Werk noch zahlreiche andere relevante Aspekte enthält, vgl. Krais (2004). Allerdings nimmt die symbolische Gewalt im Werk von Bourdieu einen zentralen Stellenwert ein und kann als ein herausragendes Alleinstellungsmerkmal des Bourdieuschen Oeuvres betrachtet werden. Sie ist aus diesem Grund für eine kulturtheoretische Perspektive auf die soziologische Theorieentwicklung von zentraler Bedeutung. Zum Folgenden wurde im Aufbau auf Lothar Peters instruktiven Beitrag „Pierre Bourdieus Theorie der symbolischen Gewalt" (2004) zurückgegriffen. Zur Analyse symbolischer Gewalt bei Bourdieu s. a. Mauger (2005) und Peter (2011). Allgemein zu Bourdieu s. Fröhlich/Rehbein (2009) sowie Fröhlich (2010) und Rehbein (2006).

[4] Ein Symbol ist allgemein ein Zeichen, das auf etwas anderes verweist. Unter dem Begriff „symbolisch" fasst man allgemein Verweisungssysteme, Strukturen und Ordnungen auf, in denen – wie etwa in einer Sprache – eine Logik der Äquivalenz (vereinheitlichende Verdichtung) und der Differenz vorherrscht (vgl. Moebius 2003), das heißt, das Elemente/Zeichen/Positionen sich in differentiellen Relationen konstituieren bzw. ihre Einheit, ihren Sinn und ihre Funktion nur durch die Verweisung, Beziehung und die Unterscheidung zu anderen Elementen/Zeichen/Positionen herstellen können, von denen sie in ihrer Relationalität konstitutiv abhängen („sie sind nur dank der anderen"). Durch diese Bezüge bilden sie Äquivalenzketten bzw. ein System oder einen „Raum" (vgl. Bourdieu 1998a: 17f.). „Das Reale ist relational", so Bourdieu (1998a: 15) im Anschluss an die Symboltheorien von Mauss, Cassirer und dem Strukturalismus. Jede symbolische Ordnung, beispielsweise Heiratsregeln oder Verwandtschaftsformen, weist je nach historischem und sozialem Kontext andere Regelmäßigkeiten dieser relationalen, reziproken und differentiellen Anordnungen auf. Allerdings ist bei Bourdieu der Begriff des Symbolischen selbst nicht immer klar, wie etwa Peter (2011) in seiner Analyse zeigt.

schaftsfreier Gebiete genießen. Aufgrund symbolischer Herrschaft werden – nach einer Defintion von Lothar Peter (2011) – Menschen mit Hilfe symbolischer Bedeutungen, epistemischer Ordnungen und Sinnzuschreibungen, die sich in den meisten Fällen auf Personen, Dinge oder Verhaltensweisen beziehen, auf meistens unbewusste Weise zur Hinnahme, Verstetigung oder gar Befürwortung von Strukturen, Institutionen oder Akteuren gesellschaftlicher Herrschaft bewegt.

Das Verwischen und Unsichtbarmachen der Herrschaftseffekte symbolischer Gewalt kann nur geschehen, wenn die Symbole selbst einen spezifischen Erkennungswert für die Betroffenen besitzen, also mit den Herrschenden weitgehend geteilt werden. „Die Symbole haben die Aufgabe, bei den Betroffenen Sinndeutungen auszulösen, die die Akzeptanz von gesellschaftlicher Macht zur Folge haben. Symbolische Gewalt ist also ein Prozess, der, um mit Bourdieu zu sprechen, sowohl ein Erkennen bzw. Anerkennen (reconnaissance) als auch ein Verkennen (méconnaissance) hervorruft." (Peter 2004: 49) Diese paradox anmutende Anerkennung von Herrschaft bei gleichzeitiger Verkennung bezeichnet Bourdieu als „symbolische Alchemie" (Bourdieu 1998a: 169ff.).

Ähnlich wie in den von Michel Foucault untersuchten Machtverhältnissen[5] dringt nach Bourdieu die symbolische Macht in die Körper der Individuen ein, manifestiert sich dort und wird zu etwas Selbstverständlichem und Natürlichen – ein Beispiel ist die männliche Herrschaft. Jeder *erkennt* diese Herrschaft *an*, indem er sie gleichzeitig als Herrschaft *verkennt*. „Als Ergebnis der Einverleibung einer Herrschaftsbeziehung sind die Dispositionen die wahre Grundlage für das vom Zauber der symbolischen Macht lediglich ausgelöste praktische Erkennen und Anerkennen der magischen Grenze zwischen Herrschenden und Beherrschten." (Bourdieu 2001: 216f.)

Der Habitus

Unter „Dispositionen" sind die im „Habitus" einverleibten gesellschaftlichen Strukturen und Herrschaftsbeziehungen zu verstehen. Der „Habitus" bezeichnet die Denk-, Wahrnehmungs-, Verhaltens- und Beurteilungsschemata eines Individuums. Er ist etwas „Gewordenes, *opus operatum*; er ist geronnene Erfahrung, Produkt der Geschichte des Individuums, inkorporierte, zur Natur gewordene Geschichte. In ihm wirkt, wie Bourdieu sagt, die ganze Vergangenheit, die ihn hervorgebracht hat, in der Gegenwart fort. [...] Zugleich ist er *modus operandi*, ein generierendes Prinzip jener regelhaften Improvisationen, die man auch gesellschaftliche Praxis nennen kann." (Krais 2004: 192)

Die sozialen Strukturen strukturieren den Habitus.[6] „Diese strukturierenden Strukturen sind historisch konstituierte, willkürliche Formen im Sinne von Saussure oder Mauss, Formen, deren historische Genese aufweisbar ist." (Bourdieu 2001: 220) Der Habitus spiegelt

---

[5] Zum theoretischen Vergleich des Konzepts der Symbolischen Gewalt mit anderen aktuellen Machttheorien wie diejenige der produktiven Macht von Foucault, der performativen Macht von Judith Butler oder derjenigen der *governmentality studies* sowie zu empirischen Studien dazu vgl. Moebius (2007) sowie die Beiträge in Moebius/Wetterer (2011). Zu Foucault vgl. auch den Beitrag von Christian Lavagno in diesem Band.

[6] Der Habitus-Begriff korrespondiert auch mit dem des „Feldes". Unter „Feld" versteht Bourdieu unterschiedliche Bereiche des sozialen Lebens (beispielsweise religiöses Feld, literarisches Feld etc.), die bestimmten, dem Habitus angepassten symbolischen Codes, Strukturierungen, Positionierungen und Rangordnungen unterworfen sind. Zu Bourdieus Feldtheorie vgl. die instruktive Studie von Tanja Bogusz (2005) zur surrealistischen Avantgarde.

jedoch nicht allein soziale Ungleichheiten wieder, die von der spezifischen Verteilung der unterschiedlichen Kapitalformen, von denen sogleich die Rede sein wird, abhängen; der Habitus drückt vielmehr auch die sozialstrukturellen Ungleichheiten und Unterscheidungen aus und stellt sie in der sozialen Praxis immer wieder von Neuem her; er reproduziert die gesellschaftlichen Existenzbedingungen bzw. Strukturen, auf die er zurückgeht (vgl. Bourdieu 1982: 279).

Die Bereitschaft zur Anerkennung der Überlegenen (bei gleichzeitiger Verkennung der Machtverhältnisse) ist im Habitus bereits eingeschrieben. Symbolische Herrschaft läuft insofern vor allem unbewusst ab, kann also auch nicht durch „Bewusstseinsveränderungen" oder „Bekehrung" abgeschafft werden (vgl. Bourdieu 2011: 218).

Für die spezifische Wirksamkeit der symbolischen Herrschaft müssen sowohl Herrschende als auch Beherrschte über die gleichen Beurteilungs-, Denk- und Deutungsschemata verfügen. Nur so kann die symbolische Gewalt eine unanzweifelbare Geltung in der Wahrnehmung der Menschen bekommen: „Von symbolischer Herrschaft oder Gewalt sprechen heißt davon, dass der Beherrschte, von einem subversiven Aufruhr abgesehen, der zur Umkehrung der Wahrnehmungs- und Bewertungskategorien führt, dazu tendiert, sich selbst gegenüber den herrschenden Standpunkt einzunehmen." (Bourdieu 2005a: 202) Die Dominierten tragen paradoxerweise zur ihrer eigenen Unterwerfung bei. Die symbolische Gewalt hat deshalb gleichsam eine magische Kraft, da sie als Ergebnis einer „magischen" Verwandlung von objektiver gesellschaftlicher Macht in symbolische Macht Herrschaftsbestrebungen und Machtpositionen als ihr vermeintliches Gegenteil erscheinen lässt, sei es als selbstlose Liebe (Kirchen und Wohlfahrtsverbände), als natürliche Gegebenheit (wie die „männliche Herrschaft") oder wie „durch Zufall" erlangte Errungenschaften.[7]

Die Kapitalformen

Bevor einige Beispiele symbolischer Gewalt näher in Augenschein genommen werden sollen, muss die Frage beantwortet werden, wer die Möglichkeit besitzt, symbolische Gewalt auszuüben und wie man zu symbolischer Macht gelangt.

Die Möglichkeit, symbolische Gewalt auszuüben, ist eng an die Verfügbarkeit von Machtressourcen gekoppelt, insbesondere an „symbolisches Kapital" (vgl. Bourdieu 1998a: 108ff.). Das symbolische Kapital bildet ein zentrales Element der soziologischen Kapitaltheorie Bourdieus. Er unterscheidet zwischen vier Formen von Kapital: ökonomisches, soziales, kulturelles und symbolisches Kapital. Während ökonomisches Kapital Besitz- und Verteilungsverhältnisse umfasst, so versteht Bourdieu unter sozialem Kapital diejenigen Vorteile, die sich aus sozialen Beziehungen, aus Verwandtschaft, sozialen Netzwerken oder allgemein aus der Zugehörigkeit zu bestimmten sozialen Gruppen und Institutionen ergeben. Nach Bourdieu kann die moderne bürgerlich-kapitalistische Gesellschaft in ihrer Beschreibung nicht auf eine Ungleichverteilung ökonomischen Kapitals reduziert werden. Für die Sozialstruktur und die soziale Ungleichheit sind die anderen Kapitalformen ebenso bestimmend, da durch sie die Position im sozialen Raum ebenso entschieden verbessert werden kann. Relevant ist hierbei auch das kulturelle Kapital, das man in drei Dimensionen

---

[7]   Vgl. die später folgenden Beispiele sowie die Studie von Monique de Saint Martin (2003) über den Adel, der seine gesellschaftliche Machtposition sich selbst damit erklärt, dass er sie entweder aus eigener Leistung oder durch Zufall erworben habe.

untergliedern kann: Erstens in objektiviertes kulturelles Kapital wie beispielsweise der Besitz von Gemälden, Büchern, Musikinstrumenten etc. Zweitens ist es institutionalisiertes Kapital, das sich in Bildungstiteln ausdrückt. Und drittens ist es schließlich inkorporiertes kulturelles Kapital, also vom Subjekt verinnerlichte, in Sozialisation und Bildungsinstitutionen erworbene kulturelle und intellektuelle Fähigkeiten und Kompetenzen wie Sprachgefühl, Abstraktionsvermögen oder Wissen. Das spezifische Mischungsverhältnis der Kapitalformen macht die Zugehörigkeit zu den gesellschaftlichen Schichten und den dort geprägten Habitus aus. Die unteren Klassen versuchen ihr symbolisches Kapital einzusetzen, um ihre Lage nicht weiter zu verschlechtern, während die Mittelschichten sich – bei gleichzeitiger Abgrenzung von den Unterschichten – an den Oberschichten zu orientieren und diesen anzupassen versuchen. Die Oberschichten wiederum distinguieren sich ihrerseits von den anderen Schichten und entwickeln hierfür eigene Distinktions- und Legitimationsstrategien.

Alle drei bisher genannten Kapitalformen können in symbolisches Kapital transformiert werden (vgl. Bourdieu 1998a: 150). Und auch das symbolische Kapital ist in andere Kapitalformen konvertierbar. Wer hohes soziales Ansehen genießt, kann dies beispielsweise wiederum zum Ausbau ökonomischen Kapitals nutzen, wie dies des Öfteren bei berühmten und erfolgreichen Sportlern mit Hilfe von hoch dotierten Werbeverträgen geschieht.

Symbolische Gewalt

Bourdieu hat zahlreiche Untersuchungen zu den Kämpfen um symbolische Herrschaft vorgelegt, sei es zu symbolischer Gewalt im Kunstbetrieb (vgl. Bourdieu et al. 1981), im religiösen Feld (vgl. Bourdieu 2000), in der Justiz (vgl. Bourdieu 1986), im akademischen Feld (vgl. Bourdieu 1988a; 1998b), in der Sprache (Bourdieu 2005b) in den Distinktionsbemühungen des Lebensstils (vgl. Bourdieu 1982), mit denen man sich von den Unterklassen zu unterscheiden versucht, oder im literarischen Feld (vgl. Bourdieu 1999).[8] In den symbolischen Kämpfen innerhalb dieser Felder wird nicht nur versucht, von dem symbolischen Kapital zu profitieren, sondern überhaupt Definitions- und Legitimationsmacht über die Spielregeln, an denen sich die Kämpfe und Distinktionsbemühungen auszurichten haben, festzulegen; es geht in den Kämpfen darum, *wer* definiert, *was* im jeweiligen sozialen Feld erstrebenswert ist (zum Beispiel welche Titel, welche Literatur), wie gedacht, wahrgenommen und gehandelt werden darf.

Fasst man die wesentlichen Punkte symbolischer Gewalt zusammen (vgl. Mauger 2005: 218ff.), dann wirkt sie erstens vornehmlich durch die Sprache, Kommunikationsbeziehungen sowie durch Denk- und Wahrnehmungsschemata. Ausgeübt wird sie zweitens durch Gesten, Rituale, Verhaltensweisen und Dinge. Hierbei geht es vor allem in einer Art „Amnesie der Entstehungsgeschichte der symbolischen Gewalt" um die Verschleierung, Kaschierung und Naturalisierung der Machtverhältnisse, woraufhin die Macht legitimiert wird. Drittens setzt symbolische Gewalt voraus, dass die Machtverhältnisse, auf denen die Gewalt beruht, verkannt und zugleich „die Prinzipien, in deren Namen sie ausgeübt wird, anerkannt werden" (Mauger 2005: 218).

---

[8]   Theoretische Überlegungen zu und empirische Anknüpfungen an Bourdieus Konzept der Symbolischen Gewalt finden sich unter anderem aktuell auch in Schmidt/Wolterdorff (2008) und Moebius/Wetterer (2011).

Pierre Bourdieu: Zur Kultursoziologie und Kritik der symbolischen Gewalt 61

Aus der Fülle von Bourdieus Analysen der symbolischen Gewalt und der symbolischen Kämpfe sollen im Folgenden drei Bereiche näher betrachtet werden: Erstens die männliche Herrschaft, zweitens die politische Ontologie Martin Heideggers und drittens der neoliberale Diskurs.

a. Die männliche Herrschaft

Noch immer – trotz jahrzehntelanger feministischer Forschungen – herrscht der weit verbreitete Glaube vor, es gebe lediglich zwei Geschlechter und der Unterschied von Mann und Frau liege in der „Natur der Dinge". Die Ungleichheit der Geschlechter hat sich nicht nur in der sozialen Welt in dem Maße durchgesetzt, dass sie zur gleichsam „relativ natürlichen Weltanschauung" (Max Scheler) avancierte, sondern diese Sichtweise auf das Geschlechterverhältnis prägt durch alle Bereiche des Sozialen hindurch auch die Denk- und Verhaltensschemata, kurz: den Habitus, der Bourdieu zufolge als *opus operatum* und *modus oerandi* sowohl eine vergeschlechtlichte als auch vergeschlechtlichende Wirkungsweise besitzt.

Angeregt durch die Beschäftigung mit dem feministischen Diskurs bestimmt Bourdieu das gegenwärtige Geschlechterverhältnis als ein Herrschaftsverhältnis, genauer: als „männliche Herrschaft". „Die Macht der männlichen Ordnung zeigt sich an dem Umstand, dass sie der Rechtfertigung nicht bedarf: Die androzentrische Sicht zwingt sich als neutral auf und muss sich nicht in legitimatorischen Diskursen artikulieren. [...] Das gesellschaftliche Deutungsprinzip konstruiert den anatomischen Unterschied. Und dieser gesellschaftlich konstruierte Unterschied wird dann zu der als etwas Natürliches erscheinenden Grundlage und Bürgschaft der gesellschaftlichen Sichtweise, die ihn geschaffen hat." (Bourdieu 2005a: 21ff.)

Die männliche Herrschaft ist nach Bourdieu (trotz postmodernistischer Verkündigungen vom Ende des Sozialen oder der Auflösung allgemein-verbindlicher Strukturmerkmale) ein gesamtgesellschaftliches Herrschafts- und Strukturierungsprinzip, das in der gesamten modernen Gesellschaft materielle und symbolische Gewalt erzeugt und reproduziert. Sie gewinnt unhinterfragte, selbstverständliche Legitimität und sie besitzt den Schein des Naturhaften und Wesenhaften, da sie nicht nur in den Köpfen, sondern in den gesamten Körper eingeschrieben ist.

Die männliche Herrschaft ist eine symbolische Gewalt, die – ähnlich wie der Rassismus – kraft einer „Somatisierung und Naturalisierung des Herrschaftsverhältnisses", durch die den Geschlechtern eine unabänderliche Wesenseigenschaft zugesprochen wird, arbeitet.[9] Infolge dessen erscheinen den Gesellschaftsmitgliedern die Herrschaftsverhältnisse nicht mehr als Herrschaft, sondern als biologisch fundierte und objektiv unveränderliche Grundwahrheiten (vgl. Bourdieu 2005a: 11).

Die soziale Definition der biologischen Geschlechtsorgane ist nicht bloß ein reiner Bezeichnungsakt natürlicher Eigenschaften, sondern das Produkt einer Konstruktion, die selbst noch die Beherrschten und deren Wahrnehmungs- und Denkschemata durchdringt, so dass sie sich selbst gegenüber den herrschenden Standpunkt übernehmen und auf diese Weise die Geschlechterordnung aufrecht erhalten sowie die Herrschaftsverhältnisse stabili-

---

[9] Hier nähert sich Bourdieu dem Denken von Michel Foucault an, der von einer die Körper produzierenden und durchdringenden „Mikrophysik der Macht" spricht.

sieren: „Wenn die Beherrschten auf das, was sie beherrscht, Schemata anwenden, die das Produkt der Herrschaft sind, oder wenn, mit anderen Worten, ihre Gedanken und ihre Wahrnehmungen den Strukturen der Herrschaftsbeziehung, die ihnen aufgezwungen ist, konform strukturiert sind, dann sind ihre Erkenntnisakte unvermeidlich Akte der Anerkennung, der Unterwerfung." (Bourdieu 2005a: 27f.) Politisch gesehen bedeutet dies, dass weder universalistische, auf Gleichheit zielende Strategien noch differenztheoretische feministische Strategien eine „symbolische Revolution" und Veränderung der Gesellschaft bewirken. Denn nach Bourdieu ignoriert der universalistische Feminismus den Herrschaftseffekt, dass sich die so genannte Universalität an den herrschenden männlichen Standards ausrichtet (vgl. Bourdieu 2005a: 111). Der differenztheoretische Ansatz vertieft hingegen den herrschenden Essentialismus, anstatt ihn aufzuheben. Insofern liegt die politische Lösung für Bourdieu in einer symbolischen Subversion, ähnlich wie sie die feministische Theorie von Judith Butler vorschlägt (vgl. Moebius 2003).[10] Diese Strategie fußt weder auf einem spontanen revolutionären Akt noch auf Identitätspolitik, sondern ist eine langwierige Dekonstruktion und Umwandlung der inkorporierten Kategorien und Denkschemata, die über Erziehung und ihre alltägliche Wiederholung den Status evidenter und natürlicher Realität erlangten.

b.   Die politische Ontologie Martin Heideggers

Bourdieu untersucht die symbolische Gewalt auch in den Feldern der kulturellen Produktion. Insbesondere im Werk des Philosophen Martin Heidegger entdeckt er Spuren symbolischer Macht. Die Analyse der „politischen Ontologie" Heideggers dient ihm zugleich dazu, eine allgemeine Kritik an enthistorisierenden Lektüren philosophischer Texte, die alles, „was den Text an ein Feld, das ihn produzierte, und damit an eine geschichtliche Gesellschaft bindet", ausklammern (Bourdieu 2001: 58).

In seiner Analyse des Denkens Martin Heideggers, wie es sich insbesondere in dessen Hauptwerk *Sein und Zeit* (1927) manifestiert, geht es Bourdieu sowohl um die Aufdeckung ideologischer Funktionen dieses Werks als auch um die Strategien, mit denen sich der Philosoph im kulturellen Feld positioniert und mit denen er symbolische Macht akkumuliert. Bourdieu setzt die politische Wirkung Heideggers, den ideengeschichtlichen Kontext und die Entstehung des Heidegger'schen Denkens systematisch mit dessen Positionierung im philosophischen Feld in Beziehung, um auf diese Weise die spezifischen Strategien und die Genese der symbolischen Macht Heideggers zu verdeutlichen.

Heideggers Denken muss im Zusammenhang der einflussreichen „ideologischen Gestimmtheit" (Bourdieu 1988b: 17) der „konservativen Revolution" (vgl. Breuer 1995) gesehen werden, von der in der Zwischenkriegszeit einflussreiche antidemokratische rechte Intellektuelle wie Ernst Jünger, Oswald Spengler oder Carl Schmitt erfasst waren (zu Heidegger in diesem Umfeld vgl. Gay 1987: 112ff.) Dies bezeugt nicht nur Heideggers berühmte Rede, die er am 27. Mai 1933 als nationalsozialistischer Rektor der Albert-Ludwigs-Universität in Freiburg hält (vgl. Martin 1991, Safranski 2004: 256ff.), sondern auch sein philosophisches System. Heidegger vermag es, das durchaus heterogene Feld der rechten Intellektuellen und ihrer politisch-völkisch aufgeladenen Themen wie der „Rangordnung", der „Verachtung der Massen", der antisemitisch durchtränkten „Sorge um die

---

[10]   Zu Judith Butler vgl. den Beitrag von Heike Kämpf in diesem Band.

Pierre Bourdieu: Zur Kultursoziologie und Kritik der symbolischen Gewalt 63

Entwurzelung", der Klagen über den „Untergang des Abendlandes" etc. zu einem philosophischen Konzept zu bündeln und gleichsam zu existenzialontologischen Kategorien des In-der-Welt-Seins zu erhöhen. Dabei kommt ihm unter anderem seine Ausbildung am Gymnasium in Konstanz, das er als Konviktler des katholischen Studienhaus St. Konrad in den Jahren 1903-1906 besuchte, zugute.[11] Er selbst spricht von „entscheidenden Anfangsgründen".[12] Nicht nur, dass er hier, zwischen katholischer Erziehung im „Konradihaus" und gemäßigt liberalem Bildungshumanismus am Konstanzer Gymnasium, das heißt als Konviktler inmitten einer freigeistigen und ‚weltlichen' Schule sowie im „Spannungsverhältnis zwischen Konvikt und dem munteren Stadtleben draußen" bereits Beurteilungs- und Wahrnehmungsschemata von Eigentlichkeit und Uneigentlichkeit ausgebildet haben könnte, wie Safranski vermutet (vgl. Safranski 2004: 27). Nach Bourdieu war es vielleicht „tatsächlich der späte und rein schulmäßige Erwerb der Gelehrtensprache, wodurch jene Beziehung zur Sprache gefördert wurde, die es erlaubte, auf der gesamten Gelehrtenklaviatur der Alltagssprache zu spielen und zugleich die Alltagsklaviatur der Gelehrtensprache aufzudecken (darauf beruht ja unter anderem der prophetische Verfremdungseffekt, den *Sein und Zeit* ausübte)." (Bourdieu 1988b: 64) Die spezifisch Heidegger'sche Begrifflichkeit ist dabei eine Strategie, mit der Heidegger symbolische Herrschaft im philosophischen Feld erlangt.

Dieser Akt symbolischer Gewalt, der in der begrifflichen Ontologisierung allgemeiner Tatbestände des individuellen und sozialen Lebens wie der „Angst", dem „Gerede" oder der „Sorge" besteht, wird besonders in der Verachtung des Alltäglichen, Uneigentlichen und Durchschnittlichen sichtbar. „So liegt auf der Hand, dass die Dichotomie zwischen der *Eigentlichkeit* und der *Uneigentlichkeit*, ‚Seinsweisen des Daseins', wie Heidegger formuliert, um die sich, vom Standpunkt selbst der am striktesten immanent verfahrenden Lektüren, das gesamte Werk organisiert, nur eine besondere, wenn auch besonders subtile Ausprägung des herkömmlichen Gegensatzes von ‚Elite' und ‚Masse' darstellt." (Bourdieu 1988b: 101) Indem Heidegger diese Unterscheidung der heroischen Eigentlichkeit und der schon immer ans Alltägliche verfallenen Uneigentlichkeit zur differenten Seinsweise des Daseins ontologisiert, entzieht er sie jeder kritischen Hinterfragung.

Indem die sozialen Tatbestände ontologisiert werden, lässt sie Heidegger als unveränderlich erscheinen und trägt in den Augen Bourdieus somit im Sinne symbolischer Gewalt zu einer Verschleierung, Bestätigung und Euphemisierung der realen gesellschaftlichen Herrschaftsverhältnisse bei.

c. Der Diskurs des Neoliberalismus

Der Neoliberalismus[13] weist nach Bourdieu ebenfalls Züge symbolischer Gewalt auf. Sie ist dafür verantwortlich, dass die grundlegenden politischen und ökonomischen Herrschaftsverhältnisse des Neoliberalismus aus dem Blick geraten und die zunehmende Ökonomisierung des Sozialen, durch die das Marktmodell zum Ideal aller gesellschaftlicher Bereiche avanciert, gleichsam wie eine naturhafte und ausweglose Entwicklung erscheint. Den Me-

---

[11] Seit 1948 Heinrich-Suso-Gymnasium, vgl. zur Geschichte des Konstanzer Gymnasiums Danner/Zeller 2004.

[12] Vgl. hierzu einen Brief vom 5. September 1953 an den Direktor des Suso-Gymnasiums anlässlich der 350-Jahr-Feier. Für die Überlassung einer Kopie dieses Briefes gilt mein Dank meiner ehemaligen Bildungseinrichtung, dem Heinrich-Suso-Gymnasium, und Herrn Ekkehard Thoman.

[13] Zur ideengeschichtlichen Entwicklung des Neoliberalismus siehe Walpen (2004) und Foucault (2005), zum neuen Geist des Kapitalismus Boltanski/Chiapello (2003).

chanismus neoliberaler symbolischer Gewalt analysiert Bourdieu anhand eines Interviews, das die Tageszeitung *Le Monde* im Oktober 1996 mit dem damaligen Präsidenten der Deutschen Bundesbank, Hans Tietmeyer, führte. In Tietmeyers Rhetorik werden Ziele von Managern und Kapitaleignern zu „allgemeinen Errungenschaften" und die Interessen der abhängig Beschäftigten zur „Rigidität des Arbeitsmarktes" (vgl. Peter 2004: 69). In den Worten Tietmeyers, wie sie Bourdieu zitiert, lautet dies:

> „Deshalb müssen die öffentlichen Haushalte unter Kontrolle gehalten werden und das Steuer- und Abgabenniveau auf ein langfristig erträgliches Niveau gesenkt, das soziale Sicherungssystem reformiert und die Starrheiten des Arbeitsmarkts abgebaut werden, denn wir werden nur dann wieder eine neue Wachstumsphase erleben, wenn wir' – dieses ‚wir' ist herrlich [eine Anmerkung Bourdieus] – ‚wenn wir auf dem Arbeitsmarkt eine Flexibilisierungsanstrengung vollbringen'. Das wär's. […] Eine vorzügliche rhetorische Leistung, die folgendermaßen übersetzt werden kann: Nur Mut, liebe Arbeiter! Vollbringen wir diese gemeinsame Flexibilisierungsanstrengung, die von euch gefordert wird!" (Bourdieu 2003: 185f.)

Es kommt Tietmeyer gar nicht in den Sinn, die „Starrheiten auf den Finanzmärkten" abzubauen; die Forderung nach Flexibilität richtet sich ausschließlich an die abhängig Beschäftigten. Auf den „Arbeitsmärkten Flexibilisierungsanstrengungen zu vollbringen" heißt nach Bourdieu: „Gebt heute *eure* sozialen Errungenschaften auf, um das Vertrauen der Investoren nicht zu gefährden, und dies zugunsten eines Wachstums, welches *uns* morgen zugute kommt." (Bourdieu 2003: 186).

Die symbolische Gewalt der neoliberalen Rhetorik ist soweit in die Köpfe durchgedrungen, dass sie „perfekt in den ‚Erwartungshorizont' der meisten Tageszeitungsleser passt." (Bourdieu 2003: 187) Man liest nach Bourdieu über die zitierten Zeilen und die von Tietmeyer intendierten Ziele so leicht hinweg, weil sie mittlerweile bereits zur Struktur unserer inkorporierten Denk- und Beurteilungsschemata geworden sind. Begriffe wie „Flexibilität", „dauerhaftes Wachstum", „Vertrauen der Investoren" oder „Globalisierung" gelten bereits als allgemeine Basistugenden bzw. Verhaltensanforderungen, die sich nicht nur auf den Finanzmarkt beschränken. Sie generieren zu kollektiven Werten. „Dieser sich ökonomisch gebende Diskurs kann sich nur dann über die engeren Kreise seiner Urheber hinaus verbreiten, wenn er auf die Mitarbeit einer großen Anhängerschaft aus Politikern, Journalisten und einfachen Bürgern zählen kann, die über einen ausreichend ökonomischen Anstrich verfügen, um sich an der allgemeinen Verbreitung ungenügend definierter Begriffe aus einer ökonomischen Vulgata beteiligen zu können." (Bourdieu 2003: 188)

Die symbolische Gewalt des neoliberalen Diskurses liegt darin, dass die hinter diesen Begriffen wie „Flexibilität" oder „dauerhaftes Wachstum" liegenden Machtverhältnisse unklar werden und die Beherrschten sie zunehmend mit positiven Erwartungen besetzen. Es findet eine Verklärung von Machtbeziehungen zu Sinnbeziehungen statt.

Kritik

Bei einer näheren Betrachtung der neueren Entwicklungen in der französischen Gegenwartsoziologie (vgl. Moebius/Peter 2004b) erhält man den Eindruck, dass jenseits des Rheins eine regelrechte „Befreiung" von der Soziologie Pierre Bourdieus stattfindet (vgl. auch

Peter 1999).[14] Aus der Vielzahl der Kritik möchte ich exemplarisch drei Stränge herausgreifen, erstens die Kritik der am Gabe-Theorem von Marcel Mauss orientierten M.A.U.S.S.-Bewegung[15] und zweitens die Kritiken, die sich auf den Systematisierung des Konzepts der symbolischen Gewalt beziehen, und drittens die Frage nach der Theoretisierung sozialen Wandels.

Der Begründer der 1981 ins Leben gerufenen M.A.U.S.S.-Bewegung, Alain Caillé, wirft Bourdieu sowohl eine epistemologische Verwandtschaft mit dem Utilitarismus als auch einen unterschwelligen „Ökonomismus" vor (vgl. Caillé 1994). So behaupte Bourdieu zwar, es gebe eine subjektive Interesselosigkeit, des Gelehrten oder des Poeten beispielsweise, allerdings diene diese subjektive Interesselosigkeit wiederum der Befriedigung objektiver Interessen. Das Subjekt verhalte sich bei Bourdieu utilitaristisch, weil sein Handeln letztendlich stets durch eine Art Bentham'sches Kosten-Nutzen-Kalkül von Lust und Schmerz diktiert werde und sich – wenn auch unbewusst – immer strategisch verhalte. Darüber hinaus werde das ökonomische Kapital von Bourdieu unausgesprochen zum Primat der Kapitalsorten erhoben.[16]

Eine weitere Kritik betrifft den Systematisierungsgrad des Konzepts der symbolischen Gewalt (vgl. Peter 2011). So unterscheidet Bourdieu beispielsweise nicht systematisch zwischen Gewalt, Macht und Herrschaft. Wie Peter in seinem Versuch, den Systematisierungsgrad des Konzepts zu erhöhen, ausgeführt hat, mangelt es bei Bourdieus Konzept unter anderem an konsequenten Definitionen von Macht, Herrschaft, Gewalt, des Symbolischen sowie an Vergleichen zwischen den Konzepten struktureller Gewalt und Ideologiekritik und Verknüpfungen von symbolischer Gewalt zu anderen gesellschaftlichen Formen von Gewalt. Peter verwirft demnach das Konzept nicht, sondern hält es für überaus brauchbar, gegenwärtige subtile Herrschaftsverhältnisse zu erkennen und wissenschaftlich zu analysieren. Das Ziel liegt deshalb darin, das Konzept noch zu verbessern. Begriffe wie Herrschaft, Macht und Gewalt werden deshalb von ihm folgendermaßen präzisiert:

„Herrschaft" ist nach Peter (2011: 2f.) ein „gesellschaftliches Verhältnis, in dem und durch das bestimmte individuelle und korporative Akteure aufgrund ihrer Verfügung über Ressourcen Herrschaft über andere Akteure ausüben können, die über diese Ressourcen nicht verfügen und/oder von einer Teilhabe an ihnen ausgeschlossen sind oder werden sollen. Im Gegensatz zu Max Weber wird hier Herrschaft als ein gesellschaftliches institutionalisiertes Über- und Unterordnungsverhältnis gefasst, das auf ungleicher Ressourcen-

---

[14] Siehe dazu insgesamt den Band von Moebius/Peter (2004a), aber auch die Studie von Christian Papilloud (2003). Zum Teil hängt die Kritik an Bourdieu auch mit einer allgemeinen Richtungsveränderung der französischen Soziologie zusammen. In zahlreichen neueren soziologischen Beiträgen wird die theoretische und von den „modernen Klassikern" der französischen Soziologie vertretene Vorstellung, dass Gesellschaften ein strukturiertes soziales System bilden, dessen Elemente in einer spezifischen, nicht zufälligen und relativ stabilen Weise aufeinander bezogen sind, zugunsten einer Sichtweise aufgegeben, die einen „holistischen" Gesellschaftsbegriff angesichts der aktuell empirisch wahrnehmbaren sozialen Differenzierungs-, Desintegrations- und Pluralisierungsprozesse für manche Soziologinnen und Soziologen als nicht mehr angemessen erscheinen lässt.

[15] Die Abkürzung erinnert nicht nur an Marcel Mauss (vgl. Moebius 2006a), sondern kennzeichnet auch die anti-utilitaristische Ausrichtung der Gruppe, sie steht für „Mouvement Anti-Utilitariste dans les Sciences Sociales". Zur M.A.U.S.S.-Gruppe siehe den Beitrag von Christian Papilloud im vorliegenden Band sowie Moebius/Papilloud (2006), Moebius (2006b).

[16] Eine Kritik dieser Kritik der M.A.U.S.S. habe ich in Moebius (2006b) verfolgt, hier nur soviel: Während Caillé auf der einen Seite Bourdieus eigene Kritik am Utilitarismus übersieht, so wird auf der anderen Seite in Bourdieus Theorie sozialer Praxis eine entschiedene Distanz zum Utilitarismus nicht deutlich, Handeln scheint sich auf (unbewusste) Strategien und Präferenzen zu reduzieren.

verteilung und -verfügung innerhalb der Gesellschaft beruht." Mit „Ressourcen" ist dabei auch die spezifische Verfügbarkeit über die unterschiedlichen Kapitalformen gemeint. „Macht" ist dann das Vermögen von Akteuren und Institutionen, „Ressourcen zu mobilisieren und einzusetzen, um eigene, mit anderen Akteuren und Institutionen konkurrierende oder zu ihnen und anderen Lebewesen in Widerspruch stehende Ansprüche, Interessen und Ziele durchzusetzen." (Peter 2011: 3) Während Macht also das Vermögen ist, auf diese Ressourcen zurückzugreifen, ist Gewalt dagegen nach Peter der „Modus",

> „durch den und in dem sich Macht konkret realisiert. Dieser Modus beinhaltet, dass Menschen oder anderen Lebewesen etwas aufgezwungen wird, was sie entweder nicht wollen, weil es ihre Lebensbedingungen und -möglichkeiten einschränkt, oder was sie nur deshalb akzeptieren, weil sie die Funktion von Gewalt, Herrschaft auszuüben, Macht zu exekutieren und damit Lebensbedingungen und -möglichkeiten zu reduzieren, zu beschädigen und zu zerstören, nicht erkennen, sich über diese Funktion täuschen und/oder sie verdinglichen und mystifizieren. Die Entstehung, Wirkungsweise und Konsequenzen dieses Verkennens sollen [...] als Momente symbolischer Gewalt beschrieben werden." (Peter 2011: 3f.)

Auch der Begriff des Symbolischen bleibt Peter zufolge bei Bourdieu relativ unklar. Bourdieu selbst habe hier keine eindeutige und überzeugende Definition gegeben. Dagegen hebt Peter besonders die begriffliche Fassung und Theorie des Symbolischen von George Herbert Mead hervor. Auch wenn Autoren wie Durkheim, Cassirer oder Elias ebenfalls brauchbare Analysen des Symbolischen entwickelt hätten, ist Meads Theorie in den Augen von Peter (2011) am besten für das soziologische Verständnis des Aspekts des Symbolischen im Konzept der symbolischen Gewalt geeignet.

Was den sozialen Wandel angeht, so wird Bourdieu von unterschiedlichen Seiten vorgeworfen, diesen nicht konsequent theoretisieren zu können. So wird etwa seitens der Poststrukturalistischen Sozialwissenschaften (vgl. Moebius 2003; Moebius/Reckwitz 2008) zwar die Sicht Bourdieus geteilt, dass die gesellschaftlichen Verhältnisse weitgehend durch die sozialen Praktiken des Habitus reproduziert werden, aber sie gehen nicht von einem Normalfall der Reproduktion dieser Praktiken aus. Stattdessen wird mit Rückgriff auf Judith Butler auch von einer Unberechenbarkeit in der für die Strukturhaltung notwendigen Wiederholung sozialer Praktiken ausgegangen (vgl. Moebius 2008), eine Unberechenbarkeit, die sozialen Wandel erst möglich macht. Mit Blick auf den körperlichen Habitus heißt das beispielsweise: Die inkorporierten Dispositionen sind zwar dauerhaft in die körperliche *hexis* eingeschrieben, dennoch sind körperliche Akte und Handlungsvollzüge mehrdeutig und ihr Sinngehalt (auch aufgrund dessen, dass sie immer zu einer anderen Zeit als die vorangegangenen Praktiken stattfinden) nicht völlig festgelegt. Ihnen geht keine völlig eindeutige Strukturierung (bzw. eindeutige Identitätsnormen) voraus, da die Strukturen selbst keinen eindeutigen Sinnkern aufweisen (vgl. Moebius 2003; Moebius 2007: 245). Hinzu kommt, dass – wie schon der Pragmatismus betonte (vgl. Joas 1992) – die jeweilige soziale Situation den Handlungsvollzug der Subjekte mit prägt (vgl. Moebius 2008), so dass ausgehend davon neuartige kreative Handlungen möglich werden, quasi als spezifische, kreative (im Sinne Joas') Antwort auf die je spezifische Begegnung mit dem Anderen (vgl. Moebius 2003).

Trotz der Annahmen potenzieller Handlungsmöglichkeit und dem von den Poststrukturalistischen Sozialwissenschaften hervorgehobenen Vermögen, in den Handlungsvollzügen die für die Reproduktion sozialer Strukturen notwendige Routinisiertheit durchbrechen

Pierre Bourdieu: Zur Kultursoziologie und Kritik der symbolischen Gewalt

zu können, darf man jedoch nicht für die Macht- und Herrschaftsverhältnisse blind sein, die dieses Vermögen stark einschränken können (vgl. Moebius 2008b). Zukünftig könnte es deshalb interessant werden, die unterschiedlichen Ansätze der Bourdieuschen Theorie, des Pragmatismus und des Poststrukturalismus mehr miteinander zu verschränken, um sowohl die Beharrungskraft gesellschaftlicher Strukturen als auch die Möglichkeiten sozialen Wandels theoretisch erfassen zu können.

Ungeachtet dieser Kritiken stehen die wissenschaftlichen Leistungen, die außerordentliche Produktivität und die intellektuelle Anregungskraft von Bourdieu für die soziologische und kulturwissenschaftliche Theoriebildung und empirische Praxis außer Frage. Sein Verdienst für die Soziologie und die Kulturwissenschaften besteht darüber hinaus darin, die soziale Welt nicht von einer (angeblich) wertneutralen Warte aus zu beobachten, sondern der konzedierten symbolischen Gewalt mit wissenschaftlichen Mitteln entgegenzutreten. Für eigene Forschungen kann man sich deshalb an folgendem Leitmotiv Bourdieus orientieren, das besagt, dass die Sozial- und Geisteswissenschaftler heute dazu aufgerufen sind, die Mechanismen sowohl symbolischer als auch jeder anderen Art von Herrschaft aufzudecken und insofern ihre gegenwärtige (und es ist zu befürchten: zukünftige) Rolle „als *Experten* zur Lösung von *Management-Problemen* nicht akzeptieren können." (Bourdieu 1992: 48f.)

Literatur von Pierre Bourdieu

Bourdieu, P.: Zur Soziologie der symbolischen Formen. Frankfurt/M. 1970.

Bourdieu, P.: Entwurf einer Theorie der Praxis etc. Frankfurt/M.1978

Bourdieu, P. et al.: Eine illegitime Kunst. Die sozialen Gebrauchsweisen der Photographie. Frankfurt/M. 1981.

Bourdieu, P./Passeron, Jean-Claude: Soziologie und Philosophie in Frankreich seit 1945. Tod und Wiederausferstehung einer Philosophie ohne Subjekt. In: Lepenies, Wilf (Hg.): Geschichte der Soziologie. Studien zur kognitiven, sozialen und historischen Identität einer Disziplin. 4 Bd. Frankfurt am Main 1981, S. 496-551

Bourdieu, P.: Die feinen Unterschiede. Kritik der gesellschaftlichen Urteilskraft. Frankfurt/M. 1982.

Bourdieu, P.: La force du droit. In: Actes de la recherche en sciences sociales 64, 1986, S. 5–19.

Bourdieu, P.: Sozialer Sinn. Kritik der theoretischen Vernunft. Frankfurt/M. 1987.

Bourdieu, P.: Homo academicus. Frankfurt/M. 1988a.

Bourdieu, P.: Die politische Ontologie Martin Heideggers. Frankfurt/M. 1988b.

Bourdieu, P. et al.: Soziologie als Beruf. Wissenschaftstheoretische Voraussetzungen soziologischer Erkenntnis. Berlin 1991

Bourdieu, P.: Rede und Antwort. Frankfurt/M. 1992.

Bourdieu, P.: Praktische Vernunft. Zur Theorie des Handelns. Frankfurt/M. 1998a.

Bourdieu, P.: Vom Gebrauch der Wissenschaft. Für eine klinische Soziologie des wissenschaftlichen Feldes. Konstanz 1998b.

Bourdieu, P.: Die Regeln der Kunst. Genese und Struktur des literarischen Feldes. Frankfurt/M. 1999.

Bourdieu, P.: Genese und Struktur des religiösen Feldes. In: Bourdieu, P.: Das religiöse Feld. Texte zur Ökonomie des Heilsgeschehens. Konstanz 2000, S. 39–110.

Bourdieu, P.: Meditationen. Zur Kritik der scholastischen Vernunft. Frankfurt/M. 2001.

Bourdieu, P.: Ein soziologischer Selbstversuch. Frankfurt/M. 2002.

Bourdieu, P.: Das Modell Tietmeyer. In: Jurt, J. (Hg.): absolute Pierre Bourdieu. Freiburg i.Br. 2003, S. 184-189.

Bourdieu, P.: Die männliche Herrschaft. Frankfurt/M. 2005a.

Bourdieu, P.: Was heißt sprechen? Zur Ökonomie des sprachlichen Tausches. 2. Aufl., Wien 2005b.

Weitere zitierte Literatur

Bogusz, T,: Avantgarde und Feldtheorie. André Breton und die surrealistische Bewegung im literarischen Feld nach Bourdieu. Frankfurt/M. 2005.

Boltanski, L./Chiapello, E.: Der neue Geist des Kapitalismus. Konstanz 2003.

Breuer, S.: Anatomie der konservativen Revolution. 2. Aufl., Darmstadt 1995.

Caillé, A.: Don, interêt et désinteressement. Bourdieu, Mauss, Platon et quelques autres. Paris 1994.

Danner, W./Zeller, U. (Hg.): 400 Jahre Heinrich-Suso-Gymnasium Konstanz 1604-2004, Bad Buchau 2004.

Foucault, M.: Geschichte der Gouvernementalität. 2 Bände. Frankfurt/M. 2005.

Fröhlich, G./Rehbein, B. (Hg.): Bourdieu-Handbuch. Stuttgart 2009

Fröhlich, G.: Zur Aktualität von Pierre Bourdieu. Einleitung in sein Werk. (Reihe Aktuelle und klassische Sozial- und Kulturwissenschaftler). Wiesbaden 2010.

Gay, P.: Die Republik der Außenseiter. Geist und Kultur in der Weimarer Zeit 1918-1933. Frankfurt/M. 1987.

Joas, H.: Die Kreativität des Handelns. Frankfurt/M. 1992.

Heidegger, M.: Brief an den Direktor des Heinrich-Suso-Gymnasiums. Aus: Archiv des Heinrich-Suso-Gymnasiums Konstanz 1953.

Krais, B.: Soziologie als teilnehmende Objektivierung der sozialen Welt: Pierre Bourdieu. In: Moebius, S./Peter, L. (Hg.): Französische Soziologie der Gegenwart. Konstanz 2004, S. 171-210.

Martin, B.: Universität im Umbruch: Das Rektorat Heidegger 1933/34 In: John, E./Martin, B./Mück, M./Ott, H. (Hg.): Die Freiburger Universität in der Zeit des Nationalsozialismus. Freiburg/Würzburg 1991, S. 9-24.

Mauger, G.: Über symbolische Gewalt. In: Bourdieu, P.: Deutsch-französische Perspektiven, hg. von C. Colliot-Thélène et al. Frankfurt/M. 2005, S. 208-230.

Moebius, S.: Die soziale Konstituierung des Anderen. Grundrisse einer poststrukturalistischen Sozialwissenschaft nach Lévinas und Derrida, Frankfurt/New York 2003.

Moebius, S/Peter, L. (Hg.): Französische Soziologie der Gegenwart. Konstanz 2004a.

Moebius, S./Peter, L.: Neue Tendenzen der französischen Soziologie. In: Moebius, S./Peter, L. (Hg.): Französische Soziologie der Gegenwart. Konstanz 2004b, S. 9-77.

Moebius, S.: Diskurs – Ereignis – Subjekt. Zur Verschränkung von Diskurs- und Handlungstheorie im Ausgang einer poststrukturalistischen Sozialwissenschaft. In: Keller, R. et al. (Hg.): Die diskursive Konstruktion von Wirklichkeit. Zum Verhältnis von Wissenssoziologie und Diskursforschung. Konstanz 2005, S. 127-148.

Moebius, S./Wetzel, D.: absolute Jacques Derrida. Freiburg i.Br. 2005.

Moebius, S./Papilloud, C. (Hg.): Gift – Marcel Mauss' Kulturtheorie der Gabe. Wiesbaden 2006.

Moebius, S.: Marcel Mauss. Eine Einführung. Konstanz 2006a.

Moebius, S.: Die Gabe – ein neues Paradigma der Soziologie? Eine kritische Betrachtung der M.A.U.S.S.-Gruppe. In: Berliner Journal für Soziologie, Heft 3/2006, Wiesbaden 2006b, S. 355-370.

Moebius, S.: Bourdieu und die Postmoderne. Eine illegitime Allianz? In: Böhlke, E./Rilling, R. (Hg.): Bourdieu und die Linke. Politik – Ökonomie – Kultur. Berlin 2007, S. 238-246.

Moebius, S.: Handlung und Praxis. Konturen einer poststrukturalistischen Praxistheorie. In: Moebius, S./Reckwitz, A. (Hg.): Poststrukturalistische Sozialwissenschaften. Frankfurt/M. 2008, S. 58-74.

Moebius, S.: Macht und Hegemonie. Grundrisse einer poststrukturalistischen Analytik der Macht. In: Moebius, S./Reckwitz, A. (Hg.): Poststrukturalistische Sozialwissenschaften. Frankfurt/M. 2008a, S. 158-174.

Pierre Bourdieu: Zur Kultursoziologie und Kritik der symbolischen Gewalt

Moebius, S.: Marcel Mauss und Pierre Bourdieu. In: Fröhlich, G./Rehbein, B. (Hg.): Bourdieu-Handbuch. Stuttgart 2009, S. 53-57.

Moebius, S./Peter, L.: Pierre Bourdieu und der Strukturalismus. In: Fröhlich, G./Rehbein, B. (Hg.): Bourdieu-Handbuch. Stuttgart 2009a, S. 20-28.

Moebius, S./Peter, L.: Der Einfluss der französischen Epistemologie. In: Fröhlich, G./Rehbein, B. (Hg.): Bourdieu-Handbuch. Stuttgart 2009b, S. 10-15.

Moebius, S./Wetterer, A. (Hg.): Symbolische Gewalt. Themenschwerpunktheft der Österreichischen Zeitschrift für Soziologie (ÖZS), Wiesbaden 2011 (i.E.).

Müller, H.-P.: Handeln und Struktur. Pierre Bourdieus Praxeologie. In: Colliot-Thélène et. Al: Pierre Bourdieu. Deutsch-Französische Perspektiven. Frankfurt/M. 2005, S. 21-42

Papilloud, C.: Bourdieu lesen. Einführung in eine Soziologie des Unterschieds. Mit einem Nachwort von Loïc Wacquant. Bielfeld 2003.

Peter, L.: Das Ärgernis Bourdieu: Anmerkungen zu einer Kontroverse. In: Das Argument, Nr. 231, 1999, S. 545-560.

Peter, L.: Pierre Bourdieus Theorie der symbolischen Gewalt. In: Steinrücke, M. (Hg.): Pierre Bourdieu. Politisches Forschen, Denken und Eingreifen. Hamburg 2004, S. 48-73.

Peter, L.: Prolegomena zu einer Theorie der symbolischen Gewalt. In: Moebius, S./Wetterer, A. (Hg.): Symbolische Gewalt. Themenschwerpunktheft der Österreichischen Zeitschrift für Soziologie (ÖZS), Wiesbaden 2011 (i.E., hier zitiert nach der Manuskriptversion).

Reckwitz, A.: Die Transformation der Kulturtheorien. Zur Entwicklung eines Theorieprogramms. Weilerswist 2000.

Rehbein, B.: Die Soziologie Pierre Bourdieus. Konstanz 2006.

Safranski, R.: Ein Meister aus Deutschland. Heidegger und seine Zeit. 4. Aufl., Frankfurt/M. 2004.

Saint Martin, M. de: Der Adel. Soziologie eines Standes. Konstanz 2003.

Schmidt, R./Woltersdorff, T. (Hg.): Symbolsiche Gewalt. Herrschaftsanalyse nach Pierre Bourdieu. Konstanz 2008.

Schultheis, F.: Bourdieus Wege in die Soziologie. Genese und Dynamik einer reflexiven Sozialwissenschaft. Konstanz 2007.

Schultheis, F.: Symbolsiche Gewalt. Zur Genese eines Schlüsselkonzepts der bourdieuschen Soziologie. In: Schmidt, R./Woltersdorff, T. (Hg.): Symbolsiche Gewalt. Herrschaftsanalyse nach Pierre Bourdieu. Konstanz 2008, S. 25-44.

Schwingel, M. (1998): Pierre Bourdieu zur Einführung. Hamburg: Junius

Walpen, B.: Die offenen Feinde und ihre Gesellschaft. Eine hegemonietheoretische Studie zur Mont Pèlerin Society. Hamburg 2004.

Jean Baudrillard: Wider die soziologische Ordnung

Michael T. Schetsche/Christian Vähling

Biographischer und theoretischer Kontext

Jean Baudrillard: Geboren am 27. Juli 1929 in Reims, gestorben am 6. März 2007 in Paris; Studium zunächst der Germanistik, dann der Soziologie und Philosophie; arbeitet als Deutschlehrer, Literaturkritiker und Übersetzer, bevor ihn Henri Lefebvre an die Universität Nanterre holt, wo er erst dessen Assistent, dann selbst Professor für Soziologie wird. Von 1986 bis 1990 ist Baudrillard wissenschaftlicher Direktor des *Institut de Recherche et d'information Socio-économique* an der Universität Paris-Dauphine, eine letzte ‚offizielle Position‘, ehe er sich ganz Veröffentlichungen und Vorträgen widmet.[1]

Am Beginn der wissenschaftlichen Laufbahn finden wir Einflüsse seines Mentors, des ‚unorthodoxen Marxisten‘ Lefebvre, auf den auch gewisse Affinitäten zu Strukturalismus und Existentialismus, Psychoanalyse und Phänomenologie zurückgehen mögen. Nicht zu leugnen sind Einflüsse des Marxismus und des Situationismus[2] – auf letzteren verweist Baudrillard selbst mehrfach (vgl. Rötzer 1991: 258).

Theoriegeschichtlich (vielleicht sollte man besser sagen: ideologiegeschichtlich) wird Baudrillard vielfach der ‚Gruppe der französischen Poststrukturalisten‘ zugeordnet. Es bleibt jedoch zweifelhaft, was dies bedeutet. Aus einer kollektiven zeitlichen Zuordnung (‚nach den Strukturalisten‘) kann zwar auf mögliche gemeinsame theoretische Voraussetzungen, nicht jedoch auf tatsächliche Gemeinsamkeiten in der Theoriebildung geschlossen werden – von irgendeiner Art organisatorischer Verbindung ganz zu schweigen. Eine solche Einordnung erscheint uns deshalb weder theoretisch sinnvoll noch für das Verständnis von Baudrillards Texten übermäßig hilfreich.

Schauen wir uns stattdessen lieber Baudrillards eigenen theoretischen Bezugnahmen an: In der 1968 veröffentlichten Dissertation *Das System der Dinge* findet sich lediglich ein halbes Dutzend kurzer Hinweise (etwa auf Siegfried Giedion und Roland Barthes). Die Habilitationsschrift *Das Andere selbst* verweist in ihrer veröffentlichten Form aus dem Jahr 1987 auf Marx und Kierkegaard, Caillois und Bataille (Collège de Sociologie), Barthes und Mauss. Im Gegensatz dazu finden sich im wohl nicht nur von seinem Umfang her als Hauptwerk anzusehenden Buch *Der symbolische Tausch und der Tod* (Baudrillard 1991b) zahlreiche Verweise auf andere Denker. Wie keine andere macht diese Arbeit die Vielfältigkeit der theoretischen Quellen deutlich, aus denen Baudrillard schöpft. Neben pauschalen oder kursorischen Verweisen auf das Denken von Lyotard, Deleuze, Lévi-Strauss, Kierke-

---

[1]   Über die Privatperson Baudrillard wurde nur wenig geschrieben. „Wer gibt Baudrillard vor zu sein?“, kann Falko Blask (1995: 13) deshalb fragen. Zwar nicht über das „Andere selbst“, aber über das ‚andere Selbst‘ legt der von Peter Weibel (1999) herausgegebene Bildband mit den Baudrillard-Fotografien Zeugnis ab.

[2]   Die „situationistische Internationale“ war eine Ende der fünfziger bis Anfang der siebziger Jahre existierende Gruppe von urban orientierten Avantgarde-Künstlern und Intellektuellen; als theoretischer Kopf gilt Guy Debord (*Die Gesellschaft des Spektakels*).

gaard und Derrida stehen ausführlichere Bezugnahmen auf Nietzsche, Benjamin, McLuhan, Marcuse und Barthes. Eine systematische argumentative Auseinandersetzung findet mit vier Theoretikern statt, die in ihren Themen und ihren Denkstilen ebenso unterschiedlich sind, wie sie Bedeutung für die Entwicklung von Baudrillards Denken erlangt haben: Karl Marx und Sigmund Freud, Georges Bataille und Ferdinand de Saussure. Entsprechend sind es vier primäre Zuflüsse, die Baudrillards Gedankenstrom zumindest in diesem Band speisen: die Kritik der politischen Ökonomie, die Psychoanalyse, die Philosophie von Sexualität und Tod sowie die Zeichentheorie.

In späteren Bänden nimmt Baudrillard dann sehr strikt seine frühere Gewohnheit wieder auf, mit expliziten gedanklichen Bezugnahmen äußerst sparsam umzugehen und auf das Zitieren anderer (wissenschaftlicher) Autoren möglichst zu verzichten. Bei einem Großteil von Baudrillards Arbeiten läuft Diego de Estellas metaphorische Weisheit, dass Zwerge auf den Schultern von Riesen weiter blicken könnten als die Riesen selbst, eigentümlich ins Leere. Baudrillard, so scheint es wenigstens, steht theoretisch auf niemandes Schulter, sondern letztlich nur für und in gewisser Weise wohl auch auf sich selbst. Dies ist eine rezeptionsgeschichtliche Besonderheit, aber keine Einmaligkeit, wie etwa die Arbeiten von Flusser oder Virilio[3] zeigen, in deren Reihe Baudrillard kultur- und medientheoretisch gestellt werden kann.[4]

Grundzüge des theoretischen Denkens

Versuche, Baudrillards Denken systematisch zu erfassen, sind zwar nicht von vornherein zum Scheitern verurteilt, bergen aber immer die Gefahr, genau das Besondere auszuklammern. Baudrillards Gedankenführung ist assoziativ, intuitiv und immer wieder vorsätzlich paradox, um der Hyperrealität der Gegenwart angemessen zu begegnen: „Ich bin nicht mehr in der Lage, etwas zu ‚reflektieren', ich kann lediglich Hypothesen bis an ihre Grenzen vorantreiben, d.h. sie der Zone entreißen, in der man sich kritisch auf sie beziehen kann, und sie an den Punkt kommen lassen, nach dem es kein Zurück mehr gibt; ich lasse auch die Theorie in den Hyperraum der Simulation eintreten – sie verliert darin jede objektive Gültigkeit, gewinnt aber vielleicht an Zusammenhalt, d.h. sie gleicht sich dem System an, das uns umgibt" (Baudrillard 1990: 10).

Im Folgenden soll versucht werden, Baudrillards Denken entlang von drei Dimensionen nachzuvollziehen, die eine Art Koordinatensystem zu kennzeichnen scheinen. Baudrillard hat diese drei Blickwinkel zwar zeitlich nacheinander entfaltet, jedoch sind sie nicht als Chronologie misszuverstehen. Sie scheinen von Beginn an in seinem Werk angelegt. Und in eigentümlicher Weise wirkt jeweils die spätere auf die frühere zurück.

---

[3] Zu Vilém Flusser vgl. den Beitrag von Kai Hochscheid, zu Paul Virilio den Beitrag von Claus Morisch in diesem Band.

[4] Nicht zu vergessen die Anschlüsse an Walter Benjamins Überlegungen zu den Folgen beliebiger Reproduzierbarkeit; die in der Literatur gelegentlich zu findenden Bezugnahmen auf Lyotard leuchten – bei aller Ähnlichkeit des Sprachspiels – theoretisch hingegen wenig ein.

Die analytische Perspektive

Ausgangspunkt von Baudrillards Denken ist *das Objekt*. Bereits „Das System der Dinge" (Baudrillard 1991a) beschreibt die Objekte als eine Sphäre von eigener Logik, die sich nicht mehr über den Gebrauch durch Subjekte verstehen lässt, sondern sich diesen nach eigenen Bedingungen entgegenstellt.

Baudrillard versteht die Objekte als *Zeichen*: Nur als solche öffnen sie sich dem Konsum (vgl. Baudrillard 1991a: 244).[5] Dieser Zeichencharakter markiert ihre Differenz als Wesenszug. Um sich zu unterscheiden, differenzieren sich die Objekte immer weiter aus; die Produktion von Ware folgt also nicht mehr den Bedürfnissen der Menschen, sondern dem Differenzierungsbedürfnis der Ware selbst, das als *Code* in ihr angelegt ist.

Ausgehend von der Ausdifferenzierung der Zeichen in Simulakra (wörtlich „Trugbilder") genannten Systemen, unterscheidet Baudrillard in *Der symbolische Tausch und der Tod* (Baudrillard 1991b: 79-119) seit der Renaissance drei durch unterschiedliche Wertgesetze gekennzeichnete Ordnungen der Simulakra. Diese symbolischen Ordnungen, die auch als jeweils spezifisches Verhältnis zwischen materieller und symbolischer Wirklichkeit verstanden werden können (vgl. Schetsche 2000: 46-49), folgen zwar chronologisch aufeinander, lösen sich aber nicht im herkömmlichen Sinn ab; vielmehr vereinnahmt die jeweils höhere Ordnung die vorige und integriert deren Wertegesetz unter ihren eigenen Vorzeichen.[6]

In der *Ordnung der Imitation* lösen sich die Zeichen materiell vom Träger, bleiben ihm aber semantisch verhaftet: das Zeichen hat genau eine Bedeutung und fungiert als Stellvertreter seiner Referenz (des Signifikats). Daraus bezieht es seinen Wert, den Gebrauchswert. Mit der Industriellen Revolution und der Massenproduktion verändert sich das Verhältnis von Objekt und Referenz. In der *Ordnung der Produktion* emanzipiert das Industrieprodukt sich entsprechend gegenüber der Vorlage (dem ‚Modell') und wird zum eigentlichen Objekt. Der Wert des Produkts entstammt nun nicht mehr der zugeschriebenen Bedeutung, sondern seinen Herstellungskosten. Der Tauschwert und mit ihm das Geld als reines Zeichen propagieren das Äquivalenzprinzip als Grundlage gesellschaftlicher Prozesse.

Indem die Struktur der Objekte, ihr Code, offen zutage tritt, verändert sich das Verhältnis zwischen Zeichen und Bezeichnetem abermals. In der *Ordnung der Simulation* befreien sich die Objekte von jeder Referenz im Realen, einschließlich ihrer materiellen Produktion. Analog hierzu sieht Baudrillard die Entwicklung der Kybernetik und die Entdeckung der DNA als Ausdruck des Bedürfnisses an, die Welt der Herrschaft des Codes zu unterwerfen. Die Ausbreitung des Codes erfolgt ungeordnet, exponentiell. Baudrillard spricht hier von Präzession, ein Begriff, den er der Physik entlehnt. Gemeint ist eine ausladende Bewegung von Möglichkeiten: „Alle Interpretationen sind wahr; ihre Wahrheit besteht darin, sich in einem erweiterten Kreislauf auszutauschen, und zwar nach Maßgabe von Modellen, denen sie selbst vorgeordnet sind" (Baudrillard 1978: 31).

---

[5] Das zeigt das Beispiel der Mode: sie ist die ideale Ware, denn ihr Wesen liegt genau in der Vergänglichkeit und der Unterscheidung, den Grundlagen des Konsums von Zeichen. Salopp gesagt: Materiell ist ein Mode-Objekt ein Kleidungsstück, aber deshalb kauft man es nicht.

[6] Es wurde kritisiert, dass Baudrillard zwar plausibel die Ordnungen beschreibt, aber keine Hinweise auf ihren Entstehungszusammenhang liefert (vgl. Junge 2004: 341). Für Baudrillard, der von den Objekten ausgeht und nicht von den Subjekten, ist die Entwicklungsdynamik jedoch in den Zeichen angelegt. Die Frage nach einem äußeren Antrieb stellt sich damit gar nicht.

In der selbstreferentiellen Reproduktion der Zeichen entstehen unendliche Variationen des ihnen zugrundeliegenden Codes, die klarer, strukturierter, überzeugender und damit realer wirken als das Reale. Sie sind *hyperreal*. Am deutlichsten wird die Überlagerung des Realen durch die Simulation in den Massenmedien. Durch deren Allgegenwart wird die Realität immer weniger direkt wahrgenommen, vielmehr durch ihre Reproduktion in den oder ihre Produktion für die Medien geschaffen.

Auch die Politik folgt der Simulation politischer Bedürfnisse (vgl. Baudrillard 1991b: 102). Medienkampagnen und Meinungsumfragen sind Mittel, um Aspekte des Realen codierbar zu machen und damit der Hyperrealität zuzuführen. Die Politik wird transpolitisch: sie behält die Formen der Politik bei, ohne noch der Verwirklichung übergeordneter Ziele zu dienen.

Selbst die politische Ökonomie wird zur *Simulation* des Tausches. Erst aus einer Perspektive außerhalb des Systems wird die Unmöglichkeit des Tausches erkennbar: der Kapitalismus als solcher kennt ebenso wenig ein Äquivalent wie das Universum. Wie aber lässt sich ein Tausch erzwingen, der den im wahrsten Sinne „äußersten" Einsatz des Systems fordert? Baudrillard übernimmt aus der Ethnologie Mauss' die Idee des Potlatsch, eines Rituals einander überbietender Geschenke, als Modus des unmöglichen Tausches. Der Potlatsch kennt keine materiellen Äquivalenzen, er inszeniert stattdessen eine Spirale der Eskalation (vgl. Moebius 2006).

Die radikalste Kritik am Tauschwert ist für Baudrillard die *Verschwendung* von Zeichen: Deren radikalste Form ist das Geschenk, und das radikalste Geschenk wiederum ist das des Todes. Zentral bei Baudrillard ist die Unterscheidung zwischen Mord und Vernichtung. Im Mord hat der Tod ein Ritual, eine Szene, eine Bestätigung des Lebens. Dem steht die Vernichtung als prozesslose Negation des Lebens gegenüber. Der Tod als nicht verhandelbare und nicht erwiderbare Gabe durchbricht den Kreislauf von Arbeit und Überleben (als Gabe und Gegengabe) und setzt eine Eskalation des unmöglichen Tauschs in Gang. Als Beispiel nennt Baudrillard den Terrorismus, der den eigenen Tod als nicht erwiderbares Geschenk einsetzt.[7]

Die strategische Perspektive

Wenn die Triebkraft des Realen bei den Objekten liegt, wird das Subjekt als bestimmende (im Doppelsinn des Wortes: als „deutende" und als „beherrschende") Kraft obsolet. Obwohl Baudrillard das bereits sehr früh feststellt, liest sich der unmögliche Tausch noch am ehesten als eine Strategie des Subjekts. Spätestens jedoch mit den *Fatalen Strategien* (Baudrillard 1991c), verortet Baudrillard vorrangig im Objekt das Potential, dem „System, das uns umgibt", etwas entgegenzusetzen.

Individuum und Objekt interagieren bei Baudrillard an multiplen Schnittstellen, werden aber nicht durch eine Dialektik verbunden, sondern durch eine Dualität getrennt. Erst durch dieses Spannungsverhältnis können sie sich wechselseitig herausfordern. Es ist diese konflikthafte Dualität, die Baudrillard veranlasst, nach Konfliktfeldern zu suchen, an denen

---

[7] Baudrillard ist sich bewusst, dass Geiselnehmer sich meist doch auf Tauschhandel einlassen, das Leben gegen beispielsweise Waffen oder politische Zugeständnisse tauschen und damit die Regeln des Systems reproduzieren. Aber es geht ihm nicht um akkurate Beschreibung, sondern um ein symbolisches Potential.

das System zerfällt. Im Zentrum seines Interesses stehen dabei zwei Aspekte: das Katastrophische und das Böse.

Es überrascht kaum, dass sich Baudrillard vom Prinzip des Bösen angezogen fühlt. Es ist die symbolische Form der Überschreitung, die das System zur Selbstüberschreitung zwingt. In der geordneten (simulierten) Welt ist das Gute alles, was die Ordnung aufrechterhält, und das Böse alles, was sie zerstört oder vielmehr dazu verführt, sich selber zu zerstören. Das Böse ist das „Andere", der „verfemte Teil" (nach Bataille) des Guten, der nicht einfach verleugnet werden kann. Je mehr das System versucht, diesen Teil auszumerzen, desto empfänglicher wird es für den Einbruch des Anderen.

Das „reine Ereignis" (Baudrillard 1991c: 20) ist ein Einbruch des verfemten Teils in die Hyperrealität – etwa in Form der Naturkatastrophe, eines Ereignisses, auf welches das System nicht angemessen reagieren kann. Baudrillard verweist hier etwa auf Katastrophenpläne, die bei konsequenter Anwendung mehr Tote fordern würden als die Katastrophe. Andere ‚Überforderungen' des Systems bringt die Entwicklungsdynamik der Hyperrealität selbst hervor. Als Metapher dient hier die Metastase, die für ein unkontrolliertes, wucherndes Wachstum steht, das zum Kollaps des Systems führen kann. Baudrillard benennt mit der Obszönität (als Exzess der Sichtbarkeit), der Geiselnahme (als Exzess der Gewaltdrohung) und der Fettleibigkeit (als Exzess der Körperlichkeit) drei Formen der Systemüberschreitung.

Viele von Baudrillards Vorstellungen tragen eher metaphysische Züge: die Finalität des Fatalen und die Verpflichtung des Systems, auf die genannten Herausforderungen zu reagieren, werden behauptet, aber nicht theoretisch erklärt oder empirisch belegt. Stattdessen bedient sich Baudrillard mythischer, magischer und ritueller Vorstellungen. Um auf die Bedeutung des Imaginären und der Illusion zu verweisen, benutzt er, in Anlehnung an Alfred Jarry, den Begriff „Pataphysik", die „Wissenschaft der imaginären Lösungen" (Baudrillard 1991c: 102).

Zunehmend verortet Baudrillard die Szene der Illusion an der Oberfläche der Dinge, im Schein. Dieser ist ebenso sichtbar, wie er verbirgt: Schein und Illusion sind verführerisch, indem sie auf ein Anderes verweisen, das sich der Transzendenz entzieht. Das Spiel von Sichtbarem und Unsichtbarem, von Information und Desinformation, mit dem Ziel, die Simulation an Künstlichkeit zu überbieten, ist das Spiel der *Verführung* (vgl. Baudrillard 1992a); ein Spiel mit dem Schein, der Oberfläche, vor allem aber der Distanz. Wer begehrt, nach Auflösung der Spannung strebt, hat das Spiel der Verführung schon verloren. Dem ‚Weiblichen' spricht Baudrillard dabei den Objektstatus und damit die höhere Macht in diesem Spiel zu. Das ist keine männlich-chauvinistische Reduktion, eher eine abstrakte Deutung gesellschaftlicher Konstrukte: In der westlichen Begriffswelt ist die Frau herkömmlicherweise von außen, aus männlicher Perspektive, über die Zuschreibung von Eigenschaften als Objekt konstruiert. In der Folge haben Frauen selber einen objektiveren Blick auf sich, was sich etwa in der Kosmetik und der Mode zeigt.

Die zentrale Strategie der Moderne, die *Aufklärung*, wird mit dem transzendenten Subjekt obsolet. Aufklärung bedeutet, Geheimnisse ans Licht zu zerren und zu analysieren, Transzendenz zu schaffen. Doch wenn der Motor des Systems die Codes sind, die verwirklicht werden, dann ist es gerade die Transzendenz, die ihm zuspielt. Was die Simulation aus der Transzendenz macht, ist keine Befreiung, es ist vielmehr die Obszönität reiner Oberflächen. Angesichts eines Systems, in dem alles im Licht steht, kommt es eher drauf an, Dinge zu verstecken und unlesbar zu machen. Und genau darum geht es bei den „Fatalen Strate-

Jean Baudrillard: Wider die soziologische Ordnung

gien", die Baudrillard nicht nur der Transzendenz des Systems, sondern auch den „banalen Strategien" des Realen und der Aufklärung entgegenzusetzen versucht.

Die nachgeschichtliche Perspektive

Baudrillards Idee einer ‚Nachgeschichte' geht zunächst davon aus, dass die Beschleunigung der Zeichen einer Verlangsamung der Bedeutungen (des Sozialen) entgegenläuft, so dass die Geschichte wie am Ereignishorizont eines Schwarzen Lochs gedehnt wird und nie zur Erfüllung kommt: Wir befinden uns immer außerhalb der Geschichte (vgl. Baudrillard 1990). Später erweitert Baudrillard diesen Gedanken um die Vorstellung, dass die Erfüllung der Geschichte in der Simulation bereits explosionsartig, als Spektakel, stattgefunden hat und wir uns in einem Zustand „nach der Orgie" (Baudrillard 1992b: 9) befinden.

Dinge, die ihrer Finalität beraubt sind, bewegen sich in einer Endlosschleife: „Wenn die Dinge, die Zeichen, die Handlungen von ihrer Idee, ihrem Begriff, ihrem Wesen, ihrem Wert, ihrer Referenz, ihrem Ursprung und ihrer Bestimmung befreit sind, treten sie in endlose Selbstreproduktion. Die Dinge funktionieren weiter, während die Idee von ihnen längst verloren gegangen ist. Und das Paradoxe ist, dass sie umso besser funktionieren." (Baudrillard 1992b: 12) Dies ist die unmittelbare Konsequenz der totalen Transparenz der Dinge: Alles greift ineinander, alles ist aufeinander abgestimmt, alles ist codiert. Die Illusion wird durch die Simulation ausgetrieben, deren eigentliches Gegenteil sie (und nicht das Reale) ist. „Dieses gigantische Desillusionierungsunternehmen – wörtlich: die Tötung der Illusion der Welt zugunsten einer absolut realen Welt – genau das ist die Simulation" (Baudrillard 1996: 33). Die Vollendung dieser Entwicklung findet Baudrillard in Amerika, und dort vor allem in Disneyland, einer künstlichen Welt, die verschleiern will, dass bereits ganz Amerika der Künstlichkeit anheim gefallen ist. Gleiches gilt für das Transpolitische, das darauf angelegt ist, zu verschleiern, dass es keine Politik im traditionellen Verständnis mehr gibt.

Dennoch steckt auch in dieser radikalisierten Lesart der Simulation die Möglichkeit eines „Bösen". Es ist als Virus in den Codes versteckt. Dieses *Virale* beschreibt Baudrillard als Modus der Ansteckung zwischen den Objekten, den getrennten Aspekten der Simulation. „Gegenseitige Ansteckung aller Kategorien, Ersetzung einer Sphäre durch die andere, Vermengung der Gattungen. So ist der Sex nicht mehr im Sex, sondern überall sonst. Das Politische nicht mehr im Politischen, es infiziert alle Bereiche: Wirtschaft, Wissenschaft, Kunst, Sport..." (Baudrillard 1992b: 14). Auch hier gibt es Möglichkeiten der Überschreitung: Gerade weil das Reale so ausdifferenziert ist, scheint es besonders anfällig für das Prinzip des Bösen. Je weniger wir über die Möglichkeit verfügen, „das Böse auszusprechen" (Baudrillard 1992b: 95), desto mehr trifft es uns. Die Virulenz produziert dabei die beste Angriffsfläche: die Viren greifen nicht die Objekte als Verwirklichungen des Codes an, sondern den Code selber. Sie schreiben sich in ihn ein.

Dem Subjekt bleiben dabei immer weniger Spielräume. Es kann beim Spiel der Objekte mitmachen, sich der Simulation ausliefern oder sich in dieser verflüchtigen (um sich dadurch dem Zugriff der Transparenz zu entziehen).[8] Allerdings sind diese „Strategien" nicht in dem Sinne zu verstehen, dass sie als Konzepte praktisch umsetzbar wären. Spätes-

---

[8] Dementsprechend deutet Baudrillard den Zusammenbruch des Sowjet-Systems als ironischen Sieg, denn es ließ dem Westen nur noch die Möglichkeit, über die eigenen Unzulänglichkeiten zu Fall zu kommen (vgl. Baudrillard 1994: 63-66).

tens in der Institutionalisierung als Handlungsanweisung verlören sie ihre Sprengkraft und würden Teil der Simulation des Realen. Dieser Grundkonflikt menschlichen Handelns im System der Dinge lässt sich mit Baudrillard nicht auflösen. Als Äußerstes gilt ihm, das Bewusstsein dieser Differenz als – mitunter befruchtendes – Spannungsverhältnis aufrechtzuerhalten.

Rezeption und Wirkungsgeschichte im deutschsprachigen Raum

In der Wahrnehmung der interessierten Öffentlichkeit steht Baudrillard wie kaum ein anderer Soziologe für das Nachdenken über die Nachmoderne. Dies zeigt sich sowohl inhaltlich als auch stilistisch: Seine theoretischen Setzungen haben den modernen Stil wissenschaftlicher Theoriebildung hinter sich gelassen, sind – auf den ersten Blick – eher einer spielerisch-essayistischen Phänomenologie des Sozialen als deren formalistischer Analyse und Rekonstruktion verpflichtet.

Dies könnte eine Ursache dafür sein, dass Baudrillard bei vielen, in ihrem Denken an der klassischen Moderne orientierten, zeitgenössischen Soziologen und Soziologinnen auf Ignoranz, Skepsis, teilweise auch wütende Ablehnung trifft (vgl. Fuder 1994: 23, Kraemer 1994: 47). Zumindest aber ist zu konstatieren, dass Baudrillard der großen Mehrheit der deutschen Soziologen bis heute fremd geblieben ist. In einer der führenden deutschsprachigen Fachzeitschriften (*Soziale Welt*) finden sich zwischen 1975 und 2004 gerade sechs Aufsätze, in denen auf das Werk des französischen Theoretikers Bezug genommen wird – und zwar tendenziell in Nebenbemerkungen und regelmäßig unter Bezug auf nur jeweils *einen* Text[9].

Legt man diesen Befund zugrunde, kann von einer systematischen Rezeption des Werkes in der deutschsprachigen Soziologie nicht die Rede sein. Hierfür bietet sich eine zweite Erklärung an: Da Baudrillards Erkenntnisgegenstände eher im Bereich der symbolischen als der materiellen Welt verortet scheinen, in seinen Werken häufiger von Medien und (Alltags-)Kultur als von ‚handfesten Tatsachen‘[10], wie etwa Sozialstruktur oder sozialen Problemen, die Rede ist, kann er gerade in seinem eigenen Fach, der Soziologie, auch nur kulturwissenschaftlich rezipiert werden. Zumindest, und das fällt schnell auf, stammt ein Großteil der systematischen und – was noch wichtiger ist – weiterdenkenden Sekundärliteratur entweder aus dem Kreis der (nichtsoziologischen) Kultur- und Medienwissenschaft oder von Soziologen (und Soziologinnen), die sich persönlich eher den Kulturwissenschaften, bestenfalls noch der Kultursoziologie als zugehörig betrachten. Schauen wir uns diese Rezeption – für den hier primär interessierenden deutschsprachigen Raum[11] – ein wenig

---

[9] In den Aufsätzen geht es um sozialen Wandel in der Medizin (Ridder 1983), die Entwicklung der Soziologie (Hörning 1989), die Aktualisierung der Musiksoziologie (Bühl 1994), die Irrationalität der Moderne (Schnierer 1995), das öffentliche Begehren (Bech 1995) sowie um die Theoriefähigkeit von Science Fiction (Fuhse 2003). Lediglich der Beitrag von Schnierer nimmt ausführlichen Bezug auf ein Buch und zwei Aufsätze Baudrillards.

[10] „Die sozialen Tatsachen interessieren mich überhaupt nicht [...] in einem Diskurs werden wir nie aufteilen können, was die Tatsachen und was der Diskurs selbst ist" (Baudrillard 1983: 74).

[11] Den besten Überblick über die aktuelle englischsprachige Diskussion gibt das *International Journal of Baudrillard Studies* (http://www.ubishops.ca/baudrillardstudies/); eine kritische Zusammenfassung der älteren Debatten liefern Gane (1991) und Levin (1996).

genauer an (wobei der Blick gezwungenermaßen ebenso kursorisch wie exemplarisch bleiben muss).

Basis vieler Aneignungsversuche sind die deutschen Übersetzungen all jener kleinerer und größerer Schriften Baudrillards, die seit den siebziger Jahren zeitnah, teilweise sogar zeitgleich, zu den französischen Originalausgaben im Berliner Merve-Verlag erschienen sind. Obwohl mangelnde Französischkenntnisse also kein Hinderungsgrund sein konnten, setzt eine intensivere Baudrillard-Rezeption in der deutschen Fachöffentlichkeit erst Ende der achtziger Jahre ein. Einer der Auslöser dafür ist das im viel beachteten Band *Französische Philosophen im Gespräch* 1986 erschienene Interview von Florian Rötzer mit Baudrillard, das in seinem Einfluss auf die jüngere Generation von Kultur- und Mediensoziologen kaum überschätzt werden kann. Allerdings dauert es anschließend noch fast zehn Jahre bis kurz nacheinander zunächst ein ausführlicher Sammelband (Bohn/Fuder 1994), dann eine leichtverständliche Einführung in das Denken Baudrillards (Blask 1995) erscheinen.

Eingerahmt von einer kurzen ‚Leseanleitung‘ der Herausgeber und einem ausführlichen Interview mit Baudrillard selbst, finden sich im von Ralf Bohn und Dieter Fuder herausgegebenen Band elf Beiträge aus den Disziplinen Philosophie, Medienwissenschaft, Literaturwissenschaft und Soziologie – zumindest zum Teil von akademisch durchaus renommierten Vertretern des jeweiligen Faches verfasst. Das Einführungsbuch des Kommunikationswissenschaftlers und Journalisten Falko Blask besticht durch eine sehr systematische und gut nachvollziehbare Darstellung von Baudrillards zentralen Topoi und zugrunde liegenden Denkstrukturen (bis zum Stand von ca. 1990). Der Band hat einer ganzen Generation von interessierten Studierenden – gerade auch aus der Soziologie – die Annäherung an die durchaus ja nicht immer einfache Vorstellungs- und Sprachwelt Baudrillards erleichtert.

Überhaupt kann die Mitte der neunziger Jahre als erster Höhepunkt[12] der deutschsprachigen Baudrillard-Rezeption angesehen werden. In gewisser Weise abgeschlossen wird diese Phase durch den ebenso umfangreichen wie theoretisch anspruchsvollen Band von Wolfgang Kramer zur *Technokratie als Entmaterialisierung der Welt* (1998), in dem Baudrillards Werk im Kontext der Arbeiten eines anderen, ebenfalls in seiner Disziplin nicht immer wohl gelittenen Vordenkers, Günther Anders, rekonstruiert wird. Im Zentrum von Kramers ‚zusammendenkenden‘ Interpretationen stehen dabei die wirklichkeitsverändernden Wirkungen von Fernsehen einerseits und digitalen Medien anderseits, die Entmaterialisierung der gesellschaftlichen Arbeit, die (medien-)technisch bedingten Transformationen von Körper, Geist und Seele sowie die geschichtsphilosophische Diagnose vom ‚Ende der Geschichte‘ und der damit verbundenen Zerstörung der Zeitlichkeit des Menschen.

Der Band liefert gleichzeitig einen Hinweis auf eine dritte, vielleicht die entscheidende Ursache der langjährigen Rezeptionsabstinenz gerade in der deutschen Soziologie: „In den Analysen von Anders und Baudrillard werden ökonomische und politische Herrschaftsstrukturen relativiert bzw. überhaupt nicht mehr berücksichtigt" (Kramer 1998: 424). Dies ist jedoch kein ‚blinder Fleck‘ in der Theoriebildung, sondern ergibt sich gleichsam notwendig aus den vorgenommen Analysen nachmoderner Gesellschaft: An die Stelle politischer und ökonomischer Herrschaft „ist eine technische Struktur getreten, die der Steuerung durch den Menschen entgleitet und daher die Steuerungsbedingungen zweitrangig macht" (Kramer 1998: 424). Diese technische Struktur erzwingt „einen nachgeschichtlichen Zustand radikaler Systemimmanenz" (Kramer 1998: 425), für dessen analytische Aufdeckung

---

[12] Ein zweiter Höhepunkt zeichnet sich seit dem Jahr 2004, anlässlich von Baudrillards 75. Geburtstag ab. Hinzuweisen ist hier etwa auf die Arbeiten von Karpenstein-Eßbach (2004) und Reich u.a. (2005).

Baudrillard bis heute von vielen (noch marxistisch sozialisierten) deutschen Soziologen gescholten[13] oder durch Missachtung gestraft wird, weil sein Befund jede revolutionäre oder auch nur kritisch-partizipative Option gesellschaftlichen Wandels negiert.

Ohne jede Polemik hingegen kommen die kritische Darstellung und theoretische Einordnung von Baudrillards Werk in zwei aktuellen kultur- bzw. medienwissenschaftlichen Monographien (Karpenstein-Eßbach 2004; Reich u.a. 2005) aus. Entsprechend der thematischen Ausrichtung der beiden Bände, steht jeweils die Bedeutung von Baudrillards Denken für das Verständnis der Medien und der medial vermittelten bzw. medial geschaffenen Wirklichkeit im Mittelpunkt des Interesses. Diese Schwerpunktsetzung kann als typisch für die deutsche Rezeption insgesamt angesehen werden: Baudrillard als Medienphilosoph und Kulturkritiker.

Einer der wenigen Versuche, Baudrillards Denken anschlussfähig an soziologische Theoriebildung außerhalb der Kultursoziologie zu machen[14], findet sich bei Schetsche (2000). Seine „relativistische Problemtheorie" versucht die Spaltung in der Theorie *sozialer Probleme* in einen ‚objektivistischen' und einen ‚konstruktionistischen' Zweig metatheoretisch auf Basis von Baudrillards Simulakratheorie zu erklären. Dieses Vorhaben stieß bei den Vertretern der angesprochenen Paradigmen jedoch weitgehend auf Unverständnis. Ähnliche Kritik zog Bernhard Giesen (1991) auf sich, der in seiner Arbeit über die *Entdinglichung des Sozialen* die Veränderungen im wissenschaftlichen Denken beim Übergang von der Moderne zur Postmoderne parallel zu Baudrillards Theoriebildung zu beschreiben und zu erklären versuchte. Auch wenn sein epistemologischer Ausgangspunkt und die verwendeten Analysekategorien andere sind, werden die *Konsequenzen* des Entdinglichungsprozesses doch explizit unter Berufung auf Baudrillards Denken konturiert.

Ein generelles Problem der Rezeption könnte darin liegen, dass Baudrillard weitgehend darauf verzichtet, *systematische* Erklärungen für die behauptete Dominanz der symbolischen über die materielle Welt und den damit verbundenen Verlust wissenschaftlicher Erkenntnismöglichkeit zu liefern (vgl. Albrecht 2001: 129). Aber nicht nur Baudrillard bleibt in seinem Werk die Erklärung dafür schuldig, welche strukturellen *und* kulturellen Entwicklungen der konstatierten Dominanz des Symbolischen über das Materielle zu Grunde liegen könnten, auch die im deutschsprachigen Raum bis heute eher spärlichen Weiterentwicklungen und Anwendungs*versuche* haben hier nur wenig zu bieten.

Schlussbemerkung: Baudrillard – ein Kulturtheoretiker wider Willen?

Baudrillard lässt manchen sonst sachlichen Sozialwissenschaftler polemisch, ja rhetorisch aggressiv reagieren. Dass dies so ist, liegt zum einen sicherlich am Stil, in dem seine Analysen und Diagnosen verfasst sind. Zu sehr weicht er von dem ab, was in der akademischen Soziologie, namentlich der deutschen, als ‚guter wissenschaftlicher Schreibstil' gilt. Zudem offenbart Baudrillard eine fast prophetische Gabe beim prognostischen Fortschreiben der Zeitdiagnose, die geeignet ist, einen gewissen akademischen Neid zu provozieren. Dies gilt etwa in Hinblick auf seine Thematisierung der sozialen, wissenschaftlichen und philosophischen Folgen der digitalen Techniken – die noch dazu mit einer öffentlichen Aufmerksamkeit resp. medialen Anerkennung verbunden sind, die anderen Themen nur selten zuteil

---

[13] Typisch hier etwa die polemische, stellenweise auch moralisierende Kritik bei Venus (1997).

[14] Hinzuweisen ist aber auf die Arbeit von Tsiros (1993) zur „politischen Theorie der Postmoderne".

wird. Der Hauptgrund für die aggressive Ablehnung dürfte jedoch in Baudrillards theoretischen Setzungen selbst liegen – und in der Art, in der sie zustande kommen: An die Stelle mühsamer systematisch-empirischer Studien tritt die (scheinbar!) mühelose Geste des flanierenden Beobachters. Die Ergebnisse dieses ganz und gar ,unsoziologischen' Denkens sind ebenso ärgerlich: Theorien an der Schnittstelle zwischen Soziologie, Philosophie und Kulturkritik, die ohne den Großteil der in der Soziologie üblichen Begrifflichkeiten, Konzeptualisierungen und Selbstreferentialitäten auskommen.

Man könnte deshalb sagen, dass Baudrillard sich in gewisser Weise selbst aus dem soziologischen Diskurs ,ausgeklinkt' hat, weil er sich dem dort üblichen Duktus, der Selbstversicherung durch Bezugnahmen auf eherne Gesetze diskursiv versteinerter Klassiker und dem akademischen Methodenzwang, widersetzt. Diese Überschreitung der zwar informellen, dabei aber um so apodiktischeren Grenzen des disziplinären Denkens evoziert rezeptionale Ausgrenzung. So muss es nicht verwundern, dass Baudrillards Denken eher dort Anerkennung findet, wo diese Grenzen nicht gelten oder zumindest etwas durchlässiger sind: in der Kunst, der (nicht-soziologischen) Kulturwissenschaft und in der Medienphilosophie.

Literatur von Jean Baudrillard

Baudrillard, J.: Kool Killer oder Der Aufstand der Zeichen. Berlin 1978a.
Baudrillard, J.: Agonie des Realen. Berlin1978b.
Baudrillard, J.: Der Tod der Moderne. Eine Diskussion. Tübingen 1983.
Baudrillard, J.: Amerika. München 1987.
Baudrillard, J.: Das Jahr 2000 findet nicht statt, Berlin 1990.
Baudrillard, J.: Das System der Dinge, Frankfurt/M. 1991a (Orig. 1968).
Baudrillard, J.: Der symbolische Tausch und der Tod. München 1991b (Orig. 1976).
Baudrillard, J.: Die fatalen Strategien. München 1991c (Orig. 1983).
Baudrillard, J.: Von der Verführung. München1992a (Orig. 1982).
Baudrillard, J.: Transparenz des Bösen. Ein Essay über extreme Phänomene. Berlin 1992b (Orig. 1990).
Baudrillard, J.: Die Illusion des Endes oder Der Streik der Ereignisse. Berlin 1994a (Orig. 1992).
Baudrillard, J.: Das Andere selbst. Wien 1994b (Orig. 1987).
Baudrillard, J.: Das perfekte Verbrechen. München1996 (Orig. 1995).
Baudrillard, J.: Paßwörter. Berlin 2002.

Weitere zitierte Literatur

Albrecht, G.: Konstruktion von Realität und Realität von Konstruktion. In: Soziale Probleme 12 (1/2), 2001, S. 116-145.
Bech, H.: Citysex. Die öffentliche Darstellung der Begierden. In: Soziale Welt 46, 1995, S. 5-26.
Blask, F.: Baudrillard zur Einführung. Hamburg 1995.
Bohn, R./Fuder, D. (Hg.): Simulation und Verführung. München 1994.
Bühl, W. L.: Musiksoziologie an der postmodernen Wende. In: Soziale Welt 45, 1994, S. 338-362.
Fuder, D.: Don-Juanismus in der Erkenntnis oder von der Macht der Verführung. In: Bohn, R./Fuder, D. (Hg.): Simulation und Verführung. München 1994, S. 23-46.
Fuhse, J. A.: Das Andere der Gesellschaft – Science Fiction als Kritische Theorie. In: Soziale Welt 54, 2003, S. 223-240.

Gane, M.: Baudrillard. Critical and Fatal Theory. London 1991.

Giesen, B.: Die Entdinglichung des Sozialen. Eine evolutionstheoretische Perspektive auf die Postmoderne. Frankfurt/M. 1991.

Hörning, K. H.: Von ordentlichen Soziologen und unordentlicher Realität. In: Soziale Welt 40, 1989, S. 76-85.

Junge, M.: Soziologie der Simulation: Jean Baudrillard. In: Moebius, S./Peter, L. (Hg.): Französische Soziologie der Gegenwart, Konstanz 2004, S. 325-354.

Karpenstein-Eßbach, Ch.: Einführung in die Kulturwissenschaft der Medien. Paderborn 2004.

Kraemer, K.: Schwerelosigkeit der Zeichen? Die Paradoxie des selbstreferentiellen Zeichens bei Baudrillard. In: Bohn, R./Fuder, D. (Hg.): Simulation und Verführung. München 1994, S. 47-69.

Kramer, W.: Technokratie als Entmaterialisierung der Welt: zur Aktualität der Philosophien von Günther Anders und Jean Baudrillard. Münster 1998.

Levin, Ch.: Jean Baudrillard. A Study in Cultural Metaphysics. London 1996.

Moebius, S.: Marcel Mauss. Konstanz 2006.

Reich, K./Sehnbruch, L./Wild, R.: Medien und Konstruktivismus. Eine Einführung in die Simulation als Kommunikation. Münster 2005.

Ridder, P.: Tod und Technik: Sozialer Wandel in der Medizin. In: Soziale Welt 34, 1983, S. 110-119.

Rötzer, F.: Französische Philosophen im Gespräch. München 1986.

Schetsche, M.: Wissenssoziologie sozialer Probleme. Grundlegung einer relativistischen Problemtheorie. Wiesbaden 2000.

Schnierer, Th.: Die (Ir-)Rationalität der Moderne und ihre theoretische Bewältigung. In: Soziale Welt 46, 1995, S. 223-239.

Tsiros, N.: Die politische Theorie der Postmoderne. Frankfurt/M. 1993.

Venus, J.: Referenzlose Simulation? Würzburg 1997.

Weibel, P. (Hg.): Jean Baudrillard. Photographies 1985-1998. Ostfildern 1999.

Dynamiken der Kulturen

Robert Bellah: Religiöse Evolution und symbolischer Realismus

Hans Joas

Der biographische Ausgangspunkt

Robert Bellah ist einer der bedeutendsten Religionssoziologen der Welt und einer der wichtigsten Zeitdiagnostiker der USA. Geboren 1927 in einer Kleinstadt in Oklahoma, entstammt Bellah einer presbyterianischen Familie schottischer Herkunft; sein Vater war Herausgeber der örtlichen Tageszeitung. Nach dem frühen Tod des Vaters wuchs Bellah in Los Angeles auf und kam dadurch weit über den südstaatlichen Protestantismus hinaus mit der progressiven Orientierung des „Social Gospel" und mit einer Vielzahl religiöser Kulturen und Subkulturen in Berührung. Nach dem Besuch des College an der Harvard University und anderthalb Jahren Wehrdienst erwarb er 1950 seinen ersten akademischen Abschluss (B.A.) in Sozialanthropologie. Die Abschlussarbeit über Verwandtschaftsstrukturen der Apache wurde preisgekrönt und als Buch 1952 veröffentlicht (vgl. Bellah 1952). An der Harvard University kam Bellah unter den bestimmenden Einfluss von Talcott Parsons, des zu dieser Zeit unbestritten führenden Theoretikers der Soziologie, und der sich um ihn herum bildenden interdisziplinären Gruppe von Sozial- und Geisteswissenschaftlern.

Bellahs frühes ausgeprägtes Interesse an der Kultur der „native Americans" zeigt sich im Rückblick als einer seiner Versuche, gegenüber der immer stärker als problematisch empfundenen Kultur der USA nach 1945 auf Distanz zu gehen. Zwei weitere biographische Entwicklungen Bellahs ergaben sich aus diesem Erfahrungshintergrund und aus der Wahrnehmung einer starken Spannung zwischen amerikanischen Werten und amerikanischer Gesellschaft. Als College-Student schloss sich Bellah kurze Zeit einer kommunistischen Organisation an und wurde Marxist. Dies führte in der Zeit des McCarthyismus zu beträchtlichen Karriereschwierigkeiten. Als Parsons ihm eine Stelle am Department anbot, machte die Universität die Denunziation anderer Kommunisten zur Bedingung für den Stellenantritt. Bellah entschied sich gegen die Erfüllung dieser Bedingung und verließ Harvard, um an die McGill-Universität nach Montreal zu wechseln.

Soziologie Ostasiens

Während die marxistische Phase Bellahs selbst sehr kurz war, blieb eine dritte kulturelle Suchbewegung lebensbestimmend. Bellah begann als Student, Japanisch und Chinesisch zu lernen und sich mit der Geschichte Ostasiens zu beschäftigen. In seiner Doktorarbeit (veröffentlicht 1957) verfolgte er das ehrgeizige Ziel, Max Webers Vorgehensweise in den vergleichenden Studien zur Wirtschaftsethik der Weltreligionen auf Japan anzuwenden. Dieses

Buch, *Tokugawa Religion*, gilt als eines der wichtigsten jemals über Japan verfassten Bücher und als repräsentativ für die Leistungen der Modernisierungstheorie der 1950er Jahre.[1]

Tokugawa Religion war in erster Linie eine bahnbrechende historische Untersuchung zu bestimmten Wertmustern in Japan, die es ermöglichst haben, dass sich dieses asiatische Land schon Ende des 19. Jahrhunderts auf einem erfolgreichen Aufholweg gegenüber dem Westen befand. Bellah suchte in Japan, also außerhalb des europäisch-amerikanischen Kulturkreises, nach funktionalen Äquivalenten zur protestantischen Ethik mit ihren dynamischen Konsequenzen. Seine Studie war aber noch aus einem weiteren Grunde bedeutsam. Sie zeigte nämlich, dass die in Japan abgelaufenen Industrialisierungsprozesse einen völlig andersartigen Charakter hatten als etwa in den USA. Während in der US-amerikanischen Industriegesellschaft das Primat der ökonomischen Werte galt, schien dies in der japanischen Modernisierung gerade nicht der Fall gewesen zu sein. Hier spielte die Politik eine entscheidende Rolle, und die ökonomischen Werte wurden den politischen untergeordnet. Konkret hieß dies, dass der Industrialisierungs- und Modernisierungsprozess durch politische Eliten durchgesetzt wurde, und zwar auf eine Art und Weise, die den westlichen Betrachtern, insbesondere den angelsächsischen, fremd erscheinen musste: Der japanische Aufbruch in die Moderne fand statt auf der Basis einer engen partikularistischen Bindung aller gesellschaftlichen Eliten an die Kaiserfamilie und effizienzorientierter militaristischer Werte, die gerade im 19. Jahrhundert eine starke gesellschaftliche Verbreitung erfahren hatten. Mit dieser Feststellung hinterfragte Bellah die von fast allen Modernisierungstheoretikern unterstellte saubere Trennung der beiden Hälften der „pattern variables". Partikularistische Wertorientierungen – wie dieses Beispiel zeigt – lassen sich nicht so ohne weiteres der Tradition zuschlagen. Damit war gleichzeitig die These einer eindimensionalen Richtung des Modernisierungsprozesses problematisch geworden. Modernisierung – so Bellah – führt nicht einfach nur zu einer unhinterfragten Dominanz rationaler oder säkularer Werte. Das heißt auch, dass z.B. Religion im Modernisierungsprozess nicht einfach verschwindet, sondern – und hier argumentiert Bellah ähnlich wie Parsons und Shils – neue Formen und neue Orte finden wird. Bellah vertritt also keine einfache Säkularisierungsthese wie viele Modernisierungstheoretiker, sondern eine Theorie der „religiösen Evolution".

Während seiner ganzen Karriere hat Bellah die Arbeit an einer soziologischen Analyse Japans fortgesetzt; seine Arbeiten und seine Lehrtätigkeit in Japan lösten intensive Kontroversen aus. In dem Buch *Imagining Japan* verknüpft Bellah (2003) meisterhaft die Analyse der institutionellen mit der der intellektuellen Spezifika der japanischen Geschichte.

Biographische Entwicklungen verhinderten es aber, dass Bellah sich ausschließlich auf Ostasien konzentrierte. Das Stipendium für McGill kam nämlich vom Institute for Islamic Studies, und dort begann Bellah mit dem Studium des Arabischen und des Korans, was seine linguistischen Grundlagen für eine vergleichende Religions- und Kultursoziologie weiter verbesserte. Nach dem Ende der McCarthy-Zeit konnte Bellah dann seine akademische Karriere in den USA fortsetzen, zuerst in Harvard, dann ab 1967 bis zu seiner Emeritierung in Berkeley, wo er sowohl in Soziologie wie im Bereich der Japanese and Korean studies wie in der Theologie aktiv war.

---

[1] In der folgenden und einer weiteren Passage greife ich auf Formulierungen zurück aus Joas/Knöbl 2004.

Zivilreligion und Mythenanalyse

In den 1960er Jahren entstanden Arbeiten, die zu den am häufigsten zitierten Artikeln der Soziologie überhaupt gehören. Auf seine Überlegungen zu „Religious Evolution" ist weiter unten einzugehen. Der Aufsatz *Civil Religion in America* (Bellah 1967) stellt einen Versuch dar, Émile Durkheims These, dass stabile soziale Ordnung in gemeinsam empfundenen Vorstellungen von Heiligkeit ihre Grundlage habe, auf die USA anzuwenden. Bellah behauptete, dass dort ein theistisches, aber keiner bestimmten Konfession zuzuordnendes Verständnis von Sakralität leitend sei, und demonstrierte dies anhand von Ansprachen amerikanischer Präsidenten bei ihrem Amtsantritt. In den hitzigen politischen Auseinandersetzungen der späten 1960er Jahre wurde dieser Gedankengang oft missverstanden: als Verteidigung eines Kults der eigenen Nation und ihres „manifest destiny", während Bellah in prophetischer Weise an die universalistische und kritische Dimension der amerikanischen Zivilreligion hatte erinnern wollen.

Mit diesem Aufsatz und den heftigen Auseinandersetzungen, die er hervorrief, wurde Bellah zum „public intellectual" und stark beachteten Zeitdiagnostiker. Seine brillanten rhetorischen und schriftstellerischen Fähigkeiten halfen mit, ihm diesen Weg zu bahnen. Stark beachtet wurde zunächst das Buch *The Broken Covenant* aus dem Jahr 1975, in dem Bellah weit mehr als eine Jeremiade über die Korruption der amerikanischen Zivilreligion in der Zeit des Vietnamkriegs lieferte. Das Buch stellt nämlich auch einen methodologisch innovativen Versuch dar, die inneren Spannungen kultureller Mythen zu analysieren. Während Bellahs Lehrer Talcott Parsons sich zwar einen Kulturdeterministen nannte, aber nie wirklich tiefgehende Analysen einer bestimmten Kultur vorlegte, diese vielmals meist auf abstrakte Begriffe wie Norm und Wert hin reduzierte, zeigte sich Bellah von Anfang an viel sensibler für den Charakter von Symbolen und die Dynamik von Symbolisierungsprozessen. Die theologischen Schriften Paul Tillichs, mit dem Bellah in Harvard auch in persönlichen Kontakt gekommen war, erwiesen sich in dieser Hinsicht als ausschlaggebend. Tillich hatte in seiner Theologie der Kultur zwischen „Symbolen" und „Zeichen" unterschieden. Für ihn können Zeichen arbiträr und konventionell sein; es ist sinnvoll, zwischen ihnen und der bezeichneten Wirklichkeit zu unterscheiden. Anders verhält es sich aber bei Symbolen; sie haben Anteil an der Bedeutung und Kraft dessen, was sie symbolisieren. Sie entstehen oder vergehen – können aber nicht erfunden werden. Sie werden als adäquate Artikulationen des Sinns außeralltäglicher Erfahrungen erlebt, obgleich dieses Gefühl der Angemessenheit von der Einsicht begleitet sein kann, dass das zu Artikulierende notwendig über das Artikulierbare hinausgeht. Gott kann durch keine Rede von Gott ausgeschöpft werden; er transzendiert seinen eigenen Namen. Tillichs Programm war dementsprechend nicht das einer Entmythologisierung (Rudolf Bultmann), sondern einer „Deliteralisierung", einer Zurückweisung der Versuche, Mythen auf die Ebene wissenschaftlicher Aussagen und technischer Weltbewältigung zu reduzieren, „symbolische" Artikulationen des Glaubens im Sinn quasi-kognitiver Sätze und Lehren aufzufassen. Tillichs Theologie führte Bellah zu seiner Position, die er „symbolischen Realismus" nannte. Vor Clifford Geertz und lange vor Jeffrey Alexander entwickelte Bellah damit die Grundzüge einer Analyse mythischer Strukturen, bei der Mythen nicht als einheitlich behandelt werden, sondern als „complex and richly textured mythical structures with many inner tensions" (Bellah 1975: 4).

Soziologische Zeitdiagnose: Formen des Individualismus

In den 1970er Jahren unternahm Bellah mehrere Projekte, deren Ziel es war, die religiöse Dimension der kulturellen Umwälzungen der sechziger Jahre zu untersuchen (vgl. Bellah 1970, 1973, 1976). Die neue „counterculture" deutete er als Folge der Unfähigkeit des utilitaristischen Individualismus, der persönlichen und gesellschaftlichen Existenz Sinn zu verleihen. Auch Parsons hatte schon interessante Ideen über diese Entwicklungen als eine Revolution des expressiven Individualismus und als mögliche Geburtsstunde einer neuen Religion vorgetragen. In dieser Hinsicht besteht ein starker Unterschied zwischen Europa und den USA. Während die kulturellen Umwälzungen dieser Zeit in Europa einen rapiden Schub der Säkularisierung auslösten und die Rede von einer religiösen Dimension des Protests meist Teil konservativer Pathologisierungsversuche war, waren die Säkularisierungseffekte in den USA viel geringer. Dort kann man eher von verstärkter religiöser Individualisierung und einer neuen Welle der Rezeption asiatischer Spiritualität, z.B. des Zen-Buddhismus, sprechen.

Robert Bellahs wissenschaftliche Leistungen und seine spektakulären Beiträge zu den öffentlichen Debatten in den USA brachten ihm 1973 das Angebot einer der begehrtesten und angesehensten akademischen Positionen im amerikanischen akademischen System ein: das einer Stelle als Permanent Fellow am Institute for Advanced Study in Princeton. Dieses Angebot wurde zum Auslöser der sogenannten „Bellah affair". Aus einer Reihe von Gründen leisteten einige Naturwissenschaftler und Historiker massiven Widerstand gegen seine Ernennung. Dabei spielte gewiss ein Ressentiment gegenüber dem Fach Soziologie eine Rolle; wichtiger noch aber war der Widerwille gegen Bellahs offenkundig religiöse, d.h. christliche Überzeugungen und seine Weigerung, seine Persönlichkeit in einen rein-wissenschaftlichen und einen nur privat religiösen Teil aufzuspalten. Natürlich war dies nicht im Sinn einer ideologischen Verzerrung empirischer oder theoretischen Forschungsarbeit zu verstehen, wohl aber im Sinn eines Widerstands gegen stillschweigende säkularistische Annahmen des Wissenschaftsbetriebs.

So blieb Bellah in Berkeley, wo er eine Gruppe exzellenter jüngerer Wissenschaftler (Richard Madsen, William Sullivan, Ann Swidler, Steven Tipton) um sich scharte.[2] Mit diesen verfasste er einen der größten Bestseller in der Geschichte der Soziologie: *Habits of the Heart. Individualism and Commitment in American Life* (1985).

Ausgangspunkt des Buches ist eine berühmte These von Alexis de Tocqueville, die dieser 1835 in seiner Schrift *Über die Demokratie in Amerika* formuliert hatte, nämlich die These, dass für das Überleben freier Institutionen eine intensive Beziehung zwischen privatem und öffentlichem Leben maßgeblich sei: Die Demokratie könne nur dann lebendig sein und bleiben, wenn die Bürger bereit seien, den unmittelbaren privaten Kontext (Familie und Verwandtschaft) zu überschreiten und sich als Personen in der Öffentlichkeit zu artikulieren, in Freundschaftszirkeln, in Vereinen, in Parteien usw. Der Rückzug ins Private beschwöre nur die Gefahr der Entstehung eines allmächtigen und alles regelnden Staates herauf und damit langfristig den Tod einer freien und demokratischen Gesellschaft.

Diese These machten sich Bellah und Mitarbeiter zu eigen und nutzten sie als Folie für ihre Zeitdiagnose und Gegenwartskritik. Dazu interviewten sie etwa 200 Erwachsene aus der weißen amerikanischen Mittelschicht, um sie nach bestimmten Aspekten ihres Privatle-

---

[2]   Weitere wichtige soziologische Schüler Bellahs sind (in alphabetischer Reihenfolge) Jeffrey Alexander, John Coleman S.J., Nina Eliasoph, Philip Gorski, Paul Lichterman und (teilweise) Robert Wuthnow.

bens (nach dem Verhältnis dieser Personen zu Ehe, Liebe und Therapie) als auch ihres „öffentlichen" Lebens (nach ihrer Beteiligung an Vereinen und Verbänden bzw. an der Kommunalpolitik) zu befragen. Die Ergebnisse bestätigten in gewisser Weise die Krisendiagnose anderer Kommunitaristen und führten darüber hinaus zu neuen Einsichten hinsichtlich der höchst unterschiedlichen Formen des modernen Individualismus.

Während etwa Ulrich Beck bei seiner Individualisierungsthese sich kaum die Mühe machte, unterschiedliche Formen des Individualismus zu unterscheiden, sahen Bellah und seine Mitarbeiter genau darin eine erste vordringliche Aufgabe.[3] In ihren Interviews, aber auch in historischen Rückblicken zu geistesgeschichtlich bedeutsamen Figuren des amerikanischen Lebens konnten sie insgesamt vier Typen des Individualismus ausfindig machen: eine auf die religiös motivierte Besiedlungsphase Amerikas zurückgehende biblische Tradition, eine auf die Revolutionszeit zurückgehende und am griechisch-römischen Politikverständnis orientierte republikanische Tradition und schließlich eine Tradition, bei der man zwei Unterströmungen auseinanderzuhalten hat, einen utilitaristischen und einen expressivistischen Individualismus.

Die Auswertung der Interviews allein freilich ergab ein eher eindimensionales Bild. Während noch Tocqueville bei seiner Untersuchung in der 30er Jahren des 19. Jahrhunderts überwiegend einen religiösen und republikanischen Individualismus beobachten konnte und seiner Auffassung nach gerade diese Formen des Individualismus die Stärke und Vitalität des amerikanischen Gemeinwesens und der Demokratie begründet hätten, ist davon bei den heute Interviewten kaum mehr etwas zu spüren. Die z.B. bei John Winthrop (1588-1649), dem „ersten Puritaner" auf amerikanischen Boden, zu findende Vorstellung, wonach die Freiheit des Menschen ein Gut sei, das ihn zur Ehrfurcht gegenüber Gott und seinen Geboten verpflichte, hat heute ebenso an Einfluss eingebüsst wie die Individualitätsvorstellung Thomas Jeffersons (1743-1826), der als Mitverfasser der amerikanischen Unabhängigkeitserklärung eine rein formale Freiheit für ungenügend erachtete und in Anlehnung an antike Politiktraditionen nur ein Gemeinwesen für achtenswert hielt, in dem die Bürger tatsächlich mitbestimmen und aktiv am politischen Geschehen teilnehmen. Den meisten der Interviewten stand die moralische Sprache eines Winthrop oder Jefferson überhaupt nicht mehr zur Verfügung, um die von diesen gemeinten Sachverhalte zu verstehen, geschweige denn auszudrücken. Denn der heutige Individualismus – so Bellah – sei entweder utilitaristisch, d.h. überwiegend auf die Erfüllung kurzfristiger und zumeist materiell definierter Nutzenerwägungen ausgerichtet, oder expressivistisch, d.h. an der Befriedigung emotionaler Bedürfnisse und an der Kultivierung der eigenen Person orientiert. Nach Bellah lassen sich diesen beiden Typen des modernen Individualismus zwei Sozialcharaktere zuordnen, die auch die amerikanische moderne Kultur, aber nicht nur diese, stark dominieren: der Manager und der Therapeut! Sie verkörperten geradezu den heutzutage dominanten utilitaristischen bzw. expressivistischen Individualismus.

Bemerkenswert an diesen beiden radikal zu nennenden Individualismen ist laut Bellah nun Folgendes: Derart individualistisch handelnden Menschen fehle zumeist schlicht die Fähigkeit, Vorstellungen darüber auszubilden, wie sich ihre Interessen mit denen von anderen Menschen verbinden ließen. Sie leiden dann auch häufig an Bindungs- und Beziehungslosigkeit und sind zudem nicht einmal in der Lage zu definieren, was sie unter einem „guten" Leben verstehen. Die Interviewten artikulierten (bewusst oder unbewusst) ein Unbeha-

---

[3]   Zu Ulrich Beck vgl. den Beitrag von Angelika Poferl in diesem Band.

gen an ihrem eigenen bindungslosen Leben, äußerten häufig sogar Widerstreben gegen die gesellschaftliche Hegemonie der Manager und Therapeuten, waren aber gleichzeitig nicht in der Lage, dieses Unbehagen und dieses Widerstreben in einer moralischen Sprache zu formulieren, die diesen utilitaristischen und expressivistischen Individualismus überschritten hätte. Es gilt deshalb laut Bellah auch, „eine moralische Sprache zu finden, die den radikalen Individualismus überwinden hilft" (Bellah 1985, dt.: 44). Dies sei um so dringlicher, weil ganz offensichtlich weder die Verwirklichung im Beruf, wie es für die utilitaristischen Individualisten so typisch ist, noch die rein private Kultivierung persönlicher Vorlieben, wie dies die expressiven Individualisten kennzeichnet, echte Zufriedenheit verleihen, zumal sich in beiden Fällen für diese Personen das Problem einer fehlenden Tiefe und Dauerhaftigkeit sozialer Kontakte stellt.

Bellahs These lautet, dass diese Schwierigkeiten nur behoben werden können, wenn dieser radikale Individualismus ersetzt oder zumindest ergänzt wird durch kulturelle Orientierungen, die in der amerikanischen Geschichte ehemals eine große Rolle gespielt haben, aber auch heute noch nicht ganz verschwunden sind und die eine Identifikation mit Gemeinschaften und lebendigen Traditionen ermöglichten. Nur ein Anknüpfen an die in den USA immer noch vorfindbaren biblischen und/oder republikanischen Traditionen – so Bellah – ermöglicht auf Dauer eine Vitalisierung der amerikanischen Demokratie.

„Wenn wir nicht vollständig eine Masse austauschbarer Bruchstücke in einer Gesamtheit sind, wenn wir in Teilen qualitativ verschiedene Mitglieder eines Ganzen sind, so deshalb, weil noch Traditionen – mit welchen Hindernissen auch immer – auf uns wirken, Traditionen, die uns über die Natur der Welt, über die Natur unserer Gesellschaft und darüber Auskunft geben, wer wir als Volk sind. In erster Linie sind, wie wir gesehen haben, die biblischen und republikanischen Traditionen für viele Amerikaner bedeutsam, bis zu einem gewissen Grad für fast alle. Familien, Kirchen, vielfältige kulturelle Vereinigungen und – wenn auch nur in gesellschaftlichen Nischen – Schulen und Universitäten vermitteln eine Lebensform, eine Paideia, die die einzelnen in einer moralisch und intellektuell verständlichen Welt aufwachsen läßt." (Bellah 1985, dt.: 319/320)

Nur dadurch würde verhindert, dass sich das (amerikanische) Gemeinwesen in ein Konglomerat atomisierter Individuen auflöst oder zu einer Ansammlung von „Lebensstil-Enklaven" wird, von denen jede einzelne nur mehr aus Gleichgesinnten besteht (die Gemeinschaft der Schwulen, diejenigen der weißen Mittelschicht, diejenige der New-Age-Begeisterten etc.) und die genau deshalb gar nicht mehr in der Lage sind, mit anderen Gemeinschaften zu kommunizieren, geschweige denn gemeinsam politisch zu handeln. Es bedarf eben – so wie dies Tocqueville gesehen hat – eines vernünftigen Ausgleichs zwischen dem privaten und dem öffentlichen Leben, um die Lebendigkeit und Stabilität der Demokratie zu sichern.

Bellahs Forderung nach einer gehaltvollen und an Traditionen reichen Gesellschaft ist nicht als ein reaktionärer Rückgriff auf längst vergangene Lebensformen zu verstehen. Ganz im Gegenteil: Er wünscht geradezu soziale Bewegungen herbei, die den kulturellen Wandel hin zu einer lebendigen demokratischen Kultur anleiten könnten, Bewegungen, die etwa an die Ideale der Bürgerrechtsbewegung der 1950er und 1960er Jahre anknüpfen sollten, die ja auch keine utilitaristische Interessenverfolgung oder die Befriedigung emotionaler Bedürfnisse zum Ziel hatte, sondern die Schaffung einer wahrhaft demokratischen politischen Kultur, auf deren Basis Schwarze und Weiße in einem politischen Gemeinwesen miteinander um die beste Gestalt dieser Gemeinschaft ringen sollten.

Robert Bellah: Religiöse Evolution und symbolischer Realismus

Die von Bellah und seinen Koautoren in *Habits of the Hearts* geäußerte Kritik am Zustand der amerikanischen Gesellschaft und die diesbezügliche Zeitdiagnose wurden in einem weiteren Buch, *The Good Society* von 1991, in konkrete Vorschläge zur Revitalisierung des amerikanischen Gemeinwesens übersetzt. Diese reichen von der Forderung eines Abbaus militaristischer Staatsstrukturen (Bellah 1991: 78) bis hin zur Demokratisierung von Arbeitsplätzen (101). Der Hinweis auf derartige Programmatiken erscheint deshalb wichtig, weil die Gemeinschaftsrhetorik von Bellah und den Kommunitaristen in Deutschland häufig auf Widerstand stößt und als konservativ bis reaktionär eingestuft wird – zum Teil verständlich aufgrund des Missbrauchs des Gemeinschafts-Begriffs im Nationalsozialismus („Volksgemeinschaft"!). Es soll dabei nicht bestritten werden, dass es auch konservative Kommunitaristen gibt. Aber der Gemeinschaftsbegriff hat in der amerikanischen Geistesgeschichte einen völlig anderen Stellenwert als in der deutschen, weshalb ihn sich auch amerikanische Progressive oder Linke zu eigen machen können, wie dies anhand der konkreten politischen Forderungen von Bellah deutlich wird.

Die Evolution der Religion

So viel zur ingeniösen Verknüpfung von soziologischer Forschung und breiter öffentlicher Diskussion bei Bellah, zu dem was er „social science as public philosophy" nennt. Es wäre aber ganz falsch, die beiden Bücher *Habits of the Heart* und *The Good Society* als Schritte weg von der professionellen Sozialwissenschaft in Richtung Publizistik zu deuten. Vielmehr arbeitet Bellah nun seit bald zwei Jahrzehnten an einem umfangreichen Werk, das man als eine soziologisch inspirierte Weltgeschichte der Religion bezeichnen könnte. Es handelt sich bei diesen im Wesentlichen noch unveröffentlichten Arbeiten (vgl. aber Bellah 1999, 2005a, 2005b) um die umfangreiche Revision und Ausarbeitung des Artikels *Religious Evolution* von 1964. Aufgrund seiner sprachlichen und kulturellen Expertise ist Robert Bellah wie kaum jemand sonst zu einem solchen Projekt imstande.

Theoretischer Ausgangspunkt dieser Arbeit ist das Werk von Parsons, aber nicht im Sinne einer funktionalistischen Religionssoziologie, bei der Religion einfach auf die Funktionen bezogen wird, die sie (angeblich) für das soziale System erfüllt. Bellahs Interesse richtet sich im selben Maß auf die Zusammenhänge der Religion mit Kultur, Körperlichkeit und Persönlichkeitsstruktur. Er geht hinter Parsons auf die soziologischen Klassiker Max Weber und Émile Durkheim zurück. Dabei liest er auch Durkheim nicht als Funktionalisten, sondern als Denker der „Erfahrung", für den insbesondere kollektive Erfahrungen der Selbsttranszendenz („kollektive Efferveszenz") eine konstitutive Rolle für Religion spielten. Entsprechend interpretiert Bellah auch in dem Aufsatz *Liturgy and Experience* von 1973 die Sakramente im katholischen Sinn als intensive spirituelle Erfahrungen. Unter dem Einfluss der kognitiven Psychologen Merlin Donald und Jerome Bruner hat Bellah seinen symbolischen Realismus zu einer umfassenden Konzeption der verschiedenen Ebenen von religiöser Erfahrung und ihrer Artikulation weiterentwickelt: vom Mimetischen und Rituellen über das Mythische und Narrative zum Theoretischen und Analytischen. „Vom" und „zum" bedeuten hier aber keinen Prozess der Ersetzung des einen durch das andere. Bellahs Formel ist vielmehr „nothing is ever lost". Das Rituelle oder das Narrative werden für ihn nicht durch das Rationale überwunden; es gibt keinen Prozess der fortwährenden „Versprachlichung des Sakralen" (Jürgen Habermas). Vielmehr geht es darum, in neuen Formen der Praxis und des Verstehens diese Dimensionen immer wieder neu kreativ zu integrieren.

Gewiss hat auch diese wissenschaftliche Entwicklung auf dem Gebiet der Religions- und Kultursoziologie unvermeidlich eine religiöse Dimension. Bellah ist im Lauf seines Lebens immer kritischer geworden gegenüber dem, was er als „flaws in the Protestant code" (Bellah 2000) empfindet. Er will die Radikalität prophetischer Kritik, die der Protestantismus immer wieder hervorgebracht hat, mit der klassischen katholischen Tradition sakramentaler Erfahrung zusammenführen. Durch seine Studien zum japanischen Militarismus und durch die Erfahrung mit Faschismus und Nationalsozialismus ist er sich zudem der Gefahr eines Transzendenzverlusts für die Lebbarkeit des moralischen Individualismus bewusst. Seine Untersuchungen der amerikanischen Kultur zielen eben darauf, die Chancen des moralischen Universalismus im Verhältnis zum utilitaristischen und expressiven Individualismus und in der Verwiesenheit auf die Partikularität von Gemeinschaftsbindungen zu eruieren. Wie man das Lebenswerk von Shmuel Eisenstadt als die Synthese von Max Weber und Martin Buber bezeichnen könnte, so lässt sich Robert Bellahs Werk als die Synthese von Talcott Parsons und Paul Tillich definieren.

Literatur von Robert N. Bellah

Bellah, R.N.: Apache Kinship Systems. Harvard Phi Beta Kappa Prize Essay for 1950. Cambridge, Mass. 1952.

Bellah, R.N.: Tokugawa Religion: The Values of Pre-Industrial Japan. Glencoe, Ill. 1957.

Bellah, R.N.: Religious Evolution. In: American Sociological Review 29, Nr. 3 (1964), S. 358-374.

Bellah, R.N.: Civil Religion in America. In: Daedalus 96, Nr. 1 (Winter) (1967), S. 1-21. Reprinted with commentary and rejoinder in: Cutler, D.R. (Hg.): The Religious Situation. Boston 1968: S. 388-393.

Bellah, R.N.: Beyond Beliefs: Essays on Religion in a Post-Traditional World. New York 1970.

Bellah, R.N.: Liturgy and Experience. In: Shaughnessy, J.D. (Hg.): The Roots of Ritual. Grand Rapids, Mich. 1973.

Bellah, R.N.: The Broken Covenant: American Civil Religion in Time of Trial. New York 1975.

Bellah, R.N./Glock Ch. Y. (Hg.): The New Religious Consciousness. With two chapters: The New Consciousness and the Berkeley New Left; New Religious Consciousness and the Crisis of Modernity. Berkeley, S. 77-92; S. 333-352.

Bellah, R.N./Hammond, Ph.E.: Varieties of Civil Religion. New York 1980.

Bellah, R.N./Madsen, R./Sullivan, W.M./Swidler, A./Tipton, S.M.: Habits of the Heart: Individualism and Commitment in American Life. Berkeley 1985. (Deutsche Übersetzung Düsseldorf 1993)

Bellah, R.N./Madsen, R., Sullivan, W.M., Swidler, A., Tipton, S.M.: The Good Society. New York 1991.

Bellah, R.N.: Max Weber and World-Denying Love: A Look at the Historical Sociology of Religion. In: Journal of the American Academy of Religion 67, Nr 2 (summer) (1999), S. 277-304.

Bellah, R.N.: Flaws in the Protestant Code: Some Religious Sources of America's Troubles. In: Ethical Perspectives 7, Nr. 4 (2000), S. 288-299.

Bellah, R.N.: Imagining Japan: The Japanese Tradition and Its Modern Interpretation. Berkeley, Cal. 2003.

Bellah, R.N.: Durkheim and Ritual. In: Alexander, J.C./Smith, Ph. (Hg.): The Cambridge Companion to Durkheim. Cambridge 2005a, S. 183-210.

Bellah, R.N.: What Is Axial about the Axial Age? In: Archives Européennes de Sociologie 46, Nr. 1 (2005b), S. 69-89.

Robert Bellah: Religiöse Evolution und symbolischer Realismus

Bibliographie

Ein vollständiges Verzeichnis der Schriften von Robert Bellah bis einschließlich 2005 ist enthalten in: Robert N. Bellah/Steven M. Tipton (Hg.): The Robert Bellah Reader. Durham, N.C. 2006, S. 523-542.

Weitere zitierte Literatur

Joas, H./Knöbl, W.: Sozialtheorie: Zwanzig einführende Vorlesungen. 2. Aufl., Frankfurt/M. 2004.
Reynolds, Ch./Norman, R. (Hg.): Community in America. The Challenge of „Habits of the Heart". Berkeley, Cal. 1988.
Madsen, R. et al. (Hg.): Meaning and Modernity. Religion, Polity, and Self. Berkeley, Cal. 2002.

Samuel Huntington: From Creed to Culture

Berndt Ostendorf

Samuel P. Huntington wurde am 18. April 1927 in New York City geboren; er starb am 24. Dezember 2008. Der *New York Times* vom Mai 2004 vertraute er an: „Die Huntingtons kamen 1633 nach Boston. Fast alle Huntingtons in den USA stammen von Simon und Margaret Huntington ab, also von Siedlern aus Norwich in England, die Norwich Connecticut gegründet haben." (Solomon 2004: 2) Dieser angloprotestantische Stammbaum ist für seine spätere Definition einer nationalen Identität nicht unwichtig (vgl. Huntington 2004b). Seine Kollegen Robert Putnam und Robert Kaplan würdigten seine intellektuelle Sozialisation und verorten ihn in der amerikanischen wissenschaftlichen Öffentlichkeit (vgl. Putnam 1986 und Kaplan 2001: passim): Huntington wuchs in einem gebildeten, bürgerlichen Haushalt auf. Sein Vater war Verleger, seine Mutter Schriftstellerin, sein Großvater Herausgeber der renommierten Zeitschrift *McCalls* zur Zeit des Progressivismus. Huntington schloss die High School mit 16 Jahren ab und erwarb in nur 2 ½ Jahren am *Yale College* seinen Bachelor im Fach Internationale Beziehungen. Nach einem kurzen Dienst in der Armee absolvierte er 1947-8 das Magisterstudium in politischer Geschichte an der *University of Chicago*. Im Jahr 1948 wechselte er zur Harvard Universität. Dort waren Carl J. Friedrich und William Y. Elliott sowie Louis Hartz seine Lehrer. In seiner Dissertation, die er in vier Monaten fertig stellte, wies er nach, dass Kontrollorgane der Regierung von den Industrien, die sie überwachen sollen, kooptiert werden. Im Juni 1950 erhielt er eine erste Anstellung an der Harvard Universität, wo er Kurse zur Innenpolitik lehrte. Der Kalte Krieg und der McCarthyismus weckten sein Interesse an konservativer Philosophie, und er beschäftigte sich eingehend mit Edmund Burke und den Gründungsvätern der amerikanischen Republik, vornehmlich James Madison und Alexander Hamilton, und mit dem protestantischen Theologen Reinhard Niebuhr (vgl. Schlesinger 2005: 1-4; Aysha 2003: 441). Dieses neue Interesse fand 1957 seinen Niederschlag im Aufsatz „Conservatism as an Ideology," ein programmatisches, neokonservatives Credo, das seine zukünftige Rolle und politisches Selbstverständnis als Diagnostiker und Therapeut nationaler Krisen ankündigte.

> „Wenn die Grundfesten einer Gesellschaft bedroht sind, erinnert der Konservatismus die Menschen an die Notwendigkeit und Wünschbarkeit bestimmter existierender Institutionen [...]. Heute ist das dringendste Bedürfnis nicht die Schaffung neuer liberaler Institutionen, sondern der erfolgreiche Schutz jener, die bereits vorhanden sind. Diese Verteidigung verlangt von den Liberalen, ihre Ideologie beiseite zu stellen und für die Dauer der Bedrohung die Werte des Konservatismus anzuerkennen." (Huntington 1957a: 472-3. Meine Übersetzung)

In Amerika könne der Konservatismus sich weder aristokratisch-ständisch noch ideologisch, sondern nur aus der jeweiligen Krisensituation, also situativ, legitimieren. Dort sei er nur als Verteidigung der bestehenden liberalen Verfassung auf der Basis einer erfolgreichen Revolution denkbar. Durch die Setzung einer aufgeklärten Verfassung habe sich das utopische Potential erschöpft, jetzt müsse man diesen einmaligen Fortschritt der Gründungsgeneration verteidigen. Die These vom Ende der Geschichte seines Schülers Francis Fukuyama mag hier ihren Ursprung haben. Wie dieser denkt der Politologe Huntington gerne in abstrakten und statischen Kategorien. Dieser Vorwurf wird zu einem Leitmotiv in der kritischen Rezeption seiner Bücher (vgl. Müller 1998: passim).

Trumans Auseinandersetzung mit General Douglas MacArthur brachte das Thema der Beziehungen von Militär und Zivilgesellschaft in den Horizont seiner Aufmerksamkeit. Neben einigen Artikeln zum Rüstungswettlauf war die Krönung dieses Interesses sein Buch *The Soldier and the State* vom Jahre 1957. Huntington vertrat hier die These, dass ein professionelles Offizierskorps die einzige Institution sei, welche die doppelten Interessen einer adäquaten Verteidigung einerseits und einer effektiven Zivilkontrolle andererseits wahrnehmen kann. Hinter dieser These verbirgt sich eine pessimistische Anthropologie, die von Irrationalität, Schwächen und Bösartigkeit der Mehrheit der Menschheit ausgeht und damit zugleich die Notwendigkeit von Führungseliten betont. Gerade die populistischen amerikanischen Linksliberalen seien für Außenpolitik und Verteidigung ungenügend vorbereitet. Denn die Außenpolitik werde nicht zwischen Bürgern eine Rechtsstaates, sondern in einer weitgehend gesetzlosen Welt verhandelt. Er stellte das preußische Offizierscorps als vorbildlich hin und schloss sein Buch mit einem Lob auf West Point: „ein Stück Sparta in der Mitte Babylons."

Harvard fand seine Liebeserklärung an den preußischen Militarismus nicht nachvollziehbar und lehnte eine Beförderung ab. Huntington wechselte nach Columbia, wo er über Strategien der nationalen Verteidigung nachdachte. Zbigniew Brzezinski folgte Huntington nach Columbia und es entspannte sich eine fruchtbare Zusammenarbeit zu Themen des Kalten Kriegs. Im Jahr 1962 sah Harvard seinen Irrtum ein und berief ihn auf eine Professur. Seine Vorliebe für die Wissenschaft hielt ihn nicht davon ab, in den politischen Alltag einzugreifen. Er blieb lebenslang Mitglied der Demokratischen Partei, fungierte als Redenschreiber für Adlai Stevenson, nahm teil an Hubert Humphreys Kampagne im Jahre 1968, wo er die *Task Force* zu Vietnam leitete. Nach seiner Rückkehr nach Harvard wandte er sich dem Thema der Unabhängigkeit junger, postkolonialer Nationen zu. Er wies zunächst in einem Aufsatz, „Politische Entwicklung und politischer Verfall", auf eine Diskrepanz zwischen der demokratischen Aufbruchsstimmung und der realen politischen Entwicklung hin und entwickelte dieses Thema in seinem Buch *Political Order in Changing Societies* weiter, das zum Klassiker der amerikanischen Politikwissenschaft werden sollte. Seine wesentliche These sprach er gleich im ersten Satz aus: „Der wichtigste Unterschied unter Ländern ist nicht, welche Form die Regierungen haben, sondern ob diese überhaupt funktionieren." (Huntington 1968: 1) Nicht die Frage „wer regiert und wie wird regiert" sei wichtig, sondern „wird überhaupt regiert?" Nach der Freisetzung der Nationen sei jene politische Entwicklung, wie man sie in der professionellen Demokratisierungsliteratur zum Besten gebe, Wunschdenken geblieben. Weitaus häufiger habe eine Entwicklung hin zu politischem Verfall, bürgerkriegsähnlicher Gewalt und Instabilität stattgefunden. Sein Glaube an gewachsene Tradition, an Autorität und institutionelle Stabilität, der alle folgenden Schriften durchzieht, kommt hier deutlich zum Vorschein. Man kann seine Meinung zusammenfassen: Die Menschen können Ordnung ohne Freiheit haben, aber sie können nicht Freiheit ohne Ordnung erreichen. Autorität muss existieren, ehe man sie wieder einschränken kann. Eine Diktatur, in der der gesellschaftliche Alltag funktioniert, sei einer Demokratie, in der Chaos herrscht, vorzuziehen. Das Problem der Regierbarkeit werde nicht durch Wahlen gelöst, sondern durch gewachsene, stabile Institutionen und Organisationen. Selbst nach demokratischen Wahlen, so sein Fazit, hätten sich Nigerien und Ghana chaotisch entwickelt, aber selbst ohne Wahlen funktionieren Jordanien, Tunis und Singapur. Amerika sei kein Modell für die Dritte Welt und sein System nicht exportierbar, denn die amerikanische Tradition sei dem Prinzip des „limited government" verpflichtet und daher als Demokratisierungsmodell völlig ungeeignet. Der Aufbau von infrastruktureller Autorität sei schwieriger als die Anfertigung einer abstrakten Verfassung. Kein Wunder also, dass Huntington vehement gegen den Irak Krieg und die naive Ideologie des Demokratieexports der Bush-Regierung polemisierte.

Man mag bereits eine typische Strategie in seinem Vorgehens erkennen. Obgleich wissenschaftlich orientiert, reagieren die meisten seiner Publikationen auf Krisen, die den politischen Alltag beschäftigen. Er schließt seine Arbeiten selten mit den üblichen Ausblicken für zukünftige Forschung, sondern mit Vorschlägen für die Gestaltung der Politik, die seinem Verständnis eines situativen Konservatismus verpflichtet sind. Die Kontroversen, die er hervorruft, machen ihm sichtlich Vergnügen. Ein gewisser Höhepunkt seiner Einmischung entwickelte sich im Vietnamkrieg. Von 1966 bis 1969 war Huntington Vorsitzender des *Vietnam Subcommittee of the US Government Southeast Asia Development Advisory Group*. Er nannte die damalige Politik der Pazifizierung einen gravierenden Fehler. Seiner Meinung nach hätte die südvietnamesische Regierung besser mit den machttragenden Gruppen ihrer Gesellschaft, also mit den traditionellen Religionsgemeinschaften und dem ländlich verankerten Vietcong paktieren und eine Politik der Annäherung an die bereits bestehenden Ordnungsträger betreiben sollen. Gleichwohl unterstützte er das Ziel des Krieges – den Sieg über Nordvietnam und den Vietcong, was ihm von der Anti-Vietnambewegung verübelt wurde. Er wurde zur Zielscheibe von Protesten in Harvard, und seine Haustür wurde mit dem Spruch „Hier lebt ein Kriegsverbrecher" besprüht. Die Vorgänge in Harvard bestärkten lediglich seine Wertschätzung politischer Ordnung und Autorität. Eine Reaktion auf die leidenschaftlichen Auseinandersetzungen der sechziger Jahre kann man in seinem Versuch erkennen, das Funktionieren des amerikanischen politischen Systems gerade in Krisenzeiten besser zu verstehen. Dies Interesse ergab sein Buch von 1981 *American Politics: The Promise of Disharmony*. Es steht in der Tradition von Alexis de Tocqueville, Louis Hartz und Gunnar Myrdal, und es geht darin um den sogenannten amerikanischen Exzeptionalismus, also um die Frage, was das politische System der USA so einzigartig macht. Huntington stellt eine Disharmonie zwischen den liberalen und radikaldemokratischen Erwartungen und der Wirklichkeit der realen Politik, zwischen den Idealen und den Institutionen fest. Hier, im sogenannten *IvI gap*, baue sich eine produktive Spannung auf, die sich in Perioden von „creedal passions" (idealistischem Eifer) entlädt, die wiederum zu moralischen Umwälzungen führen. Die Studenten der sechziger Jahre waren puritanische Radikale, die die bestehenden Institutionen mit den Idealen der Gründungsväter in Einklang bringen wollten. Insofern könne man in diesen Perioden des idealistischen Eiferns das Geheimnis der Reformbereitschaft Amerika entdecken. Huntington vermutet, dass die nächste Periode idealistischen Eifers sich gegen die Macht der großen Korporationen und gegen die Folgen der ‚Wal-Martisierung' wenden wird (Kaplan 2001: 80).

Nach dieser Darstellung der wichtigen Wegmarken seiner intellektuellen Entwicklung sollen seine beiden letzten Bücher, die seine außen- und innenpolitischen Interessen zusammenführen, gemeinsam vorgestellt und analysiert werden. Nach *Kampf der Kulturen* hat Samuel Huntington sein letztes Krisenbuch *Who are we? Die Krise der amerikanischen*

Identität (2004) vorgelegt. Sein Vorgehen lässt inzwischen auf eine gewisse Routine in der Diagnose von Krisen, oder besser, in der öffentlichen Inszenierung von Krisendiskursen schließen. Im Jahr 1993 war zunächst sein Aufsatz „The Clash of Civilizations?" in *Foreign Policy* erschienen, einer Zeitschrift, deren Gründungsherausgeber er ist. Dort trug der Titel noch ein Fragezeichen. Im Jahr 1996 folgte das Buch, nunmehr ohne Fragezeichen und mit einer wesentlichen Erweiterung: *The Clash of Civilizations and the Remaking of World Order*. Sein Aufsatz zur Latino Einwanderung, „The Hispanic Challenge", in *Foreign Policy* (2004) verzichtete auf Fragezeichen. „Das hohe Niveau der Einwanderung von Latinos, vornehmlich aus Mexiko, stellt eine Gefahr für Amerikas nationale Identität dar" – das ist seine Kernthese des Artikels und folgenden Buches. Die Mexikaner, so Huntington in Übereinstimmung mit einer wachsenden Einwanderungskritik, seien für Amerika eher eine Last als ein Segen. Sie ließen sich im Gegensatz zu früheren Einwanderergruppen nicht in die amerikanische Kultur assimilieren und seien deswegen nicht in die politische Kultur des *American Creed* integrierbar. Im Gegensatz zu früher behauptet er heute, dass ein zivilgesellschaftlicher Verfassungspatriotismus nicht ausreicht, um Bürger zu sein, und rückt damit von der klassischen Position des Exzeptionalismus ab. Dieser geht davon aus, dass Menschen aus unterschiedlichen Kulturen in einem Staatswesen „regardless of race, gender, religion or national origin" zusammenleben können, wie es das Oberste Gericht in einer Entscheidung von 1954 anerkannte. Diese alte Regel sei durch den Umfang der derzeitigen Krise der Einwanderung nicht mehr gültig. Nunmehr komme es auf eine Stärkung des Nationalismus durch Rückbesinnung auf eine angelsächsische Leitkultur an. Gerade unter der besonders problematischen Gruppe der Illegalen seien die Latinos in der Mehrheit. Diese wie auch die legal Eingewanderten zeigten wenig Interesse am Erlernen der englischen Sprache und, was noch schlimmer sei, sie siedelten in ihren eigenen spanischsprechenden Gemeinden in bestimmten Brückenkopfstaaten wie Kalifornien, Texas und Florida, die durch Kettenmigration weitere Einwandererkontingente nach sich zögen. In absehbarer Zukunft sei im südlichen Teil der USA nicht nur eine Parallelgesellschaft im Entstehen, sondern eine *Republica del Norte* denkbar. Diese Einwanderung, so Huntington, „droht die Vereinigten Staaten in zwei Völker, zwei Kulturen und zwei Sprachen zu spalten". Das bedeutet „das Ende jenes Amerika, das wir seit drei Jahrhunderten kennen". Er schließt mit einem Aufruf zur Einkehr: „Ein Ignorieren dieser Herausforderung wäre für die Vereinigten Staaten verhängnisvoll." (Huntington 2004a: 1) Seine Positionsänderung begründet er folgendermaßen: In der Vergangenheit seien die durch Einwanderung hervorgerufenen Probleme noch lösbar gewesen, in der Konzentration seien sie heute jedoch bedrohlich. Er zählt auf: Die räumliche Nähe der Mexikaner, der Umfang ihrer Einwanderung und ihre rapide biologische Reproduktion, die erhöhte Zahl der Illegalen, die regionale Siedlungskonzentration in den USA, die Persistenz kultureller und sprachlicher Gewohnheiten und die historische Legitimation der *reconquista* (vgl. Huntington 2004b: 221ff.). Mit diesen beiden Büchern hat sich Huntington endgültig unter die Gruppe der sogenannten „declinists" gesellt (vgl. Aysha 2003: 429-438). Sie stellen eine gewisse Zusammenführung seiner zum Teil widersprüchlichen Ansichten dar (vgl. Heilbrunn 1998). Nicht nur die neue Eindeutigkeit seiner ideologischen Positionen ist hierbei bemerkenswert, sondern auch seine Art der Selbstinszenierung als patriotischer Mahner.

In Anlehnung an Rupert Wilkinsons *The Pursuit of American Character* (1988) möchte ich fünf Ängste isolieren, die die amerikanischen Diskurse über die nationale Identität unter Strom gesetzt haben, und dies von den Anfängen der puritanischen Siedlungen bis heute. Es handelt sich um Ängste, die aus dem Selbstverständnis jener Gründungsgenerati-on ableitbar sind, auf die Huntington sich heute explizit beruft. Gebündelt summieren sich diese fünf Ängste zu einer allgemeinen Furcht vor dem Versagen des Experiments in der Neuen Welt oder, auf heute bezogen, vor dem Niedergang der Nation und des *American Empire*. Hinter der Furcht kommt eine soteriologische Erwartung an das amerikanische Unterfangen, der *city on a hill*, zum Vorschein. Diese Ängste setzen aber auch verschwö-rungstheoretische Versuchungen in Gang, die den Niedergang des amerikanischen Experi-ments innenpolitisch auf „exzessive Demokratie" oder Korrosionen der Gemeinschaft zu-rückführen oder aber an Tätern oder Ursachen von außen dingfest machen. Lange Zeit füllte die Sowjetunion für Huntington dieses Feindbild. Nach Ende des Kalten Krieges mussten Japan, China, der Islam, oder wie in diesem Fall, die mexikanische Einwanderung als neue Krisen herhalten. Inzwischen diagnostiziert er die Bedrohungen vornehmlich im eigenen Lande, hervorgerufen durch Einwanderung, Multikulturalismus und Verrat der Eliten (vgl. Huntington 2004b: 264ff.).

Um welche Ängste handelt es sich? Jedem Leser amerikanischer Zeitungen und Zeit-schriften sollten sie vertraut sein, da sie zur journalistischen und politischen Alltagsfolklore gehören. Erstens und vorrangig ist es die Furcht, vom wahren Pfad des protestantisch-angelsächsischen Amerika abzuweichen. Sie stellt die älteste Schicht dar und ist daher wichtig für Huntington, der sich als Nachkomme dieser Gründungspuritaner begreift. Doch schon Huntingtons Vorfahren plagte die Angst; denn bald nach der Ansiedlung hatten sie das Gefühl, dass die nachfolgende Generation nicht mehr das Zeug hatte, den Zielen des auf der Mayflower beschlossenen Bundes gerecht zu werden. Diese Furcht vor dem mani-festen Niedergang der Generationen sollte die Kolonie und junge Republik fürderhin be-gleiten und zu immer wieder neuen *Revivals* und *Awakenings* Anlass geben, allesamt Ver-suche, den Niedergang, vor allem den der jeweiligen Nachfolgegeneration, aufzuhalten. Moderne Auslöser dieses Generationsverdachts und seiner reaktionären Mobilisierungen kann man festmachen an den „Exzessen" der Modernisierung und Säkularisierung, die er heute der sechziger Kohorte und der hemmungslosen wirtschaftlichen Globalisierung anlas-tet. Nun bezeichnet sich Huntington zwar als „altmodischer Demokrat", der sich auf die Partei vor 1968 beruft, aber er verheimlicht nicht seine Sympathie für die neuerliche mora-lische Wende, die dem Republikaner Bush zur Wahl verholfen hat. Festzuhalten bleibt, dass Huntington in diesem Buch mehrfach die Wiederkehr der Religion und die neuerliche Evangelisierung als Heilung der nationalen Malaise begrüßt (vgl. Huntington 2004b: 336-356). Huntington hatte schon früher darauf verwiesen, dass ein robuster Nationalismus von der Religion abhängt (vgl. Huntington 1999): „Conservatism is rooted in religion; libera-lism is not… „In contemporary America, religious commitment and conservatism march arm in arm in battle against secularism, relativism and liberalism" (Ostendorf 2005).

Zweitens ist die patriotische Furcht vor der Auflösung der Nation im Zeitalter der Globalisierung einerseits und vor dem Niedergang der USA als Weltmacht andererseits zu nennen. „Nationality matters again" fasst die konservative Kommentatorin Tamar Jacoby diese verbreitete Stimmung in einer Besprechung des Buches zusammen (vgl. Jacoby 2004). „Huntington defends the Homeland" mokiert sich Alan Wolfe, stimmt aber der grundsätzlichen Sorge Huntingtons zu (vgl. Wolfe 2004). Beide kämpfen in den sogenann-ten *culture wars* auf der Seite der patriotischen Verteidiger der Nation. Für Huntington kündigt sich eine neue *trahison des clercs* an, und zwei Täterkreise hat er ausgemacht. Da sind zunächst die kosmopolitisch-liberalen Mitglieder der sechziger Generation, darunter

Samuel Huntington: From Creed to Culture

viele seiner Professorenkollegen, die eine relativistische, permissive, multikulturelle Gesellschaft anstreben und dem Primat der westlichen Zivilisation mit postkolonialen Vorbehalten begegnen. Besonders allergisch reagiert er auf die Dekonstruktionisten, die in den *culture wars* häufig als Sündenböcke herhalten müssen. Wenn man Huntingtons Liste der Verfehlungen dieser Gruppe studiert, wird deutlich, dass es sich um eine Residualkategorie handelt, in der er all das zusammenfasst, was ihm an den Modernisierungen seit den sechziger Jahren missfällt.

> „The deconstructionists promoted programs to enhance the status and influence of subnational, racial, ethnic and cultural groups. They encouraged immigrants to maintain their birth country cultures, granted them legal privileges denied to native born Americans, and denounced the idea of Americanization as un-American. [...] They downgraded the centrality of English in American life and pushed bilingual education and linguistic diversity. They advocated legal recognition of group rights and racial preferences over the individual rights central to the American Creed. They justified their actions by theories of multiculturalism and the idea that diversity rather than unity or community should be America's overriding value. The combined effect of these efforts was to promote the deconstruction of the American identity that had been gradually created over three centuries and the ascendance of subnational identities." (Huntington 2004b: 142)

Die zweite Gruppe der „Verräter" umfasst transnationale und globale *Corporate Executive Officers* (CEOs), die aus Gründen des globalen Marketings auf die multikulturelle Versuchung eingegangen sind. Sein Vorwurf gegenüber diesen CEOs macht einen gehörigen Transnationalismus- und Globalisierungsvorbehalt deutlich (vgl. Ostendorf 2002). Man kann zwischen den Zeilen des Buchs seine Besorgnis vor dem realen Erfolg von NAFTA und dem hemisphärischen Zusammenrücken Mexikos und der USA erkennen. Ihn beflügelt gleichzeitig die Furcht vor einer Umkehrung der *translatio imperii,* der die USA ihre hegemonielle Rolle und den Sieg über Mexiko verdankt. Mit dem Niedergang der weißen, angelsächsischen Elite im politischen Leben, die ein WASP-Insider, Joseph Alsop, bereits 1990 diagnostiziert hatte, ginge eine *reconquista* der mexikanischen Einwanderer einher. Nunmehr sei eine spanisch-sprechende *Republica del Norte* im Süden der USA durchaus denkbar (vgl. Alsop/Platt 1989).[1]

Drittens klinkt sich hier die kommunitaristische Furcht vor dem Auseinanderbrechen der Zivilgesellschaft, vor allem in Sinn einer angelsächsisch-protestantischen Zivilreligion ein. Dem Verschwinden der republikanischen Tugenden (*work ethic*) und dem Verlust der „beloved moral community", wie Winthrop sie nannte, wollen diese kommunitaristischen Warner mit einer Rückkehr zu besseren Ursprüngen begegnen. Auch diese dritte Furcht basiert auf der Denkfigur des Niedergangs. Mit Blick auf die neue mexikanische Einwanderung unterstellt Huntington, dass ein besseres Amerika mit integrationswilligeren Einwanderern verloren gegangen sei. Hier kommt ein typischer Fehlschluss im Neokonservatismus bzw. situativen Konservatismus Huntingtons zum Vorschein, den man in der Nationalismusforschung als Ursprungsmythe bezeichnet. Dieses vermeintlich bessere Amerika und die integrationswilligeren Einwanderer hat es nie gegeben; sie sind das Produkt nostalgischen Wunschdenkens. Man nennt diesen Habitus „nostalgia without memory", Kogniti-

---

[1] Das Acronym WASP steht für *White-Anglo-Saxon-Protestant* und geht auf Andrew Hackers Artikel „Liberal Democracy and Social Control" im *American Political Science Review* aus dem Jahr 1957 zurück. Der Begriff wurde durch Digby Baltzells Buch *The Protestant Establishment* (1964) popularisiert.

onsforscher sprechen von einem Rückschaufehler, Linguisten von einer strukturellen Amnesie. Sie bezeichnet eine Erinnerungs- und Verdrängungskultur, in der die Gründungsgeschichte beschönigt und die negativen Seiten vergessen werden, wenn letztere nicht in das derzeitige Selbstverständnis passen.

Viertens ist die Furcht vor dem kosmopolitischen *New World Order*-Zentralismus oder vor fremder Übernahme zu nennen. (Fremdherrschaft, Abhängigkeit vom Multilateralismus der Europäer, von der UNO etc.) Ein solcher Populismus ist uns aus der *Jacksonian* Tradition bekannt – neuerlich repräsentiert durch die Bush Administration, die diese uramerikanische Gefühlsstruktur mitbedient. Huntington gehört weder explizit zu diesen *Jacksonians* noch zu einer bedrohten, randständigen Gruppe, es sei denn, man stuft die WASPs als bedrohte Randgruppe ein, was angesichts des vorliegenden Buches gar nicht so verkehrt wäre. Aber Huntington möchte in diesem Szenario als Warner vor den fatalen Konsequenzen eines *Culture War* dienen, der zwischen dem patriotischen Volk und den liberalen Eliten, zwischen den *locals* und den *cosmopolitans*, den *blues* and *reds* ausgebrochen ist. Huntington, der sich mit den „locals" solidarisiert, hat mit seiner Diagnose Recht, dass ein tiefer Graben zwischen der weißen, protestantischen, ländlichen und suburbanen Mittelklasse im Mittleren Westen, Süden und Südwesten und den multikulturellen, urbanen, akademischen Eliten aufgebrochen ist.

Fünftens hat die Furcht vor der Vermischung mit dem kulturell und biologisch radikal Anderen eine tiefe Spur in der kollektiven Erinnerung der USA hinterlassen. Das Andere hat im Laufe der Geschichte vielfältige Formen angenommen, und die Begründung seiner Ablehnung hat die Fantasie der Nativisten auf immer wieder neue Weise angeregt. Der historische Nativismus des 19. Jahrhundert wollte das protestantische Ur-Amerika freihalten, zuerst von Katholiken, dann von Afrikanern, Chinesen, Süditalienern und Juden. Für die damaligen Nativisten lag ein wesentliches Kriterium für den Ausschluss in einer doppelten Inkompatibilität, erstens der Kulturen mit ihren „verwerflichen Ideologien", zweitens vor allem aber im „mangelhaften Erbgut", und aus dieser Verbindung folgte die fehlende Integrierbarkeit bestimmter ethnischer Gruppen in die amerikanische Volksnation. Aus dieser Abwehr entstanden die Eugenik-Bewegung und der *Red Scare*, die bis spät ins 20. Jahrhundert ihre Spuren in der staatlichen Gesetzgebung hinterlassen haben. Dass Huntington heute die Integration als Bürger von der einbahnigen Assimilation an die angelsächsische Leitkultur abhängig macht, entlarvt seinen Kulturalismus als verkappten Rassismus. Hier wie dort geht die Angst von der Hintergrundannahme aus, dass es eine mehr oder minder statische Leitkultur geben sollte, die es zu erreichen bzw. verteidigen gilt, und von der Überzeugung, dass bestimmten Gruppen diese Anpassung nicht gelingen kann (vgl. Huntington 2004b: 59-80). Auch die kategorischen Grenzziehungen zwischen Ein- und Ausschluss sind nicht neu. Für die *Dillingham Commission*, die von 1906 bis 1911 tätig und mit progressiven Wissenschaftlern hochkarätig besetzt war, gehörten die Süditaliener und die Osteuropäer, also Sizilianer, Slawen und Juden, zu den damals nicht Integrierbaren (vgl. Lund 1994). Es fällt auf, wie wenig Huntington auf diese historischen Parallelen achtet. Waren vor hundert Jahren nach eingehender wissenschaftlicher Prüfung der *Dillingham Commission* die Juden und Italiener nicht satisfaktionsfähig, so gehören sie heute zu den Kollegen Huntingtons in den Fakultäten der Universität Harvard, ohne dass es der Rasse oder der Kultur geschadet hätte. Die erfolgreiche Assimilation dieser Gruppen wäre etwa in der *Harvard Encyclopedia of American Ethnic Groups* leicht nachzulesen (vgl. Gleason 1980). Heute weist Huntington mit einem ähnlich ausführlichen wissenschaftlichen Aufwand den Latinos diese undankbare Rolle in seinem Melodrama zu. Früher galt die Sorge der Nativisten vornehmlich dem Erhalt der Rasse. Man berief sich auf die Wissenschaft der Rassenlehre (*scientific racism*), der wir die Eugenik und Rassenhygiene verdanken. Heute ist diese Argumentation in Verruf geraten, und es geht jetzt um den Erhalt der Leitkultur. Ein Kulturalismus übernimmt die Aufgabe der wissenschaftlichen Legitimation (vgl. Kaschuba 1995: 27-46). Neu ist, dass der Wert der jeweiligen Kultur an ihrer Befähigung zum wirtschaftlichen Fortschritt gemessen und dieser durch das normative Profil der WASPs gesichert wird. *Homo nationalis* und *homo oeconomicus* erreichen im kulturellen Kapital der WASPs ihre Personalunion.

Huntington arbeitet mit den Schlüsselbegriffen *challenge* und *identity*, die uns auf eine Textsorte verweisen, die durch einen besonderen Habitus geprägt ist – auf die Jeremiade. Die Jeremiade, nach John Winthrops *Model of Christian Charity* benannt, ist eine Predigt, die ein Volk, das vom Pfad der Tugend abgewichen ist, auf den richtigen Weg zurückführen soll. Die Textsorte der Jeremiade ist ein Produkt der oben genannten Ängste. Huntingtons Bücher nähern sich im Laufe der Zeit dieser puritanischen Textsorte immer mehr an. Die Jeremiade erreicht ihre Wirkung zunächst durch eine Dramatisierung der anstehenden Krisen. Er selbst hat die Notwendigkeit dieser Zuspitzung des Ockhamschen Rasiermessers immer wieder betont: In seinem ersten Buch, *The Soldier and the State*, schrieb er, dass man Probleme, die dem Staat drohen, mittels Abstrahierung, Generalisierung und Vereinfachung, gefolgt von Radikalisierung auf den Punkt bringen sollte (vgl. Huntington 1957b: vii). Die Jeremiade enthält neben der Kritik am Niedergang immer auch eine Portion Optimismus in Form von Hoffnung auf Fortschritt. In Huntingtons Rhetorik sind beide gepaart, allerdings mit einem gewichtigen Vorteil der Angst, die aus der nachweisbaren Konkretheit der Probleme und des Verlusts folgt. Auch das ist im Kontext dieser spezifischen Problematik nicht neu. In Zeiten gesellschaftlicher Veränderung kann man die Verluste besser bilanzieren als noch nicht eingetretene Gewinne – das gilt besonders für die Einwanderung. Die Angst hat gegenüber dem Optimismus einen Vorteil. So ist aus heutiger Optik die Einwanderung in die sozialen Systeme leichter nachzuweisen und politisch zu instrumentalisieren als die späteren demographischen oder ökonomischen Gewinne durch die nachfolgenden Generationen. Nun muss, damit eine Jeremiade wirksam wird, die Spannung zwischen dem Ideal und den Institutionen möglichst durch eine strategische Überzeichnung dargestellt werden. Diese bedient sich einer melodramatischen Inszenierung, die sich an *killer oppositions* hält. Es ist dies die erfolgreichste amerikanische Mobilisierungsstrategie für die Darstellung fast aller gesellschaftlichen Krisen in der Öffentlichkeit. Diese Vorliebe für Melodramatik hat nicht zuletzt mit den Veränderungen der Struktur der medialen Öffentlichkeit zu tun (vgl. Mason 1993). In letzter Zeit werden immer wieder die sinkenden Einschaltquoten der amerikanischen Nachrichtensender beklagt. Da sowohl Hintergrundanalyse als auch Nachrichten immer weniger gefragt sind, muss man durch Dramatisierung und Vereinfachungen, also durch Strategien des *infotainment* kompensieren. Das mag das bereitwillige, ja enthusiastische Eingehen der Journalistenklasse auf diese melodramatisch beschleunigten Jeremiaden Huntingtons erklären.

Wie die Politik der Angst, so ist auch die Jeremiade latent reaktionär; damit wird die Jeremiade das beliebteste Mittel der neokonservativen, verschwörungstheoretischen Versuchung. Worin besteht diese? Der Glaube an die bessere, vergangene Welt, die es so nie gegeben hat, die aber als erstrebenswert rekonstruiert wird, hängt von der Akzeptanz der Analyse der gegenwärtigen Krise ab. Die dialektische Logik bleibt zwanghaft und immanent und funktioniert wie das Prinzip kommunizierender Röhren. Das bedeutet, man wird sich auf Huntingtons Idealvorstellungen einer anglokonformen Republik nur einlassen, wenn man seine Annahmen hinter den Daten akzeptiert. Angloamerika lässt sich also dann retten, wenn man bereit ist, die Schuld an ihrem Niedergang der mexikanischen Einwanderung anzulasten. Dieses Vorgehen hat den narrativen Vorteil, das Problem zu personifizieren und gleichzeitig von den strukturellen Ursachen abzulenken. Die Jeremiade ist ein Instrument der sozialen Mobilisierung mittels verschwörungstheoretischer Vereinfachung durch Personifizierung struktureller Probleme. Sie macht Krisen leicht vorstellbar und inszeniert diese marktgerecht, i.e. erhöht gleichzeitig die Einschaltquoten. Huntington ist unter den *declinists* wahrlich nicht allein. Die Angst vor dem Zusammenbruch eines Grundkonsens hat Bücher wie *The Disuniting of America* von Arthur Schlesinger Jr. (den Huntington neben Louis Hartz am meisten zitiert), *The Culture of Complaint* von Robert Hughes und *Bowling Alone* von Robert Putnam auf den Plan gerufen, letzterer ein enger Kollege von Huntington (vgl. Putnam 1986).

Die Jeremiade und die Ängste, die sie hervorgerufen haben, leben von einer binären Logik. Die populäre, basisdemokratische Theologie der individuellen Verantwortung gründet in einer manichäischen Einteilung zwischen extremen Polen. Sogenannte „killeroppositions" sind daher in den Diskursen der amerikanischen Politik (und im Recht) sehr populär: Recht vs. Unrecht, gute christliche Demokratie vs. böser islamischer Schurkenstaat, *evil empire* vs. *good empire*, unschuldig oder schuldig, Islam gegen den Rest der Welt, Angelsachsen gegen Mexikaner. Es gibt in dieser Vorstellung zwischen Gut und Böse kaum eine moralisch-mittlere Position, die für Europa typisch wäre. Auf Stoßstangen der Patrioten steht daher: *America, love it or leave it*. Man könnte Huntingtons Vorgehen angesichts dieser manichäischen Erwartungshaltung als ein *self-fulfilling prophetic constructivism* bezeichnen: Das, was von ihm vorhergesagt wird, tritt dann auch ein, zumindest in den Köpfen des Publikums oder als Medienereignis. Außenpolitisch kam diese zwanghaft-binäre Vorstellung in Samuel Huntington's Denkfigur eines *clash of civilizations* zum Ausdruck, die durch die Geschehnisse in New York den Charakter einer *self-fulfilling prophecy* erhalten hat, an deren Bestätigung die islamischen Extremisten nur zu gerne mitarbeiten. Wie meinte Richard Perle: Wir reagieren nicht mehr auf die Wirklichkeit, wir schaffen neue Wirklichkeiten, und zwar auf der Basis von *faithbased politics*. Das gibt der konstruktivistischen Fantasie den religiösen Auftrieb.

Die Konturen einer noch älteren, europäischen Textsorte werden ebenfalls deutlich: Die des Untergangs des Abendlands. In der Tat haben Rezensenten auf diese Familienähnlichkeit zu Spengler hingewiesen (vgl. Aysha 2003: 429). Die amerikanischen und europäischen Varianten ähneln sich insofern als dieses Narrativ der Angst eine stark vereinfachte These an den Anfang stellt, um sie dann mit der Anhäufung der Evidenz zu stabilisieren. Kapitel für Kapitel häuft Huntington in seinen letzten beiden Büchern lediglich zusätzliche Evidenz an. Hierbei wird eine erzählerische Tendenz bevorzugt. *Human interest*-Anekdoten sind wirksamer als Fakten, damit einher geht eine Verweigerung jeglicher struktureller Analyse. So geht Huntington auf die wirtschaftlichen Konsequenzen von NAFTA mit keinem Wort ein.

Mit seinem letzten Buch hat Huntington den globalen Kampf der Kulturen nach Hause gebracht. Schon im *Clash of Civilizations* kündigte er die Heimkehr der Krise an: „While Muslims pose the immediate problem in Europe, Mexicans pose the problem for the United States." (Huntington 1996: 206) Bestand vorher die Hauptidee im *ranking* der Zivilisationen dieser Welt, so handelt es sich jetzt um die Essentialisierung einer nationalen Kultur. Es wird bei ihm deutlich, dass er sich vom eigentlich klassisch amerikanischen Konzept der Staatsnation in Richtung Kulturnation bewegt. Während er global durchaus das multikulturelle Nebeneinander und die Eigenarten der jeweiligen Zivilisationen unterstützt, bleibt er zu Hause Monokulturalist. Huntington betreibt also eine radikale Identitätspolitik auf der Basis einer recht engen und statischen Definition seiner anglo-amerikanischen, protestantischen Leitkultur. Dem republikanischen Geschäftsmann und Freund von George W. Bush, Lionel Sosa, der die Latino-Geschäftsleute aufforderte, ihren „Americano Dream" zu verwirklichen, schlägt der Schulmeister aus Neuengland auf die Finger: „There is no Americano dream. There is only the American dream created by an Anglo-Protestant society. Mexican Americans will share in that dream and in that society only if they dream in English" (Huntington 2004b: 256). Es ist bezeichnend, dass Huntington zusammen mit Lawrence E. Harrison eine von konservativen Stiftungen unterstützte Konferenz, „Cultural Values and Human Progress", durchführte, deren Ergebnisse im Jahr 2000 als *Culture Matters* erschienen sind. Huntington folgt dem allgemeinen Trend, also der Aufwertung der Kultur als Erklärungszusammenhang (vgl. Kaschuba 1995, Steigerwald 2005). Offensichtlich ist das Schlüsselwort der nationalen Identität jetzt bei den amerikanischen Neokonservativen die Kultur, was ein Abrücken vom Konzept der Staatsnation mit Ideologie oder Politik als Schlüsselwort bedeutet. Hannah Arendt beschrieb diesen Vorgang als die Eroberung des Staats durch die Nation. Huntington geht davon aus, dass die ökonomische Entwicklungsfähigkeit der Nationen in ihrer kulturellen Mitgift beruht. Die Konferenz ist insofern interessant, da sie den Blick auf die Basis seiner kulturalistischen Grundannahmen freimacht. Ein Ausspruch von Senator Moynihan steht dem Ganzen voran: „The central conservative truth is that it is culture not politics that determines the success of a society (Huntington/Harrison 2000: xiv). Huntington, so möchte ein Anthropologe wohl sagen, gehört zur Schule der *cultural developmentalists*, der den Gedanken der Kultur mit Entwicklung zusammendenkt. Im *Clash of Civilizations* hat er den Globus mit einem arbeits- und konfliktethischen Mikroskop abgesucht und eine moralische Landkarte der Welt angefertigt. So entstand eine globale *paysage moralisé*, die von „fault lines" zwischen den unterschiedlich entwickelten Zivilisationen gekennzeichnet ist. *Cultural developmentalists* konstruieren gerne Problemindikatoren bzw. Lebensqualitätsindikatoren, die als Maßstab benutzt werden, um Kulturen, Zivilisationen oder Religionen einem *ranking* auf einer positiven und negativen Werteskala zu unterwerfen. Dahinter steckt ein ganz alter, eher europäischer und evolutionärer Kulturbegriff mit seinen kolonialen Rechtfertigungen von Macht und Hierarchie, die mit einer modernen Praxis der Entwicklungspolitik einhergeht. Ein Widerspruch bleibt bestehen. Huntington macht den Latinos ihre Identitätspolitik zum Vorwurf. Er selbst bleibt ein rigoroser Vertreter einer WASP-Identitätspolitik. Und hier kommen wir zur Quelle seines Neo-Nativismus, der von einem robusten Ethnozentrismus flankiert wird (vgl. Huntington 1999).

Huntingtons Nationalismus steht im Dienste einer neoliberalen Leitkultur, die den Gedanken des Fortschritts zum Maßstab des In- und Einschlusses macht. An Hand des neuen wirtschaftlichen Kulturalismus kann man sehr schnell die Familienähnlichkeiten im Nativismus von Comte Gobineau über Madison Grant bis Samuel Huntington feststellen. Hören wir in die Geschichte hinein. Hier ein hundert Jahre alter Text: „What is the greatest danger which threatens the American republic today? I would certainly reply: the gradual dying out among our people of those hereditary traits through which the principles of our religious, political and social foundations were laid down and their insidious replacements by traits of less noble character." Das ist nicht etwa Huntington, sondern das Vorwort zu Madison Grant, *The Passing of the Great Race*, 1916. Der nachbarliche Fremde war schon damals sichtbar und bot Anlass zur Sorge: „...the Mexican immigration to the United States which is made up overwhelmingly of the poorer Indian element has brought nothing but disadvantages" (Grant 1916: 61). Huntington unterscheidet sich von Grant nicht in der Logik seines Nativismus, sondern lediglich dadurch, dass Letzterer keinen Hehl aus der rassistischen Basis seiner Vorurteile machte. Kultur ersetzt Rasse als exklusive Kategorie einer Politik der Differenz „The modern concept of culture is not [...] a critique of racism, it is a form of racism", so fasst Walter Ben Michaels diese Konjunktur des Kulturbegriffs zusammen (Michaels 1995: 129).

Aber schon vor hundert Jahren waren diese Töne nicht neu (vgl. Lund 1994: passim). Kultur und Nation drohte immer schon die Gefahr von gefährlichen Klassen und Rassen. Im Jahr 1855 denunzierte der Massachusetts Governor Henry Gardner die Iren als „a horde of foreign barbarians", Mitte des Jahrhunderts publizierte Comte Gobineau seinen Essay über die Ungleichheit der Rassen und warnte vor dem drohenden Niedergang der westlichen, will sagen nordischen Kulturen, 1906 wies H.G. Wells die Amerikaner darauf hin, dass die Juden, Italiener und Osteuropäer die USA überschwemmen. Theodore Roosevelt sprach von einem anstehenden „race suicide" und seine Freund Owen Wister, der den Cowboy als angelsächsische Heldenfigur erfand, warnte etwas später vor „Horden von fremdem Gewürm" und meinte damit die Ostjuden der East Side in New York. Huntingtons Behauptung, die Latinos würden sich in ihren Siedlungsmustern nicht wie die früheren Gruppen verhalten, ist ahistorischer Nonsens. Schon damals wohnten viele Einwanderer in ihren Nachbarschaften: in Germantown, Little Italy, Chinatown und der Jüdischen East Side. Alle Einwanderer in die USA haben zunächst Brückenköpfe bzw. Parallelgesellschaften eingerichtet. Von außen betrachtet sahen diese wie bedrohliche Ghettos aus, von innen gesehen waren es Druckausgleichkammern, die den Einwanderern über die Krise der Akkulturation und Assimilation hinweg halfen. Daran hat sich nichts geändert.

Man vermisst in Huntingtons Nativismus das ungebrochene Selbstbewusstsein und die Entschiedenheit eines Gobineau oder Grant. Sein Nativismus kommt mit gebremstem Schaum daher. Zunächst erstaunt, dass ihm der Glaube an die integrative Kraft der amerikanischen Kultur, deren Überlegenheit er voraussetzt, fehlt. Das liegt daran, dass die amerikanische Leitkultur inzwischen durch einen Exzess der Demokratie korrumpiert ist. Man kann bei ihm jene kommunitaristischen Selbstzweifel diagnostizieren, die in neokonservativen Kreisen weitverbreitet sind. Weiter kommen ihm Zweifel an der Kulturtreue seiner eigenen Gruppe, der WASPs. Denn die Träger der liberalen Reform und die Agenten der Modernisierungsschübe, die Huntington ausdrücklich kritisiert, rekrutieren sich vor allem aus jenen typischen Congregationalisten, Anglikanern, Unitariern und Episkopalen, allesamt sogenannte *wine-and-cheese liberals*, die die Eliteuniversitäten bevölkern und dort seine Kollegen sind. Seine eigenen WASP-Genossen, deren alte Traditionen zur neuen Leitkultur werden sollen, sind also jene Verräter, die in der Avantgarde des Multikulturalismus und des Liberalismus zu finden sind. Hier erhält das Wort „old-fashioned" in seiner Selbsteinschätzung seinen nostalgischen Sinn. Sein Kulturalismus, sein latent patriarchalischer Moralismus und seine organische Sozialethik kennzeichnen eine Haltung, die wir nicht bei der Mehrheit der WASPs, sondern vor allem bei den neokonservativen Kulturkommunitaristen wiederfinden. Ideologisch kommt es zu einem neuen Schulterschluss mit einer ihm eher fremden Gruppe, dem Mann auf der Straße mit seinem ungebrochenen Patriotismus, und er nähert sich dem fundamentalistisch-heilsgeschichtlichen Modell der *Christian Right* und ihrer manichäischen *moral map*. Gemeinsam ist ihnen die Suche nach einem Gegenmodell zum klassischen liberalen Konflikt- und Klassendenken der *Federalist Papers*, die den real existierenden, moralisch-agnostischen Pluralismus, gefestigt vom *First Amendment*, erst ermöglichen.

Huntingtons Hintergrundannahme, dass die nationale Identität der Amerikaner weiß, angelsächsisch und protestantisch sei, mag bis zur Gründungszeit der Republik halbwegs gestimmt haben. John Jay konnte sich noch im zweiten Federalist freuen: „Providence has been pleased to give this one connected country to one united people – a people descended from the same ancestors, speaking the same language, professing the same religion, attached to the same principles of government, very similar in their manners and customs [...]." (Hamilton 1961: 38). Nach 1830 setzte jedoch eine ethnische Pluralisierung ein, und die Neubürger waren mehrheitlich keine weißen protestantischen Angelsachsen mehr. Wenn Huntington nun einwirft, dass nicht die Menschen zur Zeit der Gründung, sondern die Ideen wichtig gewesen seien, kommt er nicht viel weiter. Die Mehrheit der Amerikaner ließe sich heute kaum auf diese enge Ideologie verpflichten. Als Gunnar Myrdal im Jahr 1945 die Vorstellung vom ‚American Creed' in die Diskussion einbrachte, stammten mehr Amerikaner von Deutschen, Italienern oder Iren als von Engländern ab, und die Katholiken stellten die größte religiöse Gemeinschaft dar. Selbst unter jenen Angelsachsen, die sich Protestanten nannten, ging es im Laufe der Geschichte, was grundsätzliche Ideologie und Doktrin anging, heillos durcheinander. Diese waren auf der Seite der Sklavenhalter, der Abolitionisten, des Ku Klux Klan und der Bürgerrechtsbewegung, der Kalten Krieger und Pazifisten zu finden, wohl kaum die Basis einer Leitkultur oder Wertegemeinschaft. Vergessen wird auch, dass der Begriff der „WASPs" relativ jung ist. Andrew Hacker, der das Wort 1957 prägte, meinte mit dem Kürzel eine begrenzte gesellschaftliche Elite, die durch Privatschulen, durch Familienangehörigkeit, durch elegante Häuser, durch Partys und demonstrativen Reichtum, nicht aber durch einen Wertekonsens definiert wurden. Vor 1957 wäre kein Journalist oder Akademiker auf den Gedanken gekommen, eine WASP-Ideologie als Basis der nationalen Identität zu postulieren. Huntington unterschlägt Teile der amerikanischen Geschichte: In New York gehörten im sogenannten ‚Gilded Age' 400 Familien zu diesem inneren Zirkel, die sich als kleptokratische Räuberbarone gebärdeten und nicht durch besondere Loyalität zum Grundkonsens auszeichneten.

Woher rührt nun sein Problem? Der Widerspruch ruht in der Grundannahme. Huntington spricht immer wieder von Amerikas Leitkultur, die es zu retten gilt (vgl. Huntington 2004b: 59). Diese bestehe zwar vornehmlich aus Ideen und Institutionen, die aber nach seiner Meinung ausschließlich in einer partikularen Kultur begründet sind und das Vermächtnis der anglo-protestantischen Gründungselite darstellen. Er versteht darunter „the Christian religion, Protestant values and moralism, a work ethic, the English language, British traditions of law, justice, and the limits of government power, and a legacy of European art, literature, philosophy, and music. Out of this culture the settlers developed in the eighteenth and nineteenth centuries the American Creed with its principles of liberty, equality, individualism representative government, and private property." (Huntington 2004b: 40-41) Er geht davon aus, und das ist ein historischer Fehlschluss, dass dieser *American Creed* seit Gründung unversehrt und statisch geblieben sei, an den sich die Anderen, also etwa die Katholiken und Juden, schlichtweg anzupassen hätten. Der Zugang zur Leitkultur ist also nur über die Einbahnstrasse der Assimilation zu erreichen. Dahinter verbergen sich eine naive Anthropologie, eine fehlerhafte Sozialgeschichte und ein fragwürdiges Verständnis der Staatsbürgerschaft. Huntington verweigert die Zurkenntnisnahme der Tatsache, dass die amerikanische „core culture" durch die massenhafte Einwanderung radikal ethnisiert wurde. Es steht zu vermuten, dass er diese Tatsache für eine bösartige Erfindung der Dekonstruktionisten abtun würde. Der schwarze Romanschriftsteller Ralph Ellison fragte 1968 in einem *Time Essay* „What America would be like without Blacks?" Man möchte wie er die Frage stellen, wer welchen Beitrag zur Realisierung der Bürgerrechte geliefert hat, die sklavenhaltenden, angelsächsischen, protestantischen Gründungsväter oder, wie Ellison meinte, eher die vielen schwarzen „Wächter der Verfassung", Thomas Jefferson oder Martin Luther King? Hier wird deutlich, dass Huntington sich von der klassisch amerikanischen Vorstellung der Staatsnation in Richtung Kulturnation bewegt, und dass das kulturalistische Argument ältere rassistische Vorurteile der Nativisten überlagert. Schauen wir wieder hundert Jahre zurück: „In the city of New York and elsewhere in the United States there is a native American aristocracy resting upon layer after layer of immigrants of lower races and these native Americans, while, of course, disclaiming the distinction of a patrician class and lacking in class consciousness and class dignity, have, nevertheless, up to this time supplied the leaders in thought and in the control of capital as well as of education and of the religious ideals and altruistic bias of the community" (Grant 1916: 5). Schon damals gab es den Topos des Generationsverdachts, er war aber noch eindeutig rassistisch definiert. „The native [Anglo]Americans are splendid raw material, but have as yet only an imperfectly developed national consciousness. They lack the instinct of self-preservation in a racial sense" (Grant 1916: 90). Tauschen wir Rasse gegen Kultur aus – und wir sind bei Huntingtons Angst, die vor dem gleichen Niedergang warnt.

Literatur von Samuel P. Huntington

Huntington, S. P.: Conservatism as an Ideology. In: The American Political Science Review 51.2 (1957a), S. 454-473.

Huntington, S. P.: The Soldier and the State: The Theory and Politics of Civil-Military Relations. Cambridge 1957b.

Huntington, S. P.: Political Order in Changing Societies. New Haven 1968.

Huntington, S. P.: American Politics: The Promise of Disharmony. Cambridge 1981.

Huntington, S. P.: The Clash of Civilizations and the Remaking of World Order. New York 1996.

Huntington, S. P.: Robust Nationalism. In: The National Interest, Washington DC, 20.01.1999. http://www.mindfully.org/Reform/Robust-Nationalism-Huntington20jan99.htm

Huntington, S. P.: The Hispanic Challenge. In: Foreign Policy, März-April 2004a. Online Edition: www.foreignpolicy.com

Huntington, S. P.: Who are We? The Challenges to America's National Identity. New York 2004b.

Huntington, S. P./Harrison L. E. (Hg): Culture Matters. How Values Shape Human Progress. New York 2000.

Weitere zitierte Literatur

Alsop, J./Platt, A.: The WASP Ascendancy. In: The New York Review of Books, 36/17 Nov. 9, 1989.

Aysha, E. E.-D.: Huntington's Shift to the Declinist Camp: Conservative Declinism and the 'Historical Function' of the Clash of Civilization. In: International Relations, Vol. 17, 4, 2003, S. 429-452.

Baltzell, D.: The Protestant Establishment. Aristocracy and Caste in America. New Haven 1964.

Gleason, Ph: American Identity and Americanization. In: Thernstrom, S. et al. (Hg): Harvard Encyclopedia of American Ethnic Groups. Cambridge, Mass. 1980, S. 31-58.

Grant, M: The Passing of the Great Race (1916). 4. Aufl., London 1924.

Hacker, A.: Liberal Democracy and Social Control. In: American Political Science Review, 1957.

Hamilton, A/Madison, J./Jay, J.: The Federalist Papers. Hg. von C. Rossiter, New York 1961.

Heilbrunn, J.: The Clash of the Samuel Huntingtons. In: The American Prospect, Vol 9 (39), 1998. www.prospect.org/print-friendly/print/V9/39/Heilbrunn-j.html.

Jacoby, T.: Rainbow's End. In: The Washington Post, 16.05.2004, BW03.

Kaplan, R.: Looking the World in the Eye. In: Atlantic Monthly, December 1, 2001. www.newamerica.net/index.cfm?pg=article&DocID=638

Kaschuba, W.: Kulturalismus: Vom Verschwinden des Sozialen im gesellschaftlichen Diskurs. In: Zeitschrift für Volkskunde 91 (1995), S. 27-46.

Lund, J. M.: Boundaries of Restriction: The Dillingham Commission. In: UVM History Review, Vol. 6, December 1994: www.uvm.edu/~hag/histreview/vol6/lund.html

Mason, J. D.: Melodrama and the Myth of America. Bloomington 1993.

Michaels, W. B.: Our America: Nativism, Modernism and Pluralism. Durham 1995.

Müller, H.: Der Mythos vom Kampf der Kulturen. Eine Kritik an Huntingtons kulturalistischer Globaltheorie. In: InWent Nr. 10, 10. Oktober 1998, S. 262-264.

Ostendorf, B. (Hg.): Transnationalism: The Fading of Borders in the Western Hemisphere. Heidelberg 2002.

Ostendorf, B. (K)eine säkulare Gesellschaft? Zur anhaltenden Vitalität der amerikanischen Religionen. In: Brocker, M. (Hg.): God Bless America: Politik und Religion in den USA. Darmstadt 2005, S. 13-31.

Putnam, R.: Samuel P. Huntington: An Appreciation. In: Political Science & Politics 19.4 (Autumn 1986), S. 837-845.

Schlesinger, A. Jr.: Forgetting Reinhold Niebuhr. In: The New York Times. 18. September 2005.

Solomon, D.: Three Cheers for Assimilation. In: The New York Times, 02. Mai 2004, 1-2. www.nytimes.com/2004/05/02/magazine

Steigerwald, D.: Our New Cultural Determinism. In: Society. Jan./Feb. 2005, S. 71-75.

Wolfe, A.: Native Son: Samuel Huntington Defends the Homeland. In: Foreign Affairs, May/June 2004, S. 120-125.

Kulturtransferforschung: Grenzgänge zwischen den Kulturen

Thomas Keller

Der Begriff Kulturtransfer/*transfert culturel* ist von der Forschergruppe um Michel Espagne und Michael Werner geprägt (vgl. Espagne/Werner 1985, 1987; Kortländer 1995); die Methode integriert aber zum Teil ältere Ansätze und formt aus ihnen Neues. Vieles, was bisher unter anderen Stichworten und Forschungsrichtungen wie Vermittlung/Vermittler (vgl. Sieß 1981, 1984; Leenhard/Picht 1989), Migrations- und Exilforschung und Erinnerung/Gedächtnis (vgl. François/Schulze 2000/2001) lief und läuft, erfasst dieselben Phänomene oder geht in Transferforschung auf. Häufig verbergen sich auch in älteren Arbeiten faktisch Transferstudien unter anderem Namen (vgl. Nagavajara 1966).

Espagne und Werner, ab den achtziger Jahren in einem Forschungsprogramm des CNRS (*Centre National de la Recherche Scientifique*) verbunden, inzwischen getrennte Wege gehend, haben zunächst die Aufgabe gestellt, in interdisziplinären Fallstudien in französischen Kontexten eine kulturelle deutsche „Referenz" nachzuweisen. Damit wurde es möglich, das Feld der Einflussforschung, die komparatistischen Perspektiven und essentialistische Bezugsgrößen wie die Nation hinter sich zu lassen. Das Konzept des Transfers erfasst kulturelle Übertragungsprozesse in vielfältiger Hinsicht: Dokumente der anderen Kultur in Frankreich oder Deutschland, Mittlerinstitutionen, -gruppen und -personen, insbesondere bestimmte Berufsgruppen (Diplomaten, Kaufleute, Künstler, Handwerker, Buchhändler, Verleger, Übersetzer, Publizisten, Sprachlehrer, Germanisten in Frankreich, Romanisten in Deutschland…), Medien sowie diskursive Vorgänge der Aneignung und Transformation von Gütern, Handlungsweisen, Orientierungen, Texten, Diskursen. Damit rücken anstelle von zu vergleichenden oder zu unterscheidenden Entitäten (Nation, Land, Nationalkultur, Staat) die Vermittlungen und die Rezeptions- und Verarbeitungsprozesse im Aufnahmekontext in den Vordergrund. Zudem werden kleinere Bezugsgrößen wie Regionen und Städte eingeführt.[1]

Die Forschergruppe hat sich mit Reihen – etwa *Philologiques* in den Editions de la Maison des Sciences de l'Homme, die *Bibliothèque franco-allemande* im Verlag Le Cerf, die Leipziger Deutsch-Französische Kulturbibliothek, die *Revue Germanique Internationale*, die Zeitschrift *Le genre humain* – verschiedene Publikationsforen verschafft. Sie hat schnell die Transferforschung in beide Richtungen betrieben, d.h. auch die französische Referenz in Deutschland erhellt und sich mit anderen Forschungsgruppen vernetzt: die Aixer Gruppe zur Migrations- und Exilforschung um Jacques Grandjonc; die *Groupe de recherche sur la culture de Weimar* am *Maison des Sciences de l'Homme* um Gérard Rau-

---

[1] Zu den Etappen des kollektiven Projekts siehe Espagne 1999: 11-15. Die Gruppe der Transferforscher um Michel Espagne ist seit 1998 mit den Forschern des Husserl-Archiv an der ENS verschmolzen. Beide bilden die CNRS-Forschungsgruppe „Pays germaniques: histoire, culture, philosophie"; Michael Werner leitet seit einigen Jahren das CIERA (*Centre d'Etudes et de Recherches sur l'Allemagne*).

Kulturtransferforschung: Grenzgänge zwischen den Kulturen 107

let; das Projekt von Reichardt und Lüsebrink (Revolutionstexte, Datenbank zu Übersetzungen); zeitweilig die Gruppe um Philippe Régnier, die schließlich den Weg einer eigenen CNRS-Forschungsgruppe gegangen ist; das Forschungsprojekt über Erinnerungsorte um Etienne François; die Leipziger Gruppe (Matthias und Katharina Middell) mit kulturhistorischer Perspektive... Sehr bald ist auch der deutsch-französische Rahmen erweitert worden. Zunächst durch andere Transferfelder wie das deutsch-britische, deutsch-amerikanische, deutsch-spanische, deutsch-italienische, französisch-spanische etc., dann durch trianguläre und quadranguläre Konstellationen, z. B. Frankreich – Deutschland – Russland (– Italien). Schließlich ist auch der privilegierte Zeitrahmen – das 18. und 19. Jahrhundert – längst gesprengt.

Die Transferforschung stellt eine eigene Ausprägung der Kulturwissenschaften, eine Variante des *cultural turn* dar. Inzwischen wird nach zwei Jahrzehnten eine imponierende Lebensleistung der Protagonisten dieser Forschung sichtbar, die indes ohne Schule und Schulhäupter auskommt und deshalb auch keine verbindliche Terminologie durchsetzen kann.[2] Aber eine bündige Bestimmung von Transfer dürfte doch möglich sein:

Transfer kann definiert werden als Übertragung von Menschen, Gütern und Wissen von einem in ein anderes System. Migrierende Menschen stellen immer noch einen verschwindend geringen Bevölkerungsteil dar. Umso wichtiger sind immaterielle Güter, die zirkulieren. Übertragen werden nicht Kulturen. Vielmehr spielt sich der Transfer zwischen Kulturen ab. Allerdings nicht zwischen kompakten geschlossenen Kulturräumen oder gar Nationalkulturen, sondern zwischen Gruppen, Einzelpersonen, einzelnen Institutionen, Medien (etwa Zeitschriften) etc., das heißt dem, was als Netz (*réseau*) bezeichnet wird. Damit rücken Einzelpersonen und ihre biographischen Kontexte sowie Texte bzw. Diskurse in den Vordergrund. Der Transferbegriff kontextualisiert in Hinblick auf ein Ausgangs- und ein Aufnahmesystem und lenkt die Aufmerksamkeit auf die Transmitter, den Transferkanal und die diskursiven Vorgänge im Aufnahmesystem.

Ein neuer Kulturbegriff

Transferforschung ist weder Einfluss- noch geläufige Rezeptionsforschung.[3] Seit langem untersucht die Literaturwissenschaft (insbesondere die vergleichende) den sogenannten Einfluss, die Resonanz („fortune"; vgl. Henning 1929) eines Werkes in einem anderen Land, in der Regel in übersetzter Form. Obwohl hier die Aufnahme eines Werkes nachgezeichnet wird (nicht nur kommerziell die Auflage, sondern auch das Weiterleben in neuen Werken), bleibt die Vorstellung eines Originals in Kraft, das im neuen Kontext durch Fehldeutungen und Verzerrungen bedroht ist. Von dieser Richtung übernimmt Transferforschung nur den Blick auf – hier grenzüberschreitende – Intertextualität. Die ausgangsprivilegierende Sicht ist aber nicht geeignet, das Feld des „Sekundären" aufzuschlüsseln und zu legitimieren (vgl. Brague 1992). Dagegen scheinen mit der Rezeptionsforschung die Aufnahmeprozesse endlich in den Blick zu kommen. Aber weder die Rezeptionsästhetik der Konstanzer Schule, die den (meist eigenkulturellen) Rezipienten im wesentlichen im Er-

---

[2] So müssten die Transferforscher konsequenterweise auf den Begriff „Einfluss" verzichten; dies ist aber nicht immer der Fall, siehe etwa Bidart 2004.

[3] Für die Kritik der Einfluss- und Rezeptionsforschung stütze ich mich im Folgenden auf den ausgezeichneten Aufsatz von Joseph Jurt, „Das wissenschaftliche Paradigma des Kulturtransfers" (Jurt 2002).

wartungshorizont des Textes (und nicht im Felde des Aufnahmekontextes) verortet, noch die Rezeptionsstudien, die sich der Literaturkritik und anderen Aufnahmeprozessen in der anderen Kultur zuwenden (vgl. Chevrel 1979, 1983: 90), gehen konsequent den Schritt zu einer aufnahmeorientierten Perspektive.[4] Wenn die Forschung der Rezeption Defizite bei der Übertragung der Produktion vorhält, bleibt sie im Bannkreis einer Welt der Treue zum Original.

Von diesen Abgrenzungen her lässt sich die neue Orientierung der Transferforschung besser profilieren. Herausgewachsen ist dieser Ansatz bezeichnenderweise aus der Herausgabe von Manuskripten, aus Archivarbeit und philologischer Analyse. Espagne und Werner setzen in Abgrenzung zur Rezeptionsästhetik die „critique génétique" fort, die sie innerhalb des Teams „Heinrich Heine" des I.T.E.M. (*Institut des textes et manuscrits modernes*) in den achtziger Jahren praktiziert haben. Heine konnte mit seinen Reflexionen über die deutsche Philosophie beim französischen Leser „durchkommen", da er im Gewande einer saintsimonistischen Begrifflichkeit verfuhr und auf frühere Rezeptionen von Informationen über Deutschland aufbauen konnte (vgl. Espagne 1984: 104f; 1999: 11). Der Aufnahmekontext ist in langen Jahren aufbereitet, und dies nicht nur durch die Literaturkritik. Um den Prozess der Bearbeitung des Aufnahmekontextes zu rekonstruieren, ist ein sehr weitmaschiges interdisziplinäres Raster nötig, das Textstudien mit literatursoziologischen Methoden, Diplomatie- und Buchgeschichte, Analyse von Übersetzungen u.a.m. miteinander verbindet.

Der Kulturbegriff der Transferforscher unterscheidet sich von älteren, an „geistigen" Höchstleistungen orientierten wie auch an herabgestimmten ethnologisch-funktionalistschen Auffassungen. Gegen eine hochtrabende humanistische Auffassung von Höhenkamm-Kultur stellen sie Erfahrungen einzelner Gruppen heraus (hier erfolgt der Bezug auf Norbert Elias) und nehmen kulturelle Leistungen in den Blick, die gemeinhin als nichtgeistig oder nicht-schöpferisch aus dem Felde der Kultur verwiesen werden. Dazu gehören so verschiedene interkulturelle Aktivitäten wie Weinhandel, Handwerkertätigkeiten, Bücherimport, Übersetzen etc. Mit der Aufschlüsselung von sich über längere Zeiträume hinziehenden Transfervorgängen ist auch Transferforschung an der „longue durée" orientiert, die langfristige Mentalitätsentwicklungen erfasst.

Die Transferforschung verwirklicht einen kulturanthropologischen Ansatz. Espagne und Werner berufen sich zunächst auf Edgar Morin (1984), wenn sie Kultur sowohl lebensgeschichtlich wie systemisch definieren als „ein veränderliches Kommunikationssystem, das etwa den individuellen Erlebnisraum in Verbindung zu dem institutionalisierten Wissen setzt" (Espagne/Werner 1985: 504). Die Definition ist gegen Vorstellungen von einer feststehenden kollektiven Identität und Nationalkultur gerichtet. Auf die Situation von Austauschprozessen zwischen Kulturen angewandt, ergibt sich für die Transferforscher ein erster Rekurs auf das klassische Kommunikationsmodell mit der Trias Sender, Botschaft, Empfänger:

> „Il existe plusieurs modèles pour analyser le passage d'une culture à une autre. Le plus simple est sans doute celui de la communication. Une entité culturelle émet un message comme le fait

---

[4] „Jusqu'à présent, les problèmes de transfert culturel en Europe ont généralement été étudiés selon le schéma de l'histoire des influences [...] Ce schéma présente un défaut de système: il ne rend pas compte des conditions dans lesquelles ces transferts s'opèrent, et néglige d'une part ce qu'on peut subsumer sous le terme de la conjoncture de la culture réceptrice et, de l'autre, la rémanence des traditions culturelles qui font obstacle aux transferts." (Espagne/Werner 1987: 970)

Kulturtransferforschung: Grenzgänge zwischen den Kulturen

un locuteur. Le message est transmis à un récepteur qui le décode. Mais l'émetteur et le récepteur ne se situent pas dans un espace vide, ils sont soumis à l'observation de tiers, parfois désignés dans le message qui tient compte de leur présence. En outre le message transmis doit être traduit du code de référence du système de d'émission dans celui du système de réception. Cette appropriation sémantique transforme profondément l'objet passé d'un système à l'autre. On ne parlera pas pour autant de déperdition [...]. Lorsqu'un livre, une théorie, une tendance esthétique franchissent la frontière entre deux espaces culturels et passent par exemple d'Allemagne à la France, leur signification, liée au contexte, se modifie par là même." (Espagne 1999: 20ff.)

Die Transferforscher schließen diese system- und kommunikationstheoretische Ausrichtung an die kybernetische von Bateson an, der in *Kulturberührung und Schismogenese* Kulturen als Resultat von interkulturellen Differenzierungsprozessen begreift, die kulturelle Kontexte dem Fremden öffnen und sie zugleich durch und gegen fremde „Identität" befestigen (vgl. Espagne/Werner 1988: 14)[5]. Die Vorstellung der Schismogenese ersetzt diejenige von geschlossenen Kulturräumen und von Identität schlechthin. Die Nationalkulturen sind ideologische Konstrukte, die sich durch Interdependenzen bilden, so die deutsche in Spannung und Konflikt mit der im 17. und 18. Jahrhundert hegemonialen normativen „französischen" Kultur, die französische durch die zum Teil krisenhafte Integration historisch eigenständiger Gegenmodelle, insbesondere des deutschen.

In unmittelbarer Nähe zum Begriff der Schismogenese befindet sich derjenige der Akkulturation. Stark vereinfacht bezeichnet er Veränderungen von Orientierungen und Verhaltensweisen, die durch Kulturkontakte und -konflikte ausgelöst werden. Espagne und Werner stützen sich auf den Begriff nach Herskovits[6] und übertragen den Vorgang auf innereuropäische Transfervorgänge:

> „Daß die Akkulturationstheorie in der Analyse außereuropäischer Kulturkonfrontationen ihre bedeutendsten Ergebnisse hervorgebracht hat, ist in gewisser Weise paradox und sollte uns nicht davon abhalten, eine Reihe der darin erarbeiteten Grundgedanken auf europäische Kulturen sogar im humanistischen Sinne des Wortes anzuwenden [...]. Die individuellen Faktoren des Kulturtransfers können in der Geschichte europäischer Gesellschaften weit besser rekonstruiert werden, da hier in viel reicherem Maße schriftliche Quellen vorliegen." (Espagne/Werner 1988: 22)

Kulturimmanente Konstellationen bestimmen die Selektion und Integration der Informationen aus dem fremden Kontext. Der Kulturimport kann vorhandene ideologische und politische Strömungen legitimieren oder untergraben. Es bleibt die entscheidende Frage, ob das Transferierte schließlich ganz von seinem Aufnahmekontext vereinnahmt wird, oder ob ein „Kern" des ersten Sinns des Transferierten erhalten bleibt (vgl. Espagne/Werner 1988: 23). Auf jeden Fall setzt eine solche Kulturanthropologie Kulturen als gemischte voraus. Material manifestiert sich dies in den Nachlässen etwa von Winckelmann (vgl. Hartog 1995) und Benjamin in der *Bibliothèque Nationale*, die das französische Kulturgedächtnis mit einem deutschen Anteil ausstatten und zu einem interkulturellen machen. Aus einem ursprünglich ethnologischen Interesse stammt auch die prosopographische Aufmerksamkeit für Famili-

---

[5]   Espagne und Werner berufen sich auf den Aufsatz „Kulturberührung und Schismogenese" von Bateson, den sie dessen *Ökologie des Geistes* entnehmen.

[6]   Herskovits beschreibt Südostafrikaner, die portugiesische Gewehrkolben zu Rührlöffel umformen, süddeutsche Emigranten in Brasilien, die den Habitus des reitenden adeligen Gutsbesitzers aus Deutschland in einen neuen Kontext einführen.

engeschichten und Lebensläufe, für die Leben der unterschiedlichsten Emigranten und Mittler: Kupferstecher, Weinhändler, Handwerker, Photographen, Baumeister, Komponisten etc.

Der Sinn für die materiale Seite, für ökonomische Vorgänge und Alltagsgeschichte ist weniger durch marxistische Ansätze als durch den ethnologisch-anthropologischen Kulturbegriff geschärft. Hier berührt sich der kybernetisch-systemtheoretische mit dem ethnologischen bzw. kulturanthropologischen Ansatz. Die Transferforschung entreißt viele Personen und Menschen, die für unbedeutend gehalten werden, dem Vergessen und leistet einen Beitrag zur Erinnerung. Während es nun selbstverständlich ist, Familienbeziehungen sowie Produktion und Tausch von Gütern bei „Wilden" zu entschlüsseln, sind bisher kaum Familienbeziehungen und Organisationsformen innereuropäisch untersucht worden, wo doch individuelle Lebensläufe etwa von deutschen emigrierten Kaufleuten in Bordeaux oder in Reims durchaus ermittelt werden können. Damit unterstellt diese Forschungsrichtung, dass die ethnologische Schnittstelle – europäisch/außereuropäisch – grundsätzlich auch innereuropäisch operationell ist. Die Kulturforschung ist eine Kontaktforschung. Auch im europäischen Kontext gibt es historische Konjunkturen der Selektion und Integration fremder Kulturgüter, wie etwa die Einführung der deutschen idealistischen Philosophie in Frankreich demonstriert.

Die deutsch-französische Transferforschung wird so Teil eines ethnologischen Blicks auf die Alltagsgeschichte, die in biographischen Rekonstruktionen, Texten und Diskursen greifbar wird. Dem Aufnahmesystem kommt dabei der Primat zu. Transfers werden von Funktionen innerhalb des Rezeptionssystems ausgelöst, möglich gemacht und gesteuert. Akkulturation ist somit sowohl asymmetrisch als auch reziprok. Espagne und Werner haben dies zunächst vor allem anhand des deutsch-französischen Philosophie-Imports gezeigt, der durch Konstellationen im französischen Aufnahmekontext gelenkt wird. Die kulturellen Akteure müssen sich zwar für fremde Informationen öffnen, sie verstärken und profilieren damit aber zugleich ihre Position im eigenen Feld – in Legitimation oder Subversion des Aufnahmekontextes. Diese Transfers spielen sich häufig zwischen auf den ersten Blick analogen Personengruppen, zwischen den Eliten der Länder ab, aber die Einbettung des Transferierten erfolgt häufig nicht in denselben sozialen, ideologischen oder diskursiven Kontext. Kant wird zum Philosophen des laizistischen Frankreichs. Der Frühsozialist Leroux setzt den konservativen Schelling als progressiven staatskritischen Antipoden gegen den von Cousin eklektisch hergerichteten Hegel des Bürgertums ein.

Eine solche Rekonstruktion von Transferketten unterläuft die komparatistische und imagologische Sichtweise (vgl. Espagne 1999: 36f.). Die Transferforschung vergleicht nicht Kulturräume und ihre Bilder voneinander, sondern sie stellt die Leistungen von Personen und Gruppen heraus, die importierten Techniken und Informationen sowie die Aufnahmekontexte umzuformen:

> „Les imprimeurs, éditeurs allemands dans le Paris du XIXe siècle ont par exemple adapté au contexte français une technique acquise en Allemagne et transformé de la sorte non seulement leur propre identité mais la structure de leur contexte d'insertion. La même remarque vaudrait pour les médecins, les enseignants, les peintres, les musiciens, les illustrateurs, les photographes d'origine allemande qui ont œuvré en France." (Espagne 1999: 39)

Kulturtransferforschung: Grenzgänge zwischen den Kulturen

Die Transferforschung reiht sich in die Verabschiedung der Ideologien der Reinheit sowie der nationalstaatlichen Homogenität, aber – mit der lebensgeschichtlichen Orientierung – auch in die Rückkehr des Subjekts und der Alltagsrealität ein.

Der Transfervorgang selbst bleibt allerdings unterbelichtet. Espagne betont zwar, es würden nicht nur Texte übermittelt. Die diskursive Dimension sei entscheidend und könne nur durch die Aufschlüsselung des Netzes rekonstruiert werden, das den Transfer verwirklicht (vgl. Espagne 1999: 191). In der von Werner herausgegebenen Reihe *Deutsch-französische Geschichte* wird die deutsch-französische Verpflechtung konkret, etwa für die Zeit zwischen 1789 und 1815 (vgl. Struck/Gantet 2008). Indes hat sich die Transferforschung nie zu einer schlüssigen diskursanalytischen Methode entwickelt.

Erträge, Erweiterungen und Fortentwicklungen

Die zahllosen, fast nicht mehr zu überblickenden Forschungsergebnisse können hier unmöglich vorgestellt und gewürdigt werden. Die vielen Ergebnisse machen deutlich, wie Transferforscher im besten Sinne auch „glückliche Positivisten" (Foucault) sind. Sie scheuen die Feldarbeit nicht und sind hochtrabenden Theorien eher abgeneigt. Sie haben eine Unmenge von anonymen und kleinen Leuten dem Vergessen entrissen und neue Schwerpunkte wie Lebensgeschichten und Diskurstransformationen gesetzt. Die Transferforschung hat die Wahrnehmung der deutsch-französischen Interdependenz in räumlicher und zeitlicher Hinsicht verändert.

Die Forschungen haben die Bedeutung der Grenzräume stark relativiert. Sicherlich sind diese Räume besonders wichtig angesichts der Grenzverschiebungen am Rhein. Auch wird die Vermutung bestätigt, dass im 19. Jahrhundert deutsche Einwanderer nach Frankreich häufig aus grenznahen Regionen Deutschlands kommen und Sprachlehrer und Dozenten für Deutsch häufig Elsässer sind. Aber Beziehungen wie die zwischen Sachsen und Paris (vgl. Espagne/Middell 1993) oder zwischen der deutschen Kolonie in Bordeaux und früheren Hansestädten (vgl. Espagne 1991a) gehorchen einer anderen Logik. Auch spätere Migrationen bringen östliche Regionen Deutschlands und Fluchtbewegungen ins Spiel.

Sicherlich sind die einzelnen Konstellationen auch gekreuzt von den großen Wendepunkten der deutsch-französischen Beziehungen: dem Einspruch gegen die Hegemonie des französischen Modells um 1800, der romantische Diskurse verwendet; von der Niederlage Frankreichs 1870/71, die Effizienz (der deutschen Waffen und Wissenschaften) zu einer Schlüsselkategorie macht. Ereignisgeschichtlich prägt die wechselhafte Beziehung zwischen Sieger und Besiegten mehr die offizielle Ebene, auf der imagologisch wiederum binäre Muster entstehen (vgl. Schivelbusch 2001). Transferforscher hingegen stoßen auf Vorgänge, die solchen historischen Wendepunkten vorausgehen, sie ankündigen, in Ereignisgeschichte schlechthin nicht aufgehen und quer zu vergleichenden Diskursen stehen.

Die Transfers scheinen nach einer eigenen Uhr zu gehen. Sie werden nicht erst mit Mme de Staël gegenseitig, wie etwa die Erfassung der Übersetzungen vor, während und nach der Revolution (vgl. Reichardt 1988) oder Studien über die Zirkulation von Texten bzw. Diskursen – etwa in der Rousseau-Rezeption – zeigen (vgl. Link 1998); bereits vor 1870/71 richtet sich der Blick von Franzosen auf das deutsche Schul- und Universitätssystem. Hinter dem offenbaren Inversionsmodell um 1800 – die deutsche Kultur verwirklicht angeblich ideell, was die französische der politischen Tat nur verspricht – macht der Transferforscher die Arbeit jener sichtbar, die wie der Coppet-Kreis (Mme de Staël und Benjamin Constant) nationale Besonderheiten dem Primat der Geselligkeitskultur unterwerfen oder wie Heine den Befreiungsakt der deutschen idealistischen Philosophie in einen materialen Rahmen (das Recht auf das sinnlich erfüllte Leben) einfugen. Auch der Kreis um die *Revue de métaphysique et de morale* transformiert gegen Ende des 19. Jahrhunderts Kant und Fichte (vgl. Espagne 1999: 255-260).

„Asymmetrisch" sind das Verhältnis des französischen Nationalstaats, der Universitäten gründet, reformiert etc., zu deutschen Einzelstaaten und Regionen, der Zeitpunkt der Reformen, die Schlüsselstellung außeruniversitärer Institutionen in Frankreich, die jeweilige Organisation von Education/Bildung, Status und Habitus von Universitätsdozenten (vgl. Werner 1995: 25) Auch die politisch so belastete Zwischenkriegszeit ist spätestens seit Ende der zwanziger Jahre und dann in den dreißiger Jahren eine Periode eines äußerst intensiven deutsch-französischen Transfers – mit der Mittlerinstitution *Ecole Normale Supérieure* (vgl. Espagne 1996a), den Büchern von Raymond Aron über Max Weber, Georg Simmel, Max Scheler, dem Gabe-Denken (vgl. Keller 2005a), der anfangenden Heideggerlektüre, den deutsch-französischen Dritten Wegen (vgl. Keller/Eßbach 2005) sowie den Korrespondenzen in Ethnologie und Anthropologie (vgl. Keller 2006).

Bis heute ist der Transfer von Deutschland nach Frankreich besser durchleuchtet. Im Zeichen der politischen Aussöhnung von Deutschen und Franzosen nimmt der Transfer nicht entsprechend zu. Vom bedrohlichen Gegner zu lernen ist dringlicher. Dies zeigt, dass der Transfer sich höchstens ökonomisch ständig intensiviert, aber derjenige immaterieller Güter eher lahmt (vgl. Nies 2002). Die Konjunkturen des Transfers verdanken sich einer weitgehend verborgenen Dynamik. Immer noch ist die Transferforschung ein weitgehend deutsch-französisches Unternehmen. Das ist natürlich kein Zufall. Es dürfte keine andere Konstellation mit einer ähnlichen historischen Dichte geben. Die Transferforscher haben die Phantasmen von Homogenität inzwischen soweit zerlegt, dass mehr als eine deutsche Referenz der französischen Kultur und eine französische Referenz der deutschen Kultur sichtbar geworden ist. Die Begriffe deutsche und französische Kultur selbst lassen sich im Grunde nicht mehr halten. Sie sind immer schon ein Drittes.

Diese Wahrnehmung des Dritten ist in mehrfacher Hinsicht unerlässlich. Offen zutage liegt die französisch-deutsch-britische Dreieckskonstellation bereits für Lebensgeschichten wie die von Forster oder Gutzkow (vgl. Garber 1988). Projekte einer innereuropäischen Arbeitsteilung, wie Moses Heß sie entwirft (vgl. Eßbach 1998), sind diskursive Triarchien. Die Transferforscher haben die trianguläre Anlage auch am französisch-deutsch-russischen Beispiel mit prominenten Namen wie Berdjajew, Koyré, Kojève demonstriert (vgl. Dmitrieva/Espagne 1996; Espagne 1999: 153-178).

Inzwischen haben mehrere Übertragungsversuche der Transferforschung eingesetzt. Die deutsch-britische Konstellation untersucht der Bremer Historiker Johannes Paulmann (vgl. Muhs/Paulmann/Steinmetz 1998; Paulmann 1998). Mit dem deutsch-französischen Projekt hat es gemeinsam, dass es zwei Nationalkulturen, dann auch Nationalstaaten voraussetzen kann, wie immer diese Entitäten auch nachträgliche Konstrukte sind, und begrenzte Gruppen von Personen in den Blick nimmt. Analog werden auch Übersetzungen und Verlagswesen, Übernahmen aus dem deutschen Universitätsmodell, Vorbild des deutschen Sozialstaats, Berichte von Reisenden und britischen Studenten in Deutschland unter die Lupe genommen. Die Bilanz des Transfers lässt auf einen insgesamt dünneren Transfer schließen. In der Transferforschungsgruppe selbst sind inzwischen deutsch-amerikanische

Kulturtransferforschung: Grenzgänge zwischen den Kulturen

Konstellationen in ethnologischen Fallstudien zu Humboldt, Franz Boas (vgl. Espagne 1999: 146-152) aufgeschlossen. Auch zum deutsch-skandinavischen Transfer gibt es inzwischen Studien.[7]

So „regionalisieren" und territorialisieren sich in gewisser Weise die Transfers. Sie fächern sich tendenziell in eine Unmenge von binären und weiteren Einzelkonstellationen auf. Ein Beispiel hierfür ist der Versuch von Jordan/Kortländer, die Transferforschung zu europäisieren, in französisch-britische, deutsch-italienische, französisch-spanische etc. Relationen zu erweitern und auch Rezeptionen von Autoren wie Heine und Zola in verschiedenen Ländern Europas zu ermitteln. Die Transferketten verlängern sich zu triangulären, quadrangulären, pentagonalen, hexagonalen.... Konstellationen. Aber ist die Reihe vom Dritten, zum Vierten etc. beliebig verlängerbar? Was unterscheidet den Vierten vom Dritten, den Fünften vom Vierten?

Die Transferforschung mündet in eine unendliche Dispersion, in eine Regionalisierung und Vervielfältigung der Schnittstellen. Wenn eine unendliche Mikroskopierung durchgeführt ist, wenn alle Transferkonstellationen durchgespielt sind – was bleibt dann? Gleichen sich Kontexte durch Transfers an? Tragen Transfers zu Homogenisierung bei und sind so das U-Boot der Globalisierung? Oder bilden sich durch Transfers im Gegenteil charakteristische einzigartige „Pole" der „métissage"? Ist der Kant der Jakobiner, der „romantische" Kant des Coppet-Kreises ein gemischter (deutsch-französischer) oder ein neues Drittes? Was ist schließlich der französisierte Kant oder Nietzsche, der dann wieder nach Deutschland in einem Retransfer zurückkehrt, was mit dem durch Derrida und andere zurückvermittelten französischen Heidegger?

Ist die Vorstellung von einem „Transferraum" nicht eine weitere Version von Vorstellungen des Synkretismus, des métissage, der Hybridität, wie sie im Ausgang von Michael Bachtin über Balandier und zuletzt Bhabha zu einer neuen „Meistererzählung" geworden ist? Für Michel Espagne setzt die Mischung der verschiedenen Kontexte einen „gemeinsamen Sockel" voraus (vgl. Espagne 1999: 4). In dem den anthropologischen Aspekten des Transfers gewidmeten Heft der *Revue Germanique Internationale* wenden sich nun Espagne wie Amselle dagegen, abgeschlossene Ausgangskulturen anzunehmen, die dann gemischt werden. Amselle lehnt indes auch die Vorstellung von „créolisation", Synkretismus und Hybridität ab. Die mögliche Öffnung zur anderen Kultur setzt immer schon ein Drittes in Kultur schlechthin voraus:

> „on parvient à se démarquer de l'approche qui consiste à voir dans notre monde globalisé le produit d'un mélange de cultures vues elles-mêmes comme des univers étanches et à mettre au centre de la réflexion l'idée que toute culture implique un élément tiers pour former sa propre identité." (Amselle 2004: 50f.)[8]

Mit der Vorstellung, Kulturen hätten einen gemeinsamen Sockel (Espagne) oder seien immer schon ein Drittes (Amselle), ist Kultur in gewisser Weise zu einer eigenständigen, alles erfassenden Transferagentur umgedeutet. Ist dies auch der letzte Rettungsanker eines Uni-

---

[7] Siehe die Reihe „Grenzgänge. Studien zur skandinavisch-deutschen Literaturgeschichte" im Göttinger Wallstein Verlag.

[8] „L'idée de créolisation correspond à une conception polygéniste du peuplement humain, dans laquelle les différentes espèces feraient l'objet d'un travail permanent de croisement et d'hybridisation. Ce boutage culturel du monde représente ainsi l'avatar ultime de la pensée bio-logico-culturelle." (Amselle 2001: 21)

versalismus, der sich gegen einen (deutschen?) Differentialismus zur Wehr setzt, der in der Verkleidung der Kreolisierung wieder belebt scheint?

Die von den Transferforschern so gern gebrauchten Begriffe Ausgangs- und Zielkultur und Akkulturation werden hier problematisch und inkonsequent, weil sie durch die Hintertür wieder die Vorstellung wesenhafter Kulturen einführen. Es wäre unverfänglicher, Herkunfts- und Aufnahmekultur durch Erst- und Zweitkontext oder Erst- und Zweitsystem zu ersetzen. Die Bilder von Ausgang und Ziel suggerieren zwei Pole und eine gewollte Richtung des Transfers.

Die methodologischen Probleme haben in letzter Zeit einen Missklang unter den Transferforschern erzeugt. Espagne will die komparatistische Perspektive ganz ausschließen (vgl. Espagne 1999: 35-50). Paulmann, Middell und Werner lehnen die Alternative zwischen Transfer und Vergleich ab (vgl. Paulmann 1998; Middel 2000; Werner 2001). Letztere machen geltend, dass jede Analyse eines Transfers einen Vergleichsrahmen voraussetzt, der Ausgangskultur und Aufnahmekultur (oder bloß verschiedene Kontexte) in ein Verhältnis setzt. Aus diesem Beobachterstandpunkt kommt der Transferforscher nicht heraus. Spürt er den transformierenden Wirkungen der Interaktion nach, stößt er auf eine „gekreuzte Geschichte" (Werner/Zimmermann 2004), und arbeitet – jenseits von Komparatismus und selbst Transferforschung – die Verflechtungen, die Schnittstellen (*intersections*) heraus. Auch bleibt der Forscher mit der binären imagologischen Repräsentation nationaler Identität offensichtlich dauerhaft konfrontiert. Eine jüngste Sammelveröffentlichung sichtet nicht nur kritisch die dabei verwendeten Stereotypen. In den Beiträgen behauptet sich auch die vergleichende Frankreichforschung, die „vorgestellte und gegebene Realität" erfasst (Bock 2000). Ist diese Fortdauer ein bedauernswerter Zustand, gegen den Widerstand – etwa durch Transferforschung – angezeigt ist, oder ist Transferforschung geeignet, die Bezugspunkte letztlich ganz einer Transferlogik zu unterwerfen?

Hier kehrt die Frage nach dem „Rest" wieder. Muss im Transfer etwas vom Erstkontext übrig bleiben?

Desiderata

Die Komponenten des Transfers – Erstkontext, Vermittlungsinstanz (Transferkanal), Zweitkontext – bilden den Rahmen einer Transferkette, den die Transferforscher auszufüllen angetreten sind. In vertikaler Perspektive lassen sich die offizielle, die offiziöse, die private Ebene der Transaktionen unterscheiden (vgl. Bock 1993). In einer horizontalen Systematisierung des Transfers werden die Sequenzen des Transfers möglichst lückenlos beschrieben. So schlägt Reichardt die Transferkette Autor, Übersetzer, Verleger, Buchhändler, Bibliothek, Leser und Lesegesellschaft vor. Hier ist die historische Leserforschung gefragt (vgl. Reichardt 1988: 312, 319). Andere richten die Aufmerksamkeit auf den Transferkanal (vgl. Kortländer 1995). Das klassische Modell, das Lektüre als Kommunikation zwischen Autor/Text/Leser bestimmt, wird hier empirisch vervollständigt. Der Blick auf die Transferkette erlaubt es auch, Mittler wie Constant oder Heine, die in direktem Kontakt zu den jeweiligen Kontexten stehen und damit den ersten Platz in der Transferkette einnehmen (sie lesen Originaltexte und sprechen die Sprache des anderen), von den Mittlern wie Mme de Staël zu unterscheiden, die zweite in der Reihe und ihrerseits auf Mittlerdienste angewiesen sind.

Weder eine Unterscheidung der Transferniveaus noch eine vollständige Transferkette vermögen allerdings die Probleme der älteren Rezeptionsforschung zu beheben. Im Widerspruch zum klassischen Kommunikationsmodell steht nämlich die Beobachtung, dass Transfer keine direkte Berührung zwischen Personen und zwischen Texten ist. Es gibt keine Text- oder Personenadäquation. Weder schließt der Transfer Sender und Empfänger kurz, noch wandert die Botschaft unvermittelt aus dem Erstkontext in den Zweitkontext.

Aus der Übersetzungsforschung kommt die Unterscheidung ausgangsorientierter von aufnahmeorientierten Übersetzungen. Sie ersetzt den idealen Leser und den adäquaten Leseakt durch den realen Leser und den äquivalenten Leseakt. Dieser „polysystemische" Ansatz[9] schlüsselt die Beobachtung neu auf, dass es in Frankreich früh eine Arbeit an Herder, Kant, Fichte, Schelling u.a. gibt, die Übersetzungen aber erst dreißig, vierzig Jahre später erfolgen (vgl. Mueller-Vollmer 1998: 12f.). Der Transfer gelingt in einem doppelten Vorgang: In einer ersten Phase vollzieht sich eine diskursive Aufbereitung des Aufnahmekontextes, erst in einer zweiten Phase folgt die Übersetzung, wenn man will: das Original. Erst diskursive Äquivalenz – nicht Textäquivalenz, sie ist schlechthin nicht gegeben – ermöglicht Transfer. Die diskursive Äquivalenz verändert aber zwangsläufig den Ersttext, sie veruntreut ihn, da sie der Aufnahme selbst Vorrang einräumt. Eine Technik der indirekten Einführung neuer kultureller Elemente stellt die „maskierte Übersetzung" dar, wie Mueller-Vollmer anhand von *De l'Allemagne* zeigt. Die Bearbeitung selbst kann sich in verschiedenen Etappen und diskursiv auffächernd abspielen. So ist der durch Mme de Staël romantisierte Kant ein anderer als der offizielle Philosoph des laizistischen Frankreich (vgl. von Rosen 2003).

Lebhaft erinnert, intensiv rezipiert und aufgegriffen werden nicht ganze Texte, sondern spezifische Elemente von Ersttexten. Durch Analogien zur eigenen Lebenswelt werden sie kenntlich und im Transfer verändert. Der Transfer beruht auf einer Analogie der Situationen, in der der Mittler liest und schreibt, der Rezipient auch zum Produzenten wird. Der Transfer aktualisiert Affinitäten zwischen Textelementen und einem nicht-textuellen Kontext, der durch lebensweltliche, sprich subjektive Realität gebildet ist. Die lebensweltlichen Kontexte der Mittler sind in autobiographischen und intimen Kontexten greifbar, in Tagebüchern, Briefen etc. Der Akt des Transfers selbst sprengt dann die Texteinheit. Er zerlegt den rezipierten Text. Der Transfer ist eine Anwendung, ein Vollzug, der Texte zerstückelt und neu zusammensetzt. Transferiert werden Textfragmente. Diese werden dann in neue Diskurse reintegriert. Diese spezifische „Intertextualität" im Transfer lässt vom Ersttext nur ausgewählte Stellen übrig und fiktionalisiert diese Zitate im neuen Kontext.

Zu der transferentiellen Kompetenz gehören Zerstückelung und Reintegration. Die Rezeption im Transfer kehrt so tendenziell die gewöhnliche Rezeption um: Die infrasystemische Rezeption geht von einem Gesamttext aus, ist dann aber fragmentiert, etwa in („geflügelten") Zitaten der Klassiker in der Alltagssprache (vgl. Gerhard 1994). Die Rezeption im Transfer beginnt dagegen mit Fragmenten, die dann vervollständigt werden können.

---

[9] Der Begriff stammt von Itamar Evan-Zohar und Gideon Toury, die damit Übersetzungen von ihrer Funktion innerhalb des literarischen Systems der Zielsprache untersuchen, also sich von der überkommenen Praxis abwenden, Übersetzungen einzig in Beziehung auf den Originaltext der Ausgangssprache zu betrachten. Mueller-Vollmer weist darauf hin, dass der Vorgang der Translation eines Textes von einem kulturellen System in ein anderes nur gelingt, wenn Übersetzungen bestimmte Bedingungen für ihre zielsprachliche Einverleibung erfüllen, diese Bedingungen aber nicht allein in Funktionen einzelner Texte zu ermitteln sind. Die Äquivalenz von Texten kann allein noch nicht die diskursive Äquivalenz sicherstellen (vgl. Mueller-Vollmer 1998: 14f.).

Mme de Staël lässt vom „Kern" Kants kaum etwas übrig. Auch Heine, so sehr er auch deutscher Emigrant ist, unterzieht sich dieser Dienstleistung für die französischen Rezipienten. Dadurch wird die Anstrengung kleiner, die dem Publikum im Aufnahmekontext abverlangt wird. Erfolgt eine spätere Übersetzung, scheint ein „Kern" reintegriert. Sie nähert sich dem Erstkontext nachträglich an. Auch diese langfristige Sichtweise muss allerdings anerkennen, dass die Nicht-Identität der Informationen aus dem Erstkontext mit denen aus dem Zweitkontext dauerhaft bleibt. Die fragmentierenden Transfers haben ihre eigene Wirkungsgeschichte. Heine baut kontrastiv auf *De l'Allemagne* auf, auf einen Text, der seinerseits bereits Versatzstücke anbietet. Die unvermeidliche Stückelung unterliegt häufig einer Abwertung, die den Transfervorgang verkennt. Der Vorwurf an den „Bourgeois" Cousin, dessen eklektischer Hegelianismus ideologisch motiviert sei, ist dafür ein Indiz.

Es ist verlockend, die diskursive Äquivalenz, die fragmentarisiert und montiert, einfach gesellschaftlich abzuleiten, etwa nach dem Muster: die Revolutionsgegner setzen aus ideologischem Interesse Kant als Kritiker von Gewalt und Massenherrschaft ein oder die liberalen *Idéologues* vom Institut verwenden de Villers Bücher über den Protestantismus gegen Napoléon, der das Konkordat mit der katholischen Kirche abschließt. Ein solches Interesse nimmt Bourdieu an[10]. Er liefert die grenzüberschreitende Zirkulation von Ideen dem Argwohn aus, da transferierte Texte ohne ihre Primärkontexte zirkulieren:

> „Le fait que les textes circulent sans leur contexte, qu'ils n'importent pas avec eux le champ de production dont ils sont le produit et que les récepteurs, étant eux-mêmes insérés dans un champ de production différent, les réinterprètent en fonction de la structure du champ de réception, est générateur de formidables malentendus." (Bourdieu 1990: 3)

Dies bestätigt zunächst die Behauptung der Transferforscher, der Aufnahmekontext bestimme über die Auswahl und Umarbeitung des Transferierten. Bourdieu setzt aber zugleich einen Kontrapunkt zu jenem fröhlichen Bekenntnis der Transferforscher zur Transformation, zur Untreue. Er behauptet, der französische Heidegger werde eingesetzt, um Sartre zu bekämpfen. Er erinnert daran, was der französische Heidegger oder der französische Jünger vom deutschen Kontext „wegschneidet", nämlich ihre Verstrickungen.[11] Bourdieu interessiert, was selektiert wird und wer selektiert, welche Verlage, welche „Rahmung" durch Vorwort, Kommentar erfolgen etc. Das Aufnahmefeld wird so eine wahre Fälscherwerkstatt.

Hier kehrt der Frage nach dem „Kern" des Transferierten erneut zurück. Das Bild von Transferleistungen, die den Ausgangs- und Aufnahmekontext gewissermaßen aufzehren, ist für die Kritiker des Komparatismus und Anwälte schöpferischer Transformationen bestechend. Danach kann der transferierte Text den Ausgangskontext abschneiden und so verändert im Aufnahmekontext innovieren. Jeglicher Vergleich ist dekonstruiert. Bourdieu besteht dagegen auf einer identitären Ethik, wonach Informationen aus dem Feld der ersten Produktion (Erst- oder Ausgangskontext) wahrheitsgemäß mitgeschleppt werden müssen.

Das ideologische, wissenschaftliche, technische oder geschäftliche Interesse von Gruppen kann aber „verfälschende" Transfervorgänge nicht hinreichend erklären. Die Behauptung, Transfers seien eine „gezielte" Übertragung von Menschen, Gütern und Informa-

---

[10] Zu Pierre Bourdieu vgl. den Beitrag von Stephan Moebius in diesem Band.
[11] Diese Sichtweise von Bourdieu ist indes allzu reduktiv und höchstens plausibel für Rezipienten wie Beauffret, Fédier und Tarnowicki – es gibt aber viele ‚französische Heidegger'.

tionen, wird hier unscharf. Meint man, dass „soziologisch definierbare Trägergruppen sich im Ausland niederlassen und dort Kulturmomente des Ausgangskontextes durchsetzen" und dass „professionellen Mittlern wie Übersetzern und Sprachlehrern die Funktion" zukommt, „kulturelle Heterogenität abzubauen" (Espagne/Greiling 1996: 11), dann überträgt man Elementen des Erstkontextes auch die Aufgabe, sich zu bewahren und auszubreiten. Mittler, die bewusst Elemente aus einem Erstkontext in anderen Kontext übertragen, können aber auch das legitime Ziel verfolgen, den Aufnahmekontext zu verändern, indem sie das Transferierte umarbeiten und damit seine Integration möglich machen. Dass Transferleistungen von Personen der Aufnahmekultur instrumentalisiert werden, ist nicht zu vermeiden. Hier scheint eine verwirrende Vielzahl von Funktionen – ideologische Auseinandersetzungen im Aufnahmesystem, das Interesse von Einwanderern und Mittlern, Kulturen anzunähern oder zu verändern – zu herrschen. Die verallgemeinernde Behauptung, Transfers zögen mehr Homogenität nach sich, ist jedenfalls so nicht haltbar. Letztlich ist so etwas wie die „Identität" des Transferierten nicht verfügbar.

„Diskursive Äquivalenz" erweist sich, so wie „Textäquivalenz", letztlich nicht mehr als ein Begriff, der das Problem verschiebt. Transfers setzten Personen mit interkulturellen Lebensläufen voraus, die an der Schnittstelle von Kulturen (Kontexten) stehen und mit dem Transfervorgang Textelemente verzahnen können. So wie der reale Rezipient in den Blick kommen muss, muss auch der reale Mittler wahrgenommen werden. Er ist Leser und Autor zugleich: Leser von Texten aus dem Erstkontext, Autor von Texten, deren Elemente in den Zweitkontext eingefügt werden können. Zwischen beiden ist der Codewechsel zu beherrschen, der eine eigene Kompetenz ist.

Transferierende Menschen mögen darauf drängen, durch Transfers den importierten Kontext immer mehr zu vervollständigen. Aber deshalb wird die Übernahme en bloc nicht wünschenswert. Die Orientierung an einem „Kern" des Transferierten bleibt plausibel, insofern das in einem Erstsystem entstandene Werk eine angemessene Übertragung gewissermaßen „anfragt". Dies kann aber nicht heißen, dass Kulturen ein Anrecht darauf haben, in den anderen Kulturen noch einmal komplett abgebildet zu werden.

In Transfers zeigt sich die Notwendigkeit, Einzelsysteme zu öffnen. In Transfers und durch Transfers wird die Zugehörigkeit zu zwei Systemen, zu einem Drittsystem denkbar. Die Erweiterung des Systems bedeutet zugleich einen Sprung auf eine komplexere Ebene. In Transfers kommt etwas Schöpferisches zum Zuge und schafft eine neue Ordnung. Transfers lösen Texte und Kontexte von „Identität" schlechthin, schaffen aber Bindungen über Grenzen hinweg. Transferforschung deckt so einen zur vereinheitlichenden Globalisierung parallelen Vorgang auf: den Prozess des Komplexerwerdens.

Literatur

Amselle, J.-L.: Branchements, anthropologie de l'universalité des cultures. Paris 2001.
Amselle, J.-L.: Métissage, branchement et triangulation des cultures. In: Revue germanique internationale 21/2004, S.41-51.
Bhabha, H. K.: The location of culture. London/New York 1994.
Bidart, P.: L'influence du philosophe allemand F. Krause dans la formation des sciences sociales en Espagne. In: Revue Germanique Internationale, 21/2004, S. 133-148.

Bock H.-M.: Nation als vorgegebene oder vorgestellte Wirklichkeit? Anmerkungen zur Analyse fremdnationaler Identitätszuschreibungen. In: Florack, R. (Hg.): Nation als Stereotyp. Tübingen 2000, S. 11-36.

Bock, H.-M.: Einleitung. In: Ders. et al. (Hg.): Entre Locarno et Vichy. Les relations culturelles franco-allemandes dans les années 1930. Deux volumes, Paris 1993.

Bourdieu, P.: Les conditions sociales de la circulation des idées. In: Romanistische Zeitschrift für Literaturgeschichte/Cahiers d'Histoire des Littératures Romanes, 1990, S. 1-10.

Brague R.: La voie romaine, Paris 1992.

Chevrel, Y.: Le roman et la nouvelle naturaliste français en Allemagne (1870-1893). Paris 1979.

Chevrel, Y.: De l'influence à la réception critique. In: La Recherche en littérature générale et comparée en France. Aspects et problèmes, Paris 1983, S. 89-107.

Décultot, E.: Johann Joachim Winckelmann. Enquête sur la genèse de l'histoire de l'art. Paris 2000.

Dmitrieva, K./Espagne, M.: Transferts Culturels triangulaires. France-Allemagne-Russie. Paris 1996.

Espagne M.: Les enjeux de la genèse. In: *Etudes Françaises* 20.2 (1984), S. 104f.

Espagne, M.: Bordeaux-Baltique. La présence culturelle allemande à Bordeaux aux XVIIIe et XIXe siècles. Paris 1991a.

Espagne, M.: Claude Fauriel, en quête d'une méthode, ou l'idéologie à l'écoute de l'Allemagne. In: Romantisme, XXIe année, n° 73, 1991b, S. 43-56.

Espagne, M. (Hg.): L'Ecole normale supérieure et l'Allemagne. Leipzig 1996a.

Espagne, M.: Les Juifs allemands de Paris à l'époque Heine. La translation ashkénaze. Paris 1996b.

Espagne, M.: Les transferts culturels franco-allemands. Paris 1999.

Espagne, M./Greiling, W: Einleitung. In: dies. (Hg.): Frankreichfreunde. Leipzig 1996, S. 7-22.

Espagne, M./Middell, M. (Hg.): Von der Elbe bis an die Seine. Kulturtransfer zwischen Sachsen und Frankreich im 18. und 19. Jahrhundert. Leipzig 1993.

Espagne, M./Werner, M.: Deutsch-französischer Kulturtransfer im 18. und 19. Jahrhundert. Zu einem neuen interdisziplinären Forschungsprogramm des C.N.R.S. In: *Francia* 13 (1985), S. 502-510.

Espagne M./Werner M.: Deutsch-französischer Kulturtransfer als Forschungsgegenstand. In: Dies. (Hg.): Transferts. Paris 1988, S. 11-34.

Espagne, M/Werner, M.: La construction d'une référence culturelle allemande en France: Genèse et histoire (1750-1914). In: *Annales ESC* 42 (1987), S. 969-992.

Eßbach, W.: Moses Heß' Projekt einer deutsch-französischen Arbeitsteilung. In: François, E. et al. (Hg.): Marianne – Germania. Deutsch-französischer Kulturtransfer im europäischen Kontext (1789 – 1914). Leipzig 1998, S. 617-628.

François, E./Schulze, H. (Hg.): Deutsche Erinnerungsorte. Drei Bände, München 2000/2001.

Garber, J.: Peripherie oder Zentrum? Die „europäische Triarchie" (Deutschland, Frankreich, England) als transnationales Deutungssystem der Nationalgeschichte. In: Espagne, M./Werner, M. (Hg.): Transferts. Paris 1988, S. 97-161.

Gerhard, U.: Schiller als ‚Religion'. Literarische Signaturen des XIX. Jahrhunderts, München 1994.

Hartog, F.: Rom und Griechenland. Die klassische Antike in Frankreich und die Rezeption von Johann Joachim Winckelmann. In: Jordan, L./Kortländer, B.: Nationale Grenzen und internationaler Austausch. Tübingen 1995, S. 175-199.

Henning I.A.: L'Allemagne de Madame de Staël et la polémique romantique, Première Fortune de l'ouvrage en France et en Allemagne (1814-1830). Paris 1929 (Reprint Genf 1975).

Jurt, J.: Das wissenschaftliche Paradigma des Kulturtransfers. In: Berger, G./Sick, F. (Hg.): Französisch-deutscher Kulturtransfer im Ancien Régime. Tübingen 2002, S. 15-38.

Keller Th: Mémoire exclusive, mémoire interculturelle, mémoire complète. In: Revue des Sciences Sociales N° 31, 2003, S. 74-89.

Keller, Th.: Deutsch-französische Mediationen. Das Gabe-Denken. In: Keller, Th./Eßbach, W. (Hg.): Leben und Geschichte. München 2005a.

Keller, Th.: Originalität oder Sekundarität. Der Coppet-Kreis. In: Cahiers d'Etudes Germaniques N° 48, 2005b/1, S. 9-39.

Kulturtransferforschung: Grenzgänge zwischen den Kulturen

Keller, Th.: La morphologie culturelle de Frobenius et les troisièmes voies: l'exemple d'un transfert transversal. In: Dard, O./Deschamps, E. (Hg.): Les relèves de l'entre-deux-guerres, Bern-Frankfurt/M 2006 (im Erscheinen).

Keller, Th./Eßbach, W. (Hg.): Leben und Geschichte, München 2005.

Kortländer, B.: Begrenzung – Entgrenzung. Kultur- und Wissenschaftstransfer in Europa. In: Jordan, L./Kortländer, B.: Nationale Grenzen und internationaler Austausch. Tübingen 1995, S. 1-20.

Leenhardt, J./Picht, R. (Hg.): Esprit/Geist. 100 Schlüsselbegriffe für Deutsche und Franzosen, München 1989.

Link, J.: Le retour inventif, Hölderlin et Rousseau, Paris, 1998.

Lüsebrink, H.-J.: Interkulturelle Kommunikation. Interaktion, Fremdwahrnehmung, Kulturtransfer. Stuttgart/Weimar 2005.

Middel, M.: Kulturtransfer und historische Komparatistik. Thesen zu ihrem Verhältnis. In: Comparativ 10,1 (2000), S. 7-41.

Morin, E.: Sociologie. Paris 1984.

Mueller-Vollmer, K.: Übersetzen wohin? Zum Problem der Diskursformierung. In: Hammerschmid, B./Krapoth, H. (Hg.): Übersetzung als kultureller Prozess. Berlin 1998, S. 11-31.

Muhs, R./Paulmann, J./Steinmetz, W. (Hg.): Aneignung und Abwehr. Interkultureller Transfer zwischen Deutschland und Großbritannien im 19.Jahrhundert. Bodenheim 1998.

Nagavajara, Ch.: August Wilhelm Schlegel in Frankreich. Tübingen 1966.

Nies, F. (Hg.): Spiel ohne Grenzen? Zum deutsch-französischen Transfer in den Geistes- und Sozialwissenschaften. Tübingen, 2002.

Paulmann, J.: Internationaler Vergleich und interkultureller Transfer: Zwei Forschungsansätze zur europäischen Geschichte des 18. bis 20.Jahrhunderts, in: Historische Zeitschrift 267, 1998, S. 649-685.

Reichardt, R.: ‚Freymütigkeit, doch kein SansCülotismus…' Transfer und Transformation der Französischen Revolution in Verdeutschungen französischer Revolutionsschriften 1789-1799. In: Espagne M./Werner M. (Hg.): Transferts. Paris 1988, S. 273-326.

Röseberg, D./Thoma, H. (Hg.): Interkulturalität und wissenschaftliche Kanonbildung. Frankreich als Forschungsgegenstand einer interkulturellen Kulturwissenschaft. Berlin 2009.

Schivelbusch, W.: Die Kultur der Niederlage. Der amerikanische Süden 1865. Frankreich 1871. Deutschland 1918. Berlin 2001.

Sieß, J. (Hg.): Vermittler. H. Mann/Benjamin/Groethuysen/Kojève/Szondi/Heidegger in Frankreich. Frankfurt/M. 1981.

Sieß, J.: Widerstand, Flucht, Kollaboration, Literarische Intelligenz und Politik in Frankreich. Frankfurt/New York 1984.

Struck, B./Gantet, C.: Deutsch-Französische Geschichte 1789 bis 1815. Darmstadt 2008.

von Rosen, J.: Deutsche Ästhetik in *De l'Allemagne*: eine Transferstudie am Beispiel der Kant-Interpretation Mme de Staëls, in: Schöning, U./Seemann, F. (Hg.) Madame de Staël und die Internationalität der europäischen Romantik. Göttingen 2003, S. 173-202.

Werner, M.: Maßstab und Untersuchungsebene. Zu einem Grundproblem der vergleichenden Kulturtransfer-Forschung, in: Jordan, L./Kortländer, B. (Hg.): Nationale Grenzen und internationaler Austausch. Tübingen 1995, S. 20-33.

Werner, M.: Comparaison et raison. Sur quelques précautions méthodologiques dans l'étude des transferts, in: Cahiers d'Etudes Germaniques, N° 2, 2001, S. 9-18.

Werner, M./Zimmermann, B. (Hg.): De la comparaison à l'histoire croisée. Paris 2004.

Gayatri Chakravorty Spivak: Übersetzungen aus Anderen Welten

Miriam Nandi

Biographie

Gayatri Chakravorty Spivak wurde am 24. Februar 1942 in Kalkutta geboren. Ihre Familie gehört der Brahmanenkaste an und ist ökonomisch gut gestellt. „I was growing up as a middle class child [...] – as a child from a good caste family" (Spivak 1996a: 16) erklärt Spivak im Gespräch mit dem lateinamerikanischen Künstler Alfred Arteaga. „I will not marginalize myself in order to get sympathy from people who are truly marginalized." (Spirak 1996a: 16) Diese direkte, selbstreflexive Aussage ist charakteristisch für Spivak. Die Umstände und Bedingungen der eigenen intellektuellen Produktion in den Blick zu nehmen und dabei immer wieder zwischen den Personen, über die im akademischen Diskurs gesprochen wird und jenen, die sprechen, zu unterscheiden, ist für Spivaks Denken von grundlegender Bedeutung. Für *identity politics* hat sie nur wenig Verständnis.

Möglicherweise war Spivaks Schulbildung dafür verantwortlich, dass die junge Gayatri Chakravorty schon früh eine Sensibilität für soziale Unterschiede entwickelte. Anders als die meisten Inder ihrer Schicht und Generation besuchte sie keine *convent school* angelsächsischer Couleur, sondern eine Missionsschule, die von christianisierten ‚tribals‘, den niedrigkastigen Ureinwohnern Indiens, geleitet wurde. Die ‚tribals‘, die sich selbst als ‚Adivasi‘ (etwa: ‚erste Bewohner‘) bezeichnen, gehören zu den sozial wie ökonomisch depriviertesten Gruppen Indiens. Sie gelten als ‚unberührbar‘, ein Stigma, das bestehen bleibt, auch wenn sie zu einer anderen Religion konvertieren; und anders als die meisten anderen niedrigen Kasten haben sie nicht von den zahlreichen Regierungsprogrammen zur Beseitigung des ‚Kastenwesens‘ profitiert.

1959 schloss Spivak ihre Universitätsausbildung am Kalkuttaer Presidency College mit einem hervorragenden Examen in Englischer und Bengalischer Literatur ab. Ein Doktorandenstipendium führte sie schließlich an die University of Iowa, wo sie bei Paul de Man über den irischen Dichter William Butler Yeats promovierte. Dort lernte sie auch ihren ersten Ehemann Talbott Spivak kennen, dessen Namen sie nach der Scheidung behielt.

Aufsehen erregte die frisch promovierte Gayatri Spivak durch ihre brillante Übersetzung von Jacques Derridas Frühwerk *De la Grammatologie* (1975). Ihr ausführliches Vorwort zu *Of Grammatology*, das weniger eine Einführung in Derridas Denken als ein geistreicher Kommentar über die Struktur und Funktion von Vorwörtern ist, dürfte inzwischen fast so bekannt sein wie Derridas Buch selbst. Nach wie vor bezeichnet sie Derrida, dessen Werk sie eher zufällig entdeckte, als ihren wichtigsten Lehrmeister.

Ihren endgültigen Durchbruch erlangte sie mit ihrer Aufsatzsammlung *In Other Worlds* (1987), die sie während ihrer Zeit als Assistenzprofessorin an der University of Austin, Texas, publizierte. Nach Stationen an verschiedenen indischen, europäischen und

Gayatri Chakravorty Spivak: Übersetzungen aus Anderen Welten

amerikanischen Universitäten ist Gayatri Spivak heute Avalon Foundation Professor of the Humanities an der Columbia University in New York. Sie war Fellow an zahlreichen Forschungsinstituten und ist eine begehrte Gastrednerin. Ihre Vortragstätigkeit führte sie u.a. nach Kapstadt, Osaka, zur documenta in Kassel und ins Europäische Parlament nach Straßburg. Sie gehört der *Subaltern Studies Group* an und ist Mitherausgeberin der Zeitschriften *boundary 2*, *ARIEL*, *Cultural Critique* und *New Formations*. Für ihre Übersetzungen der Kurzgeschichten der bengalischen Autorin Mahasweta Devi erhielt sie den Übersetzerpreis der renommierten indischen *Sahitya Academy* (Akademie für nicht-anglophone indische Literatur).

Neben ihrer akademischen Karriere engagiert sich Spivak in der Lehrerausbildung in Bangladesh und ihrem Heimatstaat West-Bengalen. Ihre dortigen Studenten sind durchweg Adivasi. Wie sie schon 1981 in ihrem bekannten Essay „French Feminism in an International Frame" (1981) erläutert, ist sie der Überzeugung, dass sie ebensoviel von diesen Menschen lernen kann wie umgekehrt. So schreibt sie: „I am walking alone in my grandfather's estate on the Bihar-Bengal border one winter afternoon in 1949. Two ancient washerwomen are washing their clothes in the river, beating the clothes on the stones. [...] I should not [...] romanticize these women, nor yet entertain a nostalgia for being as they are. The academic feminist must learn to speak to them, to suspect that their access to the political and sexual scene is not merely to be corrected by our superior theory and enlightened compassion." (Spivak 1981: 155f.) Diese selbstreflexive Bezugnahme auf das eigene Tun, ja, die eigene Biographie ist charakteristisch für Spivak. In einem anderen Zusammenhang schreibt sie auch, sie versuche „uns selbst dort zu sehen, wo andere uns sehen könnten". Den Blickwinkel zu verändern, die Landkarte zu verschieben, Frauen aus dem globalen Süden nicht etwa wohlwollend eine Stimme zu verleihen, sondern sie vielmehr selbstverständlich als eigenständige und widerständige Subjekte wahrzunehmen, diese Themen bilden den Horizont von Spivaks Schaffen.

Postkolonialismus

Gayatri Spivak gilt spätestens seit Erscheinen des Bandes *The Postcolonial Critic* (1990) als eine der Hauptvertreterinnen der postkolonialen Literatur- und Kulturwissenschaft. Thematisch betrachten die *postcolonial studies* die langfristigen kulturellen, politischen, sozialen und psychologischen Auswirkungen des Kolonialismus, wobei sowohl die ehemaligen Kolonien als auch die ehemaligen imperialen Zentren in den Blick genommen werden. Untersucht werden u.a. die Verzahnungen zwischen kultureller Produktion und imperialer Herrschaft wie etwa bei Edward Said (1978; 1993). Daneben werden auch Klischees und Stereotypen, die den Blick auf das kulturell Andere verstellen, analysiert, und auch die Spuren, um nicht zu sagen, die Narben, die der Kolonialismus bei den unterworfenen Völkern hinterlassen hat in den Blick genommen (Fanon 1961). Darüber hinaus befasst sich vor allem Homi Bhabha (1994) mit Phänomenen wie Migration und beleuchtet kulturelle Vermischungsprozesse.[1]

Das Präfix „post" in postkolonial ist sowohl zeitlich als auch politisch gemeint. Die *postcolonial studies* betrachten zum einen jene Prozesse, die nach und im Zuge der Koloni-

---

[1] Zu Homi K. Bhaba siehe auch den Beitrag von Jochen Bonz und Karen Struve in diesem Band.

alisierung stattfanden, zum anderen ergreifen sie jedoch auch ganz klar Partei für die Entrechteten, die „Verdammten der Erde" (Fanon). Postkolonialismus ist also nicht nur eine neue Form, (Literatur-)Geschichte zu schreiben, sondern immer auch ein Versuch, die Perspektive zu wechseln, eurozentrische Denkmuster aufzubrechen, die globale Landkarte nach Süden und nach Osten auszudehnen, uns selbst dort zu sehen, wo andere uns sehen könnten. Anders als Bhabha und Said interessiert sich Spivak jedoch ganz besonders auch für globale wirtschaftliche Zusammenhänge und Ausbeutungsverhältnisse, von denen auch sie, so scheut sie sich nicht zuzugeben, als Konsumentin profitiert. Darüber hinaus fokussiert sie, deutlicher als ihre beiden männlichen Kollegen, auf Widersprüche innerhalb der Dritt-Welt-Länder, insbesondere auf die Geschlechterverhältnisse, auf den Gegensatz zwischen der hervorragend ausgebildeten indischen Oberschicht und dem unterprivilegierten, häufig nur rudimentär gebildeten unteren Drittel der indischen Bevölkerung, und zunehmend auch auf die Differenzen zwischen der im Westen höchst erfolgreichen anglophonen indischen Literatur und den muttersprachlichen indischen Literaturen, die hierzulande so gut wie nie gelesen werden.

Selbst Terry Eagleton, der ansonsten nur wenig Positives über Spivak zu sagen hat, schreibt:

> „Much post-colonial writing behaves as though the relations between the North and South of the globe were primarily a cultural affair, thus allowing literary types to muscle in on rather more weighty matters than insect imagery in the later James. Spivak, by contrast, has a proper scorn for such ‚culturalism', even if she shares a good many of its assumptions. She does not make the mistake of imagining that an essay on the figure of woman in A Passage to India is inherently more threatening to the transnational corporations than an inquiry into Thackeray's usage of the semicolon. The relations between North and South are not primarily about discourse, language or identity but about armaments, commodities, exploitation, migrant labour, debt and drugs; and this study [Spivak's *Critique of Postcolonial Reason*, M.N.] boldly addresses the economic realities which too many post-colonial critics culturalise away." (Eagleton 2003: 161).

Es nimmt daher nicht wunder, dass Spivak den ‚postkolonialen Mainstream' immer wieder als zu einseitig kritisiert hat. Marginalisierte Minderheiten innerhalb der Dritt-Welt Länder geraten, so Spivak, aus dem Blickfeld, wenn man sich damit begnügt, die Eurozentrik westlicher Philosophien offenzulegen bzw. kulturelle Hybridität in westlichen Metropolen zu feiern: „[...] In our enthusiasm for migrant hybridity, Third World urban radicalism, First World Marginality [...] the subaltern is once again silent for us" (Spivak 1993: 255).

Repräsentation

Die wesentlichen Themenbereiche, mit denen Spivak sich befasst, sind die Schnittstellen zwischen Klasse, Ethnizität und Geschlechterdifferenz. Entsprechend fokussieren ihre Texte häufig auf die komplexen Unterdrückungsmechanismen, denen Frauen aus der Dritten Welt ausgesetzt sind. In ihrem viel diskutierten Essay „Can the Subaltern Speak?" (1988) zeigt sie anhand des Verbots der Witwenverbrennung „Sati" in Indien durch die englische Kolonialverwaltung, dass die betroffenen Frauen weder von den indigenen Eliten noch von den Engländern in angemessener Weise repräsentiert wurden. Denn beide Seiten maßten sich an, für und damit auch an Stelle der betroffenen Frauen sprechen zu können. Die Ko-

Gayatri Chakravorty Spivak: Übersetzungen aus Anderen Welten 123

lonialverwaltung stellt sie als passive Opfer dar, die man vor ihrer eigenen Kultur schützen müsse, der brahmanischen Ideologie zufolge wählen die Witwen bewusst den Tod. In diesem Diskurs verschwindet die Stimme der betroffenen Frau. Die Frage, die Spivak mit dem Titel ihres Essays stellt, ist daher rhetorisch. Sie meint jedoch nicht, dass die Frau der Dritten Welt zu passiv sei, um sich selbst zur Wehr zu setzen, vielmehr argumentiert Spivak, dass „sprechen" bedeute, einen Sprechakt vollständig zu vollziehen. Dazu gehöre allerdings, dass den Frauen auch Gehör geschenkt werde, was jedoch nicht der Fall sei. Daher sei es politisch notwendig, dass kritische Intellektuelle vorsichtig versuchen, die subalterne Frau zu repräsentieren.

Spivaks Pointe ist, dass sich die Struktur, die sie im kolonialen Szenario beobachtet, in heutigen politischen Diskursen fortsetzt. Auch kritische Intellektuelle können die ‚Andere Frau'[2] auf paradoxe Weise zum Schweigen bringen, indem sie ihr einen ‚freien Willen' zuschreiben. Selbst der französische Poststrukturalismus läuft Spivak zufolge Gefahr, in diese Falle zu treten. So wirft sie Foucault und Deleuze vor, dass sie sich, sobald sie über konkrete politische Kämpfe sprechen, ein transparentes, mit sich selbst identisches Subjekt denken.[3] Foucaults Behauptung, der Mai 68 habe gezeigt, dass die Arbeiter für sich selbst sprechen könnten, deutet Spivak als eine Wiedereinführung eines Repräsentationsmodells, in dem die Unterdrückten „sprechen, handeln und wissen" (Spivak 1988: 276). Des Weiteren kritisiert Spivak, dass Foucault und Deleuze ihre eigene Rolle als Intellektuelle zu wenig reflektieren. Mehr noch, sie hält Foucaults Feier der aufständischen Arbeiter für eine „Maskerade" (Morton 2003: 57), die die Fürsprecher-Rolle der Intellektuellen verschleiere. Sie schreibt: „[the intellectual is] an absent non-representer [who] lets the oppressed speak for themselves." (Spivak 1988: 276)

Spivak plädiert für einen vorsichtigen, selbst-reflexiven Umgang mit dem Problem der Fremdrepräsentation, dafür, sich die eigene (privilegierte) Position in der Sozialstruktur immer wieder bewusst zu machen. Gerade auch postkoloniale Intellektuelle müssen sich, so Spivak, ihre eigene ‚Täterrolle' vor Augen führen, statt sich ausschließlich als ‚Opfer' von westlichem Rassismus zu sehen (vgl. Spivak 1996a: 73).

Marxismus, Feminismus, Dekonstruktion

Spivak wird nicht selten als „marxistisch-feministische Dekonstruktivistin" bezeichnet (vgl. MacCabe 1987). Diese Charakterisierung ist insofern etwas missverständlich, als Spivak nicht versucht, eine Synthese aus diesen recht unterschiedlichen theoretischen Bausteinen herzustellen, vielmehr sucht sie nach Wegen, wie sich diese drei Traditionen gegenseitig „unterbrechen" oder „in eine produktive Krise bringen" (Spivak 1987a: 241). Man könnte ihre eklektische theoretische Melange auch als ein ständiges „Ja, aber..." bezeichnen: „Ja, wir brauchen Feminismus, aber er verliert seine Nützlichkeit, wenn wir Klassenunterschiede zwischen Frauen nicht mehr ansprechen dürfen" oder auch: „Ja, wir können von der Dekonstruktion eine Menge lernen, aber ein politisches Programm lässt sich damit nicht begründen" (vgl. auch Spivak 1990: 104).

---

[2]   Die Großschreibung ‚Andere Frau' folgt der Wendung ‚Other Woman' in den Texten von Spivak.

[3]   Zu Michael Foucault vgl. den Beitrag von Christian Lavagno, zu Gilles Deleuze den Beitrag von Marc Rölli in diesem Band.

a. Dekonstruktion

Spivak bezeichnet Derridas Dekonstruktion immer wieder als eine der wichtigsten Quellen für ihr eigenes Denken: „Where I was brought up – when I first read Derrida I didn't know who he was, I was very interested to see that he was actually dismantling the philosophical tradition from *inside* rather than *outside*, because of course we were brought up in an education system in India where the name of the hero of that philosophical system was the universal human being, and we were taught that if we could begin to approach an internalisation of that human being, then we would be human. When I saw in France someone was actually trying to dismantle the tradition which had told us what would make us human, that seemed interesting, too." (Spivak 1990: 7 [Herv. im Text]). Dementsprechend bleibt Spivak zahlreichen dekonstruktivistischen Einsichten verpflichtet. Derrida folgend hält sie es für unumgänglich, von den Strukturen zu ‚borgen‘, die sie kritisiert: „Deconstruction can only speak in the language of the thing it criticises. So, as Derrida says, it falls prey to its own critique, *in a certain way*. That makes it very different from ideology critique [...]. The investment that deconstruction has to make in the thing being deconstructed is so great that it can't be made simply as the result of a decision that something is deconstructed." (Spivak 1990: 135)

Trotz dieser offenkundigen Nähe zu Derrida und ihrer Ausbildung bei de Man unterscheidet sich Spivaks Werk doch sehr vom amerikanischen Dekonstruktivismus der Yale Schule. Sie verwendet Derridas Dekonstruktion, um Debatten über die langfristigen Auswirkungen des Kolonialismus in der Dritten Welt zu vertiefen und die Anwendbarkeit westlicher feministischer Theorien im postkolonialen Kontext in Frage zu stellen. Sie sieht Dekonstruktion als kritisches Korrektiv zu feministischen bzw. marxistischen Theorien an, als Warnsignal, das uns helfen kann, unsere Denkkategorien immer wieder zu überprüfen und, wenn nötig, auch über Bord zu werfen. Dem Einwand, dass doch gerade diese Selbstreflexion gemäß Derrida eine Unmöglichkeit sei, begegnet sie mit einer ebenso ungewöhnlichen wie überzeugenden Analogie: „[...] when we actually brush our teeth, or clean ourselves everyday, or take exercise, we don't think of it as fighting a loosing battle against mortality, but, in fact, all of these efforts are doomed to failure because we are going to die." (Spivak 1990: 105) Sprich: In letzter Konsequenz kann Dekonstruktion nur scheitern, dennoch wäre es absurd, auf eine Dekonstruktion westlicher Philosophien zu verzichten.

b.   Feminismus in einem internationalen Rahmen – strategischer Essentialismus

Spivak gehört neben Chandra Tapalde Mohanty, Rajeswari Sunder Rajan und Nawal el Saadawi zu jenen postkolonialen Theoretikerinnen, die der feministischen Diskussion eine entscheidende Wendung ins Transkulturelle gegeben haben. So schreibt Stephen Morton in seiner gelungenen Einführung in Spivaks Werk: „[...] Spivak has generated an important rethinking of feminist thought. Such a rethinking has challenged the assumption that all women are the same, and emphasised the importance of respecting differences in race, class, religion, citizenship and culture between women. This is not to suggest that Spivak is simply against feminism. On the contrary, Spivak's persistent critique of western feminist thought aims to strengthen the arguments and urgent political claims of feminist thought." (Morton 2003: 72)

Gayatri Chakravorty Spivak: Übersetzungen aus Anderen Welten 125

Spivaks Feminismus ist einerseits eine Weiterführung, andererseits auch eine klare Kritik am französischen Feminismus, den sie, so könnte man in Anlehnung an ihr bekanntestes Essay formulieren, „in einen internationalen Rahmen" setzt. Wie Luce Irigaray geht auch Spivak davon aus, dass der Signifikant ‚Frau' kein Signifikat hat, dass es sich hier um eine Kategorie handelt, die nur in Abgrenzung zu dem Signifikant ‚Mann' Sinn erhält, dadurch jedoch letztlich bloße Negativität bleibt.

Indes wehrt sich Spivak heftig gegen die „Selbstbezogenheit" des französischen Feminismus, die sie vor allem bei Kristeva beobachtet (vgl. Spivak 1981: 159). Kristeva schreibe, so Spivak, zwar über das nicht-westliche Andere – über die Chinesinnen (vgl. Kristeva 1977) – sie tue dies jedoch in erster Linie um westliche, patriarchale Denkmuster in Frage zu stellen. Ob es in China tatsächlich ein Matriarchat gab, wie Kristeva behauptet, spiele dabei eine untergeordnete Rolle. Ebenso zeige Kristeva nur wenig Interesse an den Frauen im heutigen China: „Kristeva prefers this misty past to the present. Most of her account of the latter is dates, legislations, important people, important places. There is no transition between these two accounts. Reflecting a broader Western cultural practice, the ‚classical' East is studied with reverence, even as the ‚contemporary' East is treated with real political contempt." (Spivak 1981: 150)[4]

Aufbauend auf dieser Einsicht fragt Spivak weiter, ob die Feier weiblicher *jouissance* im französischen Feminismus ein politisches Ziel für Frauen aus nicht-westlichen Kontexten sein könne. Sie kritisiert westliche Feministinnen dafür, dass sie Genitalverstümmelung von Frauen ausschließlich im nicht-westlichen Kontext verorten. In gewisser Weise, so Spivak, seien auch westliche Frauen in ihrer Sexualität ‚beschnitten'. Da der klitorale Orgasmus nicht als eine ‚normale' Weise, sexuelles Vergnügen zu empfinden, betrachtet würde, könne man im westlichen Kontext von einer „symbolischen Klitoridektomie" („symbolic clitoridectomy") sprechen (vgl. Spivak 1981: 152). Auf diese Weise demonstriert Spivak, dass es weder richtig noch sinnvoll ist, sich als westliche Feministin privilegiert zu fühlen – von symbolischer Kliterodektomie sind Frauen in den unterschiedlichsten Kulturen betroffen.

Diesen Entwurf einer „Geographie weiblicher Sexualität" (Morton 2003: 83) bezeichnet Spivak auch als „strategischen Essentialismus" („strategic essentialism", Spivak 1993: 3). Dieser dürfe jedoch nicht mit ‚echtem' Essentialismus verwechselt werden; wie Irigaray hält Spivak an der Kritik von essentialistischen Zugriffen auf das Weibliche fest. Sie hält es jedoch für politisch notwendig, in bestimmten Kontexten auf essentialistische Diskurse zurückzugreifen. Daher betrachtet Spivak ihre These von der symbolischen Klitoridektomie aller Frauen auch nicht als empirisches Faktum, sondern als eine strategisch sinnvolle Redeweise. Strategischer Essentialismus bezieht sich immer auf eine konkrete Situation oder ein bestimmtes politisches Problem – in diesem Fall die Eurozentrik westlicher Feminismen – er hat jedoch nicht den Status von „Theorie" (vgl. Spivak 1993: 4).

c.   Marxismus und die Subaltern Studies

Spivak übernimmt von Marx jene theoretischen Elemente, die zu einem besseren Verständnis globaler Ausbeutungsmechanismen dienen, sie behält sich jedoch vor, auch Marx' Denken einer feministischen und dekonstruktivistischen Kritik zu unterziehen. Ein besonders

---

[4]   Zu Julia Kristeva siehe auch den Beitrag von Christian Kupke in diesem Band.

prägnantes Beispiel für Spivaks dekonstruktivistische Lektüre klassisch marxistischer Theorien ist ihre Interpretation der Studien der Historikergruppe *Subaltern Studies Collective* (vgl. Spivak 1985).[5] Diese inzwischen sehr einflussreiche Forschergruppe versucht anhand von Texten aus den Kolonialarchiven, eine alternative Geschichte der indischen Unabhängigkeitsbewegung zu schreiben. Sie fokussieren dabei nicht auf die auch hierzulande weitreichend bekannte Bewegung der Kongresspartei um Gandhi und Nehru, sondern auf Widerstände von Seiten der unterprivilegiertesten Schichten des Subkontinents – der Adivasi, der Kleinstbauern und Tagelöhner, die sie in Anlehnung an Gramsci als ,subaltern' bezeichnen. Spivaks Pointe ist nun, dass auch diese Gegengeschichte eine Ausschließung enthält: Selbst das *subaltern subject* ist ein nicht als solches ausgewiesenes männliches Subjekt. Darüber hinaus hält sie die von den Subalternisten angestrebte „Wiederherstellung des subalternen Bewusstseins" („consciousness retrieval", Spivak 1985: 206) aufgrund der fragmentarischen, nicht objektivierbaren Natur des Bewusstseins für eine prinzipielle Unmöglichkeit. Der Gewinn der *Subaltern Studies* für die postkoloniale Diskussion besteht Spivak zufolge darin, dass sie sowohl eine Dekonstruktion der kolonialen Historiographie als auch der nationalistisch orientierten indischen Geschichtsschreibung darstellen (Spivak 1985: 205). Die *Subaltern Studies* machen, so Spivak, auf das verstummte Andere der indischen Nation aufmerksam; sie zeigen, dass die englische Kolonialherrschaft nicht nur durch die hochgebildeten Mitglieder der Kongresspartei, sondern auch durch Bauernrevolten und durch den Ungehorsam der untersten Schichten der indischen Bevölkerung zu Fall gebracht wurde. Eine wichtige Ergänzung – sozusagen ein *supplément* zum *supplément* – wäre Spivak zufolge, dass die Andere, subalterne Frau, in der nationalistischen Geschichtsschreibung in doppelter Weise an den Rand gedrängt wird:

> „Within the effaced itinerary of the subaltern subject, the track of sexual difference is doubly effaced. The question is not of female participation in insurgency, or the ground rules of the sexual division of labour, for both of which there is ,evidence'. It is, rather, that both as object of colonialist historiography and as a subject of insurgency, the ideological construction of gender keep the male dominant. If, in the context of colonial production, the subaltern has no history and cannot speak, the subaltern as female is even more deeply in shadow." (Spivak 1988: 287)

Kulturelle Übersetzung /Das Andere Lernen

Beispielhaft für Spivaks Suche nach der verlorenen Stimme der Anderen, subalternen Frau ist ihre Zusammenarbeit mit der bengalischen Autorin Mahasweta Devi, deren Texte sie seit den 80er Jahren aus dem Bengalischen ins Englische übersetzt und herausgibt. Devis Texte handeln fast immer von den untersten Schichten der indischen Gesellschaft, von Unterdrückung, Ausbeutung und beispielsloser Brutalität. Ihr Ton ist hart und unversöhnlich – es geht ihr um Konfrontation, nicht um Anerkennung.

Spivak zufolge stellen Devis Texte eine Herausforderung für Feministinnen dar, da sie Probleme zuspitzen, anstatt Lösungen anzubieten. So brächte Devis Kurzgeschichte „Stanadayini"[6] („Breast Giver" 1997) sowohl den liberalen als auch den marxistischen Femi-

---

[5] Zu den Subaltern Studies vgl. Chaturvedi (2000).

[6] Stanadayini ist die mythische Mutter des Gottes Krishna. Dadurch, dass sie den Gott aufzieht und ernährt, ist sie auch Ernährerin der Welt.

Gayatri Chakravorty Spivak: Übersetzungen aus Anderen Welten   127

nismus in eine „produktive Krise" (vgl. Spivak 1987: 241). Stanadayini handelt von der Kinderfrau und Amme Jashoda, von deren magerem Gehalt die ganze Familie leben muss, da ihr Mann gelähmt ist. Aufgrund der Geldknappheit ist Jashoda gezwungen, quasi ständig stillfähig zu bleiben, so dass sie ein Kind nach dem anderen bekommen muss. Jashodas Körper wird so buchstäblich zu einer Produktionsstätte, zu einer Fabrik. In klassischen marxistischen Theorien werde jedoch der Leib als Produktionsstätte, so legt Spivak dar, ausgeklammert (vgl. Spivak 1997: 84ff.). Auch Hausarbeit gelte als „unbezahlte Arbeit" („unwaged labour"), was im indischen Kontext schlicht unzutreffend ist. Darüber hinaus weise Devis Kurzgeschichte auch auf die Grenzen des „liberalen Feminismus" hin (vgl. Spivak 1997: 95ff.). Letztlich sind Frauen, die sich beruflich verwirklichen wollen, auf die Arbeit einer Jashoda angewiesen. Die Emanzipation von Mittelschichtfrauen findet also gewissermaßen auf Kosten von weniger gebildeten Frauen statt.

Spivak sieht es als Aufgabe von westlichen Feministinnen an, von Texten wie Devis zu „lernen", um so die eigene theoretische Position immer wieder zu überdenken. Der Übersetzerin kommt in diesem Prozess eine besondere Verantwortung zu (vgl. Spivak 1993: 179-200). Das Übersetzen eines Textes aus einer anderen Kultur ist für Spivak ein Akt, der besonders viel „Intimität" oder Nähe zu der Kultur, aus der der Text stammt, erfordert (Spivak 1993: 191); denn letztlich ist die Übersetzertätigkeit nicht ausschließlich ein linguistisches Phänomen, sondern immer auch eine Form *kultureller* Übersetzung. Daher läuft eine Übersetzerin stets Gefahr, tradierte Bilder und Klischees von der Anderen Kultur zu reproduzieren und dadurch die ohnehin vorhandenen Machtdifferenzen zwischen westlichen und nicht-westlichen Kulturen zu perpetuieren (vgl. Spivak 1993: 181).[7]

Übersetzen ist für Spivak ein fragloses Sich-Ausliefern an den Text, eine besonders intime und, man könnte schon sagen, erotische Form des Lesens. Dabei ist am Ende nicht mehr klar, ob das Original in eine neue Fassung übersetzt wird, oder vielleicht umgekehrt die Sprache, in die das Original übersetzt werden soll, verändert und ‚übersetzt' wird. Spivak verdreht und hybridisiert die englische Sprache so sehr, dass sie für einen englischen Muttersprachler fast so fremd ist wie Bengali. „Breast-Giver" ist letztlich kein idiomatischer Ausdruck. In Spivaks Übersetzungen wird nicht das Fremde vertraut gemacht, vielmehr erscheint uns das Vertraute plötzlich als fremd.[8]

Kritik und Rezeption

Spivak hat vor allem in der feministischen Diskussion große Resonanz gefunden (vgl. Butler 1993, Donaldson 1992, Emberly 1993). Ihre Rede vom „strategischen Essentialismus" war zeitweise so einflussreich, dass sie selbst begonnen hat, sich davon zu distanzieren (vgl. Spivak 1993: 4). Auf Kritik stößt Spivak im Wesentlichen in zwei Punkten: Erstens wegen ihrer dekonstruktivistisch-verspielten, teilweise recht kryptischen Sprache und zweitens aufgrund ihrer Tendenz zur Eliminierung des handlungsfähigen Subjekts.

---

[7]   So hat Tewasjini Niranjana in ihrer eindrucksvollen Studie *Siting Translation* (1992) dargelegt, wie Übersetzungen von klassischen Sanskrit-Texten während der Kolonialzeit gezielt dazu eingesetzt wurden, ein bestimmtes entwertendes Bild vom hinduistischen Glauben zu schaffen.

[8]   Das Thema (kulturelle) Übersetzung ist im letzten Jahrzehnt vermehrt auch in der postkolonialen Literaturkritik diskutiert worden. Vgl. hierzu Basnett/Trivedi (1999), Dingawney/Maier (1995), Stephanides (2001), Tymoczko (1999), Venuti (1998).

In der Tat kann die Lektüre von Spivaks Texten eine frustrierende Erfahrung sein. Sie springt – scheinbar ohne offenkundigen Grund – von einer Interpretation eines viktorianischen Romans zu einer Kritik an der Textilindustrie in Bangladesh, um dann wieder eine zweiseitige Fußnote zu Derrida einzuflechten, die mit keinem der beiden Themen etwas zu tun hat. Zuweilen entsteht der Eindruck, als schreibe Spivak mit einem fast schon aristokratischen Gestus, als ginge sie davon aus, „dass die Leserin schon weiß, was sie sagen will und wenn nicht, dann ist es auch egal" (Eagleton 2003: 150).[9] So entstehen Sätze wie „the in-choate in-fans ab-original para-subject cannot be theorised as functionally completely frozen in a world where teleology is schematised into geo-graphy" (Spivak 1999: 30), die auch geduldige Leserinnen verprellen können.

Spivak kennt diese Einwände und reagiert darauf mit einer gewissen Nonchalance. So sagt sie im Interview mit der Zeitschrift *boundary 2*: „[W]hen I'm pushed these days with the old criticism – ‚Oh! Spivak is so hard to understand' – I laugh, and I say, okay, I will give you, just for your sake, a monosyllabic sentence, and you'll see that you can rest with it. My monosyllabic sentence is: *We know plain prose cheats.*" (Danius/Jonsson 1993: 33) Sie sieht sich in der Tradition Adornos und hält „einfache, verständliche Sprache" für verschleiernd und kontraproduktiv. Ob jedoch tatsächlich viel gewonnen ist, wenn man eine Adivasi als „ab-original para-subject" bezeichnet, bleibt fragwürdig.

Eagleton zufolge ist Spivaks kryptische Sprache nicht ausschließlich ein ästhetisches, sondern auch ein politisches Problem:

> „Spivak's own politics are as elusive as her thought-processes; but there are signs in this study that she, too, is rather more audacious about epistemology than she is about social reconstruction. At times, she will speak positively about the need for new laws, health, and education systems, relations of production; at other times, in familiar post-colonial style, her emphasis is less on transformation than on resistance. It is a convenient doctrine for those who dislike what the system does while doubting that they will ever be strong enough to bring it down. Marxism, for Spivak if not for its founder, is a speculation rather than a programme [...]. Like the thought of strangling your flatmate, in other words, it is all very well as long as you don't act on it." (Eagleton 2003: 165)

Man mag sich in der Tat fragen, ob sich hinter den vielen „Subversionen", „Unterbrechungen" und „Verschiebungen" nicht letztlich eine „orientierungslose Linke" (Eagleton 2003: 164) verbirgt, die sich zwar an der bestehenden Ordnung reibt, ohne ihr jedoch etwas Substantielles entgegen setzen zu können. Doch mit gleichem Recht muss sich Eagleton die Gegenfrage gefallen lassen, ob die schwierigen Konstellationen, an die sich Spivak heranwagt, mit einem herzhaften „Völker hört die Signale..." vom Tisch gefegt werden können; oder, um bei Eagletons eigener Analogie zu bleiben, ob man den unliebsamen Mitbewohner tatsächlich erwürgen sollte. So obskur und hermetisch Spivaks Texte auch sein mögen, sie sind nicht unpolitisch. Schließlich räumt Eagleton selbst ein: „If Spivak knows about graphemics, she also knows about garment industry. [...] She has probably done more long-term political good, in pioneering feminist and post-colonial studies within global academia, than almost any of her theoretical colleagues." (Eagleton 2003: 161)

---

[9] „[...] the ellipses, the heavy-handed jargon, the cavalier assumption that you know what she means and if you don't she doesn't much care, are as much the overcodings of an academic coterie as a smack in the face for conventional scholarship" (Eagleton 2003: 160).

Um den politischen Impetus von Spivaks Denken geht es auch in der Debatte, die „Can the Subaltern Speak?" ausgelöst hat. Bart Moore-Gilbert hat in diesem Zusammenhang angemerkt, dass es in der Geschichte zahlreiche weibliche Widerstandskämpferinnen gegeben habe, wie zum Beispiel die „Banditenkönigin" Phoolan Devi. Spivaks Pessimismus in Bezug auf die Handlungsfähigkeit von Frauen aus der Dritten Welt sei somit nicht ganz angemessen (vgl. Moore-Gilbert 1997: 107).[10]

Benita Parry geht noch einen Schritt weiter und wirft Spivak vor, ihre poststrukturalistische Tendenz zur Eskamotierung des politisch protestfähigen Subjekts würde nur weiter dazu beitragen, dass die subalterne Frau in Elitendiskursen verstumme: „Spivak in her own writings severely restricts (eliminates?) the space in which the colonized can be written back into history [...]." (Parry 1987: 39) Richard Freadman und Seamus Miller betrachten Spivaks Theorie schlicht als inkonsistent: „[S]he [Spivak, M.N.] wants to help to reconstruct the history of female literary marginalization whilst denying the possibility of authentic histories; she wants to assert the claims of emancipation whilst at the same time repudiating ethics and postulation only the most minimal conception of individual agency [...]." (Freadman/Miller 1993: 110)

In der Tat möchte Spivak lediglich das Schweigen der subalternen Frau dokumentieren; den Versuch, eine Gegengeschichte zu schreiben, unternimmt sie nicht. Doch liegt gerade hier das Missverständnis ihrer Kritiker. Spivak versucht ja gerade zu zeigen, dass die subalterne Frau in Elitediskursen nicht in angemessener Weise repräsentiert werden kann. Dies bedeutet indes nicht, dass die subalterne Frau nicht handlungsfähig ist. Wie die Anthropologin Kamala Visweswaran angemerkt hat, sind die Konzepte „Sprechen" und „Handeln" nicht austauschbar (vgl. Visweswaran 1994: 69). Um das Beispiel von Moore-Gilbert aufzugreifen: Phoolan Devi hat sich gegen fast alle in ihrem Milieu herrschenden Unterdrückungsmechanismen erfolgreich zur Wehr gesetzt, dennoch erscheint sie im öffentlichen Diskurs, wie zuletzt in Shekhar Kapoors Filmbiographie *Bandit Queen*, als bemitleidenswertes Opfer. Um es mit Spivak zu formulieren: Phoolan Devi ‚verstummt' in Kapoors Film gerade dadurch, dass man versucht, ihr eine Stimme zu verleihen.

Der Vorwurf, Spivak würde die subalterne Frau zum Schweigen bringen, ist somit unberechtigt. Ebenso falsch ist, dass Spivaks Theorie keinen Raum für Handlungsfähigkeit („agency") lasse. Sie zweifelt lediglich an der Angemessenheit und dem politischen Nutzen von Authentizitätsrhetorik. Spivak sagt nicht, ‚die Andere Frau hat keine Geschichte', sie zweifelt daran, dass man ohne Weiteres eine weibliche Gegengeschichte schreiben kann. Auch Moore-Gilberts Einwand, dass Spivak zufolge letztlich nur über den Westen bzw. postkoloniale Eliten geschrieben werden dürfe, da jeder Versuch, etwas Substantielles über den *Third world subaltern* zu sagen, ja scheitern müsse (vgl. Moore-Gilbert 1997: 104f.), zeugt von einem Missverständnis. Spivak argumentiert nicht, dass man nicht versuchen sollte, eine subalterne Gegengeschichte zu schreiben; im Gegenteil, sie ist sogar selbst Mitglied der *Subaltern Studies Group*. Sie insistiert lediglich darauf, dass eine solche Gegengeschichte immer nur eine Annäherung, ein Versuch sein kann.

---

[10] Zu der „Can the Subaltern Speak" Debatte vgl. außerdem Medevoi/Raman/ Johnson (1990), sowie Bellamy/Shetty (2000).

130   Miriam Nandi

Literatur von Gayatri Chakravorty Spivak

Spivak, G.C.: French Feminism in an International Frame. In: Yale French Studies, 62, 1981, S.154-184.
Spivak, G. C.: In Other Worlds. Essays in Cultural Politics. New York 1987.
Spivak, G.C.: Can the Subaltern Speak? In: Grossberg, L./Nelson, C. (Hg.): Marxism and the Interpretation of Culture. Urbana 1988, S. 271-313.
Spivak, G.C.: The Postcolonial Critic. Interviews, Strategies, Dialogues. Hrsg. v. S. Harasym, New York 1990.
Spivak, G.C.: Outside in the Teaching Machine. New York 1993.
Spivak, G.C.: The Spivak Reader. Hrsg. v. D. Landry u. G. MacLean, New York 1996a.
Spivak, G.C.: Transnationality and the Multiculturalist Ideology: an Interview with Gayatri Chakravorty Spivak. In: Bahri, D./Vasudeva, M. (Hg.): Between the Lines. South Asians and Postcoloniality. Philadelphia 1996b, S. 64-88.
Spivak, G.C.: A Critique of Postcolonial Reason. Toward a History of the Vanishing Present, Cambridge/Mass 1999.

Weitere zitierte Literatur

Bassnett, S.: Postcolonial Translation. London 1999.
Bhabba, H. K.: The Location of Culture. London/New York 1994.
Butler, J.: Bodies that matter. London/New York 1993.
Chaturvedi, V.: Mapping Subaltern Studies and the Postcolonial. London 2000.
Danius, S./Jonsson, S.: Interview with G.C. Spivak. In: Boundary 2, 20/2, 1993, S. 24-50.
Dingwaney, A./Maier, C.: Between Languages and Cultures: Translation and Cross-cultural Text. Pittsburgh 1995.
Donaldson, L.: Decolonizing Feminisms. Chapel Hill 1992.
Eagleton, T.: Figures of Dissent. Critical Essays on Fish, Spivak, Žižek and Others. London 2003.
Emberley, J.: Thresholds of Difference. Toronto1993.
Fanon, F.: The Wretched of the Earth. New York 1961.
Freadman, R./Miller, S.: Deconstruction and Critical Practice. G. Spivak on the Prelude. In: Freadman, R./Reinhardt, L. (Hg.): On Literary Theory and Philosophy. Basingstoke 1993.
Kristeva, J.: About Chinese Women, London 1977 (frz.: Des Chinoises. Paris 1974).
MacCabe, C.: Preface. In: Spivak, G. C.: In Other Worlds. Essays in Cultural Politics. New York 1987.
Medevoi, L./Rahman, S./Johnson, B.: Can the Subaltern Vote? In: Socialist Review, 20, 3, 1990, S. 133-49.
Mohanty, C.T.: Under Western Eyes: Feminist Scholarship and Colonial Discourse. In: Feminist Review, 30, 1988, S. 65-88.
Moore-Gilbert, B.: Postcolonial Theory. Contexts, Practices, Politics. London 1997.
Morton, S.: Gayatri Chakravorty Spivak. New York 2003.
Nandi, M.: Gayatri Chakravorty Spivak. Göttingen 2009.
Parry, B.: Problems in Current Theories of Colonial Discourse. In: Oxford Literary Review, 1, 1-2, 1987, S. 27-58.
Said, E.: Orientalism. Hardmondsworth 1978.
Said, E.: Culture and Imperialism. London 1993.
Shetty, S./Bellamy, E.J.: Postcolonialism's Archive Fever. In: Diacritics 30, 1, 2000, S. 25-48.
Stephanides, S.: Europe, Globalisation, and the Translatability of Cultures. In: The European English Messenger, 1, 2, 2001, S. 39-46.
Sunder-Rajan, R.: Real and Imagined Women. Delhi 1993.

Tymoczko, M.: Translation in a Postcolonial Context. Manchester 1999.
Venuti, L.: The Scandals of Translation. Towards and Ethics of Difference. London 1998.
Viweswaran, K.: Fictions of Feminist Ethnography. Minnesota/London 1994.
Young, R.: Postcolonialism: a Historical Introduction. Oxford 2003.

Homi K. Bhabha: Auf der Innenseite kultureller Differenz: „in the middle of differences"

Jochen Bonz/Karen Struve

Zur Biographie

Homi K. Bhabha gilt als einer der einflussreichsten postkolonialen Literatur- und Kulturtheoretiker der Gegenwart. 1949 als Mitglied der religiösen Minderheit der Parsi in Mumbai (Bombay) geboren[1], studierte er an der Universität Bombay und am Christ Church College, Oxford, wo er über das literarische Werk von V.S. Naipaul promovierte. Bhabha lehrte an den Universitäten Oxford, Sussex, Warwick, war u.a. Gastprofessor am Zentrum für Literaturforschung in Berlin und am University College in London und seit Mitte der neunziger Jahre Professor an der Universität von Chicago. Seit 2001 hat er die Anne F. Rothenberg Professur für Englische und Amerikanische Literatur am Radcliffe Institute in Harvard inne.

Koordinaten der Kulturtheorie Bhabhas: Kultur – Differenz – Hybridität

In seinen frühen Werken in den 1980er Jahren[2] beschäftigte sich Bhabha noch vornehmlich mit der britischen Kolonialgeschichte in Indien. Im Folgenden soll näher auf die theoretischen Ansätze seiner Theorie seit den frühen 1990er Jahren eingegangen werden, die sich mit kulturellen Phänomenen in einer postkolonialen und postmodernen Welt beschäftigen.

Neben zahlreichen Artikeln veröffentlichte Bhabha zwei zentrale Publikationen: als Herausgeber *Nation and narration* (1990) sowie die Aufsatzsammlung *The location of culture* (1994) (dt. *Die Verortung der Kultur*, 2000). Bhabha entwickelt in den hier versammelten Beiträgen seine Kulturtheorie, die ausgehend von einer ästhetischen Theorie mit einer starken Verankerung in der Literaturwissenschaft die Dekonstruktion von nationalen Literaturen, kulturellen Identitäten und Geschichte(n) sucht. Grundsätzlich verklammert Bhabha semiotische und narratologische Konzepte aus der Literaturtheorie mit migrationspolitischen und kulturtheoretischen Ansätzen. Eine Möglichkeit, Bhabhas Projekt einen Namen zu geben, bestünde darin, ihn als einen Kulturtheoretiker zu begreifen, der als Migrant über Migration schreibt. Doch mit der Betonung dieser Perspektive, einer Art autobiographischer Innensicht, hätte sich ein Akzent eingeschlichen, der vielleicht unserem Alltagsdenken entsprechen mag, dem Ansatz Bhabhas allerdings entgegen arbeitet. Denn

---

[1]   In einem Interview beschreibt Bhabha die Parsen als eine im 7. Jahrhundert aus Persien nach Indien eingewanderte Ethnie, die bis heute als soziale Gemeinschaft existiert und in der Kolonialzeit eine Übersetzungs- oder Vermittlerfunktion zwischen den Briten und indischen *communities* inne hatte (vgl. Bhabha/Mitchell 1995).

[2]   Wir folgen hier der Phaseneinteilung von Moore-Gilbert (vgl. Moore-Gilbert 1997: 114).

Bhabha ist ein Denker des Kulturellen im Sinne eines weltartikulierenden Modus, welcher im Vergleich mit den von der klassischen Ethnologie beschriebenen Formen des kulturellen Holismus ungleich komplizertere Formen besitzt. Zur Beschreibung kultureller Phänomene in einer postkolonialen Welt prägt Bhabha insbesondere zwei Begriffe: Hybridität und Dritter Raum. Die mit ihnen verbundenen Begriffsfelder verweisen uns weiter ins Zentrum seiner Denkbewegung und damit zu ihrem Ausgangspunkt: Es geht um die Produktivität des Uneinheitlichen, der Differenz.

Kultur – „culture is a signifying or symbolic activity"

Bhabha geht von der Frage aus, wie sich in der Gegenwart, die weniger durch das poststrukturalistische Denken vom Ende (Tod des Autors, Auflösung von Textstrukturen) oder vom Anfang (neue Subjekttheorien) geprägt ist, neue Formen und Theorien denken lassen, die über bestehende Denkmodelle von Kulturen und des postkolonialen Kulturkontakts hinausgehen (vgl. Bhabha 1994: 1f.). Diese Bewegung sieht er in dem Präfix ‚post' angesiedelt, das anzeigt, wie ein Rekurs und eine Fortschreibung zusammenfallen. Mit ihr ist die Ablehnung einheitlicher Konzeptionen von Kultur und Identität zugunsten prozessualer Konzeptionen verbunden. Bhabha stellt zunächst die Idee von nationaler Literatur in Frage. Literarische Texte können keine Einheiten oder gar Kanone auf der alleinigen Grundlage von Nationalismus bilden. Kann Nation demnach überhaupt noch ein dominantes oder gar alleiniges identitätsstiftendes Moment darstellen? Bhabha entwickelt in seinem Aufsatz *Introduction: narrating the nation* (vgl. Bhabha 1990: 1-7) nicht nur den Ansatz der fiktionalen Konstruktion von Nation durch Narration, sondern zeigt gerade an der Situation von Literaturen von Minderheiten, in welcher Form die Koexistenz von Kulturen erzählt werden kann und muss. Neben der nationalen und damit territorialen, also räumlichen Determination kultureller Repräsentation interessiert sich Bhabha in einem zweiten Schritt für die Zeitlichkeit, in der sich Kulturen befinden. So zeigt Bhabha auf, dass sich in der (post-)kolonialen Situation Minoritäten und (koloniale) Majorität nicht in einem gleichzeitigen Modus befinden: Sie sind vielmehr in einem ‚Da-Zwischen', einem „Culture's In-Between" (Bhabha 1998). Bhabha spricht in diesem Zusammenhang von unterschiedlichen kulturellen Zeiten, „cultural time" (Bhabha 1998: 56). Die Minderheiten artikulieren in ihrem kulturellen Sinnhorizont eine andere Zeit, eine andere Gegenwart, die sich aus einer anderen Vergangenheit speist und andere Zukunftsentwürfe mit sich bringt. Bhabha kommt zu dem Schluss, dass Kulturen zwar durch das Begehren nach Stabilität und Determination, beispielsweise im Sinne einer Nation, gekennzeichnet sind, sie aber gerade in der Instabilität, der Gleichzeitigkeit von inkommensurablen Geschichten (Narrativen und Historizitäten) und Orten gedacht werden müssen.

Im kulturtheoretischen Ansatz Bhabhas verbinden sich verschiedene Aspekte und theoretische Ansätze miteinander: die Überwindung der hegelianischen Dialektik, der Rekurs auf Differenzen im Sinne poststrukturalistischer Semiotik und Psychoanalyse und die konzeptionelle Berücksichtigung von Macht- und Hierarchieverhältnissen in Situationen des postkolonialen Kulturkontakts. Bhabha bezieht sich besonders auf Foucault[3], Derrida und Lacan und schreibt deren Theorien fort. Dabei entwirft er in Anlehnung an die poststruktu-

---

[3] Zu Foucault vgl. den Beitrag von Christian Lavagno in diesem Band.

ralistische Literatur- und Sprachtheorie ein Konzept von Kultur, das sie analog zur Sprache als Modus der Weltartikulation begreift.

> „[A]ll forms of culture are in some way related to each other, because culture is a signifying or symbolic activity. The articulation of cultures is possible not because of the familiarity or similarity of contents, but because all cultures are symbol-forming and subject-constituting, interpellative practices." (Bhabha/Rutherford 1990: 209f.)

Kulturen sind demnach nicht nur auf der Ebene inhaltlicher Elemente vergleichbar, sondern ähneln sich bereits in den diesen zugrunde liegenden semiotischen Prozessen.

Differenz – „the construction of culture as difference"

Der differentielle Weltartikulationsmodus ergibt sich aus dem strukturalistischen Konzept des Zeichens nach Saussure, dessen Trennung von *signifiant* und *signifié* Bhabha in die Dimension der Kultur vergrößert. Auch in der Kultur ist Bedeutung artikuliert, indem sich ihre Elemente voneinander in ihrer Materialität unterscheiden. Voraussetzung ist, dass sie sich aufeinander beziehen. Innerhalb der einzelnen Komponenten eines solchen Referenzsystems ist die Beziehung zwischen *signifiant* und *signifié* zufällig, nicht natürlich, sondern arbiträr. Sie beruht auf Konvention. In Anlehnung an Derridas Beschreibung der Produktivität des Ineinanderwirkens der Differenzen als *différance* greift auch Bhabha häufig auf diese Bezeichnung zurück.

Mit der Fokussierung der Grenze erscheint eine fundamentale Differentialität als kulturimmanent, die eine holistische Konzeption von Kulturen unmöglich macht. Kulturen sind nicht nur im Kontakt mit anderen Kulturen mit Differenz im Sinne von Fremdheitserfahrungen konfrontiert, sondern tragen schon in sich ein „self-alienating limit" (Bhabha/Rutherford 1990: 210):

> „no culture is full unto itself, no culture is plainly plenitudinous, not only because there are other cultures which contradict its authority, but also because its own symbol-forming activity, its own interpellation in the process of representation, language, signification and meaning-making, always underscores the claim to an originary, holistic, organic identity." (Bhabha/Rutherford 1990: 209)

Eine weitere Differenz kommt hier ins Spiel, die mit Althussers Konzept der „symbolischen Anrufung" (*interpellation*) verbunden ist, nach dem das Subjekt als gesellschaftliches Wesen erst durch die Annahme der von außen durch die Gesellschaft an es herangetragenen Gesetze existiert. Bhabha postuliert damit den Übergang vom Kulturellen als epistemologischem Objekt zu einem Verständnis von Kultur als einem *Ort der Äußerung* („an enactive, enunciatory site", Bhabha 1994: 178)[4]. Die Differenz zwischen *der Aussage* und *dem Aussagen* erscheint als weiteres differentielles Charakteristikum der Dimension der Kultur. Formulierungen, in denen diese Differenz bei Bhabha erscheint, sind „Third Space of enunciation", „enunciative split" und „enunciative aperture" (Bhabha 1994: 36f.). Die von

---

[4] „My shift from the cultural as an epistemological object to culture as an enactive, enunciatory site opens up possibilities for other times of cultural meaning (retroactive, prefigurative) and other narrative spaces (fantasmatic, metaphorical)." (Bhabha 1994: 178)

Bhabha als „common semiotic account" bezeichnete Unterscheidung zwischen dem „subject of a proposition (énoncé) and the subject of enunciation" (Bhabha 1994: 36) geht auf den Sprachwissenschaftler Émile Benveniste zurück und wurde in der Theorie der strukturalen Psychoanalyse bei Lacan zu einer „Seinsaussage" (Gondek).

> „Der Mensch ist durch die Sprache gespalten; die Unterscheidung zwischen Subjekt des Aussagens und Subjekt der Aussage [...] bezeichnet eine unüberwindliche Entfremdung, die für den Menschen insofern gegeben ist, als die Sprache für ihn auf immer das Terrain einer primären Andersheit ist. [...] Der Mensch ist genötigt, sich auf dem Feld des Anderen zu realisieren." (Gondek 2001: 134f.)

Während allerdings die Psychoanalyse davon ausgeht, dieser Andere würde vom Subjekt im Zuge seiner Entwicklung internalisiert und verdrängt, bleibt der *enunciative split* nach Bhabha erfahrbar. Das Subjekt des Aussagens (der „enunciation") ist nicht in der Aussage repräsentiert. Die Aussage zeigt lediglich die Anerkennung seiner Eingebundenheit in einen Diskurs an.[5]

Vor dem Hintergrund dieser beiden Konzeptionen von Differenz im Inneren der Kultur spricht sich Bhabha gegen den Multikulturalismus aus, den er als Grundlage der (neo-)liberalen Identitätspolitik erkennt. Bhaba argumentiert mit der Ambivalenz der multikulturellen Welt, in der die Vorstellung von Nation nur einen Schutz gegen das Eindringen des kulturell Anderen darstellt. Bhabha zeigt auf, dass liberaler Multikulturalismus einerseits politisch von einer Festschreibung von Identitäten und andererseits theoretisch von einer illusorischen Simultanität – die bereits ausgeführte Gleichzeitigkeit von Ungleichzeitigkeiten verschiedener Kulturen – ausgeht. Grundannahme einer (essenzialistischen) Identitätspolitik, die hinter der Idee des Multikulturalismus steht, sind festgeschriebene Identitäten, kulturelle Entitäten, die es „neu zu ordnen und zu positionieren" gilt (vgl. Bhabha/Rutherford 1990: 209).[6] Machtverhältnisse werden hier nur scheinbar, nämlich unter dem Deckmantel von Aufklärung und Toleranz, aufgelöst, in der gesellschaftlichen Wirklichkeit aber werden sie in einer multikulturellen Norm abgesichert. Bhabha zeigt damit, dass Kulturen sich nicht in einem gleichberechtigten Nebeneinander befinden.

Einer multikulturell orientierten Politik der Bejahung kultureller Vielfalt („cultural diversity") hält Bhabha ein Plädoyer für kulturelle Differenz („cultural difference") entgegen. In seiner terminologischen Verwendung von Differenz plädiert Bhabha für einen Kulturbegriff, der Antagonismen, Widersprüchlichkeiten und gar Inkommensurabilitäten als Basis kultureller und politischer Konzepte denkt.[7] Seine Position als Kulturkritiker sieht Bhabha

---

[5] „The linguistic difference that informs any cultural performance is dramatized in the common semiotic account of the disjuncture between the subject of a proposition (énoncé) and the subject of enunciation, which is not represented in the statement but which is the acknowledgement of its discursive embeddedness and address, its cultural positionality, its reference to a present time and a specific space." (Bhabha 1994: 36)

[6] Wir geben Bhabhas Argumentation hier stark abstrahiert wieder. Seine Ausführungen sind sehr viel konkreter und beziehen sich auf die politische Situation Englands unter Margaret Thatcher.

[7] „The representation of difference must not be hastily read as the reflection of *pre-given* ethnic or cultural traits set in the fixed tablet of tradition. The social articulation of difference, from the minority perspective, is a complex, on-going negotiation that seeks to authorize cultural hybridities that emerge in moments of historical transformation. The ‚right' to signify from the periphery of authorized power and privilege does not depend on the persistence of tradition; it is resourced by the power of tradition to be reinscribed through

am Ort der Differenz selbst: „With the notion of cultural difference, I try to place myself in that position of liminality, in that productive space of the construction of culture as difference, in the spirit of alterity or otherness." (Bhabha/Rutherford 1990: 209)

Kulturelle Hybridität: „less than one and double"

Hybridität ist nach Bhabha – in Anlehnung an die entsprechende literaturwissenschaftliche Konzeption Bachtins – die prozessuale und kreative Neukonstruktion von Identitäten. „The process of cultural hybridity gives rise to something different, something new and unrecognisable, a new area of negotiation of meaning and representation." (Bhabha/Rutherford 1990: 211) Diese Neukonstruktionen speisen sich nicht aus zwei oder mehr Originalen und lösen sich in einer hegelianischen[8] Synthese quasi auf, sondern müssen sich in einem Dritten Raum als tatsächliche neue Formen mit inhärenten Differenzen, Ambivalenzen und Widersprüchen denken lassen. So werden Spuren der Originale aufgenommen, die sich dann allerdings nicht wie in einem Palimpsest überschreiben, so dass sich keine Hierarchisierung von Original und Abbild mehr vornehmen lassen kann.[9]

Interessant und schwierig zugleich ist in Bhabhas Ansatz zu denken, wie genau sich die beiden Ausgangssphären durch den Eintritt in den Dritten Raum zueinander verhalten. Denn Bhabha postuliert mit der Konzeption der Hybridität keine epistemologische Kategorie, die die Spannungen zwischen zwei kulturellen Sphären im Sinne einer Etablierung eines dritten Moments aufzulösen und eine tiefere Wahrheit zu formulieren sucht (vgl. Bhabha 1994: 113f.). Das Hybride setzt mit einer wiederholenden und verdoppelnden Bewegung innerhalb der inhärenten Ambivalenz ein. So wird das Eigene und das Fremde nicht nur gespiegelt. Das Hybride verstärkt vielmehr die Differenz, die den Kulturen innewohnt und – auf semiotischer Ebene argumentiert – überführt (in Kontexte eingebundene) Symbole in eine neue Zeichenhaftigkeit:

> „The displacement from symbol to sign creates a crisis for any concept of authority based on a system of recognition: colonial specularity, doubly inscribed, does not produce a mirror where the self apprehends itself; it is always the split screen of the self and its doubling, the hybrid." (Bhabha 1994: 114)

Im Gegensatz zu postkolonialen Theoretikern wie Said geht Bhabha davon aus, dass auch die Identifikationsprozesse auf Seiten der Kolonisatoren von tief greifender Wirkung sind. Dementsprechend gehen für Bhabha literarische und künstlerische Repräsentationen über

---

[8] the conditions of contingency and contradictoriness that attend upon the lives of those who are ‚in the minority'." (Bhabha 1994: 2)
So spricht sich Bhabha explizit gegen Hegel aus, indem er dessen Dialektik transzendiert: „To write contra Hegel requires that you ‚work through' Hegel toward other ‚supplemental' concepts of dialectical thinking. You do not surpass or bypass Hegel just because you contest the process of sublation. The lesson lies, I think, in learning how to conceptualize ‚contradiction' or the dialectic as that state of being or thinking that is ‚neither the one nor the other, but something else besides ‚Abseits' as I've described it in *The Location Of Culture*." (Bhabha/Mitchell 1995)

[9] „But for me the importance of hybridity is not to be able to trace two original moments from which the third emerges, rather hybridity to me is the ‚third space' which enables other positions to emerge. This third space displaces the histories that constitute it, and sets up new structures of authority, new political initiatives, which are inadequately understood through received wisdom." (Bhabha/Rutherford 1990: 211)

die Etablierung einer „counter-history" (Bhabha/Rutherford 1990: 218) hinaus. Ihn interessiert die Erzählung neuer Geschichte(n): „the emergence of a hybrid national narrative that turns the nostalgic past into the disruptive ‚anterior' and displaces the historical present – opens it up to other histories and incommensurable narrative subjects." (Bhabha 1994: 167) Bhabha sieht neben der „lärmenden kolonialen Macht" („noisy command of colonialist authority", Bhabha 1994: 112) und den Effekten von Machtausübung und Traditionsverlust den Prozess der Hybridität, in dem ein hybrides Element entsteht, das als anders bleibendes Moment die Autorität der kolonialen Macht in seiner genuinen Ambivalenz auszuhebeln versteht.

In der postkolonialen Literatur und Kunst zeigen die postkolonialen Minderheiten, auf welche Weise sie die Nation als „große Erzählung" (Lyotard) entlarven, wie sie durch die Differenz in der historischen Dimension (durch die koloniale Vergangenheit besitzen sie eine andere Geschichte) Brüche und Widersprüchlichkeiten in den Metropolen aufspüren, auslösen und in die majoritäre Kultur einführen.

> „The material legacy of this repressed history is inscribed in the return of post-colonial peoples to the metropolis. Their very presence there changes the politics of the metropolis, its cultural ideologies and its intellectual traditions, because they – as a people who have been recipients of a colonial cultural experience – displace some of the great metropolitan narratives of progress and law and order, and question the authority and authenticity of those narratives." (Bhabha/Rutherford 1990: 218)

„Interstices", Zwischenräume, nennt Bhabha auch, was für ihn das Wesen der Kultur ausmacht. Es handelt sich dabei um einen Bruch im Kontinuum eines kulturellen Sinnhorizontes, der sich in den Dimensionen von Zeit und Raum ereignet. Bhabha bezieht sich auf Walter Benjamins Konzept der „Jetztzeit" als „that moment blasted out of the continuum of history" (Bhabha 1994: 8) und formuliert die Vorstellung einer spezifischen Konzeption der Gegenwart, die sich „als ein ex-zentrischer Ort der Erfahrung entpuppt" (Bronfen 2000: XI).[10] Bhabha gebraucht zur Formulierung des Dazwischen argumentative Wendungen[11] wie *almost the same, but not quite*" (Bhabha 1994: 86, Hervorhebung im Original), „reading against the grain" (Bhabha 1994: 174), „between-the-lines" (Bhabha 1994: 131).

Der Dritte Raum: „the outside of the inside: the part in the whole"

Das für Bhabha paradigmatische Konzept, das sich auf Räumlichkeit bezieht, aber als epistemologische Kategorie über das Spatiale, Topographische hinausgeht, ist das des „third space", des Dritten Raums. Hier fallen Bhabhas Vorstellungen von Zeitlichkeit, kultureller Hybridisierung und Prozessualität zusammen: Der Dritte Raum stellt „an interstitial space and time of conflict and negotiation" (Bhabha/Hoeller 1998) dar.

Bhabha entwickelt durch seine Lektüren ein ganzes semantisches Feld zum Dritten Raum und zur Hybridität. So beschreibt er etwa Renée Greens Installation *Sites of Genealogy* am *Institute of Contemporary Art*, New York, in der sie das gesamte Gebäude für eine Inszenierung der identitätsstiftenden Binarität zwischen Oben und Unten, Schwarz und

---

[10] Zum Stellenwert Benjamins bei Bhabha vgl. dessen Äußerungen in Bhabha/Mitchell (1995).
[11] Vgl. zu Hybridität als Denk- und Auslegungsfigur Hars (2002; 2004).

Weiß, Himmel und Hölle nutzt. Im Mittelpunkt der Ausstellung steht dabei das Treppenhaus als der gleichermaßen konstituierende wie dazwischen liegende Bereich. Es ist der liminale Raum und das Da-zwischen: „The stairwell as liminal space, in-between" (Bhabha 1994: 4). Bhabha siedelt die Artikulation der Differenz in dem „beyond" (vgl. Bhabha 1994: 1), der Brücke („the boundary") nach Heidegger (Bhabha 1994: 1) und der Deplazierung („the displacement") (Bhabha 1994: 217) an. Bhabha prägt die Bezeichnung Dritter Raum in einer Auseinandersetzung mit Fredric Jamesons[12] gleichnamiger Konzeption (vgl. Bhabha 1994: 217ff.). Diesem hält er vor, nicht auf eine den De- und Rekontextualisierungen der Zeichen im Dritten Raum vorangehende Essenz oder Stabilität zu verzichten – in diesem Fall marxistische Unterscheidungen wie die zwischen Basis und Überbau bzw. den Klassen. Die neue Repräsentationsform, die im Dritten Raum entsteht, hängt daran, dass dieser Raum zwar diskursiv ist, aber sich zugleich jenseits von Diskursen im Sinne von Ontologien befindet.

> „The intervention of the Third Space of enunciation, which makes the structure of meaning and reference an ambivalent process, destroys this mirror of representation in which cultural knowledge is customarily revealed as an integrated, open, expanding code. Such an intervention quite properly challenges our sense of the historical identity of culture as homogenizing, unifying force, authenticated by the originary Past, kept alive in the national tradition of the People. [...] It is that Third Space, though unrepresentable in itself, which constitutes the discursive conditions of enunciation that ensure that the meaning and symbols of culture have no primordial unity or fixity; that even the same signs can be appropriated, translated, rehistoricized and read anew." (Bhabha 1994: 37)

Die Potenziale postkolonialer Literatur und Kunst liegen also in der Möglichkeit der Formulierung verschiebender, störender, transnationaler, translationaler und, nicht zuletzt, *neuer* Weltartikulationen.[13]

Zentrale Konzeptionen: Übersetzung – Identifikation und Subjektivität – Aushandlung – Mimikry

Übersetzung

Die Bedeutung artikulierende Differenz zwischen den Zeichen und die innerhalb des einzelnen Zeichens wirksame Entfremdung, die Distanz zwischen *signifiant* und *signifié*, bilden die Voraussetzung für Bhabhas Übersetzungsbegriff. „By translation I first of all mean a process by which, in order to objectify cultural meaning, there always has to be a process of alienation and of secondariness *in relation to itself*." (Bhabha/Rutherford 1990: 210) Das Kennzeichen der Übersetzung besteht in einem Effekt: Re-signifikationen, Neu-bedeutungen in einer Bewegung der Bezugnahme auf bestehende Signifikate zu bewirken.

---

[12] Zu Fredric Jameson vgl. den Beitrag von Johannes Angermüller in diesem Band.

[13] „Hybrid agiencies find their voice in a dialectic that does not seek cultural supremacy or sovereignty. They deploy the partial culture from which they emerge to construct visions of community, and versions of historic memory, that give narrative form to the minority positions they occupy; the outside of the inside: the part in the whole." (Bhabha 1998, 53)

> „(T)ranslation is also a way of imitating, but in a mischevious, displacing sense – imitating an
> original in such a way that the priority of the original is not reinforced but by the very fact that it
> can be simulated, copied, transferred, transformed, made into a simulacrum and so on: the *origi-*
> *nal* is never finished or complete in itself." (Bhabha/Rutherford 1990: 210)

Als Übersetzung bezeichnet Bhabha demnach eine grundlegende, in der Dimension der
Kultur vorliegende *Aktivität*. Die Bezeichnung der Aktivität als Charakteristikum des Kul-
turellen ist Hybridität. Als prominentes Beispiel für Übersetzung und Hybridität gebraucht
Bhabba Salman Rushdies Roman *Die Satanischen Verse*, dessen Erscheinen Ende der acht-
ziger Jahre eine durch die iranischen Religionsführer gegenüber Rushdie ausgesprochene
Fathwa zur Folge hatte.

> „A good example would be the form of hybridity that *The Satanic Verses* represents, where
> clearly a number of controversies around the origin, the authorship and indeed the authority of
> the Koran, have been drawn upon in the book. [...] What is interesting is how, using another
> kind of language of representation – call it the ‚migrant metaphor', call it the postmodern novel
> or what you will – and giving a context of other forms of allegorisation, the metropolitanism of
> the modern city, contemporary sexuality etc., the knowledges and disputes about the status of
> the Koran become quite different things in *The Satanic Verses*. Through that transformation,
> through that form of cultural translation, their values and effects (political, social, cultural) be-
> come entirely incommensurable with the traditions of theological or historical interpretation
> which formed the received culture of Koranic reading and writing." (Bhabha/Rutherford 1990:
> 212)

Der Koran bzw. die Debatten rund um den Koran sind in den *Satanischen Versen* im Verhältnis zu den vorausgegangenen religiösen Debatten insofern re-signifiziert, als sie sich in
der anderen kulturellen Situation ereignen, die Bhabha an dieser Stelle als *migrant me-*
taphor bezeichnet. In ihrer Lesart besitzen die mit dem Koran verbundenen Signifikanten
andere Bedeutungen als etwa in den orthodoxen Koranauslegungen; andere Aspekte des
Korans ergeben im Rahmen der hybridisierenden Übersetzung gar einen mit der orthodoxen
Auslegung inkommensurablen Sinn. Das Skandalon und das Potenzial bestehen in diesem
Übersetzungsprozess.

Identifikation und Subjektivität

Im Dritten Raum gibt es nach Bhabha keine Identität, sondern Möglichkeiten der Identifikation im psychoanalytischen Sinne: auf dem Feld des Anderen im Sinne Lacans. Der A-
gens, also das Subjekt, ist durch eine immanente Ambivalenz gekennzeichnet, die es durch
die Identifikation mit dem anderen konstitutiv in sich trägt:

> „I try to talk about hybridity through a psychoanalytic analogy, so that identification is a process
> of identifying with and through another object, an object of otherness, at which point the agency
> of identification – the subject – is itself always ambivalent, because of the intervention of that
> otherness." (Bhabha/Rutherford 1990: 211)

Kennzeichen der Identifikation in Bhabhas Sinne ist die bleibende Fremdheit ihres Gegenstandes, die Bhabha für seine Auffassung von postkolonialer, postmoderner Subjektivität
fruchtbar macht. Dieses Konzept entwickelt er etwa anhand Toni Morrisons Roman *Belo-*

ved (dt. *Menschenkind*), der eine Welt im Umbruch beschreibt: Die ehemalige Sklavin Sethe lebt nach ihrer Flucht aus der Versklavung isoliert mit ihrer Tochter Denver. In ihrem Haus spukt es zunächst, später tritt an seine Stelle eine junge Frau, Menschenkind. Sie wird von Sethe für ihre verstorbene erste Tochter gehalten; die Tochter, die Sethe, wie sich anlässlich der Rückkehr Menschenkinds für Denver und den Leser nach und nach artikuliert, in der Überzeugung umbrachte, sie damit vor der Versklavung zu retten.

Mit der Romanfigur Menschenkind ist aus Bhabhas Sicht die Leistung des Romans verbunden, eine Artikulation der historischen und diskursiven Grenzen der Sklaverei herbeizuführen.[14] Die Subjekte der Sklaverei werden als Gefangene eines Diskurses beschrieben, der sie verrückt werden ließ, wie Bhabha schreibt. An die Stelle dieses Diskurses tritt ein anderer Sinnhorizont.

> „(B)efore such an emancipation from the ideologies of the master, Morrison insists on the harrowing ethical repositioning of the slave mother, who must be the enunciatory site for seeing the inwardness of the slave world from the outside – when the ‚outside' is the ghostly return of the child she murdered; the double of herself, for ‚she is the laugh I am the laughter I see her face which is mine'. [...] What historical knowledge returns to Sethe [...] in the phantom shape of her dead daughter Beloved?" (Bhabha 1994: 16)

Der Wandel des Diskurses geschieht in dessen Subjekt, Sethe, indem dieser in ihrem Kind etwas begegnet, das die Welt zu einer anderen macht. Sethe trifft nämlich erstens in ihrer Tochter auf die Wahrheit ihrer Tat: Tatsächlich konnte sie dem Diskurs der Sklaverei etwas entziehen, indem sie ihre Tochter tötete. Was sie ihm entzog, war sie selbst; und der Totschlag stellte in diesem Vorgang den ersten, Menschenkinds Rückkehr den zweiten Schritt dar. Zweitens liegt ein wichtiger Aspekt dessen, was Sethe in Menschenkind begegnet, in der Art und Weise dieser Begegnung und damit in der Veränderung des Diskurses. Sethe gewinnt das „Eigentum an ihrer eigenen Person"[15] zurück, indem *das Innere außen erscheint*. In der Gestalt von Menschenkind erscheint Sethe sich selbst. Menschenkind ist das von Sethe, was sich innerhalb der Wissensordnung der Sklaverei nicht artikulieren lässt. Indem Sethe dieses Nichtartikulierte begegnet und sie es in sich aufnimmt, wird sie zum Ort der Entäußerung einer anderen Artikulation der Wirklichkeit.

Aushandlung

Die Identifikationsbewegung, die Sethes Subjektivität in diesem Vorgang durchläuft, bezeichnet Bhabha an anderer Stelle und mit Bezug auf die politische Theorie John Stuart Mills als Aushandlung.

> „(T)he agent of the discourse becomes, in the same time of utterance, the inverted, projected object of the argument, turned against itself. It is, Mill insists, only by effectively assuming the mental position of the antagonist and working through the displacing and decentring force of that discursive difficulty that the politicized ‚portion of truth' is produced. This is a different dynamic from the ethic of tolerance in liberal ideology which has to imagine opposition in order to contain it and demonstrate its enlightened relativism or humanism." (Bhabha 1994: 24)

---

[14] „For Morisson, it is precisely the signification of the historical and discursive boundaries of slavery that are the issue." (Bhabha 1994: 16)

[15] Eigene Übersetzung nach Bhabha (1994: 17).

Aushandlung im Sinne Bhabhas besteht demnach darin, dass das Andere nicht mit von außen an es herangetragenen, sondern mit seinen eigenen Kategorien aus sich heraus, auf seiner Innenseite begriffen wird. Mill in dieser Weise zu begreifen würde bedeuten, einen Politikbegriff anzunehmen, in dem das Repräsentative, Öffentliche die Differenz bzw. Ambivalenz am Ort des Artikulierens, einen Bruch im Subjekt des Aussagens voraussetze.[16] Im Vorgang des Aushandelns nimmt das Subjekt das Andere in sich auf und entsteht dabei selbst als ein anderes Subjekt.

Mimikry

„The time for ‚assimilating‘ minorities to holistic and organic notions of cultural value has dramatically passed." (Bhabha 1994: 175) Anhand der (postkolonialen) Literatur, in der koloniale Imaginationen formuliert werden, reformuliert Bhabha das ehemals biologistische Konzept der Mimikry als Beschreibungskategorie für den Umgang mit kulturellen Differenzen, die sich nicht mehr in den Kategorien von Widerstand und Assimilation denken lassen. Er benennt die Mimikry als „one of the most elusive and effective strategies of colonial power and knowledge". (Bhabha 1994: 85) Die Strategie der kulturellen Mimikry entwickelt Bhabha in Anlehnung an Lacan und Fanon als eine performative Verfahrensweise, in der kulturelle Differenzen nicht camouflageartig angeglichen werden, sondern sich vielmehr weiterhin durch Differenz auszeichnen (vgl. Bhabha 1994: 90). Mimikry produziert somit ebenso Ähnlichkeiten und Angleichungen wie Unähnlichkeiten und Unterschiede. Postkoloniale Minderheiten produzieren innerhalb der majoritären Gesellschaft, in der sie leben, einen besonderen Effekt: Sie passen sich scheinbar in deren Sinnhorizont ein – zeichnen sich aber weiterhin durch Differenz aus. Sie verursachen „disturbances of cultural, racial and historical difference" (Bhabha 1994: 88). Die Macht der Kolonisatoren wirkt sich – wie Bhabha in Anlehnung an die Arbeiten von Foucault formuliert – so aus, dass sie von den Kolonisierten eine absolute Anpassung durch die Internalisierung ihrer Normen fordern. Die Kolonisierten aber imitieren durch Kopie und Wiederholung vielmehr performativ die Kultur der Kolonisierenden. Somit zeigt sich hier *„almost the same but not quite* [...] *almost the same but not white"* (Bhabha 1994: 89, Hervorhebungen im Original).

Wichtig ist, dass Bhabha davon ausgeht, dass es um den Akt des Formulierens, Repräsentierens und der Performativität selbst geht, und nicht um die Etablierung einer eigenständigen, präsenten Identität: „Mimicry conceals no presence or identity behind its mask" (Bhabha 1994: 88). Mimikry entlarvt in einer doppelten Bewegung die Ambivalenz innerhalb der Kolonialmacht, sie verstärkt und bricht diese durch Formulierung einer ambivalenten kulturellen Form. Neben der Ambivalenz ist die Mimikry an das Stereotyp gebunden. Das Stereotyp, dessen Konzeption Bhabha in Anlehnung an Fanon und Said entwickelt, funktioniert aufgrund der Stagnation der Repräsentation: „The stereotype is not a simplification because it is a false representation of given reality. It is a simplification because it is an arrested, fixated form of representation." (Bhabha 1994: 75)

Irritation und Verunsicherung durch die performative Demonstration der Ambivalenz kultureller Differenz ist das Potential der Mimikry. Durch die gleichzeitige (trügerische)

---

[16] Im Original und in seiner ganzen Differenziertheit lautet der hier referierte Satz: „Reading Mill, against the grain, suggests that politics can only become representative, a truly public discourse, through a splitting in the signification of the subject of representation; through an ambivalence at the point of the enunciation of a politics." (Bhabha 1994: 24)

Ähnlichkeit und die Demonstration der Differenz wird die koloniale Autorität unterwandert.[17]

Bhabhas Schreiben der Aushandlung

Der theoretische Ausgangspunkt der Lektüren Bhabhas ist die Konzeption der ‚Kultur als Text'. Ein auffälliges Merkmal an Bhabhas theoretischen Texten ist, dass sein Schreiben seine Konzeption von Hybridität und der Öffnung des Dritten Raums widerspiegelt. Das bedeutet, dass es Bhabha gemäß seinen Vorstellungen von Brüchen, Differenzen und der allem zugrunde liegenden Prozessualität nicht darum geht, feste Definitionen zu formulieren oder sich in einen spezifischen wissenschaftlichen Diskurs einzuschreiben, indem er sich bestimmter theoretischer Konzepte bedient, sich an die einen anlehnt, sie umschreibt und sich von anderen abgrenzt. Bhabha formuliert vielmehr in Anlehnung an ein ganzes Netz unterschiedlicher Konzepte aus Literaturwissenschaft, Cultural Studies, Psychoanalyse und Philosophie eine eigene Theorie. Die dahinter stehende Haltung ist die einer Befragung, die sich im Gestus und Duktus stark an der Dekonstruktion orientiert. Die Art der Denkbewegung hat den Charakter (postkolonialer) Lektüren: Bhabha befragt und entwickelt seine Konzepte an und in den Werken von Künstlern und Theoretikern wie (neben den bereits diskutierten) Frantz Fanon, Edward Said, Frederic Jameson, Roland Barthes, Sigmund Freud, Julia Kristeva, Toni Morrisson, Renée Green, Salman Rushdie, John M. Coetzee u.v.m.: „Artists and writers anticipate and prefigure conceptual problems for me." (Bhabha/Mitchell 1995)

Durch die Anwendung, Beschreibung und Umschreibung an unterschiedlichen kulturellen Repräsentationsformen in Kunst und Literatur werden die Konzepte an dem Untersuchungsgegenstand gebrochen. So verändern sich die Konzepte im Beschreiben des Gegenstands, es entstehen neue Metaphern und Allegorien.

Das Interessante an dieser Vorgehensweise, die sich der Formulierung einer Definition und einer klaren Methodik verwehrt, ist, dass sie den Dritten Raum und die kulturelle Hybridität im Schreiben und Beschreiben der wissenschaftlichen Erkenntnisprozesse gerade öffnet. Hars spricht diesbezüglich von Bhabhas „Konzept der Hybridität und seinen hybridisierenden Lektüren" (Hars 2002: 1). Härtel hebt an Bhabhas offenen, weder andere noch sich selbst streng beim Wort nehmenden Lektüren hervor, diese artikulierten „nicht symbolisierungsfähige Annahmen und Affekte" (Härtel 2005: 109).

In diesem Ansatz besteht das Potenzial, aber eben auch die Schwierigkeit der Bhabha'schen Theorie: Sie arbeitet mit an sich schon komplexen Gedankengebäuden, die sich auf differenzierte Art und Weise mit hochkomplexen Gegenstandsbereichen auseinandersetzen. Verquickt nun Bhabha jene Konzepte, indem er sie – oftmals ohne detaillierte Kontextualisierung – in seine eigenen theoretischen Überlegungen rekontextualisiert und umschreibt, ergibt dies einen hermetischen Ton. Die Verankerungen in zahlreichen Diskursen wirken zugleich als massive Setzungen und eklektizistisch. Bhabha benennt die Verankerung und Vernähung mit theoretischen Diskursen und den transitorischen Charakter seiner Theorie selbst explizit:

---

[17] „The *menace* of mimicry is its *double* vision which in disclosing the ambivalence of colonial discourse also disrupts its authority. And it is a double vision that is a result of what I've described as the partial representation/recognition of the colonial object." (Bhabha 1994: 88, Hervorhebung im Original)

„I have attempted no general theory [...] I have taken the measure of Fanon's occult instability and Kristeva's parallel times into the ‚incommensurable narrative' of Benjamin's modern storyteller to suggest no salvation, but a strange cultural survival of the people." (Bhabha 1992: 461)

Wirkungsgeschichte/Kritik

Bhabha wird häufig vorgehalten, seine Überlegungen seien zu abstrakt (vgl. etwa Bachmann-Medick 1998: 23).[18] Moore-Gilbert kritisiert die manchmal undurchdringliche Dichte der Texte Bhabhas: „his characteristically teasing, evasive, even quasi mystical (or mystificatory) mode of expression" (Moore-Gilbert 1997: 115). Als weitere Schwierigkeit wird Bhabhas komplexer methodischer Zugang aufgefasst: „Bhabha's methodological eclecticism [...] Bhabha often bends his sources – at times radically – to his own particular needs and perspectives." (Moore-Gilbert 1997: 115)

Der Abstraktionsgrad der Bhabha'schen Konzeptionen ist gewiss hoch; aber er lässt sich mit dem Hinweis auf die hier beschriebene Bezogenheit entkräften; gerade durch ihren eklektischen Charakter. Bhabha bezieht sich nicht nur auf eine Vielzahl theoretischer Ansätze, sondern außerdem auch auf sehr konkrete Gegenstände (etwa aus Bildender Kunst und Literatur), die er gerade in ihren Details wahrnimmt.

Ein Problem bleibt die Verklammerung von theoretischer und praktischer Ebene. Bhabha trifft keine politischen Aussagen für identitätspolitische Problemstellungen der Migranten in ihrer realen Lebenssituation. An diesen Aspekt schließt sich einerseits ein allgemeiner ‚Elite-Vorwurf' an – sowohl im Hinblick auf die Phänomene, die Bhabha bearbeitet, d.h. die kulturellen Repräsentationsformen in der Hochkultur in Kunst und Literatur, als auch im Hinblick auf seine eigene Position als postkolonialer Theoretiker, der erst durch seine komplexe Lesart das Potenzial kultureller Sphären aufzudecken vermag. Problematisch erscheint damit ebenso, dass Bhabha als Intellektueller mit kolonialem Hintergrund zu sehr in der europäischen, besonders in der französischen poststrukturalistischen Literatur- und Kulturtheorie verhaftet ist.

Childs und Williams fassen die Kritik an Bhabhas Kulturtheorie in drei Hauptrichtungen zusammen (vgl. Childs/Williams 1997). Erstens bezieht sich die Kritik auf Bhabhas Anwendung von Konzepten und Theorien. Dabei geht es nicht nur um den oft assoziativ wirkenden Abstraktionsgrad Bhabhas.[19] Die von Bhabha formulierten Konzepte sind bestimmten (post-)kolonialen Theorien entnommen, die in historische Konzepte eingebunden sind. Die Kritiker fragen sich, inwiefern Bhabha die Konzepte dekontextualisiert und dehistorisiert. Damit stellen sich Fragen nach der Verallgemeinerung von Konzepten aus ganz konkreten, historischen kolonialen Kontexten. Zweitens erscheint die Übertragung psychoanalytischer Konzepte fragwürdig: Dienen die Begrifflichkeiten eher illustrativen Zwecken oder sind sie als Analogien zu verstehen? In der Annahme, Bhabha verwende psychoanalytische Kategorien in Analogie, kritisieren Young und Thomas, dass Bhabha Geschlechterverhältnisse als basale Freud'sche Kategorien ignoriert. Thomas ist davon überzeugt, dass Bhabha durch die Anwendung psychonalytischer Kategorien eher Aussagen allgemeiner Art machen kann, als die Spezifik kolonialer Situation beschreiben zu können, die Bhabha als relativ einheitlichen Untersuchungsgegenstand voraussetzt. Drittens wird Bhabhas An-

---

[18] Zur deutschen Rezeption des Konzepts der kulturellen Hybridität vgl. Ha (2005: bes. 85ff.).
[19] „(H)e seems to segue very easily from the specific to the general." (Childs/Williams 1997: 143)

satz der Definition des kolonialen Subjektes kritisiert, in dem er die Binarität von Kolonisator und Kolonisiertem zu dekonstruieren sucht. Besonders Parry wirft ihm vor, den machtbesetzten Antagonismus und die Aggressionen von Kolonisator und Kolonisiertem zu verschleiern. „By subsuming the social to the textual representation, Bhabha represents colonialism as transactional rather than conflictual." (Parry nach Childs/Williams 1997: 145)

Ein Teil dieser Kritikpunkte ist sicher darin begründet, dass Bhabha nicht in der konstruktivistischen, poststrukturalistischen Tradition gesehen wird, in die er sich selbst stellt. Sämtliches Kulturelles wird hier selbstverständlich als kontingente Setzung aufgefasst. Aus einer anderen Kritikrichtung stoßen wir auf denselben Punkt. Eine dekonstruktivistische Kritik am Dekonstruktivisten Bhabha lautet, seine Kulturkonzeption sei zu statisch (vgl. Ueckmann 2005: 246). Wie wir etwa am Übersetzungsbegriff zeigten, ist das Gegenteil der Fall. Allerdings: Bhabha sieht nicht nur das Spiel der Differenzen, sondern mit dem Bereich der Aussagen auch die Notwendigkeit des Vorhandenseins eines Diskurses, in dessen Dimension diese erst zu spielen vermögen. Bhabha als Poststrukturalisten zu begreifen, heißt demnach anzuerkennen, dass für ihn Kulturen nicht prädiskursiv, sondern immer nur im differentiellen Modus der Äußerung existieren.

Ein anderer Kritikpunkt wird von Bachmann-Medick formuliert: Ist der Dritte Raum als „gemeinsamer Bezugspunkt" oder als eine Dimension „geteilter Erfahrung" (Bachmann-Medick 1998: 26) zu verstehen, ist er somit ein „Raum oder eher eine Erfahrungs- und Existenzform" (Bachmann-Medick 1998: 22)? Auf diese Frage findet sich bei Bhabha keine explizite Antwort. Dass sie sich für ihn nicht stellt, verweist darauf, dass eine entsprechende Erfahrung in der Alltagspraxis vorzuliegen scheint. Demnach läge der Dritte Raum dort, wo sich beide Momente treffen: in der anti-essentialistischen, nicht-holistischen Vorstellung von hybriden Kulturen als Effekte eines mittels Differenzen Bedeutung artikulierenden Modus alles Kulturellen. Ein anderer Zugang zu dieser Frage besteht darin, die übersubjektiv artikulierte Welt als Effekt des Aushandlungsprozesses zu begreifen, insofern im Vorgang der Übersetzung eine Dynamik entsteht, die Subjekte produziert, indem sie sie permanent erneut identifiziert und damit ein kulturelles Kontinuum erzeugt, in dem zugleich eine Weltartikulation vorliegt wie auch ein Wissen um deren Kontingenz bzw. die Prozessualität der Kultur (vgl. Bonz 2006). Eine weitere Antwort auf die Frage nach der Beschaffenheit des Dritten Raums entwickelt Nadig im Rückgriff auf psychoanalytische Konzeptionen wie dem intermediären Raum Winnicotts oder Bions Vorstellungen von ‚Containment' (vgl. Nadig 2000). Sie ermöglichen, das Subjekt eines Selbst zu denken, „das flexibel genug ist, um in der sich wandelnden Umgebung kohärent zu bleiben" (Nadig 2000: 92).

Literatur von Homi K. Bhabha

Bhabha, H. K.(Hg.): Nation and narration. London/New York 1990.
Bhabha, H. K.: Introduction: Narrating the nation. In: Ders. (Hg.): Nation and narration. London/New York 1990, S. 1-7.
Bhabha, H. K.: Postcolonial Criticism. In: Greenblatt, S./Gunn, G. (Hg.): Redrawing the Boundaries: The Transformation of English and American Literary Studies. New York 1992, S. 437-465.
Bhabha, H. K.: The location of culture. London/New York 1994.
Bhabha, H. K.: Culture's In-Between. In: Hall, S./Du Gay, P.: Questions of cultural identity. London 1998, S. 53-60.

Rutherford, J.: The Third Space – Interview with Homi Bhabha. In: Ders. (Hg.): Identity: Community, Culture, Difference. London1990, S. 207-221.

Weitere zitierte Literatur

Bachmann-Medick, D.: Dritter Raum. Annäherung an ein Medium kultureller Übersetzung und Kartierung. In: Breger, C./Döring, T.: Figuren der/des Dritten. Erkundungen kultureller Zwischenräume. Amsterdam/Atlanta 1998, S. 19-36.

Bonz, J.: Das Leben in »ELLOHENN DEEOHENN« oder Homi Bhabhas Identifikationen. In: Preußer, H.-P./Probst, L./Wilde, M. (Hg.): Kulturphilosophen als Leser. Porträts literarischer Lektüren. Göttingen 2006, S. 399-412.

Bronfen, E.: Vorwort. In: Bhabha, H. K.: Die Verortung der Kultur. Tübingen 2000, S. IX-XIV.

Childs, P./Williams, R. J. P.: Bhabha's hybridity. In: Dies.: An introduction to Post-Colonial Theory. London 1997, S. 122-156.

Gondek, H.-D.: Subjekt, Sprache und Erkenntnis. Philosophische Zugänge zur Lacanschen Psychoanalyse. In: Ders./Hofmann, R./Lohmann, H.-M. (Hg.): Jacques Lacan – Wege zu seinem Werk. Stuttgart 2001, S. 130-163.

Ha, K. N.: Hype um Hybridität. Kultureller Differenzkonsum und postmoderne Verwertungstechniken im Spätkapitalismus. Bielefeld 2005.

Härtel, I.: Verrückte Phantasie, paranoide Autorität, politische Psychose. Ein Lektüreversuch (Homi K. Bhabha). In: Pazzini, K.-J./Schuller, M./Wimmer, M. (Hg.): Wahn, Wissen, Institution. Bielefeld 2005, S.91 – 113.

Hars, E.: Hybridität als Denk- und Auslegungsfigur. Homi K. Bhabha theoretisches Engagement. In: http://www.kakanien.ac.at/beitr/theorie/Ehars1.pdf, Stand: 21.01.2002.

Hars, E.: Postkolonialismus – nur Arbeit am Text? Homi K. Bhabhas theoretisches Engagement. In: arcadia, Bd. 39/2004, Heft 1, S. 121-135.

Hoeller, C.: Don't mess with Mister In-Between. In: www.nextroom.com-juerg meister. 1998. Stand: 23.08.2005.

Mitchell, W. J. T.: Translator translated. Interview with cultural theorist Homi Bhabha. In: http://prelectur.stanford.edu/lecturers/bhabha/interview.html 1995. Stand: 07.09.2005.

Moore-Gilbert, B.: Postcolonial theory. London/New York 1997.

Nadig, M.: Interkulturalität im Prozess. Ethnopsychoanalyse und Feldforschung als methodischer und theoretischer Übergangsraum. In: Lahme-Gronostaj, H./Leuzinger-Bohleber, M. (Hg.): Identität und Differenz – Zur Psychoanalyse des Geschlechterverhältnisses in der Spätmoderne. Opladen 2000, S. 87-101.

Ueckmann, N.: Mestizaje – Hibridación – Créolisation – Transculturación: Kontroversen zur Kulturmoderne. In: Solte-Gresser, C./Struve, K./Ueckmann, N. (Hg.): Von der Wirklichkeit zur Wissenschaft. Aktuelle Forschungsmethoden in den Sprach-, Literatur- und Kulturwissenschaften. Hamburg 2005, S. 227-252.

Ethnographien fremder Kulturen

Victor W. Turner: Rituelle Prozesse und kulturelle Transformationen

Peter J. Bräunlein

Leben und Werk Victor W. Turners sind wie bei kaum einem anderen Kulturwissenschaftler des 20. Jahrhunderts eng verschränkt. Seine intellektuellen Suchbewegungen waren verknüpft mit den Umständen der Zeitgeschichte und lebendiger biographischer Erfahrung. Es ist die Fähigkeit Victor Turners, Antworten auf existentielle und allgemeine gesellschaftliche Problemstellungen in kulturtheoretischen Modellen zu formulieren, auf der seine ganz eigentümliche, bis heute andauernde Wirkungskraft beruht.

Victor Turner wurde am 28. Mai 1920 in Glasgow, Schottland geboren, als Sohn einer Schauspielerin und eines Elektroingenieurs. Nach Trennung der Eltern wächst der junge Turner bei seiner Großmutter auf, hin- und hergerissen zwischen seinen Leidenschaften für Kunst und Wissenschaft (vgl. Turner 1989: 7ff.; Edith Turner 1985). Zunächst beginnt er das Studium der englischen Literatur am *University College* in London, das er jedoch 1941 abbrechen muss, da er zur Armee eingezogen wird. Er verweigert indes den Dienst an der Waffe und wird einer Bombensucheinheit zugewiesen. 1943, inmitten von Zerstörung und Krieg, lernt er seine Frau Edith Lucy Brocklesby Davis kennen und heiratet sie. Noch während des Krieges entdeckt Turner durch die Lektüre zweier ethnologischer Klassiker seine Leidenschaft für die Ethnologie. Es sind die Samoa- und Andamanen-Ethnographien Margaret Meads bzw. Radcliffe-Browns. Unmittelbar nach dem Krieg studiert Turner im neu gegründeten *Department of Anthropology* der Universität London dieses Fach in Gesellschaft eines Raymond Firth, Darryll Forde, Meyer Fortes, Edmund Ronald Leach, Alfred Reginald Radcliffe-Brown und Siegfried F. Nadel, um 1949 mit dem B.A. abzuschließen. Max Gluckman (1911-1975) regt seine Beschäftigung mit dem Marxismus an, und er ist es auch, der Turner nach Manchester an sein neues Department holt, das als die „Manchester-School" bekannt werden sollte.[1] Theoretisch standen Konflikt, Prozess und rituelle Integration im Mittelpunkt, methodisch entwickelt wurde die sog. *extended-case-study*. Turners Begeisterung für einen humanistischen Marxismus, den er mit seinen Kollegen in Manchester teilt und der ihn zum Beitritt in die Kommunistische Partei veranlasst, ist verbunden mit der Vision eines ethisch-moralischen Neuanfangs der Nachkriegszeit. Unter paternalistischer Anleitung Max Gluckmans reisen die Turners 1950 nach Nord-Rhodesien (heute Sambia). Institutionell an das von Gluckman gegründete *Rhodes-Livingstone-Institute* (Lusaka) angebunden, beginnt Victor Turner jene Feldforschung, die ihm zu einem intellektu-

---

[1]   Max Gluckman wurde als Sohn russisch-jüdischer Eltern in Johannesburg geboren und besuchte die Universitäten Witwatersrand und Oxford (PhD Examen 1936). Bekannt wurde Gluckman durch seine Forschungen zu politischen Systemen von Ethnien Zentral- und Südafrikas und durch seine dezidiert antikoloniale Kritik. 1949 erhielt er die erste Professur für ‚social anthropology' an der University of Manchester. Er und seine Schüler bearbeiteten soziale Konflikte und gesellschaftliche Widersprüche, wie sie durch den Kolonialismus verursacht worden waren. Tribale Rechtssysteme, Land-Stadt-Migration, Rassismus und Urbanisierungsprozesse waren weitere Themen Gluckmans.

ellen Abenteuer gerät und ihn alsbald bekannt machen sollte. Zweieinhalb Jahre verbringen die Turners bei den Ndembu, vorwiegend in der Ortschaft Mukanza, und bereits 1955, ein Jahr nach ihrer Rückkehr, wird die PhD-Schrift *Schism and Continuity in an African Society* (publiziert 1957) vollendet. In dieser Zeit, enttäuscht von der realpolitischen Entwicklung in Osteuropa (Ungarn-Krise 1956), wendet sich Turner vom Kommunismus ab und (re-)konvertiert 1957 zum Katholizismus. Damit einher gehen die intellektuelle Ablösung von Manchester und die Neuorientierung in die USA. Ohne die politische Ethnologie zu vergessen, sind es vor allem Ritual und Symbol, die von nun an in das Zentrum seiner Beschäftigung rücken. 1963 tritt Turner eine Professur an der *Cornell University* an, zwischen 1968 und 1977 lehrt er an der *University of Chicago* und wechselt schließlich 1977 an die *University of Virginia* in Charlottesville. Hier hat er bis zu seinem Tod die *William R. Kenan*-Professur für *Anthropology and Religion* inne (vgl. Manning 1990). Turners Jahre in Amerika fallen in eine Zeit gesellschaftlicher Umbrüche. Die Proteste gegen den Vietnamkrieg, die Civil-Rights und Black-Power-Bewegungen, die gesellschaftliche Aufbruchstimmung und utopische Entwürfe der Hippie „counter-culture" werden von Turner aufmerksam wahrgenommen und intellektuell verarbeitet. Hinzu kommt sein Interesse an Wallfahrtswesen und Pilgerschaft, das ihn nach Mexiko, Irland und Frankreich führt und die Beschäftigung mit europäischer Religionsgeschichte anregt.

Je älter Turner wird, desto vielfältiger werden seine Interessen. Auf der Suche nach einer humanwissenschaftlichen Synthese bewegt er sich zwischen Ethnologie, Religionswissenschaft, Soziologie, Philosophie, Psychoanalyse, Semiotik, Theater- und Literaturwissenschaft und Neurobiologie. Inmitten schöpferischer Rastlosigkeit stirbt Victor W. Turner am 18. Dezember 1983 an einem Herzinfarkt. Bestattet wird sein Leichnam nach den Riten der katholischen Kirche und den Trauerzeremonien der Ndembu (vgl. Willis 1984).

Werk

Der Name Turner wird in den Kulturwissenschaften vor allem mit Ritualforschung verbunden. Wiewohl in einer tribalen Gesellschaft (der Ndembu) „gefunden", werden diese ethnographischen Modelle vielfach aufgegriffen und auf gesellschaftliche Zustände der (Spät-) Moderne übertragen. Vier in diesem Sinne wirkungsreiche Konzepte sind dabei zu nennen: das „soziale Drama", der „rituelle Prozess", „Liminalität" und „communitas".

Das „soziale Drama"

Turner beginnt seine Feldforschung unter den Vorgaben der strukturfunktionalistischen Ethnologie. Gesellschaft wird dabei als Gleichgewichtsystem verstanden. Sozialstruktur, Politik, Wirtschaft sind Faktoren, die das System regeln, und der Ethnologe untersucht und beschreibt den jeweils kultur-spezifischen Regelmechanismus. Auffällig dis-funktional und regelmäßig traten jedoch in der Ndembu-Gesellschaft Spannungen auf, hervorgerufen durch den Gegensatz von matrilinearer Deszendenz und virilokaler Residenz.[2] Die gegen-

---

[2] In einem matrilinearen Abstammungssystem wird einseitig die mütterliche Linie gezählt. Die Stellung des Mutterbruders ist in solchen Verwandtschaftssystemen durchweg stark. Virilokale Residenz bedeutet, dass nach Eheschließung die Frau zum Wohnsitz des Mannes übersiedelt. Die Spannungen der Ndembu-

Victor W. Turner: Rituelle Prozesse und kulturelle Transformationen   151

läufigen Ansprüche sowohl der Väter als auch der Mütterbrüder erzeugten permanent Konfliktstoff. Ehescheidungen, Spaltungen und Auflösung der Dörfer waren die Folge. Turner untersucht nun detailliert solche Konfliktfälle. Den Kern der Konflikte erkennt er in den ,taxonomischen' Beziehungen zwischen den Akteuren (durch Verwandtschaft, Strukturposition, politischen Status etc.) und deren aktuellen Interessenübereinstimmungen bzw. -gegensätzen (Turner 1957). Form, Verlauf und emotionale Aufladung der Konflikte erinnerten Turner an Shakespeares und Ibsens Dramen. Inspiriert von Aristoteles' Tragödien-Theorie führt Turner den Begriff ,social drama' in die Kulturanalyse ein.

Ein soziales Drama verläuft aus der Sicht Turners in vier Phasen: Zunächst erfolgt ein *Bruch* sozialer Normen (1), der in eine *Krise* mündet (2). Die entstandene Krise bringt zwangsläufig Versuche der *Bewältigung* und *Reflexivität* mit sich (3). Formen der Konfliktbewältigung können formale Gerichtsverhandlungen sein und/oder rituelle Aktivitäten wie etwa Divination. Diese führen in der Phase 4 entweder zu einer *Reintegration* oder zu einem unüberwindbaren *Bruch*.

Über das Konzept des sozialen Dramas erkennt Turner die Bedeutung ritueller Prozesse und darin die Macht der Symbole in der menschlichen Kommunikation. Zudem wurde der Weg gewiesen, Gesellschaft über den Parameter ,Prozess' wahrzunehmen. Ereignissteuernde Handlungen konkreter Individuen sowie Kräfte, die unabhängig von der soziostrukturellen Matrix wirken, konnten damit ins Auge gefasst werden. Das Gleichgewichtsmodell der strukturfunktionalen Schule war damit nicht überwunden, aber wesentlich bereichert worden.

Der kulturanalytische Transfer vom ethnographischen Fallbeispiel in das allgemein Menschliche, wie ihn Turner immer wieder leistet, ist hier erstmals angelegt. Tatsächlich sieht Turner im sozialen Drama die ursprünglichste, alle Zeiten überdauernde Form menschlicher Auseinandersetzung und den Ursprung des Theaters. An Krisen seiner Gegenwart, Watergate-Skandal und Irankrise, will Turner den analytischen Wert des Konzeptes deutlich machen (vgl. Turner 1989).

Der rituelle Prozess

Rituelles Handeln und der Einsatz von Symbolen haben konfliktlösende Potenz, so glaubte Turner in seiner Analyse der Ndembu-Konflikte erkannt zu haben. Religion sei demnach weit mehr als Abbild sozialer Strukturen, und Rituale seien keinesfalls auf die Funktion als „sozialer Klebstoff" zu reduzieren. In *Chihamba the White Spirit: A Ritual Drama of the Ndembu* (1962) entfaltet Turner nicht nur einen bestimmten Ndembu-Ritual-Typus, sondern beginnt auch mit dem Entwurf seiner besonderen Ritualauffassung und Symboltheorie, die sich in weiteren zahlreichen Arbeiten niederschlagen wird.

Das Chihamba Ritual der Ndembu gehört zu der Gruppe jener wichtigen Rituale, mit deren Hilfe Leiden wie Krankheit, Empfängnisstörung oder Jagdpech, alles verursacht durch die Heimsuchung von Ahnengeistern, beseitigt werden. Hat ein Betroffener solch ein „ritual of affliction" als Initiand durchlaufen, ist er damit Mitglied eines Kultbundes geworden. Das Ehepaar Turner erlebte das Chihamba-Ritual aus eigener Anschauung, von „innen heraus" mit. Dieses eigene persönliche Erleben ebenso wie die Dialoge mit Mucho-

---

Gesellschaft resultierten aus der Tatsache, dass die Töchter ihrer eigenen matrilinearen Verwandtschaftsgruppe entzogen und den Interessen einer fremden Verwandtschaftsgruppe überantwortet wurden.

na, dem so wichtigen Exegeten der Ndembu-Kultur, sind für Turners Ritualtheorie von erheblicher Bedeutung.

Zentrale Elemente des rituellen Prozesses sind zum einen Schlüsselsymbole, zum anderen der Moment der spezifisch kulturellen Erfahrung. Schlüsselsymbole stellen die kleinsten Einheiten eines Rituals dar. Es sind „storage units" (Turner 1968: 1-2), in denen kulturelle Bedeutung, d.h. das, was für eine Kultur bedeutsam ist, gespeichert ist. Das rituelle Symbol dient als Wegmarke, so die Etymologie des Ndembu-Wortes *kujikijila* („den Pfad markieren"), und als hermeneutischer Schlüssel, wie das Wort *ku-solola* („sichtbar machen"), vergleichbar mit Hans-Georg Gadamers *alétheia*, nahe legt.

Die Bedeutung erschließt sich dem Initianden erlebnishaft. Im rituellen Prozess werden auf diese Weise immer wieder die Kernwahrheiten einer Kultur existenziell vergegenwärtigt und reproduziert. Schlüsselsymbole beziehen sich auf die empirische Welt (Pflanzen, Tiere, Landschaften, Heilstoffe, Farben). Sie haben „Knoten"-Funktion für einander überschneidende Klassifikationsgruppen (vgl. Turner 1989b: 46), und ordnen sich in Clustern des Spannungsfeldes zweier Pole: ideologisch – orektisch. Der ideologische Pol verweist auf die strukturellen Normen und Prinzipien. Der orektische oder sensorische Pol (griech. *orektikos* = die Begierde betreffend) stellt physiologische und emotionale Bezüge zu allgemein menschlichen Erfahrungen her. Als aussagekräftiges Beispiel dient der *mudyi*-Baum (Weißer-Saft-Baum). Seine milchige Flüssigkeit ist verbunden mit dem Aspekt des Stillens und den damit verbundenen Emotionen, aber auch mit Matrilinearität, die die normative Ordnung repräsentiert. Damit verdichtet sich sowohl das Obligatorische wie auch das Erwünschte im Symbol.

Im rituellen Prozess kann in der Psyche der Teilnehmer ein Austausch zwischen dem orektischen und dem normativen Pol stattfinden, und somit verbinden sich disparate, ja widersprüchliche Bedeutungen zu einer Einheit.

Von außen betrachtet herrscht zunächst Vieldeutigkeit vor. Erst die Semantik des Ritus lässt das jeweils gemeinte Prinzip einzeln hervortreten. Um ein Kernsymbol zu entschlüsseln, sind drei Bedeutungsebenen zu berücksichtigen: (1) die manifeste Bedeutung, die dem Subjekt bewusst und voll verständlich ist, (2) die latente Bedeutung, die dem Subjekt nur marginal bekannt ist, und die (3) verborgene Bedeutung, die gänzlich unbewusst ist und die in Beziehung zu frühkindlichen (kulturrelativen oder allgemeinmenschlichen) Erfahrungen steht.

Exemplarisch verdeutlicht Turner solche symbolische Bedeutungsvielfalt an den Farben rot, weiß und schwarz. Diese Farben finden im Erleben der Körpersubstanzen wie Blut, Sperma und Fäzes ihre Referenz, die übertragen wird auf das soziale Klassifikationssystem. Je nach Kontext kann weiß z.B. für das Leben, das Gute, Gesundheit, Reinheit, Macht stehen (vgl. Turner: 1966, 1967). Später wendet Turner auch hier das bei den Ndembu Beobachtete ins Allgemeine und entwickelt eine vergleichende „symbology". Er überträgt die Ndembu-Symbolik der Farbe weiß auf die Schilderungen von Christi Tod, Auferstehung und dem Auffinden des leeren Grabes, oder auf Herman Melvilles dramatische Schlussszene aus Moby Dick. Das tragische Scheitern dieser Jagd auf den weißen Wal setzt Turner analog zur Hybris des modernen Menschen, der seine Abhängigkeit vom reinen „Sein" und damit die Tugend der Demut vergessen hat (vgl. Turner 1975: 187-203).

Turner betont am Beispiel des Isoma-Rituals, dass Symbole und ihre Beziehungen untereinander nicht nur „kognitive Klassifikationen zur Ordnung des Ndembu-Universums", sondern auch „sinnreiche Mittel zur Mobilisierung, Kanalisierung und Kontrolle starker

Victor W. Turner: Rituelle Prozesse und kulturelle Transformationen 153

Emotionen wie Haß, Furcht, Zuneigung und Leid [sind]. Darüber hinaus haben sie einen zweckgerichteten und einen ‚konativen' (das Wollen und Handeln betreffenden) Aspekt" (Turner 1989b: 47). Der ganze Mensch, so schreibt Turner, „nicht nur das ‚Denken' der Ndembu, ist existentiell in das Problem des Lebens oder des Todes, dem das *Isoma*-Ritual gilt, verstrickt" (Turner 1989b: 47).

Die Betonung der existenziellen Dimension des rituellen Prozesses wird verständlich aus Turners eigener Erfahrung, die ihn zurück zum Katholizismus führte. Turner erlebte seine eigene Teilnahme an Ndembu-Ritualen als beglückend. Abhängigkeit von reinem „Sein" und Teilhabe am Göttlichen standen im Zentrum des Gemeinschaftserlebens. Die rituelle Situation ist „tatsächlich sowohl von transzendenten als auch von immanenten Kräften erfüllt" (Turner 1989a:126f.). ‚Chihamba' liest sich ausschnittsweise als Polemik gegen den Werteverfall der Moderne, vor allem gegen einen blutleeren Szientismus, der den Menschen als spirituelles Wesen aus den Augen verloren hat. Turner beharrte dementsprechend in seiner Ritualdefinition auf transzendentem Bezug: Ein Ritual ist „vorgeschriebenes, förmliches Verhalten bei Anlässen, die keiner technologischen Routine überantwortet sind und sich auf den Glauben an unsichtbare Wesen oder Mächte beziehen, die als erste und letzte Ursachen aller Wirkungen gelten" (Turner 1969; Übersetzung aus Kramer 2000: 211).

Das Ritual sei im Gegensatz zur struktur-stabilisierenden Zeremonie eine verändernde Kraft. Es sei, so formuliert Turner, von unendlicher Tiefe, und er verweist auf das dialektische Verhältnis von ‚Grund' und ‚Ungrund', wie es der Mystiker Jakob Böhme in Anlehnung an Meister Eckhart darlegte (vgl. Turner 1989a: 131). Turners eigene Ritualerfahrungen weckten sein Interesse an den Arbeiten des Psychologen Mihaly Csikszentmihalyi, vor allem an dessen „flow"-Konzept. Das in liminalen und liminoiden Situationen auftretende ekstatische persönliche Erleben nennt Turner demnach „Fluß", charakterisiert u.a. durch ein Verschmelzen von Handeln und Bewusstsein, Bündeln der Aufmerksamkeit, Ich-Verlust – Glücklichsein (vgl. Turner 1989a: 88ff.). Victor Turner setzt sich in diesem Zusammenhang mit der Philosophie John Deweys und Wilhelm Diltheys auseinander und initiiert eine „Ethnologie des Erlebens" – „anthropology of experience" (Turner 1986).

„Liminalität" und „communitas"

Rituale sind für Turner kulturelle Laboratorien für gleichermaßen persönlich-existentielle wie kollektive Transformationsvorgänge. Für Turners Verständnis ritueller Prozesse sind die Begriffe „Liminalität" und „communitas" wichtig. Für deren Konzeptualisierung ist auch hier eine Krisenerfahrung der Auslöser. Mitte 1963 stehen die Turners unmittelbar vor ihrer Übersiedlung in die USA. Ihr bisheriges Heim in Manchester ist aufgelöst, und man wartet in der Hafenstadt Hastings auf die Klärung der notwendigen Visa-Formalitäten. Just in diesen Tagen löst die Nachricht von der Ermordung John F. Kennedys einen tiefgehend Schock bei Victor Turner aus. Selbst an der Schwelle zwischen zwei Welten stehend, einer ungewissen Zukunft entgegenblickend, entdeckt Turner genau in diesem Lebensmoment mit zunehmender Faszination Arnold van Genneps Studie *Übergangsriten*. In der öffentlichen Bibliothek in Hastings entstand dabei der wohl berühmteste und wirkungsreichste Aufsatz Victor Turners: *Betwixt and Between: The Liminal Period in Rites of Passage* (1964). Turner spürt hierin dem Geheimnis von Veränderungen im menschlichen Leben nach und entwickelt die beiden Kategorien „Liminalität" und „communitas", die für sein weiteres Denken und Forschen zentral bleiben sollten.

Der französische Volkskundler van Gennep hatte frühzeitig (1909) auf eine dreifältige Grundstruktur von Übergangsritualen hingewiesen: Loslösung (séparation), Übergangs- oder Transformationsphase (marge), Eingliederung in den neuen Status (agrégation). Tur- ner setzt hier an und legt gewissermaßen das ethnologische Vergrößerungsglas über die mittlere, die sog. liminale Phase (lat. limen = „Schwelle"), um im Detail die hierin stattfin- denden Abläufe zu studieren. Zentrale Wesensmerkmale dieses rituellen „nicht mehr" und „noch nicht" sind Paradoxie und Mehrdeutigkeit. Die Neophyten, so zeigt Turner am Bei- spiel der Ndembu und anderer tribaler Übergangsrituale, gelten für die Gesellschaft regel- recht als tot, sind von ihr abgetrennt, und sie befinden sich während der Übergangszeit in Gesellschaft von Ahnengeistern oder Monstren, die die Toten repräsentieren. Neophyten werden als Leichen und/oder Embryos behandelt. Man misst ihnen Attribute der Auflösung (Dreck, Ede, Fäulnis) zu, sie gelten als geschlechtslos oder als zweigeschlechtlich. Die Demütigungen, die die Initianden erdulden müssen, dienen der Zerstörung des früheren Status, lehren Demut und bereiten den neuen Status vor. Neophyten werden, so beschreibt es Turner, zur *prima materia*, zu ungeformtem Rohstoff in einem Wandlungsvorgang zwi- schen Tod und Wachstum, symbolisch repräsentiert durch Mond, Tunnel, Schlange, Nackt- heit usf. In der Liminalität werden damit auf einzigartige Weise die Gegensätze eines „we- der-noch" und eines „sowohl-als-auch" konkretisiert. Im Schwellenzustand erfolgt die Konfrontation der Neophyten mit den *sacra*, den heiligen Objekten, und damit vollzieht sich die Enthüllung des „Wirklichen". Ethische und soziale Pflichten, technologische Fer- tigkeiten werden gelehrt – das innerste einer Gesellschaft und Einsichten über den „Platz des Menschen im Kosmos" offenbaren sich. Die Initianden lernen somit, in abstrakter Wei- se über die eigene Gesellschaft nachzudenken. Liminalem Erleben wohnt Reflexivität inne. Während das Verhältnis der Neophyten zu den Erziehern, den Älteren und rituell Ältesten, ausgeprägt hierarchisch strukturiert ist, ist das Verhältnis der Neophyten untereinander durch absolute Gleichheit charakterisiert. Die liminale Gruppe ist eine Gemeinschaft, in der sich gleichberechtigte Individuen begegnen, fern jeglicher struktureller Positionsbestim- mungen. Das im Schwellenzustand aufkommende Gefühl der Humanität hat mystischen Charakter. Turner bezeichnet diese Gemeinschaft mit dem Begriff „communitas" (vgl. Turner 1969/1989b). „Communitas" sei wesentlich anti-strukturell und verhalte sich zur „Struktur" einer Gesellschaft dialektisch.

Turner listet eine ganze Reihe binärerer Gegensatzpaare auf, die die Dichotomie von Schwellenzustand und Statussystem kennzeichnen: „Übergang/Zustand; Totalität/Partiali- tät; Homogenität/Heterogenität; Communitas/Struktur; Gleichhheit/Ungleichheit; Anony- mität/Bezeichnungssysteme; Besitzlosigkeit/Besitz; Statuslosigkeit/Status; Nacktheit oder uniforme Kleidung/Kleidungsunterschiede; Sexuelle Enthaltsamkeit/Sexualität; Minimie- rung der Geschlechtsunterschiede/Maximierung der Geschlechtsunterschiede; Ranglosig- keit/Rangunterschiede" usw. (Turner 1989b: 105).

Die in der liminalen Phase ablaufenden Vorgänge sind anarchisch und stellen mitunter die kulturelle Ordnung „auf den Kopf". Dennoch wird die Struktur niemals grundsätzlich in Frage gestellt. „Communitas" ist letztlich Quelle des Humanen, aus der jede Gesellschaft sinnstiftende und erneuernde Kraft schöpft. Turner verweist hier auf Martin Bubers Ver- ständnis von Gemeinschaft. Diese sei „das Nichtmehr-nebeneinander, sondern Beieinander einer Vielheit von Personen, die, ob sie auch mitsammen sich auf ein Ziel zu bewegen, überall ein Aufeinander zu, ein dynamisches Gegenüber, ein Fluten von Ich und Du erfährt. Gemeinschaft ist, wo Gemeinschaft geschieht" (Buber 1984: 185). Das Gefühl der Humanität, wie es im Schwellenzustand aufkommt, hat mystischen Charakter (vgl. Turner 1989b: 104). „Communitas" sei eine verändernde Kraft. Sie dringt, so schreibt Turner, in der „Liminalität" durch die Lücken der Struktur, in der Marginalität an den Rändern der Struktur und in der Inferiorität von unterhalb der Struktur ein, sie gilt fast überall auf der Welt als sakral (vgl. Turner 1989b: 125). In seinem Buch *The Ritual Process: Structure and Anti-Structure* (Turner 1969) arbeitet Turner die Konzepte „Liminalität" und „communitas" weiter aus, und er schlägt darin die Brücke von vor-modernen zu komplexen Gesellschaften (vgl. Schomburgh-Scherff 2001). Zu den Erscheinungsformen der „communitas" rechnet Turner millenaristische Bewegungen, schließlich auch die Verhaltensnormen der sog. „Beatgeneration". Turner arbeitet an seinem „communitas"-Konzept religionshistorisch und kulturvergleichend. Das in „communitas" enthaltene Veränderungspotential entdeckt Turner im Martyrium des Thomas Becket (12. Jh.), in der mexikanischen Revolution, in der frühen franziskanischen Bewegung und den bengalischen Sahajiyas (15./16. Jh.) (vgl. Turner 1974). Drei Formen von „communitas" werden herausgearbeitet: spontane, normative und ideologische „communitas". Spontane „communitas" bildet sich jenseits institutioneller Vorgaben (Beispiel Woodstock), wohingegen normative „communitas" typisch für Übergangsrituale sei. Ideologische „communitas" werde in politischen Programmen und utopischen Entwürfen mehr propagiert als gelebt.

Charakteristisch sei, dass lebendige „communitas" kein Dauerzustand sein könne, sondern, so lehrt es die Geschichte, immer eine Tendenz zu Routine, Institutionalisierung und damit Hierarchisierung aufweise. Die franziskanische Bewegung, so ein Beispiel, zeigte in der Entstehungsphase noch die Qualität von gelebter Egalität. Alsbald sei jedoch „communitas" zum Programm erstarrt, das Gleichheitselement zugunsten von hierarchischen Strukturen aufgelöst worden, Dynamik wich institutioneller Verfestigung. Diese Entwicklung wiederum provozierte ihrerseits erneut gegenstrukturelle Bewegungen.

Till Förster verweist hier auf Analogien zu Max Webers Idealtypus der charismatischen Herrschaft. So entsteht Herrschaft zunächst spontan aus persönlichem Charisma und begünstigt eine Erfahrung, die der Turner'schen communitas ähnelt, aber nicht von Dauer sei kann. Im anschließenden Prozess der Institutionalisierung festigt sich charismatische Herrschaft und wandelt ihren Charakter (Amtscharisma) (vgl. Förster 2003).

Das Modell von Gemeinschaft, das Turner als Ergebnis im rituellen Prozess herausarbeitet, vor allem die hierbei skizzierte Dichotomie „communitas" vs. Struktur erinnert an Ferdinand Tönnies' Hauptwerk *Gemeinschaft und Gesellschaft* (1887). Allerdings, und auch darauf weist Till Förster hin, wird nach Tönnies Gemeinschaft nicht durch rituelle Erfahrung erzeugt, sondern durch den Willen der Akteure. Es ist der „Wesenswille", der jedem Individuum zu eigen ist und aus dem heraus der Mensch zur Gemeinschaft ‚Ja' sagt. Ideale Gemeinschaft in diesem Sinn wird gelebt in Klöstern, der (Kern-)Familie oder der Dorf-Gemeinschaft. Der „Kürwille" hingegen bringt Gesellschaft (Bürokratie, Industriegesellschaft) hervor. Turner wie Tönnies sind latent kulturpessimistisch. Im Menschlichen begründete Gleichheit und hierarchische Struktur lösen einander im Laufe der Geschichte ab, doch überwiegt in der Moderne die „Struktur" bzw. der „Kürwille" und produziert pathologische Störungen (vgl. Förster 2003).

Bei seinem Bemühen, Konzepte wie „Liminalität" und „communitas" in das Allgemeinmenschliche zu rücken und auf komplexe Gesellschaften (des Westens) zu übertragen, ergaben sich Unschärfen, und so führte Turner die Unterscheidung von „liminal" und „liminoid" ein. Als ausgesprochen liminoides Phänomen, abseits der Übergangsriten zyklischer Gesellschaften, wird z.B. die Pilgerschaft charakterisiert (vgl. Turner & Turner 1978), und in seiner Schrift *From Ritual to Theatre. The Human Seriousness of Play* (1982/1989a) ordnet Turner liminoide Bereiche der Kunst und Unterhaltung zu. Liminoide Phänomene komplexer Gesellschaften haben fragmentarischen, pluralistischen, experimentellen und spielerischen (ludischen) Charakter. Sie sind meist individuelle Hervorbringungen und transportieren oftmals Sozialkritik.

Seit seiner Teilnahme an einem Initiationsritual der Ndembu stand für Turner die Bedeutung von „Religion" in kulturellen Transformationsvorgängen außer Frage. In seinem Spätwerk geht es ihm überdies um die menschliche Kreativität, die sich in rituellen und symbolischen Prozessen entfaltet (vgl. Rosaldo 1993). Der Mensch westlicher komplexer Gesellschaften findet im liminoiden Erleben, im Spiel, Möglichkeiten, seine kreativen Potentiale zu entwickeln. Hier, in einem Zwischen-Raum, abgelöst von Alltagszwängen, kann gesellschaftlich Neues entstehen. Somit ist Kreativität „in jedem Fall der eigentliche Gegenstand ritueller Erfahrung – unabhängig davon, ob sie in liminalen Phasen von Passageriten vormoderner Gesellschaften oder in den liminoiden Räumen und Zeiten der Moderne entsteht. Dieser Gedanke kann als der eigentliche Kern der späteren Fassung [von Turners] Ritualtheorie verstanden werden", schreibt Till Förster (2003: 712).

Wirkung und Kritik

Für viele Kulturwissenschaften, allen voran Ethnologie und Religionswissenschaft, gehört Turner, neben Mary Douglas und Clifford Geertz, mit zu den einflussreichsten Persönlichkeiten der jüngeren Vergangenheit.[3] Turners Fähigkeit, Abstraktionen wie „soziales Drama", „Feld", „Metapher", „Liminalität", „communitas", „Gegen-Struktur", „Ludisches" und „Liminoides" und dergleichen mehr in essayistischer, d.h. offener Form zu präsentieren, sein müheloses Überschreiten disziplinärer Grenzen und sein großartiges Gespür, dem Rätsel des Humanum in Ritual und Spiel, in Kunst und Religion, im Drama des Lebens selbst auf den Grund zu gehen, all dies erklärt die große Breitenwirkung von Turners Werk und gleichzeitig die Kritik daran (vgl. Bräunlein 1999: 338ff.).

Die Kritik an Turners Werk hebt vor allem auf folgende Bereiche ab: Vergeblich sei Turners Bemühung, den Strukturfunktionalismus hinter sich zu lassen. Letztendlich könne er nicht umhin, die sozialstrukturell stabilisierende Funktion von Ritualen hervorzuheben. „Anti-Struktur" ist keineswegs das „Ganz-Andere", sondern Quelle von konstruktiver Erneuerung von „Struktur" (vgl. Morris 1987). Die weitläufigen Analogiebildungen lassen seine Konzepte mitunter vage, ja beliebig erscheinen (vgl. Geertz 1980). Allzu offenkundig sei ein Hang zur Idealisierung, gepaart mit ahistorischen Ableitungen. Gemeinschaftserleben, so eine weitere Kritik, hat nicht nur spirituelle Qualität, sondern kann sich mitunter vom Fest zum Pogrom wandeln, und aus einem gemeinschaftlichen ‚Wir' wird Hass gegen ‚Andere'. Nicht universale Geschwisterlichkeit, sondern sozio-kulturelle Differenz wird damit generiert.

---

[3] Zu Clifford Geertz vgl. den Beitrag von Karsten Kumoll in diesem Band.

Zudem: Hinter der Weisheit liminaler Reflexivität und befreiender Gemeinschaftserfahrung, die Turner im traditionellen Übergangsritual bewunderte, verbergen sich, aus Sicht der Neophyten, schlicht qualvolle Torturen und Schrecknisse. Dass die Schwellenphase auch dazu dient, die Macht der Alten und ihre Hierarchiepositionen unauslöschlich und brutal einzuprägen, vermag Turner „adultistisch befangen" (Baudler 1994) nicht wahrzunehmen.

Die Übertonung letztlich symbolischer Vorgänge und exegetischen Wissens mache den jeweiligen Akteur im rituellen Prozess unsichtbar (vgl. Deflen 1991). ‚Religion' wird von Turner in seinem „communitas"-Modell letztlich in metaphysisch-zeitlose spirituelle Erfahrung übersetzt. Religion als ein Interaktionsmuster, das in konkret politischen, ökonomischen und historischen Feldern verankert ist, wird der Analyse damit unzugänglich (vgl. Gronover 2005: 98).

Nicht zuletzt ist ihm sein Bekenntnis zum Katholizismus, welches ethnologischwissenschaftliche Analyse ideologisch verforme, vorgehalten worden: Der Ethnologe Turner werde zum spekulativen Philosophen, und die Konzepte „Liminalität" und „communitas" würden zu nebulösen, schnell abgenutzten Phrasen verkommen (vgl. Ivanov 1993).

Trotz der vielfältigen Kritik sind Victor Turners Anregungen zum Ritual- und Symbolverständnis aus der aktuellen Diskussion nicht mehr wegzudenken. Turner öffnete den Blick für die kulturelle Gestaltungskraft ritueller Prozesse, die individuelle und kollektive Kreativität freisetzen. Der von ihm entworfene „rituelle Mensch" bleibt eine Herausforderung für Kultur- und Gesellschaftstheorien.

Literatur von Victor Turner

Turner, V.: Schism and Continuity in an African Society: a Study of Ndembu Village Life. Manchester 1957.

Turner, V.: Chihamba the White Spirit. A Ritual Drama of the Ndembu. Manchester 1962.

Turner, V.: Betwixt and Between: The Liminal Period in Rites de Passage. In: Helm, J. (Hg.): Proceedings of the 1964 Annual Spring Meeting of the American Ethnological Society. American Ethnological Society. Seattle 1964, S. 4-20 [Rep. in Turner1967: 93-111].

Turner, V.: Color Classification in Ndembu Ritual: A Problem in Primitive Classification, in: Michael Banton (Hg.): Anthropological Approaches to the Study of Religion. London 1966, S. 47-84.

Turner, V.: The Forest of Symbols. Ithaca 1967.

Turner, V.: The Drums of Affliction: A Study of Religious Processes among the Ndembu of Zambia. Oxford 1968.

Turner, V.: The Ritual Process. Structure and Anti-Structure. Chicago 1969.

Turner, V.: Dramas, Fields and Metaphors. Ithaca 1974.

Turner, V.: Revelation and Divination in Ndembu Ritual. Ithaca 1975.

Turner, V.: From Ritual to Theatre. The Human Seriousness of Play. New York 1982.

Turner, V.: On the Edge of the Bush. Anthropology as Experience. Tuscon 1985.

Turner, V.: Dewey, Dilthey, and Drama. An Essay in the Anthropology of Experience. In: Turner, V./ Bruner, E.M. (Hg.): The Anthropology of Experience. Urbana 1986, S. 33-44.

Turner, V.: Vom Ritual zum Theater. Der Ernst des menschlichen Spiels. Frankfurt/M. 1989a [= Turner 1982].

Turner, V.: Das Ritual. Struktur und Anti-Struktur. Frankfurt/M. 1989b [= Turner 1969].

Turner, V./Turner E.: Image and Pilgrimage in Christian Culture. New York 1978.

Weitere zitierte Literatur

Baudler, B.: Über das ‚Kontinuum-Konzept‘ der Jean Liedloff, die Initationen der Ye'kuana und die Initiationsfolter bei Pierre Clastres. Oder: eine Ethnologie, die voll und ganz im Adultismus befangen ist, ist ein Unding. In: Kea – Zeitschrift für Kulturwissenschaften, 6, 1994, S.49-70.

Bräunlein, P.J.: Victor Witter Turner (1920-1983). In: Michaels, A. (Hg.): Klassiker der Religionswissenschaft. München 1997, S. 324-341.

Buber, M.: Das dialogische Prinzip. Heidelberg 1984.

Deflem, M.: Ritual, Anti-Structure, and Religion: A Discussion of Victor Turner's Processual Symbolic Analysis. In: Journal for the Scientific Study of Religion, 30 (1), 1991, S. 1-25.

Förster, T.: Victor Turners Ritualtheorie. Eine ethnologische Lektüre. In: Theologische Literaturzeitung, 128 (7-8), 2003, S. 704-716.

Geertz, C.: Blurred Genres: The Refiguration of Social Thought. In: American Scholar, 29 (2), 1980, S. 165-179.

Gronover, A.: Theoretiker, Ethnologen und Heilige. Ansätze der Kultur- und Sozialanthropologie zum katholischen Kult. Münster 2005.

Ivanov, P.: Zu Victor Turners Konzeption von ‚Liminalität‘ und ‚Communitas‘. In: Zeitschrift für Ethnologie, 118, 1993, S. 217-249.

Kramer, F.: ‚Ritual‘. In: Streck, B. (Hg.): Wörterbuch der Ethnologie. Wuppertal 2000, S. 210-213.

Manning, F.E.: Victor Turner's Career and Publications. In: Ashley, K. (Hg.): Victor Turner and the Construction of Cultural Criticism: between Literature and Anthropology. Bloomington 1990, S. 170-177.

Morris, B.: Anthropological Studies of Religion. Cambridge 1987.

Rosaldo, R. et al. (Hg.): Creativity/Anthropology. Ithaca 1993.

Schomburgh-Scherff, S.M.: Victor Witter Turner. The Ritual Process. In: Feest, Ch. F./Kohl, K.H. (Hg.): Hauptwerke der Ethnologie. Stuttgart 2001, S. 485-492.

Turner, E.: Prologue: From the Ndembu to Broadway. In: Turner, V.: On the Edge of the Bush. Anthropology as Experience. Tuscon 1985, S. 1-18.

Van Gennep, A.: Les Rites de passage. Paris 1909.

Willis, R.: Victor Witter Turner (1920-1983). In: Africa, 54, 1984, S. 73-75.

Mary Douglas: Symbolische Anthropologie und die Entdeckung der Konsumkultur

Hans Peter Hahn

Mary Douglas ist eine der wichtigsten VertreterInnen der symbolischen Anthropologie. Ausgehend von ihren zentralafrikanischen Studien ist es ihr gelungen, symbolistische Interpretationen in provozierender Weise auf die sozialen Verhältnisse westlicher Gesellschaften zu übertragen und damit eine ganze Generation von jungen Anthropologen zu Gesellschaftskritik zu ermutigen. Zugleich hat sie selbst die Entfaltung dieser kritischen Perspektive auf das Eigene als genuin anthropologische Leistung verstanden und diese insbesondere im Bereich des Konsums zu einem neuen wirtschaftsethnologischen Ansatz weitergeführt.

Ethnographische Feldforschungen

Geboren im Jahr 1921, wuchs Mary Douglas bei ihren Großeltern in Südengland auf und erhielt ihre Schulbildung in einer katholischen Klosterschule. Nachdem sie während des 2. Weltkrieges in der damaligen belgischen Kolonie Kongo gearbeitet hatte, studierte sie 1946-51 Sozialanthropologie bei Edward E. Evans-Pritchard in Oxford und konnte ab 1949 eigene ethnographische Forschungen, wiederum im Kongo, durchführen (vgl. Fardon 1999). Sie beschäftigte sich dort mit der ethnischen Gruppe der Lele und veröffentlichte eine Monographie sowie zahlreiche Aufsätze über die Kultur und Gesellschaft der Lele. Dabei interessierte sie sich für so unterschiedliche Dinge wie Religion (vgl. Douglas 1955, 1957a), Siedlungsformen (1952, 1957b) und lokale Geldformen (1958, 1962, 1967).

Über den Kreis afrikaorientierter Ethnologen hinaus bekannt und für die Entwicklung des Kulturbegriffes insgesamt von Bedeutung ist Douglas jedoch durch ein Werk, das 15 Jahre nach Abschluss ihrer ersten Feldforschung erschien und ein sehr viel umfassenderes Thema zum Gegenstand hat. In ihrem Buch *Reinheit und Gefährdung. Eine Studie zu Vorstellungen von Verunreinigung und Tabu* aus dem Jahr 1966 (deutsch 1985) zeigt sie, wie bestimmte symbolische Zuordnungen von Dingen zu bestimmten Personen mit der Notwendigkeit einer sichtbaren Bestimmung der Gruppe als solcher zu erklären sind. In diesem Werk befasst sie sich auch mit dem dritten Buch Mose, in dem Dutzende von „unreinen" Tieren aufgezählt werden, die deshalb von den Angehörigen des Volkes Israel nicht gegessen werden dürfen. Douglas' Interpretation abstrahiert von diesen Tabus und auch von der Kategorie des „Unreinen" und konzentriert sich auf die praktischen Konsequenzen für die soziale Gruppe, die solche symbolischen Werte anerkennt, und sich damit selbst Gebote und Verbote auferlegt. Ihre afrikanischen Erfahrungen sind ein wichtiges Fundament für diese Überlegungen, was daran zu erkennen ist, dass sie auch ausführlich von den

Lele berichtet, bei denen unter anderem Milch als unrein gilt und deshalb nicht getrunken werden darf.

Gerade die Assoziation von Milch mit „Unreinheit" macht es für den westlichen, an Milchkonsum gewöhnten Betrachter augenfällig, dass solche Verbote keine „objektiven" Eigenschaften von Dingen beschreiben. Es handelt sich vielmehr um Symbole, die sich eine Gruppe im Prozess der bedeutungsvollen Auslegung der Umwelt selbst gegeben hat. Mary Douglas ist davon überzeugt, dass Menschen immer wieder aktiv und kreativ ihre materielle Umwelt nutzen, um verbindliche soziale Bedeutungen zu schaffen und gesellschaftliche Strukturen zu generieren oder zu bestätigen. Allgemeiner gesprochen ist daraus zu folgern, dass die richtige Interpretation von Symbolen universelle Strukturen des Sozialen aufdecken kann.

Die Beispiele der Lele in Zaire und der alttestamentarischen Speisetabus sind für sie nur Ausgangspunkte auf dem Weg zu der Feststellung, dass es in allen Gesellschaften weltweit Vorstellungen darüber gibt, was als „unrein" gilt. Natürlich sind diese Festlegungen, die fast immer mit der tiefen körperlichen Empfindung der zugewiesenen Eigenschaften (Ekel, Reinigungsbedürfnis, Appetit etc.) einhergehen, ganz unterschiedlich. Dass solche Empfindungen allen Kulturen eine regulatorische Wirkung haben („Der Ekel ist unüberwindbar") wurde von anderen Autoren als einer der grundlegenden Zusammenhänge einer modernen Anthropologie des Körpers herausgestellt (vgl. Csordas 1999). Aber gerade die Willkürlichkeit solcher Empfindungen ist ein Indiz dafür, dass es nicht um Ekel, Unreinheit und Reinheit als solches geht, sondern um die damit artikulierte Ordnung.

Gesellschaftskritik

Diese These hat Douglas dann wenig später auf die gegenwärtigen Gesellschaften des Westens ausgedehnt. Sie hebt hervor, wie groß die Rolle von solchen Gruppensymbolen (ungenießbare Dinge, Abscheu gegenüber bestimmten Objekten) gerade auch in Industriegesellschaften ist. Douglas erläutert dies in ihrem darauf folgenden Buch mit dem deutschen Titel *Ritual, Tabu und Körpersymbolik* (1970, deutsche Übersetzung 1974). Demnach lassen sich Gesellschaften im Hinblick auf die beiden folgenden Fragen vergleichen:

1. Welche Rolle spielen Gruppensymbole auf der Ebene zwischen einzelnen Personen?
2. Welche Rolle spielen Symbole auf der Ebene der Abgrenzung zwischen sozialen Gruppen?

Der Unterschied zwischen allgemeinen Regeln, die für alle Individuen gültig sind, und gruppenspezifischen Regeln, die ganz exklusiv für einen Kreis von Personen gelten, wird bei Douglas zum grundlegenden Merkmal, nach dem gesellschaftliche Strukturen zu verstehen sind. Sie führt dafür zwei Parameter ein: „grid" (= Gitter) und „group" (= Gruppe). „Gitter" bezeichnet Regeln, die für alle Individuen in der Gesellschaft gleichermaßen gelten. „Gruppe" bezeichnet hingegen die bedeutungsvollen Zeichen und Normen der Abgrenzung zwischen verschiedenen Gruppen der Gesellschaft. Aus den möglichen Kombinationen dieser beiden Parameter ergeben sich vier verschiedene Gesellschaftstypen. Beispielsweise ist die hohe Bedeutung von Gittersymbolen und Gruppensymbolen in Gesellschaften zu finden, die in Altersklassen, Kasten oder andere, unüberwindbare soziale Grenzen unterteil sind. Religion (z. B. der Islam, oder in Indien, der Hinduismus) könnte in einer solchen Gesellschaft eine große Rolle spielen. Zugleich bietet diese Gesellschaft dem Individuum ein starkes Gefühl von Einordnung, Sicherheit und Geborgenheit.

Im Kontrast dazu stehen Gesellschaften mit schwacher Gitter- und Gruppensymbolik. Diese Gesellschaften sind durchlässig, die Frage der Zugehörigkeit ist nie klar definiert, und die Freiheiten des Individuums stellen einen hohen Wert dar. In dieser Konstellation sind die westlichen Gesellschaften unmittelbar wiederzuerkennen. Douglas weist auch auf die Kehrseite der niedrigen Bedeutung von „regulatorischen Symbolen" hin: Das subjektive Empfinden von Gefahr ist größer, die Individuen fühlen sich orientierungslos und bedroht; sie sind auf sich selbst verwiesen, um mit ihren Problemen fertigzuwerden. Eine solche Gesellschaft entwickelt einerseits den größten Individualismus, da der Einzelne ja kaum gebunden ist, andererseits entstehen in solchen Gesellschaften oft ganz spontan neue, zum Teil gefährliche Gruppensymbole. Ein Beispiel dafür wäre „Nationale Zugehörigkeit" als Symbol und Norm, die mit in westlichen Demokratien immer wieder spontan auftretenden xenophobischen Handlungsmustern verknüpft sind.

Die in diesen Erklärungen enthaltene Gesellschaftskritik ist offensichtlich: Douglas warnt vor der in westlichen Gesellschaften zu jener Zeit übermächtigen Tendenz, kollektive Symbole und Werte als bedeutungslose Traditionen abzulehnen. Die aus ihrer Sicht immer deutlicher hervortretende Wertfreiheit könne auch zum Fatalismus der Individuen führen, die sich an keine Handlungsrichtlinien mehr gebunden fühlen. Es ist möglich, diese Position als eine Verteidigung der katholischen Kirche zu sehen (vgl. Kohl 2000), und es ist denkbar, dass Mary Douglas persönlich durch ihren Schulbesuch und als lebenslang praktizierende Katholikin dafür sensibilisiert war, christlichen Zeichen und Ritualen eine andere, weitergehende Bedeutung zuzumessen, als die damalige kritische, kirchenferne Öffentlichkeit. Ähnlich wie andere Ethnologen, die sich zum Katholizismus bekannten, z. B. Victor Turner[1], hat sich Douglas öffentlich gegen die damals viel diskutierten Reformen des 2. vatikanischen Konzils geäußert. Dabei kritisierte sie insbesondere die darin zum Ausdruck kommende Ablehnung bestimmter ritueller Aspekte der katholischen Liturgie (vgl. Fardon 1999: 251).

Symbolische Anthropologie

Mary Douglas' anthropologischer Ansatz kann mit einigem Recht als symbolische Anthropologie bezeichnet werden, die Symbole auf der Ebene der Bedeutungsentfaltung betrachtet, und auch auf die Konsequenzen symbolisch vermittelter Normen für gesellschaftliche Strukturen insgesamt eingeht (vgl. Gottowick 2001). Dennoch lassen sich in ihrem Konzept auch Spuren funktionalistischer Gedanken entdecken. Sie selbst hebt hervor, dass nicht die Symbole und die damit verbundenen Zeichen selbst wichtig sind, sondern der Akt des Bezeichnens, also die Bereitschaft einer Gruppe, ein Symbol und die daraus abgeleiteten Handlungsmuster als Moment der Abgrenzung anzunehmen. Das Handeln der Gruppe und damit das Symbol selbst hat eine Funktion, es trägt nämlich zur Befriedigung eines Bedürfnisses bei und ist nützlich, indem es den Gruppenzusammenhalt stärkt, und zur Aufrechterhaltung der Gesellschaft beiträgt. In dieser Hinsicht ist Douglas ganz klar eine geistige

---

[1] Zu Victor Turner vgl. den Beitrag von Peter J. Bräunlein in diesem Band.

Erbin von Émile Durkheim, für den Symbole in erster Linie Strukturen der Gesellschaft abbilden. Zugleich steht sie in der besten britischen Tradition des Funktionalismus (Bronislaw Malinowski) und mehr noch des Strukturfunktionalismus, wie er von Albert Radcliffe-Brown und dessen Schüler Evans-Pritchard vertreten wurde (vgl. de Heusch 2007). Gerade Evans-Pritchard hat in seinen ethnographischen Studien in der Republik Sudan herausgestellt, wie sehr die Religion diejenige zentrale gesellschaftliche Institution ist, die den Zusammenhalt einer Gesellschaft garantiert.

Allerdings ist der Funktionalismus bei Douglas gewissermaßen ein rudimentärer Funktionalismus, der bis auf die Funktion des „sozialen Zusammenhalts" alle anderen Funktionen aus dem Feld der Betrachtung verbannt hat. Dieser Reduktion steht eine neue, überzeugende Erklärung über die Leistungsfähigkeit von Symbolen gegenüber. In Ritualen und Magie, die James Frazer, einer der Begründer der britischen Sozialanthropologie noch als Handlungsmuster interpretierte und als Vorstufe der Wissenschaftlichkeit, als falsch verstandene Naturgesetze sah, sieht Douglas nun das Elixier des Fortbestandes der Gesellschaften. Nicht mehr die „Gesetze von Gleichheit und Kontakt", sondern die artikulierten Inhalte sind jetzt bedeutsam. Die Gegenüberstellung mit den Thesen von Frazer zeigt, wie weit der Weg ist, den die britische *Social Anthropology* gegangen ist.

Tatsächlich hat die britische Tradition des Faches es mit Douglas geschafft, die Fokussierung auf beobachtete Handlungsweisen, die bei Frazer und Malinowski dominieren, aufzuheben und sogar ins Gegenteil zu verkehren: Nun zählt genau das „Sprechen über", die willentliche Artikulation. Nicht mehr die Beobachtung einer Handlung, sondern die Tatsache der Ankündigung eines Tabus oder eines gemeinsam geachteten Gebots ist nun zentral für den Fortbestand der Gesellschaften. Anstelle der Reduktion auf praktische Handlungsweisen (die bei Malinowski so wichtig war) rücken nun das Sprechen über Symbole und sogar ein schriftlich niedergelegter Text in den Rang einer ethnographischen Quelle auf: Nämlich der Bericht über die Speisetabus im alten Testament.

Im Widerspruch zur britischen Tradition steht auch Mary Douglas' Position zum Kulturvergleich. Während die klassischen Vertreter des britischen Strukturfunktionalismus davon ausgingen, die Komplexität jeder einzelnen Gesellschaft lasse es nicht zu, diese mit anderen zu vergleichen, betrachtete Douglas den Vergleich als wichtigstes Instrument einer richtig verstandenen Anthropologie. Um den von ihr gefundenen Zusammenhang von Symbolen, Handlungsweisen und sozialer Organisation vergleichend zu betrachten, reduzierte sie allerdings die Bedeutung von Symbolen und ihre Wahrnehmung radikal. „The first simplifying assumption is that the infinite array of social interactions can be sorted and classified into a few grand classes. The object is not to come up with something original, but gently to push what is known into an explicit typology that captures the wisdom of a hundred years of sociology, anthropology and psychology. [...] Grid/Group analysis does this by reducing social variation to only a few grand types, each of which generates its own self-sustaining perceptual blinkers." (Douglas 1982a: 1-2) Erst durch diesen Kunstgriff der Vereinfachung wurde es möglich, weltweit alle Gesellschaften nach den Parametern von „Grid" und „Group" zu klassifizieren und damit die Erklärungskraft ihres Konzeptes plausibel zu machen.

Mary Douglas: Symbolische Anthropologie und die Entdeckung der Konsumkultur 163

Konsumstile als Rituale und Symbole sozialer Differenzierung

Dieser selbstbewußte und problemorientierte Umgang mit kultureller Komplexität eröffnete Mary Douglas schließlich auch den Weg zu einem neuen Arbeitsfeld, in dem sie sich ebenfalls große Verdienste erworben hat. Es geht dabei um kulturwissenschaftliche Perspektiven auf Konsum, also die wichtigste Form alltäglicher Auseinandersetzung mit dem Materiellen überhaupt. Douglas' ursprüngliches Interesse am Konsum lässt sich auf ihr Anliegen zurückführen, das Feld wirtschaftlichen Handelns wieder stärker in der Ethnologie einzubringen. Anstelle dessen führten die Überlegungen sie zunächst zu einer Kritik an der Praxis ökonomischer Forschung und zur Zurückweisung des Konzepts des „unergründlichen Konsumenten" (zuerst 1977, nachgedruckt als: Douglas 2001). Letztlich ist es ihr doch gelungen, eine neue, wesentlich an Phänomenen des Konsums orientierte Wirtschaftsethnologie ins Leben zu rufen, wie etwa Daniel Miller (1995c: 270) im Rückblick feststellt.

Mary Douglas nähert sich dem Thema Konsum von den Regeln und Praktiken der Ernährung (vgl. Douglas 1982b) her. Sie geht also aus von einem ihr schon lange vertrauten Thema, dass ein unbefangener Betrachter zunächst unmittelbar einem primären menschlichen Bedürfnis, nämlich der Ernährung, zuordnen würde. Dennoch, oder vielleicht gerade deshalb, betont sie, wie wenig Konsum mit Bedürfnissen und Notwendigkeiten erklärbar ist. Gemeinsam mit dem Ökonom Baron Isherwood stellt sie in ihrer zuerst im Jahre 1978 veröffentlichten Konsumanalyse die folgende radikale Forderung auf: „Forget that commodities are good for eating, clothing, and shelter; forget their usefulness and try instead the idea that commodities are good for thinking." (Douglas und Isherwood [1978] 1996: 40f.). Sie fassen mithin Güter ausschließlich als System von Informationen auf und erläutern, wie soziale Gruppen anhand ihres Besitzes und Gebrauchs bestimmter Konsumgüter präzise erfasst werden können. Ähnlich wie bei Bourdieu sind die Konsumgüter, ihr Preis und das Wissen um ihre richtige Verwendung der Schlüssel sozialer und ökonomischer Differenzierung.

Im Unterschied zur nur wenig später veröffentlichten Theorie von Bourdieu (1979) über die *Die feinen Unterschiede*[2] geht es Douglas und Isherwood um die gesellschaftlichen Strukturen, die durch die Relationen der Gegenstände untereinander und durch die Beziehungen zwischen Dingen und Menschen geschaffen werden. Dabei wenden sie neue, eng an die Konsumforschung angelehnte Methoden der Untersuchung an: Douglas und Isherwood prüfen für einzelne Dinge den Grad der „Sättigung" in bestimmten Haushalten, oder, etwa bei Lebensmitteln, die Frequenz ihres Konsums. Wichtige Indikatoren sind herausgehobene Konsumgüter wie Fernseher oder PKW. Die Autoren korrelieren die vorliegenden Statistiken für solche Güter mit der Zugehörigkeit zu sozialen Gruppen, Status und anderen Aspekten kultureller Identität der Besitzer. Dadurch wird deutlich, dass die so untersuchten Objekte eindeutige und bedeutungsvolle Zeichen der Unterscheidung zwischen sozialen Gruppen sind. Die Frage, wie diese Art der „Kommunikation mit Dingen" genau funktioniert, erörtert Mary Douglas in einer späteren Publikation (1994) genauer. Sie unterscheidet dabei zwischen Selbstzuschreibung und Zuschreibung durch die soziale Gruppe („autographic and allographic objects"), die einander ergänzende Systeme der Bedeutungszuweisung bilden.

---

[2] Zu Pierre Bourdieu vgl. den Beitrag von Stephan Moebius in diesem Band.

Entschiedener als andere Anthropologen, die sich mit der Konsumforschung befassen, konzentrieren sich Douglas und Isherwood auf einen bestimmten Blickwinkel auf die Dinge: Da der alltägliche Gebrauch der Dinge für den Zweck der Untersuchung ja „vergessen werden" sollte, können sie die „Semiotisierung der Sachwelt" genauer als andere Autoren beschreiben (vgl. Hahn 2005: 134-136). Wie schon in den früheren Studien gelingt es Douglas damit, auch den Zugang zu Konsum in ihren eigenen konzeptuellen Rahmen zu fassen und damit eine universell anwendbare Theorie des Konsums vorzulegen. Wieder überspitzt sie in polemischer Form die Bedeutung ihres Konzepts, kann aber auch zeigen, wie offensichtlich dessen Gültigkeit gerade für die westlichen Gesellschaften ist. Verbindungen zwischen den früheren Werken und dem Konsumthema wurden bereits anhand der Rolle von Nahrungsmitteln erwähnt. Noch stringenter ist sie aber, wenn die regulatorische Kraft symbolischer Bedeutungen in den Mittelpunkt des Gesamtwerkes gestellt wird. Die Verbindung zu dem früher entwickelten Schema von „Grid" und „Group" ist unverkennbar: Bestimmte Konsumgüter sind starke Gruppensymbole. Menschen handeln, indem sie Konsumentscheidungen treffen und sich damit als zugehörig zu einer Gruppe zu erkennen geben. Die virtuose Handhabung der symbolischen Dimension der Güter lässt den Moment des Konsums gleichsam als Ritual erscheinen, nicht viel anders als die Speisegebote und -verbote in den früheren Werken.

Die Nähe zu Pierre Bourdieu ist dabei nicht nur eine punktuelle Koinzidenz, sondern lässt sich auf die grundlegend übereinstimmende Perspektive auf Symbole und Bedeutungen zurückführen. Schon aufgrund früherer Veröffentlichungen (Douglas 1973) gab es enge Kontakte zu dem französischen Soziologen und Anthropologen; und sie teilt grundsätzlich dessen differenzierte Sicht über die Wirkung von Symbolen. Im Gegensatz zu Durkheim (und vielleicht auch zu Claude Lévi-Strauss) sind Bedeutungen bei Douglas niemals einfach nur „vorhanden". Vielmehr bedürfen sie stets der Bestätigung und des Handelns derer, für die ein bestimmtes Symbol oder eine Norm relevant sein soll. In dieser Hinsicht ist Douglas – zusammen mit Bourdieu – nur eingeschränkt den französischen Traditionen der „Semiologie" (Saussure) und des Strukturalismus (Lévi-Strauss) zuzurechnen. Viel besser passt das Paradigma von Thorstein Veblen (1899) und damit eines anthropologisch fundierten Pragmatismus, der sich um differenzierte, handlungstheoretisch begründete Aussagen zur Wirksamkeit von Symbolen bemüht. Symbole können soziale Unterschiede nur dann begründen, wenn die Angehörigen der verschiedenen Gruppen („High Culture" und „Low Culture") die Unterschiede und die Gemeinsamkeiten anerkennen (vgl. Douglas 1981).

Die Nähe zu Traditionen der französischen Anthropologie, die Douglas mehrfach nachgesagt wurde, muss deshalb gerade im Lichte ihrer jüngeren Arbeiten in Frage gestellt werden. Douglas Kritik am Strukturalismus in der Prägung von Claude Lévi-Strauss war eindeutig und heftig. Gegen die abstrakten Analysen fordert sie: *„It should never again be permissible to provide an analysis of an interlocking system of categories of thought which has no demonstrable relation to the social life of the people who think in these terms"* (Douglas 1970: 303). Wie Adam Kuper (1983: 183) erläutert, ist ihr Werk vielmehr eng verwandt mit dem Schaffen von Victor Turner, der sich ja auch um die alltäglichen Folgen der Anerkennung von Symbolen bemüht hat. Wie weit alltägliches Denken und Handeln durch Symbole und Bedeutungsmuster geprägt werden, wird auch an zwei jüngeren Werken erläutert, die sich mit der Wahrnehmung von Risiken (Douglas 1982a) und dem Denken von Institutionen auseinandergesetzt haben. In dem Buch mit dem Titel „How Institutions think" (Douglas 1986) wird insbesondere die Frage nach der sozialen Begründung bestimmter Handlungsweisen thematisiert.

Die eigenwillige Verbindung von Symbolanalyse und pragmatischer Konzeptualisierung von Kultur könnte ohne weiteres als eine Spielart des „Symbolischen Pragmatismus" (Fellmann 1991) eingeordnet werden. Die Fragen der Wahrnehmung und der Auslegung von Symbolen sind dabei viel wichtiger als die Struktur als solche. Symbole sind nicht ein autonomes Phänomen, sondern nur durch ihre Wahrnehmung zu erklären. Mary Douglas teilt diese Auffassung mit dem schon mehrfach erwähnten Victor Turner. Beiden gemeinsam ist außerdem, dass sie in Großbritannien erst mit langer Verzögerung die erwartete Anerkennung erhielten und deshalb, wenigstens vorübergehend, ihr wissenschaftliches Arbeitsfeld in den Vereinigten Staaten fanden. Mary Douglas war von 1977-1981 für die Russell Sage Foundation in New York tätig. Ab 1981 bis zu ihrer Emeritierung hatte sie eine Professur an der Northwestern University in Chicago inne. Mit ihrer Pensionierung Ende der 1980er Jahre kehrte sie nach Großbritannien zurück. Ein Zeichen ihrer späten Anerkennung war die Wahl als Fellow in die British Academy im Jahr 1989. Mary Douglas starb im Jahr 2007 im Alter von 82 Jahren.

Fazit

Mary Douglas war eine in mehrfacher Hinsicht ungewöhnliche Anthropologin, die durch ihre originellen Konzepte in außerordentlichem Maße zum positiven öffentlichen Ansehen des Faches und zur Entwicklung einer anthropologischen Kulturtheorie beitrug. So unumstritten die Anerkennung für ihr Lebenswerk und die hohe Bedeutung ihrer Ergebnisse sind, so kritisch sind manche methodologischen Aspekte ihres Vorgehens zu sehen. Heute würde kaum ein Kulturwissenschaftler ihr Verfahren des Vergleichs und der Verallgemeinerung als wissenschaftlichen Arbeitsplan akzeptieren. Weiterhin würden viele die unhinterfragte Integration biblischer Texte in den Korpus ethnographischer Quellen wenigstens als problematisch betrachten.

Dennoch verdanken die Kulturwissenschaften ihr wesentliche Impulse für eine genauere Auseinandersetzung mit Symbolen. Die Beziehungen zu französischen Traditionen der Anthropologie (Durkheim, Bourdieu) wurden mehrfach erwähnt, andere haben die Verbindungen zu Michel Foucault (Wuthnow 1984) und Marcel Mauss (Adloff 2007) herausgestellt. Aber es bleibt eine wichtige Einschränkung: Douglas ist keine Symbolforscherin im Sinne des Strukturalismus. Die Analyse von Mythen konnte niemals ihr Thema werden, weil sie darin nicht die treibende Kraft für gesellschaftliches Handeln erkennen konnte. Viel mehr steht sie hier in der britischen (anglophonen) Tradition eines handlungsorientierten Kulturbegriffes und zeigt sich insbesondere als Schülerin von Evans-Pritchard und dessen komplexer Differenzierung von kulturabhängiger Rationalität. Wie bei Evans-Pritchard war einer der Ausgangspunkte ihrer Forschungen die religiöse Praxis, also die alltäglichen Konsequenzen religiöser Vorstellungen. Weit über ihren akademischen Lehrer hinausgehend ist es ihr aber gelungen, grundlegende Zusammenhänge kulturübergreifend plausibel zu machen, und dabei Symbolen und den dadurch vermittelten Handlungsnormen eine herausgehobene Position zuzuweisen. Damit verließ sie auch den engen Rahmen der britischen Sozialanthropologie und fand deshalb, wenigstens vorübergehend, mehr Anerkennung in den USA.

Der Schlüssel zur Kultur bleibt bei Douglas das Handeln, damit auch der Alltag und die Frage, welche Ambivalenzen in der *conditio humana* des auf durch Symbole vermitteltes Wissen angewiesenen Menschen enthalten sind. Für die Relevanz ihres kulturtheoretischen Ansatzes spricht insbesondere die Spannbreite der empirischen Felder, mit denen sie sich befasst hat. Diese reichen von der Religion, über die Anthropologie des Körpers, der Nahrung und des Konsums, bis hin zur Analyse gegenwärtiger Entwicklungen westlicher Gesellschaften. Hier äußerte sie sich kritisch und konnte ihre theoretischen Einsichten nutzbar machen, um die Defizite moderner Gesellschaften aufzuzeigen. Ihr Kulturbegriff ist stets von der Vorstellung geprägt, dass gesellschaftliche Strukturen nicht etwas Gegebenes sind, sondern vielmehr des beständigen Bemühens der Menschen bedürfen, diese zu bestätigen oder zu erneuern. Ihr eigener Kampf um eine bessere Gegenwart, um eine moderne Gesellschaft, die sensibler für die eigenen Symbole und Normen ist und verantwortlich mit ihnen umgeht, muss deshalb als Teil ihres Bildes von Kultur gesehen werden: Ohne den Einsatz der Menschen, ohne das Engagement des Einzelnen, könnte es Gesellschaft, Symbole und Normen nicht geben.

Literatur von Mary Douglas

Douglas, M.: Alternate Generations Among the Lele of the Kasai. In: Africa 22, 1952, S. 59-65.

Douglas, M.: Social and Religious Symbolism of the Lele of the Kasai. In: Zaire 9(4), 1955, S. 385-402.

Douglas, M.: Animals in Lele Religious Symbolism. In: Africa 27(1), 1957a, S. 46-58.

Douglas, M.: The Patterns of Residence Among the Lele. In: Zaire 11(8), 1957b, S. 819-843.

Douglas, M.: Raffia Cloth Distribution in the Lele Economy. In: Africa 28(2), 1958, 109-122.

Douglas, M.: Lele Economy Compared with Bushong. A Study of Economic Backwardness. In: Bohannan, P. und G. Dalton (Hg.): Markets in Africa. Evanston 1962, S. 211-233.

Douglas, M.: Primitive Rationing. A Study in Controlled Exchange. In: Firth, R. (Hg.): Primitive Rationing. A Study in Controlled Exchange. London 1967, S. 119-146.

Douglas, M.: The Healing Rite. In: Man 5(2), 1970.

Douglas, M.: Ritual, Tabu und Körpersymbolik. Sozialanthropologische Studien in Industriegesellschaft und Stammeskultur. Frankfurt a. M. 1974 (original: Natural Symbols. Explorations in Cosmology, London 1970).

Douglas, M. (Hg.): Rules and Meanings: The Anthropology of Everyday Knowledge. Harmondsworth 1973, S. 302-308. Mammonsworth 1973.

Douglas, M.: High Culture and Low (Rez. zu Pierre Bourdieu: La distinction, Paris 1979). In: Times Literary Supplement, 1981.

Douglas, M. (Hg.): Essays in the Sociology of Perception. London 1982a.

Douglas, M.: Food as an Art Form. In: Douglas, M. (Hg.): In the Active Voice. London 1982b, S. 105-113 (original in: Studio International September 1974).

Douglas, M.: Reinheit und Gefährdung. Frankfurt a.M. 1985 (original: Purity and Danger. An Analysis of Concepts of Pollution and Taboo, London 1966).

Douglas, M.: How Institutions Think. Syracuse 1986.

Douglas, M.: The Genuine Article. In: Riggins, S. H. (Hg.): The Genuine Article. Berlin 1994, S. 9-22.

Douglas, M. und Baron Isherwood: The World of Goods. Towards an Anthropology of Consumption. London 1996 (original: 1978).

Douglas, M.: Why do People want Goods? In: Miller, D. (Hg.): Why do People want Goods? London 2001, S. 262-271 (original: in: Listener, Band 98, unter dem Titel „O reason not the need", 1977).

Weitere zitierte Literatur

Adloff, F.: Marcel Mauss – Durkheimien oder eigenständiger Klassiker der französischen Soziologie? In: Berliner Journal für Soziologie, 2007, S. 231-251.

Bourdieu, P.: Die feinen Unterschiede. Kritik der gesellschaftlichen Urteilskraft. Frankfurt a.M. 1982 (original: La distinction. Critique sociale du jugement, Paris 1979).

Csordas, Th. J.: The Body's Career in Anthropology. In: Moore, H. (Hg.): The Body's Career in Anthropology. Cambridge 1999, S. 175-202.

de Heusch, L.: Mary Douglas. In: L'Homme, 2007, S. 215-222.

Fardon, Richard: Mary Douglas. An Intellectual Biography. London 1999.

Fellmann, F.: Symbolischer Pragmatismus. Hermeneutik nach Dilthey. Reinbek bei Hamburg 1991.

Gottowik, V.: Mary Douglas. In: Feest, C.F. und K.-H. Kohl (Hg.): Mary Douglas. Stuttgart 2001, S. 73-77.

Hahn, H. P.: Materielle Kultur. Eine Einführung. Berlin 2005.

Kohl, Karl-Heinz: Das arme Schwein! Mary Douglas ließ sich auf Spiele mit den Schmuddelkindern ein. In: Frankfurter Allgemeine Zeitung, 16.06. 2000

Kuper, A.: Anthropology and Anthropologists. The Modern British School. (Revised Edition). London 1983.

Miller, D.: Consumption Studies as the Transformation of Anthropology. In: Miller, D. (Hg.): Acknowledging Consumption. London 1995, S. 264-295.

Veblen, Th.: Theorie der feinen Leute. Frankfurt a.M. 1986 (original: The Theory of the Leisure Class. An Economic Study of Institutions, New York 1899).

Wuthnow, R.: Cultural Analysis. The Work of Peter L. Berger, Mary Douglas, Michel Foucault and Jürgen Habermas. London 1984.

Clifford Geertz: Die Ambivalenz kultureller Formen

Karsten Kumoll

„For three decades Clifford Geertz has been the single most influential cultural anthropologist in the United States" (Shweder 2005: 1). Richard Shweder steht mit seiner Meinung nicht alleine (vgl. Inglis 2000), doch es ist auffallend, dass die Diskussionen über Geertz' Werk in der Ethnologie heute weitgehend erlahmt sind. Zweifellos hat Geertz' interpretativer Ansatz der Ethnologie eine Unmenge neuer Impulse gegeben, doch spätestens im Rahmen der *Writing-Culture*-Debatte wurden auch die Grenzen von Geertz' symbolischer Ethnologie deutlich, und heute scheint sein Ansatz in erster Linie außerhalb der Ethnologie einflussreich zu sein. Allerdings ist die symbolische Ethnologie nicht allein von wissenschaftshistorischem Interesse; vielmehr kann sie auch heute neue Einsichten in die politischen Verwerfungen unserer Zeit geben. Im Folgenden stelle ich zunächst Geertz' Werdegang und seine frühen modernisierungstheoretischen Forschungen vor (Abschnitt I). Im Anschluss daran skizziere ich den interpretativen Ansatz, den Geertz in den 1960er und 1970er Jahren entfaltet (II). Schließlich geht es um Geertz' neuere Forschungen im Kontext der *Writing-Culture*-Debatte und den Diskussionen über Prozesse kultureller Globalisierung sowie um Kritik, die an Geertz' Ansatz geübt wird (III).

Modernisierungstheoretische Wurzeln

Clifford Geertz wächst während der amerikanischen Depression der 1930er Jahre in Kalifornien auf. 1943 tritt er freiwillig in die US-Armee ein und dient auf der USS *St. Paul*. Geertz überlebt den Zweiten Weltkrieg und fängt 1946 an, Literatur und Philosophie am Antioch College in Ohio zu studieren. Er profitiert von der so genannten GI Bill, die nach dem Krieg ehemaligen Angehörigen des Militärs ein kostenloses College-Studium ermöglicht, und hat bereits ein Berufsziel vor Augen: Geertz „knew he wanted to write, and in 1946 writing to a young American meant literature-and-journalism" (Inglis 2000: 5). Am liberalen Antioch College liest Geertz die Klassiker der angelsächsischen Literatur; er lernt die Literaturkritik von Kenneth Burke kennen und die Philosophie John Austins und Gilbert Ryles. Diese literarischen und philosophischen Einflüsse haben eine große Bedeutung für das Verständnis von Geertz' symbolischer Ethnologie, denn im Gegensatz zu den meisten Ethnologen seiner Zeit ist Geertz' Werk nicht nur grundiert in der Empirie, sondern auch in der Philosophie und der Literaturwissenschaft. Geertz' spätere Mélange aus Literaturkritik, Philosophie und Ethnographie reißt die Barrieren zwischen Kunst und „harter" Wissenschaft ein, ohne das Kriterium der Wissenschaftlichkeit vollständig preiszugeben.

Dass Geertz überhaupt Ethnologe geworden ist, haben wir vielleicht George Geiger zu verdanken, einem der letzten ehemaligen Studenten von John Dewey. Geiger rät Geertz davon ab, Philosoph zu werden und legt ihm stattdessen nahe, er solle Ethnologie studieren. Geertz befolgt Geigers Rat, gibt damit auch seine Pläne auf, in den Journalismus zu gehen und bewirbt sich für ein Postgraduiertenstudium der Ethnologie am neu gegründeten Department of Social Relations der Harvard University. Dem *Department of Social Relations* liegt das ehrgeizige Ziel zu Grunde, eine sozialwissenschaftliche Theorie zu entwickeln, die die Textur des Sozialen im Allgemeinen erfasst. Die Herangehensweise ist multidisziplinär, die Ausrichtung universal, die Grundstimmung optimistisch. Talcott Parsons ist der Übervater dieser Institution, und sein systemtheoretischer Entwurf bildet die konzeptionelle Leitlinie der Ausrichtung des Unternehmens.

1952 bricht Geertz zu seiner ersten Feldforschung nach Indonesien auf, als Teil einer Forschergruppe des ebenfalls neu gegründeten *Centers for International Studies* (CENIS) am Massachusetts Institute of Technology. Mit seiner Frau lebt er über zwei Jahre in Pare auf Java; seine Doktorarbeit erscheint 1960 unter dem Titel *The Religion of Java* (Geertz 1960). Als dieses Buch erscheint, hat Geertz bereits seine zweite Feldforschung hinter sich, diesmal auf Bali. Diese Feldforschung wird nicht nur überschattet von schweren Erkrankungen von Geertz selbst und seiner Frau im „Feld", sondern auch von teilweise bürgerkriegsähnlichen Zuständen, die die Feldforschung erschweren und zu einem lebensgefährlichen Abenteuer machen.

Anders als beispielsweise Bronislaw Malinowski, Raymond Firth oder E.E. Evans-Pritchard forscht Geertz nicht auf kleinen Inseln im Pazifik oder in überschaubaren Stammesgesellschaften Afrikas, sondern in einem Land, das erst kurz zuvor unabhängig geworden ist, eine kaum überschaubare kulturelle und soziale Vielfalt aufweist und, wie Claude Lévi-Strauss wohl sagen würde, historisch ungemein „heiss" ist. Seit den frühen Tagen dieser wegweisenden Feldforschungen interessiert sich Geertz für die wirtschaftlichen, politischen und kulturellen Probleme der so genannten *new states*, also der Vielzahl sich neu formierender Staaten, die aus dem Zusammenbruch der Kolonialreiche hervorgehen. Geertz' analytischer Zugang ist in den frühen 1960er Jahren modernisierungstheoretisch; angeregt von Parsons' Rezeption der Weber'schen Soziologie macht Geertz auch Gebrauch von der Religionssoziologie Max Webers, um den Zusammenhang zwischen religiösen Glaubensvorstellungen und ökonomischem Wandel in Indonesien zu untersuchen. In kurzer Abfolge veröffentlicht er mehrere Bücher, in denen es um die Probleme Indonesiens im Kontext der Modernisierung geht (vgl. 1963a, 1963b, 1965). Diese modernisierungstheoretische Perspektive gibt Geertz zwar später auf, doch die Probleme politischer und kultureller Stabilisierung menschlicher Gemeinschaften ist bis heute ein herausragendes Thema der Geertz'schen Ethnologie (vgl. Geertz 2004). Auch institutionell beschäftigt sich Geertz weiterhin mit den *new states*. Nach kurzen Aufenthalten in Stanford und Berkeley forscht Geertz von 1960 bis 1970 an der University of Chicago, wo er lange Jahre im so genannten „Committee for the Comparative Study of New Nations" arbeitet.

Doch die Zeiten ändern sich, und spätestens Mitte der 1960er Jahre wird klar, dass die Hoffnungen, die in die weltweite Modernisierung der „Dritten Welt" gesteckt worden sind, sich nicht bewahrheiten. 1965 eskaliert die politische Krise in Indonesien: Kommunisten scheitern bei einen Putschversuch, die Armee inszeniert einen Gegenputsch, und nach unterschiedlichen Schätzungen kommen dabei zwischen 100.000 und einer Million Menschen ums Leben. Spätestens seit 1965 weitet sich der Vietnamkrieg aus, und die Modernisierungstheorien werden zunehmend als Teil eines so genannten „military-industrial-academic complex" wahrgenommen, also gewissermaßen als der ideologische Überbau des Kalten Kriegs der Vereinigten Staaten gegen den Kommunismus. Der prekäre Status der amerikanischen Sozialwissenschaften zwischen wissenschaftlicher Unabhängigkeit und der Notwendigkeit, finanzielle Mittel vom Staat zu erhalten, offenbart sich Mitte der 1960er Jahre besonders deutlich mit *Project Camelot*, einem vom US-amerikanischen Militär geplanten Projekt über revolutionäre Bewegungen und „counter-insurgency" in Ländern der „Dritten Welt" – insbesondere vor dem Hintergrund von Befreiungskämpfen in vielen dieser Länder, die als Nährboden für die Ausbreitung des Kommunismus angesehen werden (vgl. Solovey 2001).

Auch das modernisierungstheoretische Frühwerk von Clifford Geertz ist dafür kritisiert worden, diesem „military-industrial-academic complex" zumindest nahe zu stehen (vgl. Ross 1998), denn CENIS wird teilweise von der *Central Intelligence Agency* finanziert, Direktor Max Millikan war zuvor Assistenzdirektor bei der CIA, und im Laufe der 1950er Jahre entwickelt sich CENIS zu einem bedeutsamen *think tank* für die amerikanische Außenpolitik (vgl. Gilman 2003). Clifford Geertz entfernt sich seit Mitte der 1960er Jahre aber zunehmend von den anwendungsorientierten Forschungen seines Frühwerks. Die Beobachtung des Versagens entwicklungspolitischer Instrumente, die persönlich erlebten politischen Unruhen in Indonesien sowie der Niedergang der parsonianischen Synthese haben dabei wohl zu Geertz' Paradigmenwechsel zur symbolischen Ethnologie beigetragen. „The confidence and the optimism, to say nothing of the moral certainty, with which we moved into those complicated places – in my case, mainly Indonesia and Morocco – now seem more than a bit premature." (Geertz 2004: 578; vgl. auch Geertz 2002)

In den 1960er Jahren unternimmt Geertz Feldforschungen in Marokko und veröffentlicht 1968 eine wegweisende vergleichende Studie über religiöse Entwicklungen in Indonesien und Marokko (vgl. Geertz 1988). Zu dieser Zeit hat sich Geertz' konzeptioneller Ansatz bereits verändert, und er schreibt eine ganze Reihe literarisch gehaltvoller Essays, in denen er die Grundzüge seiner interpretativen Ethnologie ausarbeitet. Geertz entwickelt seit Mitte der 1960er Jahre einen interpretativen Ansatz, der weniger auf die parsonianische Systemtheorie verweist, sondern eher auf die literarische und philosophische Ausbildung, die Geertz früher am Antioch College erfahren hat. Die wichtigsten Aufsätze dieser Werkphase sind versammelt in den Bänden *The Interpretation of Cultures* und *Local Knowledge* (Geertz 1973, 1983a). 1970 wird Geertz eingeladen, am *Institute for Advanced Study* in Princeton die *School of Social Science* aufzubauen. Geertz etabliert hier ein bedeutendes Zentrum interpretativer Sozial- und Kulturwissenschaft. Er stirbt am 30. Oktober 2006.

Dichte Beschreibung: Die Analyse kultureller Systeme

Ein Wendepunkt in Geertz' Denken ist wohl sein Essay *Ideology as a Cultural System* aus dem Jahre 1964 (Geertz 1973: 193-233), der aus unverständlichen Gründen nicht in die deutsche Auswahl seiner Essays übernommen wurde (vgl. Geertz 1983b). Ideologien sind für Geertz nicht strategische Entwürfe zur Unterdrückung und Verblendung der Massen, sondern „maps of problematic social reality and matrices for the creation of collective conscience" (Geertz 1973: 220). Da Menschen eine bedeutungsvolle Umwelt benötigen, um existieren zu können, ist eine Gemeinschaft immer dann in Gefahr, wenn sie über kein einheitliches Selbstbild und Ethos verfügt. Ideologien werden wichtig, wenn weder die allgemeinsten noch die pragmatischsten kulturellen Modelle einer Gesellschaft politisches Handeln sinnhaft machen können. Ideologien dienen dazu, ansonsten unverständliche soziale Situationen mit Bedeutung zu versehen. Allerdings müssen sich Ideologien zumindest teilweise auf bestehende kulturelle Modelle stützen, denn wenn politische Systeme und kulturelle Weltbilder auseinander driften, droht die Destabilisierung des politischen Gemeinwesens. Geertz beobachtet im Jahr 1964, zur Zeit der Niederschrift von *Ideology as a Cultural System*, dass solche Destabilisierungen in vielen *new states* Afrikas, Asiens und einigen Teilen Lateinamerikas auftreten. In Ländern, die gerade unabhängig geworden sind, sieht Geertz eine allgemeine Desorientierung, „in whose face received images of authority, responsibility, and civic purpose seem radically inadequate" (Geertz 1973: 221). Geertz lenkt die Aufmerksamkeit damit weg von der instrumentalen Dimension des Politischen hin zu dessen symbolischen Grundlagen. In seiner Monographie über den balinesischen Theaterstaat (vgl. Geertz 1980) entwickelt Geertz dementsprechend Grundzüge einer Kulturtheorie des Politischen, und auch seine neuesten Veröffentlichungen sind von dem Versuch geprägt, die kulturelle Dimension politischer Herrschaft zu ergründen (vgl. Geertz 2004).

Die Kategorie Kultur rückt immer mehr in den Mittelpunkt des Geertz'schen Denkens, und in seinem Aufsatz *Religion als kulturelles System* aus dem Jahr 1966 formuliert Geertz seine bekannte These, dass die sozialen Akteure auf der Grundlage von kulturellen „Modellen von" und „Modellen für" Wirklichkeit handeln (Geertz 1983b: 44-95). Einerseits liefern Symbolsysteme eine Weltauslegung, andererseits sind sie der Hintergrund für Motivation und Evaluation der Akteure. Die Modelle für das Handeln legen weitgehend fest, welches Handeln in bestimmten Situationen wünschenswert oder angebracht erscheint. Diese Wissensschemata sind für Geertz „extrinsische Informationsquellen", die „außerhalb der Grenzen des einzelnen Organismus" liegen (Geertz 1983b: 51). Dabei betrachtet Geertz Kultur als eine evolutionäre Notwendigkeit, denn da die beim Menschen durch die Gene gesteuerten Prozesse im Vergleich zu niederen Tieren so unspezifisch sind, erhalten die durch Kultur programmierten Prozesse eine besondere Bedeutung (vgl. Geertz 1973: 33-83).

Geertz' Argumentation richtet sich unter anderem gegen zwei Theorieparadigmen in der Ethnologie, die in den 1960er Jahren sehr erfolgreich sind. Einerseits grenzt sich Geertz von der frühen kognitiven Ethnologie ab, die sich in erster Linie auf das Kategorisieren fremden Wissens spezialisiert, die Interpretationsleistungen der sozialen Akteure aber ignoriert und Kultur im Mentalen verortet. Andererseits kritisiert Geertz den Strukturalismus von Claude Lévi-Strauss, der Kultur auf die universalen Strukturen des menschlichen Geistes zurückführt und gleichfalls die individuellen Interpretationsleistungen der Akteure vernachlässigt. Stattdessen betont Geertz in Anlehnung an Wittgensteins Spätphilosophie, dass die Bedeutung eines Symbols allein aus dem kulturellen Kontext seiner Verwendung ableitbar ist; im Mittelpunkt der Kulturanalyse müssen für Geertz deshalb die sozialen Handlungen der Akteure stehen.

Geertz interessiert sich aber nicht für einzelne Akteure und noch weniger dafür, was „in ihren Köpfen" vorgeht; dies würde in seinen Augen einen Rückfall in den Mentalismus bedeuten, den er ja gerade überwinden will. Geertz betrachtet kulturelle Schemata nicht als Eigenschaften einzelner Bewusstseine, sondern als ein Kollektivphänomen, das sich in öffentlich beobachtbaren Symbolen im Rahmen gemeinsamer Handlungspraxis manifestiert. Deshalb betont Geertz in seinem Essay über *Person, Zeit und Umgangsformen auf Bali*: „Denken ist im Grunde etwas Öffentliches – seine natürliche Heimat ist der Hof, der Markt und der städtische Platz." (Geertz 1983b: 133) Die Interpretation symbolisch bedeutsamer Handlungen nennt Geertz im Anschluss an Gilbert Ryle „dichte Beschreibung", im Unterschied zur „dünnen Beschreibung", die den symbolischen Gehalt sozialer Handlungen nicht erfasst (Geertz 1983b: 7-43). Eine Ethnologie *From the Native's Point of View*

(Geertz 1983b: 289-310) versucht also nicht, in die „Köpfe" der Menschen zu blicken, sondern den Sinngehalt der symbolischen Formen zu interpretieren, „mit denen die Leute sich tatsächlich vor sich selbst und vor anderen darstellen" (Geertz 1983b: 293).

Geertz hat in einigen Arbeiten die These entwickelt, dass symbolische Formen Eigenschaften aufweisen, die sie in die Nähe von schriftlichen Texten rücken. Herausragendes Beispiel dafür ist immer noch *Deep Play* aus dem Jahr 1971, Geertz' Untersuchung des balinesischen Hahnenkampfes (vgl. Geertz 1983b: 202-260). Geertz begreift den Hahnenkampf auf Bali als ein „tiefes Spiel", in dem die balinesischen Männer ihren Status symbolisch aufs Spiel setzen. Mit den imaginären Statussprüngen, die der Hahnenkampf ermöglicht, kommentieren die Balinesen im Rahmen eines „Spiels" die Grundcharakteristika ihrer eigenen Gesellschaft, wo eine solche Mobilität des Status die gesellschaftliche Kohäsion untergraben würde. Geertz analysiert dabei den Hahnenkampf nicht nur als Handlungskontext, sondern zugleich als ein Ensemble kultureller Texte, also als eine regelrechte Kunstform, die den Balinesen einen Zugang zu ihrer eigenen Subjektivität eröffnet. Ein Balinese „lernt dort, wie das Ethos seiner Kultur und sein privates Empfinden [...] aussehen, wenn sie in einem kollektiven Text ausbuchstabiert werden" (Geertz 1983b: 254). In Anlehnung an die neohermeneutische Sozialtheorie von Paul Ricœur erweitert Geertz den Textbegriff damit über schriftlich fixierte Texte hinaus und überträgt ihn auf soziale Praxis (vgl. Ricœur 1978). Kulturelle Texte können nicht mehr über den Weg einer Rekonstruktion der Sinnmuster einzelner Akteure erschlossen werden, weil die untersuchten Texte Bedeutungen haben, die nicht notwendigerweise mit den Intentionen ihrer „Autoren", also den Akteuren, übereinstimmen.

Deep Play ist nicht nur ein paradigmatisches Beispiel „dichter Beschreibung"; der Essay entwirft auch eine Theorie sozialer Kohäsion, denn auf der Grundlage von Geertz' Arbeit kann vermutet werden, dass der Hahnenkampf nicht nur Grundcharakteristika der balinesischen Kultur ausdrückt, sondern auch unterschwellige soziale Konflikte in einen rituell umgrenzten Kontext „umleitet" und dadurch die Gesellschaft stabilisiert (vgl. Ellrich 1999). Geertz selbst formuliert diese Theorie nicht aus, doch er merkt immerhin an, dass es vor dem Hintergrund der Massaker Mitte der 1960er Jahre sinnvoll wäre, „wenn man Bali nicht nur durch das Medium seiner Tänze, Schattenspiele, Bildhauerkunst und Mädchen betrachtet, sondern auch durch das Medium der Hahnenkämpfe" (Geertz 1983b: 259). Soziale Kohäsion ist für Geertz in der symbolischen Dimension der Wirklichkeit verwurzelt, und auch politische Führung muss, wenn sie letztlich erfolgreich sein will, ein stark ausgeprägtes symbolisches Element besitzen.

In seiner Monographie *Negara*, seiner Analyse des so genannten balinesischen Theaterstaats des 19. Jahrhunderts, entwickelt Geertz daran anschließend Grundzüge einer symbolischen Theorie des Politischen (vgl. Geertz 1980). Geertz formuliert hier die These, dass der balinesische *negara* kein autoritärer Staat gewesen sei, der die peripheren Dörfer unterdrückt habe. Vielmehr überlagerten sich im Theaterstaat zwei Formen der Macht: eine lokal wirkende „Mechanik der Macht", die ihre Wurzeln in der Peripherie hatte und instrumentale Formen annahm, und eine überregional wirkende „Poetik der Macht". Entscheidend ist für Geertz, dass die zentrale Autorität des *negara* keine herrschaftsausübende Funktion im Rahmen lokaler politischer Prozesse hatte. Der *negara* war vielmehr ein Theaterstaat, ausgerichtet an der Aufführung bombastischer Rituale. Geertz lehnt die These ab, Rituale seien auf Bali staatstragend gewesen, hätten die Macht der Herrscher gefestigt und die auf Bali herrschende kastenähnliche Hierarchie legitimiert. Die einzige Funktion des Königs war es

Clifford Geertz: Die Ambivalenz kultureller Formen

vielmehr, Rituale zu veranstalten, an denen oftmals viele tausend Menschen teilnahmen. Die Rituale waren also „not mere aesethic embellishments, celebrations of domination independently existing: they were the thing itself" (Geertz 1980: 120). Hinter dieser Beziehung zwischen Herrschaft und Ritual sieht Geertz eine besondere Form der Souveränität: die Lehre vom exemplarischen Mittelpunkt. Der königliche Hof wurde gleichzeitig als ein Mikrokosmos der übernatürlichen Ordnung und als eine materielle Verkörperung politischer Ordnung wahrgenommen. Das rituelle Leben des Hofes war keine *Reflexion*, sondern ein *Paradigma* sozialer Ordnung. Wie der balinesische Hahnenkampf waren auch die Staatszeremonien des *negara* selbstreflexive kulturelle Texte, die die Grundcharakteristika ihrer Kultur ausdrückten und aktualisierten.

David Gellner hat die Frage aufgeworfen, ob Geertz' Modell des balinesischen Theaterstaates auf andere historische und soziale Kontexte übertragen werden kann (vgl. Gellner 1999: 137). Tatsächlich wendet Geertz in *Centers, Kings, and Charisma* (1983a: 121-146) zentrale Ideen aus *Negara* auf die Analyse dreier Beispiele an, in denen sich die „Poetik der Macht" auf jeweils unterschiedliche Weise artikulieren soll: im England des 16. Jahrhunderts, im Java des 14. Jahrhunderts sowie im Marokko des 19. Jahrhunderts. Geertz argumentiert, dass es in jedem politischen Zentrum einer komplex organisierten Gesellschaft eine regierende Elite und einen dazu gehörenden Komplex an symbolischen Formen gibt. Die regierende Elite rechtfertigt für Geertz ihre Existenz in Form von Mythen, Zeremonien und allerlei weiteren Praktiken und Artefakten, die das Zentrum *als* Zentrum markieren und den Regierungsgeschäften nicht nur eine Aura der Wichtigkeit verleihen, sondern die Regierung mit der Art und Weise verbinden, wie die Welt aufgebaut ist – oder genauer: wie die Welt als aufgebaut *gedacht* wird. Dies gilt Geertz zufolge für alle politischen Regime, also auch für moderne Demokratien des 20. Jahrhunderts: „Political authority still requires a cultural frame in which to define itself and advance its claims, and so does opposition to it." (Geertz 1983a: 143) Geertz vermutet deshalb, dass eine entmystifizierte zugleich eine entpolitisierte Welt sei. Eine solche Welt ist aber, wie Geertz anmerkt, nach allen historischen Erfahrungen des 20. Jahrhunderts nicht in Sicht.

Die Ambiguität kultureller Formen

Die von Clifford Geertz in den 1960er und 1970er Jahren entwickelte interpretative Ethnologie ist einer der einflussreichsten ethnologischen Ansätze des 20. Jahrhunderts und untrennbar verknüpft mit dem *cultural turn* in den Sozial- und Geisteswissenschaften. Dabei hat Geertz nicht nur eine Vielzahl interpretativer Analysen in der Ethnologie angeregt (vgl. Dolgin et.al. 1977), sondern auch in der Islamwissenschaft (vgl. Eickelman 2005), der Religionsforschung (vgl. Morgan 1977) oder der Literaturwissenschaft (vgl. van Oort 2005). Zudem ist der Geertz'sche Ansatz eine wichtige Grundlage für die *new cultural history* (vgl. Hunt 1989) und für die „Kulturalisierung" der Soziologie (vgl. Reckwitz 2000). In der Ethnologie spielt Geertz' Ansatz aber heute nur noch eine untergeordnete Rolle. Die Ethnologie erlebt in den 1970er Jahren eine weitreichende konzeptionelle Pluralisierung (vgl. Ortner 1984), und die symbolische Ethnologie verliert vor diesem Hintergrund im wahrsten Sinne des Wortes ihre „Deutungshoheit". Darüber hinaus wird in den Diskussionen über die symbolische Ethnologie zunehmend auf konzeptionelle Grenzen von Geertz' Ansatz aufmerksam gemacht. Aus einer weltsystemtheoretischen und ideologiekritischen Sichtweise wird eingewandt, Geertz vernachlässige die Rolle historischer Kontexte, Auseinandersetzungen um Macht sowie soziale Ungleichheiten und reduziere Gesellschaften auf ihre ästhetische Dimension (vgl. Asad 1982; Keesing 1987; Kuper 1999; Roseberry 1982). Darüber hinaus wird Geertz' Ansatz dafür kritisiert, deterministisch zu sein (vgl. Alexander 1987; Schneider 1987). Eng damit verknüpft ist die sozialtheoretische Kritik, dass ein latenter Widerspruch besteht zwischen einer handlungs- oder praxistheoretischen Perspektive einerseits und einer textualistischen Perspektive andererseits. Während Geertz nämlich im Anschluss an Wittgenstein den „Gebrauch" kultureller Muster im Rahmen sozialer Praxis analysiert, scheint er in seiner „Kultur-als-Text"-Theorie die handelnden Akteure von den kulturellen „Texten" systematisch abzukoppeln (vgl. Reckwitz 2000). Zudem steht die symbolische Ethnologie dafür in der Kritik, das wissenschaftliche Kriterium der Überprüfbarkeit aufzugeben und die Ethnologie damit in Literatur zu verwandeln (vgl. Shankman 1984).

Dieser letzte Kritikpunkt ist besonders interessant, denn Geertz veröffentlicht 1988 sein wohl schönstes Buch über *Die künstlichen Wilden* (Geertz 1993). Geertz entwickelt hier die bemerkenswerte These, dass sich der wissenschaftliche Wert einer Ethnographie nicht so sehr an der Menge der empirischen Informationen ermisst, sondern vielmehr damit steht und fällt, ob uns der Autor davon überzeugt, „dort" gewesen zu sein. Der zuweilen geäußerte Vorwurf, Geertz gebe damit jegliche wissenschaftlichen Standards auf, übersieht aber, dass Geertz nach wie vor von der Notwendigkeit und Möglichkeit empirischer Forschung überzeugt ist. Im Rahmen eines interpretativen Ansatzes haben sich allerdings die Kriterien für wissenschaftliche Objektivität verschoben, und ethnographische Texte rücken in die Nähe der Ästhetik, weil sie selbst ja auch nicht mehr sind als die subjektive Interpretation kultureller Texte. Die Frage, ob die Geertz'schen Texte in diesem Sinne besonders „überzeugend" sind, bleibt jedoch umstritten, denn die wissenschaftlichen Kriterien, die eine solche Beurteilung erst zulassen, scheinen auf eine irritierende Weise in der Subjektivität der Leser verwurzelt zu sein.

Die wahrscheinlich weitreichendste Kritik an Geertz stammt von Vincent Crapanzano, der den Kultur-als-Text-Ansatz als strategischen Kunstgriff betrachtet, um der Darstellung eine substantialisierte Autorität zu verleihen. Diese Strategie etabliere in *Deep Play* eine „Art asymmetrischer Wir-Beziehung, in welcher der Anthropologe hinter und über dem Einheimischen steht, verborgen, aber an der Spitze der Hierarchie des Verstehens" (Crapanzano 1996: 186). Crapanzano beschuldigt Geertz zu scheitern, einen Zugang zur „Perspektive des Eingeborenen" zu erlangen. Durch die Kultur-als-Text-Metapher wird in den Augen Crapanzanos nicht nur gerechtfertigt, dass Geertz nur über *die* Balinesen schreibt, sondern darüber hinaus in der Lage ist, den kulturellen Text zu lesen und dem Leser sodann den Kern balinesischer Kultur zu präsentieren.

Crapanzanos Kritik entsteht im Kontext der ethnologischen Debatten über die „Krise der ethnographischen Repräsentation", in der tief schürfende Fragen darüber aufgeworfen werden, ob eine ethnographische Repräsentation fremder Kulturen im Rahmen ethnographischer Texte überhaupt möglich ist und welche Probleme damit verknüpft sind (vgl. Berg/Fuchs 1993; Clifford/Marcus 1986; Gottowik 1997). Einige Teilnehmer der *Writing-Culture*-Debatte sind frühere Schüler von Clifford Geertz, und sie sind sich des Einflusses ihres Mentors auf die postmoderne Ethnologie natürlich bewusst, plädieren aber dafür, den Repräsentationsmodus der symbolischen Ethnologie zugunsten experimenteller Repräsentationsformen zu überwinden. Crapanzano schlägt einen dialogischen Ansatz vor, der das

Clifford Geertz: Die Ambivalenz kultureller Formen

Ziel verfolgt, Vereinheitlichungen zu vermeiden, die Vielstimmigkeit fremder kultureller Realitäten anzuerkennen und auch das forschende Ich angemessen zu repräsentieren. In seiner Antwort weist Geertz aber darauf hin, dass ein solches Vorgehen die Last der Autorschaft nicht abwerfen kann. *Jeder* ethnographische Text ist in Geertz' Augen eine Imagination, und wer die entsprechenden Passagen in seinem Buch liest, erkennt, dass Geertz nicht viel hält von dem Vorgehen, das repräsentierende Ich in den Mittelpunkt der Repräsentation zu rücken (vgl. Geertz 1993: 75-99). Mit dieser Kritik an der dialogischen Ethnologie hat Geertz gewiss Recht, doch die Frage, welchen Stellenwert das von ihm vorgeschlagene Kriterium der Überzeugungskraft von Ethnographien in der Ethnologie tatsächlich haben sollte, ist damit noch nicht beantwortet.

Spätestens seit Anfang der 1990er Jahre rückt die *Writing-Culture-Debatte* zunehmend in den Hintergrund; stattdessen wird die Ethnologie mehr und mehr von Prozessen wirtschaftlicher, politischer und kultureller Globalisierung geprägt. Die ethnologische Kategorie „Kultur" gerät zunehmend in die Kritik, und anders noch als in der *Writing-Culture*-Debatte geht es nicht mehr um die Analyse ethnographischer Texte, sondern um die Frage, auf welcher Grundlage die Ethnologie und angrenzende Disziplinen die Prozesse, die man nun zunehmend als „Globalisierung" bezeichnet, untersuchen können. Die Vorschläge reichen dabei von einer Dynamisierung des Kulturbegriffs bis hin zu dessen Aufgabe (vgl. Brumann 1999; Keane 2003; Kumoll 2005). Auch Clifford Geertz versucht in seinen jüngeren Arbeiten, Grundzüge eines Ansatzes kultureller Globalisierung zu entwickeln, der kulturellen Pluralismus und kulturelle Differenzen nicht nur *zwischen* Kulturen anerkennt, sondern auch *innerhalb* einzelner Kulturen. Die weltweiten Veränderungen haben für Geertz kein neues Ordnungsbewusstsein produziert; vielmehr hinterlassen sie einen Eindruck der Partikularität und der Fragmentierung. Essentialistische Theorien kultureller Homogenität können dementsprechend nicht länger aufrecht erhalten werden. Kulturen beruhen nicht auf einem Konsens: „It is the faults and fissures that seem to mark out the landscape of collective selfhood." (Geertz 2000: 250)

Entgegen der weit verbreiteten Kritik, Geertz' Ansatz sei unpolitisch und erschöpfe sich in einer ästhetisierenden Analyse kultureller Praktiken, verweisen seine jüngsten Arbeiten über Staat und Gewalt in Zeiten weltweiter Verflechtungen auf die politische Dimension seines interpretativen Ansatzes, die ihn in seinem gesamten ethnologischen Werk beschäftigt. „Heterogeneity is the norm, conflict the ordering force, and, despite ideological romances, left and right, religious and secular, of consensus, unity, and impending harmony, they seem likely to remain so for a good deal longer than the foreseeable future." (Geertz 2004: 584) Wie Geertz betont, besteht das Problem für Länder wie Indonesien nicht darin, einen kulturellen Konsens quasi zu erzwingen, sondern kulturelle Differenzen anzuerkennen und kulturelle Spannungen dadurch in Grenzen zu halten. Dieses Problem gehört für Geertz zu den zentralen politischen Herausforderungen unserer Zeit.

Literatur von Clifford Geertz

Geertz, C.: The Religion of Java. Glencoe 1960.
Geertz, C.: Agricultural Involution. The Process of Ecological Change in Indonesia. Berkeley 1963a.
Geertz, C.: Peddlers and Princes. Chicago 1963b.
Geertz, C.: The Social History of an Indonesian Town. Cambridge (Mass.) 1965.
Geertz, C.: The Interpretation of Cultures. New York 1973.

Geertz, C.: Negara. The Theater State in Nineteenth Century Bali. Princeton 1980.
Geertz, C.: Local Knowledge. Further Essays in Interpretive Anthropology. New York 1983a.
Geertz, C.: Dichte Beschreibung. Beiträge zum Verstehen kultureller Systeme. Frankfurt/M. 1983b.
Geertz, C.: Religiöse Entwicklungen im Islam. Beobachtet in Marokko und Indonesien. Frankfurt/M.1988 [1968].
Geertz, C.: Die künstlichen Wilden. Der Anthropologe als Schriftsteller. Frankfurt/M. 1993 [1988].
Geertz, C.: Spurenlesen. Der Ethnologe und das Entgleiten der Fakten. München 1997 [1995].
Geertz, C.: Available Light. Anthropological Reflections on Philosophical Topics. Princeton 2000.
Geertz, C.: An Inconstant Profession. The Anthropological Life in Interesting Times. In: Annual Review of Anthropology 31 (1), 2002, S. 1-19.
Geertz, C.: What is a State if it is not a Sovereign? Reflections on Politics in Complicated Places. In: Current Anthropology 45 (5), 2004, S. 577-593.

Weitere zitierte Literatur

Alexander, J. C.: Twenty Lectures. Sociological Theory Since World War II. New York 1987.
Asad, T.: Anthropological Conceptions of Religion. Reflections on Geertz. In: Man (N.S.) 18, 1982, S. 237-259.
Berg, E./Fuchs, M. (Hg.): Kultur, soziale Praxis, Text. Die Krise der ethnographischen Repräsentation. Frankfurt/M. 1993.
Brumann, C.: Writing for Culture. Why a Successful Concept Should Not Be Discarded. In: Current Anthropology 40, 1999, Supplement, S. S1-S27.
Clifford, J./Marcus, G.E. (Hg.): Writing Culture. The Poetics and Politics of Ethnography. Chicago 1986.
Crapanzano, V.: Das Dilemma des Hermes. Die verschleierte Unterwanderung der ethnographischen Beschreibung. In: Bachmann-Medick, D. (Hg.): Kultur als Text. Die anthropologische Wende in der Literaturwissenschaft. Frankfurt/M. 1996, S. 161-193.
Dolgin, J.L. et. al. (Hg.): Symbolic Anthropology. A Reader in the Study of Symbols and Meanings. New York 1977.
Eickelman, D.F.: Clifford Geertz and Islam. In: Shweder, R.A./Good, B. (Hg.): Clifford Geertz by his Colleagues. Chicago 2005, S. 63-75.
Ellrich, L.: Verschriebene Fremdheit. Die Ethnographie kultureller Brüche bei Clifford Geertz und Stephen Greenblatt. Frankfurt/New York 1999.
Gellner, D. N.: Religion, Politics and Ritual. Remarks on Geertz and Bloch. In: Social Anthropology 7 (2), 1999, S. 135-153.
Gilman, N.: Mandarins of the Future. Modernization Theory in Cold War America. Baltimore und London 2003.
Hunt, L. (Hg.): The New Cultural History. Berkeley et.al. 1989.
Gottowik, V.: Konstruktionen des Anderen. Clifford Geertz und die Krise der ethnographischen Repräsentation. Berlin 1997.
Inglis, F.: Clifford Geertz. Culture, Custom and Ethics. Cambridge 2000.
Keane, W.: Self-Interpretation, Agency, and the Objects of Anthropology. Reflections on a Genealogy. In: Comparative Studies in Society and History 45 (2), 2003, S. 222-248.
Keesing, R.: Anthropology as Interpretive Quest. In: Current Anthropology 28 (2), 1987, S. 161-176.
Kumoll, K.: ›From the Native's Point of View‹? Kulturelle Globalisierung nach Clifford Geertz und Pierre Bourdieu. Bielefeld 2005.
Kuper, A.: Culture. The Anthropologists' Account. Cambridge (Mass.) und London 1999.
Morgan, J.: Religion and Culture as Meaning Systems. A Dialogue Between Geertz and Tillich. In: The Journal of Religion 57 (4), 1977, S. 363-375.

Clifford Geertz: Die Ambivalenz kultureller Formen

Ortner, S.B.: Theory in Anthropology Since the Sixties. In: Comparative Studies in Society and History 26, 1984, S. 126-166.

Reckwitz, A.: Die Transformation der Kulturtheorien. Zur Entwicklung eines Theorieprogramms. Weilerswist 2000.

Ricœur, P.: Der Text als Modell. Hermeneutisches Verstehen. In: Gadamer, H.-G./Boehm, G. (Hg.): Seminar: Die Hermeneutik und die Wissenschaften. Frankfurt/M. 1978, S. 83-117.

Roseberry, W.: Balinese Cockfights and the Seduction of Anthropology. In: Social Research 49 (4), 1982, S. 1013-1028.

Ross, E.B.: Cold Warriors Without Weapons. In: Identities. Global Studies in Culture and Power 4 (3-4), 1998, S. 475-506.

Schneider, M.A.: Culture-as-Text in the Work of Clifford Geertz. In: Theory and Society 16, 1987, S. 809-839.

Shankman, P.: The Thick and the Thin: On the Interpretive Theoretical Program of Clifford Geertz. In: Current Anthropology 25 (4), 1984, S. 261-279.

Shweder, R.A.: Cliff Notes. The Pluralisms of Clifford Geertz. In: Shweder, R.A./Good, B. (Hg.): Clifford Geertz by his Colleagues. Chicago 2005, S. 1-9.

Solovey, M.: Project Camelot and the 1960s Epistemological Revolution. Rethinking the Politics-Patronage-Social Science Nexus. In: Social Studies of Science 31 (2), 2001, S. 171-206.

Van Oort, R.: The Critic as Ethnographer. In: New Literary History 35, 2005, S. 621-661.

James Clifford. Ethnographie als allegorische Beschreibung des Fremden

Volker Gottowik

Einem seiner bekanntesten Essays hat James Clifford ein Zitat als Motto vorangestellt, das sich – ungewöhnlich genug – auf ihn selbst bezieht. Es geht auf seinen Kollegen Paul Rabinow zurück und lautet folgendermaßen: „Clifford takes as his natives, as well as his informants, (…) anthropologists (…). We are being observed and inscribed" (Clifford 1988b: 21). Diese Passage vermittelt in ihrem Doppelcharakter als Zitat *und* Motto eine komplexe Aussage: Als *Zitat* teilt sie dem Leser mit, dass Clifford als Historiker und Anthropologe über Anthropologen arbeitet und insofern Anthropologie der Anthropologie betreibt, kurz: Metaanthropologie. Als *Motto* signalisiert sie dem Leser, dass sich Clifford mit dieser Aussagen über seine Person zu identifizieren vermag, Fremd- und Selbstwahrnehmung demnach zur Deckung gelangen. Letzteres berührt Fragen der Repräsentation, die den Metaanthropologen Clifford stets interessiert haben und sich wie ein roter Faden durch sein gesamtes wissenschaftliches Werk ziehen.

Der 1945 geborene James Clifford hat eine Ausbildung in Harvard erfahren, die er 1977 mit einem PhD in „European Intellectual and Social History" abschloß. Bereits 1978 erhielt er einen Ruf an die *University of California Santa Cruz/UCSC*, wo er nach *Assistant* und *Associate* zum *Full Professor* ernannt wurde und bis heute tätig ist, und zwar am „History of Consciousness Department" gemeinsam mit Hayden White, Donna Haraway u. a. Zu seinem akademischen Werdegang gehören Gastprofessuren in Yale (1990), am *University College* in London (1994) und an der *Ecole des Hautes Etudes en Sciences Social* in Paris (2003). Doch von besonderer Bedeutung für Clifford, der Geschichte, Literatur und Anthropologie miteinander verbindet und sich selbst als „cultural historian" bzw. „historian of anthropology" versteht, waren zwei Studienjahre, die er von 1973 bis 1975 in der zuletzt genannten Stadt verbringen konnte: Paris.

Eigentlich hatte Clifford eine Geschichte der englischsprachigen Anthropologie verfassen wollen, doch da dieses Feld gerade von George Stocking bearbeitet und mit seiner „Victorian Anthropology" (1987) abgedeckt wurde, sah er sich gezwungen, seinem „alter ego" auszuweichen und sich vorrangig auf die französischsprachige Anthropologie zu konzentrieren (vgl. Clifford 2003: 4ff.). Erstes Resultat seiner Studien in Paris war ein Buch über den französischen Missionar und Ethnographen Maurice Leenhardt (1982), dessen ambivalente Haltung gegenüber dem Kolonialsystem in Kaledonien er nicht ohne Sympathie für den Protagonisten beschreibt. Es folgten weitere Arbeiten über französischsprachige Intellektuelle wie Marcel Griaule, Victor Segalen, Michel Leiris, Aimé Césaire etc. (vgl. Clifford 1988c, 1988e, 1988f., 1988g), die einen gewissen Einfluss von Raymond Williams (1958) und E. P. Thompson (1963) erkennen lassen (vgl. auch Clifford 2003: 80).

International bekannt wurde Clifford als Mitherausgeber von *Writing Culture* (1986a), der sicherlich einflussreichsten ethnologischen Anthologie seit Dell Heymes' *Reinventing*

James Clifford. Ethnographie als allegorische Beschreibung des Fremden   179

Anthropology (1969). Clifford hat diese Anthologie nicht nur mit herausgegeben, sondern auch zwei Beiträge verfasst, die zum Stichwortgeber innerhalb einer Debatte wurden, die als „Writing Culture"-Debatte in die jüngere Geschichte der Ethnologie eingegangen ist (vgl. Bachmann 1992; vgl. auch Gottowik 2007). Bei diesen Beiträgen handelt es sich um „Partial Truth", dem einleitenden Text dieser Anthologie, und um „On Ethnographic Allegory", dem vielleicht wichtigsten Beitrag innerhalb des Bandes. Beide Beiträge haben die Wahrnehmung ethnographischer Textproduktion nachhaltig beeinflusst.

In „Partial Truth" (Clifford 1986b) wirft Clifford die Frage auf, wie es dem Ethnographen gelingt, singuläre Beobachtungen und Erfahrungen in einen generalisierenden wissenschaftlichen Text umzumünzen. Er verweist in diesem Zusammenhang auf die literarische Qualität dieser Texte, in denen das Poetische und das Politische nicht voneinander zu trennen sind (Clifford 1986b: 2). Bei der kritischen Lektüre dieser Texte kommt es Clifford zufolge darauf an, vom Text auf den Kontext zu schließen, in dem diese Texte stehen, und damit letztlich die Machtverhältnisse zu hinterfragen, denen sie ihre Entstehung verdanken. In einer vielzitierten Passage, die deutliche Anklänge an Nietzsche und Foucault erkennen lässt, verdeutlich Clifford, worauf in der Auseinandersetzung mit diesen Texten zu achten ist: „who speaks? who writes? when and where? with or to whom? under what institutional and historical constraints? (Clifford 1986b: 13).

Zu den hier angesprochenen Zwängen gehören literarische Konventionen, denen ethnographische Texte notwendig folgen müssen, um Wissenschaftlichkeit und Objektivität für sich beanspruchen zu können. Die Beherrschung dieser Konventionen setzt eine gewisse Kunstfertigkeit auf Seiten des Ethnographen voraus, die ihn in die Nähe eines Schriftstellers rückt. Damit stellt Clifford allgemein anerkannte Grenzziehungen in Frage: die zwischen Wissenschaft und Literatur, zwischen Fakt und Fiktion. Diese Infragestellungen wurden auf Seiten der *scientific community* als Provokation verstanden, auch wenn Clifford betont, dass er – wie Geertz einige Jahre von ihm (vgl. Geertz 1973=1987: 23) – den Begriff der Fiktion nicht im Sinne von Erfindung gebraucht, sondern – der lateinischen Wurzel „fingere" folgend – im Sinne von „etwas Gemachtes oder Hergestelltes" (vgl. Clifford 1986b: 6). Clifford zufolge kommt der Ethnograph gar nicht umhin kommt, Wirklichkeit zu fingieren oder herzustellen, da er nicht alles beschreiben kann. Ethnographische Texte verfahren selektiv, sie sind notwendig unvollständig und vermögen daher bestenfalls „partiellen Wahrheiten" oder – wie es in der deutschen Übersetzung heißt – „Halbe Wahrheiten" (Clifford 1986b=1993) zu vermitteln. Letztlich versucht Clifford zu zeigen, dass auch wahre Aussagen stets rhetorisch konstruiert sind *und sein müssen*, wenn sie ihre Adressaten nicht nur erreichen, sondern auch von der Gültigkeit der getroffenen Aussagen überzeugen sollen.

Der zweite Beitrag von Clifford in *Writing Culture* knüpft in gewisser Weise an die hier skizzierte Position an, der zufolge die Qualität ethnographischer Texte auf der bislang unterschätzten Kunstfertigkeit aufruht, Faktizität rhetorischen herstellen zu können. Diese Kunstfertigkeit besteht nicht zuletzt darin, bei der Beschreibung realer Ereignisse zugleich auch moralische, ideologische und kosmologische Aussagen zu treffen. Diese zusätzlichen Aussagen vermitteln dem Text einen allegorischen Gehalt, der ihm nicht äußerlich ist, sondern als Bedingung seiner Bedeutsamkeit gilt (vgl. Clifford 1986c=1993: 201f.).

Allegorie wird hier verstanden als erweiterte Metapher, die auf zusätzliche Bedeutungen verweist, auf Geschichten, die in den Repräsentationsprozess selbst eingeschrieben sind (vgl. Clifford 1986c=1993:203). Eine Allegorie ist – mit anderen Worten – „eine Darstellung, die sich selbst ‚interpretiert'" (Clifford 1986c=1993: 203).

Eine der gängigsten Allegorien, der sich ethnographische Texte als narrative Struktur bedienen, ist Clifford zufolge die Allegorie der Rettung. In gewisser Weise scheint sie dem Genre der Ethnographie inhärent, insofern sich ethnographische Texte vielfach als Dokumentation fremder Kulturen im Moment ihres Verschwindens präsentieren. Es sind – in der Diktion Cliffords – „pastorale Allegorien", die zugleich vom Verlust kultureller Vielfalt *und* ihrer Rettung im und durch den Text handeln (vgl. Clifford 1986c=1993: 222ff.).

Als Beispiel für besonders kunstfertige allegorische Beschreibungen verweist Clifford auf *Die Gabe* von Marcel Mauss (1925), die ihm zufolge den Zusammenbruch nationalstaatlicher Zusammenarbeit während des Ersten Weltkriegs kommentiert (vgl. Clifford 1986c=1993: 232), sowie auf *Kindheit und Jugend in Samoa* von Margaret Mead (1928), einem ethnographischen Klassiker, der der US-amerikanischen Gesellschaft sittliche und praktische Lektionen erteilt und dem Leser insofern „ein mögliches Amerika suggeriert" (Clifford 1986c=1993: 207). Besonders ausführlich geht Clifford jedoch auf *Nisa erzählt* (1982) von Majorie Shostak ein, einer jüngeren ethnographischen Publikation über das Leben einer Kung-Frau, in der er „eine westliche feministische Allegorie, Teil der Wiederentdeckung der allgemeinen Kategorie ‚Frau' in den siebziger und achtziger Jahren" des vergangenen Jahrhunderts zu erkennen glaubt (vgl. Clifford 1986c=1993: 209).

Die drei angeführten Beispiele dienen Clifford zur Illustration seiner These, dass hinter der Beschreibung von Alterität und Identität, die ethnographische Texte kennzeichnet, zumeist humanistische und kulturalistische Allegorien stehen (Clifford 1986c=1993: 205). Dass stets verschiedene Lesarten möglich sind, spricht ihm zufolge nicht gegen diese These, sondern verweist lediglich auf die Produktivität ethnographischer Texte. Doch gibt es – wie Clifford betont – niemals beliebig viele Lesarten. Sinnvolle Bezüge entfalten sich in der Geschichte und werden zugleich von dieser begrenzt (vgl. Clifford 1986c=1993: 233).

In der Analyse des allegorischen Gehaltes ethnographischer Texte zeigt sich Clifford nachhaltig beeinflusst von Paul de Man (1979), vor allem jedoch von seinem Kollegen Hayden White (1978). In gewisser Weise unternimmt Clifford in Bezug auf die Kulturwissenschaften, was White im Rahmen seiner *Metahistory* (1973) für die Geschichtswissenschaften geleistet hat: Gegenstand der Analyse ist hier wie dort „the tropologcial pre-encoding of ‚the real', the rhetorical constitution of facts at the very level of their facticity" (vgl. Clifford 2003: 13).

Die Befragung ethnographischer Erzähl- und Textformen, die im Verlauf der *Writing Culture*-Debatte unternommen wurde, ist vor dem Hintergrund der historischen Veränderungen zu sehen, die um die Mitte des vergangenen Jahrhunderts einsetzten: Gemeint ist der Zusammenbruch kolonialer Macht und ihre Neuverteilung. Der Anspruch der Ethnologie auf Untersuchung und Beschreibung fremder Kulturen ließ sich plötzlich nicht mehr unbefragt durchsetzen. Forschungsanträge wurden nicht mehr in Paris, London oder Brüssel erteilt, sondern mussten in Dakar, Accra oder Kinshasa gestellt werden. Ausgang ungewiss! Angesichts der damit angedeuteten Veränderungen sah sich die Ethnologie gezwungen, sich selbst neu zu erfinden (vgl. Hymes 1969) oder – in den vielleicht etwas zu pathetischen Worten von Claude Lévi-Strauss – unterzugehen, um neu geboren zu werden (vgl. Lévi-Strauss 1966: 126).

Gefragt war nunmehr eine Theorie ethnographischer Interpretation und Textgestaltung, die in der Lage war, diesen veränderten Bedingungen umfassend Rechnung zu tragen.

James Clifford. Ethnographie als allegorische Beschreibung des Fremden 181

An die Stelle von Beobachtung und Befragung traten Formen der Kooperation, die Momente von Aushandlung und Reziprozität betonten. Das bislang vorherrschende visuelle Paradigma, verkörpert durch die teilnehmende Beobachtung, wurde von einem dialogischen oder diskursiven Paradigma in den Hintergrund gedrängt. Metaphern der Beobachtung hatten Metaphern wie Stimme, Rede etc. zu weichen (vgl. Clifford 1986b: 12), Dialogizität und Polyphonie wurden als neue Modi der Textproduktion ausprobiert. Eine Phase experimentellen Schreibens kennzeichnete die Ethnologie zum Ende des vergangenen Jahrhunderts, in deren Verlauf das Fach bemüht war, sich gegenüber seinem Gegenstand neu zu positionieren.

Dem Kontext einer Entkolonialisierung der Dritten Welt – für Clifford ein unvollendetes Projekt der Moderne (vgl. Clifford 2003: 109 und 116) – ist auch die Anthologie *The Predicament of Culture* (1988a) verpflichtet, die nur zwei Jahre nach *Writing Culture* (1986a) erschienen ist. Sie umfasst insgesamt zwölf Essays, in denen Clifford die Auseinandersetzung mit dem ethnographischen Genre fortsetzt – wenn auch mit einer leichten Verschiebung des Schwerpunktes: Er fragt hier vor allem nach den Modi ethnographischer Autorität und sucht nach Gegendiskursen (vgl. Clifford 2003: 35).

In *On Ethnographic Authority* (1988b), dem bekanntesten Essay dieser Anthologie, geht Clifford der Frage nach, wie die Aussagen eines Ethnographen autoritative Geltung gewinnen. Ausführlich legt er dar, wie sich im Anschluss an Malinowski mit der teilnehmenden Beobachtung ein neues Feldforschungskonzept herausgebildet hat, das auf der Dialektik von Erfahrung und Interpretation basiert. Dieses Konzept wird im Zuge des Zusammenbruchs kolonialer Macht nach 1960 zunehmend in Frage gestellt, was eine Krise oder gar Auflösung ethnographischer Autorität einleitet. In einer ausgreifenden historischen Analyse arbeitet Clifford aufeinanderfolgende Modi ethnographischer Autorität heraus, die auf Erfahrung, Interpretation, Dialog und Polyphonie basieren. Obwohl diese Modi noch immer gebräuchlich sind, hat doch eine deutliche Verschiebung zu den eher diskursiven Darstellungsformen stattgefunden. Es reicht ganz einfach nicht mehr aus, auf die eigene Erfahrung vor Ort zu verweisen und diese zu interpretieren, seitdem eine bislang eher marginalisierte Figur die Bühne betreten hat: der einheimische Ethnograph (vgl. Clifford 1986b=1993: 114; vgl. auch Gottowik 1998 und 2004). Im Rekurs auf diese Figur wird immer drängender danach gefragt, wer denn eigentlich der Autor eines ethnographischen Textes ist, der zum Beispiel auf einem Mythos basiert und sich auf indigene Interpretationen stützt (vgl. Clifford 1986c=1993: 230). Aus den Informanten von einst sind unvermittelt Co-Autoren geworden, die die auf Autorschaft beruhende Autorität des Ethnographen in Frage stellen.

Mit der Infragestellung kolonialer Repräsentationsstile und der Verbreitung des Lesenund Schreibenkönnens in der Dritten Welt haben sich zudem neue Möglichkeiten eröffnet, wie ethnographische Texte gelesen und geschrieben werden können (vgl. Clifford 1988b=1993: 150). Die angesprochenen historischen Veränderungen bilden den Hintergrund für die Forderung nach einer Auflösung monologischer Autorität und einer Darstellungsform, die der dialogischen Grundlage des Forschungsprozesses unmittelbar Rechnung trägt. Damit wird eine Form ethnographischer Textproduktion eingeklagt, die auf multipler Autorschaft basiert und Raum für andere Stimmen bzw. Gegendiskurse eröffnet.

Bei seiner Suche nach möglichen Gegendiskursen wird Clifford fündig, wo er sich ideengeschichtlich am besten auskennt: in Frankreich und dort wiederum bei den Surrealisten. Von diesen Gegendiskursen handelt „On Ethnographic Surrealism" (1988d), ein weiterer Essay in *Predicament of Culture* (1988a). Clifford bezieht sich darin auf die surrealistische Bewegung, die zwischen den beiden Weltkriegen insbesondere Kunst und Literatur beeinflusst hat. Zugleich kam es ihm zufolge zu einer inhaltlichen Annäherung zwischen Surrealismus und Ethnographie. So betont zum Beispiel der Surrealismus, dass die Normen einer Kultur nicht zuletzt in Bezug auf Schönheit, Wahrheit und Wirklichkeit auf artifiziellen Arrangements basieren; zugleich vermittelt die Ethnographie nicht nur detaillierte Kenntnisse über Afrika und Asien, sondern auch neue künstlerische Formen und kosmologische Vorstellungen, die zum ersten Mal als Alternativen erscheinen (vgl. Clifford 1988d: 120). Insofern wird eine kulturrelativistische Anschauung von Surrealismus und Ethnographie erstmals gedanklich frei gespielt. Im Gegensatz zur Ethnographie, die das Unvertraute verständlich machen will, zielt der Surrealismus jedoch darauf, das Vertraute fremd erscheinen zu lassen. Doch beide Positionen bedingen Clifford zufolge einander und fließen in einer Person zusammen: Michel Leiris.

Leiris gehörte nicht nur – zumindest zeitweise – der surrealistischen Bewegung an, sondern war auch einer der bekanntesten Ethnographen seiner Zeit. Er nahm an der von Marcel Griaule geleiteten Dakar-Djibouti-Expedition teil und berichtete darüber in *L'Afrique fantôme* (1934). In der Auseinandersetzung mit dem fremden Kontinent, die Leiris in diesem Werk unternimmt, sieht er nicht von der eigenen Person, seinen Träumen und Ängsten ab, sondern breitet sie vielmehr – wie die Träume und Ängste eines Fremden – vor den Augen des Lesers aus. Damit verkörpert das genannte Werk noch am ehesten, was Clifford „surrealist ethnography" nennt (Clifford 1988d: 142). Surreale Ethnographie basiert Clifford zufolge auf dem Prinzip der Collage, der Gegenüberstellung, des Fragments und beinhaltet von daher schon von der Form her ein Bekenntnis zum Schnitt und zum ausschnitthaften Charakter der Darstellung. Sie vergleicht das Inkongruente und lässt auf diese Weise das Vertraute in einem anderen Licht erscheinen.

Während *Predicament of Culture* (1988a) vor dem Hintergrund der Dekolonialisierung der Dritten Welt zu sehen ist, antwortet Clifford in *Routes* (1997a), seiner vorerst letzten Anthologie, auf die Globalisierung zum Ende des 20. Jahrhunderts. Übergreifendes Thema der insgesamt zwölf Essays ist die zunehmende Verschränkung von Peripherie und Zentrum sowie die Auflösung fixierter Standpunkte und Grenzen. Die damit angesprochenen Veränderungen lassen sich Clifford zufolge an der Person des zeitgenössischen Ethnographen festmachen: „This ethnographer is no longer a (wordly) traveler visiting (local) natives, departing from a metropolitan center to study in a rural periphery" (Clifford 1997a: 2). Die ethnographische Beziehung ist vielmehr in Bewegung geraten und nunmehr eingebunden in „complex histories of dwelling and travelling" (Clifford 1997a: 2).

Diese Dialektik von „dwelling and travelling", die bei Clifford ihre Fortführung in der Homophonie von „roots and routes" findet (vgl. Clifford 2003: 107f.; vgl. auch Clifford 1997b=1999: 505), lässt die Vorstellung einer Forschung in räumlich fixierten Zusammenhängen hinfällig erscheinen (Clifford 1997b=1999: 482). Mobilität kennzeichnet immer stärker Menschen, Ideen und Artefakte, und nicht zuletzt auf die zunehmende Bedeutung transnationaler Kräfte hat die Ethnologie mit veränderten Methoden zu reagieren. Deshalb tritt Clifford im Anschluss an Marcus und Fischer (1986) dafür ein, innovative Formen multilokaler Ethnographie zu entwickeln (vgl. Clifford 1997b=1999: 492).

Mit der Forderung nach einer Forschung, die sich der Mobilität ihres Gegenstandes flexibel anpasst, werden die räumlichen und methodologischen Definitionen des ethnographischen Feldes in Frage gestellt. Diese Infragestellung geht bei Clifford einher mit einem verstärkten Interesse an Migration und Diaspora, an Orten der Abreise, des Umsteigens und der Ankunft (Clifford 1997b=1999: 495f.). Clifford reagiert hier darauf, dass eine Verortung von Kultur kaum noch möglich ist, räumliche Vorstellung von „inside and outside" immer hinfälliger werden. Er spricht sich für einen Forschungsansatz aus, der sich des metaphorisch gewendeten Begriffs der Reise bedient und diesen auf Orte der Entwurzelung, Einmischung und Interaktion anwendet (vgl. Clifford 1997b=1999: 488).

Solche Orte sind zweifellos auch Museen, die Clifford im Anschluss an Mary Louise Pratt als „contact zones" bezeichnet (vgl. Clifford 1997a: 8; vgl. auch Clifford 1997c). Museale Sammlungen erzählen nicht nur eine Kontakt-Geschichte, sondern werden auch zu Kontakt-Zonen, insofern sich hier historisch und geographisch getrennte soziale Gruppen begegnen. Zu diesen Gruppen gehören mittlerweile auch indigene Gruppen, die ethnographische Sammlungen besuchen und ausgestellte Objekte kommentieren. Insofern findet hier eine Ausweitung der Debatte statt, die zunächst als *Writing Culture*-Debatte auf ethnographische Texte bezogen war und nun auch museale Repräsentationen erfasst. Diese sehen sich einer vergleichbaren Infragestellung ausgesetzt, die nicht so schnell auszuräumen ist. Denn ein Rekurs auf die Autorität des Kurators reicht zur Legitimation einer speziellen Ausstellungspraxis nicht mehr aus. Das Museum wird zur potentiellen Konflikt-Zone.

Die Argumentation von Clifford verdeutlicht, dass die Koordinaten ethnographischen Arbeitens in Bewegung geraten sind. Die Dezentralisierung auf geo-politischer Ebene hat ihre Fortsetzung und Wiederholung auf ethnographischer Bühne erfahren: Der Ethnograph, der beobachtet, schreibt, sammelt und liest hat seine zentrale Position eingebüßt; an seine Seite sind andere, einheimische Ethnographen getreten.

Während Johannes Fabian (1983) die Implikationen dieser Dezentralisierung auf der Ebene der Zeit untersucht hat, versucht Clifford sie auf der Ebene des Raums und im Hinblick auf Prozesse der kulturellen Repräsentation aufzuzeigen. Vor allem seine zuletzt angesprochenen Essais können als ein Beitrag zur „räumlichen Wende", zum „spatial turn" in den Kulturwissenschaften verstanden werden (vgl. Bachmann-Medick 2006: 284ff.), insofern sie die Aufmerksam auf reale und imaginierte Grenzen sowie ihre stete Überwindung richten. Mit anderen Worten: „There are always smugglers (…)" (Clifford 2003: 59).

Clifford pflegt einen Schreibstil, der eher assoziativ als systematisch zu bezeichnen wäre, und einige seiner Essays sind kaum mehr als erweiterte Rezensionen. Sein Werk ist vielfältig stilistisch gebrochen, es basiert auf der Gegenüberstellung unterschiedlicher Stilrichtungen und Genres, und insofern verweist es auch auf formaler Ebene darauf, dass Argumente stets eine rhetorische Seite haben (vgl. Clifford 2003: 70). In den Worten von Clifford klingt das folgendermaßen: „It turns out I write large, lumpy books that combine essays of different shapes, sizes, and rhetorics." (Email vom 12.6.2009)

Das Werk Clifford kennzeichnet ein durchgängiges Interesse an Fragen der Repräsentation von Kultur und Kunst im Medium von Ethnographie und Museum. Auf diesem Feld ist er gleichermaßen Analyst und Katalysator der Krise der ethnographischen Repräsentation. Die Kritik, die sich gegen seinen Ansatz richtet, hebt in erster Linie darauf ab, dass die vorherrschenden Paradigmen der Ethnographie, der Kanon ethnographischer Klassiker dekonstruiert wurden, ohne Alternativen aufzeigen zu können. Der Vorwurf ist letztlich – in den Worten von Clifford Geertz –, „dass die Konzentration unserer Blickrichtung auf die Art und Weise, in der die Ansprüche auf Wissen erhoben wird, unsere Fähigkeit untergräbt, irgendeinen dieser Ansprüche ernst zu nehmen" (Geertz 1973=1987: 12). Wäre es keine

Antinomie, könnte man auch von bitteren Wahrheiten sprechen, die die *Writing-Culture* Debatte ans Licht gebracht hat.

Auf die Dekonstruktion ethnographischer Selbstgewissheiten wurde zum Teil erschreckend aggressiv reagiert und letztlich auch mit Anfeindungen, die direkt auf die Person Cliffords („either uninterested or incompetent to judge ethnographic excellence") zielten (vgl. Beidelman 1989: 266). Dagegen ist die Kritik an seinen späteres Essays insofern nachvollziehbar, als Clifford darin sowohl die „routes and roots"-Homophonie als auch den Begriff der Reise überstrapaziert (vgl. Mason 1998:596). Gleichwohl wird mit wachsender zeitlicher Distanz zur *Writing Culture*-Debatte deutlich, das von ihr in 1.) formaler, 2.) inhaltlicher und 3.) paradigmatischer Hinsicht eine segensreiche Wirkung ausgegangen ist:

1. Das Fach hat sich im Hinblick auf das ethnographische Genre weitgehend von konventionellen Zwängen befreit. Ohne auf nennenswerten Widerspruch zu stoßen, lässt sich heute folgendes behaupten: Ethnographie ist, was Ethnographen schreiben.
2. Die Ethnologie stellt andere Kulturen nicht mehr als ahistorische, in sich homogene Einheiten dar. Es besteht mittlerweile Konsens darüber, dass der Gegenstand der Ethnologie einer Dynamik der Veränderung unterliegt und Kultur eigentlich immer im Plural stehen sollte.
3. Das Fach hat ein Maß an Selbstreflexivität an den Tag gelegt, das von anderen Fächern als beispielgebend empfunden wird. Nicht zuletzt unter dem Eindruck der *Writing Culture*-Debatte ist von einer „anthropologischen Wende in den Literaturwissenschaften" (Bachmann-Medick/Hg. 1996) die Rede bzw. von „einer ethnographischen Herausforderung soziologischer Empirie" (Hirschauer/Amann/Hg. 1997), und gelegentlich wird sogar ein „Plädoyer für die Ethnologisierung der Kulturwissenschaft(en)" gehalten (vgl. Därmann 2007).

Die Ethnologie ist nach der *Writing Culture*-Debatte – salopp formuliert – wieder wer. Ihre Stimme hat im Kanon der Kulturwissenschaften nicht zuletzt aufgrund der Arbeiten von Clifford und anderen Metaanthropologen wieder Gewicht.

Derweil ist Clifford mit der Vorbereitung einer dritten Anthologie unter dem Titel „Traditional Futures: Indigenous Cultural Politics Today" beschäftigt. Sie komplettiert seinem eigenen Verständnis zufolge nach *Predicament* (1988a) und *Routes* (1997a) eine Trilogie. Auf ihr Erscheinen darf man schon jetzt gespannt sein.

Literatur von James Clifford

Clifford, J.: Person and Myth: Maurice Leenhardt in the Melanesian World. Berkeley 1982.
Clifford, J./Marcus, G. (Hg.): Writing Culture: The Poetics and Politics of Ethnography. Berkeley/Los Angeles/London 1986a.
Clifford, J.: Introduction: Partial Truths. In: Clifford, J./Marcus, G. (Hg.): Writing Culture: The Poetics and Politics of Ethnography. Berkeley/Los Angeles/London 1986b, S. 1-26. Übers.: Halbe Wahrheiten. In: Rippl, G. (Hg.): Unbeschreiblich weiblich. Texte zur feministischen Anthropologie. Frankfurt/M. 1993, S. 104-135.
Clifford, J.: On Ethnographic Allegory. In: Clifford, J./Marcus, G. (Hg.): Writing Culture: The Poetics and Politics of Ethnography. Berkeley/Los Angeles/London 1986c, S. 98-121. Übers.: Über

James Clifford. Ethnographie als allegorische Beschreibung des Fremden 185

ethnographische Allegorie. In: Berg, E./Fuchs, M. (Hg.): *Kultur, soziale Praxis, Text. Die Krise der ethnographischen Repräsentation.* Frankfurt/M. 1993, S. 200-239.

Clifford, J.: The Predicament of Culture. Twentieth-Century Ethnography, Literature, and Art. Cambridge, Mass./London 1988a.

Clifford, J.: On Ethnographic Authority. In: ders.: The Predicament of Culture. Twentieth-Century Ethnography, Literature, and Art. Cambridge, Mass./London 1988b, S. 21-54. Übers.: Über ethnographische Autorität. In: Berg, E./Fuchs, M. (Hg.): Kultur, soziale Praxis, Text. Die Krise der ethnographischen Repräsentation. Frankfurt/M. 1993, S. 109-157.

Clifford, J.: Power and Dialogie in Ethnography: Marcel Griaule's Initiation. In: Clifford, J.: The Predicament of Culture. Twentieth-Century Ethnography, Literature, and Art. Cambridge, Mass./London 1988c, S. 55-91.

Clifford, J.: On Ethnographic Surrealism. In: Clifford, J.: The Predicament of Culture. Twentieth-Century Ethnography, Literature, and Art. Cambirdge, Mass./London 1988d, S. 117-151.

Clifford, J.: A Poetics of Displacement: Victor Segalen. In: Clifford, J.: The Predicament of Culture. Twentieth-Century Ethnography, Literature, and Art. Cambridge, Mass./London 1988e, S. 152-163.

Clifford, J.: Tell about Your Trip: Michel Leiris. In: Clifford, J.: The Predicament of Culture. Twentieth-Century Ethnography, Literature, and Art. Cambridge, Mass./London 1988f, S. 165-174.

Clifford, James: A Politics of Neologism: Aimé Césaire. In: Clifford, J.: The Predicament of Culture. Twentieth-Century Ethnography, Literature, and Art. Cambridge, Mass./London 1988g, S. 175-181.

Clifford, J.: Routes. Travel and Translation in the Late Twentieth Century. Cambridge, Mass./London 1997a.

Clifford, J.: Traveling Cultures. In: Ders.: Routes. Travel and Translation in the Late Twentieth Century. Cambridge, Mass./London 1997b, S. 17-46. Übers.: Kulturen auf der Reise. In: Hörning, K. H./Winter, R. (Hg.): Widerspenstige Kulturen. Cultural Studies als Herausforderung. Frankfurt/M. 1999, S. 476-513.

Clifford, J.: Museums as Contact Zones. In: Routes. Travel and Translation in the Late Twentieth Century. Cambridge, Mass./London 1997c, S. 188-219.

Clifford, J.: On the Edges of Anthropology. Interviews. Chicago 2003.

Clifford, J.: Traditional Futures: Indigenous Cultural Politics Today. In Vorbereitung.

Weitere zitierte Literatur

Bachmann, D.: „Writing Culture" – ein Diskurs zwischen Ethnologie und Literturwissenschaft. In: kea. Zeitschrift für Kulturwissenschaften 4, 1992, S. 1-20.

Bachmann-Medick, D. (Hg.): Kultur als Text. Die anthropologische Wende in den Literaturwissenschaften. Frankfurt/M. 1996.

Bachmann-Medick, D.: Cultural Turns. Neuorientierungen in den Kulturwissenschaften. Reinbek bei Hamburg 2006.

Beidelman, T. O.: [Rezension von] The Predicament of Culture. In: Anthropos 84 (1-3), 1989, S. 263-267.

Berg, E./Fuchs, M. (Hg.): Kultur, soziale Praxis, Text. Die Krise der ethnographischen Repräsentation. Frankfurt/M. 1993.

Därmann, I.: Statt einer Einleitung. Plädoyer für eine Ethnologisierung der Kulturwissenschaft(en). In: Därmann, I./Jamme, Ch. (Hg.): Kulturwissenschaften. Konzepte, Theorien, Autoren. München 2007, S. 7-33.

Fabian, J.: Time and the Other. How Anthropology Makes its Object. New York 1983.

Geertz, C.: Thick Description. Toward an Interpretive Theory of Culture. In: ders.: The Interpretation of Cultures. Selected Essays. New York 1973. Übers.: Dichte Beschreibung. Bemerkungen zu einer deutenden Theorie der Kultur. In: Ders.: Dichte Beschreibung. Beiträge zum Verstehen kultureller Systeme. Frankfurt/M. 1987, S. 7-43.

Gottowik, V.: Der Andere als Leser. Zur indigenen Rezeption ethnographischer Texte. In: Breger, C./Döring, T. (Hg.): Figuren der/des Dritten. Erkundungen kultureller Zwischenräume. Amsterdam/Atlanta 1998, S. 65-85.

Gottowik, V.: Clifford Geertz in der Kritik. Ein Versuch, seinen Hahnenkampf-Essay „aus der Perspektive der Einheimischen" zu verstehen. In: Anthropos 99, 2004, S. 207-214.

Gottowik, V.: Zwischen dichter und dünner Beschreibung. Clifford Geertz' Beitrag zur Writing Culture-Debatte. In: Därmann, I./Jamme, Ch. (Hg.): Kulturwissenschaften. Konzepte, Theorien, Autoren. München 2007, S.119-142.

Hirschauer, S./Klaus A. (Hg.): Die Befremdung der eigenen Kultur. Zur ethnographischen Herausforderung soziologischer Empirie. Frankfurt/M. 1997.

Hymes, D. (Hg.): Reinventing Anthropology. New York 1969.

Knecht, M./Welz, G.: Ethnographisches Schreiben nach Clifford. In: kea. Zeitschrift für Kulturwissenschaften, Sonderband 1: Ethnologie und Literatur, hrsg. von Th. Hauschild, 1995, S. 71-91.

Leiris, M.: L'afrique fantôme. Paris 1934.

Lévi-Strauss, C.: Anthropology: Its achievement and future. In: Current Anthropology 7, 1966, S. 124-127.

Man, P. d.: Allegories of Reading. New Haven 1979.

Marcus, G. E./Fischer, M. J.: Anthropology as Cultural Critique. An Experimental Moment in the Human Sciences. Chicago/London 1986.

Mason, P: [Rezension von] Clifford, James: Routes. Travel and Translation in the Late Twentieth Century. In: Anthropos 93, 1998, S. 595-596.

Mauss, M.: Essai sur le don. Forme et raison de l'échange dans les sociétes archaiques. Paris 1925.

Mead, M.: Coming of Age in Samoa. A Psychological Study of Primitive Youth for Western Civilisation. New York: William Morrow 1928.

Shostak, M.: Nisa: The Life and Words of a !Kung Woman. Cambridge, Mass. 1982.

Stocking, G. W.: Victorian Anthropology. New York/London 1987.

Thompson, E. P.: The Making of the English Working Class. London 1963.

White, H.: Metahistory. The historical Imagination in Nineteenth-Century Europe. Baltimore/London 1973.

White, H.: Tropics of Discourse: Essays in Cultural Criticism. Baltimore 1978.

Williams, R.: Culture and Society, 1780-1950. New York/London 1958.

Phänomene des Alltags

Erving Goffman: Die Kultur der Kommunikation

Hubert Knoblauch

Die Person

Erving Goffman wurde 1922 in der kanadischen Provinz Alberta als Sohn jüdischer Eltern geboren. Zunächst studierte er Soziologie in Toronto, wo er 1945 den Bachelor of Arts erhielt. In Toronto studierte er unter anderem bei Birdwhistell, einem der Pioniere der visuellen Erforschung menschlicher Interaktionen. Dann wechselte er an die Universität von Chicago, damals noch immer Heimstatt der berühmten Chicagoer Schule. Diese schuf sich bekanntlich zwischen den zwei Weltkriegen einen Namen in den Bereichen Stadtsoziologie, soziologische Theorie und insbesondere Symbolischer Interaktionismus und avancierte zum Mekka der soziologischen Ethnographie. Seinen Studien bei Warner und Hughes folgte ein Aufenthalt an der Universität von Edinburgh. Auf den vor Schottland liegenden Shetland-Inseln führte Goffman dann von 1949-1951 Feldforschung durch. Mit der daraus entstandenen Dissertation *Communication Conduct in an Island Community* promovierte er 1953 in Chicago u. a. bei Anselm Strauss, einem der Hauptvertreter des so genannten Symbolischen Interaktionismus. Nach dieser Zeit führte er – ohne feste Anstellung – unterschiedliche Studien durch, u. a. als „visiting scientist" in dem St. Elisabeth Hospital, Washington, DC. in dem er das Verhalten der Patienten beobachtete und eine Ethnographie der Lebenswelt in Anstalten anfertigte. 1959 erschien dann sein erstes Buch, *The Presentation of Self in Everyday Life* (deutsch: „Wir alle spielen Theater"), das ihn bald berühmt machen sollte. Ab 1958 begann Goffman an der Universität in Berkeley zu lehren, zunächst als Assistenzprofessor, ab 1962 als ordentlicher Professor. Dort wurde aus ihm eine regelrechte Kultfigur. Nicht zuletzt, um dem damit verbundenen wachsenden Rummel zu entfliehen, nahm er 1969 einen Ruf an die Universität von Pennsylvania in Philadelphia an. Goffman erhielt für seine Werke eine Reihe von Auszeichnungen und wurde schließlich 1981 zum Präsidenten der Amerikanischen Gesellschaft für Soziologie gewählt. Er verstarb jedoch 1982, ohne seine Antrittsrede noch halten zu können. Als Autor zählt Goffman zu den wohl populärsten Soziologen überhaupt, dem es gelang, weit über die engen Grenzen einer Spezialdisziplin hinaus ein breites Publikum anzusprechen. *The Presentation of Self in Everyday Life* ist heute, mehr als vierzig Jahre nach seiner Erstveröffentlichung im Jahre 1959, eines der meistgekauften soziologischen Bücher – in Deutschland wie international. Über zwanzig Jahre nach seinem Tod sind viele andere seiner Bücher bis hin zu seinen letzten – den *Forms of Talk* von 1981, das jüngst in deutscher Sprache erschien (Goffman 2005) – anhaltend Quelle für mannigfaltige wissenschaftliche Forschungen – seien es theoretischanalytische oder empirische.

Goffmans Bücher gehören heute noch zu den meistgelesenen soziologischen Texten überhaupt, und es wird wohl wenig sozialwissenschaftliche Autoren geben, die häufiger und in mehr Sprachen übersetzt wurden als Goffman. Nicht nur diese Popularität zeichnet Goffman aus, sondern auch eine einzigartige Stellung in den Sozialwissenschaften: Denn er erwarb nicht nur in der Chicagoer Schule, besonders bei Everett C. Hughes, sein „sociological eye"; er stand daneben auch in der pragmatistischen Tradition und wird gelegentlich auch als Vertreter des damit verbundenen „Symbolischen Interaktionismus" bezeichnet. Daneben nahm er auch die phänomenologische Tradition auf – ebenso wie die strukturfunktionalistische Ethnologie eines Radcliffe-Brown, die er während seines Studiums in Toronto kennen lernte. Keiner dieser Richtungen ist er jedoch wirklich verpflichtet. Vielmehr lässt sich seine soziale Rolle im Wissenschaftsbetrieb seiner Zeit als „maverick", als Einzelgänger, auch auf seine inhaltlichen Beiträge beziehen, die eine entschiedene Eigenständigkeit aufweisen.

Erving Goffman gilt mittlerweile als ein soziologischer Klassiker, obwohl er sich so gut wie nie mit den Themen beschäftigt hat, die man als Kernstücke der Soziologie ansehen kann, wie etwa soziale Ungleichheit, Macht oder Herrschaft. Aber auch das, was man gemeinhin Kultur nennt, steht nicht im Mittelpunkt seines Werkes. Goffmans Ruhm geht auf seine Fähigkeit zurück, die kleinen Alltagssituationen zu analysieren, in denen wir oft beiläufig anderen begegnen. In der Tat nennt Goffman noch in seinem letzten Buch (Goffman 1981) die (soziale) Situation als den Raum der Ko-Präsenz menschlicher Akteure den zentralen Gegenstand seiner Forschung. Hier entfaltet sich das Wechselspiel gegenseitiger Wahrnehmung und des miteinander Interagierens in einer Form, die sich wesentlich von den „großen" sozialen Zusammenhängen der sozialen Klassen oder ethnischen Gruppen unterscheidet. Um diese eigenständige Regelhaftigkeit der sozialen Situation mit einem Begriff zu bezeichnen, sprach Goffman (1983) deswegen auch von der *Interaktionsordnung*, die er von der sozialen Struktur unterschied. Man sollte beachten, dass es Goffman dabei nicht um das Handeln oder gar die Handelnden geht, sofern damit eine emphatische (Inter-)Subjektivität gemeint ist. Sein Gegenstand sind die „syntaktischen Beziehungen zwischen den Handlungen verschiedener gleichzeitig anwesender Personen" (Goffman 1981a: 8). Damit folgt er den Spuren Georg Simmels, der diesen Blick auf die Formen des Sozialen als Wechselwirkung der Menschen aufeinander zum zentralen Gegenstand der Soziologie erklärt hatte. Während sich Simmel daneben auch mit den unterschiedlichsten „Kulturinhalten" auseinandersetzte und damit zu einem der Gründerväter der Kultursoziologie wurde, steht für Goffman die Interaktion als sozusagen formales Phänomen im Mittelpunkt. Daher auch seine Nähe zum Symbolischen Interaktionismus, also jener von George Herbert Mead begründeten und von Herbert Blumer ausformulierten Forschungsrichtung, die die Interaktion zum Kern des Sozialen erklärt. Grundlegend für den Symbolischen Interaktionismus ist dabei die Annahme, dass Menschen nicht einfach auf die Handlungen anderer reagieren, sondern ihre Handlungen gegenseitig deuten und interpretieren. Ihre Reaktion wird also von Deutungen und Interpretationen geleitet, die die symbolische Dimension der Handlungen darstellen. Zu diesen Dingen nun zählt Blumer (1969: 2) keineswegs nur Menschen, wie etwa Mütter oder Verkäufer, sondern auch andere Gegenstände: also Bäume oder Stühle. Menschliche Akteure handeln aufgrund der symbolischen Bedeutungen, die sie Dingen verleihen. Der symbolische Interaktionismus kann auf diese Weise auch Institutionen behandeln – von Kultur ist jedoch selten die Rede.[1] Auch Goffman, der dem Symbolischen Interaktionismus keineswegs treu folgt, verwendet den Begriff der Kultur höchst selten und wenn, dann spielt er keine besondere Rolle. Eine Begriff – oder gar eine Theorie – der Kultur wäre Goffmans Sache ja ohnehin nicht. Goffmans Ar-

---

[1] So findet sich im umfangreichen *Handbuch des Symbolischen Interaktionismus* (Reynolds und Herman-Kinney 2003) kein Artikel über die Kultur, ja der Begriff taucht nicht einmal im Stichwortverzeichnis auf.

Erving Goffman: Die Kultur der Kommunikation

beitsweise war vielmehr von der Verwendung vieler empirienaher Begriffe geprägt, die er in der Regel mit jedem neuen Werk veränderte. Weil er so wenig auf in früheren Arbeiten formulierte Begriffe zurückgreift und doch daran anschließt, könnte man von einer „konsekutiven Begriffsbildung" reden. In der Tat betrachtete Goffman die verschiedenen Begriffe, die er ins Zentrum seiner Analyse stellte, eigentlich nur als Hilfsmittel zur Kennzeichnung dessen, um was es ihm eigentlich ging. Aber was ist dieses Eigentliche, das er behandelte? Und welche Rolle spielt dabei die Kultur? Um diese Frage zu beantworten, wollen wir Goffmans wichtigste Analysen und Begriffe betrachten. Dabei möchte ich zeigen, dass im Kern von Goffmans Arbeiten ein impliziter Begriff der Kultur verborgen liegt.[2] Weil in seinem Zentrum die Kommunikation steht, könnte man auch von einer Kommunikationskultur reden.

Das Theater und das Gesicht

Schon zu Anfang seiner Karriere entfaltete Goffman den Vergleich zwischen der Gesellschaft und dem Theater. In Anlehnung an den damals sehr verbreiteten Ansatz von Kenneth Burke (1945) nutzte Goffman die Theater-Metapher schon in einem frühen Aufsatz aus dem Jahre 1952. Dort führt er aus, dass unser Handeln im Alltag dem gleicht, was Schauspieler tun. Die Person ist eine Maske, und was immer sich noch dahinter verbergen mag, gehört nicht zum gesellschaftlichen Leben. Die Maske ist das, womit ein Eindruck auf das jeweilige Publikum erzeugt werden soll. Auch die deutsche Übersetzung seines erfolgreichsten Buches, *The Presentation of Self in Everyday Life* von 1959, stellt diese Theater-Metapher in den Vordergrund.

Ausgangspunkt des Buches ist die Annahme, dass Handelnde im Umgang mit anderen zahlreiche Gründe dafür haben, den Eindruck, den sie von sich erzeugen, zu kontrollieren. Aus dem Versuch der Kontrolle dieser Darstellung ergeben sich einige dramaturgische Prinzipien, auf deren Darstellung sich Goffman in diesem Buch konzentriert. Darstellungen („performances") sind im Grunde die Aktivitäten, die wir durchführen, wenn wir unser gewöhnliches Selbst in einen sozialen Akteur verwandeln, der sich im Ausdruckshandeln zur Schau stellt. Eine erfolgreiche Darstellung besteht für Goffman darin, dass die Handelnden überzeugend darstellen können, in der wirklichen Wirklichkeit zu handeln. Dazu müssen sie eine Fassade, also ein festgelegtes Ausdrucksrepertoire, einsetzen, das richtige Bühnenbild und die richtigen Requisiten verwenden und ihre Handlungen auf der „Vorderbühne" entsprechend dramatisch gestalten und in ihrem Ausdruck kontrollieren. Darstellungen enthalten aber auch idealisierende Elemente, denn Handelnde versuchen, ihre Aufführungen auf die Normen, Werte und Ideale einer Kultur abzustimmen. (Das kann auch negativ sein: ein Bittsteller, der seine Lage schwärzer malt, als sie ist, um Mitleid zu erregen.)

Erfolgreiche Darstellungen werden für gewöhnlich nicht von einzelnen Individuen, sondern von Ensembles („teams") inszeniert. Diese Ensembles teilen sowohl die Risiken der Darstellung (die potentielle Blamage) wie auch Wissen über die anderen Ensemble-

---

[2]   Ich teile damit die Auffassung von Willems (1997) und Reckwitz (2000) von der kulturtheoretischen Relevanz Goffmans. Angesichts von Goffmans konsekutiver Begriffsbildung halte ich den Versuch dieser Autoren jedoch für zu begrenzt, diese Kulturtheorie auf seinen Begriff des Rahmens zu reduzieren, den Goffman selbst ja nicht einmal in seinem letzten Buch wieder systematisch aufnimmt (vgl. Goffman 2005).

Mitglieder, das nicht öffentlich werden sollte. Ensembles operieren in bestimmten sozialen Räumen, die als Vorderbühnen bezeichnet werden. Vorderbühnen sind die häufig mit einem gewissen Dekorum ausgestatteten Räume, die Ensembles mit anderen teilen, von denen sie wahrgenommen werden. Ein Beispiel dafür bieten etwa Wohnzimmer: Hier werden die repräsentativen Möbel aufgestellt, hier sind die Bücherschränke und öffentlichen Auszeichnungen. Ensembles können sich auf „Hinterbühnen" zurückziehen und sich dort auf eine Weise verhalten, die dem völlig widersprechen kann, was sie auf der Vorderbühne tun. Ein Beispiel dafür ist das Verhalten von Bedienungspersonal in Gaststätten, wenn es sich außer Sicht- und Hörweite von Kunden befindet: Aus dem höflichen Lächeln gegenüber dem Kunden im Gastraum wird im Nebenraum oder in der Küche schlagartig Ärger, statt freundlicher Worte hört man Fluchen und Schimpfen, und die zurückhaltende Etikette, die auf der Vorderbühne noch eingehalten wurde, macht dem Wutausbruch Platz, dessen Publikum das Ensemble der Kollegen sein darf.

Ensembles müssen in der Lage sein, Geheimnisse zu bewahren. Wenn das Wissen des betreffenden Ensembles einen gewissen gesellschaftlichen Wert hat, dann gibt es oft auch Versuche, auf außergewöhnliche Weise Zugang zum Ensemble zu bekommen. Es können sich regelrechte Sonderrollen ausbilden, die diesen Zweck verfolgen, wie etwa Informanten, Vermittler, Spione, Denunzianten usw. Indem sie sich als Ensemble-Mitglieder ausgeben, versuchen sie die verschiedenen Geheimnisse des Ensembles zu erkunden. Dazu zählen: dunkle Geheimnisse, also solche, die dem Image des Ensembles widersprechen; strategische Geheimnisse über die Ziele des Ensembles usw.

Funktionierende Ensembles zeichnen sich durch Loyalität, Disziplin und Sorgfalt aus. Um den Schaden für sich in Grenzen zu halten, ist der Handelnde aber auch auf den Takt des Publikums und der Außenstehenden angewiesen, der erforderlich ist, um die Darstellungen zu schützen. Tatsächlich wird dieser Takt des Publikums oft unterschätzt. Offen zutage tritt dieser Takt aber etwa, wenn das Publikum in Lachen ausbricht, um die Gefährdung des Images einer Person oder eines Ensembles zu retten. In solchen Momenten scheint das Publikum gleichsam einen Offenbarungseid zu leisten, denn wenn es einschreitet, erfahren auch die Darsteller, dass das Publikum von ihrer Darstellung weiß und sie deswegen schützt. Denn auch das Publikum kennt die Rolle der Darsteller, die von einer grundlegenden Dialektik beherrscht wird: „In ihrer Eigenschaft als Darsteller ist den Einzelnen daran gelegen, den Eindruck aufrechtzuerhalten, sie erfüllten die zahlreichen Maßstäbe, nach denen man sie und ihre Produkte beurteilt. Weil diese Maßstäbe so zahlreich und allgegenwärtig sind, leben die einzelnen Darsteller mehr als wir glauben in einer moralischen Welt. Aber als Darsteller sind die Einzelnen nicht mit der moralischen Aufgabe der Erfüllung dieser Maßstäbe beschäftigt, sondern mit der amoralischen Aufgabe, einen überzeugenden Eindruck zu vermitteln, dass die Maßstäbe erfüllt werden. Unsere Handlungen haben es also weitgehend mit moralischen Fragen zu tun, aber als Darsteller sind wir nicht moralisch an ihnen interessiert." (Goffman 1969: 230)

Goffmans Metapher des Theaters ist kein Theatrum mundi, das den einzelnen als Rollenträger in einem halbwegs fixierten Skript betrachtet. Diese rollentheoretische Vorstellung wird von Theoretikern vertreten, die die Rolle an soziale Positionen und damit an ein festes soziales Gefüge mit all seinen Erwartungen, Regeln und Sanktionen knüpft (vgl. Dahrendorf 1963). Für Goffman ist das Theater weniger an eine feste Struktur des Sozialen gekoppelt, die vorgegeben ist. Vielmehr geht es bei den Darstellungen immer um eine situative Ordnung, die um das Selbst kreist. In der Tat geht Goffman davon aus, dass sie vor allem der Arbeit an unserem Image dienen, deren Ziel darin besteht, unsere Handlungen mit unserem projektierten Selbst in Deckung zu bringen. Die Beteiligten pflegen ihr taktvolles Verhalten also keineswegs nur, um ein besonderes Ereignis (eine Zusammenkunft, eine Party, ein Essen) aufrechtzuerhalten; sie tun es vor allem, um den Gesichtsverlust und damit den Schaden für die eigene Identität zu vermeiden. Die Angst davor, das Selbst schädigende Informationen zu offenbaren, führt zu dem, was er als Eindrucksmanipulation („impression management") bezeichnet. Unangenehme Szenen werden vermieden, in denen das Selbst, das man darstellt und das, das man darstellen möchte, auseinanderklaffen. Das Selbst ist damit immer auch eine Maske, die aktiv aufrechtzuerhalten ist. Goffman spricht hier von „face work", also der Arbeit daran, das Gesicht zu wahren. In jeder Interaktion wird vom Individuum erwartet, besondere Eigenschaften, Fähigkeiten und Informationen zu besitzen, die sich so zu einem Selbst ergeben, dass es zugleich als zusammenhängende und der Situation angepasste Einheit erscheint.

Das Ritual

Benutzte Goffman zuweilen den Begriff der Darstellung („performance") für die Prozesse, in denen die Identität und die soziale Situation gestaltet werden, so greift er an anderen Stellen auf den anthropologischen, ja sogar den ethologischen Begriff des Rituals bzw. der Ritualisierung zurück. Im einen Fall versteht er unter Ritualen eine Handlungsform der symbolischen Repräsentation der Gesellschaft. Daneben aber verweist Goffman immer wieder auch auf den ethologischen Begriff der Ritualisierung, worunter emotional motivierte Verhaltensweisen zu verstehen sind, die unter dem Druck der natürlichen Auslese formalisiert, stereotyp übertrieben, vereinfacht und aus dem Kontext des auslösenden Reizes herausgenommen werden.[3] Goffman behandelt vornehmlich interpersonelle Rituale, die den Umgang der Individuen untereinander regulieren. Dazu zählen Begrüßungen, das Erteilen von Komplimenten, das Vorstellen, das Verabschieden usw.. Begegnungen werden von rituellen Klammern gerahmt, die die Zugänglichkeit von Personen regeln. Bei Territoriumsverletzungen, beim Beanspruchen von Gütern, die nicht frei verfügbar sind oder bei Brüchen von Verpflichtungen kommt es zum korrektiven Austausch. Darunter versteht er Erklärungen, die andere Motive für den Verstoß nennen, Entschuldigungen, die das Individuum in ein verurteilendes und eines, das verurteilt wird spaltet, oder ein Ersuchen, die anstehenden Regelverletzungen zu akzeptieren. Korrektive Rituale haben zumeist eine dialogische Form: Auf eine Korrektur muss das Opfer der Übertretung mit einer Antwort reagieren, die die Korrektur akzeptiert. Dazu ist eine gewisse rituelle Kompetenz erforderlich, also die Kenntnis der in einer Gesellschaft verwendeten Rituale und die Fähigkeiten, diese anwenden zu können. Rituale können, wie Goffman anhand der „Beziehungszeichen" zeigt, ein rituelles Idiom ausbilden. Beziehungszeichen sind für Goffman ein rituelles Idiom, das einer Sprache ähnelt, ohne eine Grammatik aufzuweisen. Sie sind weder Mitteilungen noch bloß Körperausdruck, sondern Mittel, durch die eine Position oder eine Verbindung zu einer Situation angezeigt werden. Sie setzen sich aus Verhaltenselementen zusammen, die eine Person mit anderen in ihrer ökologischen Umgebung verbindet.

---

[3] Dabei ist Goffman der festen Auffassung, dass beide Begriffe des Rituals durchaus in eine Verbindung gebracht werden können.

Wie Darstellungen insgesamt sind Rituale keineswegs auf Situationen körperlicher Anwesenheit beschränkt. Handelnde können sie auch außerhalb des Gesichtsfeldes der vermeintlichen Adressaten vollziehen. Dieses Ritual kann dann an Dritte gerichtet sein, es kann auch zitiert oder in einem anderen Rahmen auftreten und erscheint dann als ein Zeichen. Dies geschieht, wie Goffman in seiner fotografischen Studie über die Darstellung des Geschlechterverhältnisses zeigt, in der Werbung. Hier werden die Rituale selbst ritualisiert, indem sie in einem anderen als dem ursprünglich gemeinten Rahmen erscheinen: Begrüßungen, Umarmungen oder die Darstellung des Geschlechtsverhältnisses werden in den Rahmen der Darstellung eines Produktes gestellt. Die Art ihrer Darstellung folgt dabei dem ursprünglichen Plan, so dass Goffman selbst in den Reklamebildern einen Ausdruck und eine Realisierung der Geschlechterverhältnisse erkennen kann.

Wie Durkheim Rituale als Formen der symbolischen Repräsentationen sozialer Ordnung ansah, ist auch für Goffman Ritual „eine mechanische, konventionalisierte Handlung, durch die ein Individuum seinen Respekt und seine Ehrerbietung für ein Objekt von höchstem Wert gegenüber diesem Objekt oder seinem Stellvertreter bezeugt" (Goffman 1974: 97). In den Augen Goffmans sind jedoch die wertvollen Objekte, die im Ritual verehrt werden, die Individuen selbst. In seiner Dissertation weitet er dies auf eine Zeitdiagnose aus, in der er bemerkt, dass die säkulare Welt so irreligiös nicht sei, wie man meint. Das moralische Idol seiner Zeit ist das Individuum, das sakrale Züge annehme. Wie eine eitle heilige Kuh achtet es darauf, dass ihm ausreichend Respekt erwiesen wird. Die Rituale der Ehrerbietung und des Benehmens gelten Goffman sogar als Ausdruck eines quasi religiösen Verhältnisses zum Subjekt gerade in der säkularisierten weltlichen Gesellschaft. Denn Goffman vertritt die Meinung, „dass in einem gewissen Sinn diese säkularisierte Welt nicht so areligiös ist, wie wir denken. Viele Götter sind abgeschafft worden, aber das Individuum selbst bleibt hartnäckig als eine wichtige Gottheit bestehen. Es schreitet mit Würde einher und ist Empfänger vieler kleiner Opfer. Es achtet eifersüchtig auf die Anbetung, die ihm gebührt; wird es aber im richtigen Glauben angesprochen, dann ist es bereit, denen zu vergeben, die es beleidigt haben. Auf Grund ihres Status in Relation zu dem seinen werden einige ihn entweihend finden, während andere fürchten werden, sich zu entweihen. In beiden Fällen empfinden sie, dass sie ihn mit ritueller Sorgfalt zu behandeln haben. Vielleicht ist das Individuum deshalb ein so zugänglicher Gott, weil es die zeremonielle Bedeutung seiner Behandlung verstehen kann und weil es mit Handlungen auf das, was ihm angeboten wird, reagieren kann. In Kontakten zwischen solchen Gottheiten bedarf es keiner Vermittler. Jeder dieser Götter ist in der Lage, als sein eigener Priester zu fungieren." (Goffman 1981a: 104; leicht veränderte Übersetzung). Das moralische Individuum ist ihm das Idol seines Jahrhunderts.

Der Rahmen

Einer der für das Verständnis der Kultur zentralsten Begriffe Goffmans ist zweifellos der des Rahmens. Mit diesem Begriff bezieht er sich auf einen Artikel von Bateson (1955/1973). Anhand der Beobachtung von zwei spielerisch kämpfenden Ottern geht Bateson der Frage nach, wie ihnen das gelinge: zu kämpfen und gleichzeitig zu zeigen, dass sie nicht kämpfen, sondern spielen. Das Verhalten beim Kämpfen und beim Nachstellen des Kampfes ähnelt sich zwar, doch weist es ebenso markante Unterschiede auf, die er als Me-

Erving Goffman: Die Kultur der Kommunikation 195

takommunikation bzw. als Rahmen („frames") bezeichnete. Goffman nun wendet sich den Rahmen als Organisationsprinzip menschlicher Erfahrung und Interaktion zu. Rahmen bilden das Prinzip dieser Organisation, denn sie erlauben es, eine Situation zu definieren. Im Unterschied jedoch zu den Ansätzen, die solche Rahmungen der Erfahrung lediglich als Leistungen des subjektiven Bewusstseins ansehen (Goffman bezieht sich hier ausdrücklich auf William James und Alfred Schütz), sind die Rahmen, von denen Goffman spricht, Teil von sozialen Handlungen und kollektiven Aktivitäten. Die durch Rahmen markierten Ausschnitte von Aktivitäten bilden den Gegenstand der Rahmenanalyse. Die Rahmenanalyse soll also der Klärung dessen dienen, was in diesen Interaktionen und Aktivitäten eigentlich vor sich geht. Um diese Klärung vornehmen zu können, entfaltet Goffman ein komplexes Begriffssystem.

Soziale Interaktionen erhalten ihren Sinn durch Rahmungen. Am grundlegendsten ist dabei der „primäre Rahmen". Darunter fallen natürliche Rahmen, die Situationen als nicht von Menschen geschaffene und beeinflusste Ereignisse definieren. Man sollte beachten, dass sie nicht „natürlich" sein, sondern lediglich als natürlich gelten müssen. Zu diesen primären Rahmen gehören auch soziale Rahmen, die erst durch den Bezug auf menschliche Handlungen und Akteure Sinn ergeben. Die primären Rahmen bilden zwar den unbefragten und selten thematisierten Hauptbestandteil einer jeden Kultur, doch sind sie oft nur das Ausgangsmaterial für mannigfaltige Sinntransformationen. Goffman geht also von der Beobachtung aus, „dass wir (und viele) fähig und geneigt sind, konkrete, wirkliche Vorgänge – die für sich schon sinnvoll sind – als Ausgangsmaterial für Transformationen zu benutzen: Spaß, Täuschung, Experiment, Probe, Traum, Phantasie, Ritual, Demonstration, Analyse und milde Gabe" (Goffman 1977:602). Primäre Rahmen können moduliert („keyed") werden, wenn ihr Sinn in etwas transformiert wird, das zwar das Muster der primären Rahmen verwendet, aber unabhängig von ihm verläuft. Als Modulationen bezeichnet Goffman also das System der Konventionen, das eine bestimmte Tätigkeit aus dem primären Rahmen in etwas transformiert, das dieser Tätigkeit nur nachgebildet ist.

Die Abwandlungen vom primären Rahmen sind nun keineswegs unüberschaubar. Goffman besteht vielmehr darauf, dass es lediglich fünf solche Modulationen gibt, die er unter die folgenden Überschriften stellt: So-Tun-als-ob, Wettkampf, Zeremonie, Sonderausführungen und In-anderen-Zusammenhang-Stellen. So-Tun-als-ob verwandelt einen ernsthaften Rahmen auf spielerische Weise in einen unernsten. Die Modulation wird meist vor einem Publikum durchgeführt. Doch gibt es auch Grenzfälle solcher Modulationen: Täuschungsmanöver etwa, bei denen nur die Täuschenden über die Module Bescheid wissen, oder Tagträume, die sich dadurch auszeichnen, dass das Publikum und der Akteur identisch sind. Der Wettbewerb stellt den zweiten Rahmen dar, wobei das Modell des gezähmten Konflikts als Vorlage dient. Diese Modulation besteht darin, die Mittel des alltäglichen Handelns einzusetzen, doch ihre Folgen nicht todernst zu nehmen. Das dritte Modul ist die Zeremonie. Dabei handelt es sich um Veranstaltungen, die es erlauben, bestimmte Rollen einzunehmen und herauszuheben – wie etwa die des Brautpaars bei der Hochzeit. Sonderausführungen dienen Goffman als Oberbegriff für Übungen, Proben, Demonstrationen u. ä., also Interaktionen, in denen die aktuelle Situation in eine Simulation einer zukünftigen Situation transformiert wird. Beim In-anderen-Zusammenhang-Stellen schließlich treten andere Motive an die Stelle derer, die im primären Rahmen angenommen werden. Als Beispiel dafür führt Goffman das Ködern in Spielcasinos an, bei dem ein Strohmann andere Spieler mitzieht.

Wie Goffman auch am Theater (das hier ganz nicht-metaphorisch als einer unter den verschiedenen Rahmen verstanden wird) zeigt, sind Rahmungen durch die Modulationen und Täuschungsmanöver allerdings fortwährend gefährdet: ganz sicher sind wir nie, was gerade geschieht. Vor allem dadurch, dass durch Rahmung am Anfang falsche Vorstellungen geweckt werden, können sich diese Gefährdungen auf die emotionale Seite unserer Erfahrungen beziehen und zu negativen Erfahrungen führen. Gefährdungen können sich aber auch auf die kognitive Seite der Erfahrungen beziehen und unsere Annahmen in Frage stellen, wie für uns die Welt zusammenhängt. Um das Vertrauen in den Rahmen zu sichern, setzen die Handelnden verschiedene Mittel ein, mit denen sie die jeweiligen Rahmen „verankern". Die Verankerungen sind nicht nur deswegen vonnöten, weil jede Modulation ihrerseits immer wieder neu gerahmt wird, wir können uns auch über Rahmungen täuschen, uns irren oder gar darüber streiten.

Goffman stellt mehrere solcher Verankerungen vor: Klammern, wie wir sie etwa an den Anfang und Schluss von Episoden setzen; die Person-Rolle Formel (dass wir eine bestimmte Rolle spielen, um den Rahmen aufrechtzuerhalten); Basiskontinuität, also dass diese Rolle in einer kontinuierlichen Persönlichkeit verankert ist usw. Solche Verankerungen dienen dazu, den Sinn der Interaktionen stabil zu halten. Dass wir den Alltag für so geregelt halten, ist letzten Endes ein Beweis für die Festigkeit dieser Verankerungen.

Wie Goffman selbst betont, haben Rahmungen und Modulationen einen sozusagen phänomenologischen Charakter, geht es doch um die „Organisation der Erfahrung". Allerdings ist diese Erfahrung nicht im Subjekt verankert, sondern selbst ein soziales Phänomen. Es handelt sich also weniger um ein subjektives Wissen als um eine soziale Praxis, der Handelnde folgen.[4]

Das wird besonders deutlich an seinen Arbeiten über die sprachlichen Ausprägungen von Rahmen, die er in seiner „Rahmen-Analyse" beginnt und in seinem letzten Buch (Goffman 1981; deutsch 2005) fortführt. In gewisser Weise überkreuzen sich seine bisherigen Analysen im Gespräch. Goffman nimmt zum einen an, dass Gespräche weniger der Informationsvermittlung als vielmehr der Darstellung dienen – also der Performance – und damit eine Form des Rituals darstellen. Ja er erblickt im Gespräch den letzten Ort einer Dramatisierung, wie wir sie aus dem Theater kennen. Vor allem aber ist das Gespräch – und das Reden insgesamt – ein empirisch äußerst gut beobachtbarer Gegenstand für die Frage, wie Rahmungen vorgenommen werden und was Rahmungen sind. Denn es ist ja ganz offenkundig, dass verschiedene Formen des Gesprächs – von der informellen Konversation bis zum Prüfungsgespräch – auf verschiedene Weisen gerahmt werden. „Das Gespräch erscheint als ein rasch wechselnder Strom verschieden gerahmter Abschnitte [...]. Es kommen Transformationszeichen vor, die angeben, ob es sich um eine Abweichung vom Üblichen handelt, und wenn ja, welcher Art. Ist eine solche Abweichung beabsichtigt, so werden auch Klammerzeichen gegeben, die deutlich machen, wo diese Transformationen anfangen und wo sie aufhören [...]." (Goffman 1977: 584f.)

Solche Transformationen bestehen etwa im Zitieren, stimmlichen Variieren oder im Nachspielen von Gehörtem. Man könnte sagen, dass Sprechen eine Bandbreite unterschiedlicher „Stimmen" einsetzt, doch benutzt Goffman diesen auf Bachtin (1986/1959) zurück-

---

[4] Manche betonen, dass Goffman hier eine Position zwischen Subjektivität und Objektivität beziehe, wie sie von Giddens (1984) dann in seiner Strukturationstheorie vertreten wird (vgl. Srinivasan 1990; Crook and Taylor 1980). Meines Erachtens geht es Goffman hier jedoch nicht um die Verknüpfung, sondern um die Spannung zwischen dem Individuellen und Sozialen (vgl. Knoblauch 1994).

Erving Goffman: Die Kultur der Kommunikation

gehenden Begriff an keiner Stelle. Dagegen entwickelt er eine ähnliche Analyse: Nicht nur erfolgt Reden in vielerlei Stimmen, diese Stimmen spiegeln zudem auch die Vielfalt der verschiedenen Sprecher wider. Goffmans Ziel besteht ausdrücklich darin, die herkömmliche Vorstellung von Sprechern und Hörern zu zerschlagen. Sprecher lassen sich in vielerlei Rollen aufteilen: Sprecher können als „Urheber" ihrer Äußerungen gelten, als „maßgebende Subjekte und Gestalter" oder lediglich als „Lautsprecher" ihrer Äußerungen. Darüber hinaus können in den Äußerungen selbst die vielfältigsten Figuren auftreten: neben natürlichen, mit den Sprechenden identischen Figuren kann es sich um gespielte Figuren handeln, um gedruckte, zitierte oder in Sprache und Gesten nachgeahmte. Und das gilt nicht nur fürs Gespräch, sondern auch für die Rede, bei der wir verschiedene „Produktionsformate" unterscheiden: das Auswendiglernen oder Memorieren, das laute Lesen und das spontane Reden. Entsprechend vielgestaltig sind die Hörerrollen, die vom angesprochenen Adressaten bis zum unabsichtlichen Mithören reichen.

Goffmans implizite Theorie der Kultur

Dass sich Goffman mit einer kulturellen Dimension der Gesellschaft beschäftigt, scheint nach den bisherigen Beispielen kaum mehr zu bezweifeln. Worin aber besteht die implizite Kulturtheorie, von der wir sprachen? Manche sind der Auffassung, Goffman vertrete eine semiotische Theorie der Kultur, indem er Zeichen als Ausdrucksformen der Kultur ansehe und entsprechend interpretiere (vgl. Vester 1989). Gonos (1977) sieht Goffman sogar in der Tradition des französischen Strukturalismus, der die kulturellen Zeichen als Ausdrucksformen einer im Kern gleich bleibenden Struktur betrachtet. Während jedoch der Strukturalismus und die Semiotik Sinn als etwas ansehen, das nur in Bezug auf anderen Sinn besteht, vertritt Goffman eine ganz andere, pragmatistisch-interaktionistische Vorstellung der Sinnwelt.

So zeigt die gerade skizzierte Analyse der Rahmung, dass die Kommunikation eine zentrale Bedeutung für Goffman spielte. Ja schon in seiner Dissertation bezeichnet er die Kommunikation als seinen wichtigsten Untersuchungsgegenstand – und folgt damit den Spuren von George Herbert Mead. Es ist jedoch bezeichnend für Goffman, dass er nicht einmal in seinen Arbeiten über die Sprache einen Begriff der Kommunikation entwickelt. Stattdessen schlägt er andere Begriffe vor, die er immer wieder auswechselt. Beschränken wir uns auf die genannten Konzepte, dann erweist sich die Darstellung („performance") als ein Prozess, der schwerlich nur als Zeichen oder gar Zeichensystem verstanden werden kann. Darstellung ist vielmehr ein aktiver Prozess, man könnte sagen: eine Handlung. Allerdings würde es in die Irre führen, wollte man mit dem Begriff der Handlung ein rational agierendes Subjekt verbinden, das seinen Eindruck gleichsam strategisch erzeugt. Diese Vorstellung findet sich bei Goffman zwar durchaus in seinen frühen Schriften, von denen er sich jedoch sehr deutlich abgrenzte.[5] Dafür gibt es mehrere Gründe. Ein Grund dafür ist, dass das, was zur Darstellung dient, selbst nicht in der Gewalt der Handelnden steht, sondern ihnen vorgegeben ist. Die Mittel der Kommunikation bestehen zu einem guten Teil aus einem „Ausdrucksverhalten" („display behaviour"), das in der jeweiligen Gesellschaft

---

[5]　Berüchtigt ist das Vorwort zur ersten Auflage von *Presentation of Self in Everyday Life*, in der Goffman ein beinahe zynisches Konzept des Darstellers entfaltete, das er jedoch schon in der zweiten Auflage deutlich abschwächte.

verfügbar ist.[6] Wie man sich grüßt, wie man auf das eigene Stolpern reagiert und was man zur Verabschiedung sagt, sind Formen, die gesellschaftlich vorgegeben sind. Man könnte diese Formen zum „gesellschaftlichen Wissensvorrat" zählen, doch würde ihnen das einen zu kognitiven Zug verleihen.[7] Andererseits könnte man sie auch als soziale Praxis bezeichnen, wenn man damit die gesellschaftlichen Formen des Handelns bezeichnet, die Akteuren in bestimmten Gesellschaften und Gesellschaftsklassen zur Verfügung stehen.[8] Doch auch dieser Begriff würde Goffman insofern nicht gerecht, als er die kommunikative Dimension dieser Prozesse übergeht, ohne die Interaktion bei Goffman nicht gelingen kann.

Man könnte diese Formen mit gutem Grunde zur Kultur zählen, wenn man bereit ist, Kultur als etwas anzusehen, das bis tief in das körperliche Ausdrucksverhalten hineinreicht.[9] Allerdings ist Kultur für Goffman nicht an einzelne Körper befestigt, wie häufig in der Untersuchung des Ausdrucksverhaltens unterstellt (vgl. Kendon 2004). Kultur vielmehr ist wesentlich sozial, denn sie realisiert sich in Interaktionen (und solitäres Handeln betrachtet er lediglich als eine Abart des sozialen Handelns). Für Goffman hat Kultur ihren Ort in sozialen Situationen der Begegnung mit Anderen, und zwar auf eine doppelte Weise: Sie gibt dieser Begegnung eine Form, und sie realisiert die Form in der Begegnung. Vor dem Hintergrund von Goffmans konsekutiver Begriffsbildung ist es sicherlich nicht entscheidend, ob wir diese Form als „Darstellung" oder „Ritual" bezeichnen, denn es handelt sich in beiden Fällen um situativ realisierte Formen. Diese Formen dienen dazu, die einzelnen Akteure zu koordinieren und aufeinander abzustimmen. Dank dieser Formen vermeidet Goffman übrigens auch eine situationalistische Verkürzung der Interaktion, wie sie von der Ethnomethodologie vorgeschlagen wird. Gerade am Beispiel der Konversation, die ja von der ethnomethodologischen Konversationsanalyse so detailliert unter Beschlag genommen wird, zeigt Goffman, dass Interaktionen keineswegs nur der kontingenten Logik der Situation folgen, sondern in rituelle Muster eingebettet sind.[10] (Dabei sollte man beachten, dass die Identitäten der Akteure von diesen Formen (mit-)gestaltet werden. Selbst ihre Idolisierung zu heiligen Individuen ist ein Ergebnis bestimmter Formen.) Weil sie nicht ausschließlich situativ sind, kann es auch gelingen, diese Formen aus der Situation abzulösen und sie in andere Kontexte zu stellen, also jene Hyper-Ritualisierungen zu erzeugen, von denen die Kultur lebt, wie etwa die Idealisierung der Geschlechterbeziehung. (Goffman wurde häufig vorgehalten, er beschränke sich auf die amerikanische Gesellschaft und auch hier nur auf die Mittelschicht – eine Kritik, die er als berechtigt aufnahm. Es geht ihm also hauptsächlich um die amerikanische Mittelschichtskultur.)

---

[6] Man kann dieses Argument jedoch auch gerade als Grund für die Verwendung des Begriffes der Kommunikation betrachten, wenn man Ausdruck nicht im Kontrast zu, sondern als Unterart von Zeichen betrachtet. Dies gilt etwa für Schütz und Luckmann (1984). Einen entsprechenden Begriff der Kommunikation schlägt Knoblauch (1995) vor. Aus dieser Perspektive ist dieser Begriff sogar sehr hilfreich, weil er sowohl die absichtlich geplanten kommunikativen Handlungen wie auch das habitualisierte Ausdrucksverhalten umfasst. Zu Luckmann vgl. den Beitrag von Bernt Schnettler in diesem Band.

[7] Zum gesellschaftlichen Wissensvorrat vgl. Knoblauch (2005).

[8] Am nächsten kommt dieser Vorstellung sicherlich die Theorie von Giddens, der ja ausdrücklich an Goffman anschließt.

[9] Man denke hier etwa an die berühmte Untersuchung von David Efron (1941), der gezeigt hatte, wie wenig Gesten von der Natur und wie sehr sie von Kulturen geprägt sind – und in interkulturellen Situationen auch vermischt werden.

[10] Am extremsten wird dieser Situationalismus sicherlich von Lucy Suchman (1987) formuliert, die den Begriff der „situated action" prägte. Goffmans harsche Kritik an der Konversationsanalyse findet sich in Goffman (2005).

Goffman verweist aber noch auf eine dritte Dimension der Kultur, die man nun durchaus als kommunikative Kultur bezeichnen kann: Die Formen helfen nicht nur zur Bewältigung von Interaktionssituationen, sie lassen sich nicht nur aus Interaktionen ablösen und damit vermittelt und medial einsetzen. Formen, wie sie in der Interaktion verwendet werden, sind auch die Mittel, mit denen der Sinn für Wirklichkeit erzeugt wird. Wir sind hier gleichsam beim Inhaltsaspekt der kommunikativen Kultur angekommen. Er spielt für Goffman eine zentrale Rolle, der ja immer fragte: Was geschieht hier? Goffmans These ist sicherlich, dass wir keineswegs nur in einer Wirklichkeit leben. Schon wir selbst sind ja nur ein Produkt der Gesichtsarbeit, die wir in einer Situation investieren. Das eigene Selbst erscheint deswegen als eine andere, häufig auch tiefere Schicht – auch wenn sich dieser Eindruck vor allem dem Umstand verdankt, dass dieses Selbst eben auch außerhalb der Situation besteht. Vermöge der Rahmungen kann die Situation selber wiederum mehrfach verschachtelt sein: Sie kann ernst oder Spiel, Theater oder Alltag sein. Kultur bezeichnet auch diese Schachteln und Schichten. Welche Wirklichkeit wir jeweils meinen, ist auch hier nicht eine Folge der subjektiven Einstellung, wie dies bei Alfred Schütz zu sein scheint.[11] Vielmehr wird die Rahmung – und damit auch die Art der subjektiven Erfahrung dessen, was geschieht – von Markierungen, Inszenierungshinweisen oder, wie Goffman mit Blick auf soziolinguistische Merkmale sagt, Kontextualisierungsschlüssel angezeigt. Diese metakommunikativen Formen sind wiederum Teil der Kultur, die keineswegs am Einzelnen hängt, sondern in sozialen Situationen realisiert wird.

Wenn man Goffmans sozusagen konsekutive Begriffsbildung als Theorie bezeichnen mag, dann kann man von einer impliziten Theorie der Kultur reden, die eine Theorie der Kommunikationskultur ist. Sie behandelt weder Hochkultur noch Sonderwissen noch Artefakte. Ihr geht es vor allen Dingen darum, wie Interaktion vonstatten geht. Sie beschränkt sich dabei nicht auf das bloße Gelingen der interaktiven Abläufe, also sozusagen der Koordination der Handlungen. Ihr geht es auch darum, wie die Handelnden als Identitäten in diese Koordination eingestimmt werden, also gleichsam die Synchronisation der Bewusstseine. Eine implizite Theorie der Kultur bildet dieses Geflecht aus Begriffen aber drittens, weil sie auch darauf achtet, wie in diesen Interaktionen Wirklichkeit geschaffen wird – und welche Wirklichkeit das ist. Und weil, wie Goffman zeigt, diese Wirklichkeit in und durch Kommunikation geschaffen wird, haben wir es eben mit einer kulturellen Wirklichkeit zu tun.

Literatur von Goffman

Goffman, E.: Wir alle spielen Theater. München 1969.
Goffman, E.: Verhalten in sozialen Situationen. Strukturen und Regeln der Interaktion im öffentlichen Raum. Gütersloh 1971.
Goffman, E.: Das Individuum im öffentlichen Austausch. Mikrostudien zur öffentlichen Ordnung. Frankfurt/M. 1974.
Goffman, E.: Rahmen-Analyse. Ein Versuch über die Organisation von Alltagserfahrungen. Frankfurt/M. 1977.
Goffman, E.: Interaktionsrituale. Über Verhalten in direkter Kommunikation. Frankfurt/M. 1981a.

---

[11] Goffman überzieht hier die Position von Schütz ein wenig, weil er seinen Begriff des Symbols nicht als Teil einer Kommunikationstheorie fasst (vgl. Eberle 2000).

Goffman, E.: Forms of Talk. London 1981b.
Goffman, E.: Die Interaktionsordnung, in: Interaktion und Geschlecht. Frankfurt/M. 1996 [1983], S. 50-104.
Goffman, E.: Rede-Weisen. Konstanz 2005.

Englischsprachige Bücher Goffmans

Goffman, E.: The Presentation of Self in Everyday Life. Edinburgh 1956 (Social Sciences Research Centre, Monograph no. 2)
Goffman, E.: The Presentation of Self in Everyday Life. New York 1959 (London 1969).
Goffman, E.: Encounters: Two Studies in the Sociology of Interaction. Indianapolis 1961 (London 1972).
Goffman, E.: Asylums: Essays on the Social Situation of Mental Patients and Other Inmates. New York 1961 (Harmondsworth 1968).
Goffman, E.: Stigma: Notes on the Management of Spoiled Identity. Englewood Cliffs/New Jersey 1963 (Harmondsworth 1968).
Goffman, E.: Behavior in Public Places: Notes on the Social Organization of Gatherings. Glencoe 1963.
Goffman, E.: Interaction Ritual: Essays on Face-to-Face Behavior. New York 1967 (London 1972).
Goffman, E.: Strategic Interaction. Philadelphia 1969 (Oxford 1970).
Goffman, E.: Relations in Public: Microstudies of the Public Order. New York 1971 (London 1971).
Goffman, E.: Frame Analysis: An Essay on the Organization of Experience. New York 1974 (Harmondsworth 1975).
Goffman, E.: Gender Advertisements. New York 1979 (London 1979).
Goffman, E.: Forms of Talk. Philadelphia 1981 (Oxford 1981).

Weitere zitierte Literatur

Bachtin, M.: Speech Genres and Other Essays. Austin 1986 [1959].
Bateson, G.: A theory of play and fantasy. Steps to an Ecology of Mind. St. Albans 1973 [1955], S. 150-166.
Blumer, H.: Symbolic Interactionism. Perspective and Method. Englewood Cliffs 1969.
Burke, K.: A Grammar of Motives. New York 1945.
Crook, S./Laurie T.: Goffman's version of reality. Ditton, J. (Hg.): The View from Goffman. New York 1980, S. 233-251.
Dahrendorf, R.: Homo Sociologicus. Opladen 1963.
Eberle, T.: Lebensweltanalyse und Rahmenanalyse. In: Eberle, T. (Hg.): Lebensweltanalyse und Handlungstheorie. Konstanz 2000, S. 81-125.
Efron, D.: Gesture, Race and Culture. New York 1941.
Giddens, A.: The Constitution of Society. Outlines of a Theory of Structuration. London 1984.
Gonos, G.: ,Situation' versus ,frame': The ,interactionist' and the ,structuralist' analysis of everyday life. American Sociological Review 42, 1977, 854-867.
Kendon, A.: Gesture. Visible Action as Utterance. Cambridge 2004.
Knoblauch, H.: Erving Goffmans Reich der Interaktion. In: Goffman, E.: Interaktion und Geschlecht. Frankfurt/New York 1994, S. 7-49..
Knoblauch, H.: Kommunikationskultur: Die kommunikative Konstruktion kultureller Kontexte. Berlin 1995.
Knoblauch, H.: Wissenssoziologie. Konstanz 2005.
Reckwitz, A.: Die Transformation der Kulturtheorie. Weilerswist 2000.

Reynolds, L. T./Nancy J. (Hg.): Handbook of Symbolic Interactionism. Lanham/Boulder/New York/Toronto/Oxford 2003.

Schütz, A./Luckmann, T. :Strukturen der Lebenswelt II. Frankfurt/M. 1984.

Srinivasan, N.: The cross-cultural relevance of Goffman's concept of individual agency. In: Stephen H. R. (Hg.): Beyond Goffman: Studies on Communication, Institution, and Social Interaction. Berlin/New York 1990, S. 141-186.

Suchmann, L.: Plans and Situated Actions. The Problem of Human Machine Communication. Cambridge 1987.

Vester, H.-G.: Erving Goffman's sociology as semiotics of postmodern culture. In: Semiotica 3/4, 76, 1989, S. 191-203.

Willems, H.: Rahmen und Habitus. Frankfurt/M. 1997.

Stanley Cavell: Selbstverhältnis und Lebensform

Jörg Volbers

Einleitung

Wenn Stanley Cavell in Interviews oder Texten auf seinen akademischen Lebensweg zurückblickt, hebt er oft zwei autobiographische Umstände hervor. Zum einen absolvierte der 1926 geborene Sohn jüdischer Immigranten, der später Philosophieprofessor in Harvard werden sollte, seinen ersten universitären Abschluss (B.A.) noch als Musiker. Trotz des anschließenden Wechsels zur Philosophie blieb die in diesem Aufschub signalisierte Zögerlichkeit, sich ungebrochen mit der akademischen Philosophie zu identifizieren, weiterhin bestehen. In den frühen 1950er Jahren begann in den Vereinigten Staaten der Aufstieg der analytischen Philosophie zur beherrschenden Strömung in den Universitäten, und Cavell empfand, wie er später immer wieder betonte, deren Orientierung an epistemischen und logischen Fragen als eine unnötige Einengung, ja Verfehlung des philosophischen Denkens (vgl. Cavell 1988a; Cavell 1976: 74). Autoren wie Kierkegaard und Heidegger, für die Cavell sich interessierte, tauchten in den Lehrplänen nicht auf, und Probleme der Ethik oder Ästhetik wurden auf eine Weise verhandelt, die Cavell nur als steril empfinden konnte.

Zu einer fruchtbaren Quelle sichtbarer Produktivität wurde diese Spannung zum zeitgenössischen akademischen Diskurs jedoch erst durch die Begegnung mit dem englischen Sprachphilosophen John L. Austin, von der Cavell als ein Schlüsselerlebnis berichtet.[1] Mit Austin, der im Rahmen eines Gastaufenthalts (1955) in Harvard Vorträge und Seminare hielt, entdeckte Cavell eine Methode des Philosophierens und Denkens, die ihn fortan nicht mehr losließ. Austins sog. Philosophie der normalen Sprache ist von einem Misstrauen gegen den „hohen Ton" der Philosophie durchdrungen und kritisiert deren Begriffsbildungen, indem er auf die alltäglichen Verwendungskontexte der philosophisch sensiblen Ausdrücke eingeht. Dieser Ansatz verhalf Cavell aus der persönlichen Krise und zu seiner eigenen „intellektuellen Stimme" (Conant 1989: 36). So ist ein umfangreiches Werk des „musician-turned-philosopher" (Mulhall 1984: 1) entstanden, das neben dem wohl wichtigsten Buch *Der Anspruch der Vernunft* (2006) zahlreiche Monographien und Einzelstudien umfasst.

Cavels Texte heben sich nicht nur mit ihrem literarischen, teilweise barock ausufernden Stil von der analytischen Philosophie ab; auch inhaltlich stellen sie sich gegen etablierte disziplinäre Grenzen: Film, Theater und die Psychoanalyse werden von ihm als mindestens gleichrangige Gesprächspartner für die Philosophie angesehen. Ein guter Einstiegspunkt in Cavells Denken ist nach wie vor sein erster Aufsatzband *Must we mean what we say?* (1976); daneben sind zahlreiche weitere Aufsatzsammlungen erschienen (zuletzt *Philosophy the Day after tomorrow*, 2005b). Hervorzuheben sind noch seine Bücher zum Kino

---

[1] Im Interview kommentiert Cavell diesen Wandel mit dem Satz: „Dann wusste ich, was ich auf dieser Erde zu tun habe." („Then I had the experience of knowing what I was put on earth to do.") (Conant 1989: 36)

(insb. *The World Viewed*, 1979, und *Cities of Words*, 2005a), zu Emerson und dem amerikanischen Transzendentalismus (*This New yet Unapproachable America*, 1989) und zum politischen Liberalismus Rawls'scher Prägung (*Conditions Handsome Unhandsome*, 1990). Eine für das deutschsprachige Publikum erstellte Sammlung wichtiger Texte Cavells (*Die Unheimlichkeit des Gewöhnlichen*, 2002c) liefert einen guten Querschnitt zentraler Themen und Probleme.

Die zahlreichen Veröffentlichungen zeigen, dass Cavell die Philosophie, die ihm zuerst eine Sackgasse schien, schließlich doch als eine Möglichkeit erfahren hat, eine eigene Stimme und Position vis-à-vis einer dominanten (philosophischen) Kultur zu gewinnen. Es scheint, dass er diese Erfahrung nie vergessen hat: Sein Werk verfolgt von Anfang an die Spannung zwischen Individuum und Gesellschaft; im Mittelpunkt steht die Frage, was eine Kultur zur individuellen Entwicklung beiträgt und wie umgekehrt das Individuum zur Kultur sich verhalten sollte. Die methodische Basis für diese Reflexion findet Cavell bei Austin und vor allem bei Wittgenstein, von denen er die Idee einer Praxis des Philosophierens übernimmt, die für die eigene Position innerhalb der problematisch gewordenen Sprache und Kultur sensibilisiert worden ist. Wittgensteins bekannte Kritik des Regelfolgens in den *Philosophischen Untersuchungen* (1984) liest Cavell als eine Kritik der Versuchung, begriffliche Probleme in eine jenseitige Sphäre zu übertragen, wo sie mit den eigenen Motiven und inneren Notwendigkeiten nichts zu tun haben.[2] Dagegen stellt Cavell den Gedanken der individuellen philosophischen Arbeit, in immer wiederkehrenden Anläufen mühsam eben jenen heilsamen „Boden unter den Füßen" zurück zu gewinnen, den er (mit Wittgenstein) in der falschen Philosophie verloren gehen sieht. Dies bedeutet, positiv formuliert, dass der Philosophie explizit eine individuell befreiende Wirkung zugesprochen wird: „Das Ziel des philosophischen Kampfes, eine Auflösung – der Verhexung, der Faszination – ist, so könnten wir sagen, die Freiheit des Bewußtseins, der Beginn der Freiheit." (Cavell 1989: 55; dt. Cavell 2001b: 101)

Cavells Bedeutung als Theoretiker der Kultur lässt sich auf diese weite, die akademischen Grenzen überschreitende Einschätzung der Philosophie zurückführen. Drei Aspekte seines Werkes, die diese Grundthematik aufgreifen, werden im Folgenden diskutiert. Einführend wird Cavells Diagnose des Skeptizismus als Symptom einer epistemischen Moderne vorgestellt, die mit ihrer Fixierung auf Erkenntnisbeziehungen eben jene charakteristische Selbstverleugnung repräsentiert, gegen die Wittgensteins philosophische Praxis sich Cavells Lesart zufolge richtet. Anschließend wird auf Cavells Deutung der Tragödie eingegangen, die für ihn in geradezu paradigmatischer Weise, deutlicher noch als in den philosophischen Texten selbst, eine allgemeine moderne Disposition zum Skeptizismus dokumentiert und reflektiert. Vor allem zeigen die Tragödien, wie schwer es ist, die (in Cavells Augen) vom Skeptiker geleugnete Anerkennung sich selbst und anderen gegenüber zu gewährleisten. Im dritten Teil schließlich geht es um den moralischen Perfektionismus, mit dem Cavell die Problematik des Skeptizismus und seiner Überwindung in den moralischen und vor allem politischen Bereich des Gemeinwesens überträgt.

---

[2] Am knappsten findet sich diese Position in *Wittgenstein als Philosoph der Kultur* (2001b) vorgestellt; ausführlicher in *Der Anspruch der Vernunft* (2006).

Skeptizismus und das Gewöhnliche

Cavells Werk bleibt unverstanden ohne die zwei für sein Denken zentralen Konzepte des „Skeptizismus" und des „Gewöhnlichen". Cavell geht von der Beobachtung aus, dass die Philosophie der Neuzeit sich immer wieder ernsthaft von dem skeptischen Argumentationsmuster herausgefordert sah, wonach ein gesichertes Wissen von der Welt nicht möglich sei. All unsere Überzeugungen könnten sich, so die skeptische These, als eine Illusion erweisen – eine seit Descartes beliebte Spekulation, deren Popularität zuletzt der große Erfolg des Films „Matrix" bezeugte.[3]

Angesichts des offenkundigen Erfolgs der Naturwissenschaften wird der Skeptizismus in der Philosophie indes nur „methodisch" aufgefasst: Der Zweifel in Gedanken soll gleichsam reinen Tisch machen und so das gegebene Wissen vor der größtmöglichsten Herausforderung einer völligen Täuschung absichern und profilieren. Wenn das Wissen einen solchen Angriff aushält, dann können wir uns darauf verlassen. Cavell akzeptiert diese Selbsteinschätzung nicht und fragt in seiner Deutung des Skeptizismus, wieso es eines solch radikalen Zweifels bedarf, um die doch faktisch vorausgesetzte Möglichkeit des Wissens philosophisch zu rehabilitieren. Warum ist die neuzeitliche Philosophie erst dann befriedigt, wenn sie die im gleichen Atemzug immer als ‚unrealistisch' erkannte skeptische Zuspitzung durchgespielt hat?

Cavell nimmt den Skeptizismus ernst, aber nicht beim Wort. Diese diagnostische Frageperspektive ist nicht zu trennen von Cavells Konzeption des Gewöhnlichen, die er aus seiner Lektüre von Wittgenstein und Austin gewonnen hat. Beide wenden sich in ihren Schriften gegen die philosophische Suche nach einer Erklärung, die allen Angriffen standhält, und richten dagegen die Aufmerksamkeit auf die Kontexte, in denen unsere Beschreibungen und Wissensansprüche normalerweise funktionieren oder eben fehlgehen. So heißt es bei Wittgenstein: „Eine Erklärung dient dazu, ein Mißverständnis zu beseitigen oder zu verhüten – also eines, das ohne die Erklärung eintreten würde; aber nicht: jedes, welches ich mir vorstellen kann." (Wittgenstein 1984: §87) In dieser Perspektive des „Gewöhnlichen" funktionieren Erklärungen üblicherweise ohne Schwierigkeiten und bedürfen keiner weiteren Stützen, um sich auf sie zu verlassen. Damit wird der Skeptizismus zu einer Überstrapazierung der gewöhnlichen Erklärungsansprüche, die selbst einer Erklärung bedarf.

Diese Überlegung erlaubt Cavell, den Skeptizismus allgemein als ein Grundmuster der Verweigerung zu interpretieren – als eine Weigerung, bestimmte Tatsachen des menschlichen und zwischenmenschlichen Daseins schlicht anzuerkennen und die nötigen Konsequenzen daraus zu ziehen. Der philosophische Außenweltskeptiker, der die Möglichkeit des Wissens von der Welt schlechthin leugnet, ist somit eine Abstraktion zahlreicher anderer vergleichbarer Widerstände, die Cavell in den von ihm untersuchten Tragödien und Filmen, aber auch in anderen Bereichen der Philosophie aufspürt. Das Besondere an Cavells Deutung des Skeptizismus ist dabei sein Verzicht darauf, den totalen Zweifel zu pathologisieren (wie Hume es etwa macht, wenn er ihn als „Krankheit" bezeichnet). Cavell erkennt im Skeptizismus den durchaus gewöhnlichen Versuch, sich über die Lebenswelt zu erheben; der Skeptizismus ist für ihn eine „natürliche" Tendenz der Sprache, „nicht *unheilbarer* als

---

[3] Der Film „Matrix" entwirft das zutiefst skeptische Szenario einer digital erzeugten Scheinwelt, die mit der Wirklichkeit verwechselt wird. Ähnliche Szenarien des skeptischen Weltverlustes findet sich in Filmen wie „Memento" oder „Truman Show", aber auch etwa in den Romanen und Kurzgeschichten von Philip K. Dick.

unsere Fähigkeit, zu denken und zu sprechen, obgleich auch diese Fähigkeiten chronisch Kummer bereiten." (Cavell 1989: 54; dt. 2001b: 112)

Grundlage dieser Diagnose ist Cavells sprachphilosophische Umdeutung des Skeptizismus, die er insbesondere in *Der Anspruch der Vernunft* ausarbeitet (2006). Die intime, fast dialektische Verbindung, die das Gewöhnliche mit dem Skeptizismus eingeht, fußt auf einer an Wittgenstein geschulten Vorstellung von Sprache als einer praktischen und vor allem individuellen Fähigkeit. Ein Individuum kann sprechen, wenn es auf sprachliche Äußerungen oder auf gegebene praktische Kontexte adäquat zu reagieren weiß. Diese Fähigkeit konstituiert die Möglichkeit, am allgemeinen Sprachverkehr teilzunehmen. Die philosophisch naheliegende Frage, worin denn nun genau diese Fähigkeit besteht, weist Cavell, hierin ganz Philosoph der normalen Sprache, zurück. Sprechen wird gelernt, weshalb der Maßstab des richtigen oder falschen Wortgebrauchs in der „Lebensform" (Wittgensein) selbst liegt, in der die Sprache verwendet wird. Der Rückgriff auf diesen Gebrauch zeigt daher zwar, was wir als adäquaten Ausdruck zu akzeptieren bereit sind; es kann sich für Cavell jedoch immer ergeben, dass wir auf neue Kontexte oder Anforderungen stoßen, welche diese Selbsteinschätzung als Fehleinschätzung entlarven.[4]

Diese Sicht auf die Sprache setzt Skeptizismus und das Gewöhnliche in ein komplementäres Verhältnis: Während wir uns „gewöhnlich" erfolgreich auf unsere Kompetenz verlassen, dass wir verstehen und verstanden werden, verweist der Skeptizismus auf die Endlichkeit der Umstände, unter denen sich diese Kompetenz bisher verwirklicht hat. Denn die Feststellung, dass die gegebenen Erklärungen und Beschreibungen passen, beruht nach Cavells Wittgenstein-Interpretation selbst nur auf der Tatsache, dass die Teilnehmer der Sprachgemeinschaft aufeinander antworten. Diese Tatsache ist jedoch, und hier liegt für Cavell der wahre Kern des skeptischen Impulses, ohne weiteres absicherndes Fundament und muss sich immer wieder neu erweisen (vgl. Cavell 2001a). Für Cavell gibt es keine übergreifende Ordnung, welche die individuellen Reaktionen und Antworten miteinander synchronisiert. Die Übereinstimmung in der Lebensform, sprachphilosophisch die Möglichkeitsbedingung sinnvollen Sprechens, ruht in nichts anderem als in sich selbst (vgl. Cavell 2002b: 202).

Angesichts Cavells Neigung, die Begriffe des Skeptizismus wie des Gewöhnlichen recht großzügig zu gebrauchen, geht dieser systematische Kern ihrer Beziehung untereinander schnell verloren. Der Skeptizismus ist nicht einfach ein Korrelat der wissenschaftlichen Moderne; vielmehr ist für Cavell seit der Renaissance eine übergreifende Konstellation entstanden, auf die die Philosophie mit ihren zeitspezifischen Mitteln – und das ist die Erkenntnistheorie – reagiert. Der Skeptizismus ist somit eine mögliche Artikulation einer allgemeineren Erfahrung, die sich durchaus mit Schlagwörtern wie „metaphysische Obdachlosigkeit" oder „Gottes Tod" fassen lässt: Eine Erfahrung des Weltverlusts und der Isolation, auf die jenseits der Philosophie auch anders, z.B. religiös, geantwortet werden kann und auch geantwortet wurde. Cavells Begriff des Gewöhnlichen will diese Erfahrung einfangen, ohne sie zugleich einer Lösung zuzuführen und damit wieder preiszugeben.

---

[4]   Für die Cavell wichtige Rolle der Kreativität in der Sprache vgl. etwa Cavell (2002a: 52), sowie (2002b).

Tragödien der Anerkennung

Der Skeptiker (ist) versucht, die Welt und die Mitmenschen ausschließlich als Erkenntnisobjekte aufzufassen – was für Cavell bedeutet, dass eine wesentliche Bedingung des (zwischenmenschlichen) In-der-Welt-seins ignoriert wird. Unsere Beziehung zur Welt und zu anderen Menschen, aber auch unsere Beziehung zu uns selbst erfordert für Cavell Anerkennung (*acknowledgment*). Dies reicht von der Frage, ob wir andere Menschen beim Wort nehmen können, bis hin zu dem Problem, dass wir auch den eigenen sprachlichen Fähigkeiten des Bezeichnens und Verstehens glauben schenken müssen. Der rein erkennende Zugriff zur Welt vermag diese Anerkennung nicht zu fassen, weshalb der erkenntnistheoretische Zweifel am Ende das Subjekt in völliger „metaphysischer Isolation" (Cavell 1988b: 186) stehen lässt. Die gesuchte Gewissheit, in einer Welt mit Menschen zu sein, lässt sich nur über deren Anerkennung gewinnen. Die Welt, so Cavell, müsse „akzeptiert" werden (Cavell 1976: 324).

Es wäre ein Missverständnis, die Anerkennungsbeziehung als einen Glaubenszustand, als irrationale Überzeugung oder gar als eine Form der Resignation zu verstehen. Die von Cavell immer praktisch gedachte Anerkennung verweist auf die möglichen Folgen und Konsequenzen, die ein gegebenes Wissen für eine Person haben kann. Es ist eine Sache, etwas zu wissen; eine andere jedoch, sich diesem Wissen gemäß zu verhalten und es dadurch anzunehmen. Die Anerkennung manifestiert sich Cavell zufolge in den Reaktionen, die zu Tage treten lassen, was wirklich geglaubt wird (vgl. Cavell 1976: 329). Die Anerkennung überschreitet das Wissen, wie Cavell es formuliert: „Nicht mit Blick auf die Ordnung des Wissens, aber mit Blick auf die Notwendigkeit, dass ich auf der Basis dieses Wissens etwas *tue* oder offenbare." (Cavell 2002a: 62)

Den Anerkennungsbegriff entwickelt Cavell, einer Debatte seiner Zeit folgend, zunächst an dem von Wittgenstein diskutierten Problem möglicher Kriterien des Fremdpsychischen (vgl. Cavell 2002a).[5] Ab wann lässt sich über eine Person wirklich behaupten, dass sie Schmerzen hat und nicht etwa nur vorspielt? Diese aufschlussreiche, aber technische Debatte kann hier jedoch vernachlässigt werden, zudem sie gut dokumentiert ist (vgl. Mulhall 1994). Wichtiger ist Cavells zentrale Einsicht, dass die Anerkennung, als ein praktisches Verhältnis zur Welt und zu den anderen, eine ethische Dimension hat. Sie bezieht unweigerlich das anerkennende Subjekt mit ein, positioniert es und legt es fest. Der Skeptiker, der die Welt nur erkennen will, weicht dem aus. Das Leitbild der „Wissenschaftlichkeit" steht somit auch für eine unpersönliche Methodologie, die Erkenntnis ohne die Beteiligung des Erkenntnissubjektes verspricht. Die Welt und vor allem die anderen sollen sich präsentieren, ohne dass das Erkenntnissubjekt genötigt wird, in seinen Handlungen (und deren Unterlassungen) dazu Stellung zu nehmen und so auch die Konsequenzen (er)tragen zu müssen.

Cavells Begriff der Anerkennung darf jedoch nicht als moralisierende Gegenforderung zur epistemischen Gewissheit missverstanden werden. Die „Wahrheit" des Skeptizismus ist für ihn, dass die Menschen untereinander getrennt sind, immer wieder voneinander isoliert; was wiederum bedeutet, dass Anerkennung selbst auch misslingen kann und sich so die skeptische Tendenz zur metaphysischen Isolation, zum Weltverlust, bestätigt findet. Es ist für Cavell jenseits abstrakter philosophischer Debatten vor allem das Theater, spezifischer

---

[5] Vgl. zum ideengeschichtlichen Kontext Blume (2002).

die Tragödie, an denen sich erkennen und erfahren lässt, was Anerkennung ist und welche Schwierigkeiten mit ihr verbunden sind. „Meine Idee ist, dass der Beginn des Skeptizismus, wie er sich in Descartes' Meditationen ankündigt, bei Shakespeare schon in voller Blüte steht." (Cavell 1987: 3) Cavell zeigt in detaillierten Lektüren der Tragödien „König Lear" oder „Othello" (gesammelt in *Disowning Knowledge*, 1987), wie sich tragische Konsequenzen aus der mangelnden Bereitschaft der Akteure ergeben, das eigene Wissen und die Äußerungen anderer voll anzuerkennen (vgl. Cavell 1976: 332).

Die Tragödie ist für Cavell nicht nur ihrem dramatischen Gehalt nach ein Medium der Reflexion über Anerkennung; auch die theatrale Form, als Aufführung tragischer und in diesem Sinne schrecklicher Ereignisse auf der Bühne, gibt etwas über die moderne *conditio humana* preis. Die Anerkennung anderer zu gewinnen, so zeigt Cavells Analyse von „König Lear", setzt die Bereitschaft und Fähigkeit voraus, sich selbst zu offenbaren („*to reveal oneself*", Cavell 1976: 333); Anerkennung ist kein einseitiger Akt. Die theatrale Situation, in der Bühnengeschehen und Zuschauer streng geschieden bleiben, schließt diese Form der Anerkennung systematisch aus. Dem Zuschauer kann es nicht gelingen, zu den von ihm wahrgenommenen Charakteren vorzustoßen und in *ihrer* Welt „gegenwärtig" zu sein, wie Cavell es nennt. Die Bühne präsentiert ein Geschehen, das in jeder Hinsicht eine Reaktion einforderte, wenn es real wäre – es wird intrigiert, gelogen, ermordet oder blind falschen Vorstellungen gefolgt. Im normalen Leben stellten solche Szenen vor die Herausforderung, darauf zu reagieren; und ob nun eingegriffen, weggeschaut oder in passiver Faszination verharrt wird, jede Reaktion auf solche Ereignisse ist eine Antwort, die zählt, und deshalb mit einer gewissen Last belegt. Das Theater jedoch, wo die Zuschauer verharren müssen in Unsichtbarkeit, Schweigsamkeit und Isolation von den Bühnenereignissen, entlastet von dieser alltäglichen Notwendigkeit. So erzeugt es für Cavell eine Katharsis ganz eigener Art: Die Tragödie im Theater wird zu einer „Ruhepause, die auf diese Notwendigkeit vorbereitet", sie soll „von dem Jammer und den Schrecken reinigen, die der Anerkennung außerhalb [des Theaters] im Wege stehen." (Cavell 1976: 333)

Die Tatsache, dass die Zuschauer still bleiben und „nichts tun angesichts tragischer Ereignisse" (Cavell 1976: 339) ist für Cavell eine weitere Bestätigung der faktischen Isolation der Individuen, die im Gewöhnlichen immer wieder aufbricht. Die erzwungene Zurückhaltung gegenüber dem tragischen Bühnengeschehen, wo Menschen sich immer tiefer in ein unglückliches Schicksal verstricken, führt deutlich vor Augen (und erzeugt Cavell zufolge überhaupt erst dadurch ihren tragischen Effekt), dass Tun und Leiden der Individuen getrennt bleibt und aller geteilten Sprache zum Trotz nicht übertragbar ist. Keiner kann das Leben der anderen leben. Für Cavell, den Leser von Kierkegaard und Heidegger, impliziert die Tragödie daher keine archaische „Schicksalhaftigkeit" der Ereignisse, sondern manifestiert die trennenden Grenzen der Anerkennung.

Cavell operiert auch hier kulturdiagnostisch: Die theatrale Beobachtungssituation ist ihm ein paradigmatischer Ausdruck der modernen Subjektivität, einschließlich ihres Schreckens *(terror)* der Isolation. Noch stärker als im Theater manifestiert sich dieser skeptische Zustand für Cavell – so seine Reflexion in *The World Viewed* – im Film. Der Film präsentiert nicht nur Charaktere (einen dramatischen Plot), sondern in seinem Fotorealismus eine ganze sichtbare Wirklichkeit im Modus der Isolation: „Es ist zu unserer natürlichen Wahrnehmungsweise geworden, zu sehen und sich dabei ungesehen zu fühlen." (Cavell 1979a: 102) Indem Film und Theater aber diese Situation vorführen und sie somit erfahrbar machen, zeigen sie die Bedingungen einer Wirklichkeit an, die eben nicht nur auf skeptische

208 Jörg Volbers

Isolation beruht. In diesem Sinne gilt für Tragödien, was Cavell auch von Filmen behauptet: Sie „überzeugen uns von der Wirklichkeit der Welt." (Cavell 1979a: 102)

Alltäglicher Perfektionismus

Der Skeptiker hat, in Cavells Interpretation, ein Problem mit sich selbst; wie die Tragödien gezeigt haben, mangelt es an Bereitschaft, oder an der Fähigkeit, sich auf andere, aber vor allem auch auf sich selbst einzulassen. Schon in seinen Frühschriften fand Cavell bei Wittgenstein eine Praxis der Philosophie, die aus solchen Konfusionen herausführen soll (etwa in *Wissen und Anerkennen*, 2002a); in seinen mittleren und jüngeren Schriften wendet Cavell sich verstärkt dieser Vorstellung von Philosophie zu, um sie in eine Traditionslinie zu stellen, die er „Perfektionismus" nennt (vgl. etwa *This new Yet Unapproachable America*, 1989, und *Cities of Words*, 2005a). Das therapeutische Motiv bei Wittgenstein bedeute nicht, dass letztlich Psychologie die Antwort auf die philosophischen und moralischen Probleme sei. Vielmehr müsse die gegenwärtige Moralphilosophie, so Cavell, wieder „ihre Kontinuität mit dem antiken Wunsch der Philosophie erkennen, die in Verwirrung und Dunkelheit gefangene und entstellte Seele ans freie Licht zu führen." (Cavell 2005a: 4) Und dieser Weg führt, so Cavells Überzeugung, über eine Konfrontation mit der Idee einer freien, demokratischen Gesellschaft, der die Einzelne nicht nur zustimmen kann, sondern in der sie auch ihre eigene Stimme findet – eine Stimme, mit der sie sich selbst und anderen gegenüber verständlich macht.

Mit dem Perfektionismus greift Cavell eine Traditionslinie moralischen Denkens auf, für die das Selbst (oder die Seele) der Verbesserung, ja der Vervollkommnung bedarf, um ein gutes Leben führen zu können. Nicht selten wird diese Transformation des Selbst als eine Konversion oder spirituelle Befreiung geschildert, als eine Abkehr von einem Zustand der Verwirrung, der Falschheit oder der Illusion. Exemplarisch für diese Tradition, aber auch für die Schwierigkeit dieser Denkfigur, ist Platons Höhlengleichnis – dort erkennt erst der Mensch, der aus der Höhle geführt wurde, wie gefesselt und trügerisch sein Leben vorher war. Cavell hat keine Mühe, Spuren dieser perfektionistischen „Dimension oder Tradition des moralischen Lebens" (Cavell 2005a: 4) in den verschiedensten Texten und Schriften bis in die Gegenwart nachzuweisen und zieht so eine Linie, die von der Antike über die Renaissance und die Romantik bis hin zum Existenzialismus reicht.[6]

Cavells Interesse am Perfektionismus lässt sich am besten vor dem Hintergrund seiner diagnostischen Einordnung des Skeptizismus verstehen. Wenn der Skeptiker das Gewöhnliche zu negieren versucht, so neigt die skeptisch infizierte Moralphilosophie dazu, Ethik und Moral auf einer Höhe und in einer begrifflichen Abstraktion zu diskutieren, die keinen Kontakt mehr mit dem alltäglichen Leben findet. Eine solche Entfremdung wirft Cavell der zeitgenössischen, und d.h. vor allem der US-amerikanischen Philosophie vor. Bezeichnenderweise sind es Filme, oder genauer: die moralischen Konflikte in populären Hollywoodfilmen der 40er und 50er Jahre, die Cavell zur Erläuterung dieser Diagnose heranzieht (zuletzt in *Cities of Words*, 2005a). Die beiden großen Theorietypen gegenwärtiger morali-

---

[6] Cavell identifiziert den Perfektionismus explizit auch mit Foucaults Selbstsorge (vgl. Cavell 2005: 11). Zu Michel Foucault vgl. den Beitrag von Christian Lavagno in diesem Band.

scher Reflexion, deontologische und konsequentialistische Ethik[7], können für ihn keine Anwendung auf die Probleme finden, mit denen sich die Akteure in diesen Filmen plagen – die Theorien und die in den Filmen dargestellten Leben „gehen aneinander vorbei" (Cavell 2005a: 9). Die in den Filmen aufgeworfenen Themen ließen sich mit Fragen nach dem Guten oder dem Richtigen nur unzureichend formulieren; entscheidend sei vielmehr das perfektionistische Problem, welches Leben die Akteure leben wollten und welche Person zu sein sie anstrebten (vgl. Cavell 2005a: 11).

Seiner allgemeinen Diagnose der Moderne folgend, sieht Cavell nicht in jeder Variante des perfektionistischen Denkens einen möglichen Gesprächspartner für diese moralischen Probleme. Mit Texten wie Emersons *Self-Reliance* oder Thoreaus *Walden* greift Cavell auf eine Artikulation des Perfektionismus zurück, die er als dezidiert amerikanisch und demokratisch zu sehen wünscht. Einige Jahrzehnte vor dem US-amerikanischen Bürgerkrieg entstanden, stellen diese Schriften eine kritische Auseinandersetzung mit den freiheitlichen Idealen der Vereinigten Staaten dar, die sich nach Ansicht ihrer Autoren mit der sozialen Wirklichkeit nicht deckt. Emerson und Thoreau werfen ihren Mitbürgern vor, in unmündigen Konformismus zu verharren, und rufen in ihren teils poetischen, teils prophetischen Essays dazu auf, neue Formen des eigenen Lebens und des Zusammenlebens zu finden.

Insbesondere mit seiner Verteidigung Emersons als einen Autor, dessen moralischer Perfektionismus mit demokratischen Ansprüchen gut vereinbar sei, nimmt Cavell eine kontroverse Position ein.[8] Ausgangspunkt seiner Behauptung ist Emersons Verzicht auf eine Teleologie der Selbstvervollkommnung. Trotz der irreführenden Bezeichnung des „Perfektionismus" proklamiert Emerson kein substanzielles Ideal des „eigenen" Selbst. Die Arbeit an einem selbst wird als offener Prozess vorgestellt; in „*jedem* Status des Selbst ist es final, eines das wir gewünscht haben, in diesem Sinn perfekt" (Cavell 1990: 12). Die perfektionistische Dialektik zwischen Selbstverlust und Selbstgewinnung konzentriert sich damit auf die Schwierigkeit, die angemessenen Mittel zur Artikulation des eigenen moralischen Selbst zu finden und zu erfinden (vgl. Cavell 2005a: 24). Während die Tragödien für Cavell zeigen, dass gelingende Anerkennungsbeziehung die Bereitschaft zur Selbstoffenbarung voraussetzen, rückt hier die Frage in den Vordergrund, unter welchen gesellschaftlichen und sprachlichen Bedingungen ein solches anerkennendes Selbstverhältnis (die „Wahrheit" sich selbst gegenüber) möglich ist. Diese Bedingungen sind jedoch für Emerson – und das reiht ihn in Cavells Galerie der Denker des Gewöhnlichen ein – alltäglicher Natur. Es geht um das normale, das gewöhnliche Leben, von dem Emerson behauptet, dass es jedoch nur oberflächliche Gemeinsamkeiten darbietet. In perfektionistischer Tradition schildert Emerson den Zustand der Gesellschaft als eine unerträgliche Lüge und fordert entsprechend zu einer radikalen Konversion und Neubesinnung auf (vgl. Cavell 1989: 82).

Cavell situiert die Problematik der Selbstartikulation auf zwei Ebenen. Zum einen hebt er den Wert, ja die Notwendigkeit von Freunden hervor, deren Beziehung gleichsam als Brutstätte der zu findenden Selbstartikulationen dient: „Der andere, dem gegenüber ich die Worte benutzen kann, die ich entdecke und in denen ich mich ausdrücke, ist der Freund."

---

[7] Während der Konsequentialismus die ethische Bewertung einer Handlung von ihren Folgen abhängig macht, geht der deontologische Ansatz von einem intrinsichen Wert oder Unwert einer Handlung aus, etwa im Sinne einer Pflicht oder eines Gebots.

[8] Vgl. dazu Marie-Sibylla Lotters (2006) Diskussion der in Cavells Emersonlektüre ignorierten materiellen Bedingungen einer Kultur des Perfektionismus.

(Cavell 2005a: 27) Zweitens stellt Cavell eine allgemeine Verbindung her zwischen dem Erfordernis der Artikulation und dem liberalen Diskurs und dessen Prinzipien. Der Perfektionismus, so Cavells These, gehe dem (beispielsweise in John Rawls' *Theorie der Gerechtigkeit* beschriebenen) politischen Diskurs voraus und sei zugleich essentiell für die interne Kritik der Demokratie (vgl. Cavell 1990: 3). Denn erst wenn die Sprache gefunden ist, mit der die eigenen Wünsche, Bedürfnisse und Lebensvorstellungen ausgedrückt und somit überhaupt öffentlich wahrgenommen werden können, lassen sich diese in einen konsensuell orientierten Diskurs überführen. Was umgekehrt bedeute, dass die Idee eines gesellschaftlichen geteilten Konsenses, der dieses moralische Subjekt mitrepräsentiert, erst unter diesen Bedingungen wieder sinnvoll verhandelbar sei. In diesem Sinne ist das „Problem des [demokratischen] Konsens das Problem, ob die der Gesellschaft von mir geliehene Stimme, die für mich spricht, meine Stimme ist, meine eigene." (Cavell 1990: 27)

Schluss

Cavells Werk, daran ist kein Zweifel, eröffnet neue Perspektiven auf die Moderne. Seine frühe Aufwertung des Films (und der Tragödie) als eigenständiges Reflexionsmedium „philosophischer" Probleme ist eine wichtige Pionierleistung kultureller Selbstreflexion (vgl. Read/Goodenough 2005), wie sich überhaupt sein Ansatz, im engeren Sinne technische Probleme der Philosophie vor einem allgemeinen kulturellen Hintergrund zu interpretieren, als äußerst fruchtbar erwiesen hat. Die Schwierigkeit, die Cavells Denken dabei aufwirft, ist zugleich Zeichen seiner Stärke und Originalität: Immer wieder verbindet Cavell das jeweilige Thema (Skeptizismus, Tragödie, Film, politisches Gemeinwesen) mit der Frage, wie sich das Selbst zu sich selbst verhält und verhalten sollte. Diese Fokussierung wirft jedoch zugleich einige kritische Rückfragen auf. So wurde oft bezweifelt, dass sich Wittgenstein tatsächlich mit der von Cavell behaupteten Ausschließlichkeit an der Grundfigur der skeptischen Selbstverleugnung orientiert (vgl. dazu Rorty 2005); in eine andere Richtung zielt die Suche nach uneingestandenen theologische Wurzeln der Cavell'schen Ansicht, dass das skeptische Verfehlen der Anerkennung moralisch problematisch sei (vgl. Tonning 2007). Hinsichtlich der jüngeren Schriften stellt sich die vergleichbare Frage, woher der dezidiert säkulare Perfektionismus bei Cavell denn noch die Strebensdynamik der perfektionistischen Selbstverbesserung nimmt (vgl. Mulhall 1994: 263-312).

In der Kritik steht auch Cavells politische Einbettung des moralischen Perfektionismus. Cavell entwirft letztlich ein für moderne Verhältnisse unhaltbar klassizistisches Bild einer partizipativen *polis*, in der jedes Mitglied seine volle Zustimmung (die „eigene Stimme") zum normativen Gehalt des Gemeinwesens geben können muss. Diese „idealisierte Vision reiner Politik" (Hammer 2006: 167) klingt zwar antik, kennt aber bei Cavell keine Trennung mehr des politischen Raumes von dem privaten. So fällt die volle Zustimmung als *Bürgerin* mit der vollen Zustimmung als *Individuum* zusammen, eine rousseauistische Totalisierung politischer Partizipation, die angesichts der Pluralität und Heterogenität moderner Staaten bestenfalls verklärend wirkt und sich den Vorwurf der romantischen Ästhetisierung gefallen lassen muss (vgl. Hammer 2006). In einer nachsichtigeren Perspektive kämpft Cavell selbst mit den Unklarheiten, die sich daraus ergeben, dass er seine perfektionistische Perspektive nicht im Gespräch mit anderen Kritikern des Liberalismus präzisiert (vgl. Saar 2007: 297).

Literatur von Stanley Cavell

Cavell, St.: Must We Mean What We Say? A Book of Essays. Cambridge 1976.
Cavell, St.: The World Viewed. Reflections on the Ontology of Film. Cambridge 1979.
Cavell, St.: Pursuits of Happiness : The Hollywood Comedy of Remarriage. Cambridge 1981.
Cavell, St.: Disowning Knowledge. Cambridge 1987.
Cavell, St.: Existentialism and Analytical Philosophy. In: ders.: Themes Out of School. Chicago 1988a, S. 195-234.
Cavell, St.: In Quest of the Ordinary. Lines of Skepticism and Romanticism. Chicago 1988b.
Cavell, St.: The New Yet Unapproachable America. Lectures after Emerson after Wittgenstein. Albuquerque 1989.
Cavell, St.: Conditions Handsome and Unhandsome. The Constition of Emersonian Perfectionism. Chicago 1990.
Cavell, St.: Der Zugang zu Wittgensteins Spätphilosophie. In: Cavell, St.: Nach der Philosophie. 2. Aufl. Berlin 2001a, S. 75-96.
Cavell, St.: Wittgenstein als Philosoph der Kultur. In: In: Cavell, St.: Nach der Philosophie. 2. Aufl. Berlin 2001b, S. 97-128.
Cavell, St.: Wissen und Anerkennen. In: Cavell, St.: Die Unheimlichkeit des Gewöhnlichen, Frankfurt/M. 2002a, S. 39-75.
Cavell, St.: Wittgensteins Vision der Sprache. In: Cavell, St.: Die Unheimlichkeit des Gewöhnlichen, Frankfurt/M. 2002b, S. 188-218.
Cavell, St.: Die Unheimlichkeit des Gewöhnlichen. Frankfurt/M. 2002c.
Cavell, St.: Cities of Words. Pedagogical Letters on a Register of the Moral Life. Cambridge 2005a.
Cavell, St.: Philosophy the Day after Tomorrow. Cambridge 2005b.
Cavell, St.: Der Anspruch der Vernunft. Frankfurt/M. 2006.

Weitere zitierte Literatur

Blume, Th.: Wittgensteins Schmerzen. Ein halbes Jahrhundert im Rückblick. Paderborn 2002.
Conant, J.: An Interview with Stanley Cavell. In: Fleming, R./Payne, M.: The Senses of Stanley Cavell. London u.a. 1989 (=Bucknell Review Vol. XXXII, 1), S. 21-72.
Hammer, E.: Cavell and Political Romanticism. In: Norris, A. (Ed.): The Claim to Community. Stanford 2002.
Lotter, M.-S.: Nietzsche in Amerika. In: Gugerli, D./Hagner, M./Hampe, M. et. al. (Ed.): Nach Feierabend. Zürcher Jahrbuch für Wissensgeschichte 2, Zürich 2006, S. 35-55.
Mulhall, S.: Stanley Cavell: Philosophy's Recounting of the Ordinary. Oxford 1994.
Read, R./Goodenough, J.: Film as Philosophy. Essays in Cinema After Wittgenstein and Cavell. New York 2005.
Rorty, R.: Cavell on Skepticism. In: Goodman, R.: Contending with Stanley Cavell, Oxford 2005, S. 10-21.
Saar, M.: Ethisch-politischer Perfektionismus. In: Deutsche Zeitschrift für Philosophie 55 (2007) 2, S. 289-301.
Tonning, J.: Acknowledging a Hidden God: A Theological Critique of Stanley Cavell. Heythrop Journal XLVIII (2007), S. 384-405.
Wittgenstein, L.: Philosophische Untersuchungen. Frankfurt/M. 1984.

Thomas Luckmann: Kultur zwischen Konstitution, Konstruktion und Kommunikation

Bernt Schnettler

Grenzgänger zwischen den Kulturen

Es wäre wohl kaum übertrieben, den 1927 auf dem Gebiet des österreichisch-ungarischen Vielvölkerstaates geborenen Luckmann als ‚multi-kulturellen' Sozialtheoretiker zu bezeichnen. Das zeigen schon die äußeren Daten seiner Biographie: mütterlicherseits österreichischer und väterlicherseits slowenischer Abstammung wächst Luckmann zweisprachig auf. Sein akademischer Weg führt ihn über Wien und Innsbruck in die USA, wo er 1951 an die berühmte *New School for Social Research* gelangt – derjenigen Institution, an die während der Nazidiktatur die intellektuelle Elite Deutschlands floh und die „University in Exile" gegründet hatte. Sie ist in den 50er Jahren eines der produktivsten Auffangbecken für die vertriebene europäische Intelligenz. Hier lehrt der wegen seiner jüdischen Herkunft aus Wien emigrierte Alfred Schütz. Bei ihm und bei Karl Löwith, Albert Salomon sowie Carl Mayer studiert Luckmann und erlangt 1953 den Magister in Philosophie, drei Jahre später den Ph.D. in Soziologie. Überaus folgenreich sollte die Begegnung mit Peter Berger sein, den Luckmann an der New School kennen lernte. Nach Professuren am Hobart College, Geneva, und an der New School wechselt er Mitte der 60er Jahre auf einen Lehrstuhl nach Frankfurt a. M. – mitten im Brennpunkt geistiger Auseinandersetzungen. Trotz mehrfacher Angebote in die USA zurückzukehren, nimmt Luckmann 1970 einen Ruf an die neu gegründete Universität Konstanz an, wo er bis zu seiner Emeritierung 1994 lehrt und forscht und deren Soziologie er nachhaltig prägt.

Doch obwohl seine akademischen Stationen den halben Globus umspannen, er selbst zwischen den Kulturen groß geworden und mit einer Lettin verheiratet war, dürfte der Ehrentitel eines ‚interkulturellen Soziologen' ihm kaum passen. Nicht nur, weil ihm Modisches befremdlich ist, sondern weil er der Renaissance des Kulturbegriffs in den Sozialwissenschaften skeptisch gegenüber steht. So wurde Luckmann international vor allem durch zwei Bücher bekannt: Die *Social Construction of Reality* (Berger/Luckmann 1966) und die *Invisible Religion* (1967) – und in beiden spielt der Kulturbegriff keine zentrale Rolle. Luckmann als ‚Kulturtheoretiker' zu betrachten ist also durchaus gewagt. Er selbst sieht sich nicht als solchen; er hat sich sogar kritisch zum Aufschwung dieser Modevokabel in den Sozial- und Geisteswissenschaften geäußert (Luckmann 2001). In der Tat gibt es auch keinen ausformulierten Kulturbegriff bei Luckmann – implizit aber spielt sie in seinem Werk eine fundamentale Rolle. Denn zum einen nimmt Luckmann seinen Ausgang in der an Schütz anschließenden phänomenologischen Strukturanalyse der Lebenswelt, die als ‚Protosoziologie' gewissermaßen ‚diesseits' aller Kultur steht. Zum anderen aber steht sowohl in der mit Berger entworfenen These der gesellschaftlichen Konstruktion der Wirklichkeit als auch in der Religionssoziologie und in den Arbeiten zur Identität und Moral die

Geschichtlichkeit einer jeden sozialen Ordnung und die Analyse ihrer kulturellen Formen an zentraler Stelle.

Strukturen der Lebenswelt – Universalien diesseits der Kultur

Es zählt zweifellos zu den Verdiensten Luckmanns, das durch den frühen Tod unvollendet gebliebene Werk von Schütz auf kongeniale Weise vollendet zu haben. In den zuerst 1979 und 1984 erschienenen *Strukturen der Lebenswelt* (Schütz/Luckmann 2003) entfaltet sich das, was als ‚Konstitutionsanalyse' bezeichnet wird. Diese steht in einer klaren Traditionslinie: Ihr Ausgangspunkt war Webers Forderung nach einer im ‚Verstehen' gegründeten erklärenden Wissenschaft sozialen Handelns. Wesentliche Präzisierungen erfolgten in der von Schütz (1932) als Gegenentwurf zum Programm des logischen Rationalismus erarbeiteten Fundierung der Sozialtheorie, deren konsequente Weiterentwicklung unter Rückgriff auf Husserls Phänomenologie in eine Ausfaltung der Beschreibung der invarianten ‚Strukturen der Lebenswelt' mündet. Die *Strukturen* zeichnen sich durch einen unübersehbaren anthropologischen Akzent aus, weshalb das dort entfaltete Programm sich als universale ‚Protosoziologie' (Luckmann 1991c) versteht. Luckmann unterscheidet hier strikt zwischen sozialtheoretischer Grundlegung, für die er auf die Phänomenologie rekurriert einerseits und der empirischen Aufgabe der Soziologie andererseits. Die Phänomenologie dient der Analyse allgemein menschlicher Bewusstseinsstrukturen, die mithilfe der von Husserl entwickelten Methode der Reduktion und eidetischen Variation aufgedeckt werden. Das ist unumgänglich, da dem Verständnis Luckmanns nach jede Sozialtheorie ihren Grund in der Subjektivität der Handelnden hat. Die Strukturen der Wahrnehmung, Erlebnisaufschichtung, der Handlungsplanung und des Vollzugs sind an den Handelnden gebunden und unterliegen allgemeinen Gesetzen der Bewusstseinstätigkeit. Dazu zählen etwa Typisierungen, Deutungsschemata, die Aufschichtung der mannigfachen Wirklichkeiten, die das Bewusstsein erfahren kann usw. und mit denen es die unterschiedlichen Sinnprovinzen der Erfahrung konstituiert.

Im Mittelpunkt dieser Strukturanalyse der Lebenswelt steht also der bewusstseinbefähigte Akteur in der Lebenswelt – in der Fassung des Begriffs, den Schütz von Husserl übernimmt. Dabei ist die Unterscheidung von Lebenswelt und Alltagswelt wichtig. Die *Lebenswelt* umfasst die gesamte Breite aller möglichen Sinnbezirke, die vom Bewusstsein erlebt werden können – von den Welten der Phantasievorstellungen über Traumwelten, die Welt ästhetischer Erfahrung, die Welt der Wissenschaft usw. Von diesen abgehoben stellt die *Alltagswelt* die ‚paramount reality' dar. Sie ist gekennzeichnet durch Pragma, Kommunikation und Sozialität. Der Alltag ist die intersubjektive Welt, in der die Gesellschaftsmitglieder ihre gesellschaftliche Wirklichkeit miteinander aushandeln, aufbauen und fortlaufend bestätigend aufrechterhalten oder verändern. Die Lebenswelt als Summe unterschiedlicher finiter Sinnprovinzen enthält also die Beschreibung allgemein menschlicher Universalien – und konstituiert sich bei Luckmann jenseits, oder besser: *vor* jeder Kultur. Diese Konzeption gründet auf der Annahme, dass es eine universal menschliche Grundlage für das Verstehen gibt. Deshalb enthalten die *Strukturen*, wie Soeffner (1999: 35) hervorhebt, nicht nur den Entwurf einer Proto*soziologie*, sondern auch eine Proto*hermeneutik* – weil sie durch die Entfaltung einer Wissenschaft vom Verstehen auf die Grundlegung der verstehenden Wissenschaften zielen.

Allerdings ist die Phänomenologie egologisch, nicht kosmologisch, und ihre Methode reflexiv, nicht induktiv. „Sie gibt uns nur indirekt Auskunft über die Welt und nur in dem Maße, als die Welt in alltäglicher, menschlicher Erfahrung gespiegelt ist." (Luckmann 1979a: 197) Weil es aber Hauptziel der Wissenschaften ist, Merkmale der objektiven Welt zu erklären, erschöpft sich die Soziologie Luckmanns weder in ihrer phänomenologischen Begründung, noch ist sie darauf reduzierbar. Denn in der Tat: während zahlreiche Elemente wie das Erleben der inneren Dauer oder die zeitliche und räumliche Aufschichtung der Lebenswelt universal sind, gilt dies etwa für die Grenzen der Sozialwelt nicht (Luckmann 1980b). Die Kulturgeschichte zeigt, wie überaus variabel diese Grenze ist. Gelten in der einen Gesellschaft die Angehörigen des Nachbarstammes als schon nicht mehr zu dieser Sozialkategorie zugehörig, so mögen die Ahnen hingegen als ‚Interaktionpartner' hohen Stellwert genießen. Wenngleich die Setzung dieser Grenze auf einer grundlegenden menschlichen Sinnübertragung in Form eine „universale Projektion" auflagert, so wird diese später im Verlauf der Interaktion und als Folge kultureller Sinnablagerung modifiziert und eingeschränkt.

Während also die Konstitution eine ‚mathesis universalis' für das Verstehen liefert, stellt der Umstand, dass Menschen immer in bestimmte und bereits vorexistierende historische und gesellschaftliche Strukturen hineingeboren werden, das ‚soziohistorische Apriori' dar. Die Analyse der Konstitution erfordert also eine Ergänzung durch die der Konstruktion. Dabei ist hervorzuheben, dass „sich eine phänomenologische Konstitutionsanalyse und eine erfahrungswissenschaftliche Rekonstruktion menschlicher Wirklichkeitskonstruktionen gegenseitig ergänzen" (Luckmann 1999: 21). Stehen also die *Strukturen* vor jeder Kultur, gerät nun mit der *Konstruktion* die Kultur in den Blick.

Die Gesellschaftliche Konstruktion der Wirklichkeit

Über den Konstruktivismus Luckmanns herrschen zahlreiche Missverständnisse, die ihn selbst wiederholt zu Abgrenzungen genötigt haben (1999). Der Soziale Konstruktivismus ist keine Kampfvokabel eines weltanschaulichen Programms und behauptet ebenso wenig, alles sei konstruiert oder konstruierbar. Er ist weder mit dem ‚radikalen' Konstruktivismus der Systemtheorie zu verwechseln noch mit dem angelsächsischen ‚Social Constructionism'. Vielmehr zielt die *Gesellschaftliche Konstruktion der Wirklichkeit* (Berger/Luckmann 1969, zuerst engl. 1966) auf eine Neuausrichtung der soziologischen Theorie. Sie reformuliert die Wissenssoziologie als eine Aufgabe, die nicht mehr primär der Analyse des intellektuellen Sonderwissens und der Ideengeschichte gewidmet ist, sondern den Strukturen des Wissens in der Welt des *Alltags*. Die Prozesse der Externalisierung, Objektivierung und Internalisierung von Wirklichkeit markieren die Konturen dieses Theorieprogramms. Die zentrale Fragestellung der *Konstruktion* lautet zugespitzt: Wenn alle menschliche Erfahrung im subjektiven Erleben gründet, wie kann aus subjektiven Wirklichkeiten eine dem Menschen gegenüberstehende objektive Realität entstehen? „Wie ist es möglich, daß subjektiv gemeinter Sinn zu objektiver Faktizität wird? [...] Wie ist es möglich, daß menschliches *Handeln* (Weber) eine Welt von *Sachen* (Durkheim) hervorbringt?" (Berger/Luckmann 1969: 20). Damit rückt die bis dato an den Rändern der Theoriebildung angesiedelte Wissenssoziologie in das Zentrum einer neu ausgerichteten allgemeinen Handlungs- und Gesellschaftstheorie. Die Aufgabe dieser ‚neuen' Wissenssoziologie liegt in der

Beantwortung einer mehrgliedrigen Fragestellung: Wie wird Wirklichkeit gesellschaftlich geschaffen? Wie tritt die so entstehende soziale und geschichtliche Ordnung der Dinge den Handelnden als objektiv erfahrbare, sinn- und identitätsstiftende Ordnung gegenüber? Und schließlich: Wie wirken diese gesellschaftlichen Konstrukte auf ihre Konstrukteure zurück? Zur Beantwortung dieser Fragen leisten Berger und Luckmann eine Verbindung der handlungstheoretischen Grundlegung der Soziologie durch Weber mit der Bewusstseinsphänomenologie Husserls und der philosophischen Anthropologie. Damit ergibt sich eine wesentliche Verschiebung zu einer phänomenologisch *und* anthropologisch fundierten Sozialtheorie.

Die *Konstruktion* knüpft an Grundannahmen der Anthropologie Plessners und Gehlens an: Der Mensch hat keine ihm artspezifische Umwelt, sondern ist von ,Instinktarmut', ,Weltoffenheit' und ,exzentrischer Positionalität' geprägt. Da ihm keine ,natürliche' Umwelt eignet, ist er darauf angewiesen, sich seine ,Welt' erst im Handeln zu erschaffen. Kultur wird so zur ,zweiten Natur': Die Instabilität der biologischen Determination des humanen Organismus nötigt ihn dazu, sich eine ,künstliche' Welt zu errichten. Eine der Urfragen der Gesellschaftstheorie, die nach der Genese gesellschaftlicher Ordnung, wird damit an die Anthropologie zurückgebunden:

> „Dem menschlichen Organismus mangelt es an dem nötigen biologischen Instrumentarium für die Stabilisierung menschlicher Lebensweise. Seine Existenz wäre, würde sie zurückgeworfen auf ihre rein organismischen Hilfsmittel, ein Dasein im Chaos. Solches Chaos ist theoretisch vorstellbar, empirisch aber nicht nachweisbar. Empirisch findet menschliches Sein in einem Geflecht aus Ordnung, Gerichtetheit und Stabilität statt. Damit stellt sich die Frage, woher denn die Stabilität humaner Ordnung kommt." (Berger/Luckmann 1969: 55).

Die Ordnung, so Berger und Luckmann, wird im doppelten Prozess der Welt- und Identitätserrichtung dabei durch drei dialektisch miteinander verbundene Vorgänge vorangetrieben: durch *Externalisierung*, *Objektivierung* und *Internalisierung*: Gezwungen dazu, sein Mängelwesen zu konterkarieren, wirkt (1.) der Mensch ununterbrochen in die Welt hinein, (2.) die dadurch von ihm abgelösten Produkte seines Handelns gewinnen ihm gegenüber eigenständige Faktizität, die (3.) auf den Einzelnen zurückwirken und kraft des fundamentalen Zwangscharakters der Gesellschaft das subjektive Bewusstsein prägen. In den Worten der Autoren: „Gesellschaft ist ein menschliches Produkt. Gesellschaft ist objektive Wirklichkeit. Der Mensch ist ein gesellschaftliches Produkt." (Berger/Luckmann 1969: 65)

Theorie sozialen Handelns

Handeln ist also zentral für Luckmann. Allerdings wurde Luckmann oft in einer mikrosoziologischen Verkürzung als reiner Handlungstheoretiker rezipiert. Übersehen wurde dabei, dass die Theorie zwar ihren Ausgang in den Handlungen nimmt, aber auf eine *Gesellschafts*theorie zielt, und zwar in einer Art und Weise, die den Einfluss Durkheims sehr deutlich werden lässt. Besonders offenkundig wird dies an einer Nahtstelle: Der Frage nämlich, inwiefern Handlungen und Strukturen miteinander verbunden sind.

Luckmann geht davon aus, dass alle Wirklichkeit durch und in unseren *Handlungen* konstruiert wird. Handeln ist an das individuierte Bewusstsein gebunden und wird in drei kategoriale Formen unterschieden, die Luckmann als *Denken*, *Wirken* und *Arbeit* bezeichnet (vgl. 1992: 40-47): Während *Denken* ein auf das Bewusstsein beschränktes Handeln meint, ist *Wirken* dadurch gekennzeichnet, dass diese Art der Tätigkeit in die Umwelt eingreift. *Arbeit* ist schließlich jenes Wirken, das eine ,beachtliche Umweltveränderung zum Ziel hat' und ,bei dem der Eingriff in die gemeinsame Umwelt der Handelnden schon in den wechselseitig aufeinander ausgerichteten Entwürfen angelegt ist'. Analytisch bedeutsam sind zwei weitere Unterscheidungen – die zwischen *mittelbarem* und *unmittelbarem*, sowie die zwischen *einseitigem* und *wechselseitigem* Handeln (vgl. Luckmann 1992: 110-124) und den daraus möglichen Kombinationen. Luckmann betont, dass dem unmittelbaren wechselseitigen Handeln aufgrund seiner sozialen Ursprünglichkeit eine prominente Stellung gebührt, denn dieser Typus sozialen Handelns *von Angesicht zu Angesicht* bildet das Fundament aller historischen Gesellschaften. Erst die gesellschaftliche Ausdifferenzierung des Wissensvorrates sowie die Verfügbarkeit medialer Artefakte könne in Zusammenhang mit der Orientierung auf hochgradig anonymisierte Typen zu einer Verlagerung des Gewichtes von unmittelbaren zu mittelbaren Interaktionen in spezifischen Gesellschaften führen, wie dies etwa in der modernen Industriegesellschaft der Fall ist.

Handeln zeichnet sich phänomenologisch durch seine Ausrichtung auf einen Zukunftsentwurf aus, sozial ist es, insofern dessen Entwurf auf einen ,anderen' gerichtet ist. Dieses Handeln kann sich dabei auf unterschiedliche Arten von ,Anderen' beziehen – auf Mitmenschen, Vormenschen, Zeitgenossen, hochindividualisierte Einzelne oder gar anonyme soziale Typen (vgl. Schütz 1932: 87ff.; Schütz/Luckmann 1979). Jenseits des soziologischen Allgemeinplatzes, Institutionen entstünden im Handeln und einmal entstanden, steuerten sie ihrerseits mittels verinnerlichter ,Normen' und äußerer ,Zwänge' das Handeln ihrer Mitglieder, zeigt Luckmann nun detailliert die Prozesse auf, bei denen aus (zunächst flüchtigen) Handlungen festgefügte Strukturen hervorgehen. In dieser später weitergeführten Theorie der Institutionengenese (vgl. Luckmann 2002c) knüpft Luckmann wiederum an den von Schütz im Anschluss an Weber entfalteten Handlungsbegriff an. Die schon von Gehlen (1964: 22ff.) hervorgehobene Entlastungsfunktionen von Routinen erlaubt, einmal gefundene Lösungen für wiederkehrende Handlungsprobleme zu habitualisieren. *Habitualisierung* entlastet somit von der Notwendigkeit, Handlungen immer wieder neu entwerfen zu müssen, entlastet von angespannter Aufmerksamkeitszuwendung, von Unsicherheit und Improvisation. Das gilt für das Handeln des Einzelnen. Ebenso lassen sich, was soziologisch bedeutsamer ist, wechselseitige soziale Handlungen habitualisieren. In der Wiederholung typischer Interaktionssequenzen entwickeln sich jedoch automatisch auf der Basis der wechselseitigen Typisierungen wechselseitige Erwartungszwänge bei den beteiligten Handlungspartnern, aus denen wiederum Handlungsverpflichtungen erwachsen, die damit die einmal interaktiv gefundenen Problemlösungen für bestimmte Handlungsprobleme verfestigen.

Geschichtlichkeit stellt mithin die wesentliche Antezedenz für die Ausbildung *sozialer Beziehungen* dar. Wechselseitige, typisierte Handlungen verfestigen sich zu Gewohnheiten, die mit Handlungserwartungen verknüpft eine bestimmte interaktive Problemlösung *institutionalisieren*. Grundsätzlich *kann* jegliche Handlung routinisiert werden (beispielsweise bestimmte individuelle Handlungsabfolgen, die unser morgendliches Aufstehen begleiten), für die Institutionalisierung *gesellschaftlichen* Handels sind aber die rein subjektiven Relevanzen ungenügend. „Institutionalisiert werden nur bestimmte Formen gesellschaftlichen Handelns: regelmäßig wiederkehrendes wechselseitiges Wirken [...] bzw. genauer: regelmäßig wiederkehrende wechselseitige – und selbstverständlich gesellschaftliche – *Arbeit*."

(Luckmann 2002c: 111) Sollen nun diese einmal gefundenen institutionalisierten Handlungsvollzüge tradiert, das heißt an eine Folgegeneration weitergegeben werden, so reicht der Verweis auf die Gewohnheit oft zu deren Plausibilisierung gegenüber Dritten nicht aus, was die Notwendigkeit von (höherstufiger) *Legitimierung* nach sich zieht. Deshalb ist die vermeintliche Rationalität der Institution nicht zu verwechseln mit ihrer ‚inneren Logik‘: „Die Logik steckt nicht in den Institutionen und ihrer äußeren Funktionalität, sondern in der Art, in der über sie reflektiert wird." (Berger/Luckmann 1969: 68) Dabei sind vier Ebenen der Legitimierung zu unterscheiden: Auf der ersten, vortheoretischen Ebene handelt es sich dabei um die *Begriffe* selbst, in die als sprachliche Objektivationen die fundamentalen legitimierenden Erklärungen gleichsam eingeschrieben sind (beispielsweise impliziert die Bezeichnung ‚Vetter‘ bereits im Ansatz das diesem gegenüber angemessene Verhalten). Auf der zweiten Ebene finden sich ‚*theoretische Postulate in rudimentärer Form*‘, bei denen in pragmatischer Weise explizite Verhaltensmaßregeln formuliert werden (etwa in Form von normativen Gattungen wie Sprichwörtern, Lebensweisheiten oder Legenden). Auf der dritten Stufe finden sich *ausformulierte Legitimationstheorien*, die aufgrund ihrer zunehmenden Komplexität die Ausbildung eines Expertenstandes nach sich ziehen. Ist aber die Rolle solch ‚hauptamtlicher Legitimatoren‘ erst einmal etabliert, so tendiert deren Theoretisieren dazu, über die Praxis hinauszugreifen und eine gewisse Autonomie zu erlangen. ‚*Symbolische Sinnwelten*‘ sind schließlich dadurch charakterisiert, dass sie als eine umfassende Weltdeutung alle einzelnen Sinnbereiche integrieren und einen außeralltäglichen, die Alltagserfahrung übersteigenden Verweisungscharakter tragen. Auch sie sind selbstverständlich Produkte gesellschaftlicher Objektivationen. Vermittels ihrer allumfassenden Sinndeutung kommt der symbolischen Sinnwelt jedoch eine besondere Rolle im Ensemble der verschiedenen Legitimierungsstufen zu: „sie setzt Ordnung beziehungsweise Recht" als ‚höchstmögliche Integrationsebene für alle widersprüchlichen Sinnhaftigkeiten‘ (Berger/Luckmann 1969: 104).

Sprache und Kommunikation

Ausgehend von der Beobachtung, dass Sprache nicht nur das wohl bedeutsamste Mittel der intersubjektiven Verständigung ist, sondern auch der Motor für die Konstruktion gemeinsamer Wirklichkeiten, wendet sich Luckmann der Sprachsoziologie zu (1973; 1979b). Im Mittelpunkt steht die Beschäftigung mit den Formen der gesprochenen Sprache – ein Anliegen, das von der ebenfalls in dieser Zeit erstarkenden Konversationsanalyse (Garfinkel, Sacks) und der Ethnographie der Kommunikation (Hymes, Gumperz) geteilt wird. Luckmanns Forschungen erschöpfen sich allerdings nicht in der Aufdeckung von Strukturdetails, denn seine Theorie der Sprache verliert den Anschluss an die Gesellschaftheorie nie. Sie mündet vielmehr in die Formulierung eines eigenständigen Ansatzes: der ‚Theorie kommunikativer Gattungen‘. Die Gattungstheorie geht aus zwei großen empirischen Projekten zu ‚rekonstruktiven‘ bzw. ‚moralischen Gattungen‘ hervor, die Luckmann in den 80er und 90er Jahren initiiert (vgl. Bergmann/Luckmann 1999a; Bergmann/Luckmann 1999b). Kommunikative Gattungen sind sprachlich verfestigte und formalisierte Muster, die historisch und kulturell spezifische, sozial fixierte und modellierte Lösungen von Kommunikationsproblemen darstellen. Diese dienen dazu, intersubjektive Erfahrungen der Lebenswelt zu bewältigen und mitzuteilen (vgl. Luckmann 1988b). Unterschieden werden dabei drei aufeinander aufbauende Strukturebenen, die sowohl die *internen*, sozusagen kommunikations- und medienimmanenten Aspekte, die *situative Realisierungsebene* sowie die *externe* Einbettung kommunikativer Handlungen in den weiteren sozialen Kontext abdecken. Hervorzuheben ist, dass es der Gattungsanalyse nicht lediglich um die Deskription unterschiedlicher sozialstrukturell verankerter, verfestigter Sprachformen geht. Vielmehr wird davon ausgegangen, dass die kommunikativen Probleme, für die vorgeprägte, gattungsartige Lösungen im gesellschaftlichen Wissensvorrat existieren, für den Bestand einer *Kultur* zentral sind. Gattungen bilden den harten institutionellen Kern im gesellschaftlichen Leben, sie sind Instrumente der Vermittlung zwischen Sozialstruktur und individuellem Wissensvorrat und Medium zur Wirklichkeitskonstruktion. Diese zentrale Rolle der Kommunikation hat Luckmann später dazu veranlasst, die These der gesellschaftlichen Konstruktion zu einer der ,kommunikativen Konstruktion' zu erweitern (vgl. Luckmann 2002a).

Die Unsichtbare Religion

Luckmanns Bedeutung für die Kulturtheorie ergibt sich ferner aus seinen Arbeiten zur Religion. Schon früh hatte sich Luckmann mit Religion befasst; seine ersten empirischen Forschungen waren religionssoziologische. Es war Berger, der Luckmann vorschlug, an einem von Carl Mayer geleiteten Forschungsprojekt über die Religion im Nachkriegsdeutschland teilzunehmen (vgl. Luckmann 1957; 1959). Die von Luckmanns später scharf formulierte Kritik an der bestehenden Religionssoziologie (1960) mündet schließlich in einer ersten Schrift über das *Problem der Religion in der Modernen Gesellschaft* (1963), die er zu seinem berühmten Buch über die *Unsichtbare Religion* (1967) ausarbeitet. Dieses Buch leitet die ,neoklassische Wende' in der Religionssoziologie ein (vgl. Knoblauch 1999b: 109ff.), die mit der kirchensoziologischen Verengung der Nachkriegsjahrzehnte bricht. Luckmann gibt damit den wesentlichen Impuls zur Renaissance einer theoretisch anspruchsvollen Religionssoziologie, die sich in der Auszählung von Kirchengangshäufigkeiten, Taufen und Beerdigungen erschöpft. Er wendet sich sowohl gegen eindimensionale Religionskritik als auch gegen eine theologiefixierte Kirchensoziologie, die Religion nur aus dem Blickwinkel des abendländischen Christentums betrachtet. Ganz im Sinne einer verstehenden Soziologie als Wirklichkeitswissenschaft betrachtet Luckmann Religion als eine besondere Form menschlicher Erfahrung, die innerweltlich-anthropologisch bestimmt ist und deren Funktion für das gesellschaftliche Leben unter dem Blickwinkel historischer Entwicklungen beleuchtet wird. In einer solch anspruchsvollen Perspektivierung wird *Religiosität* zu einem unhintergehbaren Grundzug menschlichen Daseins und *Religion* zu einem zentralen Charakteristikum jeglicher gesellschaftlicher Realität.

Luckmanns funktionalistische Religionsdefinition gilt als eine der breitesten überhaupt: Es ist „die grundlegende Funktion der ,Religion' [...], Mitglieder einer natürlichen Gattung in Handelnde innerhalb einer geschichtlich entstandenen gesellschaftlichen Ordnung zu verwandeln" (Luckmann 1991a: 165). Im Zentrum seines Religionsbegriffs steht also die ursoziologische Frage nach dem Verhältnis von Individuum und gesellschaftlicher Ordnung. Die uns bekannten Formen der Religion sind seiner Auffassung nach spezifische, institutionalisierte Ausformungen symbolischer Universa, d.h. sozial objektivierte Sinnstrukturen, die sich einerseits auf die Welt des Alltags, anderseits auf jene Welt beziehen, die als den Alltag transzendierend erfahren wird (vgl. Luckmann 1991a: 80). Religion sichert die Integration der Gesellschaft, weil sie als symbolisches Sinnreservoir das tragende Element der Konstruktion gesellschaftlicher Wirklichkeiten darstellt. Durch die Zuordnung zu dem Alltag enthobenen und ihn überhöhenden, ,geheiligten' Bedeutungsebenen wird der Sinn selbst alltäglichster Gewohnheiten und Handlungen des profanen Lebens legitimiert. Aus dieser nomischen Funktion, Sinngebungen in letzter, nicht mehr zu hinterfragender Instanz zu begründen, resultiert auch ihr objektiv verpflichtender Charakter, der sie gegenüber anderen gesellschaftlichen Wissensformen und Deutungsinstanzen (wie Wissenschaft, Ökonomie, Politik, Recht oder Kunst) abhebt. Als intersubjektiv geteiltes Sinnreservoir befreit die Religion den Einzelnen deshalb von „der so gut wie unlösbaren Aufgabe, aus eigener Kraft ein – wie auch immer rudimentäres – Sinnsystem zu erzeugen". Religion erfüllt also für den Einzelnen eine Rationalisierungsfunktion, indem sie als Ausdruck einer universalen Ordnung auftritt, als „Kosmion, das einen Kosmos reflektiert" (Luckmann 1991a: 89).

Luckmann prägt dafür den Begriff der ,Weltansicht'. Weltansicht ist der Sinnzusammenhang, der einer geschichtlichen Ordnung innewohnt und der in verschiedenen Gesellschaften jeweils unterschiedliche Formen annehmen kann, da zwischen Weltansicht und Sozialstruktur ein dialektisches Verhältnis besteht. Weltansichten enthalten Typisierungen, Deutungs- und Handlungsschemata; sie bilden eine einheitliche ,Sinnmatrix', deren wichtigste Objektivierungsform in der Sprache auftritt. Es sind jedoch nicht einzelne Deutungsschemata, die eine religiöse Funktion erfüllen. Vielmehr ist es eine spezifische Sinnschicht innerhalb dieser Weltansicht, deren strukturelle Eigenschaft darin besteht, dass sie die gesamte Weltansicht ordnet: ihre innere Bedeutungshierarchie. Mittels symbolischer Repräsentation verweist diese Sinnschicht auf einen Wirklichkeitsbereich, der jenseits der alltäglichen Wirklichkeit angesiedelt ist und in dem die letzten Bedeutungen verankert sind. Diese Sinnschicht bezeichnet Luckmann als ,Heiligen Kosmos'.

Luckmann hat wiederholt für eine solche funktionale Betrachtung der Religion plädiert, denn diese „umgeht sowohl die ideologische Befangenheit wie die ,ethnozentrische' Enge der substantialen Religionsdefinitionen". Zwar urteilt er apodiktisch, substantiale Definitionen seien „für die Soziologie wertlos" (Luckmann 1991a: 78). Dennoch griffe es zu kurz, seine Religionssoziologie als reinen ,Funktionalismus' zu bezeichnen. Denn alle Religionen sind als historisch entstandene Institutionen rückgebunden an die *Religiosität*, die auf einer universalen, anthropologischen Basis ruht. Religiosität wurzelt in der besonderen Konstitution des menschlichen Bewusstseins und in der Struktur seiner Leiblichkeit. Die Fähigkeit des Menschen zur Transzendenz seiner biologischen Verfassung deckt sich nach Luckmanns Ansicht mit einer ,elementaren Bedeutungsschicht' des Religionsbegriffs. Dies kommt in seiner Theorie der Transzendenzen zum Ausdruck, die an die ,mannigfachen Wirklichkeiten' bei Schütz anknüpft und die deutliche ,substantiale' Einschläge aufweist. Besonders klar wird dies im Nachtrag zur deutschen Ausgabe der *Unsichtbaren Religion* (1991b), in der Luckmann der Transzendenzerfahrung für seine Religionssoziologie einen größeren Stellenwert beimisst.

Transzendenz behandelt die Grenzen der menschlichen Lebenswelt. Sie hat ihren ursprünglichen Ort in der Leiblichkeit des Menschen und der besonderen Struktur seiner Erfahrungen. Luckmann stützt sich hier aber nicht nur auf die phänomenologischen Analysen von Husserl und Schütz, sondern ebenso auf den Gedanken der exzentrischen Positionalität bei Plessner wie die sozialpsychologischen Analysen Meads zur Rollenübernahme.

Luckmann zielt darauf, die Struktur der Intersubjektivität selbst als Grenzüberschreitung offen zu legen. Unfertig geboren und damit auf die anderen angewiesen, wird der Mensch erst unter seinesgleichen zum Individuum, denn „die Individuation des menschlichen Bewusstseins [wird] allein in gesellschaftlichen Vorgängen realisiert" (Luckmann 1991: 83). Voraussetzung dieser Entwicklung ist die menschliche Fähigkeit, sich von ablaufenden Ereignissen, den Reizen und Reaktionen des biologischen Organismus, abzulösen. Dieses Überschreiten der biologischen Natur wird jedoch erst im sozialen Zusammenhang möglich: In der Interaktion mit anderen, in der sich der Einzelne gewissermaßen im Verhalten des Gegenüber ‚gespiegelt' findet, beginnt er, sich selbst mit den Augen der anderen zu sehen, erwirbt so die Fähigkeit zur Rollenübernahme und erhält damit erst die Chance zur Identitätsbildung.

Transzendenz wird bei Luckmann also *doppelt* bestimmt: anthropologisch *und* phänomenologisch (vgl. Knoblauch 1998). Zur näheren Bestimmung spricht Luckmann von drei Ebenen der Transzendenz und nimmt dabei eine bereits von Schütz (1971) verwendete Typologie auf. Dieser unterschied auf der Basis der phänomenologischen Analysen des Bewusstseins von Husserl zwischen ‚kleinen', ‚mittleren' und ‚großen' Transzendenzen. Nach Husserl wurzelt die Transzendenz der eigenen Erfahrung in der Fähigkeit des Bewusstseins zur ‚Appräsentation' (also darin, dass unser Bewusstsein den in der Sinneswahrnehmung nicht enthaltenen Elementen sinnvolle Ergänzungen gleichsam automatisch hinzufügt, etwa den wahrgenommenen Vorderseiten von Gegenständen ihre Rückseiten etc.). Die ‚*kleinen*' Transzendenzen treten schon in der Wirklichkeit des Alltags auf, wenn die gegenwärtige Erfahrung in zeitlicher oder räumlicher Hinsicht überschritten wird. So verweist etwa aufsteigender Rauch als ‚Anzeichen' auf ein hinter dem Horizont verborgenes Feuer oder ein ‚Merkzeichen' wie der Knoten im Taschentuch auf eine Aufgabe, die morgen zu erledigen ist. Die ‚*mittleren*' Transzendenzen beziehen sich ebenso auf die Alltagswelt – genauer gesagt: auf die intersubjektive Sozialwelt. Jedoch ist das Erfahrene überhaupt *nur* mittelbar zugänglich: Wo sich andere alltägliche Zeit- und Raumdimensionen noch in möglicher Reichweite befinden, kann die Grenze, an die man bei den mittleren Transzendenzen stößt, nicht einmal potentiell überschritten werden. Die Gedanken meiner Mitmenschen sind in ein fremdes Bewusstsein eingeschlossen, das immer nur mittelbar über bestimmte ‚Zeichen' – also gestische, mimische, vor allem aber: sprachliche Äußerungen – mitteilbar gemacht werden können. In interaktiven und kommunikativen Prozessen, in denen die Akteure handelnd und deutend ‚aus sich heraustreten', wird ein unzugängliches ‚Innen' – die Erfahrungen der Mitmenschen – in ein lesbares ‚Außen' übersetzt. Die ‚*großen*' Transzendenzen schließlich sind dem Alltag vollkommen entzogen. In den Sinnprovinzen nichtalltäglichen Erlebens, etwa in Träumen, Visionen und Ekstasen, der ästhetischen Erfahrung oder in der Vergegenwärtigung des Todes, wird die ‚profane' Wirklichkeit des alltäglichen Lebens überstiegen. Solche außeralltäglichen Erfahrungen bilden das Reservoir, aus dem sich religiöse Sinnwelten speisen können. Sie sind aufgrund der prinzipiellen Zeichengebundenheit menschlichen Wahrnehmens und Handelns mit den Ausdrucksmöglichkeiten der gewöhnlichen Sprache nicht mehr zu artikulieren und werden durch ‚Symbole' und ‚Rituale' vermittelt. Große Transzendenzen stellen jedoch nicht für sich allein schon Religion her, denn die Deutung solchen Erlebens muss erst in den Rahmen einer bestimmten ‚Wirklichkeitstheorie' eingefügt werden, um es als unmittelbares Gewahrwerden eines anderen, ‚heiligen', transzendenten Wirklichkeitsbereichs auffassen zu können. So mögen etwa Visionen zwar mancherorts der charismatischen Stiftung neuer

Religionen dienen – oder aber als kluge und brillante ‚Managementideen' in einen sehr mundanen Deutungsrahmen eingefügt werden (vgl. Schnettler 2004). Es ist also letztlich die Kultur, die darüber entscheidet, welche Wirkung große Transzendenzerfahrungen entfalten – und ob sie für denjenigen, der solche außeralltäglichen und häufig beglückenden, manchmal jedoch auch durchaus beängstigenden existentiellen Erfahrungen macht, in einen sinnvollen Zusammenhang eingepasst werden können.

Neben seiner funktionalen Religionsbestimmung als gesellschaftliche Institution der Sinnstiftung und der Transzendenztheorie enthält die Luckmann'sche Religionssoziologie noch ein drittes, für die Kulturtheorie äußerst bedeutsames Merkmal. Er betrachtet nämlich verschiedene idealtypische Gesellschaftsformationen daraufhin, in welchen spezifischen *Sozialformen* sich Religion jeweils in ihnen institutionalisiert: Weil in *archaischen Gesellschaften* die Arbeitsteilung und entsprechend die Differenzierung zwischen gesellschaftlichen Teilbereichen noch sehr gering ist, besteht eine hohe Überlappung zwischen individuellen und gesellschaftlichem Wissensvorrat. Als mehr oder weniger ausgegrenzter sakraler Bereich prägt Religion hier die verhaltenssteuernden Institutionen weitgehend. Religiöse Deutungsmuster geben unmissverständliche Antwort auf die typischen Lebenskrisen, die in das Leben einzelner und das der Gruppe regelmäßig hereinbrechen. Erst in *traditionellen Hochkulturen* erfährt der heilige Kosmos eine deutliche institutionelle Ausgrenzung aus dem Alltag. Die Ausdehnung der Schriftkultur und die Produktion wirtschaftlicher Überschüsse erlauben die Ausbildung von Experten, welche die ‚höheren Wissensformen' strukturieren und kodifizieren. Dergestalt erhält die Religion eine sozial wahrnehmbare ‚Basis' als geordnetes und systematisiertes, weil verschriftetes Deutungssystem, das sich zunächst noch oberhalb von, später dann aber immer stärker neben den anderen funktionalen Teilbereichen der Gesellschaft etabliert. *Moderne Industriegesellschaften* zeichnen sich nun dadurch aus, dass der Geltungsbereich des heiligen Kosmos, der einst als ‚offizielles Modell der Religion' die gesamte Gesellschaft legitimierte, seinen Einfluss auf andere institutionelle Bereiche verliert. In Wirtschaft und Wissenschaft, Recht und Politik werden – exemplarisch bei Machiavelli und Galilei, Smith und Kant – eigene Legitimationen formuliert, aus denen sich ein eigenes politisches Handeln, eine je eigene ökonomische und juristische Rationalität sowie eine spezifische wissenschaftliche Logik ausbildet, die allesamt keiner Untermauerung durch Religion mehr bedarf. In wachsendem Maße büßt die institutionalisierte Religion damit ihre Legitimität und Plausibilität für die Lebensführung der Individuen ein.

Moderne, Moral und Pluralisierung

In der Moderne treten durch die rasante Ausdifferenzierung der Sozialstruktur nun die individuellen Wissensvorräte und der gesellschaftliche Wissensvorrat immer weiter auseinander. Dies bleibt nicht folgenlos für die persönliche Identitätsbildung wie für den ‚moralischen Zusammenhalt' der Gesellschaft. In der Auseinandersetzung mit diesen strukturellen Konsequenzen der Pluralisierung entfaltet sich eine weitere Linie der Luckmann'schen Theorie, die deutliche zeitdiagnostische und sogar durchaus ‚kulturkritische' Momente enthält. Das Problem der Identität wird schon in der *Gesellschaftlichen Konstruktion* behandelt (1969: 174ff.) und später von Luckmann wieder aufgenommen (vgl. 1980a; 1988a). Zusammen mit seinen Thesen zur Religion und Moral (2002d) hat Luckmann diese Diagnose in jüngerer Zeit weiter entfaltet und in einem erneut mit Berger verfassten Buch zur ‚Sinnkrise' der Moderne (1995) zugespitzt.

Die Moderne, so die von beiden geteilte Auffassung, hat zu einem radikalen Wandel des Verhältnisses von Individuum und Gesellschaft und infolge dessen auch für die Religion geführt. Die Pluralisierung zieht gleichsam automatisch eine Schwächung der Plausibilitätsstrukturen des ‚Heiligen Kosmos' nach sich, insofern miteinander eigentlich unvereinbare Weltanschauungen für den einzelnen verfügbar werden. Das betrifft nicht nur die Pluralisierung auf dem ‚Markt der Religion' – auch weltliche Ideologien wie Kommunismus, Faschismus oder Anarchismus können mitunter die Funktion religiöser Sinnsysteme übernehmen. Luckmann wendet sich indes vehement gegen die These, die Religion sei aus der modernen Gesellschaft vollkommen entwichen. Schon früh hat er die *Säkularisierung* als ‚sozialen Mythos' (Luckmann 1980/1969) bezeichnet. Sie gelte allenfalls für eine spezifische Sozialform der institutionalisierten Religiosität (Kirchlichkeit), die jedoch keineswegs zum Verschwinden von Religion überhaupt führe. Denn wenn die Erfahrungen von Transzendenz universelle Bestandteile menschlichen Lebens sind und Religiosität eine anthropologische Disposition beschreibt, dann nimmt die Religion im Prozess des sozialen Wandels allenfalls neue gesellschaftliche Formen an, die sich nicht mehr in Gestalt traditionell erkennbarer Institutionen und Vorstellungen ausdrücken müssen.

Der ‚Ort' dieser neuen Sozialform ist nach Luckmanns Auffassung das Individuum selbst, denn in der Moderne sei der Glaube des Subjekts quasi umgeschlagen in einen Glauben *an* das Subjekt (vgl. Soeffner 1992b). Als Basis dieser neuen Sozialform identifiziert Luckmann die Privatsphäre; der moderne ‚Heilige Kosmos' beinhalte neben der Sakralisierung des Individuums Themen wie Selbstverwirklichung, Mobilitätsethos, Familialismus und Sexualität. Die Tendenz zur ‚Privatisierung' wird auch in der Religion augenfällig, wo sie sich in zweierlei Richtungen bemerkbar macht. Zum einen tritt die Religion aus den kirchlichen Institutionen heraus und expandiert in die Sphäre kurzfristiger und gruppenartiger Organisationsformen wie etwa Selbsthilfegruppen, Cliquen und anderer sinnstiftender Gemeinschaften. Zum anderen verlagern sich die religiös relevanten Themen immer stärker auf den subjektiven Bereich, was einer Schrumpfung der Transzendenzen gleichkommt: In das Zentrum des heiligen Kosmos moderner Gesellschaften rücken vermehrt Inhalte, die weniger zu den großen, jenseitsbezogenen als zu den mittleren und kleineren Transzendenzen des Alltags zählen. Aspekte wie körperliche Selbsterfahrung und sexuelles Verhalten, Selbstverwirklichung und Bewusstseinserweiterung, persönliches Glück und Wohlergehen der Familie stehen an erster Stelle religiöser Bemühungen. Diese „Subjektivierung der Religion" (Knoblauch 1997) bewirkt, dass sich die Individuen selbst als Ursprung und Quelle der Religion begreifen. Als „(kulturelles) Korrelat der (gesellschaftlichen) ‚strukturellen' Privatisierung" führt Luckmann dies zu seiner These vom ‚Schrumpfen der Transzendenzspannweite' (2002b: 150): Er konstatiert eine „Tendenz der Verlagerung von den intersubjektiven Rekonstruktionen und gesellschaftlichen Konstruktionen ‚großer', jenseitiger Transzendenzen zu den ‚mittleren' und – in zunehmenden Maße – auch zu den kleinen Transzendenzen des modernen Solipsismus".

Wirkung

Wenngleich also der Kulturbegriff bei Luckmann kaum auftaucht, stellen seine Arbeiten zentrale Beiträge für eine Kulturtheorie moderner Gesellschaften dar. Luckmann, den man inzwischen zu den ‚lebenden Klassikern' der Soziologie rechnet (vgl. Knoblauch 2005), hat für die Kultursoziologie bedeutsame Ergebnisse vorgelegt, deren allgemeines sozialtheoretisches Potential bei weitem noch nicht ausgeschöpft ist und das sich mit alternativen Theorieangeboten durchaus messen kann (vgl. Endreß 2002). Der Kulturbegriff wird – bis auf wenige Ausnahmen – von Luckmann wohl auch deshalb wenig bemüht, weil er in der Gegenüberstellung von Konstitution und Konstruktion einerseits auf die *universalen* Grundstrukturen der menschlichen Spezies, seines Bewusstseins, seiner Erfahrungen und der besonderen Form seiner Sozialität zielt, und dem er in seinen soziologischen Analysen das ‚soziohistorische Apriori' andererseits gegenüberstellt – und damit die Soziologie als eine Wissenschaft begreift, die sowohl einer sicheren (proto-soziologischen) Begründung bedarf, als auch ihre ‚Diagnosen' aus der Auswertung konkreter Forschung beziehen muss. Als Konstruktivist ist Luckmann Universalist, als Sozialtheoretiker folgt er dem wissenschaftlichen Ethos, dass soziologische Theorie ohne Empirie nicht auskommt. So überrascht es nicht, dass von seinem Werk wesentliche Impulse für beide Teilbereiche ausgehen. Und schon in der *Gesellschaftlichen Konstruktion* manifestiert sich die für Luckmann insgesamt prägende produktive Verknüpfung zentraleuropäischer Denktraditionen mit amerikanischen Strömungen, die einen der wesentlichen Gründe des bahnbrechenden und anhaltenden Erfolgs des ‚sozialkonstruktivistischen' Ansatzes darstellt (vgl. Schnettler 2006a). Dem entspricht der außerordentliche Rang, dem Luckmann als kardinalem Bezugsautor für das Wiedererstarken der ‚verstehenden', interpretativen Soziologie in den letzten Jahrzehnten zukommt. Als methodische Innovation ist vor allem die Gattungsanalyse bedeutsam, die mittlerweile eine anerkannte Methode im Kanon qualitativer Methoden darstellt (Knoblauch/Luckmann 2000). Sie erweist sich über die Analyse mündlicher face-to-face Kommunikation hinaus als nützliches Instrument, das zunehmend auch für Formen technisch vermittelter Kommunikation (vgl. Ayaß 1997; Keppler 1985; Knoblauch 1999a; Knoblauch/Raab 2001) sowie in der qualitativen Analyse von Videodaten Anwendung findet (vgl. Bergmann et al. 1993; Knoblauch 2004; Schnettler 2001).

In der Theorie hat Luckmanns Werk eine Wirkung entfaltet, die weit über die Soziologie hinausreicht. Die *Gesellschaftliche Konstruktion* wurde zum Ausgangspunkt einer bedeutsamen theoretischen Wende, die mit der Dominanz des strukturfunktionalistischen Denkens brach und der Wissenssoziologie zu neuem Recht verhalf. Damit wurde nicht nur die Mundanphänomenologie von Schütz für die soziologische Theorie fruchtbar gemacht, sondern eine Synthese der handlungstheoretischen Fundierung in der Nachfolge Webers mit einer strukturtheoretischen Perspektive in der Tradition Durkheims geleistet.

Ebenso bedeutsam war Luckmanns Anstoß für die Religionssoziologie. Zweifellos hat Luckmann die Religionssoziologie nicht nur belebt (vgl. Wohlrab-Sahr 2003) und seine *Unsichtbare Religion* eine Fülle empirischer Anschlussuntersuchungen ausgelöst (vgl. die Übersicht bei Knoblauch 1991: 22f.), sondern auch der Theorie neuen Auftrieb gegeben. Seine theoretischen und empirischen Arbeiten haben ebenso weite Bereiche der Sprachsoziologie geprägt. Die Kultur spielt schließlich in der Erweiterung des Sozialkonstruktivismus durch Knoblauch (1995) eine zentrale Rolle, der den Begriff der ‚Kommunikationskultur' geprägt hat. Auch findet das Luckmann'sche Denken Eingang in die Kultursoziologie

Soeffners, seinem Nachfolger auf dem Konstanzer Lehrstuhl, wo es vor allem in der Konzeption einer sozialwissenschaftlichen Hermeneutik (vgl. Soeffner 2004) und in der Ritualtheorie (vgl. Soeffner 1992a) deutliche Spuren hinterlassen hat.[1] Schließlich darf Luckmann als einer der bislang wenig berücksichtigten Urheber wesentlicher Impulse für die Debatte um Individualisierung und Spätmoderne gelten, die – zumindest indirekt – durch seine Arbeiten zur Identitätstheorie (s. in Luckmann 2007) beeinflusst und vor allem über Hitzler (1999) in die Individualisierungsdebatte eingeflossen sind.

Literatur von Thomas Luckmann

Berger, P.L./Luckmann, T.: Die gesellschaftliche Konstruktion der Wirklichkeit. Frankfurt/M. 1969.
Berger, P.L./Luckmann, T.: Modernität, Pluralismus und Sinnkrise. Gütersloh 1995.
Bergmann, J./Luckmann, T. (Hg.): Kommunikative Konstruktion von Moral. Band 1: Struktur und Dynamik der Formen moralischer Kommunikation. Opladen 1999a. Band 2: Von der Moral zu den Moralen. Opladen 1999b.
Bergmann, J./Luckmann, T./Soeffner, H.-G.: Erscheinungsformen von Charisma – Zwei Päpste. In: W. Gebhardt/A. Zingerle/M. N. Ebertz (Hg.): Charisma – Theorie, Religion, Politik. Berlin/New York 1993, S. 121-155.
Luckmann, T.: The Evangelical Academies: An Experiment in German Protestantism. Christianity and Crisis. 17, 1957, S. 68-70.
Luckmann, T.: Four Protestant Parishes in Germany: A Study in the Sociology of Religion. Social Research. 26, 1959, S. 423-448.
Luckmann, T.: Neuere Schriften zur Religionssoziologie. KZfSS 12, 1960, S. 315-326.
Luckmann, T.: Zum Problem der Religion in der modernen Gesellschaft: Institution, Person und Weltanschauung. Freiburg im Breisgau 1963.
Luckmann, T.: The Invisible Religion. New York 1967.
Luckmann, T.: Aspekte einer Theorie der Sozialkommunikation. In: H. P. Althaus/H. Henne/H. E. Wiegand (Hg.): Lexikon der Germanistischen Linguistik. Tübingen 1973, S. 1-13.
Luckmann, T.: Phänomenologie und Soziologie. In: W. M. Sprondel/R. Grathoff (Hg.): Alfred Schütz und die Idee des Alltags in den Sozialwissenschaften. Stuttgart 1979a, S. 196-206.
Luckmann, T.: Soziologie der Sprache. In: R. König (Hg.): Handbuch der empirischen Sozialforschung, Bd. 13. Stuttgart 1979b, S. 1-116.
Luckmann, T.: Soziale Mobilität und persönliche Identität. In: Lebenswelt und Gesellschaft. Paderborn 1980a, S. 142-160.
Luckmann, T.: Über die Grenzen der Sozialwelt. In: Lebenswelt und Gesellschaft. Paderborn 1980b, S. 56-92.
Luckmann, T.: Säkularisation – ein moderner Mythos. Lebenswelt und Gesellschaft. Paderborn 1980/1969, S. 161-172.
Luckmann, T.: Die sozialen Strukturbedingungen der Identitätsbildung. Synthesis Philosophica. 3, 1988a, S. 53-62.
Luckmann, T.: Kommunikative Gattungen im kommunikativen Haushalt einer Gesellschaft. In: G. Smolka-Kordt/P. M. Spangenberg/D. Tillmann-Bartylla (Hg.): Der Ursprung der Literatur. München 1988b, S. 279-288.
Luckmann, T.: Die unsichtbare Religion. Frankfurt am Main 1991a.
Luckmann, T.: Nachtrag. Die unsichtbare Religion. Frankfurt/M. 1991b, S. 164-183.

---

[1]   Zu Hans-Georg Soeffner vgl. den Beitrag von Ronald Kurt in diesem Band.

Luckmann, T.: Protosoziologie als Protopsychologie? In: M. Herzog/C. F. Graumann (Hg.): Sinn und Erfahrung. Phänomenologische Methoden in den Humanwissenschaften. Heidelberg 1991c, S. 155-168.

Luckmann, T.: Theorie des sozialen Handelns. Berlin/New York 1992.

Luckmann, T.: Wirklichkeiten: individuellen Konstitution und gesellschaftliche Konstruktion. In: R. Hitzler/J. Reichertz/A. Honer (Hg.): Hermeneutische Wissenssoziologie. Konstanz 1999, S. 17-28.

Luckmann, T.: Sinn in Sozialstruktur. In: A. Brosziewski/T. S. Eberle/C. Maeder (Hg.): Moderne Zeiten. Reflexionen zur Multioptionsgesellschaft. Konstanz 2001, S. 311-325.

Luckmann. T.: Wissen und Gesellschaft. Ausgewählte Aufsätze 1981-2002. Konstanz 2002. (H. Knoblauch/J. Raab/B. Schnettler Hg.).

Luckmann, T.: Das kommunikative Paradigma der ‚neuen' Wissenssoziologie. In: Wissen und Gesellschaft. 2002a, S. 201-210.

Luckmann, T.: Schrumpfende Transzendenzen, expandierende Religion? In: Wissen und Gesellschaft. 2002b, S. 139-154.

Luckmann, T.: Zur Ausbildung historischer Institutionen aus sozialem Handeln. In: Wissen und Gesellschaft. 2002c, S. 105-115.

Luckmann, T.: Veränderungen von Religion und Moral im modernen Europa. Berliner Journal für Soziologie. 12, 2002d, S. 285-294.

Luckmann, T.: Lebenswelt, Identität und Gesellschaft. Hrsg. von J. Dreher. Konstanz 2007.

Schütz, A./Luckmann, T.: Strukturen der Lebenswelt. Frankfurt am Main Bd. 1. 1979. Bd. 2 1984. Neuauflage Konstanz 2003.

Weitere zitierte Literatur

Ayaß, R.: Die kleinen Propheten des ‚Worts zum Sonntag'. ZfS. 26, 1997, S. 222-235.

Endreß, M.: Formation und Transformation sozialer Wirklichkeit. Eine Untersuchung zu phänomenologisch begründeten Soziologie und Sozialtheorie. Habilitationsschrift, Universität Tübingen, 2002.

Gehlen, A.: Urmensch und Spätkultur. Wiesbaden 1964.

Hitzler, R.: Individualisierung des Glaubens. Zur religiösen Dimension der Bastelexistenz. In: A. Honer/R. Kurt/J. Reichertz (Hg.): Diesseitsreligion. Konstanz 1999, S. 351-368.

Keppler, A.: Präsentation und Information. Zur politischen Berichterstattung im Fernsehen. Tübingen 1985.

Knoblauch, H.: Die Verflüchtigung der Religion ins Religiöse. Thomas Luckmanns Unsichtbare Religion. Einleitung zu Luckmann 1991, S. 7-44.

Knoblauch, H.: Kommunikationskultur: Die kommunikative Konstruktion kultureller Kontexte. Berlin 1995.

Knoblauch, H.: Die Sichtbarkeit der unsichtbaren Religion. Subjektivierung, Märkte und die religiöse Kommunikation. Zeitschrift für Religionswissenschaft. 5, 1997, S. 179-202.

Knoblauch, H.: Transzendenzerfahrung und symbolische Kommunikation. In: H. Tyrell/V. Krech/H. Knoblauch (Hg.): Religion als Kommunikation. Würzburg 1998, S. 147-186.

Knoblauch, H.: Die Rhetorik amerikanischer Radiohörer-Telefonate während des Golfkriegs. In: J. Bergmann/T. Luckmann (Hg.): Kommunikative Konstruktion von Moral. Bd.1 Opladen 1999a, S. 61-86.

Knoblauch, H.: Religionssoziologie. Berlin und New York 1999b.

Knoblauch, H.: Die Video-Interaktions-Analyse. sozialer sinn. 1, 2004, 123-128.

Knoblauch, H.: Thomas Luckmann. In: D. Kaesler (Hg.): Aktuelle Theorien der Soziologie. München 2005, S. 127-146.

Knoblauch, H./Luckmann, T.: Gattungsanalyse. In: U. Flick/E. v. Kardoff/I. Steinke (Hg.): Qualitative Forschung: Ein Handbuch. Hamburg 2000, S. 538-545.

Knoblauch, H./Raab, J.: Genres and the Aesthetics of Advertisement Spots. In: H. Kotthoff/H. Knoblauch (Hg.): Verbal Art across Cultures. Tübingen 2001, S. 195-222.

Schnettler, B.: Vision und Performanz. Zur soziolinguistischen Gattungsanalyse fokussierter ethnographischer Daten. sozialer sinn 1, 2001, S. 143-163.

Schnettler, B.: Zukunftsvisionen. Transzendenzerfahrung und Alltagswelt. Konstanz 2004.

Schnettler, B.: Thomas Luckmann. Konstanz 2006.

Schütz, A.: Der sinnhafte Aufbau der sozialen Welt. Wien 1932.

Schütz, A.: Über die mannigfaltigen Wirklichkeiten. Gesammelte Aufsätze I. Den Haag 1971, S. 237-298.

Soeffner, H.-G.: Die Ordnung der Rituale. Die Auslegung des Alltags 2. Frankfurt/M. 1992a.

Soeffner, H.-G.: Luther – Der Weg von der Kollektivität des Glaubens zu einem lutherisch-protestantischen Individualitätstypus. In: 1992b, S. 20-75.

Soeffner, H.-G.: ‚Strukturen der Lebenswelt‘ – ein Kommentar. In: R. Hitzler/J. Reichertz/N. Schröer (Hg.): Hermeneutische Wissenssoziologie. Konstanz 1999, S. 29-37.

Soeffner, H.-G.: Auslegung des Alltags – Der Alltag der Auslegung. Konstanz 2004.

Wohlrab-Sahr, M.: ‚Luckmann 1960‘ und die Folgen. In: B. Orth/T. Schwietring/J. Weiß (Hg.): Soziologische Forschung. Stand & Perspektiven. Opladen 2003, S. 427-448.

Hans-Georg Soeffner: Kultur als Halt und Haltung

Ronald Kurt

Hans-Georg Soeffner, geboren 1939 in Essen, studierte in Tübingen, Köln und Bonn Philosophie, Soziologie, Vergleichende Literaturwissenschaft, Kunstgeschichte und Kommunikationswissenschaften. Nach der Promotion (*Der geplante Mythos – Untersuchungen zur Struktur und Wirkungsbedingung der Utopie*, 1972) und der Habilitation (*Basiskonzepte der Kommunikationstheorie*, 1976) wurde er 1980 als Professor für Soziologie an die FernUniversität Hagen berufen. Seit 1994 lehrt Hans-Georg Soeffner an der Universität Konstanz.

Die folgenden Ausführungen beruhen auf einem Interview, das ich am 16. Juli 2005 mit Hans-Georg Soeffner in seinem Haus in Bonn führte. Das dreistündige Gespräch zum Thema Kultur wurde aufgezeichnet, von mir transkribiert und dann von Hans-Georg Soeffner noch einmal stilistisch und inhaltlich überarbeitet.

Von Anfang an

Wie alle Gedanken, so sind auch die Gedanken über den Gegenstand Kultur im Zusammenhang mit der sozio-historischen Situiertheit und der besonderen biografischen Perspektive des Denkenden zu sehen. Gedanken entstehen nicht aus dem Nichts (oder einem reinen, von gesellschaftlichen und geschichtlichen Einflüssen unberührten Verstand), sondern aus dem Leben: „das menschliche Denken konstituiert sich nicht freischwebend im sozial freien Raum, sondern ist im Gegenteil stets an einem bestimmten Ort in diesem verwurzelt" (vgl. Mannheim 1978: 73). Trotz beziehungsweise gerade wegen dieser Verwurzelung in einem Wir ist es Menschen möglich, in ihrem Denken eigene Wege zu gehen. Für Wissenschaftler muss dieses Können ein Sollen sein. Was Friedrich Schiller vom Künstler fordert, das gilt auch für den Wissenschaftler: Er „ist zwar der Sohn seiner Zeit, aber schlimm für ihn, wenn er zugleich ihr Zögling oder gar noch ihr Günstling ist" (Schiller 1977: 32).

Seinen familiären Hintergrund bezeichnet Hans-Georg Soeffner als „einerseits preußisch, andererseits hugenottisch" (Soeffner 2005: 1). Urgroßvater und Großvater gehörten den aufklärerisch gesinnten Freimaurern an, die Mutter, „eine außerordentlich fromme Frau" (Soeffner 2005: 9) entstammt einer protestantischen Familie; „es ist eine Familie, die früher zum Bildungsbürgertum gezählt worden wäre, die aber ins Ruhrgebiet verpflanzt worden ist und, was mich angeht, die sich da auch wohl gefühlt hat" (Soeffner 2005: 1). Das Ruhrgebiet beschreibt Hans-Georg Soeffner als eine Region, „die gekennzeichnet ist durch den Konflikt zwischen so genannter Hochkultur und Alltagskultur" (Soeffner 2005: 1). Auf der einen Seite gab es eine ambitionierte Theater-, Opern- und Konzertszene „und auf der anderen Seite die Fußballvereine und den Ruderklub, in denen ich war. Und es gab die Bergmannssiedlungen, die direkt neben meinem Wohngebiet lagen mit ihren Taubenzuchtvereinen und – ganz allgemein – mit ihrer Vereinskultur" (Soeffner 2005: 1). (Vom taubenzüchtenden Bergmann – dem fliegenden Maulwurf – wird später noch zu reden sein.) Das Nebeneinander von ganz unterschiedlichen kulturellen Welten hinterließ einen bleibenden Eindruck: „Als ich zum Studium kam, hatte ich es fast nur noch mit der Hochkultur zu tun, aber es ist ganz klar, dass die Zeit meines Lebens in Essen und die Wertschätzung der Lebenswelten im Ruhrgebiet, die ich mir mit der Zeit angeeignet habe, immer als Kontrolle gewirkt haben, wenn mir eine allzu hochgestochene Kulturtheorie begegnete. So hatte ich immer ein wunderbares Korrektiv aus meiner eigenen Lebensgeschichte in der Hinterhand." (Soeffner 2005:1)

Studienzeit

Das Studium war „relativ weit gefächert" (Soeffner 2005: 1). „Studiert habe ich Allgemeine und Vergleichende Literaturwissenschaft, Germanistik, Philosophie und zum Schluss auch Soziologie, dazu noch Geschichte und Kunstgeschichte" (Soeffner 2005: 1). Sich an seine Studienzeit erinnernd, hebt Hans-Georg Soeffner Hermann Bausingers Forschungen zu Erzählformen, die außerordentlich feingliedrigen Interpretationen des Germanisten Richard Alewyns und die empirische Akribie des Kommunikationsforschers und Informatikers Gerold Ungeheuer hervor. Der größte Einfluss ging aber von dem Philosophen Walter Schulz aus; vor allem die Vorlesung „Von Kierkegaard bis Heidegger" – in der Schulz allerdings nur bis ‚Mitte Kierkegaard' gekommen war – ist nachhaltig in Erinnerung geblieben. Durch Walter Schulz wurde Hans-Georg Soeffner auch für die Auseinandersetzung „Kultur – Zivilisation" sensibilisiert. Schulz hat darauf aufmerksam gemacht, „dass die deutsche Tradition den Begriff ‚Kultur' mit höherer Bildung und dem Bildungsbegriff verbindet, während es eine angelsächsische Tradition gibt und eben auch eine skandinavische, in der dies nicht der Fall ist. Hier ist Zivilisation ein Begriff, der die Hochkultur genauso wie alltägliche Äußerungsformen oder sämtliche menschliche Produkte betrifft" (Soeffner 2005: 4). Auf meine Frage, ob hier der Keim für eine eigene Kulturtheorie gelegt wurde, antwortete Hans-Georg Soeffner: „Das würde ich so nicht sagen. Das, was mich damals sehr interessiert hat, war die Frage der Veränderbarkeit von Kultur." (Soeffner 2005: 5) „Die Frage ist, wie kann ich das, was mir als Kultur vorgegeben ist, falls es eine Kultur ist, die ich so nicht will, verändern?" (Soeffner 2005: 5) Die Dissertation antwortet auf diese Frage nicht mit einem revolutionären Manifest, sondern mit einer anthropologischen Studie. *Der geplante Mythos. Untersuchung zur Struktur und Wirkensbedingung von Utopien* (Soeffner 1974) bietet eine Analyse der Struktur utopischen Denkens als einer „innerweltlichen Form der Illusionsbildung" (Soeffner 2005: 8). Die Geschichte der Utopieliteratur von Platons *Staat* über die Renaissanceutopien bis hin zu Sciencefiction rekonstruierend stößt Hans-Georg Soeffner beim Schreiben seiner Dissertation auf etwas, das ihm sonderbar erscheint: „Die Geschichte der Utopie verläuft merkwürdig. Das utopische Denken fängt mit großen Gesellschaftsentwürfen an … und dann, auf ein Mal im 19. Jahrhundert, von dem behauptet wird, da höre das utopische Denken auf, da gerade setzt es aus meiner Sicht neu an." (Soeffner 2005: 8) Das utopische Denken individualisiert sich, zum Beispiel bei Kierkegaard; „es weist, jedenfalls in der westlichen Welt, auf denjenigen hin, der eigentlich die gesamte Zeit am Werk ist, auf das unzufriedene Individuum, also auf den bedürftigen, unzufriedenen Einzelmenschen, nicht auf das Kollektiv" (Soeffner 2005: 8). Es ist der Wunsch nach einer besseren Welt, der bewirkt, dass Menschen ihren Möglichkeitssinn mobilisieren und der Wirklichkeit in Form von Utopien Alternativen gegenüberstellen. Die Erkenntnis der „strukturellen Unzufriedenheit von Menschen mit dem, was sie sind und mit dem, was sie erwartet" (Soeffner 2005: 8) führt Hans-Georg Soeffner, Sören Kierkegaard folgend, zu der Auffassung des Individuums als eines „Verhältnisses, das sich zu sich selbst verhält, aber keinen Wesenskern hat" (Soeffner 2005: 8, vgl. Kierkegaard 1971: 396). „Und des Verhältnisses zu sich selbst kann ein Mensch nicht quitt werden." (Kierkegaard 1971: 401, vgl. auch Schulz 1994: 275f.)

Auf Denkwegen

Als Soziologe hätte sich Hans-Georg Soeffner zur Zeit seiner Dissertation nicht bezeichnet; eher als Sozialphilosoph. Das änderte sich tendenziell, nachdem ihm Gerold Ungeheuer die Aufgabe übertragen hatte, in der Universität Bonn das Fach Kommunikationssoziologie aufzubauen. Neben die Lektüre philosophischer und anthropologischer Schriften trat nun auch die Beschäftigung mit soziologischen Werken. Die Frage nach der Kultur stellte sich in diesem Zusammenhang auf eine neue Weise. Nicht als Frage nach der Definition von Kultur – „der Begriff der Kultur, die Frage, wie er erschöpfend zu definieren sei, bewegte mich damals wie heute nicht, vielmehr ging es mir um die Frage nach der Kulturbedeutung gesellschaftlicher Phänomene" (Soeffner 2005: 9). Hier war der Ansatz von Max Weber wegweisend: „‚Kultur' ist ein vom Standpunkt des Menschen aus mit Sinn und Bedeutung bedachter endlicher Ausschnitt aus der sinnlosen Unendlichkeit des Weltgeschehens." (Weber 1968: 180) Für Weber wie für Soeffner sind die Aspekte des Sinngebens und In-Sinn-Lebens zentral. Dieser Auffassung liegt die Ansicht zugrunde, „dass wir Kultur*menschen* sind, begabt mit der Fähigkeit und dem Willen, bewusst zur Welt *Stellung* zu nehmen und ihr einen *Sinn* zu verleihen" (Weber 1968: 180). Ausgehend von der Sinnhaftigkeit des menschlichen Lebens stellt sich Soeffner die Frage: „Wie lösen wir das Problem, ein sinnhaftes Leben führen zu müssen?" (Soeffner 2005: 13) Auf der Suche nach Antworten auf die Weber'schen Fragen: „Wie wird Sinn konstituiert? Von wem? Bezogen auf was? Ein Ordnungszusammenhang, was könnte das sein?" (Soeffner 2005: 13), setzt sich Soeffner insbesondere mit den Werken von Charles Darwin, Arnold Gehlen, Helmuth Plessner, Alfred Schütz, Edmund Husserl, Georg Simmel und George Herbert Mead auseinander. „Mitte der 70er Jahre, das ging so in Richtung Habilitation, habe ich Darwin für mich entdeckt", „auf eine für mich typische Weise: über seinen religiösen Hintergrund. Darwin war frommer Protestant und bekam das Problem, dass er etwas entdeckt hatte, was mit der Schöpfungsgeschichte, so wie er sie als Kind gelernt hatte und wie sie in der anglikanischen Hochkirche gepredigt wurde, ganz und gar nicht übereinstimmte." (Soeffner 2005: 10) Darwin hatte mit seiner Evolutionstheorie einen Entwicklungszusammenhang entdeckt, der nichts Utopisches enthält und dennoch Regelhaftigkeit und Ordnung suggeriert. Das Modell hat gleichwohl Grenzen: es erklärt vieles, weist aber keinen Weg zum Verstehen.

Philosophische Anthropologie

Über Thomas Luckmann, den er 1978 kennenlernte (und dessen Lehrstuhl an der Universität Konstanz er 1994 übernahm), kam Hans-Georg Soeffner zur philosophischen Anthropologie von Plessner und Gehlen. Beide waren von den Ideen Darwins beeinflusst worden. Dementsprechend fragten sie, „wie aus evolutionstheoretischer Sicht Kultur und die Stellung des Individuums darin zu erklären sei. Für beide, für Plessner wie für Gehlen, stellt sich, mit unterschiedlichen Lösungsversuchen, als Kern des Kulturproblems … das Individuum heraus. Für Gehlen ist die Gefährdung des Individuums nur auflösbar durch die von den Individuen gemeinsam geschaffenen Institutionen" (Soeffner 2005: 11). Gehlen konzipierte den Menschen – Nietzsche folgend – als ein nicht festgelegtes ‚Mängelwesen', das seine instinktreduzierte, weltoffene Natur durch die Kreation von Kultur festlegen muss, um sein Dasein dauerhaft stabilisieren zu können (vgl. Gehlen 1964: 42). So gesehen „schafft sich das offene Menschenwesen, instinktunterausgestattet, wie es nun mal ist, Sicherheiten durch eigene Arbeit und die Kontinuität von Institutionen. So entsteht und erhält sich auch die Kultur. Das ist zumindest die erste Stufe, bis sich schließlich die Kultur gegen die Menschen wendet, dann nämlich, wenn sie einerseits erstarrt und andererseits im Gegenzug die Individualisierung sich derart steigert, dass die Institutionen gefährdet werden und deshalb gesichert werden müssen. Denn außerhalb der Institutionen gibt es für Gehlen keine Sicherheit. Die Natur bietet jedenfalls keine und deshalb fallen bei Gehlen sehr häufig der Institutionenbegriff und der Kulturbegriff zusammen, und auch da, wo er Kultur beziehungsweise Kunst als Hochkultur behandelt, ist es letzen Endes immer der institutionelle Gesichtspunkt, der ihn interessiert: die Absicherung der Kultur. Plessner geht einen ganz anderen Weg. Beide entdecken, dass die Ursache der Unsicherheit im Einzelnen liegt, aber anders als Gehlen interessiert sich Plessner ausdrücklich für das Einzelwesen. Er legt allergrößten Wert darauf zu zeigen, dass, gemessen an den Primaten, das eigentlich Menschliche die Individualität ist. Wie Darwin zeigt auch er, dass es evolutionäre Vorstufen der Individualität gibt. Die Primaten können sich unterscheiden. Auch sie sind keine reinen Gemeinschaftswesen, aber was sie nicht haben, ist das Problem mit der eigenen Individualität. Dieses Problem haben nur Menschen. Gehlen versucht das Problem von außen zu lösen, Plessner von innen. Das Verhältnis, das Menschen zu sich selbst haben und immer neu herstellen müssen, ist der Ursprung der spezifischen menschlichen Positionalität" (Soeffner 2005: 11f.). Für die Fähigkeit des Menschen, Abstand von sich zu nehmen und sich selbst gegenüberzutreten, hat Plessner den Begriff der *exzentrischen Positionalität* geprägt (vgl. Plessner 1975: 288ff.). Der Mensch kann seinem Hier gedanklich von einem anderen Ort aus begegnen, er kann sein Jetzt aus der Vergangenheit und einer imaginierten Zukunft her betrachten, und er kann durch hypothetisches Sich-hinein-Versetzen in andere Menschen aus deren Perspektive auf sich selber sehen. Dieses vielschichtige Bei-sich- und Außer-sich-Sein ist nicht nur theoretisch interessant. „Empirisch gesehen ist es zentral, dass wir die exzentrische Positionalität konkret gestalten müssen, indem wir uns immer neu gesellschaftlich positionieren, immer wissend, dass die jeweils gewählte Position eine vorläufige ist, immer nur bezogen auf die anderen, mit denen ich gerade zusammen bin, und dass sie sich selbst in Bezug auf meine eigene Biographie, die morgen eine andere sein könnte, als sie gestern war, und die sich im Verlaufe meines Lebens schon mehrfach geändert hat, immer wieder neu ausgestaltet." (Soeffner 2005: 13) „Hier kommt ein weiterer Denker ins Spiel, über dessen Vorlesung *Mind, Self and Society* ich in Essen vier Semester hintereinander ein Seminar gehalten habe: George Herbert Mead." (Soeffner 2005:13) Auch Meads Theorie der Rollenübernahme, die Möglichkeit „die Haltung des anderen gegenüber sich selbst einzunehmen" (Mead 1973: 175), ist eine Reflexion über die „spezifisch menschliche Form des Auf-sich-selbst-Reagierens" (Soeffner 2005:13). Dass Menschen sich positionieren müssen, führt schließlich zu den Goffman'schen Fragen: „Was ist hier eigentlich los? Wo bin ich innerhalb des aktuellen gesellschaftlichen Geschehens? Wo sind die anderen? Was tun die eigentlich? Was habe ich zu tun? Diese Fragen müssen für den Einzelnen jedes Mal neu gelöst und die Lösungen dementsprechend später von Sozialwissenschaftlern empirisch analysiert werden." (Soeffner 2005:13)

Fremde Heimat

Das Korrelat zum subjektiven Sinnverleihen könnte man mit Simmel objektive Kultur nennen. „Kultur entsteht", so schreibt Simmel in *Der Begriff und die Tragödie der Kultur*, „indem zwei Elemente zusammenkommen, deren keines sie für sich enthält: die subjektive Seele und das objektive Erzeugnis." (Simmel 1987: 120) Der Dualismus zwischen Subjektivem und Objektivem kann tragische Züge annehmen, wenn sich das menschliche Seelenleben in Formen vergegenständlicht, die sich verselbständigen und mit Einengungen und Zwängen auf die Schöpfer dieser Produkte zurückwirken. Das heißt, die objektive Kultur, unser aus Dingen, Gedanken, Sozialformen und Symbolen selbst gebautes ‚Zuhause', „kann uns dennoch jederzeit ‚fremd' werden" (Soeffner 2003: 171). Die Kultur ist unsere Heimat, aber heimisch werden können wir nur bedingt in ihr. Einerseits ist „Kultur als Anpassung des Menschen an seine eigene Natur" (Soeffner 2000a: 168) eine Art zweites Vaterland (vgl. Plessner 1975: 316). Andererseits sind wir der Kultur, die wir teils vorfinden, teils selber schaffen und in der wir uns, so gut es eben geht, verwurzeln, nicht ausgeliefert. „Sie ist zwar meine Heimat, ich habe sie gemeinsam mit anderen hergestellt, aber sie ist vorläufig, ich kann sie auch wieder zerstören, und wenn sie mir fremd und bedrohlich gegenübertritt, muss ich sie sogar zerstören." (Soeffner 2005: 13) In diesem Zusammenhang verweist Soeffner einmal mehr auf Helmuth Plessner. „In den *Stufen des Organischen* findet sich im letzten Kapitel, *Das Gesetz des utopischen Standorts*, ein Aufruf zur Revolution" (Soeffner 2005:13): „So gibt es ein unverlierbares Recht der Menschen auf Revolution, wenn die Formen der Gesellschaftlichkeit ihren eigenen Sinn selbst zunichte machen." (Plessner 1975: 345)

Phänomenologie und Soziologie

Bei der Beschäftigung mit der Frage nach der Bedeutung der Kultur war für Soeffner neben der philosophischen Anthropologie und der Soziologie auch die Phänomenologie von Relevanz. Durch die Lektüre der Phänomenologie Husserls lässt sich, über Kant hinaus, Wesentliches über die Erkenntnisformen des Bewusstseins lernen, zum Beispiel über das Prinzip der Appräsentation, das „Als-mitgegenwärtig-bewußt-machen" (Husserl 1973: 139, vgl. auch Kurt 2002: 51ff.). Die Appräsentation bezeichnet einen Bewusstseinsprozess, in dem sich automatisch Nicht-Präsentes mit Präsentem paart: Man sieht die Vorderseite eines Hauses und appräsentiert auf der Grundlage früherer Erfahrungen die nicht sichtbare Rückseite unwillkürlich mit hinzu. Im Bewusstsein entsteht so die Vorstellung von einem ganzen Haus, obwohl in der perspektivischen Wahrnehmung nur Teilaspekte gegeben sind. Dass die Appräsentation eine sowohl präreflexive als auch kreative Form der Sinnkonstitution ist, erläutert Soeffner anhand des Husserl'schen Kronkorkenbeispiels: „Man appräsentiert zunächst, wenn man es von weitem golden blitzen sieht: das ist ein Gulden, weil es golden glänzt, dann kommt man näher und stellt fest, es ist ein Kronkorken und schließlich stellt man sich vor, was man sonst noch alles hätte appräsentieren können." (Soeffner 2005: 15)

Das Beispiel verdeutlicht die Zweiseitigkeit der Husserlschen Philosophie. Auf der einen Seite ist die Welt immer schon da, vorgegeben in den fraglos geltenden Selbstverständlichkeiten der Lebenswelt (vgl. Husserl 1976). Auf der anderen Seite können wir die Vorstruktur unseres Verstehens jederzeit nicht nur (mit Wirklichkeitssinn) überprüfen, sondern auch (mit Möglichkeitssinn) überschreiten. Dass die Welt, in der wir leben, eine (immer auch anders mögliche) Wirklichkeitskonstruktion ist, zeigt Husserl zudem in den Verfahren der phänomenologischen Reduktion und der phänomenologischen Variation. In der Reduktion fragt der Phänomenologe, *was* ihm im Bewusstsein-von-etwas *wie* gegeben ist, um so die Sinnbestände des Bewusstseins-von-etwas Schritt für Schritt einzuklammern. „Was bleibt nach der Reduktion übrig von den Konstruktionen, wenn ich systematisch einklammere? … meine Gerichtetheit bleibt übrig, die Gegenstände verschwinden … Das ist das Entscheidende bei Husserl: Nachdem er festgestellt hat, was nach der Reduktion letztlich übrig bleibt, nämlich Richtungsstrahl, Absicht und Intentionalität, sieht er, wie von dort aus Welten aufgebaut werden. Das ist der Gesichtspunkt, von dem aus die Phänomenologie für mich wichtig geworden ist." (Soeffner 2005: 14)

Den Versuchen von Alfred Schütz, im Anschluss an Husserl eine phänomenologisch orientierte Soziologie zu begründen, steht Soeffner eher skeptisch gegenüber. In seinem frühen Werk *Der sinnhafte Aufbau der sozialen Welt* (1932, Schütz 2004) fand Schütz, Husserl folgend, keinen Weg vom Ich-Bewusstsein zum Sozialen und in seinen späteren Schriften – wie beispielsweise *On multiple Realities* (1945, Schütz 2003a) oder *Symbol, Reality and Society* (1955, Schütz 2003b) setzte Schütz, wieder Husserl folgend, die Wir- und Wirkwelt des Alltags voraus, ohne das sie fundierende Phänomen der Intersubjektivität erklären zu können: „das Problem der Subjektivität ist letzten Endes das nicht gelöste Problem beim späten Schütz, während beim frühen das Problem der Sozialität nicht gelöst ist" (Soeffner 2005:16). Mit besonderer Sorgfalt hat Schütz die Strukturen der Alltagswelt analysiert. Kennzeichnend für unser Leben in alltagsweltlicher Einstellung ist Schütz zufolge ein bestimmter Wahrnehmungs-, Denk- und Handlungsstil: hellwach und lebenspraktisch interessiert sein, nicht zweifeln, routineartig reagieren, pragmatisch handeln, wirken und es im Übrigen als fraglos gegeben hinnehmen, dass wir mit anderen Menschen in einer gemeinsamen Welt leben. Der Glaube an diese intersubjektiv geteilte Wirklichkeit basiert auf Typisierungen, Handlungsroutinen, Deutungsgewohnheiten und Reziprozitätsunterstellungen, die sich in der Praxis bewährt haben (vgl. Soeffner 2004a: 160f.). Schütz wusste, wie fragil diese Wirklichkeitskonstruktionen sind. „Er gibt ein Motiv dafür an, dass wir an diesen lebensweltlichen Konstruktionen so intensiv festhalten: die Angst vor dem Zusammenbruch des Mundanen." (Soeffner 2005: 16) Dieser Gedanke „findet sich bei Husserl in dieser Form nicht. Bei Schütz repräsentiert es ein sehr tief liegendes Motiv. Hier wird nicht die Kognitionsebene angesprochen, sondern, das ist das einzig Anthropologische, das ich bei Schütz finden konnte, es wird ein übergreifendes Motiv entdeckt. Schütz sieht, ähnlich wie auch Gehlen, dass es eine tief sitzende Angst und ein Wissen darum gibt, dass das, was mir als lebensweltlich sicher gilt, nicht sicher ist" (Soeffner 2005: 16). Schütz hat sich vor allem in den Essays *Der Fremde*, *Der Heimkehrer*, *Theresias* und *Don Quichote* mit diesem Problem beschäftigt – allerdings ohne aus diesem sozialanthropologischen Dilemma Konsequenzen zu ziehen. Anders als bei Weber und Simmel, die noch aus der Tradition des deutschen Individualismus heraus ihre soziologischen Werke schufen, bleibt bei Schütz das Individuelle weitgehend außen vor.

Systemtheorie und Strukturfunktionalismus

In systemtheoretischen und strukturfunktionalistischen Ansätzen bleibt das Individuum ebenfalls außen vor. Hier indes aus theorieimmanenten Gründen. Diese Theorien können erklären, wer welche Position in welchem System innehat, welchen Regeln gehorcht wird und dass alles kulturell determiniert ist. „Ich kann wie Malinowski, der große Strukturfunktionalist vor den Systemtheoretikern, zeigen, wie Sozialität funktioniert. Ich kann auch mit Malinowski sagen: selbst das Atmen der Menschen, alle ihre Nahrungsgewohnheiten sind kulturell mitgeformt, nichts ist nicht-kulturell, weil alles Menschliche kulturelle Beigaben erhält. Das ist richtig und ich kann es auch empirisch verifizieren. Aber wenn ich mich frage, wie ein bestimmter Gesellschaftsentwurf zustande kommt, festgehalten und zur Tradition wird, wer die Urheber dieser Entwürfe und wer die Rezipienten sind, komme ich mit funktionalistischen Erklärungen nicht weit genug. Ich kann hier nicht mit Ameisentheorien – dem Blick von außen auf einen Ameisenhaufen – arbeiten – und so arbeiten Systemtheorien letzten Endes –, weil die Individuen in ihnen faktisch nicht vorkommen, ja nicht einmal in ihrer Individualität berücksichtigt werden dürfen. Man kann dennoch bis zu einem bestimmten Punkt mit solchen Ameisentheorien hervorragend arbeiten. Jeden humanen Ameisenhaufen kann ich damit als ein regelhaft funktionierendes Konglomerat erklären, vorausgesetzt ich bin eine beobachtende Superameise, wie immer man sich die vorstellt. Den Aufbau einer Gesellschaft von Innen heraus – und das ist das eigentlich hermeneutische Problem –, kann ich mit Hilfe solcher Theorien nicht verstehen." (Soeffner 2005: 18) „So gesehen gibt es für die Anwendung systemtheoretischer Überlegungen und strukturfunktionalistischer Erklärungen bis zu einer gewissen Grenze gute Gründe, auf die ich nicht verzichten würde. Man kann vieles mit solchen Theorien erklären, aber als umfassende Erklärungen und detailgerechte Deutungen können sie nicht gelten. Vor allem kann ich mit ihnen keinen Einzelfall als Einzelfall deutend verstehen und erklären und: wo der Einzelfall verschwindet, verschwindet die Geschichte." (Soeffner 2005:19)

Das Prinzip Verantwortung

In der soziologischen Kulturtheorie von Hans-Georg Soeffner bildet das freie, selbstverantwortlich handelnde Individuum den Dreh- und Angelpunkt. Wenn „Kulturbedeutung unabhängig von denjenigen interpretiert und festgelegt werden soll, die konkret Sinn verstehend handeln, ist das für mich keine soziologische Arbeitsweise mehr" (Soeffner 2005: 21). Gegenstand der Kultursoziologie sind „Menschen, die sich in einer Bedeutungswelt verorten müssen" (Soeffner 2005: 21). In diesem Zusammenhang kommt Soeffner auf die Aufsätze von Weber, vor allem auf *Wissenschaft als Beruf* und *Politik als Beruf* zu sprechen. Wenn man „diese beiden Aufsätze gegeneinander hält, wird deutlich, dass Weber das Individuum ... nie aus der Verantwortung entlässt, was immer es auch betreibt. Hier wird Weber unübersehbar pathetisch" (Soeffner 2005: 17). Das Individuum wird immer wieder konsequent auf sich selbst verwiesen. „Es weiß nicht, wie es letzten Endes handeln wird, es weiß gerade in der aktuellen Handlungssituation nicht erschöpfend deutlich, was es tun muss. ... Es entwirft etwas und handelt, ohne hinreichende Kenntnis der Handlungsbedingungen und Folgen, muss den Entwurf aber durchhalten und vor allen Dingen anschließend die Verantwortung für das eigene Handeln übernehmen." (Soeffner 2005: 17) Diese Haltung, die nicht nur für Weber, sondern auch für Simmel und Plessner kennzeichnend ist, beschreibt Soeffner als im Kern Kantianisch. Kant, auf den sich Soeffner in fast allen seiner Schriften beruft, gibt der praktischen Vernunft den Vorrang vor der theoretischen Vernunft. In der *Metaphysik der Sitten* und in der *Kritik der praktischen Vernunft* zeigt er, dass das praktische, handeln müssende Subjekt den Forderungen der reinen Vernunft nicht genügen kann. Trotz dieses Unvermögens „(heißt) es aber bei Kant konsequenterweise, und das ist eigentlich ein soziologischer und nicht so sehr ein philosophischer Gedanke: das Primat kommt dennoch der praktischen, unzulänglichen Vernunft zu, weil sie die Vernunft ist, mit der gelebt werden muss. Mit ihr wird entschieden. Die reine Vernunft entwirft und analysiert, lebt aber nicht" (Soeffner 2005: 18).

Zeichen, Symbole und ästhetische Erfahrungen

In der Perspektive dieser anthropologischen Annahmen ist die Stellung des Menschen in der Welt strukturell prekär. Trotzdem beziehungsweise gerade deswegen kann und muss jeder Mensch Kulturmensch sein: jemand, der seinem Sein Sinn verleiht. Bei der kulturellen Sinnbildung spielen für Soeffner Symbole eine wichtige Rolle (vgl. Soeffner 2000b, vgl. auch Cassirer 1994). „Die Form der Symbolisierung, die symbolische Ausgestaltung der Welt, hängt ganz eng mit dem zusammen, was Kultur ausmacht." (Soeffner 2005: 19) Das Eigentümliche an Symbolen ist ihre „widersprüchliche Mehrdeutigkeit", ihre „hochgradige Optionalität" (Soeffner 2005: 19), ihre Ambivalenz. „Das Ambivalenzproblem ... ist das Entscheidende und wirklich Faszinierende an den in Symbole gegossenen Menschheitsentwürfen." (Soeffner 2005: 19) „In Symbolen sind nicht einfach formal Widersprüche in scheinbar harmonisierter Form versammelt, sondern Symbole sind das Indiz dafür, dass wir mit Widersprüchen umgehen müssen, mit denen wir nicht fertig werden, die wir zwar wunderbar einkleiden, aber nicht bewältigen. Zeichen entlasten uns. Wir können sie interpretieren, und irgendwann sind sie erschöpfend interpretiert; Symbole sind dies nicht, sie sind ein ständiges Deutungsärgernis." (Soeffner 2005:19) Symbole verweisen auf Außeralltägliches. Es mag ein Kreuz, ein Ring oder eine Fahne sein: als Symbol erfahren, bringen sie auf meistens paradoxe und letztlich nicht kommunizierbare Weise Nichtpräsentes zur Präsenz: Gott, die Ehe, eine Nation. Symbolisierungen sind Appräsentationen, bei denen „dem nicht wirklich Präsenten die eigentliche Präsenz" zukommt (Soeffner 2000b: 190). Symbole sind zeichentheoretisch nicht auflösbar und „sie werden uns immer wieder auf Widersprüche aufmerksam machen, innerhalb der eigenen Biographie, innerhalb einer Welterklärung, innerhalb einer Kosmologie" (Soeffner 2005: 19). Diese unauflösbare und nur bedingt kommunizierbare, widersprüchliche Mehrdeutigkeit ist auch kennzeichnend für ästhetische Erfahrungen. So führt die Frage nach der Bedeutung von Kultur schließlich zur Ästhetik, zur „Fähigkeit des Menschen, Optionen zu entwerfen, also etwas als kontrafaktisch wirklich anzunehmen" (Soeffner 2005: 15). Im ‚als ob' der Ästhetik entstehen Potentiale, die sich nicht pragmatisch ausschöpfen lassen. Die Freiheit, etwas entwerfen zu können, bringt Optionen in die Schwebe (wie beispielsweise in der Utopie) – allerdings ohne

Realisierungsgarantie: „Die unaufhebbare Spannung zwischen dem gewaltigen Entwurfspotential und der geringen Chance, es faktisch einlösen zu können, ist das, was Menschen unzufrieden macht." (Soeffner 2005: 15) Unzufriedenheit ist typisch menschlich; sie stellt sich ein, wenn sich unsere Entwürfe nicht verwirklichen lassen. Die Bedingung für die Möglichkeit des Scheiterns ist jedoch – und das zeichnet den Menschen als Kulturmenschen aus –, dass er danach strebt, seine Vorstellungen von einem wert- und sinnvollen Leben in soziale Praxis umzusetzen. Die weiter oben erläuterte Struktur des utopischen Denkens, das Balancieren „zwischen Wunsch und Realität, zwischen der Erfahrung und dem Versuch, Alternativen zur Erfahrung zu denken" (Soeffner 1974: 316), kehrt hier wieder als eine bestimmte Haltung zum Selbst- und Weltverständnis.

Die kulturelle Einstellung

Für Soeffner lässt sich das Phänomen der Kultur weder ausschließlich objektiv an Kunstwerken oder Alltagsgegenständen noch subjektiv an geistigen oder seelischen Qualitäten fest machen. Den Kern des Kulturellen fasst er in der Form einer Vermittlung von Subjektivem und Objektivem: als eine spezifische „Einstellung des Menschen gegenüber sich selbst und der Welt, als Haltung und Halt in der Welt" (Soeffner 2000a: 174). In dieser Halt gebenden Haltung treten wir uns und der Welt in „ästhetischer, tendenziell zweckfreier Einstellung" gegenüber (Soeffner 2004b: 404). „Wir nehmen uns die Freiheit, um die Dinge herumzugehen, die Erlebnisse anders zu ordnen, die Mehrdeutigkeit gegen das Eindeutige auszuspielen, die ‚Faktizität' des Wahrgenommenen der Faktizität der Wahrnehmung unterzuordnen, das Imaginative der Realität und die Realität des Imaginativen miteinander in Beziehung zu setzen." (Soeffner 2000a: 176) Die Bedeutungen der Kultur „verleihen uns selbst und unserer Welt nicht lediglich Sinn, repräsentieren nicht lediglich unseren Versuch, uns durch einen Schutzschild von Bedeutungen und Erklärungen gegen Zufälligkeit und Chaos abzusichern: sie ‚veredeln' und überhöhen *tendenziell* jeden Zug unseres Lebens" (Soeffner 2000a: 179). Auf der Gegenseite des Kulturellen steht das Pragmatische. „Das Andere zur Kultur und zugleich in ihr ist die Pragmatik. Sie ist das zweckhafte, mir abverlangte, praktische Handeln." (Soeffner 2005: 20) In pragmatischer Einstellung ist das Denken und Handeln ein von inneren Bedürfnissen oder äußeren Zwängen auferlegtes Verhalten. Die kulturelle Einstellung ist eine Verfeinerung, Überhöhung und Steigerung dieses Wahrnehmungs- und Handlungsstils. „Pointiert ausgedrückt: In kultureller Einstellung und Werthaltung erhält jede Art von gesellschaftlichem Wert eine ästhetische Beigabe, die ihn aus dem Relevanzsystem des Praktischen, Funktionalen und Normativen in den Wahrnehmungshorizont des tendenziell freien Spiels ästhetischer Reflexivität überführt." (Soeffner 2003: 183) ‚Tendenziell' bedeutet, dass die kulturelle Einstellung nicht mit einer rein ästhetischen Attitüde gleichgesetzt werden kann. Mit einem Bein überschreitet sie die Sphäre des Pragmatischen und mit dem anderen sucht sie Halt auf dem Boden der Alltagswelt. Dieser Spagat macht die innere Spannung der kulturellen Einstellung aus: „die Suche nach Heimat und Sicherheit mit der Gefahr der Erstarrung solcher Heimaten und andererseits das ästhetische Programm der Entwürfe, Optionen und Alternativen, das Leben im ‚als ob'" (Soeffner 2005: 33).

Vom Standpunkt dieser Theorie der kulturellen Einstellung problematisiert Soeffner das Selbstverständnis der Kultursoziologie: Die „übliche Kultursoziologie tut so, als habe sie es vorwiegend mit verdinglichter Kultur zu tun. Im wohl verstandenen Sinne hätte sie sich aber nicht ausschließlich auf subjektive oder objektive Kultur, sondern auf Menschen zu beziehen, die sich in einer Bedeutungswelt verorten müssen. Denn die in kultureller Einstellung Handelnden sind ihr eigentlicher Gegenstand. Die so genannte Kulturwissenschaft verstellt, wenn sie sich primär auf vergegenständlichte kulturelle Phänomene bezieht, ebenso wie einige Spielarten der Wissenssoziologie, die Kernfragestellung der Soziologie: Die Frage nach der Verortung von Menschen in Sinnsystemen und nach den damit verbundenen Potentialen oder auch Nicht-Potentialen sinnhaften Handelns" (Soeffner 2005: 21). Das Potential kultureller Sinnbildung ist unerschöpflich, offen und unaufhörlich im Fluss, weil sich Menschen in ihrem Verhältnis zu der Welt, in der sie zu leben meinen, immer wieder neu positionieren müssen. „So, wie es ist, bleibt es nicht." (Brecht, Die Mutter, zitiert in Soeffner 1974: 1). Deshalb plädiert Soeffner dafür, „Kultur als etwas zu verstehen, dass nur dadurch existiert, dass man es immer wieder neu hervorbringt" (Soeffner 2005: 32).

Kultur verstehen

Das Konstruieren von Kulturtheorien sollte Soeffner zufolge kein Selbstzweck, sondern ein Mittel zum Verstehen und Erklären konkreter sozialer Wirklichkeiten sein. Die Sozialwissenschaft, die Soeffner im Sinne Webers als Wirklichkeitswissenschaft betreiben will, ist in der Empirie fundiert (vgl. Weber 1968: 170f.). Diese allein kann der Theoriebildung und Theorieüberprüfung als Basis dienen. Wie sich vom Standpunkt der verstehenden Soziologie Kulturbedeutungen hermeneutisch rekonstruieren lassen – Hermeneutik und Kulturtheorie sind „fast Synonyme" (Soeffner 2005: 9) –, erläutert Soeffner anhand seines Aufsatzes *Der fliegende Maulwurf (Der taubenzüchtende Bergmann im Ruhrgebiet)* (Soeffner 1992). Im ersten Schritt ging es darum, das Wirklichkeitsverständnis der Handelnden, die Konstruktionen erster Ordnung (vgl. Schütz 1971), nachzuverstehen. „Ich hatte die Konstruktionen erster Ordnung relativ gut rekonstruiert, auch aufgrund meiner Kenntnisse des Ruhrgebietes und seiner Milieus. Ich habe das sich in Symbolsystemen äußernde Selbstverständnis der Bergleute aufgeschlüsselt, Sinn verstehend. Die Frage war: Warum handeln die Bergleute so, wie sie handeln und warum handeln sie nicht anders? Bei einem zweiten Interpretationsschritt wurden merkwürdige Parallelen sichtbar. Deswegen habe ich den Aufsatz *Der fliegende Maulwurf* genannt: Es zeigte sich, dass die Bergleute ihren Tauben das abverlangen, allerdings in der Luft, was ihnen, den Maulwürfen, unter Tage abverlangt wird: hohe Arbeitsleistungen und Risikobereitschaft, Disziplin, Zeitarbeit." (Soeffner 2005: 23) „Training, Disziplin und Arbeit im Zeittakt sind die Leistungen, die der Bergmann selbst zu erbringen hat und die er auch seinen geliebten Tauben abfordert. Er diszipliniert seinen Seelenvogel so, wie er sich selbst zu disziplinieren hat. Was er in der Taubenzucht und im Flug der Vögel als seine Befreiung erlebt, besteht – auch – darin, daß er die eigenen Zwänge als Mitgift in seine Verbindung mit den Tauben einbringt: Das von ihm geschaffene Reich der Freiheit spiegelt all diese Zwänge nicht nur als deren ins Gute verklärte Gegenbild wider, es enthält sie leibhaftig." (Soeffner 1992: 148) „Hier werden die Widersprüche deutlich innerhalb des Lebens derer, die unter Tage leben und sich im Gegenzug ihren wunderbaren Traum von der Freiheit erfüllen. Man kann darüber hinaus noch zeigen, wie dieser Traum historisch entstanden ist, welche Optionen der Selbstdarstellung die Bergleute überhaupt hatten. Es waren nicht besonders viele und sie haben die für sie Befriedigenste und auch Schönste und Tröstenste herausgesucht. Mit dieser Feststellung aber kann sich der Soziologe nicht zufrieden geben. Ich mag die Bergleute nach wie vor und auch ihre Taubenzucht. Aber ich muss darüber hinaus dennoch ursächlich erklären, wie es zu dieser Selbstinterpretation, zum ‚fliegenden Maulwurf‘, gekommen ist. Dieses Selbstbild soll etwas leisten, was es letztlich nicht leisten kann und woran es wahrscheinlich scheitern wird. Wenn es kein Untertage mehr gibt, wenn das Symbol seine existentielle Fundierung verliert, wird aus der Taubenzucht als lebensweltlich-symbolischer Form ein Taubensport als Freizeitvergnügen und aus dem Bergmann ein flexibler, überall einstellbarer Arbeitnehmer. Für ihn gilt die alte symbolische Form nicht mehr. Er muss sich eine neue suchen. Das kann ich prognostizieren." (Soeffner 2005: 23)

Werturteilsfreiheit

Das Beispiel zeigt, dass und wie die hermeneutische Kulturwissenschaft (als eine spezielle Anwendungsform der verstehenden Soziologie) über das bloße Sinn-Verstehen hinausgehen kann, indem sie einerseits die strukturellen Hintergründe von Kulturbedeutungen rekonstruiert und andererseits über mögliche Folgen reflektiert. Nicht nur hier, auch in der Frage nach der Werturteilsfreiheit folgt Soeffner der Weber'schen Wissenschaftslehre (vgl. Weber 1968: 500). „Werturteilsfreiheit gilt für uns für die Beschreibung, Analyse und Bewertung von Normen, die wir historisch vorfinden …, aber", und damit zieht Soeffner eine Grenzlinie, „die Werturteilsfreiheit hört an der Stelle auf, an der die Verantwortung für die Menschenrechte, wie sie von Kant im kategorischen Imperativ formal niedergelegt sind, verletzt werden." (Soeffner 2005: 31) Diese Grenze trennt zwei Lebenssphären: Wissenschaft als Beruf und Politik als Beruf. Für den inneren Umgang mit diesem Spannungsverhältnis gibt es bei Weber und Soeffner allerdings kein Patentrezept, sondern nur die Forderung zur individuellen Übernahme von Verantwortung.

Weltfrömmigkeit

„Glücklich zu sein, ist notwendig das Verlangen jedes vernünftigen aber endlichen Wesens, und also ein unvermeidlicher Bestimmungsgrund seines Begehrungsvermögens." (Kant 1974: A45). Mit Kant geht Soeffner davon aus, dass das Streben nach Glückseligkeit allen Menschen gemeinsam ist. In der Geschichte der Menschheit sind es vor allem die Religionen gewesen, die den Glück-Suchenden mit Trost, Hoffnung und Zufriedenheit spendenden Antworten auf die existentiellen Fragen nach dem Sinn von Leben und Tod ein metaphysisches Obdach geben konnten. Wenn aber die menschliche Unfähigkeit zu dauerhafter Glückseligkeit nicht durch den Glauben an übermenschliche Mächte und die Rituale einer religiösen Gemeinschaft aufgefangen werden kann, dann stellt sich die Frage, „ob wir im Stande sind, außerhalb der Religion tragfähige Vorstellungen zu entwickeln, die Ähnliches oder gar mehr leisten" (Soeffner 2005: 31). Soeffner ist hier skeptisch – „ich glaube das nicht" (Soeffner 2005: 31) –, er zeigt aber gleichwohl, mit welcher Einstellung der Weg zum (nachmetaphysischen) Glück geebnet werden könnte: mit Weltfrömmigkeit (vgl. Plessner 1982: 169). „‚Weltfrömmigkeit‘ löst die Jenseitsfrömmigkeit ab und wird zur Ausdrucksgestalt von Kultur als Diesseitsreligion." (Soeffner 2000c: 111f., vgl. auch Honer/Kurt/Reichertz 1999: 11). Kurz: „Kultur als menschliche Einstellung ist Frömmigkeit gegenüber den Dingen" (Soeffner 2000a: 179) und Menschen. Die kulturelle Einstellung verleiht dem Alltag etwas Glänzendes, eine Art Aura, einen „Goldhintergrund, dessen Widerschein die Alltagszwänge in das freundliche Licht der Freiheit, des Spiels und der Kunst taucht" (Soeffner 2000c: 111). Eine solche Sakralisierung des Profanen ist allerdings alles andere als anspruchslos. „Weltfrömmigkeit heißt auch, dass ich jedem Menschen eine hohe Anerkennungsleistung abfordern muss gegenüber anderen Menschen und den Dingen. Wenn man hier an die so genannte Trivialkultur denkt, heißt das, auch ihr nicht als Oberlehrer gegenüberzutreten. Weltfrömmigkeit bedeutet Anerkennung aller Kulturleistungen des Menschen. Alles, womit die Menschen Kulturbedeutungen verbinden, ob das eine kleine Ecke im Kinderzimmer ist, die ein Kind einrichtet, und in die es seine Bärchen oder Puppen setzt, oder eine kitschige Gondel, die jemand aus Venedig mitgebracht hat und auf seinem Wohnzimmerschrank postiert. Natürlich kann und werde ich über Kitsch lachen, aber Weltfrömmigkeit heißt, den kulturellen Welten insgesamt auch mit Frömmigkeit gegenüberzutreten, nicht nur mit Verwunderung, Staunen oder Verachtung, sondern auch mit Bewunderung für das, was Menschen herstellen und womit sie ihr Leben zu überhöhen versuchen. Weltfrömmigkeit muss gelernt werden. Sie ist nicht naturwüchsig da, zu ihr kann man möglicherweise erziehen. Soziologie kann dabei helfen." (Soeffner 2005: 32) Und wie sie das kann, zeigte mir Hans-Georg Soeffner so: „Ich erzähle dir mal eine Episode, bei der ich fast melancholisch geworden bin, obwohl, vielleicht auch weil sie sich in einer Umgebung abspielte, die einfach grotesk und hässlich war. In San Francisco hatte ich eine Straße ‚ethnographisch zu betreuen', in der ein widerliches Hotel stand, das Hotel Ambassador, ein Name, den das Hotel bestenfalls verdient hätte als Botschafter der Schäbigkeit. In diesem Hotel lebten, glaube ich, 100 oder 150 Menschen. Es gab dort gerade einmal zwei, drei Duschen, vier Toiletten – grauslich! In diesem Hotel hatte ich, weil ich an einem Aidspräventionsprojekt beteiligt war, mehrere Kontaktpersonen, die ich häufiger besuchte, zusammen mit einem Sozialarbeiter, Jeff Froner, den du ja mal kennen gelernt hast. Unter anderem lebte dort eine Transvestitin, ich glaube, es war eine Frau, die sich für einen Mann ausgab, oder umgekehrt, sie lebte jedenfalls in einem grässlichen Zimmer dieses Hotels. Die Wände hoch und runter liefen Kakerlaken. Das Milieu bestand aus: Zimmer, Bett und Kakerlaken. Sie oder er betrieb in diesem Zimmer vom Hotel geduldete Prostitution. Wir haben sie besucht und gefragt, ob sie Medikamente oder was auch immer brauche, ob mit der *social security* alles in Ordnung sei und so weiter. Ich habe mir, während Jeff seine Arbeit machte, das Zimmer angesehen. Alles war schmuddelig und unordentlich. Aber dann entdeckst du erstens eine kleine Puppe in einem Winkel auf dem Bett. Du siehst: Diese Frau oder dieser Mann, der/die immer sagte, er/sie habe überhaupt keine Zukunft, hatte Wäsche gewaschen und in einer Zimmerecke aufgehängt. So etwas macht man nicht einfach so. Wenn man gar keine Zukunft hat, will man nicht am nächsten Tag frische Wäsche anziehen. Außerdem gab es da im Zimmer noch eine kleine Photographie, sorgfältig an der Wand aufgehängt. Da war also deutlich erkennbar in diesem Elend und Chaos: ein Lebensplan und wenn er auch nur für 24 Stunden gelten sollte. Solche Lebenspläne haben Gorillas oder Schimpansen nicht. Die waschen keine Wäsche, besitzen keine Puppen oder Photographien, leben nicht in Erinnerungen und in Zükünften. Zusammengefasst: dieses kleine private Symbolsystem ist auf zwar kleinstem, erbärmlichstem, aber menschlichem Raum so organisiert, wie wir es vorhin diskutiert haben: es ist zeitlich, es ist sich vorweg, es hat eine Vergangenheit, es hat eine Selbstinterpretation, es hat eine Geschichte, es will eine Geschichte und Zukunft haben und so weiter und so fort. Eine solche Lebenswelt zu verstehen, das kann man von der Soziologie, im gut verstandenen Sinne, lernen, und das ist ihr Bildungsauftrag. Eine solche Haltung fliegt uns nicht einfach an." (Soeffner 2005: 32f.)

Literatur von Hans-Georg Soeffner

Soeffner, H.-G.: Interview-Transkript. 34 Seiten. 2005 (Zum Zeitpunkt des Erscheinens dieses Buches noch nicht veröffentlicht).

Soeffner, H.-G.: Auslegung des Alltags – Der Alltag der Auslegung. Zur wissenssoziologischen Konzeption einer sozialwissenschaftlichen Hermeneutik. 2., durchgesehene und ergänzte Auflage, Konstanz 2004a (Erstauflage Frankfurt/M. 1989).

Soeffner, H.-G.: Die Kultur des Alltags und der Alltag der Kultur. In: Jaeger, F./Rüsen, J. (Hg.): Handbuch der Kulturwissenschaften. Band 3, Themen und Tendenzen. Stuttgart 2004b, S. 399-411.

Soeffner, H.-G.: Die Perspektive der Kultursoziologie. In: Müller, K. E. (Hg.): Phänomen Kultur. Perspektiven und Aufgaben der Kulturwissenschaften. Bielefeld 2003, S. 171-194.

Soeffner, H.-G.: Kulturmythos und kulturelle Realität(en). In: ders.: Gesellschaft ohne Baldachin. Über die Labilität von Ordnungskonstruktionen. Weilerswist 2000a, S. 153-179.

Soeffner, H.-G.: Zur Soziologie des Symbols und des Rituals. In: ders.: Gesellschaft ohne Baldachin. Über die Labilität von Ordnungskonstruktionen. Weilerswist 2000b, S. 180-208.

Soeffner, H.-G.: Das Ebenbild in der Bilderwelt. Religiosität in den Religionen. In: ders.: Gesellschaft ohne Baldachin. Über die Labilität von Ordnungskonstruktionen. Weilerswist 2000c, S. 97-123.

Soeffner, H.-G.: Der fliegende Maulwurf (Der taubenzüchtende Bergmann im Ruhrgebiet) – Totemistische Verzauberung der Realität und technologische Entzauberung der Sehnsucht. In: ders.: Die Ordnung der Rituale. Die Auslegung des Alltags 2. Frankfurt/M. 1992, S. 131-156.

Soeffner, H.-G.: Der geplante Mythos. Untersuchungen zur Struktur und Wirkensbedingung der Utopie. Hamburg 1974.

Weitere zitierte Literatur

Cassirer, E.: Wesen und Wirkung des Symbolbegriffs. Darmstadt 1994.

Honer, A./Kurt, R./Reichertz, J. (Hg.): Diesseitsreligion. Zur Deutung der Bedeutung moderner Kultur. Konstanz 1999.

Husserl, E.: Die Krisis der europäischen Wissenschaften und die transzendentale Phänomenologie. Eine Einleitung in die phänomenologische Philosophie. Hrsg. von W. Biemel. Husserliana Band 6. Den Haag 1976.

Husserl, E.: Cartesianische Meditationen und Pariser Vorträge. Hrsg. von S. Strasser. Husserliana Band 1. Den Haag 1973.

Gehlen, A.: Urmensch und Spätkultur. Philosophische Ergebnisse und Aussagen. Frankfurt/M., Bonn 1964.

Kant, I.: Kritik der praktischen Vernunft. Werkausgabe Bd. VII. Hrsg. von W. Weischedel. Frankfurt/M. 1974.

Kierkegaard, S.: Furcht und Zittern. Der Begriff Angst. Die Krankheit zum Tode. Werkausgabe 1. Düsseldorf/Köln 1971.

Kurt, R.: Menschenbild und Methode der Sozialphänomenologie. Erfahrung – Wissen – Imagination. Schriften zur Wissenssoziologie. Band 2. Hrsg. von H.-G. Soeffner, H. Knoblauch und J. Reichertz. Konstanz 2002.

Mannheim, K.: Ideologie und Utopie. Frankfurt/M. 1978.

Mead, G. H.: Geist, Identität und Gesellschaft aus der Sicht des Sozialbehaviorismus. Frankfurt/M. 1973.

Plessner, H.: Die Stufen des Organischen und der Mensch. Einleitung in die philosophische Anthropologie. Berlin, New York 1975.

Plessner, H.: Die verspätete Nation. In: Gesammelte Schriften. Band VI. Frankfurt/M. 1982.

Schiller, F.: Über die ästhetische Erziehung des Menschen. Stuttgart 1977.

Schulz, W.: Der gebrochene Weltbezug: Aufsätze zur Geschichte der Philosophie und zur Analyse der Gegenwart. Stuttgart 1994.

Schütz, A.: Der sinnhafte Aufbau der sozialen Welt. Eine Einführung in die verstehende Soziologie. Hrsg. von M. Endreß und J. Renn. Alfred Schütz Werkausgabe Band II. Konstanz 2004.

Schütz, A.: Theorie der Lebenswelt 1. Die pragmatische Schichtung der Lebenswelt. Hrsg. von M. Endreß und I. Srubar. Alfred Schütz Werkausgabe Band V.1. Konstanz 2003a.

Schütz, Alfred: Theorie der Lebenswelt 2. Die kommunikative Ordnung der Lebenswelt. Hrsg. von H. Knoblauch, R. Kurt und H.-G. Soeffner. Alfred Schütz Werkausgabe Band V.2. Konstanz 2003b.

Schütz, A.: Wissenschaftliche Interpretation und Alltagsverständnis menschlichen Handelns. In: Gesammelte Aufsätze 1. Mit einer Einleitung von A. Gurwitsch. Den Haag 1971.

Simmel, G.: Der Begriff und die Tragödie der Kultur. In: ders.: Das individuelle Gesetz. Philosophische Exkurse. Hrsg. und eingeleitet von M. Landmann. Frankfurt/M. 1987.

Weber, M.: Gesammelte Aufsätze zur Wissenschaftslehre. Hrsg. von J. Winkelmann. Tübingen 1968.

Jürgen Gerhards: Quantifizierende Kultursoziologie

Jochen Roose

Wissenschaftliche Sozialisation

Jürgen Gerhards ist nicht ausschließlich Kultursoziologe. Er ist vielmehr ein Soziologe, der sich mit dem Gegenstand Kultur beschäftigt. Sein Forschungsprogramm lässt sich als theoriegeleitete empirische Forschung bezeichnen. Aufgabe der Soziologie – und damit auch des Teilgebietes Kultursoziologie – ist nach seiner Ansicht die systematische Beschreibung von sozialer Wirklichkeit und die kausale Erklärung ihrer Entstehung und Wirkung.

Gerhards, Jahrgang 1955, ist geprägt durch Friedhelm Neidhardt und eine distanzierte Nähe zur Kölner Schule der Soziologie. Das Studium der Sozialwissenschaften mit den Elementen Soziologie, Politikwissenschaft, Volkswirtschaft und Germanistik Ende der 1970er Jahre in Köln konfrontiert ihn mit der quantitativen Ausrichtung von René Königs Nachfolgern. Gleichwohl folgt er zunächst nicht der stark auf quantitative Umfrageforschung ausgerichteten Schule, sondern hält mit einem eher auf soziologische Theorien ausgerichteten Studium Abstand. Deutlicher ist der Einfluss von Friedhelm Neidhardt, was die thematische Vielfalt und geringe Festlegung auf bestimmte soziologische Theorien betrifft. Die Promotion, ebenfalls in Köln, beschäftigt sich mit einer Soziologie der Emotionen (Gerhards 1988).

Gemeinsam mit Neidhardt wechselt Gerhards 1988 an das Wissenschaftszentrum Berlin für Sozialforschung in die neu gegründete Abteilung Öffentlichkeit und soziale Bewegungen. Dort ist sein neues Thema eine Soziologie der Öffentlichkeit. Neben theoretischen Arbeiten zur Öffentlichkeit (vgl. Gerhards/Neidhardt 1990) widmet er sich nun empirischen Projekten. Während eine Studie zur Mobilisierung gegen eine Tagung von Weltwährungsfonds und Weltbank in Berlin (vgl. Gerhards 1993b) noch qualitativ arbeitet, nimmt der quantifizierende Anteil in dem großen Projekt zum Abtreibungsdiskurs in Deutschland und den USA (gemeinsam mit Dieter Rucht, Myra Marx Ferree und William Gamson) einen deutlich größeren Anteil ein (vgl. Ferree u.a. 2002; Gerhards u.a. 1998).

Mit der Berufung an das Institut für Kulturwissenschaften der Universität Leipzig 1994 dreht der Forschungsschwerpunkt auf Kultursoziologie. In zahlreichen Projekten arbeitet er quantitativ-empirisch zu kultursoziologischen Fragestellungen (siehe 2.) und betreibt maßgeblich den Aufbau des interdisziplinären Instituts mit einer sozialwissenschaftlichen Grundausrichtung.

Seit 2004 ist Gerhards Professor für Makrosoziologie am Institut für Soziologie der Freien Universität Berlin. Hier ist sein Arbeitsschwerpunkt eine Soziologie Europas, wiederum mit einer kultursoziologischen, methodisch quantitativen Ausrichtung.

Was ist Kultur?

„Mehr als bei anderen Bindestrichsoziologien gewinnt man bei der Betrachtung der kultursoziologischen Literatur den Eindruck eines ‚anything goes'", resümiert Gerhards den Zustand der Kultursoziologie (Gerhards 2000a: 97; Gerhards 1989). Sein Ziel ist nun aber nicht die Entwicklung einer soziologischen Kulturtheorie oder Methode, sondern zunächst eine Begriffsklärung, um einen spezifischen Gegenstandsbereich zu bezeichnen, der sich klar von anderen Gegenständen der Soziologie unterscheidet.

Kultur sind „die zeitlich relativ stabilen Deutungsmuster und Werte, die von einer Gruppe von Menschen gemeinsam geteilt und zur Interpretation von ‚Welt' benutzt werden" (Gerhards 2000a: 98). Es geht um die geteilte Interpretation der Welt, ihre sinnhafte Deutung (Deutungsmuster) und das Verständnis von Wünschbarem (Werte).

Kultur ist bei Gerhards ein kollektives Phänomen, das auf der Makroebene anzusiedeln ist. Es geht ihm eben nicht um das Nachzeichnen individueller Interpretationen, sondern um die Analyse von Kultur der Gesellschaft oder relevanter Subgruppen in Organisationen, Cliquen oder anderen Kollektiven. Ziel ist neben der Deskription die klassische kausale Erklärung. Die Kultursoziologie hat nach Gerhards zwei Aufgaben: erstens soll sie Kulturphänomene beschreiben, insbesondere vergleichend. Sie soll über die Werthaltungen und Deutungsmuster in Gesellschaften oder gesellschaftlichen Subgruppen informieren. Die zweite Aufgabe der Kultursoziologie ist die Erklärung. Die Kultur kann dabei auf zweierlei Weise ins Spiel kommen. Ziel kann die Erklärung von kulturellen Entwicklungen und Unterschieden sein, also Kultur als zu erklärendes Phänomen (Kultur als abhängige Variable) behandeln. Die Kultursoziologie kann aber auch die Folgen kultureller Phänomene aufzeigen. Dann ist Kultur die Erklärung für Phänomene (Kultur als unabhängige Variable).

In dieser Bestimmung des Gegenstands und der Aufgaben der Kultursoziologie zeigt sich deutlich die Tradition des Kritischen Rationalismus (vgl. Popper 1969). Wissenschaft, eben auch Sozialwissenschaft und Kulturwissenschaft, soll allgemeine, kausale Erklärungen auffinden. Durch empirische Forschung müssen Annahmen mit der Wirklichkeit konfrontiert und auf ihren Wahrheitsgehalt überprüft werden. Daraus folgen einige Anforderungen an die wissenschaftliche Arbeit. Die Aussagen in der Wissenschaft müssen präzise sein. Dazu gehören Begriffe, die genau und empirisch messbar definiert werden und systematisch aufeinander bezogen werden können. Die Aussagen der Wissenschaft müssen ebenfalls präzise angeben, welche kausalen Zusammenhänge angenommen werden. Welche Ursachen führen durch welche Mechanismen zu welchen Folgen? Erst wenn für diese Frage eine zumindest plausible Annahme formuliert ist, kann die empirische Überprüfung beginnen. Aus diesen Forderungen an wissenschaftliche Arbeit allgemein genauso wie an die Kulturwissenschaft leitet Gerhards die Forderung nach gründlicher Systematisierung und Präzision ab. Die Kölner Schule hat hier ihre Spuren hinterlassen. Gerhards selbst verweist auf seine Durkheim'schen Wurzeln (vgl. Gerhards 2003: 22ff.).

Eine zweite zentrale Anforderung ist die theoretische Steuerung der Forschung. Auch in diesem Punkt folgt Gerhards dem Kritischen Rationalismus. Erst Anschluss an Theorie verhindert das praktisch zufällige Ansammeln zusammenhangloser Informationen. Die Wissenschaft, und da machen die Soziologie und die Kultursoziologie keine Ausnahme, muss ein allgemeines System von empirisch bewährten Aussagen anstreben. Jede Forschung muss daher von dem verfügbaren Theoriebestand ausgehen und diesen für weitere Realitätsausschnitte überprüfen und ergänzen.

Mit diesem Programm sind aber lediglich Vorgaben für die empirische Arbeit und ihre Darstellung verbunden. Die Inhalte der Theorie sind offen. Gerhards bedient sich bei ganz unterschiedlichen soziologischen Großtheorien und Theorien mittlerer Reichweite. Dazu gehören die Systemtheorien nach Luhmann oder Parsons genauso wie die Rational Choice Theorie, Habermas' Theorie des kommunikativen Handelns oder sozialpsychologische Detail-Theorien. Die Soziologie Max Webers bildet am ehesten eine Klammer für die genutzten Theorien. Bei Weber findet sich einerseits die Vorstellung von individueller Handlungsrationalität (vgl. Weber 1980). Die Rational Choice Theorie hat umfangreich und vielfältig die Implikationen von rationalen Handlungsentscheidungen diskutiert und damit diese Idee Webers weiter entwickelt.[1] Doch bei Weber finden sich auch systemtheoretische Ideen: die Unterscheidung von Wertsphären (vgl. Weber 1988). Nach Weber sind die Rationalitätskriterien nicht über die gesamte Gesellschaft hinweg einheitlich, sondern die Rationalisierung der Wissenschaft unterscheidet sich von der Rationalisierung der Wirtschaft oder der Kunst. Die Idee der funktionalen Differenzierung, die hier anklingt, wurde von der Systemtheorie ausführlich ausgearbeitet.

Beide Gedankengebäude, die systemtheoretischen Argumente nach Luhmann (1984) und die Rational Choice-Argumente vor allem nach Coleman (1991-1994), finden sich in den theoretischen Überlegungen von Gerhards wieder. Seine soziologischen Erklärungen gehen von rationalen Handlungen aus der gesellschaftlich geprägten Positionslogik der Akteure aus. Demnach nehmen Akteure Rollen in bestimmten Teilsystemen der Gesellschaft ein. Mit dieser Rolle sind Handlungsziele und Mittel verbunden, aus denen sich dann Handlungen nicht deterministisch, aber doch mit hoher Wahrscheinlichkeit ergeben. Die Akteure handeln rational angesichts dieser aus der Rolle vorgegebenen Ziele und Mittel.[2] Was dies konkret heißt, ist dann für den jeweiligen Fall zu klären.

Dieses Erklärungsmodell ist bei Gerhards allerdings keine explizite Weiterführung eines Weber'schen Theorieprogramms. Vielmehr lässt sich lediglich ein Grundmuster seiner Argumentation bereits bei Weber finden und ist durch diesen beeinflusst. Es wäre übertrieben, bei Gerhards von einem klaren Theorieprogramm zu sprechen. Eine „geringe Neigung zur Konfessionalisierung", die Gerhards bei seinem Lehrer Friedhelm Neidhardt feststellt (Gerhards 1999: 10), lässt sich auch für ihn selbst konstatieren. Die Untersuchungsfrage gibt vor, welche Theorien, auch gern in unorthodoxer Lesart, herangezogen werden.

An diesen grundlegenden theoretischen Ideen ist nichts Kulturspezifisches zu finden. In der Tat ist Gerhards der Ansicht, kulturelle Phänomene lassen sich soziologisch untersuchen, wie alle anderen sozialen Phänomene auch. Die Kultursoziologie braucht nach seiner Vorstellung weder eine eigene Theorie noch eine eigene Methode.[3] Er unterstellt sogar, für einen Kultursoziologen mehr als ungewöhnlich, einen eher nachgeordneten Einfluss der Kultur. Dominant sind in seiner Vorstellung materielle Interessen, denen Werte und Deu-

---

[1] Esser diskutiert instruktiv den Zusammenhang von Webers Typen des Handelns und der Rational Choice Theorie (1999: 224ff.).

[2] Als allgemeine Theorie ausgearbeitet finden sich diese Ideen bei Schimank (1988), der eine Verbindung von Systemtheorie und Handlungstheorie vorschlägt. Doch auch die Handlungstheorie von Esser (vgl. Esser 1999-2002) lässt sich als Systemtheorie lesen, denn letztlich handeln die Akteure nach den Vorgaben der teilsystemspezifischen Situation. Die Grundidee dazu findet sich, wie gesagt, schon bei Max Weber.

[3] Vgl. dazu auch Gerhards' Auseinandersetzung mit dem Programm des „cultural turn" (2003: 13ff.), der sowohl spezifische Theorien als auch Methoden für die Kultursoziologie fordert.

tungsmuster untergeordnet, vielfach auch angepasst werden. Kulturelle Einflüsse sind meist weniger stark als die sozialstrukturellen Faktoren und können weniger zur Erklärung beitragen. Daher rührt sein Interesse für Gegenstände, die nicht oder nur in geringem Maße von materiellen Interessen überlagert werden können. In solchen Fällen, wenn eine Erklärung durch materielle Interessen nicht sinnvoll möglich ist, können die rein kulturellen Einflüsse deutlich werden. Der nachfolgende Überblick über seine Studien macht dies deutlich.

Quantifizierende Kultursoziologie

Die kultursoziologischen Arbeiten von Jürgen Gerhards gruppieren sich im Wesentlichen um empirische Studien. Kultursoziologisch einschlägig sind seine Studie zur Vergabe von Vornamen, die Analyse des Abtreibungsdiskurses, die Studie zur Ernährung bei Jugendlichen und die Untersuchung von kulturellen Unterschieden in der Europäischen Union.

Vornamen in der Moderne

Für die Untersuchung der Auswahl von Vornamen (vgl. Gerhards 2003) stand die Selbstmordstudie von Durkheim (1983, Orig. 1897) Pate. Den Namen für ein Neugeborenes auszuwählen, ist eine sehr bewusste Entscheidung der Eltern. Sie ist kaum durch gesetzliche Vorgaben reglementiert und Vornamen kosten nichts. Die Eltern können frei aus einem großen Reservoir an möglichen Vornamen nach ihrem eigenen Geschmack entscheiden. Doch nun zeigt Gerhards, ganz ähnlich wie Durkheim für den Selbstmord, dass es sich keineswegs um eine ganz individuelle Entscheidung handelt, sondern auch in der Vergabe von Vornamen spiegeln sich gesellschaftliche Entwicklungen. Die Vergabe von Vornamen ist, so seine Ausgangsthese, durch Kultur beeinflusst.

Zwei Städte wählt Gerhards aus, eine westdeutsche, katholisch geprägte Stadt und eine ostdeutsche, protestantisch geprägte Stadt. Aus den Melderegistern der Standesämter wurden über einen Zeitraum von 100 Jahren zunächst im Vier-, dann im Zweijahresabstand jeweils 100 Vornamen zufällig erhoben. Durch die Erhebung von Daten über einen langen Zeitraum kann kultureller Wandel in ein und derselben Gesellschaft nachgezeichnet werden. Die Inhaltsanalyse als Methode macht dies möglich, während andere Studien, die sich auf Befragungen stützen, in der Regel auf den Vergleich unterschiedlicher Gesellschaften und der Annahme einer allgemeinen Entwicklungsrichtung zurück greifen müssen.[4]

Gerhards interessiert sich in seiner Studie nicht für die Gedanken der Eltern bei der Auswahl des Namens, er erhebt nicht ihre Werte oder Weltinterpretationen. Er geht von dem Ergebnis im Aggregat aus und schließt aus der Verteilung und der Art von Vornamen (deutsche oder ausländische Herkunft, christlich oder nicht christlich etc.) auf Gesellschaftsprozesse der Moderne. So findet sich die abnehmende Bedeutung der Religion, die Säkularisierung, auch bei den Vornamen: christliche Vornamen wie Maria und Magdalena werden verdrängt von Namen wie Julia und Michelle.

---

[4]   Vgl. den Beitrag von Jörg Rössel über Ronald Inglehart in diesem Band.

Die Enttraditionalisierung mit einer abnehmenden Bedeutung der Familie lässt sich ebenfalls an den Vornamen zeigen. Die Familie spielte in der Vergangenheit eine wesentliche Rolle für das Leben des Einzelnen. Sie war nicht nur – wie heute – der Ort, um Kinder aufzuziehen, sondern auch die Absicherung im Alter oder bei Krankheit lag bei der Familie. Diese enge Verbindung mit der Familie zeigte sich auch in der Benennung der Kinder nach ihren Eltern und Großeltern. Der moderne Wohlfahrtsstaat hat die Aufgaben der sozialen Sicherung übernommen, und auch in anderen Hinsichten hat die Familie an Bedeutung verloren, insbesondere im Rahmen der Studentenbewegung der 1968er, die sich gegen althergebrachte Traditionen auflehnten. Diese Entwicklung spiegelt sich wiederum in der Vornamenvergabe. Ab Mitte der 1960er Jahre nimmt der Anteil von Kindern, die als Erst- oder Zweitnamen den Namen eines Elternteils tragen, deutlich ab.

Ähnlich untersucht Gerhards die Nationalisierung und das Vorkommen von deutschen Vornamen, die Individualisierung und das Vorkommen unterschiedlicher Vornamen, die Globalisierung und die Vergabe ausländischer Namen sowie die Geschlechtsklassifikation durch Vornamen. In einer Fortführung der Studie untersuchen Gerhards und Hans die vergebenen Vornamen als Anzeichen für die kulturelle Integration von Migranten (vgl. Gerhards/Hans 2009). Das Eindrückliche der Studie, die Gerhards eine „Einladung in die Kultursoziologie" nennt, ist das Aufzeigen von kulturellen Entwicklungen, die sich gewissermaßen hinter dem Rücken der Akteure vollziehen. Eine Befragung der Eltern, die über Vornamen nachdenken, hätte vermutlich ganz andere Ergebnisse gebracht. Ihnen geht es um den Klang von Vornamen, manche sind zu gewöhnlich oder zu alt oder zu exotisch. Was die Kriterien sind für diese Einschätzung, ist den Eltern selbst nicht klar. Erst die Analyse der Vornamen im Aggregat kann die kulturellen Trends aufzeigen.

Der Abtreibungsdiskurs in Deutschland und den USA

Die etwas frühere vergleichende Studie zum Abtreibungsdiskurs in Deutschland und den USA (vgl. Ferree u.a. 2002; Gerhards u.a. 1998) ist zunächst eine öffentlichkeitssoziologische Studie. Die Situationen in Deutschland und den USA sind sehr unterschiedlich. Während es in Deutschland gelungen ist, die Abtreibungsfrage mittels eines Kompromisses zu regeln und damit die öffentliche Auseinandersetzung zum Thema weitgehend zu beenden, gibt es in den USA eine fortdauernde hitzige Kontroverse. Dafür verantwortlich machen die Autoren der Studie die unterschiedlichen Charakteristika der beteiligten Akteure und der Öffentlichkeiten in beiden Ländern.

Der Diskurs wird untersucht anhand von Artikeln in Tageszeitungen zum Thema. Aus den Artikeln werden die Sprecher erhoben, die sich zu Wort melden, und ihre Argumente in Form von „Idee-Elementen". So lässt sich quantitativ nachzeichnen, welche Akteure mit welchen Argumenten zu Wort kommen und in welchem Maße im Diskurs aufeinander Bezug genommen wird. Dabei wird deutlich, dass zivilgesellschaftliche Akteure in den USA in der Presse weit stärker repräsentiert sind und die US-amerikanische Berichterstattung deutlich häufiger unterschiedliche Sichtweisen gegenüber stellt, als dies in Deutschland der Fall ist.

Die stark inhaltlich interpretierende Form der Inhaltsanalyse hat Gerhards für weitere Projekte übernommen. Eine Studie untersucht den Diskurs zur Erforschung des Humangenoms; eine weitere die Zuschreibung von politischer Verantwortung in der EU-Berichterstattung.

Zunächst sind die Untersuchungen der politischen Soziologie und in diesem Rahmen der Untersuchung öffentlicher Diskurse zuzuordnen. Sie sind aber auch für eine Kultursoziologie in Gerhards' Verständnis relevant. Die massenmediale Öffentlichkeit ist der Raum, wo Werte in Auseinandersetzung geraten und Deutungsmuster ausgehandelt bzw. ausgefochten werden. In der Öffentlichkeit entsteht und wandelt sich Kultur im oben definierten Sinne. Auf welche Weise, von welchen Akteuren und mit welchem Ergebnis dies geschieht, ist Gegenstand dieser Inhaltsanalysen, kombiniert mit Interviews von beteiligten Akteuren.

Ernährung bei Jugendlichen

Das Ernährungsverhalten von Jugendlichen ist wiederum auf den ersten Blick nicht unbedingt ein kultursoziologisches Thema. Es geht um Gesundheit, um Sozialisationsprozesse, vielleicht auch um soziale Ungleichheit, weil Menschen mit weniger Einkommen und Bildung geringeres Wissen und geringere finanzielle Möglichkeiten für eine gesunde Ernährung haben. Bei genauerem Hinsehen zeigt sich aber die Bedeutung von Lebensstilen, also den kulturellen Aspekten von sozialer Ungleichheit. Angelehnt an die Lebensstiltypen in Gerhard Schulzes Erlebnisgesellschaft kann Gerhards gemeinsam mit Jörg Rössel (vgl. Gerhards/Rössel 2003) zeigen, dass es nicht allein die finanziellen Ressourcen der Schüler und ihr Wissen über gesunde Ernährung sind, die ihr Ernährungsverhalten und damit mittelbar ihre Gesundheit beeinflussen. Wichtig sind zudem die Freizeitorientierungen der Schüler, also die alltagsästhetischen Schemata ihrer Lebensstile.[5] Ernährung ist Teil eines viel umfassenderen Lebensstils, in den Freizeitgewohnheiten genauso gehören wie das Essen. Wenn die Schülerinnen und Schüler dann etwas über gesündere Ernährung lernen, hat dies zwar einen Einfluss auf ihr Ernährungsverhalten, doch zu einer grundsätzlichen Umstellung der Ernährung kommt es damit noch lange nicht. Die in jungen Jahren erlernten Ernährungsgewohnheiten und die Lebensstile, zu denen die Gelegenheiten des Essens und ein bestimmter Geschmack gehören, prägen die Ernährung meist für das ganze Leben mit gravierenden Folgen für Gesundheit und Lebenserwartung.

Die Ernährungsstudie setzt zunächst bei dem klassisch soziologischen Thema der ungleichen Lebenschancen, also sozialer Ungleichheit, an. Hierbei gilt aber das Interesse dem kulturellen Aspekt. Das Ernährungsverhalten ist eben nicht allein abhängig von Wissen und den finanziellen Möglichkeiten, sondern es wird als Geschmack früh erlernt und bleibt dann, trotz aller möglichen gravierenden Folgen, im Lebensverlauf weitgehend stabil. Hierbei erweist sich die Kultur neben Wissen und finanziellen Ressourcen als wichtiger Einfluss.

---

[5] Vgl. dazu Schulze 1992. Anders als bei Schulze sind aber in der Studie von Gerhards und Rössel nicht Erwachsene die untersuchte Gruppe, sondern Jugendliche. Wohl auch deshalb mussten die alltagsästhetischen Schemata leicht angepasst werden. Neben dem Trivial-, Spannungs- und Hochkulturschema ergänzen Gerhards und Rössel ein Sport- und ein Heimwerkerschema.

Jürgen Gerhards: Quantifizierende Kultursoziologie

Kulturelle Unterschiede in der Europäischen Union

Entwicklungen, die Nationalstaaten übergreifen, bilden den aktuellen Forschungsschwerpunkt von Gerhards. Neben kleineren Studien zur Transnationalisierung (vgl. Gerhards/ Rössel 1999) beschäftigt sich Gerhards vor allem mit dem Prozess der europäischen Einigung. Die Frage nach einer europäischen Öffentlichkeit (vgl. Gerhards 1993a; Gerhards 2000b) gehört noch in den Kontext der Studien zu Öffentlichkeit und wird geleitet von demokratietheoretischen Anforderungen an die Beobachtung der Politik. Die Untersuchung von kulturellen Unterschieden in der Europäischen Union (vgl. Gerhards/Hölscher 2005) zielt dagegen in den Kern der Kultursoziologie in Gerhards' Version.

Eine Übereinstimmung von Werten der Bürger und Zielen der Europäischen Union (EU) ist wichtig für den europäischen Einigungsprozess – so die Ausgangsthese. Nun haben aber die Menschen in den langjährigen, den gerade beigetretenen und den möglicherweise zukünftigen Mitgliedsländern sehr unterschiedliche Wertvorstellungen. Gerhards und Hölscher gehen in drei Schritten vor. Sie rekonstruieren zunächst auf der Basis von EU-Recht die Ziele der EU in Bezug auf zahlreiche Themen: Religion und Religionsfreiheit, Familien- und Geschlechtsrollenvorstellungen, Organisation der Wirtschaft, Wohlfahrtsstaat sowie Demokratie und Zivilgesellschaft. Die Werthaltungen der Bürger, wie sie sich in international vergleichenden Umfragen zeigen, werden diesen Zielen der EU gegenüber gestellt. Im dritten Schritt werden die Einstellungen der Bürger erklärt, vor allem durch die Faktoren Religion und Modernisierungsgrad des Landes. Weitere Erklärungsfaktoren kommen themenabhängig hinzu.

Der politisch durchaus brisante Befund ist ein sich jeweils wiederholendes Bild: Während in den westeuropäischen, meist langjährigen Mitgliedsländern die politischen Ziele der EU weitgehend geteilt werden, ist die Zustimmung in den 2004 neu beigetretenen Ländern schon deutlich geringer. Die Beitrittskandidatenländer Bulgarien und Rumänien fallen in der Zustimmung nochmals deutlich ab, und die Bevölkerung der Türkei weist in ihren Werteinstellungen durchweg die geringste Übereinstimmung mit den Zielen der EU auf.[6]

Die Untersuchung der kulturellen Unterschiede in Europa ist einerseits eine Deskription von Werthaltungen der Bürger, die in Bezug auf die EU politisch relevant werden können. Die kausale Erklärung der Werthaltungen weist aber auf mögliche Entwicklungsrichtungen. Während die Religion als Erklärungsfaktor auf die Stabilität der Werthaltungen verweist, deutet der Einfluss von ökonomischem Wohlstand und Modernisierungsniveau auf eine Veränderungsrichtung hin. Die Modernisierungstheorie, die hier Pate steht, legt die Vermutung nahe, dass sich mit einer ökonomischen Verbesserung der Lage in den mittelosteuropäischen Ländern auch die Werthaltungen der Bürger ändern und denen der westeuropäischen Länder anpassen werden.

Kultursoziologie als Kunstsoziologie

Eine Reihe kleinerer Arbeiten, die einen anderen als den oben (2.) genannten Kulturbegriff ansetzen, beschäftigt sich mit der Soziologie der Kunst. In frühen Studien untersucht Ger-

---

[6] Ausnahme ist der Wirtschaftsbereich, in dem die hohe Leistungsbereitschaft in den Beitrittskandidatenländern, den neu beigetretenen Ländern und der Türkei deutlich höher ist als in den alten EU-Mitgliedsländern (vgl. auch Hölscher 2005).

hards gemeinsam mit Helmut Anheier die Vernetzung von Schriftstellern im Feld der Literatur unter einer Bourdieu'schen Perspektive (Gerhards/Anheier 1987).[7] Der Band zur Kunstsoziologie (vgl. Gerhards 1997) ist viel in diesem sonst wenig bearbeiteten Feld rezipiert worden.

Kultursoziologie mit quantifizierenden Methoden

Die Kultursoziologie von Gerhards ist geprägt durch die empirischen Arbeiten. Die Untersuchungsgegenstände wechseln, auch legt Gerhards keine einheitliche Kulturtheorie vor. In seinen Arbeiten greift er zurück auf ganz unterschiedliche Theorietraditionen und Autoren, jeweils abhängig vom Untersuchungsgegenstand. Die oben genannten Theorieelemente werden immer wieder neu ergänzt und verändert. Diese theoretische Offenheit ist nicht als Desiderat oder Vorstufe zur Theorieentwicklung zu verstehen; sie beruht vielmehr auf der Überzeugung, dass Theorien jeweils themenabhängig einzusetzen sind. Kultursoziologie begreift Gerhards als einen Gegenstand der Soziologie, auf den, wie auf alle anderen, soziologische Theorie anzuwenden ist.

Die Konstanz in den kultursoziologischen Arbeiten ist die Untersuchungsanlage als quantifizierende Makrosoziologie. Kulturphänomene beruhen auf den Werten und Deutungsmustern der Akteure, sie lassen sich aber nicht allein durch qualitative, eingehende Befragung erheben. Im Gegenteil können sich Kulturphänomene hinter dem Rücken der Akteure abspielen. Die Intentionen sind möglicherweise gerichtet auf „schmackhaftes" Essen oder einen „schönen" Vornamen. In der quantifizierenden Makroperspektive lassen sich aber Kulturentwicklungen nachzeichnen, die hinter diesen zunächst diffusen Kriterien liegen und sie erklären können. Das Forschungsprogramm entspricht damit dem klassischen Vorgehen des Kritischen Rationalismus, eine theoriegeleitete Erforschung von kausalen Mechanismen, meist mit quantifizierenden Methoden.

In der deutschen Kultursoziologie sind die Arbeiten von Gerhards eher exotisch, gerade weil sie mit dem konventionellen Instrumentarium der quantitativen Methoden Kulturphänomene erforschen. Einflussreich waren bislang seine Themensetzungen eher außerhalb der Kultursoziologie, etwa bei der Erforschung von europäischer Öffentlichkeit, die in den letzten Jahren an Dynamik gewonnen hat, der Soziologie von Emotionen oder in der Kunstsoziologie. Das inhaltsanalytische Instrumentarium der quantifizierenden Deutungsmusteranalyse stand Pate bei weiteren Projekten (vgl. u.a. Feindt/Kleinschmit 2004).

Die Stärke von Gerhards' Arbeiten liegt in der originellen Operationalisierung bei Phänomenen, die einer Messung schwer zugänglich sind. Doch gerade seine Auswahl von Indikatoren hat ihm auch Kritik eingebracht. So gehen die Meinungen auseinander, ob so „periphere" Phänomene wie Vornamen oder die Gestaltung von Todesanzeigen (vgl. Gerhards/Metzler 1996) das gesellschaftliche Großphänomen der Säkularisierung belegen oder widerlegen können. Auch fragt sich, ob das nur in groben Zügen einheitliche Theoriekonzept der Arbeiten zu einem Wissenszuwachs im Sinne kumulativer, theoriegeleiteter Forschung führen kann. Ohne Zweifel bringen die Arbeiten von Gerhards mit ihrer quantifizierenden, makrosoziologischen Ausrichtung mit originellen Operationalisierungen einen interessanten Aspekt in die deutsche Kultursoziologie ein.

---

[7] Zu Pierre Bourdieu vgl. den Beitrag von Stephan Moebius in diesem Band.

Literatur von Jürgen Gerhards

Ferree, M. M. u.a.: Shaping Abortion Discourse: Democracy and The Public Sphere in Germany and the United States. New York 2002.

Gerhards, J.: Soziologie der Emotionen. Fragestellungen, Systematik und Perspektiven. Weinheim 1988.

Gerhards, J.: Kleine Anfrage an eine Soziologie der Kultur. In: Österreichische Zeitschrift für Soziologie 14(4), 1989, S. 4-11.

Gerhards, J.: Europäische Öffentlichkeit durch Massenmedien? In: Schäfers, B. (Hg.): Lebensverhältnisse und soziale Konflikte im neuen Europa. Frankfurt/New York 1993a, S. 558-567.

Gerhards, J.: Neue Konfliktlinien in der Mobilisierung öffentlicher Meinung. Eine Fallstudie. Opladen 1993b.

Gerhards, J. (Hg.): Soziologie der Kunst. Produzenten, Vermittler und Rezipienten. Opladen 1997.

Gerhards, J.: Eigenwilligkeit und Rationalität sozialer Prozesse als Thema einer Festschrift für Friedhelm Neidhardt. In: Gerhards, J./Hitzler, R. (Hg.): Eigenwilligkeit und Rationalität sozialer Prozesse. Opladen/Wiesbaden 1999, S. 9-27.

Gerhards, J.: Auf dem Weg zu einer theoriegesteuerten empirischen Kultursoziologie. In: Barlösius, E. et al. (Hg.): Empirische Kultursoziologie. Studienbrief der Fernuniversität Hagen. Kurs-Nr. 03706. Hagen 2000a, S. 93-165.

Gerhards, J.: Europäisierung von Ökonomie und Politik und die Trägheit der Entstehung einer europäischen Öffentlichkeit. In: Bach, M. (Hg.): Die Europäisierung nationaler Gesellschaften. Wiesbaden 2000b, S. 277-305.

Gerhards, J.: Die Moderne und ihre Vornamen. Eine Einladung in die Kultursoziologie. Wiesbaden 2003.

Gerhards, J./Anheier, H. K.: Zur Sozialposition und Netzwerkstruktur von Schriftstellern. In: Zeitschrift für Soziologie 16(5), 1987, S. 385-394.

Gerhards J./Hans, S.: From Hasan to Herbert. Name Giving Patterns of Immigrant Parents between Acculturation and Ethnic Maintenance. In: American Journal of Sociology 114(4), 2009, S. 1102-1128.

Gerhards, J./Hölscher, M.: Kulturelle Unterschiede in der Europäischen Union. Ein Vergleich zwischen Mitgliedsländern, Beitrittskandidaten und der Türkei. Wiesbaden 2005.

Gerhards, J./Metzler, A.: Die Veränderung der Semantik von Todesanzeigen als Indikator für Säkularisierungsprozesse? In: Zeitschrift für Soziologie 25(4), 1996, S. 304-314.

Gerhards, J./Neidhardt, F.: Strukturen und Funktionen moderner Öffentlichkeit. Fragestellungen und Ansätze. WZB-Discussion Paper FS III 90-101, 1990.

Gerhards, J. u.a.: Zwischen Palaver und Diskurs. Strukturen öffentlicher Meinungsbildung am Beispiel der deutschen Diskussion zur Abtreibung. Opladen 1998.

Gerhards, J./Rössel, J.: Zur Transnationalisierung der Gesellschaft der Bundesrepublik. Entwicklungen, Ursachen und mögliche Folgen für die europäische Integration. In: Zeitschrift für Soziologie 28(5), 1999, S. 325-344.

Gerhards, J./Rössel, J.: Das Ernährungsverhalten Jugendlicher im Kontext ihrer Lebensstile. Eine empirische Studie. Köln 2003.

Weitere zitierte Literatur

Coleman, J.: Grundlagen der Sozialtheorie. 3 Bände. München 1991-1994.
Durkheim, E.: Der Selbstmord. Frankfurt/M. 1983, Original 1897.
Esser, H.: Soziologie, Band 1. Situationslogik und Handeln. Frankfurt/M. 1999.
Esser, H.: Soziologie. 6 Bände. Frankfurt/M., New York 1999-2002.

Feindt, P. H./Kleinschmit, D.: Verursacher, Opfer und Helfer. BSE und Agrarpolitik in deutschen Zeitungen. In: Forschungsjournal Neue Soziale Bewegungen 17(3), 2004, S. 93-97.

Hölscher, M.: Wirtschaftskulturen in der erweiterten EU. Eine empirische Analyse der Einstellungen der Bürgerinnen und Bürger zur Ökonomie im europäischen Vergleich. Berlin 2005.

Popper, K. R.: Logik der Forschung. Tübingen 1969.

Schimank, U.: Gesellschaftliche Teilsysteme als Akteursfiktionen. In: Kölner Zeitschrift für Soziologie und Sozialpsychologie 40(4), 1988, S. 619-639.

Schulze, G.: Die Erlebnis-Gesellschaft: Kultursoziologie der Gegenwart. Frankfurt/M./New York 1992.

Weber, M.: Wirtschaft und Gesellschaft. Grundriß der verstehenden Soziologie. Tübingen 1980.

Weber, M.: Gesammelte Aufsätze der Religionssoziologie. Frankfurt/M. 1988.

Michel Maffesoli: Die Wiederkehr der Stämme in der Postmoderne

Reiner Keller

Leben und sozio-historischer Kontext

Es ist eine ungewöhnliche und unwahrscheinliche Karriere: Michel Maffesoli wurde im November 1944 in dem kleinen südfranzösischen Dorf Graissessac geboren. Er ist Kind einer Einwandererfamilie, in der sich italienische und algerische Wurzeln mischen. Die Familie, das Dorf und damit auch das Milieu, in dem er aufwächst, sind durch den lokalen Kohlebergbau geprägt. Der Vater und die nahen Verwandten arbeiten als Minenarbeiter unter Tage. Zu den prägenden Erinnerungen an diese Zeit gehört das plötzliche Heulen der Sirenen, die einen Unfall, ein Unglück ankündigen, aber auch das Feiern und die Feste, in denen die Bergarbeiterfamilien die Härte der Tagesarbeit vergessen.[1] Aus dieser lebensweltlichen Erfahrung des schicksalhaften Wechselspiels zwischen der Mühsal und Tragik des Arbeitslebens der ‚einfachen Leute' und den wiederkehrenden rituellen Momenten des kleinen Glücks, des kollektiven Feierns, der damit verbundenen Euphorie und den Gemeinschaftsgefühlen speist sich sein späteres soziologisches Programm – es will sie zum Ausdruck bringen, ihnen einen würdigen Platz auf der soziologischen Agenda verschaffen.

Maffesolis wissenschaftlicher Werdegang lässt nahezu alles vermissen, was in Frankreich zum klassischen Verlauf einer Intellektuellenkarriere gehört. Die Herkunft aus der ‚Provinz' teilt er gewiss mit einigen anderen, diejenige aus dem Milieu der einfachen Leute nicht zuletzt mit Pierre Bourdieu.[2] Aber er wird keine der renommierten Eliteschulen des Landes besuchen und auch nach seinem Studium keinesfalls die üblichen Passagen absolvieren. Maffesoli beginnt Mitte der 1960er Jahre das Studium u.a. der Literaturwissenschaften, der Philosophie und Soziologie an der Universität Straßburg. Es ist die Zeit der Studentenunruhen und des politischen Aufruhr. In Straßburg spielen die Situationisten eine wichtige Rolle. Büchern von Guy Debord *(Die Gesellschaft des Spektaktels*; 1967) und Raoul Vaneigem (*Handbuch der Lebenskunst für die jungen Generationen*; 1967) entsprach im studentischen Milieu der Straßburger Universität das (weit darüber hinaus rezipierte) situationistische Pamphlet *Über das Elend im Studentenmilieu, betrachtet in seinen ökonomischen, politischen, psychologischen, sexuellen, und vor allem intellektuellen Aspekten* aus dem Jahre 1966. Maffesoli sympathisiert mit diesen anarchistischen und libertären Ideen und bewegt sich in Zirkeln, die dies auch leben; in seinen Arbeiten werden sich später viele Bezüge insbesondere zu Raoul Vaneigem wiederfinden. Er pendelt in dieser Zeit häufig zwischen Straßburg und Heidelberg, wo er mit Vertretern des SDS befreundet ist. In diesen

---

[1]   Vgl. dazu das zu seinem 60sten Geburtstag erschienene Porträt von Maffesoli in der Tageszeitung *Libération* (Poncet 2004) sowie das Film-Interview ‚Conversation ordinaire avec Michel Maffesoli' (Universität Nantes). Vgl. dazu insgesamt auch die Einführung von Keller (2006).

[2]   Zu Pierre Bourdieu vgl. den Beitrag von Stephan Moebius in diesem Band.

Kontext fällt die Beschäftigung mit dem deutschen Rätekommunismus im Umfeld von Rosa Luxemburg oder Otto Rühle. Mit anderen Studierenden gibt er die (nur in einer Nummer erscheinende) Zeitschrift ‚Conseillistes‘ heraus.[3]

Straßburg leistet noch in anderer Weise Starthilfe für deutsch-französische Grenzgänge. Maffesoli beschäftigt sich dort u.a. mit Heidegger und lernt über den Konfliktsoziologen Julien Freund die Werke von Max Weber und Georg Simmel kennen. 1970 verfasst er seine Studienabschlussarbeit über *Ex-plications et modification. La technique chez Marx et Heidegger*. Danach wechselt er nach Grenoble an das dortige Institut für Stadtforschung. 1976 erscheint sein erstes Buch über die *Loqique de la domination*. Darin diskutiert er u.a. anhand der marxistischen Kritik des Alltagslebens von Henri Lefebvre die Bedeutung des Imaginären (der Ideologien und Utopien) für den historischen Wandel. In diesen Jahren entstehen dauerhafte enge Freundschaften mit Jean Baudrillard[4], Edgar Morin, Gilbert Durand und Pierre Sansot. Maffesoli arbeitet in Grenoble an seiner von Durand angeleiteten Thèse d'état über die ihn dann bis heute begleitenden Themen der *L'enracinement dymanique/La Dynamique sociale, la société conflictuelle*. Daraus entstehen in schneller Folge die nächsten Bücher: *La violence totalitaire* (1979) und *La conquête du présent* (1979). In der Gutachterkommission zur Thèse sitzen unter Leitung von Durand der Anthropologe und Afrikaexperte Georges Balandier sowie die Soziologen Jean Duvignaud, Julien Freund und Pierre Sansot.

1978 wechselt Maffesoli auf Einladung von Freund zurück nach Straßburg auf eine Stelle als Maître Assistant. Kurze Zeit danach, im Jahre 1981, wird er mit Unterstützung von Gilbert Durand an die Pariser Sorbonne auf den renommierten Lehrstuhl für Soziologie berufen, den vor langer Zeit Emile Durkheim inne hatte. Seit Anfang der 1980er Jahre leitet er mit Durand das *Centre de Recherche sur l'Imaginaire* am Maison des Sciences de l'Homme; mittlerweile gibt er auch dessen Zeitschrift, die *Cahiers de l'Imaginaire* heraus. 1982 gründet er mit Georges Balandier das Centre d'Études sur l'actuel et le quotidien (CEAQ).[5] Mit der dort angesiedelten soziologischen Zeitschrift *Sociétés* schafft er sich und seinen MitarbeiterInnen ein eigenes Publikationsorgan, das um verschiedene Buchreihen ergänzt wird.[6] In den folgenden Jahren wird er Vizepräsident des 1893 gegründeten *Institut International de Sociologie* und Mitglied der Jury zur Verleihung des europäischen Preises für Sozialwissenschaften (Amalfi-Preis). Seine Bücher werden mehrfach in Frankreich mit Preisen bedacht.[7] In der ersten Hälfte der 80er Jahre entfaltet Maffesoli zudem als Organisator erster größerer Soziologiekongresse in Frankreich, als Initiator und Herausgeber soziologischer Werke u.a. von Alfred Schütz, Peter Berger und Thomas Luckmann (*Die gesellschaftliche Konstruktion der Wirklichkeit*)[8] oder auch Georg Simmel, als entschiedener Streiter für qualitative und interpretative Vorgehensweisen in der Soziologie und als Ver-

---

[3] Vgl. dazu die verstreuten Hinweise in der Festschrift zu Maffesolis 60stem Geburtstag (Centre d'Études sur l'Actuel et le Quotidien 2004) sowie die persönlichen Auskünfte von Michel Maffesoli (Interview mit dem Verfasser, März 2005).

[4] Zu Jean Baudrillard vgl. den Beitrag von Michael Schetsche und Christian Vähling in diesem Band.

[5] Dort besteht eine Webseite mit einer ausführlichen Bibliographie Maffesolis (www.univ-paris5.fr/ceaq).

[6] Beispielsweise die Reihe „Sociologie au quotidien“, in der Studien über Georges Bataille, die biographische Methode, Jugendbanden, die Autos knacken, Drogenszenen oder die Techno-Communities u.a.m. erschienen sind.

[7] Zum Beispiel 1990 Prix de l'Essai André Gautier für *Au creux des apparances*; 1992 Grand Prix des Sciences Humaines der Académie Française für *La transfiguration du politique*.

[8] Zu Thomas Luckmann vgl. den Beitrag von Bernt Schnettler in diesem Band.

Michel Maffesoli: Die Wiederkehr der Stämme in der Postmoderne

fasser von kommentierenden Artikeln zum Zeitgeschehen für *Le Monde* und *Libération* vielfache Aktivitäten. Er wird schnell zu einem bekannten Kommentator des Zeitgeschehens. Vor dem Hintergrund der frühen und in ‚soziologischer' Wendung bis heute beibehaltenen Sympathie für den Situationismus vertritt Maffesoli durchgehend auch in seinen öffentlichen Interventionen einen strikt a-politischen Standpunkt. Im Jahre 2003 erhält er den Orden der französischen Ehrenlegion.

Postmoderner Neotribalismus – die Grundzüge der Kulturtheorie

Werkbezüge

Gezwungen, Maffesolis Werk in wenigen Worten zusammenzufassen, ließe es sich beschreiben als eine *postmoderne* soziologisch-phänomenologische Analyse des gesellschaftlichen *Vitalismus* und des „Rhythmus des (postmodernen Alltags-)Lebens" (Maffesoli 2004), die um die Begriffe der *Sozialität*, des *Imaginären* und der *Erfahrungsebene des Alltagslebens* kreist. Sein darauf bezogenes Denken und Argumentieren greift eine Vielzahl von historischen sowie aktuellen Einflüssen und Autoren auf, ohne sich an disziplinäre Grenzen oder Textgattungen zu halten – alles ist gut, soweit es die formulierten Aussagen stützt oder illustriert. Gewiss sind Henri Bergson, aber mehr noch Friedrich Nietzsche und Martin Heidegger Gewährsleute für eine vitalistische Grundstimmung, welche die existenzielle Dynamik menschlichen Lebens, seine Tragik der immerwährenden Wiederkehr des Gleichen, die Erfahrung als Schicksal und die angesichts des alltäglichen ‚Seins zum Tode' elementare Sinnlosigkeit betrachtet. Eine Gegenbalance zu dieser Tragik wird durch die wiederkehrenden vergemeinschaftenden Erfahrungen ‚kollektiver Erregung' hergestellt. Maffesoli liest Emile Durkheim gegen die soziologieübliche Kanonisierung als Denker, der in seinen Analysen der „elementaren Formen des religiösen Lebens" am Beispiel der australischen *corrobori*-Feste Grundüberlegungen zur gesellschaftlichen Bedeutung des Nicht-Rationalen, der gefühlten Kollektiverfahrung und kollektiven Erregung (effervescence) formuliert hat (vgl. Maffesoli 1986, 1988a, 1991).[9] In den in solchen Momenten sowohl konstituierten, sich vermischenden sowie kommunzierenden, in der symbolischen Gestalt des Totemismus ausgedrückten Leidenschaften liegt für Maffesoli der Kern jeder Sozialität nicht nur in den primitiven, sondern auch und gerade in den postmodernen Gesellschaften (Maffesoli 1991). Zugleich ist dies der Ort der „aisthesis", der gemeinsamen und geteilten Erfahrung, die zur Quelle einer spezifischen gruppenbezogenen Ethik wird. Die dabei freigesetzte Kraft des Imaginären ist für Maffesoli Quell vitalistischer Energien, eines „organischen Widerstandes", einer Art „sozialer Koenesthesie", welche die Gesellschaft zusammenhalten, integrieren. Aus der Gemeinschaftserfahrung entfaltet sich die mobilisierende Kraft der Ideen, des Vorgestellten, der Phantasien und Überschreitungen und avanciert zum

---

[9] „Sind die Individuen einmal versammelt, so entlädt sich auf Grund dieses Tatbestands eine Art Elektrizität, die sie rasch in einen Zustand außerordentlicher Erregung versetzt. Jedes ausgedrückte Gefühl hallt ohne Widerstand in dem Bewußtsein eines jeden wider, das den äußeren Eindrücken weit geöffnet ist. Jedes Bewußtsein findet sein Echo in den anderen. […] Und da diese starken und entfesselten Leidenschaften nach außen drängen, ergeben sich allenthalben nur heftige Gesten, Schreie, wahrhaftes Heulen, ohrenbetäubendes Lärmen jeder Art, was wiederum dazu beiträgt, den Zustand zu verstärken, den sie ausdrücken. […] Die Erregung wird manchmal derart stark, daß sie zu unerhörten Akten verführt. Die entfesselten Leidenschaften sind so heftig, daß sie durch nichts mehr aufgehalten werden können." (Durkheim 1984: 297f.)

„sozialen Motor par excellence" (Maffesoli 1991: 90 ff). Diese Leitmotive wurden in Frankreich Ende der 1930er Jahre im Anschluss an Durkheim ähnlich vom *Collège de Sociologie* vertreten, dem etwa Georges Bataille, Roger Caillois und Michel Leiris angehörten (vgl. Moebius 2005, 2006). Sie finden sich auch in der situationistischen Bewegung (etwa Raoul Vaneigem).

Zusätzliche Hinweise auf die Bedeutung der nicht-rationalen Grundlagen des Sozialen zieht Maffesoli aus Max Webers Religionssoziologie oder aus Georg Simmels Analysen der Wechselwirkungen und „Formen der Vergesellschaftung". Letzterer wird darüber hinaus zu einer zentralen Inspirationsquelle für das methodische Vorgehen seiner ‚verstehenden Soziologie'. Die Betonung des Imaginären entfaltet Maffesoli weiterhin im Rückgriff auf Traditionen des mystisch-gnostischen Denkens des Mittelalters bis hin zur jüdischen Mystik innerhalb der Kritischen Theorie (etwa bei Walter Benjamin) oder orientalische Philosophien. Vor allem aber schließt er an Gilbert Durands Analyse der „anthropologischen Strukturen des Imaginären" (Durand 1984) an. Dieser stellt die These eines „semantischen Vorratsbeckens" (‚bassin sémantique') auf, in dem archetypische Kollektivbilder und Erfahrungen gespeichert sind. Ein historisch-analytischer Durchgang durch die überlieferten Bilder und Mythen der Vergangenheit erlaubt hier, so Durand, die Rekonstruktion der erwähnten Grundstrukturen. Parallelen zu dieser Konzeption des Imaginären findet Maffesoli bei Carl Gustav Jungs Idee des ‚kollektiven Unbewussten' und der Bedeutung von universellen Urbildern, den ‚Archetypen' (Jung 1976). Immer geht es dabei auch um die Integration des ‚Teuflischen' (Maffesoli 2002), des ‚verfemten Teils' (Georges Bataille), des ‚Schattens' (C. G. Jung) mit den individuellen und sozialen Momenten des Guten und des Glücks. Maffesoli verbindet die erwähnten Bausteine zu einer – um seine eigenen Etikette zu gebrauchen – ‚situationistischen', ‚relativistischen' und ‚polyphonen', kurzum: *postmodernen Soziologie*, die beansprucht, die soziale Erfahrung des *postmodernen Lebens* auszudrücken.

Die soziologische und epistemologische Grundposition

Wie sieht Maffesolis Grundverständnis des Gesellschaftlichen und der Aufgaben der Soziologie aus, und wie schließen seine Vorschläge zur soziologischen Vorgehensweise daran an? Maffesoli entwirft eine Soziologie der Postmoderne, in der sich die Prozeduren der Erkenntnisgewinnung und der Gegenstand der Erkenntnis in einem Korrespondenzverhältnis befinden. Einige Stichworte dazu sind bereits gefallen: Sozialität, Vergemeinschaftungserfahrung, Imaginäres, existenzielle Tragik des Alltagslebens. Eine Passage aus einer seiner letzten Arbeiten resümiert dies folgendermaßen:

> „Denn genau und gerade um das Leben geht es. Gewiss, widerspenstig und teilweise anomisch. In mancherlei Hinsicht auch paradox. Eine Vitalität, die den verschiedenen modernen Scholastiken entkommt und das ästhetische und tragische Grundgefühl der Existenz aufbauscht. Eine Vitalität des Handgreiflichen und Fühlbaren, die nach einer *feinfühligen, empfänglichen Vernunft* verlangt. Die Spiele mit dem Körper, die Erregung durch das Festliche, die kleinen Alltagsrituale, das Wiederaufkommen einer unmittelbaren Religiosität oder die elektronischen Kommunikationsnetze, das alles sind die Anzeichen einer Sozialität mit zugleich entschieden archaischen und neuartigen Konturen. Es geht um etwas Wichtiges. Anekdoten, Beobachtungen, die Theatralität des Alltäglichen, alles ist gut zum denken, alles gibt zu denken. Aber dieses kultu-

Michel Maffesoli: Die Wiederkehr der Stämme in der Postmoderne 255

relle Gewimmel kann nicht mehr über die ‚substantialistischen' Konzepte der Moderne – Individuum, Institution, Vernunft, Politik – erfasst werden. Dieses Gewimmel entsteht aus Personen, die mit ihren pluralen Masken in all den ‚Stämmen' spielen, welche für die Postmoderne charakteristisch sind. Die Vertikalität der politischen Macht (pouvoir) und die Orthodoxie des Wissens sind nicht mehr angemessen, denn da entsteht gut und gerne eine neue Topologie. Eine Horizontalität der Kollektivmacht (puissance), die auf einen heterodoxen Erkenntnisprozess verweist." (Maffesoli 2004: 24)[10]

Maffesolis Vorstellung des soziologischen und kulturtheoretischen Gegenstandes lässt sich durch eine binäre Grundunterscheidung verdeutlichen, die sich als strukturierendes Moment durch sein gesamtes Werk zieht (vgl. Tabelle). Zunächst geht er von der sich gegenwärtig vollziehenden Ablösung der gesellschaftlichen Moderne durch die Postmoderne aus. Die Moderne war die Epoche des Rationalismus, des Projektdenkens, der utopischen Energie rationaler Gesellschaftsgestaltung, der disziplinierenden prometheischen Arbeits- und Fortschrittseuphorie, der totalisierenden (und das Leben erstickenden) formalen, politischen und bürokratisch-institutionellen Macht sowie des gesellschaftlichen Individualismus und der Suche nach authentischer Identität. Der Zusammenhalt des Sozialen wird hier als rationales Projekt gestaltet. Dem entsprach eine positivistische Soziologie einerseits, eine marxistisch-kritische Soziologie andererseits, die sich beide, wenn auch auf unterschiedliche Weise, auf die Aufdeckung und Manipulation der verborgenen Mechanismen des Sozialen spezialisiert hatten.[11]

Die Epoche der Moderne erfährt, so Maffesolis stilisierende These, etwa seit den 1960er Jahren einen Prozess der Sättigung, der in vitalistisch-lebensphilosophischer Interpretation als sich von selbst erzwingende Rückkehr des Verdrängten interpretiert wird. Es ist die produktive, den sozialen Gruppen und Gemeinschaften entspringende Macht und Kraft der „puissance", der „Souveränität" (Georges Bataille) einer Sozialität, die aus Gemeinschaftserfahrungen und kollektiven Erregungen entspringt, welche die alte Ordnung aushöhlt, ganz so wie die Bergarbeiter den stabilen Boden aushöhlen, und an ihre Stelle eine ‚unterirdisch' wirkende integrierende ‚Zentralität' („centralité souterraine") setzt. Die entstehende postmoderne Ordnung zeichnet sich durch Prozesse der dionysischen Vermischung und Verschmelzung auf allen Ebenen sozialer Phänomene aus. Maffesoli skizziert das Gemälde einer neuerlich barocken Welt, in der das Spiel der Sinne und Emotionen, dasjenige mit Oberflächen und Erscheinungsformen, mit Identifikationen und Korrespondenzen zwischen Natur und Kultur in den Vordergrund tritt (vgl. Maffesoli 1990) Dies darf keineswegs harmonistisch missverstanden werden, sondern ist durchzogen von Konflikten, Spannungen, Gegensätzlichkeiten, die sich gewaltsam entladen können – auch der, metaphorisch gesprochen, „Teufel" bzw. das strukturell unüberwindbare „Böse" (Maffesoli 2002: 62) hat – so Maffesoli – daran seinen Anteil, und dies nicht erst seit dem 11. September 2001 (vgl. Maffesoli 2002, 2003). Hedonistische Momente, die Mobilisierung durch Gemeinschaftserfahrungen und kollektive Erregungen im Genießen vergehender Spektakel (etwa in der Techno-Bewegung), aber auch Erfahrungen der Tragik und der ‚Wiederkehr des Bösen' markieren diese Phase der ‚Rückkehr der Stämme' (Maffesoli 1988). An die Stelle der Suche nach Identität treten die erlebnisorientierte temporäre Identifikation mit

---

[10] Diese und alle weiteren Übersetzungen aus dem Französischen im vorliegenden Text durch den Verfasser.
[11] Vgl. dazu und zum Folgenden insbesondere die frühen Arbeiten (Maffesoli 1976, 1979a,b, 1986) sowie unter den späteren Werken Maffesoli (1990, 2002, 2003, 2004).

solchen Stämmen und das Maskenspiel nomadisierender Personen, die in sukzessive Erfahrungen der ‚Kommunion' treten.

Tabelle: Die Grundstruktur des Gesellschaftsverständnisses[12]

	Moderne	Postmoderne
Grundbegriff	das Soziale	die Sozialität
Emblematische Figur	Prometheus	Dionysos
Lebensführung	Arbeitsethik	Hedonismus
Machtform	Pouvoir	Puissance
Gesellschaftlicher Zusammenhalt/Integration	gezielte Organisation, Moral (von oben); Distanzbeziehungen; mechanische Struktur; Rationalismus	unterirdische Zentralität (aisthesis, Ethik der Erfahrung von unten), Proxemität (Nahbeziehungen)/ organische Struktur; Nicht-Rationales (Gefühle, Imaginäres, Leidenschaften)
Leitorientierung	das Zukunftsprojekt der guten Gesellschaft; Drama	der Genuss der vergänglichen Gegenwart; Tragik
Selbstverständnis	Einheit/Vereinheitlichung	Einzigartigkeit/Pluralität/ Heterogenisierung
Relation Einzelne/Kollektiv	Vergesellschaftung (Vertragsbeziehungen), Individualismus, Individuum, Identität, Authentizität, Funktion	Vergemeinschaftung auf Zeit, Neo-Tribalismus; Nomadismus Identifikation, Fusion, Person (Maske), Rollenspiel
korrespondierende Soziologie	abstrahierende, erklärende positivistische oder marxistisch-kritische Soziologie	einfühlende, ‚verstehende' Soziologie

Einer solchen gleichsam idealtypisch entworfenen postmodernen Situation entspricht in Maffesolis Augen eine ‚verstehende' Soziologie, die zugleich ‚sinn-los' und ‚überflüssig', also nicht in ein gesellschaftliches Gestaltungsprojekt eingebunden sei. Zwar entwirft er deren Vorgehensweisen u.a. mit Bezügen auf Max Weber sowie die phänomenologische und wissenssoziologische Tradition von Alfred Schütz bis Peter Berger und Thomas Luckmann (vgl. Maffesoli 1985). Doch sein Vorschlag einer ‚verstehenden Soziologie' hat mit dem, was im deutschen Sprachraum als ‚soziologischer Ansatz Webers' darunter verstanden wird, kaum mehr als den Namen gemein.[13] Die begriffliche Reduktion der Heterogenität des Wirklichen auf das ‚Phantasma der einen erkennbaren Logik' muss demnach durch ein behutsam-tastendes ‚Begreifen' (frz.: notion), eine „empfindsame Vernunft" (Maffesoli 1996) ersetzt werden. Verstehende Soziologie bedeutet deswegen für ihn in erster Linie

---

[12] Die Tabelle enthält eine Auswahl wichtiger Dualismen.
[13] Maffesoli entwickelt seine soziologische Vorgehensweise insbesondere in Maffesoli (1985; 1995).

„Einfühlung" (Empathie) Diesen Begriff übernimmt er von dem Kunsthistoriker Wilhelm Worringer (vgl. Maffesoli 1985: 15ff). Worringer hatte im ersten Drittel des 20. Jahrhunderts für das Gebiet der Ästhetik und Kunsttheorie zwei komplementäre Einstellungen zur Welt – „Abstraktion" und „Einfühlung" – skizziert. „Einfühlung" ist „ästhetischer Genuss", und das bedeute, „mich selbst in einem von mir verschiedenen sinnlichen Gegenstand genießen, mich in ihn einzufühlen" (Worringer 1981: 37). Das der Einfühlung zugrunde liegende „Kunstwollen" findet seine Entsprechung bei Maffesoli in der Feststellung einer (postmodernen) „dionysischen Konfusion", welche die prometheisch-abstrakte Vision der Moderne abzulösen beginne. Das Dionysische konstituiert sich über die „aisthesis", d.h. eine „ästhetische Welterfahrung", wobei er diesen Begriff in einem weiten Sinne als „gemeinsames/geteiltes Erleben oder Fühlen" der menschlichen Existenz versteht, das als Grundlage einer gelebten pragmatischen Ethik fungiert (Maffesoli 1987): „Auf die Erfahrung einer kollektiv gelebten Welt antwortet die Erfahrung des Denkens, das nur den einen oder anderen Zug hervorhebt, ihn mit anderen vergleicht, ins Bild setzt oder in eine Metapher […]. Das ist die Lehre vom gesunden Menschenverstand." (Maffesoli 1985a: 216) Ein solcher verstehender Zugang ist wesentlich in konkrete Erfahrung eingebettet, und entsprechend lebt Maffesoli seine Praxis der Soziologie: Statt die üblichen Pariser Intellektuellenorte zu besuchen, so heißt es über ihn, ziehe er es vor, „Abendessen zu veranstalten, in den Vororten den Paso Doble zu tanzen, stundenlang oberhalb von Briançon (einer Kleinstadt in den französischen Alpen; Anm. des Verf.) zu wandern, pro Tag drei Manuskriptblätter zu schreiben, sich als ,Voyeur' nachts in den Diskotheken herumzutreiben." (Poncet 2004)

Das Alltagsleben in seiner Vielfalt als immenses Spektakel ist durch einen bestimmten „Stil der Sozialität", durch spezifizierbare Elemente markiert. Die Soziologie muss versuchen, die Konturen dieses „Stils" herauszuarbeiten. Maffesoli verdichtet seine Erfahrungen deswegen keineswegs zu umfassenden empirisch gesättigten qualitativen Fallstudien – das ist seine Sache nicht. Stattdessen zielt er auf eine Form- oder Stil-Phänomenologie, besser noch: ,Phänomenographie' der Stil-Elemente, die dann als Grundlage weiterer Forschungen dienen soll. Diese Vorgehensweise ist nicht völlig beliebig. Maffesoli stützt sich auf verschiedene ,weiche' Strukturbegriffe (Webers Idealtypus, Schütz' Konzept der Typizität), insbesondere auf Form-Konzepte, wie sie innerhalb der Soziologie beispielsweise Georg Simmel mit seinem Interesse an den „Formen der Vergesellschaftung" (etwa den Streit) entwickelte. Maffesoli akzentuiert diesen Begriff jedoch anders als Simmel. Zwar ist auch für ihn die Form der Rahmen, die Begrenzung, das Behältnis, apriorische Bedingung der Existenz von Inhalten, damit auch der Existenz von „Sinn". Die Form erscheint in situativen Modulationen; sie transzendiert die Individuen, ist in gewissem Sinne archetypischer über- oder vor-individueller Effekt des Zusammenlebens von Individuen, der ihren einzelnen Intentionen zwar entgeht, aber dennoch auf sie wirkt. Maffesolis Soziologie betont jedoch neben der inneren Logik die Eigenschaft der Formen, Gegensätzliches in sich zu enthalten (etwa Ratio und Imagination, ,Gutes' und ,Böses'), insbesondere ihr Äußeres, also das, was das Moment ihrer Erscheinung, die Oberfläche ausmacht. Das ist Gegenstand seiner Soziologie der neuen bzw. wiederkehrenden postmodernen Formen der Vergemeinschaftung (wie der Orgie, des Neotribalismus, des Nomadentums). Zu deren Analyse gelangt man durch eine intuitive, aus der Erfahrung und Teilnahme am gelebten Leben gesättigten Beschreibung (vgl. Maffesoli 1995: 147ff), die komplettiert wird durch Rückgriffe auf ethnologische und anthropologische sowie historisch-philosophische Studien bis hin zum Einbezug von literarischen Werken u.a.m. Ihr Bauprinzip ist die Verwendung von

Metaphern, Analogien, Collage-Techniken, die Nachzeichnung von Entsprechungsverhältnissen und Korrespondenzbeziehungen zwischen Natur und Kultur auf der Grundlage einer „transversalen Lektüre" (Maffesoli 1985: 119ff) verfügbarer Texte. Ihre angemessene eigene literarische Gestalt ist der Essay. Die Umsetzung in empirische Forschung bleibt anderen überlassen.

Zur Phänomenographie postmoderner Sozialität

Maffesolis Reflexion auf den Übergang von der modernen Erscheinungsform des Sozialen zur postmodernen Sozialität liest sich als sukkzessive Entfaltung, Variation und Vertiefung von Ideen, die bereits in seinen ersten Veröffentlichungen, insbesondere in seinem Plädoyer für eine erneuerte Soziologie des Alltagslebens (vgl. Maffesoli 1979b) enthalten sind und in einem seiner jüngsten Bücher über den „Rhythmus des Lebens" (Maffesoli 2004) wiederum zusammengefasst werden. Er beginnt mit Analysen zum Aufstieg und Niedergang der modernen, ‚totalitären‘, von den staatlichen bürokratischen Apparaten und der instrumentellen Vernunft ausgehenden Unterdrückung der ‚Dynamik des Lebens‘ (vgl. Maffesoli 1976, 1979, 1984). Unter dem Eindruck der Studentenrevolten und des Situationismus, der neuen sozialen Bewegungen und des Wohlstandswachstums, dem Aufkommen neuer spiritueller Suchbewegungen u.a.m. entwickelt er die These des Übergangs zu einer postmodernen Epoche, deren Konturen von einer hinreichend sensiblen postmodernen Soziologie erfasst werden können. Den Ausgangspunkt dieser Beschreibung postmoderner Sozialität bildet eine (Wieder-)"Eroberung der Gegenwart", des Alltags für die Soziologie (vgl. Maffesoli 1979b, 1990, 2003). Zu den Formmerkmalen des Alltags gehört der Umgang mit der ‚Sinnlosigkeit des Sozialen‘. Diese äußert sich in der Akzeptanz des Schicksals, der Einbindung in Kollektive, die in sich heterogen, gar widersprüchlich sind und sich über Tauschbeziehungen sowie orgiastische Praktiken konstituieren, der Bedeutung der lokalen räumlichen Nähe für die Sozialität und zahlreichen kleinen und großen Alltagsfantasien und -phantasmen. Ein Umgang mit der existenziellen Sinnlosigkeit und Tragik eines „Seins zum Tode" (Martin Heidegger) ist durch Rituale möglich, durch das alltagstheatralische Maskenspiel, die Betonung des Oberflächlichen und des Scheins oder kynische Haltungen.

Aus der Vitalität und Souveränität einer auf die Abstraktionsbewegung und den Rationalismus der Moderne reagierenden dynamische Kollektivmacht („puissance") entwickeln sich die Konturen einer postmodernen Epoche, die im Zeichen des „Dionysos" stehen, d.h. der (im Verständnis der Arbeitsgesellschaft) ‚nutzlos-unproduktiven Verausgabung‘, der Fusion in Kollektiven und Kollektiverlebnissen. In einer umfassenden Soziologie der Orgie und des Orgiasmus als ‚Form‘ der Vergemeinschaftung bezieht Maffesoli deren Formlogik nicht nur auf sexuelle Erfahrungen und Bewegungen, sondern versteht sie als allgemeines Modell unterschiedlichster Vergemeinschaftungsprozesse, wie sie in Rockkonzerten und Fußballstadien, im Kauf-Rausch der Shoppingcenter, im Alkohol-Rausch der Oktoberfeste u.a.m. erlebbar sind:

> „Die karnevaleske Sexualität, Weinfeste, Zechereien im Bierzelt, die studentischen Gelage oder Narrenfeste, Versammlungen mit religiösem oder halbreligiösem Charakter, all diese Phänomene sind von den ihnen eigenen Anzüglichkeiten und Entgleisungen begleitet und bieten eine Gelegenheit, funktionelle Zuweisungen, Nützlichkeitserwägungen und Produktionszwänge zu durchkreuzen." (Maffesoli 1986: 109)

Für Maffesoli sind hier die Parallelen zu den von Durkheim analysierten *corrobori*-Festen unübersehbar. Aus der Verschmelzung mit dem Kollektiv, aus der auch von Durkheim beschriebenen immanenten Erfahrung des Göttlich-Sozialen entsteht die überschreitende (transgressive) pulsierende Kraft und Dynamik der Sozialität – im Guten wie im ‚Bösen‘.

Die ästhetische Erfahrung (aisthesis) der orgiastischen Vergemeinschaftung bildet auch die Grundlage, den Zement für eine neue Form des Zusammenhalts, der gruppenbezogenen Ethik, einer „organischen“, sich aus dem geteilten Gefühlten bildenden Solidarität, die konträr zur Durkheimschen Begrifflichkeit von „organischer“ und „mechanischer“ Solidarität bestimmt wird. Ihre Bedeutung hat Maffesoli in seiner Studie über die „Rückkehr der Stämme“ und den Niedergang des Individualismus in der Postmoderne weiter herausgearbeitet und in mehreren nachfolgenden Veröffentlichungen vertieft (vgl. Maffesoli 1988, 1990, 1992, 1993, 2007, 2008b, 2009).[14] Maffesoli entwirft ein Modell, in dem nachmoderne Gesellschaften als fließendes Hin und Her zwischen „Massen“ und Netzwerken von Kleingruppen bzw. „Stämmen“ gedacht werden.[15] Es handelt sich um „Neo-Tribalismus“, weil die Einzelnen nicht permanent und ausschließlich Mitglied eines einzelnen Stammes sind, sondern ein nomadisierendes Leben führen, in dessen Verlauf sie immer wieder als maskentragende Personen in die Kollektiverfahrung von ‚Stämmen‘ eintauchen. Die Begriffs-Archaik ist bewusst gewählt: Zum einen wird damit der Vergemeinschaftungsmodus der durch räumliche und symbolische Nahbeziehungen (Proximität) erfahrenen „aisthesis“ betont. Darüber hinaus signalisiert der Begriff auch den informellen Zwangs- und Solidaritätscharakter: Die Anforderungen an die Mitglieder mögen durchaus „schmerzlich“ sein, andererseits wird über wechselseitige Hilfe und symbolische Tauschverhältnisse ein sichernder Zusammenhalt konstituiert. Die Stämme unterhalten zueinander konflikthafte Beziehungen, die von der wechselseitigen Toleranz bis zur offenen Feindschaft reichen. Doch das Phänomen unterscheidet sich von archaischen Gemeinschaften durch den teilzeitlichen Charakter, die vorübergehende de-individualisierende Identifikation mit „Stammeskulturen“, die mit Hilfe von Masken (etwa ein bestimmter ‚look‘) vollzogen wird (vgl. Maffesoli 2008a). Die Vielzahl vernetzter Kleingruppen splittert die Sozialstruktur auf und relativiert die politischen Machtzentralen. Die heterogene Massengesellschaft wendet sich „lokalen Göttern“ zu, eignet sich dadurch ihre konkrete Existenz an und verweigert sich politischen Zukunftsprojekten. Es kommt zu einer „Transfiguration des Politischen“ (Maffesoli 1992). Während die Kommunitarismusbewegung gerade das Verschwinden entsprechender Zusammenhalte beklagt, konstatiert Maffesoli im Gegenteil ihre unglaubliche und auch ungeheuerliche Vielfalt (vgl. Maffesoli 1993, Keller 2008).

Das Tableau, das Maffesoli von der Gestalt der Postmoderne zeichnet, wäre unvollständig ohne die dem Neo-Tribalismus korrespondierende Form des postmodernen Nomadentums (vgl. Maffesoli 1997). Die emblematische Figur des „rolling stone“, so schreibt Maffesoli in Bezugnahme auf Bob Dylan und die Rolling Stones, drücke in postmoderner Weise eine anthropologische Grundverfasstheit der Suche nach Abenteuer, des Wanderns, der Individuation (C.G. Jung) als Weg aus, der kein spezifisches Ziel verfolgt, sondern ziellos von einem Ort, einer Erfahrung zur nächsten ‚treibt‘ und seine existenzielle Ver-

---

[14]   Das Konzept des „Neo-Tribalismus“ wurde insbesondere auch im angelsächsischen Raum breit rezipiert und gilt als gewichtiger Beitrag zu den Cultural Studies (vgl. etwa Winter 2000).

[15]   Ein Beispiel dafür sind für Maffesoli die Techno-Gemeinden, auch die Fangruppen, die sich um exemplarische Musik-Idole wie Iggy Pop u.a. herum bilden.

fasstheit als ‚Fremder unter Fremden' für die Momente des identifikatorischen Masken-spiels verlässt:

> „Nach dem Bild der emblematischen Figur von Dionysos, der, wie die Mythologen betonen, ein zugleich chtonischer, d.h. verwurzelter Gott und eine nomadische Macht par excellence ist, ist auch die tribale Gesellschaft strukturell fragmentiert. Die Heterogenität ist ihr wesentliches Merkmal. Der Polytheismus der Werte erscheint wieder auf der Tagesordnung." (Maffesoli 1997: 101)

Wirkungsgeschichte und Kritik

Maffesolis soziologische Positionen machen ihn seit etwa der zweiten Hälfte der 80er Jahre für Teile des französischen akademischen Soziologie-Establishments zu einem permanenten Skandal. Ihnen gilt er als *persona non grata*, die der Soziologie mehr Schaden zufüge als sie ihr nütze. In etlichen Einführungen und Überblicksdarstellungen ist von seiner Soziologie nicht die Rede. Exemplarisch dafür steht die Aufregung um die ‚Affäre Teissier' im Sommer 2001, um die von ihm betreute Doktorarbeit der medienbekannten Astrologin, die für einige Soziologen (etwa Bernhard Lahire, Christian Baudelot, Roger Establet) zum Anlass der öffentlichen Abrechnung wird. Andere wiederum (etwa Alain Touraine) erkennen in der von Tessier erfolgreich verteidigten Arbeit eine zwar schwache und in mehrfacher Hinsicht unhaltbare Argumentation, ohne aber die Aufregung begreifen zu können, die sie in der Disziplin auf sich ziehe.[16]

Das ist jedoch nur die eine Seite der Medaille: Maffesolis Bücher erhielten mehrere Auszeichnungen und erzielten in Frankreich hohe Auflagen; sie wurden u.a. ins Englische, Portugiesische, Spanische und Japanische übersetzt. Der französischen Fachdebatte hat er mit den Werken von Schütz, Berger, Luckmann, Simmel u.a. sowie seinem frühen und durchgängigen Plädoyer für qualitativ-verstehende Sozialforschung wichtige Einblicke in andere Traditionen der Soziologie eröffnet. Er ist zudem ein viel angefragter Redner und Diskutant im öffentlichen Leben und auf soziologischen Konferenzen in der ganzen Welt. Ungeachtet der Vorbehalte gegen seinen Stil hat Maffesoli zeitdiagnostisch wichtige Begriffe geprägt, und sein Plädoyer für eine ‚andere Soziologie' enthält zahlreiche Denk-Anstöße für die Sozialwissenschaften und die Kulturtheorien. In Frankreich selbst wie auch in vielen Ländern rund um den Globus beziehen sich Soziologinnen und Soziologen auf seine Konzepte und nutzen sie für empirische Forschungen. Im englischsprachigen Raum wurde insbesondere die Analyse des Neotribalismus und dessen postmoderner Komplementärfigur des Nomaden, aber auch seine Überlegungen zur totalitären Gewalt der Moderne von kulturtheoretisch interessierten Soziologen rezipiert, etwa bei Zygmunt Baumann[17] oder Scott Lash und John Urry.[18] In Readern der Cultural Studies gilt er als wichtiger französischer Kulturtheoretiker der Gegenwart.

Gewiss lassen sich an sein Werk kritische Fragen stellen, etwa diejenige, ob nicht die Diagnose der Ablösung einer ‚prometheischen Moderne' durch eine ‚dionysische Postmoderne' in ihrer Anlage einem „kurzen Traum immerwährender Prosperität" (Burkart Lutz) verhaftet ist und die Stilisierung der erwähnten Tendenzen überzieht. Vergleichbares ließe

---

[16] Vgl. www.homme-moderne.org/société/socio/teissier/Index.html; Zugriffsdatum 20.4.2004.

[17] Zu Zygmunt Bauman vgl. den Beitrag von Thomas Kron und Melanie Reddig in diesem Band.

[18] Vgl. zu einem Überblick über die Rezeption in Großbritannien Evans (1997).

Michel Maffesoli: Die Wiederkehr der Stämme in der Postmoderne 261

sich für das düstere Bild der Moderne einwenden, das so gar nicht das Ermöglichungspotenzial moderner Institutionen in den Blick nimmt. Auch künden die gegenwärtigen Bewegungen der ökonomischen Globalisierung und der Umorganisation der Arbeits- und Sozialbeziehungen vielleicht gerade vom Gegenteil, von einer Rückkehr einer längst vergangen geglaubten ökonomischen Moderne und Arbeits-Mühsal. Schließlich sind die abgelehnten Individualisierungsdiagnosen wohl gar nicht so unvereinbar mit der Idee des Neotribalismus (worauf ja schon die Figur des Nomaden verweist) – enthält nicht der Stammes-Wechsel eine aktivere individuelle Komponente, als Maffesoli dies vorsieht?[19] Dass der Verweis auf die ewige Tragik des Konflikts zwischen Gut und Böse, auf den Fehlschlag jeder ‚Verbesserungsbemühung' und emanzipatorischen Hoffnung all diejenigen nicht zufrieden stellen kann, die sich politisch dafür einsetzen, versteht sich von selbst.

Literatur von Michel Maffesoli

Balandier, G./Maffesoli, M. (Hg.): Les Sociologies I. Band 1. Paris 1981
Balandier, G./Maffesoli, M. (Hg.): Les Sociologies I. Band 2. Louvain 1982
Maffesoli, M.: Logique de la domination. Paris 1976.
Maffesoli, M.: La violonce totalitaire. Paris 1979.
Maffesoli, M.: La conquête du présent. Paris 1979b.
Maffesoli, M./Bruston, A.: Violence et transgression. Paris 1979
Maffesoli, M. (Hg.): La galaxie de l'imaginaire. Paris 1982
Maffesoli, M.: Essais sur la violence banale et fondatrice. Paris 1984. [1978]
Maffesoli, M.: La connaissance ordinaire. Paris 1985a.
Maffesoli, M. (Hg.): Une Anthropologie des Turbulences. Paris 1985b.
Maffesoli, M.: Der Schatten des Dionysos. Frankfurt/Main 1986 [1982].
Maffesoli, M.: Das ästhetische Paradigma. Soziologie als Kunst. In: Soziale Welt Jg. 38 Heft 4, 1987a, S. 460-470
Maffesoli, M.: Das gesellschaftliche Göttliche. In: Kamper, D./Wulf, Chr. (Hg.): Das Heilige. Frankfurt/Main 1987b, S.400-410.
Maffesoli, M.: Le temps des tribus. Le déclin de l'individualisme dans les sociétés de masse. Paris 1988.
Maffesoli, M.: Ein Vergleich zwischen Emile Durkheim und Georg Simmel. In: Rammstedt, O. (Hg.): Simmel und die frühen Soziologen. Frankfurt/Main 1988a, S. 163-180.
Maffesoli, M. (Hg.): The Sociology of Everyday Live. Current Sociology Vol 37, Nr. 1.
Maffesoli, M.: Au creux des apparences. Paris 1990.
Maffesoli, M.: Présentation. Vorwort zu Emile Durkheim: Les Formes élémentaires de la vie réligieuse. Neuausgabe. Paris 1991, S. 5-36.
Maffesoli, M.: La transfiguration du politique. Paris 1992.
Maffesoli, M.: La contemplation du monde. Paris 1993.
Maffesoli, M.: Vitalismus und Naturalismus als epistemologische Grundlagen einer Soziologie des Alltags. In: Jung, T./Müller-Doohm, S. (Hg.): Wirklichkeit im Deutungsprozess. Frankfurt/M. 1993b, S. 482-495.
Maffesoli, M.: Eloge de la raison sensible. Paris 1996.
Maffesoli, M.: Du nomadisme. Vagabondages initiatiques. Paris 1997.
Maffesoli, M.: L'instant éternel. Paris 2003 [2000].
Maffesoli, M.: La part du diable. Précis de subversion postmoderne. Paris 2002.
Maffesoli, M.: Notes sur la postmodernité. Le lieu fait lien. Paris 2003.

---

[19] Vgl. dazu die Diskussion in Keller (1988).

Maffesoli, M.: Le rythme de la vie. Paris 2004.
Maffesoli, M.: Le Réenchantement du Monde. Une éthique pour notre temps. Paris 2007.
Maffesoli, M.: Iconologies. Nos idol@tries postmodernes. Paris 2008a.
Maffesoli, M.: La République des bons sentiments. Paris 2008b.
Maffesoli, M.: Apocalypse. Paris 2009.

Weitere zitierte Literatur

Centre d'Études sur l'Actuel et le Quotidien (Hg.): Dérive autour de l'œuvre de Michel Maffesoli. Paris 2004.
Durand, G.: Les structures anthropologiques de l'imaginaire. Introduction à l'archétypologie générale. 10. Aufl. Paris 1984 [1969].
Durkheim, E.: Die elementaren Formen des religiösen Lebens. Frankfurt/Main 1984 [1912].
Evans, D.: Michel Maffesoli's sociology of modernity and postmodernity: an introduction and critical assesment. In: The Sociological Review 1997 Vol. 45, S. 220-243.
Jung, C.G.: Die Archetypen und das kollektive Unbewusste. Gesammelte Werke Bd. 9, 1. Halbband. Olten 1976 [1933-1955].
Keller, R.: Wiederkehr des Dynosischen? Formen alltäglicher Vergemeinschaftung bei Michel Maffesoli. Unv. Diplomarbeit. Bamberg 1988.
Keller, R.: Michel Maffesoli. Eine Einführung. Konstanz 2006.
Keller, R.: Welcome to the Pleasuredome? Konstanzen und Flüchtigkeiten der gefühlten Vergemeinschaftung. In: Hitzler, R./Honer, A./Pfadenhauer, M. (Hg.): Posttraditionale Gemeinschaften. Theoretische und ethnografische Erkundungen. Wiesbaden 2008, S. 55-72.
Moebius, S.: Postmoderne Theoretiker der französischen Soziologie. Das Collège de Sociologie, Edgar Morin, Michel Maffesoli, Bruno Latour. In: Kaesler, D. (Hg.): Aktuelle Theorien der Soziologie. Von Shmuel N. Eisenstadt bis zur Postmoderne. München 2005, S. 332-350.
Moebius, S.: Die Zauberlehrlinge. Soziologiegeschichte des *Collège de Sociologie*, Konstanz 2006.
Poncet, E.: Free parti. Michel Maffesoli, 60ans, sociologue ès raves et grand manitou des tribus sociales. In: Libération v. 22.12.2004.
Winter, R.: Die Kunst des Handelns unter globalen Bedingungen. In: Robertson, C. Y./Winter, C. (Hg.): Kulturwandel und Globalisierung. Baden-Baden 2000, S. 153-173.
Worringer, W.: Abstraktion und Einfühlung. München 1981 [1908].

Ronald Hitzler: Existenzbastler und Inszenierungshermeneutiker

Manfred Prisching

„Ein Zeichen unserer Zeit ist, dass es die Zeit der Zeitdiagnosen ist." (Reichertz 2005: 45) Zeitdiagnosen, im Sinne umfassender Gemälde der Gegenwartsgesellschaft und ihrer Trends, sind, neben vielfältigen Studien gesellschaftlicher Details, eine alte Tradition, insbesondere in der deutschsprachigen Soziologie. Manchmal müssen auch die „großen Fragen" gestellt werden, auch wenn sie dann, um sich nicht im Spekulativen zu verflüchtigen, auf konkrete soziale Phänomene bezogen werden müssen. Diese Tradition hat sich, nach einer Phase der Vernachlässigung, in den letzten zwei bis drei Jahrzehnten wieder belebt. Einer der Zeitdiagnostiker, die sich an den Tendenzen einer spätmodernen Gesellschaft abarbeiten, ist Ronald Hitzler.

Ronald Hitzler wurde 1950 in Königsbronn geboren, arbeitete einige Jahre als Journalist, studierte sodann in Konstanz und schloss 1978 sein Studium der Politikwissenschaft und Soziologie ab. Die Magisterarbeit betreute Thomas Luckmann, die Dissertation in Bamberg beurteilten Ulrich Beck und Peter Gross, die Habilitation wurde in Berlin von Ulrich Beck und Hans-Georg Soeffner begutachtet. 1997 erhielt Hitzler seine erste Professur für Soziologie in Aachen, seit 2000 ist er an der Technischen Universität Dortmund tätig. Mit den genannten Personen sind Hitzlers methodische Orientierungen (und zum Teil auch seine thematischen Interessen) umrissen. Wenn man als Einflüsse, ergänzend und weiter ausgreifend, Max Weber, Alfred Schütz, Edmund Husserl, Erving Goffman, Helmut Plessner, Peter L. Berger sowie als Forschungs- und Diskussionspartner Jo Reichertz, Thomas Eberle, Anne Honer, Michaela Pfadenhauer, Peter Gross, Trutz von Trotha und Winfried Gebhardt hinzunimmt, lässt sich für jene, welche die Szene kennen, schon ganz gut abschätzen, wie und was Hitzler arbeitet.

In seinen eigenen Worten: Er versteht sich, wie er auf seiner Homepage darlegt, in der Tradition einer „weberianisch-schützianischen sinnverstehenden Soziologie". Er interessiert sich einerseits für Prozesse, in denen Individuen Situationen definieren, Handlungsprobleme bewältigen und dem gesellschaftlichen Getriebe Sinn abgewinnen, andererseits für die Darstellungs- und Inszenierungsformen, mittels derer sie ihren Platz bestimmen, ihre eigene Identität präsentieren und ihre eigenen Interessen durchsetzen. Natürlich geht es dabei um „Kultur", um „Lebenswelt", um „Wissenssoziologie" – aber im Sinne jenes Verständnisses dieser Begriffe, die sie nicht als Nische, als spezielle „Soziologie des Wissens", sehen, sondern als Beschreibung eines allgemeinen Zugangs zum Verständnis gesellschaftlicher Phänomene (vgl. Berger 1969).

Die große und manchmal zwangsläufig spekulative Zeitdiagnose wird in Hitzlers Arbeiten auf konkrete, mit qualitativen empirischen Methoden bearbeitbare Fragestellungen heruntergebrochen: von den Jugendszenen bis zu neuen Vergemeinschaftungsformen, vom Konsumverhalten bis zu politischen Inszenierungen, von der Terrorgefahr bis zur Karrierestrategie. Die Themen sind vielfältig, gleichwohl handelt es sich nicht um eine bloße Aneinanderreihung diverser Forschungsinteressen, es steckt ein Programm dahinter, eine Perspektive: eine beschreibbare Idee, wie man dem Rätsel der Gesellschaft näher kommen könnte.

Hermeneutische Wissenssoziologie

Hitzler ist sich der besonderen Tradition der deutschsprachigen Kultursoziologie bewusst und arbeitet in ihrem Sinne. Er ist Vertreter einer interpretativen Sozialforschung, einer ethnographischen Perspektive, einer hermeneutischen Wissenssoziologie. Ein solcher Ansatz orientiert sich an Fragen wie etwa: Wie definieren Menschen Situationen? Was machen sie aus diesen Situationen, und was machen sie aus ihren Situationsdefinitionen? Der Beobachter will Situationen und Individuen „verstehen", und zu diesem Behufe muss er auch ihr „Verstehen" verstehen.

Wir wissen: Das Wesen einer verstehenden/interpretativen Soziologie ist es, den Sinn einer Handlung zu rekonstruieren. Diese Maxime setzt voraus, dass dieser Sinn nicht offensichtlich zu Tage liegt, sondern analysiert, erarbeitet oder rekonstruiert werden muss. Der Interpret muss sich aus Handlungen, Symbolen und Signalen, Äußerungen und Indizien den Sinn erschließen. Die Auffassung der beforschten Individuen und Gruppen ist dabei wichtig, aber auch sie können sich über ihr eigenes Handeln, ihre Motive und Werte täuschen. Der Forscher wiederum hat auch seine eigenen Deutungsakte systematisch zu reflektieren, mögliche Verzerrungen oder Irrtümer, Vorurteile oder einseitige Perspektivierungen in Rechnung zu stellen. Oft sind es ganz oberflächliche Informationen oder beiläufige Sachverhalte, durch die es gelingen kann, zu tieferliegenden Sinn- und Bedeutungsschichten vorzustoßen; zugleich aber muss der Vorgang dieser Rekonstruktion intersubjektiv nachvollziehbar gemacht werden (vgl. Hitzler 2007a; Berger et al. 2007).

Das ist eine „weiche Methode", und Hitzler versucht, sie in methodologischen Schriften weiter zu explizieren, auf den „Schultern von Riesen". Das Verhalten der Individuen ist das Ergebnis aus einer Kombination objektiver und subjektiver Situationsdefinitionen. Situationsverstehen ist nicht rein subjektiv, individuell und beliebig, sonst wäre das wechselseitige Verhalten chaotisch und es gebe keine Gesellschaft; die Situationen selbst weisen durchaus eine gewisse Logik und Widerständigkeit auf. Doch die jeweilige Sicht der Situation ist niemals ganz identisch mit der einer anderen Person, und diese unterschiedlichen Sichtweisen gilt es zu entschlüsseln.

Der ethnografische Zugang ist wertvoll, gerade um jene Vielzahl von Sub- und Sonderwelten, welche die spätmoderne Gesellschaft ausmachen, zu untersuchen. Da gibt es kaum pauschale Kategorien. Der Beobachter ist, in einer derart komplexen und pluralisierten Gesellschaft, in vielen Fällen ohnehin „fremd", aber er benötigt noch einen Schub hin zu einem „verfremdenden Blick". Er muss das Vertraute exotisch werden lassen, um überhaupt etwas zu sehen. Er muss sich „dumm" stellen, um den Eigen-Sinn der Phänomene wirksam werden zu lassen. Das Alltagswissen ist eine wertvolle Ressource, aber es verstellt auch den Blick auf die Geschehnisse. Es ist wertvoll, gerade weil sich das Verstehen der Dinge aufdrängt, aber diese Selbstverständlichkeit mindert die Wahrnehmbarkeit. Der Forscher muss also beobachten, Texte beschaffen und lesen sowie mit Leuten reden, teilweise auch Texte hervorbringen (Interviewtranskriptionen, Beobachtungsprotokolle u. dgl.). Er muss „dichte Beschreibungen" zustande bringen, aber auch über sie hinausgehen. Je mehr verschiedene Methoden möglich sind, desto besser, insgesamt kommt das gesamte Methoden-Arsenal der empirischen Sozialforschung zum Einsatz. Die ethnografische Methode schließt, über den verfremdeten Blick auf das Eigene hinaus, den Versuch ein, methodisch kontrolliert Sinngehalte zu Tage zu fördern, die nicht für jeden auf der Hand liegen; tiefere Bedeutungsschichten auf intersubjektiv nachvollziehbare Weise zu erschließen (vgl. Hitzler/Honer 1997).

Die Relevanz der kleinen Lebenswelten

Die Menschen leben in ihren „Lebenswelten" (Luckmann 1980). „Die kleine soziale Lebens-Welt [...] ist ganz einfach die Welt, wie man sie typischerweise erfährt." (Hitzler/ Eberle 2004: 382) Gerade in der Spätmoderne sind es höchst unterschiedliche lebensweltliche Fragmente, aus denen sich die Gesellschaft aufbaut. Mit Hilfe dieser Fragmente erlebt der Einzelne die Wirklichkeit. In diese selbstverständliche Erfahrung des Akteurs muss der Beobachter „hineinkriechen", er muss sich (annähernd, unvollkommen, vorläufig) der „Innenperspektive" der Menschen annähern – immer unter stetem Perspektivenwechsel, unter dauernder Reflexion der eigenen theoretischen Konstruktionen, unter eigenem Voreingenommenheits- oder Verzerrungsverdacht. Auf diese Wechselwirkung zwischen Wahrnehmungen und Selbstreflexionen zielt, was Hitzler „Mundanphänomenologie" nennt: Man muss zunächst eine epistemologische Klärung der lebensweltlichen Fundamente herbeiführen, bevor man an die eigentliche sozialwissenschaftliche Arbeit gehen kann. Handeln lässt sich nicht einfach beobachten oder erfragen, sondern (letzten Endes) nur erleben und erfahren; von außen lassen sich nur typische Muster und Signale erschließen (vgl. Hitzler et al. 1999). Auch der Forscher muss, wenn er gesellschaftliche Phänomene beschreiben und verstehen will, zum Augenzeugen, ja noch mehr: zum Insider werden.

Dieser methodische Aspekt wird deshalb hervorgehoben, weil ein wesentlicher Teil von Hitzlers Arbeiten zur Dechiffrierung der Spätmoderne auf diese (empirische) Lebenswelterforschung zielt, von den Jugendszenen über diverse Events bis zu spezifischen postmodernen Vergemeinschaftungs-Konstellationen.

Prekäres Existenzbasteln

In der Feststellung, dass die Moderne als Prozess der Individualisierung zu beschreiben ist, sind sich die meisten Sozialwissenschaftler so einig wie nur in wenigen anderen Fällen (vgl. Beck 1986). Der Einzelne kann und muss zum „Original" werden, zum „Einzelstück"; und er kann es viel mehr als in früheren Gesellschaftsformationen, weil die pluralisierte Außenwelt unterschiedliche Typen, Muster und Modelle akzeptiert. Es ist eine ständige „Ich-Jagd" – so hat es Peter Gross genannt (Gross 1999). Individualisierung heißt Freisetzung, im Guten wie im Schlechten: einerseits Befreiung, Abstreifen der Zwänge; andererseits ein Herausschleudern aus den Sicherheiten der Herkunftsmilieus. Man bemerkt früher oder später, dass die Sache ambivalent ist; und erst nachdem man die Sicherheiten und Bindungen der traditionellen Welt von sich gewiesen hat, zeigen sie ihr tröstliches und versicherndes Gesicht; doch sie sind verloren. Manchmal wäre es schön, nicht entscheiden zu müssen und unbefragt vertrauen zu können.

In der modernen Welt zerfallen die konsistenten Deutungszusammenhänge, es lösen sich Bindungen und Gemeinschaften. In der späten Moderne (ob man sie nun als „zweite" oder „reflexive Moderne" oder als „Postmoderne" bezeichnet) tritt ein grundlegender Wandel im Verhältnis von Individuum und Gesellschaft ein. Das Prinzip des Wechsels wird zum verbreiteten Lebensstil, partikulären Deutungen lässt sich kein umfassender, übergreifender Sinn mehr abgewinnen, das moderne Alltagsleben zersplittert in Begegnungen und Ereignisse, einzelne Abläufe und Impulse. Die einzelnen Vorgänge werden durch nichts mehr zusammengehalten als eben durch die Tatsache, dass sie der Einzelne erlebt und durchlebt. Er löst sich aus den kleinen Gemeinschaften, aus Familien und Nachbarschaften, aus Verwandtschaften und Kirchengemeinden, aus Schulklassen und Partnerschaftsbeziehungen. Er kann sich auf keine „großen Erzählungen" – Religionen oder Ideologien – mehr verlassen. Er ist ganz auf sich allein gestellt, er ist dazu gezwungen, sich selbst zu „erfinden" und sein Leben zu „führen". Die Menschen werden Konstrukteure ihres Ichs, Designer ihrer Lebenswelt, Gestalter ihrer Zukunft.

Aber das klingt zu optimistisch, zu konstruktiv, zu kompetent; denn die Individuen sind mit dieser Aufgabe natürlich überfordert, weil es auch da draußen (in der Gesellschaft) keine konsistenten, gültigen Deutungssysteme gibt; bestenfalls weltanschauliche, sinnstiftende Versatzstücke. Ein „kultureller Supermarkt für Weltdeutungsangebote aller Art" hat sich entwickelt, der mit einer Vielzahl von religiösen, ästhetischen, esoterischen, chauvinistischen, rassistischen, nationalistischen, globalistischen, klassenkämpferischen, konformistischen, ökologischen, sexistischen, feministischen und anderen Ideen sowie den jeweiligen Anti-Ideen dienlich ist. Jeder ist auf sich allein gestellt, und mit dem zuhandenen Material muss er sehen, wie er zurechtkommt: als Hobby-Bastler, beim Verfertigen der „bricolage", in Versuch und Revision. Hitzler hat dafür den eingängigen Begriff des „Existenzbastlers" geprägt, der in den allgemeinen Sprachgebrauch der Zeitdiagnostiker Eingang gefunden hat (Hitzler 2006). Der Existenzbastler sieht zu, was kulturell gerade zur Verfügung steht und was sich ohne allzu hohe Kosten besorgen lässt, und er stückelt zusammen, was ihm ins eigene Konzept passt.

Das Daseinsbewältigungsvermögen des Existenzbastlers ist das eines genuss-souveränen Multioptionalisten, eines egozentrischen Angebots-Surfers und Unterhaltungs-Spaß-Zerstreuungs-Flaneurs. Die ehemals stabilen Parameter der Außenwelt (Schule und Beruf, Familie und Pension) sacken lautlos in sich zusammen. Natürlich bedeutet dies ein ungeahntes Niveau an Freiheit, aber man lebt nicht leicht in dieser Situation. Nicht nur die Selbstüberforderung wird zum Problem, sondern – kollektiv gesehen – auch die Selbst-Entpflichtung gegenüber anderen, auch gegenüber den Nächsten. Die Leitidee, nur das zu akzeptieren oder zu tun, was einem selbst gerade zusagt, führt zur Missachtung der in der Gesellschaft als richtig, wahr, angemessen oder akzeptabel geltenden Ordnungsprinzipien und Verhaltensanforderungen.

Die individuellen Optionen steigen, aber die Koordination wird schwierig. Um selbstbestimmte Spontanität ausleben zu können, braucht man üblicherweise andere Menschen, die zuverlässig zur Verfügung stehen, die also ihrerseits nicht spontan sein können. Die Starken brauchen die anderen weniger, die Schwachen aber können auf die anderen nicht mehr zählen. „Jeder will tun, was ihm gefällt. Jeder will, dass andere tun, was er will, dass sie tun." (Hitzler 2006: 262) Das bedeutet einerseits Selbstbewusstsein und Durchsetzungswillen, andererseits aber auch Borniertheit, Anmaßung und Dreistigkeit. Es besteht das Bedürfnis, frei, aber dennoch nicht allein zu sein.

Die Amivalenz der Möglichkeitsräume

Hitzler hält sich an Peter Gross (1994) und Gerhard Schulze (1992, 2004), wenn er die Multioptionslust und die Erlebnisorientierung als „Wegweiser" in die „andere Moderne" sieht: Alles ist verfügbar; alles geht; wir wollen Spaß. Diese „andere Moderne" ist sowohl als Epoche wie auch als veränderte Haltung zur Moderne gemeint: Der Begriff der „reflexiven Moderne" spricht die Tendenz an, dass sich das Wissen um unser Nichtwissen verbreitet; wir werden heimat- und hilflos; Desorientierung greift um sich. „Postmoderne" bezeichnet den Lebensvollzug in diesem Zustand, unter dem „Vorzeichen des verlorenen Standpunkts", insbesondere in einer „postaufklärerischen" Situation.

Da die Existenzbastelei ein hartes Geschäft ist, gibt es glücklicherweise eine diversifizierte Güter- und Dienstleistungswelt, die jeden mit mannigfachen Accessoires für den Identitätsaufbau versorgt. Nicht zuletzt über Konsumgüter wird das Selbstbild stabilisiert: „Über den Konsum können wir uns identifizieren und abgrenzen, uns hervorheben oder zurücknehmen, uns treu bleiben oder uns ändern." (Hitzler/Pfadenhauer 2006: 74) Es ist falsch, was die Kritiker sagen: Konsum betäube. Er ist essentiell geworden „für das Welt-Erleben, für die Sinnlichkeit, für das Selbst-Bewusstsein der Menschen." (Hitzler/Pfadenhauer 2006: 74; vgl. Gross 1999; Prisching 2006) *Ohne* Konsum sind die Menschen betäubt, weil sie sich nicht artikulieren können. Konsumelemente sind zu derart wichtigen Lebensbestandteilen geworden, dass Brand Communities den Fan-Clubs ähneln; es sind Vergemeinschaftungen, in denen über die als jeweils richtig angesehenen Verhaltensweisen, Attribuierungen, Codes, Signale, Embleme, Zeremonien, Attitüden, Wissensbestände, Relevanzen und Kompetenzen verhandelt wird.

Temporäre Vergemeinschaftungen

Die keineswegs unbegründete Angst vor der Einsamkeit in fragmentiert-individualistischen Gesellschaften ist ein Problem, wenn die klassischen Formen der Gemeinschaft (deren oft repressive Aspekte man nicht in nostalgischer Verklärung ignorieren muss) sich auflösen. Das Bestreben, zugehörig zu sein, besteht trotz aller Individualisierung. Auch die Beobachtung, dass sich gegenwärtig Klassen- und Schichtmodelle eher durch Lebensstil- und Milieumodelle ersetzen lassen, wird von den meisten Sozialwissenschaftlern geteilt (vgl. Hartmann 1999; Meyer 2001). Die Lösung für die Gemeinschaftssehnsucht trotz der Erosion von Gemeinschaften ist ihr Ersatz durch temporäre Vergemeinschaftungen (Bauman 1995): durch „Neo-Tribes" (Maffesoli).[1] Musterbeispiel sind diverse Jugendszenen.

Zur Mitgliedschaft oder Teilnahme an solchen „posttraditionalen Vergemeinschaftungen" (Hitzler 2008), mit denen sich Hitzler immer intensiver beschäftigt, entscheidet sich der Einzelne freiwillig, und die zeitliche Zugehörigkeit ist ebenso begrenzt wie die Intensität der damit verbundenen Verpflichtungen und Verbindlichkeiten. Es gibt niedrige Ein- und Aus-

---

[1]   Zu Michel Maffesoli vgl. den Beitrag von Reiner Keller in diesem Band.

trittsschwellen. Die Grenzen sind diffus, aber eine thematische Fokussierung ist meist klar: Musikstile, Sportarten, spezielle Konsumgegenstände wie Autos oder Kleidung, Technik-Gadgets, spezifische Weltanschauungen. Diese Vergemeinschaftungen repräsentieren bestimmte Ideen des Lebensvollzugs. Sie existieren nur durch die Akzeptanz der Mitglieder, sie verfügen auch über keine Sanktionen, sie könne nur zur Teilnahme „verführen".

Eine solche Strukturierung der unübersichtlichen sozialen Landschaft vermittelt wieder ein wenig Sicherheit, und die Vermutung besteht, dass die eigenen Interessen, Wünsche und Gefühle durch die Community gefördert werden könnten. Vergemeinschaftungen dieser Art gründen sich auf ein Wir-Bewusstsein, welches ausgrenzt und einschließt: eine Distanzierung gegenüber den unklaren, undurchschauten und oft als ungerecht empfundenen Spielregeln der Gesamtgesellschaft, von denen man sich in alternativer Lebensweise oder wenigstens in andersartigem Lebensstil unterscheiden will. Gemeinsame Interessen oder Neigungen werden stilisiert, überhöht oder mythisiert. Selbsttäuschung ist auch dabei, denn die intensive Einlassung in diese Form von Zugehörigkeit leistet doch nicht, was ehemals eine Gemeinschaft gewährleisten sollte. So gilt etwa der Anspruch, die Teilnahme jederzeit abbrechen zu können, auch für die anderen, auf deren Verlässlichkeit deshalb nicht allzu viel gesetzt werden sollte.

Events und ihre Ereignisräume

Die (freiwillige und unfreiwillige) Reduzierung der Arbeitszeit schafft Freiräume, die nicht nur in vereinzelt durchgeführte Tätigkeiten fließen, sondern auch in neuartige Gruppenaktivitäten. Da mag es sich um eine Belebung des Dritten Sektors handeln, um Freiwilligendienst und ehrenamtliche Arbeit, die zur Selbstverwirklichung beitragen können (vgl. Hitzler 1988). Verschiedentlich mag sich eine „Selbermacher-Branche" herausbilden, als spezifische Form des Konsums, „ein Volk von Bohrern und Bastlern" – eine kleine Flucht aus der disziplinierten und standardisierten Welt (vgl. Hitzler 1987). Am nächsten liegt aber die Inszenierung der gewonnenen oder auferlegten Zeit, insbesondere für Jugendliche, in diversen Szenen und Events. Es mögen ganz unterschiedliche Ereignisse sein: Pop-Konzerte, Schwulen-Paraden oder Demonstrationen gegen die globalisierte Welt und ihre Verwalter. Der Anlass ist gleichgültig, Hauptsache, die Sache macht Spaß (vgl. Gebhardt et al. 2000).

Auch wenn die Eventhaftigkeit alles erfasst, auch den Konsum von Gütern, ja selbst „Glaubensfeste" (wie etwa einen religiösen Weltjugendtag) (vgl. Gebhardt 2007), so gibt es doch jene „eigentlichen" Events, die in *postmodernen Erlebnisstätten* stattfinden: Konsumwelten, Kulissen des Glücks, künstliche Paradiese, Freizeitparks, Ferienzentren, Urban Entertainment Centers, Clubanlagen, Themenparks und anderes. Außeralltägliche Erlebnisqualitäten werden verstetigt. Sie bieten den Besuchern Distanz zu ihren Lebens-Routinen und Partizipation an mehrkanaligen Sinnesfreuden. Hitzler ist interessiert an ihren symbolisch-fantastischen Überhöhungen. Wie dies auf dem Weg zur Modernisierung immer der Fall war, ist der *urbane Raum* ein besonderer Trendsetter. Dort kreuzen sich die sozialen Kreise, und wenn sie sich auflösen, dann ganz besonders dort.

Hitzler, eher mit dem Habitus eines nachdenklichen Optimisten, ist keiner, der den Jugendlichen die Verantwortung für den angeblichen „Kulturverfall" auflädt. Aber für die Postmoderne ist eine *Juvenilität* (als generelle Einstellung zur Welt) kennzeichnend, die über die jüngere Altersgruppe hinausgeht, ja tendenziell die gesamte Gesellschaft erfasst:

Juvenilität als Alternative gegenüber der Lebensform der Erwachsenen; „demonstrative Andersartigkeit" mit der Vision eines Lifestyles dezidierter Selbstentpflichtung; „Trivialhedonismus".

Im spätmodernen „Lifestyle" kommen drei Phänomene zusammen: die ästhetische Gestaltung des Lebens, der Einfluss der Medien und die Nutzung von Konsumchancen. Er integriert Haupt- und Gegenkultur, Kommerz und Spaß, Materialismus und Postmaterialismus, Identität und Mode. Doch Hitzler betrachtet dies nicht griesgrämig: Vieles macht wirklich Spaß, Früheres war auch nicht so großartig, und die dauernde Warnung vor dem kulturellen Verfall hat manchmal in der Tat etwas Verklemmtes. Hitzler ist trotz seiner kritisch-nüchternen Beschreibung der Gegenwartsgesellschaft kein bildungsbürgerlicher Vergangenheitsbeschwörer.

Die Diversität der Jugendszenen

Es gibt „Szenen", welche die ganze Person erfassen, ohne dass diese Totalität unbedingt eine dauerhafte sein muss; man kann sich jederzeit verabschieden, und gerade das macht diese Vergemeinschaftungsformen so attraktiv. Es gibt aber auch „Szenen", die nur partikuläres Engagement erfordern, bei denen man teilnehmen kann wie bei einem Event, nach dessen Beendigung man zu einer anderen attraktiven Szene wechselt. Abwechslung verscheucht Langeweile.

Szenen sind nicht amoralisch, sondern verfügen über eine „unsichtbare Werteordnung" (Bergmann et al. 1999), anders als Autoren meinen, die ausschließlich Selbstentpflichtung und Amoralität wahrnehmen (vgl. Goebel/Clermont 1999; Blask 1996). Auffällig ist in vielen Fällen die Übernahme einer religiösen Symbolik, wohl nicht zuletzt deshalb, weil dieses Repertoire eine ästhetisch markantere Zeichensetzung ermöglicht als andere Sinnsysteme.

Hitzlers Spezialgebiet ist die *Techno-Szene*, zu der er in den letzten Jahren über 30 Artikel und Bücher verfasst hat. Seine aufopfernde Erforschung der einschlägig-nächtlichen Events, einschließlich der Investition in ein szeneadäquates Outfit, lässt vermuten, dass sich forscherische Neugierde und lebensweltliche Neigung bei diesen Erkundungen zur Deckung bringen lassen. Diese intensive Feldforschung hat ihm auch den Titel des „Professor Techno" eingebracht (Hitzler 2001a). Einige Ergebnisse aus der „Feldforschung" werden kurz aufgelistet.

Erstens: „Techno" meint einen bestimmten kollektiven Lebensstil, der sich in einer ausdifferenzierten Art von starker repetitiver, elektronisch erzeugter Musik, in besonderen Tanzformen, speziellen Attitüden und habituellen Eigenarten und in speziellen Arten von Geselligkeiten äußert. Das Wesen der Teilnahme an dieser Szene besteht in „Selbststilisierung": sich in Szene setzen, eine persönliche Show abziehen.

Zweitens: Events dieser Szene sind Partys, Clubs, Diskotheken, Kreuzfahrten, Paraden; am wichtigsten sind die so genannten „Raves", Massenveranstaltungen, meist in Großhallen. Man benötigt einen technisch ausgefeilten Klangraum sowie die Unterstützung von Light-Shows, alles mit großem technischen Aufwand. Die Techno-Musik löst (durch Lautstärke und Rhythmus) starke körperliche Empfindungen bei den TeilnehmerInnen aus, eine erotisierende Gesamtatmosphäre. Das eigene „Sich-Verlieren" in Raum und Zeit ist durchaus beabsichtigt.

Drittens: Es gibt verschiedene Teilszenen innerhalb und außerhalb der eigentlichen Show, und es gibt auch Event-Eliten (Organisations-, Produktions-, Repräsentations- und Reflexionselite); aber das Bewusstsein der Teilnehmer lebt davon, eine harmonische „Familie" zu sein und sich von der Gesamtbevölkerung abzugrenzen: eine friedfertige Gemeinschaft globalisierter Individualisten, die ihren Spaß haben wollen, jenseits aller ethnischen, religiösen, nationalen, ökonomischen oder lokalen Bindungen. Eine gewisse Nähe zum illegalen Drogengebrauch ist vorhanden, was die Strapaze der stundenlangen Teilnahme an solchen Veranstaltungen mildert.

Viertens: Hitzler neigt dazu, die Szene nicht als unpolitisch zu betrachten, sondern (auf den Spuren von Beck, Giddens und anderen) von „Subpolitik" (Beck 1991), von „life politics" (Giddens 1991) oder von einer „Politik der Lebensstile" (Neckel/Berking 1990) zu sprechen: „Strategien der Realisierung ,eigensinniger' ästhetischer Neigungen, individualistischer Moral-Präferenzen oder eben schlicht selbst-bewusster Konsummuster." (Hitzler/Pfadenhauer 2006: 81)

Inszenierungen des Religiösen

Hitzler hat die Perspektive der Events, Vergemeinschaftungen und Inszenierungen auf spezielle Sinnstiftungsareale angewandt, so etwa auf den Sport, die Religion oder auf die Politik.

Die *Religion* darf sich in den letzten Jahren in der deutschsprachigen Sozialwissenschaft einer deutlich gestiegenen Beachtung erfreuen (vgl. Luckmann 1991; Knoblauch 1999). „Sind die ICHs noch religiös?", fragt Hitzler. Die Kirche muss auf dem Markt der Sinn-Anbieter mit anderen Institutionen konkurrieren, und sie steht dabei seit längerem vor der Alternative von Ghettoisierung (durch Konzentration auf Glaubenswahrheiten) oder Beliebigkeit (durch Betonung der allgemeinen Kompetenz zum „Management von Sinnfragen"). Die Individuen driften in der Postmoderne nicht mehr von selbst in eine nicht hinterfragbare Wirklichkeit oder Religiosität hinein, sie müssen entscheiden, wählen, aussuchen, so wie in allen Lebensbereichen. Das bedeutet nicht von vornherein, dass die Religiosität dahinschwindet, sie wird möglicherweise außerhalb der Kirche praktiziert; denn auch die Konkurrenz anderer „Sinngehäuse" ist stärker geworden.

Das Problem lässt sich als spezielles erkennen, wenn man die Entwicklungslogik der spätmodern-individualisierten Gesellschaft ins Auge fasst: die Auflösung der Zuständigkeitsgrenzen zwischen den funktionalen Teilsystemen der modernen Gesellschaft und die daraus resultierende wechselseitige Interpretation ihrer jeweiligen Logiken. Das System der Massenmedien wird beispielsweise für die Kirche relevanter als bisher, aber auch nichtreligiöse Personen, die man von Seiten der Institution bislang kaum beachten musste, können das Gefüge der Kirche irritieren. Umgekehrt kann auch Religion in außerkirchlichen Subsystemen wieder mehr Bedeutung gewinnen. In Details zeigt Hitzler, wie die allgemeine Logik der Spätmoderne sich auch in die Besonderheiten dieses Sektors umsetzt: Zwischen Papstbesuch und Popkonzert gibt es kaum Unterschiede.

Inszenierungen der Politik

Die Eigenheiten des spätmodernen Großgemäldes lassen sich ebenso anschaulich im Bereich der *Politik* explizieren. In der postmodernen Gesellschaft wird die Politik so unübersichtlich, wie dies auch für andere Lebensbereiche gilt, es treten neue Irritationen auf, unterschiedliche Relevanzsysteme prallen aufeinander (vgl. Hitzler/Reichertz 2003). Politische Auseinandersetzungen lassen sich nicht mehr in die herkömmlichen Kategorien von Links und Rechts einordnen, und selbst die Grenze zwischen der Politik und dem privaten Leben schwindet dahin. Gemäß der Idee der „Subpolitik" kann Politik überall stattfinden: in Expertengremien, in den Chefetagen transnationaler Konzerne, aber auch in den Selbstgestaltungsräumen gewöhnlicher Bürger. Aber auch dabei stößt man auf die gegenwartstypischen Gestaltungsprobleme.

Die Inszenierungsnotwendigkeit von Politik und Protest ist gestiegen, die Dramatisierungskompetenz jedes Akteurs und jeder Gruppe bestimmt letztlich ihr Durchsetzungsvermögen (vgl. Willems 2009). Auch die herkömmliche Konstellation der gesellschaftlichen Eliten ist davon betroffen (vgl. Hitzler et al. 2004). Die dramatologische Dimension des sozialen Handelns gilt über die Politik hinaus, hat aber für diese eine besondere Bedeutung: Die Selbstdarstellungserfordernisse der Akteure nehmen zu. Die politische Auseinandersetzung geht wesentlich um Wirklichkeitsdefinitionen, und diese werden zwischen Politikern, Experten und Bürgern „ausgehandelt", nicht so sehr im Sinne rationaler Diskurse, sondern in schwierigen Darstellungs- und Deutungsakten. Je nach dem durchgesetzten „Framing" einer Situation ist politisches Handeln möglich oder nicht (vgl. Hitzler et al. 1998).

Experten spielen eine wichtige Rolle, weil ihnen, die durch Zertifizierungen ausgewiesen und durch Professionalität legitimiert sind, eine gewisse Kompetenz zugemessen wird, die Wirklichkeit zu „konstruieren" (Hitzler et al. 1994; Hitzler/Pfadenhauer 2003). Ohne Experten ist man in der Komplexität verloren, zugleich aber muss der Experte selbst mehr als Spezialist sein: Er muss in politisch aufgeladenen Interaktionskonstellationen agieren können, er muss nicht nur über technische Kenntnisse verfügen, sondern auch über komplexe Relevanzsysteme Bescheid wissen. Natürlich verfügen auch Experten (Wissenschaftler) über ihr Repertoire der Selbstdarstellung und der Autonomieverteidigung.

Doch vor allem für die zentralen Akteure, die *Politiker*, ist die Sache nicht einfach. Beispielsweise darf kein Politiker den Eindruck erwecken, dass er nach Macht strebt; aber er könnte kein erfolgreicher Politiker sein, wenn er dies nicht täte. Dennoch muss er ehrlich und authentisch wirken. Er muss ein Fernsehstar sein, ohne den Eindruck zu erwecken, dass er sich in den Vordergrund drängt. Er muss einfach und verständlich reden, ohne dass ihn qualifizierte Zuseher als Dummkopf einstufen. Er muss eine gute Show liefern, ohne in den Verdacht zu geraten, eine Show zu liefern. Er muss Eigenschaften demonstrieren, die ihn, wenn er sie wirklich hätte, zu einem schlechten Politiker machen würden. Politik ist Ritual, Showgeschäft, Inszenierung, Bluff – sie ist alles das, was niemals den Staatsbürgern bewusst werden darf. Da ist viel „gemeiner Machiavellismus" im Spiel (Hitzler 2009). Unterschiedliche „Politikertypen" versuchen, in diesem „unmöglichen" Ambiente den Kopf über Wasser zu halten (vgl. Berking et al. 1994). Hitzlers Analyse von *Skandalen* ist ein guter Ansatzpunkt für die Entschlüsselung dessen, wie Politik unter diesen Bedingungen funktioniert: Skandale sind Brennpunkte des politischen Geschehens, und in ihnen kommen viele Besonderheiten der politischen „Arena" in besonders intensiver Form zum Ausdruck (vgl. Hitzler 1989).

Wirkung und Kontext

Ronald Hitzler bettet seine Arbeiten in jenen Strom gegenwartsanalytischer Schriften ein, die (trotz unterschiedlicher Schwerpunkte) insgesamt ein durchaus plausibles Gesamtbild entwickelter Gesellschaften zeichnen, und er stützt sich in den großen Konturen auf viele dieser Arbeiten. Seine Publikationen zeichnen sich durch die folgenden Besonderheiten aus.

Erstens wird man zu seinen Schriften greifen, wenn man (über die klassischen Schriften von Berger, Luckmann, Goffman und anderen hinaus) eine methodologische Reflexion dessen sucht, was eine interpretative, phänomenologische, hermeneutische Perspektive in der modernen Soziologie bedeutet.

Zweitens bemüht sich Hitzler stärker als andere Zeitdiagnostiker darum, die Tendenzen, die in den „großen Gemälden" beschrieben werden, insofern empirisch zu fundieren, als er in die Untersuchung konkreter Phänomene, wie etwa der Jugendszenen, einsteigt. Es zeigt sich dabei einerseits, dass sich die Meta-Beschreibungen tatsächlich in der „wirklichen Wirklichkeit" – vor Ort, lebensweltlich, face-to-face – wiederfinden und fruchtbar anwenden lassen, andererseits, dass diese empirischen Erfahrungen auch wieder zu neuen Generalisierungen und theoretischen Konzeptualisierungen führen.

Das bringt uns zum dritten Aspekt: Hitzler liefert einige Beiträge zur Zeitdiagnose, die Bestand haben werden, wie beispielsweise seine Erkenntnis von der Verwandlung von Gemeinschaften zu „posttraditionalen Vergemeinschaftungen". Denn dabei tritt er gleichsam wieder einen Schritt zurück vom Befund der allumfassenden Individualisierung und Vereinzelung: Die Individuen suchen nach gemeinsamen „Mustern", und sie finden ihren Rückhalt in neuen Vergemeinschaftungsformen.

Literatur von Ronald Hitzler

Hitzler, R.: Skandal ist Ansichtssache. Zur Inszenierungslogik ritueller Spektakel in der Politik. In: Ebbighausen, R./Neckel, S. (Hg.): Anatomie des politischen Skandals. Frankfurt/M. 1989, S. 334-354.

Hitzler, R.: Erlebniswelt Techno. Aspekte einer Jugendkultur. In: Hitzler, R./Pfadenhauer, M. (Hg.): Techno-Soziologie. Erkundungen einer Jugendkultur. Opladen 2001a, S. 11-27.

Hitzler, R.: Individualisierte Wissensvorräte. Existenzbastler zwischen posttraditionaler Vergemeinschaftung und postmoderner Sozialpositionierung. In: Tänzler, D./Knoblauch, H./Soeffner, H.-G. (Hg.): Zur Kritik der Wissensgesellschaft. Konstanz 2006, S. 257-276.

Hitzler, R.: Phänomenologie. In: Buber, R./Holzmüller, H. M. (Hg.): Qualitative Marktforschung. Konzepte – Methoden – Analysen. Wiesbaden 2007a, S. 81-92.

Hitzler, R. (Hg.): Posttraditionale Gemeinschaften. Theoretische und ethnografische Erkundungen. Wiesbaden 2008.

Hitzler, R.: Der gemeine Macchiavellismus. Soziologie politischen Handelns. Wiesbaden 2009.

Hitzler, R./Eberle, T. S.: Phänomenologische Lebensweltanalyse. In: Flick, U./Kardorff, E. v./Steinke, I. (Hg.): Qualitative Forschung. Ein Handbuch. 4. Aufl. Reinbek bei Hamburg 2004, S. 109-118.

Hitzler, R./Honer, A.: Einleitung: Hermeneutik in der deutschsprachigen Soziologie heute. In: Hitzler, R./Honer, A. (Hg.): Sozialwissenschaftliche Hermeneutik. Eine Einführung. Opladen 1997, S. 7-27.

Hitzler, R./Honer, A./Maeder, C.: Expertenwissen. Die institutionalisierte Kompetenz zur Konstruktion von Wirklichkeit. Opladen 1994.

Hitzler, R./Hornbostel, S./Mohr, C. (Hg.): Elitenmacht. Wiesbaden 2004.

Hitzler, R./Peters, H. (Hg.): Inszenierung: innere Sicherheit. Daten und Diskurse. Opladen 1998.

Hitzler, R./Pfadenhauer, M. (Hg.): Karrierepolitik. Beiträge zur Rekonstruktion erfolgsorientierten Handelns. Opladen 2003.

Hitzler, R./Pfadenhauer, M.: Diesseits von Manipulation und Souveränität. Über Konsum-Kompetenz als Politisierungsmerkmal. In: Lamla, J./Neckel, S. (Hg.): Politisierter Konsum – konsumierte Politik. Wiesbaden 2006, S. 67-89.

Hitzler, R./Reichertz, J.: Irritierte Ordnung. Die gesellschaftliche Verarbeitung von Terror. Konstanz 2003.

Hitzler, R./Reichertz, J./Schroer, N.: Das Arbeitsfeld einer hermeneutischen Wissenssoziologie. In: Hitzler, R./Reichertz, J./Schroer, N. (Hg.): Hermeneutische Wissenssoziologie. Standpunkte zur Theorie der Interpretation. Konstanz 1999, S. 9-13.

Weitere zitierte Literatur

Bauman, Z.: Ansichten der Postmoderne. Hamburg u.a. 1995.

Beck, U.: Risikogesellschaft. Auf dem Weg in eine andere Moderne. Frankfurt/M. 1996.

Beck, U.: Politik in der Risikogesellschaft. Essays und Analysen. Frankfurt/M. 1991.

Beck, U.: Die Erfindung des Politischen. Zu einer Theorie reflexiver Modernisierung. Frankfurt/M. 1997.

Berger, P. L.: Die gesellschaftliche Konstruktion der Wirklichkeit. Eine Theorie der Wissenssoziologie. Frankfurt/M. 1969.

Berger, P. L./Luckmann, T.: Die gesellschaftliche Konstruktion der Wirklichkeit. Eine Theorie der Wissenssoziologie. 21. Aufl., Frankfurt/M. 2007.

Bergmann, J./Luckmann, T. (Hg.): Kommunikative Konstruktion von Moral. Band 1: Struktur und Dynamik der Formen moralischer Kommunikation. Opladen u.a. 1999.

Berking, H./Hitzler, R./Neckel, S.(Hg.): Politikertypen in Europa. Frankfurt/M. 1994.

Blask, F.: Techno. Eine Generation in Ekstase. Bergisch Gladbach 1996.

Gebhardt, W.(Hg.): Megaparty Glaubensfest. Weltjugendtag Erlebnis – Medien – Organisation. Wiesbaden 2007.

Gebhardt, W./Hitzler, R./Pfadenhauer, M. (Hg.): Events. Soziologie des Außergewöhnlichen. Opladen 2000.

Giddens, A.: Modernity and Self-Identity. Self and Society in the Late Modern Age. Stanford, Cal. 1991.

Goebel, J./Clermont, C.: Die Tugend der Orientierungslosigkeit. Reinbek bei Hamburg 1999.

Gross, P.: Die Multioptionsgesellschaft. Frankfurt/M. 1994.

Gross, P.: Ich-Jagd. Im Unabhängigkeitsjahrhundert. Frankfurt/M. 1999.

Hartmann, P. H.: Lebensstilforschung. Darstellung, Kritik und Weiterentwicklung. Opladen 1999.

Knoblauch, H.: Religionssoziologie. Berlin 1999.

Luckmann, T.: Lebenswelt und Gesellschaft. Grundstrukturen und geschichtliche Wandlungen. Paderborn, Wien u.a. 1980.

Luckmann, T.: Die unsichtbare Religion. Frankfurt/M. 1991.

Meyer, T.: Das Konzept der Lebensstile in der Sozialstrukturforschung. Eine kritische Bilanz. In: Soziale Welt, 52, 2001, S. 255-272.

Neckel, S./Berking, H.: Die Politik der Lebensstile in einem Berliner Bezirk. Zu einigen Formen nachtraditionaler Vergemeinschaftung. In: Berger, P. A./Hradil, S. (Hg.): Lebenslagen, Lebensläufe, Lebensstile. Göttingen 1990, S. 481–500.

Prisching, M.: Die zweidimensionale Gesellschaft. Ein Essay zur neokonsumistischen Geisteshaltung. Wiesbaden 2006.

Reichertz, J.: Ein Pfeil ins Blaue? Zur Logik sozialwissenschaftlicher Zeitdiagnose. In: Hitzler, R./ Pfadenhauer, M. (Hg.): Gegenwärtige Zukünfte. Interpretative Beiträge zur sozialwissenschaftlichen Diagnose und Prognose. Wiesbaden 2005, S. 45-54.

Schulze, G.: Die Erlebnisgesellschaft. Kultursoziologie der Gegenwart. 2. Aufl. Frankfurt Main u.a. 1992.

Schulze, G.: Die beste aller Welten. Wohin bewegt sich die Gesellschaft im 21. Jahrhundert. Frankfurt/M. 2004.

Willems, H. (Hg.): Theatralisierung der Gesellschaft, Band 1: Soziologische Theorie und Zeitdiagnose. Wiesbaden 2009.

Die Psyche, der Andere und
die Gesellschaft

Cornelius Castoriadis: Gesellschaftliche Praxis und radikale Imagination

Lars Gertenbach

Rezeption und Wahrnehmung von Sozialtheorien folgen eigentümlichen Regeln: Obwohl Cornelius Castoriadis oftmals als einer der interessantesten und originellsten Theoretiker des zwanzigsten Jahrhunderts vorgestellt wird, ist er bis heute außerhalb bestimmter, zumeist eher politischer Kreise weitgehend unbekannt. In dem gesamten und ja durchaus heterogenen Theoriebestand von Soziologie und Kulturtheorie spielt er bislang keine besonders nennenswerte Rolle. Dies wäre mitunter nicht weiter bemerkenswert, handelte es sich bei seinen Schriften nicht um einen äußerst grundlegenden und zugleich höchst anspruchsvollen Versuch einer systematischen Neufassung von Gesellschaftstheorie und politischer Philosophie. Umso erstaunlicher erscheint dies noch, wenn man bedenkt, dass selbst Habermas bereits in den achtziger Jahren mit Blick auf das Werk von Castoriadis von dem „originellsten, ehrgeizigsten und reflektiertesten Versuch, die befreiende Vermittlung von Geschichte, Gesellschaft, äußerer und innerer Natur noch einmal als *Praxis* zu denken" (Habermas 1988: 380) sprach. Ein Lob, das Foucault und anderen unlängst zu Klassikern der Kulturtheorie auserkorenen Autoren von solch prominenter Stelle zu dieser Zeit in Deutschland nur selten zuteil wurde.

Warum gerade bei Castoriadis nach wie vor eine solche Diskrepanz zwischen Werk und Wirkung besteht, lässt ein Blick auf einige biographische Eckdaten bereits vermuten. Als Sohn griechischer Eltern wird er 1922 in Konstantinopel (dem heutigen Istanbul) geboren, wächst jedoch in Athen auf. Durch die Metaxas-Diktatur (1936-1941) bereits früh politisiert, tritt er der Jugendorganisation der kommunistischen Partei bei, distanziert sich aber noch während der deutschen Besatzung von deren Position und schließt sich dem trotzkistischen Widerstand an – was ihn zugleich zum Gegner der Stalin-treuen Kommunisten werden lässt. Währenddessen beginnt er noch in Athen mit dem Studium von Philosophie, Recht und Ökonomie, emigriert aber während des griechischen Bürgerkriegs 1945 nach Paris. Zusammen mit dem politischen Philosophen Claude Lefort und anderen gründet er 1949 die Gruppe *Socialisme ou Barbarie*, der zeitweilig auch Edgar Morin und Jean-Francois Lyotard angehören. In der gleichnamigen Zeitschrift, die bis 1965 erscheint, formulieren sie ein sozialrevolutionäres radikaldemokratisches Projekt, das bis zuletzt eine dissidente Stellung innerhalb der französischen Linken innehatte. Obwohl es innerhalb der Gruppe in den sechziger Jahren zum Bruch kam, übte die Zeitschrift entscheidenden Einfluss auf den Mai 68 und die revoltierende Studentenbewegung aus. Im Anschluss an das Engagement bei ‚Sozialismus oder Barbarei' beginnt bei Castoriadis eine stärker sozial- und gesellschaftstheoretisch geprägte Phase – jedoch ohne dass er dabei seinen politischen Anspruch aufgibt. Seit 1964 Mitglied in der von Jacques Lacan gegründeten *École freudienne de Paris*, widmet er sich nun auch stärker der Psychoanalyse, beginnt mit einer psychoanalytischen Ausbildung und arbeitet ab 1973 als Analytiker – ein Beruf, den er bis zu seinem Tod weiter ausführt, wenngleich er neben Jacques Derrida u.a. seit 1980 auch als Professor an der berühmten *École des hautes etudes en sciences sociales* in Paris lehrt. In diese Phase fällt auch der Großteil seiner Schriften, die sich neben dem Hauptwerk *Gesellschaft als imaginäre Institution* vor allem in zahlreichen Sammelbänden unter dem Titel *Carrefours du Labyrinthe* niederschlagen. Castoriadis bleibt bis zum Schluss seines Lebens publizistisch aktiv und stirbt schließlich 1997 im Alter von 75 Jahren in Paris.

In dieser Konstellation verdichten sich bei Castoriadis verschiedene Erfahrungs- und Problemlagen des zwanzigsten Jahrhunderts. Zugleich sorgen sie bei ihm aber auch für ein nahezu habituell verankertes Dissidententum und lassen ihn als einen weitgehend solitären und eigenwilligen Philosophen erscheinen. So fällt er weder in Deutschland in ein für die Rezeption entscheidendes Wahrnehmungsraster, noch spielt er im Frankreich seiner Zeit, das von vehementen Auseinandersetzungen um Existentialismus und Strukturalismus dominiert wird, eine Rolle. Entsprechend ist auch sein Werk hier nur schwer zuzuordnen: die Grundmotivation verweist zwar auf Fragestellungen der politischen Philosophie, die zentralen Referenzpunkte seiner Theorie gehen jedoch weit hierüber hinaus.[1] Castoriadis greift auf sehr unterschiedliche und durchaus heterogene Gedankengebäude zurück. Seine in vielfacher Hinsicht unorthodoxe Position bewirkt auch über Frankreich hinaus, dass er als Zeitgenosse von Foucault, Derrida, Lyotard, Baudrillard, Deleuze und anderen nur wenig wahrgenommen wurde und bis heute deutlich hinter deren Bekanntheitsgrad zurückbleibt.[2]

Ein Zentrum seines Werkes ist aber entgegen dieser thematischen Heterogenität durchaus auszumachen: Es liegt in einigen gesellschaftstheoretischen Kernbegriffen, die vor allem in *Gesellschaft als imaginäre Institution* genauer ausgearbeitet sind. Die gesellschaftstheoretischen Überlegungen binden die verschiedenen Bereiche zusammen und sorgen dafür, dass die Verbindung von Psychoanalyse und Marxismus, Praxistheorie und Sozialontologie sowie Phänomenologie und Mathematik in eine geschichtlich fundierte und kulturtheoretisch ausgerichtete Gesellschaftstheorie mündet. Es liegt somit nahe, diese *gesellschaftstheoretischen* Grundintentionen aus dem Anspruch der politischen Philosophie, und das heißt vor allem der Auseinandersetzung mit dem Marxismus zu entwickeln (I). Dies erleichtert den Zugang zu den Schriften von Castoriadis, insofern aus den grundlegenden politischen Implikationen der Theorie auch die zentralen sozial- und kulturtheoretischen Kategorien erschlossen werden können. Nach der Darstellung der Gesellschaftstheorie im engeren Sinne (II.) lässt sich über die sprachtheoretischen Überlegungen und die Debatte zwischen Konstruktivismus und Ontologie (III.) zum zentralen Konzept des „Imaginären" überleiten (IV.). Abschließend werden neben den kulturtheoretischen Fluchtlinien

---

[1] Insgesamt ist von seinem umfangreichen Gesamtwerk bisher nur ein Bruchteil ins Deutsche übersetzt. Zwar ist das opus magnum *Gesellschaft als imaginäre Institution* bereits seit 1984 (frz. 1975) zugänglich, von den sechs auf französisch erschienenen Bänden der Aufsatzsammlungen *Carrefours du labyrinthe* ist bisher aber nur der erste Band unter dem Titel *Durchs Labyrinth. Seele, Vernunft, Gesellschaft* erschienen (1981). Im Jahre 2006 wurde durch das Editionsprojekt *Ausgewählte Schriften* um Harald Wolf und Michael Halfbrodt damit begonnen, diese Lücke zu schließen, bislang liegen vor allem die politischen und polit-ökonomischen Schriften von Castoriadis vor (2006, 2007, 2008). Weiter angekündigt sind (Stand April 2009): *Das imaginäre Element und die menschliche Schöpfung* (Bd. 3), *Philosophie, Demokratie, Poiesis* (Bd. 4) sowie *Psychische Monade und autonomes Subjekt* (Bd. 5). Diese Bände sind keine direkte Übertragung der *Carrefours du Labyrinthe*, sondern folgen einer anderen Sortierung.

[2] Diese Außenseiterposition während der Hegemonie des Strukturalismus in Frankreich hat Castoriadis zu einer deutlich polemischen Kritik am Strukturalismus motiviert. Eine daraus resultierende Zuordnung als Anti-Strukturalist (vgl. Joas/Knöbl 2004: 560) ist jedoch nicht berechtigt und auch missverständlich, insofern die Kritik gerade nicht in eine Zurückweisung des *strukturtheoretischen Denkens* als solches mündet.

Cornelius Castoriadis: Gesellschaftliche Praxis und radikale Imagination

dieser Konzeption auch Anknüpfungspunkte aufgezeigt, die für eine zeitgenössische Kulturtheorie vielversprechend erscheinen (V.).

Kritik und Überwindung des Marxismus – zur politischen Philosophie Castoriadis

Die politischen Aktivitäten, die Castoriadis auch zwingen, mehrere seiner Texte unter verschiedenen Pseudonymen (Paul Cardan, Jean-Marc Coudray) zu veröffentlichen, finden ihren wesentlichen Ausdruck in der Zeitschrift *Socialisme ou Barbarie*. Im Mittelpunkt stehen dort klassische Fragestellungen der Politischen Ökonomie, durch die Kritik am sowjetischen Herrschaftssystem kreisen die Texte zunehmend aber auch um Fragen der politischen Organisationsformen, da immer deutlicher wurde, wie sehr das Festhalten an dem Projekt der Autonomie einen Bruch mit jedweden bürokratisch-hierarchischen Institutionsformen nötig machte. In dieser Phase entwickelt Castoriadis eine Marx-Kritik, die im Gegensatz zu vielen anderen an Marx anschließenden Theorieprojekten des zwanzigsten Jahrhunderts weitaus umfassender ist und sich zugleich weniger offensiv um eine ‚Rettung‘ der Marxschen Schriften gegenüber den Reduktionismen und Vereinnahmungen des orthodoxen Marxismus bemüht. Für Castoriadis verdeckt eine solche Trennung zwischen einem ‚guten‘ Marx und einem ‚bösen‘ Marxismus ebenso wie die Auseinandersetzungen um die ‚frühen‘ und die ‚späten‘ Schriften vielmehr, wie heterogen und widersprüchlich auch das marxsche Werk selbst ist. Seine Art der Bezugnahme auf Marx lässt trotz allem aber eine Bevorzugung der praxisphilosophischen Frühschriften gegenüber den späteren ökonomiekritischen Arbeiten erkennen. Dies führt Castoriadis daher zu dem – gegenüber Louis Althusser umgekehrten – Versuch, die revolutionäre Programmatik der Frühschriften gegen den – so Althusser – strukturalistischen Geist des Spätwerkes in Anklang zu bringen.[3] In der – selbst gestellten – Opposition, „entweder Marxist zu bleiben oder Revolutionär zu bleiben" (1990: 28), wird sich Castoriadis daher für die Betonung der politischen Praxis entscheiden und eine zunehmend radikaldemokratische Position ausarbeiten.[4]

Seine Kritik an der Marxschen Grundkonzeption richtet sich vor allem gegen die Grundannahmen und den systematischen Aufbau der *Kritik der politischen Ökonomie*. Distanz nimmt er zunächst zu allen geschichtsphilosophischen Grundannahmen. Diese überdecken für ihn nicht nur die Bedeutung der konkreten tätigen Praxis der Menschen, sondern widersprechen auch der nachmetaphysischen Einsicht in die grundlegende Offenheit und Historizität von Gesellschaften. Die zuweilen auch von Marx vertretene Annahme einer radikalen und indeterminierten Geschichtlichkeit (vgl. Marx 1953: 8ff.) ist für ihn unvereinbar mit den Prämissen einer jeglichen Geschichtsphilosophie. Dass diese zentralen Einsichten zur Bedeutung der Praxis und deren Verhältnis zur Geschichte von Marx selbst überdeckt werden, führt Castoriadis darauf zurück, dass dieser gleichzeitig vom „Phantas-

---

[3] Der strukturalistische Marxismus von Althusser ist daher ein entscheidender Gegenspieler von Castoriadis (vgl. Castoriadis 2006b). Für Althusser kulminiert der Marxismus in den ökonomiekritischen Schriften des späten Marx. Er liest die Marxschen Schriften als eine zunehmende Verwissenschaftlichung und Ent-Ideologisierung (vgl. Althusser 1977: 35ff.).

[4] Bisher noch weitgehend unbearbeitet ist die Nähe dieser Konzeption zu den gegenwärtig diskutierten radikaldemokratischen Projekten, etwa bei Laclau und Mouffe oder Rancière (siehe zu diesen AutorInnen die entsprechenden Beiträge in diesem Band). Dabei geht weder Castoriadis auf deren Entwürfe ein, noch finden sich dort Bezüge zu Castoriadis, obwohl sein Mitstreiter Lefort dort durchaus wohlwollend diskutiert wird. Zum Begriff des Politischen bei Castoriadis vgl. Schnell (2007).

ma der totalen, vollendeten, vollständigen Theorie beherrscht wird"[5]. Indem Marx einem an Hegel angelehnten Systemdenken verhaftet bleibt, richte er sich gegen seine eigenen historistischen Intuitionen und verfalle einer rationalistischen Illusion. Stattdessen müsse man in der Sozialtheorie vielmehr „auf Geschlossenheit und Vollendung verzichten und die restlose Erfassung der Welt durch ein System zurückweisen" (1990: 95). Aus einer sehr ähnlichen Intention wie Habermas (vgl. Habermas 1970) wirft er Marx ein reduktionistisches Gesellschaftskonzept vor und korrigiert den Marxschen Gesellschaftsbegriff um die dort weitgehend vernachlässigten *sozial*theoretischen Aspekte – mit dem Ziel, der sinnhaften Komponente gesellschaftlicher Existenz gerecht zu werden (vgl. Arnason 1988: 237). In der Konsequenz ergibt sich daraus nicht nur eine eindeutige Abkehr von jeglichen Formen des Ökonomismus, es erfordert für ihn auch eine Zurückweisung des Marxschen Utopie-Entwurfs einer weitgehend möglichen Selbst-Transparenz von Gesellschaften (vgl. Castoriadis 2006: 130).

Diese zutiefst antihegelianische Lektüre der Marxschen Schriften führt Castoriadis zu einem weit reichenden Bruch mit Marx, der jedoch insbesondere drei entscheidende Momente ‚intakt' lässt: a) die radikaldemokratische politische Programmatik des Marxschen Werkes, b) die Einsicht in die Bedeutung der gesellschaftlichen Praxis bzw. die Fassung des Sozialen als gesamtgesellschaftlichen Praxiszusammenhang sowie c) die Fundierung auf Geschichte bzw. die Betonung einer radikalen Geschichtlichkeit alles Gesellschaftlichen. Den nun einzig noch vertretbaren Marxismus erkennt Castoriadis in dem radikaldemokratischen Projekt einer „ständig erneuerten theoretischen Suche" und einer „Praxis, die unablässig die Welt verändert und von ihr verändert wird" (1980: 148). Ein solcher Anschluss an Marx lässt auf den ersten Blick Parallelen zu poststrukturalistischen und postmarxistischen Positionen einer ‚Dekonstruktion des Marxismus' erkennen. Denn schließlich geht es auch dort um eine Aufdeckung und Infragestellung einiger stillschweigender metaphysischer und geschichtsphilosophischer Grundprämissen, sei es in den Marxschen Schriften (vgl. Derrida 2004) oder auch in der marxistischen Tradition (vgl. Laclau/Mouffe 1991). Im Gegensatz zu diesen poststrukturalistischen Lesarten geht es Castoriadis aber viel deutlicher auch um eine Neubegründung der mit dem Marxschen Werk verbundenen normativ-emanzipatorischen Maßstäbe – eine Position, die ihn offenkundig für Habermas und Honneth interessant gemacht hat (vgl. Habermas 1985; Honneth 1997). Denn auch wenn seine Kritik an Marx in begrifflicher und theoretischer Hinsicht grundlegender ist als die anderer kritischer Gesellschaftstheorien – an dem Marxschen politischen Projekt von Autonomie und Emanzipation hält er ungebrochen fest (vgl. Castoriadis 1987, 2006).

Folglich bleiben auch die Begriffe der Entfremdung und Verdinglichung als zentrale Kritikmomente seines Projektes bestehen. Denn die Forderung nach Autonomie erzwingt für ihn einerseits die Beseitigung heteronomer Sozialverhältnisse – seien sie personaler oder sachlicher Art – sowie andererseits eine Kritik an der Verselbständigung der einmal geschaffenen gesellschaftlichen Institutionen, insofern diese die Möglichkeit ihrer steten Veränderung untergraben und das Projekt einer weitgehenden ‚Selbstinstituierung' der Gesellschaft unterlaufen.[6] Um jede Nähe zu den von ihm seit Anbeginn vehement kritisier-

---

[5]   Im Original: „Marx est dominé par la phantasme de la théorie totale, achevée, complète. Non pas du travail théorétique (évidemment indispensable), mais du système définitif." (Castoriadis 1986: 74).

[6]   Dies sind die Grundannahmen seines politischen Projekts, aus denen er die normativen Maßstäbe zur Befürwortung der Autonomie ableitet. Einerseits gibt ihm dies ein Kriterium zur Kritik an einer das Kreative verleugnenden, wahnhaft geschlossenen Gesellschaft an die Hand, andererseits zeigt es auf, dass eine Ge-

Cornelius Castoriadis: Gesellschaftliche Praxis und radikale Imagination

ten Formen des Realsozialismus zu vermeiden, verwirft er auch die Begriffe Sozialismus und Kommunismus und bezeichnet sein Projekt fortan als ‚autonome Gesellschaft' (vgl. Castoriadis 1979).

Die Auseinandersetzung mit Marx und dem Marxismus besitzt gleich in mehrfacher Hinsicht eine entscheidende Bedeutung für die Ausarbeitung seiner Gesellschaftstheorie und die Wendung hin zum ‚Imaginären'. Über die Kritik am Marxschen Gesellschaftsbegriff und die Abkehr vom Totalitätskonzept des Marxismus entwickelt er seine zentrale Einsicht, dass gesellschaftliche Totalität realiter zwar grundsätzlich unmöglich ist, in verschiedenen Prozessen der gesellschaftlichen Selbstschöpfung imaginär jedoch immer wieder hergestellt wird (und auch werden muss). In diesem Sinne spielt das Imaginäre eine grundlegende Rolle für jegliche Formen von Sozialität, denn eine Gesellschaft, die keine Formen der Selbstbeschreibung und der Selbstinstituierung findet, wäre außerstande, sich selbst überhaupt als Gesellschaft zu begreifen (und damit zu existieren, vgl. 1990: 252). Unabhängig davon, *welche* Formen der Selbstrepräsentation und des Selbstentwurfes eine Gesellschaft von sich erschafft und *wie* diese sich je konkret entäußern: Alles in einer Gesellschaft ist nach Castoriadis konstitutiv und unauslöschlich von imaginären Setzungen durchkreuzt. In Bezug auf den Marxismus bedeutet dies einen Bruch mit der letztinstanzlichen Fundierung der Gesellschaft durch die Ökonomie. Denn indem die gesellschaftliche Praxis gänzlich von symbolischen und imaginären Komponenten durchzogen ist, folgt daraus nicht nur eine Absage an funktionalistische Sozialtheorien[7], sondern es ergibt sich auch eine strikte Betonung der Kulturalität der Ökonomie (vgl. Castoriadis 1980: 21f.).

Geschichte, Praxis und Institution – Auf dem Weg zur umfassenden Gesellschaftstheorie

Die Auseinandersetzung mit Marx bleibt für Castoriadis bis zu seinem Hauptwerk *Gesellschaft als imaginäre Institution* entscheidend, insofern er hieraus einige wesentliche Prämissen und Motive zur Neufassung der Gesellschaftstheorie entnimmt. Die weiteren, vorwiegend im zweiten Teil des Buches ausformulierten Überlegungen entstammen jedoch anderen Themenfeldern: der Beschäftigung mit Psychoanalyse und Phänomenologie, der Kritik am Strukturalismus, der Auseinandersetzung mit Logik und Mathematik und der erneuten Lektüre der Schriften Aristoteles'. Doch trotz dieser immensen Heterogenität und der Absage an ein geschlossenes Systemdenken ist sein gesellschaftstheoretischer Entwurf insgesamt erstaunlich systematisch. Von entscheidender Bedeutung für die gesamte theoretische Ausrichtung seines praxistheoretischen Entwurfs ist zunächst die Kategorie des ‚Gesellschaftlich-Geschichtlichen'.[8] Hiermit betont Castoriadis zweierlei: einerseits den grundlegenden und umfassenden Anspruch, nicht nur *sozial*theoretische Einsichten gewinnen zu wollen, sondern *Gesellschaftstheorie* zu betreiben, und andererseits die Prämisse, dies mithilfe der Betonung radikaler Geschichtlichkeit von Gesellschaften zu tun. Die Ver-

---

sellschaft dann entfremdet und heteronom ist, wenn sich – wie etwa in der Logik vermeintlicher ‚Sachzwänge' – die Institutionen einer Gesellschaft gegenüber dieser verselbständigt haben und zu einer Vorherrschaft gelangen, so dass die Gesellschaft „im Imaginären der Institutionen nicht mehr ihr eigenes Produkt zu erkennen (vermag)" (Castoriadis 1990: 226).

[7] Vgl. dazu Castoriadis (1990: 196ff. und 249); sowie Joas/Knöbl (2004: 563ff.).

[8] Zur Diskussion dieses Begriffs innerhalb des Versuchs einer Verknüpfung von Psychoanalyse und Gesellschaftstheorie vgl. auch Emmerich (2007: 222ff.).

knüpfung dieser beiden Prämissen zu dem *einen* Begriff des ‚Gesellschaftlich-Geschichtlichen' verdeutlicht die hierin enthaltene Zirkularität beider Momente.

Dieses ‚Geschichtliche' ist zunächst nichts weiter als die Entfaltung des Gesellschaftlichen in der Zeit (vgl. Castoriadis 1990: 192). Übergeschichtliche oder a-historische Figuren der Begründung des Sozialen sind damit per se ausgeschlossen. In diesem Sinne, so Castoriadis, gibt es „keinen Ort und keinen Blickwinkel, der der Geschichte und der Gesellschaft äußerlich wäre, der ihnen ‚logisch vorausginge'" (1990: 12f.). Gegen den klassischen Strukturalismus und dessen (wenn auch vorwiegend methodischer) Ausklammerung der Geschichte betont er für alles Gesellschaftliche die konstitutive „Öffnung auf Zeitlichkeit" (1981: 176).[9] Gleichzeitig geht diese Betonung der Geschichtlichkeit einher mit der strikten Zurückweisung einer Determinierung der gesellschaftlichen Existenzweise – sei es durch die ökonomische Basis, die biologische bzw. anthropologische Verfasstheit des Menschen oder die neuronalen bzw. mentalen Strukturen des Geistes. Gesellschaften sind für Castoriadis grundsätzlich indeterminiert und radikal ‚offen'. Vorausgesetzt ist damit auch eine nicht tilgbare Kreativität im Prozess der gesellschaftlichen Existenzweise, auf die der Begriff des radikalen Imaginären verweist, die sich aber vor allem im Bereich des Symbolischen zeigt: Gesellschaften reflektieren nicht einfach Naturnotwendigkeiten, sondern ‚instituieren' diese wie ihren gesamten gesellschaftlichen Horizont zuallererst in einem kreativen Prozess der Schaffung, Verknüpfung und Umdeutung von Symbolen und Vorstellungen (1990: 200ff.). Damit ist diese zentrale Ebene des Symbolischen für Castoriadis nicht wie im Strukturalismus vorwiegend auf die (weitgehend subjektlose) Struktur und Ordnung der Sprache bzw. der Signifikanten zurückzuführen. Zwar stimmt er Saussure zu, dass der Zeichengebrauch selbst arbiträr ist, seine Nähe zur Phänomenologie Merleau-Ponty's lässt ihn jedoch daran zweifeln, dass den sprechenden Subjekte ebenso wie dem Seienden selbst hierbei keinerlei konstitutive Rolle zukommt (vgl. Castoriadis 1981: 111f., 117f.). Mit der Referenz auf die Phänomenologie versucht Castoriadis stattdessen eine Position jenseits des ‚linguistic turn' und dessen „Verallgemeinerung eines seichten Pseudo-Modells der Sprache" (1981: 107) einzunehmen, ohne sich dadurch jedoch in das Modell einer letztlich außersprachlichen und ‚stummen' Erfahrung zu flüchten.[10]

In gesellschaftstheoretischer Hinsicht ist dieses Moment der Kreativität der gesellschaftlichen Praxis nicht nur der Schlüssel für die Frage nach der systematischen Bedeutung und Positionierung des Symbolischen, sondern auch für den Begriff der Institution bzw. der sich instituierenden Gesellschaft.[11] Wenn dank der schöpferischen Kraft des Imaginären Bedeutungen und Symbole nicht still zu stellen sind, sondern immer wieder aufgebrochen und neugeschöpft werden, sind auch die vielfältigsten gesellschaftlichen Institutionen hiervon nicht unberührt. Mit seinem sehr weit gefassten Institutionsbegriff versucht Castoriadis folglich die Tatsache zu erfassen, dass Gesellschaften ohne solche Formen der Instituierung, d.h. der Stabilisierung gesellschaftlicher Praxiszusammenhänge über Zeit und Raum hinweg, nicht bestehen könnten. Gesellschaftliche Existenz ist aber nicht nur auf verschiedenste

---

[9] Zur Diskussion um den strukturalistischen und poststrukturalistischen Begriff der Geschichte vgl. Gertenbach (2008a). Castoriadis' Kritik am Strukturalismus richtet sich neben dem Geschichtsverständnis vor allem gegen dessen (reduktionistisches) Sprachkonzept (vgl. Castoriadis 1990: 234ff.).

[10] Die Nähe zu Merleau-Ponty besteht daher insbesondere in Bezug auf dessen Sprachmodell, das, so Castoriadis, herauszuarbeiten versucht, dass das Seiende und der Ausdruck keineswegs zwei verschiedenen, separaten Sphären angehören, sondern das „So-Sein der Welt" in der Sprache vorhanden ist und das Seiende durch die Sprache spricht. Zu Merleau-Ponty vgl. Castoriadis (1981: 107ff.), Castoriadis (1986).

[11] Zur Bedeutung und Fassung des Institutionsbegriffs bei Castoriadis vgl. Joas (1992).

Grade der Institutionalisierung angewiesen, vielmehr erzeugt sich das Gesellschaftliche überhaupt erst in den und durch die Institutionen. Auch das Symbolische ist hiervon nicht zu trennen, da es einerseits selbst eine Form der Instituierung von Bedeutungen darstellt (etwa im System der Sprache) und andererseits auch in allen sonstigen gesellschaftlichen Institutionen präsent ist: „Die Institutionen lassen sich nicht auf das Symbolische zurückführen, doch können sie nur im Symbolischen existieren; außerhalb eines Symbolischen zweiten Grades wären sie unmöglich, jede von ihnen bildet ein symbolisches Netz. Eine bestimmte Organisation der Ökonomie, ein juridisches System, eine instituierte Macht oder eine Religion existieren als gesellschaftlich anerkannte Symbolsysteme" (1990: 200).[12]

Mit dieser Perspektive ist Castoriadis keineswegs so grundsätzlich institutionsfeindlich, wie seine Betonung der kreativen Praxis und die Kritik bürokratischer Organisationsformen zunächst vielleicht vermuten ließen. Dennoch geht es ihm nicht allein darum, darzulegen, dass Gesellschaften sich notwendigerweise auf irgendeine Form selbst instituieren; er versucht dadurch vielmehr zu betonen, dass diese Schließungsprozesse immer wieder von Prozessen kreativer Schöpfung konterkariert und unterbrochen werden, so dass eine dauerhafte und vollkommene Instituierung von Gesellschaften nicht gelingen kann. Um die Differenz dieser gegenläufigen Prozesse zu benennen, verwendet er neben dem Begriff der Institution noch den des ‚Instituierenden'. Dieses zweite Moment soll das Hereinbrechen des Neuen bzw. die „Zeit des Aufbrechens, des Auftauchens, der Schöpfung" (1990: 342) bezeichnen, das sich dann ereignet, wenn „die instituierende Gesellschaft in die instituierte einbricht (…), das heißt sich selbst als eine andere instituierte Gesellschaft schöpft" (1990: 342f.).[13]

Sprachtheorie und „Ontologie der Unbestimmtheit"

Diese konstitutive Neuschöpfung verweist bereits auf den Grundbegriff des gesellschaftlichen Imaginären, sie fungiert zugleich aber auch als zentrales Moment zur Bestimmung des sozialen Wandels bei Castoriadis. Dass Gesellschaften sich verändern und Geschichte weder linear verläuft noch stillstehen kann, liegt an dieser schöpferischen und kreativen Neuinstituierung, die sowohl in der Grundverfassung der menschlichen Psyche wie in der kollektiven gesellschaftlichen Praxis verankert ist. Um diese Thesen zu begründen, greift Castoriadis auf phänomenologische und sprachtheoretische Überlegungen zurück, die er in *Gesellschaft als imaginäre Institution* zu einer neuartigen und recht eigenwilligen Sozialontologie ausbaut. In Distanz zum strukturalistischen Sprachkonzept und zu radikalkonstruktivistischen Positionen betont er eine spezifische Verbundenheit zwischen Sprache und Welt, Bezeichnung und Ding bzw. Signifikant und Signifikat. Diese Position, die in

---

[12] Daraus begründet sich auch, dass der Ursprung der Institutionen jenseits der bewussten Praxis der Subjekte liegt, da er vermittelt über das Symbolische auf das gesellschaftliche Imaginäre verweist (vgl. Castoriadis 1990: 225). Die Bedeutung des Symbolischen und Kreativen ist zugleich der Hauptaspekt seiner Kritik am Funktionalismus (vgl. Joas/Knöbl 2004: 563f.).

[13] Die simultane Betonung des Instituierten ebenso wie des Instituierenden – also des Gemachten ebenso wie des Machenden, des Hergestellten ebenso wie des Herstellenden und des Geronnenen ebenso wie des Fluiden – rückt Castoriadis in die Reihe der verschiedenen soziologischen Theoriesynthesen der siebziger und achtziger Jahre. Insbesondere erinnert dies an den Strukturbegriff von Anthony Giddens wie an den des Habitus von Pierre Bourdieu, insofern die Begriffe des Gesellschaftlich-Geschichtlichen und des Imaginären in einen Praxisbegriff münden, der zwischen Struktur und Handlung oder einer Mikro- und einer Makro-Ebene vermittelt.

Formulierungen wie „das Seiende spricht durch die Sprache" (Castoriadis 1981: 112) zum Ausdruck kommt, verweist für ihn aber nicht auf einen antikulturalistischen Determinismus; sie soll vielmehr eine dritte Position zwischen einem Konstruktivismus und einer herkömmlichen Ontologie zum Ausdruck bringen. Denn obwohl er betont, dass „nichts für die Gesellschaft existieren [kann], das nicht mit der Welt der Bedeutungen in Beziehung stünde" (1990: 588), verweigert er sich einer einseitigen Hinwendung zur Ebene der Semantik, der Sprache oder der Diskurse. Es genügt ihm nicht – wie er den konstruktivistischen Sozial- und Kulturtheorien unterstellt – die Grenzen der Logik und der Sprache zu benennen (und als Grenzen des Sozialen oder der Welt auszugeben). Sein Anspruch besteht vielmehr darin, eine solche, rein „negative Ontologie" zu überwinden und „das Seiende zu denken, ohne sich dabei auf Angaben darüber beschränken zu müssen, wie es nicht zu denken sei" (1990: 559).

Zur Konkretisierung dieser spezifischen Beziehung von Sprache und Welt spricht Castoriadis nun von einer „Ontologie des Unbestimmten". Als Schlüsselmoment fungiert hier der vulkanologische Begriff des „Magma" als einer fluiden und nicht weiter bestimmbaren oder fixierbaren Masse.[14] Dieser für Sozial- und Kulturtheorien zunächst ungewöhnliche Begriff bezieht sich auf eine ontologisch ‚tiefere' Ebene und bezeichnet die ‚Seinsart des Gegebenen' bevor dieses von der Identitäts- und Mengenlogik erfasst und dadurch geprägt wird (vgl. Castoriadis 1990: 564). Er verweist auf eine vordenkliche und zugleich unendliche und unerschöpfbare Substanz, auf eine Art Referenzmasse zur Generierung von Bedeutungen. Sprache und Denken greifen hierauf zurück, wobei die Bedeutungen selbst hieraus nicht unmittelbar entnehmbar sind, da die Welt in sich eben nicht bereits identitäts- oder mengenlogisch organisiert ist. Um dies genauer zu beschreiben und zu benennen, warum die Logik hier an ihre Grenzen gelangt, bemüht Castoriadis zwei Konzepte: das von Aristoteles entnommene Begriffspaar ‚legein'/‚teukein' und den Freudschen Begriff der ‚Anlehnung'. Mit den griechischen Termini versucht er die Zugriffsweise auf die vordenkliche Welt und die Art dieses ‚In-Form-Setzens' zu beschreiben: „Wie das legein die identitäts- und mengenlogische Dimension der Sprache und des gesellschaftlichen Vorstellens überhaupt verkörpert und sein läßt, so materialisiert sich im teukein die identitäts- oder mengenlogische Dimension des gesellschaftlichen Tuns." (Castoriadis 1990: 442). Beide greifen auf eine „primäre natürliche Schicht" zurück und fungieren so als Werkzeuge des Gesellschaftlichen (vgl. 1990: 399). Indem die gesellschaftlichen Bedeutungen somit an etwas andocken, ohne es aber auszufüllen bzw. ohne daraus abgeleitet werden zu können, lässt sich mit Bezug auf Freud von einer ‚Anlehnung' der gesellschaftlichen Bedeutungen an eine „Schicht des Vorfindlichen" (1990: 384) sprechen.[15] Die psychoanalytische Begrifflichkeit bietet sich hier für Castoriadis deshalb an, weil sie dieser Kluft gewahr wird, ohne sie zu leugnen. Ähnlich wie beim Unbewussten kann so benannt werden, was „aus der

---

[14] Wenngleich ein solcher Begriff in den Sozialwissenschaften zunächst eher befremdlich wirkt, finden sich ähnliche Metaphern auch in anderen Kultur- und Sozialtheorien, die auch jeweils theoriearchitektonisch eine sehr ähnliche Schlüsselstelle besetzen. So benutzt etwa Jacques Lacan die Metapher der „Lava" im Hinblick auf die Fluidität und Konstanz von Trieb und Begehren (vgl. Lacan 1996: 189) und Bruno Latour die des „Plasmas", um genau denjenigen Raum zu bezeichnen, der auf einer ‚härteren' ontologischen Ebene anzusiedeln ist, ohne jedoch in dieser Hinsicht determinierend zu wirken (vgl. Latour 2007: 419). In der deutschen kulturwissenschaftlichen Landschaft findet sich ein solcher Begriffsgebrauch seltener. Seinen Grund mag dies einerseits in der traditionell hermeneutischeren Ausprägung der deutschen Kulturwissenschaft und andererseits in der geringeren Kluft zwischen Natur- und Sozialwissenschaften in Frankreich haben.

[15] Zum Begriff der ‚Anlehnung' (vgl. Castoriadis 1990: 481f.).

Cornelius Castoriadis: Gesellschaftliche Praxis und radikale Imagination

Identitätslogik und der Bestimmtheit hinaus(fällt)" oder darüber hinaus weist (1990: 467).[16] Denn trotz begrifflicher Anstrengungen lässt sich dieses ‚Außerhalb' nicht gänzlich sprachlich einholen und restlos in verstehbare Bedeutungen übersetzen, so dass im Zentrum des Gesellschaftlichen notwendig etwas eingeschlossen ist, „das sich als solches immer entzieht" (1990: 191).

Diese Begriffe stehen im Zentrum des Versuchs, Sozial- und Gesellschaftstheorie in einer übergreifenden Konzeption sozialer Praxis miteinander zu verknüpfen. Damit bezwecken sie zugleich, ein begriffliches Instrumentarium für die wechselseitige Bezogenheit und das gegenseitige Interferieren von Kultur und Materialität bzw. Kultur und Natur bereitzustellen, ohne das eine auf das Andere zu reduzieren. Der Begriff des Magmas besitzt hier eine zentrale Bedeutung, da er zwei Bedeutungsebenen miteinander verbindet: Er bezeichnet einerseits etwas, das jenseits von Sprache und Diskurs existiert und somit nicht vollständig im Symbolischen auflösbar ist. Andererseits benennt er etwas fluides, d.h. etwas, das nicht festlegbar oder stillzustellen ist, sondern beständig (durch kulturellen Ausdruck) geformt werden muss und sich in gesellschaftlichen Institutionen verkörpert. Er verweist zugleich auf dasjenige, das hinter den Grenzen unseres Denkens liegt, ist aber nicht einfach mit Materialität, Natur oder Dinglichkeit gleichzusetzen. Dieser ‚unmarked space' ist für eine Gesellschaft selbst keineswegs irrelevant, sondern diejenige Ebene, auf die sich die Logik des Denkens und der Sprache, d.h. die identitäts- und mengenlogischen Operationen, notwendigerweise beziehen müssen. Für Castoriadis bleibt diese Ebene nicht nur vordenklich, sie ist vielmehr auch der Quell des radikal Imaginären, d.h. der nichtdeterminierten „Schöpfung von Gestalten/Formen/Bildern" (1990: 12).

Die Theorie des Imaginären

Die Liste der Forschungen zum Imaginären ist lang, besonders in Frankreich. Indem Castoriadis diesen Begriff benutzt, knüpft er an eine bestimmte Begriffstradition an, die von der Durkheim-Schule über Sartre und die Psychoanalyse Lacans bis zur ‚Anthropologie des Imaginären' von Gilbert Durand reicht.[17] Im eigentlichen Sinn originell an seiner Theorie des Imaginären ist vor allem, dass der Begriff zur theoretischen Zentralkategorie erklärt und in einen gesellschaftstheoretisch fundierten Horizont eingebettet wird. Folglich verweist er bei Castoriadis im Gegensatz etwa zu Lacan primär auf eine *gesellschaftliche* Ebene und bildet zugleich eine Art Grundkategorie des Sozialen.[18] In diesem Sinne unterscheidet

---

[16] Dass Castoriadis hier mit dem Begriff ‚Magma' eine *Metapher* einsetzt, ist erkenntnislogisch durchaus konsequent. Denn der „unerschöpfliche Vorrat an Andersheit" (Castoriadis 1990: 605) kann als ‚letzter Grund' überhaupt nicht anders als metaphorisch umschrieben werden (vgl. Kelbel 2007: 15). Castoriadis spricht daher selbst von einer „intuitiven Beschreibung" mit Hilfe einer „Anhäufung widersprüchlicher Metaphern", um diesen Seinsbereich zu charakterisieren (vgl. Castoriadis 1990: 565).

[17] Eine ausgiebige Darstellung der französischen Forschungstradition zum Imaginären steht zumindest im deutschsprachigen Raum noch aus. Eine Rolle spielt der Begriff dort nahezu über alle geisteswissenschaftlichen Disziplinen hinweg, etwa auch in der Geschichtswissenschaft bei Jacques Le Goff oder Georges Duby. Eine besondere Bedeutung hat hier aber ohne Zweifel das u.a. von Gilbert Durand Anfang der achtziger Jahre gegründete „Centre de recherche sur l'imaginaire", das heute von Michel Maffesoli geleitet wird (vgl. exemplarisch Durand 1960, 1994; Maffesoli 1980).

[18] In diesem Sinne vertritt Castoriadis eine gesellschaftstheoretisch begründete Kritik an der Psychoanalyse. Neben den zahlreichen Polemiken gegen die Lacansche Begriffssprache steht im Mittelpunkt seiner Kritik

Castoriadis – in gewisser Analogie zur Differenz von Institution und Instituierendem – zwischen einem radikalen und einem gesellschaftlichen bzw. aktualen Imaginären (vgl. 1990: 218). Während das radikale Imaginäre die Grundstruktur kreativer Neuschöpfung bezeichnet, verweist das gesellschaftliche Imaginäre auf eine je konkrete Gestalt des (bspw. kapitalistischen/bürokratischen oder modernen) Imaginären.

Um zu verstehen, welche genaue Bedeutung dem Begriff bei Castoriadis zukommt, ist es wichtig, hervorzuheben, dass die Rede vom Imaginären nicht mit dem Begriff der ‚Einbildung' zu verwechseln ist, sondern vielmehr den geistigen Schöpfungsprozess als solchen bezeichnet und auf die unhintergehbare Form der Welterschließung anspielt. Eine solche Übertragung wäre allerdings nicht das einzig mögliche Missverständnis, denn letztlich grenzt sich Castoriadis mit seinem Begriff des Imaginären von zahlreichen weiteren Konnotationen ab. Er versteht darunter weder eine Art anthropologisch und ungeschichtlich verankertes Urbild, wie in der Archetypenlehre Jungs, noch etwas Aufgesetztes, Oberflächliches oder bloß Fiktives, wie es dem alltäglichen Sprachgebrauch nahe kommen dürfte. Er ist zugleich auch darum bemüht, es in größtmögliche Distanz zu all den Reden über ‚Verblendung' oder ‚Ideologie' zu bringen, in denen das Imaginäre in das Begriffspaar wahr/falsch übersetzt wird und auf ein Moment der Verkennung der Wirklichkeit anspielen soll. In all diesen Konzeptionen wird die Radikalität des Imaginären dadurch geleugnet, dass es von einem Nicht-Imaginären abgeleitet und als etwas Sekundäres dargestellt wird. In diesem Sinne kann die Existenz des Imaginären für Castoriadis auch niemals – wie bei Marx oder Feuerbach – auf einen Mangel der Gesellschaft zurückgeführt oder als Symptom einer entfremdeten oder widersprüchlichen Gesellschaft begriffen werden (vgl. Castoriadis 1990: 227). Vielmehr ist das Imaginäre unhintergehbar für eine *jegliche* Form von Sozialität.

Indem es als Schöpferisches nicht auf das Moment der *mimesis* oder *imitatio* reduziert werden kann, setzt das Imaginäre wesentlich grundlegender an. Weder ist es mit Vorstellungen einer Dopplung in Verbindung zu bringen, wie sie etwa im Strukturalismus präsent sind (vgl. Deleuze 1992: 12), noch ist es als ein Bild *von* etwas zu verstehen: „Es ist unaufhörliche und (gesellschaftlich-geschichtlich und psychisch) wesentlich *indeterminierte* Schöpfung von Gestalten/Formen/Bildern, die jeder Rede *von* ‚etwas' zugrundeliegen. Was wir ‚Realität' und ‚Rationalität' nennen, verdankt sich überhaupt erst ihnen" (Castoriadis 1990: 12). Somit ist es dasjenige an Gesellschaften, was subjektübergreifend und *kulturstiftend* ist und es vermag, die Kluft zwischen Subjekt und Gesellschaft zu vermitteln (vgl. Iser 1993: 357ff.). Nach Castoriadis ist das Imaginäre nicht nur in den Phantasmen und Vorstellungswelten der Subjekte abzulesen, sondern auch in den Strukturen, Ausdrucksformen und Horizonten der gesellschaftlichen Institutionen. In dieser übergreifenden Konzeption ist das Imaginäre – gleichwohl geschichtlich verfasst – eine Art ursprünglich sinnsetzender Sinn, „Bedingung allen Denkens" (Castoriadis 1990: 554) und besitzt deutliche Ähnlichkeiten zum Begriff des ‚historischen Apriori' bei Foucault (vgl. Foucault 1995: 204).[19] Es be-

---

an Lacan folglich die gesellschaftsgeschichtliche Blindheit der entwicklungspsychologisch oder sozialanthropologisch konzipierten Grundannahmen (vgl. Castoriadis 1981: 69).

[19] Eine weitere, bisher nicht benannte Nähe zu Foucault lässt sich darin ausmachen, auf welche Art sich systematische Kenntnis von dieser imaginären (oder bei Foucault: diskursiven) Grundstruktur der Gesellschaft gewinnen ließe: auch bei Foucault gelingt das Erkennen der Ordnung des Diskurses nicht allein durch die Entschlüsselung der Grenzen des Sag- und Denkbaren, sondern auch über eine „Geschichte der Problematisierungen" (vgl. Foucault 1984). Castoriadis schlägt einen ähnlichen Weg vor, wenn er systematische Erkenntnis über die imaginäre Grundstruktur der Gesellschaft an die Frage der gesellschaftsgeschichtlichen Generierung von Problemen koppelt (vgl. Castoriadis 1990: 230f.). Das Auftauchen bestimmter gesell-

Cornelius Castoriadis: Gesellschaftliche Praxis und radikale Imagination

stimmt den Rahmen, innerhalb dessen Sinn und Bedeutung in einer Epoche systematisch arrangiert werden; es „wirkt wie ein kategoriales Organisationsschema, das den Rahmen möglicher Vorstellungen absteckt; es bestimmt, wie eine Gesellschaft ,ihre eigene Existenz, ihre Welt und ihre Beziehungen zu diesen erlebt, sieht und gestaltet‘“ (Honneth 1990: 134).

Fluchtlinien: Anknüpfungspunkte für die Kulturtheorie

Mit diesen Thesen nimmt Castoriadis in den gegenwärtigen Kultur- und Sozialwissenschaften bislang keine zentrale Rolle ein, wenngleich seit einigen Jahren ein vermehrtes Interesse an ihm zu erkennen ist. Angesichts der aktuellen Kontur der Kultur- und Sozialwissenschaften lassen sich insbesondere drei Bereiche ausmachen, von denen eine stärkere Rezeption seiner Texte ausgehen könnte. Erstens könnte das Interesse an der Profilierung einer soziologischen Praxistheorie ein Anlass sein, seine gesellschaftstheoretischen Überlegungen weitaus ernsthafter zu diskutieren, als dies bisher geschah. Eine Referenz auf Castoriadis ist hier deshalb viel versprechend, da er dem Streben, sich von einem einseitig kulturalistischen Gesellschaftsverständnis zu distanzieren, entgegen kommt. So könnte das insgesamt anwachsende kulturtheoretische Interesse an Castoriadis zugleich eine Chance bieten, den ,antiontologischen‘ bzw. ,textualistischen‘ (vgl. Reckwitz 2006: 586f.) Affekt aktueller Kulturtheorien einen Schritt weit abzumindern und auf andere Fragestellungen hin zu öffnen. Zweitens lässt sich mit dem zunehmenden Forschungsinteresse an der bildlichen Dimension von Gesellschaften auch ein vermehrtes Interesse an Konzeptionen des Imaginären erkennen. Zwar sind solche Überlegungen innerhalb deutschsprachiger Kulturtheorien nach wie vor selten, die Verbreitung der visual studies und die viel versprechenden Entwürfe einer Bildsoziologie (vgl. exempl. Strehle 2009) lassen hier jedoch einen Gegentrend erkennen. Und indem die Kulturwissenschaften immer mehr mit der Frage konfrontiert sind, welche gesellschaftliche Bedeutung der Umstellung von Schrift auf Bild (Flusser 1989) oder von Buchdruck auf Computer (Baecker 2007) zukommt, dürften gerade solche Ansätze an Bedeutung gewinnen, die auf die konstitutiv imaginäre Dimension von Gesellschaften verweisen. Drittens finden sich Anknüpfungspunkte an Castoriadis' radikale politische Philosophie angesichts neuerer Bemühungen zur Rückgewinnung eines normativ abgesicherten gesellschafts- und kapitalismuskritischen Profils in der Soziologie (vgl. Dörre/ Lessenich/Rosa 2009). Bereits Honneth hat aus diesem Grund bei Castoriadis von einer „ontologischen Rettung der Revolution“ gesprochen und damit eine Perspektive benannt, die angesichts der Zweifel der zweiten und dritten Generation der Kritischen Theorie um die normative Begründbarkeit von Gesellschaftskritik ungemein attraktiv erscheint. Obwohl diese Rezeptionslinie derzeit etwas erschöpft scheint, ist Castoriadis vielleicht gerade hier von Interesse, da er durch die dezidiert politische Fassung seiner Gesellschaftstheorie als Referenzautor für eine ,Rückkehr des Politischen‘ in den gegenwärtigen ,postpolitischen‘ oder ,post-demokratischen‘ Zeiten fungieren könnte. Wie weit diese Aspekte als Ankerpunkte einer zukünftigen Rezeption taugen, werden weitere Forschungen zeigen. Potential hierfür dürfte reichlich vorhanden sein. Denn neben den bisher veröffentlichten Schriften von Castoriadis und der Tatsache, dass die Mehrzahl seiner Texte noch der Über-

---

schaftlicher Probleme und deren kulturspezifische Beantwortung können somit als Indikator des gesellschaftlichen Imaginären begriffen werden – ähnlich des ,kulturell Unbewussten‘ für Foucault (vgl. dazu Gertenbach 2008b; zu Michel Foucauld vgl. den Beitrag von Christian Lavagno in diesem Band).

setzung harren, existiert auch ein umfangreicher Nachlass, aus dem noch zahlreiche Publikationen zu erwarten sind.

Literatur von Cornelius Castoriadis

Castoriadis, C.: Durchs Labyrinth. Seele, Vernunft, Gesellschaft. Frankfurt/M. 1981.

Castoriadis, C.: Merleau-Ponty und die Last des ontologischen Erbes. In: Métraux, A./Waldenfels, B. (Hg.): Die leibhaftige Vernunft. Spuren von Merleau-Pontys Denken. München 1986, S. 111-143.

Castoriadis, C. (1979): Sozialismus und autonome Gesellschaft. In: Rödel, U. (Hg.): Autonome Gesellschaft und libertäre Demokratie. Frankfurt/M. 1990.

Castoriadis, C.: Sozialismus oder Barbarei. Analysen und Aufrufe zur kulturrevolutionären Veränderung. Berlin 1980.

Castoriadis, C.: Durchs Labyrinth. Seele, Vernunft, Gesellschaft. Frankfurt/M. 1981.

Castoriadis, C.: Domaines de l'homme. Les carrefours du labyrinthe II. Paris 1986.

Castoriadis, C.: Cornelius Castoriadis (Interview). In: Rötzer, F.: Französische Philosophen im Gespräch. München 1987, S. 47-65.

Castoriadis, C.: Gesellschaft als imaginäre Institution. Entwurf einer politischen Philosophie. Frankfurt/M. 1990.

Castoriadis, C.: Autonomie oder Barbarei. Ausgewählte Schriften Bd. 1, Lich 2006

Castoriadis, C.: Die Bewegungen der sechziger Jahre. In: ders.: Autonomie oder Barbarei. Ausgewählte Schriften Bd. 1, Lich 2006b, S. 169-182.

Castoriadis, C.: Vom Sozialismus zur autonomen Gesellschaft. Über den Inhalt des Sozialismus. Ausgewählte Schriften Bd. 2.1, Lich 2007.

Castoriadis, C.: Vom Sozialismus zur autonomen Gesellschaft. Gesellschaftskritik und Politik nach Marx. Ausgewählte Schriften Bd. 2.2, Lich 2008.

Weitere zitierte Literatur

Althusser, L.: Ideologie und ideologische Staatsapparate. Aufsätze zur marxistischen Theorie. Hamburg 1977.

Arnason, J. P.: Praxis und Interpretation. Sozialphilosophische Studien, Frankfurt/M. 1988.

Baecker, D.: Studien zur nächsten Gesellschaft. Frankfurt/M. 2007.

Deleuze, G.: Woran erkennt man den Strukturalismus? Berlin 1992.

Derrida, J.: Marx' Gespenster. Der Staat der Schuld, die Trauerarbeit und die neue Internationale. Frankfurt/M. 2004.

Dörre, K./Lessenich, St./Rosa, H.: Soziologie – Kapitalismus – Kritik. Eine Debatte. Frankfurt/M. 2009.

Durand, G.: Les Structures anthropologiques de l'imaginaire. Paris 1960.

Durand, G.: L'Imaginaire. Essai sur les sciences et la philosophie de l'image. Paris 1994.

Emmerich, M.: Jenseits von Individuum und Gesellschaft. Zur Problematik einer psychoanalytischen Theorie der Sozialität. Gießen 2007.

Flusser, V.: Die Schrift. Hat Schreiben Zukunft? Göttingen 1989.

Foucault, M.: Polemik, Politik und Problematisierungen, In: ders.: Schriften in vier Bänden (Dits et Ecrits), Bd. 4, Frankfurt/M. 1984, S. 724-734.

Foucault, M.: Die Ordnung der Dinge. Eine Archäologie der Humanwissenschaften. Frankfurt/M. 1995.

Gertenbach, L.: Geschichte, Zeit und sozialer Wandel. Konturen eines poststrukturalistischen Geschichtsdenkens. In: Moebius, St./Reckwitz, A. (Hg.): Poststrukturalistische Sozialwissenschaften, Frankfurt/M. 2008a, S. 208-225.

Gertenbach, L.: Ein „Denken des Außen". Michel Foucault und die Soziologie der Exklusion. In: Soziale Systeme. Zeitschrift für soziologische Theorie, Bd. 14, Heft 2, 2008b, S. 308-328.

Habermas, J.: Arbeit und Interaktion. Bemerkungen zu Hegels Jenenser ‚Philosophie des Geistes'. In: ders.: Technik und Wissenschaft als Ideologie. Frankfurt/M. 1970, S. 9-47.

Habermas, J.: Der philosophische Diskurs der Moderne. Zwölf Vorlesungen. Frankfurt/M. 1988.

Honneth, A.: Die Kreativität des Sozialen. Zum Tode von Cornelius Castoriadis. In: Frankfurter Rundschau, 30.12.1997.

Honneth, A.: Eine ontologische Rettung der Revolution. Zur Gesellschaftstheorie von Cornelius Castoriadis. In: ders.: Die zerrissene Welt des Sozialen. Sozialphilosophische Aufsätze. Frankfurt/M. 1990, S. 123-143.

Iser, W.: Das Fiktive und das Imaginäre. Perspektiven literarischer Anthropologie. Frankfurt/M. 1993.

Joas, H.: Institutionalisierung als kreativer Prozess. Zur politischen Philosophie von Cornelius Castoriadis. In: ders.: Pragmatismus und Gesellschaftstheorie, Frankfurt/M. 1992, S. 146-170.

Joas, H./Knöbl, W. : Sozialtheorie. Zwanzig einführende Vorlesungen, Frankfurt/M.: 2004.

Kelbel, P.: Selbstschöpfung und Selbstverlust. Castoriadis' Konstitutionstheorie des gesellschaftlich Imaginären. In: Journal Phänomenologie, H. 27, 2007, S. 10-21.

Lacan, J.: Die vier Grundbegriffe der Psychoanalyse. 4. Aufl., Weinheim 1996.

Latour, B.: Eine neue Soziologie für eine neue Gesellschaft, Frankfurt/M. 2007.

Maffesoli, M. (Hg.): La Galaxie de l'imaginaire. Dérive autour de l'œuvre de Gilbert Durand. Paris 1980.

Marx, K.: Grundrisse der Kritik der politischen Ökonomie, Berlin 1953.

Reckwitz, A.: Die Transformation der Kulturtheorien. Zur Entwicklung eines Theorieprogramms. Studienausgabe, Weilerswist 2006.

Schnell, M. W.: Castoriadis und das Politische. In: Journal Phänomenologie, H. 27, 2007, S. 45-52.

Bernhard Waldenfels: Kultur als Antwort

Kathrin Busch

Biographisches

Bernhard Waldenfels wird 1934 in Essen geboren. Er studiert Philosophie in Bonn, Innsbruck und München. Die Promotion erfolgt 1959 mit einer Arbeit zum sokratischen Fragen. Anfang der 1960er Jahre während eines Studienaufenthalt an der Sorbonne in Paris kommt er in Berührung mit der zeitgenössischen französischen Philosophie. An der Universität München wird er 1967 habilitiert. Von 1976 bis zu seiner Emeritierung im Jahr 1999 hat er einen Lehrstuhl für Philosophie an der Ruhr-Universität Bochum inne. Er nimmt eine Reihe von Gastprofessuren im Ausland wahr, unter anderem in Rotterdam, Paris, New York, Prag, Wien und Hong Kong.

Allgemeines

Die Bedeutung von Waldenfels' Philosophie besteht zum ersten in einer Fortführung und Erneuerung der Phänomenologie sowie einer intensiven Rezeption der französischen Gegenwartsphilosophie, zu deren Verbreitung in Deutschland er wesentlich beiträgt (Waldenfels 1983, 1995 und 2005). Neben Edmund Husserl sind vor allem Maurice Merleau-Ponty und Emmanuel Lévinas, aber auch Paul Ricœur, Jacques Derrida und Michel Foucault als Philosophen zu nennen, in Auseinandersetzung mit denen er sein Denken schärft. Vor diesem Hintergrund entwickelt Waldenfels zum zweiten eine eigenständige „Phänomenologie des Fremden", die er in einem vierbändigen Werk gleichen Titels (Waldenfels 1997, 1998/2008, 1999a, 1999b) niederlegt.[1] Seine Philosophie der Fremdheit, die mit dem wichtigen Buch zum *Stachel des Fremden* (Waldenfels 1990) anhebt und mit *Antwortregister*[2] (Waldenfels 1994) sowie *Bruchlinien der Erfahrung* (Waldenfels 2002) eine systematische Fundierung erhält, lässt sich – unter kulturtheoretischer Perspektive – als Freilegung der responsiven Bedingung aller Kultur interpretieren. Sie ist keineswegs auf eine Theorie des kulturell Fremden einzugrenzen, vielmehr kann man Responsivität als Konstituens und Movens des Kulturellen überhaupt verstehen. Kultur entsteht und bildet sich nicht anders

---

[1] Zur Rekonstruktion der Entwicklung von Waldenfels' Philosophie anhand seiner wichtigsten Publikationen siehe Huth (2008); zur weiteren Auseinandersetzung mit seinem Denken siehe Fischer/Gondek/Liebsch (2001) und Busch/Därmann/Kapust (2007).

[2] Im *Antwortregister* (Waldenfels 1994) erweitert Waldenfels den Rahmen seiner theoretischen Bezugnahmen über die Phänomenologie hinausgehend um linguistische und sprachanalytische Ansätze u.a. von Jakobson, Benveniste, Austin und Searle. Die Entwicklung seines philosophischen Denkens vollzieht sich vom Fragen (*Das sokratische Fragen* ist Titel der Dissertation, Waldenfels 1961) über den Dialog (die Habilitationsschrift erscheint unter: *Das Zwischenreich des Dialogs*, Waldenfels 1971) hin zur Antwort und der Begründung einer „responsiven Rationalität".

Bernhard Waldenfels: Kultur als Antwort

als in Antwort auf Fremdartiges, also auf das, was sich dem Begreifen und Aneignen ebenso entzieht wie es sich keiner bestehenden Ordnung einfügen lässt.

Waldenfels entfaltet seine Xenologie entlang konkreter Analysen und unter Rekurs auf (kultur)philosophische Grundbegriffe wie Ordnung, Sprache, Bild, Leib und Raum, wobei sie in die Interkulturalitätsforschung ebenso hineinreicht wie in die Ästhetik und Ethik[3]. Die Essenz dieser gleichermaßen weit gefächerten wie detailgenauen Überlegungen kann man dem Buch *Grundmotive einer Phänomenologie des Fremden* (Waldenfels 2006a) entnehmen, das Waldenfels' philosophisches Grundanliegen bündig zusammenfasst.

Nimmt man sich allein die Titel von Waldenfels' zahlreichen Publikationen vor, dann wird mit Begriffen wie etwa „Bruchlinien", „Schattenrisse", „Sinnesschwellen", „Zwielicht" oder „Vielstimmigkeit" bereits deutlich, dass hier kein geschlossenes philosophisches System angestrebt wird. Im Gegenteil wird mit dem Phänomen der Fremdheit dasjenige zur Sprache gebracht, dem man nur gerecht wird, wenn man sich in Bereiche des Zwischen oder Wilden begibt. Man muss gerade dieses randgängerische und indirekte Vorgehen als methodische Strenge werten, bedenkt man, dass sich das Fremde in dem Maße verliert, wie man bemüht ist, es geradewegs präsent zu machen.[4] Solches Verfahren, das sich dem Latenten und Impliziten verpflichtet, schließt die Infragestellung oder Beunruhigung des Philosophen mit ein. Man kann sie daher als Methode der Ansteckung umschreiben, in der sich der Logos in seinem Eigensten bereits als vom Fremden infiziert darstellt. Sich bewusst der Immunisierungen des Denkens gegen seine Befremdung zu enthalten, zeugt von dem Ansinnen, die responsive Bedingtheit der Vernunft[5] selbst kenntlich zu machen.

Es verbindet Waldenfels mit den Vertretern der französischen Gegenwartsphilosophie, nicht nur die Ansprüche der modernen Rationalität, sondern auch die der neuzeitlichen Subjektivität im Rahmen seiner Fremdheitslehre einer kritischen Befragung zu unterziehen. Sein philosophisches Vorhaben ließe sich daher – mit dem Titel eines seiner Bücher – präzise als Versuch einer „Verfremdung der Moderne" (Waldenfels 2001a) bezeichnen.

Philosophie der Fremdheit

Die Erfahrung von Fremdheit macht derjenige, dem sich etwas zeigt, indem es sich ihm zugleich entzieht. Mit dieser bereits bei Husserl formulierten Einsicht, dass Fremderfahrung den scheinbar paradoxen Charakter „bewährbarer Zugänglichkeit des original Unzugänglichen" (Husserl 1989: 144) aufweist, wird der methodische Einsatzpunkt bei der Nicht-Phänomenalität des Fremden gewählt. „Etwas ist zugänglich nicht trotz, sondern *in seiner Unzugänglichkeit*, genau das besagt Fremdheit." (Waldenfels 1995: 53) Fremdheit benennt demnach keine Eigenschaft, sondern die Art und Weise, wie sich etwas zeigt. Diese Verschiebung von der Frage nach dem, *was* das Fremde ist, zur Explikation dessen, *wie* das

---

[3] Waldenfels' Überlegungen zur Moral setzen wie diejenigen von Nietzsche oder Lévinas bei einer Genealogie des Ethischen an, genauer gesagt: bei einer „*Genesis des Ethos aus der Antwort*" (Waldenfels 2006b: 14).

[4] Entscheidend für Waldenfels' Annäherung an das Fremde ist das Anliegen, dessen aufstörenden Charakter nicht durch die Integration in eine bestehende Ordnung zu nivellieren. Angesichts dieses Anspruchs, das Fremde als Außer-Ordentliches zur Sprache zu bringen, hat sich Waldenfels intensiv mit Fragen der Ordnung wie der Normalisierung beschäftigt (vgl. Waldenfels 1987 und Waldenfels 1998/2008).

[5] „Responsive Rationalität" ist der Begriff, den Waldenfels hierfür in *Ordnung im Zwielicht* prägt (vgl. Waldenfels 1987) und in *Antwortregister* expliziert (vgl. Waldenfels 1994: 333ff.; dazu Rühle 2001).

Fremde erfahren wird, ermöglicht es, den Fallstricken seiner verstehenden Aneignung, Neutralisierung oder Normalisierung zu entgehen. Denn die Erfahrung des Fremden geht, wie Waldenfels nicht müde wird zu unterstreichen, mit dem *„Fremdwerden der Erfahrung"* (Waldenfels 2006a: 8) einher. Das Phänomen des Fremden wird erkundet bis es „seine Phänomenalität, seine Sinngestalten und Regelstrukturen, sein Fürunssein sprengt und uns selbst in unserer Eigenheit in Frage stellt" (Waldenfels 1997: 18). Ausgangspunkt solcher Fremdheitslehre ist also weder eine umfängliche Vernunft noch das sinngebende Subjekt, sondern das, was widerfährt. Waldenfels geht dabei von einer Fremderfahrung aus, die er mit Lévinas dahingehend präzisiert, dass sie im Ausgang von den Appellen des Fremdartigen ihre Gestalt gewinnt.[6] Nicht das Verstehen des Fremden auch nicht die Verständigung mit ihm (vgl. Waldenfels 1997: 13) – wie man es aus hermeneutischen oder kommunikationstheoretischen Ansätzen kennt – bilden hierbei den Einsatzpunkt, sondern das nicht gewählte und unvermeidliche Antworten auf seine als vorgängig gedachten Ansprüche.[7] Dieses Modell der Responsivität erstreckt sich bei Waldenfels, und darin kann man das kulturtheoretische Potential seines Ansatzes erblicken, auf die gesamte Sphäre des Handelns und Denkens. Sowohl die Theorie als auch die Praxis werden im Register des Antwortens auf Befremdendes situiert. Denn: „Würde man das Fremde als ein Spezialthema behandeln, so hätte man es von vornherein verfehlt." (Waldenfels 2006a: 7) In dieser Verschiebung vom Fremdverstehen hin zur genetisch oder genealogisch zu nennenden Betrachtung der Konstitution von Denken und Handeln durch Fremdheit besteht der radikale Einsatz von Waldenfels' Philosophie. Er lässt nicht nur überzeugend erkennen, dass und wie Fremdartiges der eigenen Verfügungsgewalt entgeht, sondern dass der fremde Anspruch „unserer Eigeninitiative zuvorkommt" (Waldenfels 1997: 14) und damit uns und unsere Erfahrungen von Anbeginn an durchwirkt. In der solcherart verstandenen Fremderfahrung erhält der Erfahrungsbegriff eine präzisierende Korrektur, insofern eine Erfahrung zu machen genau genommen meint, etwas durchzumachen. Erfahrungen werden weder konstruiert noch produziert, sie werden stattdessen hervorgerufen von Widerfahrnissen und sind demzufolge in ihrer passiven Genese zu berücksichtigen. Wir sind anfänglich weniger Akteure als vielmehr „Patienten" (Waldenfels 2002: 99), wobei dieser Begriff – im wörtlichen Sinne verstanden – die passive Vorform des Subjekts bezeichnet. Oder anders gesagt: Jedes Erfahren ist, unabhängig von seiner jeweiligen affektiven Färbung, zunächst ein Erleiden. Bei der Freilegung dieses pathischen Charakters aller Erfahrung hätte die kulturtheoretische Fortführung von Waldenfels' Überlegungen anzusetzen. Sie konvergiert nicht allein mit den Überlegungen zur Passivität von Lévinas oder Blanchot, sie ließe sich sogar mit Bruno Latours[8] Aktanten-Theorie in Beziehung setzen, da dem Vorrang des Subjekts in der neuzeitlichen Philosophie sowie dem ihm zugebilligten Handlungsprivileg eine deutliche Absage erteilt wird. Deshalb greift Waldenfels – ähnlich wie Derrida (vgl. Derrida 2003) – auf

---

[6]   In Abgrenzung zu Lévinas' Alteritätsdenken geht Waldenfels vom Begriff des Fremden und nicht von dem des Anderen aus. Waldenfels' Wortwahl gründet in einer genauen Begriffsanalyse. Die unterschiedlichen Bedeutungen werden besonders gut anhand der sprachlichen Oppositionen einsichtig: Das Fremde unterscheidet sich vom Eigenen, während das Andere im Selben seinen Gegenpart findet und zunächst nur eine Verschiedenheit benennt, wie sie aus der Perspektive eines Dritten formulierbar ist. Zur Auseinandersetzung mit Lévinas siehe vor allem Waldenfels (1995: 302ff.).

[7]   Angesichts dieser Vorgängigkeit des fremden Anspruchs wäre es verfehlt, die Gleichursprünglichkeit des Eigenen und Fremden zu behaupten – wie Waldenfels dies noch im *Zwischenreich des Dialogs* (Waldenfels 1971) vertritt.

[8]   Zu Bruno Latour vgl. den Beitrag von Werner Krauss in diesem Band.

den Begriff einer „positiven Unmöglichkeit" (Waldenfels 1994: 627) zurück, um kenntlich zu machen, dass Fühlen, Erfahren, Denken und Handeln ihre wesentlichen Anstöße durch das erhalten, was nicht im Rahmen des Ermöglichten, Verfügbaren und Machbaren liegt. Mit dieser Akzentuierung des Pathischen wird ausdrücklich gegen die als *furor constructivisticus*" (Waldenfels 2001a: 108) bezeichnete Tendenz heutiger Kulturwissenschaften Position bezogen.

Pathos – Response

Waldenfels' Fokussierung des Pathischen kann man zunächst als den Versuch interpretieren, einem Grundbegriff der Phänomenologie, nämlich der Intentionalität, eine neue Wendung zu geben. Die Formel, dass „etwas *als* etwas" erscheint, mithin das Wirkliche in einem bestimmten Sinn zugänglich ist, wird in der klassischen Phänomenologie auf die transzendentale Subjektivität und die bedeutungsverleihenden Akte des Bewusstseins zurückgeführt sowie unter Rekurs auf sich bildende Sinnhorizonte erklärt. Wenn der phänomenologische Einsatzpunkt bei der Erfahrung und ihrer intentionalen Struktur bedeutet, dass „Sachverhalt und Zugangsart nicht voneinander zu trennen sind" (Waldenfels 1997: 19), dann heißt dies allerdings mitnichten, dass die Art und Weise, wie eine Sache gegeben ist, in der Macht des Subjekts läge. Anknüpfend an die Untersuchungen zur passiven Synthesis bei Husserl, ist vielmehr der „*Geburt des Sinnes aus dem Pathos*" (Waldenfels 2006a: 74) Rechnung zu tragen. Waldenfels' Neufassung der Intentionalität stützt sich daher auf die einander korrespondierenden Konzepte von Pathos und Response. Während das Antworten für die Sinnumsetzungen verantwortlich ist, die dem Begegnenden Bedeutung verleihen, akzentuiert der Begriff des Pathischen den zustoßenden Charakter dessen, was widerfährt und sich aufdrängt, zufällt oder auffällt, anlockt, auffordert, überrascht oder verletzt. Weil es sich dabei nicht um Akte des Subjekts handelt, sondern letzteres als Adressat von Ereignissen in den Blick gerät, wird einsichtig, dass das Erleben, Handeln oder Denken „anderswo beginnt und deswegen stets Züge einer fremden Eingebung an sich trägt" (Waldenfels 2006a: 45). Diese Berücksichtigung des Angegangenwerdens zielt auf eine Urpassivität ab, die – wie auch Lévinas herausgestellt hat – der Unterscheidung von Aktivität und Passivität vorausliegt. „Pathos bedeutet, daß wir *von etwas* getroffen sind, und zwar derart, daß dieses Wovon weder in einem vorgängigen Was fundiert, noch in einem nachträglich erzielten Wozu aufgehoben ist." (Waldenfels 2006a: 43) Das, wovon wir in Anspruch genommen sind und auf das wir nicht vermeiden können zu antworten, ist aus dem Grunde zunächst nicht identifizierbar, da es erst in der Antwort *als* etwas zugänglich wird und eine Bedeutung erhält. Die Umwandlung des Wovon des Getroffenseins in das Worauf des Antwortens macht aus dem ,Patienten' einen ,Respondenten'. Die Response ist dabei anderes und mehr als bloße Reaktion auf einen Reiz. Sie hat das Moment des Erfinderischen, insofern zwar vorgegeben ist, dass zu antworten, aber nicht wie zu antworten ist. Der Spielraum zu erfindender Antworten wird durch die Unausweichlichkeit des Anspruchs, will sagen: seinen appellativen oder verpflichtenden Charakter, keinesfalls abgeschwächt. Ähnlich wie der schöpferische Ausdruck bei Merleau-Ponty (dazu Waldenfels 1995: 105-123) folgt die erfinderische Antwort einem Paradox: Das, worauf zu antworten ist – also das vorgängige Pathos oder Widerfahrnis –, gewinnt erst in der Response seine Gestalt. Man hat also zu differenzieren zwischen dem, wovon wir betroffen sind, und dem, worauf wir antworten. Diese sogenannte responsive Differenz, die auch eine zeitliche Verschiebung und ein räumliches Auseinandertreten beinhaltet, wird von Waldenfels mit dem Begriff der Diastase (vgl. Waldenfels 2002: 176)[9] belegt. Dank der Kluft zwischen Pathos und Response überschreitet das Antwortgeschehen jede Intentionalität, denn das Eingehen auf das Widerfahrnis erschöpft sich nicht in den nachträglichen Sinngebungen sowenig wie sich das Antwortgeben auf die gegebenen Antworten zurückführen lässt. Aufgrund dieser Irreduzibilität hält das Pathos im Sinne des Fremden und Zustoßenden stets einen Überschuss bereit und entzieht sich einer umfänglichen Sinnerschließung. Das Antwortgeschehen ist daher im Unterschied zum Dialog weder in eine gemeinsame kommunikative Situation noch einen geteilten Verstehenshorizont restlos integrierbar.

Affekt, Aufmerksamkeit und Leiblichkeit, oder: das Fremde im Eigenen

Wenn man das Pathische im Sinne des Zustoßenden zum theoretischen Ausgangspunkt macht, dann wird nicht nur dem Fremden im Sinne der Beunruhigung Rechnung getragen und der Privilegierung von Handlung, wie sie in den heutigen Kulturtheorien üblich ist, widersprochen, sondern auch dem in der Philosophiegeschichte der Vernunftbegabtheit nachgeordneten Gefühl zu seinem Recht verholfen. Das Pathische im Sinne der Affizierbarkeit leitet über zu den Affekten, die aus ihrer Beschränkung auf das bloß Subjektive, Innerliche und Irrationale gelöst werden (vgl. Waldenfels 2002: 14ff.), um den gewichtigen Anteil des affektiven Strebens, also von Lust und Unlust, an Verstehens- und Sinnbildungsprozessen einsichtig zu machen. Bedeuten und Begehren greifen, so Waldenfels' These, ineinander (vgl. Waldenfels 2002: 23). Anders als in der neuzeitlichen Philosophie wird das Pathos nicht dem Logos oder Ethos nachgeordnet. Denn auch letztere verdanken sich dem „initiatorischen Einschlag" (Waldenfels 2002: 58) des affektiven Getroffenseins, wie etwa das die Erkenntnis weckende Staunen bei Platon oder die das Seinsverständnis erschließende Angst bei Heidegger oder aber das zur Verantwortlichkeit treibende Berührtsein durch den Anderen bei Lévinas belegen.

Für das Feld der Aisthesis lässt sich die pathisch grundierte Responsivität vor allem unter Rekurs auf die als Schlüsselphänomen[10] zu betrachtende Aufmerksamkeit nachzeichnen (vgl. Waldenfels 2004a). Letztere folgt der Doppelbewegung aus Pathos – insofern etwas auffällt und die Aufmerksamkeit weckt – und Response – wenn diesem Auffallenden Aufmerksamkeit geschenkt und zugleich anderem entzogen wird. Mit dem ersten Moment wird vorausgesetzt, dass auch die Dinge Aufforderungscharakter besitzen, wenn sie uns anziehen und gewissermaßen an unsere Sinne appellieren. Mit dem zweiten Moment wird ein Ethos des Sinnlichen angedeutet, sofern man dem Aufforderungscharakter durch attentionale Hinwendung entweder gerecht wird oder sich ihm verschließt. Immer aber geht die dem einen gewährte Aufmerksamkeit mit einer dem anderen verweigerten Zuwendung einher, denn Aufmerksamkeit ist notwendigerweise selektiv und ist aus diesem Grunde immer auch umkämpft. Den Künsten kommt für eine solche Aufmerksamkeitspolitik eine

---

[9]   Als ein „Differenzierungsprozeß, in dem das, was unterschieden wird, erst entsteht" (Waldenfels 1994: 335), ist die Diastase der Derridaschen *différance* verwandt.

[10]   Schlüsselphänomene, zu denen neben der Aufmerksamkeit beispielsweise auch der Leib und die Sprache gehören, zeichnen sich dadurch aus, dass sie „an der Konstitution anderer Phänomene immerzu beteiligt" (Waldenfels 2000: 9) sind.

besondere Bedeutung zu, weil sie die affektiven Dispositionen und sensuellen Gewohnheiten festigen oder lockern können[11]. Waldenfels interessiert sich in seinen kunstphänomenologischen Betrachtungen deshalb auch weniger für die modernistische Selbstreflexivität der Künste oder ihre gesellschaftlichen Kontexte als vielmehr für ihre auf das leibliche Sensorium bezogenen Artikulationen. In den Künsten werde das sinnliche Wahrnehmen in seiner durch das Fremde heimgesuchten Form explizit. Oder anders formuliert: Dass die Sinne nicht vom Fremden mit seinen Störungen, Beunruhigungen und Verwirrungen verschont bleiben, zeigt sich in aller Deutlichkeit in den Künsten, die damit auch ihre Herkunft aus einer „Heteroästhesie" (Waldenfels 1999a: 11) oder responsiven Aisthesis zum Ausdruck bringen. Bedeutsam sind daher für Waldenfels vor allem diejenigen künstlerischen Arbeiten, die eine Verkehrung oder Aussetzung der gewohnten Wahrnehmung betreiben und in jene Sphäre vordringen, in der das sinnliche Angesprochen-sein selbst thematisch wird.

Neben der Aufmerksamkeit bildet der Leib ein zweites Grundphänomen (vgl. Waldenfels 2000)[12], das mit Fremdheit auf das Engste verbunden ist, da sich diese in der leiblichen Affizierung zeigt. Die pathische Grundierung von Erfahrung wird gleichsam im leiblichen Register explizit (vgl. Waldenfels 2006a: 72). Denn wir sind Ichfremdem nur ausgesetzt, weil wir als verleiblichte Wesen existieren. Zum einen ist es der Verleiblichung geschuldet, dass die Erfahrung von Fremdheit gemacht werden kann, die sich präzise als leibhaftige Abwesenheit umreißen lässt (vgl. Waldenfels 1997: 26). Zum anderen birgt aber auch der eigene Leib das Moment der Fremde. Nie bin ich ganz und gar und ausschließlich mein Leib, nie wohne ich ihm ungebrochen inne oder verfüge über ihn nach eigenem Gutdünken.[13] Es ist diese Fremdheit des eigenen Körpers, die, wie Waldenfels mit Merleau-Ponty ausführt, die Gleichursprünglichkeit von Selbst und Anderem gewährleistet sowie eine intrapersonale Fremdheit bedingt. Die Verunheimlichung des Selbst und der Entzug des Anderen sind miteinander verquickt. Mein leibliches Zur-Welt-Sein entgleitet mir in dem Maße, wie der Andere Zugang zu meinen Erlebnissen hat. Und ihm ist dieser Zugang möglich, weil Erlebnisse verkörpert sind. Sie werden nicht nachträglich zum Ausdruck gebracht, sondern artikulieren sich in körperlicher Expression. Zugleich bildet der Körper ein „leibliches Responsorium" (Waldenfels 1994: 463ff.) mit leiblichen Antwortmöglichkeiten heraus, die von der Erwiderung des Blickes über Mimik und Gestik bis hin zur Zärtlichkeit und anderen körperlichen Gaben reichen. Entscheidend aber ist, und das zeigt sich in Bezug auf die Leiblichkeit unabweisbar, dass Eigenes und Fremdes ineinander verflochten sind und somit das Fremde offensichtlich „in uns selbst beginnt und nicht außer uns" (Waldenfels 2006a: 118).[14] Diese Verflechtung von Eigenem und Fremden ist auch für Waldenfels' kulturtheoretische Einlassungen maßgeblich, sofern man sie im Verhältnis von Heim- und Fremdwelt wiederfinden kann.

---

[11]   Waldenfels kunsttheoretischen Betrachtungen beziehen sich insbesondere auf Bild-, Klang- und Raumkunst (vgl. hierzu die Analysen in Waldenfels 1999a).

[12]   Der Essay *Findigkeit des Körpers* (Waldenfels 2004b) schlägt Verbindungen zwischen den Überlegungen zur Hervorbringung des Neuen bzw. den Aporien des Erfinderischen und der Leiblichkeit.

[13]   Die Leibtheorie ist bei Waldenfels der Einsatzpunkt seiner „Philosophie des Selbst", wobei mit der leiblich bedingten Doppeltheit aus Selbstbezug und Selbstentzug eine Korrektur der klassischen Positionen der Selbstreflexivität vollzogen wird (vgl. Kapust 2007: 24ff).

[14]   Zu Waldenfels' kritischer Bezugnahme auf Kristeva vgl. Waldenfels (1997: 28ff.). Zu Julia Kristeva vgl. den Beitrag von Christian Kupke in diesem Band.

Kulturelle Ordnung

Waldenfels steht der Kulturphilosophie als Phänomenologe zunächst skeptisch gegenüber und unterstreicht das Dilemma eines sich über den Begriff der Kultur bestimmenden philosophischen Denkens, das sich scheinbar zwischen den Alternativen einer Kulturphilosophie und einer Philosophie der Kultur zu entscheiden hat. In dem Maße, wie erstere, also die Kulturphilosophie, von Kultur als einem bestimmenden Milieu ausgeht (vgl. Waldenfels 2001a: 99), kann sie sich selbst nur als Ausdruck der jeweiligen Kultur verstehen, so dass sie ihrerseits lediglich in den Grenzen und im Medium einer bestehenden Kultur, mithin als ihr Ausdruck operiert. Demgegenüber wendet sich die Philosophie der Kultur den kulturellen Erzeugnissen als Gegenständen eines Teilbereichs der Philosophie zu und steht in der Notwendigkeit, auf eine der jeweiligen Kultur transzendente Vernunft rekurrieren zu müssen. Die Philosophie ist in diesen beiden Versionen in Bezug auf die Kultur entweder ihr immanent und damit bloß kulturrelativ, oder aber sie beansprucht, kulturübergreifend und damit universal zu sein.

Gegenüber dieser Logik der Totalisierung oder Relativierung des Kulturellen plädiert Waldenfels für eine Herangehensweise, dergemäß „die jeweilige Kultur selbst mehr und anderes wäre als sie selbst" (Waldenfels 2001a: 100). Um diesem Überschuss gerecht zu werden, ist eine „Genealogie" der Kultur zu unternehmen, „die nach der Herkunft der kulturellen Ordnung fragt" (Waldenfels 2001a: 100) sowie ihren immanenten Fremdheiten und Differenzen nachgeht. Ein solcher genealogischer Rückgang meint nicht zu einem Vorkulturellen vorstoßen zu können, vielmehr will er innerhalb der Kultur dasjenige hervortreten lassen, was über sie hinausweist. Diese Offenlegung erfolgt in dem Bewusstsein, dass es jenseits einer bestehenden kulturellen Ordnung noch anderes zu berücksichtigen – zu sagen, denken oder tun – gibt und dass angesichts des bislang Unabgegoltenen immer wieder für eine andere oder neue Konfiguration des Kulturellen einzutreten ist.

Wie ein solches Transzendenzreservat des kulturell Fremden zu verstehen ist, kann anhand der Unterscheidung von Natur und Kultur anschaulich gemacht werden. Ihrer beider Gegensatz ist bekanntlich selbst eine Erfindung der Kultur, ohne dass allerdings deshalb die Natur für außer- oder vorkulturell und somit für überwunden zu erklären wäre. Vielmehr fungiert die Natur als Moment der Fremdheit in der Kultur. In diesem Sinne kann Waldenfels mit Merleau-Ponty behaupten: „alles in uns ist kulturell (unsere Lebenswelt ist ,subjektiv') (unsere Wahrnehmung ist kulturell-historisch), und alles in uns ist natürlich (selbst das Kulturelle beruht auf dem Polymorphismus des wilden Seins)." (Merleau-Ponty 1994: 319) Ein Beispiel für eine solche „Umschlagstelle zwischen Natur und Kultur" (Waldenfels 2001a: 105) ist der Leib, der trotz aller kulturell bestimmten Körpertechniken oder Geschlechterkonstruktionen in „den unerreichbaren Herkunftsbereich der Natur und ihre abgründige Fremdheit" (Waldenfels 2001a: 109) hineinreicht. Die Fremdheit besteht innerhalb der Kultur aber nicht nur als naturhaft „wilde Region" (Merleau-Ponty 1986: 21), sondern jede kulturelle Ordnung erzeugt mit ihrer Errichtung ein solches Außerordentliches. Aus diesem Grund spricht Waldenfels von einer „zwielichtigen Ordnung, die ermöglicht, indem sie verunmöglicht, die eingrenzt, indem sie ausschließt, die formt, indem sie verformt" (Waldenfels 1987: 11).[15]

---

[15] Mit dem Begriff der Ordnung, der bei Waldenfels eine zentrale Stellung einnimmt, ist man bei Überlegungen angelangt, deren kulturtheoretische Bedeutung sicherlich noch auszuloten ist, wobei hierfür auch die Bezüge zu Foucault (vgl. Waldenfels 1995: 226-246) und die Überlegungen zur Lebenswelt Berücksichti-

Ordnungen sind, dies findet man bereits bei Husserl und Heidegger, Stiftungsereignisse, die immer begrenzt und kontingent sind. Mit der Stiftung von Ordnung scheidet sich Normales von Anormalem, Wissbares vom Nichtwissbarem, Legitimes von Illegitimem. Es gibt kulturelle Ordnung, aber sie könnte auch anders sein (vgl. Waldenfels 1998/2008: 262), wobei ihre jeweilige Wirkmächtigkeit untrennbar von Selektion und Exklusion ist. Weil Ordnungen aber kontingent sind, will sagen: auf nicht zureichenden Gründen beruhen, ist ihre Durchsetzung und Aufrechterhaltung mit Macht verbunden. Ihre Totalität wird brüchig, sobald sich das Fremde innerhalb der jeweiligen Ordnung als Ausgeschlossenes bemerkbar macht (vgl. Waldenfels 1987: 174). Bleibt das Außer-ordentliche virulent, dann kann es zur Erschütterung, Verschiebung und Umordnung des kulturellen Ordnungsgefüges und seiner jeweiligen Denk-, Handlungs- und Erfahrungsformen Anlass geben. Von dieser die Ordnung beunruhigenden Potenz des Fremden her lassen sich in dem Maße Verbindungen zur politischen Philosophie schlagen (vgl. Waldenfels 1998/2008: 263 und Waldenfels 2001b), wie man – an der Idee der Gerechtigkeit festhaltend – das Eingedenken des mit jeder Stiftung von Ordnung einhergehenden Ausschlusses und das damit notwendig werdende Aushandeln anderer Ordnungen als ein Herzstück des Politischen gelten lassen will. Kosmopolitisch wird dieses Anliegen, bezieht man ein, dass das Fremde als Außer-ordentliches nicht nur innerhalb der jeweiligen eigenkulturellen Lebenswelt, sondern auch in der Herausforderung durch andere Kulturen begegnet.

Interkulturalität

Obgleich der Begriff des Fremden keineswegs auf kulturelle Fremdheit einzugrenzen ist, leistet Waldenfels doch ausgehend von seiner Xenologie einen wesentlichen Beitrag zur Auffassung kultureller Fremdheit, der auch im Hinblick auf die Frage ethnographischer Fremddarstellung bzw. ihrer Krise von Interesse ist (vgl. Berg/Fuchs 1995).

Waldenfels teilt die Position neuerer ethnologischer Ansätze, wenn er davon ausgeht, dass die Vielheiten oder Differenzen der Kulturen und Lebenswelten nicht unter Rekurs auf eine Verständigungsgemeinschaft oder aber die „Zugehörigkeit zur Menschheit" aufzuheben ist. Seine phänomenologische Fremdheitslehre, die nach dem bislang Ausgeführten einer Erfahrung des Entzugs oder des Unzugänglichen als Richtschnur folgt und nicht eine Überwindung der Fremdheit intendiert, entgeht der Problematik sprach- oder kommunikationstheoretischer Ansätze, da weder kulturelles Verstehen noch soziale Zugehörigkeit zum Ausgangs- oder Zielpunkt genommen wird (vgl. Waldenfels 1999b: 94f.). Der „szientistischen Verarbeitung" und „hermeneutischen Eingemeindung" (Waldenfels 1999b: 142f.) des kulturell Fremden wird ebenso eine Absage erteilt wie den neueren ethnologischen Theorien einer Konstruiertheit des Fremden. Der Andere oder kulturell Fremde wird, wie über die Betonung des Pathischen bereits deutlich sein dürfte, gerade nicht gemacht, sondern als Störung oder Beunruhigung erfahren. Nur infolge dieses methodischen Ansatzes kann die Begegnung mit dem Fremden in eine Selbstbefremdung ausarten, die „beim *eigenen Selbst* (und beim *eigenen Ethnos*) des Ethnographen und beim *gemeinsamen Logos* der Ethnologie" (Waldenfels 1999b: 143) ansetzt und hier sowohl einen Selbstentzug bedingt als auch eine Polyphonie freizusetzen vermag, wie Waldenfels unter Rekurs auf Michail

---

gung finden müssten (vgl. Waldenfels 1985). Zu Michel Foucault vgl. den Beitrag von Christian Lavagno in diesem Band.

Bachtin formuliert. Für die Problematik der Interkulturalität wird erwartungsgemäß eine Forschungspraxis und Fremddarstellung vorgeschlagen, die im Antworten besteht und in einer indirekten Rede das Undarstellbare des kulturell Fremden mit zum Ausdruck bringt. Oder anders gesagt, den Paradoxien der aneignenden oder totalisierenden Fremdrepräsentation entgeht man nur, wenn man in Betracht zieht, dass die Philosophie der Interkulturalität immer schon eine interkulturelle Philosophie ist, weil sie nämlich ihrerseits durch das Fremde affiziert und herausgefordert ist. Nach Waldenfels hätte die Interkulturalitätsforschung daher ihren Ort, getreu der eigenen Bezeichnung, zwischen den Kulturen aufzusuchen. Es gibt keinen neutralen Standpunkt, von dem aus das Verhältnis der Kulturen oder gar die fremde Kultur betrachtet werden könnte. Ausgangspunkt ist vielmehr ein Differenzierungsgeschehen, durch das sich Eigenes von Fremdem und somit auch die eigene Kultur von der ihr fremden sondert, eine Pluralität von Lebenswelten entstehen und sich die Zwischensphäre ihres Austausches bildet. Auch hier bringt Waldenfels die Überlegung der Selbstbefremdung ins Spiel, weil man in der Begegnung mit der fremden die eigene kulturelle Bedingtheit zwar nie abstreifen kann, aber unleugbar zu spüren bekommt, dass man in der Heimwelt nie ganz zuhause ist, so dass auch die eigene Kultur ihr Unheimliches birgt.

Literatur von Bernhard Waldenfels

Waldenfels, B.: Das sokratische Fragen. Aporie, Elenchos, Anamnesis. Meisenheim 1961.
Waldenfels, B.: Das Zwischenreich des Dialogs. Sozialphilosophische Untersuchungen im Anschluß an E. Husserl. Den Haag 1971.
Waldenfels, B.: Der Spielraum des Verhaltens. Frankfurt/M. 1980.
Waldenfels, B.: Phänomenologie in Frankreich. Frankfurt/M. 1983.
Waldenfels, B.: In den Netzen der Lebenswelt. Frankfurt/M. 1985.
Waldenfels, B.: Ordnung im Zwielicht. Frankfurt/M. 1987.
Waldenfels, B.: Erfahrung des Fremden in Husserls Phänomenologie. In: Phänomenologische Forschungen 22, 1989, S. 39-62 (wiederaufgenommen in Waldenfels 1995).
Waldenfels, B.: Der Stachel des Fremden. Frankfurt/M. 1990.
Waldenfels, B.: Einführung in die Phänomenologie. München 1992.
Waldenfels, B.: Antwortregister. Frankfurt/M. 1994.
Waldenfels, B.: Deutsch-Französische Gedankengänge. Frankfurt/M. 1995.
Waldenfels, B.: Topographie des Fremden. Studien zur Phänomenologie des Fremden 1. Frankfurt/M. 1997.
Waldenfels, B.: Grenzen der Normalisierung. Studien zur Phänomenologie des Fremden 2. Frankfurt/M. 1998, erweiterte Auflage 2008.
Waldenfels, B.: Sinnesschwellen. Studien zur Phänomenologie des Fremden 3. Frankfurt/M. 1999a.
Waldenfels, B.: Vielstimmigkeit der Rede. Studien zur Phänomenologie des Fremden 4. Frankfurt/M. 1999b.
Waldenfels, B.: Das leibliche Selbst. Hrsg. von R. Giuliani, Frankfurt/M. 2000.
Waldenfels, B.: Verfremdung der Moderne. Göttingen 2001a.
Waldenfels, B.: Normalität, Fremdheit, Widerstreit. Zur Neufassung des Politischen an der Schwelle ins 21. Jahrhundert. In: Röhr, W. (Hg.): Krise der Kulturkritik und das Rätsel des Politischen – Politik zwischen Moderne und Postmoderne im 21. Jahrhundert. Hamburg 2001b, S. 9-28.
Waldenfels, B.: Bruchlinien der Erfahrung. Frankfurt/M. 2002.
Waldenfels, B.: Phänomenologie der Aufmerksamkeit. Frankfurt/M. 2004a.
Waldenfels, B.: Findigkeit des Körpers. Norderstedt 2004b.
Waldenfels, B.: Idiome des Denkens. Deutsch-Französische Gedankengänge II. Frankfurt/M. 2005.

Bernhard Waldenfels: Kultur als Antwort

Waldenfels, B.: Grundmotive einer Phänomenologie des Fremden. Frankfurt/M. 2006a.
Waldenfels, B.: Schattenrisse der Moral. Frankfurt/M. 2006b.

Weitere zitierte Literatur

Berg, E./Fuchs, M. (Hg.): Kultur, soziale Praxis, Text. Die Krise der ethnographischen Repräsentation. Frankfurt/M. 1995.
Busch, K./Därmann, I./Kapust, A. (Hg.): Philosophie der Responsivität. Festschrift für Bernhard Waldenfels zum 70. Geburtstag. München 2007.
Derrida, J.: Eine gewisse unmögliche Möglichkeit, vom Ereignis zu sprechen. Übers. v. S. Lüdemann. Berlin 2003.
Fischer, M./Gondek, H.-D./Liebsch, B. (Hg.): Vernunft im Zeichen des Fremden. Zur Philosophie von Bernhard Waldenfels. Frankfurt/M. 2001.
Husserl, E.: Cartesianische Meditationen und Pariser Vorträge. Hrsg. v. S. Strasser. Husserliana Bd. I. Den Haag/Dordrecht 1989.
Huth, M.: Responsive Phänomenologie. Ein Gang durch die Philosophie von Bernhard Waldenfels. Frankfurt/M. 2008.
Kapust, A.: Responsive Philosophie. Darlegung einiger Grundzüge. In: Busch, K./Därmann, I./Kapust, A. (Hg.): Philosophie der Responsivität. Festschrift für Bernhard Waldenfels zum 70. Geburtstag. München 2007, S. 15-34.
Merleau-Ponty, M.: Das Sichtbare und das Unsichtbare, gefolgt von Arbeitsnotizen. Übers. v. R. Giuliani u. B. Waldenfels. München 1994.
Merleau-Ponty, M.: Von Mauss zu Claude Lévi-Strauss. Übers. v. B. Waldenfels. In: Métraux, A./Waldenfels, B. (Hg.): Leibhaftige Vernunft. Spuren von Merleau-Pontys Denken. München 1986, S. 13-28.
Rühle, V.: Befremdetes Antworten und beantwortbare Fremdheit. Anmerkung zur schöpferischen Dimension „responsiver Rationalität". In: Fischer, M./Gondek, H.-D./Liebsch, B. (Hg.): Vernunft im Zeichen des Fremden. Zur Philosophie von Bernhard Waldenfels. Frankfurt/M. 2001, S. 174-192.

Ernesto Laclau: Diskurse, Hegemonien, Antagonismen

Andreas Reckwitz

Der seit dem Ende der 1960er Jahre in Großbritannien lebende Argentinier Ernesto Laclau (geb. 1935) zählt zu den wichtigsten und originellsten Theoretikern der Gegenwart, die versuchen, den Poststrukturalismus – insbesondere in der Version von Jacques Derrida – in eine systematische kulturwissenschaftliche Analytik moderner Gesellschaften zu überführen. Seine Theorie hegemonialer Diskurse, die vor allem in der gemeinsam mit Chantal Mouffe verfassten Monografie *Hegemony and Socialist Strategy* (1985) formuliert wird, befindet sich am Schnittpunkt eines insbesondere von Antonio Gramsci beeinflussten Post-Marxismus und eines Poststrukturalismus, der vor allem Ferdinand de Saussure, Jacques Derrida und Michel Foucault, daneben auch Elemente aus der kulturwissenschaftlichen Psychoanalyse von Jacques Lacan rezipiert. Das zentrale Anliegen von Laclaus Kulturtheorie ist es, eine Begrifflichkeit zu entwickeln, die es ermöglicht, Konstellationen kultureller Dominanz und der historisch unvermeidlichen Unterminierung von Dominanz in ihrer widersprüchlichen diskursiven Logik von Schließung und Öffnung sichtbar zu machen.

Ernesto Laclau erhält die für seine Arbeiten wirkungsmächtigste intellektuelle Prägung in der politischen Praxis Argentiniens in den 1960er Jahren. Laclau, der zunächst Geschichte studiert, im Rahmen der argentinischen Studentenbewegung Mitglied einer linkssozialistischen Splittergruppe ist und danach in führender Position in der sozialistischen Presse arbeitet, nimmt im Rahmen seiner teilnehmenden Beobachtung sehr genau die Logik der politischen Konflikte wahr, die Argentinien von den 1940er bis 70er Jahren dominieren: den national-populistischen Peronismus der Nachkriegszeit, den Versuch der Installierung eines liberal-demokratischen Systems Ende der 50er Jahre, das Wiedererstarken eines vor allem von der Arbeiterschaft unterstützen Peronismus in den 1960er Jahren, die widersprüchliche Haltung der verschiedenen sozialistischen und kommunistischen Gruppierungen zu diesen Bewegungen. Zum Verhältnis zwischen der erlebten politischen Praxis und seiner Theorie stellt Laclau fest: „So when today I read *Of Grammatology*, *S/Z* or the *Ecrits* of Lacan, the examples which always spring to mind are not from philosophical or literary texts; they are from a discussion in an Argentinian trade union, a clash of opposing slogans at a demonstration, or a debate during a party congress." (Laclau 1990: 200) Die ‚Klassenkämpfe' stellen sich vor dem Hintergrund dieser Erfahrungen als Konflikte um kulturelle Hegemonie dar, deren komplexe Logik sich jeder marxistischen Basis-Überbau-Schematik – und erst recht den liberalen Modernisierungstheorien – entziehen, die vielmehr nach einer kulturtheoretischen, poststrukturalistischen Aufklärung verlangen. Laclau emigriert 1969 nach Großbritannien, zunächst nach Oxford, bevor er 1972 seine Lehrtätigkeit an der University of Essex aufnimmt und dort an der Gründung des internationalen ‚Centre of Theoretical Studies in the Humanities and Social Sciences' mitwirkt. Die Studentenbewegungen und neuen sozialen Bewegungen, die um 1970 die politischen Auseinandersetzungen in den westlichen Gesellschaften prägen, stellen sich vor dem Hintergrund von Laclaus lateinamerikanischen Erfahrungen nicht als neo-romantische Protesttendenzen dar

– wie sie aus der Perspektive einer liberalen ‚End of ideologies'-Perspektive erscheinen müssen –, sondern als konsequenter Bestandteil der sich in der Moderne des 20. Jahrhunderts multiplizierenden kulturellen Konfliktlogik, welche die klassischen Frontbildungen (Feudalismus – bürgerliche Gesellschaft, Bürgertum – Proletariat) überschreitet.

Ernesto Laclaus Theoriebildung ist am Kreuzungspunkt zweier auf den ersten Blick kaum miteinander vereinbar erscheinender Theoriekomplexe positioniert: des (Post-)Marxismus und des Poststrukturalismus. Es ist zunächst der von Laclau intensiv rezipierte Marxismus Antonio Gramscis, dessen Theorie der Hegemonie, die ihm einen Aufbruch des ökonomistischen Marxismus ‚von innen' ermöglicht. In einem zweiten Schritt kann diese Kritik auf der Grundlage des Poststrukturalismus – den Laclau sich nur in zweiter Linie anhand des in der sozialwissenschaftlichen Landschaft zunächst wirkungsmächtigeren Foucault, in erster Linie hingegen in der Version der dekonstruktivistischen Analysen Derridas aneignet – systematisiert und radikalisiert werden. Damit wird Derridas Dekonstruktion nicht mehr auf die im engeren Sinne literaturwissenschaftliche Anwendung eingeschränkt – die in den 1970er Jahren zunächst dominante Form der Derrida-Rezeption, wie sie insbesondere die US-amerikanische *Yale-School* vorantreibt –, sondern für die Gesellschaftstheorie als Kulturtheorie nutzbar gemacht. Laclaus Ansatz, in dessen Zentrum Reformulierungen der Konzepte des Diskurses, der Differenz und des Subjekts stehen, *ist* als Kulturtheorie damit letztlich poststrukturalistisch ausgerichtet – aber zugleich verhilft dieser poststrukturalistische Rahmen zu einer Freilegung fruchtbarer Elemente aus der Erbmasse des Marx'schen Vokabulars. Während der ‚essentialistische' Marx, der Marx des ökonomistischen Basis-Überbau-Schemas und einer teleologischen Geschichtsphilosophie, verabschiedet wird, ist es die Marx'sche Grundintuition des sozialen Konflikt- und Kampfcharakters der modernen Gesellschaft, der offenen, unabgeschlossenen Auseinandersetzung um eine ‚Fundierung' der Gesellschaftsordnung, die nur temporär und instabil stillgestellt werden kann, welche Laclau in der Form seines Konzeptes des ‚sozialen Antagonismus' ins Zentrum seiner Kulturtheorie rückt. Auf diese Weise wird eine grundsätzliche Gemeinsamkeit des marxistischen und des poststrukturalistischen Denkens deutlich, die sich Laclau letztlich zunutze macht: Beide dechiffrieren die Moderne gegen die ‚herrschende' bürgerliche Interpretation nicht als einen Prozess der gesteigerten Rationalität mit festem Fundament, sondern als einen latenten Herrschaftszusammenhang, der hochspezifische politisch-gesellschaftliche Festlegungen – der liberalen Marktgesellschaft oder des rationalen Subjekts – einer Universalisierung unterzieht. Beide machen zugleich systematisch die tatsächliche Fragilität, Widersprüchlichkeit und Instabilität dieser modernen Ordnung sichtbar, in der immer wieder ein Aufbruch der Schließungen erfolgt.

Laclaus Ausgangspunkt bildet die kritische Auseinandersetzung mit dem Marxismus, der in den 1960er und 70er Jahren in seiner zeitgenössisch avanciertesten Form des strukturalen Marxismus von Louis Althusser präsent ist. Laclaus erstes Buch *Politics and Ideology in Marxist Theory. Capitalism – fascism – populism* (1977), aber auch das erste Kapitel von *Hegemony and Socialist Strategy* ist entsprechend einer detaillierten Diskussion zeitgenössischer Marxismen gewidmet. Zunächst erscheint hier Althussers struktitaler Marxismus (vgl. insbesondere *Pour Marx* (Althusser 1965) und *Lire le capital* (Althusser 1968)) als willkommenes Mittel zur Überwindung der marxistischen Orthodoxie: Althusser verschiebt ‚Ideologie' und ‚Hegemonie' als konstitutive Bedingungen von Gesellschaftlichkeit von der Peripherie ins Zentrum der Theorie, er geht von einer relativen Autonomie des Staates gegenüber der Ökonomie aus, er thematisiert die kulturelle Konstitution des Subjekts als ein dezentriertes, von Ideologien ,interpelliertes' und beginnt mit dem Konzept der ,Über-determination' die Überlagerung heterogener Faktoren bei der Bildung sozial-kultureller Strukturen anzudenken. Der strukturale Marxismus bleibt jedoch in seinem Postulat einer ,Determination in der letzten Instanz' der Gesellschaftsstruktur durch ihre kapitalistische Basis einem Ökonomismus verhaftet: eine tatsächlich Eigendynamik des Kulturellen erscheint nicht denkbar und wird strukturtheoretisch an die Kette genommen. Die Rezeption von Antonio Gramscis Hegemoniekonzept aus den *Lettere dal Carcere* (veröff. 1948-51) erscheint in diesem Zusammenhang als anti-ökonomistisches Gegengift: Kulturelle Hegemonien werden hier als eine treibende Kraft der Stabilisierung und Destabilisierung von Gesellschaftsordnungen interpretiert, die sich weder klassentheoretisch noch ökonomisch-technologisch ableiten lässt. Kulturelle Hegemonien sind Bewegungen einer ,intellektuellen und moralischen Reform', die versuchen, verschiedene Klasseninteressen übergreifend, eine als attraktiv und plausibel suggerierte Gesellschaftsordnung ,populistisch' als alternativlos zu propagieren und zu instituieren (wofür der US-amerikanische ,Fordismus' der 1930er Jahre Gramsci als paradigmatisches zeitgenössisches Beispiel gilt). Sie befinden sich dabei immer in einer ergebnisoffenen Konfliktkonstellation, sie dringen auf Dominanz und werden in ihrem Dominanzstreben bedrängt.

Grundintuitionen aus Gramscis Hegemoniekonzept – das für Laclau immer noch einen ökonomistischen Restbestand enthält – liefern aus dem marxistischen Theoriefeld den wichtigsten Hintergrund für Laclaus eigene theoretische Bemühungen. Laclau setzt jedoch grundbegrifflich mit Ferdinand de Saussure, Jacques Derrida und Michel Foucault, seit Ende der 80er Jahre auch mit Jacques Lacan (vermittelt insbesondere über Slavoj Žižek) vollständig neu an.[1] Bausteine des neuen Ansatzes einer Kritischen Kulturtheorie finden sich insbesondere in *Hegemony and Socialist Strategy* (1985), *New Reflections on the Revolution of our Time* (1990) und *Emancipation(s)* (1996). Der Ausgangsbegriff dieser Kritischen Kulturtheorie ist der des Diskurses. Aus Laclaus konstruktivistischer Perspektive ist das, was die moderne Sozialtheorie das ,Soziale' und die ,Gesellschaft' nennt, nichts anderes als eine Agglomeration von ,Diskursen'. Den Leitbegriff des Diskurses definiert Laclau hier in einer Kombination von Foucaults Diskursanalyse und Saussures – nun mit Derrida radikalisierter – Semiotik als ein differentielles Ensemble von Bedeutungssequenzen: Als strukturelle Totalität stellt ein Diskurs ein spezifisches System von Differenzen, von Unterscheidungen dar, die eine diskursspezifische Sinnwelt, eine ,Ordnung der Dinge' produzieren, in deren Zusammenhang den Dingen erst bestimmte Bedeutungen zugeschrieben wird und bestimmtes Handeln möglich ist. Getreu dem Saussure'schen Grundsatz „dans la langue il n'y a que des différences" gehen in Saussures Diskursbegriff – der sich hier von Foucaults asemiotischer, auf dem Begriff der ,Aussage' und des ,Aussagesystems' aufbauenden Diskurstheorie unterscheidet – Differenzen den Identitäten voraus. Dies gilt auch und vor allem für die Identitäten von Subjekten: Eine zentrale Festlegung, die ein gesellschaftlicher Diskurs vollzieht, ist für Laclau grundsätzlich jene von ,Subjektpositionen', von spezifischen Formen dessen, wie der Einzelne sich zu definieren und zu modellieren hat, um ein normales, kompetentes Subjekt zu werden. Das Subjekt ist kein Stifter des Diskurses, es ist ein historisch-spezifisches Produkt der ,Subjektivation' durch den Diskurs.

Laclau fasst den Begriff des Diskurses bewusst weit und zielt darauf ab, die – von Foucault bekannte – Unterscheidung zwischen diskursiven und nicht-diskursiven Praktiken

---

[1]   Zu Michel Foucault vgl. den Beitrag von Christian Lavagno in diesem Band. Zu Slavoj Žižek vgl. den Beitrag von Andreas und Mechthild Hetzel in diesem Band.

zu unterlaufen: Sämtliche sozial-kulturellen Praktiken lassen sich ausnahmslose als Bestandteile von Diskursen begreifen. Der Diskurs ist hier keine spezifische ‚Redeweise‘, sondern bezeichnet den relationalen Sinnzusammenhang, der sich in mündlicher Kommunikation oder schriftlichen Texten genauso manifestiert wie in Praktiken des Umgangs mit Objekten – etwa der Industrie – oder in ‚schweigsamen‘ institutionellen Komplexen. Die Aufhebung der kategorialen Unterscheidung zwischen diskursiven und nicht-diskursiven Praktiken, zwischen ‚Diskurs‘ und ‚Praxis‘ ist für Laclau ein entscheidendes Mittel, um die Differenz von Basis und Überbau, von Struktur und Kultur zu dekonstruieren: Auch die scheinbar vorkulturelle gesellschaftliche Struktur, etwa von Produktionsverhältnissen und Produktivkräften, auch die ‚Ökonomie‘ stellen sich damit als von Anfang an durch sinnhafte Differenzensysteme konstituiert dar, vor deren Hintergrund etwa Praktiken des Tausches, des Eigentums, der Arbeit oder der Technik erst Sinn machen. Diskurse sind für Laclau damit insgesamt keine bloßen mentalen oder textuellen Phänomene, sondern tatsächlich materiale, sinnhaft konstituierte Komplexe von Praktiken. Die Diskurstheorie als Kulturtheorie huldigt damit keinem ‚Idealismus‘, sondern unterläuft die Unterscheidung zwischen Materialität und Ideenwelt.

Die Diskurse, aus denen sich das ‚Soziale‘ einer ‚Gesellschaft‘ zusammensetzt, stellen sich nur auf den ersten Blick und in einer vereinfachenden Abstraktion als fixierte strukturelle Totalitäten dar, deren Systeme von Differenzen eindeutig und stabil sind (eine Annahme, zu der Saussure in seinem klassischen linguistischen Strukturalismus neigt). Nur wenn man sie als ein praxis- und zeitenthobenes Tableau aus der künstlichen synchronen Perspektive betrachtet, können Diskurse als fixe Unterscheidungssysteme erscheinen, in denen einzelne Signifikanten und Signifikate eindeutig aneinander gekoppelt und die Relationen zwischen den Signifikanten und zwischen den Signifikaten ebenso eindeutig sind. Diskurse existieren statt dessen immer in dem, was Laclau ihre ‚Artikulation‘ nennt, sie existieren in der Praxis ihrer Artikuliertheit: „articulation is a practice, and not the name of a *given* relational concept" (Laclau 1985: 93). Laclau schließt hier an die radikale Temporalisierung von Signifikationssystemen als Signifikationssequenzen an, die Derrida in seiner poststrukturalistischen Kritik am Strukturalismus, insbesondere im Rahmen seiner Konzepte der ‚différance‘ und der ‚Schrift‘ betreibt. Statt eine zeitenthobene Existenz von Differenzen zu postulieren, wird deutlich, dass Differenzen fortwährend in der zeitlichen Sequenz produziert werden und dabei zumindest in gewissem Umfang ihren Sinn verschieben: die ‚Anwendung‘ der Differenz in einem neuen Kontext lässt die Signifikate möglicherweise nicht unberührt, sie ist mehr als nur eine Anwendung, sie vermag sich Polysemien zunutze zu machen und die Differenzen selbst zu modifizieren. Es gibt keinen Kontext, der vollständig den möglichen Sinn eines Zeichens determiniert. Derrida fasst diesen Zusammenhang von Reproduktion und Neuproduktion von Sinn, der ein unabweisbares Element des Unkontrollierbaren in die Struktur des Sozialen transportiert, unter dem Begriff der ‚Iterabilität‘ zusammen, an den Laclau hier anschließt: Einerseits findet immer eine gewisse ‚Sedimentierung‘ des Sozialen und des Sinns statt, eine Bedeutungsroutinisierung von Diskursen, andererseits an bestimmten Punkten ein Aufbrechen dieser Sinnordnungen, ein Aufbrechen, dem selbst nicht der Charakter der dramatischen Aberration, sondern der Normalität von Bedeutungsüberschüssen zukommt.

Ein Konzept, das für Laclau diese Implantierung von Mehrdeutigkeiten und Unkontrollierbarkeitspotentialen in die Materialität der Diskurse treffend umschreibt, ist das der ‚Überdetermination‘. Laclau entnimmt es den Arbeiten Althussers – in denen seine analytische Kraft allerdings wiederum strukturalistisch domestiziert wird – und greift am Ende auf jene Arbeiten Freuds zurück, in denen der Begriff der Überdetermination eingeführt wird: In der Freud'schen Traumanalyse stellen sich Traumfiguren regelmäßig in dem Sinne als ‚überdeterminiert' dar, dass sich in ihnen Eigenschaften verschiedener realer Personen, die dem Träumenden bekannt sind, kombinieren. Die Traumfigur ist gewissermaßen das multikausale ‚Ergebnis' unterschiedlicher Einflussfaktoren, welche alle die Traumfigur ‚in die gleiche Richtung treiben' und in ihr in Form einer Kondensierung präsent sind. Gleichzeitig implantiert jedoch gerade diese Überdetermination in die Traumfigur eine Mehrdeutigkeit: Dadurch, dass sich verschiedene Bedeutungsträger in ihr kreuzen, ist sie selber polysemisch, in ihrer Bedeutung changierend – sie ist zugleich in ihrem Sinn *unter*determiniert. Von der Traum- auf die Diskursanalyse übertragen, bedeutet eine Konstellation der Überdetermination, dass einzelne gesellschaftliche Sinnelemente ihre Identität hier regelmäßig dadurch erhalten, dass sich verschiedene Unterscheidungssequenzen oder Register in ihnen kreuzen: Dadurch werden sie stabilisiert und destabilisiert zugleich. Am deutlichsten wird dieser Zusammengang im Falle der Identitäten von Subjektpositionen: Keineswegs ist für Laclau davon auszugehen, dass in sich abgeschlossene ‚Differenzsysteme' jeweils ihre eigene Subjektposition produzieren würden, Subjektpositionen, die dann säuberlich separiert und voneinander ungestört nebeneinander existierten. Vielmehr stellen sich die Identitätsmuster von Subjektpositionen regelmäßig als Überlagerungen mehrerer Signifikationssequenzen dar, die sich in ihr gegenseitig verstärken *und* jeden eindeutigen Sinn destabilisieren.

Kennzeichnend für die kulturelle Realität ist nun jedoch, dass das Feld des Diskursiven einerseits in seiner Grundstruktur grundsätzlich instabil und polysemisch ist und Bedeutungsüberschüsse enthält, dass zugleich diese kulturelle Instabilität regelmäßig tatsächlich in Schach gehalten wird: Genau hier setzt das Konzept der ‚Hegemonie' ein. Es sind die ‚hegemonialen Projekte', die regelmäßig im Feld des Sozialen versuchen, Sinn – und vor allem die Identität von Subjektpositionen – stillzustellen, nur einen bestimmten Sinn als den einzig möglichen zu präsentieren. Diese Hegemonien erweisen sich jedoch in der Laclau'schen kulturwissenschaftlichen Analytik als stabil und sich selbst destabilisierend zugleich: Sie beruhen notwendigerweise auf ‚sozialen Antagonismen' zu einem verworfenen Außen, das zugleich jedoch die Identität des ‚universalen Horizonts' der Hegemonie beständig zu unterminieren droht.

Gramscis Konzept der Hegemonie wird von Laclau diskurs- und differenztheoretisch reformuliert: Eine kulturelle Hegemonie zeichnet sich ab, wenn es einem Diskurs gelingt, sich zumindest vorübergehend als universal und alternativenlos zu präsentieren und zu instituieren. Kulturelle Hegemonien verarbeiten notwendigerweise ‚partikulare', das heißt historisch-regional spezifische Differenzsysteme und Subjektpositionen, aber sie präsentieren diese über spezifische rhetorische Strategien als einen universalen Horizont, sie betreiben eine erfolgreiche Universalisierungsstrategie. Diese Universalisierung und Hegemonialisierung beruht nicht allein auf Zwang, sondern muss bestimmte Identitäten als erstrebenswert und attraktiv vermitteln, sie muss damit auch klassenübergreifend – gewissermaßen ‚populistisch' – ausgerichtet sein, um sich installieren zu können. Hegemonien sind damit keine Ideologien im klassischen marxistischen Sinne, in dem sie sich auf den Ausdruck von Klasseninteressen reduzieren ließen, sie liefern selbst den Sinnhintergrund für die Definition von gesellschaftlich legitim erscheinenden Akteursinteressen. Gleichzeitig reserviert Laclau für die Hegemonien in einem neuen, erweiterten Sinne den Begriff des

Ideologischen: Ihr ideologischer Charakter besteht darin, dass sie partikularen Ursprungs sind und sich gleichwohl als universal präsentieren, dass sie damit den offenen, unentscheidbaren kulturellen Horizont vorübergehend ‚schließen'. Die moderne Gesellschaft hat verschiedenste hegemoniale Projekte, Projekte der Selbstuniversalisierung hervorgebracht, die gesamtgesellschaftlich bestimmte Subjektpositionen versucht haben, verbindlich und erstrebenswert zugleich zu machen: das Projekt einer bürgerlichen Gesellschaft und Kultur, das ‚fordistische' Projekt einer wohlfahrtsstaatlichen Massendemokratie, den Faschismus, den Staatssozialismus, schließlich die Vision des Neoliberalismus. Durchgängig arbeiten die Hegemonien mit dem, was Laclau als ‚leere Signifikanten' umschreibt: Im Zentrum dieser Diskurse stehen Signifikanten wie ‚Zivilisation', ‚Freiheit', ‚Gerechtigkeit', ‚Nation', ‚Selbstverantwortung' etc., die chronisch unterbestimmt durch ein fixes Signifikat sind und denen es gerade dadurch gelingt, einen ‚Knotenpunkt' für eine ‚imaginäre Einheit' des Diskurses zu liefern, dem Diskurs den Schein einer Fundierung zu verleihen.

Wie gelingt den hegemonialen Diskursen diese relative Stabilisierung? Zentral ist für Laclau hier die Struktur eines ‚sozialen Antagonismus': Ein hegemonialer Diskurs gewinnt seine Identität erst über die Abgrenzung von einem Außen, über den ‚negativistischen' Weg der Verwerfung eines radikalen Anderen, der damit zum paradoxen ‚konstitutiven Außen' avanciert. Dass Identitäten sich erst über Differenzen konstituieren, ist ein semiotischer Gemeinplatz und bezeichnet eine Konstellation, die bereits für die Binnenverhältnisse Laclau'scher Diskurse gilt, die als artikulierte Systeme von Unterscheidungen gedacht sind. Im Falle des Außens, im Falle des verworfenen Anderen eines hegemonialen Diskurses handelt es sich jedoch für Laclau um mehr als lediglich eine weitere ‚Differenz'. Stattdessen gilt es, zwischen einer ‚Logik der Differenz' und einer ‚Logik der Äquivalenz' zu unterscheiden: Die Logik der Differenz charakterisiert jeglichen Diskurs – ein Diskurs besteht aus einer Vielzahl miteinander verwobener Unterscheidungen. Beispielhaft ist hier etwa das Feld von Interessensgruppen innerhalb einer liberalen Demokratie, in der verschiedenste Differenzen nebeneinander und gegeneinander existieren, sich überschneiden und dabei uneinheitliche Fraktionierungen ergeben (etwa die voneinander unabhängigen Differenzen zwischen Arbeitnehmern und Arbeitgebern, zwischen Frauen und Männern, zwischen Stadt- und Landbewohnern etc.). Im dem Moment, in dem die Logik der Äquivalenz dominant wird, sieht sich diese Vielzahl von Unterscheidungen durch eine übergreifende, notwendig simplifizierende Identifizierung überformt: Diese Identifizierung kann nur durch die Konstruktion eines Außens, eines radikal Anderen gelingen, im Verhältnis zu dem sich die Vielzahl einander überschneidender Differerenzen zu einer übergreifenden Identität vereinheitlichen lässt, in der sie alle einander ‚äquivalent' erscheinen. So lassen sich beispielsweise die genannten Differenzen zwischen Arbeitnehmern/Arbeitgebern, Frauen/Männern etc. über eine Identifizierung einer ‚Nation' oder ‚Zivilisation' und durch eine Abgrenzung vom grundsätzlichen Außen des Barbarischen, des Fremden etc. aufheben.

Kulturelle Hegemonien beruhen nun grundsätzlich auf einer Logik der Äquivalenz und auf der Instituierung eines sozialen Antagonismus zu einem verworfenen, im radikalen Sinne ‚anderen' Außen. Mit dem Begriff des ‚Antagonismus' nimmt Laclau ein konflikttheoretisches, agonales Moment auf, wie es für die Marx'sche Tradition kennzeichnend ist und wie es etwa auch in Foucaults Konzept der ‚Mikromacht' – hier über den Weg einer Rezeption Nietzsches – auftaucht. Für Laclau ist es jedoch entscheidend, dass der Begriff des ‚Antagonismus' nicht auf einen ‚Machtkampf' zwischen sozialen Gruppen oder Individuen reduziert und auch nicht als ein quasi-logischer ‚Widerspruch' innerhalb einer gesellschaftlichen Struktur gedacht wird, sondern sich einer diskurs- und differenztheoretischen Reformulierung unterzieht: Der Antagonismus ist ein sinnhaft konstituierter, in ihm wird eine Grenze markiert zwischen dem, was legitimerweise ‚innerhalb' der intelligiblen Sphäre der Gesellschaft verläuft, und dem, was als bedrohliches, inakzeptables und kaum begreifbares Anderes außerhalb der Grenzen der Gesellschaft, als „negation of a given order" (Laclau 1985: 126) situiert wird. Eine solche Grenzziehung ist kein zufälliger Zustand, sondern den Universalisierungsprojekten der Hegemonien inhärent: Universalisierungen sind paradoxerweise auf ein Anderes jenseits der Universalität angewiesen, gegen das sie ankämpfen. In diesem Sinne handelt es sich beim genannten kulturellen Außen um ein ‚konstitutives Außen' – wiederum ein Konzept aus dem Arsenal des Derrida'schen Denkens –, um ein Außen, das die Identität und Stabilität des Innen garantiert, es damit konstituiert.

Diese Garantie aber ist nur scheinbar und äußerst prekär: Der soziale Antagonismus, die Grenzziehung von einem Außen wirkt nämlich stabilisierend und destabilisierend zugleich. Indem die diskursive Hegemonie sich ein radikal Anderes – etwa die dominante Subjektposition ein radikal anderes, verworfenes Subjekt – in ihr Außen projiziert, unterminiert sie ihre eigene Universalität: Der hegemoniale Diskurs beansprucht Allgemeingültigkeit und Alternativenlosigkeit und demonstriert durch das sinnhafte Präsenthalten eines Außens, das sich nicht in die universale Ordnung fügt, seine eigene Kontingenz und Partikularität. Angesichts des grundsätzlichen Potentials der Polysemie und des Bedeutungsüberschusses von Sinnelementen kann dieses sinnhaft präsent gehaltene Außen damit zu eine Quelle unberechenbarer Signifikationseffekte werden, welche die Grenzen zwischen Innen und Außen instabil werden lassen. Im Extrem kann das verworfene Andere selbst zu einer Quelle von Faszination und Attraktivität werden, es kann in seiner Valenz ‚umkippen' (so wie Derrida es in schwächerer Form in seiner Figur der ‚Supplementarität' annimmt): Die Sinngrenze zwischen der bürgerlichen Zivilisiertheit und dem ‚Barbarischen' sowie dem ‚Populären' etwa kann in eine Attraktivität des ‚Exotischen' oder des ‚Informellen' umkippen, die sozialistische Abgrenzung von ‚asozialen', individualistischen Elementen kann diese selbst attraktiv erscheinen lassen, die Grenzziehung zwischen einer herrschenden heterosexuellen Maskulinität und dem ‚Anderen' der latent bedrohlichen Weiblichkeit und jenem der ‚perversen' Homosexualität kann, etwa im Feminismus oder in der Schwulenbewegung, in eine positive Umwertung des Verworfenen verwandelt werden. Indem der Antagonismus, auf dem die Universalität von Hegemonien beruht, diese zugleich unterminiert, erlangt das Konzept des ‚konstitutiven Außens' damit eine zweite Bedeutung: Das Außen wirkt gegenüber dem Innen der dominanten kulturellen Ordnung sowohl positiv als auch negativ konstitutiv, es ist zugleich Bedingung der Möglichkeit der Hegemonie und ihrer Subjektpositionen *und* Bedingung ihrer Unmöglichkeit als alternativenloser, totalisierender Horizont. Es bewirkt in letzterer Hinsicht das, was Laclau als destabilisierende ‚Dislokation' von Diskursen und Identitäten umschreibt: „every identity is dislocated insofar as it depends on an outside which both denies that identity and provides the condition of possibility at the same time." (Laclau 1990: 39) Die ‚Gesellschaft' als kulturell geschlossene, vollständig intergrierte und konsensuale Entität ist damit für Laclau ein Ding der Unmöglichkeit.

Paradoxerweise bricht damit gerade in jener Konstellation, in der versucht wird, den diskursiven Horizont zu schließen, regelmäßig das aus, was die Hegemonien zu verhindern versuchen: eine Politisierung. Für Laclau ist ‚Politik' ein zentraler Begriff der Gesellschafts- und Kulturtheorie, der jedoch nun etwas ganz anderes bezeichnet als gesellschaftliche Steuerung von Seiten eines institutionell abgrenzbaren politischen Systems. Das Politische ist vielmehr eine Konstellation, in der die Unentscheidbarkeit, die Kontingenz von Diskursen und damit von Lebensweisen sichtbar wird: „The moment of antagonism where the undecidable nature of the alternatives and their resolution through power relations becomes fully visible constitutes the field of the political." (Laclau 1990: 35) Für Laclau fällt damit Kulturtheorie am Ende nicht nur mit Sozialtheorie, sondern mit ‚Politischer' Theorie zusammen: Wenn das Feld des Diskursiven bei Laclau jenes Feld der Sinnkonstitution bildet, das man in einer klassischen Terminologie ‚Kultur' genannt hat, dann ist diese Agglomeration von Diskursen nicht mit jener Sphäre der scheinbar selbstverständlichen kulturellen Sedimentierungen identisch, die Laclau auch das ‚Soziale' in einem engeren Sinne nennt. Vielmehr ist entscheidend, dass an bestimmten Punkten diese scheinbar alternativenlose Sedimentierung des Sozialen, des Konsensualen und kollektiv Geltenden in das umkippt, was es eigentlich immer schon gewesen ist: das Politische. Die Festlegungen von Sinn und Identität, vor allem in hegemonialen Projekten, erweisen sich hier tatsächlich als Festlegungen, als Ergebnisse kontingenter Entscheidungen, die immer auch anders ausfallen könnten. Das Politische taucht damit in der Gesellschaft in Prozessen der Politisierung auf – wie sie soziale Antagonismen nahe legen –, in denen die Kontingenz gesellschaftlicher Sinnfixierungen aufgedeckt und mit Alternativen konfrontiert wird.

Jener Fluchtpunkt, auf den gesellschaftliche Diskurse, Hegemonien und Antagonismen in erster Linie abzielen, ist für Laclau – so wie für Foucault und später für Judith Butler – die Identität von Subjekten.[2] In der Konzeptualisierung dieses Subjekts erfolgt in Laclaus späteren Arbeiten – vor allem in *New Reflections on the Revolution of our Time* (1990) – nun eine Präzisierung, die als Erweiterung und Revision zugleich gelesen werden kann. Diese Präzisierung erfolgt im Zuge einer Rezeption von Lacans psychoanalytischer Subjekttheorie, wie sie vor allem durch eine Kritik von Slavoj Žižek (1989) an Laclau vermittelt ist, eine Kritik, die Laclau positiv aufnimmt: Laclaus Subjekt- und Identitätsbegriff ist zunächst eindeutig ‚kulturalistisch' orientiert – das ‚Subjekt' bezeichnet die kulturellen Subjektpositionen, die der Einzelne sich durch die Vermittlung gesellschaftlicher Diskurse einverleibt. Die Instabilität des modernen Subjekts ergibt sich dann aus den dislozierend wirkenden Antagonismen der Diskurse, welche Subjektpositionen vermitteln: Die Ambivalenz der Abgrenzung von einem identitären Anderen, das zugleich präsent sein muss, um das Eigene zu sichern und das in seinem Sinn niemals fixierbar ist, stellt sich als Voraussetzung der Destabilisierung von Subjektpositionen dar. Im Zuge der Rezeption Lacans verschiebt sich jedoch Laclaus Subjekttheorie: So wie Lacan nimmt Laclau nun an, dass es ein Subjekt ‚vor' den kulturellen Subjektpositionen gibt, eine psychische Apparatur, die sich dann die symbolischen Ordnungen der Kultur mit ihren Subjektangeboten aneignet. Aber dieses Subjekt ist von vornherein instabil: Es besteht aus einem Mangel (der bei Lacan in der primären Konstellation des Infans begründet wird), einem Wunsch nach Komplettierung, der in der Unterwerfung unter symbolische Ordnungen, d.h. unter Laclau'sche Diskurse, insbesondere hegemoniale Projekte, nach Befriedigung sucht, dem das Stillen des primordialen Mangels – dessen, was Lacan das Aufscheinen eines traumatischen ‚Realen' vor jeder imaginären oder symbolischen Ordnung nennt – jedoch grundsätzlich niemals gelingen kann. In, der ‚Währung' des Symbolischen, der kulturellen Identitätsverheißungen

---

[2] Zu Judith Butler vgl. den Beitrag von Heike Kämpf in diesem Band.

lässt sich die Erlösung von der psychischen Komplettierungshoffnung niemals bezahlen, es gibt keinen Signifikanten, der den psychischen Mangel aufzufüllen oder nur zu repräsentieren vermag. Die Identität des Subjekts ist von vornherein gescheitert.

Aus dieser Perspektive ergibt sich eine verschobene Sicht auf die hegemonialen Diskurse: Sie stellen sich als kulturelle Versuche dar, die Identitätshoffnungen des Subjekts zu befriedigen, sie stülpen dem Einzelnen nicht nur gesellschaftliche Subjektivationszumutungen über, sondern erweisen sich als attraktive, psychisch positiv aufgeladene, am Ende libidinös besetzte Projektionsflächen von Subjekten, als eine Serie ‚ideologischer Fantasien' (Žižek), von Formen eines mythischen ‚sozialen Imaginären'. Umgekehrt wird nun deutlich, dass die Abgrenzung von einem Außen, einem Anderen außerhalb der diskursiven Ordnung mit Ausschlussfantasien – bis hin zu Vernichtungsfantasien – verknüpft ist, da dieses Andere die Komplettierung der eigenen geschlossenen Identität zu bedrohen scheint. Aufgrund der prinzipiellen Gespaltenheit des Subjekts zwischen Realem und Symbolischen (bzw. Imaginärem) stellen sich die hegemonialen Projekte als notwendig zum Scheitern verurteilt dar – und zugleich ergibt sich ein unaufhaltsamer Kreislauf der immer wieder neuen kulturellen Produktion von attraktiv und komplett erscheinenden Identitäts- und Subjektmuster, die einander ablösen und die nie ihr Ziel erreichen.

Ernesto Laclaus Kritische Kulturtheorie ist als ein analytischer Bezugsrahmen zu verstehen, der eine Vielzahl von empirisch-materialen Anschlussmöglichkeiten bereithält. Diskursanalysen, die beispielsweise die kulturelle Identitätslogik des Thatcherismus im Großbritannien der 1980er Jahre oder des südafrikanischen Apartheidregimes rekonstruieren, haben sich auf diese Weise das Laclau'sche Vokabular im Sinne eines ‚sensitizing instrument' zunutze gemacht (vgl. etwa Norval 1996; Smith 1994). Die Attraktivität von Laclaus Ansatz besteht vor allem darin, dass hier mit den poststrukturalistischen Grundeinsichten in die instabile, paradoxe Logik des Kulturellen für die Gesellschafts- und Sozialtheorie ernst gemacht wird. Der in den Humanwissenschaften bisher am breitesten rezipierte Poststrukturalist, Michel Foucault, oszilliert in seinem Entwurf einer archäologisch-genealogischen Analyse von Diskursen und Dispositiven letztlich zwischen einer ‚strukturalistischen' und einer ‚poststrukturalistischen' Version, zwischen einem Vokabular der Episteme und der Disziplinargesellschaft einerseits – das gelegentlich erstaunlich stabile Verhältnisse suggeriert –, der Mikropolitik und der Diskontinuität von ‚Serien' andererseits. Indem Laclau die Semiotik und Derridas Dekonstruktivismus rezipiert, wird nun jedoch eindeutig der Blick auf die Uneindeutigkeit und Unkontrollierbarkeit selbst jener kulturellen Formationen gelenkt, die Dominanz beanspruchen. Mit Laclau sind Hegemonien und Dislokationen systematisch als zwei Seiten der gleichen Medaille zu analysieren – und damit scheint tatsächlich ein alternativer, ein ‚postmoderner' Blick auf die Moderne und ihre Identitätsbildungsprozesse möglich, die sich in ihrer agonalen Historizität linearen Entwicklungs- oder Verfallsprozessen entziehen. Eine gewisse Nähe besteht hier zu Pierre Bourdieus Perspektive einer Logik symbolischer Kämpfe im Zentrum der modernen Gesellschaft – aber Laclau unterminiert die klassentheoretischen Konnotationen, die dieses Modell bei Bourdieu enthält.[3] Angesichts dieser heuristischen Fruchtbarkeit der Arbeiten Laclaus für eine Perspektive auf die moderne Gesellschaft jenseits der Modernisierungstheorien hat sich die Laclau-Rezeption auch im deutschsprachigen Raum intensiviert (vgl. Marchart 1998, Stäheli 2000, Moebius 2003, Reckwitz 2006).

---

[3] Zu Pierre Bourdieu vgl. den Beitrag von Stephan Moebius in diesem Band.

Natürlich bleibt eine Reihe von grundbegrifflichen Fragen offen, die mittlerweile auch die Sekundärliteratur füllen (vgl etwa Torfing 1999, Critchley/Marchart 2004). Zu nennen sind hier vor allem drei Problemkomplexe: Laclaus Hegemonietheorie tritt zunächst als ein distanzierter kulturwissenschaftlicher Analyserahmen auf, aber immer wieder – und dies gilt mehr noch für die Arbeiten der mit Laclau kooperierenden Chantal Mouffe – findet ein Übertritt zu einer normativen Politischen Philosophie statt, in deren Zentrum das Konzept einer radikalen, pluralen Demokratie steht (vgl. etwa Mouffe 1993). Das Verhältnis zwischen kulturwissenschaftlicher Analytik und normativer Politischer Theorie stellt sich jedoch seinerseits als klärungsbedürftig dar. Ein zweites Problem betrifft das Changieren Laclaus zwischen einer semiotisch-dekonstruktiven und einer von Lacan und Žižek beeinflussten psychoanalytischen Begrifflichkeit, das neben den Begriff des Antagonismus vor allem den des Subjekts betrifft: Hier stellt sich vor allem die Frage, inwiefern es tatsächlich notwendig und plausibel erscheint, mit Laclau im Subjekt einen Kern des ‚Vordiskursiven‘, des ‚Realen‘ anzunehmen, das jeglicher symbolischer Ordnung vorausgeht (vgl. hier auch die Kritik von Judith Butler in: Butler et al. 2000). Schließlich ergibt sich bei Laclau drittens eine soziologisch-praxeologische begriffliche Unterbestimmtheit: Laclaus eindeutiges Interesse an im engeren Sinne ‚politischen‘ Konflikten führt dazu, dass für andere, aus sozial- und gesellschaftstheoretischer Sicht zentrale Probleme, die Begrifflichkeit unterentwickelt scheint. Dies gilt für die Erfassung institutioneller Sphären ebenso wie für soziale Gruppen als kulturelle Gebilde und die Thematisierung von Raum-Zeit-Strukturen, dies gilt auch für die Frage der körperlichen Verankerung, der Performativität und der Artefaktgebundenheit von diskursiven Komplexen. Hier ergeben sich möglicherweise interessante Kombinationsmöglichkeiten mit anderen Kulturtheoretikern (Foucault, Bourdieu, Luhmann, Giddens, Butler, Ethnomethodologie etc.), welche die materiale Kulturanalyse bereichern könnten.

Literatur von Ernesto Laclau

Laclau, E.: Politics and Ideology in Marxist Theory. Capitalism – fascism – populism. London 1977 (dt.: Politik und Ideologie im Marxismus. Berlin (West) 1981).
Laclau, E./Mouffe, C: Hegemony and Socialist Strategy. Towards a radical democratic politics. London 1985 (dt.: Hegemonie und radikale Demokratie: Zur Dekonstruktion des Marxismus. Wien 1991).
Laclau, E.: New Reflections on the Revolution of our Time. London 1990.
Laclau, E.: Emancipation(s). London 1996 (dt.: Emanzipation und Differenz. Wien 2002).
Butler, J./Laclau, E./Žižek, S.: Contingency, Hegemony, Universality. Contemporary dialogues on the left. London 2000.
Laclau, E.: The Populist Reason. London 2005.

Weitere zitierte Literatur

Akerstrom Andersen, N.: Discursive Analytical Strategies: Understanding Foucault, Koselleck, Laclau, Luhmann. Bristol 2003.
Critchley, S./Marchart. O. (Hg.): Laclau: A critical reader. London 2004.
Dyrberg, T.: The Circular Structures of Power. London 1997.
Marchart, O. (Hg.): Das Undarstellbare der Politik. Wien 1998.

Moebius, S.: Die soziale Konstituierung des Anderen. Grundrisse einer poststrukturalistischen Sozialwissenschaft nach Lévinas und Derrida. Frankfurt/New York 2003.

Mouffe, C.: The Return of the Political. London 1993.

Norval, A. J.: Deconstructing Apartheid Discourse. London 1996.

Smith, A. M.: New Right Discourse on Race and Sexuality. Cambridge 1994.

Smith, A. M.: Laclau and Mouffe. The radical democratic imaginary. London 1998.

Reckwitz, A.: Das hybride Subjekt. Eine Theorie der Subjektkulturen von der bürgerlichen Moderne zur Postmoderne. Weilerswist 2006.

Stäheli, U.: Poststrukturalistische Soziologien. Bielefeld 2000.

Torfing, J.: New Theories of Discourse: Laclau, Mouffe and Žižek. Oxford 1999.

Žižek, S.: The Sublime Object of Ideology. London 1998.

Jacques Rancière. Für eine Politik des Erscheinens

Maria Muhle

Die Rezeption des Denkens von Jacques Rancières fokussiert in den letzten Jahren vermehrt auf demjenigen Aspekt seines Denkens, der sich explizit einer Politik der Ästhetik bzw. einer Politik der Kunst widmet. Das kulturelle oder kunsttheoretische Desiderat, den künstlerischen Praktiken eine eindeutige politische Funktion zuzuschreiben, mag dafür mit verantwortlich sein. Rancière selbst vermeidet es jedoch, eine Vorgabe zu machen, wie eine politisch relevante Kunst verfasst sein müsste; vielmehr untersucht er die Spannungen, die dem Bezug von Ästhetik und Politik inhärent sind und die zugleich eine Aussage über die Verfasstheit des Politischen zulassen. Politik und Kunst sind dabei keine voneinander getrennten und unveränderlichen Wirklichkeiten, sondern immer schon intrinsisch miteinander verbunden, insofern es sich dabei um zwei Formen der „Aufteilung des Sinnlichen" handelt, die von einem spezifischen Regime der Identifizierung abhängen. Es gibt daher weder immer Politik, obgleich es immer Machtformen gibt, noch immer Kunst, obgleich es immer Theater, Musik und Malerei gibt, denn Politik und Kunst werden von Rancière als verschiedene Formen des Erscheinens singulärer Körper in spezifischen Räumen und Zeiten verstanden: Das Verhandeln der Bedingungen dieses Erscheinens ist dabei politisch. Politik ist damit grundlegend auf eine Ästhetik bezogen, die wiederum auf eine historisch apriorische Ebene verweist, auf der verhandelt wird, was als Etwas sichtbar und sagbar ist.

Rancières Rede von einer Politik der Ästhetik wird demnach vor dem Hintergrund einer solchen Ästhetik der Politik verständlich, einer politischen Theorie also, die er in seinem zentralen, 1995 erschienen Buch *Das Unvernehmen* darlegt. Zugleich soll diese Ästhetik der Politik (und die daraus abgeleitete Unterscheidung von Politik und Polizei) auf Rancières vorausgehende Studien zur Historiographie (sowie die konkreten Untersuchungen der Arbeiterarchive des 19. Jahrhunderts) bezogen werden, die ihrerseits im direkten Zusammenhang mit dem theoretischen Bruch zwischen Rancière und seinem Lehrer Louis Althusser stehen.

Contre Althusser: Ideologie und Gleichheit

Rancière, der 1940 in Algiers geboren wurde, studierte in Paris an der *Ecole Normale Supérieure* bei Louis Althusser und besuchte (gemeinsam mit Etienne Balibar, Pierre Macherey u.a.) dessen Lektüre-Seminare zum *Kapital*, aus dem 1965 der Band *Das Kapital lesen* entstand. Hier sollte anhand von Althussers Unterscheidung zwischen Ideologie und Wissenschaft eine rein wissenschaftliche Marx-Lektüre vorgestellt werden: Ideologie ist als Ensemble sozialer Praktiken zu verstehen, die die Reproduktion der kapitalistischen Gesellschaft sicherstellen und der arbeitenden Klasse ihre wahre historische Situation – die kapitalistische Ausbeutung – verschleiern. Rancière entfernte sich u.a. im Anschluss an die Mairevolten 1968 und Althussers kritischer Position zunehmend von seinem Lehrer und schließt sich der französischen maoistischen Bewegung an. In seiner Autobiographie *Die Zukunft hat Zeit* bezeichnet Althusser Rancière wiederholt als seinen Lieblingsschüler und zeigt sich enttäuscht und traurig über dessen Abwendung. Im Zentrum von Rancières Kritik steht der Gegensatz von Ideologie und Wissenschaft und die daraus abgeleitete Notwendigkeit der Figur eines „aufgeklärten" Intellektuellen, dessen Aufgabe es ist, den ideologischen Schleier zu zerreißen und die Arbeiterklasse aus ihrer Verblendung zu führen.[1] Die Ereignisse von 1968 markieren diesen Wendepunkt im Denken Rancières, insofern die Althussersche Überzeugung, dass der Unterwerfung allein Ignoranz (oder ideologische Verblendung) zugrunde läge und das einzige Mittel dagegen die Übertragung von Wissen sei, sich nun auch praktisch als falsch erwies. Die Lektion des Mai 68 war die Feststellung, dass das Wissen der Wissenden (des Philosophen, der Partei) selbst eine Rationalität durchsetzte, die sich der singulären, militanten Logiken bemächtigte und diese unmöglich machte. 1969 wurde Rancière (neben Alain Badiou, Michel Serres, François Châtelet und ein Jahr später Gilles Deleuze) von Foucault als Professor an das Philosophische Institut der neu gegründete „Experimental"-Universität Vincennes, später Paris 8 Vincennes/Saint-Denis, berufen, wo er bis zu seiner Emeritierung im Jahr 2000 lehrte. Nach seiner Emeritierung nahm er vermehrt Gast-Professuren im Ausland an und lehrte wiederholt in Berkeley.

In seinem 1974 erschienen Buch *La Leçon d'Althusser* artikuliert Rancière seine Kritik an Althusser und schließt daran jene Annahme an, die für sein politisches Denken zentral sein wird: Die Annahme einer grundlegenden, axiomatischen Gleichheit (*égalité de n'importe qui*) als „leere Gleichheit" (Rancière 2002: 45ff.), die die Unterscheidung von Ideologie und Wissenschaft radikal unterläuft. Denn Gleichheit ist für Rancière nicht das Ziel der Politik, sondern die Bedingung ihrer Möglichkeit, ihre Voraussetzung, die im Politischen immer wieder aktualisiert wird. Das Thema der Gleichheit wird auch in Rancières *La Haine de la démocratie* als Gleichgültigkeit bzw. Beliebigkeit thematisch und verweist hier auf den von Platon in den *Nomoi* als letzten und gerechtesten genannten Machttitel: die „Liebe der Götter" bzw. das Losverfahren als demokratische Prozedur (vgl. Rancière 2005b: 47).

Auch das Zeitschriftenkollektiv *Les Révoltes Logiques*,[2] das Rancière u.a. gemeinsam mit Jean Borreil und Geneviève Fraisse 1975 gegründet und bis 1985 herausgegeben hat, entsteht in dieser konfliktiven theoretischen Konstellation: Die Texte, die Rancière für die Zeitschrift verfasst hat, und die unter dem Titel *Les scènes du Peuple* 2003 in Frankreich veröffentlicht wurden, widmen sich verschiedenen, in den Büchern aufgegriffen Problematisierungen: Die Problematisierung der Identität der Arbeiter und der Möglichkeit ihrer Emanzipation (vgl. Rancière 1981); die Problematisierung der tradierten Interpretationen der Arbeiterbewegung, die auf dem traditionellen philosophischen Gegensatz zwischen der

---

[1]   Eine solche Kritik wird zur selben Zeit auch von Michel Foucault und Gilles Deleuze artikuliert, die die Figur des Intellektuellen und seinen Bezug zur Macht (u.a. im Zusammenhang mit ihrem Engagement in der *Groupe d'Information sur les Prisons*) in ähnlichen Termini diskutieren: Die Aufgabe des Intellektuellen besteht nicht darin, eine Wahrheit zu offenbaren, sondern eine Bühne für jene Gegen-Diskurse zu eröffnen, die von den Häftlingen selbst stammen (vgl. u.a. Foucault 2003: 386).

[2]   Der paradox anmutende Name der Zeitschrift „Les Révoltes Logiques" verweist zugleich auf ein berühmtes Motto der chinesischen Kulturrevolution „on a raison de se révolter", das im Französischen Mai 68 übernommen wurde: Revolte ist damit weder der unkontrollierbare Ausbruch des Volkszorns noch eine historische Notwendigkeit, sondern bezeichnet eine Bühne der Sprache und der Vernunft (*raison*). Zugleich handelt es sich um die Antiphrase aus Rimbauds Gedicht „Demokratie" – „Nous massacrerons les révoltes logiques" – und damit um den Ausdruck einer uneingeschränkten Treue zur Pariser Kommune als Archetyp der Revolte (vgl. Rancière 2003: 10).

Jacques Rancière. Für eine Politik des Erscheinens 313

Notwendigkeit der Arbeit und der Freiheit bzw. Freizeit des Denkens gründet (vgl. Rancière 1983); die Problematisierung der Aufteilungen des Wissens, die zu der Arbeit über die intellektuelle Emanzipation führt (vgl. Rancière 2007a) und zuletzt eine Untersuchung der Geschichte der „Freizeit" (*loisirs*), die Rancière selbst in seinen Arbeiten zu Politik und Ästhetik weitergeführt sieht (vgl. Rancière 2003: 15). Das Denken Rancières lässt sich entlang dieser Unterscheidungen grob in drei Phasen unterteilen, die sich mit den Oberbegriffen Geschichte, Politik und Ästhetik überschreiben ließen und die im Folgenden in den Blick genommen werden sollen.

Der Exzess der Wörter

Anfang der 70er Jahre nimmt Rancière eine primär historiographische Perspektive ein: Anhand der während des 19. Jahrhunderts von Arbeitern verfassten Texten untersucht er das konkrete Aufeinandertreffen marxistischer Theorie und revolutionärer Arbeiterbewegung. Im Vordergrund steht dabei weder die Idee, eine „richtige" Geschichte der Arbeiterbewegung zu schreiben, noch diese Geschichte oder ihre Ursprünge zu erklären, sondern vielmehr die Texte als Ort der intellektuellen Emanzipation der Arbeiter zugänglich zu machen: In erstaunlicher Nähe zu Foucaults Recherchen in den Archiven der Bastille, die zu dem kurzen und prägnanten Text über das Leben der infamen Menschen geführt haben (vgl. Foucault 2003), veröffentlicht Rancière bereits 1970 gemeinsam mit Alain Faure die Textsammlung *La parole ouvrière*, die in Archiven oder Bibliotheken gefundene Pamphlete, Manifeste, Aufrufe, republikanische Broschüren oder sozialistische Proklamationen umfasst. Rancière liest diese Texte zugleich als Wortergreifung der Arbeiter, insofern sie sich von der vorgegebenen Identität des Arbeiters *desidentifizieren* und zugleich davon zeugen, dass sie selbst Resultat eines Denkens sind und nicht nur die spontane Manifestierung von Leid und Wut (vgl. Rancière 2007b: 341). Das Schreiben der Arbeiter benötigt keine transzendente Interpretation oder wissende Position, um politisch wirksam zu sein, vielmehr markiert seine Existenz bereits eine politische Neuaufteilung und Neuordnung.

Das politische Moment liegt damit in der Aktualisierung einer „Gleichheit der Intelligenzen" (Rancière 2007b: 342), die eine Neuaufteilung von Fähigkeiten und Tätigkeiten zeitigt: Diese Aktualisierung der Gleichheit geschieht in der paradoxen „Anähnlichung" der Arbeiter an die Bourgeoisie, d.h. in der Aneignung ihrer Positionen: Indem die Arbeiter sich die Tätigkeiten, Sichtbarkeiten und Sagbarkeiten, die „natürlicherweise" dem nicht arbeitenden Teil der Gesellschaft vorbehalten sind, faktisch aneignen – paradigmatisch das Schreiben, besonders das vollkommen unnütze Schreiben von Gedichten –, heben sie die Neuaufteilbarkeit der herrschenden Aufteilungen der Gesellschaft hervor. Hierin – in der „reine[n] Kontingenz aller gesellschaftlichen Ordnung" – besteht die Möglichkeit von Politik: „Es gibt Politik einfach deshalb, weil keine gesellschaftliche Ordnung in der Natur gegründet ist, kein göttliches Gesetz die menschlichen Gesellschaften beherrschen." (Rancière 2002: 28)

Mit dem 1992 erschienenen Buch *Die Namen der Geschichte* (dt. 1994) legt Rancière im Anschluss an seine historischen Untersuchungen eine Auffassung von Geschichte als Bühne politischer Emanzipation vor. Geschichte wird hier als zweideutiger Begriff eingeführt, dessen traditionelles Verständnis als eine Reihung von namhaften Ereignissen von der geschichtswissenschaftlichen Revolution abgelöst wird, die die Eigennamen den Namenlosen und die Ereignisse der „langen Dauer" opfert und sich sowohl zum Zeitalter der Wissenschaft als auch zu dem der Demokratie zugehörig fühlt (vgl. Rancière 1994: 7). Dieser Geschichte-als-Wissen, sei sie traditionell oder modern, steht die Geschichte-als-Erzählung gegenüber, die Eigennamen bestimmten Ereignissen zuschreibt und Subjekte in ihrem Status und ihren Affekten benennt – einer Geschichte also, die immer unbestimmt ist, insofern sie kontingente, „unwahre" Zuordnungen und Aufteilungen vornimmt. Anhand dieses Ineinanderfallens von historischer und literarischer Geschichte führt Rancière das „Übel der Homonymie" (Rancière 1994: 54) als einen zentralen Begriff seines Denkens ein, den er im Folgenden auf den „Exzess der Wörter" zurückführt: Dieser Exzess bedroht nicht nur die hierarchische Abfolge der großen Ereignisse, sondern auch die statistisch-demographisch abgestützte und demokratisch verfasste lange Dauer der „nouvelle histoire". Der Exzess der Wörter bedroht die Festschreibung einer Ordnung *als* Ordnung, d.h. ihre Aufgabe, das „exzessive Leben der sprechenden Wesen" (Rancière 1994: 39) zu regulieren. Der Einsatz der Geschichte ist das Wort, das exzessiv ist, weil es zu viel, am falschen Ort und zur falschen Zeit spricht und derart den Kategorien der klassischen Poetik radikal zuwiderläuft. „Jedes Ereignis ist mit einem Exzeß der Wörter in der spezifischen Verschiebung des *Sagens* verbunden [...] Das Ereignis gewinnt seine paradoxe Neuheit aus dem, was mit Wieder-Gesagtem zusammenhängt, mit außerhalb des Kontexts, an unrechter Stelle Gesagtem, einer Untauglichkeit des Ausdrucks, die zugleich eine ungebührliche Überlagerung der Zeiten ist." (Rancière 1994: 50) Diese exzessive Macht der Wörter gibt der Entdeckung einer „exzessiven" Macht des Bedeutens in den Dingen und ihren Darstellungsweisen statt, die Rancière als *Literarizität* bestimmt: als an-archische Potentialität der Verknüpfung des Sinnlichen mit Sinn, durch welche die Dinge, Wörter, Bilder und Gesten von jeder „natürlichen" oder instituierten Bestimmtheit abweichen können. *Literarizität* ist der Name für die Potentialität der Sprache, die *in* der Ordnung des Wirklichen (d.h. in der Aufteilung des Sinnlichen) im Sinne einer ästhetischen Macht der Verschiebung, Unterbrechung und Umschreibung insistiert. Diese Macht der Verschiebung ist, wie Rancière im *Unvernehmen* hervorhebt, immer eine politische Verschiebung, denn: „Das moderne politische Lebewesen ist zuerst ein literarisches Tier, eingepasst in den Lauf einer *Literarizität*, die die Verhältnisse zwischen der Ordnung der Wörter und der Ordnung der Körper, die den Platz eines jeden bestimmen, auflöst." (Rancière 2002: 48) Das Produkt dieser vielfältigen Bruchlinien bezeichnet er als „politische Subjektivierung".

Die Ästhetik der Politik: Polizei vs. Politik

Die Neuaufteilung als Moment des Politischen wird von Rancière im gleichnamigen Buch auf das Unvernehmen als dissensuelle oder konfliktive Sprechsituation zurückgeführt: Unvernehmen „ist der Konflikt zwischen dem, der ‚weiß' sagt und jenem, der auch ‚weiß' sagt, aber der keineswegs dasselbe darunter versteht bzw. nicht versteht, dass der andere dasselbe unter dem Namen der Weiße sagt" (Rancière 2002: 10). Mit der Bestimmung einer solchen Dissensfigur als Moment des Politischen wird notwendigerweise auch der Begriff des Politischen neu gefasst. Rancière tut dies, indem er all jene gemeinhin als politisch geltenden Vorgänge – Vereinigung und Übereinstimmung der Gemeinschaften, Organisation der Mächte, Verteilung der Plätze und Funktionen sowie die Legitimierung dieser Verteilung – als *polizeiliche* Vorgänge bezeichnet. *Politisch* ist hingegen jene Tätigkeit, die

Jacques Rancière. Für eine Politik des Erscheinens

einen Körper von seinem natürlichen oder dem ihm als natürlich zugeteilten Ort entfernt und damit sichtbar macht, was nicht hätte gesehen werden sollen, sowie als Rede verständlich, was nur als Lärm gelten durfte.

Politik entsteht im *Dissens*, das heißt immer dann, wenn eine Aufteilung des Sinnlichen der polizeilichen Ordnung, in dem jedem Teil des Gemeinsamen sein Anteil zugeordnet ist, mit einer anderen möglichen Aufteilung des Sichtbaren und des Sagbaren, also des sinnlich Wahrnehmbaren, konfrontiert wird: „Es gibt Politik, wenn es einen Ort und Formen für die Begegnung zwischen zwei ungleichartigen Vorgängen gibt": zwischen dem polizeilichen Vorgang der Regulierung und Zuschreibung und dem exzessiven Vorgang der Gleichheit (Rancière 2002: 24). Im *Unvernehmen* wird diese Gleichheit, im Sinne von Beliebigkeit oder auch Gleich-Gültigkeit, anhand der Fabel der Ungleichheit des Menenius Agrippas exemplifiziert, die der römische Senator den aufständischen Plebejern auf dem Aventin erzählt: Die Plebejer haben sich auf den Aventin zurückgezogen und bieten den Patriziern Verhandlungen an. Agrippa soll die Revolte der Plebejer beenden, indem er ihnen mit der „exemplarischen Erzählung der Arbeitsteilung innerhalb des Gesellschaftskörpers" (Rancière 2004: 140), d.h. dessen Aufteilung in seine Gliedmaße (die Plebejer) und sein vitales Prinzip (die Patrizier), ihre natürliche Untergeordnetheit, d.h. Ungleichheit in Erinnerung ruft. Das grundlegende Paradox, das Rancière hier aufzeigt, beruht auf der Tatsache, dass die Patrizier den Plebejern *sagen müssen*, dass eine Ungleichheit zwischen ihnen und den Patriziern besteht, d.h. dass sie voraussetzen müssen, dass die Plebejer in der Lage sind, die Fabel von ihrer Ungleichheit *zu verstehen* und dass sie daraufhin mit ihnen verhandeln müssen: „Die Fabel möchte eine ungleichartige Aufteilung des Sinnlichen zu verstehen geben. Nur setzt der notwendige Sinn, diese Aufteilung zu verstehen, eine gleichheitliche Aufteilung voraus, die die erste ruiniert." Wirksam wird diese Gleichheit jedoch nur durch die „Entfaltung einer spezifischen Bühne der Sichtbarmachung", auf der der Abstand des *logos* zu sich selbst wahrnehmbar wird (Rancière 2002: 37). Das Unvernehmen besteht darin, dass die Patrizier die Worte der Plebejer, die doch ihren eigenen gleich sind, nur als Lärm verstehen, also gar nicht als Rede wahrnehmen. Der politische Akt der Plebejer ist es, sich als sprechende Wesen zu konstituieren, die den anderen sprechenden Wesen (den Patriziern) gleich sind, insofern sie deren Sprechakte nachahmen (*mimer*) und sich wie „Wesen mit Namen" verhalten: Sie errichten eine andere Aufteilung des Sinnlichen, indem sie sich in die symbolische Ordnung der Gemeinschaft der sprechenden Wesen einschreiben und damit eine grundlegende Gleichheit aktualisieren. Zugleich reformuliert Rancière hier jedoch die Aristotelische Begründung des Politischen im *logos*: Nicht weil der Mensch die Sprache hat, ist er ein politisches Tier, sondern weil seine Sprache exzessiv, literarisch, ist und mithin in jede Zuordnung eine Unentschiedenheit und Unbestimmtheit einführt, gibt es Politik. Denn *logos* ist zugleich Sprache *und* Zählung: Erst im Abstand zwischen der Sprache und der Wahrnehmung (*Zählung*) der Sprache, zwischen dem Sprechen und dem Gehört-Werden, wird die Aufteilung des Sinnlichen verhandelt, d.h. nur hier wird der Streit über die Konstitution dieser Aufteilung des Sinnlichen möglich.

Politik ist im Rancièreschen Sinne Dissens, d.h. der Streit über die historisch-apriorischen Möglichkeiten des Erscheinens von Etwas als etwas Wahrnehmbares. Während die polizeiliche Logik die harmonische Aufteilung der Gesellschaft durchsetzt, die jedem Einzelnen seine Rolle, Tätigkeit und daher seine Sichtbarkeit und Anteilnahme am Gemeinsamen zuschreibt – Rancière unterscheidet hier zwischen einer *Archipolitik*, die sich am platonischen Projekt einer harmonischen Gesellschaft orientiert, einer *Parapolitik* als an

Aristoteles und Hobbes angelehntes Projekt des paradoxen Einschlusses der Anteillosen ins Gemeinwesen und einer *Metapolitik*, die u.a. im Anschluss an die Marxsche Kritik der Menschenrechte eine Falschheit der Politik anprangert, die von den Anteillosen allein nicht aufgelöst werden kann –, stört die Politik diese Aufteilung, insofern hier der Anteil der Anteillosen ins Gemeinsame einführt und so die Kontingenz der herrschenden Aufteilung markiert wird: „Politik existiert dort, wo die Rechnung/Zählung der Anteile und Teile der Gesellschaft von der Einschreibung eines Anteils der Anteillosen gestört wird." (Rancière 2002: 132) Und sie gründet „auf der irren Annahme, das jeder Beliebige genauso intelligent ist wie jeder andere Beliebige und dass es immer mindestens eine andere Sache zu tun gibt, als diejenige die getan wird" (Rancière 2005c: 13).

Die Aufteilung des Sinnlichen ist dabei als das System oder „Regime" von Normen oder Gewohnheiten zu verstehen, die in Abhängigkeit von den Plätzen, die die Individuen in Raum und Zeit einnehmen, ihnen bestimmte soziale Funktionen, Tätigkeits- und Handlungs- und Sprachformen zuordnet. Sie legt fest, welche Orte innerhalb der Gesellschaft eine Teilhabe am Gemeinsamen ermöglichen, das heißt welche Subjekte an der Gestaltung des Gemeinsamen teilhaben können und welche anteilslos sind – sie definiert damit die *Ästhetik der Politik*. Die Aufteilung des Sinnlichen bezeichnet also in vager Anlehnung an Kant die grundlegenden, sozial vermittelten Formen der sinnlichen Erfahrung: Wer oder was ist in der sinnlichen Erfahrung gegeben, oder: Wer oder was hat Anteil am Sinnlichen, das erfahrbar ist? Die wesentliche Frage dieser „ursprünglichen Ästhetik" (Rancière 2006: 27) ist die nach der Öffnung des (sinnlichen) Gemeinsamen für die Teilhabe der Einzelnen, die Frage also, wie die Einzelnen innerhalb des Systems der sinnlichen Evidenzen wahrgenommen, gesehen, gehört, gefühlt werden und wenn ja, wie und auf welche Weise.

Die Politik der Ästhetik und ihre Künste

Ästhetik wird bei Rancière somit weder als individuelle Wahrnehmungsfähigkeit noch als erkenntnistheoretische Grenze oder als Kunsttheorie verstanden, sondern verweist immer schon auf die Frage des Teilhabens und Teilnehmens an einer kollektiven Praxis, die in der sozialen und politischen Konstitution der sinnlichen Wahrnehmung entschieden wird. Erst vor diesem Hintergrund einer *Ästhetik der Politik* lässt sich dann die Frage nach der *Politik der Ästhetik* stellen, d.h. nach den Formen der Sichtbarkeit ästhetischer Praktiken. Diese Praktiken sind Tätigkeiten, die einen Ort in der Aufteilung des Gemeinsamen einnehmen, oder besser, es sind Tätigkeitsformen, die in die allgemeine Aufteilung der Tätigkeiten und in deren Beziehungen mit den Seinsweisen und Formen der Sichtbarkeit *eingreifen*. Sie unterbrechen so die ‚normale' Verteilung der Tätigkeiten und Handlungen, der Seinsweise und deren Wahrgenommen- (Gesehen-, Gehört-)Werden und tun damit genau das, was Rancière im *Unvernehmen* als das Politische bezeichnet hat: Sie unterbrechen eine anerkannte Aufteilung des Sinnlichen, indem sie ihre Gemachtheit bzw. Kontingenz aufzeigen und so die Fähigkeit eines jeden Beliebigen markieren, zu jeder Zeit auch immer etwas beliebig Anderes zu tun, eine andere Tätigkeit auszuüben, und so eine andere Sichtbarkeit und Sagbarkeit, d.h. eine andere Wahrnehmbarkeit im Gemeinwesen einzufordern. Künstlerische Praktiken sind wesentlich exzessiv: Sie produzieren Homonymien, denn sie sind im Sinne Platons jene Praktiken, die mehrere, also zu viele Dinge zugleich tun und so notwendigerweise die harmonische Verteilung der Rollen und Tätigkeiten bedrohen.

Im Anschluss an diese Neufassung des Verständnisses von Ästhetik und Politik und ihrer intrinsischen Verbindung stellt Rancière in dem Interviewbändchen *Die Aufteilung des Sinnlichen* die Frage nach dem strukturellen Ort der Kunst. Er unterscheidet hierfür drei „Regimes", die der Kunst einen jeweils spezifischen Platz zuweisen, das ethische Regime der Bilder, das repräsentative Regime der Künste und das ästhetische Regime der Künste, deren Beschaffenheit zwar historisch ist, die jedoch zugleich immer auch einen strukturellen Punkt im Hinblick auf die Frage der Kunst verfolgen. Denn es geht nicht darum, eine Abfolge bestimmter Kunstformen zu beschreiben, sondern ein analytisches Instrumentarium zu schaffen, um damit eine alternative Bestimmung der ästhetischen Moderne einzuführen, die sich nicht über die geläufigen Gegensätze von Moderne und Postmoderne oder Darstellung und Abstraktion artikuliert.

Das ethische Regime der Bilder versteht Rancière in Anlehnung an Platon als eines, in dem die Kunst unter der Frage der mimetischen Abbildung der Welt subsumiert wird. Kunst hat keinen Ort in der Aufteilung der politisch relevanten Tätigkeitsformen: Es gibt keine Kunst, es gibt nur Bilder, die das *ethos*, d.h. die Seinsweise der Individuen und Kollektive, affizieren und sich positiv auf die Jugend und deren Erziehung in der Gemeinschaft auswirken sollen. Bilder, die diesem Anspruch nicht gerecht werden, müssen nach Platon aus der Gemeinschaft ausgeschlossen werden.

Das poetische oder repräsentative Regime bestimmt die Künste hingegen gemäß eines mimetischen Prinzips, das keine Ähnlichkeiten hervorbringen soll, sondern als Hierarchie oder normatives Prinzip verstanden werden muss. Damit werden die Künste einerseits von den nicht-künstlerischen Beschäftigungen getrennt und andererseits von der Produktion der Trugbilder unterschieden. Im repräsentativen Regime werden die Künste in den Dienst einer Darstellung gestellt, die sich vom Imperativ der Ähnlichkeit löst und in Anlehnung an die Aristotelische *Poetik* verständliche Strukturen entwirft, Handlungsanordnungen, die auf einem normativen System von Darstellungshierarchien beruhen. Die Darstellung innerhalb des repräsentativen Regimes der Künste steht daher nicht für die Übereinstimmung eines Gegenstands mit seiner künstlerischen Abbildung, sondern für notwendige Abhängigkeiten zwischen einem bestimmten Thema, Sujet oder Stoff und seiner Ausdrucksform. Kunst wird hier über ein solches komplexes System von Darstellungshierarchien, Stil- und Genretrennungen bestimmt, das vorgibt, was Kunst ist und was nicht, und das verschiedene Kunstgattungen gewissen Typen repräsentierbarer Ereignisse zuordnet. So ist z.B. die Historienmalerei der Darstellung großer Ereignisse gewidmet und daher ein erhabeneres Genre als die Genremalerei, die das Alltägliche dokumentiert. Die Logik der Repräsentation legt die Bedingungen fest, nach denen etwas auf bestimmte Weise dargestellt wird, welcher Gegenstand kunstwürdig ist und welche Kunstform sich für seine Darstellung am besten eignet.

Mit dieser hierarchischen Logik bricht die „ästhetische Revolution", die einem ästhetischen Regime der Künste stattgibt, das die Kunst mit Bezug auf ihre ästhetischen Fähigkeiten, d.h. in Bezug auf ihre Fähigkeit, sichtbar zu machen, Sichtbarkeiten zu verschieben, Gemeinsames neu aufzuteilen, situiert: In Absetzung zu tradierten kunsthistorischen Periodisierungen bestimmt Rancière die moderne Ästhetik nicht über die Abstraktion, also als simplen Abschied von der Darstellung, sondern vielmehr als eine *andere* Politik der Darstellung, die sich im Übergang vom repräsentativen zum ästhetischen Regime der Künste herausbildet.

Post-repräsentativer Realismus

Revolution vollzieht, ist mithin keine Negation der Gegenständlichkeit, sondern ein Bruch mit den repräsentativen Hierarchien und Normen der Darstellung, die bestimmen, welche Sujets, d.h. welcher Teil der Wirklichkeit, wie und in welcher Form abgebildet werden darf. Der Sprung aus der *mimesis* gibt damit einem Realismus statt, der die Hierarchien der Repräsentation umstürzt und die rohe Präsenz der Dinge an die Stelle der rationalen Verkettung der Handlung setzt. Im literarischen Realismus des 19. Jahrhunderts, in dem Rancière den Ursprung des ästhetischen Regimes verortet, wird entsprechend mit den Hierarchien der Darstellung gebrochen. So untergraben Flauberts „demokratische" Romane die traditionelle Dominanz der Geschichte und setzen an deren Stelle die gleich-gültige Beschreibung des Alltäglichen – einem tanzenden Staubkorn wird die gleiche literarische Aufmerksamkeit zuteil wie den Taten des „Helden". Im Zuge eines derartigen „Exzesses" der Beschreibung gewinnen die literarische Wörter eine eigene quasi-dingliche Materialität, sie zirkulieren wie „Wortblöcke" innerhalb des Textes, wodurch sie ihrer ausschließlich narrativen Funktion enthoben werden. Weiterhin zeichnet sich das ästhetische Regime durch die Entdeckung einer ästhetischen Wahrheit in den Dingen aus, wie z.B. in Balzacs Beschreibung einer Häuserfassade, in der die soziale Wirklichkeit des zeitgenössischen Paris erzählbar wird. In diesem Sinne findet Balzac in den Dingen selbst eine Potentialität des Bedeutens und begründet damit eine „neue Rationalität des Banalen und Obskuren" (Rancière 2006: 60), d.h. er etabliert beispielhaft eine „poetische" Wahrheit in den nebensächlichen Dingen.

Das Entscheidende liegt jedoch in der Einsicht, dass im ästhetischen Regime die Dinge und die Wörter, das Sein und die Darstellung, nicht zwei Ordnungen bilden, sondern Elemente *einer* Ordnung sind, oder anders gesagt, auf die ästhetisch-politische Ordnung des Wirklichen im Sinne einer „Aufteilung des Sinnlichen" bezogen sind. Anhand konkreter Beispiele der Literatur (vgl. Rancière 1998, und zuletzt 2008a), des Kinos und des Bildes (Rancière 2001, 2005a) und der Bildenden Kunst (neben zahllosen Aufsätzen vgl. v.a. Rancière 2006, 2008b, 2008c) untersucht Rancière die Verfasstheit eine solchen ästhetisch-politischen Regimes.

Dabei erscheint das ästhetische Regime der Künste gerade im Hinblick auf die Frage nach einer Politik der Kunst zutiefst paradox, insofern es gleichermaßen die modernistische Autonomisierung der Kunst in der Abstraktion der Formen und die avantgardistische Aufhebung der Trennung zwischen Kunst und Leben umfasst. In seinen Schriften zur zeitgenössischen Kunst, die hier exemplarisch herangezogen werden sollen, deren Ausführungen über die Verfasstheit des ästhetischen Regimes jedoch für alle ästhetischen Künste gelten können, widmet Rancière sich explizit einer solchen Untersuchung der Politik der Kunst, ohne jedoch ein Modell für politisch wirksame Kunst vorzugeben. Denn eine Politik der Kunst kann nur anhand ihrer Paradoxien aufgezeigt werden, d.h. in der Spannung zwischen zwei ästhetischen Tendenzen oder Logiken. Schon in der *Aufteilung des Sinnlichen*, das u.a. als Manifest gegen die kunsthistorische (und politische) Aufteilung in Moderne und Post-Moderne gelesen werden kann, werden diese zwei Pole als zwei Varianten des „großen Diskurses der Moderne" identifiziert: Eine an Adornos Verständnis der Kunst angelehnte Variante, die die Modernität der Kunst in der Autonomie verortet, die sie sich durch die „anti-mimetische" Revolution und die Eroberung ihrer „reinen Form" erworben hat; und eine zweite Variante, die Rancière als „Modernitarismus" (Rancière 2006: 44) bezeichnet und die u.a. in Anlehnung an Schillers „ästhetische Erziehung des Menschen" (Schiller

Jacques Rancière. Für eine Politik des Erscheinens

1990) und beispielhaft im Konstruktivismus, Situationismus und der relationalen Ästhetik (vgl. Bourriaud 1998) die Identifizierung der Formen der Kunst mit den Formen des Lebens vorantreibt. Während Erstere, verkürzt gesagt, das Politische der Kunst in ihrer radikalen Abwendung von der darstellbaren Wirklichkeit und in der Hinwendung zur abstrakten Form sieht, gibt die zweite Logik einer „direkten" politischen Kunst statt, die keine Kunstwerke mehr schafft, sondern die Welt durch direkte Eingriffe in das soziale Netz oder die politischen Missstände zu verändern sucht. Rancière setzt sich von diesen Bestimmungen ab, die dazu führen, politische Kunst entweder auf die reine Abbildung sozialer Missstände oder das Überbringen von politischen Botschaften, also auf ein konkretes Mittel, zu reduzieren, oder ihren kritischen Gehalt andererseits in einem reinen, abstrakten Bezug auf eine Realität zu sehen.

Damit kann Rancière die Frage nach der politischen Kunst aus ihrer klassischen Perspektive herauslösen, die das Politische der Kunst über deren kritischen, negierenden, dokumentierenden, mimetischen oder abstrakten Bezug auf die von ihr unabhängige Wirklichkeit zu bestimmen sucht. Im Gegensatz dazu weiß eine politische Kunst, dass ihre politische Wirkung allein in der ästhetischen Distanz, also *als* Kunst, möglich wird und dass diese Wirkung immer mit einer gewissen Unbestimmbarkeit einhergeht. Die Ausstellung dieser Unbestimmbarkeit ist ausschlaggebend für den Status der politischen Kunst, denn sie verweist auf die Ästhetik der Politik, d.h. auf die tatsächliche Aufgeteiltheit des Sinnlichen, die vom beliebigen Erscheinen der Körper im gemeinsamen Raum neu konfiguriert wird. Das Politische der Kunst besteht also nicht darin, Kunst und Politik als voneinander unabhängige Bereiche aufeinander zu beziehen. Denn diese sind in einer Ästhetik der Politik und der sich darin einschreibenden Politik der Ästhetik immer schon miteinander verbunden. Kunst, Film, Fotografie, Literatur sind vielmehr politisch, wenn sie als solche auf eine historisch apriorische Ebene verweisen, auf der jene als natürlich erscheinende Aufteilung vorgenommen wird, die die einen in die Sichtbarkeit des Gemeinsamen stellt, während sie die anderen davon ausschließt. Kunst, Film, Fotografie, Literatur sind politisch, wenn sie dieser Aufteilung die Möglichkeit eine andere Aufteilung des Sinnlichen entgegenstellen.

In diesem Sinne kann man festhalten, dass ein klassischer Kulturbegriff in Rancières Denken keinen Ort hat, da es ihm um Formen der Visualisierung und Problematisierung der Aufteilungen des Gemeinsamen geht. Kultur wird als Begriff, im Gegensatz zu Kunst und Ästhetik, in seinem Denken nicht eigens thematisch, insofern also könnte man sagen, dass Rancière zumindest keine traditionelle Kulturtheorie vorlegt, in der Kultur als eigenständiges Feld neben anderen untersucht wird. Vielmehr weicht er die Grenze zwischen Kunst, Kultur und Politik auf, da bei ihm kulturelle Formen im Sinne künstlerischer Visualisierungen selbst zum Einsatz der Politik werden. Eine solche Lesart zielt jedoch nicht auf eine kulturelle Relativierung von Politik ab, sondern vielmehr auf ein Verständnis von kulturellen Techniken als Praktiken der Auf- und Verteilung von Rollen, Orten und Worten, die sich in die Rancièresche Topologie des Politischen einschreiben.

Literatur von Jacques Rancière

Rancière, J.: Lire le Capital (zusammen mit Louis Althusser, Etienne Balibar, Pierre Macherey, Roger Establet). Paris 1965.
Rancière, J.: La leçon d'Althusser. Paris 1974.
Rancière, J.: La nuit des prolétaires, Archives du rêve ouvrier. Paris 1981.

Rancière, J.: Le philosophe et ses pauvres. Paris 1983.
Rancière, J.: Die Namen der Geschichte. Versuch einer Poetik des Wissens. Frankfurt/M. 1994.
Rancière, J.: La parole muette. Essai sur les contradictions de la littérature. Paris 1998.
Rancière, J.: La fable cinématographique. Paris 2001.
Rancière, J.: Das Unvernehmen. Politik und Philosophie: Frankfurt/M. 2002.
Rancière, J.: Les scènes du peuple. Paris 2003.
Rancière, J.: Aux bords du politique. Paris 2004.
Rancière, J.: Die Politik der Bilder. Berlin/Zürich 2005a.
Rancière, J.: La haine de la démocratie. Paris 2005b.
Rancière, J.: Chroniques des temps consensuels. Paris 2005c.
Rancière, J.: Die Aufteilung des Sinnlichen. Die Politik der Kunst und ihre Paradoxien. Berlin 2006.
Rancière, J.: Der unwissende Lehrmeister. Fünf Lektionen über die intellektuelle Emanzipation. Wien 2007a.
Rancière, J.: La parole ouvrière. Paris 2007b.
Rancière, J.: Die Politik der Literatur. Wien 2008a.
Rancière, J.: Das Unbehagen in der Ästhetik. Wien 2008b.
Rancière, J.: Le spectateur emancipé. Paris 2008c.

Weitere zitierte Literatur

Althusser, L.: Die Zukunft hat Zeit. Die Tatsachen. Frankfurt/M. 1993.
Bourriaud, N.: Esthétique relationelle. Dijon 1998.
Schiller, F.: Briefe über die ästhetische Erziehung. Frankfurt/M. 1990.
Foucault, M.: Die Intellektuellen und die Macht. In: ders.: Schriften in vier Bänden, Dits et Ecrits, Band II, 1970-1975. Frankfurt/M. 2001, S. 382-393.
Foucault, M.: Das Leben der infamen Menschen. In: ders.: Schriften in vier Bänden, Dits et Ecrits, Band III, 1976-1979. Frankfurt/Main 2003, S. 309-332.

Julia Kristeva: Das Pathos des Denkens oder Die zweifache Genese des Subjekts

Christian Kupke

Einleitung

Julia Kristeva ist sicherlich eine der produktivsten und vielseitigsten Kulturtheoretikerinnen der Gegenwart. Unter den vier Typen des Diskurses, die sie im theoretischen Teil ihrer 1974 erschienenen Studie *La révolution du langage poétique* eingehend dargestellt hat – metasprachlich-wissenschaftlicher, kontemplativ-theoretischer, erzählerisch-romanesker und poietisch-semiotischer Text (vgl. Kristeva 1974a: 98ff.) – gibt es keinen, den sie nicht auch selber praktiziert hätte: Metasprachlich-wissenschaftlich sind fast alle ihre frühen Texte aus den 60er und 70er Jahren, die vor allem die Literaturwissenschaft (vgl. Armonies 1995; Tegtmeyer 1997; Vögel 1998; Angerer 2007), aber auch die Theaterwissenschaft und Theaterpädagogik beeinflusst haben (vgl. Hanke 1997; Hanke/Krokowski 2006 u. 2007). In den 80er Jahren, nachdem sie begonnen hatte, als Psychoanalytikerin zu arbeiten, wandte sie sich verstärkt auch philosophischen und psychoanalytischen Textformen zu, die aber von deutschen Philosophen und Psychoanalytikern nur gelegentlich beachtet wurden (vgl. Kupke 1988; Hiltmann 1995; Mersch 1999; Bayer 2005; Braun 2009). Und als Schriftstellerin hat sie sich seit den 90er Jahren mit ihren Romanen *Les Samourais* (1990), *Le vieil homme et les loups* (1991), *Possessions* (1996) und *Meutre à Byzance* (2003) auch auf das erzählerisch-romaneske Feld begeben.

Was schließlich den poietisch-semiotischen Text oder, wie sie es auch nannte, die „Textpraxis" betrifft, so konnte ihr der Psychoanalytiker Jacques Lacan, durch dessen Lehre sie entscheidend geprägt wurde, zwar in den 70er Jahren noch die Frage stellen, warum sie die Konventionen von Sprache und Schrift nicht auch selbst in der Weise subvertiere, wie sie es an Joyce, Mallarmé und Lautreamont aufgewiesen habe (vgl. Lacan 1977: 20f.; Armonies/Kupke 1994, 94f.). Aber spätestens seitdem Kristeva in einem ihrer eindrucksvollsten Texte, *Stabat Mater* aus den *Histoires d'amour* (vgl. Kristeva 1983b: 226ff.), mit unterschiedlichen Sprach- und Stilformen und z.B. auch mit einer Synopse von autobiographischen, literarischen und theoretischen Textfragmenten experimentierte, wird man Teile ihres Textverfahrens (vgl. auch ihre Verschreibungen „abjet", „héréthique" oder „le vréel"; vgl. Kristeva 1979; 1983a; 1983b: 254; 1998: 85) sicherlich auch der noch näher zu kennzeichnenden poietisch-semiotischen Textur zuzurechnen haben.

Im Folgenden wird sich die – notwendigerweise abbreviatorische – Darstellung des Kristevaschen Œuvres, nach Erarbeitung einiger biographischer Details (Teil 2), zunächst den philosophischen Grundlagen ihrer Theorie (Teil 3), sodann ihrer post-strukturalistischen Konzeption des poietisch-semiotischen Textes (Teil 4) und schließlich den psychoanalytischen Fundamenten ihres Verständnisses von Weiblichkeit (Teil 5) widmen. Die Unterscheidung der verschiedenen Diskurstypen spielt dabei nur insofern eine Rolle, als der vorliegende Text selber dem *kontemplativ-theoretischen* Diskurstyp verhaftet bleibt, da dieser, wie hier angenommen wird, das Fundament sowohl der mehr wissenschaftlichen als auch literarischen Arbeiten Kristevas darstellt. Insofern geht es hier vor allem darum, den *konzeptionellen Rahmen* der Kulturtheorie Kristevas etwas genauer abzustecken, – ein Rahmen, der, anders als z.B. in den Theorien Jacques Lacans und Jacques Derridas (mit denen der Ansatz Kristevas vielfältige Überschneidungen aufweist), über die Jahre hinweg bis heute einigermaßen stabil geblieben ist.

Biographische Details

Julia Kristeva stammt aus Bulgarien. Sie wurde 1941 in Sliven geboren und in einem streng katholischen Elternhaus erzogen (ihr Vater hatte sie nach der Schutzheiligen Juliana von Lazarewskoije benannt; vgl. Kristeva 1998: 110). Eines Abends, so erinnert sie sich, sie sei noch ein Kind gewesen, habe sie versucht, „den Glauben zu *empfinden*, dessen Gebete zu sprechen mir meine Familie gelernt hatte. Die kommunistische Schule missbilligte diesen, und ich schwankte zwischen dem Wunsch, meinen Eltern zu gefallen und diesen Glauben zu teilen, der der ihre war, und der Revolte, die mich dazu brachte, ihnen zu mißfallen und mich den Vorschriften der Schule anzupassen [...]“ (Kristeva 1998: 69). Beim Versuch, sich den Tod vorzustellen, aus dem dann dieser Glaube – an Gott als dem Garanten der Unsterblichkeit der Seele – erwachsen sollte, machte sie jedoch die Erfahrung, dass sie sich ihren toten Körper „weniger ohne Wärme oder Begehren als ganz und gar ohne Denken vor(stellte)“ (Kristeva 1998: 69); und sie schloss daraus, dass es einzig und allein die Dauer und die – über die einzelnen Individuen verstreute – Unendlichkeit des Denkens von einer Generation zur anderen sein könne, in der sich so etwas wie die Unsterblichkeit der Seele zeigen könnte.

An diesem Gedanken: einer unendlichen Rechtfertigung des gleichwohl endlichen, sich in die Diskontinuität individueller Entwürfe zerstreuenden menschlichen Denkens, hielt Julia Kristeva fest. Er wurde für sie, die spätere Psychoanalytikerin, zu *ihrer* persönlichen „Version von dem, was man gelehrt [in der Psychoanalyse, C.K.] ‚Kastration‘ nennt: ich hatte nur mein Denken, es war begrenzt, und ohne es und jenseits davon gab es nichts. Nur die unzerstörbare Diskontinuität begrenzter Gedanken, ins Unendliche.“ (Kristeva 1998: 71) Hatte Freud die „potentielle Unsterblichkeit“ noch in der Fortzeugung der sich selbst teilenden, lebenden Substanz vermutet (Freud 1920: 249), so nahm Lacan diese Theorie in ironischer Form wieder auf, als er von der dem geschlechtlichen Leben entzogenen Libido als „reinem Lebensinstinkt“ sprach und ergänzte: „das heißt als Instinkt des unsterblichen, nicht unterdrückbaren Lebens, [...] des vereinfachten, unzerstörbaren Lebens“ (Lacan 1964: 207). Wie im Folgenden noch deutlich werden wird, ist es für Kristeva diese Libido, die sich – scheinbar paradox – im Denken artikuliert und die, als *Pathos des Denkens*, das ist, was dessen symbolische Ordnung trägt, aber diese zugleich auch stets unterminiert und in Frage stellt.

Als Kristeva im Alter von 24 Jahren nach einem Linguistik-Studium in Sofia Ende 1965 mit einem Graduiertenstipendium nach Paris kam und dort zunächst bei Lucien Goldman, dann bei Roland Barthes und schließlich bei Jacques Lacan studierte (zur weiteren Chronologie ihrer Biographie vgl. Suchsland 1992: 14ff. u. 176), wurde diese Erfahrung der gleichzeitigen Unendlichkeit und Begrenztheit des Denkens durch eine weitere

Julia Kristeva: Das Pathos des Denkens oder Die zweifache Genese des Subjekts   323

Erfahrung ergänzt: Nicht nur das Land und das intellektuelle Klima, sondern auch die Sprache, die sie schon früh bei Dominikanermönchen erlernt hatte (vgl. Kristeva 1998: 148), waren ihr *fremd*. Das Französische, erklärt sie, sei für sie noch heute eine Fremdsprache (vgl. Dosse 1992: 86). Umgekehrt empfanden aber offenbar auch ihre französischen Kollegen ein starkes Befremden; sie wurde von ihnen, wie sie sagt, stets mit einer „misstrauischen und kalten Gastfreundschaft" behandelt (vgl. Kristeva 1983c: 42). Aber darin erkannte sie – und das ist für ihre intellektuelle Haltung durchaus typisch – nicht so sehr ein *Leidens*moment, sondern, im Gegenteil, ein Moment *schöpferischer Tätigkeit*. Denn: „Die größere Toleranz der Engländer und die größere Fähigkeit der Amerikaner zur Assimilierung machen einem zweifelsohne das Leben leichter. Aber sie sind letztlich, aufgrund des geringeren *Widerstandes*, auch weniger günstig im Hinblick auf die Entwicklung neuer Gedanken." (Kristeva 1983c: 42; vgl. a. Barthes 1970: 19; Lechte 1990: 79).

Es ist diese Möglichkeit der Entwicklung neuer Gedanken gerade aus der erlebten Fremdheit heraus, die für Julia Kristeva ein Ansporn für die Dissidenz des Intellektuellen darstellt und die das Pathos des Denkens trägt: „Denn die wirkliche Dissidenz heute ist vielleicht, wie seit eh und je, das *Denken*." (Kristeva 1977b: 10) Während die Entfremdung von der Muttersprache ihre Aufmerksamkeit für die formalen, signifikanten Charakteristika der Sprache und der Schrift schärfte, setzte die erfahrene kulturelle Fremdheit bei ihr die Arbeit der Dissidenz in Kraft: „eine frevlerische und unerbittliche Demontage der Mechanismen des Diskurses, des Denkens, der Existenz. Diese Dissidenz setzt eine Haltung der permanenten Analyse voraus, eine Haltung der permanenten Wachsamkeit und Zersetzung, die sie notwendig mit den Praktiken der Dissidenz in der modernen abendländischen Welt verbündet." (Kristeva 1977b:10)

Die Theorie des gedoppelten Ursprungs

Dissident ist Julia Kristevas Denken zunächst darin, dass sie – in einem gewissen Gegensatz zur Psychoanalyse Lacans, aber auch zur Dekonstruktion des Ursprungsdenkens bei Derrida – von einem *doppelten Ursprung* ausgeht, von einem *mythischen* und einem *logischen* Ursprung, der, weil er *Ursprung* ist, zunächst seinerseits in einem Mythos artikuliert wird. Claude Lévi-Strauss hatte in seinem mittlerweile klassischen Text *Die Struktur der Mythen* gezeigt, dass sich der bekannte Mythos von Ödipus eigentlich aus zwei Erzählungen zusammensetzt: aus der Erzählung des Entstehens des Menschen aus der Erde und der des Entstehens des Menschen aus zweigeschlechtlicher Fortpflanzung. Der Mythos stellt also Lévi-Strauss zufolge die Frage „Wird man aus einem oder aus zweien geboren?" bzw. die daraus abgeleitete Frage „Wird das Selbst aus dem Selbst geboren oder aus dem Anderen?" (Lévi-Strauss 1958: 38). Die bejahende *monistische* Antwort auf die Frage gemäß der ersten Alternative („aus einem") wäre die eigentlich *mythische* und die *binaristische* gemäß der zweiten Alternative („aus zweien") die eigentlich *logische* Antwort.

Wie ist diese Zuordnung (monistisch = mythisch und binaristisch = logisch) zu legitimieren? Und warum kommt die monistische Antwort für Julia Kristeva überhaupt noch in Betracht, wenn doch eine solche ganz offensichtlich nicht zu halten ist? – Im *originären* Raum unserer Selbstverständigung als endlicher Subjekte herrscht ein allgemeines und unbestreitbares Wissen darüber vor, dass der Mensch „aus zweien" entstanden ist. Aber sind wir uns dessen auch so sicher, was das Entstehen des Menschen überhaupt, d.h. des menschlichen Lebens als solchen betrifft? Ist das menschliche Leben nicht ein evolutionäres (Er-)Zeugnis, ein *Emergent* desjenigen *Einen* („aus einem"), das wir *Natur* nennen? Und ist nicht wiederum dieses Eine das notwendige *Implement* seines *Anderen*, desjenigen, das wir *Kultur* nennen (vgl. Kupke 2008)?

Aber selbst wenn wir diese Frage als zu spekulativ zurückweisen würden, so müssten wir doch konzedieren, dass das Wissen über die wirklichen Zeugungsvorgänge und die Verkoppelung dieses Wissens mit der Erkenntnis der Endlichkeit des Individuums und des individuellen Todes sich nicht nur die Menschheit überhaupt erst *erwerben* musste, sondern dass auch jedes menschliche Einzelwesen in dieses erworbene Wissen erst *eingeführt* werden muss. Darin, dass sich die Menschheit dieses Wissen überhaupt erst erwerben musste, hat das mythische Problem sein *phylogenetisches* Recht. Und darin, dass auch jedes menschliche Einzelwesen in dieses Wissen erst eingeführt werden muss, hat das Problem sein *ontogenetisches* Recht.

Zudem müssen wir aber auch die Frage stellen: Wird der Mensch wirklich „aus zweien" *geboren*? Ist die Geburt, aber auch schon die Schwangerschaft, bei allem Wissen über die tatsächlichen biologischen Vorgänge, nicht eher so etwas wie eine Entzweischneidung von Einem, eine „Teilung des Fleisches" (vgl. Kristeva 1983b: 246f.; 1993: 246f.)? Und müssen wir diesem Faktum und den damit verbundenen affektiven Erfahrungen, Idealisierungen, Totalitäts- und Verschmelzungsphantasmen von Mutter und Kind nicht größeres Gewicht beimessen? Schon während der Geburt, aber dann auch in der weiteren Entwicklung des Individuums findet offenbar eine *Trennung* statt, und zwar *in* Einem und zugleich *von* Einem, die Subjektivität im eigentlichen Sinne (im Sinne von Subjekt-Sein) überhaupt erst möglich macht.

Julia Kristeva beharrt deshalb gegen den Mainstream einer die Entwicklungsgeschichte des Menschen und des Individuums vernachlässigenden aufklärerischen Orthodoxie darauf, dass wir nicht schon als Subjekte auf die Welt gekommen sind. Sie beharrt darauf, dass die Charakteristika von Schwangerschaft, Geburt, Mutterschaft und Kindheit nicht nur in funktionalen Kategorien (z.B. im Hinblick auf die Reproduktion und die Erziehung) und auch nicht nur in negativen Begriffen gefasst werden (z.B. die Mutter als verlorenes Objekt, das Kind als symbolisches Substitut etc.), sondern dass wir in den *archaischen* Raum dieses Anfangs *vor* dem Anfang (vgl. Kristeva 1998: 108), vor der Andersheit (vgl. Braun 2009) zurückzugehen haben und zu einer nichtfunktionalen und positiven Kennzeichnung der Struktur dieses Raumes fortschreiten sollten.

Gleichzeitig bedeutet eine solche theoretische Option aber nicht, dass nun der eine, der mythische Ursprung gegen den anderen, den logischen Ursprung ausgespielt werden und ein allgemeiner Monismus vertreten werden könnte. Das ist schon allein deshalb unmöglich, weil aus einem Ursprung „aus einem" – gemäß der Theorie der Verwandtschaftsverhältnisse von Lévi-Strauss und der des ödipalen Konfliktes bei Freud und Lacan – weder eine familiale, eine soziale noch eine kulturelle Ordnung erklärt werden könnte. Es bedarf einer Instanz des *Dritten*, die in der stets labilen, archaischen Differenz des *Homogenen* („aus einem") die originäre Differenz des *Heterogenen* („aus zweien") errichtet. Diese Instanz, als Repräsentanz des logischen Ursprungs, ist das, was im *familialen* Diskurs, an der Basis von Kulturalität und Sozialität (vgl. Kristeva 1974b: 92f.), das Inzestverbot durchsetzt (der „Vater"), was im *kulturellen* Diskurs das Ideal einer geregelten Vermittlung von Sinn und Bedeutung instituiert (die „Sprache") und was im *sozialen* Diskurs den Zusammenhalt der Individuen sichert (das „Gesetz"). Kurz, es bedarf einer durch die Macht

Julia Kristeva: Das Pathos des Denkens oder Die zweifache Genese des Subjekts 325

des „Vaters", der „Sprache" und des „Gesetzes" konstituierten Ordnung, derjenigen Ordnung, die Julia Kristeva mit Jacques Lacan die „symbolische Ordnung" genannt hat (vgl. Kristeva 1974a: 80ff.).

Der Bruch oder der Riss zwischen dem mythischen und dem logischen Ursprung – als Grundriss des menschlichen Seins – muss also anerkannt und darf nicht homogenisiert werden. Insofern lässt sich Julia Kristevas theoretischer Ansatz, der, wie der Hegels (vgl. Kupke 1988), *zwei* Anfängen oder *beiden* Ursprüngen gerecht werden will, selber – reflexiv – als logischer und binaristischer Ansatz kennzeichnen: Der Ursprung des Subjekts ist gedoppelter Ursprung oder Ursprung „aus zweien" insofern, als er *sowohl* Ursprung „aus einem" *als auch* „aus zweien", also ein Ursprung aus zwei Ursprüngen ist. In diesem (reflexiven) Binarismus von Monismus und Binarismus wird der Hypostasierung eines der beiden Ursprünge entgegengearbeitet und in der Kritik dieser Hypostasierung die „Frage" gestellt, „die schmerzlicherweise ungelöst geblieben ist: wie kann man das uterine Kochen mit dem Feuer des Worts verbinden; wie kann man die Logik der Leidenschaft mit der Ordnung [...] des Ideals, des Verbotes, des Gesetzes verschweißen?" (Kristeva 1998: 167f.) Kurz, wie ist ein Jenseits des Binarismus möglich, das nicht dem Diesseits des Binarismus seinerseits binaristisch entgegengesetzt ist (vgl. Kupke 2006)?

Der Mythos ist also nicht einfach unwahr, fiktiv oder spekulativ, sondern formuliert eine grundlegende Wahrheit: er bezeichnet, als Frage, den Grundriss unseres Seins, in dem – reflexiv, aber auch ethisch (vgl. Kristeva 1992: 150; 1993: 44) – die Verbindung, die „Verschweißung" der beiden Ursprünge das entscheidende Problem ist. Aber nur wenige Diskurse, und vor allem nicht der im irreflexiven Binarismus tief verwurzelte wissenschaftliche Diskurs, können dieser Wahrheit oder dieser Frage gerecht werden. Einer der wenigen Diskurse, der Julia Kristeva zufolge dazu in der Lage ist, ist die Psychoanalyse. Indem diese, ihrerseits binär argumentierend, dem „väterlich(-logisch)en" einen „mütterlich(-mythisch)en" Ursprung und der ödipal(-sozial)en eine vorödipal(a-sozial)e Entwicklungsphase des Subjekts entgegensetzt, stellt sie sich der Frage, die auch die Frage des Mythos ist. Bereits Lévi-Strauss hat in diesem Sinne feststellen können: „Das von Freud in ‚ödipeischen' Ausdrücken aufgeworfene Problem ist zweifellos nicht mehr die Alternative zwischen Autochthonie und zweigeschlechtlicher Fortpflanzung. Aber es geht immer um die Frage, wie einer aus zweien entstehen kann: wie kommt es, daß wir nicht einen einzigen Erzeuger haben, sondern eine Mutter und dazu noch einen Vater? Man wird nicht zögern, Freud nach Sophokles zu unseren Quellen des Ödipusmythos zu zählen. Ihre Versionen verdienen dieselbe Glaubwürdigkeit wie andere, ältere und dem Anschein nach ‚authentischere'." (Lévi-Strauss 1958: 239)

Semiotischer Post-Strukturalismus und Texttheorie

Auch für Julia Kristeva ist, wie für alle ernst zu nehmenden Analytiker, das Subjekt ein gespaltenes Subjekt. Aber der Spalt, der Riss im Subjekt findet sich ihr zufolge nicht nur im *topischen* Verhältnis von Ubw (Unbewusstem) und Bw-Vbw (Bewusstem und Vorbewusstem) und auch nicht nur – nach dem linguistic turn – im *taxonomischen* Verhältnis von S (Signifikant) und s (Signifikat), sondern zugleich im *ökonomisch-dynamischen* Verhältnis von Trieb-Subjekt und Sprach-Subjekt. Dabei ist das Sprach-Subjekt für sie keineswegs schon das Subjekt der bewussten und willentlichen Steuerung bzw. Kontrolle von Äußerungs- und Sinngebungsprozessen (signifiance), sondern durchaus jenes Subjekt des Äußerns (énonciation), das auch sie, wie Jakobson und Lacan, vom Subjekt der Äußerung (énoncé) trennt. Sie führt jedoch einen weiteren Spalt in das Subjekt ein, und zwar in dieses Subjekt des Äußerns selbst, das sich einmal als thetisches, *konstituierendes*, man könnte auch sagen „konstruierendes" *Sprach*-Subjekt, aber schließlich auch als nicht-thetisches, *dekonstituierendes*, man könnte auch sagen „dekonstruierendes" *Trieb*-Subjekt artikuliert (vgl. Kristeva 1974a: 32ff.; 1977a: 193ff.; 1992: 128ff. passim).

Damit nimmt Julia Kristeva zunächst die Freud'sche Differenz zwischen einem deskriptiven Unbewussten, einem „unbewussten Bewusstsein", wie es die Philosophie kennt, und einem spezifisch psychoanalytischen Unbewussten wieder auf (vgl. Freud 1915: 129ff.), – einem Unbewussten, das auch sie, wie Freud, als „unbewusstes Treiben" (oder „Getriebensein"), d.h. primär als *Triebvorrat* und nicht als *Sprache* versteht (vgl. Kristeva 1993: 89). Gleichzeitig zerteilt sie damit aber auch das Unbewusste der *symbolischen* Ordnung und setzt deren familialer Verbots-, sozialer Gesetzes- und kultureller Sprach-Strukturierung eine andere, *semiotische* Strukturierung entgegen, die der symbolischen Ordnung gleichwohl – in den Verschiebungs- und Verdichtungsprozessen des Unbewussten, wie sie Freud beschrieben hat – inhärent ist. Insofern geht es ihr also um eine *Ökonomie* der Äußerungs- und Sinngebungsprozesse, um jenen „oikos" des *archaischen* Raums, der sich vom „logos" des *originären* Raums dieser Prozesse zwar unterscheidet, aber der im Sinne der oben angeführten „Verschweißung" der beiden Ursprünge in diesem „logos" auch eine Falte bildet und dort Signifikats- und Signifikanteneffekte ermöglicht, die das Inzestverbot, das Gesetz und die Sprache unterminieren bzw. subvertieren.

Bevor diese Subversion des Symbolischen (die die des poietisch-semiotischen Textes ist) etwas genauer beschrieben werden kann, ist allerdings noch die Frage zu stellen, wie überhaupt eine *Strukturierung* möglich ist, die nicht eine *symbolische* Strukturierung ist. Hier kann man zunächst ganz allgemein an den Unterschied von Linguistik und Semiotik, Sprach- und Zeichensystem erinnern, der einer der Ausgangspunkte der Forschungen Julia Kristevas gewesen ist (vgl. Kristeva 1968; 1969; auch 1993: 42f) und der von vielen *Lacanianern*, die vor allem vom *Sprachsystem* fasziniert sind, noch immer vernachlässigt wird. Erst unter Voraussetzung dieses Unterschieds ist nämlich überhaupt eine *post-strukturalistische* „Dynamisierung des Strukturalismus" (Kristeva 1969: 144; Dosse 1992: 75) möglich, die die Struktur nicht nur als strukturiert, sondern auch als strukturierend begreift und die wiederum die strukturierende Instanz in einer jeweils *anderen, heterogenen* Struktur, in einem *anderen Ursprung* sucht. (Man vergleiche etwa die von Lacan in seinem Spätwerk eingeführte Differenz von semiotischer „lalangue" und symbolischer „langue", an die Kristeva anknüpft; Kristeva 1981: 100f und hierzu die paradigmatische Analyse Kristeva 1993: 56ff.)

Und schließlich sollte man auch an die „Identitätskartographie des Körpers" oder prägnanter an die *mütterliche Korpographie* erinnern, die, als unserer sozio-symbolischen und kulturellen Identität noch vorausliegend, Kristeva in einem neueren Text folgendermaßen beschrieben hat:

> „Denken wir an die mütterliche Autorität, die mit Hilfe von archaischen Frustrationen und Verboten die Sphinkterdressur garantiert und auf unseren autoerotischen Säuglingskörpern, lange vor unseren Personalausweisen, eine erste Identitätskartographie anlegt, die aus Zonen, Öffnungen, Punkten und Linien, ,Sauberem' und ,Unsauberem' eben, aus Möglichem und Unmöglichem besteht. Eine primäre Kartographie des Körpers, die ich ,semiotisch' nenne; diese ist die

Julia Kristeva: Das Pathos des Denkens oder Die zweifache Genese des Subjekts 327

Vorbedingung der Sprache, und obwohl sie von ihr abhängt und gemäß einer anderen Logik leidet und genießt, ergänzt sie die Logik der linguistischen Zeichen, die von den väterlichen Gesetzen aufgezwungen und gestärkt werden." (Kristeva 1998: 140)

Woran für Julia Kristeva die Texte von Mallarmé, Lautréamont und Joyce (oder auch die Bilder der abstrakten Expressionisten wie die Willem de Koonings und Jackson Pollocks; vgl. Kristeva 1977b: 9; Lechte 1990: 124ff.) erinnern, ist genau diese mütterliche Korpographie: das strukturierte, zumeist in der frühesten Kindheit und dort im vorödipalen Stadium (vgl. Kristeva 1974a: 33f. u. 38) erworbene Ensemble körperlicher *Inskriptionen* in *Stimme, Intonation, Blick, Gestik* und *Mimik*, die in den künstlerischen Texten ihre poietisch-semiotisierende Wirkung entfalten:

> „Die Bedeutungsökonomie der dichterischen Sprache zeichnet sich [...] dadurch aus, daß der semiotische Aspekt nicht nur ebenso wichtig ist wie der symbolische, sondern sich tendenziell auf Kosten des thetischen, prädikativen Aspekts in den Vordergrund schiebt. (Zum semiotischen Aspekt gehören der Rhythmus, der Klang der Stimme sowie – bei einem geschriebenen Text – die graphische Gestaltung.) Aber so sehr die semiotischen Prozesse, die hier am Werk sind, die symbolische Funktion auch ausblenden, in Schach halten und zunichte machen mögen, bleibt sie gleichwohl präsent. Wäre dem nicht so, gäbe es keine dichterische *Sprache*." (Kristeva 1992: 134; vgl. 1977a: 197).

Die poietisch-semiotische Kunst- und Textpraxis ist also nicht ein reines Triebgeschehen, sondern gründet sich auf das *Pathos des Denkens*. Sie stellt eine *dialektische* – man könnte auch, indem man ein Paragramm bildet (vgl. Kristeva 1966; Krokowski 1985), sagen: *diatektische*, d.h. *in* und *durch* den Text geschehende – *Fusion* von Symbolischem und Semiotischem dar:

> „1. Die symbolische Funktion bleibt als innere Grenze dieser bipolaren Ökonomie erhalten, denn ein vielfältig und manchmal sogar unfaßbar gewordenes Signifikat wird dennoch mitgeteilt. 2. Sie bleibt auch [erhalten], weil die semiotischen Prozesse nicht einfach sich selbst überlassen dahintreiben (wie das im verrückten Diskurs der Fall wäre), sondern eine neue Förmlichkeit einsetzen: was man als neue formale oder ideologische ‚Welt des Dichters' bezeichnet, die nie abgeschlossene, undefinierte Erzeugung eines neuen Raumes der Sinngebung." (Kristeva 1977a, 197; vgl. 1992, 134)

Im „verrückten Diskurs" fände – gemäß der Lacan'schen Psychosentheorie – eine Verwerfung *des* Symbolischen statt (vgl. Lacan 1954: 207f.), d.h. das dekonstituierende Trieb-Subjekt würde das konstituierende Sprach-Subjekt *gänzlich* unterminieren, so dass, wie Kristeva sagt, „die semiotischen Prozesse einfach sich selbst überlassen dahintreiben" würden; während sich im textpraktischen, poietisch-semiotischen Diskurs eine Verwerfung *im* Symbolischen geltend macht, die das Trieb- und das Sprach-Subjekt so miteinander verzahnt, dass die symbolische Ordnung zwar *entstellt* und auf diese Weise subvertiert, zugleich aber auch – in dieser Entstellung – *aufrechterhalten* wird.

In ihrer über einige Jahre fortlaufenden Analyse der Texte Célines (vgl. Kristeva 1976; 1977a: 203ff; 1983a: 165ff; 1992: 142ff; Suchsland 1992: 150ff; Lechte 1990: 165ff) zeigt Kristeva, wie sich dort diese Verwerfung *im* Symbolischen, also die *semiotische Entstellung des Symbolischen* einerseits als Signifikanteneffekt auf der Ebene der *Syntax* der Texte, andererseits aber auch als Signifikatseffekt auf der Ebene der *Semantik* der Texte niederschlägt. Gleichzeitig weiß sie aber auch um die Gefahr, die mit der von Lacan beschriebenen Verwerfungspraxis generell verbunden ist und die nicht nur, wie oft vermutet wird, ein Zeichen für die „Fragilität und Gefährdung des Subjekts angesichts des endgültigen Scheiterns aller überkommenen Sinnsysteme" darstellt (Suchsland 1992: 151). Gegenüber einer solchen, kulturpessimistischen Variante muss man vielmehr betonen, dass für die Sinnsysteme *als* Systeme und für die Worte *als* Worte das Scheitern geradezu konstitutiv ist, da diese sich ja selber noch jenem Pathos des Denkens verdanken, das sie subvertiert.

> „Nach Freud und mit Lacan kehren wir abermals zu Freud zurück (...), um zu bemerken, daß es *Sinn*-Strategien ohne *Bedeutung* gibt, ‚Erinnerungen‘ (...), aber weit unterhalb der Sprache und des Signifikanten. Wenn ‚es‘ einen überwältigt, führt ‚es‘ zu einer Psychose – oder einer Ekstase. Je nach der Zeit und den paar Möglichkeiten, über die die Menschen verfügen, ergibt sich daraus die Chance, *schöpferisch* tätig zu sein. (...) Mit einem Schnitt, mit diesem Abgrund, der sich im Signifikanten öffnet, wird man schöpferisch, und dort gibt es kein Wort, noch nicht." (Kristeva 1998: 224)

Um willen dieser Chance, aber auch ihres Risikos erinnert Julia Kristeva deshalb stets an die notwendige, weil Sozialität und Kulturalität überhaupt erst begründende, aber als solche auch nie zu hypostasierende Instanz des Dritten („Vater", „Sprache" und „Gesetz"), deren vollständige Verwerfung in der Tat im „verrückten Diskurs" oder – wie es letzten Endes bei Céline der Fall war – im politischen Totalitarismus enden würde.

Wogegen sich Kristeva allerdings zu Recht wehrt, ist die generelle Verunglimpfung der Revolution der poetischen Sprache oder überhaupt jeder semiotischen Revolte als irrational, faschistoid oder terroristisch; ist diese doch nur die andere Seite jener Verdrängung des Triebes und des Mütterlichen, die noch stets der Preis für die Errichtung der symbolischen Ordnung gewesen ist (vgl. Kristeva 1992: 135f.; 1977a: 199). Nur eine *Anerkennung* sowohl dieser Verdrängung (des logischen Ursprungs) als auch des Verdrängten selbst (des mythischen Ursprungs), d.h. des Fremden und der Fremdheit – und nicht die stets zwanghafte *Aufhebung* dieser Fremdheit (vgl. Kristeva 1988; Kahlefeld 2006) – macht die Dissidenz des Subjekts aus, hält es in *Bewegung*, im *Prozess* und macht so eine *Wiederherstellung* des verlorenen Ursprungs gerade unmöglich:

> „Solange man nicht", schreibt Kristeva, „ein anderes *anderes* anerkannt hat – das nicht die andere Person ist, mein Nächster oder mein Bruder, sondern die *andere Logik in mir selbst*, meine Fremdheit, meine Heterogenität, die Facetten, die mich unter der vereinheitlichten Oberfläche der Technikbenutzer beherrschen –, solange wird der Kult um den ‚Ursprung‘, den unerreichbaren Grund und das unbenennbare Paradies seine ‚Wiederkehr des Verdrängten‘ in Gestalt eines ‚Glaubens‘ oder, brutaler, in Gestalt von Bruderkriegen verlangen, die vorgeben, den verlorenen Grund wiederherzustellen." (Kristeva 1998: 241; vgl. 1988: 199ff.)

Psychoanalyse und häret(h)ischer Feminismus

Man kann sich die Frage stellen, was Julia Kristeva mit ihrer Konzeption des doppelten Ursprungs und ihrer Differenzierung von Symbolischem und Semiotischem, unabhängig von den kunst- und literaturwissenschaftlichen Erträgen einer solchen Theorie, für die *Psychoanalyse* gewonnen hat. Immerhin ist auch Lacan von einem zweizeitigen Ansatz in der Genese des Subjekts ausgegangen: einem imaginären auf der Spiegelstufe und einem sym-

Julia Kristeva: Das Pathos des Denkens oder Die zweifache Genese des Subjekts 329

bolischen auf der ödipalen.[1] Jedoch ist diese Entwicklungshypothese, wie Kristeva in ihrem in dieser Hinsicht wichtigsten Text deutlich macht (vgl. Kristeva 1983b: 26ff.), im lacanianischen Diskurs nie wirklich ausgearbeitet worden und hat einige wichtige Fragen offen gelassen, – neben der nach der narzisstischen „Identität", der Stabilität ihrer Grenzen und ihrer Beziehung zum anderen, die folgende: „Taucht das ‚Spiegelstadium' *ex nihilo* auf? Unter welchen Bedingungen entsteht es? Mit dem letztlich psychiatrischen Begriff ‚Narzißmus' läßt sich anscheinend eine ganze *komplexe Strukturierung* denken, die bereits ternär, aber anders gegliedert ist als das Dreieck Ich – das Objekt – der Andere." (Kristeva 1983b: 27)

Die Hypostasierung dieses ödipalen Dreiecks und mit ihr die Hypostasierung des (väterlichen) *Phallus* als *logischen* Ursprung hat in der Rezeption der Psychoanalyse Lacans dazu geführt, jegliche Beziehung von Ich und Objekt, also die so genannte „Objektbeziehung" ausschließlich als symbolische Beziehung und damit letzten Endes das Imaginäre als einen bloßen Effekt dieses Symbolischen zu begreifen (und das Reale wiederum als dessen Bedingung). Dem setzt nun aber Kristeva entgegen, dass das Imaginäre eine – ihrerseits, wie das Symbolische, ternär strukturierte – Bedingung des Symbolischen sei, als deren Grund – oder Abgrund – sich das semiotische „Triebfundament des Begehrens" (Kristeva 1974a: 137) erweise. Indem Lacan den *mythischen* Ursprung des Subjekts, seine Herkunft aus dem (mütterlichen) *Ding* nicht zu einer eigenständigen Theorie ausgearbeitet, vielmehr dem irreflexiven Konzept des (väterlichen) Phallus als dem psychoanalytischen Grundkonzept und damit der *Trennung* („aus zweien") die Priorität gegeben habe, konnte er die in der Mutterbeziehung gegründete Suche nach der *Einswerdung* („aus einem") nicht mehr einer sich eigenständig konstituierenden Objekthaftigkeit zuschlagen, sondern musste auch sie noch der Absolutheit des Bezugs auf den Phallus unterstellen (vgl. Kristeva 1983b: 34). Und dies, so argumentiert Kristeva, habe letzten Endes sowohl zu einer theoretischen Verkürzung als auch zu problematischen psychoanalyse-praktischen Konsequenzen geführt: „Läuft eine Analyse ohne diese Voraussetzungen [einer sich eigenständig, aus der mütterlichen Beziehung konstituierenden Objekthaftigkeit, C.K.] nicht Gefahr, in der Tyrannei gerade der Idealisierung zu erstarren? Des Phallus oder des Überich? Lacanianer, wer Ohren hat, der höre ..." (Kristeva 1983b: 35; vgl. 1993: 94ff)

Wie sieht nun die ternäre Struktur des Narzissmus gegenüber der des ödipalen Dreiecks aus? Die gesamte Kluft zwischen dem *narzisstischen* Ternion im *archaischen* und dem ödipalen Ternion im *originären* Raum der Subjektgenese kann vom Kind nur durchschritten werden, wenn es zu einer stabilen Trennung zwischen Mutter und Kind kommt. Eben diese Stabilität ist aber in der primär-narzisstischen Beziehung nicht gegeben, da ja das Kind *noch kein Ich* und die Mutter auch *noch kein Objekt* ist. Die „erste Trennung" besteht also, wie Kristeva sagt, „zwischen dem, was noch kein *Ich* und dem, was noch kein *Objekt* ist" (Kristeva 1983b: 28), wobei die stete Gefahr darin besteht, dass beide, Mutter und Kind (die Mutter im Sinne einer Regression), in ein autoerotisches Genießen zurückfallen, in dem die allererst aufbrechende Differenz wieder verschwindet. Da dieses Verschwinden aber nicht das letzte Wort haben kann (denn sonst käme es nicht zu einer Genese), wird auch diese dyadische Beziehung bereits von einem Dritten getragen: dem von Freud so bezeichneten „Vater der persönlichen Vorzeit" (vgl. Kristeva 1983b: 31 passim; Braun 2009, 59ff.). Dieser ist nicht der *symbolische*, sondern der *imaginäre* Vater; und er kann –

---

[1] Zur Terminologie von Jacques Lacan siehe auch den Beitrag von Mechthild und Andreas Hetzel zu Slavoj Žižek in diesem Band.

weil man weiß, „daß die ersten Gefühlsregungen, die ersten Nachahmungen und die ersten Laute, *empirisch* gesehen, der Mutter gelten" (Kristeva 1983b: 32) – auch von der empirischen Mutter selbst repräsentiert werden.

Was bedeutet eine solche Repräsentanz? – Die „Mutter" nimmt nach Kristevas Auffassung im narzisstischen Ternion eine *zweifache* Funktion ein (sie bezeichnet jetzt *diese* Funktion und muss nicht mit der „empirischen Mutter" identisch sein), in der sie sich gewissermaßen *verdoppelt* und in der es nicht der *andere Dritte*, der *symbolische* Vater, sondern *sie selbst* ist, die der Garant der Aufrechterhaltung der Trennung zwischen sich und dem Kind ist: Einerseits kommuniziert sie, wie bereits deutlich wurde, in *nicht-sprachlicher* Weise mit dem Kind, indem sie für jene körperlichen Inskriptionen in Stimme, Intonation, Blick, Gestik und Mimik, für jene *mütterliche Korpographie* verantwortlich zeichnet, die die „Vorbedingung der Sprache" ist (Kristeva 1998: 140; s.o.) – und das macht die Erfahrung der *semiotischen Fülle* aus. Aber andererseits kommuniziert sie auch in *sprachlicher* Weise mit dem Kind, d.h. in jener *originären* Sprache, in der bereits der *symbolische* Dritte anwesend ist, wenn auch nicht als Objekt für das Kind, so doch als Objekt für die Mutter (vgl. Kristeva 1983b: 38f.), – und das macht die Erfahrung der *imaginären Leere* aus. Warum einer Leere? Weil sich in dem so artikulierten Begehren der Mutter zeigt, „daß die Mutter nicht ganz ist, sondern daß sie will ... Wen? Was? Auf diese Frage gibt es keine andere Antwort, als diejenige, die die narzißtische Leere enthüllt: ‚Jedenfalls nicht mich'." (Kristeva 1983b: 45) Dieses „jedenfalls nicht mich" oder dieses „nicht (m)ich" ist es, was, als Noch-Nicht-Ich, die Mutter dem symbolischen Vater zuträgt, „vermittelt" und wodurch sie die ödipale Triangulierung als solche überhaupt erst ermöglicht.

Diese vermittelnde Funktion der „Mutter" (als eines imaginären Vaters) und überhaupt die vermittelnde Funktion des Imaginären *zwischen* Semiotischem und Symbolischem ist es auch, die für Julia Kristevas *Weiblichkeitstheorie* den entscheidenden Ansatz bietet: „Die Frau" ist für Kristeva, das wird besonders in ihren neuesten Veröffentlichungen deutlich, eine *Vermittlerin*; und als solche steht sie an demjenigem „Kreuzungspunkt", der für Kristeva auch der Punkt der Liebe ist (vgl. Kristeva 1983b: 38f.) und den sie in ihren Briefen an Catherine Clément so leidenschaftlich beschwört: „am Kreuzungspunkt des selben und des anderen, der Natur und der Kultur, des Triebs und der Sprache, an den Ursprüngen des Menschlichen ..." (Kristeva 1998: 200) Oder auch: „am Kreuzungspunkt von Körper und Denken, Biologie und Gedächtnis, Leben und Sinn – bei Männern wie bei Frauen." (Kristeva 1998: 263)

Warum „an den *Ursprüngen* des Menschlichen", und warum „bei Männern *wie* bei Frauen"? Um dies zu verstehen (und vor allem letzteres nicht zu überlesen), muss daran erinnert werden, dass die Analyse des narzisstischen Ternions im *archaischen* Raum der Subjektgenese jenen Anfang *vor* dem *originären* Anfang zu beschreiben sucht, in dem das Weibliche als das Mütterliche und dieses wiederum – eben aufgrund der Ambivalenz der Selbstverdopplung – als ein *Jenseits* des Binarismus von weiblich und männlich erscheint: „Daß dieser Nicht-Ort vor dem Anfang als weiblich oder mütterlich bezeichnet wird, mißfällt mir nicht und läßt mich das ‚Weibliche' völlig anders begreifen denn [als] ein symmetrisches Double des Männlichen: sagte Freud nicht in einer dieser maßlosen Intuitionen, das Weibliche sei für beide Geschlechter das Unzugänglichste?" (Kristeva 1998: 108). „Das Weibliche" ist also einerseits ein Begriff, der sich bei Kristeva fast stets mit „dem Mütterlichen" verbindet; eben das ist wichtig, um die *Häresie* des Kristeva'schen Feminismus zu verstehen. Aber andererseits ist es auch ein solcher, der sich – eben deshalb – nicht im

Julia Kristeva: Das Pathos des Denkens oder Die zweifache Genese des Subjekts 331

klassischen Binarismus von weiblich und männlich wiederfindet (nicht binär codiert ist); und eben das macht die *Härethik* des Kristevaschen Feminismus aus.

Worin besteht diese Häret(h)ik? Oder anders gefragt, was vermittelt „die (nicht binär codierte) Frau"? Sie vermittelt zunächst – als „Mutter", wie dargestellt – das *Sprechen* und steht damit, kraft ihrer herausgehobenen Position im familialen, aber damit indirekt auch im kulturalen und sozialen Diskurs an den „Ursprüngen des Menschlichen". Denn: „die Menschen sind menschlich, weil sie sprechen" (Kristeva 1998: 135). Sodann vermittelt sie aber auch die *Sprache* und die Gewaltsamkeit, die mit der Einfügung des archaischen Subjekts in den originären Raum der symbolischen Ordnung noch stets einhergeht. Denn: „die Psychoanalyse lehrt uns, daß es ohne Gewaltsamkeit – Opfer – Kastration – Mangel – etc. weder Sprache noch Subjekt gibt. Von da an wird das Arsenal von Scheitern und Erfolg der besagten ‚Vermittlung' angelegt." (Kristeva 1998: 199) – „Vermitteln" heißt hier also zum einen: „überleiten", „transformieren" oder auch „transferieren" – „übertragen", wie Kristeva, darin die Metapher metaphorisierend, gerne sagt (vgl. Kristeva 1983b: 31f. u. 263) –, aber zum anderen auch ein Abmildern oder Besänftigen jener Gewaltsamkeit, von dem dann das Scheitern oder der Erfolg einer gelingenden oder misslingenden Einfügung in die symbolische Ordnung abhängt.

Es scheint dieses *Risiko* von Scheitern oder Erfolg zu sein, das Kristeva motiviert, „der Frau" (oder auch der binär codierten Frau, ohne Anführungszeichen?) heute die stärkste ethische Verantwortung zuzusprechen. Denn in einer Zeit, in der die symbolische Vaterfunktion zunehmend schwindet, in der, wie Julia Kristeva anhand eigener Fall-Analysen meisterhaft zeigt (vgl. Kristeva 1983: 52ff. u. 220ff; 1993: 16ff. bzw. 51ff., 46ff., 66ff., 70ff., 97ff. u. 105ff.), dem psychischen Raum seine Abschaffung droht (vgl. Kristeva 1983b: 359ff.) und die Unfähigkeit zur Repräsentation fast unüberwindbar geworden ist (vgl. Kristeva 1993: 15), muss sich der Blick zunehmend an jenen *weiblichen* Zwischenraum heften, in dem die *Einfaltung* des Semiotischen in das Symbolische entweder zur *Fusion* oder aber zur *Konfusion* führt: „Vielleicht", schreibt Julia Kristeva, „muss man eine Frau sein – d.h. der letzte Garant von Gesellschaftlichkeit, der über den Zusammenbruch der symbolischen und Vaterfunktion ebenso hinausweist, wie er ihre Erneuerung und Ausweitung unablässig hervorbringt –, man muß eine Frau sein, sage ich, um an der theoretischen Vernunft festzuhalten und sie zu zwingen, ihren Machtbereich auszudehnen, indem man ihr einen Gegenstand jenseits ihrer Grenzen zuweist." (Kristeva 1992: 149f.; 1977a: 208)

Literatur von Julia Kristeva

Kristeva, J. (1966): Zu einer Semiologie der Paragramme. In: Gallas, H. (Hg.): Strukturalismus als interpretatives Verfahren. Darmstadt/Neuwied 1972, S. 163-200.
Kristeva, J. (1968): Semiologie – kritische Wissenschaft und/oder Wissenschaftskritik. In: Zima, P.V. (Hg.): Textsemiotik als Ideologiekritik. Frankfurt/M. 1977, S.35-53.
Kristeva, J. (1969): Semeiotike. Recherches pour une sémanalyse. Paris 1969.
Kristeva, J. (1974a): Die Revolution der poetischen Sprache. Frankfurt/M. 1978 (Übersetzung des ersten Teils „Préliminaires théoriques" von „La révolution du langage poétique", Paris 1974, S. 9-204).
Kristeva, J. (1974b): Rasend vor Intelligenz. In: Delta Tau Drei: ExPositionen, Zeitschrift für Topologie und Störungskunde, hrsg. v. R. Krokowski u. Chr. Kupke, Berlin 1988, S. 85-126 (kommentierte Übersetzung des Nachworts von „La révolution du langage poétique", Paris 1974, S. 611-620).

Kristeva, J. (1976): Die Aktualität Célines. In: Literaturmagazin 10. Vorbilder, Hamburg 1979, S. 67-77.

Kristeva, J. (1977a): Das Subjekt im Prozeß: Die poetische Sprache. In: Benoist, J.-M. (Hg.): Identität. Ein interdisziplinäres Seminar unter Leitung von Claude Lévi-Strauss. Stuttgart 1980, S. 187-221.

Kristeva, J. (1977b): Ein neuer Intellektuellen-Typ: der Dissident. In: Die Schwarze Botin. Frauenhefte, Nr.7, Berlin 1978, S. 5-10.

Kristeva, J. (1979): Le vréel. In: Kristeva, J./Ribette, J.-M. (Hg.): Folle vérité: vérité et vraisemblance du texte psychotique. Paris 1979, S. 11-35.

Kristeva, J. (1981): Innerhalb des Mikrokosmos der „Sprechkur". In: Riss. Zeitschrift für Psychoanalyse, 10. Jhg, Nr.32, Zürich 1995, S. 99-116.

Kristeva, J. (1983a): Pouvoir de l'horreur. Essai sur l'abjection. Paris 1983.

Kristeva, J. (1983b): Geschichten von der Liebe. Frankfurt/M. 1989.

Kristeva, J. (1983c): Memoire. In: L'infini, Nr.1, Paris 1983, S. 39-54.

Kristeva, J. (1987): Schwarze Sonne. Depression und Melancholie. Frankfurt/M. 2007.

Kristeva, J. (1988): Fremde sind wir uns selbst. Frankfurt/M. 1990.

Kristeva, J. (1992): Das sprechende Subjekt ist nicht unschuldig. In: Johnson, B. (Hg.): Freiheit und Interpretation. Amnesty International-Vorlesungen 1992, Frankfurt/M. 1994, S. 125-153.

Kristeva, J. (1993): Die neuen Leiden der Seele. Hamburg 1994.

Kristeva, J./Clément, C. (1998): Das Versprechen. Vom Erwachen der Frauen. München 2000.

Kristeva, J. (1999): Das weibliche Genie. Hannah Arendt. Wien 2001.

Kristeva, J. (2000): Das weibliche Genie. Melanie Klein. Das Leben, der Wahn, die Wörter. Gießen 2008.

Bibliographien

Nordquist, J.: Julia Kristeva. A Bibliography, Santa Cruz 1989.

O'Grady, K.: Julia Kristeva. A Bibliography of Primary and Secondary Sources in French and English, 1966-1996, Charlottesville 1997.

Kupke, Chr. (2009): Bibliographie der französischen Original-Texte von Julia Kristeva und aller deutschen Übersetzungen, http://www.work-in-process.de/kristeva.

Weitere im Text zitierte Literatur

Angerer, E.: Die Literaturtheorie Julia Kristevas: Von Tel Quel zur Psychoanalyse. Wien 2007.

Armonies, W.: Lesen und Schreiben. Bedingungen und Wirkungen der Textproduktion von James Joyce' Finnegans Wake und Arno Schmidts Zettels Traum. Frankfurt/M. 1995.

Armonies, W./Kupke, Chr.: Jenseits des binaristischen Prinzips. Zur psychoanalytischen Theorie des Witzes. In: Fragmente. Schriftenreihe für Kultur-, Medien- und Psychoanalyse, Nr.46, Kassel 1994, S. 91-114.

Barthes, R.: L'étrangère. In: La Quinzaine Littéraire, Nr. 94, Paris 1970, S. 19-20.

Bayer, L.: [Über:] Julia Kristeva ‚Soleil noir. Dépression et mélancholie'. In: Psyche, Nr. 59, Stuttgart 2005, S. 1021-1027.

Braun, Chr.: Vor der Andersheit. Zur Subjektgenese bei Julia Kristeva. In: Heiter, B./Kupke, Chr. (Hg.): Andersheit – Fremdheit – Exklusion, Berlin 2009, S. 55-82.

Dosse, F. (1992): Geschichte des Strukturalismus, Band 2: Das Zeichen der Zeit, 1967-1991. Hamburg 1999.

Freud, S. (1915): Das Unbewußte. In: ders.: Studienausgabe, Bd. III, Frankfurt/M. 1975, S. 119-173.

Julia Kristeva: Das Pathos des Denkens oder Die zweifache Genese des Subjekts 333

Freud, S. (1920): Jenseits des Lustprinzips. In: ders.: Studienausgabe, Bd. III, Frankfurt/M. 1975, S. 213-272.

Hanke, U.: Didaktische Spielräume. Konfigurationen eines spiel- und theaterpädagogischen Curriculums für die Ausbildung von Sozialpädagogen. Frankfurt/M. 1997.

Hanke, U./Krokowski, R.: Ästhetische Projekte 1. Das eigene Ding. Milow 2006.

Hanke, U./Krokowski, R.: Ästhetische Projekte 2. Gemeinsame Sache. Die Schrift der Engel. Milow 2007.

Kahlefeld, S.: Solidarität aus dem Wissen um die Fremdheit des eigenen Unbewussten? Julia Kristevas Ansatz zu einer Psychologie der Fremdenfeindlichkeit. In: Heinze, M. et al. (Hg.): Utopie Heimat. Psychiatrische und kulturphilosophische Zugänge. Berlin 2006, S. 149-162.

Hiltmann, G.: Sprache als Medium der Veränderung von Subjekt und Gesellschaft. In: Riss. Zeitschrift für Psychoanalyse, 10. Jhg, Nr.32, Zürich 1995, S. 119-128.

Krokowski, R.: Paragramme. Berlin 1985.

Kupke, Chr.: „Rasend vor Intelligenz". In: Delta Tau Drei: ExPositionen, Zeitschrift für Topologie und Störungskunde, hrsg. v. R. Krokowski u. Chr. Kupke, Berlin 1988, S. 115-126.

Kupke, Chr.: Diesseits und/oder jenseits des Binarismus? Einige Annotate zum Verhältnis von Sagbarem und Unsagbarem. In: Heinze et al. (Hg.): Sagbar – Unsagbar. Philosophische, psychoanalytische und psychiatrische Grenzreflexionen, Berlin 2006, S. 27-53.

Kupke, Chr.: Psyche zwischen Natur und Kultur. Eine dialektische Analyse. In: Vogeley, K. et al. (Hg.): Psyche zwischen Natur und Kultur. Lengerich/Berlin 2008, S. 9-37.

Lacan, J. (1954): Zur ‚Verneinung‘ bei Freud. In: ders.: Schriften III, Olten/Freiburg 1986, S. 173-219.

Lacan, J. (1964): Die vier Grundbegriffe der Psychoanalyse. Das Seminar Buch XI (1964), Olten/Freiburg 1978.

Lacan, J. (1977): Vers un signifiant nouveau. Texte établi par Jacques-Alain Miller. In: Ornicar?, Nr.17/18, Paris 1979, S. 7-23.

Lechte, J.: Julia Kristeva. London 1990.

Lévi-Straus, C. (1958): Die Struktur der Mythen. In: ders.: Strukturale Anthropologie I. Frankfurt/M. 1977, S. 226-254.

Mersch, D.: Das Semiotische und das Symbolische. Julia Kristevas Beitrag zum Strukturalismus. In: Jurt, J. (Hg.): Von Michel Serres bis Julia Kristeva. Freiburg i.Br. 1999, S. 113-133.

Suchsland, I.: Julia Kristeva zur Einführung. Hamburg 1992.

Tegtmeyer, H.: Der Begriff der Intertextualität und seine Fassungen – Eine Kritik der Intertextualitätskonzepte Julia Kristevas und Susanne Holthuis. In: Klein, J./Fix, U. (Hg.): Textbeziehungen: linguistische und literaturwissenschaftliche Beiträge zur Intertextualität. Tübingen 1997, S. 49-81.

Vögel, B.: Intertextualität – Entstehung und Kontext eines problematischen Begriffs. Magisterarbeit Universität Wien. Typoskript 1998; http://public.univie.ac.at/index.php?id=14529 (letzter Zugriff 31.5.09).

Slavoj Žižek: Psychoanalyse, Idealismus und Populärkultur

Andreas und Mechthild Hetzel

In seiner umfangreichen Textproduktion bringt Slavoj Žižek Denkfiguren der Psychoanalyse Lacans und der Philosophie des deutschen Idealismus mit Werken der zeitgenössischen Populärkultur ins Gespräch. Er „erklärt" die Manifestationen der Populärkultur dabei nicht reduktionistisch, ausgehend von diesen theoretischen Positionen, sondern knüpft an das reflexive Potential von Filmen, Romanen und Werbespots an, um mit ihnen umgekehrt Theoreme Hegels und Lacans zu erläutern bzw. kritisch zu befragen. Einen wichtigen Stellenwert nehmen innerhalb dieses Projektes insbesondere Filme avancierter Regisseure wie Alfred Hitchcock, David Lynch und Krysztof Kieslowsky ein. Žižek bemüht sich um eine Kritik der Populärkultur, in der diese nicht nur als Objekt, sondern auch als Subjekt der Theoriebildung fungiert. Er erläutert sein Verfahren wie folgt: „Lacan mit Hitchcock – und nicht umgekehrt, handelt es sich doch keineswegs um eine psychoanalytische Interpretation Hitchcocks. Vielmehr geht es darum, in bestimmte Lacansche Konzepte etwas Licht hineinzubringen" (Žižek 2002b: 2). Er begreift die filmischen Ideen der Regisseure nicht als Illustrationen theoretischer Kategorien, sondern als Formen der Reflexion auf sie. Žižek „nutzt" die filmischen Reflexionen, um von ihnen aus die Theorien Hegels und Lacans – „besser" als sie sich in sich selbst – verstehen zu können. Die Filmsequenzen, die er in seinen Texten kommentiert, dienen also nicht als Beispiele für oder bloße Illustrationen von theoretische(n) Figuren.

Etwas an jedem Exempel widerspricht, wie Žižek von Hegel lernt, dem, was es exemplifizieren soll. Das „Beispiel" fügt sich also nicht nur nicht der Theorie, sondern zerstört sie geradezu: „Die Theorie über das Werk ist in ihm selbst enthalten, das Werk ist eine Art Präventivschlag gegen mögliche Theorien über das Werk." (Žižek 2001a: 479) Žižek richtet sich mit diesem Verfahren gegen subsumtionslogische Deutungen kultureller Phänomene. Kulturelle Phänomene markieren ein Ereignis oder vollziehen einen Akt, die in einem wesentlichen Sinne singulär bleiben. Sie fügen sich nicht einfach nur in eine bestimmte symbolische Ordnung ein, sondern rekonfigurieren sie. Žižek gibt Hölderlins berühmten Zeilen, „Was bleibet aber, stiften die Dichter" (aus der Hymne *Andenken*), in diesem Sinne eine überraschende Deutung: „Doch was, wenn das, ‚was bleibet', der *Rest selber* ist, das, was Schelling als den ‚niemals aufgehenden Rest' bezeichnet, das, was aus dem organischen Ganzen *herausragt*, der Exzess, der sich nicht in die soziohistorische Totalität eingliedern lässt, so dass die Dichtung, weit davon entfernt, das harmonische Gesamtbild einer Epoche zu zeichnen, dem eine Stimme verleiht, was eine Epoche *nicht* in ihre Erzählung(en) zu integrieren vermochte?" (Žižek 2001b: 131) Ein kultureller Text lässt sich nie bruchlos in einen Kontext integrieren; er bricht immer auch mit allen möglichen interpretativen Kontexten und erfindet neue Maßstäbe seiner Kritik.

Insofern können Psychoanalyse und Philosophie auch nicht als Metasprachen kultureller Texte fungieren. Žižek zeigt, dass der Rahmen „immer auch schon im Inhalt anwesend ist, dass es im Inhalt selbst immer ein Element gibt, das ‚den Rahmen selbst einrahmt'. Und damit wird die Bedeutung der Aussage, dass ‚es keine Metasprache gibt', erheblich verändert." (Žižek 1991: 33f.) Die kulturellen Phänomene „wissen" über ihre theoretischen Beobachter mindestens ebenso viel wie diese über jene. Sie lassen sich nicht souverän beherrschen und veräußerlichen: „Während sich die Hermeneutik damit zufrieden gibt, den Rahmen (den ‚Horizont der Vorurteile, des Vorverständnisses') aufzuzeigen", insistiert Žižek darauf, „dass wir zu dem, was wir sehen, nicht in der einfachen Distanz eines Betrachtenden zum Betrachteten stehen, sondern dass der Horizont unseres Blickpunktes immer schon durch eine Stelle *innerhalb* des betrachteten Bildes bzw. Inhaltes bemerkt wird." (Žižek 1991: 34)

Zwischen den als gleichberechtigt konstituierten Pfeilern der Populärkultur, der Psychoanalyse und des Deutschen Idealismus spannt Žižek ein magisches Dreieck der Ideologiekritik auf. Ihm ist es um eine Ideologiekritik zu tun, die die Populärkultur nicht einfach nur als Ausdruck und Dokument von Ideologie begreift, sondern zugleich auch als Instanz ihrer Reflexion, Distanzierung und Durchbrechung. In diesem Punkt unterscheidet er sich von den Kulturindustrie-Analysen Horkheimers und Adornos, für die sich die Versatzstücke der Populärkultur zu einem totalen Verblendungszusammenhang verdichten. Für Žižek lässt sich ein solcher Verblendungszusammenhang nicht konsistent postulieren: „Die präzise Analyse auch der ‚totalitärsten' ideologischen Gefüge zeigt zwangsläufig auf, dass nicht alles ‚Ideologie' ist (im populären Sinn einer ‚politisch instrumentalisierten Legitimation der Machtbeziehungen'): in jedem ideologischen Gefüge gibt es eine Art ‚trans-ideologischen' Kern, da, wenn jede Ideologie operativ und effektiv Individuen ‚vermessen' soll, sie eine Art von ‚trans-ideologischer' Vision parasitär nutzen und manipulieren *muss*, die nicht auf ein einfaches Instrument legitimierender Ansprüche auf Macht reduziert werden kann." (Žižek 1996: 44,45)

Nach einigen einleitenden Bemerkungen zu Person und Werk (1) gehen wir zunächst auf das Konzept der Negativität ein, in dem sich für Žižek Psychoanalyse und Idealismus verbinden (2). Ein dritter Teil widmet sich der Lacanschen Begriffstrias von Realem, Imaginärem und Symbolischen, zwischen denen Žižek kulturelle Praxis verortet (3). Der vierte Teil schließlich widmet sich Žižeks Kritik an identitätslogischen Kulturkonzepten sowie am Multikulturalismus (4).

Biographie

Slavoj Žižek wird am 21. März 1949 in der noch jungen jugoslawischen Nachkriegs-Republik geboren. Er begeistert sich als Jugendlicher für das Kino und veröffentlicht Filmbesprechungen. In Ljubljana, der Stadt seiner Kindheit, studiert er Philosophie und Soziologie. Beeinflusst zunächst vom humanistischen Marxismus der jugoslawischen „Praxis-Gruppe", fasziniert ihn bald die hermeneutische Philosophie Martin Heideggers, bevor er schließlich die zeitgenössische französischsprachige Philosophie entdeckt. Eingehend setzt er sich mit strukturalistischen und poststrukturalistischen Texten auseinander und publiziert noch während seiner Studienzeit ein Buch über Heidegger und Derrida. Seine 1975 vorgelegte Magisterarbeit befasst sich mit Theorien symbolischer Praxis bei Jacques Derrida, Julia Kristeva, Jacques Lacan und Michel Foucault; seine 1981 abgeschlossene Dissertation widmet sich erneut Heidegger.

Nach seinem Studium arbeitet Žižek zunächst am Soziologischen Institut der Universität Ljubljana; eine Anstellung am Philosophischen Institut bleibt ihm aus ideologischen Gründen verwehrt; die akademische Philosophie in Jugoslawien wird in dieser Zeit stark von einem dogmatischen Marxismus geprägt. In den späten siebziger Jahren macht sich in Žižeks Denken zunehmend der Einfluss Lacans geltend, der den meisten (nicht nur jugoslawischen) Universitätsphilosophen als Obskurantist gilt. Nicht zuletzt als Reaktion auf die Ablehnung, die Žižek von Seiten der philosophischen Fachwelt erfährt, gründet er die Gesellschaft für theoretische Psychoanalyse, aus der die slowenische Lacan-Schule[1] hervorgeht. Im Zuge einer Tagung zum Thema „Psychoanalyse und Kultur" (mit Beiträgen u. a. von Jacques-Alain Miller und Alain Grosrichard), die er in Ljubljana organisiert, etabliert sich ein enger Austausch zwischen Žižek und Miller, dem Erben und Nachlassverwalter Lacans. Miller lädt Žižek nach Frankreich ein und offeriert ihm eine Assistentenstelle an der Universität Paris VIII. Die Seminare Millers werden Žižeks Denken in den nächsten Jahren entscheidend prägen: „My Lacan is Miller's Lacan", wie er rückblickend festhält (vgl. Žižek/Daly 2004: 34). In Paris schreibt Žižek eine zweite, psychoanalytische Dissertation, die er 1985 einreicht.

Vier Jahre später erscheint bei *Verso* sein erstes englischsprachiges Buch, *The Sublime Object of Ideology*, das ihn über Nacht international bekannt macht. Ähnlich wie Alain Badiou, Ernesto Laclau, Chantal Mouffe, Étienne Balibar und Jacques Rancière, auf deren Werke Žižek immer wieder Bezug nimmt, bemüht er sich hier um die Ausformulierung einer postmarxistischen Position, die einerseits am emanzipatorischen Anliegen des Marxismus festhält, andererseits aber mit bestimmten strukturdeterministischen Dogmen der Marx'schen Orthodoxie bricht. Seine Schriften werden für viele zeitgenössische Leser gerade deshalb attraktiv, weil Žižek weder am traditionellen Marxismus festhält, noch dessen realgeschichtliches Ende affirmiert und den Kapitalismus somit nicht als *„the only game in town"* akzeptiert. Stattdessen bemüht er sich um eine an Hegel und Lacan geschulte Transformation des Marxismus, die insbesondere das Projekt der Ideologiekritik zu retten versucht. Diesem Vorhaben widmet sich nicht zuletzt die Buchreihe *Wo es war*, die Žižek bei *Verso* etabliert und in der Schlüsseltexte der slowenischen Lacan-Schule einem internationalen Publikum präsentiert werden.

Während der achtziger Jahre ist Žižek politisch aktiv in der alternativen Bewegung Sloweniens. Nachdem sich Slowenien als erste ehemalige jugoslawische Teilrepublik für unabhängig erklärt, kandidiert Žižek bei den demokratischen Wahlen im Jahre 1990 für das Amt des Staatspräsidenten. Sein Ziel besteht vor allem darin, eine Entwicklung abzuwehren, die in Serbien und Kroatien immer deutlicher wird: das Erstarken einer großen nationalistischen Bewegung, die das politische Feld hegemonialisiert und in verheerende kriegerische Auseinandersetzungen führt. Žižek verliert die Wahl, wird aber 1991 Botschafter der Wissenschaften der Republik Slowenien. Von jetzt an übernimmt er zahlreiche Gastprofessuren an verschiedenen amerikanischen Universitäten. Heute arbeitet Žižek als Professor für Philosophie an der Universität Ljubljana.

---

[1] U. a. mit Mladen Dolar, Alenka Zupančič, Rado Riha, Renata Salecl und Miran Božovič.

Denken der Negativität: Psychoanalyse und Deutscher Idealismus

In Žižeks Denken verbinden sich Elemente der Lacan'schen Psychoanalyse mit Einsichten des Deutschen Idealismus. Diese Konstellation ist alles andere als kontingent, wie bereits die Tatsache belegt, dass Lacan die Hegelvorlesungen Alexandre Kojèves in den Jahren 1933 bis 1939 an der Pariser *École Pratique des Hautes Études* hört, in denen insbesondere die Dialektik von Herrschaft und Knechtschaft sowie die Theorie des Begehrens innerhalb der *Phänomenologie des Geistes* im Mittelpunkt stehen. Eine systematische Verbindungslinie zwischen dem Deutschen Idealismus und der Lacan'schen Psychoanalyse sieht Žižek vor allem im Konzept der Negativität. Hegel wird von Žižek konsequent als ein Philosoph selbstbezüglicher Negativität[2] gelesen. Im Gegensatz zu einer philosophischen Tradition, die das Subjekt über seine Selbstidentität und -präsenz bestimmt sieht, artikuliert es sich für Hegel nur als absoluter Unterschied zwischen sich und der Welt, als sich auf sich beziehende Negativität. Das Subjekt fungiert für Hegel nicht als letzter, mit sich identischer Grund allen Seins, sondern als „Nacht der Welt" (Hegel 1969: 180), als Riss im Gefüge des Seins, ohne den kein Sein denkbar wäre. Erst als Unmöglichkeitsbedingung der Welt wird es zu deren Möglichkeitsbedingung. Im Subjekt stellt sich die Unangemessenheit der Welt an sich selbst dar, das Subjekt prozediert einen Exzess des Seins.

Weit entfernt von jener identitätslogischen und logozentrischen Position, die Hegel von Adorno bis Derrida immer wieder unterstellt wird, rekonstruiere er, so hebt Žižek hervor, die Entwicklung des Geistes als eine „Vermittlung des Sichandersswerdens mit sich selbst" (Hegel 1983: 23), die alle Bereiche des Lebens durchdringt und kulturelle Formationen daran hindert, sich eine letzte, gegenüber ihrem jeweils Anderen abgeschlossene Gestalt zu geben. Kulturelle Formationen wie der Stoizismus, der Skeptizismus oder die Empfindsamkeit werden in Hegels *Phänomenologie des Geistes* in ihrer sie jeweils konstituierenden und bereits über sie hinausweisenden Inkonsistenz vorgeführt. Erst in ihrem Scheitern und Sich-Verfehlen bilden sich diese historischen Ordnungen des Sinnes und der Vernunft aus. Der Fehler oder die Abweichung *ist* dabei in letzter Konsequenz nichts anderes als die Vernunft selbst: „Reason ist the ultimate madness for Hegel. We might say that reason is the excess of madness." (Žižek/Daly 2004: 62) Und weiter: „For to be a Hegelian it is enough to say that, in fighting its opposite, reason is fighting its own excess." (Žižek/Daly 2004: 63)

Žižek Lektüre der *Phänomenologie des Geistes* als Darstellung einer Unangemessenheit der Vernunft an sich selbst impliziert allerdings keine Universalität des Scheines und der Verkennung. Žižek distanziert sich von jeder heroisierenden Poesie des Scheiterns. Hegel sagt nicht, dass alle kulturellen Phänomene nur scheinhaft oder falsch seien. Er betont vielmehr genau umgekehrt, dass wir uns auf keine psychische, politische, philosophische oder kulturelle Normalität beziehen können, die es erlauben würde, etwas als falsch zu denunzieren. Erst die Abweichung von ihr erzeugt rückwirkend die Illusion einer Normalität. Diese „retroaktive Performativität" (vgl. Žižek 1992b: 33-50) bezeichnet ein zentrales methodologisches Konzept Žižeks; sie entspricht dem, was sich in Bezug auf Hegel als das „Setzen der eigenen Voraussetzungen" (Žižek 1998d: 206-212) beschreiben lässt. Die vermeintliche Notwendigkeit geschichtlicher Entwicklungen können wir immer nur nachträglich, nach einem bestimmten Akt oder Ereignis konzedieren, da jedes wirkliche Ereignis

---

[2] Mit dieser Deutung Hegels steht Žižek keinesfalls allein da; vgl. etwa Liebrucks (1974), Theunissen (1994), Gamm (1997), Nancy (2002).

und jeder wirkliche Akt neu über seine eigene Geschichte sowie über die möglichen Maßstäbe ihrer Beurteilung befindet. Ein Ereignis wie die französische Revolution ist im Moment seines Eintretens hochgradig kontingent, in seinen Konsequenzen und Auswirkungen dann allerdings so total, dass auch seine Vorgeschichte vom Ereignis selbst aus gesehen in einem völlig anderen Licht erscheinen muss: als eine Geschichte, die *notwendig* zu diesem Ereignis führen musste. Es zeichnet das Ereignis als Ereignis aus, dass es retroaktiv seine Voraussetzungen schafft und seine eigene Geschichte installiert. Nur in *diesem* Sinne spricht Hegel, so Žižeks Lesart, von einer *Notwendigkeit* in der Geschichte.

Die Psychoanalyse räumt der Negativität bereits in Freuds Konzept des Todestriebes einen zentralen Stellenwert ein. Der Todestrieb ist keine biologische oder psychologische Kategorie, sondern eine philosophische. Auch er markiert einen Riss im Sein, der sich in gewisser Weise mit dem Subjekt deckt. Gegen die voreiligen Verabschiedungen des Subjekts in der Postmoderne und in den Kognitionswissenschaften hält Žižek mit Hegel und der Psychoanalyse an einem emphatischen Subjektbegriff fest, der allerdings nicht begründungstheoretisch verwendet wird. Das Subjekt hat im Denken Žižeks demgegenüber eher eine kritische Funktion. Es ist das, was weder im Sein noch gar im gesellschaftlichen Sein aufgeht. Es wird nicht, wie etwa für Althusser und Foucault, durch Anrufungen oder Subjektivierungspraktiken produziert, sondern steht für das Scheitern der Anrufung und Subjektivierung. In der Terminologie der Lacan'schen Psychoanalyse partizipiert das Subjekt an einem Realen, welches die symbolischen Ordnungen daran hindert, sich zu totalisieren. Das Reale besetzt bei Lacan etwa die Stelle, die bei Freud durch den Todestrieb eingenommen wurde.

Kulturelle Praxis zwischen Symbolischem, Imaginärem und Realem

Im Zentrum der Lacanschen Psychoanalyse steht die begriffliche Trias des Realen, Imaginären und Symbolischen. Diese Trias interpretiert in gewisser Weise Freuds zweite Topik: Es, Ich und Über-Ich. Im Gegensatz zu Freuds Leitbegriffen stehen diejenigen Lacans nicht länger für psychische Kräfte oder subjektive Vermögen; sie öffnen die psychoanalytische Theorie vielmehr auf das intersubjektive und kulturelle Feld.

Obwohl die drei Begriffe sich in ihrer Vagheit angemessener als Register oder Formulare beschreiben lassen, benennt Lacan selbst sie explizit als seine „Kategorien" (Lacan 1975: 171); sie werden allerdings – im Gegensatz zu den apriorischen Kategorien Kants – relational bestimmt. Sie verkörpern jeweils nichts anderes als die Summe ihrer Differenzen zueinander: „Entscheidend ist hier die Weise, in der die drei Dimensionen des Imaginären, des Symbolischen und des Realen miteinander verflochten sind, so dass der Abstand zwischen zwei von ihnen von der dritten aufrechterhalten wird." (Žižek 1999b: 230)

Das *Imaginäre* siedelt Lacan auf der Ebene des subjektiven Selbstverhältnisses an; es umfasst die Ordnung der Selbstbilder und der Identifizierungen. Es steht dafür, wie sich das Subjekt selbst gegeben ist, wie es sich erscheint und als „Ideal-Ich" zu erscheinen wünscht. Als bloßer „Schein" und Ausdruck eines narzisstischen Projekts der Selbstsuche wird das Imaginäre bei Lacan eher pejorativ konnotiert; gleichwohl lässt es sich nicht auf eine nichtimaginäre Wirklichkeit hin überschreiten. Lacan führt das Imaginäre in seiner frühen Theorie des Spiegelstadiums ein (vgl. Lacan 1973: 61f.). Er geht hier von einer Ungleichzeitigkeit in der frühkindlichen Entwicklung aus. Der Säugling empfindet sich in den ersten Monaten als ungeordnetes, heterogenes Ensemble von Partialobjekten, als zerstückelter, polymorpher Körper. Etwa vom sechsten Monat an vermag sich das Kind eine bildliche Vorstellung von sich zu machen; es sieht *sich*, beispielsweise in einem Spiegel oder in den Reaktionen anderer, versammelt sich in einem identischen Selbstbild, welches zur polymorphen Leiberfahrung in Widerspruch gerät. Das Ich wiederholt auf späteren Stufen nahezu zwanghaft diese ursprünglichen Identifizierungsvorgänge. Zugleich leidet es am Zwang der Identität. Es träumt von zerbrochenen Spiegeln, von einer zerstückelten Leibimago.

Das Selbstbild stabilisiert und supplementiert das Selbst, es ermöglicht und bedroht seine Identität. Das Bild ist immer auch ein anderes, etwas, das sich von mir unterscheidet und mich von mir entfremdet. Die Selbstidentität bleibt – über das frühkindliche Spiegelstadium hinaus – eine Fiktion, eben ein Imaginäres. Dem Imaginären können wir nie einfach entkommen; erst unsere Selbstverkennung konstituiert uns. Das Imaginäre muss notwendig trügerisch sein, da es „das, was ihm erst Wahrheit verleihen könnte, nach seinem eigenen Bild produziert, als Bild eines Bildes, als Spiegel ohne Ende" (Weber 1990: 35). Das Selbst wäre also ausgehend von Lacan als retroaktiv-performativer Effekt seines Selbstbildes zu bestimmen, als eine Lüge, die sich gleichsam wahr gelogen hat.

Das Imaginäre existiert nur aus der Perspektive einer heuristischen Verkürzung: Es verweist immer schon auf das *Symbolische*, auf die allgemeine, transsubjektive Ordnung der Signifikanten. Das Kind repräsentiert sich bereits im Spiegel nicht nur für sich, sondern auch für den Blick des Anderen. Erst in dessen Perspektive wird es zum Subjekt. Das Imaginäre findet sich von vorneherein in eine symbolische Ordnung eingeschrieben; Lacan expliziert sie als selbstdifferentielle Kette von Signifikanten, die sich nur über ihre Unterschiede aufeinander beziehen. Während das Imaginäre einen gewissen Stillstand markiert, ein Gefängnis der Identität, wird das Symbolische positiv besetzt, es steht für eine offene Dynamik und irreduzible Differenz.

Das Symbolische bildet keine geschlossene Sphäre und hat keine regionale Ontologie. Darin unterscheidet es sich von anderen Großbegriffen aktueller Theoriebildung wie System, Gesellschaft oder Medium. Zwar räumt der frühe, stark strukturalistisch ausgerichtete Lacan (etwa bis zur Mitte der sechziger Jahre) dem Symbolischen den Status eines transzendentalen a priori ein; später betont er demgegenüber eher eine prototranszendentale Dimension, die als Bedingung der Möglichkeit und Unmöglichkeit des Symbolischen zugleich verstanden werden kann und dieses in einem in sich bricht: das *Reale*. Jacques-Alain Miller setzt diesen Weg konsequent fort und redefiniert die Psychoanalyse als Wissenschaft des Realen.

So wie das Imaginäre nur vor dem Horizont des Symbolischen erscheint, bedarf das symbolische Universum umgekehrt des Imaginären, um sich selbst eine gewisse Konsistenz geben zu können. Insbesondere in seinem Aufsatz *Subversion des Subjekts und Dialektik des Begehrens im Freudschen Unbewußten* (Lacan 1975: 165-204), der Žižek entscheidend beeinflusst (vgl. Žižek 1992b: 211-244), entfaltet Lacan eine komplexe Theorie der Subjektivation, in der die Entstehungsgeschichten des Subjekts und der symbolischen Ordnung durch einander vermittelt werden. Erst, indem die selbstbezügliche Bewegung des Subjekts (das Imaginäre) den Strom der Signifikanten passiert und damit artikuliert, gewinnen das Subjekt und die symbolische Ordnung *retroaktiv* Kontur. Den Moment ihrer Durchdringung begreift Lacan als Steppunkt, „durch den der Signifikant das Gleiten der Bedeutung, das sonst unbegrenzt wäre, anhält." (Lacan 1975: 180) Dieses Durchsteppen, das Verknüpfen des Symbolischen mit dem Imaginärem, des Selbstverhältnisses mit dem Strom der Signifikanten, geht von der Instanz eines „Herrensignifikanten" aus (und konstituiert ihn zugleich), dessen Position durch jeden beliebigen Signifikanten eingenommen werden kann. Er verknüpft das Subjekt mit dem symbolischen Universum und schafft beide erst durch diese Verknüpfung.

Das Subjekt wäre der retroaktive Effekt dieser Durchsteppung: „Ein Umkehrungseffekt, durch den das Subjekt auf jeder Stufe zu dem wird, was es wie von vornherein schon war, und sich allein im Futurum exactum – es wird gewesen sein – kundgibt." (Lacan 1975: 183) Subjektivierung bedeutet immer auch Unterwerfung unter eine symbolische Ordnung, die allerdings gleichfalls unterworfen bleibt: unterworfen unter die Notwendigkeit, von einem Subjekt anerkannt bzw. konstituiert werden zu müssen. Die Macht der symbolischen Ordnung – des „großen Anderen", wie Lacan sie auch nennt – bleibt also immer unvollständig und brüchig.

Die dritte „Kategorie", das *Reale*, fällt weder mit der physikalischen Realität noch mit einer vorsymbolischen Substanz oder Kraft zusammen. Es besitzt „keine ‚positive' ontologische Konsistenz [...]. [Seine] Konturen lassen sich lediglich als die absente Ursache der Verzerrungen/Verschiebungen des symbolischen Raumes erkennen." (Žižek 1999b: 267) Es steht für die Unangemessenheit des Symbolischen an sich selbst, für das, was immer übrig bleibt. Manchmal spricht Lacan den Körper als das Reale an, manchmal das Genießen, das Ereignis, das Subjekt oder den Akt. Das Reale steht für den nicht-subjektivierten Aspekt des Subjekts, für dasjenige an ihm, was sich nicht den symbolischen Ordnungen unterwirft: „Wenn es ein Subjekt des Aktes gibt, dann ist es nicht das Subjekt der Subjektivierung, der Integration des Aktes in das Universum der symbolischen Übereinstimmung und Anerkennung, der Annahme des Aktes als ‚mein eigener', sondern vielmehr ein unheimliches, ‚azephalisches' Subjekt, durch das hindurch der Akt sich ereignet als das, was in ihm ‚mehr als es selbst ist'." (Žižek 2001a: 523) Der Akt ist seine eigene Ursache, er ereignet sich und überrascht auch seinen Agenten. Er geht mit einer gewissen Verrücktheit einher; der Agent des Aktes kann nie auf der Höhe des Aktes sein. Nicht die symbolische Ordnung, der ich unterworfen werde, subjektiviert, sondern der Akt, der die symbolische Ordnung zurückweist und verwirft. Der Akt entfesselt die Kraft der Negativität. Er verweist immer auf das Unmögliche und das Wunder.

Vor diesem Hintergrund bemüht sich Žižek in den letzen Jahren um eine Interpretation des Christentums (vgl. Žižek 2000c; 2001b; 2003), die dem *Wunder* und dem Ereignis einen zentralen Stellenwert einräumt. Insbesondere die von Paulus überlieferte Botschaft deutet Žižek in dem Sinne, dass die „Positivität des Seins, die Ordnung des Kosmos, die von eigenen Gesetzen reguliert wird [...] nicht ‚alles [ist], was es gibt'" (Žižek 2001a: 199). Die paulinische Tradition steht für die Möglichkeit der Verzeihung und Vergebung, dafür also, dass wir nicht notwendig auf alte Geschichten festgelegt bleiben, sondern, dass ein „radikaler Neuanfang" (Žižek 2001a: 199) möglich ist. In diesem radikalen Neuanfang zeichnet sich für Žižek die Möglichkeit einer kulturellen Praxis ab, die sich nicht einfach in der Befolgung standardisierter kultureller Codes erschöpft, sondern das gesamte symbolisch-kulturelle Universum neu konfiguriert und die Karten gründlich neu mischt.

Eine *Akt-* und *Ereignisvergessenheit* wirft Žižek den *Cultural Studies* unserer Tage vor: „In der theoretischen Auseinandersetzung sind Begriff und Praxis der ‚Cultural Studies' – als vorherrschende Benennung des umfassenden Forschungsansatzes für gesellschaftlich-symbolische Erzeugnisse – wohl die besten Indikatoren für die Ausschaltung des

Ereignisses. Das grundlegende Merkmal der ‚Cultural Studies' besteht darin, dass sie nicht länger dazu in der Lage oder bereit sind, sich mit religiösen, szientivischen oder philosophischen Werken bezüglich deren innerer Wahrheit auseinanderzusetzen, sondern sie reduzieren diese auf das Ergebnis historischer Umstände." (Žižek 2001a: 182) Diese Kritik ist insofern nicht gerechtfertigt, als sich gerade die Vertreter der britischen *Cultural Studies* (in der Tradition von Raymond Williams und Stuart Hall)[3] in ihrer Frontstellung gegen strukturdeterministische Ansätze um ein Konzept der Agency oder des Eigensinns von Akteuren bemühen, das viele Gemeinsamkeiten mit Žižeks Konzeption des Aktes aufweist.

Eine Kritik der kulturellen Identität und des Multikulturalismus

Wie die kriegerischen Auseinandersetzungen im ehemaligen Jugoslawien Žižek vor Augen führen, berufen sich die Kombattanten auf eine substantialistische und identitätslogische Konzeption von Kultur. Die Multiplizierung kriegerischer Auseinandersetzung lässt sich für ihn dabei weniger auf die bloße „Wiederkehr" der Kulturen und Nationalstaaten zurückführen, als vielmehr auf das mit der Kultur und dem Nationalstaat implizit verbundene Bewusstsein ihrer Gehaltlosigkeit. Die Nation fungiert nach dem Ende der Nationalstaaten als Nullsignifikant, als ihr eigenes *Simulakrum*. „Die nationale Identifizierung wird definitionsgemäß von einer Beziehung gegenüber der Nation als Ding getragen. [...] ‚Ich glaube an das (nationale) Ding' wird gleichgesetzt mit ‚ich glaube, dass andere (Mitglieder meiner Gemeinschaft) an das Ding glauben'. Der tautologische Charakter des Dings – seine semantische Leere, die Tatsache, dass alles, was wir darüber sagen können, darin besteht, dass es ‚das wirkliche Ding' ist etc. – ist genau in dieser paradoxen reflexiven Struktur begründet." (Žižek 1992a: 86-88) Für Žižek steht fest, „dass wir durch unsere Identifizierung mit der Nation unsere Akzeptanz von dem signalisieren, was die anderen akzeptieren: mit einem Herrensignifikanten, der als Versammlungspunkt für alle anderen dient. Anders gesagt, die Identifizierung mit einem solchen leeren Herrensignifikanten ist in ihrer Grunddimension die *Identifizierung mit der Geste der Identifizierung*." (Žižek 1996: 193) Postmoderne Regionalismen geraten in den Strudel eines endlosen und leeren Selbstbezuges, einer Assimilation an die Assimilation oder einer Identifizierung mit dem Identifizieren. Erst aus dieser Leere entstehen die spezifisch modernen Formen von Totalitarismus, Rassismus und Gewalt.

Žižek kritisiert nicht nur die Idee einer mit sich identischen, substantiell gesättigten Kultur, sondern auch den Multikulturalismus, der die identitätslogisch verstandenen Kulturen einfach nur multipliziert. Der Multikulturalismus nimmt die Andersheit des Anderen nicht wirklich ernst: *Entweder* vergleichgültigt er ihn, etwa auf der Linie von Derrida und Levinas, zu einem exotischen ganz Anderen, der von allen hässlichen und irritierenden Eigenschaften befreit ist (unerträglich am Anderen ist für Žižek vor allem die je spezifische Weise, wie er sein Genießen organisiert, das also, was ihm Lust bereitet). *Oder* der Multikulturalismus knüpft die Anerkennung implizit an die Bedingung, dass sich der Andere Werten und Forderungen unterwirft, die wir für verbindlich erachten. Was dann bleibt, ist ein folkloristischer Anderer; wir akzeptieren die andere Verkleidung, wenn wir sicher sein können, dass sich der „Kern der Person" nach unseren Werten ausrichtet.

---

3 Zu Stuart Hall siehe auch den Beitrag von Rainer Winter in diesem Band.

Der Multikulturalismus gilt als das „ideologische Supplement" (Žižek 2001a: 11) des globalen liberal-demokratischen Kapitalismus. Die Betonung der kulturellen Verschiedenheiten invisibilisiert die ökonomischen Grundlagen der Globalisierung und entpolitisiert die Ökonomie. Darüber hinaus gelingt es dem Kapitalismus sogar, die kulturellen Verschiedenheiten in einen Produktivitätsfaktor zu verwandeln. Die Vielheit der Folkloren und *Life-Styles* eröffnet die Möglichkeit, immer neue Produkte auf den Markt zu werfen, die den immer spezielleren Profilen und Bedürfnissen der Kunden angepasst werden können. Gegen diese repressive Toleranz des Multikulturalismus klagt Žižek eine Rückkehr zu einem gewissen Maß an Intoleranz ein. Aus seiner Sicht ist die Zeit gekommen, „den herrschenden multikulturalistischen Ansatz *von Links her* zu kritisieren und ein Plädoyer für eine erneuerte Politisierung der Ökonomie zu halten" (Žižek 1998b: 13).

Žižek formuliert vor diesem Hintergrund ein „Plädoyer für die Intoleranz": Ich erkenne den anderen als Anderen nur dann an, wenn ich ihn nicht einfach nur toleriere, sondern mich mit ihm auf einen (hegelschen) Kampf des Anerkennens – auf Leben und Tod – einlasse, d.h. meine partikulare Perspektive zu universalisieren suche, obwohl ich weiß, dass jeder Anspruch auf Universalität scheitern muss. Der Multikulturalismus wird von Žižek als eine „verkehrte [...] Form des Rassismus" angesprochen: „der multikulturalistische Respekt vor der Besonderheit des Anderen ist eigentlich die Behauptung der eigenen Überlegenheit." (Žižek 1998b: 73) Das multikulturalistische Toleranzgebot entpolitisiert die Politik.

Literatur von Slavoj Žižek

Žižek, S.: Liebe Dein Symptom wie Dich selbst! Jacques Lacans Psychoanalyse und die Medien. Berlin 1991.
Žižek, S.: Mehr-Genießen. Lacan in der Populärkultur. Wien 1992a.
Žižek, S.: Der erhabenste aller Hysteriker. Psychoanalyse und die Philosophie des deutschen Idealismus. 2. erw. Aufl., Wien 1992b.
Žižek, S.: Verweilen beim Negativen. Psychoanalyse und die Philosophie des deutschen Idealismus II. 2. erw. Aufl., Wien 1992c.
Žižek, S.: Grimassen des Realen. Jacques Lacan oder die Monstrosität des Aktes. Köln 1993.
Žižek, S.: Denn sie wissen nicht, was sie tun. Genießen als ein politischer Faktor. Wien 1994.
Žižek, S.: Der nie aufgehende Rest. Ein Versuch über Schelling und die damit zusammenhängenden Gegenstände. Wien 1996.
Žižek, S.: Die Pest der Phantasmen. Die Effizienz des Phantasmatischen in den neuen Medien. Wien 1997.
Žižek, S.: Das Unbehagen im Subjekt. Wien 1998.
Žižek, S.: Hysterie und Cyberspace. Slavoj Žižek im Gespräch mit Ulrich Gutmair und Chris Flor. In: Telepolis. Magazin für Netzkultur. 10/1998a. http://www.heise.de/tp/deutsch/inhalt/co/2491/1.html
Žižek, S.: Ein Plädoyer für die Intoleranz. Wien 1998b.
Žižek, S.: Jenseits der Diskursanalyse. In: Marchart, O. (Hg.): Das Undarstellbare der Politik. Zur Hegemonietheorie Ernesto Laclaus. Wien 1998c, S. 123-131
Žižek, S.: Die Nacht der Welt. Psychoanalyse und Deutscher Idealismus. Frankfurt/M. 1998d.
Žižek, S.: Sehr innig und nicht zu rasch. Zwei Essays über sexuelle Differenz als philosophische Kategorie. Wien 1999a.
Žižek, S.: Liebe Deinen Nächsten? Nein, danke! Die Sackgasse des Sozialen in der Postmoderne. Berlin 1999b.

Slavoj Žižek: Psychoanalyse, Idealismus und Populärkultur 343

Žižek, S.: Die zwei Seiten der Perversion. In: Der Schnitt. Themen-Spezial: Philosophie der Matrix. Heft 17. Januar 2000b. http://www.schnitt.com/site/rubriken/thema/content/philosophie_der_ matrix/die_zwei_seiten_der_perversion.htm

Žižek, S.: Das Fragile Absolute. Warum es sich lohnt, das christliche Erbe zu verteidigen. Berlin 2000c.

Žižek, S.: Die Tücke des Subjekts. Frankfurt/M. 2001a.

Žižek, S.: Die gnadenlose Liebe. Frankfurt/M. 2001b.

Žižek, S.: Die Furcht vor echten Tränen. Krysztof Kieslowsky und die „Nahtstelle". Berlin 2001c.

Žižek, S.: Die Revolution steht bevor. Dreizehn Versuche über Lenin. Frankfurt/M. 2002a.

Žižek, S.: Was Sie immer schon über Lacan wissen wollten und Hitchcock nie zu fragen wagten (mit Beiträgen v. Mladen Dolar, Alenka Zupančič, Renata Salecl, Miran Božovič und Stojan Pelko). 2. Aufl., Frankfurt/M. 2002b.

Žižek, S.: Die Puppe und der Zwerg. Das Christentum zwischen Perversion und Subversion. Frankfurt/M. 2003.

Žižek, S.: Die Zukunft des Politischen. In: Gamm, G./Hetzel, A./Lilienthal, M. (Hg.): Die Gesellschaft im 21. Jahrhundert. Perspektiven auf Arbeit, Leben, Politik. Frankfurt/M. 2004a, S. 51-70.

Žižek, S.: Willkommen in der Wüste des Realen. Wien 2004b

Žižek, S.: Körperlose Organe. Bausteine für eine Begegnung zwischen Deleuze und Lacan. Frankfurt/M. 2005.

Žižek, S./Weibel, P. (Hg.): Inklusion : Exklusion. Probleme des Postkolonialismus und der globalen Migration. Wien 1997.

Žižek, S./Butler, J./Laclau, E.: Contingency, Hegemony, Universality. Contemporary Dialogues on the Left. London/New York 2000a.

Žižek, S./Daly, M: Opera's Second Death. London 2001.

Žižek, S./Daly, M.: Conversations with Žižek. Cambridge 2004.

Weitere zitierte Literatur

Gamm, G.: Der Deutsche Idealismus. Eine Einführung in die Philosophie von Fichte, Hegel und Schelling. Stuttgart 1997.

Geulen, C.: *Wie aktuell ist Lenins Leiche?* Slavoj Žižek versucht das Projekt des Revolutionärs für die Gegenwart zu retten – gerade in seinem Scheitern. In: Literaturen, Heft 3, 2003, S. 28-29.

Hegel, G. W. F.: Jenaer Realphilosophie, hg. v. Johannes Hoffmeister, Hamburg 1969.

Hegel, G. W. F.: Phänomenologie des Geistes. Frankfurt a.M.1983.

Heil, R.: Die Kunst des Unmöglichen. Slavoj Žižeks Begriff des Politischen. In: Hetzel, A./Flügel, O./Heil, R. (Hg.): Die Rückkehr des Politischen. Demokratietheorien der Gegenwart. Darmstadt 2004, S. 230-254.

Heil, R.: Subjekt und Ideologie. Althusser – Lacan – Žižek. Magisterarbeit, TU Darmstadt 2003. Onlineveröffentlichung unter: http://www.demokratietheorie.de/home/documents/ideologie_ und_subjekt.pdf

Hetzel, A.: Mit Lacan im Cyberspace. Slavoj Žižeks Kritik des Technisch-Phantasmatischen. In: Glasenapp, J. (Hg.): Cyberfiktionen. Neue Beiträge. München 2002, S. 7-30.

Key, S.: Žižek. A Critical Introduction. Cambridge 2003.

Lacan, J.: Schriften I. Olten/Freiburg 1973.

Lacan, J.: Schriften II. Olten/Freiburg 1975.

Liebrucks, B.: Sprache und Bewußtsein. Bd. 5 und Bd. 6. Frankfurt a.M. 1974.

Myers, T.: Slavoj Žižek. London 2003.

Nancy, J.-L.: Hegel: the restlessness of the negative. Minneapolis 2002.

Sarasin, P.: *Die süße Versuchung des Theoriegottes.* Slavoj Žižek predigt mit Paulus und Lenin gegen Weicheier und rühmt den Exzess. In: Literaturen, Heft 12, 2004, S. 65-66.

Theunissen, M.: Sein und Schein. Die kritische Funktion der Hegelschen Logik. Frankfurt a.M. 1994.

Torfing, J.: New Theories of Discourse. Laclau, Mouffe and Žižek. Oxford 1999.

Vogt, E. M./Silverman, H. (Hg.): Über Žižek. Perspektiven und Kritik. Wien 2004.

Weber, S.: Rückkehr zu Freud. Jacques Lacans Ent-stellung der Psychoanalyse. Wien 1990.

Wiechens, P.: Nicht-Orte. Kulturtheorie im Hinblick auf Slavoj Žižek, Ernst Bloch und Marc Augé. In: Rademacher, C./Schweppenhäuser, G. (Hg.): Postmoderne Kultur? Soziologische und philosophische Perspektiven. Opladen 1997, S. 113-140.

Wright, E./Wright, E. (Hg.): A Symposion on Slavoj Žižek: Faith and the Real. In: Paragraph: the Journal of the Modern Critical Theory Group. Bd. 24, 2, Juli 2001.

Judith Butler: Die störende Wiederkehr des kulturell Verdrängten

Heike Kämpf

Judith Butler kann als wohl bedeutendste zeitgenössische Vertreterin des Poststrukturalismus bezeichnet werden, auch wenn diese Bezeichnung den Facettenreichtum ihres Denkens kaum erschöpft.

Sie wurde 1956 in Cleveland/Ohio geboren und studierte von 1974 bis 1982 Philosophie an den Universitäten Yale und Heidelberg. Darauf folgte eine Assistenzprofessur für Literatur an der Wesley-Universität, wo sie 1984 ihre Dissertation über Hegels Begriff der Begierde schrieb, die 1987 unter dem Titel *Subjects of Desire* veröffentlicht wurde. Von 1986 bis 1989 hatte sie eine Assistenzprofessur für Philosophie an der George-Washington-Universität inne, und 1991 erhielt sie eine Professur für Humanwissenschaften an der Johns-Hopkins-Universität. Seit 1993 lehrt sie Rhetorik und vergleichende Literaturwissenschaften an der Universität Berkeley.

Kulturtheorie

In Hinblick auf die Frage nach Butlers Beitrag zur Kulturtheorie bietet es sich an, ihre Schriften als Versuche zu lesen, eine störende, transformierende Wiederkehr des kulturell Verdrängten, Verworfenen und Marginalisierten in die jeweils hegemoniale Kultur zu denken und zu ermöglichen. Butler interessiert die kulturelle Produktion des *Unbewussten*, des *Ausgeschlossenen*, jenes für die jeweilige Kultur *konstitutiven Außen*, das sie in ihren Schriften umkreist: Sie spricht es als *Feld der Deformationen*, als *ausgeschlossenen, verwerflichen Bereich*, als *Unsagbares*, *Undenkbares* und *Unlebbares*, und in Anlehnung an Hannah Arendt auch als *Schattenreich* an.

Diese Lesart legt nicht zuletzt Butlers Reflexion auf ihre eigenen Arbeiten nahe, die sich in Begriffen des Politischen bewegt: Sie betont immer wieder, dass es ihr mit ihren Schriften um die Unterstützung der Kämpfe um Gehör und Anerkennung der Ausgeschlossenen geht, um eine Politisierung der Verworfenheit und um die Politisierung der Erfahrung des Ausschlusses und der Marginalisierung, um schließlich eine Erweiterung dessen zu erreichen, was als kulturell intelligibel und anerkennbar gilt. Ihr Anliegen, eine radikale Resignifizierung des „symbolischen Bereichs" zu denken und zu unterstützen, zielt darauf, „die Art Gemeinwesen zu schaffen, in dem das Überleben mit Aids eher möglich wird, in dem *queer*–Leben entzifferbar, wertvoll und unterstützungswürdig werden, in dem Leidenschaft, Verletzung, Trauer und Sehnsucht anerkannt werden, ohne die Bedingungen jener Anerkennung in noch einer weiteren begrifflichen Ordnung der Leblosigkeit und des unnachgiebigen Ausschlusses festzulegen." (Butler 1997: 48) Insofern hat das Schreiben auch einen zentralen politischen Nutzen, den Butler wiederholt hervorhebt: „Das Verfassen von

Texten kann", so Butler, „ein Weg sein, das neu zu gestalten, was als die Welt gilt." (Butler 1997: 44)

Von diesem Anliegen und Selbstverständnis ausgehend, erschließt sich sowohl ihr textuelles Verfahren wie die kritische Perspektive, aus der sie die verschiedensten Theorien (die feministischen Theorien, die Dekonstruktion, die Sprechakttheorie, den Strukturalismus und die Psychoanalyse) einer Relektüre unterzieht. Ihre leitende Frage kann als Frage nach den Möglichkeiten verstanden werden, die die jeweiligen Theorien bieten, um das kulturelle Feld, den Bereich des Intelligiblen oder Symbolischen, so zu erweitern, dass ein Kulturkonzept formulierbar wird, das auf seine eigenen Verwerfungen und Verdrängungen antwortet und die Unnachgiebigkeit des Ausschlusses überwindet. Die kritischen Reformulierungen und Revisionen, die Butler an den von ihr diskutierten Theorien vornimmt, zielen auf eine Temporalisierung und Historisierung statisch und formalistisch gefasster Kulturtheorien. Diese erzeugen, so zeigt Butler im Verlauf ihrer kritischen Auseinandersetzung vor allem mit dem Strukturalismus von Lévi-Strauss und der psychoanalytischen Theorie Lacans, ein konstitutives und *absolutes* Außen der symbolischen Ordnung bzw. des Symbolischen, das als universale Logik, Natur oder unwiederbringliches Jenseits gefasst, zur immerwährenden Abwesenheit und Ohnmacht verurteilt ist. Ohnmacht in dem Sinne, dass dieses konstitutive Außen der Kultur, das gewissermaßen als ihre Ermöglichungsbedingung gedacht wird, nicht in eine kulturelle Praxis übersetzbar ist, die dazu beitragen könnte, den Horizont des Symbolischen und Intelligiblen aufzusprengen und zu verschieben. Butlers kritische Einwände treffen ein gegen historischen Wandel abgedichtetes symbolisches Gesetz und zeitlose symbolische Strukturen, und sie sind gewissermaßen als Beitrag zur Ermöglichung einer subversiven kulturellen Praxis zu lesen, die das Symbolische in Bewegung bringt.

Dieses Anliegen, ein konstitutives und dennoch nicht wirkungsloses Außen der Kultur zu denken, verfolgt Butler, wie schon angesprochen, durch eine *R*elektüre von Kulturtheorien, so dass sich ihre Position aus jener *Resignifizierung, Rekontextualisierung* von Begriffen sowie deren bewussten Felhlaneignung und -anwendung (*Katachrese*) ergibt, die sie als kulturelle subversive Praxis beschreibt. Sie folgt also interessanterweise in ihrer Textproduktion genau jenen Verfahren, die sie zu ermöglichen und zu unterstützen sucht. Wenn sie selbst ihre Aufgabenstellung an die Marx'sche Kulturkritik und an Nietzsches Genealogie anlehnt, indem sie betont, dass es ihr um die Entlarvung von Naturalisierungsprozessen und ontologischen Effekten geht, die einer Kultur den Anschein der Stabilität, Notwendigkeit und Unwandelbarkeit verleihen, und an anderen Stellen wiederum der subversiven Praxis, etwa der kulturellen Praxis der Travestie und des Kleidertauschs, denselben destabilisierenden Effekt zuspricht, wird die Parallele zwischen ihrer Textproduktion und den von ihr angesprochenen subversiven Praktiken erneut deutlich. Und es wird auch deutlich, weshalb Butler das Auseinanderreißen von intellektueller Arbeit und Politik wiederholt kritisiert. Denn beide sind in ihrer kulturkritischen Funktion untrennbar aufeinander verwiesen. Und so schreibt Butler: „To gain critical distance on the world in its givenness, there is a demand for philosophy, the demand of criticality itself to refuse the given as the extend of the possible." (Butler 2000c: 267) Die Überschreitung des Gegebenen auf das Mögliche erfordert zum einen eine Demaskierung ontologischer und naturalisierender Effekte und zum anderen eine Destabilisierung der Normen und Gesetze, die das Feld der Bedeutungen regulieren.

Judith Butler: Die störende Wiederkehr des kulturell Verdrängten 347

Letztgenanntes Anliegen motiviert Butlers Auseinandersetzung mit Begriffen des symbolischen Gesetzes und der symbolischen Ordnung, die vor allem ihr erstes Buch *Das Unbehagen der Geschlechter* prägt. Ihre Revision des Begriffs des Symbolischen als dasjenige, das Bedeutungen stiftet und reguliert, zielt auf dessen Temporalisierung, so dass das Symbolische gerade nicht als überzeitliche Struktur zu denken ist, das in einem irreversiblen Ausschluss- und Trennungsverfahren Kultur als unhintergehbaren Komplex von Gesetzmäßigkeiten installiert. In diesem Zusammenhang benutzt Butler den Begriff der „Verwerfung" (foreclosure) auch nicht im strikten psychoanalytischen Sinn, als einmaliges, dem Subjekt vorhergehendes vollständiges Aussperren, als Sperrung, sondern als kontinuierlichen Prozess, in dem das Feld des Intelligiblen über ein konstitutives Außen erzeugt wird (vgl. Butler 1998: 196). Dieses Außen ist zwar von der Matrix kultureller Intelligibilität ausgeschlossen, aber es gehört dennoch *in* die Kultur, denn es erscheint als Produkt der regulierenden Ideale, Schemata und Normen, die darüber entscheiden, was in einer Kultur als intelligibel gilt. Das Symbolische hat seine Realität demnach nur in seiner performativen Erneuerung, in einer ständig wiederholenden, rituellen oder zitierenden Praxis. Die Trennung zwischen Intelligiblem und Unintelligiblem, zwischen Sagbarem und Unsagbarem, zwischen Lebbarem und Unlebbarem, ist daher nicht durch einen einmaligen Akt der Kulturentstehung, etwa den Beitritt zum symbolischen Gesetz (Lacan), entschieden, sondern sie erscheint bei Butler vielmehr als beständiger Konstruktionsprozess, der in der Zeit stattfindet. Und eben durch diese Verzeitlichung wird die symbolische Ordnung anfällig für Revisionen, für eine aufsprengende Wiederkehr des Verdrängten, Verworfenen und Ausgeschlossenen, um sich einer unabsehbaren Zukunft zu öffnen. Anders gesagt: Der Bedeutungsspielraum und damit die Bedingungen dafür, was in einer Kultur artikulierbar und lebbar ist, ist nach Butler nicht *a priori* begrenzt. Demnach gibt es kein absolutes Jenseits der kulturellen Praxis, das diese determiniert, ebenso wenig wie die kulturelle Praxis um eine verlorene uneinholbare Präsenz kreist. Vielmehr vertritt Butler ein radikales Denken der Immanenz, das zum einen die herrschende kulturelle, symbolische Ordnung für Wandel öffnet und für Störungen anfällig macht und zum anderen das Ausgeschlossene, das „andere" der Kultur, als *Produkt* der Kultur verständlich macht, das gerade durch seine Zugehörigkeit zur Kultur seine transformierende Kraft entfalten kann. Mit dem Argument der praktischen Ohnmacht und der mangelnden Möglichkeit, das Verworfene in eine wirksame kulturelle Praxis zu überführen, kritisiert Butler wiederholt solche Positionen, die ein radikal abgesperrtes Jenseits der Kultur installieren. Demgegenüber versucht sie, „jene Möglichkeiten zu reformulieren, die *bereits* existieren, wenn auch in kulturellen Bereichen, die als kulturell unintelligibel und unmöglich gelten." (Butler 1991: 218)

Das doppeltgerichtete Anliegen Butlers, kulturelle Subversion denkbar *und* sichtbar zu machen, führt ihre Überlegungen zunächst über eine Verabschiedung des Begriffs der *Expression*, des Ausdrucks, zum Begriff der *Performation*. In der Tradition Nietzsches geht es ihr dabei um die Überwindung einer Metaphysik der Substanz. Handlungen und Verhaltensweisen erscheinen nicht als Ausdruck eines vordiskursiven Subjekts, eines Täters vor der Tat. Sie kommen bei Butler vielmehr als performative Praxis in den Blick, die nicht auf hinter oder vor dem kulturellen Feld liegende Ursachen oder Urheber zu befragen sind, sondern eher auf die regulierenden Normen und Schemata, die sie leiten. Damit schließt Butler wiederum an Foucaults Projekt einer Genealogie an, um von hier aus ein Substanzdenken zu überwinden und die Vorstellungen eines fundierenden Seins als ontologischen Effekt der Performation zu entlarven. Von dieser Argumentationsstrategie sind auch ihre

Überlegungen zur Performativität der Geschlechtsidentität getragen. Es geht dabei um eine Überwindung des substantivistischen Scheins der geschlechtlich bestimmten Identität sowie um die Ausschluss-, Verwerfungs- und Verdrängungsprozeduren, die diese Identitätsbildung erfordert. Die Geschlechtsidentität fasst Butler als „wiederholte Stilisierung des Körpers", als „Ensemble von Akten, die innerhalb eines äußerst rigiden regulierenden Rahmen wiederholt werden", und die dann den „Schein der Substanz, bzw. eines natürlichen Schicksals des Seienden hervorbringen" (Butler 1991: 60). Das anatomische Geschlecht kann demnach nicht als Ursache der kulturellen Bestimmung der Geschlechtsidentität aufgefasst werden, sondern scheint vielmehr selbst in den Prozess der Konstruktion einbezogen, in dem sexuell bestimmte und differenzierte Körper entstehen.

Darüber hinaus argumentiert Butler, dass auch die Normen und Regeln, die die Performation leiten und formieren, selbst historischem Wandel ausgesetzt sind und kein Sein außerhalb der Praxis für sich beanspruchen können. Sie sind daher nicht als statisches Regelsystem zu fassen, das die Performation, das kulturelle Leben, determiniert oder die Bedingungen der Intelligibilität, der Verständlichkeit, endgültig und unverrückbar festlegt. Die Performationen, die das intelligible Kulturleben ausmachen, sind nach Butler weder auf einen vorgängigen Handlungsträger reduzierbar noch durch ein Gesetz vollständig determiniert. Vielmehr bezeichnet Butler sie als „rituelle" und „zitatförmige Praxis", die ihre Verständlichkeit gerade dadurch gewinnt, dass sie als Wiederholung lesbar und erkennbar wird. Die impliziten und expliziten Normen, welche die Performation regulieren, entfalten ihre Macht demnach erst durch diese Wiederholung und durch die Präsenz, die sie in der Praxis erlangen. Ihre Idealisierung zu ewigen symbolischen Gesetzen oder zeitlosen Normen und Strukturen verstärkt ihre Macht insofern, als sie die bestehenden gescheiterten Wiederholungen, also die misslingende, verunglückte Performation, entweder unsichtbar macht oder naturalistisch fehldeutet und ihnen so die Macht zur Veränderung abspricht. In diesem Sinne agieren die Theorien, die im Verständnis Butlers die kontingente Macht des Symbolischen verewigen, immer auch politisch, weil sie sich in einer Komplizenschaft mit der hegemonialen Kultur befinden. Butlers Temporalisierung des Symbolischen und ihr Versuch, es für Wandel zu öffnen, steht daher im Interesse bestehender kultureller Möglichkeiten zur Subversion, wobei umgekehrt ihre Deutung der bestehenden subversiven Möglichkeiten erst über ihre Revision der theoretischen Rahmenbedingungen möglich wird. In dieser dialektischen Verschränkung beider Blickrichtungen bewegt sich Butlers Denken *kultureller Konstruktion*. Konstruktion, so präzisiert sie in ihrem Buch *Körper von Gewicht*, findet nicht nur in der Zeit statt, „sondern ist selbst ein zeitlicher Prozeß, der mit der laufenden Wiederholung von Normen operiert" (Butler 1997: 32). Die performative Macht der Normen wie ihre Gefährdung liegt in ebendiesem Wiederholungsprozess selbst begründet.

Die von Butler formulierte These, dass die geschlechtlich bestimmte Identität (gender) in diesem Sinne als kulturelles Konstrukt aufgefasst werden kann, das durch das System der Zwangsheterosexualität initiiert wird, entfaltet ihre Originalität nicht zuletzt durch die Frage nach dem Bezug der Geschlechtsidentität zur kulturellen Regulierung des Begehrens und zur kulturellen Produktion geschlechtlich bestimmter Körper. In ihrem ersten Buch, das sie als Beitrag zu einer „Genealogie der Geschlechter-Ontologie" versteht (vgl. Butler 1991: 60), bemüht sie sich daher auch um eine „Genealogie des Körpers" (Butler 1991: 196). Sie will den Körper nicht als passives Medium kultureller Einschreibungen zeigen, sondern, in Anlehnung an Mary Douglas, jene Regulierungsverfahren aufsuchen, durch welche die Körperumrisse allererst konstruiert werden. Diese Thematik prägt auch ihre Schrift *Körper von Gewicht*, in der sie fragt, wie Körper gewissermaßen ihre kulturelle Schwere, ihre kulturelle Bedeutung erlangen.

Butler argumentiert zunächst gegen die Annahme, es gäbe eine natürliche Grundlage der binären Geschlechterdifferenz, die unser kulturelles Leben weithin prägt. Der Rekurs auf ein anatomisches, biologisches Geschlecht, das als Grundlage der kulturell bestimmten Geschlechtsidentität und -differenz gefasst wird, gehört vielmehr, so zeigt Butler, selbst der kulturellen Ordnung an, den er zu begründen sucht: Auch das Verständnis des Geschlechts (sex) als nicht-konstruierte, natürliche Grundlage der Kultur ist demnach eine kulturelle Konstruktion. Die Geschlechtsidentität verweist nach Butler nicht auf ein vorkulturelles Sein, sondern dieses erscheint vielmehr als Effekt: Sie wird, wie Butler schreibt, „performativ durch die Äußerungen konstruiert, die angeblich ihr Resultat sind" (Butler 1991: 49). Der Vorstellung eines fundierenden, sexuell vorbestimmten Subjekts, als dessen Ausdruck die Äußerungen zu lesen sind, setzt sie den Gedanken einer Performativität entgegen, die den Anschein einer vorgängigen sexuellen Identität erzeugt. Diese Überlegungen stehen im Kontext ihres Bemühens, eine Genealogie der Geschlechter-Kategorien zu schreiben, die die Binarität der Geschlechterdifferenz weder als vorkulturelles, natürliches Faktum noch als zwingendes Organisationsprinzip des kulturellen Feldes versteht, sondern diese vielmehr als *veränderbare Konstruktion* zeigt. Dieses Projekt einer Genealogie entsteht daher in Differenz zum Strukturalismus, der die Universalität der binären Logik behauptet, die als gewissermaßen unhintergehbarer Mechanismus Bedeutung erzeugt. Aber ebenso bringt sie dieses Projekt in Opposition zu solchen post-strukturalistischen Positionen, die diese Logik zwar entlegitimieren, aber wiederum als spezifisch männliche Bedeutungsökonomie denken (und kritisieren). Hier erscheint „das Weibliche" als unrepräsentierbare Abwesenheit, die das (männliche) Sprechen ermöglicht. Butlers einleitend angesprochenes Anliegen, das Feld kultureller Bedeutsamkeiten und Artikulationsmöglichkeiten zu erweitern und wirksame kulturelle Praktiken zu benennen, die dies leisten können, begründet ihre Skepsis gegenüber einer post-Lacan'schen Affirmation eines weiblich konnotierten Jenseits des kulturellen Sinnhorizontes. So trifft ihre Kritik sowohl Luce Irigarays Idee eines „parler femmes" wie Julia Kristevas Denken einer „poetischen Sprache", weil beide Konzepte auf einen Schauplatz außerhalb der Kultur verweisen, auf dem sich, wie Butler betont, keine „wirksame kulturelle Praxis" begründen lässt (vgl. Butler 1991: 134). Subversion bleibt Butler zufolge in diesem theoretischen Rahmen nicht mehr als eine „flüchtige Geste" (Butler 1991: 121) oder ein „politisch unrealisierbarer Traum" (Butler 1991: 56). Sobald die Kriterien der Intelligibilität statisch begriffen werden, kann Subversion gewissermaßen im wirkungslosen Anrennen gegen sie bestenfalls einen ästhetischen Wert, aber keine politische Relevanz entfalten. Die Verfahren, die Bedeutungen regulieren und ein verständliches Sprechen ermöglichen, sucht Butler daher selbst als kulturelle Verfahren auszuweisen, indem sie solche Positionen, die eine gewissermaßen unerbittliche und unveränderliche symbolische Ordnung etablieren, kritisch beleuchtet. Sie verweigert schließlich jede feste Verankerung bedeutungsregulierender Verfahren und spricht deshalb von einer „freitragenden Bedeutungsökonomie". Deren Macht besteht darin, dass sie trennt, was innerhalb der kulturellen Intelligibilität gedacht und was nicht gedacht werden kann. Was innerhalb der kulturellen Intelligibilität denkbar und lebbar ist, erschöpft aber nicht den Horizont des kulturell Möglichen, wie Butler hervorhebt, denn dem vorläufig Ausgeschlossenen und Ausgegrenzten kann die Macht zukommen, die Bedingungen kultureller Intelligibilität zu verändern.

Butlers Überlegungen zur kulturellen Intelligibilität sind eng mit ihrem Begriff der Subjektivierung (*subjectivation*), den sie in Anlehnung an Foucaults Begriff der „assujetissement" und unter Bezugnahme auf Althussers Begriff der „Interpellation" formuliert, verbunden. Diesen Aspekt ihrer Überlegungen arbeitet sie vor allem in ihrem Buch *Psyche der Macht* heraus. Hier wird deutlich, dass die Bedingungen kultureller Intelligibilität als diejenigen Bedingungen lesbar sind, unter denen ein Subjekt in einer Kultur erscheinen kann. Das Subjekt nimmt sie dabei als sprachliche Gelegenheit des Individuums, Verständlichkeit zu erlangen, in den Blick. Die Subjektivierungsverfahren, der Prozess der Subjektbildung durch Unterwerfung, rufen demnach ein ansprechbares, artikulationsfähiges Subjekt ins Leben, das die Bedingungen der Verständlichkeit im kulturellen Feld erfüllt. Mit dem Begriff der Subjektivierung werden die impliziten und expliziten Normen diffusen Ursprungs, die dem Individuum eine kulturelle Existenz ermöglichen, ansprechbar. Was bei Lacan als Beitritt zum symbolischen Gesetz bezeichnet wird, durch den das Subjekt als Träger des repressiven Gesetzes auftritt, wird bei Butler zu einer das Gesetz zitierenden Praxis. Diese zitatförmige Praxis kann fehlgehen und unvorhergesehene Subjektpositionen erzeugen, die aus dem Reich der Intelligibilität ausgeschlossen werden, aber dennoch nur in Beziehung zu ihm entstehen. Als „kulturelle Möglichkeit" gelesen, die von der herrschenden Kultur in das Reich des Unmöglichen verwiesen wird, kann das kulturell erzeugte, konstitutive Außen der Kultur erst seine transformierende Macht entfalten, die in einer störenden Wiederkehr den Horizont des Symbolischen erweitert und verändert.

Als eine zentrale Bedingung kultureller Intelligibilität des Individuums thematisiert Butler wiederholt dessen geschlechtliche Identifizierbarkeit. Das Subjekt wird demnach erst „durch seine Erscheinung als geschlechtlich bestimmtes intelligibel" (Butler 1991: 61). Die gewissermaßen korrekte, also glaubwürdige Performanz der Geschlechtsidentität sichert daher das kulturelle Überleben: „Die diskreten Geschlechtsidentitäten sind Teil dessen, was die Individuen in der gegenwärtigen Kultur zu Menschen macht (*humanize*); wir strafen regelmäßig diejenigen, die ihre Geschlechtsidentität nicht ordnungsgemäß in Szene setzen." (Butler 1991: 205)

Die Annahme des Geschlechts, die als Reinszenierung von Weiblichkeit oder Männlichkeit verstanden werden kann, vollzieht sich nach Butler als zitierende Widerholung und ist von einem „Überlebenswunsch", dem Begehren zu sein, dem Begehren nach kultureller Intelligibilität getragen. Das Begehren zu sein, im eigenen Sein zu verharren, ein Gedanke, den Butler von Spinoza entlehnt, versteht sie, wiederum in Anlehnung an Hegel, als Begehren nach Anerkennung. Das „Sein", das sie hier anspricht, ist demnach als soziale Existenz (Butler 1997: 32), gewissermaßen als Anerkannt-Sein, zu verstehen. Dieses Begehren verweist das Individuum auf Kategorien, Namen und Begriffe, die ein Existenzversprechen bergen. Das Verlangen nach Sichtbarkeit und Ansprechbarkeit im kulturellen Feld trägt demnach, wie Butler vor allem in ihrem Buch *Haß spricht* ausführt, selbst solche Identifizierungsprozesse, die über kränkende und marginalisierende Anrufungen und Namensgebungen verlaufen. Und in ihrer Adorno-Vorlesung zeugt ihre Auseinandersetzung mit Adornos Interpretation von Kafkas dinghafter Kreatur „Odradek" von ihrem Gedanken der Ununterscheidbarkeit zwischen Überleben und sozialem Sein: Sie argumentiert hier, dass nicht das Verlassen gesellschaftlicher Formen, die die Konturen des Menschlichen zeichnen, ein Überleben gewährt, sondern dass niemand überlebt, ohne angesprochen zu werden (vgl. Butler 2003: 75). Obwohl das Beziehungsgeflecht, in welches das Subjekt verstrickt ist, sein Überleben bedroht, gewährt es doch laut Butler allein das Überleben, das sich nur als gesellschaftliche Existenz vollziehen kann.

Aufgrund dieser starken Betonung des Begehrens nach sozialer Existenz kann Butler auch plausibel machen, dass das Subjekt, um zu überleben, sein eigenes Begehren durchkreuzt, indem es sich der Regulierung seines Begehrens unterwirft: Die Erlangung der Geschlechtsidentität geht laut Butler mit der Regulierung des Begehrens einher, der normativen Regulierung der Sexualität, so dass ein Mann/eine Frau zu sein bedeutet, keinen Mann bzw. keine Frau zu begehren. Dieser Regulierung des Begehrens im System der Zwangsheterosexualität, die Butler anhand einer Relektüre des Ödipuskomplexes und des Inzesttabus verfolgt, geht allerdings, wie Butler im Anschluss an Foucault betont, kein ursprüngliches Begehren oder eine ursprüngliche Lust (jouissance) voraus, die durch repressive Gesetze unterdrückt würde. Auch diese Vorstellung einer ursprünglichen Lust oder natürlicher Anlagen erweist Butler als kulturelle Konstruktionen. So versteht sie beispielsweise die Bisexualität, die nicht selten als natürliche Veranlagung gefasst wird und daher, wie Butler schreibt, „angeblich ‚außerhalb' des Symbolischen liegt", als „Konstruktion eines ‚Außen' das vollständig innen ist". Sie stellt daher keine Möglichkeit jenseits der Kultur dar, sondern ist vielmehr eine „konkrete kulturelle Möglichkeit, die als unmöglich abgewiesen und (um)beschrieben wird" (Butler 1991: 121).

Der Gedanke einer Sexualität „vor" der Kultur, vor dem Gesetz und damit außerhalb des Symbolischen wird daher zurückgewiesen. Vielmehr geht Butler davon aus, dass das Gesetz das von ihm ausgeschlossene und unterdrückte Begehren hervorbringt. Dieses kann entweder als explizit ausgeschlossenes, verbotenes Begehren oder aber als verfehlte Inszenierung der Geschlechtsidentität, als unvorhergesehene Wirkung des Gesetzes, entstehen. Dass Butler auch in diesem Kontext nicht auf die Vorstellung eines ursprünglichen Begehrens zurückgreift und die Repressionshypothese kritisiert, ist wiederum der Einsicht in die politische Wirkungslosigkeit dieser Vorstellung geschuldet. Butler geht es darum, die Möglichkeit der verfehlten Performation offen zu legen, um dieselbe in eine kulturelle Praxis zu übersetzen: Da ihr zufolge die Geschlechtsidentität als stilisierte Wiederholung der Akte in der Zeit gefasst wird, ergibt sich die Möglichkeit der verfehlten Performanz, der Deformation und damit eröffnet sich auch die Möglichkeit einer parodistischen Wiederholung als kulturelle Praxis, die den ontologischen Effekt der Performation als „politisch schwache Konstruktion entlarvt" (Butler 1991: 207). Als solche parodistische Wiederholungen und Aneignungen liest Butler, in Abgrenzung zu Monique Wittig, Diskurse in der Schwulen- und Lesbenkultur, die spezifisch homosexuelle Identitäten vervielfältigen, indem sie sich die Kategorie des Geschlechts fehlaneignen.

Einmal erscheint die verfehlte Wiederholung bei Butler also als Ermöglichungsbedingung subversiver Praktiken, deren Bedeutung darin liegt, dass sie die geschlechtlich bestimmte Identität als Konstrukt entlarven und ihr den Anschein der Natürlichkeit, des Schicksals nehmen. Zum anderen entsteht mit der Verfehlung das Feld der Verworfenen, der Ausgeschlossenen, der verworfenen Körper, die an der Wiederholung scheitern und in diesem Scheitern ihre kulturelle Intelligibilität verlieren. Beide Aspekte hängen insofern zusammen, als beide verdeutlichen, dass die kulturellen Verwerfungsprozeduren über die wiederholte Reinszenierung der Normen verlaufen. Diese Normen schaffen nicht nur ein explizit ausgeschlossenes Reich des Verbotenen, das es zu unterdrücken gilt, sondern sie entfalten auch eine *unvorhersehbare* Produktivität. Es lässt sich sagen, dass Butler sich damit um eine Lesart existierender, marginalisierter, gewissermaßen subkultureller Praktiken bemüht, die das Projekt, eine Destabilisierung von Identitätskategorien zu bewirken, stützen. In diesem Sinne entwickelt sie ihre Interpretation kultureller Praktiken, durch die sich marginalisierte Gruppen in einer Kultur Gehör verschaffen. Dann thematisiert sie ein Feld unsichtbar gemachter „Gespenster", denen die Artikulationsfähigkeit genommen ist, da sie gar keinen (auch keinen marginalisierten) Ort in der Kultur einnehmen.[1] Dieses Feld des Unintelligiblen wird zum einen von verworfenen Existenzen, die die Qualifikationsbedingungen kulturellen Überlebens nicht erfüllen, bevölkert. Und zum anderen spricht Butler hier die Verwerfungen an, die die „gelingende" Subjektivierung erfordert. Butler geht hier den Verlustspuren im psychischen Leben nach, die die Subjektbildung trägt. In diesem Kontext wird vor allem ihr Begriff der Melancholie zentral.

Um die von Foucault vernachlässigte psychische Dimension der Wirkung der Macht zu erörtern, greift Butler auf tropologische Wendungen zurück. In gewisser Weise erscheint die Selbstbeziehung des Subjekts, sein reflexives Selbstverhältnis, als Verlängerung der Macht, die von außen auf das Individuum einwirkt. In Anlehnung vor allem an Freuds und Nietzsches Überlegungen zur Gewissensbildung untersucht sie Reflexivitätsformen als Formen der Selbstkolonisierung und des Selbsthaders, deren pathologische Übersteigerungen Freud thematisiert hat. Um zu verdeutlichen, dass sie mit ihren Überlegungen zum Selbstbezug des Subjekts nicht zum Gedanken eines der Subjektivierung vorgängigen „Selbst" zurückkehrt, hebt sie zum einen hervor, dass es sich um eine figurierte Reflexivitätsbeziehung ohne ontologischen Status handelt. Und zum anderen macht Butler auf das „Paradox der Referentialität" (Butler 2001: 10) aufmerksam, das darin besteht, dass sich die Rede von einem Subjekt, das sich auf sich selbst zurückwendet, auf ein Subjekt bezieht, das paradoxerweise *vor* dieser Rückwendung auf sich noch gar nicht existiert. Auch im Kontext dieser Überlegungen interessiert Butler besonders das, was der Selbstkolonisierung entgeht, der „nicht anzueignende Rest", der das Subjekt heimsucht (vgl. Butler 2001: 32). Daher betont sie, dass mit dem Subjekt das Unbewusste entsteht, ein Bereich, der sich der Einwirkung des Subjekts auf sich entzieht und intransparent bleibt. Und hier spricht Butler die Melancholie an, die die „Grenzen der Subjektivierung" markiert (vgl. Butler 2001: 32), weil sie das rigoros Verworfene und Verdrängte bewahrt. Das Subjekt wird von der Melancholie *heimgesucht* und *bedroht*, weil diese gewissermaßen als Rückkehr der uneingestandenen und für die Subjektwerdung, die an Idealen der Autonomie und Souveränität orientiert ist, *notwendigen* Verluste von Verhaftungen und Liebesobjekten lesbar ist. Es sind also genau die verschleierten, verleugneten Verluste, die für die Subjektwerdung konstitutiv sind, die sich in der Melancholie äußern, so dass diese den Subjektstatus bedroht.

Während erlittene Verluste in der Trauer benannt und eingestanden werden, bewahrt die Melancholie, wie Butler in Anlehnung an Freud ausführt, die verlorenen Objekte und Objektbeziehungen als *unaussprechliche* Verluste. Die Unmöglichkeit der Trauer führt Butler allerdings nicht auf eine „Weigerung" zu trauern zurück, was die Idee eines souveränen Subjekts voraussetzte, sondern auf die „fehlenden kulturellen Konventionen", diese Verluste überhaupt als Verluste anzuerkennen und zu betrauern (vgl. Butler 2001: 139).

---

[1] Die erstgenannten, subversiven, destabilisierenden Praktiken sollen gewissermaßen dazu beitragen, das Feld der Intelligibilität zu erweitern, um diesem Ausgesperrten die Wiederkehr zu ermöglichen. Diese Differenzierung zwischen Verwerfung und Marginalisierung bleibt bei Butler implizit und lässt sich auch nur als vorläufige Interpretationshypothese rechtfertigen, denn beide Verdrängungsprozeduren sind aufeinander verwiesen und ineinander verwoben. Sie verschiebt sich auch in Butlers Texten mit der jeweiligen konkreten Fragestellung im Zusammenhang mit der Geschlechterzuordnung, mit juridischen Normen und rassischen Diskriminierung oder kränkenden Anrufungen.

Einen weiteren Bezug zum kulturellen Feld stellt Butler her, indem sie die Verluste, die eine melancholische Einschließung erfahren, als kulturelle, durch Normen *erzwungene* Verluste anspricht. Wobei nicht nur die Verluste sondern auch ihr Unkenntlichwerden als Verluste, ihre Verleugnung, kulturell erzwungen werden. Mithin besteht nach Butler eine enge Beziehung zwischen den Modi der Reflexivität und dem kulturellen Feld, aus dem diese hervorgehen.

Im Kontext ihrer Überlegungen zur heterosexuellen Kultur spricht Butler beispielsweise von einer melancholischen Struktur der geschlechtlich bestimmten Identität. Denn der Erwerb der Geschlechtsidentität ist ihr zufolge von einer doppelten Verleugnung des homosexuellen Begehrens getragen: Hier geht nicht nur das Objekt des Begehrens verloren, sondern das Begehren selbst wird verleugnet. Butler drückt diese „totale Verleugnung", die eine „Sphäre verworfener Gespenster" schafft (Butler 2001: 140), mit dem Satz aus: „Ich habe diese Person nie verloren und nie geliebt, ja sogar niemals eine derartige Liebe empfunden." (Butler 1991: 109; vgl. auch Butler 2001: 130f.)

Zum einen thematisiert Butler die Melancholie im Kontext der Frage nach der Konstruktion der sexuierten Körper. Hier interpretiert sie die anatomische Faktizität des Körpers als Folge einer melancholischen Einverleibung. Vor allem in ihren Büchern *Das Unbehagen der Geschlechter* und *Körper von Gewicht* sucht sie den leiblichen Ort der Bewahrung der unnennbaren Verluste auf und bezeichnet die „Einverleibung" als Kennzeichen der Melancholie. Sie geht davon aus, dass der Verlust nicht metaphorisch verschoben, sondern im Körper oder auf dem Körper *literalisiert* wird (vgl. Butler 1991: 108f.). Diese Strategie der Literalisierung bewahrt Butler zufolge die verlorene Liebe und das verlorene Liebesobjekt im Körper bzw. als literale Verortung der Körperlüste in bestimmten Körperteilen.

Zum anderen spricht Butler vor allem in ihrem Buch *Psyche der Macht* mit der Melancholie die psychischen Folgen der Subjektivierung an. Die unaussprechlichen und unnennbaren Verluste bezeichnen die psychischen Kosten für den Erwerb einer kohärenten Subjektposition, welche die herrschenden Bedingungen der Intelligibilität erfüllt. Daher wird das Subjekt vom „Gespenst der Wiederkehr einer unmöglichen Liebe" in seiner Intelligibilität und in seinem Begehren nach sozialer Existenz bedroht. Die Verleugnung der Verlustspuren ist gewissermaßen die erzwungene Leistung des „Ich", das sich selbst und seiner eigenen Konstitutionsgeschichte zuwendet und bemüht ist, sich den kulturellen Normen gemäß als souveränes, selbstbestimmtes Subjekt zu verstehen. Dieser Verleugnung setzt Butler die Anerkennung und das Eingeständnis von Verlusten, Ambivalenzen und Abhängigkeiten entgegen, um jene rigorosen Ausschlüsse und Verleugnungen zu überwinden, und mit ihnen die melancholische Zeichnung der Kulturen, die sie erzwingen. Besonders ihre Ausführungen zur Ethik, die sie in ihrer Adornovorlesung entfaltet, sind von diesem Gedanken eines post-souveränen Subjekts getragen, das sich und den anderen aus diesen unerbittlichen Kohärenz- und Identitätsforderungen entlässt (vgl. Butler 2003).

Darüber hinaus bietet der Gedanke, dass Trauerprozesse kulturell vereitelt und ermöglicht werden, auch das diagnostische Instrument, mit dem Butler in ihrem Buch *Precarious Life* die Situation der westlichen Kulturen nach den Terroranschlägen vom 11. September untersucht. Entlang der Beobachtung, dass eine öffentliche Trauer um die Opfer der Antiterrorpolitik vereitelt wird, dass beispielsweise Nachrufe ausbleiben, entfaltet sie ihre Unterscheidung zwischen *betrauerbarem* und *unbetrauerbarem Leben*. Sie argumentiert hier, dass die unbetrauerbaren Leben in besonderem Maße der Gewalt ausgesetzt sind, weil sie ihr soziales Sein, ihre kulturelle Intelligibilität verloren, mithin schon einen sozialen Tod erlitten haben. Die Grenzen der Trauer oder eine „Hierarchie der Trauer" verrät demnach etwas über die herrschende kulturelle Konstruktion des Menschlichen, wie Butler schon in ihrer Interpretation der „Antigone" ausführt (vgl. Butler 2001a). In ihrem Buch *Precarious Life* stellt sie die Frage, inwiefern arabische Menschen, die dem Islam angehören, aus der kulturellen Konzeptualisierung des Menschlichen, „as it has been naturalized in its ‚Western' mold by the contemporary workings of humanism" (Butler 2004: 32), herausgefallen sind.

Auch in ihren jüngsten Arbeiten bleibt Butlers kulturkritisches Anliegen also unüberhörbar. Sie versucht, die kulturellen Rahmenbedingungen, unter denen das Menschliche gedacht wird, in den Blick und in Bewegung zu bringen, indem sie sich den Verdrängungsprozeduren und den Ausgeschlossenen zuwendet, die das konstitutive Außen kultureller Intelligibilität bilden. Als kulturüberschreitende Praxis schlägt sie hier die „Übersetzung" (cultural translation) vor (Butler 2004: 49, vgl. auch Butler 2000a: 37), in der sich die eigene Sprache am anderen bricht und sich in eine unbekannte, gemeinsame Zukunft fortbildet. Die Ermöglichungsbedingung dieser Übersetzungspraxis bildet die eingangs angesprochene Überwindung solcher Theorien, die zeitlose Strukturen und unwandelbare Bedingungen kultureller Intelligibilität annehmen bzw. (konstruktivistisch ausgedrückt) etablieren.

Rezeption und Kritik

Die enge Verzahnung von Butlers theoretischem Projekt mit dem Versuch, bereits existierende marginalisierte kulturelle Praktiken und Bereiche, wie die Schwulen- und Lesbenkulturen, in ihrer transformierenden Macht in den Blick zu bringen, lassen gewissermaßen zwei Kampfplätze entstehen: Das Feld der Theorien, in das Butler mit einem engagierten Denken eintritt und sich dem Repertoire akademischer Ausschlussgesten aussetzt, sowie das Feld der marginalisierten Lebensweisen, dem sie sich mit Deutungen zuwendet, die dem Selbstverständnis der Akteure nicht selten entgegenlaufen. Denn auch hier geht es Butler darum, mit dem Gestus der Natürlichkeit zu brechen, die Illusion zu zerstören, es handele sich um die Artikulation bzw. das Ausleben natürlicher oder spezifisch weiblicher Anlagen oder Fähigkeiten. Bemerkenswert bleibt, dass auf beiden Schauplätzen häufig der Vorwurf auftaucht, Butler bediene sich einer „verschwiemelten", unverständlichen Sprache (vgl. z.B. Nussbaum 1999). Diese Kritik kann als Versuch gelesen werden, Butlers Schriften gewissermaßen genau in den Bereich des Unintelligiblen, des Schwadronierens zu verweisen, dem ihre Schriften sich zuwenden.

Darüber hinaus haben Butlers Überlegungen interessante Rezeptionen vor allem auf dem Feld der feministischen Theorie und der *queer theory* erfahren. Im Bereich der feministischen Theorie sind insbesondere die kritischen Diskussionen Butlers mit Seyla Benhabib, Nancy Fraser und Drucilla Cornell über Möglichkeiten und Grenzen der Verbindung zwischen Feminismus und Dekonstruktion erwähnenswert (vgl. Benhabib/Butler/Cornell/Frauser 1995). Zentrale Kritikpunkte im Rahmen dieser Diskussion umkreisen die Frage nach der Möglichkeit, politische Handlungsfähigkeit mit Butlers Begriff eines postsouveränen Subjekts zu denken.

Aber auch im weiteren Feld der politischen Theorie finden weiterführende Diskussionen um und mit Butler statt. Hier ist vor allem an die Diskussion um eine „radikale Demokratie" zu denken, die Butler mit Laclau und Zizek geführt hat (vgl. Butler/Laclau/Zizek

Judith Butler: Die störende Wiederkehr des kulturell Verdrängten 355

2000). Im Rahmen dieser Auseinandersetzung gerät nicht zuletzt Butlers Interpretation und Kritik des Strukturalismus und der Psychoanalyse in die Diskussion.

Literatur von Judith Butler

Butler, J.: Subjects of Desire. Hegelian Reflections in Twenthieth-Cetury France. New York 1987.
Butler, J.: Das Unbehagen der Geschlechter. Frankfurt/M. 1991.
Butler, J.: Körper von Gewicht. Die diskursiven Grenzen des Geschlechts. Frankfurt/M. 1997.
Butler, J.: Haß spricht. Zur Politik des Performativen. Berlin 1998.
Butler, J./Laclau, E./Zizek, S.: Contingency, Hegemony, Universality. Contemporary Dialogues on the Left. London, New York 2000.
Butler, J.: Restaging the Universal. Hegemony and the Limits of Formalism. In: Butler, J./Laclau, E./Zizek, S.: Contingency, Hegemony, Universality. London, New York 2000a, S. 11-43.
Butler, J.: Competing Universalities. In: Butler, J./Laclau, E./Zizek, S.: Contingency, Hegemony, Universality. London, New York 2000b, S.136-182.
Butler, J.: Dynamic Conclusions. In: Butler, J./Laclau, E./Zizek, S.: Contingency, Hegemony, Universality. London, New York 2000c, S. 263-280.
Butler, J.: Psyche der Macht. Das Subjekt der Unterwerfung. Frankfurt/M. 2001.
Butler, J.: Antigones Verlangen. Verwandtschaft zwischen Leben und Tod. Frankfurt/M. 2001a.
Butler, J.: Kritik der ethischen Gewalt. Adorno-Vorlesung 2002. Frankfurt/M. 2003.
Butler, J.: Precarious Life. The Powers of Mourning and Violence. London, New York 2004.

Weitere zitierte Literatur

Benhabib, S./Butler J./Cornell, D./Fraser, N.: Feminist Contentions: A Philosophical Exchange. London 1995.
Breen, M.S./Blumenfeld, W.J. (Hg.): Butler Matters. Judith Butler's Impact on Feminist and Queer Studies. Burlington 2005.
Bublitz, H.: Judith Butler zur Einführung. Hamburg 2002.
Kämpf, H.: Politische Philosophie als Sprachkritik. Zum Machtdiskurs bei Judith Butler. In: Dialektik. Zeitschrift für Kulturphilosophie 2002/2, S.101-116.
Kämpf, H.: Die Unerreichbarkeit der Demokratie. Kontingenz, Identität und politische Handlungsfähigkeit nach Judith Butler. In: Flügel, O./Heil, R./Hetzel, A. (Hg.): Die Rückkehr des Politischen. Demokratietheorien heute. Darmstadt 2004, S.43-61.
Kertscher, J.: Judith Butler, Kritik der ethischen Gewalt. In: Dialektik. Zeitschrift für Kulturphilosophie 2005/1, S. 193-200.
Lorey, I.: Immer Ärger mit dem Subjekt. Theoretische Konsequenzen eines juridischen Machtmodells: Judith Butler. Tübingen 1996.
Nussbaum, M.: The Professor of Parody. In: New Republic, 22 February (Online). 1999.
McNay, L.: Subject, Psyche and Agency: The Work of Judith Butler. In: Theory, Culture and Society 16/2, 1999, S. 175-193.
Villa, P.: Judith Butler. Frankfurt/M. 2003.

Perspektiven auf den Spätkapitalismus

Fredric Jameson: Marxistische Kulturtheorie

Johannes Angermüller

Einleitung

Der amerikanische Literaturwissenschaftler Fredric Jameson (geb. 1934 in Cleveland, Ohio) ist mit einer marxistischen Theorie der Ästhetik bekannt geworden, die die kulturellen Tendenzen der Gegenwart als Variationen eines Repräsentationsregimes nach Realismus und Modernismus begreift. Zu Jamesons Arbeitsschwerpunkten zählen nicht nur der Bereich der Literatur, der u.a. realistische Prosa, hochmodernistische Lyrik und postmodernistischen Science Fiction einschließt, sondern auch aktuelle Entwicklungen in Film, Architektur und die allgemeine theoretische Debatte in den Geisteswissenschaften. Der enzyklopädische Charakter seiner Arbeit wird von einem globalen Interessenhorizont unterstrichen, der neben den ästhetischen Traditionen des Westens (insbesondere aus Frankreich und der angelsächsischen Welt) zahlreiche Tendenzen der „Dritten Welt" einschließt. Jamesons „totalisierende" Denkbewegung, die aus verschiedensten ästhetischen und intellektuellen Bezügen filigrane Texte hervorbringt, fungiert dabei als Programm und Anti-Programm zugleich: So ist die programmatische Forderung nach einer Reflexion der historischen Totalität in einen dialektischen Schreibstil eingelassen, der weder für Schulbildung und Epigonentum noch für den Werküberblick eine leichte Aufgabe darstellt.

Wie lässt sich Jamesons barockes Werk kartieren, ohne seine Begriffe festzuzurren und so den dialektischen Prozess ihrer Hervorbringung abzubrechen? Riskiert ein Tableau, das die wichtigsten Probleme und Begriffe inventarisiert, nicht gerade jene formale Schließung, die Jameson als die „Ideologie" ästhetischer Praxis einstuft? Dieser Beitrag soll einen Eindruck von Jamesons dialektischer Denkbewegung vermitteln und die Signifikanz seines Werks für einen geisteswissenschaftlichen Diskurs deutlich machen, der sich seit Mitte der 1970er Jahre in einem Zustand ständiger Umwälzung befindet. Das zentrale Ereignis in den amerikanischen *humanities* ist sicher die Debatte, die im Umfeld kontinental-europäischer Theoretiker (wie Jacques Derrida und Michel Foucault) entsteht und für die sich seit Paul de Man der Term *Theory* eingebürgert hat. Wenn sich dieser Theoriezusammenhang, wie John Guillory (1999) vorschlägt, in zwei Schritten konstituiert – zunächst in der dekonstruktivistischen Theoriekonjunktur der Yale School („*High Theory*"), später mit der Etablierung der *Cultural Studies* („*Low Theory*") – dann ist Jamesons Werk in zweierlei Hinsicht wegweisend: als führende Stimme eines neuen marxistischen Theoriediskurses, der seinen Ausgang von den Problemen der Ästhetik nimmt, und als Pionier einer Literaturwissenschaft, die sich nicht mehr als Philologie, sondern als theoretisch informierte Kulturwissenschaft versteht. Nach dem Ende der *Yale School* wird der Marxismus in den USA neben Dekonstruktivismus und (lacanianischer) Psychoanalyse eine der theoretischen Hauptsäulen des neuen theoretischen Diskurses der Kulturwissenschaften, und gerade Jameson kann als ein Kronzeuge dieser Entwicklung betrachtet werden, die für Jameson das „Ende der Philosophie als solcher" (Jameson 1998b: 3)[1] markiert.

„Always historicize!" ist das programmatische Motto (Jameson 1981: 9), mit dem Jameson in seinen literatur- und kulturwissenschaftlichen Arbeiten Fragestellungen aufnimmt, die gerade in den mitteleuropäischen Kultur- und Sozialwissenschaften auf eine lange Tradition blicken. Doch wenn seine begrifflichen Instrumente selbst in der theoriegetränkten nordamerikanischen Kulturdebatte kaum ohne Erläuterung auskommen (substanzielle Einführungen finden sich bei Kellner 1989; West 1986; White 1987), dann gilt dies umso mehr in Europa, wo die Kritische Theorie ihre paradigmatische Funktion verloren hat und der Poststrukturalismus in der Regel noch wenig etabliert ist. Indem Jameson Kritische Theorie und (Post-)Strukturalismus, dialektisch informierte Hermeneutik und anti-humanistische *écriture*-Theorie zusammenführt, macht er eine Kulturtheorie stark, die sich in zweifacher Hinsicht als kritisch begreift – im kritisch-theoretischen Sinne einer Reflexion ihrer soziohistorischen Entstehungsbedingungen und im poststrukturalistischen Sinne einer Reflexion der Formprobleme von Darstellung („representation").

Biographie und historischer Hintergrund

Jamesons akademischer Werdegang beginnt am *French Department* der *Yale University*, wo er 1959 seine Dissertation über Jean-Paul Sartre abschließt (vgl. Jameson 1961). Gastaufenthalte bringen ihn nach Frankreich und Deutschland, deren intellektuelle Traditionen, insbesondere Strukturalismus und Kritische Theorie, sein theoretisches Schaffen zeit seines Lebens prägen. In den 1960er Jahren lehrt Jameson als *Assistant Professor* an der *Harvard University*. Eine weitere wichtige Station ist eine Professur am *French Department* der *Yale University*, die er 1976-1983 während des Höhepunkts der *Yale School of Deconstruction* innehat. 1985 wird er Professor an der Duke University, wo er das *Program of Literature* aufbaut und leitet.

Ungeachtet eines vordergründig bruchlos verlaufenden Aufstiegs an den führenden Hochschulen der USA bleibt Jameson lange Zeit ein intellektueller Außenseiter. So stehen die politischen und intellektuellen Ambitionen, die von seiner Beschäftigung mit Sartres marxistischem Existenzialismus und dem politisierten Klima der 1960er Jahre herrühren, in Widerspruch zur humanistisch-philologischen Grundtendenz, die in vielen amerikanischen *English Departments* bis weit in die 1970er Jahre hinein dominiert. Die konservative Philologie der Zeit wird maßgeblich vom *New Criticism* (à la Leavis) inspiriert, der den literarischen Text als ein strikt autonomes Formgebilde auffasst. Sicher gibt es theoretische Projekte, an die Jameson auf die eine oder andere Weise anknüpft – etwa Northrop Fryes proto-strukturalistischer Archetypenansatz oder Kenneth Burkes Theorie symbolischen Handelns. Erst ab Mitte/Ende der 1970er Jahre beginnen sich die amerikanischen *humanities* in der entstehenden Konjunktur von *Theory* als intellektuell anspruchsvolle Kulturwissenschaft umzudefinieren. Nicht nur erlebt „kontinentale Theorie", für die Jameson einer der maßgeblichen Brückenköpfe in den USA ist, seit dem Dekonstruktivismus der *Yale School* einen unübersehbaren Aufschwung; es setzt sich zunehmend auch eine kritische intellektuelle Grundstimmung durch, die von AktivistInnen der neuen sozialen Bewegungen oder

---

[1]   Die Übersetzung dieses Zitats wie aller folgenden ist von J.A.

Fredric Jameson: Marxistische Kulturtheorie

von Studierenden mit einem ethnischen Hintergrund getragen wird. Jamesons soziohistorische und theoretische Arbeiten unterstützen diese Öffnung der Literaturwissenschaften zu den Kulturstudien (vgl. Jameson 1993).

Dass marxistische Theorie in den USA gerade in den 1980er Jahren ihren Aufschwung nimmt, erinnert einmal mehr an die Unvergleichbarkeit der intellektuellen Situation in den USA und Europa: Zwar gibt es schon in den 1930er und 1940er Jahren Ansätze marxistischer Theorie und Praxis – sei es im Gefolge der intellektuellen Efferveszenz im Umfeld des *New Deal*, sei es als Folge der intellektuellen Einwanderung aus Europa. In den 1950er Jahren bricht diese Tradition jedoch ab, und rückblickend kann man die Frage stellen, wie Theorie und Praxis der amerikanischen Arbeiterbewegung so vollständig aus dem politischen Gedächtnis ausgelöscht werden konnten. Eine Rolle spielt hierbei sicher das schwache Theorieinteresse amerikanischer Gewerkschaften, Parteien und Medien (weshalb das Wirken akademischer Intellektueller auch heute in der Regel weitgehend auf das Campusleben beschränkt ist). Bekanntlich erleben in den 1960er Jahren „radikale" Gesellschaftstheorien im Zuge des Aufschwungs der neuen sozialen Bewegungen eine Renaissance; anders als in Europa entsteht an den amerikanischen Universitäten in der Regel jedoch noch kein Ort für marxistische Theoriebildung, auch nicht in den Sozialwissenschaften, die viele der intellektuelleren Studierenden anfangs aufnehmen. Die Situation ändert sich, als die Sozialwissenschaften im Laufe der 1980er Jahre mehr und mehr positivistisches Sozialengineering betreiben und dadurch ihre intellektuelle Leitfunktion an die Literaturwissenschaften verlieren. Letztere nehmen die theoretischen und politischen Fragen derjenigen auf, die sich in Opposition zum rechtskonservativen Amerika der Reagan-Ära begreifen. Die vormals humanistisch-philologische Identität der Literaturwissenschaften wird in der Folge grundlegend umgekrempelt, und die Schlagworte der „political correctness", des „westlichen Kanons" und der „akademischen Linken" zeugen von den erbitterten Kontroversen zwischen den Gelehrten der alten Schule und den theoretisch und kulturwissenschaftlich gesinnteren Nachfolgegenerationen. Vor dem Hintergrund dieser geänderten intellektuellen Arbeitsteilung zwischen Sozial- und Geisteswissenschaften gewinnt Jamesons marxistisches Theorieprojekt in den USA gerade zu dem Zeitpunkt breite Aufmerksamkeit, als die hegemoniale Rolle des Marxismus in (West-)Europa zu Ende geht.

Werk: Theorien und Gegenstände

Während Jamesons theoretisches Vokabular zwischen einem kritisch-theoretischen („deutschen") und einem poststrukturalistischen („französischen") Pol pendelt, umfassen seine Untersuchungen die beiden „objektiv verbundenen und dialektisch interdependenten Phänomene" (Jameson 1992b: 14), die erst im Kapitalismus auseinander treten: die hochkulturellen Gegenstände des *literary criticism* und die Massenkultur der *cultural studies*. Eine Unterscheidung entsprechender Werkphasen lässt sich jedoch nicht vornehmen, macht doch gerade die Verbindung von kritischer Theorie und Poststrukturalismus, von Literaturwissenschaft und Kulturstudien, Jamesons innovativen kulturwissenschaftlichen Beitrag aus.

Legte die zunehmende Beschäftigung mit poststrukturalistischen Theorien in den 70er und 80er Jahren – vgl. *Prison House of Language* (1972), *The Political Unconscious* (1981) und die zwei Bände *Ideologies of Theory* (1989a; 1989b) – eine gewisse Abkehr von den Problemen der kritischen Theorie nahe, wie sie etwa in dem frühen *Marxism and Form*

(1971) aufgeworfen wurden, so unterstreichen *Late Marxism: Adorno, or the Persistence of the Dialectic* (1990) und *Brecht and Method* (1998a) einen andauernden mitteleuropäischen Einfluss in Jamesons Arbeit. Genauso wäre es ein Fehler, das wegweisende *Postmodernism, or the Cultural Logic of Late Capitalism* (1991), die (handlichere) Essaysammlung *The Cultural Turn* (1998b) sowie seine Filmanalysen (1992b; 1992a) als Fahnenflucht zu den Kulturstudien einzuordnen. So belegen zahlreiche kürzlich veröffentlichte (oder noch unveröffentlichte) Essays das andauernde Interesse Jamesons am *literary criticism*, wie sich dies etwa in *A Singular Modernity* (2002) oder *Archaeologies of the Future* (2005) manifestiert.

Die vier Bereiche der kritischen Theorie, des Poststrukturalismus, der Literaturwissenschaft und der Kulturstudien werden im Folgenden als zentrale Arbeitsfelder Jamesons abgehandelt. Eine „Kompartmentalisierung" von Wissen in atomistische Einzelfelder würde Jamesons dialektischer Vorgehensweise jedoch Unrecht tun. So kommt man nicht umhin, durch die Vielzahl der Wissensgebiete hindurchzugehen „und sich so zurückzuarbeiten, dass letztendlich ökonomische Strukturen berührt werden" (Jameson 2000b: 156).

a.   Kritische Theorie: marxistische Hermeneutik und historische Dialektik

Jamesons Beitrag zur marxistischen Theorietradition besteht in dem Projekt einer „marxistischen Hermeneutik", die es sich zur Aufgabe macht, die Repräsentationsdilemmata von Totalität zu untersuchen (vgl. „Metacommentary" in Jameson 1989a: 3-16). Angesichts von Jamesons Faible für die formal-logischen Instrumente des Strukturalismus, der Sinn als nicht-ursprünglichen Effekt materialer Differenzen fasst, mag das Etikett der Hermeneutik irritieren, zielt die Hermeneutik doch in der Regel auf die Rekonstruktion eines Sinnhorizonts, einer Lebenswelt oder eines Vorrats an Deutungsmustern, auf die die Subjekte im Akt gegenseitigen Verstehens zurückgreifen. Auch wenn Jameson die Kategorie des sprechenden Subjekts ablehnt, ist die Rede von einer marxistischen Hermeneutik doch insofern gerechtfertigt, als es um das Problem der Darstellung von historischem Sinn („History" mit großem „H") geht. In Jamesons Hermeneutik ist Sinn ein Mehrebenenphänomen, in dem sich buchstäbliche, interpretative, psychologische und kollektive Sinnebenen überlagern (vgl. Jameson 1981: 31). Als vielschichtige Allegorien einer historischen Situation verhandeln Texte die instabilen Grenzen zwischen Vergangenheit, Gegenwart und Utopie. Auch die kulturellen Produkte des reaktionärsten Künstlers greifen demnach über den kapitalistischen Status Quo hinaus, indem sie utopische Alternativszenarien andeuten (vgl. insbesondere Jamesons Arbeiten zur Science Fiction-Literatur 2005).

Die charakteristische Innovation (und die Schwierigkeit) von Jamesons Ansatz liegt darin, dass sich die Spuren der Geschichte nicht über die Rekonstruktion des repräsentierten Inhalts freilegen lassen; sie sind vielmehr in das formale Rohmaterial (narrative Struktur, Stil, Perspektivik...) eingelassen, das der ästhetische Text ständig mit Blick auf neue formale Lösungen für die Repräsentationsdilemmata von Geschichte durchspielt. Jameson spricht sich gegen „eine ontologisch verfahrende Ideologieanalyse der Literatur [aus], die die Priorität historischer oder gesellschaftlicher Realität gegenüber den in ihr produzierten literarischen Artefakten behauptet" (Jameson 1989a: 141). Indem er von der Gleichursprünglichkeit des symbolischen Akts und seines Kontexts ausgeht, vollzieht er einen Bruch mit reduktionistischen Literaturtheorien, die das Werk auf bestimmte Inhalte (Klassenkampf, Produktionsverhältnisse...) absuchen und den dargestellten Inhalt als Ausdruck gegebener soziohistorischer Kräfteverhältnisse fassen. Soweit Jameson überhaupt von Klassenkampf spricht, findet dieser in den kleinsten formalen Operationen ästhetischer Praxis statt. Zwar diagnostiziert er in bestimmten Analysen die Homologie zwischen der narrativen Struktur, biographischen Konstellationen und einem gegebenen Stand des Klassenkampfs (was in gewisser Hinsicht an den Homologiebegriff der Literatursoziologie erinnert); doch Jameson schließt sich der Kritik an abbildtheoretischen Zugängen zum Verhältnis von Text und Gesellschaft an, wie sie etwa von Walter Benjamin oder Theodor W. Adorno vertreten wird. Das Symbolische ist für soziale Akteure kein Medium, um miteinander zu interagieren. Es ist auch nicht der Klassenkampf zwischen „Subjekten der Geschichte", sondern die Geschichte als eine Totalität von Widersprüchen, die bei Jameson den Rahmen für kulturelle Praxis abgibt.

Das Hauptwerk zur kritischen Theorie ist *Late Marxism,* in dem Jameson seine Version von Theodor Adornos *Negative Dialektik* und *Ästhetische Theorie* vorstellt. Jameson erinnert an die zentrale Stellung, die die Ästhetik im marxistischen Theoriediskurs seit Walter Benjamin, Georg Lukács oder Bertolt Brecht innehat. Mit Adorno spricht er sich für eine dialektische „Methode" aus, die eine gegebene historische Problematik umstülpt und dadurch unvorhergesehene neue Angriffslinien eröffnet (vgl. Jameson 1998a: 24ff.). Drei Merkmale zeichnen Jamesons dialektische Vorgehensweise aus, an der auch Sartres Einfluss abgelesen werden kann: 1) die Bevorzugung der „Logik der Situation gegenüber der Logik des individuellen Bewusstseins oder reifizierten Substanzen wie der Gesellschaft"; 2) ein Begriff des Historischen, der die Narrativität historischer Darstellung privilegiert; 3) die Betonung von Widersprüchen (vgl. Jameson 2000b: 159f.). In Anspielung auf die normative Wende, die die Kritische Theorie seit Jürgen Habermas[2] erlebt, besteht Jameson auf dem rigorosen, anti-normativen Gestus Adornos, für den „das Dialektische ‚jenseits von Gut und Böse' im Sinne einer einfachen Parteinahme ist" (Jameson 1998b: 29). Für Jameson ist Dialektik eine Bewegung, in der Inhalt ständig in Form übergeht und dadurch gleichsam um seine eigenen formalen Aporien drehend weitergetrieben wird. Wenn er Adorno entnimmt, dass „nicht nur jede mögliche Idee, die wir von der Gesellschaft formen, notwendig parteiisch und mangelhaft, inadäquat und widersprüchlich ist, sondern auch dass diese ‚formalen' Widersprüche selbst kostbare Anzeichen dafür sind, wie wir zur konkreten Realität des Sozialen im gegenwärtigen zeitlichen Moment stehen" (Jameson 1971: 57), schlägt er dann nicht eine Brücke zum Poststrukturalismus?

b. Poststrukturalismus: das Reale der Geschichte im symbolischen Text

Jameson situiert Kritische Theorie und Poststrukturalismus innerhalb des übergreifenden Theorierahmens des Marxismus – eines „‚nicht-transzendierbaren Horizonts', der vermeintlich unterschiedliche und inkommensurable kritische Operationen umschließt" (Jameson 1981: 10). Den theoretischen Vorrang, den Jameson dem Marxismus zuweist, hat vielfach zu kontroversen Reaktionen geführt. Doch wie könnte ohne ein solches Metavokabular die emphatische Forderung nach einer historischen Situierung ästhetischer Praxis mit dem strukturalistischen Projekt einer formalen Beschreibung des gesellschaftlichen Lebens zusammengebracht werden, dem Geschichte, Dialektik und Situation in der Regel als Kategorien einer spekulativen Philosophie (Sartre!) gelten? Während Jameson den Schnittpunkt

---

[2] Zu Jürgen Habermas siehe auch den Beitrag von Dirk Jörke in diesem Band.

von kritischer Theorie und Poststrukturalismus in der Reflexion der Grenzen symbolischer Darstellung sieht, interessiert er sich in der poststrukturalistischen Diskussion insbesondere für die Frage nach den konstitutiven Aporien, die die Schließung symbolischer Strukturen verhindern. Mit den französischen Theoretikern der 1960er und 1970er Jahre, die in den USA unter dem Etikett des Poststrukturalismus rubriziert werden, teilt Jameson überdies die Privilegierung der Materialität symbolischer Praxis sowie die Kritik an der Figur des sprechenden Subjekts.

Eine wichtige Rolle für Jameson spielt der marxistische Philosoph Louis Althusser, dessen Einfluss deutlich wird, wenn Jameson den symptomalen „Lücken" des Texts nachgeht oder Geschichte als „abwesende Ursache" fasst und sich damit der strukturalmarxistischen Kritik an einem deterministischen („kausal-expressiven") Modell von Text und Gesellschaft anschließt. Eine andere wichtige Referenz ist die psychoanalytische Theorie Jacques Lacans, deren drei Register des Symbolischen, Imaginären und Realen Jameson in etwa dem Bereich des symbolischen Texts, seiner imaginär-libidinösen Brechung und dem Undarstellbaren der Geschichte zuordnet. Besonders das Lacan'sche Reale, an dem das Spiel symbolischer Differenzen seine Grenze findet, wird von Jameson gerne in Anspruch genommen, wenn es darum geht, die konstitutive Rolle der historischen Totalität, die symbolischer Repräsentation widersteht, für die kulturelle Praxis zu unterstreichen. Wie der Lévi-Strauss'sche Mythos, der in zahllosen empirischen Varianten durchgespielt wird, aber selbst eine empirisch unrealisierbare Formel bleibt, so ist auch Jamesons Geschichte nur in ihren zahllosen Permutationen präsent, deren strukturierendes Kalkül (*combinatoire*) es zu entdecken gilt.

So versteht Jameson den ästhetischen Text als einen formalen Apparat, dessen kleinste Elemente und Kombinationsregeln es zu bestimmen gilt; gegen die strukturalistische Vision einer vollständigen Entzifferung des gesellschaftlichen Texts führt Jameson jedoch immer wieder die konstitutiven „Fehler" bzw. systemischen Instabilitäten ins Feld, die die Schließung der formalen Struktur unterbinden und zur Produktion immer neuer formaler Lösungen zwingen. So überrascht es nicht, wenn Jameson das semiotische Viereck von Algirdas J. Greimas bemüht, deren vierte Position Jameson als den „dialektischen Sprung" im Prozess semiotischen Operierens betrachtet. Deutet sich hier nicht das Projekt einer historischen Kulturwissenschaft an, die die Vielzahl symbolischer Realisierungen auf einen übergreifenden Regelvorrat bezieht, auf eine historische Grammatik, die ihre eigenen Widersprüche dialektisch prozessieren muss?

Angesichts von Jamesons Faszination für die formale Linguistik überrascht es nicht, dass besonders jene Theoretiker, die (besonders in Frankreich) als Strukturalisten geführt werden, eine hervorgehobene Rolle spielen. Doch bemüht Jameson auch die anderen kanonischen Theoretiker des Poststrukturalismus, vor allem wenn er bestimmte kulturelle Tendenzen des Postmodernismus begrifflich auf den Punkt zu bekommen sucht. So spricht im Hinweis auf die „schizophrenische" Subjektivität bzw. den „glatten" Raum des Postmodernismus Gilles Deleuze/Félix Guattaris Kapitalismustheorie durch.[3] Jacques Derridas dekonstruktive Philosophie wird bisweilen als eine postmoderne Übung in fundamentaler Ideologieanalyse begrüßt. Und wenn Jameson in den ästhetischen „Texten" des Postmodernismus die Problematisierung modernistischer Werk- und Autorideologien diagnostiziert, dann beruft er sich auf Theoretiker der *écriture* wie Roland Barthes.[4]

---

[3] Zu Gilles Deleuze vgl. den Beitrag von Marc Rölli in diesem Band.
[4] Zu Roland Barthes vgl. den Beitrag von Dirk Quadflieg in diesem Band.

Fredric Jameson: Marxistische Kulturtheorie

c. Literaturwissenschaft: die narrative Repräsentation historischer Zeitlichkeit

Jamesons andauerndes Interesse gilt der Frage nach der Art und Weise, wie historische Zeitlichkeit in hoch- und massenkulturellen Werken repräsentiert wird. Insoweit Jameson Geschichte als das undarstellbare Reale fasst, das das Begehren (*desire*) nach immer neuen imaginären Darstellungsvarianten konstituiert, kann der ästhetische Text als eine fiktive Lösung für Probleme begriffen werden, die im Realen nicht gelöst werden können. Wie wird dieses Programm in der literaturwissenschaftlichen Analyse umgesetzt? Sein bekanntes Drei-Stadien-Modell (Unternehmer-, Monopol-, Spätkapitalismus) dient einer heuristischen Einordnung; für die Arbeit am textualen Material greift er – analog zu Hayden White, Paul Ricœur oder Jean-François Lyotard – auf narrative Ansätze zurück, mit denen er auf die historische Dimension literarischer Texte abhebt.

The Political Unconscious (1981) ist Jamesons literaturwissenschaftliches Hauptwerk, in dem Schlüsselromane des 19. Jahrhunderts (Balzac, Gissing, Conrad, Dreiser...) mit Blick auf das Problem ihrer formal-ideologischen Schließung diskutiert werden – die Monographie über Wyndham Lewis (1979) ergänzt diese historische Analyse der narrativen Formen um einen hochmodernistischen Fall. Einen Text zu historisieren, heißt bei Jameson, seine heterogene Historizität herauszuarbeiten, denn der literarische Text prozessiert formales Rohmaterial, das sich aus den toten Form-Hüllen *unterschiedlicher* Momente der Vergangenheit („Produktionsweisen") zusammensetzt. So mag sein Stadienmodell sozialen Wandels zwar ein schematisches Bild sozialen Wandels zeichnen; seine marxistische Hermeneutik plädiert jedoch gerade für eine vielschichtige Interpretation der historischen Situation, die mit Ernst Bloch die Aufgabe zu lösen hat, die Gleichzeitigkeit des Ungleichzeitigen zu verhandeln. Der Übergang der einen zur anderen Epoche markiert demnach den Beginn einer neuen kulturellen Dominante, die andere Zeitlichkeiten spannungsvoll überlagert (vgl. Jameson 1994).

Jameson hat ein weites Narrationsverständnis (vgl. Jameson 1984); auch vordergründig statische Binäroppositionen begreift er als formale Kerne, aus denen sich narrative Dynamiken entfalten lassen. Mit A.J. Greimas stellt sich Jameson die Frage, wie Synchronizität in Diachronizität umschlägt, wie aus semiotischer Differenz narrative Dynamiken generiert werden können. Greimas' Theorie des semiotischen Vierecks vermag dabei nicht nur eine gegebene Konstellation von Positionen als das Produkt „logischer" Operationen in der Zeit zu beschreiben; sie kennt auch virtuelle Positionen, die zwar möglich, aber nicht realisiert sind (vgl. Jameson 1987). Jameson betrachtet die entstehende narrative Struktur als einen „libidinalen Apparat", der die gesellschaftlichen Phantasmen und Tagträume seiner Leser kanalisiert und diesen eine entsprechende ideologische „Investition" in der narrativen Repräsentation erlaubt (vgl. Jameson 1981: 184). Die symbolische Effizienz bestimmter Erzählmuster hängt demnach mit der Notwendigkeit zusammen, eine Struktur von Widersprüchen zu narrativisieren: der Konflikt zwischen jenem impotenten Bourgeois und jenem kultivierten Adligen kann dann als Allegorie für den Übergang von Feudalmonarchie zu Frühkapitalismus gedeutet werden (vgl. Jameson 1981: 151ff.). Der Eindruck historischen Fortschreitens ergibt sich, wenn die narrative Konstellation des Geschehens die Vorstellung einer historischen Entwicklung nahe legt. Die Historizität des Texts muss sich aus seiner narrativen Struktur generieren lassen und darf weder eine theoretische Annahme projizieren, noch muss er als solcher im Werk präsent („bewusst") sein.

366 Johannes Angermüller

d. Kulturstudien: zwischen Postmodernismus und Spätkapitalismus

1986 erscheint erstmals der bekannte Aufsatz „Postmodernism or the cultural logic of late capitalism", der den gleichnamigen Sammelband anführen wird (Jameson 1991). In diesem Aufsatz entfaltet Jameson die kulturtheoretischen Konsequenzen seines eigenen historischen Narrativs, der für das Ende der 1960er Jahre einen Übergang von einer modernistischen zu einer postmodernistischen Epoche ansetzt. So äußert sich dieser kulturelle Stilwandel in einer Reihe von Symptomen, die sowohl Hoch- als auch Massenkultur betreffen. Der schöpferische Künstler, der dem Kunstwerk eine unverwechselbare Aura und Authentizität verleiht; die reine Idee, die die Einheit des Werks begründet; der Bruch mit dem formalen Ausdrucksapparat der Vergangenheit; der Versuch, einem entfremdeten Gesellschaftszusammenhang einen autonomen, gesellschaftlichen Zwängen entrückten Bereich künstlerischer Praxis entgegenzustellen – diese Topoi, die dem modernistischen Repräsentationsraum transzendentale Tiefe und Ursprünglichkeit verleihen, kommen in den späten 1960er Jahren in die Defensive. Erfahren die Subjekte des Modernismus ihren Ort in der Gesellschaft noch im Modus entfremdeter Innerlichkeit, so nehmen die entkernten Subjekte des Postmodernismus ihr Außen als ein „schizophrenes" Flimmern sinnlicher Eindrücke („Intensitäten") wahr. Im postmodernen Raum der Repräsentation wird transzendentale Tiefe von einer „glatten" Oberfläche eingeholt, auf der die charakteristischen Oppositionen des Modernismus – wie „das hermeneutische Tiefenmodell (Interpretation), das dialektische Modell von Essenz und Erscheinen, das Freud'sche Modell des Latenten und Manifesten, das existenzielle Modell von Authentizität und Inauthentizität, die Saussure'sche Opposition von Signifikant und Signifikat" (Jameson 1991: 12) – ihre symbolische Effizienz einbüßen. An die Stelle der übergreifenden Werkeinheit des Modernismus treten die dezentrierten „Texte" des Postmodernismus. Anstatt einen unter der Oberfläche verborgenen Sinn zu erschließen, rückt nun die unmittelbare Sinnlichkeit des ästhetischen Materials in den Vordergrund. Anhand von Vincent van Goghs *Bauernschuhe* und Andy Warhols *Diamond Dust Shoes* illustriert Jameson diesen fundamentalen Umbruch: Verweist das modernistische Gemälde van Goghs auf eine entfremdete Subjektivität, die sich mit Nostalgie nach authentischer Erfahrung und unberührter Natur paart, so verschwindet die Produktionssphäre aus dem Horizont seines postmodernistischen Pendants, das kein natürliches Objekt mehr, sondern nur noch ein Simulakrum der Konsumgesellschaft abzubilden sucht. Der Referent geht gleichsam in den Formen seines symbolisch-kulturellen Ausdrucks auf, und das Zeichenmaterial wird zu einer opaken Fläche ursprungsloser Differenzen.

Nach Jameson vollzieht sich der postmodernistische Kulturwandel im Zeichen eines fundamentalen Umbruchs im kapitalistischen System, der von der *régulation*-Theorie als Postfordismus bzw. als flexible Akkumulation theoretisiert wird. Ernest Mandel folgend bezeichnet Jameson dieses neue Akkumulationsregime „Spätkapitalismus". Diese heute auch unter dem Stichwort „Globalisierung" geläufige Epochenbezeichnung charakterisiert sich durch eine Reihe von Merkmalen: „Neue Konsumtypen; geplante Veraltung; ein immer schnellerer Rhythmus von Mode- und Stiländerungen; die Durchdringung der Gesellschaft mit Werbung, Fernsehen und die Medien im allgemeinen in einem ungeahnten Ausmaß; die Aufhebung der alten Spannung zwischen Stadt und Land, Zentrum und Provinz durch die Vororte (,suburbs') und universale Standardisierung; das Wachstum der großen Netzwerke der Megaautobahnen und die Ankunft der Automobilkultur." (Jameson 1998b: 19)

Jameson versteht den Übergang von Realismus (Mitte des 19. Jahrhunderts) zu Modernismus (letztes Drittel des 19. Jahrhunderts und die ersten beiden Drittel des 20. Jahrhunderts) und Postmodernismus (seit den 1970er Jahren) analog zu dem Dreischritt von liberalem Unternehmerkapitalismus (wie er von Karl Marx und Friedrich Engels theoretisiert wurde), Monopolkapitalismus (vgl. V.I. Lenins Imperialismustheorie) und Spätkapitalismus (Mandel). Das postmodernistische Stadium wird als die Epoche definiert, in der die kapitalistische Durchdringung aller gesellschaftlichen Sphären abgeschlossen ist: auch vormalige Alternativräume wie Avantgarde-Kunst, deren Produkte nun in den Museen angekommen sind und an den Schulen gelehrt werden, sind nun Teil der kapitalistischen Zirkulationssphäre. Im Postmodernismus setzt sich die Verdinglichung sozialer Beziehungen bis in die letzten kulturell-symbolischen Verästelungen fort. Als ein Beispiel für die Kommodifizierung von Kultur fällt etwa Sergei Eisensteins Montagetechnik ein, die in den banalsten TV-Werbespots von heute Verwendung findet. Die Grenze zwischen (interesseloser) Kunst und (kapitalistischem) Kommerz fällt im Postmodernismus in sich zusammen.

Dieser Wandel erfasst den gesamten sozialen Raum. Um die allgemeinere Tendenz einer funktionalen Entdifferenzierung von Gesellschaft in der Globalisierung einzufangen, schlägt Jameson neuerdings (2002) den Begriff der Postmoderne (*postmodernity*) vor. Soziale Beziehungen in der Postmoderne lassen nicht mehr ohne weiteres im Sinne eines übergreifenden sozialstrukturellen Konflikts oder einer funktional differenzierten Struktur kodieren: die Gesellschaft der Postmoderne verweist auf ein „glattes" Terrain ohne Zentrum und Ursprung. Die Krise der „großen Erzählungen" begreift Jameson als Symptom für eine fundamentale Schwächung historischen Sinns; postmoderne Temporalität erfährt sich als eine „ewige Gegenwart"; sie nährt die Illusion eines Endes der Geschichte.

Als eine Art ideologiekritisches Projekt der Postmoderne macht Jameson die Rolle kognitiver Kartierungen (*cognitive mappings*) stark, die den Individuen helfen, ihre Positionen in der sozialen bzw. historischen Ordnung zu stabilisieren. Der Frage der Periodisierung von Geschichte kommt in der Postmoderne somit eine besondere Bedeutung zu. Narrative Repräsentationsangebote erlauben es den Individuen, sich in einer Struktur sozialer Ungleichheit imaginär zu positionieren und historisches Geschehen im Sinne eines Davor und Danach zu periodisieren.

Auch Jamesons eigenes Werk kann als ein Kartierungsversuch der Postmoderne gesehen werden, und zwar in dem doppelten Sinn als eine Theorie des Postmodernismus und als eine Theorie, die sich selbst als postmodern versteht. Gemäß dem dialektischen Imperativ, die Wahrheit im Fehler aufzuspüren, zielt Jameson auf die Betrachtung der Postmoderne als einem Gesamtphänomen, dessen Historizität sich auch auf die Instrumente erstreckt, mit denen dem Objekt theoretisch Rechnung getragen wird. Genauso wie Jameson den Marxismus als eine „Wissenschaft des Kapitalismus" definiert (Jameson 2000a: 164), die nur im Kapitalismus möglich ist, so sieht Jameson auch seine Postmodernetheorie in einem notwendigen historischen Zusammenhang mit dem beschriebenen Gegenstand, dem nicht moralisch begegnet werden darf: „Der Punkt ist, dass wir uns *innerhalb* der Kultur des Postmodernismus befinden, und zwar in einem Ausmaß, das die einfache Zurückweisung genauso unmöglich macht wie sich ihre gleichermaßen einfache Zelebrierung als selbstgefällig und korrupt erweist." (Jameson 1998b: 29) Aber welchen Platz weist Jameson seiner eigenen hegel-marxistischen Kulturtheorie in der Postmoderne zu? Wie ist Jamesons Plädoyer für „History" mit großem „H" in einer postmodernen Zeit zu fassen, die nur „ewige Gegenwart" kennt? Lässt sich im Zeitalter der „kleinen Erzählungen" der Marxismus unterbringen? Und steht Jamesons Beharren auf Totalität als analytischem Horizont nicht in einem unauflöslichen Widerspruch zum anti-totalitären Gestus der Postmoderne? Aber vielleicht ist es gerade dieser widersprüchliche Versuch, „die Gegenwart in einem Zeitalter historisch zu denken, das vergessen hat, historisch zu denken" (Jameson 1991: ix), das die Schließung des begrifflichen Systems verhindert und den Impuls dafür gibt, die dialektischen Kartierungsversuche der gegenwärtigen Situation fortzusetzen.

Konklusion: Marxismus, Postmoderne und ‚Theory'

Jamesons Werk umspannt ein weites Terrain, das nicht nur von theoretischen Manifesten wie *The Political Unconscious* oder *Late Marxism*, sondern auch von unzähligen Artikeln abgesteckt wird, darunter so theoretisch wegweisende wie stilistisch ausgefeilte Aufsätze wie „The Vanishing Mediator, or, Max Weber as Storyteller" (Jameson 1989b: 3-34), „Class and Allegory in Contemporary Mass Culture: *Dog Day Afternoon* as a Political Film" (Jameson 1992b: 35-54) oder „World Reduction in Le Guin: The Emergence of Utopian Narrative" (Jameson 2005: 267-280), um nur wenige Beispiele zu nennen. Eine leicht verdauliche Kost ist Jamesons Werk sicher nicht. Bisweilen scheint es, als koche er gleichzeitig mit einem deutschen und einem französischen Rezept, um aus den Äpfeln der Literaturwissenschaft und den Birnen der Kulturstudien ein intellektuelles Gericht zu kreieren, mit dem so mancher Gaumen überfordert ist: Bleibt für Poststrukturalisten bisweilen ein metaphysischer Nachgeschmack von Totalität und Dialektik, ist den kritischen Theoretikern das Lektüreerlebnis poststrukturalistisch versalzen. Doch Jameson ist kein Theoretiker des Konsenses, sondern des Widerspruchs. Und ist seine Arbeit nicht gleich in mehrfacher Hinsicht ein theoriegeschichtlicher Skandal? So operiert Jameson erstens von einer disziplinären Bodenstation – der Ästhetik – aus, deren Probleme von der marxistischen Tradition oft in die zweite Reihe theoretischer Probleme verbannt werden („Überbau"). Zweitens schlägt er eine postmoderne Theorie der Postmoderne vor, die bekanntlich den Krieg gegen die „großen Erzählungen" wie den Marxismus erklärt hat. Und schließlich ist es eine amerikanische Theorie – aus dem Mutterland von freier Marktwirtschaft, anti-kommunistischer Reaktion und kulturindustrieller Verblendung!

Doch erweist sich Jameson als ein klassischer Vertreter des historischen Materialismus, wenn er die Geschichte hegelianisch als eine soziohistorische Totalität konstitutiver Widersprüche begreift, die nach dialektischer Durcharbeitung und Aufhebung verlangen. Sein innovativer Beitrag zur marxistischen Theorietradition besteht in dem Projekt einer marxistischen Hermeneutik, die die Mittel von Strukturalismus und Psychoanalyse bemüht, um die Historizität ästhetischer Form zu erschließen. Gegen Historismus und Humanismus führt Jameson die Repräsentationsdilemmata von Totalität ins Feld, die es notwendig machen, das konzeptuelle System auf seinen historischen „Wahrheitsgehalt" hin zu reflektieren, und zwar ohne den Gegenstand zu moralisieren.

Welche Leistungen unterstreichen Jamesons dauerhafte Bedeutung für den geisteswissenschaftlichen Diskurs? So kann etwa auf die dialektische „Anwendung" von Theorie am kulturellen Material verwiesen werden, denn im Gegensatz zur poststrukturalistischen Standardtheorieexegese betreibt Jameson Theorie nicht als Selbstzweck. Sicher kann auch nach Jameson nicht von einer „Wiedervereinigung" kontinentaler Theorie gesprochen werden; doch stellt seine Arbeit einen wichtigen Beitrag zur Überwindung des Grabenkampfs zwischen Kritischer Theorie und Poststrukturalismus dar, der den produktiven Austausch lange Zeit blockiert hat. Und schließlich muss Jamesons Erneuerung des marxistischen Theorieprojekts genannt werden, das die Kritische Theorie aus den liberal-normativen Pfaden zu entwinden sucht und das kritische gesellschaftstheoretische Potential der Kulturstudien akzentuiert.

Das stärkste Echo hat Jameson zweifellos auf seine Postmodernethese erfahren, die inzwischen zum Standardrepertoire der marxistisch informierten Kulturwissenschaft geworden ist (vgl. beispielsweise Harvey 1989; Ashley 1997; Lash 1990; Hardt und Negri 2000). Auch seine narrative Analytik ist in eine Reihe von Arbeiten der Kulturstudien eingegangen (Buchanan 2003; Angermüller 2003). In der allgemeinen kulturtheoretischen Debatte muss Jameson neben Terry Eagleton und Gayatri Spivak zu den wichtigsten Stimmen eines marxistischen Flügels von *Theory* gezählt werden.[5] Als Hegel-Marxist befindet er sich überdies in theoretischer Nähe zu dem Hegel-Lacanianer Slavoj Žižek und der Hegel-Althusserianerin Judith Butler.[6] Schwieriger ist das Verhältnis zu den Sozialwissenschaften und zur Philosophie zu bestimmen, gegenüber denen er sich nur in Andeutungen positioniert. Der politischen Theorie, die seit einigen Jahren auch in kulturwissenschaftlichen Diskussionen eine zunehmende Rolle spielt, hält er einen individualistischen Rückfall in Ethik und Moralphilosophie vor (vgl. Jameson 2002). Doch ungeachtet dieses Verdikts gegenüber den liberalen Tendenzen, die in den 1980er Jahren die „Entmarxifizierung" des intellektuellen Lebens in Europa signalisieren, zeichnet sich Jameson durch eine bemerkenswerte geistige Offenheit aus, die aus dem dialektischen Imperativ herrührt, den Widerspruch zwischen These und Anti-These „aufzuheben", d.h. Gegensätze auszuhalten, produktiv weiterzuentwickeln und so auf eine höhere Ebene zu heben.

Literatur von Fredric Jameson

Jameson, F.: Archaeologies of the Future: The Desire Called Utopia and Other Science Fictions. London 2005.

Jameson, F.: A Singular Modernity. London 2002.

Jameson, F.: Five Theses on Actually Existing Marxism. In: Hardt, M./Weeks, K (Hg.): The Jameson Reader. Oxford 2000a [1998], S. 164-171.

Jameson, F.: Marxism and the Historicity of Theory: An Interview by Xudong Zhang. In: Hardt M./ Weeks, K. (Hg.): The Jameson Reader. Oxford 2000b [1998], S. 149-163.

Jameson, F.: Brecht and Method. London 1998 (dt.: Lust und Schrecken der unaufhörlichen Verwandlung aller Dinge: Brecht und die Zukunft. Berlin/Hamburg 1998a).

Jameson, F.: The Cultural Turn. Selected Writings on the Postmodern 1983-1998. London/New York 1998b.

Jameson, F.: The Seeds of Time. New York 1994.

Jameson, F.: On ‚Cultural Studies'. In: *Social Text* 34, 1993, S. 17-52.

Jameson, F.: The Geopolitical Aesthetic: Cinema and Space in the World System. Bloomington 1992a.

Jameson, F.: Signatures of the Visible. New York/London 1992b.

---

[5]   Zu Gayatri Spivak vgl. den Beitrag von Miriam Nandi in diesem Band.

[6]   Zu Slavoj Žižek vgl. den Beitrag von Mechthild und Andreas Hetzel in diesem Band; zu Judith Butler vgl. den Beitrag von Heike Kämpf in diesem Band.

Jameson, F.: Postmodernism, or The Cultural Logic of Late Capitalism. Durham 1991 (dt.: Postmoderne. Zur Logik der Kultur im Spätkapitalismus. In: Huyssen, A./Scherpe, K. R. (Hg.): Postmoderne. Zeichen eines kulturellen Wandels. Reinbek 1986, S. 103-127).

Jameson, F.: Late Marxism: Adorno, or, The Persistence of the Dialectic. London 1990 (dt.: Spätmarxismus. Adorno, oder Die Beharrlichkeit der Dialektik. Berlin/Hamburg 1991).

Jameson, F.: The Ideologies of Theory. Essays 1971-1986. Volume 1. Situations of Theory. Minneapolis 1989a.

Jameson, F.: The Ideologies of Theory. Essays 1971-1986. Volume 2. The Syntax of History. Minneapolis 1989b.

Jameson, F.: Foreword. In: Greimas, A. J. (Hg.): On Meaning: Selected Writings in Semiotic Theory. Minneapolis 1987.

Jameson, F.: Foreword. In: Lyotard, J. F. (Hg.): The Postmodern Condition: A Report on Knowledge. Minneapolis 1984, S. vii-xxi.

Jameson, F.: The Political Unconscious. Narrative As A Socially Symbolic Act. Ithaca, NY 1981 (dt.: Das politische Unbewusste – Literatur als Symbol sozialen Handelns. Reinbek 1991).

Jameson, F.: Fables of Aggression: Wyndham Lewis, the Modernist as Fascist. Berkeley 1979.

Jameson, F.: The Prison-House of Language. A Critical Account of Structuralism and Russian Formalism. Princeton, NJ 1972.

Jameson, F.: Marxism and Form. Princeton, NJ 1971.

Jameson, F.: Sartre: The Origins of a Style. New Haven 1961.

Weitere zitierte Literatur

Angermüller, J.: Transformation und Narration: Zur Methodologie einer formal-operationalen Textanalyse am Beispiel eines biographischen Interviews mit einer Armenierin in St. Petersburg. In: Kollmorgen, R./Schrader, H. (Hg.): Postsozialistische Transformationen: Gesellschaft, Wirtschaft, Kultur. Theoretische Perspektiven und empirische Befunde. Würzburg 2003, S. 199-220.

Ashley, D.: History Without a Subject. The Postmodern Condition. Boulder, CO/Oxford 1997.

Buchanan, I.: National Allegory Today – The Return to Jameson. In: New Formations 51(1), 2003, S. 66-79.

Guillory, J.: From High Theory to Low Theory: The Succession of Cultural Studies. Mitteilung in einem persönlichen Gespräch am 22/11/1999 in Erlangen.

Hardt, M./Negri, A.: Empire. Cambridge, MA/London 2000.

Harvey, D.: The Condition of Postmodernity. An Enquiry into the Origins of Cultural Change. Oxford/Cambridge, MA 1989.

Kellner, D.: Introduction: Jameson, Marxism, and Postmodernism. In: Kellner, D. (Hg.): Postmodernism, Jameson, Critique. Washington, DC 1989, S. 1-42.

Lash, S.: The Sociology of Postmodernism. London/New York 1990.

West, C.: Ethics and Action in Fredric Jameson's Marxist Hermeneutics. In: Arac, J. (Hg.): Postmodernism and Politics. Minneapolis 1986, S. 123-144.

White, H.: The Content of the Form. Narrative Discourse and Historical Representation. Baltimore 1987.

George Ritzer: Die McDonaldisierung von Gesellschaft und Kultur

Matthias Junge

In der amerikanischen Soziologie ist George Ritzer eine der herausragenden soziologischen Theoretiker mit einer starken Orientierung an der Erfassung und Beschreibung der Realität der amerikanischen Gesellschaft. George Ritzer arbeitet am Institut für Soziologie der Universität von Maryland und ist dort hauptsächlich mit dem Gebiet der soziologischen Theorie und dem zusätzlich in den letzten Jahren neu aufgenommenen Forschungsthema der Konsumforschung beschäftigt. Sein wissenschaftlicher Weg nahm den Ausgang von Studien zur Arbeits- und Organisationssoziologie und ging dann über zu Analysen der soziologischen Theorie in metatheoretischer Absicht. Diese metatheoretische Absicht diente dazu, eine Systematik zum Vergleich und zur Analyse unterschiedlicher theoretischer Traditionen zu entwickeln, um der multiparadigmatischen Struktur des theoretischen Denkens in der Soziologie gerecht zu werden, ohne diese durch eine vereinheitlichende Tendenz zu vernichten. Seit den 90er Jahren hat er sich, nach dem öffentlichkeitswirksamen Auftakt mit seinen Thesen zur McDonaldisierung der Gesellschaft, vorwiegend kulturtheoretischen und kultursoziologischen Fragen zugewandt.

Leben

George Ritzer erarbeitet seinen M.B.A. 1964 an der Universität von Michigan, um bereits 1968 den Ph.D. an der Cornell University zu erlangen. Weitere Wegstationen waren eine Assistenzprofessur an der Tulane Universität von 1968-70 und von 1970-74 an der Universität von Kansas. Seit 1974 ist er Professor an der University of Maryland und nach Gastprofessuren in England, Shanghai, Finnland und Deutschland seit 2001 Distinguished University Professor.

Neben einer Vielzahl von Aufgaben in einzelnen Sektionen der American Sociological Association (ASA) ist George Ritzer mehrfach für seine hervorragende Lehre ausgezeichnet worden. Seine wissenschaftlichen Arbeiten begannen mit Studien zur Arbeits- und Organisationssoziologie, um sich später dem Feld der soziologischen Theorie zuzuwenden. Dort veröffentlichte er vor allem Arbeiten zur Methodik und Methodologie des Theorievergleichs, *Sociology: A Multiple Paradigm Science* von 1975, *Toward an Integrated Sociological Paradigm* 1981, schließlich kumulierend in *Metatheorizing in Sociology* 1991 eine heuristische Anleitung zum Theorievergleich. Daneben veröffentlichte er das mittlerweile in der 5. Auflage vorliegende Lehrbuch *Sociological Theory* und gab 2000 *The Blackwell Companion to Major Social Theorists* und 2001 *The Handbook of Social Theory* heraus.

Diese werden im Folgenden nicht weiter thematisiert.[1] Im Mittelpunkt steht vielmehr sein Engagement in kulturwissenschaftlicher Hinsicht, welches sich in zahlreichen Veröffentlichungen seit *The McDonaldization of Society* 1993 niederschlug.

Denn George Ritzer ist in den letzten 15 Jahren vor allem durch eine verstärkte kulturtheoretische Auseinandersetzung mit den Gegebenheiten der Gegenwartsgesellschaft aufgefallen. Hier ist vor allem zu nennen sein für die deutsche Art und Weise soziologischer Forschung eher ungewöhnliches Werk zur McDonaldisierung der Gesellschaft. Warum ist dieses Buch eher ungewöhnlich? George Ritzer verwendet in diesem wie auch in den nachfolgenden Werken ausgewählte theoretische Perspektiven, um empirische Forschungsbefunde zu interpretieren. Seine kulturtheoretischen Arbeiten seit der *McDonaldisierung* der Gesellschaft sind empirisch informierte und theoretisch inspirierte Gegenwartsdeutungen.

Ungewöhnlich für die deutsche Tradition soziologischen und kulturtheoretischen Denkens ist an dieser Arbeitsweise Zweierlei. Einerseits ist George Ritzer bereit, aus dem gesamten Spektrum soziologischen Denkens, reichend von den Klassikern bis hin zur Gegenwart der Soziologie und Sozialphilosophie, diejenigen Autoren und Theorieelemente auszuwählen, die ihm für die theoretische Deutung empirischer Sachverhalte geeignet erscheinen. George Ritzer sucht nicht nach einer umfassenden theoretischen Struktur, sucht nicht eine umfassende soziologische Theorie im allgemeinen Sinne des Wortes zu entwickeln, sondern er verwendet Theorien als Mittel, als eine Art Baukasten, aus dem er nach Bedarf Elemente oder Werkzeuge entnehmen kann, um sich einem Problem zuzuwenden. Ungewohnt ist andererseits für die deutsche Tradition soziologischen und kulturtheoretischen Denkens, dass diese Elemente immer konfrontiert werden mit akribisch erhobenen empirischen Information über den Gegenstandsbereich, den er in exemplarischer Absicht herausgreift, um seine Gegenwartsdiagnose zu unterstützen.

Beide Merkmale gemeinsam machen die Besonderheit des soziologischen und kulturtheoretischen Denkens von George Ritzer aus. Er fällt in diesem Sinne in die beste Tradition soziologischen Denkens, wie es die Gründerväter der Soziologie, beispielsweise Max Weber, aber auch die Chicago School zur Verfügung gestellt haben.[2] Soziologie ist hier empirisch orientierte und informierte Interpretation der Realität im Rahmen theoretischer Prämissen.

---

[1] Die theoretisch intendierten Arbeiten von Ritzer bieten einen umfassenden Überblick über das Spektrum soziologischen und sozialtheoretischen Denkens seit den frühen Klassikern. Auffallend ist dabei, dass er auch eher am Rande der soziologischen Selbstwahrnehmung stehende Autoren wie Veblen, de Tarde oder Baudrillard berücksichtigt und diese in den soziologischen Diskurs einführt. Die metatheoretischen Arbeiten zielen, ausgehend von der Annahme einer nicht hintergehbaren multiparadigmatischen Struktur soziologischen Denkens, auf eine Heuristik des Theorievergleichs. Anders als in der deutschsprachigen Diskussion um den methodologischen Theorievergleich (vgl. Hondrich/Matthes 1978) zielen seine Überlegungen auf die Bereitstellung eines Rahmens, eines „Orientierungsschemas", um Theorien und theoretische Ansätze in Hinblick auf ihre Struktur und Perspektive gegenüber zu stellen und ihre jeweilige Leistungsfähigkeit herauszuarbeiten. Keinesfalls wird damit das Programm einer eliminativen Theoriekonkurrenz verfolgt, sondern vielmehr jede theoretische Perspektive als begründbarer Zugang zur Erfassung der sozialen Realität in seinen Grenzen und Möglichkeiten aufgefasst und dargestellt

[2] Hinzuweisen ist hier vor allem auf das aus der amerikanischen Forschungs- und Journalismustradition entstammende Arbeitsverfahren der „muckraker" (vgl. Shapiro 1968). Ein Verfahren, welches dem investigativen Journalismus, beispielhaft etwa Woodward bei der Aufdeckung des Watergate-Skandals, heutiger Prägung ähnelt und ausgehend von spezifischen Beobachtungen diese in mehrfachen kontrollierenden Schlaufen überprüft, um eine angemessene und kritische Beschreibung und Bewertung des beobachteten Phänomens zu leisten.

George Ritzer: Die McDonaldisierung von Gesellschaft und Kultur

Werke

Das 1993 erstmals erschienene und mittlerweile in über ein Dutzend Sprachen übersetzte Buch zur McDonaldisierung der Gesellschaft greift die Thesen von Max Weber über den Rationalisierungsprozess auf. Es knüpft vor allem an das Konzept der Zweckrationalität, der instrumentalen Rationalität an, um eine zunehmend gesellschaftliche Bedeutung gewinnende Entwicklung zu skizzieren und zu bewerten. In der Rekonstruktion der Rationalisierungsthese von Max Weber bietet sich für George Ritzer die Deutung an, dass McDonaldisierung „der Vorgang ist, durch den die Prinzipien des Fast-Food-Restaurants immer mehr Gesellschaftsbereiche in Amerika und auf der ganzen Welt beherrschen" (Ritzer 1998a: 15). Unter Rückgriff auf eine intensive Studie der Entwicklungsgeschichte und der mittlerweile globalen Verbreitung der Fast-Food-Kette McDonalds rekonstruiert Ritzer die inneren Organisationsstrukturen von McDonalds und hält diese, aufgrund der Verbreitung diesen Typus auch in anderen Fast-Food-Ketten wie etwa Burger King, Whopper, Pizza Hut, für einen Indikator eines gesamtgesellschaftlichen Entwicklungsprozesses hin zu einer zunehmenden Rationalisierung von Arbeitsverhältnissen und der damit einhergehenden gesellschaftlichen Veränderungen.

Die Merkmale, die an der Fast-Food-Kette McDonalds herausgearbeitet werden und die in einer ungefähren Passung zu den Überlegungen von Max Weber zur Zweckrationalität stehen, sind: dass McDonalds an Effizienz orientiert ist, dass alles, was dort geschieht, sich gut quantifizieren und berechnen lässt, dem Kriterium der Vorhersagbarkeit genügt und, was den Umgang mit der menschlichen Arbeitskraft betrifft, schließlich in eine umfassende Kontrolle über die Menschen führt, weil zum großen Teil der Versuch unternommen wird, menschliche Arbeit durch technische Vorgänge zu substituieren (vgl. Ritzer 1998a: 27ff.).

Diese vier Prinzipien der Arbeitsorganisation der Fast-Food-Kette McDonalds gelten ihm als allgemeine Merkmale der weitergehenden Rationalisierung und Instrumentalisierung der Arbeitsrealität und der sozialen Realität (vgl. Ritzer 1975). Sie setzen damit jedoch Prozesse in Gang, die – so auch bereits Max Weber (vgl. Weber 1988) – über sich selbst hinausweisen und möglicherweise in ein „Gehäuse der Hörigkeit" einmünden und eine soziale Gefährdung darstellen, weil sie den Vergesellschaftungsprozess der Logik instrumenteller Rationalität unterwerfen.[3]

Das Buch hat im unmittelbaren Anschluss an seine Veröffentlichung eine Vielzahl von Reaktionen hervorgerufen. Nicht nur, dass es ein populär geschriebenes soziologisches und kulturtheoretisches Buch ist, sondern auch die Profession der Soziologie, insbesondere die amerikanische Soziologie hat teilweise heftig bejahend und teilweise heftig kritisierend auf dieses Buch reagiert. Die Auseinandersetzungen um dieses Buch sind vor allem dokumentiert in einem Sammelband von Barry Smart (1999) und einem weiteren Sammelband von Mark Alfino, John Caputo und Robin Wynyard (1998) und haben zu erneuten Präzisierungen der Thesen und Überlegungen durch George Ritzer beigetragen.

---

[3] Ritzer folgt mit der Entfaltung dieser These stark der Intention von Max Weber, ohne etwa seine Analysen zu der vergleichbaren Einschätzungen einer Kolonialisierung der Lebenswelt entlang der analytischen Unterscheidung von System und Lebenswelt bei Jürgen Habermas (vgl. 1981) in Beziehung zu setzen. Aber wie dieser vertraut Ritzer auf die eigensinnigen Rationalitätspotentiale der handelnden Akteure in der Auseinandersetzung mit dieser Entwicklung. Zu Habermas siehe den Beitrag von Dirk Jörke in diesem Band.

Die Linien der Kritik folgen zwei Pfaden. Einerseits wird gefragt: Ist die der Interpretation zugrunde liegende Weber-Exegese angemessen? Andererseits wird gefragt, ob die empirischen Indikatoren die Beweislast, die George Ritzer ihnen aufbürdet, tragen.

Zur ersten Frage ist zu sagen, es gibt elegantere, angemessenere und textexegetisch genauere Interpretationen der Analysen von Max Weber (vgl. 1984; 1985) zur Rationalisierung und zum Konzept der Zweckrationalität (vgl. Eisen 1978; Kalberg 1980; Mitzman 1985). Zu den empirischen Befunden ist anzumerken, dass George Ritzer tendenziell die Bedeutung des Phänomens der McDonaldisierung überzeichnet und auch überbewertet. Wenngleich er zur Kenntnis nimmt, dass es Gegenbewegungen gibt, wie kleinere ökologisch orientierte Ketten, die Abwendung von Fast-Food-Restaurants in einigen Gegenden der Welt, die nur für bestimmte soziale Gruppen zutreffende häufige Nutzung von Fast-Food-Restaurants, so überschätzt er insgesamt den Trend zu einer McDonaldisierung der Gesellschaft (vgl. etwa Bender/Poggi in Smart 1999).

Wenngleich diese Einwendungen theoretisch und empirisch richtig sind, so liegt der große Gewinn und die Bedeutung dieser Arbeit Ritzers vor allem darin, dass er das Potential einer theoretisch informierten und empirisch orientierten soziologischen und kulturtheoretischen Analyse aufzeigen kann. Und dies in einer Form, die an die Öffentlichkeit, nicht nur an die wissenschaftliche Öffentlichkeit gerichtet ist und insofern dem Aufklärungsanspruch des soziologischen Denkens verpflichtet ist und dieses in exemplarischer Weise vorführt. Wenn man Soziologie in dieser Form, wie sie Ritzer exemplarisch darstellt, vollzieht, so wird sie ihrer öffentlichen Funktion und Bedeutung gerecht und leistet einen Beitrag zur Aufklärung der Kultur über sich selbst.

Auch wenn es unbefriedigend erscheint, dass McDonaldisierung als ein Globalisierungsprozess beschrieben wird, und es auch nicht ganz überzeugt, dass McDonaldisierung zuletzt Globalisierung als Amerikanisierung versteht und damit unterstellt, dass der Globalisierungsprozess einem vereinheitlichenden Muster folgt (vgl. kritisch etwa Appadurai 1996; Robertson 1992), so ist doch darauf hinzuweisen, dass die Aufnahme der These Webers über die Rationalisierung zu einer konsistenten kritischen Bewertung der Verfasstheit der Gegenwartsgesellschaften führt.

In ähnlicher Weise hat George Ritzer in den folgenden Jahren weitere gesellschaftliche Phänomene untersucht und, jeweils mit anderen soziologischen Autoren als theoretische Inspirationsquelle arbeitend, Phänomene untersucht, wie die Kreditkartengesellschaft (vgl. 1995), die neuen Mittel des Konsums (vgl. 1999) und zuletzt die Konsequenzen der Globalisierung für den sozialen und kulturellen Bedeutungshaushalt (vgl. 2004).

Alle genannten Studien weisen die gleiche Struktur in der Anlage auf. Sie verwenden ausgewählte theoretische Elemente der Soziologie und der Kulturtheorie, um, vor dem Hintergrund tiefgehender empirischer Informationen, einen bestimmten Aspekt der Gegenwartsgesellschaft zu interpretieren,

So ist die Studie über die Kreditkartengesellschaft vor allem eine Analyse der Möglichkeiten und Gefahren der Verbreitung von Kredit- und Schuldkarten. Ritzer kann aufzeigen, wie sich das Kaufverhalten und das Ausgabeverhalten durch die Verfügbarkeit von Kreditkarten verändert und welche verborgenen Gefahren darin liegen. Denn Kreditkarten bedeuten im Regelfalle, dass der unmittelbare Akt des Konsums in seinen finanziellen Konsequenzen unsichtbar bleibt, weil der Zahlungsvorgang delegiert und damit schlechter kontrollierbar ist. Aus der Kreditkartengesellschaft ergeben sich, ganz im Sinne Simmels, eine zunehmende Abstraktion sozialer Verhältnisse und eine zunehmende Ferne der Kon-

George Ritzer: Die McDonaldisierung von Gesellschaft und Kultur

sumpraxis zur Praxis der Zahlung. Daraus resultieren große Gefahren, die zum Teil in Überschuldungskarrieren u. ä. enden. So groß der Vorteil von Gesellschaft mit einer dominierenden Kreditkartenorientierung auch ist, so sind doch darin auch asoziale Gefahren verborgen, die Ritzer herausarbeitet und zur Sprache bringt. Auch in diesem Buch folgt er den Intentionen einer kritisch gemeinten Aufklärung über ein soziales Phänomen, nicht um das soziale Phänomen zu beseitigen, sondern um darauf aufmerksam zu machen, dass trotz aller Nützlichkeit der Kreditkarten diese auch Schattenseiten hat, die sich auf die Gestaltung gesellschaftlicher Verhältnisse wie auch auf die Gestaltung des Umgangs mit Geld als einem gesellschaftlichen Verhältnis auswirken.

1999 beginnt erkennbar die Hinwendung von George Ritzer zur Konsumsoziologie und zur Frage der gesellschaftlichen Bedeutung des Konsums. In diesem Zusammenhang untersucht er ein vor allem in Amerika, jedoch auch mit zunehmender Verbreitung im Rest der Welt auffindbares Phänomen. Die Struktur von Geschäften und die Strukturen von Warenhäusern haben sich im Laufe der letzten 100 Jahre dahingehend verändert, dass ausgehend vom Einzelhändler und dem kleinen überschaubaren Geschäft immer größere Warenhäuser und Warenhausketten entstanden sind, die ihren vorläufig letzten Ausdruck in der Entstehung der so genannten Malls gefunden haben. In diesen bündeln sich vielzählige, meist großen Ketten angehörende Geschäfte, deren Größe häufig über die Größe eines Fußballfeldes hinausgeht. Das besondere an dieser kompakten Zusammenballung von Einkaufsmöglichkeiten und Konsumchancen, zumeist in den Vororten oder Randlagen von Städten, besteht vor allem darin, dass es hier nicht nur um das schlichte Verkaufen geht, sondern dass das Verkaufen, Einkaufen und Konsumieren zu einem eigenbedeutsamen Erlebnis wird. Der Einkaufsbummel in der Shoppingmall ist ein soziales Ereignis, welches psychische und soziale Emotionen evozieren soll, um das Einkaufen zu einem gerne wiederholten Erlebnis werden zu lassen (vgl. auch Mackay 1997).

Ritzer greift in diesen Analysen beispielsweise auf Guy Debord (1994) zurück, der von einer Gesellschaft des Spektakels spricht und damit zum Ausdruck bringen will, dass soziale Ereignisse immer häufiger mit dem Zusatzmerkmal des Spektakels versehen werden, um das angezielte Ereignis zu erzeugen. Er untersucht in diesem Sinne die neuen Mittel des Konsums und arbeitet heraus, dass diese die Form des Konsumierens verändern. Er beschreibt die organisatorischen Strukturen, die Erlebnisorientierung unter solchen Konsumbedingungen und die Konsequenzen für die Vergesellschaftung. Auch hier erneut der Hinweis auf die kritisch zu betrachtenden Seiten dieser Spektakularisierung des Konsumierens, indem gezeigt wird, dass gerade in der Erlebnisstruktur der modernen Malls eine „Enthemmung" des Konsums stattfindet, weil der Konsum nicht mehr als ein kontrollierter, zielführender, instrumental orientierter Konsum angesehen wird, sondern als eine Form des Erlebnisses, das anderen Bewertungskriterien genügt und tendenziell das Kriterium der instrumentellen Rationalität außer Kraft setzt. Dadurch wird eine Emotionalisierung sozialer Verhältnisse eingeleitet, die den Prozess des Konsumierens beschleunigen. Er schließt in diesen Analysen vor allem an die Analysen des Zeichenkonsums von Jean Baudrillard an und kann aufzeigen, dass die Analysen von Baudrillard (1981; 1991), obwohl sie sich eindeutig einer postmodernen Begrifflichkeit bedienen, hilfreiche Interpretationshinweise geben, um zu einer soziologischen und kulturtheoretischen Deutung dieses Aspekts der Gegenwartsgesellschaft beizutragen.[4]

---

[4]   Zu Jean Baudrillard vgl. den Beitrag von Michael Schetsche und Christian Vähling in diesem Band.

In den letzten Jahren hat George Ritzer dann zu seiner kulturtheoretisch bedeutsamsten Interpretationen der globalen gesellschaftlichen Entwicklung angesetzt, indem er seine konkreten empirisch orientierten Analysen in den Gesamtzusammenhang von Globalisierungsprozessen gestellt und nach der Entleerung der Bedeutung des sozialen Raumes gefragt hat (vgl. Featherstone 1991; 1995). Der bezeichnende Titel des angesprochenen Buches ist, übersetzt, die *Globalisierung des Nichts* (2004), passender wäre allerdings *Die Globalisierung der Bedeutungslosigkeit*. Die darin zum Ausdruck kommende These ist, dass die Globalisierung des Nichts sich auf eine soziale Form bezieht, die allgemein zentral aufgebaut wird, zentral kontrolliert wird und vergleichsweise leer ist im Hinblick auf die Aufnahme unterscheidbarer substantieller Inhalte. Das bedeutet, in diesem Buch vertritt George Ritzer die These, dass der Globalisierungsprozess zu einer Entleerung der Bedeutsamkeit des sozialen Raumes führt, weil die sozial bedeutsamen Symbole, Zeichen und Tätigkeiten unter Absehung von ihrer lokalen und kontextuellen Bedeutung in einer Weise verallgemeinert werden, die sie zu relativ abstrakten, inhaltsleeren, im Hinblick auf den sozialen Kontext bedeutungsarmen oder wie Geertz formulieren würde, dünnen Beschreibungen führt und insoweit eine Entleerung der Bedeutsamkeit des sozialen Raumes stattfindet. Diese These ist bedeutsam, weil sie auf den Prozess der Globalisierung überträgt, was etwa der Diskurs der kommunitaristischen Sozialtheorie generell bezogen auf Nationalgesellschaften beklagt: den Verlust der sozialen Bedeutsamkeit gemeinsam geteilter Werte, den Verlust der Bedeutsamkeit des sozialen Kontextes für die Interpretation des Handelns.

Mit dieser These folgt Ritzer den Annahmen, dass die gesellschaftliche Entwicklung sich einerseits im Sinne von Weber auf eine zunehmende Rationalisierung zu bewegt, sich aber andererseits auch im Sinne von Baudrillard (1979) auf dem Weg in eine zunehmende Zerstörung des Sozialen bis hin zum möglichen Verlust oder zur möglichen Auflösung des Sozialen befindet. Diese These ist der bisherige Endpunkt seiner Überlegungen, die ausgehend von den ersten empirisch tief greifenden Analysen zur McDonaldisierung der Gesellschaft versuchen zu zeigen, wie eine der Aufklärungsidee verpflichtete Soziologie die Gesellschaft über sich selber aufklären kann, und zwar auch und gerade unter den Bedingungen der Globalisierung. Mit diesem letzten Buch überschreitet Ritzer erstmals und in bedeutsamer Weise die Grenzen seiner an der amerikanischen Kultur orientierten Sozial- und Kulturtheorie und begibt sich auf den Pfad einer Gesamtinterpretation der globalen Welt.

Wirkungsgeschichte

Betrachtet man das Werk von Ritzer insgesamt, so kann man einerseits beeindruckt sein von der Fülle an Texten, Büchern, man kann beeindruckt sein von seinen hervorragenden Qualitäten als akademischer Lehrer, von seinen Auszeichnungen für sein Engagement in der Lehre, oder von seinen Arbeiten für verschiedene Sektionen der amerikanischen Gesellschaft für Soziologie. Die größte Leistung seiner Arbeiten besteht jedoch in der Verwendung theoretischer Inspiration zur Interpretation empirischer Befunde und ihrer Zusammenfügung zu einer zeitdiagnostisch aussagekräftigen Soziologie, die auch für die Öffentlichkeit interessant ist und ihre Aufklärung ermöglicht. Weil seine kulturtheoretischen Schriften eine eher an die Form der Sozialreportage erinnernde Tradition empirischer Sozialforschung aufgreifen, ist die Resonanz auf die Arbeiten Ritzers in Deutschland verhalten,

George Ritzer: Die McDonaldisierung von Gesellschaft und Kultur

während sie gerade wegen ihres zeitdiagnostischen Potentials in Amerika ein Gegenstand intensiver Rezeption und Diskussion sind. Es wäre den Arbeiten von Ritzer in Deutschland eine intensivere Aufnahme und Auseinandersetzung zu wünschen.

Literatur von George Ritzer

Ritzer, G.: Professionalization, Bureaucratization and Rationalization: The Views of Max Weber. In: Social Forces, Vol.53, 1975, S. 627-634.

Ritzer, G.: Sociology. A Multiple Paradigm Science. In: American Sociologist, Vol.10, 1975, S. 156-167.

Ritzer, G.: The McDonaldization of Society. In: Journal of American Culture, Vol.6, 1983, S. 100-107.

Ritzer, G.: Metatheorizing in Sociology. Lexington; Toronto 1991.

Ritzer, G.: Expressing America: A Critique of the Global Credit Card Society. Thousand Oaks, California 1995.

Ritzer, G.: Sociological Theory. New York u.a.: The McGraw-Hill Companies, Inc., 1996, 4. ed.

Ritzer, G.: Postmodern Social Theory. New York: McGraw-Hill 1997.

Ritzer, G.: Die McDonaldisierung der Gesellschaft. Frankfurt/M. 1998a, (Orig. 1993).

Ritzer, G.: The McDonaldization Thesis. Explorations and Extensions. London/Thousand Oaks/New Delhi 1998b.

Ritzer, G: Enchanting a Disenchanted World. Revolutionizing the Means of Consumption. Thousand Oaks/London/New Delhi 1999.

Ritzer, G./Smart, B. (Hg.): Handbook of Social Theory. London 2001.

Ritzer, G.: The Globalization of Nothing. Thousand Oaks/London/Delhi 2004.

Weitere zitierte Literatur

Alfino, M./Caputo, J. S./Wynyard, R. (Hg.): McDonaldization Revisted. Critical Essays on Consumer Culture. (Foreword by Douglas Kellner) Westport, Connecticut 1998.

Appadurai, A.: Modernity at Large. Cultural Dimensions of Globalization. Mineapolis; London 1996.

Baudrillard, J.: Im Schatten der schweigenden Mehrheiten oder Das Ende des Sozialen. In: Freibeuter. Vierteljahreszeitschrift für Kultur und Politik, 1979, H.1/2, S. 37-55.

Baudrillard, J.: For a Critique of the Political Economy of the Sign. (Translated with an Introduction by Charles Levin) Saint Louis, Mo 1981.

Baudrillard, J.: Das System der Dinge. Über unser Verhältnis zu den alltäglichen Gegenständen. Frankfurt/New York 1991 [1968].

Debord, G.: The Society of the Spectacle. New York: 1994 [1967].

Eisen, A.: The Meanings and Confusions of Weberian „Rationality". In: British Journal of Sociology, Vol.27, 1978, S. 57-70.

Featherstone, M.: Consumer Culture and Postmodernism. London/Newbury Park/New Delhi 1991.

Featherstone, M.: Undoing Culture. Globalization, Postmodernism and Identity. London/Thousand Oaks/New Delhi 1995.

Habermas, J.: Theorie des kommunikativen Handelns. 2 Bde. Frankfurt/M. 1981.

Hondrich, K.O./Matthes, J. (Hg.): Theorienvergleich in den Sozialwissenschaften. Darmstadt 1978.

Kalberg, St.: Max Weber's Types of Rationality: Cornerstones for the Analysis of Rationalisation Processes in History. In: American Journal of Sociology, Vol.85, 1980, S. 1145-1179.

Mackay, H. (Hg.): Consumption and Everyday Life. London 1997.

Mitzman, A.: The Iron Cage. An Historical Interpretation of Max Weber. (With a new introduction by the Author. Preface by Lewis A, Coser) New Brunswick (U.S.A.)/Oxford (U.K.) 1985.

Robertson, R.: Globalization. Social Theory and Global Culture. London/Thousand Oaks/New Delhi 1992.

Shapiro, H. (Hg.): The Muckrakers and American Society. Boston 1968.

Smart, B. (Hg.): Resisting McDonaldization. London; Thousand Oaks; New Delhi 1999.

Weber, M.: Die protestantische Ethik I. Eine Aufsatzsammlung. (Herausgegeben von Johannes Winckelmann) Gütersloh 1984 [1904/05].

Weber, M.: Wirtschaft und Gesellschaft. Grundriss der verstehenden Soziologie. (Besorgt von Johannes Winckelmann) Tübingen 1985.[1922].

Weber, M.: Zur Lage der bürgerlichen Demokratie in Rußland. In: Johannes Winckelmann (Hg.): Max Weber. Gesammelte politische Schriften. Tübingen 1988 [1906], S. 33-68.

Richard Sennett: Das Spiel der Gesellschaft – Öffentlichkeit, Urbanität und Flexibilität

Sven Opitz

I.

Auf den ersten Seiten seiner Einführungsvorlesung in die Systemtheorie berichtet Niklas Luhmann von einem unter Wissenschaftlern „beliebten Spiel" (Luhmann 2002: 18f.), bei dem es darum geht, die Quintessenz eines Gesamtwerks in nur einem Satz zum Ausdruck zu bringen. Wollte man die Arbeiten Richard Sennetts zum Gegenstand dieses Spiels machen, bestünde mein Einsatz in der folgenden formelhaften Reduktion: Um die Möglichkeiten des Menschen zur Entfaltung zu bringen, muss eine gesellschaftliche Ordnung etabliert sein, innerhalb derer der Einzelne sich trotz seiner Einzigartigkeit sozial verorten und dadurch in Kontakt mit Fremden treten kann. Vor allen Dingen zeichnen Sennetts Bücher nämlich materialreich jene Entwicklungstendenzen nach, welche das moderne Versprechen einer im emphatischen Sinn erfahrbaren kosmopolitischen Welt konterkarieren. Die nächsten Abschnitte sollen die Tauglichkeit meines Spieleinsatzes überprüfen, indem den Permutationen der aufgestellten Formel an zentralen Stationen von Sennetts Werk nachgegangen wird: an den Problempunkten der Öffentlichkeit (II.), des städtischen Raums (III.), der modernen Institution (IV.) und ihrer Erosion im flexiblen Kapitalismus (V.).

Auch Sennett selbst pflegt seit frühester Jugend eine Affinität zum Spiel. Nachdem er seine Kindheit mit seiner Mutter, die den Lebensunterhalt als Sozialarbeiterin verdient, in der Chicagoer Sozialbausiedlung „Cabrini Green" verbracht hat, wendet er sich der Musik zu. Bereits 1964 muss er jedoch seine Karriere als Cellist im Alter von 21 Jahren beenden, weil eine Operation an seiner linken Hand misslingt. Dennoch greift Sennett später immer wieder auf die musikalische Erfahrung zurück und übersetzt sie in soziologische Beobachtungen; vor allem das jedem Spiel inhärente Moment der Regelhaftigkeit identifiziert er als Bedingung für das gleichzeitige Gelingen von individuell-schöpferischem Ausdruck und wechselseitiger Interaktion. In der zweiten Hälfte der 60er Jahre erhält Sennett eine Stelle bei dem Soziologen David Riesman in Harvard, die es ihm erlaubt, dem Kriegsdienst zu entgehen. Er lernt die Improvisationskunst des ethnographischen Interviews und fertigt noch vor seinem dreißigsten Lebensjahr zwei Studien an: *Families Against the City: Middle Class Homes of Industrial Chicago* (1970) und, gemeinsam mit Jonathan Cobb, *The Hidden Injuries of Class* (1972). 1974 erscheint schließlich die erste Fassung von *Verfall und Ende des öffentlichen Lebens. Die Tyrannei der Intimität*, ein Buch, das die Thesen der vorangegangenen Studien theoretisch einfasst, dabei deutliche Spuren der skeptischen Diagnostik von Riesmans Werk *Die einsame Masse* trägt und schnell zum soziologischen Klassiker avanciert. Heute lehrt Richard Sennett Soziologie und Geschichte an der *London School of Economics*.

II.

Das moderne Problem der Öffentlichkeit stellt sich Sennett zufolge erstmalig zur Zeit des Ancien Régime. In dieser geschichtlichen Übergangsphase besitzen einerseits die Feudalprivilegien noch Geltung, andererseits erzeugen der internationale Handel, der angegliederte Finanzsektor und die expandierende Bürokratie eine soziale Dynamik, welche die alten Ordnungskategorien unterminiert. Insbesondere in den nun entstehenden Großstädten Europas treffen Fremde aufgrund der gesteigerten Mobilität nicht als politisch, ethnisch oder rassisch definierte Außenseiter aufeinander, sondern schlichtweg als einander Unbekannte. Damit wird die Bevölkerung „zu etwas Ungewissem" (Sennett 1996: 78). Die historische Herausforderung liegt folglich darin, Kommunikationspraktiken für Situationen zu erfinden, in denen man nicht auf ein geteiltes Regelwissen und eine gemeinsame Erfahrung zurückgreifen kann. Kurzum: Die Frage, wie Unbekannte füreinander Bedeutung gewinnen können, erscheint im 18. Jahrhundert als Bezugsproblem der Öffentlichkeit.

Die unlesbar gewordene Gesellschaft rückt somit als etwas in den Blick, das mit schöpferisch-ästhetischen Mitteln hergestellt und bewältigt werden muss. Indem der Einzelne den Blicken von Fremden ausgesetzt ist, wird er zum Schauspieler, der sein Publikum innerhalb der Interaktionssituation durch sein Ausdruckshandeln zu überzeugen hat. Dabei orientiert er sich an historischen Glaubhaftigkeitscodes, welche die öffentliche Geographie strukturieren. Sennett führt dieses neue Theater des Alltags an zwei Punkten vor: an der Verwendung des Körpers als Ausdrucksmedium und an der Etablierung von kommunikativ wirksamen Fiktionen etwa im Kaffeehaus. Zum einen liefert das Erscheinungsbild im Ancien Régime genaue Hinweise auf den gesellschaftlichen Status des Einzelnen. Durch das Tragen von Trachten verschiedener Gewerbe, durch ausgefeilte Schminkweisen oder kunstvolle Perücken erzeugt man am eigenen Körper eine soziale Signatur, die es anderen ermöglicht, sich so zu verhalten, als wäre man miteinander bekannt. Der Körper wird im Dienst der Inszenierung zur „Kleiderpuppe" (Sennett 1996: 93) und damit zum figürlichen „Spielzeug" (Sennett 1996: 94) des Ausdrucks in einer Kunstlandschaft. Zum anderen setzt man das Symbolsystem, das Herkunft, Rang oder Geschmack anzeigt, an Orten wie dem Kaffeehaus temporär außer Kraft, um den Informationsfluss offen zu gestalten. Erst die egalitäre Fiktion, dass jeder das Recht hat, mit jedem zu sprechen, bringt spezifische Gesprächsformen wie die Kunst der Konversation hervor. Solche Konventionen erlauben es Fremden, miteinander umzugehen, ohne ihre persönlichen Verhältnisse ins Spiel bringen zu müssen. Entscheidend ist in beiden Fällen, dass der Mensch der Öffentlichkeit nicht seine intimste Innerlichkeit zu verkörpern trachtet, sondern allgemein lesbare Darstellungen produziert. Er leistet eine Ausdrucksarbeit, die die Gestaltung einer Szene bewerkstelligt und damit Gesellschaftlichkeit formt. Die Metapher des Schauspielers ist von Sennett also mit Bedacht gewählt, insofern der Schauspieler den stilisierten *act* von der authentischen Person des *actors* trennen muss. Die Konventionalität seines Spiels verhindert nicht die Kreativität, vielmehr stellt sie die Bedingung für den Ausdruck von Spontaneität und Emotionen dar. Nur ein Set von Konventionen erlaubt es dem Schauspieler nämlich, einen Gefühlsausdruck in ein reproduzierbares Zeichen zu transformieren, das er bei jeder Vorstellung wiederholt zum Einsatz bringen kann.

Dieses idealisierte Modell von Öffentlichkeit dient Sennett im Fortgang seiner Studie als Kontrastfolie, auf der er für das 19. Jahrhundert eine Verschiebung hin zum Privaten einträgt. Vor dem Hintergrund des sich entfachenden Industriekapitalismus wird die Familie für das Bürgertum zugleich zu einer Zufluchtsstätte und zu einer der öffentlichen Sphäre überlegenen moralischen Instanz. Die Konsequenzen bestehen in einer Entleerung sowie einer tief greifenden Wandlung der Öffentlichkeit. Um sich vor den Schrecken der Gesellschaft zu schützen, bewegt man sich nun vorzugsweise schweigend im öffentlichen Raum. Und weil man zunehmend der Meinung ist, dass Fremde kein Recht hätten, miteinander zu sprechen, vollführt man auf der Straße ein „Fußgängerballett des Einander-aus-dem-Weg-Gehens" (Sennett 1996: 377). Ein weiteres Symptom dieser Entwicklung ist die Geburt des Clubs, der ein dem Kaffeehaus entgegengesetztes Prinzip aktualisiert. Der Club basiert auf der Überzeugung, dass Teilnehmer an guten Gesprächen ausgewählt sein und sich persönlich kennen sollten. Der im buchstäblichen Sinne exklusive Club weitet somit das private Gespräch in ehemals öffentliche Räume aus. Insgesamt führt die neue Vorstellung von einer „öffentlichen Persönlichkeit" zu einer flächendeckenden Aushöhlung der unpersönlichen Dimension von Öffentlichkeit. Will man bei anderen Empfindungen wecken, muss man jetzt auf die ureigenste Individualität blicken lassen; durch Konventionen geformtes Verhalten erscheint suspekt. An die Stelle einer Ethik der Oberfläche tritt eine Ethik der authentischen Tiefe und mit ihr die Vorstellung, dass gesellschaftlicher Ausdruck identisch mit der Offenbarung der Persönlichkeit wäre. Umgekehrt praktiziert man aus Angst, sein Inneres unwillkürlich zu enthüllen, eine gesteigerte Selbstkontrolle. So stellt sich letztlich ein paradoxer Effekt ein: Ausgerechnet die Wendung auf eine vorgeblich einzigartige Persönlichkeit ist es, welche die Vielfalt der öffentlichen Ausdrucksmöglichkeiten beschneidet.

Sennett zufolge hat das 19. Jahrhundert den Boden für die Gegenwart bereitet, seine Argumentation mündet in die Zeitdiagnose des Titels – die einer „Tyrannei der Intimität". Allerdings verweist die bündige Formel auf eine vielschichtige These. Sennett konstruiert einen sich selbst verstärkenden Wirkungszusammenhang zwischen zwei Momenten: dem seiner expressiven Potenziale verlustig gehenden Subjekt und einer schleichenden Entpolitisierung, wobei die Verarmung des öffentlichen Lebens beide Momente einfasst. Statt sich auf dem Weg einer kosmopolitischen Erfahrung in Gesellschaft zu konstituieren, ist das den Gesetzen der Intimität unterworfene Subjekt von dem Bestreben getrieben, seine Individualität im Erlebnis menschlicher Nähe und Wärme zu entfalten. Seine ganz normale Pathologie besteht nicht mehr in der Hysterie des 19. Jahrhunderts, sondern im Narzissmus. Das narzisstische Subjekt pflegt ein Weltverhältnis, das ihm die Wirklichkeit nur in projizierten Bildern des eigenen Selbst zuführt; gesellschaftliche Vorgänge werden alleine dort als bedeutungsvoll erlebt, wo sie die eigene Innerlichkeit widerspiegeln. Deshalb kann diesem Subjekt nie etwas Neues oder Anderes zustoßen. „Man ertrinkt in sich selbst, es entfaltet sich ein entropischer Prozess." (Sennett 1996: 408) Unter solchen Bedingungen werden kaum noch schauspielerische Konventionen mobilisiert, um für die Begegnung mit Unbekannten eine gemeinsame Szene zu errichten. Vielmehr findet sich die Kunst des Ausdrucks auf eng umgrenzte Räume beschränkt, in denen der Emotionen darstellende Künstler den Status eines Ausnahmewesens genießt. Als Kunst des Alltags hingegen ist das Schauspiel aufgrund der Tyrannei der Intimität überflüssig geworden.

Das Komplement dieser Entwicklung besteht in einer personalisierten politischen Kultur, in der die Enthüllung innerer Regungen selbst das Erregende geworden ist: Hobbys, geschlechtliche Orientierungen oder modische Vorlieben binden die öffentliche Aufmerksamkeit. Gerade weil die Kommunikation der Intimität an emotionaler Intensität gewinnt, lähmt ein „narkotisches Charisma" (Sennett 1996: 343) den politischen Diskurs. Es wirkt als Faktor der Trivialisierung und erzeugt Indifferenz gegenüber komplexen Streitfragen.

Stabilisiert wird diese Krise des Politischen durch einen „Mythos, demzufolge sich sämtliche Missstände der Gesellschaft auf deren Anonymität, Entfremdung, Kälte zurückführen lassen" (Sennett 1996: 329). Der Wunsch nach engen und direkten persönlichen Beziehungen mündet daher in die Privilegierung der Gemeinschaft gegenüber der unpersönlichen Masse. Die Gemeinschaft jedoch kreist unaufhörlich um sich selbst und stößt auf der Suche nach fundierenden Prinzipien nicht selten auf ihre Ethnizität. Damit ist das „Tor zu einer Gefühlskultur" (Sennett 1996: 386) geöffnet, die paranoid überall Gefährdungen ihrer selbst wittert. Im Extremfall verengt sich die Gemeinschaft nach Innen bis zur Klaustrophobie, während sie nach Außen gegenüber Fremden repressiv ihre Grenzen sichern muss. Beides steht dem politischen Spiel des Geben und Nehmens strukturell entgegen. Sennett zufolge beraubt das Regime der Intimität die Gesellschaft deshalb ihrer Zivilisiertheit: „Zivilisiertheit zielt darauf ab, die anderen mit der Last des eigenen Selbst zu verschonen." (Sennett 1996: 335) Umgekehrt kommt Unzivilisiertheit der Einschränkung des geselligen Austauschs gleich, verursacht durch diese Last.

Blickt man insgesamt auf die These vom Ende des öffentlichen Lebens, so reiht sich Sennetts Werk in einen Reigen ähnlich gelagerter Verfallsgeschichten ein. Es liegt zum Beispiel nahe, Sennetts Studie in Kombination mit der Beschreibung eines *Strukturwandels der Öffentlichkeit* von Jürgen Habermas (1990) zu lesen, der stärker auf die destruktiven Wirkungen der kapitalistischen Verwertungsimperative abhebt.[1] Noch fruchtbarer dürften die Interferenzen sein, die sich in der Begegnung mit Hannah Arendts *Vita Activa* ergeben. Auch Arendt diagnostiziert einen Zustand, in dem der öffentliche Raum als geteilte Welt die Kraft verloren hat, eine Vielfalt von Perspektiven zu versammeln, „das heißt, zu trennen und zu verbinden" (Arendt 1981: 52). Die Folge ist ein Zustand radikaler Weltlosigkeit: „Ein jeder ist nun eingesperrt in seine Subjektivität wie in eine Isolierzelle." (Arendt 1981: 57) Dieses Zitat verweist schließlich auf eine dritte dissonante Anschlussmöglichkeit, nämlich auf die Kontaktstelle zwischen dem selbsterklärten Humanisten Richard Sennett und dem methodischen Anti-Humanisten Michel Foucault.

In *Überwachen und Strafen* hat Foucault dargelegt, wie die soziale Ausstattung des Einzelnen mit inneren Wesenszügen disziplinierend wirkt und ihn in einem eng umgrenzten Sein einschließt. Foucault spricht in diesem Zusammenhang von einer „Seele" als „Gefängnis des Körpers" (Foucault 1977: 42).[2] Nur ein Jahr später elaboriert er sein Subjektivierungstheorem, indem er aufzeigt, dass sich der Einzelne ab dem Ende des 18. Jahrhunderts im Besitz einer bedeutungsvollen Sexualität wähnt, die angeblich Zugang zu einer inneren Wahrheit gewährt und daher zu bevorzugten Materie des Bekennens in so unterschiedlichen Bereichen wie der Justiz, der Familie oder Medizin wird (vgl. Foucault 1983: 81ff.). Ganz ähnlich beklagt auch Sennett, dass der Sex heute bloß noch Anlass und Medium der Selbstoffenbarung sei (vgl. Sennett 1996: 18ff.). Umgekehrt scheinen beide – bei allen tief greifenden Unterschieden – den Fluchtpunkt ihrer Überlegungen in einer experimentellen Haltung sich selbst gegenüber zu sehen. Dabei denkt Sennett diese spielerisch-schöpferische Praxis strikt als eine Bereicherung *an* der Gesellschaft *in* der Gesellschaft. Die „Sorge um sich", welche Foucault in seiner späten Vorlesung *Die Hermeneutik des Subjekts* (2004) ausführlich behandelt, wäre also in diesem Licht keine „Sorge um sich und niemanden sonst". Sie ist eine Technik der Loslösung vom authentischen Selbst und damit notwendigerweise zugleich eine Technik der Innovierung neuer Formen von Sozialität.

---

[1] Zu Jürgen Habermas vgl. den Beitrag von Dirk Jörke in diesem Band.

[2] Zu Michel Foucault vgl. den Beitrag von Christian Lavagno in diesem Band.

Richard Sennett: Das Spiel der Gesellschaft – Öffentlichkeit, Urbanität und ... 383

Kurzum, Sennetts Traum von einer idealen Öffentlichkeit ist aus einer an Foucault geschulten Sichtweise nur bedingt habermasianischer Natur.

III.

Wenn die Frage, wie Unbekannte füreinander Bedeutung gewinnen können, das Bezugsproblem der Öffentlichkeit bildet, so stellt sich diese Frage mit besonderer Vehemenz in der Stadt. Denn die Stadt ist der paradigmatische Ort, an dem Menschen miteinander leben, ohne sich zu kennen – und erst unter dieser Voraussetzung Schwellen passieren, an denen sie mit Unbekannten bekannt werden oder Bekannte als unbekannt erleben können (vgl. Baecker 2004: 258ff.). Zugleich birgt der urbane Raum für Sennett das Versprechen der Zivilisiertheit: „Die Stadt sollte eine Schule [...] [des öffentlichen] Handelns sein, das Forum, auf dem es sinnvoll wird, anderen Menschen zu begegnen, ohne dass gleich der zwanghafte Wunsch hinzuträte, sie als Person kennen zu lernen." (Sennett 1996: 428) Die ethische Dimension der Stadt besteht in der Etablierung eines Ortes, wo der Einzelne aufgrund der Begegnung mit anderen in seinen Überzeugungen infrage gestellt wird und an der Erfahrung der Infragestellung wachsen kann.

Während Sennett seiner Begeisterung für die Stadt in *Palais Royal* (1986) zwischenzeitlich mit den Mitteln des Romans nachspürt, rückt er sie zu Beginn der 1990er Jahre ins Zentrum zweier Monographien: *Civitas* (1994, Orig. 1990) sowie *Fleisch und Stein* (1997, Orig. 1994). Dabei befindet sich *Civitas* noch stärker im Bannkreis seiner These von einer Tyrannei der Intimität. Sennett verfolgt hier die „Mauer zwischen Innerlichkeit und Außenwelt" (Sennett 1994: 13) zurück bis an ihr Fundament im Christentum. Er zeigt, wie diese Mauer eine binäre Matrix aufspannt, die zwischen spiritueller Sinnlichkeit und weltlicher Indifferenz, wahrhaftiger Erleuchtung und irdischer Wirrnis, Obhut und schutzlosem Ausgesetztsein diskriminiert, wobei die abendländische Gesellschaft jeweils den ersten Wert gegenüber dem zweiten privilegiert. Grundsätzlich habe „das Außen als Dimension der Vielfalt und des Chaos [...] als moralische Dimension seine Wirkung auf unser Denken [...] verloren – ganz anders als das gegliederte Innen" (Sennett 1994: 37). Allerdings konterkariert die soziale Praxis des Urbanen immer schon dieses asymmetrische Ordnungsraster, von dem sie gleichzeitig tief geprägt bleibt. Die Potenz der Stadt liegt in ihrer Offenheit und ihrer Geographie des Unterschieds. Es ist der Einsatz von Sennetts Schreiben, ausgehend von derartigen Qualitäten eine Ethik der Stadt als Raum der Äußerlichkeit zu formulieren.

Civitas zeichnet sich außerdem dadurch aus, dass die Materialität von architektonischen Arrangements, öffentlichen Plätzen oder Technologien auf ihre formative Funktion für das Soziale hin untersucht wird. *Fleisch und Stein* ergänzt diesen Analysefokus noch um einen expliziten Körperbezug. Sennetts Ziel ist es, eine Geschichte der abendländischen Stadt „durch die körperliche Erfahrungen der Menschen hindurch" (Sennett 1997: 21) zu erzählen. Der Körper dient ihm als narrativer Katalysator, die Geschichte der Stadt wird *am Körper* ausbuchstabiert. Methodisch vollzieht Sennett dabei eine Doppelbewegung: Einerseits fragt er, wie die Problematisierungen, die der Westen am Körper betreibt, in der Stadtplanung, der Architektur und den städtischen Routinen zum Ausdruck kommen. Andererseits werden abstrakte Formen sozialer Ordnungsbildung aus signifikanten Materialisierungen des städtischen Lebens herausgespiegelt. Vor diesem Hintergrund sollen im Folgenden drei Vektoren vorgestellt werden, die jeweils das Wechselverhältnis zwischen materieller Stadtgestaltung, Körperlichkeit und gesellschaftlicher Ordnungsbildung konfigurieren.

Erstens stellt Sennett die Frage, wie die Beschaffenheit des Raums die Beziehung zwischen gesprochenem Wort und Blick reguliert. Das perikleische Athen interpretiert er als eine Kultur, die dem Akt des Offenlegens höchsten Wert beimaß. Ebenso wie der Körper des freien Mannes nackt in der Öffentlichkeit ausgestellt wurde, suchten die Bürger der Polis städtebauliche Mittel, um der exponierten Sprechstimme die ehrenhaften Eigenschaften der Nacktheit zu verleihen: „Ließ sich die Macht der Vernunft in die Stadt *hineinbauen*?" (Sennett 1997: 82) Sennett zufolge war das Bestreben der alten Griechen allerdings von einer unhintergehbaren Aporie gekennzeichnet. Während die einsichtigen Gebäude auf der Agora dem partizipatorischen Ideal entsprachen, wurde die Unterhaltung aufgrund der Anwesenheit von bis zu 6000 Menschen, die zeitgleich unterschiedlichen Tätigkeiten nachgingen, fragmentiert. Auf dieses Problem antwortete die Gestaltung des Beratungshauses nach dem Prinzip des Theaters: Der Raum war von außen nicht einsichtig, konzentrierte aufgrund der Zentrierung auf den Redner die Aufmerksamkeit, verstärkte dessen Stimme und nahm so eine Trennung zwischen aktiven Schauspielern und passiven Zuschauern vor. Die Produktion von sichtbaren, verantwortlichen Sprechern im Theaterdispositiv verurteilte die Mehrheit zu bewegungsloser Stille und machte sie gemäß der zeitgenössischen Selbstbeschreibung für die Verführung durch die Kunst der Rhetorik anfällig. Etwa 600 Jahre später wurde diese Aporie im Rom Hadrians zugunsten eines eindeutigen Primats der Sichtbarkeit aufgelöst. Ziel der römischen Architektur-Politik war es, den Glauben an die Bauten mit dem Glauben an die Macht korrelieren zu lassen. Die Macht brauchte die Steine, um sichtbar zu werden, reduzierte aber im Gegenzug die Rede auf ihre ornamentalen Gesten. Sie hegte eine Vorliebe für Zeremonienräume, wo sie sich selbst beruhigte. Sennett diagnostiziert hier einen anti-demokratischen „Exzess des Bildlichen" (Sennett 1997: 130). Mehr noch, der Befehl zu sehen und zu gehorchen wurde seiner Ansicht nach architektonisch in Gebäuden wie dem Forum Romanum inszeniert: „schau nach vorne, beweg dich vorwärts" (Sennett 1997: 144).

Zweitens beschreibt Sennett jene Verfahren der Ordnung des Urbanen durch die Sortierung und Hierarchisierung von Körpern. Bei den Griechen etwa wurden Ausschlussprozesse mit der Wissenschaft von der Körpertemperatur begründet. Die angeblich warmen Körper der freien Männer galten als stark, die vermeintlich kühleren Körper der Frauen sowie der Sklaven als schwach und passiv. Dieses Narrativ konstituierte eine für die Organisation der Stadt entscheidende Wertigkeit, denn nur wer der logischen Rede fähig war, konnte sich an den privilegierten Orten der Polis im buchstäblichen Sinne erhitzen und das restriktive Reglement des Oikos aktiv dominieren.

Rund 2000 Jahre später stößt Sennett im Venedig der Renaissance auf ein corpotopographisches Regime, das die eigene Repressivität und die legitimierenden Narrationen gänzlich anders arrangiert. Die internationale Handelsmacht hatte ihren Wohlstand einerseits durch den Kontakt mit Fremden erlangt. Andererseits brachte das Recht, in der Stadt Geschäfte zu machen, keine politischen Rechte mit sich. Das betraf insbesondere die Juden, deren Finanzdienstleistungen zwar eine zentrale ökonomische Funktion erfüllten, die als Andere jedoch auf Distanz gehalten werden mussten. Sennetts Studie führt deutlich vor Augen, wie die räumliche Segregation der Juden im Ghetto von allgemeinen diskursiven Strategien begleitet wurde. Die Figur des Juden erlaubte es, die deterritorialisierende ökonomische Macht, welche die christliche Gemeinde bedrohte, zu externalisieren. Dies ge-

Richard Sennett: Das Spiel der Gesellschaft – Öffentlichkeit, Urbanität und ... 385

lang, indem man den jüdischen Körper als krank und ansteckend imaginierte. Zugleich galt dieser Körper als ein von den christlichen Zwängen befreiter Körper, der die Verlockung des Orients barg: „Die Berührung des Juden befleckte und verführte zugleich." (Sennett 1997: 273) Beide Gefahren wurden schließlich mit einer moralischen Legierung versehen; die Venezianer begriffen die den Juden zugeschriebene Praxis des „Wucher" als körperlich-sinnliches Laster. Naturgemäß verstärkte die einschließende Ausschließung der Juden ab 1516 ins Ghetto noch die Entstehung von phantastischen Spekulationen, bis diese Phantasien in direkte Gewalt umschlugen. 1636 ereignete sich in Venedig eines der schlimmsten Progrome, das die Juden in Europa bis dato erlitten hatten.

Drittens untersucht Sennett die Art und Weise, in der historische Körperbilder als Paradigmen für die Komposition der Stadt dienten. Im antiken Rom etwa wurde die Konstruktion eines symmetrischen Körperideals in die geometrische Ordnung eines Stadtgitters übersetzt, das die imperiale Macht den eroberten Räumen überstülpen konnte, so als ob sie zuvor leer gewesen wären. In ähnlicher Weise revolutionierte die Entdeckung des Blutkreislaufs durch Wiliam Harvey im Jahr 1628 nicht nur die Auffassung vom Körper, sondern implementierte ein Leitbild, dem bald auch die Stadt zu genügen hatte. Gegen die hierarchischen Körperbilder des Mittelalters entwarf Harvey ein mechanisches System, das zwar von einer pulsierenden Pumpe angetrieben, jedoch vom dezentralen Fluss des Blutes erhalten wurde. Gemäß dieser Logik konzipierten die Planer des 18. Jahrhunderts eine Stadt aus Venen und Arterien, durch die Menschen wie Blutkörperchen fließen sollten. Entsprechende Verkehrssysteme wurden entworfen, Kanalisationssysteme errichtet und Gärten als „Lungen" in die Stadtmitte verlegt. Die Rekonzeptionalisierung der Stadt nach dem Modell des Blutkreislaufs markiert somit den Eintritt in die biopolitische Moderne. Denn infolge der Analogisierung mit dem Körper konnte nun eine Stadt selbst gesund oder krank sein. Zugleich korrespondiert mit dem neuen Bild des Körpers auch die Geburt des modernen Kapitalismus, den Adam Smith als ein System der Ströme denkt. Die Zirkulation des Geldes und der Waren erscheint auf dem Markt ebenso als letzter Zweck, wie die Zirkulation der Menschen im urbanen Raum.

Sennett selbst unterscheidet die nun vorgestellten drei Vektoren nicht. In seiner materialreichen Arbeit überlagern sie einander, mischen sich oder brechen für Momente ganz auseinander. Überformt wird sein Streifzug durch die Jahrtausende stattdessen erneut von einer skeptischen Diagnostik. Ihr zufolge habe die Entwicklung der Stadt seit dem 18. Jahrhundert zu einer Verarmung der Sinne geführt. Auch *Fleisch und Stein* erlangt seine Kohärenz als Verfallsgeschichte und erweitert letztlich die Untersuchung zur Erosion der öffentlichen Kultur auf urbanem Terrain. Zwar gilt es, nicht zu übersehen, dass Sennetts Verständnis der taktilen Vermögen als sozial bedingt es ebenfalls erlaubt, positiv zu fragen, welches gesellschaftliche Arrangement die Körper sensibler machen könnte. Im Folgenden soll jedoch lediglich versucht werden, die Komplexität der in *Fleisch und Stein* behaupteten Krise der städtischen Sozialität und des Taktilen zu entfalten.

Zum einen zeichnet Sennett einen Prozess nach, in dessen Verlauf der moderne Raum auf die Funktion der Fortbewegung reduziert wird. Bereits im Zirkulationsmodell sieht er die Idee des mobilen Menschen angelegt: die Möglichkeit der „Erregung durch Orte" (Sennett 1997: 320) steht im Widerspruch zum Imperativ der Zirkulation, weil das Bedürfnis nach freier Bewegung die sinnliche Erfahrung des Raums abdimmen muss. So entstand mit der Technologie der Eisenbahn im 19. Jahrhundert eine völlig neue Praxis des Reisens. Aufgrund der Erhöhung der Geschwindigkeit überkam die ersten Passagiere beim Blick aus dem Fenster ein Schwindel, so dass sie sich von den Reizen des zu durchquerenden Raums abwandten und schweigend zu lesen begannen. Damit führte die neue Mobilität des Einzelnen zu seiner introspektiven Vereinzelung, während die entsprechende Restrukturierung des urbanen Raums zugleich die politisierte Bewegung organisierter Gruppen entmutigen sollte. Den Endpunkt dieser Entwicklung bildet der Autoverkehr des 20. Jahrhunderts. In der Praxis des Autofahrens kumulieren die körperliche Stillstellung, die Schwächung sensorischer Stimulation und die Neutralisierung von Räumen zu Durchgangszonen.

Darüber hinaus attestiert Sennett der Stadt eine Tendenz zur Monofunktionalisierung des Raums. Im 19. Jahrhundert hatte Hausmanns Umgestaltung von Paris Viertel mit einer homogenen Sozialstruktur geschaffen, der etwa zeitgleiche Bau der Londoner Untergrundbahn fügte dem Effekt der Vereinheitlichung noch den der Ausdünnung hinzu. 100 Jahre später sind die Orte zum Wohnen, zum Einkaufen, zum Arbeiten, zum Lernen oder zum Vergnügen nahezu vollständig separiert. Das ermöglicht einerseits unscheinbare Formen sozialer Kontrolle. Denn „es ist eine schnelle und einfache Sache zu beurteilen, ob jemand an einen bestimmten Ort gehört oder sich in einer dem Ort unangemessenen Weise verhält" (Sennett 1997: 451). Andererseits minimiert eine derartige Raumorganisation strukturell die körperliche Erfahrung von Andersartigkeit. Die „Trivialisierung der Stadt" (Sennett 1994: 12) geht Hand in Hand mit der gesellschaftlichen Verarmung des Einzelnen.

Damit ist der Zusammenhang zwischen Stadtgeschichte und Körpergeschichte aufgespannt. Sennett zufolge wird der Körper in der Moderne apathisch. Das demonstriert er erstens an der Veränderung der urbanen Alltagstätigkeiten im Bereich der Privatsphäre. So wandelt sich etwa die Praxis des Sitzens im 19. Jahrhundert aufgrund der Einführung von Sesseln, welche die Bewegungsfreiheit durch neue Formen der Polsterung und die Erhöhung der Armlehnen hemmen. Ebenfalls wurden nun Toilettenmodelle auf den Markt gebracht, deren Hersteller davon ausgingen, dass ihre Nutzer sich auf ihnen ausruhen wollten. Diese scheinbar marginalen Veränderungen sind Ausdruck einer allgemeinen Technologie des Komfort, die als Rückseite der industriellen Revolution entstand und den erschöpften Körpern Erholung gewähren sollte. Jedoch: „Bequemlichkeit setzte die Empfänglichkeit einer Person für äußere Reize herab." (Sennett 1997: 416) Zweitens wirken auch Raumarrangements im öffentlichen Bereich als Betäubungsmittel. Sennett zeigt auf, inwiefern Anlagen wie der Londoner Regent's Park oder Hausmanns Straßensystem Versuche darstellen, Menschenmengen zu fragmentieren und zu entdichten. Derartige Projekte würden eine Entbindung des Menschen von anderen betreiben, ihnen sei eine Ethik der Indifferenz eingeschrieben.

Als letzten Aspekt der taktilen Krise identifiziert Sennett ein Blickregime, das ebenfalls in der europäischen Stadt des 19. Jahrhunderts Oberhand gewinnt. Während sich die optischen Reize multiplizieren, gerät der Einzelne immer stärker in die Position des passiven Zuschauers. Ein Besuch in einem Kaffee auf einem Pariser Boulevard etwa diente nun in erster Linie einem voyeuristischen Vergnügen: Die vorbeiziehenden Menschen wurden für den Beobachter zum goutierbaren Spektakel, ohne dass eine Verbindung zustande kam. Angesichts des gegenwärtigen New Yorks notiert Sennett, dass „unsere Agora" heute „rein visuell" sei; „es gibt keinen Ort mehr, wo sich [...] [die Reize des Auges] kollektiv in ein gesellschaftliches Narrativ formen ließen" (Sennett 1997: 442).

Das beste, was man unter derartigen Bedingungen tun könne, sei es, eine Kultur des Unterschieds in der Stadt zu realisieren, d.h. zu lernen, mit Differenz zu leben. Nur wenn es gelingt, die eigene Entwurzelung zur Grundlage der Geselligkeit zu machen, können die

Richard Sennett: Das Spiel der Gesellschaft – Öffentlichkeit, Urbanität und ... 387

Stadtbewohner sich im gegenseitigen Ausgesetztsein anregen, statt sich zu verletzen. Es gelte, eine Fähigkeit der Selbstpreisgabe zu entwickeln: „Wäre es möglich, dass eine multikulturelle Gesellschaft Entwurzelung brauchte statt Sicherheit und Komfort?" (Sennett 1997: 435)

IV.

Wollte man eine Konsistenz in Sennetts Gesamtwerk hineinkonstruieren, so spräche einiges für die folgende Lesart: Während die auf den vergangenen Seiten vorgestellten Arbeiten den 1968 kulminierenden Kult um die angeblich authentische Innerlichkeit jedes Menschen im Namen einer kosmopolitischen Vision der Öffentlichkeit historisch situieren und kritisch reflektieren, wendet sich Sennett aus ähnlichen Motiven gegen die Institutionenkritik der Linken und analysiert die Art und Weise, in der dieser anti-institutionelle Gestus in das neoliberale Projekt integriert wurde. Sein Plädoyer für Konventionen, welche den Austausch zwischen Fremden ermöglichen sollen, findet somit ein Gegenstück in einer differenzierten Wertschätzung für institutionell gewährleistete Verfahren.

In seiner Studie *Autorität* (1990, Orig. 1980) bestimmt Sennett sowohl die privatzwischenmenschliche als auch die öffentlich-institutionelle Autorität als „eine Form, Anteilnahme an anderen zum Ausdruck zu bringen" (Sennett 1990: 19). Autorität ist niemals einseitig, sondern muss vom anderen gegengezeichnet werden. Zugleich hängt die Bereitschaft, der Autorität zu folgen, von sozialen Bedingungen ab und belegt daher nicht schon ihre Legitimität. Im Bann der totalitären Exzesse des 20. Jahrhunderts sei allerdings eine verhängnisvolle Situation entstanden. Der Kurzschluss zwischen Autorität und Autoritarismus habe eine gänzlich negative Konzeption von Autorität als eine Macht der Verführung befördert, die eine prinzipielle Ablehnung von Autorität nahe legt und es dadurch unmöglich macht, Autoritätsverhältnisse aktiv zu gestalten. Schlimmer noch, die kategorische Ablehnung führe zu „Ablehnungsbindungen" (Sennett 1990: 34). Denn der Akt der Ablehnung einer Autorität kann so beschaffen sein, dass man sich gerade durch die Ablehnung an die abgelehnte Struktur bindet. Zweifellos ist dieses Argument psychoanalytisch informiert: Die Rebellion gegen das Gesetz bezieht ihre libidinöse Energie aus dem Gesetz, das Begehren als Begehren der Übertretung des Gesetzes bleibt vom Gesetz abhängig. Deshalb ist eine derartige Rebellion entgegen ihrer Selbstbeschreibung nicht Rebellion *gegen* die Autorität, sondern Rebellion *innerhalb* der Autorität. Die Ablehnung wirkt konstitutiv und entzieht die Autoritätsstruktur effektiv einem demokratischen Zugriff.

Die Autorität des „Systems der öffentlichen Macht" (Sennett 1990: 204) muss demzufolge als Autorität „sichtbar" und „lesbar" sein, damit sich die Möglichkeit einer Unterbrechung der institutionell eingefassten Autoritätskette eröffnen kann. Ohne dass Sennett dies explizit ausführt, ist sein Ideal von Autorität somit eine immer schon infrage gestellte Autorität; er plädiert für ein reflexives Verhältnis zu Autoritäten, das genau besehen die Autorität nicht unbeschadet lässt. Das zeigt sich, wenn er Verfahren zur Deformation von Autoritätsketten vorschlägt, die alle mehr oder weniger darin bestehen, „Weisungen auf jeder Befehlsstufe als Behauptungen aufzufassen und nicht als Axiome" (Sennett 1990: 217). Erst im Durchschreiten von Autoritätskrisen vermag sich das Autoritätsverhältnis demokratisch zu öffnen, und erst dadurch wird die ihm inhärente Abhängigkeitsbeziehung bearbeitbar und der Scham entzogen. Sennett glaubt also nicht an einen gesellschaftlichen Zustand

388 Sven Opitz

ohne Abhängigkeit von Autoritäten. Weder das freie Spiel des Marktes noch die Abschaffung des Marktes vermag aus seiner Sicht einen solchen Zustand herbeizuführen. Stattdessen müssen wir mit Autoritätsbeziehungen rechnen. Und die kritische Frage, die wir an sie stellen können, besteht darin, ob sie Schutz gewähren, ohne beschämend zu sein oder gefürchtet zu werden.

Erst 20 Jahre später nimmt Sennett diesen Gedankengang wieder auf, allerdings unter veränderten Vorzeichen. Vor allem in *Respekt im Zeitalter der Ungleichheit* (2002), aber auch in seinem vielleicht bekanntesten Text *Der flexible Mensch* (2000, Orig. 1998) und der anschließenden Bilanz über *Die Kultur des neuen Kapitalismus* (2005) untersucht er, inwiefern die hegemoniale Politik den Wunsch der „Neuen Linken" nach der Zerschlagung der Institution „in perverser Form" (Sennett 2005: 7) erfüllt hat. Sennett teilt hier Zygmunt Baumans (2003) Diagnose einer flüssig-flüchtigen Moderne[3], in der sich die dominanten Formen der Machtausübung auf mobile Strukturen stützen, betont jedoch erstens den Wert bürokratischer Institutionen bei der Gestaltung von Abhängigkeitsverhältnissen als Anerkennungsverhältnisse. Darüber hinaus nutzt er zweitens sein Ideal einer sichtbaren und lesbaren Autorität, um gegenwärtige Formen der Autorität zu kritisieren, die ihren autoritären Charakter in einem Vokabular der Autonomie verhüllen. Obgleich Sennett keinesfalls davon träumt, die Prozesse der Flexibilisierung rückgängig zu machen, erlaubt er sich drittens die Frage, welche institutionellen Arrangements und gesellschaftlichen Haltungen ihnen gegenüber angemessen wären. Im Folgenden sollen diese drei Punkte knapp erläutert werden.

Mit Argwohn betrachtet Sennett zunächst die kommunitaristischen sowie die neoliberalen Programme zur Desorganisation sozialer Hilfe. Er misst sie an ihrer Leistungsfähigkeit, Respekt über die Grenzen existierender Ungleichheiten hinweg zu gewähren und dadurch in komplexen Gegenwartsgesellschaften einen minimalen Zusammenhalt herzustellen – und gelangt zu einem negativen Ergebnis. Immer wenn institutionell verbürgte Standards aufgegeben werden, droht sich nämlich die soziale Hilfe in Almosen zu verwandeln. Das Problem dieser Verschiebung besteht zum einen darin, dass die informelle Mildtätigkeit den Glauben an eine Gemeinschaft voraussetzt und eine Nähe zur Freundschaftsbeziehung aufweist. In einer Gesellschaft von Fremden aber können Freundschaft oder Bekanntschaft nicht als Basis für Respekt dienen. Hier kann ein Gemeinsames nicht vorausgesetzt, sondern muss institutionell hervorgebracht werden. Oder anders ausgedrückt: Während die Gemeinschaft eine bestimmte Gleichheit a priori unterstellt, ist es das Ziel zumindest des liberalen Wohlfahrtsstaats, dafür zu sorgen, dass die Menschen sich gegenseitig Anerkennung schenken, obwohl sie nicht gleich sind. Auch wenn die Wohlfahrtsbürokratie seit ihrer Entstehung große Probleme hat, ein Verhältnis der Gegenseitigkeit aufzubauen, das dem Leistungsempfänger genügend Freiraum bei der Gestaltung seiner Situation lässt, eröffnet die Distanz doch eine Möglichkeit der Achtung vor dem Einzelnen, weil sie im Gegensatz zur Praxis der Mildtätigkeit nicht dem zuweilen verletzenden „Irrtum der Sympathie" (Sennett 2002: 63) verfällt. Strukturell ähnliche Bedenken erhebt Sennett gegen die Ersetzung sozialer Dienste durch ehrenamtliche Tätigkeiten. Das Ehrenamt mutiert leicht zum Agenten der Tyrannei der Intimität, weil Untersuchungen zeigen, dass es freiwilligen Helfern stärker als professionellen darum geht, sich selbst zu verändern. Dazu jedoch müssen die Helferbeziehungen personalisiert werden; es fehlt die für viele soziale Dienste uner-

---

[3]   Vgl. zu Zygmunt Bauman den Beitrag von Thomas Kron und Melanie Reddig in diesem Band.

lässliche Bereitschaft, einander fremd zu bleiben. Bürokratisch organisierte Institutionen arbeiten dagegen unabhängig von derartigen emotionalen Motiven. Trotz ihrer vielfältigen Mängel garantieren sie ein hohes Maß an Verlässlichkeit und Professionalität. Dies illustriert Sennett am Beispiel der Drogenhilfe: Drogenabhängige bräuchten keine mit moralischen Belehrungen garnierten Almosen, sondern eine effektiv koordinierte und dauerhaft gewährleistete Zusammenarbeit zwischen Streetworkern, Ärzten und Rechtsanwälten.

Sicherlich ist der Einwand zutreffend, dass Sennett die Vorzüge bürokratisch organisierter Hilfe überzeichnet. Das kann jedoch durch den Verweis auf den explizit politischen Einsatz seiner jüngeren Texte erklärt werden: So macht er sich zu einem Zeitpunkt zum Anwalt bürokratischer Institutionen, wo ihr Ruf nicht schlechter sein könnte. Er zweifelt vor allem an der Übertragbarkeit der Logik des Unternehmerischen auf den Sozialstaat. Denn im „Unternehmen sorgt Nachfrage, die das Angebot übersteigt, für größere Profite. Im Sozialstaat wächst die Not, wenn die Nachfrage größer ist als das Angebot." (Sennett 2002: 228) Wenn es dagegen gelänge, die von sozialen Leistungen Abhängigen über die Bedingungen ihrer Abhängigkeit bestimmen zu lassen, böten die sozialstaatlichen Institutionen die Möglichkeit, sowohl kollektiven Schutz zu organisieren als auch die Abhängigkeit von der Scham zu lösen. Allerdings verstellt eine Gesellschaft, in der jeder für sein Scheitern selbst verantwortlich gemacht wird, diese Option. Gegenwärtig verdrängt die Erzeugung von Scham sowie von Angst vor beschämender Abhängigkeit die klassischen Formen der Disziplinierung.

Sehr deutlich zeigt sich diese Entwicklung am Aufkommen einer Führungstechnik mit freiheitlichem Aussehen. Während die paternalistischen Autoritäten in ihrer repressiven Sorge als Autoritäten identifizierbar waren, appellieren die permissiven Autoritäten der Gegenwart an die Autonomie ihrer Untergebenen und verschleiern dadurch die zugrunde liegende Machtrelation. Die neuen Autoritäten vertreten ihre Interessen indirekt, indem sie sich zurückziehen und die Verantwortung abschieben. Verdeckt durch den Lobgesang auf die Eigenständigkeit entstehen auf diese Weise Autoritätsverhältnisse, in denen Autorität diffundiert. Der Rekurs auf Autonomie „verhüllt die Macht, so dass sie aus dem Nirgendwo zu kommen scheint" (Sennett 2002: 128). Macht wird diffus und reduziert ihre Angriffsfläche.

Zugleich folgt aus Sennetts Analyse des flexiblen Kapitalismus, dass die Verwundbarkeit des Einzelnen im Zuge der Beschleunigung der Marktprozesse und der allgemeinen Entinstitutionalisierung zugenommen hat. Gerade in dem Moment also, wo hergebrachte Schutzmechanismen erodieren, wird punktuelles Scheitern zu einem normalen Moment des Lebenslaufs. Deshalb skizziert Sennett in seinen späten Büchern Wege des Umdenkens. So kontrastiert er den strategisch-gouvernementalen Rekurs auf Autonomie mit einer Autonomie, die ihre gleichzeitige Bedingung der Möglichkeit sowie der Unmöglichkeit in der Anerkennung einer konstitutiven Abhängigkeit vom anderen erkennt: „Wenn ich spüre, wie anders Du bist, erfahre ich mich selbst als einen anderen." (Sennett 2002: 151) Sennett umreißt eine Autonomie, die einerseits nicht isoliert, andererseits aber den Anspruch aufgibt, der andere könne jemals vollständig transparent werden. Autonomie in diesem Sinn setzt somit „Bindung und zugleich Fremdheit, Nähe und zugleich Unpersönlichkeit voraus" (Sennett 2002: 214). Eine solche Form der Autonomie ist jedoch nur realisierbar, wenn das Regime der Flexibilität eine Kultur entwickelt, in der Abhängigkeit nicht als Makel aufgefasst wird. Statt vom Einzelnen eine Verantwortung für Ereignisse einzufordern, die außerhalb seiner Verantwortbarkeit liegen, sollte man Überlegungen anstellen, wie sich eine Toleranz gegenüber dem Scheitern schaffen und institutionell verankern ließe. Was aber wäre das für eine Kultur, in der sich das Faktum der Abhängigkeit nicht automatisch in ein moralisches Verdikt übersetzt, das die ganze Person entwertet? Es wäre wohl, so altmodisch das klingen mag, eine solidarische Kultur.

V.

Natürlich besitzt die Rede von Flexibilität längst Schlagwortcharakter, so dass der Begriff zugleich alles und nichts zu bezeichnen droht. Doch auch wenn es Sennetts späteren Arbeiten gelegentlich an argumentativer Präzision sowie an wissenschaftlicher Methodik mangelt, besteht ihr wesentlicher Beitrag darin, den Begriff der Flexibilität mit einem Bedeutungsgehalt zu versehen und dadurch sein diagnostisches Potenzial freizusetzen. „Flexibilität" markiert für Sennett eine Zäsur der ökonomischen Rationalität, eine Schwelle, welche einen „neuen Geist des Kapitalismus" (Boltanski/Chiapello 2003) ankündigt. Dabei beschreibt der Begriff die neue ökonomische Ordnung mit Blick auf die ihr spezifische Gestaltung der Zeit: „Flexibilität" zeigt das Aufkommen eines Zeitregimes an, das gesellschaftsweit Machtwirkungen entfaltet (vgl. Sennett 1998: 209ff.; 2000: 72ff.).

Spätestens seit den 80er Jahren gerät die Zeit aus den Fugen – und nicht nur Sennett erkennt darin den Effekt des Zusammenspiels sich verstärkender Entwicklungen. Zum einen werden die Märkte flüchtig, die fordistische Massenproduktion weicht der *just-in-time*-Produktion spezialisierter Güter bei schwankender Nachfrage. Diese Unruhe wird von den Unternehmen antizipiert, adaptiert und organisatorisch umgesetzt. Man belauscht die Konsumenten, strebt nach unmittelbarer Anpassung an Marktschwankungen und beseitigt dazu in Innovationsbranchen die tayloristisch-metrische Zeit zugunsten einer diskontinuierlichen Zeit. Ihren institutionellen Ausdruck findet diese Entwicklung in prekären Beschäftigungsverhältnissen vielfältiger Art sowie in der Einrichtung beweglicher Projektarbeitsplätze statt fixierter Stellen. Gleichzeitig hat sich die Zeit der Anteilseigner beschleunigt. Die Ungeduld des Kapitals zeigt sich an der stärkeren Honorierung kurzfristiger Ergebnisse im Vergleich zu langfristigen Erfolgen. Während die Dividende gegenüber dem Kurswert einer Aktie an Bedeutung verliert, halten die Anleger ihre Aktien tendenziell immer kürzer. Eingefasst werden diese Momente der Zeitverkürzung schließlich durch die Entstehung neuer Fertigung- und Kommunikationstechnologien, welche durch das in sie eingeschriebene Regime der Augenblicklichkeit die Abkehr von der „langfristigen, zunehmenden und vor allem vorhersagbaren Zeit" (Sennett 2005: 24) ermöglichten.

Während Sozialwissenschaftler wie Manuel Castells (2001) den hier skizzierten Wandel empirisch genauer dargelegt haben[4], interessiert sich Sennett in erster Linie für spezifische soziale Konsequenzen. So erhöhen die Verschlankungsmaßnahmen auf der Ebene der Organisation zwar deren Beweglichkeit, suspendieren jedoch eine versteckte Funktion der Fettleibigkeit. Ebenso wie eine Armee nämlich immer mehr Fußsoldaten rekrutieren konnte, konnte auch die alte Organisation in den unteren Regionen immer mehr Leute einstellen. Die verfettete Institution war, mit anderen Worten, ein Medium der Integration. Weil das flexible Unternehmen jedoch mit weniger Angestellten auskommt, lässt es einerseits viele Menschen als Überflüssige zurück. Andererseits haben die interne Politik der Disponibilität und die Praxis des permanenten Umbaus des Unternehmensnetzwerks auch negative

---

[4]   Zu Manuel Castells vgl. den Beitrag von Gerd Nollmann in diesem Band.

Rückwirkungen auf die Organisation selbst. Trotz der Hyperaktivität des flexiblen Menschen an seinem Arbeitsplatz sieht Sennett Anzeichen für eine abnehmende Loyalität gegenüber der Institution, für Defizite an informellem Vertrauen und für eine Schwächung des institutionellen Wissens. Denn Loyalität, Organisationsvertrauen sowie Wissen würden „von unten" her aufgebaut und bedürften dazu eines größeren Zeitrahmens als ihn das Regime der Flexibilität vorsieht.

Ähnliche Konsequenzen resultieren aus der immer schnelleren Veraltung von beruflichen Qualifikationen. Kenntnisse sind in vielen Bereichen nicht mehr „additiv" (Sennett 2000: 126), ihre Aneignung stellt also keine kumulative Erweiterung einer zurückliegenden Grundausbildung dar. Vielmehr erfordern sie nicht selten einen absoluten Neuanfang. Das flexible Unternehmen tendiert deshalb dazu, auf die Erfahrungen älterer Angestellter zu verzichten und stattdessen junge Hochschulabsolventen zu meist niedrigeren Löhnen zu beschäftigen. Unter der Ägide der Flexibilität wird Bindung somit in verschiedener Hinsicht zum Problem: Erstens, die Bindung an eine Organisation – der Dienst an einer Institution weicht variablen Kooperationsbeziehungen. Zweitens, die Bindung an Fähigkeiten und einen entsprechenden Beruf – statt Erfahrungen zu vertiefen, muss man lernen, diese bereitwillig aufzugeben. Drittens, die Bindung an Orte – es herrscht der Imperativ der Mobilität. Und viertens, die Bindungen an andere Personen – an die Stelle lebenslanger Beziehungen treten strategische Partnerschaften. Kurzum, Flexibilität konterkariert dauerhaftes Engagement.

Allerdings geht Sennett in seiner Diagnostik noch einen Schritt weiter. Das Regime der Flexibilität rüttelt seiner Ansicht nach an den Grundfesten der Ordnung des Seins. Indem es dazu auffordert, jedes als sicher geglaubte Wissen infrage zu stellen, komme es zu einem Verlust der ontologischen Sicherheit. Sennett deutet damit auf eine Kehrseite dessen, was etwa Richard Rorty (1992) positiv als Bedingung der Liberalität ansieht: das ironische Bewusstsein, dass unsere zentralen Überzeugungen und Bedürfnisse kontingent sind. Sennett hält dagegen, dass die Dispositive der Augenblicklichkeit massive Unsicherheit erzeugen und den Einzelnen zwingen, seine Ungewissheit über sich selbst mittels einer ironischen Haltung zu kaschieren. Zugleich dient die Unsicherheit als Anschlussstelle für diverse Machttechniken: Weil der Angestellte etwa im Projektarbeitsalltag über seinen Status und seine Leistungen zu einem gewissen Grad im Unklaren bleibt, werden immer öfter anstelle sichtbarer Resultate unsichtbare Potenziale beurteilt. Die zeitgenössischen *review*-Verfahren tasten nach Meta-Kompetenzen und transformieren ihre Erhebungen in subjektivierende Zukunftsprognosen. Im Vergleich zu einer inhaltlichen Kritik trifft eine Kritik des Potenzials dann zum einen die ganze Person in ihrem Kern. Zum anderen gestaltet sich die Beziehung zum eigenen Potenzial als Beziehung der Schuld. Das Macht/Wissen in der Form des Potenzials kreiert eine niemals endende Bewährungsprobe, es umgibt den Einzelnen „wie eine Einzelhaftzelle" (Sennett 2005: 90). Ob sich das Potenzial jedoch letztlich aktualisiert, bleibt in der Gegenwart radikal ungewiss. Dessen virtuelles Profil hält das Subjekt unverbindlich in der Schwebe und entfaltet dadurch verbindliche Machtwirkungen.

Schließlich verschwindet unter dem Regime der Flexibilität der Beruf als Medium einer Lebenserzählung, aus der im Sinne Max Webers eine ethische Einstellung folgt. Jede Erzählung leistet die Gestaltung der Zeit, sie benennt Gründe und markiert Konsequenzen. Die lineare Zeit sowie die kumulativen Karrieren des Fordismus boten einen Erzählrahmen, der Sicherheit und Orientierung gewährte. Sennett zufolge vermittelte die Kontinuität den Eindruck, man sei der Autor des eigenen Lebens. Dagegen fehlt unter den Bedingungen der flexiblen Zeit(un)ordnung eine organisierende Erzählung, welche die zerstreuten Fragmente einbindet. Zwar zirkulieren dramatische Abenteuergeschichten um den risikobereiten Selbstunternehmer. Die Kontingenz des Risikos selbst ist jedoch kaum narrativierbar. Das Ergebnis sei eine diffuse Angst, die Kontrolle über die Lebensgeschichte zu verlieren: „Die Erfahrung einer zusammenhanglosen Zeit bedroht die Fähigkeit der Menschen, ihre Charaktere zu durchhaltbaren Erzählungen zu formen." (Sennett 2000: 37) Dadurch jedoch würden die Menschen auch füreinander opak. Die diskontinuierliche und fragmentierte Zeit führe zur Auflösung jener sozialen Bühnen, die Formen der Gegenseitigkeit strukturieren, weil die Synchronisation der Flex-Zeit mit längeren Zeitspannen, wie sie die Familienplanung oder die meisten politischen Vorhaben erfordern, nicht mehr funktioniert.

Auch wenn Sennett seit jeher eine Vorliebe für Verfallsgeschichten hegt, ist er in seinen späten Büchern somit bei einer ultimativen Krisendiagnostik angelangt. Das Problem dabei besteht weniger darin, dass er jeweils eine keineswegs ideale Vergangenheit idealisiert. Sennett möchte weder zurück in die öffentliche Kultur des 18. Jahrhunderts noch die fordistischen Gussformen restaurieren. Das, was er in seinen Büchern betrauert, hat es nach meiner Lesart nie gegeben. Es erscheint jeweils nur als Aufblitzen einer Möglichkeit in der Geschichte, als retroaktive Utopie, die für die Modifikation der Gegenwart gedacht ist. Das wahre Problem seiner Krisendiagnostiken liegt dagegen in deren Hermetik. Sennett entwirft zuweilen klaustrophobisch übersteigerte Logiken ohne Fluchtlinien. Hier sind Zweifel angebracht. Beispielsweise könnte man gegen den zuletzt präsentierten Gedankengang fragen, ob die flexible Welt wirklich so wenig Narratives bietet. Haben sich nicht etwa nur die Erzählmuster verändert? Warum soll eine Lebensgeschichte lediglich die Form einer linearen Erzählung annehmen können? Erhöhen die seit der literarischen Moderne einschlägigen nichtlinearen Erzählverfahren nicht auch die formalen Freiheitsgrade? Und von welchen Faktoren hängt es ab, ob diese Freiheitsgrade in der sozialen Praxis realisierbar sind?

Umgekehrt erweisen derartige Zweifel die Produktivität seiner Schriften. Sie regen zum Nachdenken an. Sicher: Es gibt Passagen in Sennetts Büchern, die in ihrem populistischen Kulturpessimismus und ihrem reduktionistischen Moralismus für soziologische Leser schwer erträglich sind. Der vorliegende Text hat sich deshalb stärker für den theoretisch informierten Denker interessiert, der äußerst innovative Beschreibungen der Gesellschaft anfertigt. Zugleich erlaubt es Sennett nicht zuletzt sein einfacher und unterhaltsamer Stil, als lebendiger Intellektueller zu agieren, der die kritische Sozialwissenschaft in die Gesellschaft zurückgebracht hat. Sollte man ihm das etwa übel nehmen?

Literatur von Richard Sennett

Sennett, R.: Families Against the City: Middle-Class Homes of Industrial Chicago. Cambridge, Mass. 1970.
Sennett, R.: Palais Royal. New York 1986.
Sennett, R.: Autorität. Frankfurt/M. 1990 (Orig. New York 1980).
Sennett, R.: Civitas. Die Großstadt und die Kultur des Unterschieds. Frankfurt/M. 1994 (Orig. New York 1990).
Sennett, R.: Verfall und Ende des öffentlichen Lebens. Die Tyrannei der Intimität. Frankfurt/M. 1996 (Orig. New York 1974).
Sennett, R.: Fleisch und Stein. Der Körper und die Stadt in der westlichen Zivilisation. Frankfurt/M. 1997 (Orig. New York/London 1994).

Richard Sennett: Das Spiel der Gesellschaft – Öffentlichkeit, Urbanität und …

Sennett, R.: Der neue Kapitalismus: In: Berliner Journal für Soziologie 8 (1998), H. 3, S. 305-316.
Sennett, R.: Der flexible Mensch. Die Kultur des neuen Kapitalismus. Berlin 2000 (Orig. New York 1998).
Sennett, R.: Respekt im Zeitalter der Ungleichheit. Berlin 2002 (Orig. New York 2002).
Sennett, R.: Die Kultur des neuen Kapitalismus. Berlin 2005.
Sennett, R./Cobb, J.: The Hidden Injuries of Class. New York 1972.

Weitere zitierte Literatur

Arendt, H.: Vita Activa oder Vom tätigen Leben. München 1981.
Baecker, D.: Miteinander leben, ohne sich zu kennen: Die Ökologie der Stadt. In: Soziale Systeme, Jg. 10 (2004), H. 2.
Bauman, Z.: Flüchtige Moderne. Frankfurt/M. 2003.
Boltanski, L./Chiapello, È.: Der neue Geist des Kapitalismus. Konstanz 2003.
Castells, M.: Die Netzwerkgesellschaft. Das Informationszeitalter, Bd. 1. Opladen 2001.
Foucault, M.: Überwachen und Strafen. Die Geburt des Gefängnisses. Frankfurt/M. 1977.
Foucault, M.: Der Wille zum Wissen. Sexualität und Wahrheit, Bd. 1. Frankfurt/M. 1983.
Foucault, M.: Hermeneutik des Subjekts. Vorlesung am Collège de France (1981/82). Frankfurt/M. 2004.
Habermas, J.: Strukturwandel der Öffentlichkeit. Untersuchungen zu einer Kategorie der bürgerlichen Gesellschaft. Mit einem Vorwort zur Neuauflage 1990. Frankfurt/M. 1990.
Luhmann, N.: Einführung in die Systemtheorie. Heidelberg 2002.
Rorty, R.: Kontingenz, Ironie und Solidarität. Frankfurt/M. 1992.

MAUSS: Mouvement Anti-Utilitariste dans les Sciences Sociales

Christian Papilloud

Die MAUSS-Bewegung (*Mouvement Anti-Utilitariste dans les Sciences Sociales*) wurde 1981 von einer Gruppe französischsprachiger Wissenschaftler aus Frankreich, Kanada und der Schweiz gegründet. Die ersten Mitglieder sind Wirtschaftswissenschaftler, Ethnologen oder Anthropologen. Sie lehren in Caen (Frankreich) und gruppieren sich um den Wirtschaftswissenschaftler, Soziologen und Leiter der MAUSS-Gruppe, Alain Caillé. Die MAUSS versteht sich als eine „1901"-Assoziation, d.h. eine Assoziation ohne Erwerbszweck. Sie stellt Beziehungen zwischen Forschern her, die sich mit ihrem kritischen Programm weder in den verallgemeinernden Sozialtheorien noch in den partikularistischen sozialen Forschungsarbeiten wieder finden. Ihre intellektuelle Zugehörigkeit sieht die MAUSS-Bewegung in den Arbeiten des Neffen Emile Durkheims, Marcel Mauss (1872-1950), und fühlt sich insbesondere mit seinem bekannten Essay *Die Gabe* (1923/24) verbunden.[1] In diesem, bezogen auf seine Archivarbeit unermesslichen Text, gibt Mauss eine Beschreibung des Zyklus von Geschenken und Leistungen, die gegeben, empfangen und erwidert werden. Diese Gaben sind mit Institutionen des Rechtes und der Religion in den australischen Gesellschaften, in Europa und in den asiatischen sowie amerikanischen Gesellschaften eng verknüpft. Aus der Persepktive von Mauss stellt die Gabe die fundamentale Triebkraft des sozialen Lebens dar.

Die Gabe, dieses spontane und desinteressierte Phänomen, das den anderen zu geben verpflichtet, ohne ihn direkt dazu zu zwingen, soll die Matrix des Sozialen sein? Die Gabe beschreibt den vielfältigen Horizont der Gesellschaft. In ihr spiegeln sich die unendlichen Facetten der konkreten sozialen Tatsachen wider, weswegen Mauss sie als eine „totale soziale Tatsache" bezeichnet. Die Gabe gibt dem Leben der Individuen Sinn, sofern der gesamte Verkehr der Leistungen, der Sachen, der Menschen und Mitteilungen nach dem Zyklus des Gebens, Empfangens und Erwiderns strukturiert ist: Ob die Menschen tauschen, übereinstimmen oder streiten, sich selbst und die anderen wahrnehmen, einander treffen, heiraten oder töten, sich an die Vergangenheit erinnern oder die Zukunft planen, stets geschieht dies aufgrund der fundamentalen Gabestruktur.

Jedoch enthält der Text von Mauss zu wenig, um eine Sozialtheorie ausgehend von der Gabe zu formulieren. Umgekehrt birgt sein Essay fast zuviel, so dass die soziale Polysemie der Gabe in den einzelnen Untersuchungen zur Armut, Vergebung, Unterstützung, zu karitativen Organisationen usw. zu ersticken droht.

Die MAUSS-Bewegung hegt daher folgenden Anspruch: Die Gabe muss aus der empirischen Marginalität befreit werden, in die sie in unseren zeitgenössischen Gesellschaften oft geschoben wird. Aus der Gabe dürfe jedoch keine neue allgemein erklärende große

---

[1] Zu Marcel Mauss vgl. Moebius (2006).

Erzählung über die Gesamtheit der sozialen Phänomene, der Gesellschaften und der Kulturen gemacht werden. Es handele sich vielmehr darum, gleichzeitig zu zeigen, dass die Gabe a) nicht „archaisch" ist und b) eine quasi-geologische, ursprüngliche Schicht, ein „Felsen" des Handelns und des täglichen Lebens sei (Mauss 1999: 264).

Am Anfang der MAUSS-Bewegung stand die Absicht, die Virulenz des Gabetheorems zu verdeutlichen. So ging es den Mitgliedern der Gruppe zunächst darum, einige Textausschnitte von vergessenen Autoren in einem Newsletter zu veröffentlichen. Diesen betitelte man mit *Bulletin du MAUSS* (1982-1988). Die ersten Texte und ihre Autoren waren in der Ethnologie, den Wirtschaftswissenschaften und der Sozialphilosophie verortet. Unter anderem wurden Ausschnitte und Aufsätze von John M. Keynes (Keynes, 1982: 58-66), George Dalton (1982: 77-96), Georg Simmel (1983: 119-135) und Roger Frydman (1984: 9-40) veröffentlicht.

Seit 1985 wurde die sozial- und kulturell-wirtschaftliche Perspektive der MAUSS deutlicher. Sie bestand genauer gesagt aus einem normativen Diskurs über die Wirtschaft auf der Basis einer Denunzierung des nutzenkalkulierenden Egoismus, wie er von den Wirtschafswissenschaften propagiert wird. Damit gewann die MAUSS mehr Aufmerksamkeit unter den Soziologen. Die Jahre 1987-88 zeigten eine entschiedene Wende in diese Richtung. Die Diskussion innerhalb der MAUSS und bezogen auf ihre Konzeption des Sozialen und der Gesellschaft nahm vehement zu. Entsprechend änderte sich die Zeitschrift der MAUSS-Gruppierung. Aus den kleinen Heften des *Bulletin du MAUSS* wurden von 1987/88 bis 1993 16 vierteljährliche Hefte der neu gegründeten *Revue du MAUSS*. Wie das *Bulletin* editiert die *Revue* der Verlag *La Découverte* in Paris, an dem Alain Caillé die Bücherreihe *Recherches/Bibliothèque du MAUSS* leitet.

In ihren ersten Jahren strukturierte sich die MAUSS intellektuell, institutionell und sozial-politisch. Es gelang ihr, die Komplexität der wirtschaftlichen, gesellschaftlichen und soziologischen Debatten, in die sie eingriff und die sie stimulierte, zu reduzieren. Hier haben Marcel Mauss und sein Gabetheorem ihre Autoritätsfunktion geeignet erfüllt. Sie gaben den Autoren der MAUSS-Bewegung eine Legitimität im wissenschaftlichen Feld. Durch ihren Bezug auf Marcel Mauss konnten sie ihre starke Beziehung zur Sozialanthropologie und zur Soziologie belegen. Damit wiesen sie zusätzlich ihre Zugehörigkeit zur Durkheim-Tradition (d.h. der Grundlage der französischen und französischsprachigen Sozialwissenschaften) nach. Marcel Mauss erlaubte ihnen ebenfalls, den nicht dogmatischen Charakter dieser Zugehörigkeit hervorzuheben. Er stellt den Hintergrund für eine Kritik dar, die die MAUSS an unterschiedlichen Soziologen, Wirtschaftsexperten und Politologen übte. Im Wesentlichen diskutierte die MAUSS neumarxistische, post-strukturalistische und post-surrealistische Thesen, mit denen sich einige französische Philosophen anfangs der 1970er Jahre beschäftigten (etwa Jean-François Lyotard, Gilles Deleuze, Michel Foucault, Jacques Derrida, René Girard).

Bei der MAUSS-Gruppe handelt es sich um die erste Bewegung französischsprachiger Intellektueller, die aus unterschiedlichen Disziplinen kommen, die keine Schule und nicht einmal eine richtig strukturierte Forschungsgruppe bilden, die sich dem amerikanischen wissenschaftlichen Modell und der fachdiziplinären Eingrenzungen der Geisteswissenschaften entziehen und die die Globalisierung radikal kritisieren. Die MAUSS spricht sich für eine andere akademische und soziale Welt aus. Sie fördert dabei eine ehrliche, wenn auch kritische Einstellung zu ihren Gegnern. Sie unterstützt ein anti-utilitaristisches und anti-liberales sozialpolitisches Ideal. Diese politisch-praktische sowie geistige Haltung soll

mit der Untersuchung der Gabe einen „dritten Weg" für die Sozialwissenschaften vorberei-
ten, der als „drittes Paradigma" bezeichnet wird (vgl. Caillé 2000).

Der Dritte Weg

Der dritte Weg ist in den Augen der MAUSS-Gruppe ein neuer Weg, den die Soziologie
betreten muss, um effizient gegen die Hindernisse der großen Erzählungen und der kleinen
Kapellstreite, des Holismus und des Individualismus sowohl in der Theorie als auch in der
Praxis anzukämpfen. Frühe Kritiken betrafen weniger die MAUSS-Bewegung selbst – die
Bewegung ist nach wie vor eher unbekannt – als den Garanten ihrer Legitimität: Marcel
Mauss und seine Konzeption der Gabe. Weiner, deren wichtige Aufsätze im *Bulletin du
MAUSS* veröffentlicht wurden (wie z.B. Weiner 1985: 211-215), erwähnt die in der Vor-
und Nachkriegzeit geübten Kritiken an Mauss in Bezug auf das *hau* (d.h. der Geist des
Gebers im Gegenstand, der gegeben wird und der seine Rückkehr in irgendeiner Form zum
Geber erfordert), die Claude Lévi-Strauss (und anschließend Claude Lefort; vgl. Lefort
1979: insbesondere 1402 und 1405) so formuliert: „in der Gabe versucht Mauss verbissen,
ein Ganzes aus Teilen zu rekonstruieren, und da dies offensichtlich unmöglich ist, muß er
diesem Gemisch ein zusätzliches Quantum hinzufügen, das ihm die Illusion gibt, seine
Rechung ginge auf. Dieses Quantum ist das *hau*" (Lévi-Strauss, 1950: xxxviii). Das *hau*
beschreibt die Gabe als das, was nur in der Theorie und nie in der Praxis existiert. Avni
kommt ebenfalls auf Lévi-Strauss und Lefort zurück und übt an Mauss und seinem Gabe-
Theorem eine ähnliche Kritik:

> „Similarly, from the onset, Mauss attributes to the object a force which, in order to be general-
> ized – and thus made into a law – must remain invariable (‚What force does the thing pos-
> sess?'…). This attribution illustrates the naive metaleptic belief that repeated identical ‚effects'
> (the itinerary of the gift) must at all times correspond to the same cause (the so-called ‚force'),
> thus installing, at the heart of the system described by The Gift, a metaphysical construct – in
> contradiction with the empirical (inferring) method which Mauss claims to have adopted." (Avni
> 1985: 744-745)

Schließlich ist vielleicht die Kritik von Lantz die radikalste. Lantz setzt voraus, dass, wenn
Mauss mit der freien Großzügigkeit der Gabe rechnet, er dann in die Falle des Ethnozentrismus tappt:

> „Es reicht nicht aus, wie bei Mauss, die Aufmerksamkeit vom wirtschaftlichen Tausch auf den
> als totales soziales Phänomen konzipierten sozialen Tausch zu richten; dies führt dazu, in der
> Alterität Begriffe wie Markt oder Interesse zu projizieren, die unseren Gesellschaften eigen sind,
> und dabei zu bemerken, daß sie in den archaischen Gesellschaften einen anderen Sinn als in un-
> seren haben." (Lantz 1982: 9-10)

Wenn wir sagen, dass die Gabe die Grundlage des Sozialen sei, ist dies eine Täuschung. Sie
besteht darin, dass die Bedeutungen der Gabe in anderen Gesellschaften und Kulturen nach
der europäisch-zentrierten Deutung der Gabe verstanden werden. Wir schreiben unsere
Definition der Gabe den anderen Gesellschaften und Kulturen zu, die die Gabe praktizieren.
    In den Jahren, in denen die MAUSS als Bewegung konstituiert wird, werden diese kri-
tischen Auseinandersetzungen mit Marcel Mauss nicht breiter diskutiert. Sie werden ledig-

lich im *Bulletin du MAUSS* veröffentlicht. Als akademische und intellektuelle Strategie überzeugt das Manöver, die eigenen Kritiker frei sprechen zu lassen. Diese Einstellung und dieses wissenschaftliche Vorgehen zeigt sich auch in den Aufsätzen von Alain Caillé und seinem Kollegen und Kritiker Serge Latouche.

Caillé greift auf die Gabe zurück, um eine neue Theorie der Sozialisierung zu entwerfen, die auf der Grundlage der alten amerikanischen interaktionistischen Theorie von Charles H. Cooley beruht. Es handelt sich weniger darum, sich mit Cooley, mit seiner Bedeutung für die amerikanische Soziologie, mit seinem Einfluss auf den Forschungsstil der *Chicago-School* oder sich mit seiner Sozialpsychologie, seinem Behaviorismus und Pragmatismus zu beschäftigen. Eher geht es darum, von ihm einige Begriffe zu entleihen und sie neu zu formulieren. Caillé entnimmt von ihm die Begriffe „primäre Gruppe" und „sekundäre Gruppe", aus denen er die „primäre Sozialität" und die „sekundäre Sozialität" konstruiert. Die primäre Sozialität bezeichnet die „Geselligkeitsformen", die zwischen nahen Familienmitgliedern und Verbündeten bestehen, die Privatsphäre (vgl. Caillé 1982: 65, 72) und schließlich die Gabe (sowohl in ihren positiven Formen, die mit dem Geben verbunden sind, als auch in ihren negativen Formen, die mit dem Nehmen verbunden sind; vgl. Caillé 1991: 111 ff.). Die sekundäre Sozialität variiert analog dazu. Sie bezeichnet zuerst das Verhältnis zu der Gesamtheit der Gesellschaft, die „Sozialitätsformen" (Caillé 1982: 65), den öffentlichen Raum (Caillé 1982: 72). Sie bedeutet aber auch Krieg und Markt (vgl. Caillé 1991: 111 ff.). Bei Cooley erlaubte Sozialität, die Soziologie und die Sozialpsychologie von einer Konzeption der Gesellschaft als Aggregation von Individuen zu unterscheiden. Bei Caillé wird daraus ein normatives Moment, mit dem sich für die Gabe/für den Anti-Utilitarismus oder gegen die Gabe/für den Utilitarismus entschieden wird. Von der primären zur sekundären Sozialität überzugehen bedeutet, den Menschen zu funktionalisieren. Dies ist das Projekt des modernen Kapitalismus, der damit die Kraft der Beziehungen zwischen Angehörigen auslöscht. Daher, sagt Latouche, muss man aus dem kapitalistischen Regime und im Allgemeinen aus den „Lügen der Demokratie" ausbrechen. Mit Wörtern wie „Justiz" und „Entwicklung" drängt sie in der Tat dem ganzen Planet eine Okzidentalisierung auf, die dem amerikanischen Imperialismus parallel und von gleicher Natur sei. Der Anti-Utilitarismus von Caillé kämpft gegen die Reduktion des Gesellschaftlichen auf das Individuum oder auf die Gemeinschaft. Latouche greift diesen Ansatz innerhalb eines gegen die Globalisierung gerichteten Diskurses auf (vgl. Latouche 2002: 77). Zwischen Caillé und Latouche gibt es eine Komplementarität in der Denunzierung der Ungerechtigkeiten, die in den modernen kapitalistischen Demokratien herrschen und die diese auf der ganzen Welt verbreiten: Caillé verurteilt den Utilitarismus in der Theorie und in den modernen abendländischen Gesellschaften. Latouche erweitert diese Kritik auf die Praxis und bezieht sie auf die Fragen der Nutzung der Natur und der Kultur der Drittweltländer und der damit gekoppelten begrenzten wirtschaftlichen, sozialen, kulturellen und politischen Entwicklungsmöglichkeiten dieser Länder.

Serge Latouche und die Position des „anti-mondialisme"

Abgesehen von diesem Grundkonsens unterscheiden sich Caillé und Latouche in fast allen anderen Punkten. Diese Differenz führte zu einer Unter-Debatte in den Diskussionen der MAUSS-Gruppe. Seit 1993 war der Streit in der *Revue* besonders deutlich, auch wenn er nie explizit und offen ausgefochten wurde. Er erreichte seinen Höhepunkt im Jahre 1998, als Latouche die Nachhaltigkeit des Paradigmas der Gabe in Frage stellte (vgl. Latouche 1998: 311-322). In seiner Kritik ging er davon aus, dass ein „wesentlicher Kern" (Latouche 1998: 82) der Wirtschaft verdorben ist; der hindert sie, die Schäden zu integrieren, die der Kapitalismus in der Praxis verursacht (vgl. auch Latouche 2001: 57 ff.). Dies sei in jeder Art der Wirtschaft deutlich, die von der „Mutter-Wirtschaft", d.h. vom (ultra)liberalen und demokratischen Kapitalismus geleitet wird (über die Verbindungen zwischen kapitalistischer Wirtschaft und ökonomischer Konzeption der Justiz in den modernen Gesellschaften vgl. Latouche 2003b). Alle Formen der Hilfe für die Drittweltländer, alle Versuche, eine solidarische Wirtschaft auf der Basis eines „gerechten Handels" einzurichten, brechen nicht mit diesem wesentlichen Kern.

Die Versuche bleiben grundsätzlich mit einer Ideologie der Okzidentalisierung der Welt durch die Entwicklung wirtschaftlicher Verhältnisse miteinander verbunden, und zwar nach Regeln, die der Kapitalismus in deren modernen demokratischen Gesellschaften diktiert. So dass sich die Wirtschaft der Drittweltländer auf Kosten jener entwickelt, die daraus eigentlich wirtschaftliche und soziale Gewinne bekommen müssten, nämlich: die Bevölkerung dieser Länder (vgl. insbesondere Latouche 2000). Im Grunde, sagt Latouche, gibt es keine andere Alternative zum Kapitalismus und zur Okzidentalisierung der Welt außer eine klare, gegen die Globalisierung gerichtete Einstellung. Dies setzt den Verzicht voraus, den Drittweltländern zu helfen, um bei ihnen und für sie den unabhängigen Betrieb ihrer eigenen Gesellschaft zu fördern. Wenn eine andere Welt möglich ist, kommt sie von der möglichen Welt der anderen. Unsere Welt kann ihre Solidarität zeigen, indem sie ihren Lebensstandard reduziert, um Reichtum für andere Welten zu ermöglichen (Latouche 2003b: 18-19; vgl. auch die folgenden Internet-Seiten: www.decroissance.org; www.etats-generaux. org; www.consomme.org).

Für Caillé ist diese Ansicht zu extrem. Statt die Globalisierung zu denunzieren, denkt er über die Integration der Gesellschaften anhand der Gabe nach. Die Gabe als Paradigma, sagt Caillé, verspricht eine neue Gliederung des Marktes und des Staates „in einer sozialen und politischen Ordnung, die Sinn für alle macht" (Caillé 1996: 204). Sie ist ein kosmologisches Prinzip: „Die ganze Welt, die soziale Welt wie die Tierwelt oder das Weltall kann nur mit der Gabe oder mit Diebstählen, d.h. mit umgedrehten Gaben, reproduziert und organisiert werden, in der Personen, lebenswichtige Prinzipien oder an sich antagonistische Kräfte ausgetauscht werden." (Caillé 1991: 64) Damit wird nahe gelegt, dass man an der Fähigkeit der Selbstverwaltung und der Reproduktion der solidarischen Wirtschaft und des gerechten Handels zweifeln darf (vgl. Caillé 2003: 215-236). Dies bedeutet jedoch nicht, dass die solidarische Wirtschaft „utilitaristisch" und „okzidentalistisch" wäre. Caillé lehnt das ab, was Latouche akzeptiert (cf. Latouche 2003a: 145-150), nämlich einen deutlichen Bruch mit dem wirtschaftlichen Ethos, das die modernen demokratischen Gesellschaften beherrscht. Für Latouche ist dieser Bruch unvermeidlich, und er bedeutet auch, mit der Gabe zu brechen. Wenn man es genau beobachtet, dann kann man feststellen, dass alle nicht kommerziellen Gesellschaften der Welt nicht nach dem Prinzip *des do ut*, der Zirkulation von Schulden, funktionieren. Die Gabe kann es dort wirklich geben, wo Schulden erzeugt werden, d.h. wo das kapitalistische wirtschaftliche System fast die ganze Kultur und die ganze Gesellschaft umfasst. Die Gabe ist also kein Paradigma, sondern das unglückliche Bewusstsein der Moderne. Wer sie als Paradigma wahrnimmt, fördert und füttert

MAUSS: Mouvement Anti-Utilitariste dans les Sciences Sociales

eine akademische und soziale (post)koloniale Ideologie, die den Vorgang der Okzidentalisierung der Welt sichert und gelten lässt.

Anstatt die MAUSS-Bewegung und Caillé zu beeinflussen oder die grundlegenden Thesen des Anti-Utilitarismus von 1982 bis 1987 zu radikalisieren, macht die Kritik von Latouche Werbung für die MAUSS-Bewegung. Sie findet eine Rezeption bei deutsch- und englischsprachigen Verbündeten (vgl. das radikal-theoretischste und internationalste Heft der *Revue du MAUSS* von 2004). Die Internationalität spielt hier eine wichtige Rolle. Sie bringt *de facto* mehr Komplexität ins Forum der MAUSS (i.e. andere Denktraditionen mit anderen Blinkwinkeln, Fragestellungen, Begriffen), das in alten regionalen und nationalen Streiten rasch erschöpft zu werden droht. Die internationalen Freunde von Caillé (wie z.B. Hans Joas, Axel Honneth, Amitaï Etzioni, Mary Douglas, Ernesto Laclau, Chantale Mouffe usw.) bieten andere Perspektiven auf praktische kulturelle und soziale Probleme an, die die Globalisierung stellt. Die Strategie ist nicht wirklich neu. Während der Jahre des Aufbaues ihres theoretischen Rahmens greift die MAUSS-Bewegung bereits auf „das Außen" zurück. Sie sucht Ansprechpartner in der Welt der Frankophonie, insbesondere in Kanada und in der Schweiz. Die kanadischen und schweizerischen Freunde helfen den Maussianern grundsätzlich, der Bewegung ein ausreichend intellektuelles und kritisches Ausmaß in den Wirtschafts- und Sozialwissenschaften zu verschaffen (wie z.B. Jacques T. Godbout, Honorarprofessor am Nationalen Institut der Wissenschaftlichen Forschung in Kanada, G. Berthoud, Prof. em. für Anthropologie und G. Busino, Prof. em. für Soziologie an der Universität Lausanne in der Schweiz, an der Caillé lehren wird, sowie der Philosoph J. Dewitte in Berlin), die von den entscheidenden Beiträgen Caillés über die Gabe als Struktur der sozialen Praktiken angetan sind. Die theoretische Diskussion, die 1982 beginnt, endet vierzehn Jahre später mit einem großartigen Text von Caillé: „Ni Holisme, ni individualisme méthodologiques. Marcel Mauss et le paradigme du don" (Caillé, 1996: 12-59).[2] Dieser Aufsatz bietet die Grundlage für eine Analyse der Gesellschaft anhand der Gabe. Er kündigt jedoch den Bruch mit dem Versuch an, die MAUSS-Perspektive im Rahmen einer grundlegenden und entschlossenen anti-utilitaristischen Theorie der Gesellschaft aufzustellen. Dieser doppelte Verzicht wird durch den Misserfolg der Debatte mit dem kanadisch-schweizerischen Soziologen Michel Freitag bestätigt.

Michel Freitag und die totale Gesellschaft

Freitag ist ein in Frankreich und im französischsprachigen Québec (Kanada) bekannter Soziologe. Er sowie seine Zeitschrift *Société* sind jedoch auf der internationalen Bühne des Faches weniger bekannt. Stellen wir ihn zunächst kurz vor. Wie Caillé führt Freitag Anfang der 1980er Jahre an der Universität Québec in Montreal (UQAM) eine Debatte über die Bedingungen der gesellschaftlichen Reproduktion und die Kritik der Postmoderne. Er gewinnt die Aufmerksamkeit zahlreicher post-marxistischer/post-hegelianischer kanadischer Soziologen (wie z.B. O. Clain und G. Gagné, beide Prof. für Soziologie an der Universität Laval/Québec-Kanada, M. Gauchet, Prof. an der EHESS-Paris) und von einigen seiner französischen Freunde (etwa J.-J. Goux). Wie Caillé gründet er eine kleine Gruppe an der UQAM. Freitag ist großzügig in der Gabe und ein wahres Arbeitstier. Er ist fähig, um die

---

[2] Dieser Text liegt nun in deutscher Übersetzung vor (vgl. Moebius/Papilloud 2006).

600 Seiten in weniger als drei Monaten zu schreiben. Dies zeigt er, als er 1986 die zwei Bände seiner *Dialectique et Société* veröffentlicht. Er wiederholt seine Leistung in seiner Zeitschrift *Société*, in der er meistens lange Aufsätze zwischen 40 und 50 Seiten (z.B. Freitag 1987: 77-130; 1989: 45-127) publiziert. Freitag ist ein Soziologe der Maßlosigkeit. Trotzdem bleibt *Société* wie das *Bulletin du MAUSS* eine kleine Zeitschrift vom soziologischen Departement der UQAM, die kaum eine Rezeption – außer bei den Studenten im Departement – erfährt. Dies wird Mitte der neunziger Jahre anders. Die Zeitschrift wird neu konzipiert, und die Gruppe von Freitag öffnet die Diskussion entsprechend. Sie ist nicht mehr ausschließlich mit der Theorie Freitags verbunden, wie dies zwischen 1984 und 1989 der Fall war (vgl. Freitag 1984a: 75-98; 1984b: 103-136; 1985a: 17-38; 1985b: 125-150; 1987a: 13-66; 1987b: 101-142; 1989a: 26-37; 1989b: 38-63). Sie zeigt mehrere Konvergenzpunkte mit der Perspektive der MAUSS-Bewegung und dem neuen Gebrauch der Gabe, den Caillé forciert. Freitag veröffentlicht ebenfalls einen Auszug aus einem Buch Caillés in *Société* (vgl. Caillé 1987: 63-76). Hinter diesem institutionellen Austausch zwischen zwei Kollegen und Freunden steht allerdings eine entschiedene Meinungsverschiedenheit.

Die Gabe ist für Caillé der Ursprung „des einzigen eigentlich soziologischen Paradigmas, das denkbar und haltbar ist" (Caillé 1996: 190). Der Globalisierung gegenüber gewinnt die Gabe noch mehr an Aktualität. Sie führt zu Fragen nach der Erhaltung und Nachhaltigkeit der primären und sekundären Sozialität im Puls der Globalisierung. Wie erlauben primäre und sekundäre Sozialität das Aufrechterhalten einer Demokratie und einer Solidarität in der Weltgesellschaft (vgl. Caillé 2000: 261-267)? Für Freitag stellen dieser Diskurs und diese Fragestellung die Prioritätsordnung zwischen Gabe und Gesellschaft um. Die Gabe erstellt keine Gesellschaft. Die Gesellschaft erstellt die Gabe. Die Gabe erlaubt es nicht, die Natur der Beziehungen zwischen Gesellschaft, sozialen Verhältnissen und sozialen Praktiken zu unterscheiden. Die Gabe vermischt alles. Dagegen könnte gefragt werden, warum es wichtig wäre, sich Gedanken über diese Beziehungen zu machen. Nach Freitag schafft man sich damit den einzigen möglichen Zugang zur wissenschaftlichen Begründung der Legitimität der sozialen und politischen Hoffnung, die die Gabe trägt. Daraus ergibt sich die Notwendigkeit, in der Soziologie mit einer grundlegenden erkenntnistheoretischen Untersuchung erneut und gezielt anzufangen, die über diese Beziehungen zwischen Gesellschaft/sozialen Verhältnissen/Praktiken durchzuführen ist. Sie werden nicht beliebig hergestellt, sondern nach einer bestimmten Logik, die rekonstruiert werden muss. Dies ist die Aufgabe, die Freitag der Soziologie zuweist. Wenn sie diese Aufgabe erfolgreich erfüllen will, muss sie von einer ontologischen und normativen Konzeption der Gesellschaft ausgehen. Die Soziologie hat keine andere Wahl: Sie muss die Gesellschaft als den ontologischen Garant der Reproduktion und der immanenten Veränderung von sozialen Verhältnissen und sozialen Praktiken konzipieren (vgl. Freitag 1986b: 14 ff.).

Jede menschliche Handlung ist der nicht neutrale Ausdruck eines Standpunkts. Nichts wird „zufällig" ausgedrückt. Das Bewusstsein ist immer „Bewusstsein von". Entsprechend haben das Gesagte und Gemachte immer einen Ort in der Welt. Sie bezeichnen immer eine Position in den Verhältnissen zu anderem (wirklichem oder dargestelltem) Gesagten und Gemachten und schließlich zur ganzen Gesellschaft. Daraus beziehen sie ihre jeweilige „Daseinsberechtigung" und „Zweckbestimmung" (Freitag 1986b: 177 ff.). Dies ist die allgemeine Bedeutung des Begriffs „Normativität". Er findet seine Rechtfertigung im systemimmanenten und selbstreflexiven Charakter der sozialen Praktiken und der sozialen Verhältnisse. Jedes soziale System, jede als ein System betrachtete Praktik findet ihre Position in einer „Grammatik" von Praktiken. Diese Grammatik ist als harmonisierte geregelte Gesamtheit von systemischen, nicht-neutralen Aktivitäten zu denken, die in sozialen Systemverhältnissen verankert sind, deren Aufkommen und Entwicklung eine Ordnung *a priori*, eine vor-existierende Gesamtkohärenz voraussetzt. Diese „Ordnung" ist die „Gesellschaft", nicht als Wirklichkeit, sondern als unsichtbare/abwesende Begründung des normativen Sinns der sozialen Praktiken und der sozialen Verhältnisse. Die „Gesellschaft" legitimiert ihre soziale Natur, ihre funktionelle und systemimmanente Harmonisierung, ihre selbstreflexiven Veränderungen. Die Anwesenheit der Normativität in der individuellsten Einstellung zur Welt führt zur Aufdeckung der Präsenz eines Wesens der Gesellschaft als „spezifischer menschlicher Umwelt" (vgl. Freitag 1986b: 11 f.).

Der Mensch wird in einem „Milieu" sozialisiert. Er erwirbt die Fähigkeit, sich Gedanken über die (Um)Welt zu machen, seine (menschliche, natürliche, kommunikationelle) Umgebung darzustellen und zu interpretieren, sie zu benennen und zu benutzen. Jede Praxis, jede Aktivität, jede Wechselwirkung ruft diese Grammatik hervor. Sie spiegelt sich in den Entwicklungsstufen der Gesellschaft wider, und sie reproduziert sie. Jede menschliche Handlung erinnert an die nie *als totale soziale Tatsache anwesende*, sondern an die *aus den Tatsachen erwiesene totale* Gesellschaft, deren transzendentale Referenz sie ist. Die „Gesellschaft" ist eine unsichtbare Verbindung im Leben der Menschen, zwischen ihrer inneren Welt und der Außenwelt der Praxis. Welt, Außenwelt und die Verbindung hängen von grundsätzlich unterschiedlichen Prinzipien ab. Die Verbindung interessiert die Soziologie. Sie ist eine Vermittlungsinstanz, die dem Leben Formen gibt.[3] Die Gabe ist ein symbolisches Merkmal der „Gesellschaft". Aber sie ist weder das Einzige noch das Erste, und sie widersteht nicht unbedingt den zeitlichen und räumlichen Veränderungen der Gesellschaften. Folglich kann die Gabe nicht als die allgemeine symbolische Vermittlungsinstanz gelten, wie dies Marcel Mauss vorschlägt und wie es Caillé behauptet. Freitag baut dies in seiner Theorie der gesellschaftlichen Reproduktionsmodi weiter aus.

Es handelt sich um eine historisch-anthropologische Theorie, die auf drei zentralen Begriffen ruht, die drei Modi der sozialen Differenzierung oder genauer: drei unterschiedliche Formungen der Gesellschaft aus den sozialen Praktiken und Verhältnissen aufweist. Diese Modi sind: a) der symbolische Modus, b) der politisch-institutionelle Modus und c) der entscheidungsoperationelle Modus. Der erste Modus ist der in Raum und Zeit am meisten verbreitete und der wichtigste von den drei. Überall auf der Erde kann er gefunden werden. Aber ihn teilt man nur schwer. Wenn die Symbolisierung allen menschlichen Wesen eigen ist, sind die Bedeutungen von Symbolen zwar kommunikativ, jedoch sehr verschieden, genauso wie ihre kulturelle und soziale Gestaltung. Der zweite Modus ist von durchschnittlicher Reichweite. Er ist weniger in Zeit und Raum verbreitet. Wegen der fortschreitenden Entstehung von Institutionen – darum bezeichnet man ihn als politisch-institutionellen Modus – schließt er zahlreiche Gesellschaften im Reproduktionsvorgang ein. Der dritte Modus ist am wenigsten in Zeit und Raum verbreitet. Ihm entspricht nur der neue Gesellschaftstypus der Post-Modernität. Er ist dagegen komplexer als die zwei anderen und er kann alle Dimensionen des sozialen Lebens einschließen.

Der Übergang vom einem zum anderen Modus führt dann von der vor-modernen Gesellschaft zur post-modernen Gesellschaft über die moderne Gesellschaft. Dieser Übergang wird nicht nur durch Veränderungen charakterisiert, die die Gestaltung und die Formung

---

[3]   Freitag beschreibt sie wie eine „symbolische Vermittlungsinstanz" (vgl. Freitag 1986: 11).

der Gesellschaft betreffen. Die Bedeutung der „Gesellschaft" wird verdinglicht. Das symbolische Merkmal der Vermittlung „Gesellschaft" verringert sich und verschwindet. Geschieht dies, dann verliert die „Gesellschaft" ihre Bedeutung als Verbindung zwischen der inneren Welt der Individuen und der Außenwelt ihrer Praktiken und Aktivitäten. Damit erklärt sich das Problem der post-modernen Gesellschaft: Sie wird reproduziert, ohne auf die sozial-kulturellen und politischen Lebenskünste zurückzugreifen. Sie lebt als konkrete naturalisierte Gesellschaft vom Vergessen der horizontalen „Gesellschaft". Sie gibt den sozialen Praktiken andere Ziele, als die „Gesellschaft" zu reproduzieren. Um ihr Überleben zu gewährleisten, muss jedoch dieser Reproduktionsmodus auf das Prinzip einer symbolischen Vermittlung beruhen. Zunächst (i.e. in der Moderne) war es die Aufgabe der Wirtschaft, ein solches Prinzip zu sichern. Mit „Markt", „Geld", „Börse", „Bank" bot sie ein Arsenal neuer Medien an, das die Reproduktion der „Gesellschaft" unterstützte. Hier fand der Utilitarismus seinen wirklichen „Nutzen": Er verlängerte das Prinzip der „Gesellschaft", er gab ihm eine Zukunft. Nach Freitag leugnet dies Caillé, wenn dieser den Utilitarismus als das Übel bezeichnet, das von Plato bis Bourdieu das soziale System immanent zerstöre (vgl. Caillé 1994). Es ist unnötig, dass Caillé den Übergang von der primären Sozialität der Gabe zur verdinglichten modernen sekundären Sozialität kritisiert. Und es ist ganz einfach falsch, die Gabe als „Felsen" unserer Praktiken zu verstehen, wie dies Mauss tat, und diese reine Voraussetzung ideologisch zu benutzen, um damit auszudrücken, dass die Gesellschaft kontinuierlich an die Probleme angepasst werden muss, die sich aus ihrer Differenzierung und ihrer Spezialisierung ergeben haben. Dies ist ein anthropologisch-historisches und systemimmanentes Problem, das nicht wegen Pervertierung von Gaben entstanden ist und das die Gabe nicht löst, auch wenn sie in unseren (post)modernen Gesellschaften rehabilitiert werden sollte.

Die Entstehung einer Post-Modernität hat viel radikalere Folgen: Die deutliche Reduktion des Symbolischen auf das Pragmatisch-Förmliche, d.h. die wachsende globale, unwiderrufliche Verdinglichung der „Gesellschaft" durch die täglichen Entwicklungen von sozialen Praktiken. Es gibt keine Vergebung. Freitag gibt eine Beschreibung der post-modernen Gesellschaften, die den dunkelsten Seiten eines Theodor Adornos oder eines Arnold Gehlens gleicht. Wir sind in einer Gesellschaft, die zwar weiter lebt. Aber ihre Reproduktion beruht immer weniger auf der immanent normativen Logik unserer sozialen Praktiken. Die Gesellschaft lebt ohne uns, ohne unsere Meinung, allein aus unserer Existenz. Das Subjekt hat sich auf eine bloße Vermittlungsinstanz reduziert, und funktional gesehen gleicht es anderen Vermittlungsinstanzen der Symbolisierung im Prozess der rein formal fabrizierten sozialen Synthese.

Caillé lehnt die Theorie von Freitag ab, die weniger eine Theorie darstelle, als vielmehr eine prophetische Weltanschauung. Dem stimmt ein Freund von Michel Freitag, Aldo Haesler, zu. Wie Caillé ist er Wirtschaftswissenschaftler und kommt von der berühmten schweizerischen Universität St. Gallen. Als junger Promovierter fliegt er nach Kanada zu Michel Freitag, im Gepäck eine innovative Tauschtheorie.

Aldo Haeslers Tauschtheorie

Wenn Freitag die „Gesellschaft" als eine „symbolische Vermittlungsinstanz" auffasst, sagt er dann nicht das Gleiche wie Caillé, der die Gabe als den symbolischen Garant und die Legitimität der (primären und sekundären) Sozialität betrachtet? Aus der Analyse von Haesler ergibt sich, dass weder Caillé noch Freitag wissen, woraus die Zirkulation der Gabe und die Reproduktionsmodi der Gesellschaft, die die Dynamik der Sozialität und der Nachhaltigkeit der solidarischen Gesellschaft begründen, bestehen. Diese Feststellung taucht bereits in der Dissertation von Haesler auf (vgl. Haesler 1982). Aber noch heute überrascht sie mit ihren Thesen. Sagt Caillé nicht, dass die Dynamik der Sozialität in der Zirkulation des Gebens, Empfangens und Erwiderns liegt? Beschreibt Freitag nicht drei Logiken der sozialen Differenzierungen der Gesellschaft, die die Grundlage ihrer Reproduktion abgeben?

Doch, antwortet Haesler. Aber Caillé und Freitag setzen zuviel voraus, wie beispielsweise eine bestimmte Richtung der gesellschaftlichen Entwicklung, die eher optimistisch (die durch die Gabe stimulierte Entwicklung einer gerechteren „sozialen Wirtschaft" und die Ehrlichkeit der „solidarischen Ökonomie" bei Caillé) oder umgekehrt pessimistisch (die Verdinglichung der Gesellschaft, den Verlust der „Gesellschaft" als Horizont der Existenz der Einzelnen und der Verlust der Normativität zugunsten des Pragmatismus und der Formalisierung des Alltagslebens) ausfällt. Dies setzt die Tauschtheorie nicht voraus. Sie stellt sich die Frage der Ausdifferenzierung der Gesellschaft in der Moderne eher so: Wie kann eine Gesellschaft ihre Perspektive auf Dauer, d.h. im Wandel aufrechterhalten und pluralisieren? Auf diese Frage kann Caillé keine Antwort geben. Die Gabe an sich führt zu keiner Theorie des sozialen Wandels. Sie betont die Relevanz empirischer Beispiele, die die Bedeutung der *Zirkulation* der Gaben, der Kraft der kollektiven Gewohnheiten, einander etwas zu geben/empfangen/erwidern, für das allgemeine Problem des menschlichen Tausches ausmacht. Damit ist nicht gesagt, dass die Gabe nur als Randphänomen zu betrachten wäre. Sie ist schon deshalb wichtig, weil sie überall auf dem Erdball immer noch ausgeübt wird. Jedoch erlaubt die Gabe nicht, eine klare Unterscheidung zwischen Gesellschaften der primären und denen der sekundären Sozialität zu formulieren. Die Gabe reproduziert Aristoteles' Bild des geordneten Kosmos, in dem alles immer seinen richtigen Platz findet.

Bei Freitag sieht es ähnlich aus, nur umgekehrt. Der Gesellschaftsbegriff (als konkrete Gesellschaft und als „Gesellschaft", i.e. Horizont) ist viel allgemeiner, abstrakter, globaler als die Gabe. Deswegen kann man anhand von diesem Begriff nicht genau zwischen der Gesellschaft als Horizont ihrer Formen und diesen Formen selber im Alltag der sozialen Praktiken unterscheiden. Folglich hat man kein entscheidendes Unterscheidungskriterium, das uns erlauben würde, die drei Reproduktionsmodi der Gesellschaft voneinander zu differenzieren. Man weiß nicht, weshalb der symbolische Modus mit dem Regime der Postmoderne verschwinden müsste. Warum jetzt und nicht früher? Warum nur in unseren (post)industriellen Gesellschaften? Tatsächlich ist die verdinglichte post-moderne Gesellschaft noch eine symbolische Form der Gesellschaft, die schon (und wenn auch nur) als Form Sinn hat/macht. Schließlich (und wie bei Caillé) schlägt Freitag eine Entwicklung der Gesellschaft vor, deren evolutionistische Stadien (i.e. der Übergang von einem Modus der gesellschaftlichen Reproduktion zu einem anderen) mit den Gesetzen des objektiven Geistes der soziologischen Vernunft identifiziert wird. Gesellschaft wird zum erkenntnistheoretischen Gegenstand, deren Gesetze sich in den Augen der Soziologen widerspiegeln. Wie schon Marcel Mauss gegen Durkheims Vorstellung der sozialen Arbeitsteilung bemerkt hat (vgl. Mauss 1999: 164, 268), wäre es leicht zu zeigen, dass das Pragmatische, das Förmliche und das Entscheidungsoperationale schon im Regime des Symbolischen und nicht als Randphänomen auftauchen (z.B. die Erfindung der Schrift) und dass die sekundäre Sozialität im Zentrum der primären Sozialität eine wichtige Rolle für die Reproduktion dieser spielt (z.B. Krieg). Kurzum: Die Tauschtheorie soll eine Theorie des sozialen Wandels liefern, was weder Caillé noch Freitag gelungen ist. Sie muss klären, wie die Differenzierung der gesellschaftlichen Ausdifferenzierung funktioniert. Damit muss zu dem Ort zurückgekehrt werden, an dem sich diese Differenzierung ereignet: Zum Tausch, zu den menschlichen Beziehungen, zur Wechselwirkung, zur Interaktion, zum *face-to-face*, zur Dialogie, kurzum: Zum Phänomen der Relation.

Die Arbeit von Haesler besteht darin, ein erkenntnistheoretisches Modell des Tausches zu konstruieren. Er geht von der Unterscheidung zwischen wirtschaftlichem und symbolischem Tausch aus.[4] Es sind zwei originäre Austauschformen, die die Basis Haeslers partikularistischer Ontologie bilden. Haesler rechnet nicht mit einem Wesen der Gesellschaft als symbolische Vermittlung oder mit einem Wesen des Sozialen, das seine ursprüngliche Form in der Gabe hat. Die Gesellschaft besteht aus den Beziehungen zwischen zwei grundlegenden Austauschformen, die weder zur Verschmelzung der Menschen noch zu einer gegenseitigen Gleichgültigkeit führen. Es handelt sich um eine Ontologie der Beziehung, die als „Tausch" gedeutet wird, d.h. als allgemeines Muster der Verbindungen der Menschen, Dinge, Ereignisse und Kommunikationen miteinander. Die symbolische oder sozial-kulturelle Form des Tausches integriert die Gesamtheit der sozialen Praktiken zu einer Einheit. Diese Form enthält auch die wirtschaftliche Form des Tausches. Im Laufe der Zeit befreit sich die Form des wirtschaftlichen Tausches von den sozial-kulturellen Kontrollen des symbolischen Tausches. Die Überproduktion von Objekten, Waren und Werten stellt den symbolischen Tausch vor das Problem, die Pluralität der sozial-kulturellen Praktiken, die entsprechend entwickelt worden sind, und ihre Beziehungen miteinander zu integrieren. Ein Gegenstand/ein Wert setzt eine bestimmte Wahrnehmung/Vorstellung, eine Gestik und eine Sozialisierung voraus, aus der sich eine spezielle Praxis ergibt, die von jeder anderen unterschieden wird. Diese bedeutsame Revolution des sozialen Lebens bezeichnet die Ausbreitung des Neolithikums (10000 v. Chr. in Asien; 6000 v. Chr. in Europa).

Im Alltag ändert sich das Leben radikal. Die Wirtschaft ruht auf einer standardisierten Produktion von Objekten und nicht mehr auf der Jagd und der Ernte. Die segmentären Gruppen wandern weniger. Sie bleiben meistens an einem Ort verankert und entwickeln Allianzen mit anderen Gruppen, um sich vor allen möglichen Gefahren zu schützen. Haesler ist hier mit Freitag einig in der Feststellung, dass vor dem Neolithikum die Gabe weder die sozialen Praktiken organisiert noch bezeichnet. Vor dem Neolithikum handelt es sich eher um Verhandlungen mit den aufgetretenen menschlichen, natürlichen oder kommunikativen Hindernissen. Diese Verhandlung kennt verschiedene Modalitäten zwischen Flucht und Angriff, wie das Ausweichen, den Nomadismus, die Gespräche innerhalb der Gruppen oder mit den Göttern usw. Die Gabe als strukturiertes Moment des Gebens/Empfangens/ Erwiderns erscheint nach dem Neolithikum, wenn es darum geht, Allianzen mit andern (Menschen, Tieren, Göttern) zu stabilisieren, um den Schutz der Bevölkerungen zu sichern. Das Neolithikum ist ebenfalls die Zeit, in der die Kultur sozialer Verhältnisse nicht mehr prinzipiell auf der Interpersönlichkeit beruht. Die *face-to-face-Beziehung* organisiert die Beziehungen zwischen Gruppen und mit den Göttern oder mit der Natur. Sie gleicht dieser „symbolischen Vermittlung", von der Freitag spricht, dieser primären Sozialität Caillés, die die Gesamtheit der menschlichen sozialen Praktiken integriert. Mit dem Neolithikum stabi-

---

[4]   Den Ausdruck „symbolischer Tausch" (nicht die Bedeutung) übernimmt Haesler von Jean Baudrillard (vgl. Baudrillard, 1976), der eine ähnliche Kritik der Gabe wie Haesler formuliert (vgl. Baudrillard, 1976: 63, Fn. 1). Zu Jean Baudrillard vgl. den Beitrag von Michael Schetsche und Christian Vähling in diesem Band.

lisieren sich die Allianzen zwischen Gruppen. Von nun an gewinnen die Beziehungen zwischen Gruppen an Bedeutung im Bereich der Interpersönlichkeit. Sie entwickeln sich zu den Verhältnissen, auf die in jeder Situation des praktischen Lebens zuerst zugegriffen wird, um jenem Alltag seine Ordnung zu geben. Sie sind die neuen Pfeiler der Gesellschaft und der Kultur, das Integrationsprinzip der Lebenskünste, die symbolische Vermittlung und das Sozialisierungsorgan schlechthin. Die Gabe symbolisiert diese neue gesellschaftliche Wende. Mauss hat dies mit der Bemerkung unterstrichen, dass die Gabe zuerst und vor allem ein Gruppenphänomen sei (vgl. Mauss 1999: 173f.).

Nach Haesler bedeutet dies, dass die Gesellschaft auf einen Angriff reagiert hat. Der symbolische Tausch ist von der wirtschaftlichen Form des Tausches in seiner Integrationskapazität für die sozialen Praktiken zurückgedrängt worden. Ab jetzt muss er mit den wirtschaftlichen Formen des Tausches rechnen, um die Konstruktion der Kultur stabilisieren zu können. Die Gabe ist also der empirische Indikator der wachsenden Diskrepanz zwischen symbolischem und wirtschaftlichem Tausch.

Hier ist man weit vom anti-utilitaristischen Diskurs der MAUSS-Bewegung entfernt, in dem die Gabe das Gegenteil des Handels ist. Haesler sagt eher: Die Gabe führt zum Handel. Die Gabe in der Form von Geldspenden, die sich immer mehr steigern, wie es uns von den griechischen und römischen Philosophen dieser Zeit in zahlreichen Texten überliefert worden ist (z.B. Senecas *De Beneficiis*), führen zu einer zweiten Revolution der Integration von sozialen Praktiken in der Renaissance. Die institutionellen Verhältnisse gewinnen an Bedeutung. Sie integrieren bald die Gesamtheit der sozialen Praktiken. Ihre Formen findet man im Rahmen aller anderen sozialen Verhältnisse. Schließlich wird die Moderne als ein Übergang zu einer gemeinsamen Nutzung der Natur und der Umwelt charakterisiert. Der symbolische Tausch hat sich stetig reduziert zugunsten des wirtschaftlichen Tausches, der in der Moderne der Hauptfaktor des sozialen und kulturellen Wandels wird. Diese drei Phasen des Wandels können gemäß drei Modi der Spieltheorie formuliert werden, denen drei Dynamiken der Konkurrenz zwischen den beiden Austauschformen entsprechen.

Das erste Moment, das die neolithische Revolution kennzeichnet, entspricht einer gesellschaftlichen Organisation, die nach dem Prinzip des Spiels mit negativer Summe funktioniert. Die Menschen investieren in den Aufbau einer Gesellschaft. Aber sie verlieren das, was investiert wurde. Die Stabilität der Gesellschaft ist verletzlich, weil sie auf interpersönlichen Verhältnissen, Vertrauen und gegenseitigem Wohlwollen beruht, die im Spiel der Allianzen ihre Festigkeit verlieren. Die Entdeckung Amerikas und die Renaissance eröffnen ein Null-Summen-Spiel. Die institutionellen Verhältnisse garantieren, dass man nicht verliert, was in die Weiterbildung der Gesellschaft investiert wurde. Zwar gewinnt niemand wirklich etwas im (symbolischen und wirtschaftlichen) Tausch. Aber man kann von der Investition leben, wenn man sich auf Institutionen verlässt, wie z.B. auf Handelsmessen, die die lokale Wirtschaft bereichern, auf Staaten, die die Kirche und die Herrschenden der Wirtschaft langsam entthronen, auf Banken, auf Ausbildungssystemen usw. Die Moderne zeigt den Übergang zum Spiel mit positiver Summe. Die soziale und kulturelle Spezialisierung, die durch eine auf der Nutzung der natürlichen Ressourcen basierte Organisation der Gesellschaft eingeführt wurde, eröffnet die Industrie-, Konsum- und Freizeitgesellschaft. Eine kleine Anzahl von Menschen kann jetzt massiv investieren und den Reichtum für sich akkumulieren. Dies hat Wirkungen auf die ganze Gesellschaft, die allgemein nach diesem solidarischen Verteilungsprinzip lebt. Gleichzeitig bestätigt dies den endgültigen Einfluss der Wirtschaft auf den symbolischen Tausch (vgl. Haesler 1986a: 105-138; 1986b: 121-140; 1995).

Die Kritik der Gabe von Haesler ruft innerhalb der MAUSS-Bewegung so gut wie keine Aufmerksamkeit hervor. Im Gegensatz zu Freitag, der mit seiner Gruppe an der UQAM sitzt, und sich um das, was seine Meinung über die Gabe in Paris auslöst, keine Sorgen zu machen braucht, hat Haesler keine institutionelle Position. Seine Kritik bricht seine Beziehungen zu der MAUSS-Gruppe ab und lässt ihn isoliert zurück. Jahre später findet er schließlich Asyl. Die Ironie der Geschichte will, dass er als Professor für Soziologie an der Universität Caen lehrt, also gerade dort, wo zwanzig Jahre zuvor die MAUSS-Bewegung entstand.

Normal science

Erstaunlich ist es jedoch, dass nichts in dieser kurzen ideengeschichtlichen Skizze über Jacques Derrida, den berühmten Kritiker der Gabe und der Gastfreundschaft, oder Pierre Bourdieu, Luc Boltanski und die Postsurrealisten (hier die Anhänger von René Girard nach Alain Testart und die von Bataille um Jean-Luc Boilleau) gesagt wird, die in Deutschland bekannter und sichtbarer sind. Dies zu begründen klingt schlicht, ist es aber auch: Es hat weder eine Debatte zwischen Derrida und der MAUSS noch im Übrigen zwischen der MAUSS und Bourdieu, Boltanski und den Postsurrealisten gegeben. Gegen Derrida haben einige Autoren der MAUSS eine einseitige und unfruchtbar polemische Kritik vorgebracht (vgl. Cherlonneix 1993: 127-141; Terestchenko, 2000: 88-98). Derrida hätte nichts, weder an Marcel Mauss noch an der Gabe noch am Projekt der MAUSS, verstanden. Ebenso verhält es sich mit der einseitigen Kritik an Bourdieu und Boltanski. Mit den Postsurrealisten kommt es ab und zu zum Gefecht, meistens in der Nachhut. Hier gibt es keine grundlegende Meinungsverschiedenheit, weder im konkreten Projekt der assoziativen Demokratie und der solidarischen Wirtschaft noch in der Idee der Bedeutung der Gabe für die Kultur- und die Sozialwissenschaften. Jedoch unterscheidet sich die MAUSS von den Postsurrealisten, weil sie mit der besonderen Rolle von Marcel Mauss für die Durkheim-Schule und mit seiner Interpretation der Gabe als spontanes, uninteressiertes Phänomen, das andere verpflichtet, ohne sie zu zwingen, zu erwidern, eng verbunden bleibt.[5] Damit entsteht eine Paradoxie. Die Debatten, die das Projekt der MAUSS-Bewegung und den Begriff der Gabe diskutiert haben, so wie die MAUSS es 1981 haben wollte (i.e. kritische Haltung gegenüber den Grundlagen der Soziologie und darüber hinaus den Geisteswissenschaften als politisches und gesellschaftliches Projekt), die Freitag und Haesler für die MAUSS besonders scharf animiert haben, sind nicht verstanden oder verdrängt worden, so dass sie keine Reaktion (trotz Provokation; vgl. Haesler 1990: 109-115) erweckt haben. Einzig die Debatte mit Latouche tritt offen zutage. Aber dies liegt mehr an der unermesslichen Produktivität von Latouche und an seinen Beziehungen zu verschiedenen assoziativen Anti-Globalisierungs-Bewegungen als an der Debatte mit der MAUSS und Caillé.

Die Reaktion der MAUSS-Bewegung wird noch deutlicher, wenn sie an der Struktur der soziologischen Debatte in Frankreich und in der französischsprachigen Welt gemessen

---

[5] Diese Unterscheidungsstrategie wird gegenüber Lévi-Strauss, Cornelius Castoriadis und Maurice Godelier wiederholt; bezogen auf Lévi-Strauss und Castoriadis, vgl. MAUSS (1999: 20-39); zu Godelier vgl. Caillé (1997: 93-99).

wird. In einer Disziplin, die viele Schwierigkeiten gehabt hat, nach dem zweiten Weltkrieg institutionell weiter zu bestehen, die dann um so schneller von den soziologischen „Größen" Pierre Bourdieu, Raymond Boudon und Alain Tourraine beherrscht wird, die ihre eigenen institutionellen Verzweigungen an der Universität, bei Verlagen und in Fachzeitschriften entwickeln, bleibt kaum Platz mehr für eine theoretische Synthese und eine sozialpolitische Kritik. Die Disziplin muss Ergebnisse auf der Basis empirischer Untersuchungen produzieren. Dafür sind die bestehenden theoretischen Rahmen ausreichend. Dieses Dogma zu kritisieren und gleichzeitig den Mythos der Konsolidierung der französischen Soziologie nach dem Zweiten Weltkrieg zu zerbrechen, um eine grundsätzliche Debatte über die Bedingungen des soziologischen Wissens zu führen, bedeutet, sich auszuschließen oder unendliche Holzwege zu betreten. Dieses Projekt, das die MAUSS-Bewegung stimuliert hat, hat sich wegen struktureller Notwendigkeit des institutionellen Überlebens im Fach normalisiert. Die drei erwähnten Kontroversen machen es nur noch deutlicher.

Literatur

Avni, O.: The Semiotics of Transactions: Mauss, Lacan and The Three Musketeers. In: Modern Language Notes, 100, 4, 1985, S. 728-758.

Baudrillard, J.: L'échange symbolique et la mort. Paris 1976.

Caillé, A.: Socialité primaire et socialité secondaire. (Réflexion à partir d'un ouvrage de Hervé Le Bras et Emmanuel Todd). In: Bulletin du MAUSS, 2, 1982, S. 51-76.

Caillé, A.: Le déclin des sciences sociales (extrait de ‚Splendeur et misères des sciences sociales'). In: Société, 3, 1987, S. 63-76.

Caillé, A.: Critique de la raison utilitaire. Manifeste du MAUSS. Paris 1989.

Caillé, A.: Une soirée à ‚l'Ambroisie'. Rudiments d'une analyse structurale du don. In: Revue du MAUSS, 11, 1991, S. 106-113.

Caillé, A.: Don, intérêt et désintéressement, Paris 1994.

Caillé, A.: Ni holisme, ni individualisme méthodologiques. Marcel Mauss et le paradigme du don. In: Revue du MAUSS, 8, 1996, S. 12-59.

Caillé, A.: Du don comme réponse à l'énigme du don. In: L'Homme, 142, 1997, S. 93-99.

Caillé, A.: Anthropologie du don: le tiers paradigme, Paris 2000.

Caillé, A.: Sur les concepts d'économie en général et d'économie solidaire en particulier. In: Revue du MAUSS, 21, 2003, S. 215-236.

Cherlonneix, J.L.: Lettre à Marcel Mauss touchant le désintéressement, Jacques Derrida et l'esprit de Dieu. In: Revue du MAUSS, 2, 1993, S. 127-141.

Dalton, G.: La monnaie primitive (traduit par Paulette Taieb et Rosalind Greentein). In: Bulletin du MAUSS, 2, 1982, S. 77-96.

Firth, R.: Brief vom 07. 04. 1998 an W. James. In: W. James/N. J. Allen (Hg.): Marcel Mauss. A Centenary Tribute. New York/Oxford, 1998, S. 23.

Freitag, M.: Transformation de la société et mutation de la culture. In: Bulletin du MAUSS, 3, 1984a, S. 75-98.

Freitag, M.: Transformation de la société et mutation de la culture (fin). In: Bulletin du MAUSS, 3, 1984b, S. 103-136.

Freitag, M.: Genèse et destin de la sociologie. In: Bulletin du MAUSS, 4, 1985a, S. 17-38.

Freitag, M.: Ontologie et sciences humaines. In: Bulletin du MAUSS, 4, 1985a, S. 125-150.

Freitag, M.: Dialectique et société I, Lausanne 1986.

Freitag, M.: Dialectique et société II, Lausanne 1986b.

Freitag, M.: La crise des Sciences Sociales. Entre épistémologie et idéologie, la place de la question de la Normativité dans le développement de la Connaissance de la société. In: Société, 3, 1987a, S. 77-130.

Freitag, M.: Architecture et société. In: Bulletin du MAUSS, 1, 1987b, S. 101-142.

Freitag, M.: La crise des sciences sociales et la question de la normativité. In: Bulletin du MAUSS, 2, 1987c, S. 13-66.

Freitag, M.: La genèse du politique dans les sociétés traditionnelles. 1. De la communauté tribale à la royauté. In: Société, 4, 1989a, S. 45-127.

Freitag, M.: Les sciences sociales contemporaines et le problème de la normativité. In: Revue du MAUSS, 4, 1989a, S. 26-37.

Freitag, M.: La quadrature du cercle: la ‚description de l'activité significative'. In: Revue du MAUSS, 4, 1989b, S. 38-63.

Haesler, A.: Tausch und gesellschaftliche Entwicklung zur Prüfung eines liberalen Topos. Diss. Will/Universität St-Gallen 1984.

Haesler, A.: G. Simmel, la monnaie et le lien social. In: Bulletin du M.A.U.S.S., 1, 1986a, S. 105-138.

Haesler, A.: Logique économique et déterminisme social, les parcours de la monnaie et de l'échange dans la philosophie des Geldes de Georg Simmel. In: Bulletin du M.A.U.S.S., 4, 1986a, S. 121-140.

Haesler, A.: Le MAUSS a-t-il perdu son âme?. In: Revue du MAUSS, 9, 1990, S. 109-115.

Haesler, A.: Sociologie de l'argent et postmodernité. Genève-Paris 1995.

Haesler, A.: Grundelemente einer tauschtheoretischen Soziologie: Georg Simmel. In: Simmel Studies, 10, 1, 2000, S. 5-31.

Haesler, A.: Irreflexive Moderne. Die Folgen der Dematerialisierung des Geldes aus der Sicht der tauschtheoretischen Soziologie. In: Leviathan, 21, 2001, S. 177-200.

Keynes, J.M.: Auri sacra Fames. In: Bulletin du MAUSS, 1, 1982, S. 58-66.

Lantz, P.: Les incertitudes de l'échange. In: Bulletin du MAUSS, 3/4, 1982, S. 7-20.

Latouche, S.: Le don est-il l'autre paradigme?. In: Revue du MAUSS, 12, 1998, S. 311-322.

Latouche, S.: Nature, écologie et économie. Une approche anti-utilitariste. In: Revue du MAUSS, 17, 2001, S. 57-70.

Latouche, S.: D'autres mondes sont possibles, pas une autre mondialisation. In: Revue du MAUSS, 20, 2002, S. 77-90.

Latouche, S.: L'oxymore de l'économie solidaire. In : Revue du MAUSS, 21, 2003a, S. 145-150.

Latouche, S.: Pour une société de la décroissance. In: Le Monde Diplomatique, November 2003b, S. 18-19.

Lefort, C.: L'échange et la lutte des hommes. In: Les Temps Modernes, 6, 63-68, 1951, S. 1400-1417.

Lévi-Strauss, C.: Introduction. In: Mauss, M.: Sociologie et anthropologie. Paris 1999, S. IX-LII.

Mauss, M.: Œuvres 3. Paris 1968-69.

Mauss, M.: Sociologie et anthropologie. Paris 1999.

MAUSS: Le retour de l'ethnocentrisme. Revue du MAUSS, 13, Paris 1999, S. 20-39.

MAUSS: Une théorie sociologique générale est-elle pensable? Revue du MAUSS, 24, Paris 2004.

Moebius, S.: Marcel Mauss. Konstanz 2006.

Moebius, S./Papilloud, C. (Hg): Gift – Marcel Mauss' Kulturtheorie der Gabe. Wiesbaden 2006.

Simmel, G.: L'équivalent monétaire de la valeur des personnes (traduit par Paulette Taieb et Barbara Vormeier, annoté par Paulette Taieb). In: Bulletin du MAUSS, 2, 1983, S. 119-135.

Terestchenko, S.: Jacques Derrida ou le fantôme du quiétisme. In: Revue du MAUSS, 15, 2000, S. 88-98.

Weiner, A.: The Reproductive Model in Trobriand Society. In: Bulletin du MAUSS, 2, 1982a, S. 7-18.

Weiner, A.: Reproduction: A Replacement for Reciprocity. In: Bulletin du MAUSS, 3/4, 1982b, S. 21-40.

Michael Hardt & Antonio Negri: Kulturrevolution durch *Multitudo*

Manfred Lauermann

> „Das Bedürfnis nach einem stets ausgedehnteren Absatz für ihre Produkte jagt die Bourgeoisie über die ganze Erdkugel. Die nationalen Absonderungen und Gegensätze der Völker verschwinden mehr und mehr schon mit der Handelsfreiheit, dem Weltmarkt, der Gleichförmigkeit der industriellen Produktion und der ihr entsprechenden Lebensverhältnisse."
> Marx/Engels

Eine theoretische Überraschung...

Es sah eine lange Zeit nach 1990 so aus, als ob der Marxismus sein – wie viele meinten – verdientes Ende gefunden hätte, nach dem ziemlich langweiligen Ende des realen Sozialismus und dem, daran gemessen, umso spannenderen Siegeszug der Postmoderne: Verschwand die Geschichte der Aufstände, des Widerstands, der Proteste im Eisschrank (vgl. Baudrillard 1994)? Plötzlich machte ein Gerücht die Runde: Der italienische Revolutionär Antonio/Toni Negri habe mit einem amerikanischen Literaturprofessor namens Hardt ein Buch bei Harvard veröffentlicht, von dem der alerte Marxist Fredric Jameson meint, es sei die erste theoretische Synthese, welche materialistisch die Anti-Globalisierungskämpfe interpretieren würde. Nunmehr liegen die Bedingungen für diese theoretische Innovation offen zu Tage. Das Realgespenst des Sozialismus hatte sich ohne jeden Versuch der Gegenwehr, ja nicht einmal geängstigt durch eine Konterrevolution verabschiedet: *Goodbye Mr. Socialism*[1] (Negri 2009)! Der Raum für das Neudenken eines Marxismus des 21. Jahrhunderts war befreit, jenen als Erste betreten zu haben, mit Mut und Fantasie, nicht zuletzt mit Frechheit und Optimismus, ist das Verdienst von Hardt/Negri. Dass viele diese Form einer theoretischen Kulturrevolution verunsichert, und sie durch eine Reduktion von Komplexität reagieren – durch Regression auf Marx, auf den Marxismus des 19. Jahrhundert, – ist nachvollziehbar.

Empire lautete der für deutsche Ohren verwirrende Titel, und schon vor der deutschen Übersetzung (2002) erschienen Dutzende von Kommentaren und Rezensionen, zumeist positiver Natur. Ganz anders nach der deutschen Ausgabe: Wer unter Hardt/Negri das In-

---

[1] Eine Überraschung des *Socialism*-Buches sei verraten. Negri erinnert an die Planungsdimension des Sozialismus, die er sehr viel früher diskutiert hatte (vgl. Negri 1988:120ff.). „Tatsächlich sehe ich überhaupt nicht, warum ein Regime ökonomischer Planung strukturell nicht in der Lage sein sollte, Zustimmung zu bekommen. Die großen Ökonomen vergangener Epochen, ob Realisten oder Formalisten, von Karl Marx bis Léon Walras, haben nicht nur die Möglichkeit, sondern auch die Machbarkeit einer planwirtschaftlicher Ordnung aufgezeigt." (Negri 2009: 11; auch 144 und 176f.; siehe auch Lauermann 2009)

410   Manfred Lauermann

ternet befragt, wird eine Menge seltsamster Verrisse finden. Die Fortsetzung stieß dann 2004 auf eine beruhigte Theorienlandschaft. *Multitude* löste zumindest im deutschen Diskursraum kaum noch Debatten aus. Während das erste Buch in ein Dutzend Sprachen nacheinander übersetzt wurde, erschien *Multitude* zugleich auf englisch, italienisch, deutsch und französisch.[2] Eine Eigenart ist, dass die meisten Kritiker sich auf den Eigennamen Negri fixieren, als ob die Doppelautorenschaft belanglos wäre. *Empire* und *Multitude* werden 2010 durch ein drittes, umfangreiches Buch, *Common Wealth*, abgerundet.

Wer also ist Michael Hardt? Geboren 1960 bei Washington DC. studiert er Verschiedenes (etwa „engineering"), arbeitet in italienischen Fabriken (für Solartechnik), kehrt in die Staaten zurück und orientiert sich um, während die Postmoderne die Kulturwissenschaften der US-amerikanischen Universitäten erobert. Er entschließt sich, über die Kulturrevolution der italienischen Linken ab 1965 zu arbeiten, geht nach Paris, wo Negri im Exil lebt. Zwischendurch engagiert er sich für Immigranten in Guatemala und El Salvador, denen er hilft, illegal in die Staaten zu gelangen. Ab 1994 erhält er eine Professur für Literaturwissenschaft an der Duke University (Durham N.C.), in derselben Zeit schreibt er mit Negri *Empire*.

Negri, der sich bis ca. 2000 als akademischer Autor Antonio, als Revolutionär zumeist Toni nennen ließ, gehört zur Geschichte der italienischen Linken. Seine autobiographischen Gespräche sind leicht zugänglich – und sehr lesenswert, um charakteristische Unterschiede zu deutschen Marxisten auszuloten (vgl. Negri 2003a). Daher nur das Nötigste: Geboren 1933 in Padua, bis zur Verhaftung als führender Kader linksradikaler Gruppierungen am 7. April 1979 Professor für Philosophie in Padua. Im Hochsicherheitstrakt schreibt er ein wundervolles und innovatives Buch über Spinoza (vgl. Negri 1982). 1983 Flucht nach Paris ins Exil. Nach Beendigung seiner ersten gemeinsamen Arbeit mit Hardt 1997 freiwillige Rückkehr nach Italien, im Vertrauen auf Amnestie, erneute Verhaftung. Ab 2002 Freigänger – somit ist auch *Multitude* teilweise im Gefängnis verfasst worden: dem privilegierten Ort „wilder Anomalie"! Mittlerweile ist er zur Re-Sozialisierung freigegeben, also: entlassen.

Das Zusammentreffen der beiden Autoren kann man als Glücksfall bezeichnen, weil es Repräsentanten der Linken aus zwei Generationen, aus zwei verschiedenen Kulturen und mit gänzlich differenten Erfahrungen zusammen an einem Projekt arbeiten lässt. Außerdem gewinnt das Denken durch die Entscheidung für das Englische, weil die klarere Satzbildung und die leichten Ironien damit möglich werden. Bei Hardt ist die Tradition einer anarchischen US-Gewerkschaft ebenso gespeichert wie die ständige Widerständigkeit des (amerikanischen) Bürgers seit Thoreau oder Mark Twain, dessen berühmtestes Exemplar gegenwärtig Noam Chomsky ist. Bei Negri kommen die Erfahrungen gelungener Revolten zum Tragen: die Besetzung ganzer Stadtteile und Fabriken in Mailand durch die ‚Massenarbeiter'. Daher konstruieren beide einen Begriff von *multitudo*, von der Menge, die sich bildet, die sich auflöst, der bewusst unvollkommen ist: offen für alle möglichen politischen Erfahrungen. Die Menge sind die, die unten sind, dort, wo nach Hegel das Leben konkret ist, niemals also Eliteteile der herrschenden Klassen. Sie bildet sich im Widerstand, löst sich also auf, wenn sie sich unreflektiert institutionalisiert. Ein äußerst vielseitiger Gelehrter wie Negri und ein flinker Textproduzent wie Hardt schaffen es, obwohl sie die Menge mit Empathie betrachten, sich nicht mit ihr zu identifizieren. Wenn man sich die Mühe machen würde, die theoretischen Arbeiten, die Negri allein verfasst hat, mit diesen ‚Kollektivwer-

---

[2]   In Frankreich gibt es seit 2000 die von Yann Moulier Boutang gegründete Zeitschrift „Multitudes" (April 2010, Nr. 41).

ken' zu vergleichen, käme heraus, dass die Autoren versuchen, in der Theorie die Spontaneität und Materialität abzubilden, mit deren alltäglichen Gestalten sie in ihrer jeweiligen Lebenspraxis zu tun haben. Dass die Übersetzung von Praxis in Theorie häufig misslingt, weil zu unmittelbar Kurzschlüsse vollzogen werden, mag zutreffen. Doch es gilt: Beide Texte schreiben sich ein in eine Kulturrevolution, die mit unterbestimmten Termini arbeiten muss, weil die materialen Prozesse noch längst nicht entfaltet genug sind, um eindeutige Begriffsoperation zu ermöglichen. Daher zwei Arbeitsdefinitionen:

Für Empire: Empire beginnt als Konstitution mit der Durchsetzung von Nationalstaaten nach 1648. Nach den verschiedenen bürgerlichen Revolutionen gelangen in England, Holland, Nord-Amerika und Frankreich andere Klassen zur Herrschaft, mithin ist vom Kapitalismus zu sprechen. Am Ende des 19. Jahrhundert kumulieren Nationalismus und Kolonialbesitz zum Imperialismus. Parallel dazu erweitert sich der Konkurrenzkapitalismus zum Monopolkapitalismus – die Frankfurter Schule spricht von einem Funktionswandel. Die britische Konstellation des Imperialismus sieht sich als Empire. Was in dieser noch bloße Option war: die Herrschaft über Weltmärkte, hat sich heutzutage realisiert. Als Deckname heißt dieser Vorgang: Globalisierung und die Gegner: Globalisierungskritiker. Aufgeklärt wäre Empire zu übersetzen mit: Kapitalistische Weltgesellschaft.

Für Multitude (*multitudo*): In der Marxschen Grunderzählung polarisiert sich die Totalität der gesellschaftlichen Verhältnisse in den Gegensatz Proletariat/Bourgeoisie; in der Fabrik demzufolge Lohnarbeit und Kapital. Im Unterschied zu den meisten Marxisten haben die italienischen Militanten darauf bestanden, dass nicht die Kapitalistenklasse die Richtung der Geschichte bestimmt, sondern die Kämpfe der Arbeiter, worauf die Unternehmer reagieren müssen, wodurch die nächste Sequenz der Klassenkämpfe erreicht wird (vgl. Tronti 1964; Hardt/Negri 2010: 302f.). Diese operaistische Geschichtsphilosophie löst die Hegelischen Figuren ab, die in den alten Arbeiterparteien nachwirkten. „*The multitude called Empire into being.*" (Hardt/Negri 2000: 43)

Empire und *Multitude*: das Textkorpus

Der Klappentext der Harvard-Erstausgabe von *Empire* (2000) sprach von einem „rewriting of *Communist Manifesto*" (Žižek); gleiches gilt für *Multitude* verstärkt: die gewollte Strukturähnlichkeit mit dem Manifest der Kommunistischen Partei aus dem Jahre 1848.[3] *Empire* übernahm den Part des 1. Teils, der Analyse des Kapitalismus, *Multitude* versucht die Leerstelle zu füllen, die Marx und Engels dem Proletariat zugeschrieben hatten. Während die analytischen Passagen noch 150 Jahre später überzeugen, löst deren traditioneller Lösungsweg Unbehagen selbst bei einem Liebhaber und gründlichem Kenner der Arbeiterklasse wie Eric Hobsbawm aus (vgl. Marx/Engels 1999). Viele Kommentare bemerken ein Ausweichen bei Hardt und Negri, aber zumeist stößt deren Vorschlag, statt Proletariat „Die Armen" geschichtlich, genauer: geschichtsphilosophisch einzusetzen (vgl. Hardt/Negri 2002: 169; 2004: 123), auf Hohn. Die Soziologie spricht nüchtern von Exklusionen, die

---

[3]   Selten wird diese Anknüpfung so ironisch-souverän bewertet wie in einer der ersten Rezensionen: „Die Autoren wollen nicht weniger als Marx' Erzählung der Weltgeschichte fortsetzen und auf den neuesten Stand der gesellschaftlichen Entwicklung bringen. Das ist ihnen gut gelungen, daß es auch einen überzeugten Nichtmarxisten wie den Rezensenten erfreut, zumal der Versuch handwerklich hervorragend gearbeitet ist." (Roellecke 2001)

massenhaft die im fordistischen Sozialstaat vorgenommenen Inklusionen zerstören, und konstatiert: „[...] daß dies die Leitdifferenz des nächsten Jahrhunderts sein könnte: Inklusion und Exklusion." (Luhmann 1995: 147) Diese Prozesse widersprechen aber der herrschenden Ideologie, bilden dadurch Anhaltspunkte für Protest und Widerstand. Das Aufhalten weiterer Exklusionen, perspektivisch die Rücknahme bilden das Ferment einer Kulturrevolution, deren Sujet und Subjekt die *multitudo*[4] ist.

Empire arbeitet mit postmodernen Begriffen[5] wie: nichthierarchisches, nichtzentralisiertes Netzwerk, Rhizom, das Nomadische, Deterritorialisierung, Hybridität, Selbstorganisation; übernommen werden Deleuze-Bilder wie Schlange & Maulwurf (vgl. Hardt/Negri 2002: 66), Sequenzen wie der Übergang von der Disziplinargesellschaft zur Kontrollgesellschaft (vgl. Hardt/Negri 2002: 38), Diskursverknotungen wie ‚Biomacht'. Schon im Vorwort legen Hardt & Negri ihre Karten auf den Tisch: „Zwei interdisziplinäre Texte standen uns, während wir dieses Buch schrieben, als Modell vor Augen: *Das Kapital* von Karl Marx (1867) und *Tausend Plateaus* von Gilles Deleuze und Félix Guattari (1992)." (Hardt/Negri 2002: 421) Diese Übernahmen provozierten natürlich die Kritiker und zahllose Zitationen sollen beweisen: Hardt & Negri verstehen nichts vom ‚Kapital' und ebenso wenig von Deleuze, selbstredend nichts von Foucault.

Eine der zentralen Thesen von Hardt/Negri lautet: „There is no more outside." (Hardt/Negri 2000:186) Die multitudo „must push through Empire to come out to the other side." (Ebd.: 206). Ziegler interpretiert diese oft missverstandene These überzeugend:

> „Der *Verlust eines Außen* bildet für Hardt/Negri ein totales Moment in der Konstitution des Empires. Dieser Verlust lässt sich ökonomisch, politisch und militärisch skizzieren: Aus ökonomischer Perspektive betrachtet ist es kaum mehr möglich, im Zuge der sich globalisierenden kapitalistischen Ökonomie ohne Weiteres von einem Außen des Kapitals bzw. des Kapitalismus zu sprechen. Auf der politischen Ebene benennt die Rede vom Verlust des Außen das Verschwinden des öffentlichen Raumes als einer Bedingungsmöglichkeit liberaler Politik und klagt damit den Verlust der Autonomie des Politischen ein. [...] Militärisch bedeutet der Verlust des Außen das Ende der Geschichte imperialistischer Kriege. Nach Hardt und Negri wird im Empire der Begriff des Krieges neubestimmt. Der Krieg zwischen zwei Nationen wird zunehmend abgelöst durch Bürgerkriege und Polizeiaktionen, wobei unter Polizeiaktionen solche kriegerischen Handlungen wie der Kosovokrieg verstanden werden. Die Vermischung von Krieg, Bürgerkrieg und Polizeiaktion führt in der Konsequenz zu einer tendenziellen Aufhebung der Unterscheidung zwischen Armee und Polizei". (Ziegler 2004: 298)

1. *Empire* und *Multitude* sind eklektizistische Texte. In Deutschland ist das ein schwerer Tadel. Eklektizismus klingt wie Populärphilosophie – und nur subtilere Kenner des 18. Jahrhunderts würden ein Lob des Eklektizismus wagen; Eklektizismus bedeutet das verschieden tiefe Eindringen in verschiedene Spezialdiskurse und die Weigerung, diese unter einen herrschenden (sprich: systematischen) Philosophiestil zu ordnen; vielmehr ist es Absicht, Interdiskurse zu inszenieren. Am besten entspricht Hardts/Negris Eklektizismus der

---

[4]   *Empire* übersetzt ganz unglücklich: ‚Menge', *Multitude* schlägt die englische Vokabel vor – ich ziehe *multitudo* vor, weil das lateinische Grundwort bei Hobbes und Spinoza begrifflich vorbereitet ist; außerdem kann es im Deutschen erheblich besser ausgesprochen werden, selbst die küchenlateinische Pluralbildung *multitudos* (statt *multitudines*) hört sich m.E. brauchbar an (vgl. Lauermann 2006a).

[5]   Zu dieser Begrifflichkeit vgl. Link (2001), ferner die Diskurse in der Zeitschrift *kultuRRevolution*. (In Nr. 41/42 [2001:138/39] rezensiert Link die Erstausgabe von *Empire*.) Jetzt auch Negri (2009: 80/81). Zu Deleuze vgl. auch den Beitrag von Marc Rölli in diesem Band.

Terminus ‚*Diskursguerilla*‘ (vgl. Huffschmid 2004). Viele Diskurse können aus eigenem Recht, quasi *causa sui*, existieren, wie die staatstheoretischen „Passagen der Souveränität" in *Empire*, die, würde man Carl Schmitt unter diesem Aspekt studieren, manche überraschende Ähnlichkeit in der Problemstellung und in der Richtung der Antwort aufweisen (vgl. etwa Schmitt 2005: 841ff.). Die *multitudo* wird von der Souveränität der Nationalstaaten verzerrt, verdünnt zum Staatsvolk; bei der Aushöhlung nationaler Souveränität tritt sie als das Andere in Erscheinung, vorerst in Figuren des Nomadismus, der Desertion, des Exodus (vgl. Hardt/Negri 2002: 222), dann als neue Gestalt der Produktion. Mit diesem Funktionsverlust des Staates geht einher, dass die Inklusionsleistung der ausdifferenzierten Teilsysteme sich nicht mehr von selbst versteht. Es wird ein ideologischer Surplus nötig, um das je für die spezifische Inklusion erforderliche Publikum zu gewinnen. Das bedeutet „[...] daß Inklusion sich nicht auf die funktionssystemspezifischen Mittel verlassen kann, sondern auch ‚fremde‘ und im alltagssprachlichen Sinne populäre Kommunikationsweisen benutzen muß, um Inklusion interessant zu machen" (Stäheli 2004: 183).

Diese Kommunikationsweisen, die weitgehend von den *Cultural Studies* analysiert werden, sind nun Eingangstore, Inklusion zu sabotieren, zumindest zu unterlaufen. Exemplarisch wurde das von den ‚Glücklichen Arbeitslosen‘ demonstriert, die die Arbeitsmythologie solange gegen den Strich kehrten, bis ein Lob bzw. ‚Recht auf Faulheit‘ (Lafargue) sinnvoll erschien (vgl. Paoli 2002). Da die Funktionssysteme nicht mehr Sachzwänge ratifizieren können, sondern Rhetoriken blindlings nachahmen (*talk*: nicht *decision*), sind sie überaus anfällig für paradoxe Interventionen. Genüsslich kann, liest man die Systemtheorie gegen den Strich, das Teilsystem Wirtschaft durch Moral beschossen werden, man kann augenzwinkernd eine ‚Unternehmensethik‘ goutieren, um diese an den Tatsachen zerschellen zu lassen. Oder man verwischt chaotisierend die Systemgrenzen, behandelt etwa das Teilsystem Politik wie das Teilsystem Religion und importiert aus dem Rechtssystem die Verfassung als Zivilreligion! Eine weitere Taktik ist die Vertauschung der jedem System eigenen „symbiotische Mechanismen" wie bei der so genannten sexuellen Revolution um 1968, wo der Mechanismus Sexualität aus den Intimbeziehungen in die politische Sphäre transformiert wurde. Heute wirkt das nach in der subtileren Lesart des Abschnittes: „Produktion des Gemeinsamen" (Hardt/Negri 2004: 221ff.), des zentralen Themas dann von *Common Wealth*; und programmatisch im ersten Buch: „[...] die produktive Kooperation der Massenintelligenz und affektiver Netzwerke [...]. Diese Militanz verwandelt Widerstand in Gegenmacht und Rebellion in ein Projekt der Liebe." (Hardt/Negri 2002: 420)[6] Jede dieser Aktionen konstituiert eine *multitudo*, die Vielfalt und die Produktionsweise dieser für-sich-seienden, also singulären *multitudos* aufgelistet zu haben, ist das nützliche und nutzbare Verdienst vom zweiten Buch Hardts/Negris, von *Multitude*.

---

[6] Die gestrenge Katja Diefenbach sieht in solchen und ähnlichen Sätzen: Kitsch ‚bis an die Schmerzgrenze‘, zumindest aber ‚operaistischen‘ Idealismus, „der die fortgeschrittene Subjektivierung im Kapitalismus von der Macht reinigen will und eine saubere, glückliche, proto-kommunistische Subjektivität gegenüber einer ihr äußerlichen Macht erträumt..." (Diefenbach 2003: 33, 31, auch 205). Wer den Liebes-Diskurs der italienischen Renaissancephilosophie bei Calvacanti, bei Ficino, bei Leone Ebreo – der Spinoza nachhaltig beeinflussen wird –, kennt, wie bei dem Italiener Negri unterstellt sein kann, dem klingt die Liebessemantik keineswegs wie romantischer Kitsch, sondern dieselbe ist ein Modell für gelungene Affektivität, von dem die *multitudo* auch determiniert wird. (Hinweise auf Calvacanti und Ficinos Liebesdialoge verdanke ich der italienischen Philosophin Antonella Balestra.)

414 Manfred Lauermann

2. *Empire* und *Multitude* sind Texte, die der *hegemonial*theoretischen Tradition des Marxismus angehören, der nach 1989/90 ins Strudeln geraten ist. Ist evident, dass die herrschenden Gedanken die Gedanken der Herrschenden sind, dann muss Widerstand gerade auch als kulturrevolutionäre Umwertung aller Werte in Gang gesetzt werden. Gramscis Konzept der Bekämpfung hegemonialer Ideologien und die Errichtung von anderen (Gegen-) Hegemonien ist von Ernesto Laclau und Chantal Mouffe (1991) theoretisch aufgefrischt worden.[7] Die Vielzahl von Begriffen, Konzepten, Widerstandsbeschreibungen bei Hardt/Negri entspricht den Taktiken und Strategien Gramscis, hegemoniale Diskursformationen zu unterlaufen, sie zu „dekonstruieren".[8]

Innerhalb eines Manifestes sind Knotenpunkte für Praxen nützlich, wie sie Marx/Engels 1848 in 10 Punkten fixiert haben – von denen in der BRD kaum ein Merkmal zutraf, in der DDR einige. Ähnlich verhält es sich mit Hardt/Negris Manifest. Über praktische Politiken können Personen rekrutiert werden, die in Verfolgung der Praxis die diese begleitenden Diskurse kennen lernen, indem sie ihnen widersprechen, soll heißen: Das Engagement beginnt mit einer konkreten Aktion, verallgemeinert dann die gemachten Erfahrungen, und so wird gelernt, dass oft die Praxis an den Verhältnissenn scheitert. Dann kommen diese in den Blick, und das Engagement rekonkretisiert sich. Es wird eine Enttäuschungsfestigkeit durch Reflexion eingeübt, Erwartungen auf Veränderung werden gleichzeitig stabilisiert, indem die Praxis als kollektive Handlung erfahren wird, weil sie die bloße Individualität aufhebt. Ort dieser Erfahrung ist die entstehende *multitudo*. Sie gibt der Kultur des Widerstands einen sozialen Raum und erschließt einen Zeithorizont. Gleichwohl ist die *multitudo* keine Klasse, keine Partei, keine Organisation: Die *multitudo* entkommt dem Historismus, vor dem Benjamin in der XVI. geschichtsphilosophischen These gewarnt hat: sie ist erinnerungslos, kann also immer wieder von vorn beginnen (vgl. Benjamin 1942: 702).[9]

Lenins Aprilthesen (Lenin 1917) sind das Paradigma für beides: Für die Konstruktion handlungsleitender Politiken und für die Erinnerungslosigkeit gegenüber früheren Strategien, wenn der imaginäre Raum für eine Kulturrevolution sich öffnet, gerade weil der Erfolg Realpolitik erzwingt.[10] Mit Žižek wäre Neo-Leninismus – die Rückkehr zu Lenin (vgl. Žižek 2002: 100) – die Situierung von erneuten ,April-Thesen', was Hardt/Negri in *Empire* anstreben[11]:

(1) Die Anerkennung der Staatsbürgerschaft für alle Bewohner. Die *multitudo* verfügt über die Souveränität ihrer eigenen Mobilität. Wo immer sie sich als Migranten niederlassen, wohin die Logik der Immigration sie umhertreibt, steht ihr die rechtliche Inklusion zu (vgl. Hardt/Negri 2002: 406).

(2) Ein garantiertes Einkommen für alle. Arbeit und Nicht-Arbeit werden von der *multitudo* als identisch behandelt – Nicht-Arbeit darf nicht mit Exklusion bestraft werden (vgl. ebd.: 409).

---

[7] Zu Ernesto Laclau vgl. auch den Beitrag von Andreas Reckwitz in diesem Band.

[8] Zu Gramscis Konzept siehe Anderson (1979), die nach wie vor beste Gramsci-Auslegung.

[9] Der historische Materialist „überläßt es andern, bei der Hure ,Es war einmal' im Bordell des Historismus sich auszugeben" (Benjamin 1942: 702). Negris Ablehnung von Geschichte, von Erinnerungskult und Gedächtnisfeiern, beruht auf seiner italienischen Erfahrung als Berufsrevolutionär im Operaismus (vgl. Wright 2005 und die Sammlung eigener Texte 1967-83 [Negri 1988]).

[10] Die Kluft zwischen beiden Daseinsformen der revolutionären Aktion wird zutreffend von Žižek skizziert (vgl. Žižek 2002: 11). Zu Slavoj Žižek vgl. auch den Beitrag von Mechthild und Andreas Hetzel in diesem Band.

[11] Wiederholt und zugespitzt jetzt in Negri (2009: 230ff.).

Michael Hardt & Antonio Negri: Kulturrevolution durch Multitudo   415

(3) Die Wiederaneignung der Praktiken der *multitudo*, die vom Empire machttechnisch entfremdet werden. Dieses schließt die Wiederaneignung der Imaginationskraft der *multitudo* mit ein – was der klassische Ausdruck von Kulturrevolution wäre (vgl. ebd.: 412).

3. *Empire* und *Multitude* sind *differenz*theoretische Texte. Das Umschalten von Einheit auf Differenz wird jetzt erkennbar als ,Politik der Differenzen' (Hardt/Negri 2002: 152). Differenz markiert das Neue, was im Alten nicht aufgeht, was überlagert wird durch die Herrschaft der Vergangenheit über die Gegenwart – um das Kommunistische Manifest zu paraphrasieren. *Empire* (Hardt/Negri 2002: 233-251) rekonstruiert die klassische Imperialismus-Diskussion in sich schlüssig, die Gesamtgestalt der dem Kapitalismus nachfolgenden Sequenz wird greifbar. Der Imperialismusdiskurs endet in den 70er Jahren in der lateinamerikanischen Dependencia-Theorie, aber die klassischen Texte hören weit früher auf. Hardt/Negri machen, wie bereits oben bemerkt, auf den entscheidenden Punkt aufmerksam, der die alte Konstellation aufhebt: „Es gibt kein Außen mehr" (Hardt/Negri 2002: 198). Was in der soziologischen Systemtheorie vertrautes Gemeingut ist: die Weltgesellschaft (vgl. Luhmann 1997: 145ff. und 806f.), hat viele Hardt/Negri Kritiker in Panik gebracht, wobei die gedankliche Durchdringung dieser Kernaussage in *Empire* in der Tat zu wünschen übrig lässt. Eine mit Hilfe Luhmanns handwerklich stark verbesserte Theorietechnik würde es sehr erleichtern, dieses Defizit auszubessern.

Halten wir die Differenz fest: die klassischen Imperialismustheorien mit den Schlüsseltexten von Lenin, Kautsky, Luxemburg, Bucharin verbleiben in einem veralteten Paradigma. Es treten im Laufe der Zeit (seit den 20er Jahren des letzten Jahrhunderts) zu viele Anomalien innerhalb der alten Theorie auf, die nicht mehr stringent eingearbeitet werden können. Ein neues, revolutionäres Paradigma ist unabdingbar, dessen Start, dessen erster Entwurf mit *Empire* vorliegt. *Empire* verschärft mittels eines Umbaus – mit Thomas S. Kuhn muss man von einer ,wissenschaftlichen Revolution' sprechen – der Begrifflichkeit die Diskontinuität, was politisch unbedingt erforderlich ist.[12]

In der neuen Konstellation des Imperialismus als Empire sind Formen von Widerstand möglich, denen keine Machtmittel wie in der alten Konstellation mehr entgegengesetzt werden können. Denn: „Widerstand gegen das Empire lässt sich nicht durch ein Projekt leisten, das auf eine begrenzte, lokale Autonomie abzielt. Wir können nicht zurück zu irgendeiner früheren Gesellschaftsform und auch nicht vorwärts in die Isolation. Vielmehr müssen wir durch das Empire hindurch." (Hardt/Negri 2002: 218)

Dimensionen der *multitudo*: Materialität, Singularität, Movens der Kulturrevolution

Es ist auffällig, dass Negri immer wieder um das Problem der *multitudo*, um eine abschließende Definition kreist. Seine ontologische Definition von 2003[b] unterscheidet: *multitudo* als Immanenzbegriff, ein Ensemble von Singularitäten (a), als Vermögen (mit Spinoza, *potentia*) (b), als Körper. Zu *Empire* sagt Negri: „Was uns motivierte, dieses Buch zu schreiben, war, einen Anfang zu machen und das Terrain der Kämpfe und der Gegenmacht

---

[12] Kellner (2005: 133) zeigt mit größter Gelassenheit, welche politischen Fehlerquellen im Ignorieren des postmodernen Diskurses liegen. Natürlich können Daten von 2005 mit Lenins Imperialismustheorien interpretiert werden, nur wäre Lenin niemals auf den Gedanken gekommen, einen 90 Jahre alten Text auf die Gegenwart zu applizieren – eine Form des Marxismus, den Lenin als ,Scholastik' klassifizierte.

im Innern des Empire selbst zu erkunden." (Negri 2002:73)[13] In einer an *Geschichte und Klassenbewusstsein* von Lukács erinnernden Formulierung definiert er: „Die Multitude ist zugleich Subjekt und Produkt der kollektiven Praxis." (Negri 2003: 117)[14] Bevor wir in die Details gehen, mag die Frage gestellt werden, auf welche Frage *multitudo* die Antwort ist. Dazu kommt uns Paolo Virno (2005) zu Hilfe, der in seiner *Grammatik der Multitude* absichtsvoll (?) Negris Vorschläge übersieht – umso stärker überraschen dann die Nicht-Differenzen. Die Grundsituation ist, dass die *multitudo* plötzlich zu Beginn der bürgerlichen Gesellschaft geschichtsmächtig wird, ihre Potentialität sofort bei Hobbes sowohl ausgesprochen wie neutralisiert wird, bei Spinoza hingegen wird dieser Vorgang trocken berichtet, und die *multitudo* gerät in einen Status der abwesenden Anwesenheit.[15] Was sie in der Tat unterdrückt, ist ihre Umbenennung zum Volk, zur Gemeinschaft. Mit Louis Althusser: Die *multitudo* wird durch die ideologischen Staatsapparate als Volkssubjekt „angerufen" und reagiert mittels Anpassung, in der Maskerade eines Bürgers, wie bei Spinoza doppelsinnig dargestellt. Jedenfalls: die *multitudo* verschwindet in den Fängen des Leviathan. „Wie hat die Multitude die Bildung zentralisierter Staaten überlebt? In welchen heimlichen und kümmerlichen Formen fanden sich Lebenszeichen von ihr, nachdem die moderne Vorstellung der Souveränität sich vollkommen durchgesetzt hatte? Wo ist das Echo der Multitude zu vernehmen?" (Virno 2005: 10f.) Nun, ein die Verdrängung aufhebender Ort der *multitudo* im 20. Jahrhundert sind die beiden großen Revolutionen: die Oktoberrevolution und die „Grosse Proletarische Kulturrevolution".[16] In Russland wurden Teile der *multitudo* Teil des Staats- und Parteiapparats, andere blieben in Form einer Doppelherrschaft erhalten; in China wurde die *multitudo* mal unterdrückt, mal demonstrativ wiederbelebt – in der Kulturrevolution widerspruchsgemäß oft beides zugleich; heute mit einem gesellschaftlichen Experiment von Selbstverwaltungs- und Partizipationsformen konfrontiert (vgl. Heberer/Schubert 2008: 153ff.). Die *multitudo* kann sich spalten in eine Gemeinschaftsmultitudo und in eine Gesellschaftsmultitudo, je nach geschichtlicher Lage. Bei ihrer Entstehung ist sie offen für beide Entwicklungspfade (vgl. Lauermann 2006b). Ihre dunkle Seite (vgl. Hardt/Negri 2004: 159) ist die Versuchung, aus Singularitäten Identitäten zu machen. Eine gemeinsame Sprache, die diese Differenzen nicht überdeckt, sondern sie zur Reproduktionsbedingung ihrer Form als Gesellschaftsmultitudo gebraucht, existiert noch nicht (vgl. Hardt/Negri 2002: 70). Die Frage also, auf die Hardt & Negri antworten, lautet schlicht: wie ist nach 1989/1990, nach dem Ende des europäischen Sozialismus, ein linkes Projekt, gar eine Revolution möglich?

Wenn man die misslungenen revolutionären Versuche der sozialistischen Gesellschaften mit Abstand betrachtet, kann konstatiert werden: An zu geringem Einsatz von Gewalt sind sie wohl nicht gescheitert. Daher muss ein Dialog mit Bertolt Brecht begonnen wer-

---

[13] Ähnlich Luhmann: „Argumente für Weltgesellschaft lassen sich empirisch gut absichern. Es fehlt nur eine Theorie, die sie aufnehmen und verarbeiten könnte." (Luhmann 1997: 170) In der Theoriearchitektur von Luhmanns Hauptwerk (1997) gehören Weltgesellschaft (Kap. 1, X) und Protestbewegungen (Kap. 4, XV) systematisch zusammen. Zu Niklas Luhmann vgl. den Text von Bernd Ternes in diesem Band.

[14] Wer mag, schlage in dem Aufsatz „Was ist orthodoxer Marxismus?" nach, und ersetze *multitudo* durch Proletariat (vgl. Lukács 1923: 34).

[15] Vgl. die an Mario Tronti geschulte Arbeit von Heerich (2000), neuerdings die Aufsatzsammlungen Hindrichs (2006) und Negri (2004).

[16] Zur chinesischen Kulturrevolution siehe die berühmte Studie von Joachim Schickel. „Die Massen ändern den Auftrag: Herrschen sollen alle, denen die Produktionsmittel zukommen, damit sie Kultur haben können – die Massen selber; historia facit saltum." (Schickel 1967: 48)

den, der subtiler als jeder andere das Gewaltpotential sozialistischer Kollektive – mit anderen Worten, kommunistischer *multitudos* – ins Kalkül gestellt hat, um die Konterrevolution zu verhindern (vgl. Lauermann 2005). Eine andere Richtung, eher als symbolische Gewalt, ist mit Holloway (2002) vorgegeben: *Die Gesellschaft zu verändern, ohne die Macht zu ergreifen.* Nicht zufällig legen sowohl Hardt & Negri wie Virno besonderen Wert auf die Analyse der Produktionsweise des Postfordismus. Wie zu den Zeiten von Marx und Engels das Industrieproletariat noch eine verschwindende quantitative Größe im Produktionsprozess war, so kann heute eine neue Form von Tätigkeit identifiziert werden, die in Zukunft die postfordistische Produktionsweise bestimmen wird: die immaterielle Arbeit und zugleich die reale Hineinnahme des ‚General Intellect‘ (Marx – vgl. Negri 2009: 151f.) als Massenintellektualität in alle Produktionsarten. Über die genaue Bestimmung dieser immateriellen Arbeit ist empirisch zu diskutieren, nicht begriffsdogmatisch vorweg zu verkünden, jene sei eine von Marx abweichende Kategorie. Grundsätzlich kann der Soziologe mit guten Gründen dieser Tendenz der Analyse von *Empire* beipflichten: Die klassische Industriearbeit ist ein Auslaufmodell, unendlich viele Formen prekärer Beschäftigung ersetzen das traute fordistische Fabrikmuster.[17]

Diese Entwicklung objektiver Bedingungen negiert die ältere Ausdrucksform der *multitudo*, die sich als Klasse fühlen konnte. Die Zeit des Proletariats ist mit dem Entstehen des *Empire* vorbei, weil sie ohne einen nationalen Rahmen nicht existieren kann. Daher sind gegenwärtig die politischen Kämpfe um Arbeitsplatzerhalt regressiv (vgl. Hardt/Negri 2002: 59), bestenfalls eine Verzögerung: Wenn man in diesem Jahr die Kapitalbewegung aus dem Nationalstaat hinaus noch verhindern kann, nächstes Jahr sieht es anders aus. Die alten *multitudos* verschleißen sich, die neuen bilden sich entlang einer anderen Kampfzone: Was mit anderen Worten der Armen Reichtum ist (vgl. Hardt/Negri 2004: 149)! Damit ist keinerlei Verbot für die alte Arbeiterbewegung ausgesprochen: Da die neuen *multitudos* sich als Differenzen darstellen, kann niemand diskreditieren, warum welcher Widerstand nicht angebracht sei.

Noch treffen die alten auf die neuen Kämpfe. Es ist keine Frage, dass die andere Seite die Kämpfe entmaterialisieren will, sie auf verbale Radikalität zurechtrücken will. Eine neue Untersuchung über Queertheorien, die ein beispielhafter Ausdruck von Differenzbildung zwischen den *multitudos* sind, ist höchst sensibel für diese Art Eingemeindung. Gerade im Feld der Frauenbewegung wird zunehmend reflektiert, wie und warum Erreichtes umschlägt in Affirmation, wie etwa *Gender mainstreaming* zum Mittelschichtsprojekt zu versanden droht, das die weibliche Armut ausschließt. An den Kettenbildungen wie Rasse-Gender-Klasse hätte schon längst auffallen müssen, dass jedes Glied eine andere *multitudo*-Struktur hat. Diese Reihe, wendet Žižek ein, „[...] verschleiert also, daß die Logik des politischen Raums im Fall der Klasse andersgeartet ist: Während der antirassistische und der antisexistische Kampf vom Streben nach voller Anerkennung des anderen geleitet ist, zielt der Klassenkampf auf Überwindung und Unterwerfung, ja Vernichtung des anderen – der Klassenkampf zielt wenn nicht auf unmittelbare physische, so doch auf Vernichtung der gesellschaftspolitischen Rolle und Funktion des anderen.“ (Žižek 2002: 191)

---

[17] Es sind die besseren Aufsätze in dem Diskussionsband zu *Empire* (Atzert/Müller 2004), die sich mit solchen empirischen Fragen beschäftigen: Verhältnis Frauen- zu Männerarbeit, die Fragwürdigkeit wiewohl Realität affektiver Arbeit, die Möglichkeiten des ‚kognitiven Kapitals‘ in der Computerbranche usw. Virno liefert 10 Thesen, um eine Richtung für solche empirischen Untersuchungen vorzuschlagen.

Eine Trilogie – Common Wealth

Vor zehn Jahren nicht absehbar, vermögen Hardt und Negri, ihr theoretisches Projekt in einer Trilogie zu vollenden, die ein offenes (Kunst-)Werk (Eco) ist, dessen Fortsetzung die Kulturrevolution der handelnden Subjekte, der *multitudos* und der Singularitäten sein wird. Vor allem aber wird in *Common Wealth* die weltweite Finanzkrise verarbeitet, die neuerliche Krise des Kapitalismus provoziert bei Hardt/Negri einen revolutionären Optimismus. Ihr Buch gehört zur literarischen Gattung der Utopie, deren Urtext die *Utopia* (1516) des Thomas Morus dargestellt. Zugleich bildet *Common Wealth* die theoretische Ouvertüre zum strukturbildenden ökonomischen Krisenzyklus, dem sog. „Fünften Kondratieff", dessen Beginn mit 2008 festzulegen ist (vgl. Ruben 2008: 50f.)

Empire belegt die Lage, das, was die Welt ist, *Multitude* die Bewegungsformen des korrumpierten Gemeinsamen, Kriege und parlamentarischen Demokratien, während *Common Wealth* jetzt die Feinmotorik der *multitudo* beschreibt, ihre kulturrevolutionäre Dimension freilegt. Die Gegenwart wird in zwei Zeitmodi zerteilt, in die vergehende Moderne, die mit ihren Widersprüchen außerdem auch als Gegenmoderne auftritt, sowie einer Altermodernität (vgl. Negri/Hardt 2010: 117), in der die *multitudo* sich revolutionär entfalten kann.

Der anderen oder eben der zweiten Moderne (Beck[18]) ist eine neue gesellschaftliche Produktionsweise zu eigen, die Hardt/Negri metaphorisch als technische Zusammensetzung bestimmen:

> „Das, was die Menschen bei der Arbeit tun, und die Fertigkeiten, die sie dort ausüben (technische Zusammensetzung), tragen zu ihren Fähigkeiten auf dem Feld politischen Handelns (politische Zusammensetzung). Wenn sich, wie wir in diesem Buch behauptet haben, die technische Zusammensetzung des Proletariats dergestalt verändert hat, dass die biopolitische Produktion heute eine Hegemonialstellung einnimmt, insofern ihre Eigenschaften sich in allen Bereichen der Produktion geltend machen, dann ist eine neue politische Zusammensetzung möglich, und zwar entsprechend den Fähigkeiten, die für die biopolitische Arbeit typisch sind. Die Transformation der technischen Zusammensetzung erzeugt nicht zugleich eine neue politische Figur des Kampfes und der Revolution – dazu bedarf es der Organisation und politischer Aktion –, aber sie verweist auf eine neue Möglichkeit, die sich ergreifen lässt." (Ebd.: 358)

Die neue Produktionsweise ist gezwungen, der *multitudo* Autonomie und Kontrolle über die Zeit zu gewähren (vgl. ebd.: 319), die institutionalisierte Korruption des Gemeinsamen – also die Familie, die Unternehmen, die Nation (vgl. ebd.: 208) geraten dadurch unter Druck und zerfallen, und der Austragungsort der Konflikte universalisiert sich in den großen Metropolen (vgl. ebd.: 262), welche die Weltgesellschaft in concreto realisieren. Die von Marx klassisch analysierte Ausbeutung der Arbeit durch das Kapital wird erweitert und neustrukturiert durch die Expropriation der Kooperation: „Biopolitische Ausbeutung bedeutet daher die Expropriation des Gemeinsamen auf der Ebene der gesellschaftlichen Produktion und Praxis." (Ebd.: 155) Neben die arbeitende *multitudo* tritt gleichberechtigt die Klas-

---

[18] Das Konzept Becks einer Zweiten Moderne wird nur flüchtig erwähnt und unter Reformismus rubriziert (vgl. Negri/Hardt 2010: 125ff.), aber beim paralleler Lektüre von Becks *Macht und Gegenmacht im globalen Zeitalter* gewinnt Becks Theorievorschlag erheblich an Plausibilität – vgl. das Theoriedesign von Beck (2009: 92/93) – und kann mit Gewinn in *Common Wealth* integriert werden, z.B. in den unausgeführten Abschnitten zu *Governance* (Negri/Hardt 2010: 354ff.). – Zu einer nichtreformistischen Lektüre Becks, vgl. Lauermann (1994); zu Ulrich Beck vgl. auch den Beitrag von Angelika Poferl in diesem Band.

se der Exkludierten, der Armen[19] und des Prekariats. Letzteres „hat ein völlig anderes Verhältnis zum Lohn. Es ist zu seiner Reproduktion nach wie vor von Löhnen abhängig, steht jedoch zunehmend außerhalb dieser Beziehungen zum Kapital und setzt immer stärker auf Einkommen und Reproduktionsmittel, die es aus anderen Quellen sozialen Reichtums beziehen kann. Die Kämpfe in dieser zweiten Rubrik ließen sich deshalb als Kämpfe des Gemeinsamen gegen den Lohn bezeichnen, also zur Verteidigung eines Einkommens, mit dem sich soziales Leben reproduzieren lässt, aber gegen die immer gewaltsamere und immer weniger verlässliche Abhängigkeit, wie sie durch die Lohnverhältnisse vorgegeben wird" (ebd.: 300).

Die Gesamtbewegung der *multitudo*, ihr Fluchtpunkt wird als Revolution begriffen (Teil VI); Identitäten müssen zuerst mühsam hergestellt, um die *multitudo* zu bilden, wie nachhaltig zerschlagen werden (vgl. ebd.: 346), um prozessual eine eigene Form zu finden, mittels der die je konkrete *multitudo* als singuläre handelt: „Die Trias Identität – Eigentum – Souveränität, durch die sich die Moderne definiert, wird in der Altermodernität ersetzt durch den Dreiklang Singularität – Gemeinsames – Revolution." (Ebd.: 351) Das wäre ein schöner Schlussakkord für die Trilogie. Nur, Hardt/Negri wollen, darin dogmatisch, nichts der Fantasie der Leserinnen überlassen, also müssen sie surrealistisch ausrufen: „Jetzt, endlich steht die Revolution auf der Tagesordnung."

Was bedeuten soll: Die Praxis der politischen Kämpfe wird die Begriffsarbeit dazu stimulieren, Strukturunterschiede der Moderne wie die mannichfaltigen Ausdrucksweisen der *multitudo* zu reflektieren, wobei die Möglichkeiten der Anordnung von *multitudos* in dem sozialen Raum, sei es von Weltgesellschaft oder speziell in Metropolen unendlich sind. Allen gemeinsam aber ist ihre kulturrevolutionäre Kraft. Die Kultur selbst ist in einer rasanten Veränderung durch die Globalisierung gezwungen, was Lyotard bereits 1977 in seinem Entwurf *Patchwork der Minderheiten* antizipiert hat. Systemtheoretisch wird eine verwandte Perspektive ins Spiel gebracht: Kultur wird zur Metakultur, „[...] die keine Lebensformen, Sitten, Gewohnheiten mehr festschreibt, sondern ganz im Gegenteil darüber Auskunft gibt, wie Kulturen abhängig von sozialen Strukturen, individuellen Verhalten und kollektiven Denkmustern variieren können" (Baecker 2001: 23). In dichter Beschreibung von Kultur in der Weltgesellschaft werden Markierungen erkennbar, die aus anderer Theorietradition denselben Vorgang als Kulturrevolution codieren, denn die Übertragung der differenten und differenzierenden Kulturpraxen auf die chaotische Bildung von *multitudo*-Formen zeitigt ganz ähnliche Effekte: „Je weiter das Kapital seine globalen Produktions- und Kontrollnetzwerke ausdehnt, desto mächtiger kann jeder einzelne Punkt der Revolte werden. Einfach indem sie sich auf ihre eigene Stärke konzentrieren, ihre Energien in einer Anspannung, einer Windung bündeln, treffen diese wellenförmige Kämpfe die imperiale Ordnung in ihren komplexesten Verknüpfungen. [...] Kurz gesagt verknüpfen sich diese Kämpfe nicht horizontal, sondern jeder einzelne reicht vertikal direkt ins virtuelle Zentrum des Empire." (Negri/Hardt 2002: 71)

---

[19] Schon *Multitude* erregte den Spott wegen der Übernahme der franziskanischen Apologie der Armut; mit Benjamin (1977) und Heidegger (1992) mobilisieren Hardt/Negri nun aber philosophische Ressourcen, die beachtenswert sind. Natürlich schließen sich Sätze dieser verrätselten Denk- bzw. Abwege nicht eilig dem flüchtigen Leser auf, aber, zumindest, klingen sie tief! Heidegger: „Die Armut entbehrt nichts, weil sie kein Bedürfen hat nach Beliebigem. Indem sie nicht entbehrt, *hat* sie *Alles*." (1992: 2) Benjamin: „Denn wohin bringt die Armut an Erfahrung den Barbaren? Sie bringt ihn dahin, von vorn zu beginnen; von Neuem anzufangen; mit Wenigem auszukommen; aus Wenigem heraus zu konstruieren und dabei weder links noch rechts zu blicken." (1977: 215)

420   Manfred Lauermann

Literatur von Michael Hardt und Antonio Negri

Hardt, M./Negri, A.: Empire. Cambridge Mass./London 2000.
Hardt, M./Negri, A.: Empire. Eine neue Weltordnung. Frankfurt/New York 2002.
Hardt, M./Negri, A.: Multitude. Frankfurt/New York 2004.
Hardt, M./Negri, A.: Common Wealth. Das Ende des Eigentums. Frankfurt/New York 2010.
Negri, A.: [1978] Die Theorie des Lohns und ihre Entwicklung. In: Atzert, Th./Müller, J. (Hg.): Im-
    materielle Arbeit und imperiale Souveränität. Analysen und Diskussionen zu Empire. Münster
    2004, S. 264-289.
Negri, A.: Die wilde Anomalie. Spinozas Entwurf einer freien Gesellschaft. Berlin 1982.
Negri, A: Revolution Retrieved. London 1988.
Negri, A./Hardt, M.: Die Arbeit des Dionysos. Berlin-Amsterdam 1997. [In der am. Ausgabe Minne-
    apolis 1994: Hardt/Negri]
Negri, A.: Rückkehr. Frankfurt/New York 2003a.
Negri, A.: Eine ontologische Definition der Multitude. In: Atzert, Th./Müller, J. (Hg.): Kritik der
    Weltordnung. Berlin 2003b, S. 111-125.
Negri, A.: Subversive Spinoza. Manchester 2004
Negri, A.: Goodbye Mr. Socialism. [Gespräche mit Raf Valvola Scelsi] Mit einem Postskriptum über
    die aktuelle Krise. Berlin 2009. [it. 2006 ; fr. 2007]

Weitere zitierte Literatur

Anderson, P.: Antonio Gramsci. Berlin 1979.
Atzert, Th./Müller, J. (Hg.): Immaterielle Arbeit und imperiale Souveränität. Analysen und Diskussi-
    onen zu Empire. Münster 2004.
Baecker, D.: Wozu Kultur? Berlin 2001.
Baudrillard, J.: Die Illusion des Endes oder der Streik der Ereignisse. Berlin 1994.
Beck, U.: Macht und Gegenmacht im globalen Zeitalter. Frankfurt/M. 2009.
Benjamin, W: Erfahrung und Armut. In: Ders.: Gesammelte Schriften, Band I, 2. Frankfurt/M. 1974,
    S. 213-219.
Benjamin, W.: Über den Begriff der Geschichte (1942). In: Ders.: Gesammelte Schriften, Band I, 2.
    Frankfurt/M. 1974, S. 693-704.
Diefenbach, K.: Neue Engel. Vom Glück, kommunistisch zu sein: die Vielheit im Empire. In: Raunig,
    G. (Hg.): Transversal. Kunst und Globalisierungskritik. Wien 2003, S. 29-36.
Heberer, Th./Schubert, G.: Politische Partizipation und Regimelegitimität in der VR China (Bd. I).
    Wiesbaden 2008.
Heerich, Th.: Transformation des Politikkonzepts von Hobbes zu Spinoza. Das Problem der Souverä-
    nität. Würzburg 2000.
Heidegger, M.: Die Armut. Jahresgabe der Martin-Heidegger-Gesellschaft. Meßkirch 1992.
Hindrichs, G. (Hg.): Die Macht der Menge. Über die Aktualität einer Denkfigur Spinozas. Heidelberg
    2006.
Holloway, J.: Die Welt verändern, ohne die Macht [zu] übernehmen. (Change the world without
    taking power). Münster 2002.
Huffschmid, A.: Diskursguerilla: Wortergreifung und Widersinn. Heidelberg 2004.
Kellner, D.: Über die Entwicklung kritischer Theorien zur Globalisierung. In: Winter, R. (Hg.): Kell-
    ner-Reader: Medienkultur, Kritik und Demokratie. Köln 2005, S. 110-135.
Laclau, E./Mouffe, Ch.: Hegemonie und radikale Demokratie. Zur Dekonstruktion des Marxismus.
    Wien 1991.
Lauermann, M.: Carl Schmitt – light. [Zu Ulrich Beck: ‚Die Erfindung des Politischen'] In: Ästhetik
    und Kommunikation. Heft 85/86, 23, 1994, S. 91-97.

Michael Hardt & Antonio Negri: Kulturrevolution durch Multitudo 421

Lauermann, M.: Lao-Tse & Lenin: Brechts Chinabild als Medium seiner Marxismusaneignung. In: Kebir, S. /Hörnigk, Th. (Hg.): Brecht und der Krieg. Widersprüche damals, Einwände heute. Berlin 2005, S. 112-131.

Lauermann, M.: Empire und Multitude. Wer oder was ist multitudo? Einführung in das Denken von Michael Hardt und Antonio Negri. Hannover 2006a.

Lauermann, M.: Das Schwanken des Sozialstaates zwischen Gemeinschaft und Gesellschaft. In: Carstens, U./Clausen, L./Osterkamp,F./Schlüter-Knauer, C. (Hg.): Neuordnung der Sozialen Leistungen [auch Tönnies-Forum 15 (2006)]. Norderstedt 2006b, S. 111-158.

Lauermann, M.: Chinas dialektische Planwirtschaft – eine Antwort auf die Finanzkrise. In: Z. Zeitschrift Marxistische Erneuerung. Nr. 78, Juni 2009, S. 112-118.

Lenin, W. I.: Über die Aufgaben des Proletariats in der gegenwärtigen Revolution (1917). In: ders.: Ausgewählte Werke. Band II. Berlin 1966, S. 37-84.

Link, J.: Texte, Netze, Fluten, Charaktere, Rhizome. Noch sieht die Kollektivsymbolik des 21. Jahrhunderts ziemlich alt aus. In: Link, J./Parr, R.: Kollektivsymbolik des 21. Jahrhunderts? Essen 2001, S. 8-16.

Luhmann, N.: Gesellschaftsstruktur und Semantik. Band 4. Frankfurt/M. 1995.

Luhmann, N.: Die Gesellschaft der Gesellschaft. 2 Bände. Frankfurt/M. 1997.

Lukács, G.: Geschichte und Klassenbewusstsein. Berlin 1923.

Lyotard, J.-F.: Das Patchwork der Minderheiten. Berlin 1977.

Marx, K./Engels, F.: Das kommunistische Manifest: eine moderne Edition. Mit einer Einleitung von E. Hobsbawm. Hamburg [u.a.] 1999.

Paoli, G. (Hg.): „Mehr Zuckerbrot, weniger Peitsche" – Aufrufe, Manifeste und Faulheitspapiere der Glücklichen Arbeitslosen. Berlin 2002.

Roellecke, G.: Das Empire schlägt zurück. In: Frankfurter Allgemeine Zeitung, 16.08.2001.

Ruben, P.: Vom Kondratieff-Zyklus und seinem Erklärungspotential. In: Berliner Debatte 19, 2008, S. 50-65.

Schickel, J.: Dialektik in China. MaoTse-tung und die Große Kulturrevolution. In: Kursbuch 9. Frankfurt/M. 1967, S. 45-129.

Schmitt, C.: Frieden oder Pazifismus. Hg. von G. Maschke, Berlin 2005.

Stäheli, U.: Sinnzusammenbrüche. Eine dekonstruktive Lektüre von Niklas Luhmanns Systemtheorie. Weilerswist 2000.

Tronti, M.: Lenin in England. In: Moroni, P./Balestrini, N. : Die goldene Horde. Berlin 2002, S. 86-93.

Virno, P.: Grammatik der Multitude. Berlin 2005.

Wright, St.: Den Himmel stürmen. Eine Theoriegeschichte des Operaismus. Berlin/Hamburg 2005.

Ziegler, M.: Das *Empire* und der Republikanismus der Menge. Transformationen des Imperialismus. In: Flügel, O./Heil, R./Hetzel, A. (Hg.): Die Rückkehr des Politischen. Darmstadt 2004, S. 292-307.

Žižek, S.: Die Revolution steht bevor: dreizehn Versuche über Lenin. Frankfurt/M. 2002.

Kritiken der Exklusion

René Girard: Ein anderes Verständnis von Gewalt[1]

Konrad Thomas

Das Thema Gewalt wird allerorts diskutiert, von den Parlamenten bis in private Runden. Gewalt wird von Kriminologen, Psychologen und Soziologen untersucht. Zwei Fragen stehen im Mittelpunkt. Erstens: „Wo kommt sie her?"; zweitens: „Wie kann sie verhindert werden?" Aber die Frage, „*Wessen* Gewalt ist gemeint?", wird selten reflektiert. Es müsste doch auffallen, dass es sich um die Gewalt der Anderen handelt, die Gewalt der Hooligans, der Serben und Kosovaren, der Hutu und Tutsi, der Terroristen in aller Welt. Es sind doch vorwiegend andere Menschen unter anderen Verhältnissen, die Gewalt ausüben, die man dann mit den Attributen der Entrüstung belegt: „primitiv", „roh", „sinnlos". Die Diskutierenden und Forschenden sind über solche Taten anscheinend erhaben. Aber ist nicht vielleicht die Gewalt der Anderen unser aller, der Menschen Gewalt? Auf diese Frage wird selten eingegangen. Im Rückblick auf die schlimmsten Formen der Gewalt, nach Auschwitz, formuliert Imre Kertész:

> „Wir können und wollen und wagen es einfach nicht, uns mit der brutalen Tatsache zu konfrontieren, daß jener Tiefpunkt der Existenz, auf den der Mensch in unserem Jahrhundert zurückgefallen ist, nicht nur die eigenartige und befremdliche – ‚unbegreifliche' – Geschichte von ein oder zwei Generationen darstellt, sondern zugleich eine generelle Möglichkeit des Menschen, das heißt eine in einer gegebenen Konstellation auch unsere eigene Möglichkeit einschließende Erfahrungsnorm." (Kertész 1999: 21)

Wenn Kertész von einer „generellen Möglichkeit des Menschen" spricht, verändert er den Blickwinkel. Dann handelt es sich nicht um die Gewalt der Anderen, sondern um Gewalt, wie sie immer unter Menschen vorkommen kann. Er überschreitet die Barriere, die dadurch gegeben ist, dass wir uns dagegen sperren – wie er sagt –, „uns mit der brutalen Tatsache" der Gewalt „zu konfrontieren".

Zu René Girard

Es ist ein Autor völlig anderer Herkunft und Art, der die „generelle Möglichkeit", von der Kertész spricht, zum Thema langjähriger Untersuchungen gemacht hat, der Verfasser der Schriften: *Das Heilige und die Gewalt* (1972) und *Ausstoßung und Verfolgung* (1982), René Girard, dessen Erörterungen in den Diskussionen und Untersuchungen bis heute nicht die Berücksichtigung gefunden haben, die sie verdienen. Dies lässt sich jedoch seinerseits gut erklären. Zuerst seien deswegen einige Anmerkungen zum Autor gemacht, bevor sein

---

[1] Der vorliegende Beitrag ist bereits als Online-Publikation unter dem Titel „Ein anderes Verständnis von Gewalt. Der gesellschaftsanalytische Beitrag des Literaturwissenschaftlers René Girard" erschienen (http://www.humanities-online.de).

gesellschaftsanalytischer Beitrag zur Analyse fundamentaler sozialer Vorgänge dargestellt wird.

Der 1923 in Avignon geborene Girard, der in den vergangenen Jahrzehnten bis vor kurzem in Stanford/Kalifornien gelehrt hat, gehört nicht zur Gruppe der Wissenschaftler, die sich primär mit dem Thema Gewalt beschäftigen. Er ist zuallererst Literaturwissenschaftler, der sich in seiner ersten Schrift, *Mensonge romantique et vérité romanesque* (1961), mit den bekannten Schriftstellern des 19. Jahrhunderts beschäftigt – in späteren u.a. mit Shakespeare (vgl. Girard 1990). Aber in diesem Fach lässt er sich schlecht einordnen: keine stilkritischen Analysen, keine Dekonstruktion, keine Rezeptionsästhetik. Für ihn bedeutet Literatur in erster Linie Aussagen von Menschen über Menschen, das heißt aber, es sind Selbstauslegungen des Menschlichen. Literatur ist für ihn gewissermaßen empirisches Material, aus dem er herausliest, worin die *conditio humana* besteht beziehungsweise wie sie beschaffen ist.

Von den Romanen des 19. Jahrhunderts, die Gegenstand seiner ersten Untersuchungen sind, geht er zurück in die Geschichte, nicht nur bis zu den klassischen Texten der Griechen, sondern zu den Texten, die uns als verschriftete Überlieferungen durch Ethnologen bekannt gemacht worden sind, den Mythen und den mit ihnen bekannt gewordenen Riten (vgl. Girard 1992a). Es ist diese Weite des Feldes seiner Erkundungen, die dazu geführt hat, dass er die Arbeitsteilung der Wissenschaften überschreitet und deswegen die Fachkundigen zu überfordern scheint. Es ist auch nicht zu übersehen, wie ernst er sie einerseits nimmt, wie hart aber auch sein Urteil ist, wenn sie das nicht in den Quellen erkennen, was seinem Urteil nach zu erkennen ist.

In diesen Auseinandersetzungen wird eines deutlich: Er liest diese Texte anders, als es üblich ist. Mag sein, dass ihn seine erste Ausbildung an der Hochschule für Archivare gelehrt hat, nicht nur die Texte im buchstäblichen Sinn zu entziffern, sondern auch im übertragenen: Er liest nicht nur, *was sie aussagen*, sondern er liest auch, *was sie nicht* aussagen, was sie unter Umständen verschweigen. Entgegen der weit verbreiteten Tendenz, frühe Dokumente der Menschheit so wörtlich als möglich zu nehmen und damit die Fremdheit anderer Kulturen zu bestätigen, erlaubt sich Girard, den Sinn der Überlieferung so zu verstehen, als könnten es auch unsere Texte sein. Hinsichtlich der Mythen kommt dieses Verstehen einer Entschlüsselung gleich, wie sie bei der Aufdeckung von Zusammenhängen im historisch bekannten Zeitraum längst üblich ist. Er verweist dabei vor allem auf den folgenden Zusammenhang:

> „Die erste wissenschaftliche Revolution findet im Abendland etwa gleichzeitig mit dem endgültigen Verzicht auf (die) Hexenjagd statt. [...] Zwischen Wissenschaft und Ende der Hexenjagd besteht ein enger Zusammenhang [...]. Es geht darum, ein Entschlüsselungsverfahren auf Texte anzuwenden, bei denen bisher niemand an eine solche Anwendung gedacht hat." (Girard 1992b: 142f.)

Das hat ihm heftigen Widerspruch seitens der Fachwissenschaftler eingebracht, darf aber aufgrund dieses Ansatzes nicht verwundern. Er beharrt darauf: Das Menschliche ist das Menschliche in einem kulturübergreifenden Sinn. Und gerade deshalb sind die Erzählungen anderer Kulturen nicht unverständlich. *Die Vorstellungen und Handlungen anderer Kulturen können keine fundamental andere Rationalität ausdrücken als unsere eigenen.* Darin besteht die Herausforderung, der wir bei Girard begegnen.

René Girard: Ein anderes Verständnis von Gewalt

Nun kommt noch ein drittes Element hinzu, was die Aufnahme seiner Theorie bei einigen willkommen macht, bei vielen anderen aber zu Ablehnung führt: Im Laufe seiner Arbeit ist er nicht nur den Weg vom Alltäglichen – in den Romanen des letzten Jahrhunderts – bis zum Religiösen aller Kulturen gegangen, sondern er hat die Texte der jüdisch-christlichen Tradition in seine Untersuchungen einbezogen und damit den üblichen Abstand zwischen den theologischen und allen anderen Überlieferungen nicht gelten lassen. So nimmt es nicht wunder, dass ein katholischer Theologe, Raymund Schwager, ihn als erster im deutschsprachigen Raum bekannt gemacht hat (vgl. bspw. Schwager 1978) und seitdem manche Theologen sich gerne in ihrem Verständnis wesentlicher Züge des Christentums auf den Laientheologen Girard berufen. Eben dies aber macht ihn modernen Intellektuellen verdächtig, deren Selbstverständnis von Nietzsches „Gott ist tot" geprägt ist.

Es liegt aber noch ein anderes Erschwernis nahe, das, was Girard zur Diskussion beitragen könnte, auf- und ernstzunehmen. Er breitet vor dem Leser keine große, systematisch konstruierte Theorie aus, sondern *er arbeitet am Material,* wobei sich erst allmählich herausschält, was man als seine Botschaft ansehen kann. Dieser Weg ist mühsam, nicht nur durch die Verarbeitung einer schier unübersehbaren Menge unterschiedlichster Texte aus unterschiedlichsten Kulturen und Epochen, sondern auch durch die ständige Auseinandersetzung im wissenschaftlichen Feld. Dieses Verfahren hat aber den Vorteil des Angebots, seine Argumentation nachzuvollziehen; das kann freilich an dieser Stelle nur hinsichtlich der wichtigsten Gedankenzüge geschehen.

Alltagsgewalt, Rache und heilige Gewalt

Nun zur Sache, zu dem Thema, das seit seiner zweiten größeren Arbeit, *La violence et le sacré* (1972), bis zur letzten, die erschienen ist, den roten Faden seiner Arbeiten bildet: der Gewalt. Girard setzt nicht bei den fürchterlichen Vorgängen ein, von denen Kertész und andere ausgehen, auch nicht bei den erschreckenden Terrorakten der Neonazis und der gewalttätigen Fundamentalisten, deren Taten die öffentliche Diskussion beschäftigen. Sondern er greift zuerst zurück auf Erzählungen, wie sie vor allem von Ethnologen aufgezeichnet sind, einerseits aus dem Bereich der Gesellschaften, die man herkömmlich als ‚primitive Gesellschaften' bezeichnet, ohne dass damit etwas herabsetzendes gemeint ist, andererseits aus der Antike, deren kulturelle Bedeutung bis in unsere Tage nicht zu leugnen ist. Das bedeutet aber: Er stellt keine ontologische Differenz zu den jeweiligen Kulturen und zu grundlegenden sozialen Vorgängen in den Mittelpunkt seiner Textauslegung. Was dort gilt, könnte überall gelten. Das Problem ist nicht die Gewalt, sondern wie Gesellschaften mit Gewalt umgehen. Gerade das zeichnet ihn als einen soziologisch denkenden Literaturwissenschaftler aus.

Die alltäglichen individuellen Gewalttaten, wie sie in jeder Gesellschaft vorkommen, sind Verletzung und Mord. Wo Gewalt am Werk ist, da fließt Blut. Aggressive Gewalt wird von ihm nicht problematisiert. Worauf es ankommt, ist die Folge von Gewaltakten. Sie ist überall die gleiche: die Gegengewalt als Antwort, die Rache; Blutvergießen gegen Blutvergießen. „Die einzig befriedigende Rache angesichts vergossenen Blutes besteht darin, das Blut des Täters fließen zu lassen. Es gibt keinen eindeutigen Unterschied zwischen dem Akt, den die Rache bestraft, und der Rache selbst. Rache ist Vergeltung und ruft nach neuen Vergeltungsmaßnahmen." (Girard 1992b: 142f.) Das hat jedoch folgende Konsequenz:

„Die Rache stellt also einen unendlichen [...] Prozeß dar. Wann immer sie an einem beliebigen Punkt innerhalb der Gesellschaft auftaucht, neigt sie dazu, sich auszubreiten und die gesamte Gesellschaft zu erfassen. Sie droht eine wahre Kettenreaktion auszulösen [...]. Mit der Häufung der Vergeltungsmaßnahmen wird die Existenz der Gesellschaft insgesamt aufs Spiel gesetzt." (Girard 1992b: 142f.)

Wir fühlen uns in unserer Sphäre der neuzeitlichen Gesellschaft gegen eine solche Kette der Gewalt gefeit. Unsere Gesellschaft hat Mittel und Wege, dem Tatbestand physischer Gewalt durch strafrechtliche Verfahren zu begegnen. „Das Gerichtswesen wendet die von der Rache ausgehende Bedrohung ab. Es hebt die Rache nicht auf; vielmehr begrenzt es sie auf eine einzige Vergeltungsmaßnahme, die von einer auf ihrem Gebiet souveränen und kompetenten Instanz ausgeübt wird. Die Entscheide der gerichtlichen Autorität behaupten sich immer als das ‚letzte Wort' der Rache." (Girard 1992a: 29)

Wie aber kann eine Gesellschaft, die das Gerichtswesen in unserem Sinn nicht kennt, dem Teufelskreis von Gewalt und Rache entrinnen? Er findet die Spur nahe bei der alltäglichen Gewalt, in einem besonderen, rituell geformten Akt: dem Opfer bzw. der Opferung. Als erstes fällt ihm auf: „Die ungestillte Gewalt sucht und findet auch immer ein Ersatzopfer. Anstatt auf jenes Geschöpf, das die Wut des Gewalttätigen entfacht, richtet sich der Zorn nun plötzlich auf ein anderes Geschöpf, das diesen nur deshalb auf sich zieht, weil es verletzlich ist und sich in Reichweite befindet." (Girard 1992a: 11) Von dieser menschlich verständlichen Reaktion ist es nur ein kleiner Schritt „zu der Frage, ob das Ritualopfer nicht auf einer ähnlichen Stellvertretung beruht" (Girard 1992a:11).

Man könnte Ritualopfer aus moderner Sicht den alltäglichen Racheakten gleichsetzen. Gewalt ist doch gleich Gewalt. Aber das wäre zu einfach. Denn gerade die Stellvertretung, in der sich die Rache oft nicht auf einen Menschen, sondern auf ein Tier konzentriert, bekommt im Ritualopfer einen besonderen Sinn: „Die Gesellschaft bemüht sich, eine Gewalt, die ihre eigenen, um jeden Preis zu schützenden Mitglieder treffen könnte, auf ein relativ wertfreies, ‚opferfähiges' Opfer zu wenden." (Girard 1992a: 13)

Girard betrachtet also die rituelle Opferung nicht aus mythologisierender Perspektive, sondern in ihrer gesellschaftlichen Funktion:

> „Das Opfer tritt nicht an die Stelle dieses oder jenes besonders bedrohten Individuums [...], sondern es tritt an die Stelle aller Mitglieder der Gesellschaft und wird zugleich [...] von allen ihren Mitgliedern dargebracht. Das Opfer schützt die ganze Gesellschaft vor ihrer eigenen Gewalt [...]. In erster Linie beansprucht das Opfer [...], Zwistigkeiten und Rivalitäten, Eifersucht und Streitigkeiten zwischen einander nahestehenden Personen auszuräumen, es verstärkt den sozialen Zusammenhang." (Girard 1992a: 18f.)

Die Gewalt wird durch Gewalt beendet. Diese muss aber eine besondere Gewalt sein, somit eine Gewalt, die nicht in den Teufelskreis von Gewalt und Rache, von Gewalt und Gegengewalt verstrickt ist. Der Ritus, den die Gesellschaft zur Begrenzung der Gewalt einsetzt, ist ein religiöser Akt. An die Stelle der alltäglichen Gewalt tritt die heilige Gewalt.

Es ist völlig ungewohnt für uns, das Heilige nicht im Bezug auf religiöse Gefühle, auf das sogenannte Numinose, schon gar nicht auf Wunder zu verstehen, sondern als die Qualität eines gesellschaftlichen Prozesses. Und doch ist gerade dieses Verständnis plausibel. Der alltägliche Gewaltakt hat einen Täter, und die Vergeltung gilt eben diesem Täter. Ein Akt der Gewaltbegrenzung bedarf aber eines Täters, der von der Vergeltung ausgenommen ist. Also muss seine Tat überalltäglich begründet sein: Das ist die heilige Gewalt. Sie ist eine Handlung des nicht-involvierten Dritten, eine Handlung, die über den Rächenden steht.

In dieser Lesart der Berichte aus Jahrhunderten wird das Heilige als heilige Gewalt zu einer gesellschaftlichen Notwendigkeit. Die Menschen würden sich, so lange das Gesetz gilt, dass Gewalt Vergeltung nach sich zieht, gegenseitig vernichten, wenn keine heilige Gewalt dem Einhalt gebieten würde. Gesellschaft erfährt ihren Gehalt über das Heilige – und damit, so lange die Religion als Institution des Heiligen angesehen wird, stehen Gesellschaft und Religion in unauflösbarer Verbindung. Mit dieser Sicht steht Girard in der Nachfolge des französischen Soziologen Emile Durkheim: „Die Gesellschaft sei eins, behauptet Durkheim, und ihre Einheit sei zu allererst religiös […] Es geht nicht darum, das Religiöse im Sozialen aufzulösen oder das Soziale im Religiösen zu verdünnen. Durkheim hat geahnt, daß die Menschen für das, was sie auf der Ebene der Kultur sind, einem im Religiösen verankerten erzieherischen Prinzip verpflichtet sind." (Girard 1992a: 453)

Während Durkheim Religion in einer engen Entsprechung zu den Ordnungsvorstellungen, dem Weltbild der Gesellschaft sieht, bindet im Unterschied dazu Girard Gesellschaft an Religion, weniger hinsichtlich der Ordnungsvorstellungen, sondern vielmehr hinsichtlich der gesellschaftlichen Akte: Was die Gesellschaft durch legitimierte Vertreter vollzieht, sind überindividuelle, religiöse Akte.

Der Vergleich zu unserer heutigen Gesellschaft ist ohne wertenden Akzent möglich. Die staatliche Gewalt, in der unser Rechtswesen verankert ist, gilt als legitim, als Gewalt, die überparteilich wirkt und die damit – wie das Heilige – dem Bereich der Vergeltung enthoben ist. In historischer Sicht lässt sich nicht übersehen, dass die staatliche Gewalt aus der heiligen Gewalt hervorgegangen ist. Das ist auch der Grund dafür, warum dann, wenn heute von Gewalt die Rede ist, die staatliche Gewalt gerade nicht berücksichtigt wird. Wenn heute normalerweise Gewalt diskutiert wird, dann diejenige, die eben nicht als legitim angesehen werden kann.

Krise und Sündenbock

Das Opfer soll die Rache beenden. Was aber, wenn es dadurch nicht gelingt, die Rache zu bändigen? Dann ist die Gesellschaft in ihrem Bestand gefährdet; sie gerät in die Krise. Der Krisenzustand bringt eine andere, kollektive Form der Gewalt zutage, einen der kollektiven Bewältigung eigenen Mechanismus. Um dessen weitgreifende Bedeutung zu ermessen, ist zunächst das Krisenverständnis, wie Girard es aus den Texten liest, auszuführen.

Für die Mitglieder einer Gesellschaft ist von fundamentaler Bedeutung, dass das Zusammenleben im Sinn von Stabilität über größere Zeiträume hinweg gesichert erscheint. Gesellschaft ist stets arbeitsteilig und hierarchisch, vertikal und horizontal differenziert. In ihr hat jeder seinen Platz. Solange sich die Menschen an die Ordnung halten, ist die Gesellschaft weitgehend stabil und vermittelt das Gefühl der Sicherheit. Wird die Ordnung aber nicht eingehalten, dann sind Stabilität und Sicherheit gefährdet. Wenn man als Krise all diejenigen Zustände versteht, in denen den Beteiligten der Bestand des gemeinsamen Lebens nicht gesichert erscheint, dann tritt neben die Gewalt die Gefährdung der Ordnung als Ursache hinzu. Ein Blick in die Geschichte genügt, um festzustellen, dass jede Aufhebung gesellschaftlicher Ordnung, jeder politische Umbruch von den Betroffenen als Krise erlebt wird.

Girard findet bei Shakespeare eine Rede des Odysseus, der die Situation der Griechen vor Troja dadurch gefährdet sieht, dass, wie es in etwas freier Übersetzung heißt: „die Abstände nicht eingehalten werden", das heißt aber: dass die Differenzen, welche die Ordnung gewährleisten, zur Unkenntlichkeit verwischt werden. Dann, so Odysseus bei Shakespeare, verliert das Heer seine Kraft. Man muss sich nur eine solche Entdifferenzierung in etwas größerem Ausmaß vorstellen, um zu folgendem Schluss zu kommen:

> „Die Krise stürzt die Menschen in eine permanente Auseinandersetzung, die sie jedes unterscheidenden Merkmals, jeder Identität beraubt. [...] Nichts und niemand wird verschont; kohärente Absichten und rationale Aktivitäten gibt es nicht mehr. Zusammenschlüsse jeglicher Art lösen sich auf oder werden zutiefst erschüttert, alle materiellen Werte verkümmern." (Girard 1992a: 80f.)

Zum ersten Krisensymptom, der ungehemmten Gewalt, und dem zweiten, der Entdifferenzierung der Ordnung, kommt in der alten Welt noch ein drittes hinzu. In diesen Gesellschaften wird das Geschehen der Natur noch nicht als vom gesellschaftlichen Geschehen grundsätzlich getrennt erlebt. Es sind vor allem beunruhigende Naturereignisse, die nicht wie in neuzeitlichem Verständnis vorwiegend als von Menschen unabhängig angesehen werden, wie z.B. andauernde Unwetter, die Missernten und Hungersnot oder Seuchen zur Folge haben. Somit wird in diesen Gesellschaften das Wohlergehen – auch das durch die Natur garantierte – als etwas angesehen, das vom Verhalten der Menschen abhängig sei. Es ist in der griechischen Antike die Strafe der Götter, wenn die Pest ausbricht, und es wird als die Strafe Gottes angesehen, wenn Hiob durch Missernte und Viehkrankheit ins Unglück gerät.

Die bis dahin anerkannte heilige Gewalt erreicht aber nicht mehr die ‚Verantwortlichen', lassen sich doch in einer solchen Krise die Täter, die sie verursacht haben, nicht mehr zur Rechenschaft ziehen. Es hilft auch nicht mehr der rituelle Akt, in dem ein Unschuldiger als Stellvertreter des Schuldigen geopfert wird, denn in der Folge der Entdifferenzierung verlieren auch die legitimen Instanzen des Opferritus ihre Autorität.

Aus den großen Krisen, die uns überliefert sind, von der Pest in Theben, die eine wichtige Stelle in der Ödipus-Geschichte einnimmt, bis zu den grausamen Ereignissen unserer jüngsten Zeit, wählt Girard als Beispiel seiner Analyse einen Bericht über die mittelalterliche Judenverfolgung. Im 14. Jahrhundert berichtet der französische Dichter Guillaume de Machaut folgendes:

> „Am Himmel stehen Zeichen. Es hagelt Steine, und die Menschen werden von ihnen erschlagen. Ganze Städte werden vom Blitz zerstört. In jener Stadt, in der Guillaume wohnt [...] sterben viele Menschen. Einige dieser Todesfälle werden der Bosheit der Juden und ihrer Komplizen unter den Christen zugeschrieben. Was taten diese Leute, um der einheimischen Bevölkerung so schwere Verluste zuzufügen? Sie vergifteten Bäche und Trinkwasserquellen. Daraufhin setzte die himmlische Gerechtigkeit diesen Menschen dadurch ein Ende, daß sie der Bevölkerung die Urheber dieser Taten kundtat; in der Folge wurden alle Missetäter massakriert. Und dennoch nahm das Sterben kein Ende [...] bis endlich jener Frühlingstag anbrach, an dem Guillaume Musik in den Straßen hörte und das Lachen von Männern und Frauen vernahm." (Girard 1992b: 7f.)

Dass sich solche Verfolgungen ereignet haben, ist genugsam bekannt. Aber dass eine solche Epidemie durch menschliches Handeln verursacht sein soll, verursacht von einem Gift, bezüglich dessen Girard feststellt, dass das 14. Jahrhundert keine entsprechende Substanz gekannt hat? Ganz offensichtlich übernimmt der Dichter eine herrschende Meinung, die in der Krisenzeit die Verursacher der Epidemie finden muss: Es ist die „immer schon" verdächtige Gruppe der Juden. „Das lächerlichste Indiz, die geringste Verdächtigung wird sich mit unglaublicher Geschwindigkeit vom einen zum anderen verbreiten und sich beinahe unverzüglich in einen unwiderlegbaren Beweis verwandeln." (Girard 1992a: 121)

So sehr es auch den damals bekannten Vernunftgründen hätte widersprechen müssen, dass diese Gruppe über das unbekannte Gift verfügte und damit die Gewässer verseuchen könnte: Ihre Schuld wird behauptet. Indem Guillaume die Schuldzuweisung auf göttlichen Hinweis zurückführt, geht es nicht mehr um Vernunft, sondern um Glauben. Er und seine Zeitgenossen glauben an die Schuld der Juden. „Der feste Glauben aller erheischt zu seiner Bestätigung nichts anderes als nur die unwiderstehliche Einmütigkeit der eigenen Unvernunft." (Girard 1992a: 121)

Was aber, so müssen wir vermuten, hat stattgefunden? In kritischer Distanz, im Verfahren der Entschlüsselung stellt Girard folgendes fest: Analog dem stellvertretenden Opfer im anerkannten Ritus sucht sich die Mehrheit, gewissermaßen naturwüchsig, ein Opfer, gegen das sich die Rache richtet.

> „Eine Gemeinschaft, die in Gewalt verstrickt ist oder vom Unheil bedrängt wird, dem sie nicht Herr werden kann, stürzt sich oft blindlings in die Jagd auf den ‚Sündenbock'. Instinktiv wird nach einem rasch wirkenden gewalttätigen Mittel gegen die unerträgliche Gewalt gesucht. Die Menschen wollen sich davon überzeugen, daß ihr Unglück von einem einzigen Verantwortlichen kommt, dessen man sich leicht entledigen kann." (Girard 1992a: 121)

Wer ist dieses Opfer? Es ist immer eine Minderheit: „Ethnische und religiöse Minderheiten neigen dazu, die Mehrheiten gegen sich zu polarisieren. Es handelt sich um ein Kriterium der Opferselektion, das zwar in jeder Gesellschaft verschieden ausgeprägt, im Prinzip jedoch kulturübergreifend ist." (Girard 1992a: 30) Diesen Vorgang, den Girard im Vergleich des Berichtes aus dem Mittelalter mit vielen anderen historischen und mythologischen Vorgängen als universalen Mechanismus charakterisiert, fasst er unter dem Typus des ‚Sündenbock' zusammen. Diese Kennzeichnung ist uns aus weniger dramatischen, alltäglichen Vorfällen in unserer eigenen Gesellschaft geläufig; sie stammt aus der Erzählung des Alten Testaments, die in einem rituellen Vorgang die unerkannten Sünden der jüdischen Stämme symbolisch auf einen Bock lädt und diesen in die Wüste schickt.

Die Struktur dieses Vorgangs ist einfach: *Erstens* gibt es etwas Beunruhigendes, ein Unheil, eine Krise, für die ein Verantwortlicher nicht zu finden ist. *Zweitens* wird ein Mensch oder eine Gruppe gefunden, dem oder der man die Schuld zuweist in dem Glauben, sie seien die Schuldigen, ohne dass dies aber einer gründlichen Prüfung standhalten würde. *Drittens* werden die so zum Opfer gemachten verfolgt und vernichtet. Und *viertens*: Daran anschließend tritt nicht nur wieder Friede ein, der Frühling und das Lachen und Singen, die Guillaume de Machaut am Ende erwähnt, sondern, was noch wichtiger ist: Die Gesellschaft, so vom vermeintlichen Urheber der Krise befreit, ist in ihrem Bestand gestärkt. Im Rückblick auf die einfache Gewaltbegrenzung durch die religiös legitimierte Gewalt wird deutlich: Ebenso wie der Vollstrecker der religiösen Gewalt der Vergeltung enthoben ist, da er ja im Namen des Heiligen handelt, ist die Mehrheit, die eine Minderheit verfolgt, der Vergeltung enthoben. Was alle getan haben, hat keiner getan. Und ebenso wie bei allen

Gewaltakten das Heilige dem Profanen sehr nahe ist, rückt der Sündenbock-Mechanismus das Kollektiv in die Nähe des Heiligen.

Die Gründungsgewalt

Während das Verhältnis des Heiligen zur Gewalt auch für heutiges Denken plausibel ist, wenn man an die Stelle des Heiligen die übergeordnete Gewalt, das *Dritte* setzt, und der Sündenbock-Mechanismus in seiner Grundstruktur ohne große Mühe verständlich gemacht werden kann, tritt nun bei Girard ein dritter Komplex im Verhältnis des Heiligen zur Gewalt auf, der zwar auch eine Logik hat, der aber unserem Denken und Lebensgefühl fremd ist. Es ist die ‚Gründungsgewalt‘.

Was sich in den verschiedenen rituellen Sündenbock-Inszenierungen andeutet, denen hier im Einzelnen nicht nachgegangen werden kann, geht in vielen mythischen Erzählungen bis in die Anfänge. Es handelt sich um Antworten auf die Frage, wie denn die bestehende Ordnung entstanden ist. Ob von Göttern erzählt wird oder von Menschen: Es sind Gewaltakte, Morde, die am Anfang der jetzt geltenden Ordnung stehen. Sigmund Freud hatte in *Totem und Tabu* die umstrittene These vom Vatermord aufgestellt (vgl. Freud 1912/13: 426 ff.). Für Girard ist dies weniger wahrscheinlich als ein Brudermord, wie ihn das Alte Testament von Kain und Abel erzählt und wie es die römische Sage von Romulus und Remus berichtet. Während Kains Tat zwar eine Schuld bleibt, dieser aber von Gott vor Racheakten geschützt wird, wird der Mord an Remus gerechtfertigt. Dieser Rechtfertigungsspur folgt Girard durch viele Mythen und entdeckt dabei eine verbreitete Argumentationsform. Indem eine Geschichte erzählt wird, wird nicht das erzählt, was sich wirklich abgespielt hat, sondern Schuldzuweisung als Rechtfertigung bekommt die Bedeutung der Verharmlosung. Etwas, was sonst als Verbrechen gilt, wird zur Heldentat umbenannt. Oder es findet ein entlastendes Ablenkungsmanöver statt, indem die Ursache für ein Geschehen woanders gesucht wird als dort, wo sie gesucht werden müsste. Die Nachfahren sollen nicht wissen, was eigentlich geschehen ist. Die bestehende Ordnung, die bestehenden Rituale und Sitten bekommen auf diese Weise das, was wir Legitimation nennen: Sie werden unantastbar.

Für den heutigen Menschen ist die These des Gründungsmordes, der Gründungsgewalt nicht so leicht nachzuvollziehen oder gar zu akzeptieren. Die Annahme „Keine stabile Gesellschaft ohne Mord?" muss naheliegenderweise ‚von uns‘ abgewehrt werden. Aber gibt es andere plausible Erklärungen des Anfangs gesellschaftlicher Ordnung? Die heutigen sozialwissenschaftlichen Theorien spielen z.B. mit dem aus den Naturwissenschaften geborgten Modell der Chaostheorie. Sie mag für die Natur gelten, wie es auch die Bibel andeutet: Erst war das Tohuwabohu, die undifferenzierte Materie, die dann vom Schöpfer gestaltet wurde. Ist aber die Erklärung von gesellschaftlicher Systembildung als ein gewissermaßen friedlicher Wachstumsprozess aus einem Undifferenzierten heraus eine plausible Annahme? Girard entgeht einer solchen Verharmlosung. Mit ihm kann man einerseits akzeptieren, dass vor der legitimen Ordnung ein chaotischer Zustand herrscht, aber der Übergang gestaltet sich, wenn man die Mythen und Riten gelten lässt, gewaltsam. Das bedeutet nicht Rechtfertigung der Gewalt, aber Einsicht in das Schicksal, dem die Menschen nicht entkommen sind.

Die biblische Wende

Es bleibt also die Frage: Wie gelingt es Girard, die Tatsache der Gewalt, mit der sich in der Gründungsgewalt erst Gesellschaft konstituiert und im Sündenbock-Mechanismus fortlaufend rekonstituiert, offen zu legen, ohne dass damit einer heutigen Rechtfertigung von Verfolgung und Gewalt die Tore geöffnet werden? Girard entdeckt in den Schriften des Alten und besonders des Neuen Testaments etwas, das die anderen Quellen nicht zeigen. Es taucht nämlich eine Sicht auf, mit der die sonst gültige Schuldverstrickung und Schuldzuweisung, die unumgängliche Opferung zur Behebung der Krise aufgehoben ist. Dies beginnt zum Beispiel mit der Geschichte von Hiob, der er eine eigene Schrift gewidmet hat (vgl. Girard 1999a). Hiob gerät in eine schwere Krise, in großes Unglück. Seine Freunde reden auf ihn ein: Er müsse doch gesündigt haben, sonst wäre dieses Unglück nicht über ihn gekommen. Sie vertreten ihm gegenüber das gültige Verständnis von Wohlergehen und Ordnung. Aber Hiob weigert sich zu büßen. Und wie reagiert Gott? Er stellt sich nicht auf die Seite der Anklagenden, sondern auf die Seite Hiobs, dem er doch wieder Wohlergehen zukommen lässt. So dunkel textkritisch gesehen diese Erzählung auch ist: Es gibt keinen Grund, die hier vorliegende Aufhebung traditionellen Schulddenkens zu übersehen.

Diese Aufhebung wird aber unwiderruflich deutlich in der uns überlieferten Geschichte Jesu. Was mit seiner Verurteilung geschehen ist, scheint zunächst nahtlos in das Muster des Sündenbocks zu fallen. Soll er Schuld haben an den grassierenden Unruhen, die von den römischen Machthabern gefürchtet werden? Die Juden machen sich von einem Verdacht frei, indem sie ihm symbolisch die Schuld zuschieben. Denn er ist ja als Wanderprediger ohnehin verdächtig. Merkwürdigerweise vertritt aber Jesus Thesen, die mit Gewaltanwendung nicht das Geringste zu tun haben. Ist das Todesurteil gerechtfertigt? Der Fall Jesu wäre ein Fall unter vielen, wenn nicht eines geschehen wäre: Die Erzählung weist einen Zug auf, der allen anderen mythischen Erzählungen fehlt.

Indem Girard diese Erzählung beispielsweise mit der Erzählung der Judenverfolgung im Mittelalter vergleicht, wird folgender Unterschied deutlich: Die klassischen Verfolgungsgeschichten, die Mythen, erzählen die Geschichte *aus der Sicht der Täter*, die das Geschehene rechtfertigen. Sie lassen den Verdacht, dass es sich um eine Schuldzuweisung handelt, niemals aufkommen. Die Passionsgeschichte erzählt die Verfolgung aber *aus der Sicht des Opfers,* aus der Identifikation mit dem Opfer. Solange man die Sicht der Opfer nicht berücksichtigt, kann nicht erkannt werden, dass es sich um den Sündenbock-Mechanismus handelt.

An dieser Stelle ist zweierlei zu unterscheiden. Das eine ist die religiöse Überzeugung von Girard, das andere ist die Logik kultureller Zusammenhänge, die er durch seine gründlichen, die Oberflächen der Darstellungen durchbrechenden Arbeiten nahegelegt hat.

Désir und *Méconnaissance* als anthropologische Kategorien

Die enthüllenden Untersuchungen werden in ihrer Plausibilität verstärkt, wenn man von Girards bekannteren Arbeiten zur Gewalt und dem Heiligen zu seinen fast in Vergessenheit geratenen ersten Arbeiten zurückgeht, in denen diese Themen noch nicht vorkommen und deren Material nicht aus frühester Zeit, sondern aus dem 19. Jahrhundert stammt, wie z.B. sein Buch *Mensonge romantique et verité romanesque,* das unter dem Titel *Figuren des*

Begehrens auf deutsch erschienen ist. Hier erarbeitet Girard ein anthropologisches Konzept, aufgrund dessen die Vorgänge von Gewalt und Gewaltbegrenzung, wie sie aus der Geschichte überliefert werden, an Verständlichkeit gewinnen. Denn noch ist offen, wieso es zu individuellen Gewaltakten kommt, mit anderen Worten: Warum setzt die von uns erwartete Vernunft aus? Ebenso ist offen, wieso intelligente Personen wie Guillaume de Machaut und andere den kollektiven Glauben der angeblichen Schuld der Juden genauso übernehmen wie weniger intelligente.

Die *erste* Grundthese besagt: Girard versteht die Antriebe menschlichen Verhaltens nicht in der Weise Sigmund Freuds aus der Sicht der Triebe und der Triebschicksale, sondern er hat eine von dem Biologischen unabhängige, *soziologische* Erklärung der Verhaltensmotivation. Er erklärt sie durch das *désir*, ein Begehren, das frei von allen moralischen Wertungen zu verstehen ist. Begehren heißt, dass der lebende Mensch nicht anders sein Leben vollzieht, als dass er *auf etwas aus ist*. Keine Situation ist abgeschlossen. Unabhängig von äußeren Umständen vollzieht sich das Leben in einem ‚Darüber-hinaus-Gehen‘. Und dieses *désir* ist in seinen konkreten Zielen nicht von innen her bestimmt. Es ist nicht auf bestimmte Ziele oder Objekte festgelegt.

Das Begehren, das nicht einprogrammierten Zielen folgt, ist prinzipiell am Anderen orientiert. Das heißt, es ist mimetisch. Dasjenige, wonach der Mensch strebt, sein Begehren, wird wesentlich durch die Nachahmung bestimmt. „Bei den menschlichen Verhaltensweisen gibt es nichts oder fast nichts, was nicht erlernt wäre, und jedes Lernen beruht auf Nachahmung. Würden die Menschen plötzlich aufhören, andere nachzuahmen, wäre es um sämtliche Kulturformen geschehen.“ (Girard 1983: 18)

Der Andere, an dem sich die Nachahmung orientiert, ist das Vorbild, das zum Modell der eigenen Bestrebungen wird. In dieser Hinsicht steht Girard in einer Linie mit Gabriel Tarde, einem der Begründer der Sozialpsychologie, der in der zweiten Hälfte des 19. Jahrhunderts das Prinzip der *Imitation* als gesellschaftsbildenden Faktor hervorhebt, und dem Philosophen und Soziologen Arnold Gehlen, der im Gegensatz zu Tarde die Instabilität herausstellt, die mit dem mimetischen Charakter verbunden ist. Er steht aber auch in unmittelbarer Nähe zu Sigmund Freud, in dessen Psychologie Imitation und Identifikation eine zentrale Bedeutung haben. Aus der Sicht Girards aber hat der Gebrauch des Wortes ‚Nachahmung‘, so wie ihn etwa Tarde verwendet, eher eine verharmlosende Bedeutung. Deswegen zieht er die Ausdrücke ‚Mimesis‘ und ‚mimetisch‘ vor. Denn in der Mimesis ist nicht nur die Nachahmung des Verhaltens, wie etwa in der Sozialisation des Menschen, enthalten, sondern auch eine Besonderheit, die er ‚Aneignungsmimesis‘ nennt und die als wesentliche Konfliktursache anzusehen ist. „[…] in der Moderne wurde der Gebrauch des Ausdrucks auf die Nachahmungsmodalitäten beschränkt, die keine Konflikte heraufzubeschwören drohen […]. Dies ist nicht einfach ein ‚Irrtum‘ oder ein ‚Übersehen‘, sondern eine Art von Unterdrückung des mimetischen Konflikts selbst. In dieser Unterdrückung liegt etwas Grundlegendes für sämtliche menschliche Kulturen, selbst für die unsrige.“ (Girard 1983: 28)

Es zählt also vor allem die konfliktgenerierende Tendenz des Mimetischen: Nachahmer und Vorbild können zu Rivalen werden. Rivalität ist ein zentraler Begriff bei Girard. Einem Vorbild zu folgen stärkt den Zusammenhang zwischen dem Modell und dem Nachahmenden, aber dieser Zusammenhang schlägt in dem Augenblick um, in dem der Nachahmende das Objekt begehrt, das das Vorbild besitzt oder selbst begehrt. Ob es sich nun um die Geliebte des Freundes oder die Anerkennung des Lehrers, um greifbare oder ideelle Objekte handelt: Das Objekt des Anderen in Besitz nehmen zu wollen bedeutet Rivalität.

In diesem Verhältnis entwickelt sich das, was Girard das „trianguläre Begehren" nennt. Dieser Ausdruck erinnert an Freuds „Ödipus-Konflikt". Man könnte sagen: Das trianguläre Begehren bei Girard ist der generelle Rahmen, innerhalb dessen die Freud'sche Konstellation einen Sonderfall darstellt. Girard findet das ‚Trianguläre' zuerst in der vergleichenden Analyse von Cervantes *Don Quichote* und Flauberts und Stendhals Romanen, z.B.: „Ein Eitler begehrt ein Objekt dann, wenn er überzeugt ist, daß dieses Objekt bereits von einem Dritten, der ein gewisses Ansehen genießt, begehrt wird. In dieser Konstellation ist der Mittler ein Rivale." (Girard 1999b: 16)

Und dieses trianguläre Begehren ist nicht eine Ausnahmesituation unter Menschen, sondern mit der sozialen Existenz des Menschen unauflöslich verbunden. Mimesis stärkt einerseits den sozialen Zusammenhalt, andererseits macht sie die Menschen zu rivalisierenden Gegnern. *Keine Gesellschaft kann diese fundamentale Struktur aufheben.* Aus der literarischen Rekonstruktion der *conditio humana* wird, ohne dass Girard dies selbst realisiert, Gesellschaftsanalyse. Möglich und erfolgreich im gesellschaftlichen Leben ist lediglich die Eingrenzung oder Entschärfung der unerwünschten, destruktiven Folgen von Rivalität. Es ist also die Natur des mimetischen Begehrens, aus der heraus sich zwischen Menschen als sozialen Wesen einerseits Gewaltakte ergeben, andererseits die Differenzen der gesellschaftlichen Ordnung immer wieder missachtet werden.

Girard verwendet *zweitens* noch einen weiteren Begriff, dessen fundamentale Bedeutung sich erst allmählich bei der Lektüre erschließt. Er taucht in den ersten Arbeiten auf und wird bei den späteren Analysen unersetzlich. Es ist die ‚Méconnaissance'. Dieses Wort ist nicht leicht zu übersetzen. Wörtlich würde ‚Verkennung' passen. An manchen Stellen wäre ‚Täuschung' oder ‚Selbsttäuschung' die angemessene Übersetzung, ohne dass damit eine abwertende Einschätzung verbunden wäre. An anderen Stellen wird der Sachverhalt verständlich, wenn man sich klar macht, dass es sich um ein ‚Nicht-wissen-wollen' oder ein ‚Nicht-wahrhaben-wollen' handelt. Von einem Vorgang zu behaupten, er geschähe in *Méconnaissance*, setzt allerdings die Möglichkeit voraus, an Stelle der Verkennung die Kenntnis, an Stelle des ‚Nicht-wissen-wollens' ein Wissen, an Stelle des ‚Nicht-wahrhaben-wollens' die Wahrheit zu setzen. „Die Wirklichkeit entspringt der Illusion und verleiht dieser eine trügerische Gewissheit." (Girard 1999b: 109) So im Blick auf eine Figur bei Stendhal. Und bei Proust findet Girard: „Die Fakten […] dringen in jene Welt, in der unsere Überzeugungen herrschen, nicht ein. Die Fakten haben die Überzeugungen nicht hervorgebracht und werden sie auch nicht zerstören. Augen und Ohren verschließen sich, sobald Gesundheit und Integrität des persönlichen Universums auf dem Spiel stehen." (Girard 1999b: 204)

Wenn es nur um den Sinn alter Mythen und früher Riten ginge, dann könnte man ein System rekonstruieren, aus dem sich eine gewisse Rationalität der Vorgänge und Handlungen ergibt. Wenn man aber wie Girard vorgeht und von Erzählungen aus historisch gut erforschten Epochen, ja sogar aus jüngster Vergangenheit ausgehend, beginnt, Schlüsse über die Verfassung des gesellschaftlichen Lebens zu ziehen, die dann in die Geschichte weiter zurück verfolgt werden, dann zeigt die *Méconnaissance* einen gemeinsamen Zug individuellen und kollektiven, naturwüchsig-alltäglichen sowie rituellen Verhaltens. Ob es sich um die Beurteilung des eigenen Verhaltens oder die Bewertung einer Krisenlage, um die Vernichtung von Gegnern oder die Opferung eines Schuldigen handelt: *Méconnaissan-*

ce ist eine Entlastung. Indem andere zu Verursachern der eigenen Lage erklärt werden, wie in dem Bericht von Guillaume de Machaut, oder auch umgekehrt der Einzelne Handlungen als seine eigene Sache ansieht, die seine Sache nicht sind, wie in dem Beispiel Prousts: Die Entlastung ist immer eine Rechtfertigung. Es scheint so, als gäbe es ein universales Muster von Schuld und Verfehlung, dem ein Einzelner oder ein Volk auf diese Weise zu entkommen sucht. Es ist ungewohnt, den uns alltäglichen Vorgang, in dem einem anderen die Schuld zugeschoben wird, auf die Entstehung umfassender religiöser Vorstellungen zu übertragen. Girard scheut diesen Vergleich gerade nicht.

Es ist nicht ganz eindeutig, wie es dabei mit dem Bewusstsein beziehungsweise dem Unbewussten steht. ‚Unbewusst‘ wird bei Girard häufig mit Akten der Verkennung verbunden, ohne dass er sich dabei auf Freuds Begriff des Unbewussten bezieht. Man kann nicht annehmen, dass die Überzeugung von der Schuld eines anderen grundsätzlich dem entspricht, was wir ‚Verleumdung‘ nennen. Das wäre eine willentliche Falschaussage. Es ist überzeugend, dass die Fälle der Verkennung, die Girard benennt, nicht willentlich geschehen sind. Denn Schuldabwehr ist gleichzeitig Angstabwehr, und die Geschwindigkeit, mit der etwas, das wir als Fehlurteil bezeichnen würden, sich verbreitet, wenn damit nur die Unsicherheit und das mögliche Schuldgefühl abgewehrt werden, spricht für das Unbewusste dieser Handlungen.

Aber es ist sicher nicht auszuschließen, dass sich wissentliches Fehlurteil und unbewusste Abwehr gelegentlich miteinander vermengen. Im einfachsten Fall hält der Rivale sein Begehren für ein persönliches, ihm eigenes Begehren und leugnet damit, dass er es sich imitativ angeeignet hat. Im Gegenteil, er nimmt eine Verkehrung vor: Er erklärt den Anderen zum Imitator seines Begehrens. Das heißt aber: Er verkennt gerade dadurch sein eigenes Begehren. Auf einer nächsten Stufe wendet sich die rächende Gewalt nicht gegen den Übeltäter, sondern gegen einen anderen Menschen. Sie verkennt die Situation, täuscht sich in ihrer Wut. Die Situation wird derart anders definiert; es gilt jetzt: wenn nur der Racheakt vollzogen werden kann. Daraus folgen dann die Stellvertretung und der Sündenbock. Denn, kommt es zu kollektiven Aktionen in der Weise der skizzierten Judenverfolgung im Mittelalter, dann ist dies ein eklatanter Vorgang der *Méconnaissance*. Man fragt nicht lange nach einer vernünftigen Erklärung, ja, man bescheidet sich auch nicht mit dem Unerklärbaren, wenn man nur einen stellvertretenden Schuldigen finden kann. Wer auch immer auf die Idee gekommen ist, den Juden Schuld zuzuweisen: Die befreiende Antwort breitet sich mimetisch aus, eben auch bei denen, die in der Lage wären, einem solchen „Schuldspruch" gegenüber Skepsis zu äußern.

Es kann also nicht darüber hinweggesehen werden, dass es sich in allen Erzählungen und Riten, die mit Opferung zu tun haben, um Rechtfertigungen mit sozialen Funktionen handelt. Es sind die Täter, die berichten, es sind die Institutionen, welche den Vollzug von Riten überwachen: Immer geht es um das, was wir heute Selbstbehauptung nennen. Und folglich: Eine solche „Behauptung" kann nicht Unrecht sein.

Der englische Ethnologe James Frazer, der in einem Band seines umfassenden Werks *The Golden Bough* viele Berichte über solche Prozeduren gesammelt hatte, konnte die Stellvertretung nur als einen Ausdruck ‚primitiven‘, des Logischen unfähigen Denkens abwerten. Heute würde man sie schlicht für ‚irrational‘ erklären. Für Girard gilt dagegen: Sie sind weder ‚logisch unfähig‘ noch ‚irrational‘. Man muss, wenn man ihm folgt, annehmen, dass die *Méconnaissance* die spezifische Funktion der Entlastung hat. Diese Entlastung hat eine soziale Funktion, die nicht nur für ‚primitive‘ Gesellschaften typisch ist.

Gewalt in der Gegenwart

Es ist die Brücke zwischen der anthropologischen Grundlegung von Rivalität und *Méconnaissance* einerseits und den historischen Strukturen der rituellen Gründungsgewalt andererseits, die die Bedeutung der Argumente Girards für die heutigen Probleme der Gewalt offenkundig werden lässt. Der Sündenbock-Mechanismus ist allenthalben am Werk, auch wenn es dabei nicht blutig zugeht. Dabei kommt es nicht darauf an, ob eine Person sich etwas hat zu Schulden kommen lassen und sie dafür zu bestrafen sei. Sündenbock-Aktionen zeichnen sich *erstens* dadurch aus, dass die Strafe nicht von einer übergeordneten Position aus verhängt wird, sondern als Vergeltung von einer betroffenen Mehrheit. *Zweitens* ist hervorzuheben: Während die Akteure der Überzeugung sind zu strafen, erkennen die Außenstehenden, diejenigen, die selbst nicht betroffen sind, leicht, dass es sich nicht um Strafe, sondern um eine symbolische Opferung handelt. Denn mit dem Sündenbock soll ein Missstand getilgt und eine kritische Situation abgewendet werden. Wenn dies geschieht, dann bedeutet dies, dass die Täter die Situation verkennen, dass sie nicht in der Lage sind oder sich die Mühe machen, das, was nicht in Ordnung ist, zu durchschauen. Wie sehr Krise und Sündenbock-Mechanismus zusammenhängen, hat die erschreckende Geschichte des Nationalsozialismus gezeigt: Die Verfolgung und Vernichtung der europäischen Juden und anderen von den Nazis als „Volksfeinde" bezeichneten Menschen sollte das deutsche Volk aus der Krise befreien.

Wo heute in aller Welt Gewalt auftaucht, handelt es sich um gesellschaftliche Situationen, in denen eine *dritte,* über den Parteien stehende *Gewalt* nicht vorhanden ist, und gleichzeitig um Rivalitäten des Macht- und Geltungsanspruchs, so z.B. zwischen Hutu und Tutsi, zwischen Kosovaren und Serben. Aber es handelt sich auch um Krisensituationen, in denen nach einem Schuldigen gesucht wird. Terrorismus entsteht nicht ihn befriedeten Situationen. Islamische Terroristen interpretieren die Entwicklung als Gefährdung ihrer Identität und reagieren aggressiv auf die Gefährder ihrer Identität. Wir können nicht ausschließen, dass die westliche Modernisierung die traditionelle Identität tatsächlich gefährdet. Aber es ist allzu eindeutig, dass die Opfer ihrer Terrorakte nichts anderes als eben Stellvertreter sind.

Wie erklären wir uns die Neonazis und Hooligans in unserer Gesellschaft? Was drücken sie anderes aus, als dass die Ordnung unserer Gesellschaft, verstanden als Einordnung, nicht glückt? Gewiss, andere passen sich den Umständen auf friedlichere Weise an oder machen sich durch Drogenkonsum selbst zum Opfer. Sie aber verkennen die Situation, wähnen die Schuldigen, und sie verfolgen sie durch Gewalt an Personen oder durch symbolische Gewaltakte. *Die vermisste Zugehörigkeit, das heißt die fehlende Ordnung, ist aber nicht Sache der Gewalttätigen, es ist unsere Sache.* Hier wird das von Girard entwickelte Krisenverständnis wirksam, es verlangt aber nach einer zeitgemäßen Interpretation.

Während für alle traditionellen Gesellschaften die von ihren Mitgliedern erlebten Krisen gleichbedeutend mit Unheil waren, findet in der Moderne eine Umwertung statt, wie es der Historiker Reinhart Koselleck aufgezeigt hat (vgl. Koselleck 1973). Alle Anführer von Modernisierung, besonders alle Revolutionäre, nehmen auch von ihnen herbeigeführte Krisen in Kauf, damit das Bessere, sei es „die Vernunft", sei es „der Sozialismus", gewinnen kann. In der Folge stehen wir in einem permanenten Umbruch, von dem immer nur einige profitieren, andere aber an den Rand oder ins Aus geraten beziehungsweise gestoßen werden. Es bedarf vielfach nicht der aktiven Opferung, denn wer nicht mitmacht, hat sich gewissermaßen selbst ausgegrenzt.

Gewalt kann heute nur noch begrenzt mit Rechtfertigung rechnen. Das ist ein wirklicher Fortschritt. „[...] der Mensch nämlich und das gigantische Anwachsen der Gewaltmittel haben der Gewalt die Möglichkeit zum freien Verlauf verbaut, also jenes Spiel verdorben, das einst die Wirksamkeit des Gründungsmechanismus und die Verdrängung der Wahrheit sicherte." (Girard 1992a: 352) Wenn nun Gewaltaktionen – mit Girard – nur als Sündenbock-Verfolgungen verstanden werden können und als solche stets auf Krisen verweisen, kann man dann noch den Optimismus gegenüber dem technischen und ökonomischen Fortschritt teilen, in dessen Folge diese Krisen auftreten? Die Eingrenzung von Gewalt kann im Rahmen des mit Girard erarbeiteten Verständnisses niemals ausreichen. Alle entsprechenden Versuche müssen erfolglos bleiben, wenn nicht die Eingrenzung der Krisen gelingt.

Literatur von René Girard

Girard, R.: Das Ende der Gewalt. Freiburg 1983.
Girard, R.: Shakespeare: les feux de l'envie. Paris 1990.
Girard, R.: Das Heilige und die Gewalt. Frankfurt/M. 1992a.
Girard, R.: Ausstoßung und Verfolgung. Frankfurt/M. 1992b.
Girard, R.: Hiob – ein Weg aus der Gewalt. Zürich/Düsseldorf 1999a.
Girard, R.: Figuren des Begehrens. Thaur/Münster 1999b.

Weitere zitierte Literatur

Freud, S.: Totem und Tabu (1912/13). In: ders.: Studienausgabe Bd. IX. Hrsg. von A. Mitscherlich, A. Richards u. J. Strachey, Frankfurt/M. 2000, S. 291-444.
Kertész, I.: Eine Gedankenlänge Stille, während das Erschießungskommando neu lädt. Reinbek 1999.
Koselleck, R.: Kritik und Krise. Eine Studie zur Pathogenese der bürgerlichen Welt. Frankfurt/M. 1973.
Schwager, R.: Brauchen wir einen Sündenbock? München 1978.

Giorgio Agamben: Überleben in der Leere

Johannes Scheu

I.

Sommer 1966, ein kleines Gasthaus in der blühenden Provence. Der französische Schriftsteller René Char erwartet die Ankunft Martin Heideggers, der aus Todtnauberg anreist, um mit Char und einer Handvoll seiner Schüler ein Seminar über Heraklit abzuhalten. Zu dem kleinen Kreis zählt auch Giorgio Agamben, ein 24-jähriger Student aus Rom, der mit einer Arbeit über Simone Weil gerade sein Examen in Jura absolviert hat. Einem Kenner der Filme Pasolinis wäre der junge italienische Jurist womöglich bekannt vorgekommen, denn als guter Freund Pasolinis spielte Agamben in *Il Vangelo secondo Matteo* (1964) die Nebenrolle des Apostels Philippus.

Giorgio Agamben, Jahrgang 1942 und Herausgeber der italienischen Edition von Walter Benjamins Gesammelten Schriften, ist seit 2003 Professor für Ästhetik in Venedig. Zuvor lehrte er an der Universität von Verona und Marcerata sowie am *Collège International de Philosophie* in Paris. Gastprofessuren nahm Agamben bislang überwiegend in den Vereinigten Staaten wahr – an der Universität von Berkeley, Los Angeles und Santa Cruz, um nur einige zu nennen. Nimmt man ihn allerdings beim Wort, so werden diese Lehranstalten zukünftig wohl auf seine Person verzichten müssen. Im Januar 2004 nämlich rief Agamben öffentlich zu einem Einreiseboykott europäischer Intellektueller in die USA auf, um sich hierdurch der Prozedur einer „biopolitischen Tätowierung" (Agamben 2004b) nordamerikanischer Sicherheitspolitik zu widersetzen.

Ausschlaggebend für Agambens Entschluss, weniger der Jurisprudenz als vielmehr der Philosophie zu folgen, war die Begegnung mit Heidegger in jenem Sommer 1966, eine Begegnung, die sich zwei Jahre später mit einem Seminar über Hegel wiederholen sollte: „Es gibt, glaube ich, keine philosophische Berufung, eher ein drängendes inneres Gefühl, etwas anderes machen zu wollen, als man gerade macht. Danach [nach jenen Seminaren] dachte ich lange, es sei ein Fehler gewesen, Jura studiert zu haben. Das glaube ich heute allerdings nicht mehr, denn ohne die Kenntnis der Rechtskultur hätte ich wahrscheinlich niemals *Homo Sacer* schreiben können." (Agamben 2001a: 17)

Agambens Hauptwerk, der auf vier Bände angelegte *Homo sacer*-Zyklus – dessen Abschluss er seinen Lesern derzeit noch schuldig bleibt – machte ihn seit Mitte der 90er Jahre zu einem der meistdiskutierten Philosophen der Gegenwart. Galt Agamben zuvor nahezu ausschließlich als Verfasser kunst- und literaturphilosophischer Texte, so bedeutet jene Tetralogie für sein Denken gleichsam einen Wegeinschnitt von höchster politikphilosophischer Brisanz. Der *homo sacer*, eine rätselhafte Figur des altrömischen Rechts, ist der Protagonist innerhalb Agambens Werk: ein Ausgestoßener, der nur über den dünnen Faden seines Ausgeschlossen-Seins an die politische Gemeinschaft gebunden bleibt. Erschöpften sich Agambens Ausführungen jedoch allein auf dem Feld antiker Rechtsgeschichte, so ließe sich hierdurch wohl kaum die Aktualität seines Denkens erklären. Agambens philosophi-

440   Johannes Scheu

sche Leistung besteht vielmehr darin, die Figur des *homo sacer* in den Kontext dessen zu übersetzen, was er in einem Rückgriff auf den Historiker und Philosophen Michel Foucault als ‚Biopolitik' verstanden wissen will: „Ich war immer fasziniert von der lateinischen Formel, die den *homo sacer* beschreibt. […] Ich fand diese Definition bereits vor vielen, vielen Jahren und habe sie immer mit mir herumgeschleppt wie ein Paket, ein Rätsel […]. Und beginnen zu verstehen konnte ich die Figur des *homo sacer* erst, nachdem ich Michel Foucaults Texte über Biopolitik gelesen hatte." (Agamben 2001a: 17)

Foucaults Analysen zur Biopolitik, die sich im ersten Band von *Sexualität und Wahrheit* (Foucault 1977) sowie in seinen 1976 am *Collège de France* gehaltenen Vorlesungen ausgearbeitet finden, bilden für Agamben jedoch nur den Ausgangspunkt seiner Theorie. Agamben übernimmt nicht einfach Foucaults biopolitisches Konzept, sondern hinterfragt dieses aus einer juridisch-institutionellen Souveränitätsperspektive: „Was mich von ihm [Foucault] unterscheidet, ist, daß er nicht an einer Staatstheorie interessiert war, an Rechts- und Souveränitätskonzepten. Seine Überlegungen galten dem, was er die Praktiken und ihre Dispositive nannte, den Technologien des Selbst […]. Ich habe dagegen versucht, beide Perspektiven zusammenzubringen: die Perspektive von Foucault mit dem traditionellen und politischen Zugang." (Agamben 2001a: 18) In erster Linie ist es die Souveränitätstheorie Carl Schmitts, die Agamben jenen Zugang ermöglicht. „Souverän ist, wer über den Ausnahmezustand entscheidet" (Schmitt 1985: 11), so lautet der erste Satz und zugleich die Kernaussage der *Politischen Theologie* Schmitts. An ihr hält Agamben fest, um sie jedoch unverzüglich mit der *Achten Geschichtsphilosophischen These* Walter Benjamins zu konterkarieren: „Die Tradition der Unterdrückten belehrt uns darüber, daß der Ausnahmezustand, in dem wir leben, die Regel ist." (Benjamin 1965a: 84) Biopolitik findet für Agamben in dem Aufeinanderprallen dieser beiden Denkmomente statt – im Zwischenbereich der Kollision von Schmitt und Benjamin – und das Leben, welches jenen dauerhaften und von der Souveränität beherrschten Ausnahmezustand bewohnt, ist dasjenige des *homo sacer*.

Aufgrund des begrenzten Umfangs, der dieser Einführung zur Verfügung steht, wird sich der folgende Beitrag insbesondere auf die zentralen Aspekte des *Homo sacer*-Projektes konzentrieren.[1] Außen vor bleibt neben Agambens Frühwerk deshalb insbesondere auch seine Paulus-Lektüre (Agamben 2006), innerhalb derer Agamben sich dezidiert der – freilich zum Teil bereits im *Homo Sacer* enthaltenen – philosophisch-theologischen Thematik des ‚Messianismus' zuwendet.[2]

II.

Anhand der aristotelischen Begriffsunterscheidung von *zoé* und *bios* dechiffriert Agamben bereits die antike *polis* als einen im Wesentlichen biopolitischen Raum. Das griechische *zoé*

---

[1] Die jeweiligen Bände sind bis dato chronologisch wie folgt erschienen: Homo sacer. Die souveräne Macht und das nackte Leben [unnummeriert] 2002; Was von Auschwitz bleibt. Das Archiv und der Zeuge (Homo sacer III) 2003; Ausnahmezustand (Homo sacer II.1) 2004. – Band II.2. der Homo sacer-Tetralogie, der den Titel „Il Regno e la Gloria" (dt. Das Reich und die Herrlichkeit) trägt, ist bislang allein auf Italienisch erschienen – eine Sprache, die der Autor des vorliegenden Beitrags nicht beherrscht. Aus Anmerkungen Agambens (2005: 60-62) sowie auch aus Rezensionen (Thumfart 2007) geht indes hervor, dass sich Agamben in diesem Band mit dem Zusammenhang von politischer und ökonomischer Theologie beschäftigt.

[2] Zur Bedeutung des Messianismus für die Philosophie Agambens vgl. Marchart (2007); Liska (2007), Schneider (2008).

Giorgio Agamben: Überleben in der Leere 441

bezeichnete das schlichte Vorhandensein von Leben, das ausschließlich Biologische, die unqualifizierte und letztlich private Existenz. Mit *bíos* hingegen wurde auf das öffentliche sowie kulturelle Leben der Bürger verwiesen, auf eine qualifizierte, politische Lebensform. Die politische Ordnung der Antike war alleiniger Ort des *bíos*, und die *zoé* wurde „aus der *polís* im eigentlichen Sinne ausgeschlossen und als rein reproduktives Leben strikt auf den Bereich des *oíkos* eingeschränkt." (Agamben 2002a: 12) In diesem Akt des Ein- und Ausschlusses sieht Agamben die biopolitischen Anfänge abendländischer Politik begründet. Insofern sich die politische Ordnung nämlich nur mittels der Ausschließung der *zoé* zu konstituieren wusste, bezog sie diese in Wirklichkeit implizit in sich mit ein. Das natürliche Leben wurde als ein Negatives in die *polís* eingeschlossen: als ‚konstitutives Außen'[3] des politischen Raumes, das die Möglichkeit von und zur Politik zwar augenscheinlich verneint, insgeheim jedoch überhaupt erst eröffnet. Dem *nackten* oder *bloßen Leben* – wie Agamben die natürliche *zoé* mit Verweis auf Walter Benjamin (vgl. Benjamin 1965b: 60) auch nennt – kommt somit „in der abendländischen Politik das einzigartige Privileg zu, das zu sein, auf dessen Ausschließung sich das Gemeinwesen der Menschen gründet." (Agamben 2002a: 17)

Sah Michel Foucault die „biologische Modernitätsschwelle" (Foucault 1977: 138) westlicher Gesellschaften im klassischen Zeitalter des 18. und 19. Jahrhunderts überschritten, in welchem die bloße Existenz der Gattung Eintritt fand in den Bereich politischer Strategien, so besitzt die abendländische Politik für Agamben seit jeher den Charakter des Biopolitischen: „Indem der moderne Staat das biologische Leben ins Zentrum seines Kalküls rückt, bringt er bloß das geheime Band wieder ans Licht, das die Macht an das nackte Leben bindet." (Agamben 2002a: 16) Agambens Aussage beinhaltet nun weit mehr als eine historische Neudatierung von Biopolitik, die sich den Thesen Foucaults entgegenstellt. Foucault nämlich versperrte sich mit seinem biopolitischen Konzept gegenüber einer juridischen Machtanalyse jedweder Art: wo es für ihn seit dem klassischen Zeitalter keinen Ausgangs- und Mittelpunkt der Macht mehr gab, dort waren Gesetz, Herrschaft und Souveränität nichts weiter als Hegemonie-Effekte, Endformen vielfältiger Kräfteverhältnisse und Machtbeziehungen, die den gesamten Gesellschaftskörper unentwegt durchziehen. Bei Foucault demnach ein geschichtlich vergangenes und aus diesem Grund sekundäres Phänomen, rückt Agamben indessen den Bereich juridisch-politischer Souveränität ausdrücklich ins Zentrum seiner Analyse. Die „Sonne der Souveränität" (Foucault 1977: 93) und das nackte Leben der *zoé*, so korrigiert Agamben Foucault, stehen nur in einem scheinbaren Widerspruch zueinander. In Wirklichkeit ist „die Produktion eines biopolitischen Körpers die ursprüngliche Leistung der souveränen Macht." (Agamben 2002a: 16)[4]

In der Entscheidung über das Außen und Innen des Politischen – durch den „Bruch" (Agamben 2002a: 21) zwischen *zoé* und *bíos* als Abspaltung des *Lebewesens* von seiner *Lebensform* – sieht Agamben jenen biopolitischen *Urakt* in der Antike vollzogen. Denn das „nackte Leben bleibt in diesem Bruch in der Form der Ausnahme eingefaßt, das heißt als etwas, das nur durch eine Ausschließung eingeschlossen wird." (Agamben 2002a: 21) Wenn jedoch bereits die antike politische Ordnung das nackte Leben als einen Nicht-Ort in

---

[3] Zum Derrida'schen Begriff des ‚konstitutiven Außen', und wie er mit der politischen Philosophie Agambens in Verbindung gebracht werden kann, vergleiche Wevelsiep (2003: 463-479) und Menke (2003: 132) – Zur Problematik der Innen/Außen-Differenz im Werk Agambens vgl. Scheu (2008).

[4] Zum – mitunter nicht unproblematischen – Theorieverhältnis zwischen Foucault und Agamben vgl. Lemke (2004a; 2004b; 2005) sowie Muhle (2007).

sich mit einbezog, wenn Biopolitik durch den ‚einschließenden Ausschluss' der *zoé* aus der (und damit in die) *polís* ein ursprünglicher Wegbegleiter abendländischer Politik ist: worin genau besteht dann das biopolitisch „entscheidende Ereignis der Moderne", das Agamben zufolge eine „radikale Transformation der klassischen politisch-philosophischen Kategorien" (Agamben 2002a: 14) mit sich brachte?

In Agambens Argumentation vermisst man einen detaillierten Ausweis des Zusammenhangs von konstanter abendländischer Biopolitik einerseits und modernem biopolitischen Einschnitt andererseits – beziehungsweise das Moment ihres schleichenden oder kollidierenden Übergangs.[5] Nicht aber mittels der Politisierung eines einstmals Apolitischen hält die *zoé* in der Moderne Einzug in das Feld staatlicher Entscheidungsmacht; vielmehr ist es die jeweilige *In-Bezugnahme* des nackten Lebens, die auf einen biopolitischen Unterschied von antiker und moderner Politik verweist:

> „Was die moderne Politik auszeichnet ist nicht so sehr die an sich uralte Einschließung der *zoé* in die *polís* noch einfach die Tatsache, daß das Leben als solches zu einem vorrangigen Gegenstand [...] staatlicher Macht wird; entscheidend ist vielmehr, daß das nackte Leben, ursprünglich am Rand der Ordnung angesiedelt, im Gleichschritt mit dem Prozeß, durch den die Ausnahme überall zur Regel wird, immer mehr mit dem politischen Raum zusammenfällt und auf diesem Weg Ausschluß und Einschluß, Außen und Innen, *zoé* und *bíos*, Recht und Faktum in eine Zone irreduzibler Ununterscheidbarkeit geraten." (Agamben 2002a: 19)[6]

Zwar ist Biopolitik „mindestens so alt wie die souveräne Ausnahme" (Agamben 2002a: 16) und findet im antiken Denken bereits statt. Universell wird sie allerdings erst durch die Politik des permanenten Ausnahmezustands, die Agamben in der Moderne zunehmend verfestigt sieht. Denn von der Paradoxie einer zur Regel gewordenen Ausnahme zeugen laut Agamben nicht nur die Totalitarismen des 20. Jahrhunderts, sondern ebenfalls die modernen Demokratien der Nachkriegszeit – und das Aufzeigen einer „innersten Solidarität zwischen Demokratie und Totalitarismus" (Agamben 2002a: 20) setzt er sich zum Ziel.

III.

Agambens Konzept des Ausnahmezustands gründet unmittelbar im Denken Carl Schmitts, auch wenn es, wie zu zeigen sein wird, zugleich als eine Gegenstrategie zu diesem gelesen werden muss (vgl. Agamben 1999: 162). Im *Dezisionismus* äußert sich Schmitt zufolge das Kernelement staatlicher Ordnung: „Die souveräne Entscheidung ist der absolute Anfang, und der Anfang [...] ist nichts als die souveräne Entscheidung." (Schmitt 1993: 23) Ihren unmittelbaren Ausdruck erlangt diese Entscheidung in der Ausrufung des Ausnahmezu-

---

[5] Nicht zuletzt deshalb, da Agamben sich hierbei einer viel zu unsystematischen und oftmals widersprüchlichen Argumentation bedient (vgl. Sarasin 2003).

[6] Anhand des Oppositionspaars von *zoé* und *bíos* eröffnet Agamben ein weites Feld an Begriffen, die mit der Unterscheidung von Natur und Kultur, von nacktem Leben und politischer Lebensform korrelieren: So verwendet er Begriffe wie Faktum, Gewalt und Stimme auf der einen Seite im Gegensatz zu Recht, Regel, Norm und Sprache auf der anderen. Die methodischen sowie philosophischen Schwierigkeiten, die beispielsweise daraus resultieren, ‚Sprache' nahtlos in ‚Recht' zu übersetzen und beide Begriffe letztlich in dem der ‚Souveränität' kulminieren zu lassen, liegen auf der Hand. Umso erstaunlicher ist es, dass Agamben an keiner Stelle seiner Argumentation auf diese Problematik eingeht.

stands, da lediglich die „Entscheidung über die Ausnahme [...] im eminenten Sinne Entscheidung" ist (Schmitt 1985: 11).

Recht und Norm werden innerhalb des Ausnahmezustands suspendiert. In ihrer Zeitweiligkeit jedoch dient diese Suspension – und darauf kommt es Schmitt an – dem Erhalt des politischen Gefüges. Was Schmitt nämlich mit dem Terminus „Rechts-Ordnung" (Schmitt 1985: 19) betont zueinander in Beziehung setzt, verweist gleichsam auf ein politisch bedeutsames Isolationsmoment: darauf, dass der Bestand einer *Ordnung* insbesondere auch durch die Suspension des *Rechts* gesichert wird, weshalb im Ausnahmezustand „der Staat bestehen bleibt, während das Recht zurücktritt." (Schmitt 1985: 18) Das „Subjekt der Souveränität" (Schmitt 1985: 12) fungiert hierbei als Bindeglied, das die *Rechts-Ordnung* entweder zusammenhält oder vermöge seiner Entscheidungsmacht entzweit. Da er sich sowohl außerhalb wie auch innerhalb des geltenden Rechts befindet, ist es eine politisch sowie juristisch zutiefst widersprüchliche Position, die den Souverän kennzeichnet. Oder, wie Agamben den Souverän fiktiv das Wort ergreifen lässt: „Ich, der Souverän, der ich außerhalb des Rechts stehe, erkläre, daß es kein Außerhalb des Rechts gibt." (Agamben 2002a: 25)

Insofern sich in der Figur der Souveränität der Gegensatz eines Innen- und Außenbereichs des Rechts aufhebt, ist der Ausnahmezustand als „legale Form dessen, was keine legale Form annehmen kann" (Agamben 2004a: 7) das Medium dieser Paradoxie. Die souveräne Ausnahme schafft eine „Zone der Unbestimmtheit" (Agamben 2004a: 33), ein Niemandsland des Übergangs, das Agamben zum biopolitischen Ort *in nuce* deklariert. Der Ausnahmezustand vollzieht die „ursprüngliche Einbeziehung des Lebewesens in die Sphäre des Rechts" (Agamben 2002a: 36), da er als eine weder rein rechtliche noch rein faktische Situation die Schwelle markiert, auf der Leben und Recht aufeinanderprallen: „Wenn die Ausnahme die Struktur der Souveränität ist, dann ist [sie] die originäre Struktur, in der sich das Gesetz auf das Leben bezieht und es durch die eigene Aufhebung in sich einschließt." (Agamben 2002a: 39) Somit kann die souveräne Macht in sich einbeziehen, was außerhalb ihrer Selbst zu liegen scheint, denn als eine „Geltung ohne Bedeutung" (Agamben 2002a: 62) nimmt das Recht im Ausnahmezustand vom nackten Leben der *zoé* Beschlag.

Folgt man Agamben, so wäre es allerdings verfehlt anzunehmen, die souveräne Ausnahme nähme in der Verfolgung anderweitiger Zwecke – etwa dem dezisionistischen Ordnungserhalt Schmittscher Prägung – nur beiläufig die Form eines biopolitischen Aktes an. Seine sowohl fulminante als auch provokante These lautet vielmehr, dass sich das Wesen der Souveränität letzten Endes ausschließlich der Biopolitisierung des nackten Lebens verdankt: „Das Recht lebt von nichts anderem als dem Leben, das es durch die einschließende Ausschließung der *exceptio* in sich hineinzunehmen vermag: Es nährt sich davon und ist ohne es toter Buchstabe." (Agamben 2002a: 37) Die Erzeugung eines biopolitischen Körpers ist deswegen die ursprüngliche Leistung souveräner Macht, da sie das schlichtweg konstitutive Movens ihrer Existenz darstellt.

„Es gibt da eine Grenzfigur des Lebens", so Agamben, „eine Schwelle, wo sich das Leben zugleich außerhalb und innerhalb der Rechtsordnung befindet, und diese Schwelle ist der Ort der Souveränität." (Agamben 2002a: 37) Diese Grenzfigur, die auf den endgültigen Verlust einer Unterscheidungsmöglichkeit von *zoé* und *bíos* verweist, erfuhr erstmals im römischen Recht seine juristische Definition: In Gestalt des *homo sacer* – des *heiligen Lebens*, das nicht geopfert werden kann, aber dennoch getötet werden darf.

IV.

Die Rechtsformel, die den *homo sacer* umschreibt, verleiht ihm eine nur schwache Kontur: „*Sacer* aber ist derjenige, den das Volk wegen eines Deliktes angeklagt hat; und es ist nicht erlaubt ihn zu opfern; wer ihn jedoch umbringt, wird nicht wegen Mordes verurteilt." (Agamben 2002a: 81)[7] Merkmal des *homo sacer* ist ein doppeltes Ausgeschlossen-Sein. Er kann als Vogelfreier straflos getötet werden und findet sich auf diese Weise „außerhalb der menschlichen Rechtssprechung gesetzt [...] ohne in die göttliche überzugehen" (Agamben 2002a: 91), denn das Verbot seiner Opferung verunmöglicht einen solchen Eintritt. Aus diesem Grund ist der *homo sacer* sowohl außerhalb des menschlichen wie auch des göttlichen Rechts angesiedelt, sowohl außerhalb des profanen wie auch des religiösen Bereichs. Diese zweifache Ausnahme muss nun als Akt der ‚einschließenden Ausschließung' verstanden werden: „Denn so wie bei der souveränen Ausnahme das Gesetz sich auf den Ausnahmefall anwendet, indem es sich abwendet und zurückzieht, so ist der *homo sacer* der Gottheit in Form des Nichtopferbaren übereignet und in Form des Tötbaren in der Gemeinschaft eingeschlossen." (Agamben 2002a: 92)

Das heilige Leben des *homo sacer* gleicht Agamben zufolge dem Leben im permanenten Ausnahmezustand.[8] Der *homo sacer* ist der von der Souveränität Verbannte und zugleich unentfliehbar in ihrem Bann Gehaltene: ausgeschlossen in Form einer religiösen und profanen Rechtlosigkeit, eingeschlossen gerade durch seinen Ausschluss in Form der hierdurch entstandenen Gefahr unbegrenzter Gewalt. An den Grenzen des politischen Raumes weist die souveräne Macht und das heilige Leben eine grundlegende Symmetrie auf: „Souverän ist derjenige, dem gegenüber alle Menschen potentiell *homines sacri* sind, und *homo sacer* ist derjenige, dem gegenüber alle Menschen als Souveräne handeln." (Agamben 2002a: 94)[9] Die Souveränität setzt den *homo sacer* als ihren geheimen Gegenpart voraus und bringt ihn zugleich hervor, dient er ihr doch *ex aequo* als Konstitutionsbedingung und Bezugspunkt ihrer Macht. Richtet sich die Ausnahme in der Moderne dauerhaft ein, so öffnet sich innerhalb der politischen Ordnung ein Raum, den das heilige Leben in seiner ganzen Ohnmacht bewohnt. In der Struktur des ‚Lagers' sieht Agamben den Ausnahmezustand materiell lokalisiert: „Das Lager ist der Raum, der sich öffnet, wenn der Ausnahmezustand zur Regel zu werden beginnt. In ihm erhält der Ausnahmezustand [...] eine permanente räumliche Anordnung." (Agamben 2001b: 44) Lebte die Regel bei Carl Schmitt überhaupt nur von der Ausnahme, so ist das Lager als „Ortung ohne Ordnung" (Agamben 2002a: 185) für Agamben Beweis einer gescheiterten politischen Dialektik und somit Ausdruck dessen, was die *Politische Theologie* Schmitts nicht zu thematisieren bereit war. Wenn nämlich „Leben und Politik, die ursprünglich voneinander getrennt und durch das

---

[7] Die lateinische Formulierung hiervon stammt aus einem Traktat namens *De verborum significatione* („Über die Bedeutung der Wörter", ca. 2. Jh. n. Chr.), das von Sextus Pompeius Festus, einem Historiker und Lexikographen, verfasst wurde. Da die Figur des homo sacer rund 400 Jahre vor Festus' Traktat existiert haben soll, ist sie historiographisch umstritten (vgl. Steinhauer 2006: 201).

[8] Agamben gebraucht den Ausdruck ‚heiliges Leben' synonym für ‚nacktes' und ‚bloßes Leben'. Unklar ist dabei, auf welche Weise sich diese drei Begriffe zu dem des ‚natürlichen Lebens' verhalten. Insbesondere das ‚nackte Leben' verwendet Agamben sowohl als Synonym wie auch als Antonym des ‚natürlichen Lebens' der *zoé* (vgl. Sarasin 2003: 350).

[9] Nicht zuletzt hier wird deutlich, in welchem Maße sich Agamben von dem Souveränitätskonzept Carl Schmitts entfernt, da Schmitt strikt auf einer *personalen Singularität* des Souveräns insistiert (vgl. Düttmann 2004: 108).

Giorgio Agamben: Überleben in der Leere 445

Niemandsland des Ausnahmezustands miteinander verbunden waren, dazu tendieren, identisch zu werden, dann wird alles Leben heilig und alle Politik Ausnahme" (Agamben 2002a: 157). Das Lager ist der Ort dieser Einswerdung und demnach der biopolitische Raum schlechthin. In seinem Innern trägt es die Paradoxie der zur Regel gewordenen Ausnahme aus – als Möglichkeit der Unmöglichkeit, als Permanenz der Suspension.

Insofern der Ausnahmezustand die Schwelle bezeichnet, auf der *zoé* und *bíos* kollabieren, gibt das Lager als dessen Einrichtung gleichsam jener Hybridisierung Heim: „Das Lager ist der Ort der absoluten Unmöglichkeit, zwischen Faktum und Recht […], zwischen Ausnahme und Regel zu entscheiden, und es ist der Ort, wo dennoch unablässig darüber entschieden wird." (Agamben 2002a: 182) Inhalt und Ausdruck dieser Entscheidung ist der *homo sacer*, der im Lager seine radikale Reduktion auf ein nacktes Leben erfährt. Im Muselmann[10], dem zerbrochensten Insassen der nazistischen Vernichtungslager, wurde die äußerste biopolitische Grenze gezogen, die das heilige Leben nur noch von dessen Tode trennt. Es gibt einen Punkt, so Agamben, an dem „der Mensch, obwohl er dem Anschein nach Mensch bleibt, aufhört, Mensch zu sein. Dieser Punkt ist der Muselmann, und das Lager ist sein Ort schlechthin." (Agamben 2003b: 48) Somit waren die nationalsozialistischen Konzentrationslager „nicht nur Ort des Todes und der Vernichtung, sondern auch und vor allem der Ort der Produktion des Muselmanns, der letzten im biologischen Kontinuum isolierbaren biopolitischen Substanz." (Agamben 2003b: 75)

Während Foucault mit seinem Konzept der Bio-Macht immerzu die Produktivität, die Steigerung und Vervielfältigung des Lebens betonte, die er (als Umkehrung der in seinen Augen vormodernen *vitae necisque potestas*) mit der Formel ‚*Leben machen und sterben lassen*' umschrieb (vgl. Foucault 1977: 134), so zeigt sich für Agamben das Wesen der Bio-Macht im Nicht-Menschen des Muselmanns.[11] Weniger im ‚*Leben machen*' als vielmehr im ‚*Überleben machen*' findet die Bio-Macht ihren makabren Ausdruck:

> „Nicht das Leben oder der Tod, sondern die Erzeugung eines modulierbaren und virtuell unendlichen Überlebens ist die entscheidende Leistung der Bio-Macht unserer Zeit. […] Der höchste Ehrgeiz der Bio-Macht besteht darin, in einem menschlichen Körper die absolute Trennung von Lebewesen und sprechendem Wesen, von *zoé* und *bíos*, von Nicht-Mensch und Mensch zu erzeugen: das Überleben. Deswegen manifestiert der Muselmann im Lager […] nicht nur die Wirksamkeit der Bio-Macht, sondern offenbart sozusagen ihre geheime Chiffre, ihr *arcanum*." (Agamben 2003b: 135)

Wie erklärt es sich nun, dass Agamben in der Struktur des Lagers die Matrix und den neuen *nómos* der Moderne erblickt (vgl. Agamben 2002a: 175)? Worauf verweisen die Figuren des *homo sacer* und des Muselmanns, wenn sich der gesamte Charakter moderner Biopolitik in ihnen offenbaren soll? An Tautologien innerhalb Agambens politischer Philosophie mangelt es nicht, wohl aber an methodologischen Grundlagen. Nebst dem Fehlen wissenschaftstheo-

---

[10] Der Ausdruck „Muselmann" – paradoxerweise im Wort ‚Muslim' etymologisch begründet – wurde überwiegend im KZ Auschwitz gebraucht. Er galt Häftlingen, die keinerlei psychische und physische Reizreaktion mehr besaßen. Von ihren Mitinsassen wurden die Muselmänner bisweilen auch als ‚lebende Leichen' bezeichnet (vgl. Agamben 2003: 36-75; Sofsky 1993: 229-236; Ryn/Klodzinski 1987).

[11] Indem Agamben den Ausdruck ‚Biopolitik' durch ‚Bio-Macht' ersetzt, arbeitet er begrifflich ungenau, da sich beide Begriffe in den Analysen Foucaults voneinander unterscheiden (vgl. Foucault 1977: 135). Hinzugefügt werden muss allerdings, dass selbst Foucault häufig zu einer synonymen Verwendung neigte (vgl. Stingelin 2003: 15).

retischer Bezüge ist es vor allem das willkürliche Ineinandergreifen von historischer Rekonstruktion und struktureller Analogie, das dem *Homo sacer*-Projekt defizitär anzurechnen ist (vgl. Geulen 2005: 17-31; Sarasin 2003: 349) Dennoch will Agamben mit dem Begriff des ‚Paradigmas' eine Brücke zwischen historischer und struktureller Analyse schlagen: „In two recent books I have analysed figures and phenomena such as *Homo sacer* in Roman law or the Musselman in Auschwitz which are obviously propositive historical phenomena. However, in my books they were treated as paradigms whose function was to establish and make intelligible a wider set of problems." (Agamben 2002b) Auf diese Weise transformiert Agamben die historische Singularität von Auschwitz in eine juridisch-politische Struktur, die er in den Institutionen moderner Rechtsstaatlichkeit am Werke sieht: „Wenn das Wesen des Lagers in der Materialisierung des Ausnahmezustands besteht [...], dann müssen wir annehmen, daß jedes Mal, wenn eine solche Struktur geschaffen wird, wir uns virtuell in der Gegenwart eines Lagers befinden, unabhängig von der Art der Verbrechen, die da verübt werden, und wie immer es auch genannt und topographisch gestaltet sei." (Agamben 2002a: 183) Guantánamo und Abu Ghraib, die (der Genfer Flüchtlingskonvention widersprechenden) ‚internationalen Zonen' auf Flughäfen, aber auch die Intensivstationen moderner Medizin: all diese Räume sind im Kern Produktionsstätten von *homines sacri* (vgl. Agamben 2002a: 152, 168, 183).[12] Wenn Biopolitik aber die Auflösung eines per se politischen Raumes impliziert, dann findet sich das nackte Leben gleichsam nur paradigmatisch an jenen Orten. Im Begriff der „anthropologischen Maschine" (Agamben 2003a: 42) fasst Agamben einen weiterreichenden Prozess zusammen: „Es ist [...] möglich, daß diese Grenze, von der die Politisierung und die *exceptio* des natürlichen Lebens in der staatlichen Rechtsordnung abhängt, sich in der abendländischen Geschichte immer nur ausgedehnt hat und heute [...] durch das Innere jedes menschlichen Lebens und jedes Bürgers geht. Das nackte Leben ist nicht mehr an einem besonderen Ort oder in einer definierten Kategorie eingegrenzt, sondern bewohnt den biologischen Körper jedes Lebewesens." (Agamben 2002a: 148)

Eine nicht-staatliche, *kommende*[13] Politik zu entwerfen, die dem neuen *nómos* der Moderne entgegentritt und die anthropologische Maschine zum Stillstand bringt, ist Agamben zufolge Aufgabe und Bürde politischer Philosophie (vgl. Agamben 2003a: 48; Weiß 2002: 12). Da Leben und Recht, *zoé* und *bíos* jedoch in eine Zone der Unterschiedslosigkeit eingedrungen sind, muss ein Befreiungsversuch auch auf dieser Schwelle seinen Ausgang nehmen. Stattzufinden hat er in der zur Regel gewordenen Ausnahme, innerhalb des nackten Lebens selbst.

V.

Durch eine Relektüre von Carl Schmitt und Walter Benjamin will Agamben den Zusammenhang von souveräner Macht und nacktem Leben als Fiktion demaskieren: „Wenn es möglich sein sollte, sich im Anhalten der Maschine zu üben, die zentrale Fiktion an ihr

---

[12] Aufschlussreiche Kritik an Agambens Lagerkonzeption sowie der hiermit zusammenhängenden Universalfigur des nackten Lebens findet sich bei Werber (2002), Sarasin (2003), Vasilache (2007) und Bogdal (2008). Des Weiteren sei auf Dieter Thomä (2004) hingewiesen, der mit der Figur des ‚Herrenlosen' ein Gegenkonzept zu Agambens *Homo sacer* entwirft.

[13] Diese Formulierung geht wahrscheinlich ebenfalls auf Benjamin zurück (vgl. Geulen 2005: 153). Parallelen ließen sich überdies zu Jacques Derridas Entwurf einer ‚démocratie à venir' ziehen (vgl. Derrida 2000: 64f.).

offenbar werden zu lassen, dann, weil es zwischen Gewalt und Recht, zwischen Leben und Norm keine substantielle Verbindung gibt." (Agamben 2004a: 102) Gilt der Geisteswissenschaft die Bewunderung als sowohl beachtenswert wie auch skandalös, die der jüdische Philosoph Benjamin dem Souveränitätskonzept eines rechtskonservativen Carl Schmitt entgegenbrachte[14], so nimmt Agamben die entgegengesetzte Position ein: „Wir kehren die Last des Skandals um und werden versuchen, Schmitts Theorie der Souveränität als Antwort auf Benjamins ‚Kritik der Gewalt' zu lesen." (Agamben 2004a: 65) In diesem Essay aus dem Jahre 1920 sucht Benjamin sich einer *reinen, revolutionären* und *göttlichen Gewalt* zu versichern, welche die Dialektik von *rechtssetzender* und *rechtserhaltender Gewalt* an allen Orten aufsprengt, um dadurch einer neuen geschichtlichen Epoche stattzugeben (vgl. Benjamin 1965b: 63f.). Und was in der *Achten Geschichtsphilosophischen These* als die „Herbeiführung des *wirklichen* Ausnahmezustands" (Benjamin 1965a: 84) bezeichnet wird, ist sowohl positiver Ausdruck wie auch zu vollendendes Ziel jener *reinen Gewalt* als Synonym eines wahrhaft menschlichen Handelns.

Der *wirkliche* Ausnahmezustand ist für Benjamin eine Anomie, die in der messianischen „Entsetzung des Rechts" (Benjamin 1965b: 64) begründet liegt. Versteht man die Souveränitätstheorie Schmitts als Erwiderung auf die Philosophie Benjamins, dann ist es Anspruch der *Politischen Theologie*, jene Anomie mittels der souveränen Entscheidung zu neutralisieren: „Der Ausnahmezustand [ist] der Raum, in dem die benjaminsche Idee einer reinen Gewalt festgehalten und die Anomie in das Corpus des *nómos* selbst eingeschrieben werden soll. Für Schmitt kann es so etwas wie eine reine, absolut außerhalb des Gesetzes stehende Gewalt nicht geben, denn mit dem Ausnahmezustand ist sie durch eben ihr Ausgeschlossensein ins Recht eingeschlossen." (Agamben 2004a: 66) Nur über den Umweg einer Fiktion kann der Ausnahmezustand von der souveränen Macht vereinnahmt werden: „Der Versuch der Staatsmacht, sich die Anomie durch den Ausnahmezustand einzuverleiben, wird von Benjamin bloßgestellt als das, was er ist: eine *fictio iuris* par excellence." (Agamben 2004a: 71) Wenn der souveräne Anspruch fiktiv ist, weil die Anomie ihm zufolge innerhalb des Rechts zu verbleiben hat, so ist die souveräne Ausnahme fiktiv dahingehend, dass sie für sich beansprucht, Leben und Recht nicht nur in einen Zusammenhang zu bringen, sondern genuin und von sich aus bereits dieser Zusammenhang zu sein.

Auf dieselbe Weise, wie Souverän und *homo sacer* zwei symmetrische Figuren bilden, am weitesten voneinander entfernt und doch aufs Engste miteinander verbunden, findet die Auseinandersetzung zwischen Schmitt und Benjamin „in ein und derselben Zone der Anomie statt, die für die eine Seite um jeden Preis mit dem Recht verbunden bleiben muß, während sie für die andere ebenso sehr davon gelöst und befreit werden soll." (Agamben 2004a: 72) Ein Spannungsverhältnis durchzieht die biopolitische Moderne. Denn parallel zur allumfassenden Lagerstruktur verläuft eine Gegenbewegung, die „wieder zu lösen versucht, was künstlich und gewaltsam verbunden ist." (Agamben 2004a: 103) Als Ort der *Einrichtung* und *Setzung* sowie auch der *Deaktivierung* und *Entsetzung* des Rechts verweist der Ausnahmezustand auf zwei kulturell disparate Momente, und „ein Leben im Ausnahmezustand heißt, die Erfahrung beider Möglichkeiten zu machen." (Agamben 2004a: 103)

---

[14]   Benjamin übernimmt in seiner Habilitationsschrift *Ursprung des deutschen Trauerspiels* im Wesentlichen die Schmitt'sche Definition von Souveränität (Benjamin 1974: 246). Von Benjamins Bewunderung zeugt auch ein Brief an Schmitt aus dem Jahre 1930, der von Schmitt allerdings unbeantwortet blieb (vgl. Agamben 2004: 64).

Um den Anspruch souveräner Macht vermöge eines emanzipativen Akts zurückzuweisen, ist jedoch ein Lebenskonzept notwendig, das sich immun gegenüber biopolitischen Zäsuren erweist. Als *forma di vita* – zu deutsch *Lebens-Form* – bezeichnet Agamben einen solchen Entwurf: „Mit dem Ausdruck *Lebens-Form* meinen wir […] ein Leben, das niemals von seiner Form getrennt werden kann, ein Leben, in dem es niemals möglich ist, so etwas wie ein bloßes Leben zu isolieren." (Agamben 2002a: 251) Wie aber lässt sich eine *Lebens-Form* ausbilden, wenn der neue *nómos* der Moderne nur unentwegt nacktes Leben absondert, das – gerade in seiner Ununterscheidbarkeit zum *bíos* – ein Produkt biopolitischer Trennungsmechanismen ist? „Von den Lagern gibt es keine Rückkehr zur klassischen Politik" (Agamben 2002a: 197), denn hinsichtlich der Struktur moderner Biopolitik erweisen sich die traditionellen Kategorien politischer Philosophie als obsolet. Eine Re-Differenzierung von privater und öffentlicher Existenz wäre somit als Lösung des biopolitischen Desasters schlicht unmöglich. Aus diesem Grund will Agamben „aus dem biopolitischen Körper, aus dem nackten Leben selbst den Ort machen, an dem sich eine gänzlich in nacktes Leben umgesetzte Lebensform herausbildet und ansiedelt, ein *bíos*, der nur seine *zoé* ist." (Agamben 2002a: 197) Der Akzent liegt hierbei im Detail, welches das Treiben der anthropologischen Maschine und ihren Stillstand als Gegenteiliges ausweist: Gilt es moderner Biopolitik, den „*bíos* der *zoé* zu finden" (Agamben 2002a: 20), so ist es ein ‚*bíos* als *zoé*', durch den diese biopolitische Suche ins Leere führt. Die *Lebens-Form* erweist sich somit als eine Umkehrung biopolitischer Zielsetzung, konzipiert als nacktes Leben und doch an seiner Statt.

Das Konzept der *Lebens-Form* – dessen detaillierte Ausarbeitung Agamben dem vierten, letzten und noch ausstehenden Teil des *Homo sacer*-Projektes überlässt – ist noch zu bruchstückhaft, als dass sich daraus handfeste analytische Schlüsse ziehen ließen. Fest steht aber, dass der Begriff *Lebens-Form* einen Akt des Denkens benennt: „Gegenüber der staatlichen Souveränität, die in jedem Bereich sich nur aufgrund der Trennung des bloßen Lebens von seiner Form behaupten kann, sind Denken und Intellektualität das potentielle Sein, das unaufhörlich das Leben mit seiner Form zusammenfügt oder die Trennung verhindert." (Agamben 1994: 256) Als eine „unwiderrufliche Abkehr von jeglicher Souveränität" (Agamben 1994: 254) vermag die *Lebens-Form* somit den Weg einer nicht-staatlichen Politik zu ebnen. Völlig unklar bleibt hierbei allerdings, auf welche Weise ihr dies möglich sein soll. Agamben verweist zwar auf die politischen Implikationen seiner Konzeption, ausgewiesen hat er sie bislang noch nicht.

VI.

Am Anfang abendländischer Politik fand sich der biopolitische Bruch besiegelt, und die anthropologische Maschine nahm stillschweigend ihren Lauf. Die Trennung von *zoé* und *bíos* verschuldete das *nackte Leben*, das – seit alters her zwar der geheime Bezugspunkt souveräner Macht – in der Moderne erst seine endgültige Vereinnahmung erfährt. Unsere Kultur ist von dem Wahn besessen, im nackten Leben seine Lebensform, in der *zoé* ihren *bíos* aufzuspüren, und möglich ist dies nur um den Preis einer totalitären Katastrophe.

Zweifellos besteht Agambens philosophisches Verdienst darin, die Koinzidenz von Körper und Recht, den konstitutiven Zusammenhang von biopolitischer und juridisch-institutioneller Macht offen zu legen (vgl. Haverkamp 2001: 24; Schwarte/Wulf 2003: 13).

Agambens Anspruch aber, einen Ausweg aus der biopolitischen Misere zu eröffnen, scheitert bereits an seinem eigenen Ansatz ‚souveräner Totalität'. Zu entschlossen und vehement sucht Agamben auf der einen Seite jedes erdenkliche Phänomen mit der Struktur des *Lagers* zu erklären, als dass sich auf der anderen Seite ein Raum für emanzipatives Handeln finden und erschließen ließe, der nicht unter jene Struktur zu subsumieren ist; zu allumfassend und unentrinnbar konzipiert Agamben den konstitutiven Anspruch souveräner Macht, als dass der *homo sacer* diesem in einem eigenen souveränen Akt entsagen könnte.

Mit dem Konzept der *Lebens-Form* führt Agamben einen Widerspruch in seine Theorie ein, der auch mittels einer dialektischen Denkbewegung nicht aufzuheben ist. Insofern sich nämlich die *Lebens-Form* auf der Schwelle von *zoé* und *bíos* ereignen soll, kehrt sie zwar die Zielsetzung des biopolitischen Zugriffs um, zugleich jedoch reproduziert sie durch ihre Umkehrung auch unentwegt die Logik souveräner Macht. Allein dieser obliegt es schließlich, über jene Schwelle der Ununterscheidbarkeit – Herberge des nackten Lebens und hoffnungsvoller Ausgangspunkt der *Lebens-Form* – zu verfügen. Ist der *homo sacer* Voraussetzung und Produkt politischer Souveränität, so hat er den Kampf, den es anzutreten gilt, immer schon verloren. Und in Anbetracht des biopolitischen Schicksals, das Agamben zufolge der gesamten abendländischen Geschichte zugrunde liegt (vgl. Menke 2003: 147), werden Denken und Intellektualität dem Muselmann nur eine schwache Hilfe sein.[15]

Sicherlich, die These des Ausnahmezustands als anomischer Leere, der sich „sowohl die Macht als auch ihre Gegner [...] zu nähern suchen" (Agamben 2004a: 63), beinhaltet die Möglichkeit eines widerstandsfähigen Handelns.[16] Wenn jedoch Agamben die souveräne Ausnahme im selben Zuge seiner Argumentation als zwar *fiktiv*, so doch *wirksam* umschreibt (vgl. Agamben 2004a: 103), und das Lager der Ort ist, wo über Unentscheidbares dennoch entschieden wird, dann ist dies letztlich nur ein anderer Ausdruck dafür, dass die souveräne Macht dem Anspruch auf Faktizität gar nicht genügen muss und somit gleichgültig gegenüber dem Vorwurf der Fiktion sein kann. Denn den ‚einschließenden Ausschluss' des nackten Lebens als Konstitutionsbedingung ihrer Existenz weiß die Souveränität unabhängig davon zu vollziehen. So sehr Agamben uns auch davon zu überzeugen sucht, in der von ihm beschriebenen universellen Lagerstruktur kann es eine anomische Leere nicht geben – keinen Ort, den der neue *nómos* der Erde nicht bereits sein Eigen nennt. Auf der Schwelle von *zoé* und *bíos* wartet nicht eine *Lebens-Form* auf die Verwirklichung ihrer Potenz. Einsam und hilflos kauert dort nur das heilige Leben, und wenn Agamben es plötzlich als Befreier seines Selbst betrachtet, so erwidert es bloß verständnislos und müde seinen fordernden Blick.

---

[15]   Kurotschka (2004) hegt an der politischen Tragfähigkeit der *Lebens-Form* ebenfalls Zweifel: „Trotz der gewichtigen bioethischen und biopolitischen Implikationen des Konzeptes der *Lebens-Form*, [...] gelingt es diesem Konzept nicht, in Agambens Theorie zur theoretischen Voraussetzung der *kommenden* Politik zu werden, sondern [es] wird vielmehr zur Voraussetzung für den Ausgang der Theorie Agambens aus der Politik." (Kurotschka 2004: 940)

[16]   Mit diesem Ansatz rückt Agamben in die Nähe einer Vielzahl poststrukturalistischer und radikaldemokratischer Theorien, die auf ähnliche Weise mit der Metapher einer politischen ‚Leerstelle' operieren (vgl. Flügel/Heil/Hetzel 2004: 7-16).

Literatur von Giorgio Agamben

Agamben, G.: Lebens-Form. In: Vogl, J. (Hg.): Gemeinschaften. Positionen zu einer Philosophie des Politischen. Frankfurt/M. 1994, S. 251-257.

Agamben, G.: Potentialities. Collected Essays in Philosophy. Stanford 1999.

Agamben, G.: Das unheilige Leben. Ein Gespräch mit dem italienischen Philosophen Giorgio Agamben. In: Literaturen, Bd. 1, 2001a, S. 17-22.

Agamben, G.: Mittel ohne Zweck. Noten zur Politik. Freiburg 2001b.

Agamben, G.: Homo sacer. Die souveräne Macht und das nackte Leben. Frankfurt/M. 2002a.

Agamben, G.: What is a Paradigm? Vortrag an der European Graduate School, August 2002b. Veröffentlicht unter: www.egs.edu/faculty/agamben/agamben-what-is-a-paradigm-2002.html [Zugriffsdatum: 30.08.2005]

Agamben, G.: Das Offene. Der Mensch und das Tier. Frankfurt/M. 2003a.

Agamben, G.: Was von Auschwitz bleibt. Das Archiv und der Zeuge. Frankfurt/M. 2003b.

Agamben, G.: Ausnahmezustand. Frankfurt/M. 2004a.

Agamben, G.: Körper ohne Worte. Gegen die biopolitische Tätowierung. In: Süddeutsche Zeitung, 10.01.2004b.

Agamben, G.: Theos, Polis, Oikos. Das Mysterium der Ökonomie auf der politisch-christlichen Bühne. In: Lettre International, Bd. 69, 2005, S. 60-62.

Agamben, G.: Die Zeit, die bleibt. Ein Kommentar zum Römerbrief, Frankfurt/M. 2006.

Weitere zitierte Literatur

Benjamin, W.: Geschichtsphilosophische Thesen. In: ders.: Zur Kritik der Gewalt und andere Aufsätze. Frankfurt/M. 1965a, S. 78-94.

Benjamin, W.: Zur Kritik der Gewalt. In: ders.: Zur Kritik der Gewalt und andere Aufsätze. Frankfurt/M. 1965b, S. 29-65.

Benjamin, W.: Ursprung des deutschen Trauerspiels. In: ders.: Gesammelte Schriften, hrsg. von Tiedemann, R./Schweppenhäuser. H., Bd. I., Frankfurt/M. 1974, S. 203-430.

Bogdal, K.-M.: Die Deterritorialisierten. Agambens Infamien. In: Geulen, E. et al. (Hg.): Hannah Arendt und Giorgio Agamben. Parallelen, Perspektiven, Kontroversen. München 2008, S. 11-25.

Derrida, J.: Politik der Freundschaft. Frankfurt/M. 2000.

Düttmann, A. G.: Entscheidung und Souveränität. In: Frankfurter Arbeitskreis für politische Theorie und Philosophie (Hg.): Autonomie und Heteronomie der Politik. Politisches Denken zwischen Post-Marxismus und Poststrukturalismus. Bielefeld 2004, S. 105-116.

Flügel, O./Heil, R./Hetzel, A. (Hg.): Die Rückkehr des Politischen. Demokratietheorien heute. Darmstadt 2004.

Foucault, M.: Der Wille zum Wissen. Sexualität und Wahrheit 1. Frankfurt/M. 1977.

Foucault, M.: In Verteidigung der Gesellschaft. Vorlesungen am Collège de France. Frankfurt/M. 1999.

Geulen, E.: Giorgio Agamben zur Einführung. Hamburg 2005.

Haverkamp, A.: Das Betriebsgeheimnis der europäischen Demokratie. Giorgio Agambens „Homo Sacer" – Anmerkungen zu einem lebenswichtigen Buch. In: Literaturen, Bd. 1, 2001, S. 23-25.

Kettner, M.: Giorgio Agambens „Homo sacer" und die Selbstreflexion der Bioethik. In: Journal Phänomenologie, Bd. 18, 2002, S. 19-24.

Kurotschka, V. G.: Lebensform, nacktes Leben, Untätigkeit ohne Werk. In: Deutsche Zeitschrift für Philosophie, Jg. 52, 2004, S. 929-941.

Lemke, T.: Die politische Ökonomie des Lebens. Biopolitik und Rassismus bei Michel Foucault und Giorgio Agamben. In: Bröckling, U. et al. (Hg.): Disziplinen des Lebens. Zwischen Anthropologie, Literatur und Politik. Tübingen 2004a, S. 257-274.

Lemke, T.: Die Regel der Ausnahme. Giorgio Agamben über Biopolitik und Souveränität. In: Deutsche Zeitschrift für Philosophie, Jg. 52, 2004b, S. 943-963.

Lemke, T.: A Zone of Indistinction. A Critique of Giorgio Agamben's Concept of Biopolitics, Outlines. Critical Social Studies 7, Vol. 1, 2005, S. 3-13.

Liska, V. (2007): Als ob nicht. Messianismus in Giorgio Agambens Kafka-Lektüren. In: Meier, F. et al. (Hg.): Die gouvernementale Maschine. Beiträge zur politischen Philosophie Giorgio Agambens. Münster 2007, S. 75-89.

Marchart, O.: Zwischen Moses und Messias. Zur politischen Differenz bei Agamben. in: Frank Meier et al. (Hg.): Die gouvernementale Maschine. Beiträge zur politischen Philosophie Giorgio Agambens. Münster 2007, S. 10-28.

Menke, B.: Die Zonen der Ausnahme. Giorgio Agambens Umschrift ‚Politischer Theologie'. In: Brokhoff, J./Fohrmann J. (Hg.): Politische Theologie. Formen und Funktionen im 20. Jahrhundert. Paderborn 2003, S. 131-152.

Muhle, M.: Bio-Politik versus Lagerparadigma. Eine Diskussion anhand des Lebensbegriffs bei Agamben und Foucault. In: Schwarte, L. (Hg.): Auszug aus dem Lager. Zur Überwindung des modernen Raumparadigmas in der politischen Philosophie. Bielefeld 2007, S. 78-95.

Ortmann, G.: Regel und Ausnahme. Paradoxien sozialer Ordnung. Frankfurt/M. 2003.

Rasch, W.: A completely New Politics, or, Excluding the Political? Agamben´s Critique of Souvereignty. In: Soziale Systeme, Bd. 8, 2002, S. 38-53.

Ryn, Z./Klodzinski, S.: An der Grenze zwischen Leben und Tod. Eine Studie über die Erscheinung des „Muselmanns" im Konzentrationslager. In: Auschwitz-Hefte, Bd. 1, Basel 1987, S. 89-154.

Sander, H. J.: Politik aus sprachloser Macht – eine Lebensform ohne Zweck. In: Deutsche Zeitschrift für Philosophie, Jg. 52, 2004. S. 654-657.

Sarasin, P.: Agamben – oder doch Foucault? In : Deutsche Zeitschrift für Philosophie, Jg. 51, 2003, S. 348-353.

Scheu, J.: Wenn das Innen zum Außen wird. Soziologische Fragen an Giorgio Agamben. In: Soziale Systeme. Zeitschrift für Soziologische Theorie, Jg. 14, Heft 2, 2008, S. 294-397.

Schmitt, C.: Politische Theologie. 4 Kapitel zur Lehre von der Souveränität. 4. Aufl., Berlin 1985.

Schmitt, C.: Über die drei Arten des rechtswissenschaftlichen Denkens. 2. Aufl., Berlin 1993.

Schneider, M.: Der Messias und die Reste. Giorgio Agambens Paulus-Lektüre. in: Geulen, E. et al. (Hg.): Hannah Arendt und Giorgio Agamben. Parallelen, Perspektiven, Kontroversen. München 2008, S. 41-58.

Schwarte, L./Wulf, C. (Hg.): Körper und Recht. Anthropologische Dimensionen der Rechtsphilosophie. München 2003.

Sofsky, W.: Die Ordnung des Terrors. Das Konzentrationslager. Frankfurt/M. 1993.

Steinhauer, F.: Geltung des Rechts – Agamben. In: Buckel, S. et al. (Hg.): Neue Theorien des Rechts. Stuttgart: 2006, S. 187-211.

Stingelin, M. (Hg.): Biopolitik und Rassismus. Frankfurt/M. 2003.

Thomä, D.: Der Herrenlose. Gegenfigur zu Agambens „homo sacer" – Leitfigur einer anderen Theorie der Moderne. In: Deutsche Zeitschrift für Philosophie, Jg. 52, 2004, S. 965-984.

Thumfart, J.: Rezension zu Giorgio Agamben: Il regno e la gloria, dt. Das Reich und die Herrlichkeit. In: Journal Phänomenologie, Heft 28, 2007, S. 59-60.

Vasilache, A.: Gibt es überhaupt »Homines sacri«? Das nackte Leben zwischen Theorie und Empirie. In: Meier, F. et al. (Hg.): Die gouvernementale Maschine. Beiträge zur politischen Philosophie Giorgio Agambens. Münster 2007, S. 58-74.

Weiß, M. G.: Giorgio Agambens anthropologische Maschine. In: Journal Phänomenologie, Bd. 18, 2002, S. 7-13.

Werber, N.: Die Normalisierung des Ausnahmefalls. Giorgio Agamben sieht immer und überall Konzentrationslager. In: Merkur, Bd. 7, 2002, S. 618-622.

Wevelsiep, C.: Zur Politik des Ausnahmezustands. In: Prima Philosophia, Bd. 4, 2003, S. 463-479.

Zygmunt Bauman: Die ambivalente Verfassung moderner und postmoderner Kultur

Thomas Kron/Melanie Reddig

Zygmunt Bauman, 1925 in Polen geboren und jüdischer Abstammung, ist einer der renommiertesten Soziologen der Gegenwart. Geprägt durch die Erfahrungen des nationalsozialistischen und kommunistischen Totalitarismus, des Krieges und des Exils, steht für Baumann die Förderung von Verantwortung, Freiheit und Autonomie des Individuums im Zentrum seiner Arbeit. *„Aufklärung mit dem Ziel menschlicher Einsicht"* ist für ihn das Ziel der Soziologie (Bauman 2000: 247). Um dies zu erreichen ist eine soziologische Auseinandersetzung mit Kultur unverzichtbar. Sie zu verstehen bedeutet, Klarheit über die menschliche Existenz, über die Freiheiten und Abhängigkeiten des Menschen zu gewinnen. So ist das Verständnis von Kultur für Bauman der Schlüssel zum Verständnis des menschlichen Zusammenlebens.

Bauman versteht Kultur als eine soziale *Praxis*, die es den Menschen ermöglicht, die Welt nach ihren Vorstellungen des Wünschenswerten zu strukturieren und damit konstante Randbedingungen für erfolgreiches Handeln in der Zukunft zu schaffen (vgl. Bauman 1999: 98). Kultur steht für die Art, wie Menschen die Welt sehen und über die Welt denken. Sie befähigt die Menschen, aus einem nahezu unendlichen Möglichkeitsraum eine soziale Ordnung zu konstruieren, die zwar ein Produkt des handelnden Zusammenwirkens ist, aber dennoch so unveränderlich erscheint, dass die Menschen sich an dieser Ordnung orientieren können (vgl. Bauman/Beilharz 2002: 36; Smith 2002: 81). Bauman verwendet die Metapher des Gärtners. Wie die Wildnis durch den Gärtner kultiviert wird, damit die Früchte der Natur den Wünschen des Menschen entsprechend genossen werden können, schafft sich der Mensch durch Kultur eine soziale Ordnung, die ihm Orientierung bietet. Bauman betont damit die Konstruktionsleistung der Menschen in diesem Ordnungsprozess. Die Konstruktion einer der Kultur entsprechenden Ordnung impliziert immer auch eine Entscheidung darüber, was zum Wünschenswerten gehört und was nicht. Soziale Ordnung wird dadurch geschaffen, dass Unterscheidungen getroffen und Selektionen vorgenommen werden: „To design an order means to select, to choose." (Bauman 1990: 146) Folglich entsteht durch Kultur immer eine *bestimmte* Ordnung mit *bestimmten* Elementen, wobei Nicht-Ordnung – jene Elemente, die als nicht zugehörig zur Ordnung definiert werden – ähnlich wie das Unkraut vom Gärtner bekämpft wird: „Culture is about introducing and keeping an order and fighting everything that departs from it and that from the point of view of this order looks like *chao*s." (Bauman 1990: 143)

Ambivalenz der Kultur

Die Ordnung, die der Mensch durch Kultur schafft, begrenzt ihn zugleich, da die Art, wie er die Welt sieht und sich in der Welt bewegt, wesentlich durch die Kultur bestimmt wird. Dies macht für Bauman die besondere Ambivalenz der Kultur aus: Durch Kultur konstruiert der Mensch seine soziale Welt und wird zugleich durch die dadurch erzeugten Strukturen determiniert. Kultur wirkt deshalb sowohl ermöglichend als auch begrenzend, man könnte im Anschluss an Giddens (1988) von einer „Duality of Action and Culture" sprechen: „,Culture' is as much about inventing as it is about preserving; about discontinuity as much as about pattern-breaking; about norm-following as much as about the transcendence of norm; about the unique as much as about the regular; about change as much as about monotony of reproduction; about the unexpected as much as about the predictable. The core ambivalence of the concept of ‚culture' reflects the ambivalence of the idea of order-making, that hub of all modern existence. Man-made order is unthinkable without human freedom to choose, human capacity to rise imaginatively above reality, to withstand and push back its pressures. But inseparable from the idea of man-made order is the postulate that freedom is to result in the end in establishing a reality which cannot be so resisted; that freedom is to be deployed in the service of its own cancellation." (Bauman 1999: 14)

Auch wenn Kultur einen determinierenden Charakter hat, bedeutet das nicht, dass es wünschenswert wäre, eine durch Kultur geschaffene Ordnung zu vermeiden! Im Gegenteil: Kultur ist für Bauman der Kern aller sozialen Existenz. Die Fähigkeit des Menschen zur Produktion einer gesellschaftlichen Ordnung ist die Voraussetzung dafür, dass der Mensch, trotz seiner biologischen Konstitution als weltoffenes Mängelwesen, in einer kontingenten Welt[1] überlebensfähig ist. Die Kontingenz der Weltdeutung wird dadurch reduziert, dass Grenzen gezogen, Unterscheidungen getroffen und damit Regelmäßigkeiten erzeugt werden, die bestimmte Phänomene vorhersehbar machen: „,Order' is the opposite of randomness. It stands for the trimming down of the range of possibilities. A temporal sequence is ‚ordered' and not random in as far as not everything may happen or at least not everything is equally likely to happen. To ‚make order' means, in other words, to manipulate the probabilities of events." (Bauman 1999: 14)

Aufgrund der fehlenden Spezialisierung seiner Instinkte und seines Körpers lebt der Mensch nicht wie andere Tiere in einer natürlich vorgegebenen Ordnung, sondern muss sich durch die Schaffung einer sozialen Ordnung eine ‚künstliche Natur' selbst schaffen. Bauman schließt sich damit einer Anthropologie Gehlen'scher Provenienz an.[2] Berger und

---

[1]   Kontingenz bedeutet, dass kein Ereignis wahrscheinlicher ist als ein anders, so dass kontingentes Sein keine Struktur hat (vgl. Baumann 1997: 26).

[2]   Zur Kritik an diesem in der Soziologie oftmals verwendeten Menschenbild siehe Sloterdijk (2004: 671ff.), der den Menschen vielmehr als Luxuswesen begreift. In dieser Perspektive ist es gerade die „Gesellschaft im Überfluss", die sich besonders bezüglich ihrer Mängel beobachtet. Theoretisch sei es aber völlig unklar, wie die natürliche Evolution Lebewesen mit Anfangsmängeln hervorbringe. „Eine so dramatische Mitgift an Beraubungen ist aus einer Naturgeschichte des Vormenschen unmöglich zu gewinnen. Die sich selbst überlassene Natur kennt keine erfolgreiche Überlieferung von Unangepasstheiten oder tödlichen Schwächen – allenfalls risikoträchtige Spezialisierungen vom Typus Pfauengefieder oder Hirschgeweih, Effekte, von denen bei *homo sapiens* gerade nicht die Rede sein kann." (Sloterdijk 2004: 704f) Sloterdijk bestreitet nicht, dass Kultur für die menschliche Entwicklung notwendig ist, betont aber, dass nur das Ineinandergreifen von biologischen und kulturellen Faktoren die Besonderheit des *homo sapiens* hat entstehen lassen können. Sloterdijks Kritik z.B. an dem Konzept der Weltoffenheit und der Kategorie Entlastung kann hier aus Platzgründen nicht ausgeführt werden. Doch das Ergebnis kann in seinen Worten festgehalten werden: „*Homo-*

Luckmann halten dazu fest: „Dem menschlichen Organismus mangelt es an dem nötigen biologischen Instrumentarium für die Stabilisierung menschlicher Lebensweise. Seine Existenz wäre, würde sie zurückgeworfen auf ihre rein organismischen Hilfsmittel, ein Dasein im Chaos. Solches Chaos ist theoretisch vorstellbar, empirisch aber nicht nachweisbar. Empirisch findet menschliches Sein in einem Geflecht aus Ordnung, Gerichtetheit und Stabilität statt." (Berger/Luckmann 1997: 54)[3] Eine stabile soziale Ordnung wird aus dieser Perspektive dadurch ermöglicht, dass seine biologische Konstitution als weltoffenes Mängelwesen es dem Menschen zugleich erlaubt, in einem kreativen, sozialen Prozess eine Gesellschaftsordnung zu schaffen, durch die die Weltoffenheit in eine „relative Weltgeschlossenheit" verwandelt wird (Berger/Luckmann 1997: 55). Durch Kultur erhält der Mensch die Chance, wie Bauman betont, Inseln der Ordnung im Chaos der Existenz zu schaffen: „Man kann sagen, es ist eine ursprüngliche und ‚brutale' Tatsache, dass Menschen in dem niemals endenden, da niemals völlig erfolgreichen Bemühen existieren, dem Chaos zu entkommen: Die Gesellschaft, ihre Institutionen und Gewohnheiten, ihre Bilder und Kompositionen, ihre Strukturen und ihre Verwaltungsprinzipien, sie alle sind Facetten jener ewig ergebnislosen und erbarmungslosen Flucht. Gesellschaft, so könnte man sagen, ist eine massive und fortwährende Vertuschungsoperation." (Bauman 1997: 28) Oder kurz: Es besteht, wie Lévi-Strauss es ausdrückt, „ein Grundbedürfnis des menschlichen Geistes nach Ordnung" (Lévi-Strauss 1980: 25). Die Menschen schaffen sich erst mittels Kultur eine soziale Welt, in der sie gemeinsam leben und sich zurecht finden können (vgl. Bauman 1999: 10; Varcoe/Kilminster 2002: 148).

Kultur bietet dem Menschen besonders dann Orientierung und Sicherheit, wenn der Konstruktionscharakter der kulturellen Ordnung „vergessen" wird, so dass die geschaffene Ordnung als „natürlich" erscheint. Kultur verkörpert somit einerseits die wachsende Freiheit des Menschen, die Welt zu strukturieren, und erscheint andererseits den Menschen oftmals wie ein Naturgesetz, das schicksalhaft und unveränderbar ist (vgl. Bauman 1990: 145; Bauman 2000: 247). „Culture acquires an illusory ‚substance'; it seems solid, heavy, pressing and irresistible. From the vantage point of the person who finds all resistance to the dominant forms of life risky and unrewarding, it may well appear indistinguishable from the rest of reality ‚out there'. It does not seem less ‚natural' than nature itself. Certainly, there is little that is *artificial* about it, if artificial means being made by humans and thus having nothing but someone's decisions, convention and tacit agreement to support it. Despite its apparently human origin, culture like nature looms high above the reach of the individual, tough and unassailable. Like nature, it stands for ‚how things are'." (Bauman 1990: 145)

---

sapiens ist, mit anderen Worten, nicht ein Mängelwesen, das seine Armut mit Kultur kompensiert, sondern ein Luxuswesen, das durch seine protokulturellen Kompetenzen hinreichend gesichert war, um angesichts aller Gefährdungen zu überleben und gelegentlich zu prosperieren. [...] *Homo sapiens* ist ein basal verwöhntes, polymorph luxurierendes, multipel steigerungsfähiges Zwischenwesen, zu dessen Bildung genetische und symbolisch-technische Formkräfte zusammengewirkt haben. Sein biomorphologischer Befund deutet auf eine lange Geschichte autoplastischer Verfeinerung. Seine Verwöhnungschancen sind von weither vererbt. Zugleich bleibt er mit einer durchaus animalischen Zähigkeit ausgerüstet, mehr noch, begabt mit einer über das Tiererbe hinausgehenden, vom Zeitbewusstsein der Hoffnung illuminierten Kapazität zum Ausharren unter kargsten Umständen." (Sloterdijk 2004: 706)

[3] Zu Thomas Luckmann vgl. den Beitrag von Bernt Schnettler in diesem Band.

Die Macht in der Kultur

Da der Konstruktionscharakter der Kultur oftmals „vergessen" wird und die soziale Ordnung somit als schicksalhaft erscheint, bietet Kultur nicht nur Orientierung, sondern ist die generelle Basis dafür, dass Menschen mittels Kultur Macht ausüben können. Kultur ist deshalb für Bauman unauflösbar mit Macht verbunden (vgl. Smith 2002: 81). Innerhalb einer Gesellschaft haben nicht alle die gleiche Möglichkeit zu entscheiden, was als Ordnung zu gelten hat und was nicht. Die Gesellschaftsmitglieder, die mehr Handlungsfreiheit als andere haben, können mittels Kultur eine für alle verbindliche Ordnung schaffen: „These ‚others' find that their world is structured for them and they are able to structure the world less than the ‚structurers', who are the more powerful." (Varcoe/Kilminster 2002: 148) Dieser Unterschied in den Möglichkeiten der Strukturierung eröffnet nach Bauman erst Chancen für Machthandeln (vgl. Offe 2002: 176). Denn Macht ist eine soziale Relation, bei der die Freiheit der Einen die Unfreiheit der Anderen bedeutet: „Menschen, deren Hände frei sind, herrschen über Menschen, deren Hände gebunden sind; die Freiheit der einen ist die Hauptgrund für die Unfreiheit der anderen – während deren Unfreiheit der letztendliche Sinn der Freiheit der Ungebundenen ist." (Bauman 2000: 142)

Durch die Verknüpfung von Macht und Kultur besteht die Möglichkeit, eine soziale Ordnung zu schaffen, indem die Gesellschaftsmitglieder dazu gebracht werden, die vorgegebene Ordnung als ihre Ordnung anzuerkennen. Die Basis für diese Form der Ordnungsbildung ist das Verbergen der Machtrelation, die hinter der durch Kultur geschaffenen Ordnung steckt, so dass keine anderen Handlungsalternativen zu bestehen scheinen: „If it is a set of human beings that is to be ordered, the task consists in increasing the probability of certain patterns of behaviour while diminishing, or eliminating altogether, the likelihood of other kinds of conduct. The task entails two requisites: first an optimal distribution of probabilities has to be designed; second, obedience to the designed preferences has to be secured. The first requisite calls for freedom of choice; the second spells out the limitation or total elimination of choice." (Bauman 1999: 14)

Die Soziologie hat für Bauman deshalb eine Verantwortung für die Aufklärung der Menschen, die eine grundlegende Auseinandersetzung mit Kultur umfassen muss: „One could say that the main service that the art of thinking sociologically may render to each and every one of us is to make us more *sensitive*; it may sharpen up our senses, open our eyes wider so that we can explore human conditions which thus far had remained all but invisible. Once we understand better how the apparently natural, inevitable, immutable, external aspects of our lives have been brought into being through the exercise of human power and human resources, we will find it hard to accept once more that they are immune and impenetrable to human action – our own action included." (Bauman 1990: 16) Es gilt, „Löcher in die Mauern des Offensichtlichen und Selbstverständlichen" zu bohren, um die komplexen sozialen Prozesse und Beziehungen ans Licht zu bringen, welche die soziale Ordnung als Schicksal erscheinen lassen (Bauman 2000: 238). Die Aufklärung über die Kontingenz der sozialen Ordnung dient aus Baumans Sicht der Förderung von Verantwortung und Selbstbestimmung. Denn: „Will man in und an der Welt *arbeiten* (statt selbst bearbeitet zu werden), muss man wissen, wie sie funktioniert." (Bauman 2000: 247) Unfreiheit ist für Bauman die soziale Ursache allen Leids, so dass am stärksten die Machtlosen, die keine Handlungsspielräume haben, von Leid betroffen sind. Deshalb ist Baumans Anliegen, und generell sein Anspruch an die Soziologie, durch die Aufdeckung des Konstruktionscharakters sozialer Ordnung zur Emanzipation der Machtlosen beizutragen (vgl. Offe 2002: 177). Die Freiheiten in der Gestaltung des Lebens und der Gesellschaft sollen bewusst gemacht werden und die Individuen emanzipiert werden, indem eine Aufklärung über die „Möglichkeiten eines anderen Zusammenlebens ohne oder mit weniger Leid" stattfindet (Bauman 2000: 252; Smith 2002: 81).

Die Existenz einer durch die kulturelle Praxis geschaffenen Ordnung bedeutet nach Bauman nicht, dass zu einem bestimmten Zeitpunkt eine Strukturierung der Welt vorgenommen wird, die dann unverändert bestehen bleiben muss (vgl. Bauman 1999: 27). Kultur ist eine strukturierende Kraft, die im ständigen Fluss ist. Kontinuität resultiert aus einer unendlichen Kette von immer neuen Arten der Anordnung, Auswahl und Innovation. Die kulturelle Praxis der Strukturierung beruht somit nicht auf monotoner Reproduktion und Gleichheit, sondern auf Variation. Die Strukturierung der Welt ist ein Teil des Prozesses kontinuierlicher kultureller Kreativität (vgl. Joas 1992). Deshalb kann Kultur der Emanzipation dienen, wenn die Werkzeuge der kulturellen Praxis beherrscht werden: „Culture is the twin and the shadow of power, but it becomes (and can and should become) the counterforce, denouncing and attacking power, including its usurpations, right up to tyranny." (Morawski 2002: 72) Für die Frage, wie sich kultureller Wandel vollzieht, ist deshalb entscheidend, wie sich die Ambivalenz der Kultur und die Machtausübung durch Kultur zeigt. Beides drückt sich in der modernen und postmodernen Kultur verschieden aus.

Moderne Kultur

Die moderne Kultur ist, wie Bauman konstatiert, aus der Krise der Vormoderne hervorgegangen (vgl. Bauman 1997: 172). Als die vormoderne Ordnung aufgrund der zunehmenden Komplexität und Mobilität in der Gesellschaft nicht mehr zu bewahren war, entstanden Unklarheiten und Unsicherheiten, die bekämpft wurden: „Es sollten neue, verbesserte Ordnungen etabliert werden; die nicht funktionierenden, überkommenen Strukturen sollten beseitigt werden und durch andere, bessere, möglichst perfekte ersetzt werden, die, weil sie perfekt waren, nie mehr hätten verändert werden müssen." (Bauman 2000: 9) Diese perfekte Ordnung bedeutete, Unsicherheiten jeder Art auszumerzen (vgl. Bauman 2001: 63; Smith 2002: 82). Das moderne Weltbild war von dem enormen Selbstvertrauen geprägt, eine solche perfekte Ordnung durch rationale Planung erreichen zu können. Diese Fortschrittsgläubigkeit der Moderne war die Folge einer neu gewonnen Handlungsfreiheit (vgl. Bauman 1999: 10). Die Welt wurde nicht mehr als Produkt göttlichen Wirkens verstanden, sondern als Produkt menschlicher Fähigkeiten, so dass menschliches Handeln als Motor eines unaufhaltsamen Fortschritts galt: „Die Moderne wusste, wohin sie ging, und war entschlossen, dorthin zu gelangen. Der moderne Geist wusste, wo er ankommen wollte, und auch, was nötig wäre, um dorthin gelangen zu können." (Bauman 1997: 59) Die Zielgerichtetheit machte das moderne Leben für Bauman zu einer Pilgerreise, die auf eine zukünftige Bestimmung gerichtet ist (vgl. Bauman 1997: 136ff.). Die modernen Individuen wurden wie *Pilger* durch die moderne Kultur dazu angehalten, sich ein festes Ziel zu setzen und dieses Ziel, unter dem Opfer des Befriedigungsaufschubs, hartnäckig zu verfolgen, um dann die Früchte der lebenslangen Arbeit genießen zu können.

Diese perfekte Ordnung, die in der Moderne angestrebt wurde, konnte nur erreicht werden, wenn Handlungen reglementiert und Widerstand gegen diese Ordnung gebrochen wurde (vgl. Bauman 1997: 173). Das Zeitalter der Moderne war nach Bauman gekennzeichnet durch autoritäre Repression und Überwachung. Es ging darum, Kontrolle über das Denken und Handeln des Individuums zu erreichen (vgl. Bauman 1999: 150). Mit dieser Kontrollfunktion betraut waren zentralisierte, bürokratische Institutionen, die die Regeln vorgaben und ihre Einhaltung überwachten. Bauman nennt die moderne Gesellschaft ein Panoptikum: Wie die Figuren in einem Wachsfigurenkabinett waren die Beherrschten – fixiert hinter dicken Fabrik- und Kasernenmauern – den Blicken ihrer Überwacher hoffnungslos ausgeliefert (vgl. Bauman 2000: 17). Die Individuen wurden nur noch als aktuelle oder potenzielle *Produzenten* und *Soldaten* gesehen, deren Verhalten durch Verordnungen und Routinen standardisiert und vorhersehbar gemacht werden sollte, um dadurch den ersehnten Fortschritt zu garantieren: „Gleichförmigkeit des Verhaltens, die sich in der Konformität der Einstellungen wiederholte, war das zentralste aller gesellschaftlichen Anliegen und der Maßstab, an dem sich die meisten, vielleicht alle gesellschaftliche Institutionen zu messen hatten." (Bauman 1997: 182)[4] Dies implizierte auch die Konformität des Körpers (vgl. Bauman 1997: 197ff.). Die modernen Individuen sollten für die *Gesundheit* ihres Körpers sorgen, welcher klar durch die Tauglichkeit zur Arbeit und zum Kampf definiert war: „Die Art des körperlichen Einsatzes in Fabrik und Armee definierte, was ‚starker Körper' bedeutete. Sie setzte den Maßstab für Stärke und Schwäche, Gesundheit und Krankheit." (Bauman 1997: 176f.) Eine mangelnde Gesundheit der Bevölkerung wurde als eine Bedrohung der sozialen Ordnung empfunden, weil Männer, die weder arbeiten noch Militärdienst leisten konnten, in der Moderne „außerhalb des Netzes gesellschaftlicher Kontrolle" standen (Bauman 1997: 177).

Kultur spielte im modernen Zeitalter eine besondere Rolle bei der Reglementierung des Lebens (vgl. Varcoe/Kilminster 2002: 157). Sie wurde zur Zivilisierung der Bevölkerung eingesetzt und autoritär durchgesetzt. Die Elite beherrschte die kulturellen Fähigkeiten, die von der breiten Masse erlernt werden mussten. Es existierten Führer und Lehrer, die höheres Wissen über Kultur und eine an ihr ausgerichteten Identität beanspruchten (vgl. Bauman 2000: 78; Bauman 1997: 135). Diese „Zivilisierung" durch Kultur bedeutete oft Zwang und Gewalt, durch die die Bevölkerung genötigt wurde, sich kulturellen Standards anzupassen und eine entsprechende Identität auszubilden, wobei die vormoderne Kultur als ‚unzivilisiert' klassifiziert und unterdrückt wurde. In jedem Zivilisierten schien ein ‚Wilder' zu lauern, der durch Kultur im Zaum gehalten werden musste: „Den ‚wilden Mann im Inneren' zu bekämpfen, ihn anzuketten und angekettet zu halten, war möglicherweise die fesselndste und meistkommentierte Schlachtfront der stets kriegerischen Zivilisation der Moderne." (Bauman 1997: 236) So gesehen geht die Moderne im besonderen Maße mit Gewalt gegenüber dem einher, was als Nicht-Ordnung eingestuft wird: Die Grenzziehung zwischen (moderner) Ordnung als Zivilisation und der Unordnung als Barbarei wird anhand des kontrollierten bzw. nicht kontrollierten Raumes gezogen. Da Barbaren aber per Definition unzivilisiert und gewaltsam waren, stellten sie zugleich ein legitimes Gewaltobjekt dar. Man kann sagen, die Moderne hat den Status von Barbaren historisiert (man hat die Barbarei selbst hinter sich gelassen) und internalisiert, weil sie das negative Komplementäre der modernen Selbstbeschreibung war (vgl. Bauman 1996: 43).

---

[4]   Dieses Schicksal traf vor allem die Mehrheit der männlichen Bevölkerung. Die Frauen wurden der autoritären Reglementierung und Überwachung durch männliche ‚Familienoberhäupter' unterstellt (vgl. Bauman 1997: 176).

Adiaphorisierung, Teil I

Bauman (1995) geht davon aus, dass zwischen „moralischer Insensibilität" und der Fähigkeit zur Grausamkeit gegenüber Anderen, die mit Zwang und Gewalt einhergeht, ein kausaler Zusammenhang besteht. Denn nur wenn die grausame Tat von der moralischen Verantwortung getrennt wird, kann sie massenhaft vollzogen werden. Im Gegensatz dazu ist eine moralische Beziehung zwischen zwei Menschen – der Aufbau einer „moralischen Partei" – nur möglich, wenn beide ihren nahezu biologisch verankerten „moralischen Impuls" frei wirken lassen: „Dem moralischen Impuls zu folgen bedeutet, *Verantwortung* für den Anderen zu übernehmen, was seinerseits zum *Engagement* für das Schicksal des Anderen und zu einer *Bindung* an sein Wohl führt." (Bauman 1997: 163)

Baumans These ist nun, *dass die Moderne die moralische Neutralisierung (auch „Adiaphorisierung" genannt)* mittels Bürokratie und Technologie zur Perfektion gebracht hat. Adiaphorisierung ist „ein Vorgang, in dem bestimmte Handlungen oder Handlungsobjekte von jeder moralischen Relevanz entkleidet werden, befreit von den Kategorien, die sich zur moralischen Bewertung eignen" (Bauman 1996: 48). Wenn das Individuum – das Unteilbare – geteilt wird und nur noch bestimmte Teile bewertet werden bzw. nur noch Teile des Individuums als relevant für eine soziale Beziehung gesehen werden – kurz: wenn das Unteilbare teilbar gemacht wird – dann wird nach Bauman die natürlich gegebene Moral des Menschen außer Kraft gesetzt. „Eine Adiaphorisierung setzt immer dann ein, wenn eine Beziehung weniger als die ganze Person einbezieht, wenn ein ausgewählter Aspekt das Objekt der Beziehung darstellt – sei es eine ,passende',,nützliche' oder ,interessante' Facette des Anderen; denn nur eine Beziehung in ihrer *Fülle*, zwischen räumlich und zeitlich *ganzen* Ichs, kann ,moralisch' sein, das heißt, die Frage der Verantwortung für den Anderen umfassen." (Bauman 1997: 217)

Adiaphorisierung war in der Moderne die Leistung der modernen Bürokratie, unterstützt und begünstigt von moderner Technologie (Bauman 1997: 242). Nach Bauman ist es für die Moderne charakteristisch, „die moralische Verantwortung vom moralischen Ich auf gesellschaftlich konstruierte und verwaltete überindividuelle Agenturen zu verlagern oder durch eine freischwebende Verantwortung innerhalb einer bürokratischen ,Niemandsherrschaft' zu ersetzen. Das Gesamtresultat war einerseits die Tendenz, Ethik, das heißt, einen gesetzesähnlichen Kode von Regeln und Konventionen, an die Stelle moralischer Empfindungen, Intuitionen und Antriebe des autonomen Ichs zu setzen; und auf der anderen Seite die Tendenz zur ,Adiaphorisierung' – das heißt, zur Befreiung eines beträchtlichen Teils menschlichen Handelns von moralischer Beurteilung und sogar moralischer Bedeutung." (Bauman 1997: 162)

Der Holocaust als Perfektion der modernen Kultur

Aus dieser Perspektive heraus interpretiert Bauman den Holocaust (vgl. Bauman 1992a; 1992b; Peterson 2002). Dieser erscheint nicht mehr als „Betriebsstörung" der Moderne, sondern im Gegenteil: „Ohne die Zivilisation ist der Holocaust undenkbar. Erst die rational bestimmte Welt der modernen Zivilisation macht den Holocaust möglich." (Bauman 2002a: 27) Das Konzept der „Endlösung" ist so gesehen geradezu „als Ergebnis der *bürokratischen* Kultur zu betrachten" (Bauman 2002a: 29). Zwar bringt eine Kultur rationaler Bürokratie

Zygmunt Bauman: Die ambivalente Verfassung moderner und postmoderner Kultur   459

nicht zwangsläufig einen Holocaust hervor. Aber die mit der modernen Kultur verbundenen Prozesse der Adiaphorisierung – getragen durch Bürokratie – haben den Holocaust zumindest begünstigt. Bürokratisierung bewirkt eine wachsende psychische und physische Distanz zwischen den Menschen, die die moralische Tragweite der Handlungen verschleiert und somit dem Auseinanderbrechen von individuellen ethischen Grundsätzen und sozialen Konsequenzen Vorschub leistet. Die auf Kontingenz- und Ambivalenzvernichtung[5] ausgerichtete moderne Kultur bedient sich solcher Mittel, die dafür geeignet scheinen: Planung, Gestaltung, Verwaltung, Technologie. Der moderne Mensch träumt von der gesetzgebenden Vernunft, in der der Staat die Funktion des Gärtners hat (vgl. Bauman 1991: 43ff.). Folglich stehen „gärtnerische Programme" wie Kommunismus oder Nationalsozialismus *nicht* im Widerspruch zur Moderne, sondern drücken nur den Wunsch nach einer besonderen Ordnung aus, die die Aufgabe, Ambivalenzen auszumerzen, außerordentlich ernst nimmt und zur Perfektion treibt. Das besondere des Holocaust ist nicht seine Einzigartigkeit, sondern die vergleichsweise effektive und effiziente Durchsetzung des modernen Ordnungsplans. So ist der Holocaust eine erfolgreiche Form der (auch wissenschaftlich getragenen[6]) Sozialtechnologie zur Produktion ambivalenzfreier Homogenität, ganz entsprechend der künstlich erdachten (folglich binär konstruierten) modernen Ordnung.

Der besondere Erfolg dieser modernen Sozialordnung beruht auf einer kulturellen Legitimation, deren Tautologie und damit Unangreifbarkeit nicht erkannt wurde: „Alles, was die Ordnung, die Harmonie, den Entwurf verdirbt, und sich auf diese Weise gegen Zweck und Bedeutung sträubt, ist Natur. Und sobald es erst einmal Natur ist, muss es auch als solche behandelt werden. Und es ist Natur, *weil* es so behandelt wird. Das Argument ist zirkulär und deshalb unangreifbar." (Bauman 1991: 57f.)

Postmoderne Kultur

Mit dem Wandel von der Moderne zur Postmoderne, der sich nach Bauman im 21. Jahrhundert vollzieht, geht für ihn ein entscheidender kultureller Wandel einher. Die Frage ist allerdings, in welcher Hinsicht, denn mit der Postmoderne ist die moderne Kultur für Bauman keineswegs an ihr Ende gelangt (vgl. Bauman/Beilharz 2002: 32). Sowohl die moderne als auch die postmoderne Kultur beruhen im Kern auf dem Projekt der Modernisierung: „Die Gesellschaft am Beginn des 21. Jahrhunderts ist so modern wie die am Beginn des 20. Bestenfalls ist es eine andere Art der Moderne. Was sie von allen bisherigen Formen menschlichen Zusammenlebens unterscheidet und sie gleichzeitig mit der Moderne des letzten Jahrhunderts verbindet, ist die getriebene, obsessive, durchgängige, unaufhaltsame und ewig unvollendete *Modernisierung*, das überwältigende und unauslöschliche, nie zu stillende Streben nach kreativer Zerstörung." (Bauman 2000: 38) Das bedeutet, dass auch in der Postmoderne das Ambivalenzproblem besteht, lediglich die Mittel zu ihrer Bewältigung

---

5   Bauman zeigt die Angst vor der modernen Ambivalenz immer wieder an der Figur des Fremden, der sich eben dem eindeutigen Freund-Feind-Schema widersetzt, da er sowohl nahe als auch fern ist. Der Fremde als „unauslöschlich *ambivalente* Entität" ist „das tödliche Gift der Moderne" (Bauman 1991: 82f.). Vgl. zur Schlüsselkategorie der Ambivalenz bei Bauman auch Junge (2002).

6   Man denke nur an die Pionierarbeit auf dem Gebiet der Eugenik der deutschen Wissenschaftler. Der Wissenschaftler ist ein gutes Beispiel der Adiaphorisierung, insofern er der „Objektivität" der Wissenschaft verschrieben ist, die keine individuell-moralische Impulsgebung zulässt, unterstützt wiederum von der bürokratischen Struktur der Wissenschaft.

haben sich geändert: „The modern romance with clarity is not over – it has only changed its form. The great, three-hundred-year modern war against ambivalence is no longer conducted by regular conscript armies, but by guerrilla units coming together and disappearing again in the dark blind alleys which intersperse the brightly lit avenues of the postmodern disneylands of free consumers." (Bauman 2001: 70)

Die Moderne war auf die Bändigung der Unordnung durch rationale Kontrolle und Planung gerichtet. Die postmoderne Kultur ist dagegen nicht mehr auf ein zukünftiges Ziel gerichtet, das durch planvolles, rationales Handeln erreicht werden soll (vgl. Kellner 2002: 334; Ritzer 2002: 362). Die Ambition zur Planung wurde aufgegeben: „Es schwindet der Glaube an ein Ende des Wegs, auf dem wir voranschreiten, an ein erreichbares *Telos* des historischen Prozesses, an einen Zustand der Perfektion, den wir morgen oder im nächsten Jahrhundert erreichen können, der Glaube an eine gute und gerechte Gesellschaft, ohne Konflikte in irgendeinem Sinne: sei es ein dauerhaftes Gleichgewicht zwischen Angebot und Nachfrage und die Befriedigung aller Bedürfnisse, die perfekte Ordnung, in der alles und jeder seinen Platz gefunden hat, niemand am falschen Ort ist und kein Zweifel darüber herrscht, wer oder was wohin gehört." (Bauman 2000: 39f.) Die autoritären Ordnungsinstanzen der Moderne haben sich zurückgezogen und die Verantwortung für die soziale Ordnung dem Einzelnen überlassen (vgl. Bauman 2002b: 34). Anstatt Autorität herrscht in der Postmoderne *Privatisierung* und *Deregulierung* (vgl. Bauman 1997: 182). Die gesellschaftlichen Institutionen geben keine einheitlichen sozialen und moralischen Standards mehr vor, so dass sich die Individuen selbst um Orientierung in der sozialen Welt und Identitätsfindung bemühen müssen (vgl. Bauman 2000: 53; Bauman 1997: 184). „Mit der Abdankung der zentralen Organisationskomitees, die sich um Ordnung und Regelmäßigkeit, um die Differenz zwischen richtig und falsch kümmerten, erscheint die Welt heute als grenzenlose Ansammlung von Möglichkeiten: ein Container, randvoll mit zu ergreifenden oder verpassten Gelegenheiten. Es gibt – schmerzhaft – viele Alternativen, deren Menge den Rahmen eines individuellen Lebens sprengt. Den Raum, den das zentrale Organisationskomitee hinterlassen hat, füllt heute die Unendlichkeit ungenutzter Möglichkeiten aus." (Bauman 2000: 76) Dies verleiht der postmodernen Kultur aus Baumans Sicht ihren fragmentierten und ruhelosen Charakter, der keine Voraussagen mehr zulässt (vgl. Bauman 1997: 194; Offe 2002: 178). Bauman beschreibt die Postmoderne als eine *flüssige* Moderne: Ihre soziale Ordnung ist diffus, schwer fassbar und zugleich alles durchdringend (vgl. Bauman/Beilharz 2002: 32; Bauman 2000: 8). Weil die postmoderne Kultur nicht auf ein zukünftiges Ziel gerichtet ist, rückt die unmittelbare *Bedürfnisbefriedigung* in den Mittelpunkt, wobei sich die Bedürfnisse ständig ändern (vgl. Bauman 1997: 49ff.). Nichts ist, wie Bauman konstatiert, von Bestand, da fast alles augenblicklich veraltet und durch Neues ersetzt wird.

Ambivalenz der postmodernen Kultur: Freiheit *de jure* vs. Freiheit *de facto*

Durch Privatisierung und Flexibilisierung verlieren die traditionellen und lokalen Bindungen an Bedeutung, auch Bauman (2001) sieht die Gegenwartsgesellschaft als eine individualisierte Gesellschaft. Mobilität wird zu einer vorherrschenden Lebensform. Dadurch schrumpfen aber auch die Möglichkeiten des kollektiven Handelns. Denn nur gemeinsam mit Anderen können verschiedene Formen des Lebens entwickelt und erprobt werden. Die

Folge ist, dass die Menschen in der Postmoderne ihre scheinbar gewonnene neue Freiheit nur in den seltensten Fällen nutzen können, um sich zu emanzipieren. Die individuelle Ohnmacht nimmt trotz einem Mehr an Freiheit zu. Dies ist nach Bauman die grundlegende Ambivalenz der postmodernen Kultur: „Es gibt einen tiefen und immer weiter wachsenden Abgrund zwischen den Individuen *de jure* und den Möglichkeiten, sich zu Individuen *de facto* zu entwickeln – das heißt, Kontrolle über das eigene Schicksal zu erhalten und jene Entscheidungen zu treffen, die man wirklich treffen möchte. Aus diesem Abgrund steigen die giftigen Dämpfe auf, die unser Leben heute benebeln. Aber dieser Abgrund lässt sich individuell nicht überbrücken: Das Repertoire, das die selbstverwaltete Politik des Privaten bereitstellt, reicht nicht hin." (Bauman 2000: 51)

Im postmodernen Zeitalter muss der Einzelne seine Lebensgestaltung selbst planen und sich eine Identität schaffen (vgl. Bauman 2000: 14; Smith 2002: 82). Er muss allein entscheiden, an welchen kulturellen Mustern er sich bei dieser „individuellen Selbstkonstruktion" orientieren will. Das bedeutet allerdings auch, dass die Angst vor Ungewissheit und Versagen unmittelbar auf dem Einzelnen lastet und nur durch individuelles Handeln abgewehrt werden kann (vgl. Bauman 2000: 77). Die postmoderne Leitidee ist, dass die angestrebte individuelle Bedürfnisbefriedigung durch die Zahl der Empfindungen und Erfahrungen, die das Individuum durchlebt, gesteigert wird (vgl. Bauman 1997: 188). Das bedeutet, dass der Einzelne ausreichend flexibel sein muss, um in seinem Leben auch so viel wie möglich empfinden und erfahren zu können.

Diese Leitidee drückt sich wiederum im Verhältnis zum Körper aus. Das Individuum hat selbst die Verantwortung dafür, seinen Körper *fit* zu halten, um dadurch immer neues, flexibles Erleben zu garantieren: „Der postmoderne Körper ist vor allem ein Empfänger von *Empfindungen*, er trinkt und verdaut *Erfahrungen*, die Fähigkeit, stimuliert zu werden, macht ihn zu einem Werkzeug der *Lust*. Diese Fähigkeit heißt Fitness." (Bauman 1997: 188) Fitness bedeutet nach Bauman die körperliche und geistige Fähigkeit, neue Erlebnisse aufzunehmen und zu verarbeiten. Weil Empfindungen und Erfahrungen immer noch tiefer und entzückender sein könnten, ist dem Streben nach Fitness keine Grenze gesetzt. Es bleibt immer die Angst, dass man noch härter an seiner Fitness arbeiten müsse, um ein noch schöneres Leben zu haben. Irgendwann das Maximum an Fitness zu erreichen, ist allerdings ebenso Angst einflößend, da dies bedeutet, mit den Grenzen seiner Erlebnismöglichkeiten konfrontiert zu sein.

Das postmoderne Individuum kämpft einerseits darum, sich selbst eine Identität zu geben, andererseits hat es Angst, sich dadurch festzulegen. Die Schwierigkeit besteht darin, eine Identität zu schaffen, durch die man in seiner Flexibilität nicht eingeschränkt wird (vgl. Bauman 1997: 146). Bauman vergleicht das postmoderne Individuum mit einem Bergsteiger, der befürchtet, vor dem Gipfel zu scheitern, zugleich aber auch unter der Furcht leidet, den Gipfel irgendwann erreicht zu haben, weil er dann nirgendwohin mehr klettern kann (vgl. Bauman 1997: 194) Diese Widersprüche erzeugen, gemeinsam mit der grundlegenden Kontingenz, mit der die Individuen in der Postmoderne konfrontiert werden, eine starke Versagensangst. Bauman beschreibt diese neue Art der Angst: „Nicht die Unzulänglichkeit alten Stils, die sich nach einer allzu großen Entfernung von dem klaren und soliden Maßstab, dem zu entsprechen man einstmals gezwungen oder aufgefordert war, ermessen ließ, sondern eine neue und verbesserte, postmoderne Unzulänglichkeit im Sinne eines Versagens darin, die Gestalt und Form, die man annehmen wollte, tatsächlich zu erlangen, welche Form auch immer dies sein mochte; das Versagen darin, in Bewegung zu bleiben, aber auch darin, an dem Ort seiner Wahl halt zu machen, flexibel und offen dafür zu bleiben, nach Belieben Form anzunehmen, gleichzeitig formbarer Ton und ein vollendeter Bildhauer zu sein." (Bauman 1997: 183)

Um mit diesen Anforderungen und Ängsten umgehen zu können, wählen die Menschen nach Bauman die postmodernen Lebensstrategien des *Flaneurs, Vagabunden, Touristen* oder des *Spielers* (vgl. Bauman 1997: 149ff.; Ritzer 2002: 367). Flaneure betrachten Episoden aus dem Leben anderer Menschen, denen sie im vorübergehen begegnen, zum Zeitvertreib, wobei diese Art der Begegnung kein Engagement erfordert und keine Konsequenz hat. Vagabunden hingegen sind heimatlos. Sie streifen durch ihr Leben, ohne ein klares Ziel zu haben, so dass sie selbst nicht wissen, für welchen Weg sie sich entscheiden und wann sie ihn wieder verlassen werden. Dabei bleibt der Vagabund, wohin er sich auch bewegt, ein Fremder. Touristen sind ebenfalls andauernd in Bewegung, wobei sie durch eine ruhelose Unzufriedenheit und dem Wunsch nach immer neuen, kuriosen Erfahrungen motiviert werden. Der Spieler schließlich lebt sein Leben wie ein Spiel ohne dauerhafte Konsequenzen, wobei die Mitmenschen lediglich als wechselnde Mitspieler wahrgenommen werden. Die menschlichen Bedingungen werden dadurch fragmentarisch und diskontinuierlich (vgl. Bauman 1997: 163). Es werden keine festen Bindungen eingegangen, keine dauerhaften Netzwerke geknüpft, um langfristige Konsequenzen und Pflichten zu vermeiden: „A flexible identity, a constant readiness to change at short notice, and an absence of commitments of the ,till death us do part' style, rather than conformity to rough-and-ready standards and staunch loyalty to ways once selected, appear to be the least risky of the of conceivable life strategies." (Bauman 2002b: 36)

Die postmodernen Lebensstrategien lassen sich, wie Bauman feststellt, am besten in der Konsumwelt verwirklichen, so dass *Konsum* der Schlüssel zum Verständnis des postmodernen Zeitalters ist. Die Möglichkeiten des Konsums sind unerschöpflich und zugleich ohne Konsequenz (vgl. Bauman 2000: 89). In der Konsumgesellschaft ist alles eine Frage der Selektion, mit Ausnahme des Zwangs zu wählen. Konsum findet nicht nur in Einkaufszentren, sondern überall statt: „Was immer wir tun und wie immer wir es benennen, alles ist Shopping, wir handeln wie Kunden eines Supermarktes." (Bauman 2000: 90) Bei dem Wettrennen um die besten Rezepte zur Bedürfnisbefriedigung ist es das Ziel, die Bedürfnisbefriedigung letztlich niemals vollkommen zu erreichen, um immer neue Empfindungen und Erfahrungen machen zu können (vgl. Bauman 2002b: 180ff.). Der Konsum wird im Kern von der Angst motiviert, den postmodernen Ansprüchen der „individuellen Selbstkonstruktion" nicht entsprechen zu können: „Konsumenten sind hinter sinnlich angenehmen – haptischen, optischen, olfaktorischen – Empfindungen her, sie suchen nach Gaumenfreuden, wie sie glitzernden Auslagen in den Supermarktregalen versprechen, oder nach dem tiefen Wohlgefühl, das ihnen die Sitzungen beim Therapeuten gewähren. Aber sie wollen zugleich der Agonie der Unsicherheit entfliehen. Sie wollen für einen kurzen Moment frei sein von dem Gefühl, etwas falsch gemacht zu haben, etwas vergessen oder nicht ordentlich gemacht zu haben. Sie möchten einmal selbstgewiss und zuversichtlich sein; und es gehört zu den eigenartigen Tugenden der Objekte, auf die sie beim Einkauf stoßen, dass sie genau dieses Gefühl der Sicherheit vermitteln (für einen kurzen Moment zumindest). Was immer sonst noch hinter dem Kaufrausch/Konsumentenwahn stehen mag, es handelt sich dabei immer auch um einen am helllichten Tag ausgeführten Exorzismus der Alpträume und Nachtgespenster von Ungewissheit und Unsicherheit." (Bauman 2000: 98f.)

Die Konsumwelt, in der sich die postmodernen Individuen zeitgleich mit Millionen anderer bewegen, stellt keine Verbindlichkeiten her (vgl. Bauman 2000: 116ff.). Konsum ist für Bauman eine durch und durch individuelle Angelegenheit, die man nur allein erleben kann. Die Konsumenten teilen den Raum, aber es entsteht keine Interaktion: „Wie voll und überfüllt diese Orte des Konsums auch immer sein mögen, beim ‚kollektiven' Konsum gibt es nichts Kollektives." (Bauman 2000: 117) Die Möglichkeiten des kollektiven Handelns, die schon durch Deregulierung und Flexibilisierung sehr begrenzt sind, nehmen in der Konsumwelt weiter ab, so dass die Ohnmacht des Individuums weiter zementiert wird. Durch die Flucht vor dieser Ohnmacht in den nur scheinbar herrschaftsfreien Raum des Konsums, setzt sich nach Bauman die Spirale postmoderner Abhängigkeit fort.

Postmoderne Machtausübung

Die Angst, sich keine dem postmodernen Leben entsprechende Identität schaffen zu können, macht die Individuen in der Postmoderne abhängig von den Angeboten der Konsumgesellschaft, die ihnen Unterstützung bei der Gestaltung ihres Lebens und ihrer Identität versprechen. Die Individuen, die nicht durch ihre Armut aus der Gesellschaft exkludiert werden, stehen unter dem konstanten Druck, ihre selbstgewählte Zugehörigkeit symbolisch durch Konsum auszudrücken, sich jedoch zugleich von anderen zu unterscheiden (vgl. Ritzer 2002: 369). Zudem sind sie der andauernden Verführung durch Werbung ausgesetzt. Die dadurch entstehende Abhängigkeit führt ebenso wie die autoritäre Überwachung im modernen Panoptikum zur Unfreiheit, auch wenn der Eindruck entsteht, dass der Konsum selbstgewählt und lustvoll ist (vgl. Bauman 2002b: 35; Hogan 2002: 23; Warde 2002: 40). Bauman konstatiert, dass in der Postmoderne noch immer ein enger Zusammenhang zwischen Kultur und Macht besteht, sich dieses Verhältnis allerdings anders als in der Moderne darstellt. Hinsichtlich seiner Machtstrukturen ist das postmoderne Zeitalter für Bauman durch die Verschleierung von Herrschaftsbeziehungen gekennzeichnet: „Folgsamkeit gegenüber vorgegebenen Standards (eine variable und vorzüglich justierbare Folgsamkeit angesichts hochgradig flexibler Standards, sollte man hinzufügen) wird heute eher durch Verlockung und Verführung als durch Zwang erreicht – und das Ganze erscheint im Gewand des freien Willens: Als extern auferlegter Zwang wird es nicht sichtbar." (Bauman 2000: 104)

Adiaphorisierung, Teil II – postmoderner Holocaust?

Was bedeutet dies für die Moral? Bauman ist der Überzeugung, dass auch in der Postmoderne menschliche Beziehungen ihre moralische Bedeutsamkeit verlieren, wobei die Adiaphorisierung durch neue postmoderne Mechanismen verstärkt wird (vgl. Bauman 1997: 247). Die Lebensstrategien des Flaneurs, Vagabunden, Touristen und Spielers, aus denen das Individuum seine postmoderne Identität kreiert, sind darauf ausgerichtet, keine festen Bindungen zu knüpfen, um Konsequenzen zu vermeiden und dadurch Flexibilität zu erhalten. Die Distanz zwischen den Individuen, die durch die Auflösung und die Vermeidung von Bindung entsteht, macht das Gegenüber in erster Linie zu einem Gegenstand der ästhetischen Wahrnehmung und nicht zum moralischen Subjekt: „Die Welt verwandelt sich in ein Reservoir potentiell interessanter Objekte, und die Aufgabe besteht darin, aus ihnen so viel an Interessantem herauszuquetschen, wie sie hergeben." (Bauman 1997: 165) Dies steht in direktem Gegensatz zur Übernahme moralischer Verantwortung für den Anderen, da moralische Verantwortung, wie erwähnt, bedeutet, das Gegenüber als Ganzes wahrzunehmen und sich für sein Wohl zu engagieren. In einer negativen Lesart, der auch Bauman hin und wieder zugeneigt scheint, bedeutet dies, dass keine Hoffnung besteht, durch die (post)modernen Individualisierungsprozesse den moralischen Impuls der Individuen erneut zu wecken (vgl. Bauman 2000; Kron 2002). Das Vermeiden von Bindungen und Verpflichtungen, die Auflösung des institutionellen Rahmens, der einmal eingegangene Verpflichtungen aufrechterhält, hat nach Bauman zur Konsequenz, dass sich im postmodernen Zeitalter die Gewalt ausbreitet: „Die charakteristisch postmodernen Vorräte an Gewalt sind ‚privatisiert' – verstreut, diffus und unbestimmt. Sie sind auch ‚kapillarisch', sie durchdringen die winzigsten Zellen des sozialen Gewebes." (Bauman 1997: 254ff.) Die postmoderne Kultur begünstigt nach Bauman Gewalt in allen Lebensbereichen. Aufgrund der nachlassenden Bindungen und Regulierungen droht mehr Gewalt in der Partnerschaft, Familie und Nachbarschaft. Durch den Neotribalismus, der durch das Bedürfnis nach Identität gestärkt wird, entstehen gewaltvolle ethnische Konflikte. Schließlich bedingt die Tendenz, sich aller unbequemen Verpflichtungen zu entledigen, dass Gewalt gegen alle als „minderwertig", „nutzlos" oder „schädlich" erachtete Menschen ausgeübt wird, die als Belastung erscheinen.

Die durch die Adiaphorisierung erzeugte privatisierte Gewalt sieht Bauman als Warnsignal für einen „Holocaust neuen Stils" (Bauman 1996: 63), für den Bauman exemplarisch das gestiegene Interesse an Sterbehilfe und die Unterstützung von Abtreibungen auf Verlangen[7] anführt. Die Starken bestimmen auch in diesen symptomatischen Fällen, wie mit den Schwachen, mit den als „nicht lebenswert" Definierten, umgegangen werden soll, um die Ordnung nicht zu gefährden. Bei dieser Machtausübung entscheiden einige Wenige darüber, was für die Anderen „das Beste" ist und welche Interessen „dem öffentlichen Wohl" aus der Perspektive einer „unparteiischen Vernunft" dienlich sind: „In dem Maße, wie die rasant sich vervielfältigen ‚Mittel' immer mehr Lebensbereiche zu ‚Problemen' verwandeln, die nach einer Lösung verlangen, und zu Grenzland, das es durch eine fortschreitende individuelle Freiheit und angestachelt vom Selbstbehauptungsprinzip zu erobern gilt, desto mehr Grauzonen, ambivalente Situationen und moralische Zwangslagen ohne unzweideutig richtige Lösungen entstehen auch; und je mehr Gelegenheit es gibt für eine Grausamkeit, die sich als Fürsorge maskiert, und für Gewalt, die sich selbst für Freundlichkeit hält. Das ist der Punkt." (Bauman 1997: 261)

Allerdings sieht Bauman in einer anderen Lesart zumindest an einigen Stellen in der postmodernen Kultur auch eine, wenn auch kleine Chance für die Moral: „Es gibt eine wirkliche Chance in der Postmoderne: […] die von der Moderne verrichtete Arbeit der ‚Entbettung' zu ihrem Ende zu bringen" (Bauman 1994b: 23; siehe auch Beck 1998). Die Entbettung – die fortschreitende Freisetzung der Individuen aus den Sozialstrukturen – kann in dieser Perspektive durchaus auch zur Freilegung des ursprünglichen „moralischen

---

[7]   „Das Eigentum der Frau an ihrem Körper, […] (und im Zuge des rasanten Fortschritts der Gentechnologie auch die Abneigung gegenüber bestimmten Eigenschaften des anderen Wesens, die besondere Fürsorge verlangen und somit die Wahlfreiheit einschränken oder Unannehmlichkeiten bereiten) betrachtet man als gute Gründe, um einem anderen menschlichen Wesen das Recht auf Leben zu verweigern" liest man bei Bauman (1996: 63) dazu. Eine zwangsläufige Verbindung zwischen Abtreibung/Sterbehilfe und „Holocaust neuen Stils" besteht nur dann, wenn man Baumans Konzeption der Adiaphorisierung folgt (vgl. kritisch Kron 2001; Rommelpacher 2002).

Zygmunt Bauman: Die ambivalente Verfassung moderner und postmoderner Kultur 465

Impuls" beitragen, auf sich selbst gestellt eine Wahl zwischen Gut und Böse zu treffen und damit Verantwortung zu übernehmen. Der „moralische Impuls" ist nach Bauman fundamental für die zukünftige Möglichkeit von Moral und Gewaltlosigkeit: „Wenn es eine Hoffnung auf Moral geben kann, dann muss sie mit der Bewahrung instinktiver Abneigungen gegenüber grundloser Grausamkeit verknüpft sein." (Bauman 1996: 48; siehe zur Grundlegung Bauman 1994 und dazu kritisch Kron 2001) Auch wenn die Abspaltung des Handelns von seiner moralischen Bedeutung niemals leichter und vollständiger war als zur Zeit, sieht Bauman die postmoderne Kultur dennoch als *„zugleich Fluch und Chance der moralischen Person"* (Bauman 1997: 20).

Literatur von Zygmunt Bauman

Bauman, Z.: Thinking Sociologically. Oxford 1990.
Bauman, Z.: Moderne und Ambivalenz. Frankfurt/M. 1992a.
Bauman, Z.: Dialektik der Ordnung. Hamburg 1992b.
Bauman, Z.: Postmoderne Ethik. Hamburg 1995.
Bauman, Z.: Gewalt – modern und postmodern. In: Miller, M./Soeffner, H.-G. (Hg): Modernität und Barbarei. Soziologische Zeitdiagnose am Ende des 20. Jahrhunderts. Frankfurt/M. 1996, S. 36-67.
Bauman, Z.: Flaneure, Spieler und Touristen. Essays zu postmodernen Lebensformen. Hamburg 1997.
Bauman, Z.: Culture as Praxis. New Edition. London, Thousand Oaks, New Delhi 1999.
Bauman, Z.: Flüchtige Moderne. Frankfurt/M. 2000.
Bauman, Z.: Individualized Society. Cambridge 2001.
Bauman, Z.: Dialektik der Ordnung. Die Moderne und der Holocaust. Hamburg 2002a [1989].
Bauman, Z.: Society under Siege. Cambridge 2002b.
Bauman, Z./Beilharz, P.: The journey never ends. Zygmunt Bauman talks with Peter Beilharz. In: Beilharz, P. (Hg.): Zygmunt Bauman, Vol. I. London. Thousand Oaks, New Delhi 2002, S. 27-37.

Weitere zitierte Literatur

Berger, P. L./Luckmann, T.: Die gesellschaftliche Konstruktion der Wirklichkeit. Eine Theorie der Wissenssoziologie. Frankfurt/M. 1997.
Giddens, A.: Die Konstitution der Gesellschaft: Grundzüge einer Theorie der Strukturierung. Frankfurt/New York 1988.
Hogan, T.: Dead Indians, Flawed Consumers and Snowballs in Hell. On Zygmunt Bauman's New Poor. In: Beilharz, P. (Hg.): Zygmunt Bauman, Vol. IV. London, Thousand Oaks, New Delhi 2002, S. 20-26.
Joas, H.: Die Kreativität des Handelns. Frankfurt/M. 1992.
Junge, M.: Ambivalenz: eine Schlüsselkategorie der Soziologie von Zygmunt Bauman. In: Junge, M./Kron, T. (Hg.): Zygmunt Bauman. Soziologie zwischen Postmoderne und Ethik. Opladen 2002, S. 81-101.
Kellner, D.: Zygmunt Bauman's Postmodern Turn. In: Beilharz, P. (Hg.): Zygmunt Bauman, Vol. II. London, Thousand Oaks, New Delhi 2002, S. 333-346.
Kron, T.: Moralische Individualität. Opladen 2001.

Kron, T.: Individualisierung und Entfremdung. Hoffnung oder Verhängnis für ethisches Handeln In: Junge, M./Thomas K. (Hg.): Zygmunt Bauman. Soziologie zwischen Postmoderne und Ethik. Opladen 2002, S. 303-332.

Lévi-Strauss, C.: Mythos und Bedeutung. Vorträge. Frankfurt/M. 1980.

Morawski, S.: Bauman's Ways of Seeing the World, in: Beilharz, P. (Hg.): Zygmunt Bauman, Vol. I. London, Thousand Oaks, New Delhi 2002, S. 69-78.

Offe, C.: Laudatio für Zygmunt Bauman. In: Beilharz, P. (Hg.): Zygmunt Bauman, Vol. I. London, Thousand Oaks, New Delhi 2002, S. 173-181

Peterson, A.: Der Holocaust – Eine unwiderrufliche Herausforderung für Sozialtheorie und Praxis. In: Junge, M./Kron, T. (Hg.): Zygmunt Bauman. Soziologie zwischen Postmoderne und Ethik. Opladen 2002, S. 105-141.

Ritzer, G.: Zygmunt Bauman. From Modern to Postmodern. In: Beilharz, P. (Hg.): Zygmunt Bauman, Vol. II. London, Thousand Oaks, New Delhi 2002, S. 360-375.

Sloterdijk, P.: Sphären III. Schäume. Frankfurt/M. 2004.

Smith, D.: How to be a Successful Outsider. In: Beilharz, P. (Hg.): Zygmunt Bauman, Vol. I. London, Thousand Oaks, New Delhi 2002, S. 79-85.

Varcoe, I./Richhard K.: Culture and Power in the Writings of Zygmunt Bauman. In: Beilharz, P. (Hg.): Zygmunt Bauman, Vol. I. London, Thousand Oaks, New Delhi 2002, S. 146-172.

Populärkultur und Counter Culture

Stuart Hall: Die Erfindung der *Cultural Studies*

Rainer Winter

Einleitung

Stuart Hall ist einer der wichtigsten Intellektuellen unserer Zeit. Wenn wir versuchen, sein Denken durch seine wesentliche Idee zu charakterisieren, so wird es durch die Vorstellung geprägt, dass kulturelle Fragen immer auch politische Fragen sind. Kulturtheorie beschränkt sich für ihn nicht darauf, die Rolle und Funktion der Kultur zu beschreiben oder zu analysieren, sondern er möchte zeigen, wie im kulturellen Bereich Machtverhältnisse geschaffen werden, Dominanz aufrecht erhalten, aber auch in Frage gestellt werden kann. Kultur ist kein statisches Objekt, dessen Essenz in einer Theorie bestimmt werden könnte, sondern ein komplexer, sich ständig verändernder Prozess der Fabrikation von Bedeutungen, der das Alltagsleben organisiert. Deshalb kann der kulturell und politisch engagierte Intellektuelle sich weder in den Bereich der Ästhetik oder des reinen Denkens zurückziehen, noch kann er sich als Wissenschaftler mit der Konzeption einer „interesselosen Objektivität" oder Wertfreiheit zufrieden geben. Stattdessen soll er reflektieren, wie er Teil seiner Zeit ist, wie er durch die Politiken der Repräsentation, die durch die transnationalen Kulturindustrien bestimmt werden, formiert wird (vgl. Said 1997: 28).

Es war Charles Wright Mills (1967), der Weggefährte von Hall aus der amerikanischen *New Left*, der Ende der 50er/Anfang der 60er Jahre forderte, dass es Aufgabe intellektueller Arbeit sei, die durch die modernen Kommunikationsmittel zirkulierenden Klischees und Stereotypen, die bestehende Machtverhältnisse stabilisieren oder herstellen, aufzudecken sowie alternative Perspektiven zu entwickeln. „Taken as a whole, the cultural apparatus is the lens of mankind through which men see; the medium by which they interpret and report what they see." (Mills 1967: 406) Halls kritische Interventionen zielen von Anfang an darauf, zur Dekonstruktion dieses kulturellen Apparats beizutragen, den Formeln der Mächtigen und Etablierten zu misstrauen, was z.B. in seiner bestechenden Bestimmung und eindringlichen Analyse des Thatcherismus (vgl. Hall 1988) zum Ausdruck kommt, und Möglichkeiten demokratischer Transformation aufzuzeigen. Dabei zeichnet sich sein Denken auch dadurch aus, neue Konflikte, neue politische Kräfteverhältnisse und Fragestellungen zu erkennen, offen zu legen und differenziert zu analysieren. Auf diese Weise versucht er, durch seine intellektuellen Interventionen die Voraussetzungen und Bedingungen für eine „Politik des Möglichen" zu schaffen. Ausgehend von konkreten gesellschaftlichen Problemzusammenhängen und Fragestellungen knüpft er an die unterschiedlichsten Theorien, Diskurse und Methoden an, die oft auch nicht vereinbar erscheinen, wie z. B. Kulturalismus und Strukturalismus (vgl. Hall 1999). Er betrachtet sie als Werkzeuge, die er kreativ verwendet, kombiniert und weiter entwickelt. Dieses Prinzip der *Bricolage* wurde auch wegweisend für den transdisziplinären Forschungsansatzes der *Cultural Studies*, die in ihrer britischen Variante ihre Entwicklung, ihren internationalen Erfolg und innovative Kraft Stuart Hall maßgeblich verdanken (vgl. Gilroy/Grossberg/McRobbie

2000; Winter 2001). Nach einer biographischen Skizze werde ich die für seinen kulturtheoretischen Ansatz wesentlichen Arbeiten, Ideen und Ergebnisse vorstellen, indem ich seine in diesem Zusammenhang wichtigen Themen und Fragestellungen diskutiere.

Biographische Skizze

Hall wurde 1932 in Kingston (Jamaica) geboren. 1951 kam er als Rhodes-Stipendiat nach Oxford. Seitdem lebt er in Großbritannien. 1956 begann Hall, sich in der sich formierenden *New Left* zu engagieren, die anti-stalinistisch orientiert war und Kultur nicht auf einen Effekt der 'harten Welt' der Produktion und der materiellen Dinge reduzierte. Von 1957 bis 1961 gehörte er dem Herausgeberkomitee der *New Left Review* an. In dieser Zeit begann er auch seine Lehrtätigkeit, zunächst an höheren Schulen, ab 1964 am *Centre for Contemporary Cultural Studies* (CCCS) der Universität Birmingham. Von 1968 bis 1979 war er als Nachfolger von Richard Hoggart der dortige Direktor. 1979 wurde er Professor für Soziologie an der *Open University*, wo er bis zu seiner Pensionierung im Jahre 1997 lehrte. Stuart Halls großer Einfluss beruht nicht nur auf seiner wissenschaftlichen und publizistischen Tätigkeit, auf seinem Wirken als politischer Aktivist, sondern auch auf seinem leidenschaftlichen Engagement für die pädagogische Lehre. In Birmingham führte er nicht hierarchische Formen des Lehrens und Forschens ein, die auf eine intensive Beteiligung der Studierenden abzielten. Auch die Forschungsprojekte waren gemeinschaftlich organisiert. Er genoss es, in der Gruppe zu arbeiten und andere bei der Entwicklung ihrer Themen und Projekte zu unterstützen. Sein Wechsel an die *Open University* war auch dadurch motiviert, dass er dort gewöhnliche Menschen, auch ohne akademischen Hintergrund, in einem interdisziplinären, eher unkonventionellen Rahmen als Studierende betreuen und *Cultural Studies* zu einer Form öffentlicher Pädagogik machen konnte. „If you are going to make cultural studies ideas live with them, you have to translate the ideas, be willing to write at that more popular and accessible level. I wanted cultural studies to be open to that sort of challenge." (Hall 1996: 501) Zunächst werden wir zeigen, welche wichtige Rolle die „popular culture" in seinem Denken einnimmt. Anschließend betrachten wir Halls Arbeiten zur Ideologie, ein Konzept, das für seine Kulturanalyse zentral ist. Dann diskutieren wir Halls Dekonstruktion kultureller Identitäten. Eine kurze Schlussbetrachtung folgt.

Der Kampf um das Populäre

Das Projekt der *Cultural Studies* ist eng verbunden mit der Etablierung des Populären als legitimen Forschungsgegenstand (vgl. Winter 2001). Damit verknüpft ist eine Aufwertung der Alltagskultur, der gewöhnlichen Kultur im Sinne von Raymond Williams (1977), und ein Infragestellen der gesellschaftlichen Grenzziehung zwischen „hoher" und „niederer" Kultur. 1964 veröffentlichte Hall zusammen mit Paddy Whannel *The Popular Arts*, eine Untersuchung, die von einem tiefen Optimismus in Bezug auf die Bedeutung der Populärkultur getragen wird. Die Autoren folgen nicht der dominanten These, dass die Massenkultur primär negative Einflüsse und moralischen und kulturellen Verfall zur Folge habe, sondern stellen sich die Aufgabe, eine Methode zur Bestimmung der Qualität populärer Produkte zu entwickeln. Genauso wie es 'schlechte' Hochkultur gebe, existiere auch 'gute'

Populärkultur. Ziel ist es daher, das Publikum in ästhetischen Urteilen zu schulen und ihm einen selektiven Gebrauch kultureller Güter zu ermöglichen. Allerdings liegen die Probleme des Buches aus heutiger Sicht darin, dass die Schwächen der elitären Massenkulturkritik zum Teil zwar erkannt, jedoch nicht deutlich herausgearbeitet werden. Teilweise werden sie sogar unkritisch übernommen. So ist auch für Hall und Whannel die ‚mass art' formelhaft, eskapistisch und ästhetisch wertlos, eine korrupte Version der ‚popular art' (z.B. die Filme des frühen Chaplin oder gute Jazzmusik), bei der es eine genuine Interaktion zwischen Publikum und Darsteller gibt. Des Weiteren wird bei der Bestimmung der ästhetischen Werte auf allgemeine humanistische Standards rekurriert. Die Argumentation folgt auch insofern klassisch literaturkritischen Vorgehensweisen, als die Autoren davon ausgehen, dass Texte intrinsische Qualitäten haben, die in der Analyse herausgearbeitet werden können und so einen exemplarischen Einblick in die Kultur bzw. deren Gefühlsstruktur im Sinne von Williams (1977) geben können.

Dagegen finden wir in seinem die theoretische Arbeit vieler Jahre synthetisierenden, programmatischen Artikel *Notes on the Deconstructing of the Popular* (1981) eine gesellschaftskritische, historisch und sozial kontextualisierende Betrachtung des Populären, die geschult an Antonio Gramscis (1991ff.) Kritik an den ökonomistischen Tendenzen des Marxismus die vermittelnde und aktive Rolle der Zivilgesellschaft im Blick hat. Das Populäre wird nicht durch gleichbleibende intrinsische Bedeutungen, Qualitäten und Werte wichtiger Werke bestimmt. Stattdessen gewinnt es seine spezifische Bedeutung durch die jeweils besonderen historischen Umstände hegemonialer Kämpfe in der Zivilgesellschaft. Es konstituiert einen Raum der Widersprüche, der Ambivalenzen und der Spannungen, in dem die Bemühungen des „ruling bloc", die ideologische Herrschaft aufrecht zu halten, unterlaufen und subvertiert werden können. Auf die Akte des Widerstandes reagiert die gesellschaftlich dominante Klasse mit Strategien der ideologischen und kommerziellen Inkorporation. In dieser Hinsicht weist Hall auch hier die weit verbreitete Auffassung zurück, die Populärkultur sei homogen, standardisiert und nicht authentisch. Da er ihre historische Entwicklung im Kontext der Entfaltung des Kapitalismus betrachtet, kann er ein vielschichtigeres Bild zeichnen, das zum einen die Prozesse der Regulation und der Transformation im Dienste kapitalistischer Interessen aufzeigt und damit Prozesse der Aneignung durch die dominante Kultur. Zum anderen weist er auf die Akte der Rebellion, der Opposition und der Utopie hin. Das Populäre steht in einem spannungsreichen und konfliktbeladenen Verhältnis zum Dominanten. Halls historisierende Betrachtungsweise betont, dass es in diesem Prozess errungen, aber auch wieder verloren gehen kann. Deshalb verändern sich sowohl seine Inhalte und Bedeutungen als auch die gesellschaftlich verfügbaren Bewertungskriterien, die zwischen „popular culture" und „high culture" unterscheiden. Entschieden lehnt Hall die essentialistische Auffassung ab, die Populärkultur sei die authentische Kultur der Arbeiterklasse. Populäre kulturelle Formen lassen sich nicht einer bestimmten Klasse zuweisen. Vielmehr findet im Populären der Kampf um Hegemonie in der Gesellschaft statt. „In our times, it goes on continuously, in the complex lines of resistance and acceptance, refusal and capitulation, which make the field of culture a sort of constant battlefield. A battlefield where no once-for-all victories are obtained but where there are always strategic positions to be won or lost." (Hall 1981: 233) Deshalb ist seine Analyse für Hall so wichtig. Volosinovs Theorie der Multiakzentualität von Zeichen folgend (vgl. Volosinov 1975), geht es ihm darum, herauszuarbeiten, ob kulturelle Formen die Interessen der „people" gegen den „power bloc" repräsentieren können.

Im Anschluss an Gramsci (1991ff.) begreift Hall sich als „organischen Intellektuellen", der sich vom „traditionellen Intellektuellen" insofern unterscheidet, als dass er seine theoretische Arbeit in den Dienst der „people" stellt. Er soll sich die wichtigsten Theorien und Ideen aneignen, um die Komplexität gesellschaftlicher Kräfteverhältnisse tiefgreifend analysieren zu können. Darüber hinaus trägt er die Verantwortung, dass sein Wissen nicht nur die Intellektuellen, sondern auch die Personen erreicht, die es betrifft. Die intellektuelle Arbeit soll so in eine populäre und kritische Pädagogik münden (vgl. Winter 2005a). Verwirklicht wurde dies mit *Deconstructing the Popular* in dem legendären interdisziplinären und multimedialen U203 Kurs, den die *Open University* zwischen 1982 und 1987 durchführte und der mehr als 6000 Teilnehmer verzeichnete. Hier wurden verschiedene theoretische Positionen behandelt, es dominierte aber Halls durch Gramsci inspirierte Dekonstruktion des Populären, die popularisiert wurde. Iain Chambers, Dick Hebdige, Lawrence Grossberg und John Fiske haben sie in ihre Arbeiten aufgenommen, weiterentwickelt und in kraftvolle, wenn auch zum Teil umstrittene Analysen umgesetzt (vgl. Winter 2001).

Das Feld der Ideologie

Hall wurde im deutschen Sprachraum zunächst als Ideologietheoretiker bekannt, der sich in der Tradition des westlichen Marxismus, die er sich vor allem in Birmingham aneignete, um eine Erneuerung gesellschaftskritischen Denkens bemüht, das die relativistischen Tendenzen der Wissenssoziologie hinter sich lässt. In einem Interview zum Falkland-Krieg legt er dar, was ihn an der Frage der Ideologie besonders interessiert.

> „But I am particularly interested in the practical understandings, the practical frameworks which people use and which are largely unconscious. When people say to you, ‚Of course that's so, isn't it?' that ‚of course' is the most ideological moment, because that's the moment at which you're least aware that you are using a particular framework, and that if you used another framework the things you are talking about would have a different meaning." (Hall 1984a: 8)

Aufgabe des Intellektuellen ist es, die kulturellen und damit kontingenten Rahmen der Bedeutungsgebung, die in die gesellschaftlichen Kämpfe um Hegemonie eingebunden sind, herauszuarbeiten. Am Beispiel der medialen Berichterstattung macht Hall deutlich, dass auch die Medienkritiker sich innerhalb der Ideologie befinden. „There is no space outside – totally outside – of ideology where we have no stake in the analyses of the media that we are offering." (Hall 1984a: 11) Seine Auseinandersetzung mit Althusser, Gramsci und Volosinov führt dazu, dass er die Konzeption eines „falschen Bewusstseins" entschieden ablehnt. Der Bereich von Repräsentation und Ideologie wird als ein mobiles Feld von Kräfteverhältnissen betrachtet. Dies wird besonders in seinem berühmten „encoding-decoding-Modell" deutlich, das das Ziel verfolgte, die Medienforschung aus Sicht der *Cultural Studies* neu zu konzipieren, indem der Ideologieproblematik die ihr zukommende Bedeutung eingeräumt wird, eine Perspektive, die seit den 40er Jahren aus der Massenkommunikationsforschung weitgehend verschwunden war. „Unter Ideologie verstehe ich die mentalen Rahmen – die Sprachen, Konzepte, Kategorien, Denkbilder und Vorstellungssysteme –, die verschiedene Klassen und soziale Gruppen entwickeln, um der Funktionsweise der Gesellschaft einen Sinn zu geben, sie zu definieren, auszugestalten, verständlich zu machen." (Hall 1984b: 99)

Ausgehend von dieser Problematik musste der Bereich der ‚Massenkommunikation' in Birmingham freilich neu konzipiert werden. *Erstens* wurde das weit verbreitete behavioristisch geprägte Modell der direkten Beeinflussung durch Medien durch eine theoretische Konzeption ersetzt, die die ideologische Rolle der Medien untersuchte. Diese wurden als dominante kulturelle und ideologische Kraft verstanden, mit der Fähigkeit ausgestattet, gesellschaftliche Beziehungen und politische Probleme zu bestimmen, gleichzeitig populäre Ideologien hervorzubringen und an das Publikum zu übermitteln. „This ‚return' to a concern with the media and ideologies is the most significant and consistent thread in Centre media work." (Hall 1980a: 117) *Zweitens* wurden Medientexte nicht als transparente Träger von Bedeutungen betrachtet wie in den traditionellen Formen der Inhaltsanalyse. Stattdessen wurde ihre sprachliche und ideologische Struktur analysiert. *Drittens* wurde die in der traditionellen Forschung, die durch die Interessen von Rundfunkanstalten und Werbeagenturen bestimmt war, übliche Vorstellung vom ‚Publikum' als homogener und passiver ‚Masse' aufgegeben. Das Publikum wurde als aktiv betrachtet, die Prozesse der Enkodierung und Dekodierung von Medienbotschaften rückten in den Mittelpunkt, vor allem die Pluralität von Lesarten. *Viertens* führte die Beschäftigung mit der Ideologie zur Frage, welche Funktion Medien in der Zirkulation und Stabilisierung dominanter ideologischer Definitionen, Rahmen und Repräsentationen haben (vgl. Hall 1980a: 118).

Wie viele erfolgreiche und innovative Forschungsansätze ist auch das Modell von Hall (1974/1993) im Schnittpunkt verschiedener theoretischer Überlegungen und Probleme angesiedelt und enthält ein ambitioniertes Forschungsprogramm. Er zeigt, dass sich die Bedeutungen einer medialen Botschaft nicht eindeutig fixieren lassen. Es gibt immer mehrere mögliche Lesarten eines medialen Textes. Bei Marx in der *Einleitung in die Grundrisse* (1857) findet Hall die Vorstellung, dass nicht nur die Produktion die Konsumption determiniere, sondern ebenso die Konsumption die Produktion. Übertragen auf den Bereich der Massenkommunikation bedeutet dies, dass jede Komponente im Prozess der Kommunikation, „encoding" und „decoding", als eigenständige Artikulation begriffen werden muss, als relativ autonomes Geschehen, von dem nicht automatisch der nächste Schritt abgelesen werden kann. Dies wird deutlich in seiner Unterscheidung zwischen drei idealtypischen Positionen, von denen aus ein medialer Text decodiert werden kann (Hall 1980b: 136):

1. Die Vorzugslesart eines medialen Textes liegt dann vor, wenn die Zuschauer den „herrschenden hegemonialen Code" voll und ganz akzeptieren. Der Zuschauer „takes the connoted meaning from, say, a television newcast or current affairs program full and straight, and decodes the message in terms of the reference code in which it has been encoded" (Hall 1980b: 136). Die Botschaft wird dann im Sinne des Referenzcodes, mit dem sie codiert wurde, auch decodiert, der Zuschauer ist innerhalb der dominanten Ideologien, die durch den medialen Text artikuliert werden, positioniert.

2. Bei der ausgehandelten Lesart (*negotiated position*) akzeptieren die Zuschauer grundsätzlich die dominanten Definitionen von Situationen und Ereignissen, die diese in größere Zusammenhänge, nationale oder globale Problemlagen einordnen, konstruieren jedoch einen medialen Text auch nach ihren eigenen Erfahrungen. Der Zuschauer in dieser Position übernimmt also nicht einfach die in der Vorzugslesart codierte Bedeutung von politischen Maßnahmen, sondern konstruiert in der Interaktion mit dem Text mittels seiner eigenen sozialen und lokalen Sinnsysteme aktiv eine Bedeutung.

3. Die oppositionelle Lesart liegt dann vor, wenn der Zuschauer die Vorzugslesart eines medialen Textes versteht, sie aber gänzlich ablehnt, da er die Botschaft im Rahmen eines alternativen Bezugsrahmens interpretiert. Diese Position wird insbesondere von Zuschauern eingenommen, die sich in direkter Opposition zum hegemonialen Code befinden.

Mit dem „encoding-decoding"-Modell hat Hall nicht nur einen wichtigen Beitrag zur Ideologieforschung geleistet, sondern es gelang ihm auch, eine kritische Perspektive in die Medien- und Kommunikationsforschung einzubringen. Kulturanalyse ist in diesem Zusammenhang vor allen Dingen Ideologieanalyse.

In verschiedenen Arbeiten hat Hall die Texte von Marx interpretiert und gezeigt, dass es dessen Methode widerspricht, den Bereich des kulturellen Überbaus aus der ökonomischen Basis abzuleiten. Jede Form des Ökonomismus stellt für Hall einen theoretischen Reduktionismus dar (vgl. Hall 1989: 83ff). Vielmehr sind die Bereiche der Produktion und des Konsums, wie im „encoding-decoding"-Modell veranschaulicht, in einem Kreislauf, der durch Kultur vermittelt wird, miteinander verbunden. Die Kultur selbst ist ein vielschichtiges Ensemble interdependenter Beziehungen und Kräfteverhältnisse. Hall betrachtet sie als einen Prozess und liest sie, vor allem im Anschluss an Gramsci, anti-essentialistisch. „Unter Kultur verstehe ich hier das jeweilige Feld der Praxen, Repräsentationen, Sprachen und Bräuche in jeder historisch bestimmten Gesellschaft. Ich meine die widersprüchlichen Formen des Alltagsbewusstseins, die im alltäglichen Leben verwurzelt sind und dazu beigetragen haben, es zu formen." (Hall 1989: 89)

Aber nicht nur Gramsci, auch Althusser (1968) ist, wie bereits deutlich wurde, ein Autor, der Hall stark beeinflusst hat, auch wenn er ihm in vielen Aspekten kritisch gegenüber steht, insbesondere seiner Unterbelichtung der Zivilgesellschaft, die dieser zu einer Reflexion der „ideologischen Staatsapparate" macht. So folgt er aber dessen Lektüre von Marx, dass die Gesamtheit aller Beziehungen in einer Gesellschaft eine komplexe Struktur darstellen, so dass sich eine Ebene von Praxen nicht auf eine andere reduzieren lässt (vgl. Hall 2004a: 34). Althussers Bruch mit einer monistischen Konzeption des Marxismus knüpft, wie Hall (2004: 35) zeigt, an Marx' Position in den Grundrissen von 1857 an. Das Konkrete ist das Resultat vieler Determinierungen: Zum einen gibt es verschiedene soziale Widersprüche mit verschiedenen Ursprüngen, zum anderen sind die Widersprüche im historischen Prozess nicht universal und haben auch nicht dieselben Konsequenzen. Wie Hall (2004: 35) schreibt, lernt er in der Auseinandersetzung mit Althusser „innerhalb und mit der Differenz zu leben", ein Thema, das ihn nicht mehr loslassen wird. So bestimmt er auch Artikulation, ein für die *Cultural Studies* sehr wichtiger Begriff (vgl. Winter 2005b), als „Einheit in der Differenz", als eine Verknüpfung heterogener, kontingenter Elemente, die durch die Verknüpfung mit sozialen Kräften unter bestimmten historischen Bedingungen zu einer (temporären) Einheit werden. Halls theoretische Beiträge zur Ideologietheorie werden anschaulicher, wenn wir uns auch die beiden berühmtesten in Birmingham durchgeführten Studien *Resistance through Rituals* (Hall/Jefferson 1976, dt. Clarke et al. 1979) und *Policing the Crisis* (Hall et al. 1978) genauer anschauen.

So wird in dem Kollektivprojekt *Resistance through Rituals* Kultur folgendermaßen definiert: „Mit dem Wort ‚Kultur' meinen wir jene Ebene, auf der gesellschaftliche Gruppen selbständige Lebensformen entwickeln und ihren sozialen und materiellen Lebenserfahrungen *Ausdrucksform* verleihen. Kultur ist die Art, die Form, in der Gruppen das Rohmaterial ihrer sozialen und materiellen Existenz bearbeiten [...]. Die ‚Kultur' einer Gruppe oder Klasse umfasst die besondere und distinkte Lebensweise dieser Gruppe oder Klasse, die Bedeutungen, Werte und Ideen, wie sie in den Institutionen, in den gesellschaftlichen Beziehungen, in Glaubenssystemen, in Sitten und Bräuchen, im Gebrauch der Objekte und im materiellen Leben verkörpert sind." (Clarke et al. 1979: 41) In den Gegenstandsbereich der *Cultural Studies* fallen also nicht nur kulturelle Artefakte, sondern auch die Prozesse der Produktion, Distribution und Rezeption von Kultur. Wie produzieren und erfahren Menschen Kultur, in deren symbolisches Bedeutungsnetz sie eingebunden sind? Damit werden die Kultur und auch ästhetische Praktiken nicht auf den Bereich der Kunst beschränkt, sondern in ihrer oft verkannten Einbindung in das alltägliche Leben analysiert, nämlich als gewöhnliche Kultur. „Kultur verkörpert also die Lebensbahn der Gruppe durch die Geschichte: stets unter Bedingungen und mit ‚Rohmaterialien', die nicht alle von ihr selbst gemacht sein können." (Clarke et al. 1979: 42) Vertieft wurden diese Definitionen durch ein Anknüpfen an Gramscis Theorie der hegemonialen Kultur in einer Gesellschaft, die im sozialen und kulturellen Bereich zu dominieren versucht, indem sie die gesellschaftlichen Wirklichkeitskonstruktionen und Erfahrungen bestimmt. Sie drückt die Macht, die Positionen und die Interessen der mächtigsten Klasse in der Gesellschaft aus, indem sie die Welt mit deren Begriffen und kognitiven Strukturen klassifiziert und ordnet. In diesem Fall sind es die bürgerlichen Kulturen, die sich als universell präsentieren und auf Hegemonie hin angelegt sind. Ihr Ziel ist es nämlich, die Kulturen, das Denken und die Erfahrungen der anderen, untergeordneten Gruppen in ihren Bereich einzubeziehen, so dass diese ihre Welt und ihre Erfahrungen in einer von der dominanten Kultur vorgegebenen Weise erleben.

Für die Untersuchung einer Subkultur schlagen Clarke et al. vor, dass zunächst ihre Klassenherkunft, die Beziehung zu ihrer ‚Stammkultur', geklärt werden muss, mit der sie trotz aller Abgrenzung wichtige Gemeinsamkeiten hat. Darüber hinaus müssen Subkulturen aber auch zur dominanten Kultur in Beziehung gesetzt werden. Denn sie grenzen sich durch spezifische Aktivitäten, Interessen, Werte, durch den Gebrauch materieller Objekte, durch die Besetzung von territorialen Räumen deutlich von der Stammkultur als der umfassenderen Kultur ab. Kommt der Altersunterschied dazu, kann man von ‚Jugend-Subkulturen' sprechen.

> „Die Besonderheiten in Kleidung und Stil, in den zentralen Interessen und im Milieu der Teddy-Boys, der Mods, der Rockers oder der Skinheads unterscheiden diese als eigenständige Gruppierungen sowohl von den größeren Formationen der Arbeiter-Kultur als eines Ganzen wie auch von den diffuseren Formen, die von den ‚normalen' Arbeiter-Jungen (und in beschränkterem Umfang den Mädchen) zum Ausdruck gebracht werden." (Clarke et al. 1979: 47)

Im Sinne Althussers stellen Jugend-Subkulturen also eine „relativ autonome" Ebene der Analyse dar, deren Grundproblematik aber in letzter Instanz durch das Ökonomische determiniert wird. Clarke et al. fragen sich nun, ob man nicht genauer die Bedeutungsstruktur und die „relative Autonomie" der Subkulturen bestimmen kann. Die Jugend ist eingebunden in die Dialektik von hegemonial-dominanter Kultur und subordinierter Stammkultur der Arbeiterklasse. Nach ihrer Auffassung waren gerade die 50er Jahre eine Periode hegemonialer Herrschaft in Großbritannien. Der Wohlstandsideologie kam die Funktion zu, die Zustimmung der Arbeiterklasse zu finden und zu sichern. In den 60er Jahren zeigt sich eine Krise der Hegemonie, die herrschende Klasse ist noch an der Macht, ihr Bemühen, diese zu bewahren, wird jedoch in Frage gestellt. Der Klassenkonflikt, der in der Kultur der britischen Arbeiterklasse verankert ist, tritt wieder deutlicher hervor. Clarke et al. (1978: 87ff.)

können zeigen, dass nun vermehrt Prozesse des Aushandelns, des Widerstandes und des Kampfes, in denen die Arbeiterkultur der dominanten Kultur Raum abzugewinnen sucht, die Auseinandersetzungen zwischen der dominanten und der untergeordneten Kultur prägen. Auch die Jugendlichen verweigern sich dem gewünschten Konsens und versuchen auf unterschiedliche Weise, sich „Raum zu verschaffen".

> „Sie gruppieren sich um bestimmte Orte; sie entwickeln spezifische Rhythmen des Austauschs, strukturierte Beziehungen zwischen ihren Mitgliedern [...]. Sie erforschen die Kristallisationspunkte, die das Innenleben der Gruppe beherrschen: Dinge, die man tut oder nicht tut, ein Gefüge gesellschaftlicher Rituale, die ihre kollektive Identität stützen und die aus einer ‚Gruppe' mehr als eine bloße Ansammlung von Individuen machen. Sie übernehmen und adaptieren materielle Objekte – Waren und Gegenstände des persönlichen Besitzes – und reorganisieren sie zu bestimmten Stilformen, die die Kollektivität ihres Seins als Gruppe ausmachen." (Clarke et al. 1979: 94)

Daher sind die jugendlichen Subkulturen mehr als ideologische Konstrukte, sie sind konkrete soziale Formationen, in denen sich eine kollektive Reaktion auf die aktuellen Lebensbedingungen ihrer Klasse ausdrückt. Clarke et al. betonen also den Widerstand, den Eigensinn und die kreative Handlungsmächtigkeit der Jugendlichen. Ihre subkulturellen Strategien können die sozialen Probleme jedoch nicht strukturell, sondern nur imaginär in Prozessen der Selbsterfahrung als untergeordnete Klasse und deren kreativer Verarbeitung lösen.

Clarke et al. (1979) zeigen, dass mittels der unterschiedlichsten Rituale die jugendlichen Subkulturen der Arbeiterklasse, die Mods, Teddy-Boys, die Skinheads etc., die Problemsituationen ihrer Klasse verarbeiteten und bemüht waren, im Rahmen der desorganisierten Arbeiterklasse einen symbolischen Zusammenhalt herzustellen. So konstituierten sie durch ihr Handeln im Bereich der Mode, der Sprache, der Musik und im Territorialverhalten Sinn, der gemeinschaftsbildend wirkte und widerständig zur herrschenden Ordnung war. Die Jugendlichen rebellierten sowohl gegen die Stammkultur ihrer Eltern als auch gegen die dominante Kultur. Wir haben es bei diesen Lösungsversuchen mit einer doppelten Artikulation zu tun. Trotz der Abgrenzungsbemühungen bleiben die Jugendlichen jedoch der Elternkultur verhaftet. Ins Zentrum der Analyse rückte der Stil der jeweiligen Subkulturen, der als eigensinnige und kreative Selbstbehauptung der Jugendlichen begriffen wurde, als ein kultureller Bereich ihres Lebens, den sie selbst gestalten können.

Policing the Crisis (Hall et al. 1978) stellt mehr noch als *Resistance through Rituals* eine politische Intervention dar, die an die vorhergehenden Arbeiten zu den Medien, zu jugendlichen Subkulturen, zu Rassismus etc. produktiv anknüpft. Mitte der 70er Jahre entstanden und 1978 veröffentlicht, sagt sie bereits den Aufstieg des Thatcherismus voraus, weil sie zeigen kann, dass es zu einer Verschiebung in den Kräfteverhältnissen kommen wird. Der sozialdemokratische Konsens löst sich auf, und die radikalen Rechten sind auf dem Vormarsch. In einer komplex aufgebauten und vielschichtigen Analyse zeigen die Autoren, dass die medial inszenierte ‚moralische Panik' zum empirisch eher marginalem Phänomen des „mugging" eine „ideologische Form" ist, mit der die Zustimmung zu einer autoritären Zwangspolitik des Staates gewonnen werden soll. Der Zusammenbruch des wohlfahrtsstaatlichen Nachkriegskonsensus unter innerem und äußerem Druck und damit die Krise der Hegemonie wird durch das Einverständnis zu einer „law and order"-Politik abgelöst, die, wie Hall et al. freilich zeigen können, von einer populistischen Unterströmung getragen wird. Hall et al. kritisieren, dass das Budget der öffentlichen Haushalte immer mehr gekürzt und das nationale Interesse zunehmend mit der Logik der Kapitalakkumulation identifiziert wird. Die Studie zeigt aber auch, dass die Zivilgesellschaft eine „relative Autonomie" vom Staat hat, dass auf ihrem Feld um die Macht im Staat gekämpft wird. Dabei führt der Kampf um Hegemonie, um die Zustimmung des populären Bewusstseins, zur Bildung von Machtblöcken, die auf ungleichen Klassenallianzen beruhen.

In der Folge analysierte Hall vor allen Dingen den Erfolg des Thatcherismus (vgl. Hall 1988), der auf der ideologischen Doktrin des freien Marktes und des Besitzindividualismus zur Bildung eines neoliberalen Machtblocks führte, der die bis dahin übliche Keynesianische Form des Korporatismus und der Konsenspolitik zurückwies. Die Privatisierung, die Zurücknahme von Arbeitnehmerrechten, der Abbau des Wohlfahrtstaates und die „law and order"-Politik fanden die Zustimmung der Bevölkerung. Im Sinne von Gramsci entstand dadurch eine „neue Wirklichkeit", die die Fetischisierung des Marktes mit einer populären Mobilisierung verband. Dem Thatcherismus gelang es also nicht nur, den Staatsapparat zu lenken, sondern auch in der Zivilgesellschaft die ideologische und intellektuelle Führungsrolle einzunehmen. Für Hall wurde auf diese Weise ein „autoritärer Populismus" errichtet, der durch seinen Rückgriff auf traditionelle Symbole von Nation und Familie in seinen Augen eine Form „regressiver Modernisierung" darstellt. Hierzu gehört auch die Ideologie des Individualismus, die neu belebt wurde.

Als Reaktion auf den Erfolg des Thatcherismus schrieb Hall mit Jacques (1989) und anderen das *New Times*-Manifest, um die Linke aus ihrer defensiven Position in Bezug auf den Thatcherismus, die durch eine antiquierte Bindung an die traditionellen Werte der Arbeiterklasse entstanden war, zu befreien, indem Möglichkeiten zur Erlangung der Hegemonie erkundet wurden. Sein Ausgangspunkt ist, dass sich im letzten Drittel des 20. Jahrhunderts in Gesellschaft, Ökonomie und Kultur ein tief greifender struktureller Wandel vollzogen hat, dem der Thatcherismus sich geschmeidig angepasst hat und den auch die Linke sich aktiv aneignen muss. So ist die postfordistische Ökonomie, die aus der Rezession der frühen 70er Jahre entstand und mit dem Niedergang der traditionellen Industrien verbunden wird, durch flexible Akkumulation gekennzeichnet. Neue Transport- und Informationstechnologien haben zu einer Raum-Zeit-Verdichtung geführt (vgl. Harvey 1989). Es kommt zu einer Dezentralisierung des Arbeitsprozesses, zu einer Globalisierung der Produktion und zu einer Aufwertung des Dienstleistungssektors. Die Produkte werden für nach Geschmack, Lebensstil und Kultur differenzierte Konsumentengruppen produziert. Die Prozesse der flexiblen Akkumulation, der anwachsenden Mobilität und die globalen *Flows* von Bildern, Zeichen und Medien haben, so die Autoren, nicht nur den Nationalstaat dezentriert, sondern auch die Vorstellung eines autonomen und zentrierten Selbst untergraben. *New Times* knüpfen hier an die postmoderne Diskussion an, aber auch an die Dezentrierung des Subjekts bei Marx, Freud, de Saussure, Lacan und Foucault (vgl. Hall 1994a: 193ff.), und gehen von einer relativ fragmentierten, unvollständigen, vielfältigen und kontingenten Konzeption des Selbst aus. Identitäten lösen sich unter postfordistischen Bedingungen immer mehr von der stabilen Bindung an spezifische Orte, Geschichten und Traditionen. Das Subjekt wird durch verschiedene Diskurse und Praktiken positioniert. So sind nicht nur kollektive Identitäten von Trennungen und Instabilitäten durchzogen, sondern diese strukturieren auch uns als Subjekte. Darüber hinaus erweitert sich der Spielraum der Zivilgesellschaft. Antagonismen, die lebensnotwendig für Demokratien sind, Formen von Subpolitik und des Widerstandes nehmen zu, was zu einer Erweiterung des Bereichs des Politischen und zu seiner Neuerfindung führt. Neue Akteure, soziale Bewegungen wie der Feminismus, kollektive Identitäten treten auf. In dem Manifest wird sehr deutlich, dass Hall sich von der traditionellen Vorstellung der Identitätspolitik löst, die von singulären, homogenen und vereinheitlichten Identitäten wie der Arbeiterklasse oder der „black community" ausgeht. Diese Position baute er in den 90er Jahren aus.

Vielfältige Identifikationen

In Auseinandersetzung mit Jacques Derridas Konzept der „différance" (Derrida 1988) zeigt er, dass Bedeutung nur dann produziert wird, wenn deren unbegrenzter Aufschub und Verschiebung, das Gleiten der Signifikanten, angehalten wird. Nur so ist eine Identitätspolitik möglich. Freilich, sind die Identitäten nie endgültig festgelegt, sondern notwendigerweise arbiträr, kontingent und hybrid. Hierfür ist Hall selbst das beste Beispiel:

> „I don't think identity's fixed, the real, true self. It is constructed from historical processes: I'm the sum of that boy called a ‚coolie', the Rhodes scholar, the socialist from Jamaica. Every identity that feels so solid is the result of excluding things you could have been. I go back to Jamaica and adore it, but I couldn't be a Jamaican. I ache for a parallel life I could have lived. I also couldn't disappear into Englishness. I understand Britain; but I'm only British in a hyphenated way." (Hall nach Jaggi 2000: 9)

Identitäten sind von Differenzen und Spaltungen durchzogen, die in Akten der Selbstreflexion bewusst werden können.

Erst durch eine Politik der Artikulation können derartig konstituierte Individuen zusammen gebracht werden, um neue Allianzen zu bilden. Hall knüpft auch hier an die Vorstellung von „Einheiten in der Differenz" an. Identitäten sind immer sprachlich, kulturell und historisch in Differenz zu anderen positioniert, trotzdem sind sie veränderbar. Er macht dies am Begriff der Ethnizität deutlich, den er anti-essentialistisch verwendet, um ihn so von seinen Äquivalenzen mit Nationalismus, Imperialismus, Rassismus und Staat zu lösen. „Dieser Begriff erkennt den Stellenwert von Geschichte, Sprache und Kultur für die Konstruktion von Subjektivität und Identität an, sowie die Tatsache, dass jeder Diskurs platziert, positioniert und situativ ist und jedes Wissen in einem Kontext steht." (Hall 1994b: 21f.) Am Beispiel des Schwarzseins und der schwarzen Erfahrung zeigt er, dass hierzu eine Vielfalt von Subjektpositionen, sozialen Erfahrungen und kulturellen Identitäten gehören. Wir haben es mit einer kulturell konstruierten Kategorie zu tun. Identität kann es also immer nur im Bereich von Kultur und Repräsentation geben. Dabei leugnet Hall nicht, dass es eine Welt außerhalb der Repräsentation gibt, aber nur durch Repräsentation können wir ihr Bedeutung verleihen. Diese spiegelt also nicht die Welt wider, sondern hat einen konstituierenden, artikulierenden Charakter. So gibt es kein wahres oder authentisches schwarzes Subjekt, das in Filmen oder Photographien dargestellt wird. Schwarze Filmemacher haben deshalb das Zitat, das Pastiche und eine fragmentierte Erzählweise benutzt, um die dominanten Konstruktionen des Schwarzseins zu dekonstruieren. Hall zeigt, dass sie sich gegen die universalisierenden Tendenzen des westlichen Diskurses wehren, der seine Verankerung in einem spezifischen Kontext verleugnet und für alle sprechen möchte.

"Das ist sozusagen die Anerkennung dessen, dass wir alle von einer bestimmten gesellschaftlichen Position aus sprechen, aus einer bestimmten Geschichte heraus, aus einer bestimmten Erfahrung, einer bestimmten Kultur [...]. In diesem Sinne sind wir alle *ethnisch* verortet, unsere ethnischen Identitäten sind für unsere subjektive Auffassung darüber, wer wir sind, entscheidend." (Hall 1994b: 23)

In seinen neueren Arbeiten beschäftigt sich Hall deshalb mit dem Film und mit der Kunst, die in der Diaspora entsteht. Um diasporische Kulturen zu charakterisieren, verwendet Hall vor allem den Begriff der Hybridität, der in seiner Lesweise die „kulturelle Logik der Übersetzung" kennzeichnet. „Sie ist ein Prozess kultureller Übersetzung, der qualvoll ist, weil er nie abgeschlossen ist, sondern immer unentscheidbar bleibt. Es handelt sich nicht einfach um Aneignung oder Anpassung; es ist ein Prozess, durch den Kulturen genötigt werden, ihr eigenes Referenzsystem, ihre eigenen Normen und Werte zu revidieren." (Hall 2004b: 208) Multikulturelle Gesellschaften werden durch Probleme geprägt, die durch ihre Vielfalt und die sich in ihr artikulierenden Differenzen bestimmt werden. In einer tiefgehenden Auseinandersetzung mit den bisherigen Diskursen fordert Hall eine „neue politische Logik", die zwei existentielle Voraussetzungen hat: „Eine Vertiefung, Erweiterung und Radikalisierung demokratischer Praktiken in unserem gesellschaftlichen Leben; und die unerbittliche Bekämpfung jeder Form ‚rassischer' oder ethnischer ausgrenzender Abschließung." (Hall 2004b: 222)

Schluss

Es ist deutlich geworden, wie differenziert und perspektivenreich Halls Beitrag zur Kulturtheorie der Gegenwart ist. Die sozialen Konflikte und Problemlagen der Gegenwart im Blick, eignet er sich die für ihre Analyse relevanten Ideen und Theorien an, versucht seine Erkenntnisse über den Rahmen der Wissenschaft hinaus zu verbreiten, um politisch, vor allem in den Bereich der Repräsentation, intervenieren zu können. Seine Form der Kulturanalyse mündet in eine kritische Pädagogik, die sich der Hegemonie entgegen stellt und Einfluss im öffentlichen Raum zu gewinnen versucht. Ein wesentliches Charakteristikum seiner Arbeit ist das Konzept des Anti-Essentialismus. Es gibt keine authentische britische Kultur, keine Populärkultur, die sich nicht von der dominanten Kultur abgrenzt, und auch keine Jugendkultur, die von der Kultur der Eltern unberührt wäre. Kulturen sind nicht in sich ruhend, sondern werden durch die Identität anderer Kulturen mitbestimmt. So kann Hall kulturelle Kategorien als historische und soziale Fabrikationen sichtbar machen. Das Aufzeigen dieser Kontingenz ist aber die Voraussetzung für eine „Politik des Möglichen", die das demokratische und auch utopische Potential der Gegenwart entfalten soll.

Literatur von Stuart Hall

Hall, S.: Encoding/Decoding. In: Gray, A./Jim, M. (Hg.): Studying Culture. An Introductory Reader. London 1974/1993, S. 28-34.
Hall, S.: Introduction to media studies at the centre. In: Hall, S./Dorothy H./Andy L./Paul W. (Hg.): Culture, Media, Language. Working Papers in Cultural Studies, 1972-1979. London 1980a, S. 117-121.

Hall, S.: Encoding/Decoding. In: Hall, S./Dorothy, H./Andy, L./Paul, W. (Hg.): Culture, Media, Language. Working Papers in Cultural Studies, 1972-1979. London 1980b, S. 128-138.

Hall, S.: Notes on deconstructing ‚the popular'. In: Samuel, R. (Hg.): People's History and Socialist Theory. London: 1981, S. 227-240.

Hall, S.: The narrative construction of reality. An interview with Stuart Hall. In: Southern Review, 17, 1984a, S. 3-17.

Hall, S.: Ideologie und Ökonomie – Marxismus ohne Gewähr. In: Projekt Ideologie-Theorie: Die Camera obscura der Ideologie. Berlin 1984b, S. 97-121.

Hall, S.: The Hard Road to Renewal: Thatcherism and the Crisis of the Left. London 1988.

Hall, S.: Gramscis Erneuerung des Marxismus und ihre Bedeutung für die Erforschung von ‚Rasse' und Ethnizität. In: ders.: Ideologie, Kultur, Rassismus. Ausgewählte Schriften 1 (hrsg. v. N. Räthzel). Hamburg/Berlin 1989, S. 56-91.

Hall, S.: Die Frage der kulturellen Identität. In: ders.: Rassismus und kulturelle Identität. Ausgewählte Schriften 2 (hrsg. v. U. Mehlem et al.). Berlin/Hamburg 1994a, S. 180-222.

Hall, S.: Neue Ethnizitäten. In: ders.: Rassismus und kulturelle Identität. Ausgewählte Schriften 2. Berlin/Hamburg 1994b, S. 15-25.

Hall, S.: The formation of a diasporic intellectual: an interview with Stuart Hall by Kuan-Hsing Chen. In: Morley, D./Kuan-Hsing, C. (Hg.): Stuart Hall. Critical Dialogues in Cultural Studies. London 1996, S. 484-503.

Hall, S.: Die zwei Paradigmen der Cultural Studies. In: Hörning, K. H./Winter, R. (Hg.): Widerspenstige Kulturen. Cultural Studies als Herausforderung. Frankfurt/M. 1999, S. 13-42.

Hall, S.: Bedeutung, Repräsentation, Ideologie. Althusser und die poststrukturalistischen Debatten. In: Hall, S.: Ideologie-Identität-Repräsentation. Ausgewählte Schriften 4 (hrsg. v J. Koivisto und A. Merkens). Hamburg 2004a, S. 34-65.

Hall, S.: Die Frage des Multikulturalismus. In: Hall, S.: Ideologie-Identität-Repräsentation. Ausgewählte Schriften 4 (hrsg. v. J. Koivisto und A. Merkens). Hamburg 2004b, S. 188-227.

Hall, S./Paddy W.: The Popular Arts. London 1964.

Hall, S./Tony J. (Hg.): Resistance through Rituals. Youth Subcultures in Post-War Britain. London 1976 (dt. Teilübersetz. Clarke, J. et al. 1979).

Hall, S. et al.: Policing the Crisis: Mugging, the State, and Law and Order. London 1978.

Hall, S./Jacques, M. (Hg.): New Times. The Changing Face of Politics in the 1990s. London: 1989.

Weitere zitierte Literatur

Althusser, L.: Für Marx. Frankfurt a. M. 1968.

Clarke, J. et al.: Jugendkultur als Widerstand. Milieus, Rituale, Provokationen (hrsg. v A. Honneth/R. Lindner/R. Paris). Frankfurt a. M. 1979.

Derrida, J.: Randgänge der Philosophie. Wien 1988.

Gilroy, P./Lawrence G./Angela M. (Hg.): Without Guarantees. In Honour of Stuart Hall. London 2000.

Gramsci, A.: Gefängnishefte (10 Bände). Berlin/Hamburg 1991ff.

Harvey, D.: The Condition of Postmodernity. Oxford 1989.

Jaggi, M.: Prophet at the Margins. In: The Guardian, 8. Juli, 2000, S. 8-9.

Marx, K. (1857): Grundrisse der Kritik der politischen Ökonomie (Rohentwurf 1857-58). Frankfurt/M./Wien 1953.

Mills, C. W.: Power, Politics and People. The collected essays of C. Wright Mills. Oxford 1967.

Said, E.: Götter, die keine sind. Berlin 1997.

Volosinov, V. N.: Marxismus und Sprachphilosophie. Frankfurt a.M./Berlin/Wien 1975.

Williams, R.: Innovationen. Über den Prozeßcharakter von Literatur und Kultur (hrsg. und übersetzt v. H.G. Klaus). Frankfurt a. M. 1977.

Winter, R.: Die Kunst des Eigensinns. Cultural Studies als Kritik der Macht. Weilerswist 2001.

Winter, R.: Critical Pedagogy. In: Ritzer, G. (Hg.): Encyclopedia of Social Theory, Volume I. London 2005a, S. 163-167.

Winter, R.: Der zu bestimmende Charakter von Kultur. Das Konzept der Artikulation in der Tradition der Cultural Studies. In: Srubar, I. et al. (Hg.): Kulturen vergleichen. Wiesbaden 2005b, S. 271-289.

Douglas Crimp: Vom Postmodernismus zur Queer Culture

Lutz Hieber

In den 1980er Jahren erlebte die Postmodernismus-Diskussion einen Höhepunkt. Douglas Crimp, der bis 1990 zur Redaktion der Zeitschrift *October* zählte, war einer ihrer Wortführer. Seine wichtigsten Arbeiten zum Postmodernismus wurden in *On the Museum's Ruins* (1993) zusammengefasst, einem schönen, mit Fotografien von Louise Lawler ausgestatteten Band. Lawlers Arbeiten, die nicht als Illustrationen der Texte aufzufassen sind, begleiten die Essays oder beziehen separat Stellung. Das Buch erschien 1996 auch auf deutsch.

Die Konzeption des Postmodernismus, die Crimp verfolgt, hat durchgehend Bodenhaftung durch den Bezug zur aktuellen Kunstentwicklung. Er lehrt an der *University of Rochester* und lebt in Manhattan. In New York, der kulturellen Metropole der westlichen Welt, ist er in direkter Tuchfühlung mit progressiven künstlerischen Praktiken. Als die Stadt in den späten 1980er Jahren zum Zentrum einer neu aufflammenden *Counter Culture* wurde, änderte sich auch sein wissenschaftliches Interesse, und er wandte sich stärker den *Cultural Studies* zu. Die Themen, die nun auf der politischen Agenda standen, führten ihn in die *Queer Theory*.

Vorgeschichte des Postmodernismus

In den 1980er Jahren entwickelt Crimp seinen Postmodernismus-Begriff aus einer Verknüpfung von drei Faktoren: erstens der poststrukturalistischen Kritik an Autorschaft und Authentizität, zweitens der materialistischen Kritik am ästhetischen Idealismus und drittens der avantgardistischen Kritik an der Institutionalisierung der Kunst. Dabei bleibt er zunächst recht brav in der Welt der „hohen Kunst"; die Funktion des Museums, die Unterscheidungen zwischen Hochkultur und niederer Kultur zu generieren und zu unterstützen, bleibt unhinterfragt.

Der frühe Ansatz des Postmodernismus-Begriffs bei Crimp lässt sich in drei Dimensionen fassen: erstens dem Anerkennen, dass das Kunstwerk seine *Aura* verloren hat, zweitens der Kritik der Funktion, die dem *Museum als Institution* zukommt, und – damit zusammenhängend – drittens der Kritik an der Einbindung von Kunstwerken in den allgemeinen Zirkulationsprozess der Waren, auf die Künstler mit *Ortsspezifik* antworten. Die Kritik der Kunstwelt geht von Benjamins Analyse der Wirkung der Fotografie auf die Kunst und von Foucaults Archäologie des Modernismus aus.

Walter Benjamin beschrieb die nachhaltige Wirkung, die die Fotografie auf die Kunst hat. Der einzigartige Wert des ‚echten' Kunstwerks hat seine Fundierung im Ritual, darin beruht seine auratische Daseinsweise (Benjamin 1936: 480). Die Aura hängt mit der Präsenz des Originals zusammen, mit der einmaligen Existenz des Kunstwerks an seinem jeweiligen Ort. Die technische Reproduzierbarkeit emanzipiert es davon, und damit schwindet seine Aura.

Einen anderen Aspekt der Kulturgeschichte, dessen fruchtbare Weiterentwicklung durch Crimp im Folgenden beleuchtet werden soll, hatte Michel Foucault herausgearbeitet.[1] In der *Ordnung der Dinge* (1971) zeigte er die Unvereinbarkeit historischer Epochen. Er hatte dargelegt, dass die Geistesgeschichte nicht in Termini wie Tradition, Einfluss und Entwicklung erfasst werden kann, sondern in solchen von Brüchen, Diskontinuitäten und Transformationen.

Der Postmodernismus grenzt sich gegen den Modernismus ab. Deshalb tut, wer den Begriff Postmodernismus benutzen möchte, gut daran, zunächst den Begriff des Modernismus zu bestimmen. Das Präfix „post" kennzeichnet den Postmodernismus als etwas, das auf den Modernismus folgt – und sich insofern auf diesen bezieht.

In der Kunstauffassung des Modernismus ist von bedeutenden Gemälden die Rede, sie sind von kreativen Genies geschaffen und überzeitlich gültig. Kunst besitzt eine ahistorische Essenz. Doch diese Auffassung ist falsch. Nur ein eingewurzelter Idealismus kann so tun, als ob alle diese Dinge zur gleichen Wissenskategorie gehören. Vor allem Foucault hat daran gearbeitet, ihn umzustürzen, indem er den speziellen Wissensmodus jedes spezifischen historischen Zeitraums herausarbeitete, dessen integraler Bestandteil auch Bilder sind. Crimp präzisiert die Kritik Foucaults, indem er die materielle Basis bestimmt, die diesem idealistischen Kunsthistorismus seine Geltung sichert.

Bei der Bestimmung des *Modernismus* geht Crimp, den Ansatz Foucaults erweiternd, vom *Museum als Kunstinstitution* aus. Das Museum ist für das Kunstdasein konstitutiv, das wir modernistisch nennen. Unter Modernismus ist in diesem Sinne keine Stilperiode, sondern die gesamte Kunstepistemologie, die erkenntnisleitende Theorie sowohl der Kunstgeschichte wie der kunstvermittelnden Institutionen, zu verstehen. Das erste Museum war der Louvre in Paris, der 1792 im Gefolge der großen Französischen Revolution durch Konventsbeschluss begründet wurde. Die Museen, die im 19. Jahrhundert in allen europäischen Ländern gebildet wurden, folgten dem Pariser Beispiel. Sie trugen dazu bei, den modernistischen Kunstbegriff zu zementieren. Kunstmuseum und Kunstgeschichte sind dialektisch zusammengebunden. „Kunsthistoriker beglaubigten und bewahrten nicht nur die einzelnen Kunstwerke in der Sammlung eines Museums; sie formulierten auch den Gesamtplan, um den herum eine Sammlung angeordnet war... Im 19. Jh. zweifelte niemand daran, dass das Museum eine ‚sichtbare Geschichte der Kunst' sein sollte." (Sheehan 2002: 141)

Das Etablieren der neuen Kunstinstitutionen war folgenreich. Kunstwerke wurden von den Orten (z.B. Kirchen) entfernt, für die sie gemacht waren, und in Kunstmuseen transportiert. Außerdem wurden die Sammlungen des *Ancien régime*, die aus früheren Jahrhunderten erhaltenen Kunst- und Wunderkammern, auf Fachmuseen aufgeteilt. Diese alten Sammlungen[2] waren „bunt zusammengewürfelt", bestanden aus einem „Durcheinander von Seltsamkeiten aus Natur und Kunst" (Schlosser 1908: 80 f.). Viele ihrer „Raritäten" fanden ihre Wege in historische Museen, in Naturkundemuseen, in Völkerkundemuseen, in Kunstge-

---

[1]   Zu Michael Foucault vgl. den Beitrag von Christian Lavagno in diesem Band.

[2]   Ein Beispiel ist die Kunstkammer des Kaisers Rudolf II. (1576–1612). Sie war in drei Abteilungen gegliedert, in Naturalia, Artefacta und Scientifica (vgl. Habsburg 1997: 119f.). Zu den Naturalia gehörten Dinge aus der Zoologie, Botanik, Mineralogie und Paläontologie. Die Artefacta umfassten von Menschenhand gefertigte Kunstobjekte aus organischen und unorganischen Stoffen; zu den letzteren zählten neben illuminierten Büchern und Gemälden auch Waffen, Medaillen oder Bronzen. Im Bereich Scientifica wurden Automaten, Uhren, astronomische Instrumente sowie Erd- und Himmelsgloben aufbewahrt. Rudolf II. beschäftigte Künstler wie Giuseppe Arcimboldo, Hans von Aachen und Bartholomäus Spranger (vgl. Fučíková 1988), die seinem persönlichen Geschmack gerecht wurden.

484 Lutz Hieber

werbemuseen, in wissenschaftlich-technische Museen und – ein Teil davon – auch in Kunstmuseen.

Mit dem Kunstmuseum erblickte das – von Malraux so bezeichnete – imaginäre Museum das Licht der Welt. Es „besteht aus all den Kunstwerken, die einer mechanischen Reproduktion unterworfen werden können und somit der diskursiven Praxis, welche die mechanische Reproduktion möglich gemacht hat: die Kunstgeschichte" (Crimp 1996: 114). Kunst, wie wir sie verstehen, ist also ein Produkt des Museums und der kunsthistorischen Disziplin. „Die Vorstellung von Kunst als autonom, als losgelöst von allem anderen, als dazu bestimmt, ihren Platz in der *Kunst*geschichte einzunehmen, ist eine Entwicklung des Modernismus" (Crimp 1996: 115).

Dieser Typ der Institutionalisierung von Kunst wurde seit dem frühen 20. Jahrhundert kritisiert, und folgerichtig kam es zu Brüchen mit dem Modernismus. Die künstlerischen Praktiken, die diese Abkehr dann seit den 1960er Jahren vollzogen, begreift Crimp als *postmodernistisch*.

Postmodernismus

Mitte der 1980er Jahre trat unter dem Namen des Postmodernismus eine affirmative Spielart auf. Ihr galt Postmodernismus nun weniger als ein Anfechten des Modernismus, vielmehr ging es um die Ablehnung des Projekts des kritischen Modernismus. Die Vorstellung eines „anything goes" machte sich breit. „Die Kunstinstitutionen machten sich diese Position freudig zu eigen und benutzten sie, um die Kunst – selbst sogenannte postmodernistische Kunst – als autonom, universal und zeitlos zu rehabilitieren." (Crimp 1996: 40)

Solches Bestreben, alle Konfliktlinien aufzuheben und zugleich die traditionellen Kategorien der schönen Künste wieder herzustellen, entlarvt Crimp als Versuche, den Postmodernismus in eine für das konservative Lebensgefühl brauchbare Form zurechtzustutzen. Insofern behält er stets im Auge, wie sehr der Postmodernismus tatsächlich in konkrete *politische Auseinandersetzungen* eingebunden ist.

Damit werden die Mängel einer Periodisierung vermieden, wie sie beispielsweise von Fredric Jameson vorgeschlagen wird. Entsprechend seinem Schema, das einem mechanistischen Basis-Überbau-Modell folgt, entsprächen Stufen der kapitalistischen Entwicklung denen in der kulturellen Entwicklung. Der Periodisierung in merkantilen Kapitalismus, Monopolkapitalismus und multinationalen Kapitalismus korrespondierte die Periodisierung der Kulturentwicklung in Realismus, Moderne und Postmoderne (vgl. Jameson 1986: 79).[3] Träfe indes dieses Schema zu, wäre die gesamte Gesellschaft, also wir alle gleichermaßen, in der Postmoderne angekommen. Crimp zweifelt daran. Für ihn bezeichnet der Postmodernismus-Begriff jene künstlerischen Praktiken, die sich kritisch gegen den bestehenden hegemonialen Modernismus wenden. Postmodernismus wird für Crimp zum Kampfbegriff in den politischen und sozialen Auseinandersetzungen.

Gleichwohl ist dem Ansatz Crimps auch eine spezifische Unzulänglichkeit zu eigen. Sie besteht darin, dass er sein Verharren in der Unterscheidung zwischen Hochkultur und niederer Kultur spät überwindet, nämlich erst dann, als der Druck der Verhältnisse ihn dazu zwingt. Andreas Huyssen, Literaturwissenschaftler und engagierter Mitstreiter in der Post-

---

[3]   Zu Frederic Jameson vgl. den Beitrag von Johannes Angermüller in diesem Band.

modernismus-Debatte, hatte diesen Fehler von Anfang an vermieden, weil er mit dem Spektrum der Praktiken des frühen Postmodernismus der 1960er Jahre vertraut war.

Selbstverständlich hebt auch Huyssen die Attacke des Postmodernismus auf die institutionalisierte Kunstwelt hervor. Allerdings berücksichtigt er deren gesamte Bandbreite, während Crimp sich zunächst noch nicht aus den Mauern von Museen und Galerien hinaus wagt. So unterstreicht Huyssen, die Postmoderne besitze „eine historische Tiefendimension, die sie kulturell und politisch als mit den amerikanischen Protestbewegungen der sechziger Jahre verknüpft erscheinen lässt"; ihren Sturm auf die modernistische Institution Kunst ritt sie „in den Formen von Happenings und Pop, psychedelischer Plakatkunst, Acid Rock, Alternativ- und Straßentheater" (Huyssen 1986 13 ff.). *Counter Culture* bedeutete damals: Kampf gegen den Vietnam-Krieg, Offensive gegen die bürgerliche Sexualmoral, vehemente Ablehnung der rassistischen Gepflogenheiten, sowie Anfänge der Ökologiebewegung, des Feminismus und der *Gay Liberation*. Zwar saugten die Kunstinstitutionen die Pop Art bald wieder zurück in ihre Domäne. Doch alle postmodernistischen Praktiken zielten darauf ab, die Definitionsmacht der modernistischen Kunstwelt zu unterminieren. Happenings ignorierten die Kunstinstitutionen, indem sie oft außerhalb, an spezifischen Orten des Alltagslebens durchgeführt wurden; psychedelische Plakate verzichteten auf museale Präsentation, sie wurden an Telefonmasten und Bretterzäunen befestigt; Acid Rock (Jimi Hendrix, The Doors, Grateful Dead, Janis Joplin mit ihrer Gruppe Big Brother and the Holding Company) wurden in körperlicher Aktivität auf *Dance Concerts* rezipiert, nicht passiv im Sessel eines Konzertsaals; Alternativtheater brauchten Theatergebäude nicht, denn sie spielten draußen in Parks und auf Straßen.

Weil sich Crimp in seiner frühen Phase – anders als Huyssen – zunächst nur mit einem eingeschränkten Spektrum des frühen Postmodernismus befasst, nämlich mit dem kunstwelt-immanenten, entgehen ihm entscheidende Merkmale. Als er jedoch mit der Funktion künstlerischer Praktiken in Protestbewegungen direkt konfrontiert wird, nimmt er sie sofort auf. Es war das Gespenst des Todes, das ihm, wie er sagt, die Grenzen seiner bisherigen Postmodernismuskonzeption zeigte. Er wurde gegen Ende der 1980er Jahre Aktivist in der politischen Bewegung, die sich den Kampf gegen die Aids-Krise auf die Fahnen geschrieben hatte. Auch das Lebenselixier dieser zweiten Phase des Postmodernismus war also wieder, wie es bereits zwanzig Jahre zuvor der Fall gewesen war, das politische und soziale Engagement von Künstlerinnen und Künstlern. Die „Aids-Aktivistenkunst versucht nicht in erster Linie, unsere Vorstellungen von Kunst in Frage zu stellen, sondern statt dessen publikumswirksamer zu intervenieren: in den Massenmedien, im Gesundheitsdiskurs, in der Sozialpolitik, Öffentlichkeitsbildung, sexuellen Identität" (Crimp 1996: 45).

Damit wird auch dem Theoretiker, der diese künstlerischen Praktiken reflektiert, der Diskursbereich des Ästhetischen zu eng. Er muss sie zum gesamten Feld, das sie beanspruchen, in Beziehung setzen. Die ersten Texte Crimps zum neuen Themenbereich erscheinen noch in *October*, dann verlässt er die Zeitschrift.

Nun bezieht sich Crimp auf Peter Bürger, der die Ziele der historischen Avantgardebewegungen als Angriff auf den Status der Kunst in der bürgerlichen Gesellschaft sah. „Negiert wurde nicht eine voraufgegangene Ausprägung der Kunst (ein Stil), sondern die Institution Kunst als eine von der Lebenspraxis der Menschen abgehobene" (Bürger 1974: 66). Ihre Forderungen lagen auf einer anderen Ebene als der der Gehalte der Einzelwerke, ihnen ging es um den Funktionsmodus der Kunst in der Gesellschaft. Deshalb versuchten sie, „von der Kunst aus eine *neue* Lebenspraxis zu organisieren" (Bürger 1974: 67). Sie intendierten „eine Aufhebung der Kunst – Aufhebung im Hegelschen Sinn des Wortes: Die Kunst soll nicht einfach zerstört, sondern in Lebenspraxis überführt werden, wo sie, wenngleich in verwandelter Gestalt, aufbewahrt wäre" (Bürger 1974: 67). Deshalb sagte George Grosz, er „wollte Illustrator, Journalist werden" (Grosz 1925: 20f.), und deshalb machte John Heartfield ganzseitige Fotomontagen für die auflagenstarke *Arbeiter Illustrierte Zeitung* (vgl. Evans 1992) – beide in dezidiert sozialistischer, gegen die politische Rechte gewandter Tendenz.

Bürger betrachtete den Angriff der Avantgardebewegungen auf die Institution Kunst als gescheitert. Dagegen erkannte Crimp, angesichts des politischen Aktivismus im Zeichen der Aids-Krise, dass diese Auffassung viel zu kurz griff. Denn im Aids-Aktivismus beteiligten sich Künstlerinnen und Künstler mit ihren Arbeiten direkt an politischen Aktionen. Es handelte sich also tatsächlich um eine Veränderung der Funktion der Kunst in der Gesellschaft.

„Da sie aus einer Kollektivbewegung stammen, artikulieren, ja *produzieren* die Praktiken der Aids-Aktivistenkunst die Politik dieser Bewegung. In ihrer oft anonymen und kollektiven Entstehungsweise, mit ihren aus der ‚hohen Kunst', der Populärkultur und der Massenwerbung übernommenen Techniken, in ihrem Abzielen auf und sich Konstituieren für spezifische Milieus[4], ihrer besonderen Relevanz für lokale und transitorische Verhältnisse, ihrer Unbrauchbarkeit für Konservierung und für die Nachwelt – ist diese Kunst nicht ein Beispiel für die ‚Rückführung der Kunst in die Lebenspraxis'? Oder sollte die Frage vielleicht lauten: ist das keine postmodernistische Kunst?" (Crimp 1996: 44)

Eine strukturelle Verwandtschaft des Aids-Aktivismus, der nun auf neuer Stufe und unter den Bedingungen veränderter gesellschaftlicher Kräfteverhältnisse wirkt, besteht also sowohl zur historischen Avantgarde als auch zum frühen Postmodernismus der 1960er Jahre. Sie alle wollten die Institution Kunst anfechten, und sie verbanden die Kunst mit sozialen Zwecken. Die postmodernistischen Praktiken setzen „das unvollendete Projekt der Avantgarde fort" (Crimp 1996: 41).

Queer Politics

Der Begriff *queer* kommt aus dem Amerikanischen. Er wurde geprägt, um vom Wort homosexuell abzurücken (vgl. Crimp 2002c: 236). Denn das *sex* in der Bezeichnung *homosexuell* stellt einseitig das Sexuelle in den Vordergrund. Dagegen legen Schwule und Lesben, in der Selbstbestimmung ihrer Identität, die Betonung stärker auf ihre allgegenwärtige Unterdrückung und ihre selbstbestimmten Gemeinschaften und Kulturen. Sie lehnen es ab, sich als Homosexuelle bezeichnen zu lassen. Statt dessen bevorzugten sie zunächst die Bezeichnung Homophile, dann Schwule (gay) und Lesben (lesbian), bis sich schließlich heute das Wort Queer durchgesetzt hat. Damit sollte die Reduktion im gesellschaftlichen Homosexuellen-Stereotyp vermieden werden, die Stigmatisierung als ausschließliche und lediglich sexuelle Wesen.

---

[4]   Anders als Rolf Braumeis, der *On the Museum's Ruins* ins Deutsche übertragen hat, übersetze ich das Wort „constituencies" (das Crimp verwandte) mit „Milieus".

Douglas Crimp: Vom Postmodernismus zur Queer Culture 487

Die Aids-Krise trat in der zweiten Hälfte der 1980er Jahre ins Bewusstsein. In den USA wie in Europa trug sie zu einem gewaltigen Auftrieb des Konservatismus auf allen Ebenen bei. Kirchliche Würdenträger, konservative Politiker und Journalisten zogen am selben sexualpolitischen Strang, indem sie die traditionelle Moral als Schutz gegen die Krankheit propagierten. Dadurch sahen sich auch Institutionen des staatlichen Gesundheitswesens sowie medizinisch-pharmazeutische Firmen davon entlastet, die gewohnten Bahnen zu verlassen, um der Krise wirkungsvoll zu begegnen.

Gegen diesen lähmenden Konservatismus bildete sich 1987 die Bewegung ACT UP, die *AIDS Coalition To Unleash Power*. Douglas Crimp engagierte sich sofort. Seine theoretische Arbeit orientierte sich nun an den Themen des politischen Aktivismus', in den er selbst involviert war.

Am Anfang stand ein Paukenschlag, Crimps ACT UP-Geschichte *AIDS Demo Graphics* (1990a). Dafür arbeitete ihm Adam Rolston zu. ACT UP führte durchdachte Proteste durch, die oft wie Werbe- und Promotion-Kampagnen angelegt waren (vgl. Hieber 2006). Darin lag die Ursache für die beachtlichen Erfolge der Bewegung (vgl. Hieber/Villa 2007: 191ff.).

Im ACT UP-Zusammenhang setzt Crimp zum einen den mit seiner Postmodernismus-Theorie eingeschlagenen Weg fort, zum anderen jedoch springt er mit einer Vehemenz in ein Spannungsfeld von Theorieentwürfen, die nur durch schockartiges Hereinbrechen traumatischer Erfahrungen verursacht sein kann. Selbstverständlich bleiben die grundlegenden Momente seiner materialistischen Kulturtheorie bestehen. Doch indem er unter dem Druck der Verhältnisse jene Postmodernismuskonzeption verlässt, die sich innerhalb der Kunstwelt eingerichtet hatte, also dem Aktivismus auf das Feld der Straße und der Medien folgt, springt er auf die theoretische Ebene der *Cultural Studies* mit ihren hybriden Annäherungsformen.

Das Buch *AIDS Demo Graphics*, das die ersten zwei Jahre des Aids-Aktivismus beschreibt, geht weit über eine akademische Darstellung der Bewegung hinaus. Es ist aus dem Elan der politischen Erfahrung geschrieben. Diese Schrift ist eine Beispielsammlung von Protest-Aktivitäten, ein Lehrbuch für medienwirksame und dadurch politisch erfolgreiche Proteste. Es beflügelte die ACT UP-Gruppen, die sich in vielen Städten nach dem New Yorker Vorbild bildeten.

Ein exemplarischer Fall ist die Demonstration in der Nacht des 15. April 1987. An diesem Tag ist das New Yorker Hauptpostamt in der Eighth Avenue, Ecke 33rd Street, regulär bis Mitternacht geöffnet, weil Steuerzahler zu Hunderten anstehen, um noch termingerecht ihre Überweisungen zu tätigen. Die Aktivisten nutzten die langen Schlangen auf den Stufen des Gebäudes als willkommenes Auditorium für eine Demonstration. Ins Zentrum stellten sie die Frage, wie viele Steuergelder dem Kampf gegen Aids zufließen. Sie führten allerdings nicht nur eine Kundgebung durch, sie *revolutionierten die Demonstrationsmethodik*. Die Aktivisten wussten, dass Fernsehteams regelmäßig über die langen Schlangen dieser Nacht berichten. Und sie wussten, dass Fernsehkameras bilderhungrig sind. Deshalb boten die Demonstranten den bereitstehenden Kameras Bilder als Köder an. Ihr Protest sollte medienwirksam sein. Sie trugen Plakate[5], die auf Pappe montiert waren,

---

[5] Die Kunstwelt des deutschsprachigen Raumes ist durch eine konservative Grundstimmung geprägt. Gerade die progressiven Kunstpraktiken, die Crimp diskutiert, werden marginalisiert. Deshalb möchte ich die Darstellung seiner Theorie, wo es angemessen scheint, durch Verweise auf den künstlerischen und politischen Kontext unterfüttern, von dem sie handelt. Denn ohne Kenntnis der Erfahrungsgrundlage, auf die sie sich

und präsentierten sie telegen. Die schlichte Grafik, die stilistische Verwandtschaft zu Markenzeichen nicht verhehlen möchte, zeigte auf schwarzem Grund ein pinkfarbenes Dreieck über den in weißer Blocktypografie gehaltenen Worten *Silence = Death*. Das Dreieck geht ikonografisch auf den „rosa Winkel" der schwulen KZ-Häftlinge zurück, unterscheidet sich aber davon durch die nach oben gekehrte Spitze.

Die Kamerateams, die zum Bericht über Steuerzahler aufgebrochen waren, kehrten mit unerwarteten Bildern in ihre Studios zurück. ACT UP wurde von nun an mit *Silence = Death* identifiziert. Die Reporter erhielten zur Erläuterung des Zweckes der Aktion eine Presseerklärung ausgehändigt, die eine umfassende Aids-Politik, wirkungsvolle Aids-Aufklärung für breite Bevölkerungsschichten und Maßnahmen zur Verhinderung von Diskriminierung einforderte.

Lee Edelman bemängelte in einer sprachkritischen Untersuchung, der Slogan *Silence = Death* sei in die binäre Logik des westlichen Diskurses eingebunden und daher problematisch. Crimp gab ihm teilweise recht. Diese Dekonstruktion des „Textes" müsse nicht notwendig falsch sein, doch insgesamt hält er Edelmans Sichtweise für völlig unzureichend. Deswegen führt er einen Aspekt ins Feld, der für die *Cultural Studies* stets relevant ist, nämlich die Rezeptionsseite. Denn tatsächlich kommt es auf die Funktionsweise des Emblems für die Bewegung an (vgl. Crimp 1989: 3f.). Es wirkt als auffallendes und eindrucksvolles Bild. Ebenso wichtig ist, dass es nicht nach einem theoretischen Diskurs der bezeichneten Fakten verlangt, sondern vielmehr nach politischer Aktion. Außerdem kommt ihm in der politischen Auseinandersetzung eine ganz andere Bedeutung zu als in der akademischen Analyse; denn unter anderem erinnert es die Aids-Aktivisten daran, dass sie gegenüber der Tatsache des Todes, die sie tief berührt, schweigen.

Ein weiteres Beispiele aus *AIDS Demo Graphics* ist die Aktion vor der *Food and Drug Administration (FDA)* im Oktober 1989 (vgl. Crimp 1990a: 76ff.). Die FDA ist die US-Behörde, die für die Zulassung von Medikamenten zuständig ist. Vor der Demonstration wurden die ACT UP-Aktivisten in *Teach-Ins* zu den politischen Forderungen geschult: beschleunigte Zulassungsverfahren von Medikamenten, Abbrechen der Doppel-Blind-Placebo-Tests, Einbeziehung aller betroffenen Bevölkerungsgruppen (also auch z.B. von Frauen) in die Versuchsreihen, Aufbau eines computergestützten Registers über alle klini-

---

beziehen, werden Theorien und ihre zentralen Begriffe zu bloßen Hülsen, die mit unterschiedlichem Sinn gefüllt werden können.

schen Tests. Konsumenteninteressen sollten gegenüber den Profitinteressen der Pharma-Unternehmen in den Vordergrund gerückt werden. Die Aktion wurde wie ein Hollywoodfilm an die Medien „verkauft", mit einer sorgfältig vorbereiteten und präsentierten Pressemappe, mit Telefonanrufen an hunderte Journalisten, mit Aktivisten-Präsenz in Fernseh- und Radio-Talkshows überall im Land. Als dann die Demonstration stattfand, waren die Medienleute nicht nur einfach anwesend, sie kannten die Hintergründe und berichteten deshalb zutreffend und oft mit Sympathie. Das Künstlerkollektiv *Gran Fury* (vgl. Crimp et al.: 2003) hatte für diese Aktion das Plakat mit der *bloody hand* geschaffen, die mit den Worten „the government has blood on its hands – one AIDS death every half hour" kombiniert wurde. Das Plakat bleibt in der Reproduktion auf dem Fernsehbildschirm und der Pressefotos lesbar. Der rote Handabdruck ist vor weißen Grund gesetzt, weil die Farbe Rot auf einem Schwarzweiß-Foto dieselbe Graustufe wie die Farbe Schwarz

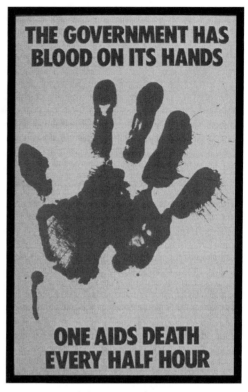

hat – und deshalb beispielsweise auf schwarzem Grund nicht mehr erkennbar wäre. Die Worte sind in fetter Blocktypografie gehalten, damit sie noch in der starken Verkleinerung des Bildschirms lesbar bleibt. Diese Grafiken zielen darauf ab, nicht *zu* den Medien, sondern *durch* die Medien zu sprechen.

Auf solche künstlerischen Praktiken bezieht sich Crimp, wenn er von Postmodernismus spricht. Sein Protest-Lehrbuch behandelt nicht nur die einzelnen Arbeiten, er stellt sie in ihrem Verwendungszusammenhang dar. Sie haben einen eigenen ästhetischen Wert, doch sie werden erst in ihrer Funktion im sozialen Prozess hinreichend erfasst. Damit verlässt diese Darstellung die vom Museum vorgegebene Sichtweise, nach der sich die Kunstentwicklung des 19. und 20. Jahrhunderts als Folge der Auseinandersetzung von Künstlern mit der voraufgegangenen Ausprägung der Kunst, mit dem jeweils vorherigen Stil ergibt. Die postmodernistische Kunstpraxis kann, wie die der historischen Avantgarde auch, nur *in situ* erfasst werden, in ihrem *sozialen Kontext* und in ihrer *gesellschaftlichen Funktion*.

Queer Studies

Queer Theory ist durch ein emanzipatorisches Interesse motiviert. Darin verfolgt sie die selben Ziele wie die *Cultural Studies* (vgl. Winter 2001: 9). Douglas Crimp, durch ACT UP auf eine neue Bahn gesetzt, bleibt selbstverständlich den Zielen des Aids-Aktivismus und der Identitätspolitik des *Queer Movement* verpflichtet. In seinem Ansatz der *Queer Theory* sind Postmodernismus und *Cultural Studies* amalgamiert.

Die traditionelle Linke steht den neuen sozialen Bewegungen, für die Identitätspolitik zentral ist, eher ablehnend gegenüber. Sie wirft ihnen vor, Klassenaspekte nicht zu berücksichtigen. Crimp hält dem zu Recht entgegen, dass die politische Geschichte von ACT UP, wenn auch vielleicht nicht in mustergültiger Weise, immer die „Fragen von Klasse, Rasse, Geschlecht und Alter, neben dem Engagement im – nicht unmittelbar auf Aids bezogenen – Kampf für Lesben- und Schwulenrechte" beinhaltete (vgl. Crimp 2002c: 225).

Abwehrhaltungen sind indes nicht nur bei der traditionellen Linken anzutreffen. ACT UP schwappte – anders als die sozialen Bewegungen der 1960er Jahre – in nur unbedeutenden Ablegern nach Europa herüber. Und in New York „sind Aids-Aktivisten nach wie vor – dies sagen zu müssen macht traurig und wütend – ein Haufen von Queers" (Crimp 1993: 317).

Dass sich der Aids-Aktivismus auf die *soziale Basis der Queers* beschränkt, ist schwer zu verstehen. Schließlich betrifft die Aids-Gefahr nicht nur diese Personengruppe. Auf einem Subway-Plakat[6] des Sommers 1990, das den Stil einer Fremdenverkehrswerbung

appropriiert, hatte Gran Fury festgestellt: „AIDS isn't over for anybody until it's over for everybody" – Aids ist nicht für irgend jemand vorbei, solange es nicht für alle vorbei ist. Deshalb sind die Berührungsängste von so vielen Menschen mit heterosexueller Orientierung gegenüber diesem Thema eigentlich nicht nachvollziehbar.

Bei vorurteilsfreier Betrachtung ist solche Scheu, sich dem Aids-Aktivismus anzuschließen, unverständlich. Auch in Ländern wie der Bundesrepublik hatten die neuen sozialen Bewegungen der 1960er Jahre die „sexuelle Befreiung", den Kampf gegen die Normen der muffigen bürgerlichen Sexualmoral, auf ihre Fahne geschrieben. Ihre Erfolge führten dazu, dass die Rechte zur Selbstbestimmung des eigenen Körpers – und damit auch das Recht auf die eigenen Lüste – erweitert wurden. Die Kuppeleiparagraphen (§§ 180, 181 StGB)

---

[6] Der zum Teil in kleinerem Schriftgrad geschriebene (und daher auf der Schwarzweiß-Abbildung nur schwer lesbare) Text des Plakats lautet: „The medical fact of AIDS is made more critical by the fear and hatred of drug addicts, gays and lesbians, women, people of colour, and the poor. These prejudices must be wiped out before the AIDS crisis can be solved. Everyone must have equal access to healthcare, education and housing. AIDS isn't over for anybody until it's over for everybody." (In deutscher Übersetzung: „Die medizinische Tatsache von AIDS ist durch die Angst und die Abscheu gegenüber Drogensüchtigen, Schwulen und Lesben, Frauen, Farbigen und den Armen noch bedenklicher geworden. Diese Vorurteile müssen beseitigt werden, bevor die AIDS-Krise bewältigt werden kann. Alle müssen gleichen Zugang zu Gesundheitsversorgung, Bildung und Wohnungsversorgung haben. AIDS ist nicht für irgend jemand vorbei, solange es nicht für alle vorbei ist.")

Douglas Crimp: Vom Postmodernismus zur Queer Culture 491

wurden ersatzlos gestrichen, was seither z.B. das Zusammenwohnen unverheirateter Paare ermöglicht. Der Feminismus lebte wieder auf, und damit der Kampf gegen das strikte Abtreibungsverbot (§ 218 StGB). Die *gay liberation* setzte ein, und damit fiel schließlich das Homosexualitätsverbot für Männer (§ 175 StGB). Als die Aids-Krise ins öffentliche Bewusstsein trat, war indes zu beobachten, wie die Konservativen in allen Ländern die Krankheit nutzten, um den früher einmal errungenen sexualpolitischen Errungenschaften den Garaus zu machen. Sie propagierten an allen Fronten wieder die traditionellen Familienwerte[7], die Ehe und die Treue, nun eben als Schutzwall gegen HIV-Infektion. Insofern bildet der New Yorker Aids-Aktivismus eine notwendige Gegenbewegung gegen dieses Zurückdrehen des Rades der Geschichte in die Moral der 1950er Jahre, und zugleich artikuliert er die einzig sinnvolle, weil an unmittelbar an der Krankheitsbekämpfung orientierte Antwort auf die Krise.

Die konservative Grundüberzeugung, die Konventionen der bürgerlichen Moral bildeten Schutz und Schirm gegen HIV-Infektion, ist gefährlich. Die Weisungen ehelicher Treue oder auch sexueller Abstinenz sind unsichere Ratgeber. Menschen können auf Sexualität nicht verzichten. Und der Rat, sie sollten gegebenenfalls aus Selbstschutz gegenüber erotischen Anfechtungen einfach Nein sagen, ersetzt keinesfalls Aufklärung und Kenntnisse sichererer Sexpraktiken (*safer sex*).

Der Erfahrungsreichtum von strikt monogam lebenden Menschen ist eingeschränkt. Unerfahrene bleiben bei unsicherem Sexualverhalten. Deshalb müssen – gerade in der Aids-Krise und so lange der Aids-Virus medizinisch nicht besiegt ist – die Augen auf promisk Lebende gerichtet werden, nicht in moralischer Verurteilung, sondern im Hinblick auf den Silberstreif der Hoffnung. Ihre Promiskuität hat sie nicht nur die Freuden der Sexualität gelehrt, sondern vor allem die Vielfalt dieser Freuden. „Es ist diese psychische Vorbereitung, dieses Experimentieren, diese bewusste Arbeit an der Sexualität", das vielen Schwulen die Möglichkeit eröffnet hat, ihr Sexualverhalten zu ändern (vgl. Crimp 1987b: 253). Vor allem die promisken Schwulen, so schließt Crimp, wird ihre Promiskuität retten können. Das Raffinement schwuler Sexualität, die einst zur Verbreitung von Aids beigetragen hat, vermag sie zu wandeln, um die Verbreitung der Krankheit einzuschränken, jedoch zugleich die sexuelle Befreiung – wenn auch unter anderen Vorzeichen – zu fördern (ein Beispiel schildert: Lindell 1996). „Die Promiskuität der Schwulen" sollte „als positives Modell dafür betrachtet werden, wie sexuelle Freuden für alle erstrebt und erreicht werden könnten, wären diese Freuden nicht von den engen Grenzen der in Institutionen eingebundenen Sexualität beschränkt" (Crimp 1987b: 253).

Der große Mythos unserer Gesellschaft, monogame Beziehungen seien nicht nur die Norm, sondern der innigste Wunsch von uns allen, führt auf eine falsche Fährte. Statt zur Bemühung um *safer sex* führt er zur Suche nach sicheren Partnern. Dieses Konzept geht Hand in Hand mit jener Dichotomie, die mit der Definition von Risikogruppen gegeben ist.

Im Entlarven dieser Orientierung leuchtet eine – naheliegende – Verwandtschaft Crimps zum poststrukturalistischen Feminismus auf. Für Judith Butler ist die Kultur der bürgerlichen Gesellschaft geprägt durch die Instituierung einer normativen Zwangshetero-

---

[7] Wie wirksam das Zurückdrehen der emanzipatorischen Errungenschaften war, lässt sich an der Einführung der Lebenspartnerschaft („Homosexuellen-Ehe") in Deutschland im Jahre 2001 durch die Regierungskoalition aus SPD und Grünen ermessen. Sie wurde weithin als Erfolg in der Gleichberechtigung gefeiert, wo sie doch nichts anderes war als ein Übertragen von bürgerlich-restriktiven Reglementierungen des Erotischen auf Schwule und Lesben.

sexualität, die eng mit dem Tabu gegenüber der Homosexualität verkoppelt ist (vgl. Butler 1991: 101).[8] Daraus resultiert nun sicherlich nicht notwendig *Homophobie*, doch sie begleitet als hartnäckige Strömung unser Alltagsleben. Im Zeichen von Aids verschärft sich allerdings die Lage. Der politische Aktivismus führt deshalb, neben seinem Feldzug für konkrete Fortschritte in der Aids-Krise, „einen Kampf um Repräsentation" (Crimp 2002b: 168).

Der Modernismus konstituiert das Universale, indem er – unter anderem – Gender und sexuelle Orientierung verleugnet. Der Postmodernismus dekonstruiert zu Recht die behauptete Universalität. Denn tatsächlich sind Repräsentation und Subjektivität auch durch solche Momente bestimmt. Postmodernismus lässt sich also als „Differenzausbruch in den Wissensdomänen selbst" verstehen (vgl. Crimp 1996: 46).

Queer bedeutet eine Herausforderung für die Normalität des erotischen Lebens. Deshalb bedeckt die modernistische Kunstwelt auch Warhols Sexualität mit dem Mantel des Schweigens. Als Beispiel kann seine Auftragsarbeit für den *New York State Pavillon* der Weltausstellung 1964 „Thirteen Most Wanted Men" gelten, für die er Verbrecherfotos wählte. Das Projekt wurde zensiert. Die *Most Wanted Men* waren Männer, die vom FBI gesucht wurden. Zugleich jedoch stellt der Akt, Männer zu suchen, wenn der Suchende selbst ein Mann ist, eine Anstößigkeit dar. Für die hegemoniale Kultur ist Abweichen von der Norm, die in Warhols Wandbild mitschwingende verschlüsselte Homoerotik, intolerabel. „Das Andersartige ist in unserer Kultur das Obszöne" (Crimp 2002a[9]: 163). Deshalb wurde das Werk Warhols für das museale Ausstellungswesen und die Kunstgeschichte von homoerotischen Aspekten gereinigt (vgl. Crimp 1999). Ein Beispiel für die Gründlichkeit des Ätzbades, das Warhols Werk aus seinem queeren Kontext herauslöst und damit neutralisiert, war die große Warhol-Retrospektive von 2001 in der *Berliner Nationalgalerie*. Damals wurde die Serie der „Thirteen Most Wanted Men" zusammengesucht, dann aber doch nicht in die Ausstellung aufgenommen. Auch diese abermalige Zensur sollte „das ganze Ausmaß von Warhols Verbundenheit mit und Engagement in der Gegenkultur der sechziger Jahre verschleiern" (Siegel 2005: 38). Insofern sorgt auch die museale Hochkultur selbst dafür, dass der Kampf um Repräsentation nicht auf das Feld der neuen sozialen Bewegungen beschränkt bleibt. Er wirkt wieder zurück auf die modernistische Kunstwelt, die Pop Art so vorschnell ihrem Reich einzugliedern versucht hatte. Meist werden die Einflüsse übersehen, die der Immobilienmarkt auf die Kunst- und Kulturentwicklung ausübt. Doch Douglas Crimp interessiert sich auch für den sozioökonomischen Wandel der 1970er Jahre, der subtile Parallelentwicklungen und Verflechtungen der *queeren Kultur* mit der Kunstwelt ermöglichte (Crimp 2009). Für New York ergaben sie sich, weil sich sowohl der Hafen wie auch die in seiner unmittelbaren Umgebung liegenden Viertel grundlegend veränderten. Die Piers des Hafens waren dem Zerfall überlassen, zugleich schuf die Entindustrialisierung durch das Sterben der Manhattaner Leichtindustrie neue Räume. Beides eröffnete Möglichkeiten für unterschiedliche Nutzungsweisen. Der einfallsreiche Gebrauch der Künstler von den verlassenen Orten schrieb ebenso Kulturgeschichte wie die sich in denselben Arealen entfaltenden Aktivitäten der schwulen Szene. Denn in diesen Freiräumen fand die entstehende Performance-Kunst ihre Aufführungsmöglichkeiten, Gordon Matta-Clark erschloss sich das vorhandene städtebauliche Material für seine künstlerischen Experimente, und zugleich bildete der – nicht ungefährliche – sterbende Hafen und seine geis-

---

[8]   Zu Judith Butler vgl. den Beitrag von Heike Kämpf in diesem Band.
[9]   Das Zitat ist nicht im ursprünglichen Text *The Boys in My Bedroom* (Crimp 1990b), sondern in dessen erweiterter Fassung (Crimp 2002a) enthalten.

Douglas Crimp: Vom Postmodernismus zur Queer Culture

terartigen Terminals für Schwule der Nach-Stonewall-Ära einen Tummelplatz unterschiedlicher Vergnügen und Abenteuer. Der wirtschaftliche Prozess dieser Epoche und seine städtebauliche Folgewirkungen ließen heterogene Lebenswelten nebeneinander bestehen, die Raum für die Entfaltung jeweils eigener Kreativitäten boten.

Literatur von Douglas Crimp

Crimp, D.: Action Around the Edges. In: Hieber, L./Moebius, S. (Hg.): Avantgarden und Politik – Künstlerischer Aktivismus von Dada bis zur Postmoderne. Bielefeld 2009, S. 165-183.

Crimp, D.: Diss-co (a fragment). In: Criticism (a Quarterly for Literature and the Arts 50, no. 1; special issue on disco) (Winter 2008).

Crimp, D.: Dancers, Artworks, and People in the Galleries. Artforum (October 2008).

Crimp, D.: Success Is a Job in New York. In: Texte zur Kunst 70 (Juni 2008), S. 68 -81.

Crimp, D.: Alvin Baltrop – Pier Photographs, 1975-l986. In: Artforum (February 2008).

Crimp, D.: Back to the Turmoil/Zurück ins Getümmel. In: Wagner, Frank et al. (Hg.): Katalog zur Ausstellung Das achte Feld: Geschlechter, Leben und Begehren in der Kunst seit 1960/The Eighth Square, Gender, Life and Desire in the Arts since 1960, Köln, Museum Ludwig, 2006, S. 141 -149.

Crimp, D.: Yvonne Rainer, Muciz Lover. In: Grey Room 22 (Winter 2006).

Crimp, D.: Posiciones críticos: esayos sobre las políticas de arte y la identidad, Madrid, Akal/Arte Contemporáneo, 2005.

Crimp, D.: Early Films by Andy Warhol: Introduction to the Film Program at Dia:Beacon Summer 2005. In: Dia's Andy, New York, Dia Foundation 2005.

Crimp, D.: Face-Value. In: Outside – Die Politik queerer Räume, Berlin 2005, S. 285 -303.

Crimp, D.: De-Moralizing Representations of AIDS. In: Drive, Whitewalls and the Museum of Contemporary Art, Chicago, 2002. Französische Übersetzung in AIDS RIOT: Artist Collectives Against AIDS, New York, 1987-1994, Grenoble, Magasin, 2003.

Crimp, D. et al.: Gran Fury talks to Douglas Crimp. In: Artforum (April 2003), S. 70-71 & 232-234.

Crimp, D.: Melancholia and Moralism. Cambridge (MA) 2002.

Crimp, D.: The Boys in My Bedroom. In: ders.: Melancholia and Moralism, Cambridge 2002a, S. 151-163.

Crimp, D.: A Day without Gertrude. In: ders.: Melancholia and Moralism, Cambridge 2002b, S. 165-168.

Crimp, D.: Don't Tell. In: ders.: Melancholia and Moralism, Cambridge 2002c, S. 221-244.

Crimp, D.: Mario Montez, For Shame. In: Barber, S. M. (Hg.): Regarding Sedgwick: Essays on Queer Culture and Critical Theory. New York 2002d. (Dt. Übers. in: Kultur-Analysen: Interventionen 10, Zürich 2001)

Crimp, D.: Der Kampf geht weiter: Ein E-Mail-Austausch mit Douglas Crimp über Appropriation Art. In: Texte zur Kunst, Heft 46, 2002e, S. 35-43.

Crimp, D.: Getting the Warhol We Deserve. In: Texte zur Kunst, Heft 35, 1999, S. 45-65.

Crimp, D.: Über die Ruinen des Museums (On the Museum's Ruins, dt.). Dresdcn/Basel 1996.

Crimp, D.: Right On, Girlfriend. In: Warner, M. (Hg.): Fear of a Queer Planet – Queer Politics and Social Theory. Minneapolis, MN, 1993, S. 300-320.

Crimp, D./Rolston, A.: AIDS Demo Graphics. Seattle 1990a.

Crimp, D.: The Boys in my Bedroom. In: Art in America (February1990b), S. 47-49.

Crimp, D.: Mourning and Militancy. In: October no. 51, 1989, S. 3-18.

Crimp, D. (Hg.): AIDS: Cultural Analysis/Cultural Activism. Cambridge (MA) 1988.

Crimp, D. (Hg.): October: The First Decade, 1976-1986. Cambridge (MA) 1987a.

Crimp, D.: How to Have Promiscuity in an Epidemic. In: October no.43. 1987b, S. 237-271. (Dt. Übers. im Katalog zur Ausstellung *Vollbild AIDS*, Berlin, Neue Gesellschaft für Bildende Kunst, 1988).

Weitere zitierte Literatur

Benjamin, W.: Das Kunstwerk im Zeitalter seiner technischen Reproduzierbarkeit (1936). Gesammelte Schriften Bd. 1, Frankfurt/M. 1974, S. 471-508.

Bürger, P.: Theorie der Avantgarde. Frankfurt/M. 1974.

Butler, J.: Das Unbehagen der Geschlechter. Frankfurt/M. 1991.

Evans, D.: John Heartfield AIZ. New York 1992.

Foucault, M.: Die Ordnung der Dinge. Frankfurt/M. 1971.

Fučíková, E.: Die Malerei am Hofe Rudolfs II. Im Katalog zur Ausstellung „Prag um 1600 – Kunst und Kultur am Hofe Rudolfs II." in der Villa Hügel, Essen 10.06.–30.10.1988, S. 177-192.

Grosz, G./Herzfelde, W.: Die Kunst ist in Gefahr. Berlin 1925.

Habsburg, Géza von: Fürstliche Kunstkammern in Europa. Stuttgart/Berlin/Köln 1997.

Hieber, L./Moebius, S./Rehberg, K.-S. (Hg.): Kunst im Kulturkampf. Zur Kritik der deutschen Museumskultur. Bielefeld 2005.

Hieber, L.: Appropriation und politischer Aktivismus in den USA. In: Jörn Lamla/Sighard Neckel (Hg.) Politischer Konsum – konsumierte Politik. Wiesbaden 2006. S. 207 -232.

Hieber, L./Villa, P.: Images von Gewicht – Soziale Bewegungen, Queer Theory und Kunst in den USA. Bielefeld 2007.

Huyssen, A.: Postmoderne – eine amerikanische Internationale? In: Huyssen, A./Scherpe, K. R. (Hg.): Postmoderne. Reinbek bei Hamburg 1986, S. 13-44.

Jameson, F.: Postmoderne – zur Logik der Kultur des Spätkapitalismus. In: Huyssen, A./Scherpe, K. R. (Hg.): Postmoderne. Reinbek bei Hamburg 1986. S. 45-102.

Lindell, J.: Public Space for Public Sex. In: Dangerous Bedfellows (Colter, Ephen Glenn; Hoffman, Wayne; Pendleton, Eva; Redick, Alison; Serlin, David) (Ed.): Policing Public Sex. Boston (MA) 1996, S. 73-80.

Schlosser, J. von: Die Kunst- und Wunderkammern der Spätrenaissance. Leipzig 1908.

Sheehan, J. J.: Geschichte der deutschen Kunstmuseen. München 2002.

Siegel, M.: Doing It for Andy. In: Hieber, L./Moebius, S./Rehberg, K.-S. (Hg.): Kunst im Kulturkampf. Zur Kritik der deutschen Museumskultur. Bielefeld 2005, S. 33-47.

Winter, R.: Kritik und Engagement – John Fiske und die Tradition der Cultural Studies. In: Winter, R./Mikos, L. (Hg.): Die Fabrikation des Populären – Der John Fiske Reader. Bielefeld 2001.

Paul Willis: Alltagsästhetik und Populärkulturanalyse

Udo Göttlich

Einleitung

Wer sich vor dem Hintergrund der Massenkulturkritik mit den Arbeiten von Paul Willis auseinander setzt, kann zunächst den Eindruck gewinnen, dass dieser Autor offenbar nur geringes Interesse an dieser Art der kritischen Auseinandersetzung mit kulturellen Entwicklungen und Veränderungen zu haben scheint.

Bei genauem Hinsehen zeigt sich jedoch, dass Willis im Interesse einer Analyse und Kritik der Populärkultur entscheidende Schritte weiter gegangen ist als die traditionelle Form der Massenkulturkritik. Dabei hat er – wie kaum ein zweiter Vertreter der in den *Cultural Studies* formulierten Kulturkritik –, mit seiner über einen Zeitraum von vier Jahrzehnten entwickelten Position darauf aufmerksam gemacht, dass die Massenkulturkritik in ihrer traditionellen Ausrichtung eine Reihe an entscheidenden Entwicklungen und Veränderungen seit den späten sechziger Jahren noch überhaupt nicht richtig in den Blick genommen hat.

Die mit dieser Feststellung verbundene Herausforderung wurde aber nicht allein von den *Cultural Studies* und ihren Vertretern in unterschiedlichen Kontexten immer wieder herausgestrichen. Trotz der über die *Cultural Studies* auch hierzulande vermittelten Auseinandersetzung mit der Populärkultur lässt sich die Herausforderung für die Sozialwissenschaft – wie Gerhard Schulze (1992) dazu festgehalten hat – noch immer an einem Begriff wie dem des „Vergnügens" selber festmachen:

> „Zum bloßen Genuß haben sozialwissenschaftliche Theorien überwiegend ein merkwürdiges Verhältnis. Entweder wird der Spaß am Leben als vordergründig betrachtet, was in der Soziologie meist genügt, um ein Phänomen aus der Welt der realen Dinge herauszukatapultieren [...]. Könnte es aber nicht sein, daß jenes Vergnügen, an dessen Authentizität die Soziologie umso mehr zu zweifeln scheint, je heftiger es als Handlungsmotiv beteuert wird, Alltagsästhetik tatsächlich maßgeblich mitbestimmt?" (Schulze 1992: 93)

Das Werk von Paul Willis bietet sich vor diesem Problemhintergrund als ein interessanter Referenzrahmen dafür an, sich die Intentionen einer aktuellen Form der Massen- bzw. Populärkulturanalyse gerade auch von Seiten einer Analyse symbolischer Praktiken zu verdeutlichen, wodurch die Kritik eine entscheidende Erweiterung mit Blick auf die entsprechende Miteinbeziehung aktueller populärkultureller Veränderungsprozesse erfährt.

Im Folgenden werde ich die wesentlichen Aspekte von Willis' Ansatz sowie des von ihm formulierten analytischen Programms anhand seiner zentralen Publikationen diskutieren. Das auf ethnographischer Forschung basierende Programm bildet zugleich einen zentralen Baustein der *Cultural Studies* seit den späten sechziger Jahren. Willis hat in verschiedenen Phasen seiner Arbeit sowohl analytisch als auch theoretisch-konzeptionell an der Begründung seiner Position unter wechselnden populärkulturellen Bedingungen gearbeitet.

Als Ziel hat er dabei – wie gesagt – kein der Massenkulturkritik verwandtes Interesse vor Augen, das darauf hinausliefe, die symbolischen Formen und Repräsentationen als Hinweis auf einen verdinglichten Alltag der Individuen zu deuten. Sein Interesse gilt vielmehr einem Verständnis des Einsatzes sowie der Verwendung von populärkulturellen Ausdrucksweisen und Zeichensystemen im Alltag. Wenn man so will, deren kommunikativer Rolle im alltäglichen Verständigungsprozess, die nicht allein sprachgebunden fundiert gesehen werden. Als Hintergrund dieser Perspektive nennt er selbst das Interesse an „cultural knowledges of everyday life", also daran, wie dieses sich in alltagskulturellen Praktiken und der in solchen Praktiken zur Anwendung kommenden „grounded aesthetic" aufdecken lässt.

Neben einer Diskussion dieser Grundelemente bzw. Bausteine seiner Position im dritten Kapitel werde ich im folgenden zweiten Kapitel mit einer biographischen Skizze fortfahren und mit einer zusammenfassenden Darstellung der theoretischen Stoßrichtung seines Programms, das auf einer Ethnographie des Alltagslebens aufbaut, im vierten Kapitel schließen.

Wissenschaftliche Stationen

Das *Centre for Contemporary Cultural Studies* in Birmingham, mit dem die Entstehung des *Cultural Studies Approach* auf das engste verknüpft ist, war ab 1968 die erste akademische Station des 1945 geborenen Willis. Studiert hatte er zuvor Literaturwissenschaft in Cambridge, wo er 1966 seinen Master in *English Literature* ablegte. Am CCCS – noch unter dem Direktorat Hoggarts – verfolgte er im Anschluss daran seine Promotion, die er 1972, mit der 1978 unter dem Titel *Profane Culture* erschienen Arbeit über Jugendliche und Popmusik, abschließt. In diesem Rahmen als Projektmitarbeiter am CCCS entstand auch die unter dem Titel *Learning to Labour* im Jahr 1977 publizierte Studie, die damit noch vor seiner Dissertation als erstes Buch von Willis erschienen ist und die bereits seinen Ruf für einen bislang ungewohnten Zugang in der Jugendkulturanalyse mit begründet hatte.

Vor allem in Deutschland ist Willis zeitnah mit der sofortigen Übersetzung beider Publikationen unter dem Titel *Spaß am Widerstand* (1978/1982) sowie *Profane Culture* (1979/1981) bekannt geworden und vorwiegend im Kreis der Jugendsoziologie und der Jugendforschung diskutiert worden. Diese Arbeiten haben bereits Ende der siebziger Jahre auch die Rezeption der *Cultural Studies* im deutschsprachigen Raum mit eingeleitet, die dann seit den 1990er Jahren aus unterschiedlichen Disziplinen und in einem erweiterten Rahmen des Interesses an der Populärkultur heraus erfolgte.

Von 1981 bis 1988 war Willis Leiter von Projekten im Auftrag des *Wolverhampton Borough Council* und von 1988 bis 1992 Projektleiter im Auftrag der *Gulbenkian Foundation*. In diesem Rahmen ist 1990 die weitere maßgebliche Publikation mit dem Titel *Common Culture* entstanden. Seit 1992 war Willis dann als Professor und Leiter der *Media und Cultural Studies* Abteilung an der *University of Wolverhampton* tätig. Derzeit lehrt er als Professor für „Social and Cultural Ethnography" an der *School of Management Studies* der Keele University, Staffordshire. Zuletzt erschienen ist im Jahr 2000 das Buch *Ethnographic Imagination*, in dem er sich u.a. im Rückblick auf die zuvor genannten Publikationen und der damit verbundenen Forschungsarbeiten der Einordnung der eigenen Arbeiten in sein methodisches und theoretisches Programm widmet.

Die innovative Rolle ebenso wie die provokante Seite seiner Perspektive im damaligen Zusammenhang lässt sich vor allem daran festmachen, dass die durch Willis mit den Mitteln der ethnographischen Aufzeichnung beschriebene Lebensform gegenüber der kanonisierten Kultur als deren Profanierung, deren „gelebte Infragestellung" erscheinen musste (vgl. Maas 1981: 259).

In diesem Rahmen fanden vor allem musikalische Vorlieben und Ausdrucksweisen, modische Accessoires bis hin zu Frisuren und Kleidungsstilen, aber auch die Rolle materieller Gegenstände bis hin zu Fahrzeugen eine ausführliche Analyse. Für Teilkulturen haben diese Aspekte neben der semantischen Markierung von Unterschieden auch die Funktion, Wertpositionen zum Ausdruck zu bringen. Indem Willis mit Blick auf semantische Besonderheiten in unterschiedlichen Ausdrucksweisen und Stilen auch auf Widerstandsformen in Alltagskulturen aufmerksam gemacht hat, ist mit seiner Arbeit bis heute auch ein entscheidendes Anregungspotential verbunden, das im Selbstverständnis der *Cultural Studies* verankert ist.

Die gleichfalls damit verbundene Infragestellung der auch in der Massenkulturkritik bis heute kolportierten Rolle der Kulturindustrie zeigt sich dann deutlicher noch in dem ebenfalls als Provokation gemeinten Begriff der „common culture", der beinahe schon ironisch der Hochkultur ihre eigenen Strategien als einen Grund für ihren Niedergang vorhält: „The institutions and practices, genres and terms of high art are currently categories of exclusion more than of inclusion." (Willis 1990: 1)

Demgegenüber gelten für Willis spätestens seit dem Buch *Common Culture* die kommerziellen Warenangebote, wenn nicht die vielfältigen Formen des Konsumismus überhaupt, als Katalysatoren unterschiedlicher Handlungsformen und damit als Ressource bzw. genauer als materieller Hintergrund für kreative, im Wesentlichen symbolisch vermittelte Ausdrucksformen. Die mit dieser Entwicklung verbundenen Fragen stellen sich für Willis u.a. folgendermaßen dar, ohne dass bis heute abschließende Antworten gefunden wären:

> „It may be the very impossibility of satisfying what it seems to promise that makes modern consumerism and advertising pose questions more sharply. Consumer commodities no longer simply make and place. They strike back, criticize and make conditional. They implicitly and explicitly pose questions and propositions: ‚It might be more fun consuming than ... being traditional, ... being married, ...going to trade-union meetings, ... being a housewife, ... being bored stiff of work, ... dealing with social security, ... going to Labour Party meetings.' These are productive direct questions for the symbolic work and creativity of informal cultures. They help to demystify previous certainties and to destabilize common-sense assumptions." (Willis 1990: 138)

In diesem Sinne ist der Konsumismus als aktiver und nicht, wie in der Massenkulturkritik üblich, als passiver Prozess zu verstehen: „its play includes work" (Willis 1990: 18).

Jugendkultur und Alltagsästhetik

Bereits in seinen frühen Arbeiten bildet die Frage nach der *Arbeit* an diesem Spiel schon eine entscheidende Rolle, wenn er sich mit der Deutung und dem Verständnis der populärkulturellen Äußerungsformen bei unterschiedlichen jugendkulturellen Gruppen auseinander gesetzt hat. Die Kreativität im Alltag äußert sich in unterschiedlichen bedeutungsvollen Praktiken, die in Stilen und Symbolen ihren Niederschlag finden, und die den Wissenschaftler zu einer hermeneutischen Analyse der Ausdrucksweisen spezifischer Subkulturen oder Szenen im Umgang mit der entfalteten Warengesellschaft zwingen. Die Bedeutung lässt sich selten an der Oberfläche ablesen, denn sie ist zunächst ein Hinweis für Mitglieder der eigenen „Kultur", die allein das Wissen über die Anordnung gewisser Elemente zu haben scheinen. Mit der zunehmenden Ausdifferenzierung des Konsumismus erwächst daraus eine Herausforderung für jedes Mitglied einer Gesellschaft.

In dem Buch *Learning to Labour* hat Willis u.a. an der Position der Lehrer gegenüber ihren Schülern festmachen können, dass die Ausdrucksformen der Jugendlichen, die Willis als „counter school culture" beschrieben hat, von diesen offenbar nicht mehr zu dekodieren waren, wodurch Konflikte so gut wie vorprogrammiert waren.

Seine Felduntersuchung zu den Arbeiterjugendlichen, die er während der letzten achtzehn Monate ihres Schulbesuchs und dann in der Phase ihres Übergangs in das Berufsleben anhand von fünf Vergleichsgruppen mit teilnehmender Beobachtung begleitet hatte, war von Fragen geleitet, warum Arbeiterjugendliche scheitern und was ihre eigene alltagskulturelle Ausdrucksweise, aber auch ihre Alltagspraxis an diesem Scheitern erklärt. Dazu stellte Willis vor allem auf eine Untersuchung der Kontinuitäten und Diskontinuitäten in ihrem Verhalten in der Schule und in der frühen Phase ihrer Berufsausbildung ab.

Das Resultat ist vor allem unter einer ideologiekritischen, an der Kritik von solchen Mechanismen orientierten Position, die soziale Ungleichheit befördern, provozierend. Willis nämlich kam zu dem Schluss, „[...] that their own culture helped induct them, voluntarily, into the low-paid, low-status jobs that most would shun. Their own culture was involved in the processes of social reproduction, surprisingly, in more effective ways than any intended ideological mechanism" (Willis 2000: IX f.).

Dieses Ergebnis ließ sich nur so verstehen, dass „[...] the ‚anti-social' culture of ‚the lads' was creative and craftedly interesting in its own right and contained, embodied and embedded, often highly rational seeds of knowing and analysis about their current and future situations. Here was no sullen defeat, no cultural inadequacy, no simple domination" (Willis 2000: XX).

Erkennbar wurde dies für Willis etwa in Situationen – um ein Beispiel aus der Studie zu nehmen –, die auf eine Umdeutung der schulischen Situation durch die Jugendlichen hinausliefen. Mit Blick auf typische Kommunikations- und Ausdrucksweisen in den Peer Groups der Arbeiterjugendlichen resümiert Willis an einer Stelle von *Spaß am Widerstand*:

> „Der Freiraum, den sich die informelle Gruppe gegen die Schule und ihre Vorschriften ertrotzt, wird eingesetzt für die Entwicklung und Ausformung bestimmter kultureller Fähigkeiten, die hauptsächlich als Anlaß dienen, ‚was zu lachen zu haben'. Das Lachen (the ‚laff') ist in der Gegen-Subkultur ein facettenreiches Mittel von ungeheurer Bedeutung." (Willis 1978: 53)

Im sozio-kulturellen Rahmen folgt nach Willis daraus:

> „Die Gegen-Schulkultur konfrontiert unmittelbar die Realität der Institution Schule und deckt den unfairen Tausch auf, den diese versucht – besonders in Anbetracht der anderen Arten von Tausch, die die Kultur um ihrer selbst willen ersonnen hat. Auf ihrer eigenen Ebene exploriert sie auch das besondere Wesen der menschlichen Arbeitskraft. Sie besitzt Materialien, mit denen

sie die potentiell grenzenlose Natur des Engagements zeigen kann. Besonders demonstriert sie, daß Arbeitskraft nicht eine feste, sondern eine variable Quantität ist und daß, ganz gleich wie sie normal oder offiziell dargestellt wird, das Individuum zumindest einige Kontrolle über ihre Verausgabung hat." (Willis 1978: 202)

Die gesamte im kontinentalen Marxismus entfaltete Verdinglichungsproblematik scheint sich mit diesem Ergebnis umzudrehen, und es wurde bis heute keine Diskussion unternommen, die zwischen der durch Georg Lukács begründeten Verdinglichungsfrage und den Ergebnissen der *Cultural Studies*, angefangen bei Richards Hoggarts *The Uses of Literacy*, eine Verbindung und weitergehende Vermittlung gesucht hätte. Zu konträr scheinen schon die Ausgangspunkte, und so kann es kein Ergebnis der ethnographischen Imagination alleine sein, dass beide Traditionen in der Deutung der Alltagskultur bzw. der Massenkultur so grundlegend voneinander abweichen, während das Ziel der gesellschaftlichen Emanzipation für beide gleichermaßen mit im Vordergrund steht, wie Willis vor allem im Schlusskapitel von *Common Culture* selbst noch einmal herausgestellt hat.

Mit der Analyse und dem Verständnis von bedeutungsvollen Praktiken und Ausdrucksformen in Jugendkulturen war der Weg geebnet für die Beschäftigung mit der Kreativität des Alltagshandelns. Die auf seine Dissertation zurückgehende Publikation des Buches *Profane Culture* gibt hier ein weiteres Beispiel dafür, mit welchem Gespür für scheinbar marginale Äußerungsformen und darin liegende Differenzen Willis in seinen Felduntersuchungen vorgegangen ist.

Mit Blick auf die Nutzung und den Einsatz bestimmter Gegenstände, bis zu Kleidungsstilen, verfolgte Willis deren sozio-symbolische Rolle bei der Bewältigung und Kommunikation spezifischer Alltagserfahrungen. Die soziologische Frage danach, was der Gebrauch spezifischer Symbole über eine Gruppe, etwa vor dem Hintergrund von schichtungs- oder klassenbezogenen Parametern, aussagt, wurde von Willis dahingehend erweitert, überhaupt erst einmal zu verstehen, wie diese ihre eigene Situation deuten und welche Haltung sie entwickelt haben, die in den symbolischen Ausdrucksformen sowohl zur Abgrenzung als auch zur Beziehungsstiftung kommuniziert wird.

In der Teilstudie über die so genannten „Motorrad-Jungs" verfolgte er diesen Zusammenhang am Beispiel der Wechselwirkung zwischen „human sensibility and material form". Das heißt, dass der Umgang mit dem gesamten technischen Equipment bis hin zur Verzierung der Motorräder aber auch der Kleidung als „material variables" verstanden wurden, mit denen die Gruppenmitglieder „enhance the expressive meaning of the bike [...]. There developed a *homology* between their bedecked machines and their rough, self-confident, raw, nature-defying, masculin identity" (Willis 2000: 26).

In der Behandlung der Homologie-Frage äußert sich erneut die Ablösung von einer funktionalen Deutung jugendkultureller Stile und Ausdrucksformen. Wie schon das obige Ergebnis zur expressiven Beziehung verdeutlicht, war das Motorrad innerhalb der Motorradkultur keineswegs auf seinen funktionalen Gebrauch beschränkt. Nach Willis konstituierte sich um das Motorrad herum überhaupt der gesamte Erfahrungsraum der Jugendlichen. „Es war zulässig, es als ein umfassendes und dialektisches Organ der menschlichen Kultur anzusehen. Technische Qualitäten wurden als menschliche anerkannt, geschätzt, in solche ausgebaut und umgewandelt; diese setzten dann ihre eigene materielle Anerkennung durch und brachten so einen weiteren Entwicklungskreislauf in Gang." (Willis 1981: 87)

Diese Erfahrungsdimensionen wurden bei den Hippies als weitere, in der Studie ebenfalls untersuchte Teilkultur ohne einen Bezug zu einem materiellen Gegenstand ausgedrückt. Den zentralen Bezugspunkt bildete hier vielmehr die Musik.

„Musik bedeutete für die Hippies direkte Wahrnehmung, die Musik selbst und sonst nichts: was Musik ausmachte, konnte nur musikalisch ausgedrückt werden. Musik war nicht zu dekodieren. Sie konnte die widersprüchlichen, ansonsten unausgesprochenen und profunden Sinngehalte sicher fassen. [...] Die Hippies kannten sich in ihrer Musik enorm gut aus und besaßen ein nuanciertes Verständnis für die Unterschiede zwischen den verschiedenen Gruppen und Musikstilen. Ihr Geschmack war keineswegs flach, zufällig oder wahllos. Und ganz sicherlich war er nicht kommerziell bestimmt. Sie schätzten die ‚progressive‘ oder ‚Underground-Musik‘, die keine weite Verbreitung hatte und nicht in den aktuellen Hitparaden vertreten war." (Willis 1981: 139f.)

Die Bedeutung dieser Studien – im Kontext ihres Entstehungszeitraums – liegt vor allem in der Gewinnung einer neuen Perspektive auf jugendliche Subkulturen. Nimmt man jedoch die späteren Publikationen hinzu, so zeigt sich, dass – wie bereits gesagt – neben dem Widerstandsaspekt bereits eine Auseinandersetzung mit der Kreativität bzw. kreativen Ausdrucksformen in der Alltagskultur vorlag, womit sich ein Entwicklungsbogen in seinen Arbeiten aufzeigen lässt. Ein Entwicklungsbogen, der dem Verständnis kreativer Prozesse in den frühen Studien vor allem mit dem theoretischen Konzept der Homologie auf der Spur war.

Aus der Literatursoziologie Lucien Goldmanns (1972) ist bekannt, dass er in der strukturalistischen Tradition die literarischen Ausdrucksformen einer bestimmten Epoche, d.h. deren symbolischen und ästhetischen Ausdruck, sowie besonders auch die literarische Form als eine homologe Verarbeitung gesellschaftlicher und kultureller Bedingungen zu verstehen suchte.

Die Homologie bildet dabei keine Entsprechung wie die Analogie, sondern eine spezifische Verarbeitung, wobei sich ein Vergleich homologer Formen auch über Generations- oder Stilunterschiede hinweg anbietet. So ging es bei Goldmann etwa um die Frage „einer Homologie zwischen der klassischen Romanstruktur und der Struktur des Tausches in der liberalen Wirtschaft" (Goldmann 1972: 17). Inhaltlich bedeutet das keineswegs, dass man Inhalte und Themen als gesellschaftlich determiniert begreift. Anstelle von Inhalten geht es um die Form und ihrer Beziehung zur Struktur der Gesellschaft.

Überträgt man diese Idee – wie Willis – nun auf die subkulturellen Stile, so erklärt sich schließlich von theoretischer Seite, warum er keine Widerspiegelungsfrage verfolgte, mit der in der Subkulturforschung mit Blick auf die Klassenlage zumeist die Ausdrucksformen zu interpretiert werden suchten.

Die Form der Stile erscheint auf der Ebene der Homologie bereits als symbolische Verarbeitung und Deutung der gesellschaftlichen Struktur. Da die gesellschaftliche Struktur für die Individuen jeweils spezifische (Lebens-)Bedingungen schafft, die in der Alltagswelt erfahren und verarbeitet werden, handelt es sich bei den Stilen um je spezifische Aneignungen und Interpretationen dieser Bedingungen, die eine Reihe an Brechungen beinhalten.

Die Homologie erlaubt dabei auch, zwischen unterschiedlichen Gruppen nach Gemeinsamkeiten zu schauen. Vor diesem Hintergrund ist der Vergleich der Rocker und Hippies nicht allein so gewählt, um zwei möglichst unterschiedliche Subkulturen in ihren Ausdrucksformen zu schildern, sondern auch die Hypothese der Homologie weiter zu klären.

Paul Willis: Alltagsästhetik und Populärkulturanalyse

Im Wesentlichen aber war diese Position auf die Einordnung der Grundelemente einzelner alltagskultureller Gruppen bezogen.

Kreativität im Alltag

Mit dieser Feststellung ist aber die Frage nach der symbolischen Kreativität, die sich nach Willis auch in einer kulturindustriell vermittelten Aneignung zeigen kann, weder abschließend beantwortet noch befriedigend belegt. Über die methodische und theoretische Handhabung dieses Problems versucht er mit seinem Buch *Common Culture* (1990) weiteren Aufschluss zu geben.

Mit *Common Culture* hat sich Willis – abgelöst von konkreten Felduntersuchungen zu spezifischen Teilkulturen – genereller mit der Frage alltagskultureller Kreativität und damit verbundenen Prozessen der Identitätsbildung befasst. Das Ziel besteht in einer näheren Untersuchung „[...] how far ‚meanings' and ‚effects' can change quite decisively according to social contexts of consumption to different kinds of ‚de-coding' and worked on by different forms of symbolic work and creativity" (Willis 1990: 20).

Ein Aspekt der Studie, die von der *Gulbenkian Foundation* gefördert wurde, galt der Frage, welche Rolle die traditionellen Kunstinstitutionen sowie die Vermittlungswege von Kunst für Jugendliche heute noch haben und mit welchen Strategien hier für die Stärkung der Kunstvermittlung eingegriffen werden kann. Der Zugang zur Bearbeitung auch dieser Fragen bestand aber in einer Beschreibung und Darlegung der kreativen Aktivitäten von Jugendlichen im Alltag selber, wozu im Wesentlichen mit ethnographischen Methoden gearbeitet wurde und unterschiedliche Teilstudien auch national vergleichend unternommen wurden.

Erneut geht er mit der Anlage der Studie über die Intentionen der Massenkulturkritik hinaus und befasst sich mit Fragen zu den Grundelementen der Alltagsästhetik:

> „The grounded aesthetics of symbolic creativity are not anyway ‚in' things, they are in sensuous human activities of meaning-making. It is simply that cultural commodities enhance and greatly increase the range, complexity, elegance, self-consciousness and purposefulness of this involvement. This does entail, however, accepting what is and will be an anathema for many: the possibility of a cultural emancipative working, at least in part, through ordinary, hitherto, uncongenial economic mechanisms." (Willis 1990: 131)

Zur Verfolgung und Einlösung dieses Ziels, das gerade auch in einer Stärkung gesellschaftlicher Gruppen besteht, setzt Willis vor allem auf seinen methodischen Zugriff, der sich neben dem Interesse an der Beschreibung alltäglicher Formen kultureller Kreativität – Formen, die die Massenkulturkritik bis heute kaum der Betrachtung und Darlegung für Wert erscheinen – erneut auf die Analyse sozio-symbolischer Zeichensysteme in ihrer kommunikativen Verwendung im Alltag selber erstreckt. Im Rahmen dieser sozio-symbolischen Analyse verfolgt er – wie er dazu vor allem in seiner letzten Publikation mit dem Titel *Ethnographic Imagination* (2000) herausgestrichen hat – einen theoretischen Dreischritt.

Neben der Beschreibung und überhaupt erst der Erfassung von Prozessen bzw. genauer sozialen Handlungspraktiken des „creative meaning-making in sensuous practices" erstreckt sich der daran anschließende Schritt auf die Frage, „[w]hat the symbolic resources used for meaning making are and how they are used", womit erneut die Formanalyse im

Zentrum steht. Abschließend wird der mit dem Konzept der Homologe verbundene Deutungsschritt in einem erweiterten methodischen und theoretischen Rahmen verfolgt. Es geht um Fragen der „[...] formed and forming relations to the main structural relations, necessities and conflicts in society" (Willis 2000: 109).

Bereits im Rückblick lässt sich dieser analytische Rahmen – wenn auch noch nicht in seiner definitiven Form –, wie hier diskutiert, an den Analysen zu den subkulturellen Stilen bei den Jugendkulturen der sechziger und siebziger Jahre festmachen, woraus sich gerade für diesen Zeitraum erklärt, warum er keine Widerspiegelungsfrage verfolgte, mit der in der Subkulturforschung dieser Zeit mit Blick auf die Klassenlage zumeist die kulturellen Ausdrucksformen zu interpretiert werden suchten.

Die mit dem Buch *The Ethnographic Imagination* (2000) vorgelegte theoretische Zusammenfassung zu seiner Arbeit macht auf ein wissenschaftliches Spannungsfeld aufmerksam, das für ihn zwischen der ethnographischen Erfahrung und der sich daran anschließenden, über den Alltag und die Aufzeichnung des Alltags hinausgehenden kulturkritischen Überlegungen liegt. „Perhaps I could have called the book Ethnography and Imagination. But I mean to emphasize the ethnographic as conditioning, grounding and setting the range of imaginative meaning within social thought." (Willis 2000: VIII)

Mit dieser letzten größeren Publikation verdeutlicht er nochmals aus methodischer Perspektive, dass es ihm nicht primär um die Analyse jugendspezifischer Subkulturen gegangen ist, sondern bereits in dieser Zeit um die Darlegung und Beschreibung von alltagskulturellen Ausdrucksweisen, wofür sich die Jugendkultur als besonders ergiebiger Forschungsgegenstand angeboten hatte. Gerade die ethnographische Methode erlaubt einen Umgang mit kulturellen Äußerungsformen, die nicht allein in Worten sprechen, sondern in Form und Stil (vgl. Willis 1979: 9), worin sein Interesse an der „grounded aesthetic" bereits frühzeitig als forschungsleitendes Motiv zum Ausdruck kommt.

Dennoch wird Willis im deutschsprachigen Raum vielfach noch mit den Subkulturstudien der siebziger Jahre im Zusammenhang gesehen, ohne seine bereits mit dem Buch *Common Culture* formulierte Reaktion auf die Entwicklung und Veränderung der Populärkultur mit heranzuziehen. Spätestens mit diesem Buch sollte über den fachspezifischeren Rezeptionsanlass der Jugendkulturforschung hinausgehend deutlich geworden sein, dass es Fragen der alltagskulturellen Ästhetik und Kreativität sind, denen sein grundlegendes Interesse gilt.

Fragen, die spätestens ab diesem Zeitpunkt auch in der deutschsprachigen Kultursoziologie unter einer neuen Perspektive, ablesbar vor allem an Schulzes Erlebnisgesellschaft, im Weiteren aber auch dem Interesse an der Gesellschaft des Spektakels sowie schließlich der Eventisierung vor einem neuen (theoretischen) Hintergrund verfolgt wurden.

Als Ausgangspunkt für Willis' Arbeit entscheidend ist, dass er konträr zur Tradition der Massenkulturkritik auf die gesellschaftliche und kulturelle Situation in der kapitalistischen Warenkultur mit ihren unterschiedlichen Formen des Konsumismus reagiert hat und mit seiner Perspektive einen genuinen Beitrag zur Populärkulturanalyse in den *Cultural Studies* seit den 1970er Jahren vorgelegt hat.

Die mit Blick auf die Herausarbeitung seiner analytischen Perspektive behandelten Jugendkulturstudien lassen sich in ihrer Bedeutung zwar erst richtig einordnen, wenn man sie in den Entstehungskontext am CCCS und damit in das Umfeld weiterer Studien stellt, die u.a. von Phil Cohen (1972) sowie Dick Hebdige (1983) und John Clarke (1979) bis hin zu

Paul Willis: Alltagsästhetik und Populärkulturanalyse 503

Stuart Hall veröffentlicht wurden.[1] Der kulturtheoretische Hintergrund dieser unterschiedlichen Arbeiten zeichnet sich nach Winter (1997) dadurch aus, dass „die jugendlichen Subkulturen ausgehend von ihren expressiven Gruppenstilen – im Sinne der Semiotik – als soziale Texte, als geheime Botschaften bzw. als ‚Landkarten der Bedeutung‘ begriffen [wurden, U.G.], die zu dekodieren waren im Rahmen von generations- und klassenspezifischen kulturellen Praktiken" (Winter 1997: 60).

Aber auch das ist leitmotivisch für sein Werk zu verstehen und stellt sozusagen die Voraussetzung für das Gelingen der späteren alltagsästhetischen Untersuchungen dar. In den hier diskutierten Arbeiten ist neben der ethnographischen Beschreibung in der Interpretation der Ergebnisse eine über traditionelle oder eingefahrene Sichtweisen hinausweisende Perspektivenöffnung gegeben, deren weitere Verfolgung und Einlösung nicht nur aussteht, sondern sich auch gegen ein erneutes Erstarken der sich über detaillierte Analysen hinwegsetzenden Massenkulturtheorie wird behaupten müssen.

Literatur von Paul Willis

Willis, P.: Learning to Labour: How Working Class Kids Get Working Class Jobs. Aldershot 1977. [Dt.: Spaß am Widerstand. Gegenkultur in der Arbeiterschule. Frankfurt/M. 1978/1982.]
Willis, P.: Profane Culture. London 1978. [Dt.: „Profane Culture". Rocker, Hippies: Subversive Stile der Jugendkultur. Frankfurt/M. 1979/1981.]
Willis, P.: Common Culture: Symbolic work at play in the everyday cultures of the young. Milton Keynes 1990.
Willis, P.: The Ethnographic Imagination. Cambridge 2000.

Weitere zitierte Literatur

Clarke, J. et al. (Hg.): Jugendkultur als Widerstand. Frankfurt/M. 1979.
Cohen, P.: Sub-Cultural Conflict and Working Class Community. Working Papers in Cultural Studies, No.2, CCCS, Univ. of. Birmingham 1972.
Goldmann, L.: Einführung in die Probleme einer Soziologie des Romans. In: ders.: Soziologie des Romans. Darmstadt/Neuwied 1970, S. 15-40.
Göttlich, U.: Die Wahrnehmung der Cultural Studies. Cultural Studies zwischen hilfswissenschaftlicher Vereinnahmung und radikaler Kontextualität. In: Sociologia Internationalis, H.2, Bd.39, 1999, S. 189-220.
Hall, S./Jefferson, T. (Hg.): Resistance through Rituals. Youth Subcultures in Post-War Britain. London 1976.
Hebdige, D.: Subculture. Die Bedeutung von Stil. In: Diederichsen, D. (Hg.): Schocker. Stile und Moden der Subkultur, Reinbek 1983, S. 7-120.
Maas, U.: Nachwort. In: Willis, P.: Profane Culture. Frankfurt/M. 1981, S. 259-269.
Schulze, G.: Die Erlebnisgesellschaft. Kultursoziologie der Gegenwart. Frankfurt/M. 1992.
Winter, R.: Vom Widerstand zur kulturellen Reflexivität. Die Jugendstudien der British Cultural Studies. In: Charlton, M./Schneider, S. (Hg.): Rezeptionsforschung. Theorien und Untersuchungen zum Umgang mit Massenmedien. Opladen 1997, S. 59-72.

---

[1]   Zu Stuart Hall vgl. den Beitrag von Rainer Winter in diesem Band.

Bilder, Literaturen und Schriften der Kultur

Hans Belting: „Bild-Anthropologie" als Kulturtheorie der Bilder

Samuel Strehle

Die gesteigerte Aufmerksamkeit für das Phänomen der Bilder in der Gegenwartskultur findet ihren akademischen Niederschlag unter anderem in der sich seit etwa zehn Jahren entwickelnden „Bildwissenschaft". Als Begriff erstmals 1994 von Gottfried Boehm ins Spiel gebracht, damals noch als bloßes Postulat, gehört die Bildwissenschaft heute zu den spannendsten Entwicklungen der hiesigen Geisteswissenschaften.[1] Flankiert wird sie durch die nicht weniger blühenden Forschungen im Bereich der *Visual Culture* bzw. *Visual Studies* des angelsächsischen Raums, die hierzulande ebenfalls immer mehr an Bedeutung gewinnen. Im Zeitalter einer verstärkten Hinwendung kultur- und sozialwissenschaftlicher Forschung auf Bildfragen – popularisiert durch Schlagwörter wie „pictorial", „iconic", „imagic" oder auch „visual turn" – führt am Bild gerade für Kulturtheorien kein Weg vorbei.

Einer der neben Theoretikern wie W. J. T. Mitchell, Gottfried Boehm oder Horst Bredekamp wichtigsten und eigenständigsten Vertreter der gegenwärtigen Bildforschung ist der Kunsthistoriker Hans Belting. Noch stärker als andere steht „der international wohl einflussreichste Kunsthistoriker der Republik" (Metzger 2001) für eine „Bildwissenschaft als Kulturwissenschaft" (Belting 2004; vgl. 2007a) im Schnittfeld von Kunstgeschichte, Medientheorie, Ethnologie bzw. Kulturanthropologie und Soziologie. Belting plädiert dabei für eine interdisziplinäre Bildforschung, für „Bildwissenschaften" im Plural, denn die Bilderfrage gehe alle Disziplinen gleichermaßen an (vgl. Belting 2007). Keine von ihnen – auch nicht seine angestammte, die Kunstgeschichte – besitze einen privilegierten Zugang zu den verschiedenen „Bildkulturen", die nicht zuletzt auch in einer „interkulturellen Perspektive" (Belting 2004: 58; vgl. Kruse 2004: 226) zu erforschen seien, vor allem aber als elementare Kulturtechnik des Menschen, den Hans Jonas (1961) einmal den „Homo Pictor" genannt hat.

Belting spürt in diesem Sinne den Bildern als kulturellen Praktiken nach, er bemüht sich – auch und gerade als Kunsthistoriker – um eine Kulturgeschichte der Bilder. Zu seinen wichtigsten Werken zählen die viel beachtete Studie *Bild und Kult* (1990), die den religiösen Bilderkult des christlichen Mittelalters untersucht, sowie die 2001 veröffentlichte und weit über die Fachgrenzen hinaus bekannt gewordene *Bild-Anthropologie*, die das Bildermachen als anthropologische Kulturtechnik rekonstruiert und dabei unter anderem die zentrale Bedeutung des archaischen Totenkults für die Bildgeschichte herausarbeitet. Bild und Tod, so eine der Thesen Beltings, gehören seit jeher zusammen.

---

[1]   Zu Gottfried Boehm vgl. den Beitrag von Franziska Kümmerling in diesem Band.

Einführung in Person und Werk

Der 1935 in Andernach in Rheinland-Pfalz geborene Hans Belting promoviert 1959 im Fach Kunstgeschichte. Als habilitierter Kunsthistoriker lehrt er zunächst in Hamburg, bis er im Jahr 1969 einen Ruf als Professor für Kunstgeschichte an die Universität Heidelberg erhält. Nach einem Aufenthalt an der Harvard University in Washington beruft ihn die Universität München 1980 zum Ordinarius, ab 1992 lehrt er Kunstwissenschaft und Medientheorie an der von ihm mitgegründeten Staatlichen Hochschule für Gestaltung Karlsruhe, wo er unter anderem das 2001 gegründete Graduiertenkolleg „Bild–Körper–Medium" leitet. Von 2002 bis 2003 hat der mittlerweile emeritierte Belting den Europäischen Lehrstuhl des *College de France* inne, wo er eine Vorlesung über die *Die Geschichte des Blicks* hält; von 2004 bis 2007 leitet er das Internationale Forschungszentrum Kulturwissenschaften (IFK) in Wien.

Durch Beltings gesamtes Werk zieht sich ein ausgeprägtes Interesse für die christliche Kunst des Mittelalters, aber auch für die sozialen Bedingungen der Kunstproduktion. Auf seine Dissertation über eine mittelalterliche Basilika und deren Freskenzyklus folgen weitere, noch stark disziplinär orientierte Arbeiten zu Bauwerken, Malerei und Buchkunst des Mittelalters. 1981 erscheint *Das Bild und sein Publikum im Mittelalter*, in dem Belting auf der Grundlage eines funktionalen Ansatzes (vgl. auch Belting 1985; Busch 1984) die „Existenzformen" und „Existenzbedingungen" des mittelalterlichen Tafelbildes in den Blick nimmt und auf ihre soziale Funktion hin bezieht.

Beltings erster programmatischer Text, sein 1983 erstmals erschienener Essay *Das Ende der Kunstgeschichte?* (eine Verschriftlichung der Antrittsvorlesung an der Universität München) sorgt für kontroverse Diskussionen. Das im Titel angedeutete und 1995 noch einmal ohne Fragezeichen erneuerte „Ende der Kunstgeschichte" versteht er freilich weder als Ende der Kunst noch als Ende des universitären Faches, sondern als Ende des Denkmodells einer „Entwicklungsgeschichte der Kunst" (Belting 1983: 7), das seit Giorgio Vasari (vgl. Belting 1978) mit einem Fortschrittsmodell operiert, welches Belting vehement in Frage stellt. Weder sei es dem Fach jemals gelungen, so Belting, ein theoretisch befriedigendes Metamodell dieser Fortschrittsgeschichte zu entwickeln, noch verstünden sich die Künstler heute selbst noch als Akteure eines wie auch immer gearteten Geschichtslaufs. Der Bruch mit der Tradition, den die Avantgarden des 20. Jahrhunderts vollzogen, sei nicht hintergehbar, die Geschichte der Kunst damit aber auch nicht mehr als Geschichte einer kontinuierlichen Entwicklung rekonstruierbar.

Immer stärker entfernt Belting sich von der klassischen Kunstgeschichte. In dem über 600-seitigen Monumentalwerk *Bild und Kult* (1990) untersucht er den religiösen Bilderkult des Mittelalters und bezieht dabei vermehrt sozialgeschichtliche Faktoren in die Analyse mit ein. Obgleich auch diese Arbeit insgesamt eine kunstgeschichtliche bleibt, weist sie in vielfacher Weise bereits über den Horizont des Faches hinaus. Belting betont zunächst das junge Alter jener *Kunst* genannten Erfindung des Abendlandes: Vor der „Ära der Kunst" liegt das „Zeitalter des Bildes", in welchem das Bild vor allem anderen ein sozialer Gebrauchsgegenstand, insbesondere ein „Gegenstand der Religionspraxis" war (Belting 1990: 9). Belting erneuert an dieser Stelle seinen funktionalen Ansatz: „Die Rolle der Bilder, um die es geht, wird manifest in den symbolischen Handlungen, welche Anhänger und Gegner schon immer an ihnen vollzogen, seit man überhaupt Bildwerke errichtete. Bilder eignen sich dazu, aufgestellt und verehrt, aber auch dazu, zerstört oder mißhandelt zu werden." (Belting 1990: 11) Die kultische Kraft, die Ikonenbildern zugesprochen wird, ist nur durch ihren sozialen Gebrauch verstehbar. Ihre Legitimation und Autorität beziehen sie vor allem durch die Entstehungs- und Wirkungslegenden, mit denen sie mythisch umschmückt werden. Man kann die Bilder nur verstehen, wenn man „sie in dem Kontext aufspürt, wo sie ihren wahren Part ausübten" (Belting 1990: 14). Dieser Blick auf die rituellen Entstehungsbedingungen der Bildproduktion greift bereits auf Beltings wichtigstes Werk vor, die 2001 erschienene *Bild-Anthropologie*.

Zuvor jedoch bewegt Belting sich mit einer Studie über *Das unsichtbare Meisterwerk* (1998) noch einmal stärker auf sein Fach zu, führt gleichzeitig aber auch den Gedanken der spezifischen Neuzeitlichkeit des Kunst- und Werkbegriffs fort. Seit der Renaissance ist der Künstler als autonomer Schöpfer auf der Suche nach dem „Ideal einer absoluten Kunst" (Belting 1998: 9) in Form des perfekten, vollendeten, „idealschönen" Kunstwerks. In der Romantik wird daraus die Suche nach dem Erhabenen, Sublimen, Göttlichen, das im Kunstwerk aufscheinen soll. In beiden Fällen gerät das Ideal in Gegensatz zum konkreten Artefakt: Das angestrebte Werk ist „in Wahrheit ein imaginäres Werk" (Belting 1998: 10), das von der Realität der Kunstproduktion nie ganz eingeholt werden kann. Das Kunstwerk wird zum unmöglichen, unerreichbaren Horizont der Imagination. Erst im Nachhinein kann das Werk wieder als sublime Vollendung rezipiert werden, wie Belting am metaphysisch aufgeladenen Kontemplationskult um die Gemälde des Renaissancemalers Raffael im 19. Jahrhundert veranschaulicht. Dieser romantische Kult bindet die Kunst als „Kunstreligion" zugleich an vormoderne Bildpraktiken zurück: „In der Aura des Werks klingt ein Echo der Religion nach, deren moderne Alleinerbin die Kunst geworden war." (Belting 1998: 10) Belting schreibt die Geschichte des Bildes damit als Geschichte der Religion, wenngleich diese Geschichte hier ganz auf die Sphäre der Kunst beschränkt bleibt. Erst in der *Bild-Anthropologie* führt er den mit *Bild und Kult* eingeleiteten Weg einer allgemeinen Bildwissenschaft wieder fort.

Bild-Anthropologie

In der *Bild-Anthropologie* setzt Belting grundlegender an als in seinen bisherigen Werken. Der Genese des Bildes als anthropologischer Kulturtechnik soll nachgespürt werden, was zugleich Brücken zu Ethnologie, Kulturwissenschaft und Soziologie schlägt. Bereits das erste Kapitel wartet dabei mit einer gewöhnungsbedürftigen Eigentümlichkeit auf. Belting erweitert den klassischen Bildbegriff um die „inneren Bilder" im Sinne der mentalen *Vorstellungsbilder*, in die wir auch die materiellen, physischen Bilder erst verwandeln müssen, um sie zum subjektiven Wirken zu bringen. Beltings Bildbegriff löst sich in jeder Hinsicht von der klassischen Vorstellung des gerahmten Gemäldes oder Fotos: Visuelle Vorstellungen und Träume, aber auch bemalte Gesichter, Masken, Totenschädel und Statuen gelten ihm gleichermaßen als Bild. Entscheidend ist nicht das Trägermedium, sondern das *Prinzip des Bildhaften*, an dem alle diese Bildformen teilhaben. Der Bildbegriff wird universal wie einst in Bergsons Wahrnehmungsphilosophie: „Wir leben in Bildern und verstehen die Welt in Bildern." (Belting 2001: 11; vgl. Bergson 1896)

Belting öffnet auf diese Weise den in der deutschen Bildwissenschaft bislang stark materiell gedachten Bildbegriff gegenüber der französischen Forschung zum „Imaginaire", an die er insbesondere durch seine explizite Bezugnahme auf den Mediologen Régis

Debray (1992) und den Ethnologen Marc Augé (1994, 1997) anschließt. Gleichzeitig schafft er Anknüpfungspunkte für die Anthropologie im Sinne der „Wissenschaft vom Menschen", die ja seinem Projekt bereits dem Namen nach Pate steht.[2] Denn wenn die inneren Bilder mit berücksichtigt werden, gerät damit zugleich der Mensch als *anthropos* und mit ihm der menschliche *Körper* als Bildträger in den Blick. Der Körper selbst ist das Medium der Bilder. Er ist der eigentliche „Ort der Bilder", ein „lebendes Organ für Bilder" (Belting 2001: 58), und zwar in mehrfacher Weise. So verweist Belting zunächst auf den Traum, in welchem wir den körpereigenen Halluzinationsbildern hilflos ausgesetzt sind. Aber auch im Wachzustand, wenn wir Gegenstände sehen, die wir in Wahrnehmungs- und Erinnerungsbilder verwandeln, ist der Körper das entscheidende Medium. Sogar wenn wir Bilder im herkömmlichen Sinne des Wortes sehen – als äußere Bilder auf Medien wie Papier, Leinwand oder Bildschirm –, ist es der Körper, der das entscheidende Moment dieses Prozesses vollzieht: den *Tausch des Mediums*. Denn nichts anderes als eine Form des Tausches ist es für Belting, „wenn sich die gesehenen in erinnerte Bilder verwandeln, die fortan in unserem persönlichen Bildspeicher einen neuen Ort finden" (Belting 2001: 21).

Die Unterscheidung zwischen den verschiedenen Bildformen, die Differenz der Medien, wird bei Belting entlang des Körpers gezogen. So unterscheidet er zuallererst „körpereigene" oder „innere" von „äußeren Bildern" (Belting 2001: 20). Letztere benötigen anstatt des menschlichen Körpers ein künstliches Medium bzw. einen „technischen Bildkörper", während Erstere den menschlichen Körper selbst als Medium haben. „Medium – Bild – Körper", so lautet darum das terminologische Dreigespann der Bild-Anthropologie. Der Medientausch zwischen inneren und äußeren, körpereigenen und körperfremden Bildern erzeugt dabei eine dialektische Dynamik von Körper, Bild und Medium: Die inneren Bilder (Wunschbilder, Angstbilder, Erinnerungsbilder o. ä.) werden in äußere Bilder materialisiert, die ‚entäußerten' Bilder werden sodann erneut als Wahrnehmungsbilder rezipiert und ins Innere des Körpers zurückgeholt, wo sie wiederum zur Produktion neuer innerer Bilder anregen.

So ist das Bild nicht einfach nur *Zeichen* – Belting (2005b) kritisiert explizit den eingeschränkt linguistischen Bildbegriff der Semiotik –, sondern *Verkörperung*. Das Bild verweist nicht auf das Abwesende, wie ein sprachlicher Signifikant auf sein Signifikat verweist, vielmehr macht es das Abgebildete in einer eigenen Körperlichkeit tatsächlich anwesend, zumindest visuell. Dazu freilich muss das Bild mit einem entsprechend imaginierenden Auge gesehen werden. Zur Triade von Bild, Körper und Medium kommt der menschliche Blick als entscheidende Verbindungsinstanz hinzu. Erst durch die Dynamik des Medientausches, den „Blickwechsel" (Belting 2007b) zwischen dem blickenden Körper und dem erblicktem Bildkörper werden die Bilder überhaupt zu Bildern im engeren Sinne, zu Bildern-für-jemanden.[3]

---

[2] Der Begriff „Anthropologie" ist hier allerdings nie im Sinne der biologischen, medizinischen bzw. *physischen Anthropologie* zu verstehen, sondern als interdisziplinäres Projekt *aller* Human- und vor allem Kulturwissenschaften (vgl. Belting 2001: 12). Am ehesten lässt sich Beltings Begriff von Anthropologie mit der aus der Ethnologie heraus entwickelten *Kulturanthropologie* bzw. *cultural anthropology* sowie der *historischen Anthropologie* in Verbindung bringen (vgl. Belting 2001: 22 f., Fußnoten 241 f.).

[3] Belting zeigt sich hier von W. J. T. Mitchell beeinflusst, der die „Bild-Betrachter-Beziehung als einen Schauplatz wechselseitigen Begehrens" (Mitchell 2008: 13) auffasst und in der provokanten Frage zuspitzt: „What do pictures want?" (Mitchell 1997). Für Mitchell wie für Belting sind Bilder begehrende, aktive Akteure, die ihren Betrachter nicht kalt lassen, sondern zum Blickwechsel, zur Interaktion auffordern. Für einen kritischen Vergleich zwischen Belting und Mitchell siehe Loreck (2004).

Nicht nur gegen die Semiotik, auch gegen die Medientheorie grenzt Belting sich ab. Denn sofern die Bilder auch als immaterielle Bilder begriffen werden, sind sie keine Medien, sondern *verbinden* sich erst mit ihnen. Das immaterielle „Bildobjekt" (vgl. Wiesing 2005), auch wenn es sich im Laufe der dialektischen Dynamik von Bildproduktion und -rezeption durchaus verwandeln kann, erscheint als konstante Größe, die jeweiligen materiellen Bildträger als sekundäre Variablen. Das Bild ist Bild primär als Anschauungsbild für einen wahrnehmenden bzw. vorstellenden Körper, das jeweilige Medium dagegen nur seine Erscheinungsform. Die Bilder ähneln insofern „Nomaden" (Belting 2001: 32): Sie wechseln im Laufe der Geschichte ihr Medium, verbinden sich mit jeweils neuen Bildtechniken und Körpern, bleiben aber im Grunde stets ein und dieselbe bildhafte Erscheinung. Dieser „reine Bildbegriff" (Kruse 2004: 229) mit seinem Hinwegsehen über das konkrete materielle Medium, der Beltings Bild-Anthropologie zugleich von der ansonsten verwandten, ja komplementären Medienanthropologie unterscheidet (vgl. Kruse 2004: 232), gibt allerdings auch Anlass zur Kritik: „die haptische Wirkung und die taktile Funktion" (Kruse 2004: 229) des Bildes stellt Belting nicht in Rechnung. Andererseits ist zurückzufragen, ob die haptische und taktile Dimension wirklich das *Wesen des Bildes* ausmacht, das ja doch primär ein visueller Gegenstand ist.

Trotz dieser Kontinuität im Wesen des Bildes ist aber auch für Belting die jeweilige Gesamtkonstellation (bzw. in Foucault'scher Terminologie: das „Dispositiv"[4]) aus Medium, Bild und Körper kulturell determiniert. Beltings Anthropologie des Bildes zielt nicht auf ein als unveränderbar angenommenes Wesen des Menschen ab, sondern auf die dynamische Dialektik des Aufeinandertreffens von Mensch und Welt, Blick und Ding. Der Körper selbst unterliegt dem kulturellen Wandel, und gerade die Analyse der empirischen Bildpraktiken, die immer auch mit materiellen Körperpraktiken und diskursiven Körperbildern verbunden waren und sind, erweist die kulturelle Dimension der Bilder. Im geschichtlichen Wandel des Bildgebrauchs lassen sich gleichwohl auch bestimmte wiederkehrende Schlüsselthemen wiedererkennen. „Die Bilder besitzen zwar in den historischen Medien und Techniken eine Zeitform und werden dennoch von überzeitlichen Themen wie *Tod, Körper und Zeit* hervorgebracht. Sie sind dazu bestimmt, Welterfahrung zu symbolisieren und Welt zu repräsentieren, so daß sich im Wandel auch der Zwang zur Wiederholung zeigt." (Belting 2001: 23) Die Anklänge an Cassirers Symbolbegriff (vgl. auch Belting 2001: 16 sowie 2008: 23-36) wie auch an Freuds Begriff des Wiederholungszwangs rufen anthropologisch-psychologische Dimensionen des Bildermachens auf, die in je eigener Weise auf den Menschen als körperliches und psychisches, in existentieller Welterfahrung und deren Verarbeitung verstricktes Wesen zurückverweisen.

Ursprungsgeschichten des Bildes

Beltings Ansatz gewinnt seine Bedeutung aus dem fundamentalen Perspektivenwechsel, der aus der theoretischen Hinwendung auf den Körper resultiert. Denn noch in einem weiteren Sinn ist das Bild erst aus seiner körperlichen Dimension heraus begreifbar. Bilder zeigen sich nicht nur im Medium des Körpers, auch ihr Inhalt verweist auf den menschlichen Körper. Es ist der Mensch selbst, der in den Bildern verhandelt wird. Belting buchstabiert

---

[4] Zur Terminologie von Michel Foucault vgl. den Beitrag von Christian Lavagno in diesem Band.

diese zentrale These an verschiedenen Beispielen aus, die jedes für sich die Erklärungs- und Faszinationskraft seiner Bild-Anthropologie demonstrieren. Ohne seine Beispiele in ein eigenes Meta-Modell zu überführen, entwirft er mit jedem von ihnen eine von mehreren Ursprungsgeschichten des Bildes, die in jeweils eigener Weise auf den Körper zurückverweisen.

Einer dieser Ursprünge des Bildes – das Belting stets als „personale[s] Bildnis", als „imago" (Belting 1990: 9) begreift, dem gegenüber alle anderen wie etwa die abstrakten Bilder in ihrer anthropologischen Bedeutung als zweitrangig gelten müssen – liegt in der *Bemalung des menschlichen Körpers*. Seit jeher bemalt der Mensch seinen Körper und insbesondere sein Gesicht mit Ornamenten, schmückt sich mit Linien, Punkten, Verzierungen aller Art. Das Porträt, wie wir es heute kennen, hat – so Belting – seinen Ursprung in eben diesen Gesichtsbemalungen, die sich im Laufe der Zeit durch einen Medientausch von ihrem einstigen Trägermedium, dem menschlichen Körper, abgelöst und verselbständigt haben. Marshall McLuhans Rede von den Medien als „Erweiterungen" („extensions") der menschlichen Organe (McLuhan 1964: 13) findet hier ihre anthropologische Fundierung: Bilder sind Teile des Körpers, die sich vom ursprünglichen Körper abgelöst haben. Sie sind Menschenkörper, die sich in Dingkörper verwandelt haben. „Man kann wohl so weit gehen, Porträts überhaupt als Masken zu verstehen, die vom Körper unabhängig geworden und auf ein neues Trägermedium übertragen worden sind." (Belting 2001: 37)

Der Ursprung der Bilder im menschlichen Gesicht ist zugleich die Erklärung für die eigentümliche Erfahrung, dass die Bilder uns bisweilen anzublicken und unseren Blick zu erwidern scheinen, wie es am prominentesten der Psychoanalytiker Jacques Lacan zum Ausgangspunkt seiner eigenen Bildtheorie machte. Etwas „blickt mich an/geht mich an (me regarde)" (Lacan 1964: 103) – auf eine rätselhafte, mysteriöse, unheimliche Weise. Was hat es damit auf sich? Beltings Antwort auf das Rätsel dieses Blicks liegt nahe: Es gab einmal eine Zeit, da blickten die Bilder uns tatsächlich an. „Dieser Blicktausch, der in Wahrheit eine einseitige Operation des Betrachters ist, war dort ein echter Blicktausch, wo das Bild von der Lebendmaske oder vom bemalten Gesicht erzeugt wurde." (Belting 2001: 37; vgl. auch Belting 2007b)

Am deutlichsten wird der Körperbezug der Bilder im *Totenkult* der archaischen Gesellschaften, wo Bilder eingesetzt wurden, um verstorbene Mitglieder der Gemeinschaft zu repräsentieren. Hier wurde der Körper des Toten durch einen Bildkörper eingetauscht und auf diese Weise ins Leben zurückgeholt. In einem „symbolischen Tausch von Tod und Bild", so Belting (2001: 29) im Anschluss an Jean Baudrillard (1976), konnte der Verstorbene als Bild erneut am Leben der Gemeinschaft teilhaben. Dabei ging es nicht um bloße Darstellung, sondern im engeren Sinne um *Verkörperung*. Der symbolische Bildkörper vertrat zeichenhaft den realen, abwesenden Körper, von dem die Trauernden sich nicht trennen wollten. Das Bild machte den Tod gewissermaßen ungeschehen, es war – mit Carl Einstein gesprochen – „Verdichtung und Verteidigung gegen den Tod" (zit. n. Belting 2001: 148). Das Bild war die Antwort der Gemeinschaft auf die traumatische Erfahrung des Körperverlusts.

> „Der Schrecken des Todes liegt darin, daß sich vor aller Augen und mit einem Schlage in ein stummes Bild verwandelt, was gerade noch ein sprechender, atmender Körper gewesen war. [...] So mögen sie, um sich dagegen zu wehren, auf diesen Verlust geantwortet haben, indem sie ein anderes Bild herstellten: Ein Bild, mit dem sie sich den Tod, das Unverständliche, auf ihre Weise verständlich machten. Es war dies jetzt ihr eigenes Bild, das sie gegen das Bild des Todes,

Hans Belting: „Bild-Anthropologie" als Kulturtheorie der Bilder

den Leichnam, aufboten. Im Bildermachen wurde man aktiv, um der Todeserfahrung nicht länger ausgeliefert zu bleiben." (Belting 2001: 145f.)

Auch hier, wie schon bei den Masken, spielt der Blick aus dem Bild eine entscheidende Rolle: „Die *Körpererfahrung*, die auf die Bilder der Toten übertragen wurde, kulminiert in einer *Blickerfahrung*, die vom Gesicht ausgeht. Die Wirkung der reinen *Anwesenheit* wird dabei von der Wirkung der *Ansprache* im Sinn eines Blicktauschs überboten, der das Gesicht als Zeichensystem benutzt. Die Präsenz im Bild steigert sich in den blickenden Augen zur Evidenz des Lebens, so daß die Augen sowohl als Symbol wie als Stilmittel in einer Bildsprache der Wiederverkörperung aufzufassen sind." (Belting 2001: 151, Hervorh. i. Orig.) Das Bild, noch in seinen modernsten Formen etwa des Bildschirmbildes, erweist sich damit als seinem Wesen nach utopisches Experiment eines mit seiner eigenen Körperlichkeit ringenden Wesens, das seiner Wirklichkeit wenigstens im geschlossenen Raum des Bildes Herr zu werden versucht. „Nur in den Bildern befreien wir uns stellvertretend von unseren Körpern, zu denen wir im Blick auf Distanz gehen. Die elektronischen Spiegel stellen uns so dar, wie wir sein wollen, aber wie wir nicht sind. Sie zeigen uns *künstliche Körper*, die nicht sterben können, und erfüllen damit unsere Utopien *in effigie*." (Belting 2001: 23, Hervorh. i. Orig.)

Weit mehr als ein krudes Ritual, steht der Totenkult am Beginn der Kultur. Er ist eine, wenn nicht *die* elementare Geste der Aufbewahrung des Vergangenen in einem medialen Archiv, das zugleich eine elementare Form des sozialen Gedächtnisses stiftet. „Der soziale Raum erweiterte sich durch die Bilder und die Rituale, die an Bildern vollzogen wurden, um den Raum der Toten." (Belting 2001: 146; vgl. Assmann 2000) Kultur ist der Ort der symbolischen Aufbewahrung der Toten. In den Bildwelten des Kultes und des Mythos finden die Kulturtechniken der Aufbewahrung ihre konkrete Form – und im materiellen Bild des Toten ihr handgreifliches Trägermedium.

Die Krise der Bilder

Das Totenbild nimmt in Beltings Bild-Anthropologie eine zentrale, ja paradigmatische Rolle ein: „Das Bild eines Toten ist [...] keine Anomalie, sondern geradezu der Ursinn dessen, was ein Bild ohnehin ist." (Belting 2001: 144) Damit ist nicht gemeint, dass alle Bilder direkt auf einer Todeserfahrung beruhen. Ohnehin geht es Belting nicht um eine „allgemeine Genealogie" der Bilder (Belting 2001: 147), in der die vielfältigen Wurzeln des Bildermachens monokausal auf eine einzige Ursache reduziert wären. Vielmehr versucht er die Bedeutung einiger zentraler Motive und Schlüsselthemen aufzuzeigen, die für die Geschichte der Bilder von besonderer Bedeutung waren und sind.[5] Das Totenbild hat in diesem Sinne vor allem eine veranschaulichende, idealtypische Funktion, sofern in ihm die Eigentümlichkeiten des Bildermachens – die visuell-imaginäre Vergegenwärtigung eines real Abwesenden, die Funktion der *Verkörperung* – in der klarsten und konsequentesten Form aufscheinen.

Mit Hilfe dieses Urmodells der Bildproduktion schlägt Belting nun die Brücke zur Gegenwartskultur. Auch die gegenwärtige Bildpraxis erscheint ihm als Fortsetzung des archaischen Brauchs. Das Massenphänomen der Fotografie, gerade in seiner alltäglichen

---

[5] Als weitere Beispiele kommen „Wappen und Porträt" sowie Schattenriss und Fotografie zur Sprache.

Erscheinungsform als Amateurknipserei, ist die augenfälligste Fortsetzung eines Bildermachens als Kampf gegen den Tod, in diesem Fall gegen die eigene Sterblichkeit, die sich in der fotografischen Konservierung des eigenen Lebens selbst zu überwinden sucht. Die fotografischen und elektronischen Bilder „tauschen den sterblichen Körper mit dem unverwundbaren Körper der Simulation aus, als seien wir selber in den Bildern unsterblich geworden. Die mediale Unsterblichkeit ist aber wieder eine neue Fiktion, mit der wir den Tod verhüllen." (Belting 2001: 187)

Ähnlich wie Baudrillard (1976), der die moderne Kultur und deren konstitutive Krisenhaftigkeit unter anderem als Folge einer Ausschließung des Todes aus dem Sozialen begreift, sieht auch Belting bei aller Kontinuität des Bildgebrauchs einen *Bruch in der Geschichte des Bildes*. Mit der Virtualität der digitalen Medien ziehe eine „Krise des Bildes", der „Repräsentation" und der „Referenz" herauf, die sich in ihrem Wesen als „Krise des Körpers" offenbare (Belting 2001: 87-113). Wurde das Bild einst „gebraucht, um dem Toten, der seinen Körper verloren hatte, im symbolischen Tausch [...] eine Präsenz in der Gemeinschaft der Lebenden zu erhalten oder zurückzugeben, so wird es heute gegen den lebenden Körper eingetauscht, um ihn durch eine hyperreale oder virtuelle Figur zu ersetzen." (Belting 2001: 108). Waren die Bilder einst eine Möglichkeit, das Leben der Körper symbolisch zu verlängern, so sind sie heute der vorzeitige Tod der Körper selbst, die als *noch lebende* Körper gegen „virtual bodies" (Belting 2001: 109) eingetauscht und damit technokratisch verleugnet werden. Der Körper soll nicht gerettet, er soll besiegt werden. Wie Belting mit Virilio (1994) argumentiert, ist der Körperkult der Gegenwart nichts anderes als eine subtile Form der Körperflucht.

Wo die Ursachen der von Belting postulierten „Krise der Bilder" nun aber genau zu suchen sind, wird in der *Bild-Anthropologie* allenfalls angedeutet. Eine präzisere und inhaltlich auch weiter gefasste Ausarbeitung von Beltings Gegenwartsdiagnose findet sich stattdessen in *Das echte Bild. Bildfragen als Glaubensfragen* (2005a), wo Belting direkt an die Fragestellungen der *Bild-Anthropologie*, aber auch an *Bild und Kult*, anknüpft. Im Kapitel „Idolatrie heute" (in anderer Fassung bereits veröffentlicht in Belting/Kamper 2000) präzisiert Belting den Gedanken der Krise und situiert ihn in einer Kulturtheorie der Gegenwart, indem er das Phänomen der Idolatrie, der religiösen Bilderverehrung der frühen Kulturen und des Mittelalters, auf die heutige Zeit überträgt. Erneut nähert er sich hierbei der Position Baudrillards an, den er auch – zusammen mit dessen ‚geistigen Brüdern' Günter Anders und Guy Debord – explizit rezipiert.

Die Krise des Bildes erweist sich demnach als Krise des Realen, welches durch das massenmediale und internetförmige Entstehen einer „reine[n] Bilderwelt, in der die Brücken zur Realität abgebrochen sind" (Belting 2005a: 14), in Bedrängnis geraten ist. Einst als Reaktion und Verarbeitung eines realen Ereignisses in die Welt getreten, haben die Bilder sich im Laufe ihrer Geschichte immer weiter verselbständigt und eine eigene Realität generiert, die gerade den Realitätsverlust des Lebens in modernen, massenmedial geprägten Gesellschaften ausgleichen soll. „Die Lifesendungen der Interviews, der Talkshows und der Passantenbefragungen kompensieren den Realitätsverlust, der in der Bilderwelt eingetreten ist, durch hineingeschmuggelte Realitätszitate in Gestalt echter Menschen, mit denen sich die Zuschauer identifizieren können." (Belting 2005a: 19) Je weiter die Konstruktion und Perfektionierung der Bilderwelt als ‚zweiter Welt' aber voranschreitet, desto stärker wird sie allmählich zur Konkurrenz der ersten, alltäglichen Welt: „Es ist dann zwangsläufig, dass wir die Welt bildhaft und bildkonform verstehen. Die alte Maxime der

Ähnlichkeit dreht sich um. Wir messen die Welt nach der Ähnlichkeit, die sie mit den Bildern hat, und nicht umgekehrt." (Belting 2005a: 24)

Diese Ersetzungsbewegung führt schließlich, so Belting weiter, zum Zusammenfallen von Bild und Wirklichkeit, „wenn alle Bilder Realität nur mehr vortäuschen, als ob es ohne sie keine Realität mehr gäbe." (Belting 2005a: 15) Anders als Baudrillard, auf dessen Gedankengang er sich bis hierhin stützt (vgl. v. a. Baudrillard 1978), betont Belting aber, dass dieser Vorgang nicht gänzlich neu ist. Seit jeher bilden Bilder das Reale nicht einfach nur ab, sondern bringen es selbst hervor. Als Beispiel dafür könnte man erneut den Totenkult anführen: Die Bilder besitzen dort eine magische Kraft, die eine soziale Realität performativ generiert oder wenigstens manipuliert, anstatt sie nur passiv widerzuspiegeln. Trotzdem sieht auch Belting, dass das Bedürfnis nach Rückversicherung einer zunehmend problematisch gewordenen Realität in der Moderne noch einmal und in entscheidender Weise zugenommen hat. Die Bilder, so könnte man versucht sein zu sagen, werden nicht mehr nur gegen den Tod, sondern gegen die Welt als ganze eingetauscht (vgl. Strehle 2008). Das belegt gerade der Diskurs um die Fotografie, jenen „Pencil of Nature" (Talbot 1844), der seit seiner Erfindung für ein objektives Abbild der Wirklichkeit gehalten und damit als verlässlicher Referenzpunkt des Realitätsprinzips angesehen wurde.

Belting fügt Baudrillards Rede vom Verschwinden des Realen im Bild noch eine weitere Pointe hinzu. An seine eigenen Arbeiten zum religiösen Bilderkult anknüpfend, stellt er die Kategorie des *Vertrauens* als zentralen Faktor im sozialen Gebrauch der Bilder heraus. „Bilder verlangen auch heute unseren Glauben" (Belting 2005a: 25), aber sie können ihn immer weniger befriedigen. Im Zeitalter des Films, des Fernsehens und des Videoclips sowie der Werbung mit ihrer sinnentleerten Bilderflut haben die Bilder ihre Wahrheitskraft immer stärker eingebüßt. Wir konsumieren die Bilder zwar, nehmen sie aber längst nicht mehr ernst. „Das Publikum ist lernfähig. [...] Wir konsumieren die Bilder am liebsten als technische Blendwerke, um ihre semantische Armut umso besser ignorieren zu können." (Belting 2005a: 25 f.) Die vermeintliche Idolatrie des Bilderwahns entpuppt sich als subtile Rebellion gegen das Bild. „In dieser Praxis des Zuschauers liegt eine Idolatrie von stiller Aufsässigkeit. Wir entziehen den Bildern den Glauben, dass sie mehr sind als Bilder, und brauchen sie deshalb auch nicht mehr abzulehnen. Idolatrie wandelt sich in diesem Sinne zu einem Ikonoklasmus unter veränderten Vorzeichen. [...] Man könnte ein solches Verhalten als aufgeklärte Idolatrie bezeichnen, aber vielleicht ist es eher ein aufgeklärter Ikonoklasmus." (Belting 2005a: 26)

Die Medienbilder, die an den ikonoklastisch gleichgültigen Subjekten vorbeiziehen, ohne auf tiefere Aufmerksamkeit zu stoßen, bezeichnet Belting in seinen neuesten Werken auch mit dem Begriff des „Visuellen" (Belting 2007a). Dieser Begriff stammt von Serge Daney (vgl. Wetzel 2005), einem französischen Film- und Fernsehkritiker, und wurde unter anderem von Régis Debray aufgenommen, der mit ihm eines der drei „Zeitalter des Blicks", nämlich das Fernsehzeitalter bzw. die „Videosphäre" bezeichnet (Debray 1992: 191 ff.). Er bildet den Gegenbegriff zu Beltings emphatischem Bildbegriff. Das Visuelle ist der vorbeiziehende Strom der Bilder, die nicht als inneres Bild beim Menschen ankommen, sondern ihm äußerlich bleiben, weil der Blick ihnen keine Aufmerksamkeit schenkt. Das Visuelle ist das Zeitalter, in dem die Bilder immer mehr zu einer Art von *visuellem Umweltschmutz* degradiert werden.

Für eine Kulturtheorie der Bilder

„Eine Geschichte des Bildes vor dem Zeitalter der Kunst", der Untertitel von *Bild und Kult*, verdeutlicht in essentieller Weise das zentrale Anliegen Beltings – eine Geschichte der Bilder jenseits der Kunst zu schreiben. Er beschränkt sich dabei nicht auf die Bilder *vor* dem Zeitalter der Kunst, sondern untersucht ebenso die Bilder im Zeitalter *nach* der Kunst und überhaupt jene Bilder des Alltags und der Massenmedien, die von vornherein aus dem engen Diskurs der Kunstgeschichte ausgeschlossen waren. Dass gerade die Ur-Bilder der frühen Kulturen so deutlich im Zentrum seiner Bild-Anthropologie stehen, hat gleichwohl seinen systematischen Grund: Belting weist nach, wie auch das heutige Bildermachen in der Tradition jener archaischen Kulturtechniken des Kultes und der Magie steht, die im Zeitalter moderner Medientechnik zwar die oberflächliche Erscheinungsform, nicht aber die grundlegende soziale Funktion gewechselt haben (vgl. hierzu auch Mitchell 2008). Die Bild-Anthropologie zeigt, dass „der Mensch mit seiner uralten Lust am oder seinem Zwang zum Bildermachen eine prämoderne Erscheinung ist" (Kruse 2004: 231). Die im Zeitalter der massenmedialen Bilderflut lebendiger denn je erscheinende Praxis des Bildermachens belegt eindrücklich das nach wie vor fundamentale „Grundbedürfnis der Menschen, ihre physische und metaphysische Existenz in Bildern zu reflektieren" (Kruse 2004: 231). Beltings Blick auf die archaischen Ursprünge des Bildermachens erweist sich daher als Beitrag zu einer Kulturtheorie der Gegenwart, die jene Gegenwart gerade aus der Traditionslinie zu begreifen versucht, in die sie trotz des modischen Bruchs mit der Tradition nach wie vor in zentralen Motiven eingebettet ist. Die Geschichte der Bildzauberei, vom Maskentanz bis hin zur Ikonenverehrung des Mittelalters, ist *unsere* Geschichte.

Eine Geschichte freilich, die auch Brüche kennt, insbesondere im Hinblick auf die prekär gewordene Glaubwürdigkeit der Bilder. Die subtile Missachtung, die wir den gar zu vielen Bildern heute entgegenbringen, könnte dabei ein wichtiger Schlüssel zum Verständnis unserer gegenwärtigen Kultur sein. Sich kein Bild mehr machen zu können, auch und gerade kein utopisches Bild der Zukunft, ist in diesem Sinne womöglich ein geradezu paradigmatisches Symptom unserer Zeit. Oder, wie Belting in anderem Zusammenhang in seinem neuesten Werk über die Erfindung der Zentralperspektive formuliert: „Was Kulturen aber mit Bildern machen und wie sie die Welt in Bilder fassen, führt ins Zentrum ihrer Denkweise." (Belting 2008: 23)

Literatur von Hans Belting

Belting, H.: Vasari und die Folgen. Die Geschichte der Kunst als Prozeß? In: Das Ende der Kunstgeschichte? München 1983 (Orig. 1978), S. 63-91.

Belting, H.: Das Bild und sein Publikum im Mittelalter. Form und Funktion früher Bildtafeln der Passion. Berlin 1981.

Belting, H.: Ende der Kunstgeschichte? Überlegungen zur heutigen Kunsterfahrung und historischen Kunstforschung. In: Das Ende der Kunstgeschichte? München 1983, S. 7-62.

Belting, H.: Das Werk im Kontext. In: ders./Dilly, H./Kemp, W./Sauerländer, W./Warnke, M. (Hg.): Kunstgeschichte. Eine Einführung. 6., überarb. u. erw. Aufl., Berlin 2003 (Orig. 1985), S. 229-245.

Belting, H.: Bild und Kult. Eine Geschichte des Bildes vor dem Zeitalter der Kunst. München 2004 (6. Aufl., Orig. 1990).

Belting, H.: Das Ende der Kunstgeschichte. Eine Revision nach zehn Jahren. München 1995.

Belting, H.: Das unsichtbare Meisterwerk. München 1998.

Belting, H./Kamper, D. (Hg.): Der zweite Blick. Bildgeschichte und Bildreflexion. München 2000.

Belting, H.: Bild-Anthropologie. Entwürfe für eine Bildwissenschaft. München 2001.

Belting, H.: Bildwissenschaft als Kulturwissenschaft. Eine Entwicklung auf dem Prüfstand. In: Ästhetik und Kommunikation, Nr. 126/2004, S. 57-58.

Belting, H.: Das echte Bild. Bildfragen als Glaubensfragen. München 2005 (2005a).

Belting, H.: Nieder mit den Bildern. Alle Macht den Zeichen. Aus der Vorgeschichte der Semiotik. In: Majetschak, S. (Hg.): Bild-Zeichen. Perspektiven einer Wissenschaft vom Bild. München 2005 (2005b), S. 31-48.

Belting, H.: Die Herausforderung der Bilder. Ein Plädoyer und eine Einleitung. In: ders. (Hg.): Bilderfragen. Die Bildwissenschaften im Aufbruch. München 2007 (2007a), S. 11-23.

Belting, H.: Blickwechsel mit Bildern. Die Bildfrage als Körperfrage. In: ders. (Hg.): Bilderfragen. Die Bildwissenschaften im Aufbruch. München 2007 (2007b), S. 49-76.

Belting, H.: Florenz und Bagdad. Eine westöstliche Geschichte des Blicks. München 2008.

Weitere zitierte Literatur

Assmann, J.: Der Tod als Thema der Kulturtheorie. Totenbilder und Totenriten im Alten Ägypten. Frankfurt/M. 2000.

Augé, M.: Orte und Nicht-Orte. Vorüberlegungen zu einer Ethnologie der Einsamkeit. Frankfurt/M. 1994.

Augé, M.: La guerre des rêves. Exercices d'ethno-fiction. Paris 1997.

Baudrillard, J.: Der symbolische Tausch und der Tod. München 1982 (Orig. 1976).

Baudrillard, J.: Die Präzession der Simulakren. In: Agonie des Realen. Berlin 1978.

Bergson, H.: Materie und Gedächtnis. Eine Abhandlung über die Beziehung zwischen Körper und Geist. Hamburg 1991 (Orig. 1896).

Busch, W.: Kunst und Funktion. In: ders. (Hg.): Funkkolleg Kunst, Studienbegleitbrief 1. Tübingen 1984, S. 11-50.

Debray, R.: Jenseits der Bilder. Eine Geschichte der Bildbetrachtung im Abendland. Rodenbach, 2., überarb. Aufl. 2007 (Orig. 1992).

Jonas, H.: Homo Pictor. Von der Freiheit des Bildens. In: Boehm, G. (Hg): Was ist ein Bild? München 1994 (Orig. 1961).

Kruse, C.: Bild- und Medienanthropologie. Eine Perspektive für die Kunstwissenschaft als Bildwissenschaft. In: Assmann, A./Gaier, U./Trommsdorf, G. (Hg.): Positionen der Kulturanthropologie. Frankfurt/M. 2004, S. 225-248.

Lacan, J.: Seminar XI. Die vier Grundbegriffe der Psychoanalyse. Berlin/Weinheim 1987 (Orig. 1964).

Loreck, H.: Bild-Andropologie? Kritik einer Theorie des Visuellen. In: Falkenhausen, S. v. (Hg.): Medien der Kunst. Geschlecht, Metapher, Code. Marburg 2004, S. 12-26.

McLuhan, M.: Understanding media. Düsseldorf/Wien 1968 (Orig. 1964).

Metzger, R.: Am Anfang war das Bild. Rezension zu „Bild-Anthropologie". In: Kunstforum International, Bd. 155/2001, S. 499 f.

Mitchell, W. J. T.: Was will das Bild? In: Das Leben der Bilder. Eine Theorie der visuellen Kultur. München 2008, S. 46-77 (Orig. 1997).

Mitchell, W. J. T.: Das Leben der Bilder. Eine Theorie der visuellen Kultur. München 2008.

Strehle, S.: Evidenzkraft und Beherrschungsmacht. Bildwissenschaftliche und soziologische Zugänge zur Modellfunktion von Bildern. In: Reichle, I./Siegel, S./Spelten, A. (Hg.): Visuelle Modelle. München 2008, S. 57-70.

Talbot, W. H. F.: Zeichenstift der Natur. Stuttgart 1998 (Orig. 1844).

Virilio, P.: Die Eroberung des Körpers. München 1994.

Wetzel, M.: Der Widerstand des Bildes gegen das Visuelle. Serge Daney und Georges Didi-Huberman als Verfechter einer Inframedialität. In: Majetschak, S. (Hg.): Bild-Zeichen. Perspektiven einer Wissenschaft vom Bild. München 2005, S. 137-154.

Wiesing, L.: Artifizielle Präsenz. Studien zur Philosophie des Bildes. Frankfurt/M. 2005.

Gottfried Boehm: Sinn und Logik der Bilder

Franziska Kümmerling

Einführung

Selbstverständlich wird über Bilder gesprochen. Wie wenig selbstredend das Bild ist, belegen zahllose Schriften und Umschreibungen. Ansichten werden vertreten und Blicke geworfen. Das Bild spielt eine Rolle. Akteur ist es hingegen meist in kultureller Nebenbesetzung. Selbstverständlich gibt es etwas zu sehen, gibt das Bild etwas zu sehen. Unklar und zu klären bleibt, wie Bilder schweigen und was sie dabei zeigen.

Antworten auf diese Frage nach dem Bild gibt der Kunsthistoriker Gottfried Boehm. Er möchte klären, welchen Beitrag Bilder ‚zum sprachlichen Selbstverständnis der Kultur‘ leisten. Doch er redet nicht nur, er zeigt auch. Boehm entwirft eine Theorie, die mehr kann und will als eine Bestimmung des Bildbegriffs. Die Frage nach dem Bild betrifft für ihn „den *Status* des *Ikonischen in unserer Kultur* und seine Rolle innerhalb der Ordnung des *Wissens*" (Boehm 2005: 23). Der konventionelle, in der Abbildung aufgehende Bildbegriff muss diesem Vorgehen gewiss zum Opfer fallen: Bilder sind für Boehm nicht nur Spiegel der Wirklichkeit, nicht nur Illustrationen, nicht nur bildlicher Ausdruck sprachlich vorformulierten Wissens. Er skizziert eine Theorie des Bildes, die nicht bei einer Beschreibung bildlicher Phänomene stehen bleibt, sondern in der das Bild, ganz ähnlich der Sprache und doch nicht-sprachlich, selbst Erkenntnis stiften kann. Die Frage nach dem Bild stellt Boehm, der sich selbst als „philosophisch ausgebildeten Kunsthistoriker" (Boehm 2007a: 30) bezeichnet, ins Zentrum seiner kunsthistorischen Überlegungen. „Gleichwohl hängt alles daran, die Macht des *Zeigens* und deren Souveränität zu erkennen und ihre gewaltige Rolle in der Kultur zur Geltung zu bringen." (Boehm 2007b: 15)

Biografie

Gottfried Boehm, 1942 in Braunau (Böhmen) geboren, studierte Kunstgeschichte, Philosophie und Germanistik in Köln, Wien und Heidelberg. Bereits in seiner bei Hans-Georg Gadamer in der Philosophie verfassten Dissertation *Studien zur Perspektivität* (1969) wird Boehms Interesse am Bild deutlich. In dieser Schrift versucht Boehm die Wechselwirkung zwischen dem in der Kunst entwickelten zentralperspektivischen Konstruktionsverfahren und dem philosophischen Denken der Frühen Neuzeit nachzuweisen. Boehm markiert mit dem Aufkommen der Zentralperspektive einen Einschnitt, der bestimmend für eine Wandlung der Bildenden Kunst wurde und zugleich die Perspektivität ins Zentrum philosophischen Denkens rückte.

Mit den Perspektivitätsstudien kündigt sich ein Wechsel für Boehms institutionellen Werdegang an: Stand bereits diese Schrift unter dem Zusatz „Philosophie und Kunst in der Frühen Neuzeit", sollte sein Interesse an der Kunst und speziell am Bild seine zukünftigen

520 Franziska Kümmerling

Überlegungen bestimmen. Vom kunsthistorisch interessierten Philosophen wurde Boehm zum philosophisch argumentierenden Kunsthistoriker. Im Jahre 1974 habilitierte er sich in Kunstgeschichte in Heidelberg mit einer Arbeit über „Elemente der Venezianischen Bildnismalerei (1470-1530)", die unter dcm Titel *Bildnis und Individuum. Über den Ursprung der Porträtmalerei in der italienischen Renaissance* (1985) erscheint. Darauf folgen Jahre in der Kunstgeschichte als Dozent, außerplanmäßiger Professor in Bochum und Lehrstuhlinhaber an der Justus-Liebig-Universität in Gießen. Seit 1986 ist Boehm Ordinarius für Neuere Kunstgeschichte an der Universität Basel und seit 2005 Direktor von „Eikones", dem von ihm mit ins Leben gerufenen Forschungsschwerpunkt „Bildkritik. Macht und Bedeutung der Bilder", der vom Schweizer Nationalfonds finanziert wird. Ferner ist er Mitbegründer des Wiener „Instituts für die Wissenschaften von Menschen" (IWM). Boehm war 2001/02 Fellow des Wissenschaftskollegs zu Berlin und ist seit Juli 2006 korrespondierendes Mitglied der Heidelberger Akademie der Wissenschaften.

Wie auch seine späteren kunsthistorischen Überlegungen, stehen Boehms philosophische Schriften in der hermeneutischen Tradition seines Lehrers Hans-Georg Gadamer. So widmet Boehm seine Schrift *Wie Bilder Sinn erzeugen. Die Macht des Zeigens* (2007), eine Sammlung richtungweisender Aufsätze, auch „dem Meister des sokratischen Gesprächs" (Boehm 2007b: 7). Neben der Kunst- und Bildtheorie beschäftigt sich Boehm mit der Kunst der Renaissance, des 19. und 20. Jahrhunderts sowie der Gegenwart. Weitere Arbeitsschwerpunkte bilden die Gattungsgeschichte von Porträt, Landschaft und Stillleben und nicht zuletzt bestimmen Methodologie und Hermeneutik seine Überlegungen.

Als Wegbereiter einer allgemeinen Bildwissenschaft forciert Boehm deren Etablierung nicht nur durch seine eigenen Arbeiten, zu nennen ist darüber hinaus die Herausgabe von Schriften Konrad Fiedlers (Boehm 1971/1991) und Max Imdahls (Bd. 3; Boehm 1996), sowie bedeutsamer Beiträge wie sie etwa in der Reihe „Bild und Text" erscheinen. Für einen auf die visuelle Wahrnehmung konzentrierten bildtheoretischen Diskurs liefert Boehm damit bemerkenswerte Impulse.

Die Bilderfrage

Ob nun in seinen philosophischen oder kunsthistorischen Arbeiten, schon früh bewegt die Frage nach dem Bild das Denken Boehms. Dies wäre für einen Kunsthistoriker kaum erwähnenswert, berührte die Bilderfrage in seinen Überlegungen nicht „die Fundamente der Kultur" und stellte „an die Wissenschaft ganz neuartige Anforderungen" (Boehm 2007a: 27). Seine in den 1970er Jahren beginnende Konzentration auf das Bild geht über eine Theorie des Bildes weit hinaus und findet eine erste Manifestation in der von ihm zwei Jahrzehnte später herausgegebenen Anthologie *Was ist ein Bild?*, in der er „Grenzgänger" aus Philosophie und Kunstwissenschaft zu Wort kommen lässt (Boehm 1994: 12).

Ein Grenzgänger ist Boehm selbst, ergibt sich doch seine Auffassung des Bildes aus einem Potpourri mit Anleihen aus der Phänomenologie Edmund Husserls (1859-1938), Maurice Merleau-Pontys (1908-1961) und Martin Heideggers (1889-1976), der Psychoanalyse Jacques Lacans (1901-1981), der Hermeneutik Hans Georg-Gadamers (1900-2002), der Kunsttheorie Konrad Fiedlers (1841-1895) sowie der Ikonik Max Imdahls (1925-1988). Ergebnis dieses durchaus komplexen Fundaments sind Aspekte einer Antwort auf die gestellte Bilderfrage: eine Hermeneutik des Bildes und einer damit einhergehenden ‚Geschichte des Blicks'; einem Sinn erzeugenden Prinzip der ‚ikonischen Differenz' und dessen Überprüfung an der modernen Kunst; der Konstatierung einer ‚ikonischen Wendung', verbunden mit Überlegungen zur Metapher als eine der Sprache inhärente Bildlichkeit und letztlich der Ausarbeitung einer Logik der Bilder.

Hermeneutik des Bildes

Schon als junger Philosoph beschäftigt sich Boehm mit der Bildenden Kunst. Erste Versuche einer Verbindung von Profession und Passion finden sich etwa in seinen *Studien zur Perspektivität* (1969) oder auch in dem zusammen mit Gadamer herausgegebenen Sammelband *Die Hermeneutik und die Wissenschaften* (1978). So geht Boehm bereits Ende der 1970er Jahre der Frage nach, wie und ob die philosophische Hermeneutik auf das Bild anzuwenden ist. Diesen ersten Versuch auf dem Weg „Zu einer Hermeneutik des Bildes" (Boehm 1978) wird er später als „Momentaufnahme vom Anfang jener Versuche" (Boehm 2007a: 34) bezeichnen. Bereits in diesem Auftakt sind die Themen enthalten, denen Boehm sich die darauf folgenden drei Jahrzehnte widmen wird. Dies betrifft insbesondere eine „Hermeneutik nichtsprachlichen Ausdrucks" und damit jene Erfahrungen, die „einer eigenen Logik folgen" (Boehm 1978: 444).

In der Hermeneutik geht es um ein Verstehen des Verstehens, und das war in der Hauptsache an Sprache gebunden: Um Bilder verstehen zu können, wurde über diese gesprochen und geschrieben, das Gesehene in Sprache übersetzt. Sprache und Bild wurden lediglich als Medien zur Übertragung von Sinn behandelt (vgl. Boehm 1978: 444). Boehm fragt nun vorrangig danach, was Artikulationen mittels der Sprache und mittels des Bildes unterscheidet und was sie gemeinsam haben, „inwiefern Bilder analog zur Sprache organisiert sind und inwiefern nicht", denn den „Übersetzungszusammenhang von Bild und Sprache" erachtet er als „hermeneutisches Basisproblem" (Boehm 1978: 447). Sein Fazit besteht in der Feststellung, dass sich der Sinn der Bilder gerade nicht restlos in Sprache auflösen lässt. Vielmehr kritisiert er die üblichen kunstgeschichtlichen Methoden. Seine Kritik an der Ikonographie, Ikonologie und Semiotik – und nicht minder die am konventionellen Bildverständnis – liest sich wie ein Programm für Boehms Arbeiten der folgenden Jahrzehnte. Denn wenn Bilder sich nicht restlos in Sprache auflösen lassen, heißt dies, dass Sprache sich nicht restlos in Bilder auflösen lässt, heißt dies, dass mehr gezeigt als gesagt werden kann? Das Zeigen, die „Macht des Zeigens" (Boehm 2007b), wird Boehm Jahre später zur Grundlage seiner Überlegungen machen, den Weg von der Ekphrasis zur Deixis – vom Beschreiben zum Zeigen – als Kunsthistoriker beschreiten.

Boehms Beschäftigung mit dem Bild beginnt mit einer hermeneutischen Kritik. Initial galt es für Boehm zu klären, ob Bildern die Fähigkeit Sinn zu erzeugen überhaupt zugetraut werden kann. Dagegen spricht eine lange Geschichte der Philosophie, die sinnliche Erkenntnis schlichtweg banalisiert. Ein zweite grundlegende, in der philosophischen Tradition verwurzelte Hürde, die Boehm zu überwinden gewillt, war eine „Ontologie dinglicher Substanzen", die sich „als Konvention der Wahrnehmung eingebürgert" hat (Boehm 2007b: 208). Einer Nobilitierung des Auges stand eine traditionell bilderfeindliche Philosophie entgegen, und selbst in der Kunstgeschichte mangelte es an Bestätigung; so stellt Boehm Ende der 1970er Jahre fest: „Der Versuch, von einer Hermeneutik des Bildes zu sprechen, der die Grenzen einer an Sprache orientierten Interpretationsidee überschreitet, hat wenig Vorbilder." (Boehm 1978: 444)

Erste Hinweise für das Gelingen einer Hermeneutik des Bildes findet Boehm etwa in Immanuel Kants (1724-1804) Überlegungen zur ‚Einbildungskraft', da er dieser eine „Schlüsselstellung" einräumt, „wenn es darum geht, Sinnlichkeit und Verstand zu verknüpfen", oder auch bei Fiedler, „weil er imstande gewesen ist, das Sehen aus seiner passiven Rolle innerhalb der philosophischen Erkenntnis zu befreien, es als eine aktive und insoweit selbstbestimmte Tätigkeit zu beschreiben" (Boehm 1994: 15 und 17). Anfang der 1970er Jahre gibt Boehm eine Neuedition von Fiedlers Schriften zur Kunst heraus (Boehm 1971). Im Anschluss an seinen Entwurf einer Hermeneutik des Bildes, verbunden mit dem Plädoyer für eine Beachtung nicht-sprachlicher Ausdrucksmöglichkeiten, konzentriert sich Boehm auf die Erkenntnisfähigkeit von Auge und Sehen.

Aufbauend auf eine ‚Geschichte des Sehens', wie sie etwa Fiedler – der „Ziehvater einer Hermeneutik des Bildes" (Boehm 1978: 446) – hervorbrachte, schöpft Boehm aus der Phänomenologie, wie sie von Husserl initiiert und von Merleau-Ponty ausbuchstabiert wurde. Für Boehm bleiben in seiner Hermeneutik des Bildes die „phänomenologischen *Maximen*" im Sinne eines „Zu den Sachen selbst" der Philosophie Husserls handlungsleitend (Boehm 1978: 10f.). Eine Auseinandersetzung mit dem Bild bedeutet für Boehm stets ein auf die visuelle Wahrnehmung rekurrierendes Verfahren, und so liegt seinen Arbeiten eine von phänomenologischen Überlegungen beeinflusste Bildreflexion zu Grunde: „Beide Projekte, Bild- und Wahrnehmungsgeschichte, sind zwei Seiten einer Medaille" (Boehm 2007b: 95). Husserls Begriff der ‚Abschattung' und Gadamers Denkfigur des ‚Ur-Grundes' bezieht Boehm auf das Bild und macht sie zur treibenden Kraft seines später als ‚ikonische Differenz' bezeichneten Modells. Hinzu kommen die Arbeiten Imdahls, von denen Boehm wichtige Impulse für sein Prinzip der ‚ikonischen Unbestimmtheit' erhält, da sie zu einer „Würdigung des eigentlich Ikonischen, welches auch das eigentlich Visuelle ist, woran das Auge mehr erkennt, als es schon weiß" führen (Boehm 1999: 292). Des Weiteren verwendet Boehm den Begriff der ‚Ikonik' im Sinne Imdahls (Boehm 2007a: 32), denn auf der Suche nach dem Sinn der Bilder fragt Boehm weniger nach außerbildlichen Bezügen, als vielmehr nach innerbildlichen Strukturen. Von Merleau-Ponty schließlich übernimmt Boehm die Vorstellung eines aktiven, konstituierenden Sehens, in dem Sehender und Gesehenes sich im Blick überkreuzen. Kurz gesagt, Boehm befasst sich früh mit dem Auge und dem Sehen und sucht dessen Erkenntnisfähigkeit in seiner Auffassung von der Geschichtlichkeit des Sehens herauszustellen.

Ikonische Differenz

Um beschreiben zu können, *wie* Bilder zeigen, *was* sie zu sehen geben, entwickelt Boehm das an Heideggers ‚ontologischer Differenz' angelehnte Prinzip der ‚ikonischen Differenz'. Eine Facette dieses Prinzips liegt in dem Unterschied, den die englische Sprache durch eine Trennung von ‚picture' und ‚image' zu differenzieren weiß. Benennt Ersteres das materielle, meist an der Wand hängende oder im Raum stehende Objekt, ist mit Letzterem das immaterielle, allein gedankliche Bild bezeichnet. Die ‚ikonische Differenz' betrifft nun ein Oszillieren zwischen dem Bild als materiellen Objekt und dem mittels dieses Objektes ermöglichten immateriellen Bild: „Darstellung bewirkt den Übergang von der materiellen

Vorhandenheit ins Erscheinen", „der Blick *auf* das Bild" schlägt um „in die Wahrnehmung *des Bildes*" (Boehm 2001: 12 und 8). Das heißt, mittels eines materiellen Objektes wird etwas Immaterielles sichtbar, phänomenologisch gesprochen: das Bild erscheint. Das, was erscheint, das, was aufgrund der Materialität etwa von Farbe und Leinwand zur Erscheinung kommt – die Darstellung –, macht in der Erscheinung etwas Abwesendes anwesend. Beispielsweise ein Einhorn: Es ist nicht physisch gegenwärtig und kann doch in einer Darstellung sichtbar und somit ikonisch präsent sein.

Bilder sind in Boehms Denken somit nicht einfache Gegenstände, „nicht nur *Fakten*", die bloß vorhanden sind, vielmehr sind Bilder „auch *Akte*" und damit „sinngenerierende Gegenstände" (Boehm 2001: 4). Das ikonisch Differente besteht nun in dem Wechselspiel zwischen Fakt und Akt des Bildes. Der Fakt des Bildes allein wäre nicht interessant, wäre er nicht die Bedingung der Möglichkeit jenes Aktes, der Sinn hervorzubringen vermag und Bilder mithin zu besonderen Objekten mache. Husserls Begriff der ‚Abschattung' aufgreifend, formuliert Boehm: „Jedes Gesehene begleitet der Schatten des Ungesehenen, das Sichtbare erscheint im Hof des Unsichtbaren" (Boehm 1999: 286). Die ‚Abschattung' von Objekten in der visuellen Wahrnehmung wendet Boehm dann bildtheoretisch in eine „ikonische Unbestimmtheit" (Boehm 2007b: 199-212): In dem, was auf dem Bild gesehen wird, schattet sich das nicht Gesehene ab und entfaltet als Möglichkeit, als „Potentialität des Bildes" einen „Überschuss an Sinn" (Boehm 2007b: 204). Bilder erlangen Bedeutung und damit Sinn, indem aus dem Fakt des Bildes etwas Sichtbares hervorgeht. Der Sinn der Bilder ist es, der Boehm an den Bildern so fasziniert. Wenn an Bilder der Anspruch gestellt wird, etwas zu vergegenwärtigen, „dann erfüllt sich der Sinn der Bilder im Akt der Wahrnehmung" (Boehm 2001: 13). Die ‚ikonische Differenz' ist von Boehm dann als jener Prozess bestimmt, durch den Sinn entsteht.

Der Sinn der Bilder besteht für Boehm nun gerade nicht im getreuen Abbilden, das heißt im Verdoppeln dessen, was ohnehin schon besteht: „Den Status solcher Bilder kennzeichnet das Bestreben, sich dem Darzustellenden möglichst anzugleichen, es mit visuellen Mitteln zu *wiederholen*." (Boehm 2007b: 246) Bilder, deren Funktion im Abbilden aufgeht, bezeichnet Boehm als ‚schwache Bilder' und stellt sie ‚starken Bildern' gegenüber.

Die Popularität ‚schwacher Bilder' aufgreifend, spricht Boehm von der „Bilderfeindlichkeit der Medienindustrie" (Boehm 1994: 35). Was angesichts der zunehmenden Popularität und Produktion von Bildern paradox scheint, wird mit einem Blick auf Boehms Bildbegriff plausibel: Denn wenn durch die in der Renaissance mit der Einführung der malerischen Zentralperspektive begonnene Angleichung der Darstellung an das Dargestellte in den Computersimulationen der Moderne immer weiter getrieben wird, verfestigt sich ein die Materialität negierender Bildbegriff und geht schließlich auch der den Bildern eigene Sinn verloren. Die Prozessualität der ‚ikonischen Differenz' kommt nur dort zum Tragen, wo das Bild seine Materialität bestätigt. Wird das Bild wie in der Frühen Neuzeit zum Fenster umgedeutet, kann durch dieses lediglich hindurch gesehen werden. Das Bild in seiner Materialität wird übersehen und ermöglicht den Durchblick, anstatt gesehen zu werden. In Boehms Überlegungen hingegen will das Bild gesehen werden, um seinen Sinn entfalten zu können. Das als Abbild verstandene Bild ist mithin lediglich eine „sachliche und theoretische Schonstufe" (Boehm 2001: 4). Entscheidend für seine durchaus wertende Charakterisierung der Abbilder als ‚schwache Bilder' ist schließlich, dass „Abbilder ihren Sinn nicht in sich besitzen, sondern in jenem Inhalt, den sie spiegeln" (Boehm 1994: 327).

Abbilder fungieren somit lediglich als Ersatz für die Realität, als Simulation eines bereits Vorhandenen.

,Starke Bilder' sind jene, die mehr sichtbar machen, als ohnehin sichtbar ist: „Stark sind solche Bilder, weil sie uns an der Wirklichkeit etwas sichtbar machen, das wir ohne sie nie erführen. [...] So vermag es eine gesteigerte Wahrheit sichtbar zu machen, die es über die bloße Vorhandenheit, welche Abbildung vermittelt, weit hinaushebt" (Boehm 2007b: 252). Während etwa ein Passbild als ,schwaches Bild' lediglich ikonisch dupliziert, verleihen ,starke Bilder' „dem Dargestellten ein Surplus", mit Gadamer gesprochen, einen „Zuwachs an Sein" (Boehm 2001: 11). Ein ,starkes Bild' zeichnet sich gerade dadurch aus, dass es keine Referenz besitzt. Es verdoppelt nicht bildlich, sondern bringt etwas Neues hervor.

Für Boehm stellt die Kunst der Moderne ein „Laboratorium" dar, in dem sowohl der Kunst- als auch der Bildbegriff auf seine Möglichkeiten und Grenzen erprobt werden kann, und die moderne Kunst wird bei ihm gar zum „Kronzeuge des veränderten Bildverständnisses" (Boehm 1994: 36 und 12). An gegenständlichen und ungegenständlichen Bildern sowohl der Moderne als auch längst vergangener Kunstepochen testet Boehm die Reichweite seiner Antwort auf die Bilderfrage. Am Beispiel zahlreicher moderner Werke, etwa von Claude Monet, Marcel Duchamps und allen voran Paul Cézanne führt er vor, was ,starke' von ,schwachen Bildern' unterscheidet: „Die Schwächung der bildlichen Referenz gibt dem Sehen zusätzlichen Spielraum, am meisten dann, wenn sich das bildliche System zu abstrakter Autonomie verselbständigt hat" (Boehm 1999: 293). Die ,starken Bilder' der modernen Kunst, weit entfernt von Abbildnerei und Realitätssimulation, gewinnen dadurch ihre Stärke, dass sie gerade nicht auf etwas bereits Vorhandenes verweisen, sondern der Sinn in ihnen selbst zu suchen ist. Des Weiteren beschränkt Boehm seinen Bildbegriff nicht auf das Gebiet der Kunst. Gebrauchsbilder, wie beispielsweise durch neue bildgebende medizinische oder naturwissenschaftliche Verfahren ermöglicht sowie kartographische Bildwerke, halten seiner Analyse ebenso stand wie darstellerische Äußerungen psychisch Kranker, zu finden etwa in der Sammlung des deutschen Kunsthistorikers und Psychiaters Hans Prinzhorn (1886-1933).

Mit dem Prinzip der ,ikonischen Differenz' ist der Sinn generierende Bildakt grob umrissen, Bilder werden von Boehm weniger als Sinn übertragende, sondern vielmehr als sinnstiftende Artefakte gedacht. Ausgehend von dieser Annahme gelangt er zur Hervorhebung einer eigenen, nicht-sprachlichen Logik der Bilder, die aufs engste mit der ,ikonischen Wendung' verbunden ist.

Iconic Turn

Als ,ikonische Wendung' bezeichnet Boehm ein neuartiges kulturelles, gesellschaftliches und insbesondere wissenschaftliches Interesse am Bild. Begleiten immer mehr Bilder den Alltag, finden sie Boehms Diagnose folgend auch im wissenschaftlichen Diskurs gesteigerte Aufmerksamkeit. Besonders deutlich wird dieser Umbruch in traditionell bildfernen Bereichen wie etwa den Naturwissenschaften. War es bis ins 19. Jahrhundert hinein allein die Sprache, welche Erkenntnisse der verschiedenen wissenschaftlichen Felder gesichert zu artikulieren wusste, so rückt mehr und mehr das Bild als ernst zu nehmende Kategorie in den Blick der Forschung. Allgemein sind mit dem ,iconic turn' fundamentale gesellschaftliche Veränderungen in der Moderne benannt, die sich in der vermehrten quantitativen und qualitativen Beachtung von Bildern äußern.

In dem von Boehm 1994 herausgegebenen Sammelband *Was ist ein Bild?* bestimmt er das, was schon länger seine Überlegungen leitet, begrifflich als ‚iconic turn'. Dabei intendiert er nicht allein eine Bestandsaufnahme des Wandels. Sein Konzept geht weiter als eine Feststellung der Bilderflut, einer Macht der Bilder oder deren Allgegenwart. Vielmehr verdeutlicht er die Notwendigkeit einer theoretischen Aufarbeitung der ikonischen Wendung, verstanden als allmähliche Lösung von der Vorherrschaft der Sprache und damit einhergehend eine Hinwendung zum Bild.

Boehm formuliert den ‚iconic turn' als direkte Konsequenz zum ‚linguistic turn'. Diesen entwarf im Jahr 1967 der Philosoph Richard Rorty (1931-2007) in der Einleitung der gleichnamigen Anthologie. Rorty übernahm den Begriff wiederum von dem österreichischen Philosophen und Wissenschaftstheoretiker Gustav Bergmann (1906-1987) (vgl. Rorty 1967). Die Formel des ‚linguistic turn' eint ansonsten eher uneinheitliche Denk- und Forschungsansätze, in denen Sprache als unhintergehbares Fundament alles Denk- und Sagbaren aufgefasst wird. Fordert Rorty eine Konzentration der Philosophie auf die Sprache, kritisiert Boehm eine derartige Dominanz der Sprache und rückt das Bild und eine damit verbundene „Reflexion von Erkenntnisbedingungen" (Boehm 2007a: 29) ins Zentrum seines ‚turns'. Die ‚ikonische Wendung' wird von Boehm jedoch nicht als Gegensatz zum ‚linguistic turn' gedacht, das Bild nicht mit der Sprache kontrastiert. Worum es im Grunde geht, sind Bedingungen des Erkennens, sind letzte Begründungen des Wissens. Sprache allein konnte dem philosophischen Erkenntnisanspruch nicht Genüge tun, führte schließlich im 20. Jahrhundert zur Infragestellung – zur Krise – ihres sprachlichen Fundaments. Je mehr die Autorität der Sprache verblasste, desto mehr rückten alternative Erkenntnisformen in den wissenschaftlichen Blick. Diesem Wandel versucht Boehm mit der Formel des ‚iconic turn' gerecht zu werden. Was als Grundlage von Erkenntnis erachtet wird, hat sich in der Moderne zu nicht-sprachlichen Äußerungen hin verschoben, ohne die Sprache vollständig aufzugeben Die ‚ikonische Wendung' wird von Boehm als Erweiterung und parallel zum ‚linguistic turn', gar „als unvermeidliche Figur der philosophischen Selbstbegründung" (Boehm 1994: 14) konzipiert: Neben sprachliche treten somit gleichwohl bildhafte Ausdrucksformen, denn wie Boehm an der Geschichte der Philosophie zu zeigen versucht, muss eine letzte Fundierung notwendig Außersprachliches mit einbeziehen. Der ‚iconic turn' proklamiert in theoretischer wie praktischer Hinsicht „Die Wiederkehr der Bilder" (Boehm 1994: 11-38).

Der ‚linguistic turn' wiederum ist auf eine so genannte ‚Kopernikanische Wendung' – der „turn aller turns" (Boehm 2007a: 29) – in der Philosophie zurückzuführen, womit auf Kopernikus anspielend seit Immanuel Kant (1724-1804) eine Abkehr vom ‚Ding an sich' und eine Fokussierung der Bedingungen der Möglichkeit von Erfahrung umschrieben ist. Kant schlägt vor, anstatt des Gegenstandes der Erkenntnis, die Bedingungen der Erkenntnis zu erfragen. Einen Schritt weiter geht der ‚linguistic turn', indem nun nicht mehr die Erkenntnisbedingungen des Bewusstseins erforscht werden, sondern deren Artikulation mittels der Sprache. In der sprachanalytischen Philosophie sowie der Linguistik wird Erkenntnis so häufig untrennbar an Sprache gebunden – die Bedingung der Möglichkeit von Erkenntnis liegt damit in der Sprache und jede Form der Erkenntnis ist folglich durch die Logik der Sprache bedingt: „Der linguistische Impuls meinte […], daß der letzte Grund allen Argumentierens am Ende nicht in einem höchsten Sein, einem transzendentalen Ich oder in der Reflexivität des Selbstbewusstseins besteht, sondern in den Regeln der Sprache." (Boehm 1994: 13) Zugespitzt findet sich diese Annahme etwa in strukturalistischer Ausprägung, wenn Kultur oder gar Welt als Text begriffen und folglich gelesen wird (Bachmann-Medick 1996).

Gegen diese Dominanz der Sprache wendet sich Boehm mit der Forderung, das Bild als neues Paradigma in den Mittelpunkt der Forschung zu stellen. Bestätigung erfährt er bei dieser Unternehmung durch die Arbeiten des US-amerikanischen Literatur- und Kunstwissenschaftlers W. J. Tom Mitchell (geb. 1942). So entwickelt Mitchell nahezu zeitgleich mit Boehm ein ganz ähnliches Konzept (vgl. Mitchell 2008). Eine Reaktion auf den ,linguistic turn' stellt für ihn gleichwohl lediglich „eine Spielart" (Mitchell 2007: 42) des ,pictorial turn' dar, interessieren den „ideologiekritischen" Mitchell (Boehm 2007a: 31) insbesondere soziale und politische Fragen, die sich aus der Beschäftigung mit dem Bild ergeben. Mitchell versteht den ,pictorial turn' eher grundlegend als „eine postlinguistische, postsemiotische Wiederentdeckung des Bildes als komplexes Wechselspiel von Visualität, Apparat, Institutionen, Diskurs, Körpern und Figurativität" (Mitchell 2008: 108). Eine Verschiebung der Aufmerksamkeit von der Sprache zum Bild vollzieht sich Mitchell zufolge als ,pictorial turn' sowohl in der Wissenschaft als auch in der Alltagskultur. Das Bild als wiederentdecktes Thema der Philosophie und anderer (Human-)Wissenschaften begleiten neue „Technologien der Bildproduktion, der Bilddistribution und des Bildkonsums" (Mitchell 2007: 40). Als Folge ergibt sich nach Mitchell daraus eine erhöhte Aufmerksamkeit der Theoretiker für nicht-sprachliche Phänomene auf der einen Seite und ein ,intellektuelles Unbehagen' auf der anderen Seite, das Bild hat „heute einen Status irgendwo zwischen dem, was Thomas Kuhn ein ,Paradigma' genannt hat, und einer ,Anomalie'" (Mitchell 2008: 104). Beschrieben ist damit zum einen die theoretische Lücke, sich Bildern systematisch zu nähern, zum anderen ein schwierig zu fassendes kulturelles Misstrauen den Bildern der Massenmedien gegenüber. Mitchell reagiert mit dem von ihm proklamierten ,pictorial turn' insbesondere auf gesellschaftliche und kulturelle Phänomene, wie sie etwa im Rahmen der *Cultural Studies* verhandelt werden.

Gemeinsam ist dem ,pictorial turn' und ,iconic turn' eine Kritik an der spätestens mit Rorty akzeptierten Sprachabhängigkeit aller Erkenntnis, an der Überlegenheit der Sprache – auch und vor allem – des philosophischen Argumentierens. Für Boehm ist die Wende hin zum Bild nicht allein ein neues, zeitgemäßes Thema der philosophischen und kunstwissenschaftlichen Diskussion, sondern grundlegender eine „andere Art des Denkens, das sich imstande zeigt, die lange gering geschätzten kognitiven Möglichkeiten, die in nicht verbalen Repräsentationen liegen, zu verdeutlichen, mit diesen zu arbeiten" (Boehm 2007a: 27). Mit der Frage nach dem Bild sind sowohl kulturelle Wandlungen als auch wissenschaftliche Revisionen angesprochen. Besonderes Interesse hat nun Boehm an einem anderen Denken über Bilder und nicht minder an einem anderen Denken mit Bildern sowie dessen theoretischer Reflexion.

Die ,ikonische Wendung' in der Philosophie markiert Boehm mit Ludwig Wittgensteins (1889-1951) Aufgabe seines, eine reine logische Sprache entwickelnden Frühwerks. Wittgensteins spätere intensive Beschäftigung mit der Alltagssprache als Indiz für die Aufgabe des analytischen Sprachdiktums gelesen, zeige, dass „das Fundament der Sprache schwankt" (Boehm 1994: 13). Als Konsequenz entwickelt Wittgenstein das Konzept eines ,Sprachspiels' sowie auf ,Familienähnlichkeit' beruhende Kategorisierungen, womit er Boehm zufolge selbst die Metapher und damit das Bild zurück in den philosophischen Horizont holt. Wittgenstein und ebenso Friedrich Nietzsche (1844-1900) fungieren für Boehm als Exponenten einer in der Sprachphilosophie lange marginalisierten „Bildpotenz der Sprache" (Boehm 2007b: 44). Die Metapher schätzt Boehm, da an ihr die Bildlichkeit der Sprache deutlich werde. Ferner ist die Metapher für ihn „ein besonders geeigneter Kandidat, strukturelle Einsichten in die Funktionsweise von ‚Bildern' zu eröffnen" (Boehm 1994: 26). Boehms eigene Sprache ist bildhaft, spricht er beispielsweise vom „Nadelöhr einer sinnlichen Formulierung" (Boehm 1999: 278). Die Wende hin zur Metapher auch und vor allem als Moment wissenschaftlicher Diskussionen, konkret der Einzug und die Anerkennung sprachlicher Bilder in die Philosophie, kennzeichnet folglich ein Aufbrechen der bis dahin starren Sprachgebundenheit allen Wissens und somit den Auftakt eines ‚iconic turn'.

Logik der Bilder

Eine Wendung zum Bild bedeutet für Boehm keine Abkehr von der Sprache. Es geht vielmehr darum, Bilder nicht als Substitut an die Seite der Sprache zu stellen, sondern ihre eigene Stärke hervorzuheben. In der hermeneutischen Tradition argumentierend, geht es Boehm mit dem ‚iconic turn' um speziell durch Bilder ermöglichte Formen des Wissens. Da sich Bilder nicht vollständig in Sprache übersetzen lassen, plädiert Boehm für eine Erweiterung des Logos der Sprache auf das Bild. Es wird zu seinem zentralem Anliegen, das „Bild als Logos", als einen „sinnstiftenden Akt" zu verstehen (Boehm 2007a: 29). Erkenntnis kann so durch das Bild allein hervorgebracht werden und bedarf nicht mehr der Sprache als Sinn vermittelnder Instanz.

Vom Logos der Sprache unterscheidet sich für Boehm der ikonische Logos, insofern ein Bild nicht vollends in Sprache aufgelöst werden kann: „Der stumme Logos des Bildes wird sich vom Logos der Rede nicht wirklich durchdringen lassen […]. Bilder sind prinzipiell verständlich, und doch gibt es für ihre Sichtbarkeit keine zureichende Übersetzung. Sie sind an den *Blick* adressiert, der sie visuell zu realisieren versteht." (Boehm 1999: 279) Das Bild vermag es, einen Sinn hervorzubringen, der sich sprachlich nicht fassen lässt. Um Bilder zu verstehen, müssen diese sehend verwirklicht werden – oder ‚realisiert': das „Lieblingswort" Cézannes, als endlose, „freie anschauliche Synthese der Elemente" (Boehm 1999: 295). Sehen wird zu einem verstehenden Akt aufgewertet, indem der Blick auf den Fakt des Bildes einen Erkenntnis stiftenden Akt hervorruft.

Auf den Punkt gebracht, betrifft dies die Frage danach, ‚wie Bilder Sinn erzeugen' (Boehm 2007b). Die Antwort: „Bilder besitzen eine eigene, nur ihnen zugehörige Logik", wobei Boehm ‚Logik' in einer weiten Bedeutung als „die konsistente Erzeugung von Sinn aus genuin bildnerischen Mitteln" versteht, und hinzuzufügen ist, dass diese Logik „nichtprädikativ", „das heißt nicht nach dem Muster des Satzes oder anderer Sprachformen gebildet" ist, sie „wird nicht gesprochen, sie wird wahrnehmend realisiert" (Boehm 2007b: 34). Die Bildlogik wird als eine alternative Logik ohne Begriffe verstanden, die sich über das Sehen erschließt: Bilder werden mit dem Auge verstanden.

Und wie erzeugt die Logik der Bilder Sinn? Bilder zeigen. Der Sinn des Bildes zeigt sich. In Boehms Begriff der ‚Deixis' vereinigen sich seine Überlegungen zur Hermeneutik des Bildes, zur ‚ikonischen Differenz', zum ‚iconic turn' sowie zum Logos und der Logik der Bilder. Die Logik des Bildes ergibt sich aus den Konsequenzen des ‚iconic turn' und der ‚ikonischen Differenz': Bilder agieren nicht mit Begriffen und argumentieren doch, insofern sie durch das Zeigen von etwas Erkenntnis ermöglichen und damit Sinn erzeugen. Bilder eröffnen auf ihre ikonische Art und Weise einen Zugang zur Welt und mithin „unersetzliche Zugänge zur Welt und deren Erkenntnis" (Boehm 2005: 23). Das Zeigen als ikonischer Logos bringt Sinn durch einen Akt hervor, in dem die Materialität des Bildes sich als etwas zeigt, „etwas als etwas ansichtig wird" (Boehm 1994: 31). Die sinnstiftende bildliche Unbestimmtheit kontrastiert den „Grund des Bildes" mit dem, was sich zeigt (Boehm 1978: 457).

Der Sinn der Bilder liegt für Boehm in deren Fähigkeit, etwas als etwas zu zeigen. Selbst nutzt Boehm in seinen Texten das Bild nicht etwa um das, was er schreibt, zu illustrieren, sondern um mit dem Bild zu zeigen, was nicht mehr zu sagen ist. Das Bild ist selbst Argument. Von der „Hermeneutik des Bildes" ohne Bilder zu den 117 Bildern in *Wie Bilder Sinn erzeugen* liegen Jahre der ‚ikonischen Wendung‘. Kurzum, Boehm geht es darum „das Zeigen wieder als eine der ganz *starken Quellen der Kultur*, als einen *Logos* eigener Art zu begreifen" (Boehm 2007b: 20). Bilder sprechen nicht und sind doch selbst verständlich.

Literatur von Gottfried Boehm:

Boehm, G.: Studien zur Perspektivität. Philosophie und Kunst in der Frühen Neuzeit. Heidelberg 1969.

Boehm, G./Gadamer, H.-G. (Hg.): Seminar: Die Hermeneutik und die Wissenschaften. Frankfurt/M. 1978.

Boehm, G.: Einleitung. Die Hermeneutik und die Wissenschaften. Zur Bestimmung des Verhältnisses. In: Ders./Gadamer, H.-G. (Hg.): Seminar: Die Hermeneutik und die Wissenschaften. Frankfurt/M. 1978, S. 7-60.

Boehm, G.: Zu einer Hermeneutik des Bildes. In: Ders./Gadamer, H.-G. (Hg.): Seminar: Die Hermeneutik und die Wissenschaften. Frankfurt/M. 1978, S. 444-471.

Boehm, G.: Bildnis und Individuum. Über den Ursprung der Porträtmalerei in der italienischen Renaissance. München 1985.

Boehm, G. (Hg.): Konrad Fiedler: Schriften zur Kunst (1913/14; Neuedition), 2 Bde. München 1971/1991.

Boehm, G. (Hg.): Die Wiederkehr der Bilder. In: Ders. (Hg): Was ist ein Bild? München 1994a, S. 11-38.

Boehm, G. (Hg.): Die Bilderfrage. In: Ders. (Hg.): Was ist ein Bild? München 1994b, S. 325-343.

Boehm, G. (Hg.): Die Arbeit des Blickes. Hinweise zu Max Imdahls theoretischen Schriften. In: Ders. (Hg.): Max Imdahl: Gesammelte Schriften, Bd. 3: Reflexion, Theorie Methode. Frankfurt/M. 1996, S. 7-41.

Boehm, G.: Sehen. Hermeneutische Reflexionen. In: Konersmann, R. (Hg.): Kritik des Sehens. Leipzig 1999, S. 272-298.

Boehm, G. (Hg.): Repräsentation – Präsentation – Präsenz. Auf den Spuren des homo pictor. In: Ders. (Hg.): Homo pictor. München/Leipzig 2001, S. 3-13.

Boehm, G.: Das Bild und die hermeneutische Reflexion. Die Frage nach dem Ikonischen. In: Figal, G./Gander, H.-H. (Hg.): Dimensionen des Hermeneutischen. Heidegger und Gadamer. Frankfurt/M. 2005, S. 23-35.

Boehm, G.: Iconic Turn. Ein Brief (Briefwechsel: Gottfried Boehm und Tom Mitchell). In: Belting, H. (Hg.): Bilderfragen. Die Bildwissenschaften im Aufbruch. München 2007a, S. 27-36.

Boehm, G.: Wie Bilder Sinn erzeugen. Die Macht des Zeigens. Berlin 2007b.

Weitere zitierte Literatur

Bachmann-Medick, D. (Hg.): Kultur als Text. Die anthropologische Wende in der Literaturwissenschaft. Frankfurt/M. 1996.

Mitchell, W. J. T.: Pictorial Turn. Eine Antwort (Briefwechsel: Gottfried Boehm und Tom Mitchell). In: Hans Belting (Hg.): Bilderfragen. Die Bildwissenschaften im Aufbruch. München 2007, S. 37-46.

Mitchell, W. J. T.: Bildtheorie. Frankfurt/M. 2008 (engl.: Picture Theory. Essays on Verbal and Visual Representation. Chicago 1994).

Rorty, R. (Hg.): The Linguistic Turn. Recent Essays in Philosophical Method. Chicago/London 1967.

Anselm Haverkamp: Latenz und Geschichte

Katrin Trüstedt

Einsatz

Wenn Pygmalion der Schönheit seiner Statue, die er selbst kunstvoll geschaffen hat, so verfällt, dass er sie für ‚echt' hält, dann beschreibt Ovid die Leistung der kunstvollen Verfahren seiner Metamorphosen als die Kunst, sich selbst als Verfahren zu verbergen: „ars adeo latet arte sua" (Ovid 1996: X.253). Die Latenz, die in dieser Beschreibung steckt, gilt Anselm Haverkamp als grundlegendes Prinzip kultureller Formationen und textueller Verfahren: In den Erscheinungen von Kultur und Bedeutung verdecken sich die Verfahren ihrer Hervorbringung und geben sich doch latent zu lesen. Die Latenz von Kultur und Text betrifft dabei in gewisser Weise auch die Theorie der Latenz selbst, die – im Gegensatz zu ihrer jahrhundertealten Wirkgeschichte – eher im Verborgenen bleibt (vgl. Khurana/Diekmann 2007: 9f.). Anselm Haverkamps Einsatz an dieser Stelle, die Latenz zur Leitfigur der Kulturwissenschaften zu machen, zielt dem Begriff der Latenz entsprechend weniger auf den Theorieentwurf eines geschlossenen Systems, sondern vielmehr auf ein heuristisches Verfahren, kulturelle Phänomene in ihrer Tiefenstruktur zu lesen, wie Haverkamp es in seinen paradigmatischen Analysen exemplarisch vorführt. Diese Analysen sind dabei stets singulärer Natur,[1] einer je konkreten Formation verpflichtet, an der die ihr eigenen Latenzen und Verfahren exemplarisch ausgelesen werden; sie sind zugleich immer meta-theoretisch angelegt, d.h. der jeweiligen Forschungs- und Theorie-Situierung eingedenk, die der jeweiligen kulturellen Formation entspricht und diese in der Rezeptionsbewegung selbst überformt und durchdrungen hat.

Biographische Skizze

Den Bedarf nach einer Kulturtheorie und die Frage, was Kulturwissenschaft sein könne und leisten solle, situiert Haverkamp in diesem Sinne selbst noch einmal historisch und metatheoretisch: er versteht sie als eine Folge der Krise der Geisteswissenschaften (insbesondere der Germanistik), die sich in der Nachkriegszeit entfaltete und mit der eine bestimmte Form der Auffassung und der Fortsetzung von Kultur fraglich geworden war.

Zwei institutionelle Orte waren vor dem Hintergrund dieser Krise und in der Begründung einer neuen Form von „Kulturwissenschaft" ausschlaggebend für Haverkamp: Konstanz und Yale. In Konstanz, wo Haverkamp 1968 seinen Magister abschloss und nach seiner Promotion 1975 in Heidelberg (Haverkamp 1979) 1983 auch habilitierte, entwickelte sich eine prominente erste Reform-Universität mit einem neuen Ansatz der Geisteswissen-

---

[1] „Latenzbeobachtungen – dafür ist die Literatur die privilegierte Quelle – sind singulärer Natur und können nur am Einzelfall nachvollziehbar gemacht werden." (Haverkamp 2004a: S. 11)

schaften. Der Ansatz, der in Konstanz die Reform der Geisteswissenschaften prägte, lief wesentlich unter dem Begriff der Rezeptionsästhetik: „Die am rechten Fleck, im Panorama der europäischen Alpen eröffnete Fakultät von Konstanz ließ es sich nicht nehmen, die zu ergreifende Rolle der Ästhetik in eine nicht mehr nationalkulturelle, begriffsgeschichtliche Konstellation zu bringen. Deren kulturwissenschaftlicher Inbegriff wurde die Rezeption, in der Ästhetik ihre kulturelle Dimension entfaltet." (Haverkamp 2004a: 8) Die Prägnanz dieses Umdenkens dokumentierte sich in Institutionen wie der in Konstanz verankerten Gruppe „Poetik und Hermeneutik"[2], an der Haverkamp selbst beteiligt war (u.a. als Organisator und Mitherausgeber von zwei der Kolloquien)[3] und die für ihn maßgebliche Figuren wie Hans Blumenberg und Wolfgang Iser umfasste. Die Forschungsgruppe arbeitete programmatisch interdisziplinär und konfrontierte auf eine neuartige und produktive Weise formalistische und strukturalistische Poetik *und* literarische Hermeneutik, Literatur *und* Philosophie, Soziologie *und* Geschichte. Der von Poetik und Hermeneutik verwandelte Sinn der Geisteswissenschaften und die mit dem Rezeptionsbegriff verbundene Neuorientierung lieferte einen Grundstein für Haverkamps eigene (geschichtliche) Untersuchung textueller und kultureller Latenz: „Die Latenz der Texte offenbart sich, in ihrer Wahrheit wie in ihrer möglichen Unwahrheit, in der Rezeption. [...] Philologie ist nichts anderes als die Arbeit dieser Trassierung, Spurensicherung und Verwischung." (Haverkamp 2004a: 29)

In Yale, wo Haverkamp in den 1980er Jahren als Nachfolger Paul de Mans Professor of Comparative Literature war, fand er einen zweiten zentralen Ort grundlegenden, oder vielmehr -stürzenden Umdenkens: Nach der Umorientierung des *New Criticism* auf Aspekte der Form und Struktur literarischer Texte und der so propagierten Umstellung auf textimmanente statt externe und damit ideologie-anfällige Analyse, war in der „Yale School" um Paul de Man und Jacques Derrida, der dort seit den 70er Jahren eine dauernde Gastprofessur innehatte (vgl. das sogenannte Yale Manifesto von de Man et al. 1979), die amerikanische Version der Dekonstruktion begründet worden.[4] Der posthermeneutische Fokus auf Rhetorizität und Dekonstruktivität der Bedeutungsproduktion von Texten lieferte eine zweite maßgebliche Grundlage für Haverkamps Theorie literarischer Latenz.

Die Doppelung dieser beiden neuen entscheidenden Perspektiven – Konstanz und Yale – hat Haverkamp durch sein transatlantischen Doppelengagement, in dem er sein maßgebliches Wirken entfaltete und seine eigene Theorie der Latenz entwickelte, fortgeführt: Seit 1989 als Professor am English Department der New York University und seit 1996 zusätzlich Lehrstuhlinhaber der ‚Westeuropäischen Literaturen' innerhalb der Kulturwissenschaften an der Viadrina in Frankfurt an der Oder institutionalisiert Haverkamp die Doppelperspektive und die ihr entsprechende Umorientierung der Geisteswissenschaften und führt die amerikanischen und deutsch bzw. europäischen Forschungs-Kooperationen fort. Als Begründer und Sprecher des Graduiertenkollegs ‚Repräsentation – Rhetorik – Wissen' wie auch des ‚Poetics and Theory Programs' erprobt Haverkamp darüber hinaus eine Neufor-

---

[2] Die Forschergruppe, die zwischen 1963 und 1994 tagte, nahm ihren Anfang an der Universität Gießen, verlagerte aber dann mit der Berufung zentraler Mitglieder der Gruppe an die neugegründete Universität ihren Schwerpunkt an die Universität Konstanz. Die Beiträge und Diskussionen der 17 Tagungen der Forschungsgruppe sind in der Reihe *Poetik und Hermeneutik* beim Wilhelm Fink Verlag erschienen.

[3] Kolloquium XIII unter dem Titel „Individualität" (Haverkamp/Frank 1988) sowie Kolloquium XV zum Thema „Memoria: Erinnern und Vergessen" (Haverkamp/Lachmann 1993).

[4] Vgl. zur ‚amerikanischen' Prägung der Dekonstruktion insbes. Haverkamp (1995) und Haverkamp/Goodrich (2005).

matierung der Promotionsphase.[5] Im Rahmen seiner doppelten, deutsch-amerikanischen institutionellen Position hat Haverkamp eine Serie von umfassenden Untersuchungen verfolgt (zu Metapher, Allegorie, Gedächtnis, Gewalt, Gerechtigkeit etc.), die sich in einer Theorie der literarischen Latenz niederschlagen (vgl. Haverkamp 2002), als einem Grundbegriff der Kulturwissenschaften.

Diese am Begriff der Latenz orientierten Form von Kulturwissenschaften bezieht sich kritisch auf andere Modelle wie das der Kulturwissenschaft an der neu gegründeten Europa-Universität Viadrina. Hier – an der Reformuniversität nach der Reform – wurden die Geisteswissenschaften neu als interdisziplinäre Kulturwissenschaften organisiert, die die überkommenen Disziplinen der Geisteswissenschaften in sich aufnehmen sollten. Haverkamp hält diesem Kompromiss und der Formel der „Kulturwissenschaften" eine Orientierung an geschichtlichen Textformationen entgegen, die aus ihrer Latenz heraus die sichtbare Kultur – wie sie phänomenal, ästhetisch, medial sichtbar wird – tragen und beeinflussen und die eben nicht auf dieselbe Weise sichtbar, sondern vielmehr lesbar sind.[6] Die neu begründete Kulturwissenschaft bleibt für Haverkamp verbunden mit der Krise der Nachkriegszeit als Latenzzeit, die den Krieg nicht überwunden hat: „Kulturwissenschaft ist eine Nachkriegswissenschaft in dem Sinne, daß die Rückfälligkeit in die Barbarei nicht so sehr ihr Gegenstand als ihre methodische Voraussetzung ist." (Haverkamp 2004a: 7) In der Frage nach der Neuordnung der Geisteswissenschaften, nach Kultur und Kulturwissenschaften geht es damit um ein „Wissen im Nachkrieg" (Haverkamp 2004a), und das heißt, um die Latenzen der Kultur wie der Kulturwissenschaft, die sich privilegiert in der Literatur zeigen und denen es Rechnung zu tragen gilt. Haverkamp schlägt daher in Rückgriff auf Baumgartens „Begründung der Kulturwissenschaften in Frankfurt an der Oder" (Haverkamp 2008: 181ff.) vor, „Latenz als Grundbegriff der Kulturwissenschaften zu supponieren" (Haverkamp 2002: 10), um so auch das Unternehmen einer Kulturwissenschaft selbst noch – im Rückgang auf die Latenz der Texte – kritisch befragbar zu halten: um „Kulturwissenschaften in einem Medienzeitalter" untersuchen zu können, „in dem der verflossene Geist der Geisteswissenschaften die Medien heimsucht wie das Gespenst des alten Hamlets die Bühne Shakespeares" (Haverkamp 2002: 10).

Metapher und Latenz

Das Konzept der Latenz bezieht Haverkamp wesentlich aus der Rhetorik. Kultur funktioniert textuell und hat eine komplexe sprachliche Tiefendimension, die rhetorisch strukturiert und auf deren Hintergrund allein das jeweilige kulturelle Phänomen zu entziffern ist. Die Rhetorik hat als Mechanismus der Verdichtung und Verschiebung, der Figuration und der Entstellung von Sprache an der Komplexität und Latenz der Kultur maßgeblichen Anteil. Metapher und Anagramm sind dabei zwei zentrale Paradigmen für die Latenz in Kultur und Geschichte.[7] Der Metapher widmet Haverkamp sich zunächst im Zusammenhang mit

---

[5]   Zur Bedeutung der Promotion für den Stand der Geisteswissenschaften siehe Haverkamp 2010a.

[6]   Vgl. zu der hier einschlägigen im Rückgang auf die Allegorien des Textes und des Lesens formulierten Kritik an einer Ideologie des Ästhethischen: Paul de Man (1992).

[7]   Ich greife hier nur exemplarisch die Metapher (die mit Allegorie und Bild eng verknüpft ist) und das Anagramm (das Trauma und Krypta nahe steht) heraus. Haverkamp verhandelt auch Allegorie, Ironie, Bild, Trauma, Gedächtnis, Mythos, Typus, Krypta, Nomos usw.

Anselm Haverkamp: Latenz und Geschichte

ihrem paradigmatischen und symptomatischen Status innerhalb des Konflikts der Geisteswissenschaften. An der Metapher – der prominentesten rhetorischen Figur – zeichnet Haverkamp den Konflikt der Interpretationen nach, bei dem es insbesondere um den problematischen Status der Rhetorik geht.[8] „Als neueste Metamorphose von deren Konkurrenz [des uralten Konflikts von Rhetorik und Philosophie] fand der *Konflikt der Interpretationen* von Hermeneutik und Strukturalismus, den Paul Ricoeur an der Metapher aufgewiesen hat, in der Metapher seinen idealen Zankapfel. Aber die neue Aktualität der Rhetorik ging in diesem Konflikt nicht auf; sie bewies eine Latenz, für die die Metapher nur ein Symptom, allerdings kein beliebiges Symptom war." (Haverkamp 1996 [1983]: 499f.)

Gerade vor dem Hintergrund dieses besonderen Status der Metapher in diesem Konflikt und im Rückgriff auf die spezifische Latenz, mit der sie die Frontlinien ein ums andere Mal unterläuft, entwickelt Haverkamp aus den Lektüren dieses andauernden Streits und in der besondern Beschäftigung mit Blumenbergs Metaphorologie seine eigene einschlägige Theorie der Metapher (vgl. insbes. Haverkamp 2007). An der Metapher wie an anderen Figuren manifestiert sich für Haverkamp insbesondere eine doppelte Logik, eine innere Gegenläufigkeit der Rhetorik, die zum einen als ein Mechanismus der Überredung funktionieren kann, der auf den Effekt (Evidenz) zielt („Rhetorik der Persuasion"), zum anderen aber als Technik eines uneigentlichen Funktionierens verstanden werden muss, das seine Effekte wieder unterbricht und über sie hinausschießt („Rhetorik der Tropen"). Aus dieser aporetischen Struktur des Rhetorischen schließt Haverkamp auf die spezifische Latenz der Rhetorik, die ihr eigenes Wirken nicht nur verbirgt, sondern auch dekonstruiert: Latent ist die Verfahrensweise der Rhetorik nicht nur im – ideologischen – Verdecken der ihr eigenen Verfahren, sondern auch darin, wie sie Verdrängtes und Verdecktes aus der Latenz zur Geltung bringt und so jede Erscheinung mit einer Schattenseite versieht: „Gezeichnet von dem Bruch, der durch sie hindurchläuft, prägt ‚Rhetorik' die Textualität aller Texte als eine unterbrochene, gebrochene, diskontinuierliche." (Haverkamp 2002: 38) Diese Latenz zeigt sich exemplarisch an der Metapher als Grundfigur der Rhetorik[9]: „Wie Derrida erkennt de Man in der Metapher und dem metaphorischen Wucher, der mit ihr getrieben wird, die Grundfigur an, in der das philosophisch-rhetorische double bind seine doppelte Bindung gefunden hat." (Haverkamp 2002: 42) Mit Blumenberg prägt Haverkamp den Terminus der Metaphorologie, der das Prinzip der Metapher zu einem allgemeinen Prinzip von Untersuchungen macht, die sich auf die Logik von kulturellen Umbesetzungen und die „Metakinetik geschichtlicher Sinnhorizonte" beziehen. Auch diese Logik steht unter dem Doppelcharakter der Rhetorik: In der vermeintlich glückenden ‚Übertragung', die auf die Herstellung einer neuen Evidenz zielt, aber gleichzeitig gegenläufig tropisch funktioniert, werden nicht einzelne Bedeutungselemente von anderen ‚ersetzt', sondern vielmehr mit diesen verschränkt, von ihnen verdrängt und in der Verdrängung erhalten, und so in untergründige

---

[8] In der *Theorie der Metapher* dokumentiert und situiert Haverkamp umfassend den Stand der Diskussion in Sprachanalyse, Strukturalismus und Hermeneutik, die am Fall der Metapher auf je unterschiedliche Weise – meist in einer Absetzungs- oder Verleugnungsbewegung – Fragen der Rhetorik beerben (vgl. Haverkamp 1996 [1983]: 2ff.).

[9] Die Metapher wird bevorzugt unter dem Gesichtspunkt betrachtet, wie sie eine ideologische Funktion erfüllt und hinter ihrem persuasiven Erscheinungsbild ihre eigene Textualität und Technizität verbirgt. Sie kippt aber nicht notwendig ins Bild und in die geschlossene Figur, sie kann vielmehr auch in die Explikation getrieben werden und so in eine Allegorie führen, die ihre eigene Rhetorizität ausstellt. Vgl. zur Allegorie als kontinuierte und zugleich brüchige Metapher Haverkamp/Menke (2000) sowie Haverkamp (2002: 73ff.). Zu einem besonderen Paradigma von Allegorie vgl. Haverkamp (1991).

Spannung versetzt. Es entstehen Bedeutungsformationen, die, fern davon als Bedeutung festgestellt, be-griffen werden zu können, gerade aus der unbegrifflichen Latenz heraus wirken.

Die Metaphorizität der Bedeutungsmaterie hält durch diese komplexe Ökonomie der Distanz die Bedeutungsschichten in den Spannungs- und Durchdringungsverhältnissen, und damit in ihren Brüchigkeiten verfügbar. „[E]s ist eine Ökonomie, die das Management der Distanz betreibt und sie zur anthropomorphen Meta-Metapher eignet." (Haverkamp 2008: 175) Eine solche Disposition zur Distanz hält die Bedeutung vor ihrer Fest- und Stillstellung im Begriff – ein Zustand, den Haverkamp mit Blumenberg Unbegrifflichkeit nennt. Es ist dieser Zustand der Unbegrifflichkeit, der die Sprache zu Literatur werden lassen kann: „Empsons ambiguity erfaßt diese *Latenzen der sprachlichen Materie, bevor sie zu Bedeutung gerinnen*, und das ist, so seine weitreichende theoretische Unterstellung, der Moment ihrer poetischen Entdeckung und Verwendung, der diese zum Ereignis macht." (Haverkamp 2007: 72) Mit den antiken Rhetoriken von Aristoteles und Quintilian, der „Renaissance der Tropen" (Haverkamp 2007: 42) von Vico und Baumgarten bis zum *New Criticism* von I.A. Richards und William Empson beschreibt Haverkamp die aus solcher Unbegrifflichkeit sich ergebenden historischen Schichten von Sprache und Bedeutung: die „im Lexikon sedimentierte[n] Bedeutungsschichten und -geschichten, d[ie] in ihnen sich unabsehbar eröffnenden und verschließenden Aktualisierungsmöglichkeiten". (Ebd.) In der Unbegrifflichkeit erschließt sich die Sprache in latenten Schichten, die in ihrer Zeitlichkeit bereits das Geschichtsmodell erkennen lassen, welches Haverkamp im Rückgriff auf die Rhetorik entwickelt. Der latente Aggregatzustand der Bedeutung, den Haverkamp hier in den Blick nimmt, zeugt von einer Fluktuation und einer Bedeutung *in Bewegung*, die nicht still zu stellen ist. Vielmehr lebt diese Bedeutung gerade von dem Verfahren der Rhetorik, eine Bewegung (der Verdichtung, Verschiebung, Verdrängung) zu vollziehen, ohne sie ganz abzuschließen. „[W]as Empsons Ambiguität und Blumenbergs Unbegrifflichkeit an der poetischen und der philosophischen Sprache als eine nicht weiter hintergehbare, vorprädikative Hypothek aufweisen, ist, wie de Man es genauer formuliert hat, nicht viel mehr als ‚a vector, a directional *motion that is manifest only as a turn*'." (Ebd.: 73)

Die Kunst der Rhetorik, sich als Kunst zu verstecken, zeitigt nicht nur Missverständnisse, sondern auch den ganzen Konflikt und den Verdacht, den die Rhetorik seit jeher auf sich zieht. Dabei ist es gerade die auf Transparenz und Klarheit gerichtete Anti-Rhetorik, die sich der verdeckt arbeitenden Rhetorik bedient. Sie begründet sich (neu) in der Neuzeit, die die antike Tradition der Rhetorik und damit auch die ihres Widerstands neu belebte, und schafft damit einen Gegenpol zu der Bühne Shakespeares, die vom rhetorischen Transport und der Mitdarstellung seiner Verfahren lebt: „Der politisch kontrollierte Begriff der Metapher widerspricht ihrer ästhetischen Pervertierbarkeit, wie ‚the Elizabethan subversive' voraussah. Was nicht hindert, wie Blumenberg zu Hobbes schreibt, ‚daß Antirhetorik in der Neuzeit zu einem der wichtigsten rhetorischen Kunstmittel geworden ist', nämlich ‚für sich die Härte des Realismus in Anspruch nehmen'." (Ebd.: 79) Rhetorik ist somit nicht harmlos, weder überschüssige Zierde (ornatus) noch gefährliche Überredung (persuasion), sondern ein Verfahren der Ver- und Entstellung, der Verdrängung und Unterdrückung, das sich selbst verbirgt und zu lesen gibt und nicht nur in Büchern, sondern ebenso auf der Bühne des Politischen, im Geist des Geldes, den Techniken der Lebenswelt oder den Verfahren des Rechts seinen Ort findet. Exemplarisch zeichnet Haverkamp etwa an *Richard II* (Haverkamp 2004b), aber auch an Dantes *Göttlicher Komödie* (Haverkamp 2008: 37ff.) die

Anagramm und Geschichte

gefährlichen Verfahrensweisen von Metaphern und Allegorien der Politischen Theologie nach, die im Politischen und seiner Theorie ihre Wirkung entfaltet und sich in literarischen Verhandlungen ihrer eigenen Dekonstruktion ausgesetzt haben.[10]

Die Fokussierung auf Verfahren textueller Hervorbringung ist dabei in diesem Entwurf der Latenz „nicht zu verwechseln mit dem Mißverständnis der Referenzlosigkeit", das im Sinne eines Relativismus gerade aus einer dekonstruktiven Hinwendung zu textuellen Verfahren abgeleitet wurde. Vielmehr geht es bei diesem Entwurf um „eine dekonstruktive, proto- oder anagrammatische, grammatologische Philologie, deren Kunst in der Latenthaltung des Möglichen [...] bestünde und die in solcher Verfügung verwaltete Unterwerfung, Fremdbeherrschung und Freund-Feindbehandlung konvertierbar, dekonstruierbar, revidierbar hielte." (Haverkamp 2004a: 21f.)

Anagramm und Geschichte

Besteht die Latenz der Metapher in der Überlagerung, Verdichtung und Verdrängung verschiedener Bedeutungen, so funktioniert das Anagramm über die Verschiebung und die Umstellung eines Bedeutungsgefüges in ein anderes: „Zwischen Klartext und Arabeske erstreckt sich das Gelände der Metapher; es reicht von der literal fixierten Referenz bis an den Rand der a-referentiellen Zeichen-Konstellationen. Dagegen liegt zwischen Anagramm und Trauma die Strecke der metonymischen Verknüpfungen und Verschiebungen; sie reicht von der unsichtbaren Inschrift bis zur unlesbaren Markierung." (Haverkamp 2002: 163). Anagramme stellen in diesem Sinne Umstellungen dar, die auf der textuellen Oberfläche unsichtbar sind. Sie können noch auslesbar sein, funktionieren aber gerade dadurch, dass sie das Ausgelesenwerden nicht garantieren und kryptisch fungieren, indem „ihre rhetorische Funktion systematisch verdeckt ist" (ebd.: 139). Ihr Grenzwert ist das Trauma, die gänzlich unlesbar gewordene Inschrift.

Wie schon in Bezug auf die Metapher gewinnt Haverkamp aus der einen konkreten Trope des Anagramms einen Inbegriff einer allgemeinen Struktur der Sprache und der Literatur. In seinem Eintrag zum Anagramm in den *Ästhetischen Grundbegriffen* (Haverkamp 2000) formuliert Haverkamp die Ausweitung des Anagramm-Begriffs zu einer Anagrammatik: „Anagramme im strengen Sinne entstehen durch Verteilung der Buchstaben eines Wortes auf ein ausgedehntes Text- oder Redestück, und zwar ohne Rest. Anagrammatisch im weiteren Sinne heißen alle ähnlichen Umstellungen, durch die ein Wort in ein anderes oder mehrere andere Wörter verwandelt oder über den weiteren Kontext, mit mehr oder weniger Rücksicht auf Reste und Verdoppelungen, verteilt ist. Im weitesten Sinne heißen anagrammatisch dann auch die Textstücke, die jeden Text, markiert oder unmarkiert, erkannt oder unerkannt, durchziehen und intertextuell mit den Texten, die ihn auf diese Weise zitieren und repräsentieren, in Verbindung bringen und halten." (Haverkamp 2000: 137) Auf diese Weise fungiert das Anagramm als ein zweites Paradigma der rhetorischen Latenz, welches durch Mehrschichtigkeit und Gegenläufigkeit gekennzeichnet ist. Die Anagrammatik von Texten verweist besonders auf den Sediment- und die Bruchstückcharakter der Bedeutungs-

---

[10] Zwei für Haverkamp zentrale Gesprächspartner in diesem Zusammenhang sind Stephen Greenblatt mit seinem Begriff der „negotiations" und Giorgio Agamben mit seiner Vertiefung von Benjamins Kritik der Gewalt – vgl. Greenblatt (1988), Agamben (2002), Haverkamp (1994, 2004/2005, 2010b). Zu Giorgio Agamben vgl. auch den Beitrag von Johannes Scheu in diesem Band.

materie, deren Elemente in immer wieder neuen Umstellungen und Konfigurationen auftauchen und dabei ineinander lesbar sind: als Untergrund fungieren.

In *Figura cryptica* (Haverkamp 2002) enfaltet Haverkamp anhand exemplarischer Lektüren einige konkrete Gestalten des Anagramms und seiner spezifischen Latenz. Eine Manifestationsform des Anagramms ist der *pun*, ein Wortspiel mit dem Effekt der Ironie, die auf der inneren Gegenläufigkeit der manifesten Darstellung und der in ihr latent enthaltenen Umschrift beruht und ein Gegenspiel der Bedeutung eröffnet. Das Anagramm wirkt so aus der Latenz heraus – „Die anagrammatisch gegen den Strich der Ab-bildung in der Darstellung abgewonnenen, ihr eingeschriebenen Züge [...] sind unsichtbar" – und impliziert einen potentiell ironischen Effekt: „In dieser Gestalt des in und aus der Verbergung heraus Offenbarens ist das anagrammatische Manöver in einem profunden Sinne ‚ironisch' und qua Ironie in unterschiedliche Konfigurationen umsetzbar." (Haverkamp 2000: 142)

Diese Latenz kann als Anagrammatik nicht nur für einzelne Worte und Namen gelten, sondern eben auch für Texte als ganze, die aus der Umschrift anderer Texte bestehen können: „Das Fortleben der Texte in Texten, ihre Entgrenzung zu immer neuen Konfigurationen immer weiter zurückreichender Zitate, ist das Gegenbild zur Anagrammatik der Namen. Sind diese implizite Zitate, so sind Zitate wie auswendige, nach außen sich entfaltende Namen, Inschriften und Umschriften nach dem Gedächtnis der Literatur." (Haverkamp 2002: 158) Dies gilt nun sogar für Bilder, die in der Verkehrung der Perspektive in der Anamorphose die In- bzw. Umschrift eines anderen Bildes enthalten können. Durch diese Ausweitung entsteht eine neue Tiefenschicht der Texte, die sich jedoch in der textuellen Oberfläche selbst (nicht in irgendeiner Weise dahinter) verborgen hält. Eine solche Betrachtung erfordert eine eigene Re-Lektüre der Texte: „Der exemplarische Status von Anagrammen für die rhetorisch-poetische Analyse einer Literatur, die auf grammatischer Grundlage kanonisch geworden ist und ihren anagrammatischen Untergrund nicht preisgibt, bleibt erst noch wiederzufinden." (Haverkamp 2000: 136)

An dieser Bestimmung der Anagrammatik wird ein Modell der Zeitlichkeit sichtbar, und erkennbar, wie ein rhetorisches Modell der Latenz für ein Verständnis der Geschichte fruchtbar gemacht werden kann. Im anagrammatischen Untergrund der Texte kommt die Vergangenheit der Bedeutung zum Tragen – eine Vergangenheit, die in die Zukunft künftiger Umstellungen, Verschiebungen, Neuverknüpfungen und damit in die Zukunft neuer Vergangenheiten verweist. Von dieser rhetorischen und textuellen Zeitlichkeit handeln auch Haverkamps Auseinandersetzungen mit dem Gedächtnis und dem Gedächtnis der Texte: „Das Gedächtnis in den Texten besteht als eine Art ‚embedded intelligence' in der Einbettung ‚innertextlicher Gedächtnisräume'." (Haverkamp 2000: 152) Das latente Zitat im Text funktioniert als eine Art dialektisches Bild (vgl. Haverkamp 2002: 44): eine Gegenwart, die die Vergangenheit – verdichtet, verschoben – eingefangen hat und in eine gespannte Konstellation zur Gegenwart treten lässt. Die Vergangenheit im dialektischen Bild ist dabei wie das Anagramm nicht manifest sichtbar im Bild, aber lesbar.[11] Für die Übertragung des synchronen Modells des Anagramms auf die diachrone Achse (der Texte, der Kultur) verwendet Haverkamp den Begriff der Telescopage: „das Bild im dialektischen Bild ist dialektisch als Telescopage von Geschichte". (Haverkamp 2002: 50) So finden sich die Bedeutungsschichten der Sprache in einem einzelnen Ausdruck und einer konkreten

---

[11] Der Ort der dialektischen Bilder ist laut Benjamin bekanntlich die Sprache. Die Form ihres Erscheinens betrifft in diesem Sinne nicht das Sehen, sondern: das Lesen. Vgl. hierzu auch Haverkamp (1992).

Verwendung verschoben wieder und wirken als ‚aufgehobene' weiter: „Denn die Latenz der Anagramme ist nichts anderes als die Projektion der diachronen Sprach-Tatbestände in die Synchronie der aktuellen Sprachhandlungen: unvordenkliche Nachwirkung der akkumulierten Sprach-Geschichte im Stande der jeweiligen Aktualisierungen." (Haverkamp 2002: 11)

Ein solches Modell der ‚unvordenklichen Nachwirkung' macht die Frage nach der Lesbarkeit der Geschichte wie der Kultur dringlich. Was als Darstellung manifest – sichtbar – ist, steht in Spannung zu den anagrammatisch verdeckt und gegenläufig wirksamen Strukturen. Das erfordert mehr als reinen Nachvollzug einer manifest sichtbaren Geschichte: „Im ersten, als Kontingenz-Kompensations-Geschichte gefaßten, hermeneutischen Wirklichkeitsbegriff […] ist Evidenz erfolgsabhängiger Vorschein performativer Akte […]; im zweiten, in Latenzgeschichten entworfenen kultur-diagnostischen Wirklichkeitsbegriff ist Evidenz ein Manifestierungseffekt. Nur in der zweiten […] Einstellung ist die […] Manifestationsweise von Geschichte […] als der nicht-evidente, in zwangsläufige Verkennung verstrickte Verblendungszusammenhang der Moderne einsehbar, das heißt: Kulturwissenschaft wird als Wissenschaft möglich statt als bloßer Medien-Nachvollzug und unabhängig von allfälligen Leitkulturen und Geopolitiken." (Haverkamp 2004a: 21) Eine solche Kulturwissenschaft, die gerade die Analyse der verdeckten Tiefenstrukturen der Geschichte betreibt, sucht Abstand von den Trends der (Forschungs-)Politik und ihren Figuren der Schließung und Figuration von Geschichte. Quasi-rhetorische Bewegungen der Kultur vollziehen Geschichte, die aber nicht ohne Weiteres sichtbar ist und daher zu weiten Teilen „unthematisiert [bleibt] in den lautlosen Wendungen der Tropen, die das Funktionieren der Geschichte mitsamt ihren Geschichten beherrschen". (Haverkamp 2002: 2)

Shakespeares Bühne der frühen Neuzeit und ihre nachhaltige kulturelle Rezeption spielt in Haverkamps Analysen eine exemplarische Rolle als anagrammatischer Tausch- und Umschlagsplatz der Latenz der Geschichte, wo dieses Funktionieren der Geschichte mitsamt ihren Geschichten exponiert wird. „Shakespeare, der mit dem Geist des alten Hamlet den Lacanschen *Namen des Vaters* die Bühne heimsuchen läßt und so die Wiederkehr der Rache in der Geschichte auf einen Begriff bringt, demonstriert in einem die Ironie der Ursprünge dieser Geschichte." (Haverkamp 2002: 79) Zu den unzähligen rhetorischen Verfahren Shakespeares, die nicht zuletzt dazu dienen, Geschichte aufzuführen (vgl. insbes. Haverkamp 2010b), gehören neben der Ironie, den verdeckt funktionierenden *puns* und den metamorphotischen Verwandlungen gerade auch die – spezifisch theatrale, aber ebenfalls rhetorisch informierte – Figur der *enargeia*: die Figur der Verlebendigung. Exemplarisch analysiert Haverkamp diese Figur anhand der Latenz des Wintermärchens, in dem „der Reigen eröffnet [wird] durch den Verdränger aller Mythen, die christliche Revision der Tragödie im Trauerspiel – und zwar unter Aufgabe beider". (Haverkamp 2008: 144) Der ‚Reigen' der untergründigen Bewegung des Stückes führt dazu, dass nichts tatsächlich erledigt wird. Wie ein Wort oder ein Zitat in einem anderen Wort oder Text unsichtbar enthalten, aufgehoben und aus der Verdeckung heraus wirksam sein kann, so können auch geschichtlich überwunden geglaubte Gehalte (der Mythos, die Rache) verdeckt aufgehoben und gerade im Aufführen (Verlebendigen) von Geschichte wirksam werden. Zu dieser Latenz der Geschichte gehört die Verdrängung und die Wiederkehr der unbewältigten Vergangenheit, die sich in *Hamlets* Geist zeigt, der die Bühne der Geschichte heimsucht. Die Latenz, die sich aus dem rhetorischen Modell ergibt, bedeutet für die Geschichte entsprechend komplexe Strukturen des Wissens und Erkennens. Sowohl kollektive Deckerinnerungen als auch die „[d]ie Ironie der Geschichte und die in ihr waltende ‚List der Vernunft‘, eine eminent rhetorische Kategorie" (Haverkamp 2002: 10) gehören dazu.

So funktioniert auch die historische Modellierungskette, die Haverkamp immer wieder in seinen Analysen entwirft – anagrammatisch. Der lateinische Begriff der Latenz (und das ihm inhärente Modell von Geschichtlichkeit) birgt nach Haverkamp bereits die ‚Aufhebung‘ der griechischen Mythen in sich: „Der Gleichklang mit dem griechischen *lanthanein* […] birgt die Latenz der griechischen Mythen, selbst verhohlen, im Prozeß ihrer Metamorphose in die Latinität." (Haverkamp 2002: 7) Der (griechische) Mythos bleibt verborgen enthalten in der (lateinischen) Geschichte, die doch meint, den Mythos überwunden zu haben. Der Mythos ist aber mit Blumenberg immer schon die Überwindung seiner selbst (vgl. Blumenberg 1979). So ist diese Grundkonzeption der Latenz eine geschichtliche Kategorie, die den Mythos – ihre bewältigt geglaubte Vergangenheit – in sich trägt. Diese spannungsreiche Konstellation verweist auf den drohenden Charakter, den die Latenz annehmen kann: „Latenz, vom lateinischen *latere* […] aus dem Verborgenen drohen, ist von mythischer Qualität." (Haverkamp 2002: 7) Die Konstellation wiederholt bzw. verdoppelt sich, wenn bei Shakespeare die Politik der großen Herrscher der Geschichte – als Geschichte der Kriege – ein Ende bereiten soll, diese aber dadurch in der Politik immer mitgetragen wird. Wie der Mythos in der Geschichte sich fortsetzt, so setzt sich in der Politik die Geschichte und die Latenz des Krieges erneut fort. Die ganze Hypothek der unbewältigten, aus der Latenz drohenden Konstellationen kommt zum Tragen in der unbewältigten Aufklärung und zeigt sich entsprechend als Hypothek zweiten Grades in der modernen Literatur von Kleist bis Kafka.

So zeigt sich die Barbarei in der Kultur als eine Wiederkehr des Verdrängten, nicht so sehr als Einbruch, sondern eher als immer schon latent – anagrammatisch – enthaltenes Verdrängtes. Wie die Rhetorik in der Philosophie[12], ist der Mythos in der Geschichte, und die Barbarei in der Kultur, nicht etwa überwunden, sondern vielmehr enthalten als das verdrängte andere und wirkt gegenläufig aus der Latenz. Es ist in eben diesem Sinne zu verstehen, dass Haverkamp die Kulturwissenschaft zurück führt auf die Krise der Nachkriegszeit als einer Latenzzeit, die den Krieg nicht überwunden hat, als „Nachkriegswissenschaft in dem Sinne, daß die Rückfälligkeit in die Barbarei nicht so sehr ihr Gegenstand als ihre methodische Voraussetzung ist". (Haverkamp 2004a: 7) Diesem Befund entspricht auf der Seite der Kulturwissenschaften auch der Bedarf nach einer neuen Art des Wissens und der Wissenschaft, die anderen Formen des unthematischen Halbwissens Rechnung trägt, wie sie die Texte latent enthalten. Eine derart an der Latenz als Leitbegriff orientierte Literatur- und Kulturwissenschaft zielt darauf, diese verdeckte Formen des Wissens, des Ahnens und Verleugnens, des Halb-Wissens und ‚nicht gut nicht Wissens‘ in ihrer Wirksamkeit lesbar zu machen.[13] „Texte" halten ihre eigenen Brüche, Verdrängungen und Spannungen als anagrammatische Spuren verfügbar, das haben sie der „Kultur" und der „Geschichte" voraus. In der Aufgehobenheit und Lesbarkeit ihrer Latenz liegt so eine besondere „Gerechtigkeit der Texte", die im Recht – der eigentlich auf Gerechtigkeit zielenden Instanz – nicht zu gewährleisten ist: „Gerechter […] sind sie [i.e. die Texte] darin, daß in ihnen ablesbar bleibt, was in ihnen nicht enthalten ist und nie vollständig enthalten sein kann: was ihnen

---

[12]   Zum Verhältnis von Philosophie und Rhetorik bzw. Literatur vgl. Horn et al. (2006).
[13]   Vgl. Haverkamp (2004a: 133). Für diese komplexen Formen des Wissens ist besonders Stanley Cavell ein wesentlicher Gesprächspartner Haverkamps: „Shakespeare's dramas, like Freud's, propose our coming to know what we cannot just not know." (Cavell 1987: 181; vgl. auch Haverkamp 2009)

Anselm Haverkamp: Latenz und Geschichte

abgeht wie dem Recht, das sie herstellen soll, die Gerechtigkeit." (Haverkamp 2002: 153) Von einer solchen Gerechtigkeit der Texte ausgehend, erhält Haverkamps Vorschlag des Latenzbegriffs als Orientierung der Literatur- als Kulturwissenschaften die Dringlichkeit seiner politischen Implikation: „Der Philologie, einer postnationalen Philologie und post-komparatistischen Literaturwissenschaft mag die Kunst der Latenthaltung auf den vom Korsett der Nationalliteraturen endlich befreiten Leib geschrieben sein, denn als Ökonomie, Haushaltung, ist Kultur Umgang mit dem *im Eigenen lauernden Anderen*, dessen unausgesetzte, nicht auszusetzende Latenz literarisch, und sei es auch nur flüchtig, festgehalten und längerfristig festzustellen ist." (Haverkamp 2004a: 17)

Der Ansatz Anselm Haverkamps, das Latente und Diskontinuierliche der Kultur zu lesen, geht einher mit einer eigenen und herausfordernden Schreibweise, die von Kritikern auch als kryptisch bezeichnet wurde. Das schwierige Verhältnis, das die Theorie der Latenz zum ‚Klartext' besitzt, begründet sich dabei aus der Sache: aus der Diskontinuität und Latenz der Texte, die es in ihrer Unbegrifflichkeit zu ‚begreifen' gilt. Die Theorie der Latenz wendet sich explizit gegen eine Kultur des Literalsinns, die mehr verdeckt als erhellt, und eine dem entsprechende Kulturwissenschaft, die von „Philosophie-, Theorie- und Reflexions-Ersparnis-Bleiche" (Haverkamp 2004: S. 22) gezeichnet ist. Ob man diese Einschätzung der gegenwärtigen Forschungslage teilt oder nicht, es steht in jedem Falle zu hoffen, dass die Kulturwissenschaften sich der Aufgabe stellen, den Tiefenstrukturen der Texte, die die Kultur prägen, auch in ihren Verstrickungen und Aporien Rechnung zu tragen. Die Theorie der Latenz von Anselm Haverkamp stellt einen solchen Vorschlag dar, die vermiedenen Latenzen der Kultur nachzuzeichnen und in der Gerechtigkeit der Texte verfügbar zu halten.

Literatur von Anselm Haverkamp

Haverkamp, A.: Typik und Politik im Annolied. Zum „Konflikt der Interpretationen" im Mittelalter. Stuttgart 1979.

Haverkamp, A.: Laub voll Trauer: Hölderlins späte Allegorie. München 1991.

Haverkamp, A.: Notes on the Dialectical Image: How Deconstructive Is It? Walter Benjamin. In: Diacritics 22 (1992), 70-81.

Haverkamp, A. (Hg.): Deconstruction IS/IN America: A New Sense of the Political. New York 1995.

Haverkamp, A. (Hg.): Gewalt und Gerechtigkeit: Derrida-Benjamin. Frankfurt/M. 1994.

Haverkamp, A. (Hg.): Theorie Der Metapher. 2. Aufl., Darmstadt 1996.

Haverkamp, A.: Anagramm. In: Barck, K. et al. (Hg.): Ästhetische Grundbegriffe: Historisches Wörterbuch in sieben Bänden, Bd. 1, Stuttgart/Weimar 2000, S. 133-153

Haverkamp, A.: Figura Cryptica. Theorie der literarischen Latenz. Frankfurt/M. 2002.

Haverkamp, A.: Latenzzeit: Wissen im Nachkrieg. Berlin 2004a.

Haverkamp, A.: Richard II, Bracton, and the End of Political Theology. In: Law & Literature 16, no. 3, 2004b, S. 313-326.

Haverkmap, A.: Anagrammatics of Violence: The Benjaminian Ground of Homo Sacer. Cardozo Law Review 26, 2004/05, S. 995-1004.

Haverkamp, A.: Metapher. Die Ästhetik in der Rhetorik. Bilanz eines exemplarischen Begriffs. München 2007.

Haverkamp, A.: Diesseits der Oder. Frankfurter Vorlesungen. Berlin 2008.

Haverkamp, A.: The Days of Cavell: Fußnoten zur Einführung. In: Thiele, K./Trüstedt, K. (Hg.): Happy Days: Lebenswissen nach Stanley Cavell. München 2009, S. 36-42.

Haverkamp, A.: Promovieren – Das unbegriffene Kapital. Der Stand der Wissenschaft ist der Stand ihrer Promotionen. In: Unbedingte Universitäten. Was passiert? Stellungnahme zur Lage der Universität. Berlin 2010a, S. 367-386.

Haverkamp, A · Shakespearean Genealogies of Power: The Whispering of Nothing in Hamlet, Richard II, Julius Caesar, Macbeth, the Merchant of Venice, and the Winter's Tale. London/New York 2010b.

Haverkamp A./Frank, M. (Hg.): Individualität. Poetik und Hermeneutik XIII. München 1988.

Haverkmap, A./Lachmann, R. (Hg.): Memoria: Vergessen und Erinnern. Poetik und Hermeneutik XV. München 1993.

Haverkamp, A./Menke, B.: Allegorie. In: Barck, K. et al. (Hg.): Ästhetische Grundbegriffe: Historisches Wörterbuch in sieben Bänden, Bd. 1, Stuttgart/Weimar 2000, S. 40-104.

Haverkamp, A./Goodrich, P. (Hg.): Derrida/America: The Present State of America's Europe. Cardozo Law Review 27, No. 2, 2005.

Weitere zitierte Literatur

Agamben, G.: Homo Sacer. Die Souveränität der Macht und das nackte Leben. Frankfurt/M. 2002.

Bloom, H./de Man, P./Derrida, J./Hartman, G.H./Miller, J.H.: Deconstruction and Criticism. London/New York 1979

Blumenberg, H.: Arbeit Am Mythos. Frankfurt/M 1979.

Blumenberg, H.: Ästhetische und Metaphorologische Schriften. Hrsg. v. A. Haverkamp, Frankfurt/M. 2001.

Blumenberg, H.: Theorie der Unbegrifflichkeit. Hrsg. v. A. Haverkamp, Frankfurt/M. 2007.

Blumenberg, H.: Metaphorologie. Hrsg. v. A. Haverkamp u. D. Mende, Frankfurt/M. 2009.

Cavell, S.: Disowning Knowledge in Six Plays of Shakespeare. Cambridge 1987.

Diekmann, S./Khurana, Th. (Hg.): Latenz: 40 Annäherungen an einen Begriff. Berlin 2007.

Greenblatt, S.J.: Shakespearean Negotiations: The Circulation of Social Energy in Renaissance England. Oxford 1988.

Horn, E./Menke, B./Menke, Ch. (Hg.): Literatur als Philosophie – Philosophie als Literatur. München 2006.

Ovidius Naso, P.: Metamorphosen. Lateinisch–deutsch. In deutsche Hexameter übertragen von E. Rösch. Hrsg. v. N. Holzberg, Zürich 1996.

Aleida und Jan Assmann: Kultur als Schrift und Gedächtnis

Andreas Langenohl

Allgemeine Einführung

Die Arbeiten von Aleida und Jan Assmann haben sich für die Kulturwissenschaften im deutschsprachigen Raum vermutlich deshalb als so enorm bedeutsam erwiesen, weil in ihnen die nicht immer stringent begründbaren Trennungen innerhalb der Geisteswissenschaften – zwischen Geschichtsschreibung und Erinnerungsforschung, zwischen Philologie und Archäologie oder zwischen Literatur- und Medienwissenschaft – aufgehoben werden.[1]

Beide Assmanns studierten Ägyptologie und hielten sich zwischen 1968 und 1975 zu Grabungsaufenthalten in Oberägypten auf. Während Jans zweiter Studienschwerpunkt bei der Gräzistik lag, verfolgte Aleida ein anglistisches Studium und promovierte in beiden Fächern 1977 in Heidelberg und Tübingen. Jan Assmann wurde 1976 auf einen ägyptologischen Lehrstuhl in Heidelberg, Aleida 1993 auf einen Lehrstuhl für Anglistik und Allgemeine Literaturwissenschaft in Konstanz berufen. Die Anerkennung, die die Arbeiten der Assmann gefunden haben, zeigt sich in zahlreichen Auszeichnungen (es werden nur einige genannt): Jan erhielt 2006 das Bundesverdienstkreuz Erster Klasse und den Alfred-Krupp-Wissenschaftspreis sowie 2007 den Europäischen Essay-Preis Charles Veillon, Aleida den Forschungspreis für Geisteswissenschaften der Philip-Morris-Stiftung (1999) und den Max-Planck-Forschungspreis (2009)

Die Zentralbegriffe der Arbeiten der Assmanns sind Gedächtnis, Erinnerung und Schrift. Sie sind an der Rekonstruktion und Systematisierung von Mechanismen kultureller Überlieferung in Europa interessiert und messen darin dem Medium der Schrift herausragende Bedeutung bei. Während Aleida ihren Fokus auf zwei Zeitschwellen legt – die Schwelle von der frühen Neuzeit zur Moderne (16. – 17. Jahrhundert) und den „Zivilisationsbruch" (Diner 1988) des Holocaust – weitet Jan den zeitlichen Rahmen von Tradierungsprozessen von den frühesten altägyptischen Zeugnissen vor 5600 Jahren bis in die Moderne und die Gegenwart.

Dabei zeichnet die Arbeiten der Assmanns ein relativistischer Konstruktivismus aus, der nicht von einer unbehelligten Zeitreise kultureller Konzepte, sondern von einem Tradierungsmodus ausgeht, der auf intertextuellen Prozessen wie Kommentierung, Kritik und Kontextualisierung beruht (vgl. A. Assmann 1999a: 87; J. Assmann 1999: 30). Dieser Konstruktivismus ruft keine Beliebigkeit der Interpretation aus, sondern arbeitet die Spezifika des kulturell Gewordenen heraus. Er identifiziert den Motor der Rekonstruktion der Vergangenheit für die Gegenwart auf der Ebene der Texte, ihrer Referenzen, Wechseldynamiken und ihrer Konstitution in der Schrift selbst. Natürlich blenden die Assmanns institutionelle Effekte – etwa Machtkämpfe kultureller Eliten, Konflikte um Kanonisierung etc. –

---

[1] Ich danke Nicole Falkenhayner (Konstanz) und Jürgen Schraten (Gießen) sehr herzlich für wertvolle Kommentare zu diesem Artikel.

nicht aus, sondern spüren ihnen im Gegenteil mit historischen und soziologischen Mitteln nach (s. v.a. Assmann/Assmann 1987). Dennoch werden solche institutionellen Faktoren erst im Nachgang der genuinen Textlichkeit von Kultur zum Thema. Obwohl das Anthropologische für die Assmanns daher beileibe nicht im Schriftlichen aufgeht, wie sie auch Kultur nicht auf ihre Schriftlichkeit reduzieren (Assmann/Assmann 1983: 268), ist doch der *kulturelle* Aspekt der *condition humaine* am deutlichsten und wirkungsvollsten im Prinzip der Schrift und der Literatur, in der die Schrift ihren genuinen Eigenschaften den stärksten Ausdruck verschafft, aufgehoben. Insofern kann die Schrift als „das wichtigste kulturelle Instrument anthropologischer Selbsterkundung" gelten (Assmann/Assmann 2006: 9).

Diese ebenso prägnante wie folgenreiche Einstufung findet sich in der Einleitung des ersten Bandes der Schriftenreihe „Archäologie der literarischen Kommunikation", die von den Assmanns 1983 mitbegründet wurde. Jan Assmann zufolge ging es den Begründern dieser bis heute existierenden Reihe um eine kulturwissenschaftlich-interdisziplinäre Öffnung von Fragen des literarischen Textes (J. Assmann 1992: 21). Der Schlüssel, der diese Öffnung bewerkstelligen sollte, wurde in den Altertumswissenschaften gesehen. Die Arbeiten Jan Assmanns zum „kulturellen Gedächtnis" (J. Assmann 1992) sind daher als eine Grundlegung der Kulturwissenschaften aus altertumswissenschaftlicher Perspektive anzusehen, die über die etablierten einzelwissenschaftlichen Positionen wie Literaturwissenschaft, Kommunikationswissenschaft oder Medienwissenschaft hinaus geht. In einigen der frühesten bekannten Hochkulturen nämlich entsteht mit der Schrift ein eigenlogischer Bereich des Kulturellen, der aus den alltäglichen Interaktionszusammenhängen strukturell ausgelagert wird und zu ihnen in ein funktionales Verhältnis, nämlich als „Möglichkeiten externer Zwischenspeicherung" tritt. So erschließt sich die Autonomie des Kulturellen – dieses „Außenbereichs der Kommunikation" (J. Assmann 1992: 22, 23) – aus der Perspektive ihres Konnexes mit der Schrift, den wiederum bevorzugt die Altertumswissenschaften genealogisch herauspräparieren können. Das Altertum ist somit der historische Urgrund der Ausdifferenzierung von „Kultur", und die Altertumswissenschaften verfügen über die Instrumente, diesen Prozess in seiner paradigmatischen Bedeutung sichtbar zu machen.

Beim zweiten Kontext der Assmannschen Arbeiten handelt es sich um einen intellektuellen Zirkel, der bei der Konstitution von „Archäologie der literarischen Kommunikation" offensichtlich Pate gestanden hat, nämlich um den 1964 an die Öffentlichkeit tretenden Arbeitskreis „Poetik und Hermeneutik" (Jauß 1964). Die Kontinuitäten zwischen beiden Schriftreihen zeigen sich auf den ersten Blick in einer Teilnahme von „Poetik"-Mitgliedern an den Tagungen und Publikationen des „Archäologie"-Kreises.[2] Inhaltlich lässt sich die Agenda von „Archäologie der literarischen Kommunikation" – Schrift/Kultur und Mensch – vor allem mit zwei wichtigen Impulsen aus dem „Poetik und Hermeneutik"-Umfeld in Verbindung bringen. Zum einen beziehen sich die Assmanns immer wieder auf die Historizität des Verhältnisses von Geschichte und Gedächtnis, die ein zentrales Thema bei Reinhard Koselleck (etwa Koselleck 1989) bildet. Zum anderen findet mit der Rezeptionsästhetik eine zentrale Säule der „Konstanzer Schule" der Literaturwissenschaft, die von Hans Robert Jauß (1982) und Wolfgang Iser (1972) begründet wurde, Eingang in das kulturwissenschaftliche Programm der Assmanns.[3] Gemäß den Prämissen der Rezeptionsästhetik

---

[2] Diese personalen Kontinuitäten zwischen „Poetik und Hermeneutik" und „Archäologie der literarischen Kommunikation" zeigen sich beispielhaft in Gumbrecht (1983), Lachmann (1987) und Gumbrecht (1987).

[3] Eine der letzten großen Arbeiten Isers (1991) steht in enger inhaltlicher Beziehung zu der an schriftzentrierter Anthropologie interessierten Agenda von „Archäologie der literarischen Kommunikation".

Aleida und Jan Assmann: Kultur als Schrift und Gedächtnis

bildet der literarische Text ein Verweissystem, welches die Aufmerksamkeit des Lesers anleitet und ihm während der Lektüre bestimmte Positionalitäten anbietet. Die Rezeptionsästhetik stellt so neben der Altertumswissenschaft den zweiten Einstiegsort für das kulturwissenschaftliche Programm der Assmanns dar. Sie begründet die kulturelle Zentralität von Schrift und Text in der interaktiven Struktur von Textualität, welche Rezeption, Kommentierung und Kontextualisierung vorwegnimmt und anleitet.

Der Schwerpunkt der vorliegenden Darstellung liegt auf den bei den Assmanns wiederkehrenden und von beiden weiterentwickelten kulturwissenschaftlichen Themen und Theorien. Sie geht zunächst auf jeden der beiden im Einzelnen ein, um am Ende die gemeinsamen Fluchtlinien ihrer Arbeit wieder aufzugreifen.

Jan Assmann: Religion, kulturelles Gedächtnis und die Aktualitäten Ägyptens

Jan Assmann erweitert die ägyptologische Perspektive auf der Grundlage einer kulturtheoretisch-methodologischen Argumentation zu einer Erinnerungsgeschichte Europas. Nicht nur erschließt er die altägyptische Kultur aus der Sicht ihrer monumentalen Tradierungsleistungen, sondern verfolgt ihre „Gedächtnisspur" (J. Assmann 1998: 1) durch die Jahrtausende bis in die Gegenwart. Der Einfluss der Assmanns auf die gegenwärtige Kulturwissenschaft und vor allem die Erinnerungsforschung wird häufig auf die Trennschärfe ihrer analytischen Kategorien zurückgeführt, allen voran der des „kulturellen Gedächtnisses" (vgl. Erll 2005, Frank/Rippl 2007). Jedoch führen diese Kategorien Jan Assmann auch inhaltlich auf Gebiete weit jenseits der Ägyptologie, nämlich in Richtung einer „Sinngeschichte" Europas (J. Assmann 1999: 1), der es darum geht, wie sich durch Auseinandersetzungs-, Interpretations- und Kanonisierungsprozesse der ägyptischen Vergangenheit kulturelle Institutionalisierungs- und Konfliktmuster in Europa seit der Antike bildeten, die die Kultur in Europa und darüber hinaus bis heute prägen: „Eine ‚Sinngeschichte' thematisiert Geschichte als kulturelle Form, wobei ihr ereignisgeschichtlicher Ablauf den Hintergrund und die sinnstiftenden und sinnreflektierenden Diskurse den Vordergrund bilden." (J. Assmann 1999: 11)

An zentraler Gelenkstelle dieses dem Gedächtnis Ägyptens durch die Jahrtausende nachspürenden Werks steht das Buch *Das kulturelle Gedächtnis* (1992), in dem Befunde aus verschiedenen antiken Hochkulturen zu einer Konzeptualisierung des kulturellen Gedächtnisses verdichtet werden. Zur Neuzeit kommt Assmann seit den 1990er Jahren, als er beginnt, sich für die europäische Ägyptenrezeption seit der Renaissance zu interessieren.

Das kulturelle Gedächtnis

Der Begriff des „kulturellen Gedächtnisses" geht, Jan zufolge, auf eine gemeinsame Publikation mit Aleida zurück (J. Assmann 1995a: 9; Assmann/Assmann 1990). Er ist auch in älteren Publikationen der Assmanns anzutreffen (Assmann/Assmann 1987).[4] Assmann gibt dem Begriff dadurch Kontur, dass er ihn vor dem Hintergrund der Schriften Maurice Halbwachs' (1966 [1925], 1967) dem Begriff des „kommunikativen Gedächtnisses" gegenüber-

---

[4] Siehe auch die Hinweise in Frank/Rippl (2007, Fn. 30).

stellt. Das kommunikative Gedächtnis ist an den Halbwachsschen Begriff des „kollektiven Gedächtnisses" angelehnt, weist jedoch eine andere Nuancierung auf, weil es in erster Linie einen formal beschreibbaren Erinnerungs*modus* bezeichnet, während das Halbwachssche kollektive Gedächtnis starke Bezüge zu inhaltlichen Erinnerungs*rahmen* (etwa familialen, freundschaftlichen etc.) unterhält. Während das kommunikative Gedächtnis sich auf Erinnerungspraktiken bezieht, die im interaktionalen face-to-face-Modus zirkulieren und daher nicht weiter als die Erinnerung der ältesten Gesellschaftsmitglieder zurückreichen, bezeichnet das kulturelle Gedächtnis Repräsentationen der Vergangenheit, die erst jenseits dieser Schwelle einsetzen und, da sie nicht durch persönliche Erinnerungen verbürgbar sind, notwendig institutionelle Gestalt annehmen müssen (J. Assmann 1992: 58)[5]

Das kulturelle Gedächtnis stellt somit ein formatiertes Reservoir semantischer Bestände dar, die in unterschiedlichen Formen gesellschaftlich institutionalisiert sind (vgl. auch J. Assmann 1999: 27). Dies begründet den Assmanschen Aufgriff von Konrad Ehlichs (1983) Begriff der „zerdehnten Situation" (etwa in J. Assmann 1995a: 9f.), d.h. eines sich erst in der Überlieferung semantischer Bestände konstituierenden gemeinsamen Sinnhorizonts zwischen Autor und Leser eines Texts, der im Falle der Antike Jahrtausende überspannen kann. Hier findet die Weichenstellung für Jan Assmanns textualen Kulturbegriff statt: Das kulturelle Gedächtnis weist eine textuale Struktur auf, nicht weil es sich bevorzugt in schriftlichen Überlieferungen manifestiert, sondern weil seine Bestände von Rezipienten späterer Zeiten „gelesen" werden müssen und erst durch diesen Akt der Lektüre Interpretation möglich wird. Kulturelle Weitergabe ist somit eine Lektüre vorgefundener kultureller Artefakte (J. Assmann 1995a: 9-12). Daher manifestiert sich das kulturelle Gedächtnis immer als eine Interpretationsleistung und ist insofern durch die jeweilige Gegenwart des Lesens bestimmt, bleibt aber an die Ausgangstexte durch eine Kette von aufeinander folgenden Lektüren rückgebunden. Kulturgeschichte stellt sich somit als Gedächtnisgeschichte dar.

Jan Assmanns erinnerungstheoretischer Hauptbeitrag wird zuweilen in seiner Verknüpfung des Erinnerungs- mit dem Identitätsbegriff und mit Prozessen politischer Legitimierung erblickt (vgl. Erll 2005). Seine Arbeiten stellen hier indes vor allem Differenzierungshilfen zur Verfügung, denn sie machen deutlich, dass das kulturelle Gedächtnis unterschiedliche Ligaturen mit Identitätsstiftung und politischer Legitimation eingehen kann. Während in Ägypten beispielsweise das kulturelle Gedächtnis der Rechtfertigung von Herrschaft diente, indem es die Kontinuität des Staates zum Ausdruck brachte, ohne eine sich von anderen Kollektiven abgrenzende kollektive Identität der Ägypter zu codieren (J. Assmann 1992: 167-177), diente im antiken Griechenland des 8. Jahrhunderts die Erinnerung an das heroische Zeitalter der symbolischen Konstitution hellenischer Identität, ohne mit der Idee eines politischen Gemeinwesens und politischer Herrschaft verquickt zu sein (J. Assmann 1992: 272-280). Einen Zwischenfall bildet die Exodus-Erinnerung der Israeliten, weil sie einen Erinnerungsimperativ zum Ausdruck bringt, der zwar eindeutig eine kollektive Identität als „Gottes Volk" symbolisierte, nicht aber die Legitimität der politischen Elite begründete (J. Assmann 1992: 202-207). Wenn daher auch Erinnerung, im Sinne einer anthropologischen Konstante, der Ort ist, „in den die Gesellschaft sich einschreibt mit ihren Ansprüchen und Verpflichtungen" (J. Assmann 1995b: 52), kann daraus nicht gefolgert werden, dass sich durch das kulturelle Gedächtnis immer schon eine politische Identität konstituiert.

---

[5]   Vgl. zusammenfassend die Tabelle in J. Assmann (1992: 56).

Die ägyptische Religion als Paradigma, Vergleichspunkt und Topos

Die Arbeiten Assmanns zum kulturellen Gedächtnis rahmen seine Studien zum Vergleich antiker „Hochreligionen". Assmann konzipiert den Religionsvergleich nicht nur als eine Gegenüberstellung in sich ruhender Glaubenssysteme, sondern arbeitet die wechselseitigen Abgrenzungen antiker Religionen und insbesondere die Besonderung der israelitischen/jüdischen Religion, der Götter-Pantheen der antiken Großreiche und später des Christentums in ihren Rezeptionen ägyptischer Religion heraus. Dabei formuliert er Grundsätze einer „kulturwissenschaftlichen Thanatologie" (J. Assmann 2001: 23) vor allem anhand einer Gegenüberstellung der ägyptischen Religion und der sich von dieser abgrenzenden mosaischen Religion der Frühzeit.

Auf einer ersten Vergleichsebene geht es um religionsspezifische Umgangsweisen mit dem Tod. Hier bildet das alte Ägypten ein Beispiel für eine sich gegen den Tod auflehnende Kultur, insofern die spirituellen Strukturen auf der (sich seit dem Alten Reich popularisierenden) Idee eines Weiterlebens nach dem Tode beruhen. Dies stellt einen Unterschied zur mosaischen Religion dar, weil letztere dem Tod durch die Idee einer Einlösung des menschlichen Lebens in den Nachkommen, also in der Geschichte, begegnete und daher in ihrer Frühzeit das Konzept eines jenseitigen Weiterlebens ablehnte (vgl. J. Assmann 2001: 20-22). Methodologisch zentral ist der Begriff der „sakramentalen Ausdeutung" (J. Assmann 1977; J. Assmann 1995a: 14-18; J. Assmann 2001: 454-475): Assmann sieht die rituelle Praxis der Jenseits-Pflege als eine Text-Praxis, d.h. in den Texten in Gräbern und den Vorschriften für die Durchführung von Riten erkennt er nicht einfach Repräsentationen spiritueller Deutungsmuster, sondern die rituelle Handlung selbst. Diese Texte „funktionieren", weil eine Performanzbeziehung zwischen dem Text-Akt und dem Jenseits besteht. Insofern *erzeugt* – nicht nur *bezeugt* – die Schrift eine in der ägyptischen Gesellschaft allgegenwärtige Auseinandersetzung mit dem individuellen Tod und dem Weiterleben im Jenseits. Durch diesen performativen Schriftbegriff erscheinen auch die monumentalen Gräber als „Werke", die im Grabherrn einen Autor haben (J. Assmann 2001: 485f.). Auf diese Weise sind „Kunst, Literatur und Grab" (J. Assmann 2001: 486) Inkarnationen des Prinzips Schrift, das in Ägypten und darüber hinaus „eines der entscheidenden Motive zur Ausbildung eines kulturellen Gedächtnisses" darstellt (J. Assmann 2001: 487; vgl. auch J. Assmann 1992: 169-174).

Zweitens begreift Assmann die Herausbildung der nachägyptischen antiken Hochkulturen aus der Perspektive ihrer Bezugnahmen auf Ägypten. Im Zentrum steht dabei die Monografie über *Moses den Ägypter*, in der Assmann die Entstehung monotheistischer Theologien – die israelitische Religion und in ihrem Gefolge das Christentum – als Auseinandersetzungsformen mit antiken, polytheistischen Glaubenssystemen und vor allem ihrem Prototyp, der ägyptischen Religion sieht.[6] Den den Monotheismus begründenden Akt nennt Assmann die „mosaische Unterscheidung" (J. Assmann 1998: 17), d.h. die Unterscheidung zwischen wahrem und falschem Glauben, die den antiken Polytheismus fremd war. Durch seinen Ansatz der „Gedächtnisgeschichte" (J. Assmann 1998: 26) geht Assmann über den bloßen Religionsvergleich hinaus, denn er sieht die „mosaische Unterscheidung" als Wiederkehr eines kulturell verleugneten Ereignisses der ägyptischen Religions-

---

[6]   Assmann stellt sich hier in eine Kontinuität mit der Freud-Rezeption Thomas Manns, mit dem ihn das Interesse an der Entzifferung der Gedächtnisspur Ägyptens in europäischen Diskursen verbindet (vgl. J. Assmann 2000: 185-199).

geschichte und damit als einen kulturellen Gedächtnisprozess an. Assmann zufolge reinkarniert in der radikalen Abwendung vom ägyptischen Polytheismus, für die die Geschichte des Auszugs aus Ägypten und des Empfangs der Gesetzestafeln in der israelitischen, jüdischen und christlichen Erinnerung einsteht, die Episode der Amarna-Zeit, während der Pharao Amenophis IV. (Echnaton) bis 1338 regierte, eine radikale Abkehr vom ägyptischen Pantheon durch- und an dessen Stelle eine zentrale Sonnengottheit einsetzte. Diese Episode wurde anschließend aus dem expliziten kulturellen Gedächtnis Ägyptens getilgt, kehrte jedoch in der Form wieder, dass jedwede Herausforderung des Götterpantheons strikt mit Bann, Verbot und Verfolgung belegt wurde. Dies erzeugte bei der israelitischen Gegenreligion – bzw. genauer: ihrer erinnernden Repräsentation als „Auszug aus Ägypten" – ein umso vehementeres Bestehen auf dem, was die ägyptische Hochreligion kategorisch ausschloss: radikalen Monotheismus und Ächtung der „Idolatrie". Die monotheistische Unterscheidung zwischen wahrer und falscher Religion erscheint so als Aktualisierungsform eines kulturellen Traumas in Ägypten, weil sie implizit auf Echnatons Sonnenkult, der den Polytheismus radikal unterband, affirmativ Bezug nimmt und erst vor diesem Hintergrund ihre geschichtsmächtige Gestalt gewinnt.

Die Sinngeschichte Ägyptens in Europa

Mit der Argumentationsfigur, dass erinnerungskulturelle Kontinuitäten durch frühere Verleugnungsprozesse gestiftet werden können, ist der dritte wichtige Aspekt von Assmanns Arbeit angesprochen: der der „Sinngeschichte" Ägyptens (J. Assmann 1999: 1). Empirischer Ausgangspunkt ist wiederum die Repräsentation Ägyptens in zeitgenössischen Hochkulturen, bei den Israeliten, den Hethitern, bei den Griechen und Römern, dann auch im frühen Christentum und seit der Aufklärung. Gedächtnisgeschichte ist nicht nur mehr als Ereignisgeschichte, sondern auch mehr als Rezeptionsgeschichte, weil Assmann auch auf Deutungsprozesse und -konflikte zu sprechen kommt, die nicht immer explizite Bezugnahmen auf Ägypten aufweisen, von denen aus aber in Ägypten angestoßene kulturelle Sinngebungsprozesse rekonstruierbar sind.

Die Figur des Moses ist ein Beispiel für eine immer neue Aktualisierung des kulturellen Gedächtnisses und hat die Auseinandersetzung mit dem Monotheismus in Europa entscheidend vorgeprägt. Sie wird in einer in der frühen Neuzeit einsetzenden Debatte über die Religion Ägyptens erneut aufgerufen. Nach dem Ende der mittelalterlichen Abwendung von Ägypten als einer heidnischen Gesellschaft gewinnt eine Rezeption der Moses-Geschichte an Boden, die die These wagt, dass der Auszug aus Ägypten nicht für eine *Ab*wendung vom Polytheismus als falscher Religion, sondern für eine emphatische *Hin*wendung zur *eigentlichen* ägyptischen Hochreligion stehe. „Die Agenda der Debatte über Moses und Ägypten war [...] die Aufhebung der Mosaischen Unterscheidung im Zeichen von Natur, Vernunft und Toleranz." (J. Assmann 1998: 217) Seit Freuds Arbeiten, vor allem der Studie über den „Mann Moses" (Freud 1999 [1939]), ist diese Debatte, Assmann zufolge, erstmals in der Lage, das dem exklusorischen Monotheismus zugrunde liegende Trauma kulturell aufzuarbeiten und eine „Versöhnung und Aufhebung der Mosaischen Unterscheidung" anzusteuern. In dieses Projekt stellt Assmann auch die moderne Ägyptologie und damit seine eigenen Arbeiten ein (vgl. J. Assmann 1998: 240, 42f.). Der dieses Projekt vorbereitenden Phase der europäischen Aufklärung widmet Assmann eine Monografie über Wolf-

Aleida und Jan Assmann: Kultur als Schrift und Gedächtnis

gang Amadeus Mozarts Oper *Die Zauberflöte*, die er nicht nur, wie es zumeist geschieht, als Darstellung eines Initiationsrituals, sondern als Performanz eines solchen Rituals sieht. Die ägyptisierenden Motive der Oper sind nicht als historische Repräsentationen, sondern als Aktualisierungsformen eines aufklärerischen Potenzials zu sehen, das das 18. Jahrhundert in Ägypten und besonders in der „Isis-Religion" erblickte (vgl. J. Assmann 2005: 92f.). Die Oper wird daher als eine aufklärerische Aktualisierungsform der Isis-Religion gesehen: die Initiation befreit von personifizierenden Gottesbegriffen und gibt den Blick auf die Natur als Inkarnation der höchsten Vernunft, verkörpert durch Isis, frei.

Aleida Assmann: Differenzierungsformen des kulturellen Gedächtnisses in der Moderne

Kulturelle Korrelationen der funktionalen Differenzierung der modernen Gesellschaft bilden den Bezugspunkt vieler von Aleida Assmanns Arbeiten. Während Jan die historische Kontingenz der Verbindung zwischen Gedächtnis und Identität betont, stellt diese Verbindung für Aleida den Ausgangspunkt ihres der ästhetischen, politischen, kulturellen und gesellschaftlichen Moderne gewidmeten Werkes dar – einen Ausgangspunkt, den sie zeitlich in exemplarischer Weise in Shakespeares Werk, d.h. an der Schwelle zur Neuzeit verortet sieht (A. Assmann 1999b: 62-83). Je mehr die Kontinuität zwischen Vergangenheit und Gegenwart brüchig wird bzw. zunehmend als reine Kontiguität erscheint, in der historische Perioden aneinander stoßen, ohne inhaltlich aufeinander abbildbar zu sein, „desto enger und dichter wird die Struktur des kulturellen Gedächtnisses. [...] [Traditionen] werden nicht nur von den Herrschenden erfunden, um Machtansprüche symbolisch zu legitimieren und Modernisierungsverluste zu kompensieren, sondern auch von unterdrückten Minderheiten, um über eine gemeinsame Symbolwelt politische Stimme und Handlungsmacht zu gewinnen." (A. Assmann 1999a: 89f.) Gerade im Verlust der Vorstellung eines Ineinanderfließens der Epochen liegt die Möglichkeit expliziter Bezugnahmen auf die Vergangenheit. Identitäre Selbstverständigungspraktiken in modernen Gesellschaften sind daher notwendig aus der Perspektive des Gedächtnisses zu erschließen.[7]

Im Unterschied zu Jan Assmanns Konzentration auf Ägypten bzw. dessen Sinngeschichte greift Aleida Assmann immer wieder unterschiedlichste empirische Manifestationsformen des Erinnerns und des Gedächtnisses in Antike, früher Neuzeit und Moderne auf (s. v.a. A. Assmann 1991, A. Assmann 1999b und A. Assmann 2006). Obwohl die Literatur ihr Ausgangs- und privilegierter Bezugspunkt ist, liegen zahlreiche Arbeiten von ihr vor, die sich mit so unterschiedlichen Ausdrucksformen des kulturellen Gedächtnisses wie Denkmälern, Museen, Ritualen und dem Internet befassen.

---

[7] Dies macht in exemplarischer Weise Aleida Assmanns kleine Monografie zur Entwicklung des Bildungsbegriffs im deutschsprachigen Raum seit dem 18. Jahrhundert deutlich. „Bildung" ist nicht nur ein geschichtliches, so in keiner anderen Kultur anzutreffendes Konzept, sondern auch ein Erinnerungsmodus, der eine identitäre Aufstiegs- und Verfallsgeschichte codiert und dem Formen der Bewältigung kultureller Orientierungskonflikte eingeschrieben sind (A. Assmann 1993: 111).

Differenzierungsformen des kulturellen Gedächtnisses seit der Neuzeit

Aleida Assmann trifft in der Literatur und im gelehrten Schrifttum der frühen Neuzeit eine Konstellation gesellschaftsstruktureller und kultureller Differenzierung an, die den kulturellen Reproduktionsmodus der Gesellschaft von Grund auf verändert. Nicht schon mit Erfindung des Buchdrucks, sondern erst mit der Kristallisierung der Konstellation von Autor, Verlag und (anonymem) Publikum entsteht die Möglichkeit des literarischen, fiktionalen Textes im modernen Sinne, weil erst jetzt die literarische Imagination sich mit der Adressierung von Kollektivsubjekten, den sich erfindenden Nationen, verbindet (vgl. A. Assmann 1980: 141f.; A. Assmann 1995: 356; A. Assmann 1999b: 79; A. Assmann 1999a: 130). Wenn daher gerade auch die Neuzeit und Moderne durch zahlreiche Rückgriffe auf die Antike gekennzeichnet sind, ist doch das Neue an ihr das Interesse am Neuen *per se*, womit sich eine radikale Verzeitlichung und Selbstkontextualisierung kultureller Artefakte – allen voran der Literatur – Bahn bricht (A. Assmann 1999a: 50):[8] „Die Epochenschwelle der Neuzeit wird […] charakterisiert als Ablösung eines Wirklichkeitsbegriffs, der eine transzendent garantierte Realität voraussetzt, durch einen anderen, der den Realitätsausweis vom Kriterium des Kontextes abhängig macht. […] In formaler Analogie zu einem Wirklichkeitsbegriff, der sich in Kontexten manifestiert, steht ein Fiktionsbegriff, der sich als konstitutiver Weltentwurf versteht." (A. Assmann 1980: 107) Gleichzeitig ist diese Epochenschwelle deswegen von Bedeutung, weil sich erst in der Moderne eine quasinatürliche Verbindung zwischen Erinnerung und kollektiver Identität im Sinne Benedict Andersons „vorgestellter Gemeinschaft" (1987) herstellt (vgl. A. Assmann 1999b: 18f.). Erst in der Neuzeit „führte die Frage nach der Erinnerung ins Mark politischer Motivation und politischer Identitätsbildung." (A. Assmann 1999b: 83).

Die Beziehung zwischen Erinnerung als anthropologischer Konstante und der Neuzeit bzw. Moderne ist somit mehrschichtig. Einerseits verändern sich Rahmenbedingungen des kulturellen Gedächtnisses in Richtung zunehmender Pluralisierung, Kontingenzsteigerung und Differenzierung (s.u.). Andererseits verschaffen sich in der Moderne allgemeine Merkmale des kulturellen Gedächtnisses und erinnerungskulturelle Tendenzen verstärkt Ausdruck. Das beste Beispiel und Dreh- und Angelpunkt der Argumentation ist auch bei Aleida der Begriff der Schrift: „Das Potential der Schrift besteht in der Kodierung und Speicherung von Informationen jenseits lebendiger Träger und unabhängig von der Aktualisierung in kollektiven Inszenierungen. Das Problem der Schrift besteht in der tendenziell unbeschränkten Akkumulation von Informationen." (A. Assmann 1999b: 137) Beides, Potenzial und Problem, verweist auf generelle Problematiken des Erinnerns, die aber erst in der Moderne – mit der Zunahme von Schriftwerken, dem Anschwellen der Archive und zuletzt der Erfindung der „elektronischen Schrift" des Hypertexts (A. Assmann 1999b: 212) – zum vollen Durchbruch gelangen.

Die Schrift ist es auch, anhand derer Aleida ihre grundlegende und wichtigste kategoriale Differenzierung einführt, nämlich die zwischen „Funktionsgedächtnis" und „Speichergedächtnis", zu der sie durch eine kritische Auseinandersetzung insbesondere mit Halb-

---

8   Ich nenne hier nur ein von Assmann angeführtes literarisches Beispiel, nämlich Marcel Prousts *À la recherche du temps perdu*. Assmann argumentiert, dass das literarische Projekt der *Verlorenen Zeit* auf der Diagnose eines fundamentalen Wirklichkeitsverlusts (verstanden als absolute, unkontextualisierte, „authentische" Wirklichkeit) beruhe, angesichts dessen es sich Proust die „Rettung, [die] Bergung und Restitution verlorener Existenz" zur literarischen Aufgabe gemacht habe (A. Assmann 1999a: 54).

Aleida und Jan Assmann: Kultur als Schrift und Gedächtnis

wachs (1966, 1967) und Pierre Nora (1989) gelangt. Während sich Halbwachs' Gedächtnistheorie ausschließlich auf Erinnerungsfunktionen, nicht aber auf Erinnerungsbestände beziehe, löse Nora das Gedächtnis von der konkreten Gruppe und übertrage es – als Geschichte – auf vorgestellte Gemeinschaften. Auf dieser Grundlage unterscheidet Assmann zwischen „bewohntem" und „unbewohntem Gedächtnis" und lässt hierüber die Unterscheidung zwischen Gedächtnis und Geschichte in die zwischen Funktions- und Speichergedächtnis münden:

> „Das bewohnte Gedächtnis wollen wir das *Funktionsgedächtnis* nennen. Seine wichtigsten Merkmale sind Gruppenbezug, Selektivität, Wertbindung und Zukunftsorientierung. Die historischen Wissenschaften sind demgegenüber ein Gedächtnis zweiter Ordnung, ein Gedächtnis der Gedächtnisse, das in sich aufnimmt, was seinen vitalen Bezug zur Gegenwart verloren hat. Dieses Gedächtnis der Gedächtnisse schlage ich vor, *Speichergedächtnis* zu nennen." (A. Assmann 1999b: 134)

Die Unterscheidung zwischen Speicher- und Funktionsgedächtnis ist der Ausgangspunkt für weitere Differenzierungen. Die unterschiedlichen Kollektivitätsdimensionen des Erinnerns spricht Aleida Assmann zunächst durch die Unterscheidung zwischen geformten und ungeformten Gedächtnis-"Inhalten" an: während das „kollektive" Gedächtnis eine Formung aufweist (etwa eine Zuspitzung auf das Gedächtnis der Nation), ist das „soziale" Gedächtnis mit dem „kommunikativen" Gedächtnis Jan Assmanns darin identisch, dass seine Inhalte keiner stringenten Strukturierung unterliegen, sondern zwischen Individuen und Gruppen flottieren (vgl. A. Assmann 2006: 28-40). Besondere Aufmerksamkeit widmet Aleida Assmann dem kollektiven Gedächtnis der Nation. Einerseits herrscht eine Dialektik zwischen Modernisierung und Mythisierung, „zwischen der leeren Abstraktion eines modernen funktionalistischen Gebildes [des Staates] einerseits und dem Drang zur Mythisierung dieses Gebildes [durch die nationale Idee] andererseits" (A. Assmann 2006: 41). Andererseits grenzt sich das nationale Gedächtnis gegen die seit dem 18. Jahrhundert entstehende Geschichtsschreibung ab, indem es die Belange der Nation nicht historisiert, sondern als Gedächtnis mythisiert (vgl. A. Assmann 2006: 44). Die Unterscheidung zwischen Geschichte und Gedächtnis steht indes nach dem Holocaust, wie Geschichtskonzepte überhaupt (vgl. etwa Diner 1988, LaCapra 2004), wieder in Frage (s.u.).

Medien des Kulturellen

Insofern Erinnerung und Gedächtnis sich zu Kultur in einem paradigmatischen Verhältnis befinden, erscheinen Gedächtnismedien als Medien des Kulturellen. Gleichzeitig existieren Gedächtnismedien nach Assmann nicht außerhalb ihrer Interpretation, d.h. Medialität und Metaphorik der Erinnerung sind nicht getrennt voneinander zu sehen (vgl. A. Assmann 1999b: 149-151). In diesem Argument entfaltet sich Aleidas Variante der Assmannschen Schriftzentriertheit: „Schrift" ist nicht nur *das* Gedächtnismedium seit alters her, sondern auch eine bevorzugte Gedächtnismetapher und seit der Moderne auch der Erfahrungshorizont für das Scheitern von Gedächtnismedien und -metaphern. Mit der (an die aufkommende Massenliteratur geknüpften) Einsicht seit dem 18. Jahrhundert, dass Texte nicht notwendigerweise und kraft ihrer Schriftlichkeit überleben, sondern größtenteils vergessen werden, „wird das Gedächtnis nun im Rahmen des historischen Bewußtseins von der Tilgung, der

Zerstörung, der Lücke, dem Vergessen her bestimmt." (A. Assmann 1999b: 208) Schrift ist somit wichtigstes Gedächtnismedium wie auch zentrale Gedächtnis- und Kulturmetapher, aber nicht länger, weil ihre Erinnerungskraft als absolut erscheint, sondern weil die Schrift *Schwächen* zu erkennen gibt, die das Bewusstsein der Moderne insgesamt prägen.

Die anderen Erinnerungsmedien und -metaphoriken bestimmt Assmann unter dem Aspekt, die Problematik der Schrift als Gedächtnismedium und -metapher auszufächern. Hier soll ein Hinweis auf die Körpermetaphorik genügen, die Assmann zufolge einen differenzierten Zugang zum Verhältnis zwischen Konstruktion und Materialität der Vergangenheit bietet. Aleida lehnt, übrigens ebenso wie Jan,[9] das berühmte Diktum Nietzsches – „Nur was nicht aufhört, wehzutun, bleibt im Gedächtnis" – mit dem Hinweis darauf ab, dass eine auf dem Körper eingeschriebene Vergangenheit – etwa Folter – durch den Prozess der Traumatisierung gerade verleugnet werde. Andererseits weise derselbe Prozess auf Überstände aus der Vergangenheit, die durch einen ausschließlich gegenwartsbezogenen Konstruktivismus nicht adäquat zu fassen seien (vgl. A. Assmann 1999b: 245-250).

Das kulturelle Gedächtnis nach dem Holocaust

Nach dem Holocaust erfährt das Verhältnis von Geschichte, Gedächtnis und Kultur einen weiteren Differenzierungs- und Problematisierungsschub. Angesichts der Shoah wird es schwierig, sich auf klassisch-moderne Formen des Gedächtnisses, wie etwa das Nationalgedächtnis, zu beziehen. Stattdessen kommen Aporien von Erinnern und Gedächtnis zum Vorschein, die in der Dualität von Erinnern und Vergessen schon immer angelegt waren, nun jedoch eine Zuspitzung erfahren. Der Zivilisationsbruch Nazi-Deutschlands verstärkt zwar das Bewusstsein der Unmöglichkeit eines naiven Bezugs auf Tradition und verstärkt damit eine allgemeine Tendenz der Moderne, nämlich die Kontingentisierung von Kultur; doch ist Tradition damit keineswegs verabschiedet: „Nachdem von Tradition im Sinne einer absichtlichen Weitergabe von Werten und Lebensformen nicht mehr die Rede sein kann, wird die andere Bedeutung von Tradition immer wichtiger: als unbewußte Weitergabe von verdrängter und unbewußter Schuld." (A. Assmann 1999a: 106). Der Begriff des „negativen Gedächtnisses", den Assmann als Chiffre der in dieser Richtung zugespitzten Situation nach dem Holocaust einführt, betont dementsprechend die „Unfreiwilligkeit und Unverfügbarkeit im Umgang der Betroffenen und Nachgeborenen mit der traumatischen Vergangenheit" (A. Assmann 2006: 16). Dabei geht es nicht um die These vom „negativistischen" Gedächtnis (Wingert 1998), in dem sich Kollektive anhand dessen erinnern und identitär definieren, was sie einander nie wieder antun wollen, sondern um eine Perspektive, die den unberechenbaren Wiedereintritt der Vergangenheit in hochmoderne, nachtraumatische Gesellschaften und Kulturen zum Ausgangspunkt nimmt.

Zunächst löst sich die Trennlinie zwischen Gedächtnis und Geschichte auf, da Historiker zunehmend gewahr werden, dass eine neutrale Darstellung des Holocaust ohne Bezug auf die Erzählungen der Überlebenden zu einer „Abstraktion" verkommt, die die geschichtliche Bedeutung des Ereignisses verfehlt. Insofern also identitätskonkrete Darstellungen der

---

[9] Seine Ablehnung begründet sich auf der Ignorierung genuin kultureller Tradierungsmechanismen, die Nietzsche ebenso wie Freud ausschließlich in der Metaphorik des Körperlichen und Leibesunmittelbaren gefasst habe: „Auch hier ist ein Reduktionismus am Werk, der die Dynamik auch der kollektiven und kulturellen Erinnerung partout auf die Körpergrenzen des Individuums beschränken will." (J. Assmann 2000: 16)

Vergangenheit in ihre Repräsentation einfließen müssen, wird Geschichte mit Aspekten des Gedächtnisses aufgeladen (vgl. A. Assmann 2006: 44-50). Sodann jedoch werden auch überkommene Modi des kollektiven (politischen, nationalen) Gedächtnisses fraglich, und zwar gerade in ihren identitätsgenerativen Aspekten. Reichert sich Geschichte zunehmend mit Gedächtnis an, verliert letzteres gleichzeitig seinen unproblematischen Identitätsbezug. Dies hängt, Assmann zu Folge, hauptsächlich damit zusammen, dass die überkommene, auch die Moderne prägende Beziehung zwischen Siegern und Verlierern angesichts der Makroverbrechen des 20. Jahrhunderts durch die zwischen Tätern und Opfern herausgefordert wird: während zwischen Siegern und Verlieren zumindest potenziell dasselbe ethisch-moralische Koordinatensystem greife und ihre Beziehung reziprok und grundsätzlich ebenengleich sei, sei beides im Verhältnis zwischen Opfern und Tätern nicht der Fall. Der Begriff der „Vergangenheitsbewältigung" könne sich somit einzig auf das Aus-der-Welt-Schaffen von trennenden Erinnerungen zwischen Siegern und Verlierern beziehen, während zwischen Opfern und Tätern eine solches auf Gleichheit beruhendes Vergessen unmöglich sei (vgl. A. Assmann 2006: 67-76); möglich sei nur eine Tätern und Opfern gemeinsame „Vergangenheitsbewahrung" (A. Assmann 2006: 108). Unter diesen Bedingungen diskreditierten sich positive, identitär besetzte Bezüge auf die Vergangenheit, das Kernmerkmal des kollektiven, nationalen Gedächtnisses der Moderne, nachhaltig. Die Täter könnten sich nicht positiv auf die Vergangenheit beziehen, ohne sich dem Verdacht des Verschweigens ihrer Verbrechen auszusetzen, und die Opfer könnten das ihnen widerfahrene Unrecht nicht zum Ausgangspunkt einer positiven Selbstbeschreibung machen, ohne Gefahr zu laufen, in einen exklusorischen Alleinanspruch auf den Opferstatus zu verfallen (vgl. A. Assmann 2006: 77-81).

Schließlich wird der Begriff des Zeugnisses und des Zeugen seit dem Holocaust problematisch (vgl. A. Assmann 2007; vgl. auch Baer 2000). Die (Un-)Möglichkeit, von Auschwitz Zeugnis abzulegen, wirft ein Schlaglicht auf Besonderheiten des Erinnerns nach dem Ende triumphalistischer Gedächtnisrahmen. Zunächst ist Zeugenschaft immer schon mit Sprache und Schrift verbunden, insofern nur derjenige zum Zeugen wird, der einen Bericht gibt. Dann aber begründet sich „moralische Zeugenschaft" zusätzlich in einem Involviertsein in die berichteten Ereignisse. Aus diesem Grund kann Zeugenschaft von Makroverbrechen nicht an einem objektivistischen Wahrheitsanspruch gemessen werden, der in einen Bericht einmünden würde – vielmehr verkörpert der Zeuge eine Wahrheit, die nicht zu Ende ausgedeutet oder auch nur ausdeutbar ist. Aus diesem Grund – historische „Wahrheit" löst sich von expliziten Berichten und ist nur noch in „Spuren" aufzusuchen – wächst dem Paradigma des Traumas eine entscheidende Bedeutung zu, weil die Wahrheit des Traumas gerade darin besteht, nicht aussprechbar zu sein (vgl. A. Assmann 2006: 86-103).

Die Modellierung historischer Tiefe aus kulturwissenschaftlicher Perspektive

Das Forschungsprogramm der Assmanns grenzt sich von einem Präsentismus ab, der etwa in der soziologischen Erinnerungsforschung auf Halbwachs zurückgeführt wird, Erinnerung einzig in ihrer gegenwärtigen Funktionalität in den Blick nimmt und dabei die Vergangenheit aus dem Blick verliert (vgl. Luhmann 1997: 588). Ebenso lehnen sie aber eine Fixierung auf das Speichergedächtnis ab, die Probleme hätte darzutun, auf welche Weise die Vergangenheit der Gegenwart zugänglich gemacht und interpretierend gerahmt wird. Das

Verhältnis zwischen Vergangenheit und Gegenwart und der Zugang zur Modellierung historischer Tiefe sind bei den Assmanns dialogischer entworfen. Dass Erinnerung stets unter Bedingungen der Gegenwart stattfindet, besagt keineswegs, dass es ausschließlich diese Bedingungen sind, die Erinnerungsprozesse konstituieren. Hinzu kommen drei weitere Faktoren, die mit der Vergangenheit selbst zu tun haben. *Erstens* finden je gegenwärtige Erinnerungspraktiken immer schon die Artefakte der Vergangenheit vor, deren Vorhandensein in der Gegenwart eine Folge früherer Archivierungsprozesse ist.[10] Was nicht im Speichergedächtnis anzutreffen ist, kann nicht aktiviert werden. *Zweitens* stehen Erinnerungspraktiken in einer Geschichte von Deutungen und Interpretationen der Vergangenheit, zu denen sie sich verhalten müssen. Dieses Argumentation nimmt auf Hans Blumenbergs Begriff des „Mythos" Bezug (Blumenberg 1979; vgl. J. Assmann 1992: 40): die Kontinuierung mythischer Inhalte beruht nicht auf einer unverfälschten Zeitreise der Konzepte und Mytheme, sondern auf einer Kette von Aktualisierungen, die sich Zugang zur „Substanz" des Mythos durch die Abarbeitung an früheren seiner Aktualisierung verschaffen. Das kulturelle Gedächtnis erschließt historische Tiefe daher auf reflexivem Wege, da es auf frühere Erinnerungs- und Vergessensleistungen bezogen ist und über diese Bande das zu Erinnernde anspielt (vgl. hierzu auch Langenohl 2005). Beispielhaft gelangt dies in Prozessen kultureller Kanonisierung zur Anschauung: da sich der Kanon durch die Affirmation einer bestimmten Deutung des Vergangenen auszeichnet, verneint er alternative Deutungsmöglichkeiten ebenso wie die Möglichkeit, die Vergangenheit dem Vergessen anheim zu geben (vgl. Assmann/Assmann 1987). *Drittens* bildet die Kette von Interpretationen und reflexiven Aktualisierungen der Vergangenheit einen „Entfaltungsprozeß" (A. Assmann 1999a: 17) von Gedächtnisinhalten bzw. aus der Vergangenheit überkommenen Artefakten. Aus der Perspektive der Entfaltung von Bedeutung sind es daher nicht nur gegenwärtige Erinnerungsleistungen, die die Vergangenheit definieren, denn die Sinnvalenz des Vergangenen, die ihm immer schon innewohnte, kommt in seinen Aktualisierungen immer aufs Neue zur Kristallisation. Dieses Argument unterscheidet den Assmannschen Konstruktivismus von einem Interpretationsvoluntarismus: wenn auch die Entscheidung darüber, was und wie erinnert wird, in der Gegenwart fällt, kanalisiert das Erinnerte kraft der ihm innewohnenden semiotischen Valenz die Art und Weise, wie es angeeignet und aktualisiert werden kann.

Ein Beispiel hierfür ist das Interesse Europas an den Hieroglyphen (vgl. Assmann/Assmann 2003). Jan Assmann stellt heraus, dass Hieroglyphen Schriftzeichen sind, die sich auf unterschiedliche Weise auf das durch sie Bezeichnete beziehen können (vgl. J. Assmann 1992: 174; Assmann/Assmann 2003: 12). Sie konnten erstens als eine phonetische Konsonantenschrift – semitischen Schriften vergleichbar – gelesen werden, zweitens als eine Silbenschrift und drittens als eine ikonische Schrift, die auf mentale Konzepte unabhängig von ihrer einzelsprachlichen Repräsentation hinwies. Der europäische Zugriff auf die Hieroglyphen erfolgt seit der griechischen Antike in Phasen, in denen jeweils einzelne dieser Bezeichnungsmodi in den Vordergrund gerückt wurden – zuletzt, die Disziplin der Ägyptologie in philologischem Geiste begründend, der phonetische Modus. Damit wurde ein sehr allgemeines Problem menschlicher Kommunikations- und Zeichensysteme immer

---

[10] Dabei ist es zunächst nebensächlich, ob diese Archivierungen natürlichen Ursprung sind (wie die Ruinen und Leichname Pompejis, die durch die sie begrabende Lava „archiviert" wurden) oder auf menschliches Handeln zurückgehen (wie bei der Entscheidung, bestimmte Artefakte in Archiven aufzubewahren und andere dem Zerfall preiszugeben).

wieder neu verhandelt: „das Verhältnis von Schrift, Sprache, Denken und Wirklichkeit und näherhin die Frage der Möglichkeit motivierter, nichtkonventioneller und in diesem Sinne ‚natürlicher' Zeichen" (Assmann/Assmann 2003: 11). Die Hieroglyphen – und Ägypten als Bestandteil des kulturellen Gedächtnisses Europas – fanden so unterschiedliche Wege ins gesellschaftliche Funktionsgedächtnis, aber dies nicht nur aufgrund je gegenwärtiger Konjunkturen, sondern gerade auch kraft der zeichenanthropologischen Valenz der Hieroglyphen und ihrer mehrschichtigen semiotischen Struktur.

Dies stellt eine Absage an ein lineares Tradierungsmodell dar und favorisiert stattdessen ein Verhältnis von Vergangenheit und Gegenwart, das durch Kommunikativität, Dialogizität und die „Erschließung eines virtuell synchronen Zeithorizonts" (A. Assmann 1999a: 65) geprägt ist. Wieder sind es moderne Gesellschaften, in denen diese Potenzialität von Tradition, mit der Gegenwart in einen Austausch zu treten und in gegenwärtigen Deutungsprozessen ihre Sinnstruktur freizugeben, zu voller Entfaltung gebracht wird (vgl. A. Assmann 1999a: 66). Und wieder sind es Schrift und Text, die die reflexive Beziehung zwischen Gegenwart und Vergangenheit in Reinform verkörpern. Dies ist in dem Argument begründet, dass erst das Aufkommen von Schriftlichkeit es ermöglicht, eine Zäsur zwischen Vergangenheit und Gegenwart einzuziehen und damit den vorreflexiv verlaufenden kulturellen *Wandel* zu einem Verständnis *kultureller Entwicklung und Identität* aufzustufen. Gerade das Dunkelwerden alter Texte ermöglicht den bewussten Rückgriff auf sie (vgl. Assmann/Assmann 1987: 10).[11] Von Kopräsenz von Vergangenheit und Gegenwart im Sinne der Assmanns ist daher dann zu sprechen, wenn ein Text der Vergangenheit einem Leser der Gegenwart Ausdrucksformen appräsentiert. Gerade weil der Text zum Lesen gemacht ist, nimmt seine Struktur das Interaktionsverhältnis vorweg, in dem seine späteren Rezeptionen stattfinden werden. Kopräsenz von Gegenwart und Vergangenheit, die die reflexive Verbindung beider begründet, bedeutet somit – *Lektüre*. Die historische Tiefendimension von Kultur zeigt sich den Assmanns zufolge also in der Prozessstruktur der die Zeit übergreifenden und gleichzeitig auf den Vorgang der Lektüre verdichtenden Interaktion zwischen Leser und kulturellem Text, die in der Struktur von Text und Schrift schon immer angelegt ist.

Rezeption und Kritik

Über die Arbeiten der Assmanns und ihre Kategorieangebote gibt es eine anhaltende Diskussion in soziologischen, sozialpsychologischen und literaturtheoretischen Kontexten (vg. Dubiel 1999: 243f., Holl 2003, Levy/Sznajder 2001: 43f., Welzer 2002: 13-16, Nünning/Erll 2004). Hier wurde auch Kritik bezüglich der Stringenz und Durchhaltbarkeit der Kategorien geübt. So sei die Unterscheidung zwischen kommunikativem und kulturellen Gedächtnis auf der Ebene der begrifflichen Assoziationen verwirrend, weil die Beschränkung des Adjektivs „kulturell" auf außeralltägliche Praktiken einen Anschluss an anthropologische Kulturkonzepte verhindere. Bei derselben Unterscheidung komme es darüber hinaus streckenweise zu einer Identifizierung von Erinnerungsmodi mit zeitlich definierten

---

[11] Hier treffen sich die Assmanns mit kulturanthropologischen Studien, beispielsweise denen Jack Goodys (1981, 2000), die die Möglichkeit eines historischen Bewusstseins im Sinne einer fundamentalen Differenz zwischen Gegenwart und Zukunft an das Aufkommen von Schriftlichkeit und, damit verbunden, der Unterscheidung zwischen Orthodoxie und Heterodoxie binden (s. hierzu auch Langenohl 2007: 58-64).

Gedächtnisinhalten: dem kulturellen Gedächtnis würden nur diejenigen Repräsentationen zugewiesen, an die sich niemand mehr erinnern könnte (Erll 2005: 113-118). Ferner ist bezweifelt worden, dass das „kulturelle Gedächtnis" unter den gegenwärtigen Bedingungen abnehmender Verbindlichkeit gepflegter Semantiken noch die Rolle einer normierenden Instanz spielen könne, die die Assmanns ihm beimäßen (Hart 2008: 94).

Diese kritischen Nachfragen zeigen in erster Linie die Produktivität der Assmannschen Unterscheidungen an. Diese sind nicht definitorisch festgelegt, sondern konstituieren sich in ihrer jeweiligen Prägnanz in Gegenüberstellungen mit je unterschiedlichen Gegenkategorien. So stellt die Unterscheidung zwischen kommunikativem und kulturellem Gedächtnis die Aspekte der Institutionalisierung und semantischen Durchformung in den Vordergrund. Dagegen pointiert die Unterscheidung von „kommunikativ" (Jan) bzw. „sozial" (Aleida) gegenüber „kollektiv" (beide) das Unterscheidungskriterium der An- vs. Abwesenheit eines kollektiven *imaginaire* in der Praxis des Erinnerns. Die Assmannschen Kategorien sind kein fixes Tableau, sondern funktionieren auf der Grundlage von Oppositionspaaren, die je nach Kombination unterschiedliche Eigenschaften und Wirkungen von Erinnerung und Gedächtnis hervorheben (vgl. auch Hart 2008: 93).

Literatur von Jan und Aleida Assmann

Assmann, A.: Die Legitimität der Fiktion. Ein Beitrag zur Geschichte der literarischen Kommunikation. München 1980.

Assmann, A.: Zur Metaphorik der Erinnerung. In: Assmann, A./Harth, D. (Hg.): Mnemosyne. Formen und Funktionen der kulturellen Erinnerung. Frankfurt/M. 1991, S. 13-35.

Assmann, A.: Arbeit am nationalen Gedächtnis. Eine kurze Geschichte der deutschen Bildungsidee. Frankfurt/New York 1993.

Assmann, A.: Der Eigen-Kommentar als Mittel literarischer Traditionsstiftung. Zu Edmund Spensers *The Shepheardes Calendar*. In: Assmann, J./Gladikow, B. (Hg.): Text und Kommentar. Archäologie der literarischen Kommunikation IV. München 1995, S. 355-373.

Assmann, A.: Zeit und Tradition. Kulturelle Strategien der Dauer. Köln/Weimar/Wien 1999a.

Assmann, A.: Erinnerungsräume. Formen und Wandlungen des kulturellen Gedächtnisses. München 1999b.

Assmann, A.: Der lange Schatten der Vergangenheit. Erinnerungskultur und Geschichtspolitik. München 2006.

Assmann, A.: Vier Grundtypen von Zeugenschaft. In: Elm, M./Kößler, G. (Hg.): Zeugenschaft des Holocaust. Zwischen Trauma, Tradierung und Erinnerung. Jahrbuch 2007 zur Geschichte und Wirkung des Holocaust. Frankfurt/New York 2007, S. 33-51.

Assmann, A./Assmann, J.: Schrift und Gedächtnis. In: Assmann, A./Assmann, J./Hartmeier, C. (Hg.): Schrift und Gedächtnis. Archäologie der literarischen Kommunikation I. München 1983, S. 265-284.

Assmann, A./Assmann, J.: Kanon und Zensur. In: Assmann, A./Assmann, J. (Hg.): Kanon und Zensur. Archäologie der literarischen Kommunikation II. München 1987, S. 7-27.

Assmann, A./Assmann, J.: Das Gestern im Heute. Medien und soziales Gedächtnis. Funkkolleg Medien und Kommunikation. Konstruktionen von Wirklichkeit, Studieneinheit 1, Studienbrief 5. Weinheim/Basel 1990, S. 41-82.

Assmann, A./Assmann, J.: Einleitung. Hieroglyphen: Altägyptische Ursprünge abendländischer Grammatologie. In: Assmann, A./Assmann, J. (Hg.): Hieroglyphen. Stationen einer anderen abendländischen Grammatologie. Archäologie der literarischen Kommunikation VIII. München 2003, S. 9-25.

Assmann, A./Assmann, J.: Einleitung. In: dies. (Hg.): Verwandlungen. Archäologie der literarischen Kommunikation IX. München 2006, S. 9-24.

Assmann, J.: Die Verborgenheit des Mythos in Ägypten. In: Göttinger Miszellen 25, 1977, S. 1-25.

Assmann, J.: Das kulturelle Gedächtnis. Schrift, Erinnerung und politische Identität in frühen Hochkulturen. München 1992.

Assmann, J.: Text und Kommentar. Einführung. In: Assmann, J./Gladigow, B. (Hg.): Text und Kommentar. Archäologie der literarischen Kommunikation IV. München 1995a, S. 9-33.

Assmann, J.: Erinnern, um dazuzugehören. Kulturelles Gedächtnis, Zugehörigkeitsstruktur und normative Vergangenheit. In: Platt, K./Dabag, M. (Hg.): Generation und Gedächtnis. Erinnerungen und kollektive Identitäten. Opladen 1995b, S. 51-75.

Assmann, J.: Moses der Ägypter. Entzifferung einer Gedächtnisspur. München/Wien 1998.

Assmann, J.: Ägypten: Eine Sinngeschichte. Frankfurt/M. 1999.

Assmann, J.: Religion und kulturelles Gedächtnis. Zehn Studien. München 2000, S. 185-199.

Assmann, J.: Tod und Jenseits im Alten Ägypten. München 2001.

Assmann, J.: Die Zauberflöte. Oper und Mysterium. München/Wien 2005.

Assmann, J.: Erinnertes Ägypten. Pharaonische Motive in der europäischen Religions- und Geistesgeschichte. Berlin 2006.

Weitere zitierte Literatur

Anderson, B.: Imagined Communities: Reflections on the Origin and Spread of Nationalism. London 1987.

Baer, U.: „Niemand zeugt für den Zeugen". Erinnerungskultur und historische Verantwortung nach der Shoah. Frankfurt/M. 2000.

Blumenberg, H.: Arbeit am Mythos. Frankfurt/M. 1979.

Diner, D. (Hg.): Zivilisationsbruch. Denken nach Auschwitz. Frankfurt/M. 1988.

Dubiel, H.: Niemand ist frei von der Geschichte. Die nationalsozialistische Herrschaft in den Debatten des Deutschen Bundestages. München/Wien 1999.

Ehlich, K.: Text und sprachliches Handeln. Die Entstehung von Texten aus dem Bedürfnis nach Überlieferung. In: Assmann, A./Assmann, J./Hardmeier, C. (Hg.): Schrift und Gedächtnis. Archäologie der literarischen Kommunikation I. München 1983, S. 24-43.

Erll, A.: Kollektives Gedächtnis und Erinnerungskulturen. Stuttgart/Weimar 2005.

Frank, M. C./Rippl, G.: Arbeit am Gedächtnis. Zur Einführung. In: Frank, M. C./Rippl, G. (Hg.): Arbeit am Gedächtnis. Für Aleida Assmann. München 2007, S. 9-28.

Freud, S.: Der Mann Moses und die monotheistische Religion. Frankfurt/M. 1999 (1939).

Goody, J.: Literalität in traditionalen Gesellschaften. Franfurt a.M. 1981.

Goody, J.: The Power of the Written Tradition. Washington/London 2000.

Gumbrecht, H. U.: Schriftlichkeit in mündlicher Kultur. In: Assmann, A./Assmann, J./Hardmeier, C. (Hg.): Schrift und Gedächtnis. Archäologie der literarischen Kommunikation I. München 1983, S. 185-174.

Gumbrecht, H. U.: „Phoenix aus der Asche" oder: Vom Kanon zur Klassik. In: Assmann, A./Assmann, J. (Hg.): Kanon und Zensur. Archäologie der literarischen Kommunikation II. München 1987, S. 284-299.

Halbwachs, M.: Das Gedächtnis und seine sozialen Bedingungen. Berlin/Neuwied 1966 (Ersterscheinen 1925).

Halbwachs, M.: Das kollektive Gedächtnis. Stuttgart 1967.

Harth, D.: The Invention of Cultural Memory. In: Erll, A./Nünning, A. (Hg.): Cultural Memory Studies: An International and Interdisciplinary Handbook. Berlin/New York 2008, S. 85-96.

Holl, M.-K.: Semantik und soziales Gedächtnis. Die Systemtheorie Niklas Luhmanns und die Gedächtnistheorie von Aleida und Jan Assmann. Würzburg 2003.

Iser, W.: Der implizite Leser. Kommunikationsformen des Romans von Bunyan bis Beckett. München 1972.

Iser, W.: Das Fiktive und das Imaginäre. Perspektiven literarischer Anthropologie. Frankfurt/M. 1991.

Jauß, H. R.: Nachahmung und Illusion. Poetik und Hermeneutik I. München 1964.

Jauß, H. R.: Ästhetische Erfahrung und literarische Hermeneutik. Frankfurt/M. 1982.

Koselleck, R.: Vergangene Zukunft. Zur Semantik geschichtlicher Zeiten. Frankfurt/M. 1989.

LaCapra, D.: History in transit: Experience, Identity, Critical Theory. Ithaca 2004.

Lachmann, R.: Kanon und Gegenkanon in der russischen Kultur des 17. Jahrhunderts. In: Assmann, A./Assmann, J. (Hg.): Kanon und Zensur. Archäologie der literarischen Kommunikation II. München 1987, S: 124-137.

Langenohl, A.: Die Erinnerungsreflexion des Großen Vaterländischen Krieges in Russland, 1995 und 2005. Jahrbuch für historische Kommunismusforschung 2005, S. 68-80.

Langenohl, A. (2007): Tradition und Gesellschaftskritik. Eine Rekonstruktion der Modernisierungstheorie. Frankfurt/M./New York: Campus.

Levy, D./Sznaider, N.: Erinnerung im globalen Zeitalter: Der Holocaust. Frankfurt/M. 2001.

Nora, P.: Between memory and history: Les lieux de mémoire. In: Zemon Davies, N./Starn, R. (Hg.): Memory and counter-memory. Representations 26. Berkeley 1989, S. 7-25.

Luhmann, N. (1997): Die Gesellschaft der Gesellschaft. Erster Teilband. Frankfurt/M. 1997.

Welzer, H.: Das kommunikative Gedächtnis. Eine Theorie der Erinnerung. München 2002.

Wingert, L.: Unpathetisches Ideal. In: Brunkhorst, H. (Hg.): Demokratischer Experimentalismus. Frankfurt/M. 1998, S. 33-43.

Technik – Körper – Wissenschaft

Paul Virilio: Geschwindigkeit ist Macht

Claus Morisch

Die Vorgänge im Kosmos und die Veränderungen in ihm, genauer ausgedrückt die Bewegungen, thematisierten schon die Vorsokratiker sowie nach ihnen Platon und Aristoteles. Unterschied Platon nicht weniger als zehn Arten der Bewegung, waren es bei Aristoteles noch vier. Bei diesen Arten der Bewegung scheint es vor allem seit der Neuzeit primär um die Ortsbewegung zu gehen, also um Veränderungen, die planmäßig hergestellt werden können, um von einem Punkt A zu einem Punkt B gelangen zu können.

Sichtbarer Ausdruck dessen sind gegenwärtig unsere Großstädte mit ihren metastasenhaft wachsenden Verkehrssystemen und den hochgeschossigen Bauten, welche die Technik beherbergen, um die gewaltigen Geld-, Güter- und Kommunikationsströme zu regulieren und die Menschenmassen zirkulieren zu lassen.

Und an dieser Stelle, an welcher Geschwindigkeit zu einem gesellschaftlich konstitutiven Faktor geworden zu sein scheint, meldet sich der in Frankreich lebende Paul Virilio zu Wort.

Paul Virilio wurde 1932 in Paris geboren. Sein Vater, ein italienischer Kommunist und Antifaschist, war vor Mussolini ins Land seiner Gattin ausgewandert, die aus Frankreich stammte. Seine Jugendzeit, vom Krieg überschattet, verbringt Paul Virilio im französischen Nantes, wo er und seine Familie nur knapp dem Zugriff der Gestapo entkommen. Als Wehrpflichtiger nimmt er dann am Algerienkrieg teil. Später schlägt er den Weg in die Malerei ein und arbeitet als Glasermeister und Gehilfe von Georges Braque und Henri Matisse bei der Produktion von Kirchenfenstern mit. Um sich von der manuellen Tätigkeit einen Ausgleich zu verschaffen, belegt er an der Sorbonne philosophische Kurse von Vladimir Jankélévitch, Jean Wahl und Raymond Aron. Ebenso besucht er Vorlesungen und Seminare, welche die Psychologie der Form thematisieren.

Kenntnisse über Architektur eignet er sich auf autodidaktischem Wege an. Anfang der sechziger Jahre wird er zum Mitbegründer der Gruppe „Architecture Principe", in der er auch seine erste Arbeit als Architekt verwirklicht: den Bau der Kirche in Nevers, einer Kirche, die seiner eigenen Aussage zufolge einem Bunker gleicht.

1975 inszeniert Virilio in der „Musée des Arts Décoratifs" in Paris seine Ausstellung „Bunkerarchäologie", mit großer Resonanz. Gegenstand der Ausstellung ist ein in vielen Wanderungen seit 1958 photographiertes Inventar der Verteidigungsanlagen des Zweiten Weltkrieges entlang der Atlantikküste. In den Siebzigern führt Virilios Weg immer stärker zu neuen Betätigungsfeldern; so arbeitet er etwa als Redakteur bei verschiedenen französischen Zeitschriften wie *Esprit, Libération* und *Traverses*. Zur gleichen Zeit gründet er auch das „Interdisziplinäre Zentrum für Friedensforschung und Strategie-Studien" (CIRPES). Das architektonische Engagement nimmt in der Folgezeit immer weniger Raum ein, und Virilio beschäftigt sich zusehends mehr mit seiner „Dromologie" (vgl. Morisch 2002: 10), ein von ihm geprägter Terminus, welcher sich mit dem Wesen der Geschwindigkeit, ihren Entstehensbedingungen, Wandlungen und Auswirkungen beschäftigt. Nach zwanzigjähriger Auseinandersetzung mit dem Phänomen Militär kristallisiert sich für Virilio heraus, dass für die Kriege von der Antike bis zum heutigen Tag die Geschwindigkeit die bestimmende Konstante war und immer noch ist.

Seine Dromologie (gr.: dromos = Lauf, logos = Lehre) kann als eine kulturanthropologische Abhandlung verstanden werden, in der es um eine technologische Evolution des Stärkerwerdens geht, welche sich aber gleichzeitig auch immer subtiler ins Biotische hineinschiebt. Beginnend mit den so genannten metabolischen (menschlichen, natürlichen) Fahrzeugen, bei denen der Passagier noch die natürliche Beschaffenheit des Geländes ,erfährt', hin zu einer vektoriellen Bewegung qua Technik, bei welcher der Passagier zugunsten des Fahrzeugs stillhalten muss und bei der die kinetischen und taktilen Eindrücke verschwinden. Virilio fragt aufgrund dieser veränderten Perzeption, was denn überhaupt Wirklichkeit ist, und bezieht sich auf die Phänomenologie als einen gangbaren Weg, diese Fragen beantworten zu können.

In der modernen Kommunikationstechnologie erkennt Virilio das angetretene Erbe der vorangegangenen Fahrzeugtechnologie. Schlechthin drückt sich hier der menschliche Wille zu immer mehr Beschleunigung aus, deren Stammvater der Krieg ist. Jegliche Form der Geschwindigkeit beinhaltet für ihn eine kriegerische Logik, welche sich durch die gesamte Geschichte hindurchzieht:

> „Meine Grundlage, mein Hauptansatzpunkt ist immer der Krieg gewesen. Ich habe das in allen meinen Büchern geschrieben: Ich bin ein Kind des Krieges, ich habe ihn erlebt, er hat mich traumatisiert, und meine ganze Arbeit hat im Krieg ihren Ursprung. Der Krieg ist mein Vater und meine Mutter, meine Universität. Meine Erkenntnisse verdanke ich nicht so sehr Marx oder Descartes, sie stammen aus der Erfahrung des Kriegszustandes der Abschreckung, der unsere heutige Situation kennzeichnet" (Virilio 1987: 151).

Darüber hinaus dient ihm die Dromologie auch als Schlüssel zur Analyse der Gegenwart, nicht nur hinsichtlich des militärischen Bereichs, sondern auch des zivilen, weil seit der industriellen Revolution eine ständige Verschmelzung dieser Gebiete stattgefunden hat.

So erklärt sich auch seine gebietsübergreifende Beschäftigung – neben der Militärwissenschaft – mit der Technikgeschichte, der Urbanistik, der Medientheorie, der Physik und der Wahrnehmung, bei letzterer hauptsächlich mit der audiovisuellen. Beschäftigen sich seine frühen Bücher wie *Geschwindigkeit und Politik* noch mit der Geschichte des Militärs, widmen sich die darauf folgenden immer stärker auch der Wahrnehmung und den Medien, wie dies auch in einigen seiner Titel – *Krieg und Kino, Krieg und Fernsehen, Der negative Horizont, Die Sehmaschine* und *Information und Apokalypse* – anklingt. Geschwindigkeit ist heute zum Kennzeichen der Moderne geworden, und Virilio ist einer der wenigen Autoren, der sich diesem Thema explizit widmet und versucht, diesen Herrschaftsanspruch über Mensch und Natur aufzuzeigen. Virilio sieht in der Geschwindigkeit nicht nur die schnelle Überbrückung von einem Punkt zu einem anderen, sondern sie dient ebenso dazu, die gegenwärtige Welt zu sehen, wahrzunehmen und auch jenseits der eigenen Körperlichkeit zu handeln (vgl. Virilio 1996: 23). Geschwindigkeit – genauer gesagt die sich ständig beschleunigenden Bewegungsvorgänge in sämtlichen Lebensbereichen – dienen Virilio zwar als Schlüssel bei der Analyse unserer „postmodernen Gesellschaft", stellen aber gleichermaßen das Kardinalproblem dar. „Meine eigene Perspektive als Dromologe ist stets eine kritische, eine negative, und die Titel meiner Bücher zeigen dies überdeutlich [...], die das Gewaltsame an der Geschwindigkeit wiedergeben sollen, die unheimliche Wirkung der

Auflösung und der Zerstörung, den die Geschwindigkeit auf die Dinge und die Räume ausüben kann. Die Geschwindigkeit entwirklicht die Welt, entweltet, wenn man das so sagen kann." (Virilio 1994: 115f.)

Virilio ist einer der wichtigsten zeitgenössischen Autoren hinsichtlich unserer medialen Lebensverhältnisse. Umso mehr verwundert es, dass diesem Denker gegenwärtig in den am weitesten fortgeschrittenen Ländern unserer Erde, welche die höchsten Geschwindigkeiten für sich und ihre Vormachtstellung gegenüber anderen nutzen, keine oder nur marginale Beachtung geschenkt wird. Sicherlich kann Virilio durch seine gedanklichen Anleihen und Parallelen in die geistige Nachbarschaft eines Walter Benjamin, Theodor Adorno, Günther Anders, Michel Foucault, Gilles Deleuze, Jean Baudrillard und anderer Denker wie Maurice Merleau-Ponty und Friedrich Georg Jünger gerückt werden. Doch unterscheidet er sich dadurch von ihnen, dass seine Beiträge nicht an einer philosophischen Fakultät als die eines Akademikers entstanden sind und auch keine durchgehende Systematik haben. Virilio ist Praktiker, intellektueller Provokateur, Innovator neuer Konzepte und – wie er sich selbst gerne bezeichnet – ein philosophierender Urbanist (vgl. Virilio 1994a: 41).

Wie oben bereits angedeutet, erkennt Virilio verschiedene Revolutionen in der Entwicklung der Geschwindigkeit:

> „[...] die Revolution des Transportwesens im XIX. Jahrhundert; die Revolution der Transmissionsmedien im XX. Jahrhundert und die künftige Revolution der Transplantationen. Betrachtet man die Geschichte des Transportwesens, lassen sich wiederum drei Phasen unterscheiden. Zuerst geht der Mensch einher neben dem Tier – neben dem Esel oder Elefanten –, das die Last zieht. Dann ,erfindet' man das Reittier, und mit dessen Hilfe führt man große Eroberungen durch. Mit dem Reittier erfindet der Mensch den Zentauren. Dann steigt er vom Pferd um in ein Fahrzeug." (Virilio 1993: 17)

Die Überlegenheit des Reittieres gegenüber dem metabolischen menschlichen Fahrzeug zeigt Virilio anhand der Vernichtung der Maya-Kultur durch die Spanier, denen lediglich eine „Handvoll Berittener" und der damit verbundenen Zeit- und Geschwindigkeitsvorteil genügte, um eine ehemals hochstehende Kultur dem Untergang zu weihen (vgl. Virilio 1978: 79).

Die Entdeckung des Tiervehikels ist sogleich eine der ersten Formen von Relativität für den Menschen, da dieser aufgrund der Schnelligkeit seines Pferdes von einzelnen geographischen Punkten unabhängiger wird und Orte zu Ausgangs- und Ankunftspunkten werden (vgl. Virilio 1995: 46). Die Ungleichheit zwischen Berittenen und zu Fuß Kämpfenden ist gleichzeitig Ausdruck eines Machtgefüges, das die letzteren ausschließt und jene privilegiert. Die „demographische Unterlegenheit" wird durch die „dromokratische Überlegenheit" ausgeglichen, und der „Besitz des Landes und der Besitz der Geschwindigkeit, dieses Land zu durchqueren, sind gleichwertig" (Virilio 1993: 21). Der Nomade okkupiert das Gelände. Der Berittene wird zum Befehlshaber und nicht der Landmann, nicht der ansässige Bauersmann. Die ursprüngliche Verhältnismäßigkeit von Herrschendem und Beherrschtem bekommt eine neue, bis dahin unbekannte Dimension. Der Landmann wird zum Befehlsempfänger und zum Untergebenen des Ritters. Virilio unterstreicht, dass dieses „Herr-Knecht-Verhältnis", das untrennbar mit der Geschwindigkeit verknüpft ist, bis zum heutigen Tag Bestand hat.

Dromokratie – die Fusion von Macht und Geschwindigkeit – trat nach Virilio nicht erst in der Moderne auf, sondern war schon lange vorher eine bekannte Erscheinung, da die

Verfügbarkeit über Schnelligkeit immer auch gleichzeitig eine hierarchisch gegliederte Gesellschaftsstruktur nach sich zog. Die Mittel zur Geschwindigkeitssteigerung waren früher allerdings noch sehr schwach. Doch welche Vorgänge fanden statt, dass die Schranke der metabolischen Geschwindigkeit gesprengt wurde und durch die technologische ersetzt werden konnte, dass sich ein allmählicher Übergang vom bisherigen Zeitalter der Bremswirkungen, wie ihn die Stadtmauern, Befestigungsanlagen und die territorial abgegrenzten Nationalstaaten darstellten, zu einem Zeitalter der Beschleunigung entwickelte?

Es war die industrielle Revolution, in der Virilio in Wirklichkeit eine *dromokratische* Revolution sieht: „Denn man erfindet nicht nur, wie oft erwähnt, die Möglichkeit, gleiche Gegenstände massenhaft zu produzieren (das ist meiner Meinung nach eine völlig eingeschränkte Sichtweise), sondern vor allem erfindet man ein Mittel, um Geschwindigkeit herzustellen, zunächst mit der Dampfmaschine, dann mit dem Verbrennungsmotor. [...] Anders gesagt, die Macht setzt auf Beschleunigung" (Virilio 1984: 49).

Die Produktion technischer Geschwindigkeiten disqualifiziert metabolische Geschwindigkeit. Drückte die Muskulatur des metabolischen Vehikels als leistungsbegrenzender Faktor sowohl Macht und Prestige aus, so muss sie nun vor der „aggressiven Schnelligkeit der Vektoren" geschützt werden. Durch die Dampfkraft wird die Verkehrsbewegung aus ihrer organischen Bindung gelöst, und ihr Verhältnis zum Raum, den sie überwindet, erfährt eine grundlegende Veränderung. Ist die vorindustrielle Fortbewegung in hohem Maße noch Mimesis an die Natur, emanzipiert sich der Mensch von diesem Abhängigkeitsverhältnis zunehmend.

Mit den anwachsenden Geschwindigkeiten der Eisenbahn entsteht in dieser Zeit auch die „Projektilmetapher", bei der die Eisenbahn mit einer Kanonenkugel verglichen wird; denn schließlich weist die Kanonenkugel eine nur viermal höhere Geschwindigkeit auf als die Eisenbahn. In diesem Projektil sitzend, hört der Reisende auf, Passagier zu sein. Während die Verkehrsmittel immer schneller werden, wird der Raum für den Reisenden in gleichem Maße enger. „Passagier sein" ist letztlich nichts anderes als eine schöngefärbte Metapher für das zum menschlichen Paket gewordene Subjekt, das zudem noch eine sensorische Deprivation zu erleiden gewillt ist. Hier erkennt man auch, dass Virilio sich gegen das herkömmliche Technikverständnis ausspricht, in einem Fahrzeug lediglich nur ein Transportmittel sehen zu wollen, folgenlos für Erfahrungen und Wahrnehmungen.

Ursprüngliche Landschaft scheint beim Bau von neuen Verkehrswegen nur noch hinderlich zu sein, und der natürliche Widerstand wird begradigt durch Tunnel, Brücken und Schienentrassen für Autos und Hochgeschwindigkeitszüge. Die Umgebung hat durch den baulichen Eingriff dem gewaltigen Vorwärtsdrang der Maschine nichts mehr entgegenzusetzen. Die Transportwege sind von der Landschaft separiert und lassen diese zu einer Wüste werden, wobei Raumdistanz immer mehr durch Zeitdistanz ersetzt wird (vgl. Virilio 1996: 147). Mit der Entwicklung der immer schneller werdenden Verkehrsmittel verliert sich für den Reisenden auch der geographische Zusammenhang, der sich aus dem Wechsel der Landschaften ergibt. Die Reise selbst scheint kaum noch stattzufinden; alles wird reduziert auf Abfahrt und Ankunft und das Verhältnis zwischen Reisendem und durchreistem Raum nachhaltig gestört. Der Reisende wird in seiner Wahrnehmung „mechanisiert". Wahrnehmung wird auf die Newton'sche Mechanik vermindert, nach der Größe, Form, Menge und Bewegung die einzigen Eigenschaften sind, die objektiv an Gegenständen auszumachen sind. Virilio diagnostiziert mit der Maßlosigkeit des Umherfahrens auch einen verzerrten Begriff von Freiheit. Die in dieser Bewegung teilnehmenden Menschen sind seiner Meinung nach Abgeschiedene, Außenstehende dieser Welt, da sie Bewegung in oben genanntem Sinn mit Freiheit gleichsetzen. Doch das erweist sich bei genauerer Betrachtung als eine Illusion, was nach Virilio im zunehmenden Individualverkehr mit zahllosen Verkehrskontrollen und Begrenzungen auf den Straßen deutlich wird. Für ihn gilt „die Freiheit, die die Geschwindigkeit verschafft, auch als Ende aller Freiheiten". Aus historischer Sicht ist die Geschwindigkeit die sublime Weiterführung „der Jagd, der Mobilmachung und der Vernichtung" (Virilio 1996: 37).

Den Blick aus dem Fenster des Zugabteils oder des Autos vergleicht Virilio mit einem Projektor, „dessen Geschwindigkeit wir mit der Schaltung regeln" (Virilio 1978: 19). Ein Projektor, der uns mitnimmt zu einem Zielort, auf deren Reise wir aber das Hier und Jetzt sowie die Beschleunigung nicht erleben, obwohl gerade sie sehr große Auswirkung auf unseren Augenschein bezüglich des „entstehenden Landschaftsbildes" hat. Wurden in der vorindustriellen Zeit Reisen, Wanderschaft, das Verlassen einer Sicherheit gewährenden Stadt mit Bildung und Weltgewandheit assoziiert, wird die Möglichkeit der Erfahrung – dieses Wort beinhaltet auch „fahren" aus dem mittelhochdeutschen „ervarn", althochdeutsch „irfaran", aber im Sinne von durchziehen – in der Evolution der Geschwindigkeit immer weiter reduziert. Die Bedeutung des Fußmarsches tritt hinter das fahrbare Vehikel Eisenbahn, diese hinter das Automobil, das wiederum hinter das Flugzeug.

Die Spirale der beschleunigten Bewegung scheint unaufhaltsam den für uns erkennbaren Gehalt des Realen zu komprimieren. Dies ist für Virilio der negative Horizont in der Moderne. Bis dahin ist für ihn der Raum in der Geographie zu finden. Mit seinem Begriff des „geographischen Raumes" bringt er aber auch noch andere Charakteristika in Verbindung: Raum besitzt Ausdehnung, Volumen, Masse, Dichte, Schwerkraft und Gewicht, ferner ist er substantiell und stofflich; er gewährleistet so Zeitspanne, Abstand und Reichhaltigkeit.

Für Virilio verbindet der Raum nicht, sondern trennt, grenzt ab, schließt ab. Virilio denkt den Raum in Unterbrechungen, als Orte, wo sich Dinge austauschen und neu gestalten, als Orte, die unverwechselbar sind mit einem jeweiligen „hic et nunc" (vgl. Virilio 1984: 117). Es gibt für ihn Existenz nur unter der Prämisse des Hier und Jetzt. Ab dem Moment, wo behauptet wird, Existenz sei hier *und* da, zerstöre man etwas, werde physische Anwesenheit aufgelöst (vgl.Virilio 1995a: 220).

Doch bei der Vernichtung des Raumes lässt es Virilio nicht bewenden. Sieht er den Raum durch die uns zur Verfügung stehenden Transportmittel wie Auto, Eisenbahn und Flugzeug als nahezu überwunden an, aber noch der relativen Geschwindigkeitsordnung zugehörig, befinden wir uns gegenwärtig in einem Stadium der Auslöschung der Zeit durch unsere elektronischen und vor allem optischen Kommunikationsmedien, also in einer Epoche der absoluten Geschwindigkeitsordnung.

> „Die Weltgeschichte ist nichts anderes als die sukzessive Ausschaltung der schwächeren Kräfte im Zeichen der siegenden Geschwindigkeit: Es gibt heute keine Pferde mehr in den Straßen, doch es hat sie niemand physisch aus den Straßen vertrieben, sondern die Geschwindigkeit hat sie einfach ausgeschaltet. Und auch die Autos sind schon fast verschwunden, ich sehe sie gar nicht mehr, sie sind schon tot, genau wie die Pferde. Die Geschwindigkeit ist nicht mehr jene der Automobile, jene relative der Pferde, Elektromobile und Flugzeuge, sondern die absolute Geschwindigkeit. Wir gehören der ersten Generation an, die nicht mehr die traditionelle relative Geschwindigkeit kennt, sondern die absolute, die Lichtgeschwindigkeit. Es handelt sich hierbei um eine ganz und gar tragische Entwicklung, bei der die Welt allmählich in Nichts aufgelöst

wird; [...] die Dauer und die Ausdehnung der Welt, der Raum und die Zeit sind dabei, zu Nichts zusammenzuschrumpfen" (Virilio 1994: 119).

Schlechthin erkennt Virilio hinter allen medientechnischen Entwicklungen das militärwissenschaftliche Denken als Impulsgeber, um das Sehen, Wahrnehmen, Erkennen verbessern zu können und sich damit Vorteile zu sichern. Beim Militär spielte das Medium Photographie selbst alsbald eine gewichtige Rolle, zuerst bei Aufnahmen von Geschossen und Raketen, später dann verstärkt in der Luftbildaufklärung.

Die neuen medientechnischen Entwicklungen gestatten es heute, den Krieg in einer bisher noch nicht gekannten Beweglichkeit zu führen. Es sind nicht nur die immer stärker anwachsenden Geschwindigkeiten der Flugzeuge und Geschosse, sondern die stetig besser werdende Auflösung von Bildern und die zunehmend schnellere Übermittlung von Daten, die zu einer Derealisierung des Krieges führen. Das Arsenal der Waffen besteht heute weniger aus Schusswaffen als vielmehr aus Radarbildern, Echosonden, Navigationssystemen, infrarotgesteuerten Maschinen respektive dem Sofortbild, das über weite Distanzen geliefert werden kann (vgl. Kloock/Spahr: 145f.).

Beispielhaft zeigt dies Virilio an dem Konflikt im Persischen Golf Anfang der neunziger Jahre – für ihn der „erste totale elektronische Weltkrieg" (Virilio 1997: 35). Gleichsam ein Krieg, der weniger an der Frontlinie gewonnen oder verloren wird, vielmehr an den Kontrollschirmen der kriegführenden Parteien. Die Kontrollbildschirme haben eine entscheidende Bedeutung für die Operationen der unterschiedlichen Waffensysteme erlangt und lassen sich einer zentralen Informationsleitung unterordnen. Die topische Kriegshandlung entwickelt sich zu einer teletopischen, belegt durch die Vorbereitungen, die dem eigentlichen Konflikt am Golf vorausgingen. Diese bestanden in der orbitalen Kontrolle des Territoriums durch amerikanische Satelliten, welche schließlich in der Lage waren, sämtliche feindliche Sendefrequenzen und Radargeräte zu stören oder zu manipulieren. Virilio führt ein etwas älteres Zitat des sowjetischen Admiral Gorschkow an: „Der Sieger des nächsten Krieges wird derjenige sein, der es am besten versteht, das elektromagnetische Spektrum auszunutzen" (Virilio 1997: 35). Zuvor hatten kriegerische Auseinandersetzungen und der nötige Informationsaustausch nur mit Zeitverschiebung stattgefunden, nun werden sie in Echtzeit geführt. Die Entwicklung solcher Techniken steht jetzt Pate für die Gestaltung unseres zivilen Lebens.

Mit dem Aufkommen von Video-, Radio- und Digitalsignalen, die durch elektromagnetische Wellen transportiert werden, vollzieht sich ein radikaler Bruch im kulturellen Leben. Es ist ein Bruch infolge des In-Kraft-Setzens einer absoluten Geschwindigkeit: der elektromagnetischen Geschwindigkeit, der Lichtgeschwindigkeit, durch die eine solche Übertragung erst zustande kommt (vgl. Virilio 1994a: 35). Durch die Komprimierung von Informationen – respektive ihres interaktiven Austauschs – verschwinden Gegenständlichkeit und geographische Punkte zugunsten von Benutzeroberflächen, genauer gesagt Interfaces. Gegenüber dem Auto wird das Bild als das leistungsfähigere Vehikel neuerdings dominant: ein Bild in Echtzeit, das den Raum, den das Automobil zu seiner Fortbewegung benötigt, verdrängen wird (vgl. Virilio 1998: 32). Die mobile Welt mündet in eine globale Welt, die automobile Revolution wird durch die audiovisuelle Revolution ersetzt. In dieser Informationssphäre der Echtzeit spielen nicht nur der Raum, das Lokale, die Körperlichkeit eine untergeordnete Rolle, sondern ebenso die leibgebundene Wahrnehmung. Die Wirklichkeit des Menschen, der *bios*, kann fortan simultan dargeboten werden. Durch den Verlust geophysikalischer Realität werden auch bisher für gültig gehaltene Wertmaßstäbe wie

Hilfsbereitschaft, nachbarliche Gemeinschaft, Freundschaften, Lebensverbindungen und gemeinsame Zukunftsgestaltung in Frage gestellt werden.

> „Irgendwie – es ist an der Zeit, es einmal zu sagen – wird der Ort in Abrede gestellt. Die alten Gesellschaften bildeten sich, indem sie ihre Territorien einteilten und bewirtschafteten. Ob im Maßstab von Familie, Gruppe, Stamm oder Nation – das Gedächtnis bestand in Grund und Boden, Erbschaft bestand in Grund und Boden. Politik wurde begründet, indem Gesetze nicht nur *auf* Tafeln geschrieben, sondern auch *in* eine Stadt, eine Region oder eine Nation eingeschrieben wurden. Dies wird heute jedoch durch die Technik angefochten und widerlegt." (Virilio 1984: 141)

Nach der ersten Revolution des Verkehrs und einer zweiten der Datenübertragung, in der wir uns gerade befinden, stehen wir kurz vor der dritten Revolution, nämlich der der Transplantationen. Kybernetik, ein übrigens schon bei Platon verwendeter Begriff, koppelt den Menschen von der Notwendigkeit seiner physischen Anwesenheit ab. Durch diese Art der technischen Objektivation kann man sich nur noch schwerlich vorstellen, dass etwas nicht vorstellbar und herstellbar ist. Die damit möglichen Manipulationen bewirken eine völlige Ablehnung für Kybernetik, Cyberspace und Reklame bei Virilio (vgl. Virilio 1996a: 19). Und er betont, dass mit dieser Jahrhundertwende sich nicht nur die Ethik und die Politik in einer schweren Krise befinden, sondern „jetzt auch die Auffassung der ästhetischen Räumlichkeit in Frage gestellt wird" (Virilio 1996a: 88).

Sieht Virilio durch die Weltzeit das Ende der Zeit erreicht, die keine Steigerung der Geschwindigkeit mehr zulässt und die Wahrnehmung der Menschen schon weitestgehend liquidiert hat, ist es heute vor allem die Biotechnologie, welcher der menschliche Körper ausgesetzt ist. Nachdem man den Weltraum kolonisiert hat, macht sich die Wissenschaft in ihrer Grenzenlosigkeit nun daran, den Menschen zu kolonisieren.

Mit einem Hinweis auf die verschiedenen militärischen Konflikte macht Virilio deutlich, dass man seit dem 17. Jahrhundert intensiv über die steigende Zahl von Kriegsinvaliden nachgedacht hat, ja, dass sich aus dieser Antezedens geradezu eine regelrechte Industrie entwickelte, die heute nur mit anderen technischen Vorzeichen widergespiegelt wird: die Orthopädie. Schon damals hat man entdeckt, dass die Funktionsfähigkeit von verwundeten Soldaten unter Zuhilfenahme von Prothesen in bestimmtem Umfang wieder hergestellt werden kann (vgl. Virilio 1980: 77). So hat sich beispielsweise in Deutschland der medizinisch-industrielle Komplex längst zum bedeutendsten Wirtschaftszweig emporgeschwungen, die Chemiebranche und die gesamten Autofirmen weit hinter sich lassend.

Mit dem Problem der Technik stellt sich für Virilio immer auch das des Ortes. „Genau so, wie es unmöglich ist, die Natur zu begreifen, ohne sofort die Frage nach dem NATÜRLICHEN MASSTAB zu stellen, ist es unnütz, von der technologischen Entwicklung zu sprechen, ohne unmittelbar die Frage nach der Größe, der Dimensionierung der neuen Technologie aufzuwerfen." (Virilio 1997a: 108)

Einstige bedeutsame Begriffe wie Superstruktur und Infrastruktur verlieren zunehmend an Gewicht, da sie immer stärker von „nanotechnologischen Miniaturisierungen", also Intrastrukturen verdrängt werden. Es ist heute kein besonders großer Aufwand, neben gentechnisch veränderten Lebensmitteln ganze Tiergattungen genetisch abzuändern, um sie angeblich für die Menschheit dienstbar zu machen. Hier wird von Virilio viel angeschnitten, vor allem in rechtlicher und ethischer Hinsicht. Ergänzend zu ihm drängen sich noch folgende Fragen auf: Inwiefern ist beispielsweise die Entschlüsselung von Genen patentierbar? Stellt die Patentierung von Genen, allein die Absicht dieses Vorhabens, nicht schon einen ethischen Dammbruch dar? Wird überhaupt noch eine Unterscheidung zwischen Entdeckung und Erfindung vorgenommen? (vgl. Morisch 2002: 96)

Oblag es damals noch in erster Linie der Medizin, Linderung zu verschaffen, so ist es heute die Kybernetik, die sich mit der diskreten Steuerung der Menschen durch intelligente Maschinen befasst und eine programmatische Symbiose von Mensch und Computer anstrebt (vgl. Kloock/Spahr 1997: 156).

Der Invalide kann dank der Ausrüstung seine Behinderung überwinden und wird nun plötzlich zum Vorbild für den Gesunden. Eine inzwischen technologisch gewordene Wissenschaft versucht nun, den „menschlichen Körper an das Zeitalter der absoluten Geschwindigkeit der elektromagnetischen Wellen anzugleichen" (Virilio 1997a: 113). Der denaturierte Kosmos verlangt nach einer denaturierten Persönlichkeit. Träumten die italienischen Futuristen Filippo T. Marinetti und Umberto Boccioni von einer Welt der Geschwindigkeit, ausgestattet mit Motoren, Zeppelinen und Überseedampfern, von einer Moderne, in der sich die Subjekt-Objekt-Welt unaufhörlich ineinander verschiebt, so nahmen sie damit das heutige kybernetische Theorem bereits vorweg.

Kurz vor der Jahrtausendwende repräsentiert der australische Performancekünstler Stelarc in einem computergestützten Selbstversuch die Phantasien Marinettis und Boccionis. Ausgestattet mit Roboterarmen, Laseraugen und elektronischen Impulssystemen auf der Haut, verkörpert er die italienische Vision. Der Standard der KI-Forschung erfährt in ihrem heutigen Tun die Konkretion dessen, worin französische Materialisten wie Holbach und La Mettrie im 17. und 18. Jahrhundert erste gedankliche Anstrengungen unternommen hatten. In diesem Zusammenhang verweist Virilio auch auf die Forschungen des KI-Forschers Marvin Minsky, der ebenso eine Phagozytierung des menschlichen Körpers anstrebt. Minskys zentrale Idee ist die atomare Mechanisierung des Geistes. Er geht von der Theorie aus: Wenn man bestimmte Gedächtniseinheiten in ein Computerprogramm implementieren kann, kann der Computer sich wiederum einiger seiner Handlungen bewusst werden. Eingriffe von außen werden somit immer seltener erforderlich. Nach Minskys Aussage ist die Realisierung keine Frage der Qualität, sondern der Quantität.

In diesem Wahn der Machbarkeit wird eine vollkommene Amalgamierung von verschiedenen Forschungszweigen wie Biologie, Medizin, Ingenieurswissenschaften, Neuroinformatik, Gehirn- und Kognitionswissenschaften angestrebt mit dem Ergebnis, „dass die Darwinistische Evolutionstheorie eine völlig andere Sinnrichtung erhält, weil die Diskussion hierüber jetzt nicht mehr nur von Biologen, einer religiösen oder philosophischen Schule geführt wird, sondern maßgeblich von Medizinern und Anhängern der Machbarkeit auf diesem Gebiet" (Morisch 2002: 102).

Das 21. Jahrhundert hat sich „Die Eroberung des Körpers", wie Virilios gleichnamiger Buchtitel lautet, zum Anliegen gemacht. Zeugnis legt auch die Computermetapher ab, welche das menschliche Gehirn mit der Hardware und das Denken mit der Software vergleicht. In ihrem erklärten Ziel, den menschlichen Körper durch technologische Implantate leistungsfähiger zu machen und so der faustischen Suche nach Unsterblichkeit ein Stück näher zu kommen, wird nichts unversucht gelassen. Der Mensch wird zur überrüsteten Prothesenexistenz, bei weitem leistungsfähiger, als Gott ihn in seiner Natürlichkeit schuf. In der Wissenschaft überwiegt das operative Moment des technischen Instruments gegenüber einer an Problemlösung orientierten Wahrheit. War einst Disziplin ein Vorzug der Wissenschaften, sind sie in ihrem heutigen Status nur noch ein technologisch denaturiertes Abenteuer, maßlos und ohne Grenze. So hat diese für Virilio ihre eigene philosophische Grundlage, nämlich die Suche nach Wahrheit längst verlassen und mutiert zu einer reinen Technowissenschaft, nur am Ideal der Machbarkeit sich orientierend. Geht ein Sportler, so Virilio, an seine eigenen Leistungsgrenzen, so hat die Wissenschaft mit der Virtualisierung des Handelns in o.g. Fall ebenfalls ihre Grenze erreicht, nämlich die ethische. Der behandelnde Arzt hat sich durch die maschinalisierte Verantwortung ebenso wenig der Sterbehilfe schuldig gemacht wie ein Waffenhändler beim Verkauf seiner Raketen – für Virilio ein weiteres Indiz für den momentanen „Nihilismus im kybernetischen Zeitalter". Laut Virilio gibt es keine unschuldige Wissenschaft. So sieht er schließlich auch in dem Abwurf der Atombombe über Hiroshima nicht nur einen kriegerischen Akt, sondern auch ein amerikanisches Experiment auf fremdem Boden.

War die Wissenschaft mit Galilei, Kopernikus und Wissenschaftlern der darauf folgenden Zeit noch eine *„Wissenschaft des Erscheinens"*, sozusagen einer relativen Wahrheit, ersetzt die kybernetische Wissenschaft, welche jede objektive Wirklichkeit zu leugnen scheint, das enzyklopädische Wissen und führt so zu einer *„Wissenschaft des Verschwindens"* eben dieser Wahrheit" (Virilio 2000: 11f.).

Diese augenblickliche Entwicklung setzt Virilio mit einem Fundamentalismus im Sinne eines „Informationsmonotheismus" gleich, einer Intelligenz ohne Gedächtnis und Vergangenheit. Aus diesem technologischen Fundamentalismus meint Virilio auch die Gefahr des Abgleitens in eine gewalttätige, totalitäre Gesellschaftsform ersehen zu können, an deren Ende die virtuelle Gesellschaft, ja die virtuelle Demokratie steht. Er fragt sich, woher der Erfolg einer solchen Idee stammen kann, die Gemeinschaft ihrer Realität zu berauben zugunsten einer universellen Virtualisierung, vor allem der der Politik. Für ihn bedeutet dies letzten Endes, dass Wahlen durch Meinungsumfragen ersetzt werden. Diese Form des Machtwechsels verdeutlicht Virilio am Beispiel Italiens mit Berlusconi. Der Medienzar Berlusconi hat den Boden dafür bereitet, dass sich der Machtwechsel nun nicht mehr zwischen parlamentarischen Linken und Rechten vollzieht, sondern zwischen Politik und Medien, wobei die Anziehungskraft des Bildschirms über die Notwendigkeit eines politischen Programms triumphiert – für Virilio der Beginn einer „kathodischen Demokratie", „bei der die Kunst der Meinungsumfragen schließlich gleichbedeutend ist mit der Zuschauerquote und sogar mit einem ersten virtuellen Wahlgang" (vgl. Virilio 1997b: 27).

Sicherlich bieten manche Gedankengänge Virilios eine Angriffsfläche zur Kritik, zumal sein Begriff der Medialität sehr weit gefasst ist und somit eine Gleichstellung der Informationstechnologien mit den Massenmedien nicht in Frage kommt; wenn man aber genauer hinsieht, ist diese eingeforderte Trennlinie zwischen Massenmedium und Individualmedium gar nicht mehr auszumachen. So dienen weder der Fernseher noch das Internet und das Telefon einer reinen Informationsbeschaffung. Vielmehr sind alle mehr oder weniger auf wirtschaftliches Handeln ausgerichtet.

Dies zeigt sich bereits im alltäglichen Sprachgebrauch, wo neben dem Warenmarkt auch von einem Informationsmarkt gesprochen wird, also von einer Konversion des Wissens in Ware. Die oben geforderte Dichotomie scheint sich indes anders zu zeigen. Die Informationsgesellschaft ist nämlich auf der einen Seite auf Wirtschaft ausgerichtet, andererseits auf Unterhaltung. Das bedeutet aber auch: Was ist nun Information und was keine? Während die Zurückhaltung von Information bzw. deren Zensur die Signatur totalitärer Staaten ist, passiert heute in den fortgeschrittenen Industrieländern das genaue Gegenteil. Es wird desinformiert durch Überinformation, jede Nachricht kann gleichwertig, gleich lang und gleich häufig gesendet werden. Das Resultat dieses additiven Informationsstils ist der Verlust der Kritikfähigkeit, da einem durch Überflutung alles gleichgültig wird (vgl. Virilio 2000: 171). Mit diesem System an Überinformation bleibt das Zeitgeschehen unreflektiert und stellt somit auch die Wahrhaftigkeit der Massenmedien in Frage. Profunde Kritik oder Ersatzlösungen werden von ihnen selbst kontrolliert, ja sogar zensiert, und dies geschieht, nach Virilio, so geschickt, dass es den Massen verborgen bleibt. Es gilt, Informationen gewinnbringend zu verkaufen und gut verkaufte Informationen wieder zu recyceln (Morisch 2002: 159).

Der Zynismus der Massenmedien ist janusköpfig, denn sie sind, wie schon angedeutet, zugleich auf Unterhaltung und Profit ausgerichtet. Die Bilder sind darauf aus, Obsessionen hervorzurufen, verbunden mit sofortiger Bedürfnisbefriedigung.

Die kommende Gesellschaft wird sich aus den „Ghettos der Ausgeschlossenen und dem Soft-Gulag der Vernetzten" zusammensetzen. „Wenn wir die monopolistischen Tendenzen nicht stoppen, werden wir einen Medien-Monotheismus bekommen. Ich meine das sehr ernst: Von den Medienmultis geht eine gefährliche Prophetie aus. Für die Wirtschaft und die Politik der Nationen ist das eine große Katastrophe „ (Altwegg 1996: 14).

Für Virilio weisen die Programmgestaltung und das Internet stark defizitäre Züge auf, die das Publikum nur mit Brot und Spielen ruhig stellen wollen. Die Gameshows führen zur Verblödung, die Computerspiele machen abhängig und erzeugen Gewalttätigkeiten. Je größer die Masse der Menschen ist, die nicht mehr in den gesellschaftlichen Produktionskreislauf eingreifen können, desto mehr Unterhaltung und Ablenkung wird geboten. So haben die zahllosen Sportübertragungen die Dromologie schon weggenommen (vgl. Virilio 2000). Ganz vorne stehen die Formel-1-Rennen mit elektronisch gestoppten Zeiten in tausendstel Sekunden, welche unserer Wahrnehmung gar nicht mehr zugänglich sind. Virilio fragt sich, wie es denn überhaupt noch möglich ist, sich dieser auf das Individuum hereinbrechenden Flut von visuellen und audiovisuellen Sequenzen, dieser *„Motorisierung der Erscheinungen"* zu entziehen. „[...] Haben wir noch die Freiheit, uns dieser (optischen oder elektrooptischen) Überflutung der Augen widersetzen zu wollen, indem wir den Blick abwenden oder dunkle Brillen tragen? [...] Nicht etwa aus Scham oder aufgrund irgendeines religiösen Verbots, sondern aus Sorge um den Erhalt der persönlichen Integrität, der *Gewissensfreiheit*." (Virilio 1996: 134)

Er verlangt, dass in einer Zeit der Mediatisierung und der immer größeren politischen Einfluss gewinnenden Medien – welche damit auch unsere Wahrnehmung beeinflussen – über so etwas wie ein *Recht auf Blindheit* nachgedacht werden sollte, „so wie es schon eines auf relative Taubheit gibt, zumindest jedoch das auf Senkung des Lärmpegels im öffentlichen Raum der Städte [...], müsste [dann] nicht so schnell wie möglich eine Senkung der Ausstrahlungsintensität von Bildern gefordert werden"? (Virilio 1996: 134)

Nicht zuletzt ist der gegenwärtige Zustand auch auf das Versagen der Politiker zurückzuführen, die seiner Meinung nach die wissenschaftlichen Ergebnisse – vor allem in ihrer möglichen negativen Dialektik, um mit den Worten Adornos zu sprechen – nur unzureichend zur Kenntnis nehmen. In einem Interview mit der FAZ (Magazin v. 16.8.1996) betont Virilio aber, dass politisch denken und handeln für ihn immer auch heißt, die Frage nach der Technik und der Geschwindigkeit zu stellen.

Beschäftigt man sich mit Virilios scharfsinnigen Analysen, hinterlässt das sehr oft einen ambivalenten Eindruck, denn sie beängstigen, suggerieren einen Kulturpessimismus, wirken apokalyptisch, faszinieren aber gleichermaßen. Jedoch bleibt er nicht mit moralisierend erhobenem Zeigefinger stehen, wie das auch Reschika bemerkt (vgl. Reschika 2001: 273). Was setzt Virilio diesem ganzen Szenario an ethischen Forderungen entgegen?

Er plädiert unter anderem für eine Transparenz des Militärischen, wobei sich seine Forderung nicht nur an einzelne Wissenschaften, sondern an jeden Einzelnen richtet. Es geht Virilio vor allem darum wahrzunehmen, dass der momentane Status der Gesellschaft keiner mehr des Werdens ist, sondern einer des Verschwindens. Kenntlich wird dies durch die Entwicklung des letzten Vierteljahrhunderts, in der Vernichtung materieller Existenz und dem Aufweis, „dass das Militär als solches verschwindet" (vgl. Virilio 1984: 23).

Die Technologie und ihre Automatisierung schlucken die Kriegsmaschine. Gerade hier gilt es zu durchschauen, dass die permanente technologische Entwicklung in erster Linie die von Waffen ist, welche die Gesellschaft wiederum selbst gefährdet und, konsequent zu Ende gedacht, zunichte macht. Die Grenze zwischen Zivil und Militär ist fließend, nicht mehr definierbar, wie dies auch beispielsweise durch die Nutzung von Internet und GPS evident wird. Für Virilio sind wir fast alle, ohne es explizit wahrzunehmen, Militärs in Zivil. Und eben diese Unfähigkeit der Wahrnehmung dient der Militärklasse, mit anderen Worten der Kriegsintelligenz. Zur Militärklasse zählen für Virilio aber nicht nur die Angehörigen des Militärs, sie umfasst ebenso alle diejenigen, welche auf indirekte Weise den Krieg mitorganisieren, also auch die Ingenieure der Aufrüstung. Die Schaffenskraft dieser „Technokraten" zielt nur auf Effizienz, gleichgültig wozu und mit welchem Horizont.

Ein weiterer Punkt von ihm ist die Forderung nach epistemotechnischer Arbeit, also den Schrumpfungseffekt, den die Technologien auf Zeit und Entfernungen ausüben, zu erkennen. Denn mit der Geschwindigkeit löst sich auch die Freiheit auf; denn diese benötigt ein Gebiet, die Politik, hier gedacht im geopolitischen Sinne. Technik ist für Virilio nicht neutral, „sie ist ein schwarzer Kontinent" und vor allem kein Werkzeug oder Instrument, das beliebig benutzt und wieder zur Seite gelegt werden kann, sondern sie ist des Menschen ständiger Begleiter, nur „Ort oder unser Un-Ort" (Virilio 1984: 137).

Eine letzte wichtige Forderung betrifft die Technik und ihr Akzidens. Wird in der Philosophie des Aristoteles der Substanz *(hypokeimenon)* das Bestand-Habende, Selbstständige, Für-sich-Bestehende zugesprochen – und nur von dieser kann es eine Wissenschaft geben –, im Unterschied zum Akzidens *(symbebekôs)*, dem Unselbständigen, Wechselbaren, eher Zufälligen, das der Substanz zukommen kann oder auch nicht, will Virilio dies in seiner Technikphilosophie nicht gelten lassen. Für ihn hat Aristoteles den Prozess der Verleugnung überhaupt erst in Gang gesetzt. Vielmehr fordert er, hinsichtlich der Technik das Akzidens auf jeden Fall als dazugehörig mitzudenken und somit neben eine thaumaturgische (gr.: thaumazein = bewundern, staunen) eine dramaturgische Betrachtungsweise der Technik zu setzen (vgl. Virilio 1994: 116). „Mit dem Schiff erfindet man den Schiffbruch, aber niemand bezeichnet den Schiffbruch als Erfindung; man erfindet die Lokomotive und damit auch die Entgleisung, aber nur die Lokomotive wird herausgestellt. Es gibt immer eine Kehrseite der produktiven Vernunft, und gerade diese verborgene Seite ist es, die mich interessiert [...]. Wir erreichen immer das Gegenteil des Gewollten, und eines Tages werden wir eine absolute Waffe, und das heißt: den absoluten Unfall haben" (Virilio 1987: 152).

Für Virilio steht fest, dass nach beidem gefragt werden muss, nach der Substanz und ihrem Akzidens. Aufgrund dessen macht er auch den herausfordernden Vorschlag, neben den Ausstellungen von Maschinen in Museen auch Ausstellungen von den dazugehörigen Akzidentien zu zeigen, also eine Art Pannenmuseum einzurichten: Zugentgleisungen, Luftverschmutzungen, Einsturz von Gebäuden und Kontaminierungen aller Art müssten der

Öffentlichkeit ebenso zum Gegenstand der Betrachtung angeboten werden, wie es ihrerseits die Technik mit ihrer Anpreisung für ein erleichtertes Leben macht.

Dass andere Denker, beispielsweise Vilém Flusser, zu einer nahezu entgegengesetzten Sichtweise im Hinblick auf den Umgang mit unseren modernen Technologien kommen, darf nicht unerwähnt bleiben.[1]

Jedoch besteht durch die Digitalisierung der menschlichen Lebensbereiche und den Abruf der Informationen über sie gegenwärtig aber auch die Gefahr einer zunehmenden Untergrabung der persönlichen Freiheitsrechte seitens des Staates. Gleichermaßen ist das Erstellen kompletter Neigungsprofile einzelner Personen denkbar, um so wirtschaftliche Interessen besser ins Ziel bringen zu können. Virilios Werk sollte als Warnung gelesen werden, als Warnung, sich nicht die Sinnfrage für das Wohlergehen von einer inzwischen technologisch gewordenen Wissenschaft beantworten zu lassen.

Literatur von Paul Virilio

Virilio, P.: Fahren, fahren, fahren... Berlin 1978 (Sammlung früher Aufsätze Paul Virilios aus den Jahren 1975–1977).

Virilio, P.: Geschwindigkeit und Politik. Ein Essay zur Dromologie. Berlin 1980. (Originalausgabe: Vitesse et politique. Essai de dromologie. Paris 1977).

Virilio, P.: Ästhetik des Verschwindens. Berlin 1986. (Originalausgabe: Esthétique de la Disparition. Paris 1980).

Virilio, P./Lotringer, S.: Der reine Krieg. Berlin 1984. (Originalausgabe: Pure War. New York 1983).

Virilio, P.: L'espace critique. Paris 1984.

Virilio, P.: Krieg und Kino. Logistik der Wahrnehmung. München/Wien 1986. (Originalausgabe: Logistique de la perception. Guerre et cinéma. Paris 1984).

Virilio, P.: Interview von Florian Rötzer mit Paul Virilio. In: Rötzer, F.: Französische Philosophen im Gespräch. München 1987.

Virilio, P.: Die Sehmaschine. Berlin 1989. (Originalausgabe: La machine de vision. Paris 1987).

Virilio, P.: Revolutionen der Geschwindigkeit. Berlin 1993. (Auszüge aus dem französischen Ausstellungskatalog La Vitesse, hrsg. v. der Fondation Cartier, Paris 1991).

Virilio, P.: Das irreale Monument. Der Einstein-Turm. Berlin 1992.

Virilio, P.: Aussichten des Denkens. Interview mit Paul Virilio, hrsg. v. Michael Jakob, München 1994.

Virilio, P.: Vom Sehen; Wahrnehmen, Tasten, Fühlen, Erkennen, was wirklich ist – im Zeitalter des Audiovisuellen. In: FilmFaust, „Internationale Filmzeitschrift", Bd. 89/90, Frankfurt/M. 1994a.

Virilio, P.: Der negative Horizont. Bewegung – Geschwindigkeit – Beschleunigung. München/Wien 1995. (Originalausgabe: L'Horizon Négatif. Paris 1984).

Virilio, P.: Fluchtgeschwindigkeit. Essay. München/Wien 1996. (Originalausgabe: La vitesse de liberation. Paris 1995).

Virilio, P.: Dialektische Lektionen. Vier Gespräche mit Marianne Brausch. Stuttgart 1996a.

Virilio, P.: Krieg und Fernsehen. München/Wien 1997. (Originalausgabe: L'écran du désert. Paris 1991).

Virilio, P.: Die Eroberung des Körpers. Vom Übermenschen zum überreizten Menschen. München/Wien 1997a. (Originalausgabe: L'art du moteur. Paris 1993).

Virilio, P.: Ereignislandschaft. München/Wien 1997b. (Originalausgabe: Un paysage d'événements, Paris 1996).

---

[1] Zu Vilém Flusser vgl. den Beitrag von Kai Hochscheid in diesem Band.

Virilio, P.: Rasender Stillstand. Essay. München/Wien 1998. (Originalausgabe: L'inertie polaire. Paris 1990).

Virilio, P.: Information und Apokalypse – Die Strategie der Täuschung. München/Wien 2000.

Weitere zitierte Literatur

Altwegg, J./Schmidt, A.: Französische Denker der Gegenwart. 20 Portraits. München 1987.

Altwegg, J.: Die Geburt der Technik aus dem Geist des Krieges. In: FAZ Magazin vom 16.8.1996, Heft 859, S. 9-14.

Breuer, I./Leusch, P./Mersch, D.: Welten im Kopf. Profile der Gegenwartsphilosophie. Hamburg 1996.

Breuer, S.: Die Gesellschaft des Verschwindens. Von der Selbstzerstörung der technischen Zivilisation. Hamburg 1992.

Kirchmann, K.: Blicke aus dem Bunker. Paul Virilios Zeit- und Medientheorie aus der Sicht einer Philosophie des Unbewußten. Stuttgart 1998.

Kloock, D./Spahr, A.: Medientheorien. Eine Einführung. München 1997.

Kloock, D.: Von der Schrift zur Bild(schirm)kultur. Analyse aktueller Medientheorien. Berlin 1995.

Morisch, C.: Technikphilosophie bei Paul Virilio. Würzburg 2002.

Reschika, R.: Philosophische Abenteurer. Tübingen 2001.

Wiegerling, K.: Medienethik. Stuttgart 1998.

Friedrich Kittler: Kultur als Datenverarbeitungsgestell

Geoffrey Winthrop-Young

Der Schwierige

Friedrich Kittler wurde am 12. Juni 1943 in Rochlitz bei Dresden geboren. 1958 siedelte die Familie in den Westen über, was Kittler zufolge neben politischer Unzufriedenheit auch mit dem Wunsch seiner Eltern zusammen hing, den Kindern eine gute Universitätsausbildung zu ermöglichen (vgl. Armitage 2006: 17). Nach Besuch des Gymnasiums in Lahr studierte er ab 1963 Germanistik, Romanistik und Philosophie in Freiburg, wo er 1976 mit einer Arbeit über Conrad Ferdinand Meyer promovierte. 1984 erfolgte nach einigem Gerangel in den zuständigen Gremien die Annahme seiner Habilitationsschrift *Aufschreibesysteme*. Im Anschluss an eine kurze Lehrtätigkeit in Basel war er von 1987 bis 1993 Professor für Neuere Deutsche Literatur in Bochum und von 1997 bis 2008 Inhaber eines Lehrstuhls für Medienästhetik an der Humboldt-Universität zu Berlin, wo er seit 2008 eine Stiftungs-Gastprofessur für Medienphilosophie innehat.

Kittler ist einer der wichtigsten und umstrittensten deutschen Geisteswissenschaftler, wobei Prominenz und Brisanz sich nicht zuletzt dem Eifer verdanken, mit dem er seit Jahrzehnten gegen die Geisteswissenschaften zu Felde zieht. Er gehört neben Niklas Luhmann (1927-1998) zu den wenigen zeitgenössischen deutschen Theoretikern, die ein internationales Ansehen genießen. Allerdings verfährt die ausländische Rezeption Kittlers recht selektiv, weil sie mit den Diskussionen vor Ort häufig mehr zu tun hat als mit dem Inhalt seiner Texte. Das trifft freilich auch auf Teile seiner deutschen Rezeption zu, womit die Schwierigkeiten angedeutet sind, die einer Auseinandersetzung mit seinem Werk im Wege stehen.

1. Trotz ihrer Vorliebe für Vereinfachungsfloskeln – *einfach, einfach nur, schlicht, nichts als* und Kittlers Markenzeichen-Vokabel *selbstredend* – sind viele seiner Texte Uneingeweihten unzugänglich. Wer nicht mit poststrukturalistischen Theoremen vertraut ist, steht früheren Aufsätzen ratlos gegenüber; viele der medienwissenschaftlichen Arbeiten begraben überforderte Leser mit technischem Arkanwissen; und die neueren Texte zu altgriechischen Notationssystemen verfallen oft in ein Gemisch aus Rühmen und Raunen, eine Art „Heidegger für Hippies" (Powell 2008: 95). Zum Leidwesen der Kritiker hat das sogenannte ‚Kittlerdeutsch' Schule gemacht und ist mittlerweile ein fast so erkennbarer akademischer Idiolekt wie das Adornodeutsch oder Heideggers Jargon der Authentizität (vgl. Winthrop-Young 2005: 62-72). Mit seiner Mischung aus Theorieduktus und Technikjargon, apodiktischer Lakonik und Rauschrhetorik hatte Kittler in den achtziger Jahren einen zeitgemäßen Tonfall gefunden, der bei vielen Lesern auf Resonanz stieß. Kittler verdient

Friedrich Kittler: Kultur als Datenverarbeitungsgestell

nicht nur als kulturwissenschaftlicher Analytiker, sondern auch als kulturwissenschaftliches Phänomen Beachtung.[1]

2. Kittlers Umstrittenheit hat häufig eingeschliffene Reaktionen zur Folge. Sein Ruf gleicht dem Ansehen des von ihm verehrten Ernst Jünger: Beide laufen Gefahr, als Autoren in den Grabenkämpfen zu verschwinden, die sich um sie herum abspielen. Kittler zu lesen ist schwer genug, sich unbefangen über ihn zu äußern scheint mitunter fast unmöglich, weil man immer wieder in den Sog politisch-ideologischer Auseinandersetzungen gerät. Und ganz wie im Falle Jüngers ist das keineswegs nur die Schuld der Kritiker, agiert Kittler doch bisweilen wie ein Elefant, der sich sehr bewußt auf politische korrekte Porzellanläden spezialisiert.

3. Die dritte und vor allem im kulturwissenschaftlichen Kontext wichtigste Schwierigkeit liegt darin, dass Kittlers Einfluss auf die Kulturwissenschaften im umgekehrten Verhältnis zu seiner Beteiligung an disziplinären Diskussionen steht. Zuweilen hat man den Eindruck, dass er an die Kulturwissenschaften herantritt wie ein Revisor an einen maroden Betrieb, von dem er schon vorab entschieden hat, dass achtzig Prozent der Belegschaft entlassen werden müssen. Viele kulturanalytische Zugangsweisen werden, um das auf Kittlerdeutsch zu formulieren, von ihm gar nicht erst ignoriert. Und wenn er sich in disziplinäre Theoriedebatten einschaltet, kommt mitunter Fragwürdiges dabei heraus. Wenn er etwa den vermeintlichen „Dilettantismus" der amerikanischen *Cultural Studies* mit dem Verweis geißelt, dass es an US-amerikanischen Universitäten „ganze Departments für deutsche oder andere Literaturen [gibt], die sich mit einem Federstrich in Cultural studies umbenannt haben, ohne aus diesem Federstrich irgendwelche anderen Konsequenzen als die Ignorierung aller kanonischen Texte zu ziehen" (Kittler 2000: 11), dann klingt das, gelinde gesagt, leicht provinziell.

Kittler ist ein konsequenter Gegner etablierter sozialer Universalien. Jahrzehntelang hat er Begriffe wie Kultur und Gesellschaft vermieden oder verspottet. Im Falle des „grausige(n) Unbegriff(s)" Gesellschaft (Kittler 2002a: 292) ist das immer noch der Fall, doch zu „Kultur" hat er mittlerweile ein entspannteres Verhältnis. Immerhin ist er Verfasser einer *Kulturgeschichte der Kulturwissenschaft* (2000), wobei sich darin freilich kaum etwas über Kultur oder Kulturwissenschaft(en) im herkömmlichen Sinne findet. Kittler ist seinem Training und Temperament nach ein Vorbedingungs- und Aufhebungstheoretiker. Es geht ihm um diskursive, mediale oder aufschreibesystemische Produktions- und Verarbeitungsgestelle, die zunächst einmal entwickelt und verschaltet sein müssen, damit überhaupt erst die Daten produziert, übertragen und gespeichert werden können, die man dann als menschliche Kulturleistungen (miss)deuten kann. Diese Kulturdeutungspraktiken mitsamt den zu Grunde liegenden Kulturdeutungsbedürfnissen sind ebenfalls das Produkt historisch spezifischer Datenverarbeitungsgestelle. Kittler interessiert sich also primär für das, was tech-

---

[1] So sehr sich Kittler schon als Student vom politischen Mainstream seiner Zeitgenossen abgesetzt haben mag, sein Werk (und das wird von ihm in letzter Zeit deutlich betont) verarbeitet die Aufwallungen und (drogen)technischen Berauschungen jener Zeit; es ist ein Stück Kulturevolution, Baujahr 1968. War mentalitäts- und generationsgeschichtlich gesehen die Systemtheorie Luhmanns die letzte große Arie der Skeptischen Generation, so ist die Techniktheorie Kittlers zusammen mit Klaus Theweleits Königsprojekt und Peter Sloterdijks Sphären der letzte große Trommelwirbel der 68er-Generation.

nisch und zeitlich *vor* der Kultur (und den Kulturwissenschaften) kommt, wobei seine jüngeren Arbeiten etwas anpeilen, was *nach* ihnen kommt, sie quasi aufhebt und wofür es vorläufig „keinen besseren Namen" gibt als „Kulturnaturwissenschaften" (Kittler 2000: 14). Um diese Vorgehensweise besser zu verstehen, muss man die interdisziplinären Wanderungen und Wandlungen nachvollziehen, die Kittler hinter sich gebracht hatte, bevor er in den Dunstkreis der Kulturwissenschaften geriet.

Stufen und Spiralen

Kittlers intellektueller Werdegang zerfällt in drei Abschnitte. Im ersten beschäftigt er sich vornehmlich mit literarischen Texten, im zweiten mit Medientechnologien (einschließlich des Computers) und im dritten mit Kulturtechniken.

Kittler trat zwar zuerst als Literaturwissenschaftler in Erscheinung, doch ging seiner germanistischen Spezialisierung eine intensive Beschäftigung mit Philosophen wie Hegel, Nietzsche und Heidegger, vor allem aber mit den sogenannten französischen Poststrukturalisten voraus. Ohne diese prägende Vorbildung sind Ansatz, Anspruch und Attitüde seiner späteren Arbeiten nicht zu verstehen. Was der junge Kittler bot, war eine denkwürdige Fusion von Jacques Lacan und Michel Foucault[2]. Von ersterem übernahm er die Grundannahme, dass Subjekte aus der Einschreibung symbolischer Ordnungen ins Unbewusste hervorgehen, was Lacan in die oft zitierte Formel fasste, das Unbewusste sei der Diskurs des Anderen. Diese Prämisse wird mit Hilfe Foucaults analytisch wie historisch spezifiziert. *Den* Diskurs als solchen und *die* Sprache als solche gibt es so wenig wie *die* Natur als solche; es gibt nur historisch kontingente Diskursordnungen. „Das heißt, der Begriff *Diskurs* bezieht sich nicht mehr wie im Falle Lacans auf den linguistischen und daher abstrakten Begriff erweiterter Sprache, sondern auf gegebene Existenzweisen der Sprache, wie sie von pädagogischen Institutionen, technischen Reproduktions-, Speicher- und Übertragungsmitteln, gängigen Interpretationsstrategien usw. geformt werden." (Welberry 1990: xxi) Interpretationen und Kontextanalysen landen in der wissenschaftlichen Abstellkammer, denn es geht nicht mehr darum, Texte auf Geist, Sinn und Wahrheitsgehalt hin abzuklopfen oder sozialgeschichtlich einzubetten, stattdessen sind sie als psychische Einschreibungsinstanzen zu analysieren, die Aufschluss geben über die jeweils herrschenden diskursiven Praktiken.

Literarische Texte sind mithin Komponenten eines Aufschreibesystems. Den paranoiden *Denkwürdigkeiten eines Nervenkranken* des Dresdner Senatspräsidenten Daniel Paul Schreber (1842-1911) entlehnt, bezeichnet der Begriff „das Netzwerk von Techniken und Institutionen, die einer gegebenen Kultur die Adressierung, Speicherung und Verarbeitung relevanter Daten erlauben" (Kittler 2003: 50). Die bekannteste Anwendung dieses Konzepts ist die Analyse des „Aufschreibesystems 1800". Sehr verknappt sieht das so aus: In der Goethezeit kommt es zu einer folgenreichen kulturellen Zäsur, vor allem was Theorie und Praxis des kindlichen Spracherwerbs betrifft. In der bürgerlichen Kernfamilie werden Mütter zur oft exklusiven sprachlichen Erziehungsinstanz. Kleinkinder, die vorher in einem weitläufigen Sprach- und Sozialisationsgemisch aus Ammen, Großfamilien und Dorfgemeinschaften aufwuchsen, sind von nun an einer intimen Stimme ausgeliefert, welche

---

[2] Zu Michel Foucault vgl. den Beitrag von Christian Lavagno in diesem Band.

streng nach Lacan sie und ihr Unbewusstes be-spricht und formt. Das Aufschreibesystem 1800 kreist um diese Direktverschaltung von Kinderohr und Muttermund; die liebevolle, bedeutungsverheißende Stimme fungiert dabei als Schmieröl und Treibstoff kultureller Reproduktion. Die Bedeutungsgarantie wird zur Arbeitsgrundlage sowohl der Literatur, die dieser weiblichen (Natur)Stimme spezifische Bedeutungen anzudichten versucht, als auch der Philosophie, die sich anschickt, dichterische Werke (und alles andere) interpretierend umzuschreiben. Und weil genau diese philosophisch geadelten, reflexiv-hermeneutischen Fertigkeiten als Signum des neuen Subjekts gelten, wird ihr Training zum Kern des neuen Erziehungs- und Beamtenapparats. Aus letzterem gehen bekanntlich große Teile der deutschen Literatur hervor; die folgenreichste Personalunion von Dichter und Bürokrat war das prototypische Selbstverwaltungssubjekt Goethe (vgl. Vismann 2001: 237-42).

„Wer" – so ein Kernsatz Lacans, den Kittler gerne mit heideggerianischem Zungenschlag zitiert – „wer am Knoten rührt, der den Menschen an das Sprachzeichen bindet, ändert damit seine Geschichte und das Geschick seines Seins." (Kittler 2004: 119) Zweifelsohne hatte die goethezeitliche Mobilisierung der Mütter als zentrale Spracherwerbsmusen in Kombination mit der philosophisch-beamtenstaatlichen Weihe des sprachmächtigen Subjekts ein epochales Rühren an diesem Knoten zur Folge. Ebenso klar dürfte sein, dass die neuen Möglichkeiten technischer Datenspeicherung, die in der zweiten Hälfte des 19. Jahrhunderts aufkommen, ein noch heftigeres Rühren, wenn nicht gar eine Durchtrennung dieses Knotens zur Folge haben. Damit sind wir in der zweiten, medienwissenschaftliche Phase Kittlers. Wo im Aufschreibesystem 1800 die Schönschrift Hegel zufolge als äußere Erscheinung des Individuums galt (vgl. Kittler 2003: 103), erscheint im Aufschreibesystem 1900 das mechanisierte Zerhacken des Schriftflusses durch die Schreibmaschine. Wo Sprache um 1800 zum „allgemeinen, gereinigten und homogenen Medium" (Kittler 2003: 47) erhoben wird, da erscheint sie um 1900 in phonographischer Speicherung und Reproduktion als vom Menschen abgelöster kalter Datenstrom. Und wo einst Bilder nach stilistischen Vorgaben gemalt wurden, da walten jetzt technische Standards über die Speicherung realer Effekte in Form von Lichtwellen. Das Leitmedium Schrift, das als symbolisches Raster alle Datenströme vereinheitlicht und durch den „Engpaß des Signifikanten" (Kittler 1986: 12) gezwängt hatte, wird von analogen photo- und phonographischen Medientechniken und mechanisierten Textproduktionsmöglichkeiten marginalisiert.

Dadurch wird dem Datenverarbeitungsgestell des Aufschreibesystems 1800 die Basis entzogen; folglich lösen sich die kulturellen Konstruktionen auf, die sich aus der Rückkoppelung mit diesem Gestell ergaben. Geist und Seele, die übergeordneten Instanzen, die für die Koordination der Wahrnehmungs- und Erkenntnisprozesse verantwortlich waren, zerfallen in kognitive Subroutinen, die zur gleichen Zeit von psychophysikalischen Forschern im Gehirn lokalisiert und unter Rückgriff auf die neuen analogen Medien technisch modelliert werden. Das sprachmächtig-autonome Subjekt verschwindet, übrig bleibt der Mensch als „Informationsmaschine" (Kittler 1986: 281), eine programmierbare Verschaltung von Kehlkopf, Pupille und taktiler Innervation. Und mit denn Subjekt fallen auch die Geschlechterordnungen: Im Aufschreibesystem 1800 lehrten Frauen Männern das Sprechen und Schreiben, woraufhin die Männer Bücher schrieben, aus denen die Frauen lernten, wie sie Männer zum Schreiben und Sprechen anhalten oder verführen sollten. In diesem „sexuell geschlossenen Stromkreis" (Kittler 1986: 275) waren Frauen Input und Output der großen Datenverarbeitungsmaschinerie Kultur. Um 1900 hingegen sind sie als Sekretärinnen, die das Wort dichtender und verwaltender Männer transkribieren, direkt an der Diskursproduktion beteiligt.

Ein wichtiger Bestandteil dieser zweiten, medienzentrierten Phase ist die Auseinandersetzung mit digitalen Speichertechniken. Besonders bekannt sind die These, es gebe keine Software (Kittler 1993: 225-42), sowie die Angriffe auf Programme wie Windows, die arglosen Benutzern vorgaukeln, der Computer sei ein bloßes Instrument, das Menschen so dienstbeflissen zur Verfügung stehe, dass diese sich weiterhin einbilden dürfen, Subjekte bzw. Werkzeugmeister zu sein. Stattdessen sollten die Leute – kittlerdeutsch für: Menschen – Programmiersprachen lernen, um mindestens einen Teil der Zeichenmanipulation selbst durchführen zu können. Wer so eine Programmiersprache beherrsche und zudem noch Kenntnis der 26 Buchstaben und einiger elementarer mathematischer Notationssysteme besitze, der verfüge, so Kittler, über das, „was im Moment Kultur ist" (Griffin/Hermann 1997: 294). Entscheidend ist die These, dass der Computer die von den analogen Medien ausdifferenzierten Ströme auf digitaler Ebene vereinigt, was epochale Konsequenzen nach sich zieht: „Mit Zahlen ist nichts unmöglich. Modulation, Transfomation, Synchronisation, Verzögerung, Speicherung, Umtastung, Scrambling, Scanning, Mapping – ein totaler Medienverbund auf Digitalbasis wird den Begriff Medium selber kassieren. Statt Techniken an Leute anzuschließen, läuft das absolute Wissen als Endlosschleife." (Kittler 1986: 8) Erstens: Seit und mit dem Computer gibt es keine Medien mehr. Zweitens: Seit und mit dem Computer kommt das Datenverarbeitungsgestell Kultur potentiell ohne menschliche Schaltstellen aus.

Es erstaunt daher nicht, dass Kittler immer weniger Lust verspürt, sich Medienwissenschaftler oder gar Medienphilosoph zu nennen. Zunehmend erscheint dort, wo früher von Medien die Rede war, der Begriff Kulturtechnik, womit elementare Praktiken im Umgang mit Dingen und Symbolen gemeint sind, die von körperlichen Routinen bis hin zu technologischen Manipulationen des Verhältnisses von Schrift, Bild, Ton und Zahl reichen (vgl. Krämer/Bredekamp 2003: 11-22). Dass – vor allem in den technik- und medientheoretisch inspirierten Kulturwissenschaften – der Begriff der Kulturtechnik den Medienbegriff aufheben kann, ist die konzeptuelle Konsequenz der Aufhebung des Medienbegriffs im und durch den Computer. Kittlers neues Projekt ist eine auf vier Bände hin angelegte Genealogie unserer Notationssysteme. Bislang ist nur der erste Halbband erschienen (Kittler 2006), der nachzuvollziehen versucht, wie in der griechischen Frühphase das phonetische Alphabet Sprache, Musik und Mathematik in sich vereinigte – was über zwei Jahrtausende später erst wieder dem Computer gelingen sollte.

Man darf dieses heuristische Phasenmodell nicht zu ernst nehmen. Kittler hat nicht einfach über Nacht die Literatur abgelegt, um dann auschließlich Medienwissenschaft zu betreiben. Seine Theorieproduktion ist weniger ein stufenweiser Fortschritt als eine sich erweiternde Spirale, in der in jeder Drehung gleiche oder ähnliche Fragen auf immer umfassendere Weise abgehandelt werden. Dieser spiralenförmigen Erweiterung entspricht eine geographisch-zeitliche Entgrenzung: Die Diskurphase bezieht sich primär auf das Deutschland der Goethezeit, die Medienphase auf den modernen Westen und die kulturtechnische Phase auf die Geschichte des Abendlandes. Die Rezeption des letzteren Unternehmens ist bislang eher von unterkühlter Ratlosigkeit.

Einwände und Erträge

Kittler ist maßgeblich an dem für die achtziger und neunziger Jahre charakteristischen Übergang der Sozial- und Kulturwissenschaften vom Materialismus zu den Materialitäten beteiligt. Wollte man seine Vorgehensweise wissenschaftsgeschichtlich einordnen, so könnte man sie als eigenwillige Variante einer strukturalistisch-kybernetischen Gesellschaftsanalyse bezeichnen. Etikettierungen dieser Art sind freilich ungeeignet, die vielen Vorwürfe zu entkräften, die gegen ihn erhoben werden. Die meisten betreffen seinen „berüchtigten Antihumanismus" (Kittler 2002b: 30), seinen vermeintlichen Technodeterminismus sowie das, was sich auf englisch mit den drei *W* zusammenfassen lässt: *war, women, and writing style*.

Den Antihumanismusvorwurf würde Kittler kaum bestreiten. Ihm dient Technikanalyse dazu, eine von Heidegger und Foucault vorgezeichnete Linie zu verlängern. Wie ihnen geht es Kittler nicht um Aufklärung des (oder zum) Menschen, sondern um kritische Abklärung, um den Ausgang des Menschen aus seiner selbstverschuldeten Vollmundigkeit, die ihm einen zentralen Platz zuweist, der ihm – auch und gerade angesichts der Datenverarbeitungsgestelle, in denen und dank derer er überhaupt erst humanistische Selbstüberschätzungen zu entwickeln vermag – nicht zusteht. Hier gibt es Parallelen zur intensiven angloamerikanischen Debatte um *posthumanism* und die *posthumanities*, was mit ein wichtiger Grund für die Rezeption Kittlers in den USA ist. Den Technodeterminismusvorwurf hat Kittler sich mit seiner Vorliebe für dramatische Sentenzen wie „Medien bestimmen unsere Lage" (Kittler 1986: 3) oder „Nur was schaltbar ist, ist überhaupt" (Kittler 1993: 182) selbst eingehandelt. Doch abgesehen davon, dass es vielen Kritikern an Zeit oder Talent zu mangeln scheint, näher zu definieren, was sie unter Technodeterminismus verstehen (weswegen das Etikett wie eine moralische Verurteilung kommentarlos ausgestoßen wird) – das Problem liegt darin, dass die eigentlichen Analysen Kittlers oft sehr viel differenzierter sind als seine plakativen Statements. So trägt sich 1760 und 1820 in Deutschland (medien)-technisch wenig zu, doch in genau diese Zeit fällt Kittler zufolge der epochale Übergang zum Aufschreibesystem 1800. Es besteht also kein direktes Abhängigkeitsverhältnis zwischen der technischen Basis des Datenverarbeitungsgestells und kulturellen Selbstbeschreibungen. Das Aufschreibesystem 1900 ist zweifelsohne intermedial determiniert, es entsteht mit und dank medientechnischen Innovationen, doch das Aufschreibesystem 1800 ist eine intramediale Kontingenz, eine Rückkopplung von Kultur und Datengestell, die auch anders hätte ausfallen können. Mark Twain hat das hämische Lob kolportiert, die Musik Richard Wagner sei besser, als sie sich anhöre. Gleiches gilt für den Wagner-Verehrer Kittler: Dessen Analysen sind oft sehr viel besser, als sie sich lesen. Das zu ergründen erfordert allerdings, ganz wie der Besuch einer Wagneroper, viel Geduld und Sitzfleisch, vor allem aber setzt es voraus, dass man dem ständigen *einfach nur, nichts als* und *selbstredend* nicht auf den Leim geht.

Die Frauenfrage ist um einiges problematischer. Kittler verwendet viel Zeit darauf, den Eintritt der Frauen um 1900 in die Diskursproduktion als Teil eines epochalen Übergangs zu beschwören, doch wirft das die ironische Frage auf, ob die neue Errungenschaft, „männliche Diktate aufnehmen oder männliche Texte tippen zu dürfen, wirklich bahnbrechend war" (Kloock/Spahr 1997: 17). Wenn Kittler nebenbei zugesteht, dass im Aufschreibesystem 1800 nichts Frauen daran gehindert habe, „das eine oder andere Mal zur Feder zu greifen" (Kittler 2003: 154), dann unterschlägt das nicht nur den empirischen Tatbestand, dass die Zahl weiblicher Schriftsteller in der Goethezeit sehr viel höher war als Kittlers schreibende Männerwirtschaft es vermuten lässt, es vermeidet auch die interessante Frage, wie dieser Analyse zufolge Frauen damals überhaupt schrieben bzw. schreiben konnten. Was für ein Verhältnis hatten Mädchen zur Sprache der Mütter? Wie konnten sie in einer spracherwerbsmäßig vorgeprägten Geschlechtertrennung Stellen besetzen, für die einzig Männern programmiert waren? Ganz zu schweigen davon, dass das Bild der Frau als erotisch besetzter Muse, das beim frühen Kittler als Folge einer streng historischen Geschlechtercodierung erscheint, in seinen jüngsten, griechischen Studien heteronormativ naturalisiert wird (vgl. Breger 2006). Das Gespächsangebot an Feminismus und Genderwissenschaft, das Kittler in den achtziger Jahren vorgelegt hatte (und das nie richtig angenommen wurde), verstummt.

Kaum etwas hat Kittlers Leser so verstört wie sein ständiges Reden vom Krieg. Es ist zum Teil Provokation, eine martialische Trotzgebärde, um dem eingeschliffenen geisteswissenschaftlichen Verständigungsimperativ ans Schienbein zu treten. Aber der Kriegsfokus hat auch eine klare methodologische Bewandtnis (vgl. Winthrop-Young 2005: 115-31). Kittler weiß, dass die neuzeitliche Mediengeschichte sich nicht so abgespielt hat wie Foucaults Geschichte diskursiver Ordnungen, die plötzlich und ohne Anlaß aus dem Nichts auftauchen. Je mehr die foucaultsche Zäsuremphase, mit deren Hilfe der junge Kittler sich von den herkömmlichen geistes- und kulturwissenschhaftlichen Kontinuitätsananhmen abzusetzen versuchte, in den Hintergrund rückte, desto wichtiger wurde die Frage, wie und warum Medien sich entwickeln. Und hier bietet sich der Krieg an: Er ist für Kittler sowohl der Motor als auch eine klare Veranschaulichung technischer Entwicklungen und diskursiver Ordnungen. Die Erfindung neuer Medien wurzelt in Rüstungswettläufen, und die Art, in der ständig mobilisierte moderne Gesellschaften ihre Sujekte drillen, erscheint nirgendwo deutlicher als in militärischen Maßnahmen und Direktiven. Krieg ist moderne Kultur in Reinkultur. Das ist empirisch anfechtbar, aber methodologisch konsequent. Heikel wird es, wenn ein deutscher Theoretiker sich zu etwas peinlichen Lobpreisungen der deutschen Wehrmacht verleiten lässt (vgl. z.B. Armitage 2006: 27) und zu verstehen gibt, dass ihn der Zweite Weltkrieg „Auschwitztheoretisch" (Kittler/Banz 1996: 9) nicht interessiere. Das ist ein weites und sehr stacheliges Feld.

Letztlich wird Kittler aller Rebellenrhetorik zum Trotz das übliche Klassikerschicksal erleiden: Integration. Was als radikale, kompromisslose Alternative antrat, wird vom akademischen Betrieb im Form simpler Umgewichtungen einverleibt. Der provozierende Schlachtruf ‚Medien bestimmen unsere Lage' schrumpft zum Vorabverständnis, dass man fortan in der Kulturanalyse Medien mit zu bedenken habe, nachdem man sie vorher überhaupt nicht bedacht hatte. Die Muttermund-Analyse der *Aufscheibesysteme* läßt sich als Synekdoche in eine Sozialgeschichte der Genese der bürgerlichen Intimsphäre einordnen. Die Diskursanalyse des Beamtenstaates gerinnt zur Umschreibung der bekannten sozialgeschichtlichen These, dass die deutsche Literatur im Gegensatz zum Wirtschaftsbürgertum aus dem Beamtenbürgertum hervorgeht (vgl. zuletzt Boyle 2009). Alte Einseitigkeiten werden durch neue Einseitigkeiten korrigiert, indem sie abgewogene oder gedankenlose Kompromisse eingehen. Wenn die faul sind, ist die Zeit reif für neue Übertreibungen.

Friedrich Kittler: Kultur als Datenverarbeitungsgestell

Literatur von Friedrich Kittler

Kittler, F.: Grammophon Film Typewriter. Berlin 1986.
Kittler, F.: Draculas Vermächtnis. Technische Schriften. Leipzig 1993.
Kittler, F.: Eine Kulturgeschichte der Kulturwissenschaften. München 2000.
Kittler, F.: Der geschärfte Befehl zum Andersdenken. In: Borgards, R. (Hg.): Diskrete Gebote. Geschichten der Macht um 1800. Festschrift für Heinrich Bosse. Würzburg: 2002a, S. 293-295.
Kittler, F.: Optische Medien. Berliner Vorlesung. Berlin 2002b.
Kittler, F.: Aufschreibesysteme 1800/1900. München 2003.
Kittler, F.: Unsterbliche. Nachrufe, Erinnerungen, Geistergespräche. München 2004.
Kittler, F.: Musik und Mathematik I: Hellas 1: Aphrodite. München 2006.

(Für ein ausführliches Verzeichnis der Schriften Kittlers siehe Berz, P./Bitsch, A./Siegert, B. (Hg.): FAKtisch, München 2003, S. 359-374)

Weitere zitierte Literatur

Armitage, J.: From Discourse Networks to Cultural Mathematics. An Interview with Friedrich A. Kittler. In: Theory, Culture & Society 23, 2006, S. 17-38.
Boyle, N.: Kleine deutsche Literaturgeschichte. München 2009.
Breger, C.: German Scholars and the Gift of Greece: Friedrich Kittler's Philhellenic Fantasies. In: Theory, Culture & Society, 23, 2006, S. 111-134.
Griffin, S./Hermann, M.: Interview mit Friedrich A. Kittler. In: Weimarer Beiträge 43, 1997, S. 286-296.
Kloock, D./Spahr, A.: Die Technizität des Textes: Friedrich A. Kittler. In: dies.: Medientheorien: Eine Einführung. München 1997, S. 165-203.
Krämer, S./Bredekamp, H.: Kultur, Technik, Kulturtechnik: Wider die Diskursivierung der Kultur. In: dies. (Hg.): Bild, Schrift, Zahl. München 2003, S. 11-22.
Powell, L.: Musik und Mathematik. Friedrich Kittlers gegenkulturelles Griechenland. In: Musik und Ästhetik 48, 2008, S. 94-100.
Vismann, C.: Akten. Medientechnik und Recht. Frankfurt/M. 2001.
Wellbery, D.: Foreword. In: Kittler, F.: Discourse Networks 1800/1900. Stanford 1991, S. vii-xxxiii.
Winthrop-Young, G.: Friedrich Kittler zur Einführung. Hamburg 2005.

Donna Haraway: Natur-Kulturen und die Faktizität der Figuration

Karin Harrasser

Die Biologin und Wissenschaftstheoretikerin Donna Jeanne Haraway bezeichnet sich selbst gerne als „Produkt des Sputnik-Schocks". Damit ist ein ungebrochener, kompetitiver, maskulin geprägter Fortschrittsglaube angesprochen, der auf der einen Seite Haraways akademische Sozialisation und Karriere strukturell zuallererst ermöglichte, der jedoch gleichzeitig zum Stein des Anstoßes für viele von Haraways wissenschafts- und gesellschaftskritischen Arbeiten wurde. Sie wurde 1944 in eine irisch-katholische Arbeiter- bzw. Mittelschichts-Familie hinein geboren. Dank der Struktur des US-amerikanischen Universitätssystems studierte sie parallel Zoologie, Philosophie und Literatur. Nach Forschungsaufenthalten in Paris (*Fondation Teilhard de Chardin*) und in Yale schloss sie ihr Studium mit einer wissenschaftshistorischen Dissertation[1] über Organizitäts-Metaphern in der Evolutionsbiologie ab und wandte sich in der Folge der feministischen Wissenschaftstheorie und -kritik zu. Ihre Dissertation ist 1976 unter dem Titel *Crystals, Fabrics, and Fields: Metaphors of Organicism in Twentieth-Century Developmental Biology* (Haraway 1976) erschienen. Haraway behandelt erstmals ein Thema, das ihr ganzes Werk durchzieht: Die Wirksamkeit von Metaphern in wissenschaftlichen Diskursen. Später fundiert sie dieses Interesse an Wissenschaftsmetaphern und -narrativen stärker theoretisch. Ab Mitte der 80er Jahre entwickelt sie von diskursanalytischen Zugängen in der Tradition Foucaults aus ihre Auffassung von kulturellen Prozessen als *materiell-semiotische* und damit auch eine implizite Erzähl- und Metapherntheorie. Die Dissertation ist noch ganz „under the spell of Thomas Kuhn" (Haraway 2000: 19) geschrieben und behandelt recht klassisch einen Paradigmenwechsel in der Evolutionsbiologie, der sich in einer wechselnden „tropischen Struktur" (Haraway 2000: 20) ebendieser ausdrückt. In diese Zeit fällt Haraways Heirat mit dem Homosexuellen Jaye Miller, mit dem sie auch nach ihrer Scheidung im Jahr 1973 und bis zu dessen Tod als Folge von AIDS 1991 zusammenlebt. Ihr zunehmendes Engagement in der Anti-Kriegs und in der feministischen Bewegung führt sie von der Wissenschaftsgeschichte zur Erkenntniskritik als Gesellschaftskritik. Nach einer Assistenz-Professur an der Johns Hopkins Universität wurde Haraway von Hayden White und James Clifford an das *History of Consciousness Program* der University of California in Santa Cruz gerufen. An diesem Programm lehrt und forscht sie seither. Ihre Schwerpunkte in Forschung und Lehre sind: Wissenschaft und Politik, feministische Theorie, Science Fiction, Postkolonialismus, Identität und Technologie. In den 80er Jahren arbeitete Haraway einerseits an wissenschaftshistorischen und -theoretischen Arbeiten im Feld der Biologie weiter (beispielsweise mit ihren Studien zur Primatologie oder zur Metaphorologie des Immunsystems, Haraway 1995c und d) und entwickelte parallel dazu ihre Thesen zu den sich neu formierenden

---

[1] Sie dissertierte beim berühmten Ökologen Evelyn Hutchinson. Die Ökologie wurde ein konstantes Feld ihres Interesses, jedoch eines, von dem sie stets das Bedürfnis hatte, sich abzugrenzen.

Donna Haraway: Natur-Kulturen und die Faktizität der Figuration 581

„Technosciences". Der bekannteste Text dazu ist ihr *Manifest für Cyborgs* (original: *A Manifesto for Cyborgs: Science, Technology, and Socialist Feminism in the 1980's* publiziert im *Socialist Review* 80/1985). Der Text war äußerst folgenreich und wurde nicht nur in der feministischen Wissenschaftsforschung als Meilenstein einer engagierten Hinwendung zu aktuellen wissenschaftspolitischen Fragen gewertet, sondern ebenso stark in Kunst und Popkultur rezipiert. Eine der direktesten „Umsetzungen" des Cyborg-Manifestes in Romanform ist Marge Piercys Roman „He, she, it" (Piercy 1991), den Haraway wiederum in ihren theoretischen Schriften verarbeitet.[2] Im akademischen Feld war der Text nicht nur Anstoß für Handbücher (*The Cyborg Handbook*, Gray et al. 1995) sondern löste sogar die Gründung von „Cyborg-Studies" an US-amerikanischen Colleges aus und rief so manchen selbsternannten „Cyborgologen" auf den Plan.

Es scheint mir wichtig zu betonen, dass zeitgleich wichtige Texte zur feministischen Epistemologie entstanden. So zum Beispiel 1988 der Text *Situated Knowledges: The Science Question in Feminism as a Site of Discourse on the Privilege of Partial Perspective.* (dt. Haraway 1995b)

1989 erschien ihr zweites Buch: *Primate Visions: Gender, Race, and Nature in the World of Modern Sciences* und bereits 1991 ihr drittes: *Simians, Cyborgs, and Women: The Reinvention of Nature*, das einflussreiche Texte zu Primatologie, Immunologie und Erkenntniskritik noch einmal versammelt und verdichtet. Teilweise sind diese Texte 1995 in einem Sammelband auf deutsch (*Die Neuerfindung der Natur. Primaten, Cyborgs und Frauen*, Haraway 1995a-e) publiziert worden, was zu einer verstärkten Rezeption von Haraway im deutschsprachigen Raum führte.[3]

1997 erschien *Modest_Witness@Second_Millenium.FemaleMan©_Meets_Onco Mouse™. Feminism and Technoscience*, in dem Haraway einige ihrer Konezpte weiter entwickelte – insbesondere das Konzept *materiell-semiotischer* Beschaffenheit wissenschaftlicher Erkenntnis, ihr Konzept der *Figuration*, die Theoretisierung von Technosciences als *Vampire Culture*, die These von der Implosion von Natur-Kulturen – und anhand konkreter technowissenschaftlicher Konstellationen und „Produkte" diskutiert. Stärker als in früheren Büchern stellt Haraway eine Verbindung zu Konzepten und Methoden der im Umfeld von Bruno Latour und Michel Callon entstandenen *Science and Technology-Studies* bzw. der *Actor Network-Theory* her, wenn sie eine feministische Relektüre von Steven Shapins und Simon Schaffers Buch *Leviathan and the Air-Pump* (Shapin, Schaffer 1985) anbietet, um auf die Gender-Blindheit der *Actor-Network-Theory* bzw. von Laborstudien hinzuweisen.[4] Das Buch wurde – insbesondere in Deutschland – kontrovers aufgenommen, weil Haraway darin weder Gentechnologie noch Tierversuche (im Zentrum ihrer Überlegungen steht das Patent auf den transgenen Labor-Organismus *OncoMouse™*, der in der Forschung zu Brustkrebs verwendet wird) unter einen Generalverdacht stellt, sondern in der Kontroverse rund um Biodiversität, Bio-Patente und Gentechnik den pragmatisch-skeptischen Standpunkt einnimmt, dass es vertretbar sei, Mäuse gentechnisch zu verändern und auch zu töten, wenn damit medizinisch Nützliches getan werden kann.

Ihr aktuellsten Publikationen sind: *The Companion Species Manifesto: Dogs, People, and Significant Otherness* (Haraway 2003) und *When Species Meet* (2008). In den beiden

---

[2]   Im ersten Kapitel von *Modest_Witness@Second_Millenium.FemaleMan©_Meets_OncoMouse™* nimmt Haraway mehrmals leitmotivisch auf Piercys Roman Bezug.

[3]   Einige Texte waren davor im *Argument* erschienen.

[4]   Zu Bruno Latour vgl. den Beitrag von Werner Krauss in diesem Band.

Büchern untersucht sie die vielfältigen Verbindungen von Menschen- und Hundekulturen. Stärker als in früheren Texten verlegt sich Haraway auf das Erzählen von Geschichten (über Evolutionstheorie, Hundetraining, Gesundheit, Aufzucht, ihren Vater) um die Historizität dieser Natur-Kulturen narrativ vorzuführen. Die Bücher sind sehr persönlich über weite Strecken biographisch und realisiert stärker als frühere Texte ihre Forderung nach Engagement und Situiertheit. Sie zeigen genau darin jedoch auch die Grenzen situierten Wissens: Wenn die grundsätzliche Haltung der Tierliebe nicht geteilt wird, erscheinen die Argumente und Geschichten überzogen und lassen sich nur begrenzt auf andere wissenschaftliche und gesellschaftliche Felder übertragen.

Ein umfangreiches Universum (feministischer) Referenzen

Die Sedimente feministischer Debatten (Marxismus, Patriarchatstheorien, Standpunkttheorie, Poststrukturalismus, Differenzphilosophie) und der lebensweltliche Hintergrund der Autorin (Kalter Krieg, Anti-Kriegsbewegung, alternative Lebenskonzepte) sind in Haraways Texte deutlich erkennbar. Haraway schreibt sich bewusst in diese Diskussionen ein, sie sind der Horizont ihres Denkens. Sie werden benannt und sollen garantieren, dass sich das Autor-Subjekt nicht rhetorisch über sein je „situiertes Wissen" hinausheben kann. Die Auseinandersetzung mit „Meisterdenkern" der Philosophie bleibt hingegen meist implizit. Neben Thomas Kuhn finden sich Hinweise auf Alfred North Whitehead und die Semiotik im Verständnis von Charles Peirce, aber auch überraschende, positive Referenzen auf *Sein und Zeit* von Martin Heidegger[5]. Auch Henri Bergson und Teilhard de Chardin werden als Einflüsse benannt (Haraway 1995e: 109). Die *Actor-Network-Theory* wird seit den 80er Jahren als Hintergrund ihrer Forschung immer deutlicher. Die ethnographischen Methoden der *Science and Technology-Studies* schätzt sie, beschäftigt sich selber jedoch stärker mit den kulturellen Artefakten und Denkmodellen, die die wissenschaftliche Praxis informieren und begleiten. Eine Kritik an den Laborstudien ist, dass ihnen durch ihre Konzentration auf die Mikroebene strukturelle, historische und politische Dimensionen wissenschaftlicher Wissensproduktion – und damit auch die Frage nach dem Geschlecht – aus dem Blick gerieten.

Die Machttheorie Michel Foucaults[6] sowie seine Konzeption von Biopolitik sind eine konstante Unterströmung von Haraways Arbeiten.

Haraway stellt sich bewusst und explizit in die Reihe feministischer Forschung, Kritik und Politik und bedauert verschiedentlich, dass Feministinnen so viel Energie darauf verbrauchen würden, sich an einem „patrilinearen Diskurs" (Haraway 1995e: 112) abzuarbeiten. Gayatri Spivaks[7] antirassistische Dekonstruktion ist zentral für sie, ebenso der Begriff des *oppositionellen Bewusstseins* von Che Sandoval. Über Trinh T. Minh-ha hat sie den Begriff der *(kritischen) inneren Differenz* von Derrida „importiert". Feministische *Science Studies* von Susan Leigh Star und Sharon Traweek u.a. werden regelmäßig zitiert, ebenso die feministischen Theoretikerinnen Katie King, Rosi Braidotti, Helen Longino, Sandra Harding, bell hooks, Barbara Smith und Evelyn Fox Keller. Auf der gleichen Ebene wie theoretische Texte werden bei Haraway künstlerische Artefakte integriert. Im *Manifest*

---

[5]   Dies jedoch mit einer klaren Opposition zu seiner Technologie-Schrift, Haraway 2000: 23.
[6]   Zu Michel Foucault siehe auch den Beitrag von Christian Lavagno in diesem Band.
[7]   Zu Gayatri Spivak siehe auch den Beitrag von Miriam Nandi in diesem Band.

für Cyborgs sind dies beispielsweise die Erzählungen farbiger Frauen wie Cherrie Moraga und eine ganze Reihe von Science Fiction-AutorInnen (u.a. Anne McCaffrey, Joanna Russ, Samual Delaney, James Tiptree Jr., John Varley, Octavia Butler, Vonda McIntyre) die nach Auffassung Haraways ihr die Konzeptionalisierung hybrider Denkfiguren ermöglicht haben. In *Modest_Witness@Second_Millenium.FemaleMan© _Meets_Onco Mouse™* wird jedes Kapitel mit einem Bild der Malerin Lynn M. Randolph und einem Bildkommentar Haraways eröffnet.

Was Haraway sowohl bei TheoretikerInnen als auch bei KünstlerInnen interessiert, ist deren Suche nach einer nicht-identitätsstiftenden Sprache. Sie trägt damit der Kritik der „Women of Color" Rechnung, die den Feministinnen der „Second Wave" vorgeworfen hatten, eine universalistische Konzeption von „Frau-sein" im Fahrwasser der europäischen Aufklärung propagiert zu haben, die nicht dazu im Stande gewesen sei, die Lebensrealitäten und die politischen Bedürfnisse Nicht-Weißer-Frauen aufzunehmen.

Das Verhältnis von Haraway zur zweiten wichtigen feministischen Theoretikerin der Postmoderne – zu Judith Butler[8] – ist nicht ganz eindeutig. Einerseits teilen die beiden vieles: Ein ausgeprägtes politisches Anliegen, ein Interesse an Geschlechtsidentität als Diskurseffekt sowie die Überzeugung einer gleichzeitigen Kontingenz und Historizität gesellschaftlicher Konstruktionsprozesse. Beide interessieren sich für Vergeschlechtlichung als Prozess und für das Verhältnis von Körper/Natur, Sex/Gender und Diskurs/Kultur; beide verneinen eine Opposition dieser Begriffe. Für Butler (Butler 1991 und 1997) ist die normative Kraft des Geschlechtlichen in der heterosexuellen Matrix begründet, die eine kohärente Beziehung zwischen Sex und Gender unterstellt und diese Zuordnung in reiterativen und performativen Akten der Zuschreibung fixiert. Die Materialität dieser Fixierungen (die „Stofflichkeit" der Zweigeschlechtlichkeit) wird als Effekt der performativen Akte gedacht. Genau die *Art* des Zusammenspiel von Diskurs und „Stofflichkeit" ist dann für Haraway der zentrale Punkt. Sie gelangt zu einer Konzeption von Geschlecht, die weniger auf dessen sprachlich-performative Verfasstheit (Geschlecht als Effekt von Sprechakten) abzielt als auf den *Körper als Akteur* und auf eine Symmetrie zwischen Diskurs und Materialität. Sie verfolgt stärker als Butler die Genese der Konstruktion von Sex in den Biowissenschaften und untersucht die Verfahren der wissenschaftlichen Konstruktion von Geschlecht im Detail. Während Butlers Konzeption diskursiver Performativität stark an die Spezifizität (menschlicher) Sprache gebunden bleibt, verschiebt Haraway den Begriff der diskursiven Konstruktion auf nicht-linguistische Objekte und Praktiken. Dementsprechend spricht Haraway Formen von Performativität verschiedenster (auch nicht-menschlicher) Akteuren mit unterschiedlichen Graden der Handlungsfähigkeit an. Bei gemeinsamen theoretischen Ausgangspunkten sind die beiden Positionen auch eine „strategische Wahl" (Haraway 1995e: 110): Haraway benutzt Begriffe, die die Geschichte des bürgerlichen Subjekts im Gepäck haben, wie *Handlungsfähigkeit, Verortung* und *Verantwortlichkeit*. Begriffe, die Butler meist zu vermeiden sucht. Haraway thematisiert stärker als Butler – bei der die Normativität von Zweigeschlechtlichkeit das zentrale Thema ist – solche kulturellen Praktiken des Umgangs mit Zuschreibungen, die Unvorhergesehenes, Verspieltheit und Beweglichkeit beinhalten (beispielsweise Erzähl- und Bildpraktiken). Traditionelle politische Begriffe verwendet sie hingegen, um einer Rezeption ihrer Texte vorzubeugen, die diese für die euphorische oder apokalyptische Feier der Postmoderne des „anything goes"

---

[8] Zu Judith Butler siehe auch den Beitrag von Heike Kämpf in diesem Band.

aneignen möchten. Diese Immunisierungsstrategie hat jedoch nur begrenzt funktioniert, wie ich weiter unten zeigen werde.

Natur-Kulturen

> „I have always read biology in a double way – as about the way the world works biologically, but also about the way the world works metaphorically. It's the join between the figurative and the factual that I love." (Haraway 2000, 24)

Einer Theoretikerin und Erzählerin des Vermischens und der Hybridität wie Donna Haraway eine einheitliche Kulturtheorie unterschieben zu wollen, grenzt an Anmaßung. Ich möchte trotzdem einige ihrer Denkfiguren aufgreifen, die implizit oder explizit kulturtheoretische Überlegungen beinhalten, da mir Haraways diesbezüglichen Überlegungen relevant erscheinen, selbst wenn diese bisweilen eine irritierende Unmodernität aufweisen und sie wohl eher als Theoretikerin von Naturkonzepten bekannt geworden ist. Theorie ist trotz eines hohen Maßes an Reflexivität bei Haraway nie Selbstzweck, sondern im Sinn der *Cultural Studies* eine Werkzeugkiste, um sich politisch-emanzipatorischen und lebenspraktischen Fragen anzunähern. Haraways Begrifflichkeiten bleiben oft paradox, unscharf und wenig präzise oder sie verweisen auf philosophische Kontexte, die man längst „überwunden" glaubt (vgl. oben). Auch dies ist Programm: Sie ziehe es vor, „Begriffe aufzugreifen, wenn sie [ihr] brauchbar erscheinen, statt ihnen gegenüber ein puritanisches Verhältnis zu bewahren" (Haraway 1995e: 108). Diesem etwas unsauberen Verfahren möchte ich hier folgen aber einige Vorschläge zu ihrer Systematisierung einbringen.

In welchen Kontexten ist bei Donna Haraway überhaupt von Kultur die Rede? Zwei Verwendungen lassen sich ausmachen, die beide wichtig für ihre Arbeit sind: Einmal im Zusammenhang mit ihrem Zentralthema: Der Ausformung historisch wandelbarer und geopolitisch unterschiedlicher Natur-Kulturen. Damit ist gemeint, dass „Natur" zu verschiedenen Zeiten und an verschiedenen Orten unterschiedlich konzeptionalisiert und (wissenschaftlich) angeeignet oder anderweitig „gebraucht" wird, was wiederum Rückkopplungseffekte in der stofflichen Welt erzeugt. Die Kippfigur des *Materiell-Semiotischen* ist eng mit dem Konzept von *Natur-Kulturen* verbunden. Die Figur verweigert sich auf der einen Seite einem naiven Positivismus, der glaubt „die Welt da draußen" objektiv beschreiben und funktional aneignen zu können, aber auch radikal sozialkonstruktivistischen Theorien, die am liebsten ganz ohne jeden „natürlichen" Referenzpunkt von Kultur auskommen würden. Am ehesten sind ihre Natur-Kulturen aus ökologischen Modellen, die mit Begriffen wie „Kulturlandschaft" arbeiten, ableitbar. Die Ökologie im engeren, politisch-aktivistischen Sinn lehnt Haraway jedoch ab, weil diese allzu oft von einer „unschuldigen" Natur ausgehen würden, die vor Ausbeutung geschützt werden müsse. Was Haraway evoziert, ist eine etwas „unheimliche" Angelegenheit. Es ist die Suche nach einem Standpunkt, der es ihr ermöglicht, in gesellschaftlichen Fragen, die an wissenschaftliches Wissen gebunden sind, mitzureden, aber weder einen den Naturwissenschaften gegenüber denunziatorischen noch einen affirmativen Gestus zu produzieren. Einen radikal sozialkonstruktivistischen Ansatz (und genau hier unterscheidet sich Haraway von Butler, aber auch von Luhmann oder Derrida) lehnt sie ab, da ihr dieser allzu leicht mit dem alten Wissenschaftstraum der symbolischen und technologischen Totalaneignung der Welt vereinbar scheint, den die Wissenschaftskritik vordergründig zu bekämpfen scheint. Ihr Projekt der *Denaturalisierung* der *Natur* ist auf möglicherweise inkommensurable Art und Weise mit einem Konzept von der *Natur als Trickster* verbunden. Dieses Paradox – Natur als Kultur zu beschreiben und gleichzeitig das Aufgehen von Natur in Kultur zu bestreiten – bildet eine Art utopischen Raum jenseits begrifflicher Dualismen aus. Haraways Lösung ist, mit Doppelbegriffen, die Gegensätzliches symmetrisch beinhalten und mit eingängigen Bildern zu operieren. So ist eben die Rede von Natur-Kulturen, von materiell-semiotischen Prozessen, von Akteuren namens (S)he und nicht vom Einen oder Anderen. Als Konsequenz werden Natur-Kulturen als historisch veränderbare „artefaktische Kollektive" (die *Coyote-Natur*) konzipiert, die von Machtverhältnissen und Hierarchien durchzogen sind, aber auch überraschende Momente enthalten, da sämtliche Akteure (Menschen, Maschinen, Tiere) potentiell über Eigensinn verfügen. Konsequenterweise beschäftigt sich Haraway vor allem mit solchen hybriden „Wesen", die das Zwischenreich zwischen Künstlichkeit und Natürlichkeit besiedeln und damit die Ko-Produktion von Natur-Kulturen in Gang halten. Haraway führt später das Bild der *Cat's Cradle* – des Fadenspiels, bei dem sich die SpielerInnen gegenseitig Fadenmuster in die Hand geben – ein, um eine Vorstellung von diesem Zwischenreich der Koproduktion zu evozieren (vgl. Haraway 1994e).

In Haraways Diskussion von Geschlecht wird Natur-Kultur als ein konzeptueller Rahmen ausbuchstabiert, der sowohl biologischen Determinismus als auch Geschlecht als reines Sprachspiel ablehnt, sondern Geschlechtlichkeit konkret, verkörpert und historisch wandelbar denkt. Sie beschreibt ihr intellektuelles Engagement als ein „being inside history as well as being inside the wonder of the natural complexity" (Haraway 2000: 26). Für die Biologie, immerhin die Disziplin, in der Haraway neben Philosophie und Literaturwissenschaft ausgebildet wurde, gelingt die Beschreibung der doppelten Verfasstheit des Wissens, wenn sie zwei Aspekte der Biologie gleichwertig nebeneinander reiht: „We live intimately ,as' and ,in' a biological world. [...] Biology is a discourse and not the world itself. [...] I live materially-semiotically as an organism, and that's a historical kind of identity, immersing me." (Haraway 2000: 25) Kultur tritt erneut als Doppelgängerin von Natur auf.

Haraway spricht darüber hinaus in einem zweiten, soziologisch und historisch konkreten Sinn von Kulturen, nämlich von Wissenschaftskulturen, die jeweils spezifische Natur-Kulturen, Subjekte, Geschlechterordnungen etc. hervorbringen. Hier setzt ihre Epistemologie des „situierten Wissens" (vgl. unten) an, wenn sie basierend auf wissenschaftshistorischen Studien und mit Sharon Traweek die übliche wissenschaftliche Praxis als „culture of no-culture" beschreibt (vgl. Haraway 1997: 23). Gemeint ist damit der Umstand, dass die Produktion von „objektivem" Wissen an ein historisches Subjekt (den Forscher) gebunden ist, der dem Ideal nach frei von gesellschaftlichen Interessen und kulturellen „Voreinstellungen" agieren soll. Haraway argumentiert, dass die machtvolle „unmarked category" des unbeteiligen Beobachters (des *modest witness*, dessen Subjektivität paradoxerweise die Objektivität der Forschung gewährleistet), diese Nicht-Kultur als Privileg weniger (hochstehender, westlicher) Männer am Beginn der Moderne ausgeprägt wurde. Dies wiederum sei die Voraussetzung für den Ausschluss von abweichendem Habitus und in der Folge vieler „Beteiligter" (Nicht-Wissenschaftler im Allgemeinen, Frauen, Nicht-Europäer, Forschungs-"objekten" im Besonderen) aus dem Prozess der Wissensproduktion gewesen (vgl. Haraway 1997: 23-35). Parallel zur „Kultur der Nicht-Kultur" spricht sie von einer „Natur der Nicht-Natur". Unter diesem Aspekt analysiert Haraway die Narrative der Naturalisierung naturwissenschaftlicher Konzepte. Wenn etwa Biotech-Firmen Gentechnik als etwas beschreiben, was die Natur immer schon getan hat, ist dies für Haraway ein Beispiel für den ideologischen Gebrauch von Naturkonzepten, mit dem die Künstlichkeit und Gemachtheit der Gentechnik verschleiert wird (vgl. Haraway 1995d).

Eine Menagerie von Figurationen

> „My inability to separate the figural and the literal comes straight out of a Catholic relationship to the Eucharist. (...) [This] gives me a menagerie where the literal and the figurative, the factual and the narrative, the scientific and the religious and the literary are always imploded." (Haraway 2000: 141).

Haraways Texte sind reich an literarischen Strategien, voll von Metaphern und von theoretisch-literarischen Verweisen. Dies macht die Texte für literarisch gebildete LeserInnen äußerst anziehend, wirkt aber – ganz entgegen Haraways Anspruch auf Demokratisierung von Wissen – auch ausschließend: Die Leserin muss sich auf Haraways suggestive, widersprüchliche und barocke Figurenwelt und ihre ausufernde Verweisstruktur einlassen, um die Texte gewinnbringend zu lesen, wofür nicht unerhebliches Vorwissen erforderlich ist.

Mitglieder ihrer *Menagerie der Figurationen* (Haraway 2000: 135) sind inzwischen Primaten, Cyborgs, FemaleMan©, Modest Witness, OncoMouse™ und seit einiger Zeit Hunde. In diesen Figurationen verdichtet Haraway jeweils Fragestellungen, Konzepte, Methoden, politische Standpunkte und konkrete Materialitäten. So verdichtet die Figur des Primaten Themen rund um das Verhältnis von Menschen und Tieren und von Anthropologie und Biologie, bezeichnet aber gleichzeitig einen konkreten Forschungsgegenstand. Modest Witness markiert eine spezifische, engagierte erkenntnistheoretische Position, und mit OncoMouse™, dem ersten patentierten Tier der Welt, wird das komplizierte Verhältnis der *Technosciences* zu gesellschaftlichen Prozessen (Privatisierung, Globalisierung) vergegenwärtigt. Die Figuren sind und haben Methode. Sie sind Ausdruck von Haraways Konzeption kultureller Prozesse als Simultanität von Materialisierung und Semiose, in denen sich Machtverhältnisse ausdrücken.

Die Cyborg ist die bekannteste Figur in Haraways Menagerie: „It's like I inhabit a critical-theoretical zoo and the cyborg just happens to be the most famous member of that zoo [...]." (Haraway 2000: 136) Die Figur diente ihr in den 80er Jahren dazu, einige Paradigmenwechsel in den *Technosciences* (Vernetzung, De-Essentialisierung, Miniaturisierung, Verstrickung von Bio- und Informationstechnologien) und in der gesellschaftspolitischen Gesamtsituation (Globalisierung, Neoliberalismus, neue Kriege) zu benennen und neue („affinative"[9], interventionistische) feministische Politikmodelle zu entwerfen. Gleichzeitig ist die Cyborg eine „real existierende" Entität und steht für die vielen konkreten technologischen Verknüpfungen, die wir längst mit der Welt eingegangen sind (von der Brille zum Cochlea-Implantat).

Das Cyborg-Manifest möchte ich deshalb als Dreh- und Angelpunkt von Haraways Denken zwischen politischem Engagement und Neukonzeptionen zentraler philosophischer Begriffe lesen. Der relativ kurze, polemische und ambivalente Text hat die Rezeption Ha-

---

[9] *Affinativ* nennt Haraway politische Praxen, die sich nicht auf Identität, sondern auf temporäre Affinitäten berufen, um daraus Strategien zu entwickeln. Die so genannte Anti-Globalisierungsbewegung als „Bewegung der Bewegungen" ist ein gutes Beispiel für eine solche Politik.

raways stark geprägt und bildet nach wie vor einen wichtigen Referenzpunkt vieler Bezugnahmen auf Haraway.

Zentral für eine Behandlung des Cyborg-Manifests im Zusammenhang mit Kulturtheorien ist seine ostentativ vorgetragene Behauptung, die Unterscheidung von Natur und Kultur sei im Zeitalter der *Technosciences* obsolet geworden und sei von hybriden Natur-Kulturen abgelöst worden. Der Text antwortet einerseits auf veränderte Konzepte in den *Technosciences* (deren Abwendung von mechanistischen und linearen Erkenntnismodellen und Hinwendung zu Komplexitäts-, Informations- und Netzwerktheorien) und deren Fortschrittseuphorie aber auch auf öko-feministische Ansätze, die seit den 70er Jahren die Denaturalisierung des Körpers thematisierten. Er antwortet aber auch auf sozial-, kultur- und geisteswissenschaftliche feministische Ansätze, die mit ihrer Betonung der diskursiven Machart von Geschlecht nicht nur unbeabsichtigt die cartesianische Trennung von Geist und Materie aktualisierten, sondern nebenher den biologischen Körper als authentisches, widerständisches Refugium, das sich kultureller Codierung entgegenstellt, konzipierten und damit essentialisierten. Haraway formuliert ein Gegenkonzept zur in den Sozial-, Geistes- und Kulturwissenschaften seit Anfang der 70er Jahre gängigen Dichotomisierung der Sex-Gender-Differenz. Der Begriff von Gender als „sozialem Geschlecht" wurde damals dafür produktiv gemacht, die kulturelle Codierung von Geschlecht zu untersuchen, sich von der traditionellen Frauenforschung abzugrenzen und um biologisch-deterministische Erklärungen des gesellschaftlichen Status von Frauen zurückzuweisen. So wichtig dieses Vorgehen gewesen war, so hatte es doch das Problem, dass damit „Sex" (also das biologische Geschlecht) ganz den Biowissenschaften überlassen wurde, die fröhlich weiterhin Unterschiede zwischen Männern und Frauen erforschten, die angeblich „hardwired" (in Strukturen des Gehirns, des Hormonhaushaltes, den Genen) und jenseits der Kulturalisierung einfach vorlägen. Gleichzeitig gingen die Biowissenschaften immer weiter darin, die unendliche Manipulierbarkeit und Überformbarkeit von „Natur", z.B. in Form von Reproduktionsmedizin und Gentechnologie, zu erproben und auf breiter Basis zu implementieren. In diese Situation spreizt Haraway ihr Cyborg-Manifest und ihr Konzept der Natur-Kulturen hinein. Sie besteht auf den gewonnen Erkenntnissen zur diskursiven Konstitution von Geschlecht, geht aber einen Schritt weiter, wenn sie (ähnlich wie Bruno Latour, vgl. Latour 1998 und 2000) auf die Gemachtheit von Natur-Kultur-Entitäten besteht und darauf verweist, dass die Biowissenschaften als „thick – semiotically *and* materially –, rich historical practice" (Haraway 2000: 23) wechselnde Konzeptionen von Geschlechtlichkeit mit hervorbringen würden. Biologie und Materialität von Körperlichkeit sind damit in den Bereich des Kulturellen miteinbezogen, werden aber nicht vollständig von Kultur absorbiert.

Before and after the Cyborg

Haraways Denken kreist um die Machtgeladenheit der Fabrikation (Bruno Latour) von Wissen, insbesondere um die politischen Effekte und Implikationen „objektiver", wissenschaftlicher Erkenntnis. Haraways Ansatz muss, was das Problem der Objektivität betrifft, in einem Spannungsfeld von Sozialkonstruktivismus, Essentialismus und naivem Positivismus verortet werden. Ihr Ansatz in Sachen Objektivität ist zuallererst ein pragmatischer: Da „objektives" Wissen politisch wirksam ist, sei es eine zahnlose Strategie, die Objektivität der Wissenschaften als einen Herrschaftsdiskurs zu demaskieren und in Bausch und

Bogen abzulehnen. Verantwortungsvolle und wirkungsvolle Politik verlange im Gegenteil eine Neukonzeptionierung von „objektivem Wissen". Zwei Essays des Bandes *Die Neuerfindung der Natur. Primaten, Cyborgs und Frauen – Ein Manifest für Cyborgs* (Haraway 1995a) und *Situiertes Wissen* (Haraway 1995b) – sind vor allem in den Geistes-, Sozial- und Kulturwissenschaften einflussreich geworden. Beide Essays formulieren ähnliche Ideen, projizieren diese aber auf zwei verschiedene Aktionsräume: Zielt das *Cyborg-Manifest* primär auf Erkenntnisprozesse im Zusammenhang mit politischer Handlungsfähigkeit, so fokussiert *Situiertes Wissen* die Praxis wissenschaftlichen Arbeitens selbst. Das Problem der Herstellung von Wahrheit, der Artikulation relevanter Aussagen bei gleichzeitigem Verweis auf die Begrenztheit jedes Wissens wird durch zwei Shifts neu gedacht: Erstens im Verlassen der modernen Episteme durch die Aufhebung der Grenze zwischen (aktivem, heroischen) Subjekt und (passivem, unterdrückten) Objekt. Es geht Harraway also um eine Ausweitung des Konzepts der Handlungsfähigkeit (*agency*) auf „nichtmenschliche Wesen". Zweitens geht es ihr um eine Neupositionierung von wissenschaftlichem Wissen als „situiertem Wissen", um die Anerkennung der Standpunktgebundenheit jeder Art von Wissen. Wie werden nun die beiden Denkbewegungen in den beiden Texten ausformuliert?

Als erkenntnistheoretischer Text hat Donna Haraways *Manifest für Cyborgs* all jene Studien der feministischen Wissenschaftsforschung (z.b. Sandra Harding, Evelyn Fox Keller, Judy Wajcman), gebündelt und fortgesetzt, die klar gemacht hatten, dass moderne Wissenschaften und Technologien keine geschlechts- und herrschaftsfreie Räume und Gegenstände sind: Sie sind in kollektive Phantasmen eingebunden; wissenschaftliche Organisationsformen, wie auch Wissensformationen setzen eine dichotome, geschlechtlich codierte symbolische Ordnung immer schon voraus und sind auf genau diesen Fundamenten gebaut. Lange Zeit wurde Technologie im feministischen Diskurs deshalb als „patriarchale Herrschaftsmaschine" (Cynthia Cockburn) aufgefasst: Als von Männern geschaffene und in der Regel gegen Frauen eingesetzte, Ding gewordene Ideologie wurde Technologie nicht als potentiell emanzipatives Feld für Frauen gedacht. Anders bei Haraway: Technohumane Hybridisierung, verkörpert in der Figur der Cyborg, welche die ordnenden Dichotomien zu sprengen verspricht, die klassen-, rassen- oder genderbedingte Unterdrückung begründen, wurde zum Leitbild eines „Cyberfeminismus", der auf Vernetzung, Grenzüberschreitung, auf eine Politik der partiellen und temporären Affinitäten und nicht zuletzt auf die Aneignung der digitalen Technologien durch Frauen setzte. Tatsächliche Entwicklungen scheinen diese Frohbotschaft zu konterkarieren: Weder haben Frauen sich in Technik und Industrie (insbesondere in der IT-Branche) einflussreiche Positionen verschaffen können, noch streben viele junge Frauen eine Karriere in technischen Berufen an: An deutschen Universitäten gibt es sogar weniger Informatik-Anfängerinnen als in den 80er Jahren (vgl. Winker 1999: 11f.). Wenn Frauen in technischen Berufen arbeiten, dann oft in schlecht bezahlten, prekären Arbeitsverhältnissen, wie sie von Haraway bereits im Abschnitt „Hausarbeitsökonomie" (Haraway 1995a: 54-59) beschrieben werden. Auch im kollektiven Bilderhaushalt hat sich nicht der erwartete Effekt einer Cyborg-Politik eingestellt: Wer hätte sich wohl die Cyborg als hüpfende, schießende, zähnebleckende, vollbusige Lara Croft vorgestellt, die (nicht nur) von der Männerwelt verehrt wird?

Das Manifest ist eine Kritik an totalisierenden feministischen und marxistischen Narrativen und gleichzeitig der Versuch, feministische Theorie mit postmodernen Verhältnissen abzugleichen. Besonders beeindruckend ist dabei der oben genannte Abschnitt über

„Hausarbeitsökonomie", der mit hoher Präzision die Arbeitsbedingungen in der damals erst im Entstehen begriffenen *New Economy* analysiert, ohne auf deren Versprechungen von globaler Gleichheit im Informationszeitalter hereinzufallen. Wirksam geworden ist das Manifest aber nicht wegen seiner analytischen Genauigkeit in manchen Teilbereichen, sondern weil es nichts Geringeres versucht, als Marx für den Feminismus neu zu schreiben und zwar mit den Schreibtechnologien der (männlichen) Avantgarden von F. T. Marinetti über André Breton bis Guy Debord. Third-Wave-Feministinnen stimmten Donna Haraway nur zu gerne zu, wenn sie schreibt: „Die Dichotomien von Geist und Körper, Tier und Mensch, Organismus und Maschine, öffentlich und privat, Natur und Kultur, Männer und Frauen, primitiv und zivilisiert sind seit langem ideologisch ausgehöhlt" (Haraway 1995a: 51), die symbolische Ordnung der modernen Episteme sei längst inexistent und die Fiktion der Cyborg Realität. Diese Dichotomien funktionieren jedoch trotz behaupteter Überholtheit sowohl an der Oberfläche als auch in der Tiefentektonik westlichen Denkens, Fühlens und Handelns ganz ausgezeichnet.

Fast immer wurde die Textsorte, mit der wir es hier zu tun haben, verkannt: Es handelt sich nicht um eine Analyse, sondern um ein (ironisches, mit anderen Textsorten verschnittenes) Manifest. Die avantgardistischen Manifeste, in deren Reihe ich auch dieses stellen möchte, fallen samt und sonders durch eine eigenartige Zeitlichkeit auf: Sie suggerieren als manifest, gegenwärtig und real, was die Antizipation einer entweder erwünschten (Utopie) oder unerwünschten (Dystopie) Zukunft ist. Manifeste erfinden politisch relevante und geschichtsmächtige Subjekte, und sie sind performativ, d.h. sie zielen auf ein Übergreifen ästhetischer Strategien ins Politische, in Lebensrealitäten (vgl. Wagner 1996).

Die Wahl der Textsorte spiegelt die Intention des Textes: Das avantgardistische Manifest (wie auch das kommunistische) ist eine deutlich männlich codierte Textsorte. Die Manifeste dienten der Selbstversicherung der männerbündischen frühen Avantgarden. Frauen fallen in den klassischen Manifesten meist als Abwesende auf. Wenn sie im Text vorkommen, dann als Projektionsfiguren für Angst und Lust: Die weiblichen Figuren variieren von der Gorgone, über die Puppe, die Maschinenfrau, die Verführerin, bis hin zur großen Mutter (vgl. Febel 1997). Im 1. futuristischen Manifest (berüchtigt durch die Parole von der „Verachtung der Frau") zeigt sich überdeutlich, dass die Dichotomie von Weiblichkeit und Männlichkeit als kategoriale Ordnung den Gestus von Revolution und „Welterschaffung" von Grund auf strukturiert. Die Monstrosität des Weiblichen wird in einem anderen futuristischen Text mit Manifestcharakter (z.B. *Tod dem Mondlicht*) pejorativ als mit heroischer, phallischer Energie zu überwindende Allegorie bürgerlicher Schwäche präsentiert. Die Konstruktion der Frau als *das Andere* wird in den avantgardistischen Manifesten soweit auf die Spitze getrieben, dass sie „der Konstruktion einer männlichen sozialen Identität [dienten], die sich auf Gruppenbildung, Aggression und die Verherrlichung des Mannes durch den Mann stützte" (Valerio 1993: 183). Mit der Wahl des Genres wendet sich Haraway implizit gegen die, tendenziell essentialistische, *écriture feminine* (Cixous, Kristeva), die für eine positive Besetzung des aus der symbolischen Ordnung ausgeschlossenen Weiblichen als das Andere argumentiert. Weder der Eine noch die Andere zu sein, sondern mittels Hybriden die gesellschaftliche Entwicklung zu dynamisieren, lautet vielmehr die Botschaft von Haraways Text. Die Verwendung gerade der Textsorte Manifest verdoppelt Haraways Aufforderung, sich männliche Technologien (in diesem Fall ihre sprachlichen) anzueignen und sie „umzuschmieden".

Das Resultat dieses Umschmiedens der Manifesttechnologie sollte aber nicht in eine neue „Große Erzählung" münden, sondern in viele: multivokale, Verbindungen ermöglichende, experimentelle, „affinitive" Erzählungen. Wesentlich für so eine Operation ist Haraways Umgang mit den für jede Erzählung konstituierenden Momenten Ursprung und Erzählstimme. Denn Utopie und Apokalypse, die die Manifeste der Moderne durchziehen, sind Narrative, die „die Bedeutung der Anfänge von der Warte eines mutmaßlichen Endes erkennen wollen" (Nowotny 2003: 13), um am Ende der Geschichte über den Neuanfang zu wachen. Diesem Autoritätsgestus verweigert sich die Theoriefigur der Cyborg: Sie hat eine unsaubere, unklare Herkunft und sie weiß nicht, wie und wo sie enden wird. Neben der Verweigerung einer linearen, eschatologischen Struktur ist das Cyborg-Manifest der Versuch einer vielstimmige Erzählung: Haraway lässt nicht in erster Linie philosophische Autoritäten zu Wort kommen, sondern für den wissenschaftlichen Diskurs illegitime Stimmen: Die Stimmen von Science Fiction AutorInnen. Michel de Certeau sieht in der Science Fiction ein Genre, das die Autoritätseffekte des wissenschaftlichen Sprechens mit seiner grundlegenden Aufspaltung von Subjekten und Objekten unterminiert: „Science-fiction, diese Formation ist wie alle anderen Diskurse vom Anderen (hétérologies) dort am Werk, wo wissenschaftliche Diskurse und Alltagssprache sich überschneiden, auch dort, wo sich die Vergangenheit mit der Gegenwart vermählt und wo die Fragen, die sich nicht technisch behandeln lassen, in der Form narrativer Metaphern wiederkehren." (de Certeau 1997: 79) Erzählpolitik in Bezug auf wissenschaftliche Erkenntnis heißt folglich, von einer vereinfachenden, stringenten Wahrheitserzählung zur Vielzüngigkeit der Darstellung zu gehen. „Von der Gegenüberstellung von Subjekt und Objekt gelangen wir so zu einer Vielheit von Autoren und Verhandlungspartnern, die die Hierarchie von Wissensformen durch eine wechselseitige Differenzierung von Subjekten ersetzt." (de Certeau 1997: 83)

Die Cyborg als Figur bleibt dabei eine schillernde Erscheinung: Auf einer Ebene verkörpert die Cyborg die Existenzbedingungen in einer von technologischen Akteuren bevölkerten Welt, auf einer anderen Ebene ist sie dagegen als eine „Figur für Erzählmuster" (Haraway 1995e: 114) zu verstehen und kann als solche nicht auf *eine* – per se emanzipatorische – Erzählung festgelegt werden, denn meistens dienten Monster und Hybridwesen bekanntlich als Grenzwächter in den Narrativen der Normalität (Frankenstein, Der Sandmann, 2001 – Odyssee im Weltraum, um nur einige zu nennen). Die Konzentration auf einzelne, mächtige Metaphern, wie die der Cyborg, kann in einer Affirmation der alten Narrative enden. Silke Bellanger hat etwa gezeigt, dass die Konzentration der Kulturwissenschaften auf die eine Figur der Cyborg oft zu einer geschlechtlichen Re-Essentialisierung der Cyborg führte. Die Cyborg wurde kaum jemals anders vor/dargestellt als ausgestattet mit eindeutigen psychischen und physischen Merkmalen einer Frau (oder eines Mannes, vgl. Bellanger 2001).

Situiertes Wissen

Im Zentrum von *Situiertes Wissen* (Haraway 1995b) steht eine zentrale Metapher der westlichen Epistemologie: die des Sehens und der Vision. Die nur scheinbar einfache These ist: Wenn wir als Feministinnen erkannt haben, dass eine Objektivität, die sich auf Unparteilichkeit, Körperlosigkeit, Ortlosigkeit etc. als Erkenntnisbedingung beruft (der göttliche Blick, der Universalcode für die Welt, die Kultur der Nicht-Kultur, siehe oben), eine männlich und westlich codierte Strategie ist, die viele Varianten von Wissen unterdrückt und ausschließt, muss die feministisch-emanzipatorische Antwort die Forderung nach einer radikalen Verortung des Wissens sein. Bis hierher folgt Haraway sozialkonstruktivistischen Analysen: „Geschichte ist eine Erzählung, die sich die Fans westlicher Kultur gegenseitig erzählen, Wissenschaft ist ein anfechtbarer Text und ein Machtfeld, der Inhalt ist die Form. Basta." (Haraway 1995b: 75) Sie bleibt aber nicht bei dieser Feststellung stehen, sondern argumentiert deleuzoguattarisch (Technologien als Vermischung von Menschen und Maschinenkörpern[10]) weiter, indem sie Wissenschaft als artefaktisch-soziale Rhetorik versteht. Sie folgt damit Bruno Latours Bemühungen, moderne Wissenschaft als einen „Sozialisationsprozess nichtmenschlicher Wesen" zu beschreiben und nimmt nebenbei seine wichtigsten Argumente aus *Wir sind nie modern gewesen* (Latour 1998) vorweg.

Mit ihrem Verfahren versucht sie einem Dilemma zu entgehen: Die Konzentration auf sprachliche Realitäten erzwinge einen Rückzug aus den realen Gefechten. Es geht ihr in der Folge weniger darum, wissenschaftliche Erkenntnis als sprachliches Konstrukt zu entlarven, sondern eher darum, die historische Kontingenz *aller* Wissensansprüche zu zeigen und gleichzeitig an politisch-emanzipatorischen Ansprüchen festzuhalten; zum Beispiel am Anspruch, sich für eine adäquatere, reichere, bessere Darstellung der Welt und die irreduzible Vielfalt lokalen Wissens einzusetzen (vgl. Haraway 1995b: 77f.). Die Frage nach einer reicheren, gerechteren, differenzierteren Wissenschaft ist in dieser Lesart auf eine Neudefinition von Akteursstatus und Handlungsfähigkeit angewiesen. Haraway weigert sich, den „Tod des Subjekts" (Michel Foucault) als eine Verlustgeschichte zu lesen: Den Tod des armseligen bürgerlichen Subjekts zu betrauern, das einer singulären Kommandozentrale des Bewusstseins und des Willens unterstellt, erscheint ihr „bizarr", weil dieses Konzept auf so viele Aspekte der Existenz, nicht zuletzt die körperlichen, verzichten musste, um handlungsmächtig zu werden. Haraway bevorzugt stattdessen eine Sichtweise, die sehr viel mehr AkteurInnen/AgentInnen (andere Lebewesen, technische Artefakte etc.) zulässt, mehr Verbindungen zwischen ihnen herstellt und damit auch mehr Verantwortlichkeiten schafft. Wissenschaft ist armselig, nicht weil sie ideologisch und deshalb nicht „wahr" ist, sondern weil sie den Erkenntnisprozess zu sehr von der Realität isoliert. Wahrheit muss reflexiv, mehrschichtig und vielstimmig sein. Haraway greift außerdem die Vernetzungsmetapher der *Science and Technology Studies* auf, begreift aber im Gegensatz zu Latour viel besser, dass nicht alle Positionen im Netz des Wissens gleich bewertet sind. Auch wenn „die extrem lokalisierten Klänge zutiefst persönlicher und individualisierter Körper im gleichen Feld ertönen wie globale Hochspannungsemissionen" (Haraway 1995b: 88), muss es ein politisch-emanzipatorisches Ziel sein, diesen Stimmen Gehör zu verschaffen. Wissenschaft mutiert so im Verlauf der Argumentation von einem isolierten, privilegierten Erkenntnissystem zu einer Art Decodierungs-, Recodierungs- und Übersetzungstätigkeit, die gegen Modelle der Abgeschlossenheit und für Bestreitbarkeiten eintritt.

Den Schluss des Essays bildet eine Theoretisierung des Körpers. Die „Aktivierung" vormals passiv gedachter Wissensobjekte (vgl. oben, *Natur als Trickster*) erweist sich hierbei als hilfreich. Der Körper, dieses vermeintlich unbeteiligte Objekt des wissenschaftlichen Diskurses, wird als höchst engagiertes Wesen gedacht. Als solches sprengt es jeden naiven biologischen Determinismus und schafft gleichzeitig die Möglichkeit, ihn in einer

---

[10] Bei Deleuze/Guattari heißt die Cyborg wohl „Assemblage". Gemeinsam ist den beiden Ansätzen auch ihr Beharren auf einem nicht-deterministischen Verhältnis zwischen Technologie und Gesellschaft. Zu Gilles Deleuze siehe auch den Beitrag von Marc Rölli in diesem Band.

Weise zu imaginieren, der ihn vom „Geist" so gut wie ununterscheidbar macht. Mit Katie King konzeptionalisiert Haraway dann einen Apparat körperlicher Produktion, der in etwa gleich funktioniert wie eine symbolproduzierende Maschine oder jedenfalls von dieser Maschine nicht abgekoppelt werden kann, einer Maschine, die Bedeutungen und Logiken herstellt, ordnet und systematisiert. Wenig überraschend endet der Essay mit einer Aufforderung, sich aller greifbaren Diskurse zu bedienen, um herauszufinden, wie Unterdrückung und Disziplinierung jeweils funktioniert und exekutiert wird.

Rezeption

Ich denke, dass man Haraways Texten nicht gerecht wird, wenn man sie zu wörtlich nimmt, statt sie als „symbolische Fiktionen" zu rezipieren. Lacan meint damit Erzählungen, die die Kontingenz des Realen aber auch dessen Faktizität (Leiden, Freuden, Unterdrückung usw.) anerkennt und damit die Grauzone aus Realem und Fiktiven – also den Bereich des Möglichen, aber nicht Notwendigen – zum (politischen) Aktionsraum macht.

Erzählungen sind in der Welt, weil sie dazu in der Lage sind, die Unordnung der Welt zu ordnen, kontingente Ereignisse zu codieren, ihnen Bedeutungen zuzuweisen, Dinge, Ereignisse und Menschen zusammenzufügen, räumliche und zeitliche Gefüge zu füllen. Erzählungen transformieren Diskurslogiken in eine temporale Abfolge. Sie „naturalisieren" so einerseits kulturelle Codes, eröffnen durch ihre sprachliche Verfasstheit, ihre Überkomplexität und Mehrfachcodierung aber Hohlräume für Reinterpretationen und Resignifikation.

Roland Barthes Kritik an den Erzählungen der bürgerlichen und der Massenkultur, auf die ich hier zurückgreife, ist eine allgemeine Kritik an der Ordnungsfunktion der Erzählung. Er unterstellt dem bürgerlichen Roman und den Narrationen der Massenmedien, eine Abneigung dagegen zu haben, ihre Codes zur Schau zu stellen. Sie würden damit die Erzählung ihres Freiheitsmoments berauben, nämlich ihrer Fähigkeit, selbstreflexiv und damit kritisch und produktiv gegenüber der symbolischen Ordnung zu sein. Haraways Strategie ähnelt dem von Barthes so genannten „zweiten Mythos", der die Naivität des ersten Mythos und seine Tendenz zur Naturalisierung erkennt und damit überschreitet: „Die beste Waffe gegen den Mythos ist in Wirklichkeit vielleicht, ihn selbst zu mythifizieren, das heißt, einen künstlichen Mythos zu schaffen. Dieser konstruierte Mythos würde eine wahre Mythologie sein." (Barthes 1988: 121)[11]

Dass diese Strategie bei Haraway eine wirkungsvolle war, steht außer Zweifel. Donna Haraway zählt zu den meist gelesensten Autorinnen der feministischen Wissenschaftsforschung, aber auch in den Literatur, Kunst- und Filmwissenschaften wurden ihre Ansätze produktiv. Es ist jedoch beobachtbar, dass viele der interessanten Schichten ihres Werkes erst in einer zweiten Rezeptionswelle herausgearbeitet werden konnten. Die Attraktivität der Figur der Cyborg hatte jahrelang die Rezeption dominiert und Donna Haraway – von ihr unbeabsichtigt, aber doch nicht grundlos – in die Nähe fortschrittseuphorischer und/oder apokalyptischer Grenzüberschreitungs- und Rekombinationsphantasmen à la *Artificial Intelligence*-Diskurs bzw. Baudrillard und Co. gerückt. Die ideologiekritischen, erzähltheoretischen und epistemologischen Aspekte ihrer Arbeit wurden erst in letzter Zeit wieder entdeckt. So vergleicht beispielsweise Regina Becker-Schmidt produktiv Erkenntniskritik,

---

[11] Zu Roland Barthes vgl. den Beitrag von Dirk Quadflieg in diesem Band.

Wissenschaftskritik und Gesellschaftskritik bei Haraway mit der Theodor W. Adornos (vgl. Becker-Schmidt 2003) und Mona Singer reklamiert Haraway für ihr Konzept der „geteilten Wahrheit" im Sinne einer engagierten Wissenschaft (Singer 2006).

Eine Einschränkung zum Schluss: Mir war die Cyborg als Politik- und Erkenntnismodell um einiges näher, als der Hund, auf den Haraway inzwischen gekommen ist, wenngleich der antispeziezistische Zug darin als antidarwinistisches Manöver zunehmend notwendig erscheint.

Literatur von Donna J. Haraway:

Haraway, D: Crystals, Fabrics, and Fields: Metaphors of Organicism in Twentieth-Century Developmental Biology. New Haven 1976. (Neuauflage: Berkely 2004)

Haraway, D: Teddy Bear Patriarchy. Taxidermy in the garden of eden. In: Social Text 11/1984, S. 20-64.

Haraway, D: Primate Visions. Gender, Race, and Nature in the World of Modern Science. New York 1989.

Haraway, D: Simians, Cyborgs, And Women: The Reinvention of Nature. London 1991.

Haraway, D: The Promises of Monsters: Reproductive Politics for Inappropiate/d Others. In: Grossberg, L./Nelson, C./Treichler, P. (Hg.): Cultural Studies. New York, 1992a, S. 295-337.

Haraway, D: When Man™ is on the Menu. In: Crary, J./Kwinter, S. (Hg.): Incorporations. New York 1992b.

Haraway, D: Das Abnehme-Spiel: Ein Spiel mit Fäden für Wissenschaft, Kultur, Feminismus. In: Das Argument 206, Berlin 1994, S. 724-736.

Haraway, D: Ein Manifest für Cyborgs. Feminismus im Streit mit den Technowissenschaften. In: Dies.: Die Neuerfindung der Natur. Primaten, Cyborgs und Frauen. Herausgegeben und eingeleitet von C. Hammer und I. Stieß. Frankfurt/New York 1995a, S. 33-72.

Haraway, D: Situiertes Wissen. Die Wissenschaftsfrage im Feminismus und das Privileg einer partialen Perspektive. In: Dies.: Die Neuerfindung der Natur. Frankfurt/New York 1995b, 73-97.

Haraway, D: Im Streit um die Natur der Primaten. Auftritt der Töchter im Feld des Jägers 1960-1980. In: Dies.: Die Neuerfindung der Natur. Frankfurt/New York 1995c, 123-159.

Haraway, D: Die Biopolitik postmoderner Körper. Konstitutionen des Selbst im Diskurs des Immunsystems. In: Dies.: Die Neuerfindung der Natur. Frankfurt/New York 1995d,160-199.

Haraway, D: „Wir sind immer mittendrin". Ein Interview mit Donna Haraway. In: Dies: Die Neuerfindung der Natur. Frankfurt/New York 1995e, S. 98-122.

Haraway, D: Monströse Versprechungen. Coyote-Geschichten zu Feminismus und Technowissenschaft. Hamburg 1995f.

Haraway, D: ModestWitness@Second Millennium.FemaleMan Meets OncoMouse: Feminism and Technoscience. New York 1997.

Haraway, D: How Like a Leaf. An Interview with Thyrza Nichols Goodeve. New York 2000.

Haraway, D: The Companion Species Manifesto: Dogs, People, and Significant Otherness. Chicago 2003.

Haraway, D: When Species Meet. Minneapolis 2008.

Weitere zitierte Literatur

Barthes, R.: Das semiologische Abenteuer. Frankfurt/M. 1988

Becker-Schmidt, R.: Erkenntniskritik, Wissenschaftskritik, Gesellschaftskritik – Positionen von Donna Haraway und Theodor W. Adorno kontrovers diskutiert. IWM Working Paper No. 1. Wien 2003.

Bellanger, S.: Begegnungen mit den Cyborgs. Zur Lebenssituation der Cyborgs in der Moderne und danach. In: Gieselbrecht, K./Hafner, M. (Hg.): Data Body Sex Machine. Technoscience and Sciencefiction aus feministischer Sicht. Wien 2001, S. 45-72.

Butler, J.: Das Unbehagen der Geschlechter. Frankfurt/M. 1991.

Butler, J.: Körper von Gewicht. Frankfurt/M. 1997.

de Certeau, M.: Theoretische Fiktionen. Geschichte und Psychoanalyse. Wien 1997.

Febel, G./Bauer-Funke, C. (Hg.): Menschen-Konstruktionen. Künstliche Menschen in Literatur, Film, Theater und Kunst des 19. und 20. Jahrhunderts. (*Quer*elles. Jahrbuch für Frauen und Geschlechterforschung, Bd. 9) Göttingen 2004.

Febel, G.: „Poesie Erreger" oder von der signifikanten Abwesenheit der Frau in den Manifesten der Avantgarde. In: Asholt, W./Fähnders, W. (Hg.): „Die ganze Welt ist eine Manifestation". Die europäische Avantgarde und ihre Manifeste. Darmstadt 1997, S. 81-108.

Gray, C.H. et al. (Hg.): The Cyborg Handbook. London/New York 1995.

Latour, B.: Die Hoffnung der Pandora. Frankfurt/M. 2000.

Latour, B.: Wir sind nie modern gewesen. Versuch einer symmetrischen Anthropologie. Frankfurt/M. 1998.

Mentor, S.: Manifesto Technologies: Marx, Marinetti, Haraway. http://www.emanifesto.org/cybunny/technohi.htm 1994 [Zugriff vom 17.03.02.].

Nowotny, H.: „Vom Schreiben, Erzählen und Wissen-Produzieren". In: Fehr, J./Grond, W. (Hg.): Schreiben am Netz. Literatur im digitalen Zeitalter. Innsbruck 2003, S. 12-16.

Piercy, M.: He, She, and It. New York 1991.

Shapin, S./Schaffer, S.: Leviathan and the Air-Pump: Hobbes, Boyle, and the Experimental Life. Princeton 1985.

Singer, M.: Geteilte Wahrheit. Feministische Epistemologie, Wissenssoziologie und Cultural Studies. Wien 2005.

Sofoulis, Z.: Post-, Nicht- und Parahuman. Ein Beitrag zu einer Theorie soziotechnischer Personalität. In: Angerer, M.-L./Peter, K./Sofoulis, Z. (Hg.): Future Bodies. Zur Visualisierung von Körpern in Science und Fiction. Wien/New York 2002.

Traweek, S.: Beamtimes and Lifetimes: The World of High Energy Physics. Cambridge (MA) 1988.

Valerio, W.R.: Frauenfeindliche Tendenzen im italienischen Futurismus – Der Mann als Betrachter im Bild. In: Dreicher, S. (Hg.): Die weibliche und die männliche Linie. Das imaginäre Geschlecht der modernen Kunst von Klimt bis Mondrian. Berlin 1993, S. 170-195.

Wagner, B.: Technik und Literatur im Zeitalter der Avantgarden. Ein Beitrag zur Geschichte des Imaginären. München 1996.

Wajcman, J.: TechnoFeminism. Cambridge (UK) 2004.

Weber, J.: Umkämpfte Bedeutungen. Naturkonzepte im Zeitalter der Technoscience. Frankfurt/New York 2003.

Winker, G.: Geschlechterverhältnisse und vernetzte Systeme. In: Zeitschrift für Frauenforschung 17 (1999/1+2), S. 9-25.

Bruno Latour: Making Things Public[1]

Werner Krauss

Einleitung

Labore und Messapparate, Mikroben und Moleküle, technische Artefakte und nicht-menschliche Akteure, in Bruno Latours Welt hat alles einen Platz. Latour entwirft eine Gesellschaftstheorie, die um die Welt der Dinge erweitert ist. Entgegen den Versprechungen und Hoffnungen der Aufklärung verlassen wissenschaftliche Tatsachen die Labore heute nicht mehr, um Kontroversen zu entscheiden, sondern sie rufen immer neue hervor. Latours Forderung besteht darin, die Welt der Dinge und die der Menschen nicht mehr als getrennt zu betrachten, sondern die Dinge als festen Bestandteil unserer Netzwerke anzuerkennen.

Was hat Bruno Latour geschrieben, was kann man von ihm lernen, wo steht er in der Wissenslandschaft und wie hat er sie verändert? Um seinen Namen und seine Person hat sich ein interdisziplinäres Netzwerk gebildet, das zunehmend schulenbildend wirkt. Der gemeinsame Nenner sind die „Actor-Network-Theory" und die „Science & Technology Studies". Bruno Latour ist ein noch heißer Autor, der genauso glühende Verehrer wie erbitterte Gegner hat. Es sind zwar bereits viele Schubladen geöffnet worden, aber noch ist er nicht kanonisiert. Im Gegenteil, Latours Welt ist eine permanente Baustelle, auf der allerdings nach strengen Maßstäben gebaut wird, schließlich ist „Konstruktion" einer der zentralen Begriffe in seinem Werk. Er ist ein kontroverser Autor, und diese Einführung ist eine Einladung, sich mit der Welt und der Begrifflichkeit Latours vertraut zu machen.

Das Jahr 2005 ist ein ausgezeichneter Latour-Jahrgang, der einen Einblick in die beiden Pole seines Schaffens gibt: die Strenge seiner Methode und der Reichtum der Anwendungsmöglichkeiten. So inszenierte er zusammen mit Peter Weibel in Karlsruhe eine großangelegte Ausstellung, die Gelegenheit bot, als Besucher durch seine Gedankenwelt zu spazieren – die verblüffende Ähnlichkeit hat mit der Welt, in der wir leben, und ähnlich komplex und verwirrend erscheint. Der Ausstellungskatalog umfasst über 1000 Seiten, hat den programmatischen Titel „Making Things Public. Atmospheres of Democracy" (Latour/Weibel 2005) und versammelt alles, was Rang und Namen hat in der Welt der „Science & Technology Studies" und weit darüber hinaus. Das Themenspektrum reicht von dem „Tatsachenbeweis" des damaligen Staatssekretärs Powell vor der UNO hinsichtlich der Giftgasproduktion im Irak bis zum Konflikt um Wölfe und Schafe in einem spanischen Gebirgstal, von explodierenden Raumfähren bis zur detaillierten Inszenierung eines Umweltkonflikts um verschmutzte Gewässer in Frankreich, von Lorenzettis Fresko „Il Bueno e

---

[1] Merci beaucoup an Christelle Gramaglia für die Einladung zu ihrem Arbeitskreis über „Ecological Governance", an Bruno Latour, Cordula Kropp und alle anderen Teilnehmer für die anregenden Diskussionen und Tage in Paris und München. Dank auch an meine Kolleginnen Janet Swaffar und Katherine Arens, die mich beide in schwierigen Phasen des Artikels zu Ordnung und Exaktheit aufgerufen haben.

il Cattivo Governo" bis zu Richard Powers literarischen Techno-Konstruktionen. Der rote Faden ist das Ausloten der Möglichkeiten einer „Dingpolitik": Was geschieht, wenn Dinge öffentlich gemacht und Teil unserer Netzwerke werden, welche Art von Versammlungen bilden sich, und wie verändern sich diese Netzwerke? Was braucht es, um aus nackten Tatsachen (*matters of fact*) Angelegenheiten öffentlichen Interesses (*matters of concern*) zu machen, und wie können Kontroversen demokratisch entschieden werden?

Im selben Jahr erschien eine Einführung Bruno Latours in die „Actor-Network-Theory". *Reassembling the Social* (Latour 2005a) ist ein klassisches Lehrbuch, mit Begriffsdefinitionen, methodischen und epistemologischen Ausführungen und sogar gerahmten Merkkästchen. Es bildet sozusagen einen strengen Gegenpol zu der jegliches Aufnahmevermögen sprengenden Ausstellung: Latour entwirft hier das Fundament einer exakten (Sozial-) Wissenschaft, deren Methode inzwischen so ausgefeilt ist, dass sie weit über die „Science & Technology Studies" hinaus immer weitere Themenbereiche erfassen kann.

Ein kursorischer Einblick in Werk und Rezeption steht im Zentrum meines Artikels. Die Auswahl für solche Streifzüge ist immer subjektiv. Im ersten Teil skizziere ich die Entwicklung der „Science & Technology Studies", ihre philosophischen, politischen und methodischen Implikationen. Ich greife dabei auf einige populäre Fallbeispiele zurück, ohne die seine Theorie oft schwer verständlich ist. Auf dieser Basis stelle ich im zweiten Teil Elemente seiner wissenschaftlichen Methode dar, die zugleich identisch mit seiner Theorie ist. Dazwischen steht die Rezeption seines Werkes, die überaus kontrovers und gleichzeitig fester Bestandteil seiner Arbeiten ist, im Sinne eines permanenten Dialogs. Das Schlusswort bekommt weitgehend Bruno Latour selbst, da es schließlich um ihn geht. Doch am Anfang steht die Frage: Wer ist Bruno Latour?

Wer ist Bruno Latour?

Latour wurde 1947 als Sohn einer Winzerfamilie in Burgund geboren. Seine Bücher sollen, so sagte er in einem Interview, den Lesern genausoviel Freude bereiten wie der Genuss des Hausweines. Mit Pierre Bourdieu gesprochen ist sein Habitus sicherlich eher der eines Bourgeois denn der eines proletarischen Aufsteigers.[2] Doch Latour hält weder etwas von Bourdieu noch von dessen Habitustheorie, und er würde sich sicherlich sträuben, seine eigene Theorie aus seiner sozialen Herkunft zu erklären. Schon seine disziplinäre Zuordnung ist nicht ganz einfach. Nach Ausbildungen in Philosophie und Ethnologie und Feldstudien in Afrika und Kalifornien spezialisierte er sich auf Wissenschaftler und Ingenieure als Gegenstand seiner Forschung, wobei er sich als ein Ethnologe des Wissens oder der Wissensproduktion und als „Freund der Wissenschaften" versteht. In seinem letzten Buch, *Reassembling the Social* (2005a), argumentiert er als Soziologe (nachdem er allerdings die Soziologie neu definiert hat). Der Philosoph Peter Sloterdijk (2004: 220f.) nennt Latour einen „radikaldemokratischen Wissenschaftsoptimist(en)" und dessen Wissenschaftsforschung „eine heitere Philosophie der von Explikationsprodukten bevölkerten Welt". Es ist also nicht leicht bzw. unmöglich, Latour einer Disziplin zuzuschlagen. Auf seiner Website stellt er sich so dar:

---

[2] Zu Pierre Bourdieu vgl. den Beitrag von Stephan Moebius in diesem Band.

Bruno Latour: Making Things Public

„So one can present him either as a philosopher, an anthropologist or a sociologist, knowing fully well that neither philosophers, nor anthropologists, nor sociologists, would like to have him join their club! The most solid label is that of ‚science-student‘ but it is precisely not a disciplinary affiliation…" (Latour 2005b)

Latour ist Professor an der Pariser Universität Sciences Po. Zuvor hatte er einen Lehrstuhl für Soziologie an der *École des Mines* in Paris, wo er angehende Ingenieure unterrichtet und Doktoranden betreut, denen er ausdrücklich sein letztes Buch gewidmet hat. Er ist Präsident der Wissenschaftsforschungsgesellschaft 4S[3], und als Austellungsmacher, Gastdozent, Vortragender, rastloser Forscher und Autor ist er ein öffentlicher Intellektueller, der innerhalb und außerhalb der akademischen Welt seine Stimme erhebt und gehört wird. Er steht damit sicherlich in einer französischen Tradition und in einer Reihe mit Levi-Strauss, Foucault, Bourdieu oder Derrida – sofern ihm seine Interpreten und Kritiker den Platz in diesem Pantheon zugestehen. Inhaltlich und über die Ausfüllung der Rolle des öffentlichen Intellektuellen ist damit natürlich noch nichts ausgesagt. Er setzt sich deutlich ab vom Typus des klassischen „linken" Intellektuellen, der vornehmlich in der Kritik sein Geschäft sieht; Habermas und Bourdieu gehören zu seinen Lieblingsgegnern, mit denen er bestimmt nicht in einen Topf geworfen werden wollte; eine Nähe zur Schule des amerikanischen Pragmatismus eines John Dewey oder Richard Rorty ist unübersehbar, seine Methode verweist auf den Soziologen Gabriel Tarde und in vielerlei Hinsicht auf Gilles Deleuze, und mit Sloterdijk verbindet ihn der Rückgriff auf Martin Heidegger, insbesondere dessen Ausführungen über die Dinge (ohne dessen anti-technologischen Ausfälle und archaischen Einfälle zu teilen). Im Hinblick auf eine zutiefst aufklärerische Haltung weist er eine Nähe zu Ulrich Beck und dessen „reflexiver Moderne" auf (nicht ohne mit ihm heftige Dispute zu führen), genauso wie Autorinnen wie Donna Haraway zu seinem Umfeld gehören (mit dem Unterschied, dass er ihren politischen Radikalismus nicht teilt und keinerlei Interesse hat, wie sie „auf Barrikaden zu sterben", wie er ihr in einem fiktiven Dialog unterstellt).[4] Fasziniert ist er von Kunst und Literatur, insbesondere Autoren wie Richard Powers, die auf anderer Ebene ein ähnliches Programm der Vernetzungen von Dingen und Menschen verfolgen. Aufmerksame Leser wissen zudem, dass er Kirchgänger ist, dass er eine schwere Erkrankung überstanden hat, dass er sich maßlos über Politiker aufregen kann, dass er gerne Comics liest und vieles mehr. Latour ist Teil der Welt, die er untersucht.

Science & Technology Studies

Latour machte zuerst in einem wissenschaftlichen Labor ethnologische Untersuchungen, er fing alsbald an, nicht-menschliche Objekte oder „Dinge" als Akteure in der Geschichte zu identifizieren, er begann in einem weiteren Schritt über die Faszination für wissenschaftliche Fakten und technische Artefakte hinaus sich für die Naturtatsachen insgesamt zu interessieren und weitete seine Untersuchungen auf die Religion[5], die Produktion der Wahrheit in der Rechtssprechung[6], auf aktuelle politische Angelegenheiten und Themen, auf den

---

[3]   Society for Social Studies of Science.
[4]   Zu Ulrich Beck vgl. den Beitrag von Angelika Poferl, zu Donna Haraway den Beitrag von Katrin Harrasser in diesem Band.
[5]   Siehe Latour (2002a).
[6]   Siehe Latour (2002b).

Prozess der Aufklärung, also letztlich auf Gott und die Welt aus. Doch dieser chronologische Ablauf erweckt zu sehr die anheimelnde Phantasie, dass sich alles schrittweise zu immer größerer Erkenntnis entwickelt. Es handelt sich jedoch mehr um eine Art Flächenbewegung, um eine Ausdehnung, um die Entdeckung, dass ein schon früh angelegtes Prinzip, eine auf immer weiteren Feldern erprobte Methode letztlich überall funktioniert.

Die Forschungen Latours (und vieler anderer in den Science & Technology Studies) sind im besten Sinne ethno(methodo)logisch. Am Anfang von *Laboratory Life* (Latour/ Woolgar 1979) steht eine schon fast sprichwörtliche Analogie, die ihre Gültigkeit bis heute nicht eingebüßt hat: Nachdem Ethnologen furchtlos in dunkle Urwälder vorgedrungen sind, in feindlicher Umwelt gelebt und Unwetter, Langeweile und Krankheit erduldet haben, um sogenannte „primitive" Völker zu erforschen, ist es nun Latour und Woolgar zufolge an der Zeit, die ethnographische (oder gar ethno-methodologische, s.u.) Methode auf uns selbst anzuwenden:

> „Whereas we now have fairly detailed knowledge of myths and circumcision rituals of exotic tribes, we remain relatively ignorant of the details of equivalent activity among tribes of scientists, whose work is commonly heralded as having startling or, at least, extremely significant effects on our civilization" (Latour/Woolgar 1986: 17).

Laboratory Life kann als der Startpunkt einer neuen Form der Wissensforschung betrachtet werden, die sich definitiv von der historischen Wissenschaftsforschung unterscheidet. Es geht weder darum, die sozialen Dimensionen der Wissenschaft darzustellen, noch ihren sozialen Kontext aufzudecken. Latour machte vielmehr wie ein Ethnologe Feldforschung im Labor des späteren Nobelpreisträgers Roger Guillemin und untersuchte die wissenschaftliche Konstruktion von Fakten. Minutiös beschreibt er zusammen mit Steve Woolgar, wie durch aufwendige Maßnahmen, durch den Einsatz von Chemikalien, Versuchstieren und Apparaten Fakten produziert werden, die dann in Form von wissenschaftlichen Artikeln mit Aussagen über „die Natur" das Labor wieder verlassen. Das Labor wird als ein Ort der Produktion beschrieben, wo Fakten hergestellt und dann erhärtet werden, und zwar durch strategische Übereinkünfte zwischen Wissenschaftlern, die sich gegenseitig zu Gewährsleuten machen und Hypothesen in verbindliche Aussagen überführen, bevor diese schließlich als gesichertes Resultat in Lehrbüchern ihren Platz finden. Dort ist dann allerdings ihre gesamte Herkunfts- oder Herstellungsgeschichte ausgeblendet.[7]

Hatte die erste Ausgabe von *Laboratory Life* noch den Untertitel „The social construction of scientific facts", so fiel in der zweiten Ausgabe (1986) das „social" weg. Damit macht Latour den Unterschied zu einem Sozialkonstruktivismus klar, der vor allem die soziale Dimension in der naturwissenschaftlichen Produktion von Fakten im Auge hat. Latour hingegen hält alle Interaktionen für sozial, so dass durch den Zusatz „sozial" kein Antagonismus mehr benannt und er damit überflüssig wird. Es handelt sich somit auch um keine Kritik an der wissenschaftlichen, artifiziellen Produktion von Fakten und Natur – die als solche im Labor gar nie vorhanden ist – , sondern um eine genaue Rekonstruktion der Übersetzungsleistungen, Transformationen, Kontrollapparate in ihrer Verfertigung durch Wissenschaftler. Sein 1987 erschienenes Buch „Science in Action. How to follow scientists and engineers through society" verfolgte diese Wege und Verzweigungen von Wissenschaft und Technologie in der Welt minutiös, und Latour entwickelte hier zugleich auf faszinie-

---

[7]   Siehe eine ausführlichere Zusammenfassung in Degele/Simms (2004: 260 ff.).

Bruno Latour: Making Things Public

rende Weise die Grundlagen der aufkommenden „Science & Technology Studies". Der Vorwurf, dass er Wissenschaftler wie Primitive und ihre Resultate wie Fetische untersuchen würde, verkennt die wahre Natur von Fetischen. Sie sind zwar auch konstruiert, aber keinesfalls lediglich Projektionen von etwas anderem, sozialem, wie Ethnologen schon lange wissen. Eine gemeinsame Wurzel liegt in dem Begriff „faitiche", den Latour für die Kennzeichnung wissenschaftlicher Fakten eine Zeitlang gebrauchte: Sie sind gemacht, und zwar in der Regel sehr gut, und sie nehmen die Rolle von Mediatoren ein – sie versammeln Akteure um sich und verändern bestehende Netzwerke.

Wie das aussehen kann, beschreibt Latour z.B. in seinen Arbeiten über Pasteurs Mikroben. Er zeigt exakt auf, wie Pasteur in einem strategisch ausgeklügelten Prozess die Mikroben „explizit" machte und diese so nicht nur die Wissenslandschaft, sondern ganz Frankreich veränderten: Die Mikroben selbst sind zu gesellschaftlichen Akteuren geworden, bzw. in Anlehnung an die Linguistik zu „Aktanten". Sie sind weder das Andere der Kultur, also natürlich, noch sind sie sozial im Sinne von bloßen Projektionen, die eigentlich für etwas anderes stehen. Sie sind durch Pasteur öffentlich gemacht bzw. artikuliert und dadurch mit anderen Akteuren vernetzt worden und bringen diese nun in Versuchung, etwas Neues zu machen: Frankreich wird pasteurisiert, eine völlig neue Hygienepolitik bahnt sich ihren Weg.

Latours Buch *Les microbes, guerre et paix, suivi de Irréductions* (1984)[8] steht am Anfang dessen, was später die Actor-Network-Theory (ANT) werden sollte. Ein weiteres, nur wenig später erschienenes Gründungswerk der ANT ist der Artikel von John Law mit dem Titel *On the Methods of Long-Distance Control Vessels Navigation and the Portuguese Route to India* (1986), sowie der ANT – Klassiker *Some elements of a sociology of translation domestication of the scallops and the fishermen of St. Brieux Bay* von Michel Callon (1986). Die beiden letztgenannten Artikel haben bereits, wie schon ihre Titel beredt verraten, das Labor als Forschungsort verlassen und erweitern den Fokus auf Dampfkessel, Schiffe, Jakobsmuscheln, Navigation und Fischer. Die „Science & Tecnology Studies" hatten ihren Namen nun verdient, die Grundsteine für ANT waren gelegt.

Türen, Schlüssel und Pedologen-Fäden: Actor-Network-Theory in Aktion

Neue Begriffe wie Aktant oder Hybrid bezeichnen nun diejenigen Dinge, die eben nicht Natur und auch nicht Kultur sind, und es gilt, sie als wissenschaftliche oder technische Artefakte in den Netzwerken zu verankern, die unsere Realität ausmachen. Diese theoretische Arbeit an Begriffen ist ein permanenter „work in progress": Wie kann man das neu eröffnete Feld tatsächlich beschreiben und vor allem denken? Indem man konsequent an einzelnen Beispielen die jeweiligen Übersetzungsleistungen verfolgt, denen ein Fakt oder ein Objekt seine öffentliche Existenz verdankt; indem man ethnographisch exakt die Versammlungen, die daraus hervorgehen, und die Modifikationen, die einzelne Akteure vornehmen, beobachtet und beschreibt. In den Artikelsammlungen *Der Berliner Schlüssel* (1996a) und *Die Hoffnung der Pandora* (2000) vollführt Latour dieses Kunststück exakter Sozialwissenschaft an vielen einzelnen Beispielen.

---

[8]   Erweiterte englische Übersetzung Latour (1988).

Ein Klassiker ist sicherlich die Geschichte Porträt von *Gaston Lagaffe als Technikphilosoph* (1996a). Die Comicfigur Gaston arbeitet ebenso wie sein Vorgesetzter Prunelle in der Redaktion einer Zeitung. Seit neuestem hat Gaston eine Katze. Das Problem mit der Katze ist, dass sie immer miaut, wenn sie zur Tür herein- oder herauswill. Prunelle muss laufend die Tür öffnen, hat außerdem Angst, dass er sich durch die Zugluft erkältet und ist deshalb auf Gaston wütend. Doch der findige Gaston weiß eine Lösung, indem er neue Objekte hinzuzieht: Mittels einer Säge bastelt er eine Katzentür. Nun sind alle zufrieden: Die Katze, weil sie raus und rein kann, wann immer sie will, Prunelle, weil er vor Zugluft geschützt ist, und Gaston, weil sein Vorgesetzter nun keinen Ärger mehr macht. Außer dass Prunelle stöhnt, dass ja nun alle Türen im Haus ruiniert würden. Doch ein weiteres Problem taucht auf: Gastons Möwe ist eifersüchtig geworden und stößt vor dem Fenster herzzerreißende Schreie aus. Der Tierfreund Gaston weiß auch hier eine Lösung: Er sägt oben in die Tür eine Möwenklappe. Prunelle bleibt nur ein langgezogenes „Grrrrr…".

Latour hat in diesem belgischen Comic einen erfreulichen Fall vorgefunden, an dem er sein Programm darlegen kann:

> „Niemand hat je reine Techniken gesehen – und niemand je reine Menschen. Wir sehen nur Assemblagen, Krisen, Dispute, Erfindungen, Kompromisse, Ersetzungen, Übersetzungen und immer kompliziertere Gefüge, die immer mehr Elemente in Anspruch nehmen. Warum nicht den unmöglichen Gegensatz zwischen Mensch und Technik ersetzen durch einen wesentlich sinnvolleren Gegensatz, den zwischen Verbindung und Ersetzung, zwischen Assoziation (UND) und Substitution (ODER)?" (Latour 1996a: 21)

Es handelt sich wie bei vielen Arbeiten von Latour um ein Lehrstück im eigentlichen Sinn: Abgesehen von dem Nachweis, wie durch den Einsatz von Instrumenten, durch strategisches Vorgehen, durch minutiöse Übersetzungsarbeiten von einem Stadium ins nächste Fakten in wunderbarer Weise konstruiert und Akteure (zur allseitigen Zufriedenheit) vernetzt werden, eignen sich diese Stücke gleichzeitig zur Einführung in exaktes wissenschaftliches Arbeiten.

Eines seiner eindrucksvollsten Beispiele ist der Fotoroman darüber, wie er eine Expedition von Forschern begleitet, die am Rand zwischen Savanne und Urwald in Brasilien Bodenproben entnehmen um herauszufinden, ob der Urwald fortschreitet oder zurückgeht. Detailliert (und fasziniert) verfolgt Latour, welche Rolle dabei Regenwurmkot spielt, wie Proben entnommen, kartographiert und katalogisiert und in brasilianischen Cafes zwischengelagert werden, schließlich in einem französischen Labor unter dem Mikroskop landen und am Ende in Form von Artikeln neue Verbindungen eröffnen und vielleicht in Lehrbüchern gesichertes Wissen öffentlich machen. Und wenn er schildert, wie die Forscher es schaffen, zwischendurch nicht an der Transportlogistik zu scheitern oder in dem Material, das sich um die Proben anhäuft, zu ertrinken oder den Überblick zu verlieren, dann werden plötzlich die Welt der Geistes-, Sozial- und Naturwissenschaftler deckungsgleich. Dieser Artikel mit dem Titel *Der ‚Pedologen-Faden' von Boa Vista – eine Photo-Philosophische Montage* (Latour 1996a) ist schon deshalb so eindrucksvoll, weil Latour nicht weniger genau vorgeht als die Naturwissenschaftler, die er hier untersucht. Die Argumentationen und Beweisführungen der Sozial- und Geisteswissenschaften sind genauso exakt gearbeitet wie die der Naturwissenschaften.

In Latours Arbeiten geht es immer um etwas, um ein Artefakt, ein Problem, eine Angelegenheit: Sei es der Berliner Schlüssel, der an jedem Ende einen Bart hat; das Mysterium des Sicherheitsgurtes und der Bodenschwellen in verkehrsberuhigten Zonen als Resultat überraschender technisch-industrieller-menschlicher Netzwerke; die Frage, wer schießt, die Waffe oder der Mensch (das Mensch-Waffen-Netzwerk, lautet die Lösung), oder um den Bau einer führerlosen Untergrundbahn (Latour 1996b). In *Paris, la ville invisible* können die einzelnen Fäden, welche die Stadt zusammenhalten, in Form eines elektronischen Buches in Wort und Bild nachverfolgt werden.[9] Latours Stärke liegt darin, dass er mit seinen Beispielen Türen öffnet (oder zersägt) und neue Zugänge verschafft, die Welt, in der wir leben, neu zu denken und zusammenzusetzen.

Eine neue Aufklärung

Als ethnologischer Philosoph oder philosophischer Ethnologe tritt Latour in seinem Buch *Wir sind nie modern gewesen* (1998) auf. Es handelt sich genauer gesagt um einen Essay, der große Probleme und grundsätzliche Fragen aufgreift und oft in einem Handstreich erledigt. Für diesen Essay gilt, was er Nietzsche über das Aufgreifen großer Probleme sagen lässt, nämlich dass sie „wie kalte Bäder sind: Man sollte sie genauso schnell wieder verlassen, wie man sich hineinbegeben hat" (Latour 1998: 21). Aber die Lektüre-Erfahrung sollte man nicht missen. Es gibt nicht nur von Latour Bücher, die einen lange begleiten müssen, bevor man sie wirklich ganz versteht. Daran ist nicht immer der Autor schuld.

Die großen Probleme sind solche wie das Ozonloch, die Umweltproblematik, die Angst, dass uns der Himmel auf den Kopf fällt, oder aber die Zukunft der Aufklärung. Spätestens nach 1989, so Latour, liegt es deutlich vor unseren Augen, dass wir weder die Natur beherrschen noch uns von ihr emanzipiert haben. Stattdessen: Nichts als Verstrickungen, Vernetzungen, Gemenge. Latour ist ein Meister darin, an Beispielen wie dem Ozonloch aufzuzeigen, wie Wissenschaftler, Chemikalien, Industriebosse, Umweltorganisationen, Länder der Dritten Welt und wir selbst, wenn wir zum Beispiel auf die Spraydose drücken, in ein dicht gewobenes Netzwerk verflochten sind.

Seine Kritik gilt der Verfassung der Moderne, die diese Vermengung von Menschen und nicht-menschlichen Akteuren zugleich befördert und ignoriert: Die modernen Analytiker zerschlagen dieses Gemenge, den gordischen Knoten, sie brechen die Deichsel entzwei: „Links die Erkenntnis der Dinge, rechts Interesse, Macht und Politik der Menschen" (Latour 1998: 9). Um diese Trennung aufrechtzuerhalten, muss beständige Reinigungsarbeit geleistet werden, „Himmel und Erde, Globales und Lokales, Menschliches und nicht Menschliches" (Latour 1998: 9) müssen immer wieder aufwendig getrennt werden. Diese Trennungs- und Reinigungsarbeit lässt uns wiederum die soziotechnische Vermengung aus den Augen verlieren, die uns und die Dinge aneinanderknüpft, und zugleich vermutet Latour, dass sie die Voraussetzung für die permanente und ungezügelte Produktion immer neuer „Hybriden" oder gar „Monster" ist, über die wir zunehmend die Kontrolle verlieren.

Die Ethnologen hingegen, die aus den vormodernen Gesellschaften zurückkehren, berichten ungeniert über die dortige Vermischung oder Nicht-Vermischung der Dinge, die unseren soziotechnischen Gemengen genau gleichen. Doch wenn sie zurückkehren und die eigene Gesellschaft anschauen, dann, so Latour, trauen sie sich nicht mehr, die Dinge und die Menschen miteinander zu verknüpfen und ein großes Bild zu entwerfen. Doch die von

---

[9] Zugänglich auf seiner Website (Latour 2005b).

Latour aufgezeigten Beispiele wie das Ozonloch zeigen, dass sich auch bei uns alles vermengt, dass wir auch permanent Netzwerke weben, in denen die Dinge nicht eindeutig getrennt sind, genauso wenig wie wissenschaftliche Erkenntnis, Macht, Interesse, Justiz oder Leidenschaft. Der Verdacht liegt nahe, dass wir gar nie modern gewesen sind.

„Der Versuch einer symmetrischen Anthropologie", so der Untertitel, gilt einer zweifachen Symmetrisierung bzw. einem radikalen Relativismus: Zum einen gilt es, die Stärken der Ethnologie auf unsere eigene Gesellschaft anzuwenden, und, in einem zweiten Gedankenschritt, die Dinge, die Konstruktion von Fakten, die Technik mit in die Analyse einzubeziehen. Wissenschaft entdeckt nicht „da draußen" neue Dinge, sondern sie macht sie in aufwendigen Verfahren „explizit", sie macht sie öffentlich. Diese immer wieder betonte Tatsache wird nun von Latour auf philosophischem Terrain scharf gemacht: Er sondiert genau drei Strömungen aus, die diese Einsicht beharrlich ignorieren und daher nicht mehr relevant sind. Das sind zum einen natürlich die ewigen Fortschrittsoptimisten, die wissenschaftliche Tatsachen als natürlich ansehen und somit „naturalisieren" – dann „verschwinden Gesellschaft, Subjekt und alle Diskursformen" (Latour 1998: 13); dann sind da diejenigen wie Bourdieu, die von „Machtfeldern" sprechen und alles als „sozial" erklären – dann gibt es „keine Wissenschaft mehr, keine Technik, keinen Inhalte der Aktivitäten" (Latour 1998: 13) mehr; und wenn schließlich Dekonstruktivisten wie Derrida von „Wahrheitseffekten" sprechen, dann gibt es keine wissenschaftlichen Fakten und auch keine Machtspiele mehr. Vor allem aber lassen sich diese je für sich genommen starken Formen der Kritik nicht auf ein und dasselbe Phänomen anwenden, sie schließen sich gegenseitig aus. Die Kritik selbst ist in der Krise, und das Ozonloch kann nicht mehr theoretisch erfasst werden:

> „Das Ozonloch ist zu sozial und zu narrativ, um wirklich Natur zu sein, die Strategie von Firmen und Staatschefs ist zu sehr angewiesen auf chemische Reaktionen, um allein auf Macht und Interessen reduziert werden zu können. Der Diskurs der Ökosphäre zu real und zu sozial, um ganz in Bedeutungseffekten aufzugehen." (Latour 1998: 14)

Was tun? Die feinen Netzwerke zwischen menschlichen und nicht-menschlichen Akteuren verfolgen, so wie es die Ethnologen bei den Anderen schon immer taten und die drei klassischen Formen der Kritik hinter sich lassen:

> „Die feinen Netze, die wir entfaltet haben, werden von ihr [der Kritik, W.K.] auseinandergerissen wie die Kurden von Iranern, Irakern und Türken; aber bei Anbruch der Nacht überschreiten diese Kurden die Grenzen, um untereinander zu heiraten und von einem gemeinsamen Vaterland zu träumen, das aus den drei Ländern, die sie vereinnahmen, besteht." (Latour 1998: 14)

Latour macht in *Wir sind nie modern gewesen* tatsächlich keine Gefangenen, und selbst der Leser muss manchmal aufpassen, dass er nicht auf der Strecke bleibt. Es handelt sich um hochkondensierte Wissenschaftsphilosophie, die oft genug von Diagrammen illustriert wird, wo der Betrachter dann rätselt, ob es sich um eine Satire auf diese Darstellungsform handelt oder ob er hier was verpasst hat. Es ist zugleich permanente Arbeit an Begriffen: Wie das Ozonloch oder verwandte Phänomene, die weder Natur noch Kultur sind, bezeichnen? Latour versucht sich an Begriffen wie „Natur/Kultur" oder „Hybride", die er später dann weitgehend wieder fallen lässt und in seinem Buch *Parlament der Dinge. Für eine politische Ökologie* (2001) dann nicht mehr auftauchen.

Eines der Probleme in der Rezeption Latours besteht darin, dass er die Welt, in der wir leben, beschreibt, dass wir sie so aber nicht gleich wieder erkennen. Dies gilt vor allem für sein Buch *Das Parlament der Dinge*. Ein typisches Beispiel für diese Begriffsverwirrung ist das Missverständnis, dass man Parlament allzuschnell als die politische Versammlung zum Beispiel im Bundestag auslegt, während Latour darunter alle möglichen Arten von Versammlungen versteht, wie wir sie alle aus unserem Alltag kennen, von der Familienversammlung bis zur Gremiensitzung. Seine Forderung, dass die nicht-menschlichen Dinge repräsentiert werden, wird zudem von unzähligen Umweltorganisationen, von Wissenschaftlern und anderen Repräsentanten in ebenso unzähligen Versammlungen bereits praktiziert, vor Ort oder auf transnationaler Ebene. Die politische Ökologie, die allseits gefordert wird und die wir dringend brauchen, besteht bereits, aber – und hier setzt Latour an – eben unter den falschen Prämissen. Noch immer versucht die Ökologiebewegung, Natur in der Politik zu repräsentieren. Was aber, wenn da draußen gar keine Natur ist, sondern nur Flüsse, Tiere, Bäume, Moleküle usw., die zu einem bestimmten Zeitpunkt und unter spezifischen Prämissen explizit gemacht wurden und nun zu einer öffentlichen Angelegenheit geworden sind, die entschieden werden muss? Es geht um das Aufzeigen dieser neuen Vernetzungen anstatt um ihr Unsichtbarmachen, es geht um Vermengung statt um Reinigung, so Latours andauernde Forderung. Erst dann können wir entscheiden, wann und wie wir eine Debatte beenden wollen. Genforschung, Reproduktionstechnologie, Klimaforschung: Es ist müßig darauf zu warten, dass die Wissenschaft hier den Schiedsrichter spielt, wo sie doch selbst die Probleme erst auf den Tisch legt. Umweltprobleme, Klimawandel oder Rinderwahnsinn sind eben solche vermischten Angelegenheiten, wo Reinigungsarbeit – Natur hier, Kultur da – sinnlos wird und das Gemenge von nicht-menschlichen und menschlichen Akteuren in den Blickpunkt rückt.

Erst dann, wenn solche neuen, noch nicht verhandelten Fakten auftauchen, wird es für Latour interessant. Im *Parlament der Dinge* sind die Wissenschaftler als Repräsentanten *und* ihre praktische Arbeit als Konstrukteure von Fakten mit von der Partie, und es geht um die Frage, welche Probleme zur Verhandlung in den politischen Prozess mit hereingenommen werden, welche draußen bleiben müssen, und wie man eine Kontroverse zu Ende bringt. Das *Parlament der Dinge* liefert hier keine Gebrauchsanweisung, wohl aber „eine Sammlung von Grundbegriffen, die zusammen eine demokratische Theorie der heutigen Wissens- und Technikgesellschaft bilden können" (Brown/Gross 2002: 389). Auf jeden Fall aber finden sich hier Überlegungen dazu, wie man einen gemeinsamen Kosmos definieren kann nach dem Scheitern der Ökologiebewegung, also jenseits der überkommenen Oppositionen von Natur und Kultur, von Subjekt und Objekt, von menschlichen und nicht-menschlichen Einheiten.[10]

So bleiben nur die vielen verschiedene Formen der Versammlungen, die es zu erforschen und denen es eine neue Verfassung zu geben gilt, ein neues Parlament der Dinge. Was nichts anders bedeutet, als dass Latour die Aufklärung weder für einen Siegeszug hält, noch sie für gescheitert oder zum Scheitern verurteilt erklärt, sondern dass er versucht, sie

---

[10]   Dass es sich hier nicht um science-fiction oder Utopie handelt, zeigt sich an der gegenwärtigen interdisziplinären Diskussion zum Klimawandel. Es schadet der Debatte keinesfalls, wenn der Bürger Einblick in die wissenschaftliche Konstruktion des Klimas bekommt – es schadet aber der Wissenschaft, wenn sie ihre Klimafakten einerseits naturalisiert und andererseits als apokalyptischen Diskurs auf den (politischen) Markt wirft: Es hört dann einfach niemand mehr zu. Siehe dazu Stehr/von Storch (1999).

auf neue Füße zu stellen.[11] Und wenn uns manche Formen der Versammlung nicht gefallen – zum Beispiel fundamentalistische Formen – müssen wir eben unsere Auffassung mit Nachdruck vertreten.[12] Die Aufklärung hat nicht nur ein schlechtes Gewissen, sondern vor allem auch etwas zu verteidigen.

Science Wars

Was wäre Latour ohne seine Feinde – was umgekehrt noch viel mehr gilt: Was wären seine Feinde ohne Latour! Eine erste Angriffswelle klingt aus heutiger Sicht fast schon historisch: Natürlich gab und gibt es genügend Naturwissenschaftler, die es nicht witzig finden, wenn sie „wie die Wilden" untersucht werden. Dann gibt es diejenigen, die sich die Verteidigung der Moderne zum Ziel gemacht haben und auf den ewigen Fortschritt hoffen: Eines Tages werden die Anderen nur noch wie im Museum bewundert werden – die, die noch immer an Götter glauben, seltsame Kulte pflegen und verschrobene Naturauffassungen haben. Ein Blick in die täglichen Nachrichten zeigt, dass da ein Irrtum vorliegt. Der Irrtum des Mononaturalismus, wie Latour „unseren" Glauben an die eine Natur da draußen nennt, nährt immer auch die Fantasie von einem Multikulturalismus, nämlich dass die Anderen lediglich eine andere Auffassung dieser einen Natur haben.[13] Dem ist aber nicht so: Während sich in unseren Breiten die Gelehrten zur Zeit der kolonialen Expansion darüber stritten, ob Indianer eine Seele haben und also menschliche Wesen sind, überprüften gleichzeitig die Indianer, ob die Missionare Götter oder Lebewesen sind: Sie legten sie ins Wasser, um zu sehen, ob sie sich dort auflösen, denn nur Lebewesen haben wasserlösliche Körper. Zwischen diesen beiden grundsätzlich verschiedenen Konzeptionen gibt es keinen gemeinsamen Grund, höchstens Anlass für einen Dialog.

Doch die „Science Wars" im ausgehenden letzten Jahrhundert sprachen noch eine ganz andere Sprache, und Latour war einer ihrer Hauptprotagonisten und Zielscheibe zugleich. Als der Mathematiker Alan Sokal in einer Cultural Studies-Zeitschrift einen gefakten Artikel unterbrachte, in dem er die Sprache der Postmodernen parodierte, ging es um einen Frontalangriff auf die wahllos postmodern oder Konstruktivisten genannten Gegner, mit Latour als ihrem exemplarischen Vertreter. Es ging hier um weit mehr als nur ein Scharmützel zwischen Wissenschaftlern, es ging auch um die Vormachtstellung der so genannten exakten Wissenschaften in der Wissenslandschaft, um Verteilung der Forschungsgelder und um Positionen.

Der Vorwurf an die Konstruktivisten, sie würden wissenschaftliche Fakten für konstruiert und damit nicht für wahr halten, ist im Nachhinein mehr als verwirrend. Latour führt in *Reassembling the Social* (2005a) einleuchtend aus, dass alle stabilen, haltbaren Dinge gut konstruiert sind – Brücken, Häuser, Flugzeuge. Die Übersetzungsleistungen von einem Schritt zum nächsten sind richtig und konsequent. Genauso verhält es sich mit wissenschaftlichen Fakten: Sie sind gut konstruiert, und Latour hat in seinen Forschungen

---

[11] Und hierbei Ulrich Beck mit seiner „reflexiven Moderne" nicht unähnlich ist. Eine kritische Würdigung des Ansatzes von Latour in diesem Zusammenhang findet sich in Kropp (2002).

[12] Ein radikales Beispiel für diese Haltung in Latour (2004) *Krieg der Welten – wie wäre es mit Frieden?* zu den Konsequenzen von 9/11.

[13] Im Anhang zu *Parlament der Dinge* findet sich ein Glossar mit Neudefinitionen herkömmlicher Begriffe oder Definitionen solcher Neologismen, die Latour immer wieder austestet.

Bruno Latour: Making Things Public 605

genau dieses gezeigt. Der Nachweis der lückenlosen Übersetzungsleistungen in der Konstruktion von wissenschaftlichen Fakten ist somit alles andere als der Nachweis, dass sie „nur sozial" oder „nur kulturell" seien, sondern er ist eine besondere Form der Anerkennung.

Dennoch kam Latour in diesen Auseinandersetzungen in eine ungemütliche Verteidigungsposition, wie er es in der Einleitung zu *Die Hoffnung der Pandora* (2000) darstellt. Ein Wissenschaftler fragt ihn besorgt, ob er an die Realität glaube. Die Antwort ist schwierig: Lautet sie ja, dann steht er auf der Seite der Naturwissenschaften bzw. derjenigen, die glauben, dass es dort eine Realität oder Fakten gäbe, die „entdeckt" werden. Sagt er nein, steht er als Spinner dar oder als einer derjenigen Postmodernen, die letztlich alle Fakten für dekonstruierbar und auf irgendeine Weise damit als nur sozial oder nicht-existent darstellen. Latour findet die Antwort in der Formulierung, dass er einen „realistischen Realismus" vertrete, also einem Ja unter seinen Bedingungen. Das Problem, wie Stadler (2000: 1f.) es ausformuliert, besteht darin, dass beide Seiten eine Kluft zwischen der Sprache und der Welt annehmen. Sowohl die Vertreter der Moderne wie diejenigen der Postmoderne sehen diese Kluft zwischen dem kognitiven Subjekt und der Welt da draußen und fragen sich, wie sie überbrückt werden kann. Für die Ersteren ist die Wissenschaft die Brücke, indem sie die Außenwelt enthüllt, für die Letzteren ist alles nur ein Sprachspiel. Für Latour hingegen existiert keine Kluft zwischen uns und der Welt, sondern nur vielfältige Vernetzungen, die es zu entziffern gilt.

Die Wogen haben sich in mancherlei Hinsicht etwas geglättet. Die „Science & Technology Studies" haben die Wissenslandschaft nachhaltig verändert, die Zahl der Veröffentlichungen wächst genauso wie die der Kongresse und anderer Aktivitäten. Vor allem aber ist es die Wahrnehmung der Probleme, die sich geändert hat. Die Actor-Network-Theory ist ausdrücklich interdisziplinär angelegt, und anstatt von „science wars" mögen sich viele einen „realistischen Realismus" wünschen.

Methodologie

Wer in den neunziger Jahren über die jeweils einzelnen Monographien und Artikel hinaus herausfinden wollte, worum es sich genau bei der „Actor-Network-Theory" handelte, fand sich oft auf verlorenem Posten. Das lag an der Unterschiedlichkeit der Forschungen und auch der Forschungsrichtungen, der stürmischen Entwicklung und der gleichzeitigen Verteidigung gegen das Sperrfeuer der Gegner. Wer sich hier zurechtfinden wollte, musste entweder selbst zum Club gehören oder gute Nerven haben. Ein gutes Beispiel ist hierfür der von John Law und John Hassard unternommene Versuch, den Stand der Dinge über *Actor Network Theory and After* (1999) in einem Sammelband zu beschreiben: Eine Vielzahl von namhaften Autoren berichten über ihre Projekte, allerdings fast ausnahmslos in einem unzugänglichen Insider-Stil.[14]

Im Jahr 2005 legte Latour (endlich) eine grundsätzliche Einführung in die Actor-Network-Theory vor, die bisheriges zusammenfasst und auf den Punkt bringt. Der Titel des Buches lautet *Reassembling the Social* (2005a)[15], und der Weg dahin führt über das Verfolgen von Verbindungen und Vernetzungen. Wie immer leichter gesagt als getan. Das argu-

---

[14]   Eine Kritik, mit der ich nicht allein stehe: siehe Brown/Gross (2002: 384f.).
[15]   Auf deutsch siehe Latour (2007).

mentative Verfahren, das Latour hier anwendet, ist ähnlich dem der natürlichen Tatsachen gegenüber: Die Aussage, dass etwas sozial ist, eine soziale Dimension oder soziale Ursachen hat, ist genauso langweilig und oft falsch wie diejenige, dass etwas natürlich sei. „Social context stinks", wie er den Architekten Rem Kollhaas lapidar zitiert (Latour 2005a: 184).

Gesellschaft wiederum gibt es nicht, da ist er sich mit Maggie Thatcher einig, wenn auch aus ganz anderen Gründen: „There is no such thing as a society". Wo die herkömmliche Soziologie bestimmte gesellschaftliche Aggregate oder Gruppierungen als gegeben ansieht und sie auf ihre sozialen, ökonomischen, politischen, kulturellen etc. Aspekte hin untersucht, müssen diese sozialen Aggregate seiner Meinung nach durch die verschiedenen Verbindungen (associations), die von Politik, Ökonomie, Psychologie, Gesetz, Management usw. bereit gestellt werden, erklärt werden:

> „[…] it is possible to remain faithful to the original intuitions of the social sciences by redefining sociology not as the ‚science‘ of the social, but *as the tracing of associations*. In this meaning the adjective social does not designate a thing among other things, like a black sheep among other white sheep, but *a type of connection* between things that are not themselves social." (Latour 2005a: 5)

Soziologie im Sinne von ANT beschäftigt sich nur mit Situationen, in denen Innovationen eintreten, wenn Grenzziehungen zwischen oder innerhalb von Gruppen unklar werden, wenn neue Akteure das Spielfeld betreten – eben mit solchen Situationen, wo seiner Meinung nach die herkömmliche Soziologie nichts mehr zu sagen weiß. Ein neuer Impfstoff gegen die Vogelgrippe, eine neue interdisziplinäre Stellenausschreibung, eine neue Linkspartei, eine neue Katastrophe in New Orleans oder Pakistan: Jedesmal muss neu ausgelotet werden, was durcheinandergekommen ist, was sich verändert hat, wir müssen erst wieder herausfinden, was „wir" eigentlich ist. Die Aufgabe der Soziologie (oder von ANT) ist es, genau diesen Prozess des „reassembling" in allen Einzelheiten zu verfolgen und das Design der neuen Versammlungen herauszufinden. Der Begriff „sozial" ist somit nun zum einen stark eingeschränkt auf genau diese Aufgabe und zum anderen viel weiter, weil „sozial" nicht mehr eine Kategorie unter anderen ist, sondern genau dieses Vernetzen bezeichnet.

Das hat auch Folgen für die Rolle der Informanten, denen die Soziologie ihr Wissen verdankt: Sie liefern nicht länger nur mehr Rohstoff für die soziologischen Ausführungen, sondern sie werden selbst zu Experten, denen der Soziologe folgt. Das Untersuchungsobjekt wird handlungsfähig, kann Situationen überraschende, nicht vorhersagbare Wendungen geben, neue Verbindungen eingehen. Die Informanten werden ermächtigt, selbst Theorien ihres Handelns und was sie unter sozial verstehen aufzustellen. Herkömmliche Soziologie ist immer dann gut, wenn etwas schon stabil und versammelt ist. Doch in innovativen Situationen geht es nicht darum, die Akteure darüber zu belehren, wer sie sind und was sie idealerweise zu tun hätten, oder ihnen in ihrer blinden Praxis Reflexivität beizubringen. Vielmehr lautet der Schlachtruf „Follow the actors", ihren wilden Manövern, Innovationen und Aktionen, wenn sie neue Kollektive um sich versammeln. Wie haben sie das gemacht, welche Methoden haben sie angewandt, damit die neuen Verbindungen stabilisiert werden?

Im Zentrum der Beobachtung steht nicht eine soziale Einheit, sondern ein Kollektiv, ein Netzwerk. Ein Netzwerk wiederum ist dann nicht mehr irgendetwas da draußen, das durch Linien und Punkte miteinander verbunden ist, so wie ein Kanalisations-, Telefonoder Autobahnnetz, sondern es ist ein Indikator dafür, wie gut und wie objektiv der Text des Soziologen ist. Der Soziologe, so Latour, verfasst Berichte, die auf einem systemati-

Bruno Latour: Making Things Public

schen Notieren bestehen. Ein Text ist dann dicht und gut, wenn jedem der einzelnen (menschlichen wie nicht-menschlichen) Akteure Handlungsspielräume zur Verfügung stehen, das Netzwerk neu zu weben, zu verändern, wenn neue Konstellationen möglich sind und neue Akteure hinzukommen können. Netzwerke basieren auf einem radikalen Relativismus, was nichts anderes bedeutet, als alle Relationen aufzuzeigen. Latours Auslegung der Soziologie zeigt eine deutliche Affinität zur Ethnomethodologie (die er des öfteren nennt) und zur „multi-sited ethnography"[16] (die er nicht nennt).

Das Buch beginnt mit einem Comic aus den Peanuts: Ein vorwitziger Junge doziert vor einem Mädchen in der Schulbank hinter ihm: „In the sixth chapter of the probverbs, it says: ‚Go to the Ant, thou sluggard...consider her ways, and be wise‘",worauf das Mädchen antwortet: „I tried that...the Ant didn't know the answer, either..."

Die ANTs wissen die Antwort wirklich nicht, es ist die exakte Methode, die sie anzubieten haben. Methode wird zu Epistemologie. Der Soziologe macht Notizen und schreibt einen Text. Die ganze Kunst von ANT, und da unterscheidet sie sich nicht von der Naturwissenschaft, liegt in der Exaktheit der Beobachtung und ihrer Niederschrift. Dem „Writing down of risky accounts" widmet Latour ein ganzes Kapitel, indem er akribisch das Führen eines, genauer: mehrerer Notebooks zugleich beschreibt. Gut ist ein Text dann, wenn ein neuer interessanter Akteur eingeführt wird, eine überraschende Wendung eingetreten ist, sich eine neue Möglichkeit eröffnet, genau wie in einem naturwissenschaftlichen Text.

In einem fiktiven platonischen Dialog unterhält sich Latour mit einem Doktoranden, der zu ihm geschickt wurde, da vielleicht ANT einen guten Rahmen, eine gute Theorie für seine Forschung abgeben würde. Der Professor muss leider verneinen: ANT taugt nicht als Rahmen. In einem strengen und gleichzeitig amüsanten Dialog versucht der Professor zu vermitteln, dass entweder das Material gut ist, dann können die Aufzeichnungen aufgeschrieben werden, oder die Forschung selbst taugt nichts. Einen Rahmen oder eine Theorie braucht man nur, wenn das Material schlecht ist. Und wann und wo aufhören? fragt der geplagte Student. 50 000 Wörter, meint der Professor, oder wieviel vom Doktorvater verlangt wird. Das ist doch eine klare Vorgabe. Wie für diese Einführung in das Werk Latours: 15-18 Seiten.

Making Things Public: Atmospheres of Democracy

Die eingangs zitierte Lüge von Powell vor der UNO war ein Ausgangspunkt der Ausstellung „Making Things Public. Atmospheres of Democracy" 2005 in Karlsruhe. Die Hinwendung zu einer „Dingpolitik", die der Austellung als Motto zugrunde liegt, verdankt sich auch der Abscheu vor der gegenwärtigen politischen Praxis in vielen Teilen der Welt. Der Fall Powell ist deshalb exemplarisch, weil hier eine Versammlung an einem hufeisenförmigen Tisch, durch die vermeintliche Existenz eines (Gift-)Gases zusammengebracht, eine daraus resultierende Kontroverse zu schließen gedachte. Vordergründig (und zu Recht) bestand der Skandal darin, dass die Beweisführung selbst nicht alle Möglichkeiten (z. B.

---

[16] Siehe Marcus (1998), der einen vergleichbaren, allerdings explizit ethnographischen Ansatz verfolgt: „Multi-sited research is designed around chains, paths, threads, conjunctions, or juxtapositions of locations in which the ethnographer establishes some form of literal, physical presence with an explicit, posited logic of association or connection among sites that in fact defines the argument of the ethnography." (Marcus 1998: 90)

die Blix-Protokolle) berücksichtigte und letztlich die Entscheidung durch Lüge und bloße Macht herbeigeführt wurde. Doch Latour zitiert in der Einleitung zum Ausstellungskatalog Powell selbst, wie dieser betonte, Fakten und keine Vermutungen vorzulegen. In dieser falschen Opposition liegt der zweite, für Latours Argumentation noch wichtigere Skandal: Als ob öffentliche Angelegenheiten durch Fakten entschieden werden könnten, als ob Fakten nicht auch nur mehr oder weniger gut konstruiert sind. Latour fordert hier Vertrauen in eine neue Eloquenz, eine Rhetorik, die immer ihre Mängel hat, aber auf „Prothesen" zurückgreifen kann. Nur so können Kontroversen demokratisch (und vorläufig) beendet werden. „Behinderte aller Länder, vereinigt Euch!"

„Dingpolitik" versteht sich als eine Erweiterung des Bismark'schen Begriffs der Realpolitik, die jenseits von Ideologie und ohne Berufung auf metaphysische Größen sein wollte (und in reiner Machtpolitik endete). Der Begriff „Ding" geht wiederum auf Heidegger zurück, der Dinge etymologisch auf die Thingstätten als Orte der Versammlung zurückführte und sie „im Geviert" zwischen Himmel und Erde, den Göttern und den Sterblichen ansiedelte. Natürlich war Heidegger ein Idiot, wie Rorty im Katalog anmerkt, und bei Latour ist ein Ding nicht in diesem von archaischen Sehnsüchten geprägten Geviert, sondern in einem vielfach verzweigten Netzwerk angesiedelt. Ein Ding ist eine öffentliche Angelegenheit, und die Ausstellung zeigt eine fast unüberschaubare Vielfalt solcher Vernetzungen von menschlichen und nicht-menschlichen Wesen, der Kontroversen, die sie auslösen, und der Versammlungen, die sie zu beenden versuchen. Und auch solche Fälle, wo Menschen sich nicht versammeln wollen, wo sie bestimmte Kontroversen nicht entfachen, ihre Netzwerke stabil halten und neue Dinge nicht hereinlassen (assemble/dissemble). Die Beispiele sind von unterschiedlicher Größenordnung und Bedeutung und aus unterschiedlichen Kulturen. Sie alle bilden zusammen eine Phantomrepublik, in der nationale Parlamente nur ein Versammlungsort von vielen sind. Auch die Besucher der Ausstellung sind Teil dieser Phantomrepublik: Eine aufwendige Installation zeigt anhand ihrer Bewegungen in der Ausstellung, wie wir alle vernetzt sind, auch wenn wir uns gar nicht verbinden oder interessieren (wollen).

Die Frage danach, was „Dingpolitik" bedeutet, ist letztlich auch die Frage danach, wohin die akribische und detailversessene Methode der „Science & Technology Studies" führen soll. Das Programm mag in Teilen unvollständig und ohne tiefergehende Lektüre unverständlich sein, doch an Realismus ist es gegenwärtigen Politikformen kaum unterlegen. Eines der Prunkstücke der Ausstellung in Karlsruhe ist ein aufblasbares Parlament, das nach dem Willen seines Erfinders Sloterdijk von der U.S. Air Force an Brennpunkten wie dem Irak einfach nur abgeworfen werden muss und sich dann wie eine Rettungsinsel aufbläst, und sich sogar nach klimatischen und landesüblichen Traditionen verfärben kann. Ausgehend von dieser Persiflage fragt Latour danach, was es wirklich braucht, um Versammlungen einzuberufen und Kontroversen in einer guten demokratischen Atmosphäre zu beenden. Eine gute Frage, und Latour bietet eine exakte Methode und einen weitreichenden Vorschlag.

Literatur von Bruno Latour

Latour, B.: Les microbes, guerre et paix, suivi de Irréductions. Paris 1984.
Latour, B.: Science in Action. How to Follow Scientists and Engineers through Society. Cambridge, Mass. 1987.

Latour, B.: The Pasteurization of France. Cambridge, Mass. 1988.

Latour, B.: Der Berliner Schlüssel. Erkundigungen eines Liebhabers der Wissenschaften. Berlin 1996a.

Latour, B.: Aramis or the Love of Technology. Cambridge, Mass. 1996b.

Latour, B.: Wir sind nie modern gewesen. Versuch einer symmetrischen Anthropologie. Frankfurt/M. 1998.

Latour, B.: Die Hoffnung der Pandora. Untersuchungen zur Wirklichkeit der Wissenschaft. Frankfurt/M. 2000.

Latour, B.: Das Parlament der Dinge. Für eine politische Ökologie. Frankfurt/M. 2001.

Latour, B.: Jubiler ou les tourments de la parole religieuse. Paris 2002a.

Latour, B.: La fabrique du droit. Une ethnographie du Conseil d'Etat. Paris 2002b.

Latour, B.: Krieg der Welten – wie wäre es mit Frieden? Berlin 2004.

Latour, B.: Eine neue Soziologie für eine neue Gesellschaft.Frankfurt/M. 2007.

Latour, B.: Reassembling the Social. An Introduction to Actor-Network-Theory. Oxford 2005a.

Latour, B.: http://www.ensmp.fr/~latour/ (Datum des letzten Besuchs: 26.11.05), 2005b.

Latour, B./Weibel, P. (Hg.): Making Things Public. Atmospheres of Democracy. Cambridge, Mass. 2005.

Latour, B./Woolgar, S.: Laboratory Life. The Construction of Scientific Facts. Princeton 1979/1986.

Weitere zitierte Literatur

Brown, M./Gross, M.: Eine neue Gesellschaft? Von Kollektiven, Assoziationen und der Repräsentation des Nicht-Menschlichen. In: Soziologische Revue, Jahrgang 25, 2002.

Callon, M.: Some elements of a sociology of translation domestication of the scallops and the fishermen of St. Brieux Bay. In: Law, J. (Hg.): Power, Action and Belief. A New Sociology of Knowledge? Keele: Sociological Review Monograph 1986, S. 196-229.

Degele, N./Simms, T.: Bruno Latour (*1947). Post-Konstruktivismus pur. In: Korta, T. F. et al.(Hg.): Culture Club. Klassiker der Kulturtheorie. Frankfurt/M. 2004, S. 259-276.

Kropp, C.: „Natur" – soziologische Konzepte, politische Konsequenzen. Opladen 2002.

Law, J.: On the Methods of Long-Distance Control Vessels Navigation and the Portuguese Route to India. In: Law, J. (Hg.): Power, Action and Belief. A New Sociology of Knowledge? Keele: Sociological Review Monograph 1986, S. 234-263.

Law, J./Hassard, J. (Hg.): Actor Network Theory and After. Oxford 1986.

Marcus, G. E.: Ethnography through Thick and Thin. Princeton 1998.

Sloterdijk, P.: Sphären III. Schäume. Frankfurt/M. 2004.

Stalder, F.: Beyond constructivism: towards a realistic realism. A review of Bruno Latour's Pandora's Hope. In: The Information Society 16:3, 2000, S. 245-247.

Stehr, N./Storch, H.v.: Klima, Wetter, Mensch. München 1999.

Medien, Kommunikation und Rationalität

Vilém Flusser: Kommunikation und menschliche Existenz

Kai Hochscheid

In seinem Text *Bodenlos. Eine philosophische Biographie* skizziert Flusser das gedankliche Bezugsfeld, in dem sein Denken sich situiert. Wenn es stimmt, was Heidegger gesagt hat, dass jeder Denker nur einen wesentlichen Gedanken hat, den er im Weiteren mit größter Produktivität wiederholt, so wäre dieser Ausspruch auf Flusser angewandt so zu verstehen, dass er immer wieder von dem Motiv der Bodenlosigkeit aus die Frage nach dem Menschen und seinen Ort in der Welt stellt. Bodenlos verbindet Flusser mit dem Wort „absurd", und das bedeutet für ihn „ohne Wurzel" (Flusser 1992: 9). Der Mensch ist nicht von Anfang an verwurzelt mit der Welt. Den Bezug zur Welt muss er herstellen. Es gibt keinen schon im voraus gegebenen Sinn der Welt jenseits des menschlichen Handelns. Das ist eine zunächst zutiefst beunruhigende Situation, in die Flusser den Menschen, sein Denken, sein Handeln und seine Möglichkeit der Orientierung in der Welt stellt. Aber es ist für Flusser zugleich auch die sich für den Menschen immer wieder eröffnende Chance mit Welt gestaltend, verantwortlich und freiheitlich umzugehen. Die Bodenlosigkeit ist zugleich Gefahr und Chance. Sie ist der Grund und die Möglichkeit für die Selbstbestimmung des menschlichen Lebens. Es geht nach Flusser nicht darum, der Grundkonstellation des absurden Lebens zu entgehen, sondern diese Situation anzunehmen und daraus denkend vorwärts zu gehen. Rückhaltlos kritische Beschreibungen unserer gesellschaftlichen Wirklichkeit gehen bei Flusser oft einher mit der Überzeugung, dass man sich aktiv zu der ausweglosen menschlichen Situation stellen und die Welt gestalten kann (vgl. Flusser 1992: 217f; 1994a: 16; 1994b:15; 17).

Das Bodenlose ist auch etwas, mit dem Flusser selbst konfrontiert worden ist. Zumindest zwei Mal in seinem Leben erfährt er eine wesentliche „Entwurzelung", die die Fragilität der menschlichen Existenz und Sinnhaftigkeit des Lebens vorführt. Diese Erfahrung artikuliert sich in der Frage nach Struktur der Beziehung des Menschen zu sich und zur Welt. Sie wird für Flusser über die Tätigkeit der Kommunikation und das daraus sich ergebende Entwerfen von symbolischen Sinngefügen konstituiert.

Eine kurze Biographie

Vilém Flusser wurde 1920 in Prag als Sohn jüdischer Eltern geboren. Er wächst in einem akademischen Haushalt im Prager Schmelztiegel von osteuropäischer (tschechisch), westeuropäischer (Habsburger Monarchie) und jüdischer Kultur auf. Diese Ausgangssituation zwischen den Kulturen zeigt sich auch an seinen zwei Muttersprachen: Tschechisch und Deutsch. Er macht in Prag Abitur und fängt 1938 ein Studium der Philosophie an. Mit dem Einmarsch der Deutschen in die Tschechoslowakei flieht Flusser zusammen mit seiner zukünftigen Frau Edith nach England. Er wird der einzige Überlebende seiner Familie sein. Von England wandern er und seine Frau 1940 nach Brasilien aus, wo er 31 Jahre lebt. Aus der Vernichtung seiner Familie und der Emigration nimmt Flusser die Erfahrung der Zerstörung von grundlegenden Lebenszusammenhängen mit. Er erlebt, das jeglicher Sinnzusammenhang von Welt durch den Menschen hergestellt und durch ihn auch wieder zerstört werden kann. In Sao Paulo angekommen, muss er für sich und seine Familie zuerst den Lebensunterhalt verdienen. Er tritt bei seinem Schwager in eine Import-Exportfirma ein. „Das bedeutete, daß man am Tag Geschäfte trieb und in der Nacht philosophierte." (Flusser 1992: 41) Er fängt früh an, Kontakte zu den brasilianischen Intellektuellen zu suchen. Endlich, 1959, gelingt ihm der Sprung in den universitären Bereich. Er hält Vorlesungen über Wissenschaftstheorie an der Universität von Sao Paulo. 1961 wird er Kritiker und Kolumnist für eine Tageszeitung. Das Exildasein und der dadurch bedingte Umgang mit mehreren Sprachen sind der Grund dafür, dass die Sprache, das Übersetzen als Lebensform und die Kommunikation für ihn zu existentiellen Themen werden (vgl. Rapsch 1990: 13; Guldin, 2005: 8). 1962 wird er Mitglied im Brasilianischen Philosophischen Institut. 1963 erhält er einen Lehrstuhl für Kommunikationsphilosophie an einer Hochschule von Sao Paulo. Es folgen weitere Vorlesungstätigkeiten in Brasilen, den USA und Europa. 1972 muss Flusser seiner Exilheimat nach 31 Jahren der Rücken zukehren. Er kehrt von einer Vortragsreise aus Furcht vor dem Militärregime nicht zurück nach Brasilien und lässt sich 1975 im Süden Frankreichs in Robion nieder. Auch in Frankreich hält er Vorlesungen, Seminare und Vorträge an verschiedenen Universitäten und Hochschulen. Ab 1985 reist er durch die Schweiz und Deutschland, wo er 1991 er eine Gastprofessur an der Ruhr-Universität Bochum erhält. Am 27 November 1991 stirbt Vilém Flusser bei einem Autounfall. Einen Tag zuvor hatte er, das erste Mal nach seiner Flucht aus der Tschechoslowakei, wieder Prag besucht und dort am Goetheinstitut einen Vortrag gehalten.

Das Absurde Leben

Wie alles Leben, so ist auch der Mensch eine vergängliche Figur. All sein Trachten, all sein Handeln und sein Sehnen enden mit seinem Tod. Und dieser unweigerliche Moment des Lebens führt für Flusser dazu, das Leben als in sich haltlos zu betrachten. Der Mensch ist zunächst verurteilt zum Tode. Der Tod ist in Bezug auf das menschliche Leben der absolute Herr und Meister. Er zersetzt alle gestaltende Aktivität des Menschen, weil er jegliches Streben des Menschen von seiner Vergänglichkeit her nivelliert. Ähnlich wie das Planetensystem, in dem Merkur und Venus ständig um die Sonne kreisen, wiederholt sich das menschliche Handeln, ohne irgendwo hinzuführen. Es ist eine „sinnlose Kreisbewegung mit dem Nichts als Hintergrund" (Flusser 1992: 9).

Der Tod verurteilt den Menschen zu einem existentiell einsamen Dasein. Denn der Tod wird immer alleine und für sich erfahren. Insofern muss für Flusser das Diktum von Aristoteles, dass der Mensch ein gesellschaftliches, sprich politisches Wesen ist, vom Standpunkt des bodenlosen und absurden Lebens reinterpretiert werden. Der Mensch ist ein gesellschaftliches Wesen, weil er sonst den je eigenen, einsamen Tod vor Augen hat (vgl. Flusser 2003: 10). Um der Erfahrung der fundamentalen Sinnlosigkeit des Lebens zu entgehen, wendet er sich anderen Menschen zu. Diese Hinwendung zu anderen Menschen ist für Flusser der Akt einer Über-setzung (über den Abgrund der Sinnlosigkeit) und der Kommunikation. Die Kommunikation ist ein Trick des Menschen, damit er die grundlegende Sinnlosigkeit des Lebens vergessen und der brutalen Einsicht des Absurden auswei-

Vilém Flusser: Kommunikation und menschliche Existenz

chen kann. Sie ist nicht primär ein Werkzeug, das in Bezug auf einen Informationsaustausch analysiert und verstanden wird, sondern eine anthropologische und existentielle Grundkategorie. Deshalb sind Flussers Ausführungen auch nicht im Sinne einer klassischen Kommunikationstheorie zu verstehen. Seine Untersuchungen zur menschlichen Kommunikation analysieren vielmehr die existentielle Situation des Menschen.

Erst anhand der Handlung der Kommunikation konstituiert sich das spezifisch Menschliche im Unterschied zum Tier. Der Mensch ist ein kommunikationsbegabtes Tier (vgl. Flusser 2003: 74). Die Erfahrung der fundamentalen Haltlosigkeit konstituiert für Flusser das charakteristische der menschlichen Existenz. Dabei legt Flusser die Existenz vom Lateinischen *eksistere* ausgehen als *ek-sistere* aus. Der Mensch ist fundamental geprägt durch ein Außerhalb-Stehen (vgl. Flusser 1996: 76). Er steht außerhalb jeder Sinnordnung und damit außerhalb von Welt, insofern er zuallererst eine Sinnordnung und damit eine „Welt" erschaffen muss. Zugleich steht er in der Welt, sofern Welt in Hinblick auf den Menschen immer eine Sinnordnung ist. Der Mensch ist also in dem Zwischenraum zwischen Sinnlosigkeit und Sinnordnung situiert. Und dieser Zwischen-Raum ist der Ort, an dem die Kommunikation auch als Über-setzen ins Spiel kommt. Der Mensch muss immer eine Brücke bauen oder schlagen zwischen Sinnlosigkeit und (erschaffenen) Sinn. Mit dem Außerhalb-Stehen verbindet Flusser Motive, die in verschiedener Art auch in der Existenzphilosophie zum Ausdruck gebracht werden. Der Mensch lebt in einer Welt, die nur durch sein Handeln mit Sinn erfüllt wird. Er ist verurteilt, Sinn zu schaffen, wenn er als menschliches Wesen in der Welt bestehen will. Er ist in eine Welt geworfen, darin zum Handeln verurteilt und entwickelt daraus selbsttätig Sinngefüge und Ordnungsgefüge, die ihm die Welt bedeuten. Und weil der Mensch ein endliches Wesen ist, ist sein Leben bestimmt durch diese Endlichkeit; er ist nicht nur zum Handeln und entwerfen verurteilt, sondern auch zum Tode. Dies sind die Parameter seiner Existenz.

Kommunikation. Dialoge und Diskurse

Für Flusser geschieht die menschliche Kommunikation also mit der Absicht, das absurde Leben auszuhalten, indem die existentielle Situation der Sinnlosigkeit und die bevorstehenden Unausweichlichkeit des Todes durch den Akt der Kommunikation kaschiert und vergessen werden. Das geschieht, indem der Mensch ein dichtes Netz an Kommunikation spinnt. Dafür müssen Sinn und Wissen, sprich Informationen hervorgebracht und in Umlauf gehalten werden. Flusser begreift daher die Kommunikation als einen menschlich hervorgebrachten Prozess, der zwei Momente miteinander verbindet: Zum einen sollen menschliche Informationen gespeichert werden. Zum anderen sollen durch Kommunikation neuen Informationen (neuer Sinn, neues Wissen) hergestellt werden. Speicherung und Herstellung sind somit zwei grundlegende Momente menschlicher Kommunikation.

Um diese beiden Momente darzulegen und aufzuzeigen, wie sie sich miteinander verflechten, ordnet Flusser die Momente der Herstellung und Speicherung schematisch zwei Strukturen zu: Dialog und Diskurs (vgl. zum Folgenden Flusser 2003: 16-74; Flusser 1992: 99f.). Der Dialog eröffnet die Möglichkeit der Herstellung von neuen Wissen und Information. Er stellt eine Form bereit, durch die ein wechselseitiger Austausch von Informationen mit anderen konstituiert werden kann und damit die Möglichkeit gegeben wird, neue Informationen aus bereits vorhandenen herzustellen (Flusser nennt dies synthetisieren). Der

Diskurs gibt dem Menschen die Möglichkeit, erworbene und vorhandene Informationen in spezifische Ordnungssysteme einzuordnen (z.B. in wissenschaftliche Diskurse, in politische Diskurse, in gesellschaftliche Diskurse, moralische Diskurse oder in Familiendiskurse usw.). Auf diese Weise werden die vorhandenen Informationen gespeichert. Keine der beiden Strukturen kann jedoch ohne die andere sein. Damit eine Herstellung von neuen Informationen möglich ist, müssen bereits Informationen vorhanden sein. Und damit Informationen vorhanden sind, müssen sie irgendwann hergestellt worden sein. Die wechselseitige Implikation von Dialog und Diskurs relativiert so die starre strukturelle Unterscheidung. Doch in Bezug auf die konkrete Situation des Menschen und sein Handeln ist sie dennoch von Wichtigkeit. Denn es macht in der Erfahrung einen Unterschied, ob man Informationen vom Standpunkt des Diskurses oder des Dialogs begegnet. Ein Wissen hervorbringen oder herstellen verbindet sich mit einer anderen Einstellung und Handlung als ein Wissen aufzunehmen und zu speichern (vgl. Flusser 2003: 17.).

Die schematische Darlegung menschlicher Kommunikation anhand von Dialog und Diskurs ermöglichen Flusser einen ersten Schritt in der Analyse der Art, wie der Mensch sich eine sinnvolle Welt aufbaut. Diskurse und Dialoge sind Strukturen, die die Herstellung und Speicherung von Informationen (Sinn, Wissen) ermöglichen. Der nächste Schritt ist, zu analysieren, wie Informationen in unterschiedlicher Weise als Symbole in Codes zusammengefügt werden, so dass der Mensch in einen intersubjektiven Austausch mit anderen treten und die Welt mit einem Teppich von Sinnordnungen bedecken kann.

Kommunikation. Symbole und Codes

Flussers bestimmt das Phänomen der Kommunikation vom Standpunkt der Humanwissenschaften aus. Er setzt damit explizit seine Analyse der Kommunikation von einer naturwissenschaftlichen Sichtweise ab, wie sie etwa in der Kybernetik und Informatik dargelegt werden (vgl. Flusser 2003: 10ff.). Für ihn sind die Naturwissenschaften erklärende Wissenschaften, insofern sie die Ursachen der Phänomene analysieren. Humanwissenschaften hingegen interpretieren, weil sie die Phänomene auf der Ebene der Bedeutung bearbeiten. Das Bewusstsein für diese methodologische Unterscheidung führt für Flusser zu der Einsicht, dass die naturwissenschaftliche und die humanwissenschaftliche Auslegung der Kommunikation auf zwei unterschiedliche Phänomene zielt. Deshalb stehen sie auch nicht im Widerspruch zueinander. Vom naturwissenschaftlichen Standpunkt ist die Kommunikation ein natürlicher Vorgang, der gemäß einer objektiven Erläuterung der Ursachen erklärt werden muss. Der humanwissenschaftliche Standpunkt nimmt einen kulturellen Standpunkt ein und sieht in der Kommunikation einen intersubjektiven Vorgang, der mit Bedeutungen arbeitet. Weil es Flusser um die Bedeutung der Kommunikation für den Menschen geht, ist seine Herangehensweise nach eigenen Aussagen eine humanwissenschaftliche und spezifischer versteht er seine Vorgehensweise als eine phänomenologische.

Die Kommunikation beruht auf einem Akt der Konvention, der mit einem Moment des Handelns verbunden ist, durch das Entscheidungen hervorgebracht und transportiert werden sowie Verantwortung übernommen wird bzw. zugewiesen werden kann. Damit ist die Kommunikation ein Akt sinnerzeugender Intersubjektivität und ein Phänomen der Freiheit. (vgl. Flusser 2003: 13; 15; 75.). Die Kommunikation arbeitet mit Codes und Symbolen, die vom Menschen mit Absicht erzeugt werden. Es sind Werkzeuge der Sinngebung. Dadurch wird eine Sinn-Ordnung (Welt) hergestellt und Kontakt zu anderen Menschen aufgebaut.

Flusser unterscheidet zwischen Symbolen und den Ordnungen von Symbolen. Symbole sind Phänomene, die durch Übereinkunft andere Phänomene bedeuten. Das Wort „Buch" als Phänomen be-deutet das Phänomen aus Papier, Tinte usw. Für Flusser kann jedes Phänomen zu einem Symbol werden, sofern es auf ein anderes Phänomen verweist. Was also ein Phänomen zu einem Symbol werden lässt ist letztendlich seine Handhabung durch den Menschen. Durch Konvention wird es verwendet, um auf ein anderes Phänomen zu verweisen.

Die Symbole sind einzelne Phänomene, die auf andere Phänomene verweisen. Damit mehrere Menschen die gleichen Symbole so verwenden, dass ein geregelter Austausch von Symbolen (von Informationen) stattfinden kann und jeder weiß, was der andere meint, werden die Symbole in geordnete Systeme zusammengefasst. Ein systematisch geordnetes Heer von Symbolen stellt einen Code dar, der einen intersubjektiven, geordneten Austausch von Symbolen ermöglicht. Der Mensch bedeckt die unbedeutende Welt mit einem Teppich von symbolischen Codes, die die Welt zu einem bedeutsamen Phänomen machen. Dabei sind für Flusser nur auf Konvention beruhende und vom Menschen künstlich erzeugte Ordnungssysteme als Codes zu verstehen. Der genetische Code wird von Flusser daher nicht in den Bereich des Künstlichen und Kulturellen verortet. Denn er ist für ihn kein Phänomen der menschlichen Kommunikation. Er ist im Bereich der Biologie und damit der Naturwissenschaft einzuordnen (vgl. Flusser 2003: 74f.).

Was hierbei sofort ins Auge springt sind die beiden Unterteilung in Natur und Kultur sowie Humanwissenschaft und Naturwissenschaft. Wichtig ist hierbei, dass Flusser die Unterteilung zwischen Natur und Kultur und zwischen Naturwissenschaft und Humanwissenschaft nicht auf einer ontologischen oder erkenntnistheoretischen Voraussetzung stützt, womit einem kruden Dualismus das Wort geredet wäre. Sondern die Aufteilung schreibt sich von einer methodologischen Reflexion her. Ob etwas Natur oder Kultur ist, das entscheidet sich durch die Perspektive (naturwissenschaftliche oder humanwissenschaftliche), die man gegenüber einem Phänomen einnimmt (vgl. Flusser 2003: 11ff.). Daraus ergibt sich eine methodologische Perspektivierung, die die Konstitution der Phänomene bestimmt.

Drei Stufen in der westlichen Kulturentwicklung

Mit dem Zusammenspiel von Diskursen und Dialogen sowie Symbolen und Codes erhält Flusser einen zweifachen Ansatzpunkt, um die Kultur der westlichen Welt zu analysieren und verschiedene Konsequenzen für die Gesellschaft in der abendländischen Kultur darzulegen. Er analysiert demokratische, entpolitisierte und totalitäre Formen innerhalb der Gesellschaft, die Möglichkeiten ihres Auftauchens und ihre funktionalen Dynamiken (vgl. Flusser 2003: 34ff). Auf diese Weise gerät die kulturelle Entwicklung des Menschen und sein Selbstverständnis in der westlichen Zivilisation in den Blick. Diese Analyse erlaubt sowohl eine anthropologische Verortung als auch eine Auseinandersetzung mit unterschiedlichen Formen der Kultur und ihren Transformationen, so dass Flusser eine Geschichte des Werdens der Kultur erzählen kann.

Symbolische Codes sind für Flusser keine neutralen Medien, die einen immergleichen Inhalt (ein und denselben Gegenstand der Erkenntnis) neutral kommunizieren. Sondern es werden unterschiedliche Symbolordnungen konstituiert, mit deren Hilfe eine jeweils spezifisch bedeutsame Welt entworfen wird. Ändert sich die symbolische Ordnung, so ändert sich das menschliche Verständnis von Welt und zugleich auch sein Selbstverständnis. Mit den Symbolen und den Codes wird sowohl eine epistemologische, ontologische als auch Sinn konstituierende Grundausgerichtetheit gegeben. Die spezifische Struktur eines Codes entscheidet wesentlich, wie Welt entworfen, verstanden und beurteilt wird. Sie beeinflusst maßgeblich, was überhaupt als Welt denkbar ist und den Modus des Umgehens mit Welt. Das Wie (wie symbolisiere ich die Welt) bestimmt für Flusser in diesem Zusammenhang das Was (was Welt ist) (vgl. Flusser 2003: 81f.). Die Voreinstellung, die durch jeden Code geschieht, nennt Flusser im Hinblick auf das jeweils dadurch präformierte und beeinflusste Bewusstsein Programmierung. Kein Mensch, der in einem bestimmten Sinnuniversum und damit in einen bestimmten Code lebt, kann der Programmierung durch einen Code entgehen. Welt entfaltet sich in den Bahnungen bestimmter Symbolordnungen, die ihm die Welt bedeuten, wodurch er auf eine bestimmte Welt „geeicht" wird. Eine bedeutungslose Welt kann der Mensch weder epistemologisch begreifen noch existentiell aushalten. Welt ist das, was der Mensch im Akt der Kommunikation immer schon als Sinnentwurf hergestellt haben wird. Anders kann er sich nicht zu Welt verhalten, verliert sein Handeln jegliche Möglichkeit der Orientierung. Deshalb gibt es für den Menschen kein Außerhalb des Codes. Wohl aber kann der Mensch außerhalb der Welt stehen, insofern ein Code als nicht verstehbar oder als sinnlos aufgefasst werden kann. Etwa wenn die Zusammenhänge und Formen der Sinnkonstitution eines spezifischen Codes nicht mehr nachvollziehbar sind.

Die Bestimmung des Menschen auf der Grundlage seiner Kommunikationsstrukturen ermöglicht Flusser eine Analyse, bei der eine Abfolge verschiedener Codestrukturen eine menschliche Kulturgeschichte konstituiert. Verschiedene Arten, die Welt symbolisch zu erfassen und darzustellen, konstituieren unterschiedliche Stufen der menschlichen Entwicklung im Zusammenhang der westlichen Kultur (vgl. Flusser 1993: 70f; 74ff; 2003: 83ff.).

Flusser unterteilt die Kulturgeschichte in drei Stufen. Die erste Stufe wird als vorgeschichtliche Kultur beschrieben. Die Zweite Stufe ist die Geschichte im engeren Sinn. Die dritte Stufe wird als Nachgeschichte diagnostiziert, die die heutige gesellschaftliche Situation bestimmt. Ausgehend von dieser gegenwärtigen Situation kommt Flusser auf das Denken der Krise in der westlichen Kultur.

Die vorgeschichtliche Stufe in der westlichen Zivilisation der Menschheit bezeichnet Flusser als magische und mythische Gesellschaft. Dies ist die Welt, die durch Bilder repräsentiert wird. Sie spielt sich nach Flusser etwa zwischen 4000 und 1500 v. Chr. ab. Die Bilder sind aber nicht einfache Abbildungen einer Welt. Denn dies hieße, dass die Natur schon bedeutsam ist *vor* jeder Repräsentation. Die Bilder verweisen auf bestimmte vierdimensionale Verhältnisse raum-zeitlicher Wirklichkeit, die sie im zweidimensionalen Medium der Fläche szenisch darstellen (vgl. Flusser, 2003: 88; 111ff.). Die Bilder stellen nicht eine Welt, wie sie an sich ist, in einer bildlichen Form dar. Sie repräsentieren die raumzeitlichen Beziehungsgefüge nicht durch Ähnlichkeit, sondern legen durch Übereinkunft das Beziehungsgefüge der raum-zeitlichen Wirklichkeit schematisch zweidimensional dar. Durch die Bilder verschafft der Mensch sich eine Orientierung in der Welt, die als Ordnungsstruktur zugleich Welt ist.

Der Übergang von der einen Kulturstufe zur nächsten geschieht für Flusser, weil ab einem bestimmten Zeitpunkt die Codierung der Welt durch Bilder ihre Macht verliert. Die Vermittlungsarbeit des Codes zwischen Welt und Existenz (Natur und Mensch) ist gestört und gibt dem Menschen keine adäquate Orientierung in der Welt mehr.

Die Welt der Bildercodes verliert ihre Autorität als Vermittlungsleistung zwischen Natur und Mensch (vgl. Flusser, 1993b: 66f; 2003: 107). Aus dieser Krise der Bildercodes bildet sich für Flusser die nächste Stufe der Kulturgeschichte heraus. Es ist die Geschichte im engeren Sinne, die sich für ihn von 1500 v. Chr. bis 1900 n. Chr. erstreckt. In dieser Zeit bildet sich der alphabetisch-numerische Code aus, der eine „neue" Welt konstituiert (vgl. Flusser, 2003: 89ff). Der alphabetisch-numerische Code ist linear strukturiert und nicht mehr szenisch. Erst durch die Struktur der Linearität, die eine Abfolge zu denken möglich macht, ist Geschichte im engeren Sinn denkbar. Der alphabetisch-numerische Code ist zudem ein sehr abstrakter Code. Er entfaltet sich in einer begrifflich-semantischen Form, die einen Übergang von einem vorstellenden (magisch-mythische Welt) zu einem begrifflich erklärenden Erfassen von Welt (Geschichte) erlaubt (vgl. Flusser 1993a: 9ff). Das Selbstverständnis des Menschen ist nicht mehr bildlich, sondern begrifflich-semantisch. Aber ebenso wie der bildliche Code sich nicht auf eine Welt an sich bezieht, bezieht sich der alphabetisch-numerische Code für Flusser nicht auf die Welt „an sich". Wenn der Bildercode schon die Vermittlung oder das Entwerfen einer Welt darstellt, so ist der alphabethisch-numerische Code eine weitere Vermittlung. Er bezieht sich auf den vorangegangenen Bildercode der mythisch-magischen Welt, den er erklärt und dadurch neuen Sinn generiert (vgl. Flusser 1993a: 107f).

Die Gegenwart ist noch geprägt von dem alphabetisch-numerischen Code und seinen linearen Denkstrukturen. Doch kündigt sich ein weiterer kultureller Umbruch an. Dieser Umbruch schreibt sich für Flusser bereits aus dem 19. Jahrhundert mit der Erfindung der Fotografie her. Heute kommen Fernsehen, Video und Computerbilder dazu. Es ist die Kommunikation durch den Code der Technobilder. Ebenso wie die alphabetisch-numerische Ordnung von Welt auf den Code der Bilderwelt aufbaut, so baut die Technobilderwelt auf die alphabetisch-numerisch Ordnung der Welt auf. Dabei ist der Code der Technobilder für Flusser ein postalphabetischer (vgl. Flusser 1993a: 74).

Technobilder bilden nicht einfach eine Welt ab – ebenso wenig wie vorher der szenische Bildercode. Was den Code der Technobilder gegenüber den bildlich-mythischen Code auszeichnet ist nicht, dass sie technisch hergestellt werden, sondern dass sie ein begriffliches Denken in ein bedeutendes Bild übersetzen. Es ist nicht eine einfache bildliche Darstellung von Begriffen (und damit eine Rückkehr zu dem mythisch-bildlichen Code), sondern ein bedeutendes Bild eines Begriffs. Techno-Bilder sind sie insofern, da sie Begriffe durch Bildpunkte (Pixel) übersetzen und damit auf der digitalen Basis von Null/Eins operierend Sinn generieren.

So entsteht für Flusser eine Reihenfolge von Kultur entwerfenden Codes, die Welt bedeuten. Zuerst sind es die magischen Bilder, die Welt konstituieren. Die szenischen Bildercodes (z.B. Mythen) werden irgendwann unverständlich, so dass sie durch eine linear-numerische Textkultur ersetzt werden. Das geschieht, indem die Bilder in die linear-numerische Ordnung der Begriffe übersetzt werden. In der Folge werden die Texterklärungsmodelle zunehmend unverständlich, weil der Mensch in seinem Lebensvollzug sich in dieser Form der symbolischen Ordnung nicht mehr wiederfindet. Der numerische Code muss erneut übersetzt werden, damit der Mensch sich in der Welt wieder verorten kann. Er muss in eine neue symbolische Ordnung, die die Welt *ist*, über-setzen. Dies geschieht durch den Versuch der Technobilder (vgl. zur schematischen Darlegung der stufenweise Abfolge der unterschiedlichen Codes Flusser 2003: 103; 107).

In der gesamten Darlegung des kulturellen Prozesses muss bedacht werden, dass Flusser aus einer phänomenologischen Perspektive der Bedeutung und der Sinngebung operiert und nicht aus der Perspektive naturwissenschaftlicher kausal-logischer Erklärungsmodelle. Behält man diesen Unterschied im Auge, so wird deutlich, dass mit dem Übergang von der linearen alphabetisch-numerischen Code zu den Technobildern eine wesentliche kulturelle Umwälzung sich ankündigt, die auch für das Selbstverständnis des Menschen grundlegende Bedeutung hat. Flusser spricht deshalb von einer ontologischen Revolution, denn es geht um das Selbst des Menschen (vgl. Flusser, 2003: 98). Die Revolution zeigt sich auch in der Veränderung der Darstellung der raum-zeitlichen Wirklichkeit von Code zu Code. Die zweidimensionale Welt der Bildercodes wird in der alphabetisch-numerischen Codewelt in der linearen Ausrichtung eindimensional. In der Welt der Technobilder wird eine Nulldimensionalität konstituiert (vgl. Flusser 1994b:15f). Denn durch den Null/Eins-Code der Computer werden Technobilder gemäß Bits und Bytes als eine Komposition von Punkten von Flusser verstanden. Punkte habe aber keine Ausdehnung. Technobilder be-deuten die Welt in einer fundamental anderen Form als der alphabetisch-numerische Code, indem sie die begriffliche Erfassung der Welt in komponierte (Punkt-)Bilder über-setzen. Was dabei für Flusser zum Vorschein kommt, ist eine neue Möglichkeit der Ordnung des Denkens und der Kommunikation (vgl. Flusser 2003: 175).

Die neue Kodierung der Welt durch Technobilder stiftet die Möglichkeit, ein Denken von vernetzten Punkten und flächigen Geweben zu entwerfen. Das Denken muss sich nicht mehr in einer prädeterminierten linearen Abfolge von einem Element zum nächsten einengen lassen, sondern kann sich in nicht vorher bestimmten Flächen kollageartig entfalten und ein Gewebe von unterschiedlichen Sinn- bzw. Informationsfäden konstituieren. Nicht die kausale und lineare Logik ist hierbei bindend und konstitutiv, sondern das Spiel. Für Flusser ist dies ein „Sprung aus dem linear historischen Bewußtsein in ein kybernetisches, sinngebendes, spielerisches Bewußtsein" (Flusser 1989: 85).

Ein wesentliches Merkmal bei Flussers Darlegung der Abfolge der kulturellen Kodifizierungen von Welt ist, dass die drei aufeinander aufbauenden Kulturentwürfe jeweils mit einer tiefgreifenden Veränderung des paradigmatischen Rahmens, durch den so etwas wie Welt als ein Sinnzusammenhang konstituiert wird, einhergehen. Vom bildlich-szenischen zu einem linear-kausalen Denken und weiter zu einem collageartigen, vernetzten Flächendenken. Dabei besitzt die Abfolge der unterschiedlichen Kulturentwürfe eine schon fast hegelianische Struktur. Jede Stufe wird mitgenommen und in die nächst höhere integriert. Und jedes Mal findet sich nicht nur der Mensch in einer anderen Welt qua anderm Code, sondern er selbst verändert sich in seinem Selbstverständnis. Die Kommunikation ist somit für Flusser immer im Zusammenhang einer Bestimmung und Verortung des Menschen zu verstehen, mithin in einer anthropologischen Dimension.

In seiner Darlegung der dreistufigen Kulturentwicklung unterscheidet sich Flusser deshalb von dem Medientheoretiker Marshall McLuhan, der ein dualistisches Bild der Kulturwerdung entwirft. Für ihn gibt es nur die magische Bilderwelt und die Welt des Alphabetes. Die Gegenwart ist für McLuhan gekennzeichnet durch eine Rückkehr zum Denken in Bildern. Sowohl McLuhan als auch Flusser kommen jedoch darin überein, dass sie die umwälzenden Veränderungen der medialen Welt nicht per se verwerfen, sondern sie auch als Chance begreifen.

Die Krise der Gegenwart

Mit der dreistufigen Entwicklung der menschlichen Kulturgeschichte entwirft Flusser ein Bild von aufeinander folgenden Epochen, die auf unterschiedliche Art eine Sinnkonstitution ermöglichen, die Welt be-deutet. Dabei fasst Flusser den Übergang von der einen Epoche zur nächsten nicht als einen reibungslos verlaufenden kulturgeschichtlichen Ablauf auf. Der Übergang von einer Epoche zur anderen ist jeweils gekennzeichnet durch eine fundamentalen Zäsur, einen Bedeutungsbruch, der als Krise verstanden werden muss. Die Auflösung der Funktion eines Codes lässt den Menschen zurück in einer Welt, die nicht mehr durch eine Kodierung mit Sinn erfüllt wird. Die „Welt" lässt ihre Sinnlosigkeit durchscheinen. Dieser „Durchschuss" des Bodenlosen ist es, den die Menschen als Krise erfahren.

Die gegenwärtige Krise ist nicht plötzlich entstanden, sie hat sich aufgebaut. Für Flusser liegt der Entstehungsherd der Krise im 19. Jahrhundert. Sie fängt mit dem Verlust des Glaubens an die alphabetisch-numerisch kodifizierte Welt an und setzt mit der Möglichkeit der Photographie als erste Version von Technobildern ein. Flusser vergleicht die so entstandene Situation mit der des Übergangs zwischen der Bilderwelt und der begrifflich (alphabetisch-numerisch) erfassten Welt. Heute wie damals entsteht eine Revolution der Denkungs-, Erlebens- und Auffassungsart (vgl. Flusser 2003: 98f.). Den fundamentalen Bedeutungsbruch galt es damals und gilt es heute wieder zu überbrücken, indem eine kulturanthropologische Übersetzungsarbeit geleistet wird. In der gegenwärtigen Situation muss der Mensch aus einem bestimmten ihm zur Orientierung und zum Verstehen dienenden Milieu der Sinnstiftung von Welt herausspringen und in ein anderes Milieu der Kodifizierung von Welt über-setzen. Die Bewegung der Auflösung und Ablösung von Kodes geschieht, weil die jeweils dem Menschen Orientierung gebenden Sinngebungen nicht mehr funktionieren. Der Abgrund zwischen der Welt und der eigenen Existenz wird durch den aktuellen Code und sein konstituiertes Sinnmilieu nicht mehr überbrückt. Der Bruch entsteht, weil der Mensch sich bewusst wird, dass der Kode und die Welt unterschiedliches sind. In dem Bewusstsein dieser Differenz eröffnet sich wieder das Bewusstsein der Sinnlosigkeit der Welt. In der gegenwärtigen Krisensituation wird sich der Mensch bewusst, dass es sich um eine textliche Struktur handelt, die Welt für ihn erschließen soll, die aber nicht „die Welt an sich" darstellt. Die lineare Ausrichtung und Strukturierung ließ zudem ein Denken eines naiven Fortschrittsglauben aufkommen, der in der jetzigen Situation des Menschen nicht mehr unumschränkt anerkannt wird. Daher ist ein Sprung aus dem sinnstiftenden Milieu des alphabetisch-numerischen Codes für den Menschen der westlich orientierten abendländischen Welt notwendig (vgl. Flusser 2003: 100). Der Mensch gerät in eine bedrohliche Situation. Er kann in eine Orientierungs- und Bedeutungslosigkeit fallen (vgl. Flusser 2003: 99). Aus dieser Perspektive sind Flussers Überlegungen nicht in erster Linie medientheoretischen oder kommunikationstheoretischen Fragestellungen geschuldet, sondern einer anthropologischen. Flusser stellt die grundlegende Frage nach dem Menschen in seinem Bezug zur Welt.

Die Krise der westlichen Zivilisation schreibt sich aus dem Verlust einer funktionierenden Sinnstiftung von Welt her, an die der Mensch glauben kann. Er ist gefangen zwischen einem alten Sinn stiftenden Milieu, das für ihn nicht mehr unhinterfragt die Welt bedeutet, und einem neu aufkommenden Code (der Technobilder), der für ihn jedoch noch nicht handhabbar und vollkommen verstehbar ist. Deshalb lässt er auch noch kein neues

Bewusstsein einer neuen Welt entstehen (vgl. Flusser 1989: 56). Diese Situation ist verstörend, weil der Mensch der alten Welt noch verhaftet und dieser zugleich entfremdet ist.

Eine Ethik des Denkens in reinen Beziehungsfeldern

Ausgehend von Flussers Analysen gibt es keinen basalen Sinn in der Welt. Dieser muss immer wieder neu vom Menschen entworfen werden. Die Mittel dazu ändern sich, wie die Abfolgen der unterschiedlichen Kulturentwürfe zeigt. Aber das Existentielle der menschlichen Situation bleibt: Der Mensch muss, in eine sinnlose Welt geworfen, eine sinnvolle Welt entwerfen. Damit bringt er Kultur hervor. Das Entwerfen geschieht durch den Austausch von Informationen, so dass der zu Grunde liegende existentielle Akt des Menschen die Kommunikation ist. Mit diesem Akt ist ein Weben von Sinn verbunden, der den Menschen vor der Welt schützt und sie ihm zugleich näher bringt, d.h. ihm die sinnlose Welt vermittelt. Das ist die Funktion der Kultur (vgl Flusser 1996: 74). So entsteht ein dialektisches Verhältnis: Einerseits vermittelt die Kultur für den Menschen die Welt, weil sie diese für den Menschen bedeutsam macht. Andererseits schirmt sie ihn durch die Bedeutsamkeit von der fundamentalen Sinnlosigkeit ab (vgl. Flusser 1996: 74).

Welt ist die jeweilige Konstellation einer sinnhaften und bedeutsamen Bezugnahme. Sie ist ein Netz von reinen Beziehungen. Es gibt für Flusser keine positiven Einzelglieder, die vor der Beziehung da sind und von denen Beziehungen erst ausgehen. Das Feld der Relationen konstituiert vielmehr erst als Effekt die Relata. Mit der Kommunikation, dem Denken in Symbolen und Codes, Dialogen und Diskursen entfaltet sich ein Denken der reinen Bezugnahme, in der unterschiedliche Relations- oder Bezugsfelder sich überschneiden. Die zwischenmenschlichen, intersubjektiven Beziehungen vernetzen sich mit anderen Feldern und bilden eine unendlich komplexe Situation von Bezugnahmen (vgl. Flusser: 1994b: 49).

Aus dem Denken eines reinen Beziehungsfeldes, von dem sich die Einzeldinge als Kondensationspunkte erst in ihrer Bestimmtheit konstituieren und zeigen, wird zum einen verständlich, warum Flusser nicht mehr dem traditionellen Verständnis des Subjekts, wie es spätestens seit Descartes vorherrscht, folgen kann. Wenn Welt für den Menschen einzig und allein ein Gewebe von Sinnbeziehungen darstellt, so ist auch das Subjekt kein positives Einzelelement. Es ist vielmehr ein Effekt des Überschneidens von unterschiedlichen Sinnfäden. Das Subjekt ist ein Kondensationspunkt in einem unendlichen Netz von Beziehungsrelationen ohne Kern. „Irgendein ‚harter' Kern des Ich (ein ‚Selbst', eine ‚Seele') erweist sich als logisches und existentielles Unding." (Flusser 1994b: 14) Damit geht Flusser mit den französischen und postmodernen Ansätzen konform, die das Konzept des neuzeitlichen Subjekts kritisieren.

Mit Flussers kommunikativen Ansatz entfaltet sich auch eine ethische Dimension. Da das Beziehungsfeld für Flusser dialogisch strukturiert ist, gibt es keine Einseitigkeit. Die Kommunikation ist für Flusser nicht als eine Einbahnstrasse zu verstehen. Deswegen kritisierte er auch die Kommunikationsstruktur des Fernsehens. Sie ist nicht dialogisch aufgebaut, weshalb sie isoliert und entmündigt (vgl. Flusser 1993b: 219). Ist die Kommunikation ein immer reversibeler Dialog, dann gibt es das Element der Verantwortung gegenüber dem Anderen in der kommunikativen Situation. Jede kommunikative Handlung im dialogischen System beinhaltet einen Rückschlageffekt. Deshalb muss ich Antwort auf meine Handlungen gegenüber dem Anderen geben. Mit dieser dialogischen Ausrichtung zeigen sich Beziehungen zu anderen Vertretern der Philosophie des Dialogs. Martin Buber und Emmanuel Lévinas sind hier prominente Vertreter einer dialogischen Philosophie, die ein starkes Moment der Verantwortung für und durch den Anderen in unterschiedlicher Weise entwerfen. Flusser schließt an diese Positionen an und geht insoweit über sie hinaus, als er mit seinem reinen Beziehungsdenken diese Ethik der Verantwortung in das Informationszeitalter und seine Vernetzungsstruktur einarbeitet. Der theoretische Rahmen eines Dualismus zwischen Subjekt und Objekt, oder zwischen Natur und Kultur, wird bei Flusser letzten Endes in eine reine Beziehungsstruktur aufgelöst.

Projektives Denken und Über-setzen

Indem der Mensch eine bedeutende Welt entwirft, ist sie auch sein Produkt. Damit steht der Mensch nicht mehr einfach vor einer schon fertigen Welt, sondern er bringt sie selbst als Sinnentwurf hervor. Deshalb ist die Kommunikation für Flusser ein Phänomen der menschlichen Freiheit (vgl. Flusser 1996: 75). Der Mensch entwirft sich in eine Welt hinein, die er auch zugleich mitproduziert. Dieses Geschehen eines Entwerfens von Welt und des eigenen Lebens nennt Flusser Projektion. Das Motiv der Projektion ist ein Grundgedanke der Existenzphilosophie des 20. Jahrhunderts und löste das Paradigma der Reflexion ab (vgl. Sloterdijk 2005: 113; Flusser 1994b: 25f). Für Flusser zeigt sich, „daß alle Erkenntnis und alle Werte Projektionen aus einem vorübergehenden Konsensus sind und daß die Freiheit darin besteht, am Ausarbeiten des Konsensus und seinem Projizieren teilzunehmen" (Flusser 1994b: 27). Flusser löst damit allen vermeintlichen Anspruch auf eine zu Grunde liegende absolute Wahrheit (oder Objektivität) auf und zeigt, dass sie ein Produkt eines jeweils spezifischen Denkens darstellt (vgl. Flusser 1994b: 10f.). Er entwirft einen intersubjektiven relationalen Konventionalismus, der durch reine Beziehungsnetze die Vorstellung einer global vernetzten und auf gegenseitige Achtung und Verantwortung beruhende „telematische Gesellschaft" konstituiert (vgl. Flusser 1993b: 220).

Flussers Ansatz wird häufig nur als eine Theorie der Kommunikation verstanden. Es sollte jedoch deutlich geworden sein, dass es Flusser wesentlich um den Menschen und die Bestimmung seines In-der-Welt-seins geht. Er ist kein reiner Medientheoretiker, sein Ansatz geht darüber weit hinaus, insofern er sich die Frage nach dem Menschen als einem Kulturwesen stellt. Flusser selbst hat einmal geäußert, dass vielleicht alles, was er zu sagen versucht, auf eine Theorie der Übersetzung hinausläuft. Vergessen sollte man hierbei nicht, dass Flusser sein Werk in vier verschiedenen Sprachen geschrieben hat, seine Texte selbst übersetzte und rückübersetze. In Deutschland sind nur seine späten Texte über Medientheorie und Kommunikation weitgehend rezipiert worden. Daher wird er vorwiegend als Medientheoretiker aufgefasst. Viele der früheren Texte, die in Brasilien entstanden sind, wurden auf Portugiesisch verfasst. Zudem gibt es Texte auf Englisch und Französisch. Flusser ist ein Medientheoretiker, aber er ist nicht in erster Linie an den Medien interessiert, sondern an den Menschen. Da dieser in vielfältiger Weise auf der Welt ist, nimmt sich Flusser auch vielfältigen Themen an. Und sein Schreiben umfasst ganz unterschiedliche Stile und Genre. Er ist Essayist, Philosophie, Kulturanthropologe, Phänomenologie, Schriftsteller, Ironiker und Fabelerzähler (vgl. Guldin, 2005: 8). Bei aller Themen- und Stilvielfalt zeigt sich aber die Boden- und Heimatlosigkeit immer wieder als gedankliches Leitmotiv. Die

Bodenlosigkeit ist hierbei aber nicht wie oft üblich etwas grundsätzlich negatives, Flusser wendet sie vielmehr ins Positive, insofern sie auch Bedingung der Möglichkeit für ein kreatives Schaffen und Dasein des Menschen darstellt. Der Abgrund zwischen Sinnlosigkeit und Sinnvoller Welt ist eine Aufgabe des Über setzens. Jeder Text, alles Schreiben wiederholt diese menschlich-existentiellen Erfahrung in einer schaffenden Geste: Sie projiziert Sinn. Der Mensch, dass ist eine schaffende Geste des Über-setzens. Vielleicht ist es das, was man erfährt, wenn man durch das Werk von Flusser wandert: den Menschen als (kultur)schaffende Geste.

Literatur von Vilém Flusser

Flusser, V.: Die Schrift. Hat Schreiben Zukunft? 2. Aufl., Göttingen 1989.
Flusser, V.: Bodenlos. Eine philosophische Autobiographie. Mannheim 1992.
Flusser, V.: Nachgeschichte. Eine korrigierte Geschichtsschreibung. Mannheim 1993a.
Flusser, V.: Lob der Oberflächlichkeit. Für eine Phänomenologie der Medien. Mannheim 1993b.
Flusser, V.: Brasilien oder die Suche nach dem neuen Menschen. Für eine Phänomenologie der Unterentwicklung. Mannheim 1994a.
Flusser, V.: Vom Subjekt zum Projekt. Menschwerdung. Mannheim 1994b.
Flusser, V.: Kommunikologie. 3. Aufl., Frankfurt/M. 2003.

Weitere zitierte Literatur

Heidegger, M.: Sein und Zeit. 16. Aufl., Frankfurt/M. 1986.
Rapsch, V. (Hg.): über Flusser. Die Festschrift zum 70. von Vilém Flusser. Düsseldorf 1990.
Breuer, I./Leusch, P./Mersch, D.: Welten im Kopf: Profile der Gegenwartsphilosophie. Hamburg 1993.
Wagnermeier, S./Röller, N. (Hg.): absolute – Vilém Flusser. Freiburg i.B. 2003.
Guldin, R.: Philosophieren zwischen den Sprachen. Vilém Flussers Werk. München 2005.
Sloterdijk, P.: Im Weltinnenraum des Kapitals. Frankfurt/M. 2005.

Michel Serres: Gärten, Hochgebirge, Ozeane der Kommunikation

Petra Gehring

> „Ich bin vom Wissen betäubt."
> (Serres [1985] [2] 1995: 136)

1.

Wer das Denken von Michel Serres auf der Landkarte der Wissenschaften einordnen will, wird Schwierigkeiten haben. Umso anschaulicher erscheint seine Person, nicht zuletzt, weil Serres oft selbst Erlebtes in seine Texte einarbeitet – und manchmal schreibt er als literarisches Ich. Serres wurde 1930 in der Kleinstadt Agen (Südwestfrankreich) geboren. Er studierte Mathematik und promovierte dann im Fach Philosophie an der Universität Clermont-Ferrand. Bevor Serres sich für die Universität entschied, fuhr er mehrere Jahre zur See. Seine theoretische Begrifflichkeit spielt mit dieser Erfahrung: Sie verwendet die Welt der Seefahrt wie überhaupt die Motive der Orientierung und des Reisens (auch des Sichbewegens durch Landschaften) als Rohmaterial – in ihrer Wortwahl, aber auch im Sinne eines philosophischen Programms. Weitere Quellen von Serres' Theoriesprache sind die Mathematik, der er ebenso häufig bildhafte Modelle entlehnt wie der mythologischen und literarischen Tradition Europas. Mit seinen Arbeiten zur Wissenschaftsgeschichte orientiert sich Serres zunächst an den Epistemologen Gaston Bachelard (1884-1962) und Georges Dumézil (1898-1986), entwickelt seit den 1960er Jahren aber zunehmend einen eigenen, unverwechselbaren Arbeitsstil. Dieser gleitet zwischen strukturalistischer Wissenschaftstheorie, Wissenschaftsforschung und einer Art offener, historisch-philosophischer Kulturwissenschaft hin- und her – wobei die Literatur, die Kunst und die Religionsgeschichte bewusst mit einbezogen sind. In der französischen Wissenschaftslandschaft und in den angelsächsischen „STS" (Science and Technology Studies) hat Michel Serres einen überaus prominenten Platz. Er lehrte in Clermont-Ferrand, Vincennes, an der Sorbonne sowie später auch an der Stanford University, Kalifornien. Seit 1991 ist Serres Mitglied der ehrenvollen Academie Française. Sein erstes Buch, *Le système de Leibniz et ses modèles mathématiques*, erschien 1968. Inzwischen umfasst Serres' Werk über vierzig Bücher und eine Fülle von Aufsätzen. In den letzten Jahren beschäftigte er sich unter anderem mit Editionsprojekten zur Geschichte des Wissens.

> „Von einem gewissen historischen Alter an
> muß die Wissenschaft für ihr Gesicht einstehen ..."
> (Serres [1985] [2]1995: 137)

2.

Richtet man die Frage nach der Kultur an Serres' Texte, so empfiehlt es sich, auf zwei Ebenen zu achten. Zum einen lassen sich bei diesem wissenschaftsgeschichtlich arbeitenden Autor tatsächlich griffige Programmaussagen zur Kultur oder besser: zum Verhältnis der Wissenschaften zur Sphäre „des Kulturellen" finden. Zum anderen lohnt sich der Blick darauf, wie Serres sein Programm methodisch umsetzt und wie er schreibt. Denn seine mehr implizite als explizite Kulturtheorie zielt nicht zuletzt auf Fragen der Methode – sowohl auf die Methode der formalisierenden Wissenschaften als auch der Wissenschaft ganz allgemein. Serres arbeitet einerseits als Theoretiker (und Praktiker) einer neuen Perspektive auf die Geschichte der unlöslichen Nähe von nichtwissenschaftlicher Lebenswelt und Wissenschaft, einer seltenen und in hohem Maße zugespitzten Kulturform. Entworfen wird aber auch – und im selben Atemzug – eine Art neuer „Kultur" des Denkens. Serres hat Wissenschaft, Geschichte und Literatur auf eine Weise zu verbinden versucht, die bisher nicht wirklich in der arbeitsteiligen Welt heutiger disziplinärer Forschung beantwortet wurde. Seine Visionen erstrecken sich auf nahezu alle Erfahrungs- und Wirklichkeitsbereiche, sie sind zugleich sensibel und monumental. Einige Einblicke in Serres' Arbeiten können diese Vermutung bestätigen. Aus der durchdachten Vielfalt der Motive sollen drei herausgegriffen werden: Erstens das Motiv der *Struktur*. Eine Struktur oder auch Strukturen im Plural stellen nichts anderes dar als ein Verhältnis des Erkennens zum „Kulturellen". Zweitens das Motiv der *Kommunikation*: Kulturelles, nämlich: Sinnphänomene lassen sich letztlich kommunikationstheoretisch aufschlüsseln – wobei der Begriff der Kommunikation sich eigentümlich erweitern muss und Handeln, Arbeit, Erfahrung überhaupt, in sich fasst. Drittens die Frage nach der Dynamik nicht nur des Wissens und seiner Geschichte, sondern des Sozialen, unseres politischen und individuellen Schicksals überhaupt. Ins Kulturelle graben sich all diese Bewegungen ein. Die Dimension des Kulturellen ist die Welt der Anfänge und des Ruins, der tragischen, der komischen, der einzigartigen und stets sinnlichen Geschichten – von der Liebe über den Wein und die Kunst bis zum Tod. Sie ist so etwas wie das europäische Abenteuer (und inzwischen vielleicht nicht nur dasjenige Europas) überhaupt.

Struktur/en

Neben Georges Dumézil, Claude Lévi-Strauss, Jacques Lacan und anderen gilt Serres als Vertreter des klassischen Strukturalismus. Für diese Einschätzung spricht eine Menge. In der Tat ist für Serres wie für viele andere in der intellektuellen Aufbruchszeit der 1960er Jahre der Strukturbegriff zentral: Im Inneren der empirischen und der historischen Gegebenheiten findet sich keine „transzendentale" Vernunft und auch kein „Weltgeist", der Fortschritt und Freiheit vorantreibt. Was man aber finden kann, sind „Strukturen", in denen der Wandel wie auch das Beharrliche, das Dauernde und Widerständige des Wirklichen seine Entsprechung hat. Bis heute hat Serres (anders als andere) sich von dem Etikett, er sei

Strukturalist, nicht distanziert, obwohl man das Denken in „Strukturen" in den 1980er Jahren als starr und erfahrungsfremd zu bezeichnen begann.

Deutlicher als andere hat Serres einerseits die abstrakte Seite der Struktur akzentuiert, andererseits aber die Struktur an das Bunte und Einmalige des Konkreten gebunden. Strukturen sind formale, idealerweise mathematische Einheiten, die eben deshalb, *weil sie so formal sind*, in den Naturwissenschaften ein unvergleichliches Maß an Präzisierung leisten. Für Serres steht allerdings zu Unrecht die Ordnung der mathematisch grundierten Wissenschaften als der einzige Bereich möglicher strenger Wissenschaftlichkeit da – und zu Unrecht grenzen sich die Naturwissenschaften vom Bereich der vermeintlich informellen, ungenauen „symbolischen" oder *kulturellen* Inhalte ab. Damit ist ein zentrales Anliegen von Serres benannt: Kulturanalyse und Wissenschaften müssen zusammenfließen – und es ist die Idee der „strukturalen Analyse", die diese neue, einheitliche Untersuchung der Wissensformen auf den Weg bringen kann. In einem frühen Programmtext hat Serres diese Idee im Anschluss an die Untersuchungen Bachelards mit Schwung ausformuliert. Wo Bachelard einen gemeinsamen „neuen wissenschaftlichen Geist" für alle Wissenschaften gefordert hatte, gilt es in seinem Sinne noch einen Schritt weiter zu gehen. Bachelard hatte ein Zusammenfließen von Formalem und Kulturellem nur dunkel vorgezeichnet, eben dies gilt es nun in vollem Ernst zu bewerkstelligen: „Um klar und präzise zu bleiben, genügt es, jede Abweichung und Mehrdeutigkeit zu vermeiden, wenn man die Idee der Struktur aus den naturwissenschaftlichen Theorien in den Bereich der Kulturkritik überträgt." (Serres [1968] 1991: 34)

Der Begriff der Struktur ist ein *formaler* Begriff, das betont Serres immer wieder. Und er definiert die Struktur im Unterschied zu älteren kulturgeschichtlichen Lehren etwa von den kulturellen „Archetypen" in dem 1968 erschienenen ersten Band des fünfbändigen Werkes *Hérmes* wie folgt:

> *„Eine Struktur ist eine operationale Menge mit undefinierter Bedeutung* (während ein Archetyp eine konkrete Menge mit überdefinierter Bedeutung ist), *die beliebig viele, inhaltlich nicht spezifizierte Elemente und eine unendliche Zahl von Relationen zusammenfaßt, deren Natur nicht weiter spezifiziert ist,* für die jedoch die Funktion und gewisse Auswirkungen auf die Elemente definiert sind. Wenn man nun die Elemente inhaltlich bestimmt und die Art der Relationen festlegt, erhält man ein Modell (ein Paradigma) dieser Struktur. *Diese Struktur ist dann das formale Analogon sämtlicher konkreten Modelle, die sie organisiert.* Modelle symbolisieren keinen Inhalt, sie ,realisieren' eine Struktur. [...] Die Analyse eines kulturellen Inhalts, ob es sich dabei nun um Gott, einen Tisch oder eine Waschschüssel handelt, ist dann und nur dann eine *strukturale Analyse*, wenn sie diesen Inhalt als Modell im oben beschriebenen Sinne erscheinen lässt, das heißt, wenn sie eine formale Menge von Elementen oder Relationen isoliert, über die man reden kann, ohne sich auf die Bedeutung des betreffenden Inhalts zu beziehen." (Serres [1968] 1991: 39f.)

Mit dieser Bestimmung ist die Struktur nicht ein in der Welt latent Verborgenes, sie verweist nicht auf eine heimliche Ontologie. Sie ist vielmehr Resultat einer Entdeckungsleistung, der methodische Begriff einer „zu gebärenden, zu isolierenden Form" (Serres [1968] 1991: 34): „Es ist möglich, eine kulturelle Entität zu konstruieren, indem man eine Form mit Bedeutung füllt." Und weiter: „Die Bedeutung ist hier nichts Vorgegebenes mehr, dessen dunkle Sprache es zu verstehen gilt; sie ist vielmehr das, was man zu einer Struktur hinzugibt, damit ein Modell entsteht." (Serres [1968] 1991: 41) Gegen die Charakterisierung, er sei „Konstruktivist", hätte sich Serres wohl ebenfalls nicht gewehrt. Die zitierten

628 Petra Gehring

Passagen stammen aus dem Jahre 1966, in den 1960er Jahren war der Konstruktivismus noch nicht in aller Munde.

Über die Vor- und Nachteile des Strukturbegriffes und über „Strukturalismus" ist viel gestritten worden (vgl. Dosse 1999). Serres selbst klammert sich an dem Wort „Struktur" nicht fest. Konsequent verfolgt er jedoch das durch den Strukturbegriff nahegelegte *räumliche* Denken weiter – als ein Denken der Wege, der Umwege, der Kartographie. Im Bild der Landkarte gesprochen, sind es die unwegsamen Gelände, das Niemandsland und die Übergänge, für die Serres sich interessiert. Mindestens genauso gern wie das Modell der Reise oder der *randonée*, der Streifzüge, des Umherschweifens über Land (vgl. u.a. Serres [1980] [2]1984: 163 ff.; Serres [1980] 1994: 7ff.) verwendet er das Bild der Seekarte und die Unwägbarkeiten einer Fahrt auf offener See, deren Ausgang ungewiss ist, um den neuen Rationalitätstyp zu kennzeichnen, in den seine strukturale Analyse führen soll. „Ich suche die Passage zwischen der exakten Wissenschaft und den Wissenschaften vom Menschen[1]", heißt es zu Beginn des fünften Bandes von *Hermes* (Serres [1980] 1994: 15, Übers. modifiziert). Der Untertitel des Buches erinnert an das seefahrerische Wagnis schlechthin: *Die Nordwest-Passage*. Die Verbindung zwischen den Weltmeeren Atlantik und Pazifik muss irgendwo in der Nähe des ewigen Eises durch Treibeisplatten hindurch gefunden werden: „Karten übereinandergetürmter, der Größenordnung verlustig gegangener Räume, auf denen die Komplikation als Zufallsvariation festgehalten ist; Verfestigung und Verflüssigung der Dinge und des Blutes, Einfrieren und Auftauen der Zeit – von dieser Passage hat man lange geträumt." (Serres [1980] 1994: 16) Eine präzise Wissenschaft des Unscharfen muss möglich sein – damit ist ein paradoxes einheitswissenschaftliches Programm, ein enzyklopädischer Traum benannt, der sich bei Serres mit der Idee einer Suche nach Struktur(en) in der Vielfalt des Kulturellen verbindet: „Es hätte keinen Sinn, sich als junger Mensch auf die Philosophie einzulassen, wenn man nicht die Hoffnung, den Plan oder den Traum hätte, eines Tages die Synthese zu wagen. Das mindeste, was man auf diesem Terrain versuchen kann, ist eine Weltreise …" (Serres [1980] 1994: 27). Oder aber einen Aufbruch ins Gebirge. Wer die wahre Vielfalt des Wissens erkunden will, muss Voraussetzungen hinter sich lassen. „Die hohe See und das Hochgebirge haben mit der Höhe des Himmels gemeinsam, dass man zu ihnen aufbricht: um sie zu erreichen, muß man zunächst den Hafen, die Berghütte oder die Startrampe hinter sich bringen. Diese vertikalen ‚Kamine' (*chemins*, Wege PG) führen durch ein unglaubliches Labyrinth nach oben, in dem der Führer wie zu Zeiten des mörderischen Minotaurus noch immer Ariadne heißt." (Serres [1990] 1994: 171) Der wissenschaftliche *discours*, die Ordnung des Redens, muss in einen *parcours* zurückverwandelt werden, in einen Durchgang, der über Gruben und Risse hinweg seine eigenen Brücken baut (vgl. Serres [1977] 1993: 206ff.). Serres baut seine Brücken, indem er Zenon behandelt und Euklid, Descartes, Boltzmann, Lukrez und Mandelbrot, Riemann, Rameaux, Pascal und Turner. Ebenso aber Kinderspiele, Musik, Bilder, den Gartenbau mit Salatköpfen, Blumen und Hasen, das unvergleichliche Wissen eines alten Wein aus dem Jahre 1947 (Serres [1985] 1995: 205ff.) und immer wieder Reisen. In der Zeit und im Raum.

---

[1] Wissenschaften vom Menschen: *Sciences humaines*. In der deutschen Universitätstradition würden wir sagen: „zwischen den Naturwissenschaften und den Sozialwissenschaften", PG.

Michel Serres: Gärten, Hochgebirge, Ozeane der Kommunikation

Kommunizieren

Ein möglicher Schlüssel zu Serres' eindringlichem Denken des Kulturellen ist die Frage nach der Kommunikation. Vor allem mit seinen frühen Arbeiten bietet Serres diesen Schlüssel an, sie orientieren sich an der Informationstheorie und an der Idee der Entstehung von Sinn in einem Medium: Ohne das Dritte des „Rauschens", eines Hintergrundrauschens, von dem sich die Botschaft abhebt, gibt es keine Sinnvermittlung, kein Gelingen von Kommunikation: „Irrtum, Ungewißheit, Verwirrung und Dunkelheit gehören zur Erkenntnis, das Rauschen gehört zur Kommunikation – die Ratte gehört zum Haus. Ja mehr noch: sie ist das Haus." (Serres [1980] [2]1984: 26) Das Medium ist nicht die Botschaft, aber ohne die kleinen Abzweigungen, die heimlichen Nager in den Kellern, die Verluste des Mediums, kommt keine Botschaft zustande, und sie kommt auch nicht an. Wie funktioniert diese triadische Struktur der Kommunikation? Serres hat immer wieder über die Figur des Dritten nachgedacht und ihr unter anderem sein wahrscheinlich bekanntestes Buch gewidmet, *Der Parasit*, das 1980 erschien. Das Dritte ist das Rauschen, der ausgeschlossene Grundraum, gegen das sich die Kommunikation aufbaut, an das sie zugleich Energie (wie auch Deutlichkeit) verliert. Schon auf dieser Ebene erscheint die Lage paradox: Das Geheimnis der Kommunikation ist, dass sie funktioniert, weil sie nicht funktioniert. Serres spitzt das Problem noch zu: Das Dritte ist nicht nur der Hintergrund, der ausgeschlossen werden muss, um einen „Kanal", um ein Medium aufzubauen. Er ist auch die Störung, die den Kanal unterbricht – und sieht man genau hin, so pflegen beide Funktionen zu „oszillieren". Rauschen und Störsignal, Ausschluss und Einschluss spielen ineinander. Wie der Hintergrund nur, indem er für Verluste sorgt, die Kommunikation trägt, so muss die akute Störung auch wieder im Hintergrund verschwinden, sonst zerstört sie das System. „Variable Stabilität" oder auch „Invarianz durch Instabilität": Serres illustriert diesen Zusammenhang unter anderem mittels Äsops Fabel von der Stadtratte und der Landratte, die beim kommunikativen Mahl von ihrem (unfreiwilligen) „Wirt", dem Hausbesitzer, gestört werden, genauer: von einem *Geräusch*, das vielleicht der Schritt des Hausbesitzers auf der Kellertreppe sein mag. Dieses Geräusch ist ein Signal, das die Mahlzeit, die Kommunikation, unterbricht. Vor dem Geräusch tun sich zwei Parasiten auf Kosten des Wirtskanals (Haus, Hausbesitzer) gütlich, im Moment der Störung springt die Parasitenbeziehung um: Aus dem bloßen Hintergrund wird ein Alarmgeräusch, das System bricht zusammen. Freilich nur für den Moment. Unterbrechungssignale sind ihrerseits instabil. War da gar niemand? War da doch jemand? Das Festmahl geht weiter. Wenn der Hausbesitzer den Keller betritt, weiß die Stadtratte, so wird dieser niemals lang im Keller bleiben. Springt die Landratte davon, so ist es nun sie, die das System unterbricht:

> „Gegeben seien also zwei Stationen und ein Kanal, der beide verbindet. Der Parasit, der sich dem Fluss der Relation aufpfropft, ist in der Position des Dritten. […] Doch nun wechseln die Positionen. Wer zuvor Gast war, wird nun zum Unterbrecher; was Rauschen war, wird Gesprächspartner; was zum Kanal gehörte, wird zum Hindernis, und umgekehrt. Die Antworten auf die Fragen: Wer ist nun der Dritte? Und wo ist der Dritte? fluktuieren in Abhängigkeit vom Rauschen, von der Zeit und auch von den neuen Beziehungen der Gleichheit oder Ähnlichkeit zwischen den Ausdrücken. Identisches und Unterschiedenes wechseln den Platz mit dem Dritten." (Serres [1980] [2]1984: 85).

Serres verallgemeinert die dynamische Struktur des Kommunizierens weit über kommunikationstheoretische Fragestellungen hinaus. Der Parasit (die „Ratte") gehört zum System – aber ohne Parasiten, ohne die vielfachen Einsätze von Abweichungs-, Abzweigungs- und Unterbrechungsrelationen könnte es auch keinerlei Systeme geben. Von einem komplexen „Kommunikationsnetz" spricht Serres 1964, dessen Logik nichtlinear ist, und das über „semizyklische Kausalität" verfügt (vgl. Serres [1968] 1991: 22). In späteren Texten nutzt er dieses Bild ausdrücklich, um die ausdrücklichen Kommunikationsnetze, die Kommunikationsstrukturen, welche die Kultur geschaffen hat, auf dem gleichen Niveau anzusiedeln wie das Netz, das die Dinge unserer Welt bilden. Auch hier wird kommuniziert: „Während unsere zweifellos künstlichen Netzwerke den ganzen Erdball zu umfassen beginnen, entdecken wir gleichsam im Gegenzug, dass der reale, materielle, physikalische Erdball sich durch Botschaften und Boten konstituiert, entwickelt und austariert, als bildete auch er ein riesiges Kommunikationssystem." (Serres [1994] 2005: 120f.) Wenn nicht alles Natur ist, so ist alles artifiziell.

Serres' Kommunikationstheorie ist nicht universalistisch, aber allgemein. Es gibt keine stummen Dinge und es gibt kein stummes Cogito: Alles in der Welt ist Praxis, ist leiblich ansprechbar, ist von Sinn durchdrungen. In dieser Hinsicht radikalisiert Serres die Husserl'sche Phänomenologie, die von der Erfahrung ausgeht und eben darum eine rohe Natur in der Welt des Menschen nicht erkennen kann – alles was nur überhaupt Welt ist, spricht uns an. Die Kommunikation ist aber auch nicht einfach eine Praxis, in der Menschen sich verständigen, oder eine bilaterale Interaktion, die man beobachten kann. Kommunikation hat immer schon begonnen und sie hat systemische Züge, sie gelingt gleichsam durch die Menschen hindurch. In jedem „Subjekt", das sich auf „Objekte" bezieht, vereinen sich immer schon menschliche Gemeinschaft und menschliche Mittel – und also tendenziell „ein arbeitendes, denkendes aus allen Netzwerken gebildetes Netz" (vgl. Serres [1994] 2005: 123), das Rationalität zu nennen Serres aus guten Gründen vermeidet:

> „Als einst der Stab der Sonnenuhr den Zeitpunkt der Tagundnachtgleiche und die geographische Breite des Ortes anzeigte, zeichnete sie ganz von allein Ergebnisse auf die Erde, die wir uns selbst zuschrieben. Dürfen wir diese subtile Intelligenz als unsere eigene bezeichnen, die in unseren Neuronen enthalten wäre und eine Gesellschaft des Gehirns begründete, oder müssen wir sie den künstlich geschaffenen Werkzeugen zuordnen oder der Welt, die ganz automatisch den Schatten ihres Lichts auf sich selbst projizierte? Wem von diesen dreien – Kultur, Technik oder Natur – müssen wir diese Funktion zurechnen? Wählen Sie, falls Sie es wagen! Ebenso ruht die Fähigkeit des Gedächtnisses in den Bibliotheken, im Museum, in der gesprochenen oder geschriebenen Sprache oder hinter dem Bildschirm eines Computers, aber auch in Wüste und Inlandeis, diesen gewaltigen Speichern für Wärme und Kälte." (Serres [1994] 2005: 121)

Dynamik: Herstellen, Zerstören, Bewahren

Serres denkt von der Differenz her: „Sollte es sein, daß Getrenntes sich eher verknoten läßt als Untrennbares?" (Serres [2]1995: 99). Serres modelliert das Erkennen und Verstehen als Strukturfindung, als Zeichnen von Diagrammen in Zwischenräumen (vgl. Gehring 1988) – und er versteht es zugleich als leibhaftige Bewegung: als „Passage", als Umherschweifen oder auch niemals ungehinderter „Parcours" – über die Diskursordnungen hinausgehend und durch eine wilde Topologie (vgl. Serres [1977] 1993: 206-221). Serres lässt jedoch

Michel Serres: Gärten, Hochgebirge, Ozeane der Kommunikation 631

auch seine eigene Arbeit weit ausgreifen über die Wissenschaftsgeschichte hinaus. Jenseits strukturorientierter Erkenntnistheorie und kommunikationsorientierter Wissenschaftstheorie stoßen wir auf eine Fülle von kleinen und großen Exkursen, in denen Politik und Ethik, Ästhetik und Moral mit einer Art von pantheistischem Eros zusammenschießen: einer Leidenschaft für die Vielfalt und Schönheit der Dinge und der Welt.

Als Kulturkritiker wendet sich Serres gegen die Destruktionskraft der europäischen Rationalität: „Das Verhältnis von Subjekt und Objekt, auf dem Wissenschaft und Erkenntnistheorie seit Jahrhunderten ihr Reich errichtet haben, ist als brutale Beziehung angelegt, und zwar nicht von Natur aus, sondern aufgrund der Zivilisation. Am Grunde unseres Wissens liegt die Erbsünde der Destruktion. Greifen, begreifen – der westliche Mensch ist ein Raubtier. Erkennen heißt jagen, erobern, vergewaltigen, Macht ausüben zerstören." (Serres [1972] 1992: 306) *Thanatokratie* nennt Serres die wissenschaftlich-technische Ausbeutung des Planeten im Zeichen einer ökonomischen Nutzenlogik. Weil das Werkzeug des Philosophen der Diskurs ist, hat die Philosophie die Aufgabe, hier Einhalt zu gebieten: „Wissenschaftler aller Länder vereinigt euch!" schreibt Serres 1974 in *Hermes 3*, „Legt die Arbeit nieder, solange eure Fähigkeiten mit dem Projekt des Selbstmordes verbunden sind. Die Unterbrechung der Arbeit und der Information, der Generalstreik aller Wissenschaftler, muß jegliche Anwendung lahmlegen. Für eine bestimmte Zeit dürfen die gebildete Welt und die Arbeiter des Beweises nur noch solche Probleme aufwerfen, die nachweisbar unnütz sind. Denn fast alles nützliche Wissen wird in die Bahnen des Todes gelenkt." (Serres [1974] 1992: 141) In *Der Naturvertrag* schlägt Serres einen neuen, zweiten Gesellschaftsvertrag vor, der zugunsten der Erde abzuschließen wäre. Ohne eine Art Friedensschluss, eine freiwillige „Bindung", die uns wie ein Seil miteinander und mit unserer Umwelt, mit der und von der wir nur leben können, verbindet, treibt die Welt dem Abgrund zu.[2] In *Carpaccio* reformuliert Serres seine Fundamentalkritik an der europäischen „dialektischen" Logik der Negativität spielerisch-mühelos in Sprache einer Ästhetik der Farben und der Bilder: Ohne einen Durchbruch jener militanten Zwillingslogik, die den gepanzerten Drachentöter Georg und den ganz ähnlich gepanzerten Drachen miteinander verbindet, bringt die Kultur den Tod: „Zahlreich sind die identischen Morphologien an den Ursprüngen: Romulus bearbeitet das Land und steckt das Feld ab; mit einem Dolch tötet er seinen Zwilling, Bruder und Sohn der Wölfin, der die Brücke zu überspringen trachtete, die Brücke der Wölfin, unter der sie sich näherten; so gründet er die lateinischen Gesellschaften und die Linie des *pontifex*. Unter dem Bogen dieser Brücke liegen die versäten Körper, eingesät in den Schmerz und in den Tod. Von den Zähnen des Drachens und der roten Lanze des Engels. Carpaccio liegt da, auch ich, auch Sie. Zermalmt von unserer Kultur."[3] (Serres [1975] 1981: 41)

Serres hat gleichwohl weder den wissenschaftlichen noch den technischen Fortschritt in Bausch und Bogen verdammt, sondern stets auf die Ambivalenzen gesetzt und namentlich den Schritt ins digitale Zeitalter, in dem die „weichen Technologien" die harten Technologien ablösen könnten, auch als Chance gesehen.[4] Serres ist weniger ein Apokalyptiker, als ein Theoretiker, der scharf und genau den engen Zusammenhang studiert von Faszination, Verschmelzung und Irritation. Von Anziehung, Trennung und Abscheu. Von Liebe, Glück und Macht. Inmitten der Triaden ist die Philosophie immer dort zu finden, wo die

---

[2] Zu Serres ([1990] 1994) vgl. Gehring (2004).
[3] Vgl. zu Rom aber auch Serres (1983).
[4] Vgl. Türschmann (2002), der mit Hilfe von Serres der Differenz zwischen Surfen und Navigieren nachgeht.

Fluchtlinie aus dem Zweikampf herausführt und komplexere Verhältnisse eröffnet – auch wenn diese instabil sind und nicht ihrerseits ohne Macht. Fast alle Texte von Serres lesen sich auch als Variationen über die Ohnmacht und doch auch listvolle, „kultivierende" Macht der Philosophie: Der Kyniker Diogenes in seiner Tonne trennt Alexander von seiner Herrschaftsposition, nachdem Alexander zwischen den Diogenes und die Sonne getreten ist. In der Figur des Diogenes konterkarierte Philosophie Konkurrenzkampf und Nutzengebot: „Kultur flieht den Ruhm, bleibt indifferent der Macht gegenüber..." (Serres [1983] 1988: 93) In der Figur des Sokrates in Platons *Symposion* stellt sich die Sache ambivalenter dar, das hat Serres in *Der Parasit* entfaltet: Der verliebte Alkibiades, von Sokrates zurückgewiesen, stört das Gastmahl, den Dialog zwischen Sokrates und Agathon. Alkibiades ist ein Parasit, doch wenn Agathon und Sokrates ihn bitten, sich zu ihnen zu legen, wenn Alkibiades über den Eros spricht – also über die Liebe – und Sokrates ihn unterbricht, wer ist dann der sowohl ausgeschlossene als auch vermittelnde Dritte für wen? Bejaht die Liebe die Position des Dritten oder ist der Philosoph der Verfechter der Zweiheit, des Dialogs – weswegen er das Gute, das er liebt, (einen Agathon) nicht in der Position des Dritten ertragen kann und sich von daher des Spiels enthält?[5] Und spielt die Liebe nicht hinüber in die wiederum eigenartige und in sich komplexe Frage nach der Religion? Auch hier sind Struktur, Kommunikation und die Frage nach dem instabilen Wunder der Verständigung am Platze, wie Serres in *Die Legende der Engel* an der differenzierten Welt und Funktion der Engel in kleinen Fabeln und Betrachtungen zeigt.[6] Mit weiteren Büchern, die bei ‚unwissenschaftlichen' Geschichten der Literatur einsetzen, kehren viele der genannten Motive wieder: *Der Hermaphrodit* aus dem Jahr 1987 oder *Jules Verne: La Science* aus dem Jahr 2002. Kein Buch von Serres ist den anderen fremd, denn Serres spielt mit Selbstzitaten. Auch hier scheint alles in Bewegung: Serres lässt bestimmte Schlüsselbilder quer durch seine Texte wandern. Immer aber werden vertraute und neue Motive jeweils eigen gewendet.

Die Texte von Serres leben vom Paradigma des Raumes, zugleich aber vermögen sie auf literarisch absichtsvolle Weise genau diejenige räumliche Vorstellungswelt aufzusprengen, die sie heraufgerufen haben. An keiner Stelle verfängt sich die dynamische Kulturtheorie des Michel Serres endgültig in jenem Modell von der Kultur als einer – sei es auch unwegsamen – Landschaft. Vielmehr werden eine Fülle von unräumlichen, dynamischen Bildern dem fein gestuften Vielwelten-Denken von Serres hinzugegeben: Feuer und Wind, Zungen und Wolken, Diagonalen und das Integral wären also den „Gärten, Hochgebirgen und Ozeanen" hinzuzufügen.

3.

Serres' Wirkungsgeschichte ist eine eigentümliche, sofern er – außerhalb Frankreichs jedenfalls – in den 1970er und 1980er Jahren, also in der Zeit der großen internationalen Resonanz anderer strukturalistischer und poststrukturalistischer Autoren, eigenartig unbe-

---

5 Vgl. Serres ([1980] 1984: 361-378, 372): „Eros ist der Dritte, der dritte Mann, ausgeschlossen und eingeschlossen, die Liebe ist der Platonismus und das Gesetz dieses Buches", merkt Serres an: „Nach Liebe hungernd habe ich die Liebe gefunden, sie war nur die Logik." Einige Seiten vor diesem Resümee setzt *Der Parasit* mit Aristophanes, der bekanntlich ebenfalls in Platons *Symposion* spricht, einen etwas anderen Akzent: „Wenn es irgendwo ein Gleichgewicht gibt, dann liegt die Liebe auf der Waagschale, sie wiegt das Tragische auf, sie sucht ihr Gegengewicht zu sein." (Serres [1980] 1984: 359).

6 Serres ([1993] 1995), vgl. Röttgers (1999/2001).

Michel Serres: Gärten, Hochgebirge, Ozeane der Kommunikation

achtet blieb. Man las Lévi-Strauss, Lacan, Foucault, Derrida, Lyotard sowie Baudrillard und Virilio, aber man kannte Serres nicht. Erst mit großer Verspätung wurden einzelne Werke von Serres in die deutsche Sprache übersetzt. In den USA setzte die Rezeption um die Jahrtausenwende ein.[7] Heute werden einige ältere Arbeiten von Serres – namentlich die *Hérmes*-Bände – gleichsam im Rückblick als Meilensteine der Wissenschaftsgeschichte zur Kenntnis genommen, und dies nicht zuletzt weil Serres inzwischen berühmte Schüler hat, allen voran Bruno Latour, dessen *Parlament der Dinge* ausdrücklich an Serres Überlegungen zur „vertraglichen Funktion der Wissenschaften" anknüpfen will (vgl. Latour 2001: 308, Latour 1987).[8]

Ansonsten sind im deutschsprachigen Raum Bezüge zu Überlegungen von Serres vor allem dort hin und wieder zu finden, wo von neuen Medien, von „Topologie" (Bexte 2007) oder vom Dritten (Gehring 2009) die Rede ist. Liegt es an den fehlenden Übersetzungen? Liegt es am für die deutsche akademische Tradition zu experimentellen Schreibstil?[9] Für die deutschsprachige Philosophie und vielleicht auch für das etwas weitere Feld deutschsprachiger Kulturwissenschaften scheint das Werk von Serres immer noch wie Neuland dazuliegen. Ein ganzer Kontinent. Zum Durchqueren bereit und zum Weiterdenken.

Literatur von Michel Serres

Serres, M.: Hermes 1: Die Kommunikation [1968]. Berlin 1991.
Serres, M.: Hermes 2: Interferenz [1972]. Berlin 1992.
Serres, M.: Hermes 3: Übersetzung [1974]. Berlin 1992.
Serres, M.: Carpaccio. Ästhetische Zugänge [1975]. Reinbek bei Hamburg 1981.
Serres, M.: Hermes 4: Verteilung [1977]. Berlin 1993.
Serres, M.: Hermes 5: Die Nordwest-Passage [1980]. Berlin 1994.
Serres, M.: Der Parasit [1980]. 2. Aufl., Frankfurt/M. 1984.
Serres, M.: Rome. Le livre des fondations. Paris 1983.
Serres, M.: Ablösung [1983]. München 1988.
Serres, M.: Die fünf Sinne. Eine Philosophie der Gemenge und Gemische [1985]. 2. Aufl., Frankfurt/M. 1995.
Serres, M.: Der Hermaphrodit [1987]. Frankfurt/M. 1989.
Serres, M.: Der Naturvertrag [1990]. Frankfurt/M. 1994.
Serres, M.: Die Legende der Engel [1993]. Frankfurt/M. 1995.
Serres, M.: Atlas [1994]. Berlin 2005.
Serres, M.: Jules Verne: La Science. Paris 2002.

Weitere zitierte Literatur

Abbas, N. (Hg.): Mapping Michel Serres. Ann Arbor 2005.
Bexte, P.: Zwischen-Räume: Kybernetik und Strukturalismus. In: Stephan Günzel (Hg.): Topologie. Zur Raumbschreibung in den Kultur- und Medienwissenschaften. Bielefeld 2007, S. 219-233.
Brown, S.D.: Michel Serres: Science, translation, and the logic of parasite. In: Theory, Culture, and Society 19 (2002), S. 1-27.

---

[7]   Vgl. Brown (2002, 2003, 2005); Abbas (2005).
[8]   Zu Bruno Latour vgl. den Beitrag von Werner Krauss in diesem Band.
[9]   Das vermutet Röttgers (2000): 43.

Brown, S.D.: Natural Writing. The Case of Michel Serres. In: Interdisciplinary Science Review 28 (2003), S. 184-192.

Brown, S.D.: The Theatre of Measurement: Michel Serres. In: The Sociological Review 21 (2004), S. 283-395.

Dosse, F.: Geschichte des Strukturalismus 2: Die Zeichen der Zeit. 1967-1991.

Gehring, P.: Paradigma einer Methode. Der Begriff des Diagramms im Strukturdenken von M. Foucault und M. Serres. In: Gehring, P./Keutner, Th. et al. (Hg.): Diagrammatik und Philosophie. Amsterdam 1992, S. 89-105.

Gehring, P.: Michel Serres: Friedensverhandlungen mit der Natur. In: Flügel, O./Heil, R./Hetzel, A. (Hg.): Die Rückkehr des Politischen. Darmstadt 2004. S. 308-321.

Gehring, P.: Der Parasit. Figurenfülle und strenge Permutation. In: Alexander Böhnke et al. (Hg.): Die Figur des Dritten (i.E.).

Latour, B.: The Enlightenment without the Critique: A Word on Michel Serres' Philosophy. In: A. Phillips Griffiths (Hg.): Contemporary French Philosophy. Cambridge 1987, S. 83-97.

Latour, B.: Das Parlament der Dinge. Für eine politische Ökologie [1999]. Frankfurt/M. 2001.

Röttgers, K.: Michel Serres. In: Information Philosophie 1/2000 S. 43-50.

Röttgers, K.: Michel Serres: Strukturen mit Götterboten. In: Jurt, J. (Hg.): Von Michel Serres bis Julia Kristeva. Freiburg 1999, S. 87-111 sowie Abel, G. (Hg.): Französische Nachkriegsphilosophie. Berlin 2001, S. 399-426.

Türschmann, J.: Das poetische Netz. Möglichkeiten der Beschreibung von Internetkultur anhand der Wissenschaftsphilosophie von Michel Serres. In: Philologie im Netz, Beiheft 2/2002: Internet und digitale Medien in der Romanistik, S. 10-21.

Manuel Castells: Kultur, Technologie und Informationsgesellschaft

Gerd Nollmann

Einleitung

Manuel Castells wurde 1942 in Hellín (Spanien) geboren und wuchs überwiegend in Barcelona in einer konservativen Familie auf. Als Jugendlicher und Student engagierte sich Castells politisch in der Anti-Franco-Bewegung, zog nach Paris und erreichte seinen ersten Abschluss mit 20 Jahren. Nach seiner Promotion in Paris unterrichtete er am *Nanterre*-Campus, dann von 1970 bis 1979 an der *École des Hautes Études en Sciences Sociales*. 1979 wurde er zum Professor für Soziologie and Professor für *City and Regional Planning* an der *University of California*, Berkeley, berufen. 2001 erhielt er eine Forschungsprofessur an der *Universitat Oberta de Catalunya* (UOC), Barcelona. 2003 ging er an die *University of Southern California* (USC) und die *Annenberg School for Communication* als Professor für Kommunikation und als erster Inhaber des *Wallis Annenberg Chair of Communication and Technology*. Castells lebt in Barcelona und in Santa Monica, Kalifornien. Er ist mit Emma Kiselyova verheiratet und hat zwei Töchter.

Der kulturtheoretische Ansatz von Manuel Castells

Wenn Wissenschaftler von der Kultur einer Gesellschaft sprechen, meinen sie damit die Einstellungen, Überzeugungen und Kausalvorstellungen, die die Menschen in ihrem Verhalten zeigen. Wo sehen diese die Ursachen ihres Handelns? Welche Folgen hat gemäß diesen Überzeugungen das eigene Verhalten oder das Verhalten anderer? Was kann ich erreichen, was nicht?

Manuel Castells kann als Wissenschaftler angesehen werden, der kulturellen Betrachtungen dieser Art im Laufe seiner Werkgenese immer mehr Bedeutung zugemessen hat. Diese Verschiebung erklärt sich u. a. aus der Verlagerung seiner Forschungsgebiete. Er begann als marxistischer Stadtsoziologe, der sich für die sozialen Auseinandersetzungen zwischen unterschiedlichen gesellschaftlichen Gruppen in modernen Städten interessierte (Castells 1977: 1980). Seit den 80er Jahren verschob sich Castells' Hauptinteresse mehr und mehr zur globalen Netzwerk- und Informationsgesellschaft und dem Ort, den die modernen Menschen darin für sich noch entdecken können (vgl. Steinbicker 2001).

Die Strukturen, die die Menschen gleichsam hinter deren Rücken oft unbemerkt in ihren kulturellen Überzeugungen lenken, hat Castells dabei nie aus dem Blick verloren, sondern eher versucht, Strukturen und Kulturen, objektive Entwicklungen und subjektive Reaktionen aufeinander zu beziehen. Für diese Vorgehensweise wird in den Gesellschaftswissenschaften üblicherweise eher die Position von Max Weber (1980, 1985) zitiert, der die wechselseitige Abhängigkeit von materiellen Ressourcen und kulturellen Überzeugungen in Abgrenzung zu Karl Marx betont hat, dem meist eher eine gewisse einseitige Fixierung auf materielle und strukturelle Faktoren der gesellschaftlichen Entwicklung nachgesagt wird. Ich erwähne diese Entgegensetzung an dieser Stelle nicht, um sie selbst zu diskutieren. Sie soll vielmehr nur dazu dienen, die Entwicklung von Castells' Forschung zu verdeutlichen.

Die Transformation der Stadt

In den 70er Jahren spielte Castells eine zentrale Rolle in der Entwicklung der marxistischen Stadtsoziologie. Er betonte die Rolle der sozialen Bewegungen bei der umkämpften Transformation der städtischen Landschaften. Dabei benutzte er den Begriff des kollektiven Konsums, etwa des öffentlichen Transports, um soziale Konflikte zu beschreiben, die durch staatliche Interventionen von der ökonomischen in die politische Domäne verlagert worden waren. Im fortgeschrittenen Kapitalismus muss der Staat sich, so Castells und andere marxistische Stadtsoziologen in den 60er und 70er Jahren, stärker als vorher in der Bereitstellung von Mitteln des kollektiven Konsums engagieren. Für die Bereithaltung eines angemessenen Arbeitskräftepotentials hätten früher individuelle Güter wie Nahrung und Bekleidung ausgereicht. Im weiteren Verlauf seien allerdings mehr Bildung und Massentransport als kollektive Konsumgüter erforderlich (vgl. auch Saunders 1981).

Damit einher ging die klassentheoretische Verlagerung des Interesses. Nicht mehr nur die Produktion, sondern insbesondere die Konsumsphäre galt Castells nun als Ausdruck von Klassenspaltungen – insbesondere zwischen jenen, die sich auf privaten Märkten mit ihrem Konsumbedarf eindecken könnten, und der stigmatisierten Minderheit, die auf eine öffentliche Güterversorgung angewiesen sei.

Mit dieser Sichtweise verband sich die neue Stadtsoziologie der 70er Jahre, die Castells (1977) unter Rückgriff auf strukturalistische Marxisten wie Louis Althusser und Nicos Poulantzas etablierte. Sie betonte nicht nur die im Rahmen der kapitalistischen Urbanisierung entstehenden Konflikte zwischen dem Staat und den neuen sozialen Bewegungen. Gleichzeitig distanzierte sie sich von der klassischen Stadtsoziologie, die auf Georg Simmels Analyse städtischer Lebensstile basierte. Diese hatte idealtypisch zur Klärung des Begriffs der Stadt deren Größe, ihre hohe Verdichtung des sozialen Lebens, ihre typischen Persönlichkeiten und ihre soziale Heterogenität in den Vordergrund gerückt (vgl. Wirth 1938).

Der Ausgangspunkt von Castells' Kritik lag darin begründet, dass herkömmliche „urban studies" nicht auf gesellschaftliche Vorgänge als Ganzes schauten und die Besonderheit kapitalistischer Gesellschaften, etwa ihre Klassenwidersprüche und ihre sprunghafte Entwicklung, ignorierten. Castells lehnt ferner stadtsoziologische Ansätze ab, die das soziale Leben als ökonomischen Wettbewerb oder als biologischen Auslesewettbewerb in der Tradition von Adam Smith und Charles Darwin betrachten. Kritik finden auch Annahmen über die lokal territorialisierte Gemeinschaft der Gesellschaft, der Zentralisierung von Funktionen oder Annahmen über Stationen der menschlichen Geschichte, die an ihrer räumlichen Zentralisierung abgelesen werden. Einfache Entgegensetzungen von Gemeinschaft und Gesellschaft, Stadt und Land, lokal und kosmopolitisch, traditionell und modern, ländlich und städtisch sieht Castells ebenfalls als nicht ausreichend an, um die moderne Stadt zu charakterisieren.

Damit mussten auch die üblichen kulturellen Implikationen „des Städtischen" *ad acta* gelegt werden: Das Überwiegen sekundärer gegenüber primärer sozialer Beziehungen, die Säkularisierung und Individualisierung, die Anonymität, das Oberflächliche und die Flüchtigkeit städtischer Beziehungen, der Mangel an Partizipation, die soziale Desorganisation und die Segmentierung der Rollen. Nach Castells musste der bis dahin unhinterfragte Idealtyp des Städtischen aufgegeben werden, der sich in einer angeblichen Krise der Persönlichkeit manifestierte. Castells nahm an, dass ein Beweis für den Einfluss der städtischen Raumorganisation auf bestimmte Ausprägungen sozialer Beziehungen, kultureller Muster und Verhalten niemals erbracht worden sei. Der Raum an sich habe keine besondere kulturelle Bedeutung. Castells Kritik an der Stadtsoziologie lässt schließlich nicht viel übrig von der klassischen Stadtsoziologie. Für Castells stellte sich der theoretische Einfluss des städtischen Raumes auf das soziale Leben anders dar, nämlich eher unter dem Gesichtspunkt des kollektiven Konsums.

Im Weiteren nahm Castells dann gleichwohl eine Position ein, die das Verhältnis des Staates und der neuen sozialen Bewegungen weniger konflikthaft zuspitzte. Damit ging einher eine Distanzierung vom Marxismus seit den 80er Jahren. Nachdem Castells (1983) in *The City and the Grassroots* seine Studien zu kollektivem Konsum zusammenfassend abgeschlossen hatte, widmete er sich nun den Fragen nach dem Raum und sozialen Beziehungen auf generellere Weise, d. h. mit Bezug auf das neue Zeitalter der Informationsgesellschaft. In seinem Buch *The Informational City* hob Castells (1989) hervor, dass die Revolution in der Informationstechnologie eine grundsätzlich neue Phase in der kapitalistischen Entwicklung mit ihren urbanen und regionalen Entwicklungen eingeleitet habe. Dabei stellte er den Ansatz des „space of flows", den Raum der Ströme, vor, mit denen er die materiellen und immateriellen Komponenten der globalen Informationsnetzwerke benannte, die immer mehr die Wirtschaft in „real time" über große Entfernungen koordinieren.

So deutet sich schon an dieser Stelle ein Bild an, das in den weiteren Arbeiten von Castells immer mehr ins Zentrum rückt: Im neuen Informationszeitalter werden die neuen Netzwerke, also die an der Spitze des gesellschaftlichen Fortschritts stehenden Aktivitäten von Politik, Wirtschaft und Medien, zu einer globalen Synchron-Realität, so dass gewissermaßen *eine* globale informationelle Stadt entsteht. Die *Informational City* wird zur globalen gesellschaftlichen Realität des Informationszeitalters (vgl. auch Castells 1994).

Das Informationszeitalter

Castells konzentriert sich im Weiteren auf die Rolle neuer Technologien bei der ökonomischen Restrukturierung der modernen Gesellschaft. In den 90er Jahren verbindet Castells (2001, 2002, 2003, 2004) seine Arbeitsstränge zu einer groß angelegten Studie über das *Informationszeitalter*, die er als Trilogie erstmals zwischen 1996 and 1998 publiziert. Eine zweite Auflage erschien 2000 auf der Basis von kritischen Auseinandersetzungen und einer Vielzahl von Vorträgen und Diskussionen weltweit.

Castells' Analyse basiert auf den drei Säulen wirtschaftlicher Produktion, der Macht des Staates und seiner Institutionen und schließlich den Erfahrungen, mit denen Menschen ihrem Leben durch gemeinsames Handeln Sinn verleihen. In Anwendung auf das Internet heißt das z. B., dass Castells die Rolle des Staates, etwa des Militärs, die der sozialen Bewegungen, etwa Hackern und Aktivisten, und schließlich von Unternehmen betont, die das Internet gemäß ihren jeweiligen Prioritäten zu prägen versuchen (vgl. auch Castells 2005).

In seiner Trilogie verdichtet Castells seine Sichtweise zu der Ansicht, dass unsere Gesellschaften zusehends durch die bipolare Opposition des „Netzes" und des „Selbst" gekennzeichnet seien. Das „Netz" steht für die neue, netzwerkartige ökonomische Organisationsform, die die traditionelle, vertikal integrierte Hierarchie des Industriezeitalters ablöst. Das „Selbst" bezieht sich demgegenüber auf die vielfältigen Praktiken, durch die sich Menschen ihrer Identität in einer Zeit rapiden Wandels zu vergewissern suchen.

Band 1: Die Netzwerkgesellschaft

Nicht die bloße Flut von Information und Wissen, sondern ihre konsequente Anwendung als Rohstoff (vgl. Castells 2001: 76) und die beschleunigte Rückkopplung von Technologie mit dem sozialen Wandel kennzeichnen nach Castells die Netzwerkgesellschaft. Kultur und Produktivkräfte, Symbole und Güter sind eng gekoppelt. Castells' kulturtheoretischer Wandel (überspitzt gesagt: vom Marxisten zum Weberianer) zeigt sich in seiner Analyse darin, dass sie dem Leser die soziale Welt als immer schon auf symbolisch und kulturell geformte Weise produziert und reproduziert zeigt. Das gilt für Castells nun auch dort, wo wir auf die scheinbar „objektiven", harten Ressourcenwiderstände treffen: in der Ökonomie und ihrer Selbsttransformation in eine globalisierte Netzwerkökonomie.

In diesem ersten Band seiner Trilogie kommt Castells nach einer Übersicht über die Informationsrevolution und einigen Ausführungen, die angesichts des inzwischen erfolgten Zusammenbruchs der *New Economy* als überholt anzusehen sind, zum Kern des neuen Zeitalters: die neue Wirtschaftsform des Informationalismus. Ihre Darstellung wird in zwei Schritten entfaltet: *erstens* eine an sozialen Regelmäßigkeiten orientierte Übersicht ihrer durch politische Liberalisierung flankierten Durchsetzung seit den 70er Jahren und *zweitens* eine eher an kulturell geformten Erwartungen ausgerichtete Mikrobetrachtung transnationaler Unternehmen. Große Unternehmen kämpfen seit den 70er Jahren mit der Stagnation. Sie suchen verzweifelt nach Möglichkeiten, Kosten-Erlös-Relationen jenseits der bis dato gewohnten Wachstumspfade, auf denen die Erlöse den Kosten gleichsam natürlich vorauseilten, zu ordnen. Am Ende des Traums immerwährenden Wachstums zeigt sich die Krise jener vertikalen Integration, auf der die Riesen des Industriezeitalters basierten (vgl. Castells 2001: 189f.). Industriekonglomerate lassen sich in der Rezession nicht steuern, sondern nur zerschlagen. Die stagnationsbedingte Suche nach neuen Strategien koinzidierte historisch mit der Entwicklung neuer Kommunikations- und Informationstechnologien, war mit ihr zusammen aber umso motivkräftiger.

Castells verdeutlicht unmissverständlich, was man sich bei der kulturtheoretischen Betrachtung technischer Innovationen durchgängig wünscht: Technologische Entwicklungen erklären für sich genommen überhaupt nichts, sondern sind auf den sinnhaften Nährboden geeigneter, kulturell geformter Motive angewiesen, die den sozialen Wandel beschleunigen. Wie Castells kenntnisreich schildert, bot die Flucht ins Netzwerk für die mit sinkenden Mitteln kämpfenden Unternehmen den Ausweg aus der Sackgasse des nationalen *welfare state deal*. Mit in Netzwerken „zusammengeschlossenen" Zulieferern *außerhalb* der eigenen Organisationsgrenze führt man eine leichter steuerbare soziale Beziehung als mit anspruchsvollen, gewerkschaftlich organisierten Mitgliedern innerhalb. Das Netzwerkmitglied muss immer auf Aufträge hoffen, die interne Abteilung hingegen neigt zur Faulheit und Anspruchsinflation. Diese Kosten senkende, reflexive Handhabung von Organisationsgrenzen führt durch die Verlagerung nicht nur von Produktions-, sondern auch anderer Abteilungen bis hin zu zentralen Stäben ins Ausland zu weiteren Einsparungen, die die transnationalen Unternehmen auch in Rezessionszeiten schlank und steuerbar halten. An dieser Stelle finden sich die sinnhaften Motive, die die Netzwerke ermöglichende Technologie beschleunigen. Heute hat sich diese neue Kultur des Netzwerks durchgesetzt und ist irreversibel (vgl. Castells 2001: 157). Ford war das Standardbeispiel der industriell integrierten Massenproduktion gewesen. Cisco und Dell sind Prototypen für die Netzwerkökonomie: Man produziert selbst (fast) gar nichts, sondern koordiniert nur global, regional und lokal unter dem Dach des Produktnamens.

Die Reichweite dieser Analyse für die Gegenwartsgesellschaft wird dann deutlich, wenn man sich vor Augen hält, dass die Reduktion von „Leistungstiefen", das „outsourcing" und „subcontracting" in Netzwerke hinein, auf nationaler Ebene in jüngerer Zeit im Rahmen des *New Public Management* und im *outcontracting* in Sozialverwaltungen wiederholt wird: Ihr gemeinsames Bezugsproblem ist – und dieses Leitmotiv kehrt bei Castells immer wieder und macht die Stärke seiner Darstellung aus – das Problem des Endes der fetten Wachstumsjahre und seine indirekten, informationell beschleunigten Folgen. Die großen Organisationen von Politik, Verwaltung, Wirtschaft usw. kennzeichnen immer noch das Moderne der modernen Gesellschaft. Aber sie haben ihre Gestalt angesichts chronischer Verteilungs- und Stagnationsprobleme längst radikal verändert.

Die Netzwerkgesellschaft wäre dann auch für Castells (2001: 107) als Dienstleistungsgesellschaft nur unvollständig verstanden. Castells diskutiert, warum die seit Jahrzehnten diskutierte Annahme, wir seien auf dem Weg in eine postindustrielle Dienstleistungsgesellschaft, nur das US-amerikanische Extrem der Entwicklung zur Dienstleistungsgesellschaft zum Modell erklärt hat, denn die Realität fällt vor dem Hintergrund eines übergreifenden Anstiegs der *white collars* länderspezifisch aus. Japan und Deutschland erscheinen bis heute im Vergleich eher noch als Industriegesellschaften, während insbesondere in den angelsächsischen Ländern der Anteil von Dienstleistungen an der gesamten Wertschöpfung deutlich weiter fortgeschritten ist.

Die neue Logik des industriellen Raumes folgt der Diskontinuität der kreativ zerstörten und neu aufgebauten Netzwerke (vgl. Castells 2001: 449) und bringt die informationelle Stadt als neue urbane Form hervor (vgl. Castells 2001: 454 ff.). Castells' (2001: 484) Unterscheidung zweier räumlicher Logiken weist Ähnlichkeiten zu J. S. Colemans (1982) Beobachtungen zur Ausbildung einer immer mehr *asymmetrischen* Gesellschaft auf. Mit ihr führt Castells Überlegungen aus seiner früheren stadtsoziologischen Arbeit weiter: Der Raum der Ströme meint die dominante, organisierte Netzwerkseite der Gesellschaft, während die verstreuten, segmentierten Orte einer informellen Nahwelt kaum noch kulturelle Brücken zu den großen Netzwerken haben. Die Bedeutungen, die Menschen in der Netzwerkgesellschaft mit Räumen verbinden können, fallen immer mehr zwischen den großen, aktiven Netzwerken und den segmentierten, isolierten und bloß reaktiven informellen Nahwelten auseinander, so dass sich die zentrale Opposition des „Netzes" und des „Selbst" weiter zuspitzt.

Band 2: Moderne Kulturen und Identitäten

Castells (2002: 14) behandelt im zweiten Band seiner Trilogie vier große Themenblöcke, die für den Zusammenhang der „Konstruktion kollektiver Identität" jenseits desintegrierter Zivilgesellschaften relevant sind: *erstens* die überraschende „Rückkehr" von religiösem Fundamentalismus, ethnischer Gruppen und Nationalismus, *zweitens* die seit den 70er Jahren immer häufiger und intensiver auftretenden sozialen Bewegungen, *drittens* den starken Feminismus und *viertens* die Rolle des immer machtloseren Staates zwischen Globalisierung und informationeller Demokratie. Dabei geht es, wie er mehrfach hervorhebt, nicht um ein „Buch über Bücher" (Castells 2001: 26; 2002: 4), das die Forschungsergebnisse zu diesen heterogenen Themen zusammenträgt, sondern um einen Beitrag zur Erklärung des raschen Wandels der Gegenwartsgesellschaft. Dessen Quellen verortet Castells immer wieder im Einklang mit Alain Touraine in den sozialen Bewegungen (vgl. Castells 2002: 73, 118), obwohl er gleichzeitig konzediert, dass der von sozialen Bewegungen in Öffentlichkeiten inszenierte Protest oft leer läuft und deshalb *gerade nicht* oder nur sehr beschränkt mit den mächtigen Institutionen der Gesellschaft verzahnt wird (vgl. Castells 2003: 383). Diese stete Betonung des Potenzials zu Wandel durch soziale Bewegungen erscheint umso weniger plausibel, als Castells doch im *Aufstieg der Netzwerkgesellschaft* auf überzeugende Weise gezeigt hat, dass das *Epizentrum* modernen Wandels in der Netzwerkökonomie liege.

Castells (2002: 10) führt Identität als emphatischen, kollektiven Sinn der Menschen ein und unterscheidet drei Formen und Ursprünge des Identitätsaufbaus: Legitimierende Identität steht im Kontext der herrschenden Institutionen der Zivilgesellschaft. Widerstandsidentität wird – als wohl wichtigster Identitätstyp unserer Zeit – von entwerteten Akteuren hervorgebracht, die als Ausgeschlossene die Ausschließenden ausschließen. Die Projektidentität zielt – etwa im Feminismus – auf die Transformation der eigenen Lage, ein andersartiges Leben und den Wandel der Gesellschaft. In der Netzwerkgesellschaft wird, so hatte Castells bereits im ersten Band gezeigt, die reflexive Steuerung der Ich-Identität aufgrund „der systemischen Trennung des Lokalen und des Globalen" (Castells 2002: 13) für die Masse unmöglich, während die Eliten inmitten der Logik der Vernetzung beheimatet sind.

Castells bietet in diesem kulturtheoretisch zentralen Band seiner Trilogie eine kenntnisreiche, empirisch gesättigte Verarbeitung der Forschungsliteratur über den am Ende des 20. Jahrhunderts überraschend starken Fundamentalismus, die Wiederkehr des Nationalismus, soziale Bewegungen in Mexiko, USA und Japan, Umwelt- und Frauenbewegung. Überall zeigt sich kommunaler Widerstand gegen die von der neo-liberalen Netzwerk-Reorganisation der Wirtschaft bewirkten Exklusion. Selbst der Patriarchalismus als ehemaliges Fundament gesellschaftlicher Organisation werde unwillentlich vom informationellen Kapitalismus aufgelöst.

Nachdem Castells auf diese Weise die neuen Kräfte möglicher kollektiver Identitäten dargelegt hat, mit denen das Subjekt sich gegen die desintegrierenden Tendenzen der Netzwerkgesellschaft verteidigt, folgt im Einklang mit dem Globalisierungsdiskurs die Neueinschätzung der Rolle des Staates in der globalen Netzwerkgesellschaft. Dieser habe zwar nicht seinen Einfluss, wohl aber seine Macht verloren (vgl. Castells 2002: 259ff.). Die von Castells vorgelegten Beweise sind erdrückend. Sie werden in zwei Schritten – zunächst von außen und dann von innen – entfaltet: Die nationale Wirtschaftspolitik verliert vor dem

Manuel Castells: Kultur, Technologie und Informationsgesellschaft

Hintergrund freier Kapitalströme und der Finanzkrise der Staaten ihre Gestaltungskraft. Die global induzierte Abwärtsspirale der Konkurrenz bei den Sozialabgaben zerstört die alte Legitimationskraft des *welfare state deal* (vgl. Castells 2002: 268). Nur durch einen bisher auch nicht im Entferntesten sichtbaren globalen Gesellschaftsvertrag wäre das Produktivitäts- und Wohlstandsgefälle zwischen den Ländern zu begradigen und der nach unten in Bewegung gesetzte Wohlfahrtsfahrstuhl aufzuhalten.

Früher bestand ein nicht geringer Teil staatlicher Macht in seiner Kontrolle über Informationen. Heute hat er vor den globalen Medien kapituliert (vgl. Castells 2002: 270ff.). Die Globalisierung der Kriminalität unterminiert die Souveränität des Staates, der Niederlagen an der Drogenfront einstecken muss und zudem selbst von der Korruption zunehmend infiltriert wird. In der dezentralisierten Weltordnung wird eine souveräne elektronische Kriegsführung immer undenkbarer (vgl. Castells 2002: 279). Versuche kompensatorischer transnationaler Ordnungsbildungen (EU, die Transformation der NATO in eine allgemeine Ordnungsmacht, NAFTA, ASEAN usw.) können den „Todestanz" der „historisch entleerten Nationalstaaten" nicht beenden. Der Staat trifft auf immer größeren Widerstand von unten, insbesondere auf den Zorn seiner Bürger über ihre sinkenden Lebenschancen und schrumpft sich auf seine Kernfunktionen zurück: die Bereitstellung von Recht, Ordnung und der für die Netzwerkgesellschaft notwendigen informationellen Infrastruktur. Gleichzeitig nehmen zivilgesellschaftliche Akteure wie *Amnesty International* und *Greenpeace* auf globaler Ebene ihre Anliegen selbst in die Hand. Castells (2002: 322) spitzt diese Beobachtungen zu der Behauptung zu, dem Staat gehe allmählich sein Gewaltmonopol verloren.

Aus der Binnenperspektive des Staates stellt Castells (2002: 329ff.) die unterminierenden Kräfte der neuen, informationellen Politik, für die die USA das trefflichste Vorbild der weiteren Entwicklung abgeben, in den Vordergrund. Zwar beherrschten weder die Medien die Politik noch sei das Massenpublikum bloß ein passiver Empfänger medial inszenierter Meinungen. Jedoch sieht Castells unter Vorlage zahlreicher Zahlen eine dynamische Entwicklung der im Wettbewerb stehenden Medien, der die Politik folgen müsse, mit der sie jedoch nicht Schritt halten könne. Medien sind immer mehr die glaubwürdigste Quelle von Informationen für den Bürger geworden. Wer Zugang zu staatlichen Institutionen sucht, braucht Wählerstimmen, und diese hängen von den Bildern der Medien ab. Die Politik muss sich folglich der Inszenierungslogik der Medien vorsichtig, aber konsequent unterordnen: Immer mehr Show, immer weniger Informationsgehalt, dramatisierende Personalisierung und Simplifizierung, computerunterstütztes *polling*: Die politischen „Kommunikationskrieger" müssen ständig auf der Hut sein (vgl. Castells 2002: 340). Castells sieht gar eine „Fragmentierung des Staates", betont aber gleichzeitig neben der behaupteten Obsoletheit des bisherigen Parteiensystems einige „Embryonen einer neuen demokratischen Politik" (Castells 2002: 371f.): die Wiedererschaffung und Stärkung von Partizipation auf lokaler Ebene, die Chancen elektronischer Demokratie und schließlich wieder die sozialen Bewegungen als große Hoffnung der Zukunft sollen das retten, was der globalisierte Informationalismus mit dem Rücken an die Wand gestellt hat.

Band 3: Jahrtausendwende

Auf der damit geschaffenen Basis schildert Castells (2003) im dritten Band seiner Trilogie die Lage der Welt zur Jahrtausendwende. Die im Schlussband geführten Analysen sind weniger integriert als in den ersten beiden Bänden. Seine Schilderung der Post-Sowjetunion, der Vierten Welt, der neuen Ungleichheit, der globalen Kriminalität, des Aufstiegs Asiens und der europäischen Einigung soll die Konturen einer neuen Welt des Informationalismus erkennbar machen.

Diese Schilderung beginnt mit dem großen Verlierer der neuen Ära. Die ehemalige Sowjetunion bietet Anschauungsmaterial für den erfolglosen Versuch, die Krisen moderner Gesellschaften der 1970er Jahre zu überwinden. Die Sowjetunion fiel, ohne das unmittelbar selbst verschuldet zu haben, technologisch gegenüber den westlichen Gesellschaften zurück. Der Westen war aufgrund seiner flexibleren sozialen Geometrie besser in der Lage, die neuen Möglichkeiten des Informationalismus auszunutzen. Die Sowjetunion behinderte sich demgegenüber durch ihre institutionelle Trennung von Forschung und Produktion, eine negative Einstellung zu Innovationen und eine zu strenge innere Kontrolle. Sie konnte die eigene Forschung immer weniger produktiv nutzen und wurde zusehends abhängiger von der immer wichtiger werdenden, mehr und mehr aber nur importierbaren Technologie. Als Gorbatschow die Zügel der staatlichen Aufsicht einmal zu lockern begann, suchten die Menschen nach neuen Orientierungen. Während aber die Unfähigkeit des sowjetischen Staatssystems, sich an den technologischen und ökonomischen Wandel anzupassen, die Hauptursache für die sich abzeichnende Krise war, blieb es unmittelbar dem erneuten Aufstieg von nationalen Identitäten vorbehalten, den sowjetischen Staat schließlich zu zerstören. Letztlich musste sich die einzige Supermacht in die Reihen der „vierten Welt" zurückstufen lassen.

Der Aufstieg des Informationalismus ist eng verbunden mit wieder steigender Ungleichheit und neuem weltweitem sozialem Ausschluss. Während die Entwicklung der Ungleichheiten je nach Land gewisse Unterschiede aufweisen, scheint das Wachstum von z. T. extremer Armut ein weltweites Phänomen zu sein. Castells sieht systematische Zusammenhänge zwischen dem neuen Zeitalter des Informationalismus und der neuen „vierten Welt", deren Exklusionsphänomene durch die Strukturdynamik des Informationalismus verstärkt werden. Die Telekommunikation und die immens gestiegenen Transportmöglichkeiten ermöglichen die Verbindung von Lokalitäten bei gleichzeitiger Umgehung unerwünschter Gegenden, die auf sich allein gestellt bleiben. Diese Exklusion hat es grundsätzlich auch schon vor dem Zeitalter des Informationalismus gegeben. Aber sie wird durch die neuen Möglichkeiten des informationellen Zeitalters intensiviert.

Castells zeigt gleichzeitig, dass die Hauptakteure der „vierten Welt" keinesfalls vollständig von den Zentren der Prosperität verschwinden, sondern gleichsam als „Rache" eine in diesem Ausmaß historisch neue, globale kriminelle Ökonomie errichten. Traditionelle, lokale Verbindungen wie die Mafia nutzen die neuen Möglichkeiten der Kommunikationstechnologie im Rahmen globaler Netzwerke. Illegale Güter und Dienstleistungen wie Drogen, Frauen und Kinder, Waffen, sogar nukleares Material, Körperteile, Auftragsmorde und Erpressung werden weltweit flexibel gehandelt und verschoben. Das dazu benötigte Geld wird auf globalen Finanzmärkten „gewaschen". Während die Existenz einer umfangreichen Schattenwirtschaft historisch nicht neu ist, sieht Castells in ihrer Durchdringung von staatlichen und wirtschaftlichen Institutionen, insbesondere in Staaten wie Japan, Russland, Italien und Kolumbien, eine neue Qualität. Politik wird entweder durch bloße Gewalt, etwa durch Attentate, oder aber durch subtilere Mittel, etwa Korruption, infiltriert und beeinflusst. Insofern sieht Castells auch hier die beiden zentralen Aspekte des Informationszeitalters erfolgreich am Werke: das Netz und das Selbst. Dabei sieht Castells die kriminellen

Netzwerke sogar im Vorteil gegenüber multinationalen Unternehmen, denn sie können wohl kulturelle Zugehörigkeiten und das globale Geschäft besser miteinander im Sinne der eigenen Zwecke verbinden.

Ein weiteres zentrales Merkmal des neuen Zeitalters ist der Aufstieg der neuen Informationsökonomien des pazifischen Raums (vgl. auch Castells 1992). Die Staaten Korea, Singapur, Taiwan und Hongkong haben die wirtschaftliche Entwicklung zu ihrer Hauptlegitimation erkoren. Japan hingegen ist aus denselben Gründen wie die westlichen Kulturen in jüngerer Zeit unter Druck geraten. Die erfolgreichen Industriekonzerne Japans haben sich globalisiert und von den traditionellen japanischen Werten distanziert. Gleichzeitig entsteht auf Seiten der Bürger ein Modernisierungsschub, der den alten japanischen Patriarchalismus hinterfragt.

Kritik und Wirkung

Manuel Castells gehört zu den weltweit am meisten gelesenen zeitgenössischen Soziologen. Diese Reputation ergibt sich aus seinem gewagten Entwurf eines umfassenden Bildes der globalen Kultur unserer Zeit. Dieses verspricht neben umfassender Kenntnis der Fakten auch den Blick aufs Ganze und erhält dadurch beträchtliche Faszination. Anthony Giddens hat gar Castells' Hauptwerk über das Informationszeitalter im *Times Higher Education Supplement* in einem Zug mit Max Webers *Wirtschaft und Gesellschaft* genannt. Man mag darin eine den kulturtheoretischen Klassiker Weber entehrende Übertreibung sehen. Man kann darin aber eben auch die Betonung einer kulturtheoretischen Kontinuität erkennen. Webers *Geist des Kapitalismus* und Castells' *Geist des Informationalismus* beruhen auf ähnlichen Fundamenten.

Insofern kann Castells als einer der vielen Sozialwissenschaftler angesehen werden, der mit einer ursprünglichen Faszination für das Gedankengut von Karl Marx startete. Letzterem wird bekanntlich nachgesagt, dass er die Kultur einer Gesellschaft nur als ein abgeleitetes Phänomen ihrer materiellen Basis, insbesondere der Kämpfe um deren Verteilung, angesehen habe. So hat auch Castells zunächst die Auseinandersetzung von Gruppen um Ressourcen in der modernen Stadt betont und dann schrittweise die möglichen Weitentwicklungen seines Werkes mit Hilfe einer *eher* weberianischen Kulturtheorie für seine empirische Arbeit zu schätzen gelernt. Castells bezieht sich selbst in seiner Trilogie auf den „Meister Weber" (Castells 2001: 227), dessen Kulturbegriff bekanntlich durch „Ideen und Interessen" bzw. durch den gemeinten, kulturell geformten Sinn von Verhalten und dessen „objektiven Folgen" gekennzeichnet ist und gerade deren Dialektik betont.

Mit einer Faszination für den Blick aufs Ganze verbindet auch Castells in weiten Teilen seiner Trilogie Webers kulturtheoretisches Ideal. Immer wieder wird deutlich, was die Menschen in den Netzwerken und auf der Straße als subjektive Beweggründe antreibt und welche objektiven Folgen das hat oder aber eben auch *nicht* hat. Je deutlicher die kulturtheoretische Optik an den subjektiven Ideen der Menschen *und* an deren objektiven Folgen *und* Nicht-Folgen ausgerichtet wird, desto deutlicher wird die von Castells herausgearbeitete Opposition des Netzes und des Selbst: Die Macht moderner Identitäten, mit der Menschen ihrem Selbst Sinn verleihen möchten, ist bisweilen ohnmächtig im Vergleich zur „strukturellen" Macht der globalisierten Netzwerke, die den gesellschaftlichen Wandel dominieren.

Auch verliert Castells bei aller Hervorhebung des Neuen nicht die Kontinuitäten der „alten", modernen Gesellschaft aus dem Blick. Er sieht die neue Informationstechnologie als neue strukturelle Randbedingung menschlichen Verhaltens, die in Wirtschaft, Politik, sozialen Bewegungen, Massenmedien, internationalen Beziehungen usw. auf bereits vorhandene, „kulturell" geformte Erwartungen trifft und je nach Feld- und Sphärenlogik viele unerwartete Folgen hat. Aus dieser Perspektive fasziniert, wie Castells die Wirkungen der Informationstechnologie nachzeichnet und zudem auf gleichsam „zurückbleibende" Bereiche, etwa die Armen und die „vierte Welt", bezieht. Aufgrund seiner hohen diagnostischen Kompetenz wird Castells dem kulturtheoretischen Diskurs sicherlich für einige Zeit erhalten bleiben.

Literatur von Manuel Castells

Castells, M.: The Urban Question. A Marxist Approach. London 1977.
Castells, M.: City, Class and Power. London/New York 1978.
Castells, M.: The City and the Grassroots: A Cross-cultural Theory of Urban Social Movements. Berkeley 1983.
Castells, M.: The Informational City: Information Technology, Economic Restructuring, and the Urban Regional Process. Oxford, UK/Cambridge, MA 1989.
Castells, M.: Four Asian Tigers With a Dragon Head: A Comparative Analysis of the State, Economy, and Society in the Asian Pacific Rim. In: Appelbaum, R./Henderson, J. (Hg.): States and Development in the Asian Pacific Rim. Newbury Park/London/New Delhi 1992, S. 33-70.
Castells, M.: Technopoles of the world. London 1994.
Castells, M.: Der Aufstieg der Netzwerkgesellschaft. Opladen 2001.
Castells, M.: Die Macht der Identität. Opladen 2002.
Castells, M.: Jahrtausendwende. Opladen 2003.
Castells, M.: Die Internet-Galaxie. Wiesbaden 2005.
Castells, M. (Hg.): The Network Society: A Cross-Cultural Perspective. Cheltenham, UK/Northampton, MA 2004.

Weitere zitierte Literatur

Coleman, J. S.: The Asymmetric Society. Syracuse 1982.
Saunders, P.: Social Theory and the Urban Question. London 1981.
Steinbicker, J.: Zur Theorie der Informationsgesellschaft. Opladen 2001.
Wirth, L.: Urbanism as a way of life. In: American Journal of Sociology 44, 1, 1938, S.1-24.
Weber, M.: Wirtschaft und Gesellschaft. Tübingen 1980.
Weber, M.: Gesammelte Aufsätze zur Wissenschaftslehre. Tübingen 1985.

Jürgen Habermas: Das Vernunftpotential der Moderne

Dirk Jörke

Jürgen Habermas wird 1929 in Düsseldorf geboren. Er studiert Philosophie, Geschichte und Psychologie in Göttingen, Zürich und Bonn. 1954 promoviert Habermas bei Erich Rothacker und Oskar Becker mit einer Arbeit über Schelling zum Dr. phil. Von 1956 bis 1959 ist er am Institut für Sozialforschung in Frankfurt am Main als Assistent tätig. Dieser Zeit entstammen seine Kenntnis der (neo)marxistischen Diskussion und sein Interesse an den normativen Grundlagen einer kritischen Gesellschaftstheorie. 1961 habilitiert er sich mit *Strukturwandel der Öffentlichkeit* bei Wolfgang Abendroth in Marburg und erhält eine Professur für Sozialphilosophie in Heidelberg. 1964 erfolgt der Ruf nach Frankfurt am Main, wo er bis 1971 eine Professur für Philosophie und Soziologie innehat. In dieser Zeit erscheinen unter anderem *Erkenntnis und Interesse* sowie die beiden Aufsatzsammlungen *Technik und Wissenschaft als Ideologie* und *Theorie und Praxis*. 1971 geht er als Direktor an das „Max-Planck-Institut zur Erforschung der Lebensbedingungen der wissenschaftlich-technischen Welt" nach Starnberg, wo Habermas seinen Neuansatz einer kritischen Gesellschaftstheorie ausarbeitet. Dabei stützt er sich vornehmlich auf Überlegungen zur Sprechakttheorie sowie auf entwicklungspsychologische Arbeiten von Jean Piaget und Lawrence Kohlberg, es kommt aber auch zu einer Beschäftigung mit der Systemtheorie. 1981 legt er mit der zweibändigen *Theorie des kommunikativen Handelns* das Ergebnis seiner Starnberger Forschungen vor. 1982 übernimmt Habermas erneut eine Professur für Philosophie und Soziologie in Frankfurt am Main, wo er bis zu seiner Emeritierung im Jahr 1994 lehrt. 1992 erscheint mit *Faktizität und Geltung* seine bislang letzte systematisch angelegte Monographie. Habermas ist darüber hinaus Autor einer Vielzahl zeitpolitischer Interventionen, etwa zum Historikerstreit, zum Kosovokrieg, zur europäischen Integration und zu Fragen der Lebenswissenschaften, mit denen er sich den Ruf des einflussreichsten intellektuellen Stichwortgebers zumindest im deutschen Sprachraum erworben hat. Er ist Träger zahlreicher internationaler Preise und Ehrendoktorwürden.

Die Einseitigkeit der Vernunftkritik

Es ist nahezu unmöglich, das umfangreiche und noch nicht abgeschlossene Werk von Jürgen Habermas in wenigen Grundlinien zusammenzufassen. Dafür ist er in zu vielen Disziplinen und Diskursen zu Hause. In theoretischer wie praktischer Philosophie, aber auch in der Soziologie und der politischen Theorie hat er wichtige und zumeist breit diskutierte Beiträge geliefert. Wenn im Folgenden dennoch der Versuch unternommen wird, Habermas' theoretisches Denken um ein Leitmotiv zu zentrieren, so stellt dies sicherlich eine Zuspitzung dar, die dem Gesamtwerk nicht gerecht zu werden vermag. Dennoch ist es auf diesem Wege möglich, zumindest dessen zentrale Züge für eine kulturtheoretische Fragestellung aufzuzeigen und zu diskutieren. Dieses Leitmotiv kommt paradigmatisch im Titel eines kleineren Werkes, nämlich *Kommunikatives Handeln und detranszendentalisierte Vernunft*, zum Ausdruck. Damit verweist Habermas auf den Zusammenhang von einer noch näher zu bestimmenden Form zwischenmenschlicher Interaktion, dem kommunikativen Handeln, und einer in unserer Welt angelegten Form der Vernunft, die sich gerade nicht in bloßer Zweckrationalität erschöpft. Der zentrale Gedanke ist dabei, dass es eine sozialanthropologische Verankerung von Vernunftpotentialen gibt, die im alltäglichen menschlichen Miteinander zu Tage tritt. Und diese können sich umso mehr entfalten, je stärker in der Moderne der Mensch von traditionellen Autoritäten und Wertmustern entbunden wird.

Mit dieser These einer zumindest potentiellen Vernünftigkeit des ‚Projekts der Moderne' wendet Habermas sich gegen pessimistische Kulturtheorien, wie sie von Max Weber und in dessen Fahrwasser auch von Max Horkheimer und Theodor W. Adorno vertreten worden sind. So zeichnet sich Weber zufolge die Moderne durch einen zunehmenden Freiheits- und Sinnverlust aus, und für die Gründungsväter der Kritischen Theorie, der auch Habermas sich prinzipiell verbunden fühlt, wird sie von der Vorherrschaft einer rein instrumentellen Vernunft erstickt. In dieser Perspektive ist dann aber Habermas zufolge der Ort einer begründeten Kritik gesellschaftlicher Herrschaftszustände nicht länger möglich. Denn mit einem vereinseitigten Begriff der Vernunft ziehe sich eine kritische Theorie der Gesellschaft selbst den Boden unter den Füßen weg, sie werde zu einer nur noch irrationalistisch zu verteidigenden und damit tendenziell leeren Geste. Ursächlich hierfür ist die „Erschöpfung des Paradigmas der Bewußtseinsphilosophie" (Habermas 1981, I: 518), worunter eine Form der Vernunft zu verstehen ist, die sich am Subjekt-Objekt-Dualismus orientiert und Rationalität lediglich in der Manipulation von Dingen und Menschen zu sehen vermag. Demgegenüber versucht Habermas mit seinem Konzept einer sprachphilosophisch begründeten kommunikativen Rationalität darüber hinausgehende Dimensionen der Vernunft aufzuzeigen und den Nachweis ihrer lebensweltlichen Verankerung in den alltäglichen Praktiken des kommunikativen Handelns zu erbringen. Und eben dies soll einer kritischen Theorie ein sicheres Fundament verschaffen: „Ich werde zeigen, daß ein Paradigmenwechsel zur Kommunikationstheorie die Rückkehr zu einem Unternehmen gestattet, das seinerzeit mit der Kritik der instrumentellen Vernunft *abgebrochen* worden ist; dieser erlaubt ein Wiederaufnehmen der *liegengebliebenen* Aufgaben einer kritischen Gesellschaftstheorie." (Habermas 1981, I: 518, Herv.i.O.)

Das hiermit umrissene Programm einer Verknüpfung von Gesellschafts-, Handlungs- und Rationalitätstheorie hat Habermas in der 1981 veröffentlichten *Theorie des kommunikativen Handels* systematisch entfaltet. Es ist dieses monumentale Werk, welches im Folgenden im Zentrum der Darstellung stehen soll.

Kommunikative Rationalität

Ausgangspunkt von Habermas' kommunikationstheoretischer Wende ist der ‚linguistic turn': Die in der zweiten Hälfte des zwanzigsten Jahrhunderts verbreitete Auffassung, dass Sprache und Realität unauflöslich ineinander greifen, ein sprachunabhängiger Zugriff auf die Wirklichkeit nicht möglich sei. Dabei ist er nachdrücklich bemüht, aus der offensichtlichen Pluralität der Sprachspiele keine defätistischen Konsequenzen zu ziehen oder das menschliche Vernunftvermögen zu kontextualisieren, wie dies etwa bei Richard Rorty der

Fall ist. Vielmehr ist Habermas der Überzeugung, durch die linguistische Wende dasjenige begriffliche Instrumentarium gewinnen zu können, welches eine postmetaphysische Reformulierung eines normativ gehaltvollen Vernunftbegriffes erlaubt. Die Grundintention ist, dass aus einer formalpragmatisch ausgerichteten Analyse derjenigen Voraussetzungen, die mit unserem alltäglichen Sprachgebrauch notwendig einhergehen, diese normativ gehaltvollen Maßstäbe gewonnen werden können. Er greift dabei insbesondere auf die Sprechakttheorien von Austin und Searle zurück, also die Annahme, dass sprachliche Äußerungen immer auch Handlungen darstellen, und unterscheidet mit diesen zwischen den lokutionären und illokutionären Akten einer Sprechhandlung. Der lokutionäre Bestandteil bezeichnet den Inhalt einer Äußerung, also etwa in dem Satz „Der Tisch ist rund" die Verknüpfung von Substantiv und Adjektiv. Es werden Sachverhalte zum Ausdruck gebracht. Illokutionäre Akte erzeugen demgegenüber im Rahmen einer Sprechhandlung eine spezifische Beziehung zwischen Sprecher und Hörer. Indem der Sprecher etwas sagt, wendet er sich an jemanden, der sich zu dem Gesagten verhalten muss: „Mit *illokutionären Akten* vollzieht der Sprecher eine Handlung, indem er etwas sagt. Die illokutionäre Rolle legt den Modus eines als Behauptung, Versprechen, Befehl, Geständnis usw. verwendeten Satzes fest." (Habermas 1981, I: 389, Herv.i.O.) Und zu diesem Satz muss sich der Hörer verhalten. Er kann – was der Regelfall ist – die Sprechhandlung akzeptieren, er kann aber auch den Inhalt des Satzes bestreiten. Etwa, wenn er darauf verweist, dass der Tisch gar nicht rund, sondern rechteckig ist. Den illokutionären oder auch performativen Aspekten wohnen somit – und das ist die entscheidende Annahme – spezifische Geltungsansprüche inne, die wir in Sprechhandlungen erheben. Und aus diesen implizit erhobenen Geltungsansprüchen sowie den Bedingungen, denen die Einlösung dieser Ansprüche genügen muss, damit sie auf Akzeptabilität stoßen, lassen sich nach Habermas normativ gehaltvolle Maßstäbe gewinnen. Da nun diese Maßstäbe – die jeweiligen Geltungsansprüche – immer und notwendig in Anspruch genommen werden, zielt der Sprachgebrauch Habermas zufolge auf Verständigung ab. Gerade weil wir durch die Struktur der menschlichen Rede gar nicht umhin können, Geltungsansprüche zu erheben, wird im alltäglichen Sprachgebrauch auch immer eine Form der Rationalität eingeklagt und aktualisiert, die sich nicht in der Manipulation von Dingen erschöpft.

Oben ist behauptet worden, dass Habermas in seiner *Theorie des kommunikativen Handelns* eine Verknüpfung von Rationalitäts-, Handlungs- und Gesellschaftstheorie vornimmt. Die grundlegenden Bestandteile seiner Rationalitätstheorie haben wir nun kennen gelernt. Auch ist deutlich geworden, dass er im Anschluss an die Sprechakttheorie sprachliche Äußerungen als soziale Handlungen betrachtet, und in einem weiteren Sinne sind für ihn alle sozialen Handlungen sprachlich vermittelt. Nun geht Habermas aber nicht davon aus, dass alles Handeln als kommunikatives Handeln zu begreifen ist. Auch die Manipulation von Dingen stellen Handlungen dar, nur sind sie keine sozialen Handlungen. Dieses von Weber und Horkheimer umfassend thematisierte instrumentelle Handeln und die darin verkörperte Zweckrationalität ist demnach nur eine Form des Handelns. Damit ist eine Unterscheidung zwischen sozialen und nicht-sozialen Handlungsformen getroffen. Das soziale Handeln unterteilt Habermas sodann in strategisches und kommunikatives Handeln. Ersteres ist erfolgsorientiert, Letzteres dagegen verständigungsorientiert. Um diese wichtige Unterscheidung zu verstehen, müssen wir einen Blick auf die illokutionären Bestandteile der Sprechhandlungen werfen. Es sind die Geltungsansprüche auf Wahrheit, Richtigkeit und Wahrhaftigkeit, die laut Habermas in den jeweiligen reinen Sprechakttypen erhoben werden. Er unterscheidet damit zwischen drei Grundformen von verständigungsorientierten Sprechhandlungen:

1. Konstative Sprechhandlungen. In ihnen wird der Geltungsanspruch auf Wahrheit erhoben, die Äußerungen beziehen sich auf die objektive Welt der Tatsachen.
2. Normenregulierte Handlungen. In ihnen wird der Geltungsanspruch auf normative Richtigkeit erhoben, die Äußerungen beziehen sich auf die soziale Welt der Normen und Institutionen.
3. Dramaturgische Handlungen. In ihnen wird der Geltungsanspruch auf Wahrhaftigkeit erhoben, die Äußerungen beziehen sich auf die subjektive Welt der Gefühle.

Neben diesen verständigungsorientierten Formen der Sprechhandlungen tritt als vierte Form die des strategischen Handelns hinzu. In strategischen Sprechhandlungen geht es nicht um die Erzielung eines Einverständnisses, sondern der Sprecher zielt auf eine Täuschung, eine Manipulation des Hörers, etwa indem er ihn mittels einer Lüge zu einer bestimmten Einstellung oder Handlung bewegen möchte, von der er sich Vorteile verspricht. Hier geht es also um die erfolgsorientierte Beeinflussung des Hörers, die eine strukturelle Ähnlichkeit zu der Manipulation von Dingen im instrumentellen Handeln aufweist. Entscheidend ist nun, dass für Habermas dieses strategische Handeln gleichsam parasitär vom kommunikativen Handeln zehrt. Die vom Sprecher erhofften Effekte treten nämlich nur dann ein, wenn der Hörer die Sprechhandlung als verständigungsorientiert missversteht und die erhobenen Geltungsansprüche fälschlicherweise akzeptiert. „Perlokutionäre [manipulative, D.J.] Ziele kann der Sprecher nur dann verfolgen, wenn er sein Gegenüber darüber täuscht, daß er strategisch handelt." (Habermas 1981, I: 396).

Mit diesem Verweis auf den notwendig verdeckten Charakter erfolgsorientierter Sprechhandlungen beansprucht Habermas den Nachweis für den Primat des kommunikativen Handelns erbracht zu haben. Wäre dies nicht der Fall und würde sich vielmehr strategisches Handeln als jene Klasse der Sprechhandlungen erweisen, welche der Analyse zufolge vorherrschend ist, dann wäre es auch mit dem umfassenden Anspruch, eine kommunikative Form der Rationalität gegenüber der rein instrumentellen auszuzeichnen, geschehen. Zu beachten ist, dass sich Habermas mit diesem Begründungsprogramm auf der formalpragmatischen Ebene der Logik von Sprechhandlungen bewegt. Es geht ihm hier also zunächst nicht um den empirischen Nachweis, dass im Alltagshandeln verständigungsorientierte Handlungsweisen bei weitem vorherrschend sind. Es ist die Struktur der menschlichen Sprache, welche ihn zu folgendem Ergebnis kommen lässt: „Verständigung wohnt als Telos der menschlichen Sprache inne." (Habermas 1981, I: 387). Eine andere Frage ist demgegenüber die soziale Wirklichkeit des kommunikativen Handelns. Dies verweist auf Habermas' Gesellschaftstheorie und Zeitdiagnose.

Gesellschaft als System und Lebenswelt

Habermas zufolge ist die Lebenswelt der Ort kommunikativen Handelns. Sie ist „der Horizont, in dem sich die kommunikativ Handelnden ‚immer schon' bewegen" (Habermas 1981, II: 182). Die Lebenswelt liefert ein Reservoir an nicht-thematisierten Überzeugungen, vor deren Hintergrund Akteure überhaupt erst sinnvoll interagieren können. Sie ist ihnen zunächst und zumeist fraglos gegeben und kann als ganze niemals in Frage gestellt werden. Es können immer nur kleine Ausschnitte der Lebenswelt im kommunikativen Handeln thematisiert und gegebenenfalls – bei Bestreitung der erhobenen Geltungsansprüche – problematisiert werden. „Dieser Wissensvorrat versorgt die Angehörigen mit unproblematischen, gemeinsam als garantiert unterstellten *Hintergrundüberzeugungen*; und aus diesen bildet sich jeweils der Kontext von Verständigungsprozessen, in denen die Beteiligten bewährte Situationsdefinitionen benutzen oder neue aushandeln." (Habermas 1981, II: 191, Herv.i.O.) Habermas entwickelt seinen Lebensweltbegriff in Auseinandersetzung mit der Spätphilosophie von Edmund Husserl und die daran anschließende phänomenologische Soziologie von Alfred Schütz und Thomas Luckmann, wirft ihnen jedoch vor, dem bewusstseinsphilosophischen Paradigma noch verhaftet zu bleiben, insofern sie die Strukturen der Lebenswelt „in der Spiegelung des subjektiven Erlebens einsamer Aktoren erfassen." (Habermas 1981, II: 198) Demgegenüber möchte Habermas seinen Begriff der Lebenswelt im Anschluss an die Strukturen der Intersubjektivität gewinnen. Hier kommt eine Argumentation zum Vorschein, die wir bereits bei Habermas' Kritik an der Rationalitätstheorie von Weber und Horkheimer/Adorno kennen gelernt haben, nämlich der Vorwurf, der Ausgang von einsamen Akteuren führe zu einem verkürzten Vernunftbegriff. Und auch bei Schütz und Luckmann ist die Konsequenz laut Habermas ein zwar nicht falsches, aber eben verkürztes Verständnis der Lebenswelt im Sinne eines Reservoirs kulturellen Hintergrundwissens, das der Handelnde dann in den Situationen jeweils abrufen kann. Daneben treten aber noch zwei weitere Bestandteile, und zwar die der Gesellschaft und die der Persönlichkeit. Kultur, Gesellschaft und Persönlichkeit sind zusammen die drei strukturellen Komponenten der Lebenswelt. Diese Erweiterung ergibt sich aus dem konstitutiven Zusammenhang von kommunikativem Handeln und Lebenswelt. Die Lebenswelt stellt nicht nur den Rahmen kommunikativen Handelns dar, sie wird durch dieses auch ständig reproduziert: „Unter dem funktionalen *Aspekt der Verständigung* dient kommunikatives Handeln der Tradition und der Erneuerung kulturellen Wissens; unter dem *Aspekt der Handlungskoordinierung* dient es der sozialen Integration und der Herstellung von Solidarität; unter dem *Aspekt der Sozialisation* schließlich dient kommunikatives Handeln der Ausbildung von personalen Identitäten. Die symbolischen Strukturen der Lebenswelt reproduzieren sich auf dem Wege der Kontinuierung von gültigem Wissen, der Stabilisierung von Gruppensolidarität und der Herausbildung zurechnungsfähiger Aktoren." (Habermas 1981, II: 208f., Herv.i.O.) Kultur, Gesellschaft (im engeren Sinne von Normen und Institutionen) und Persönlichkeit werden hier von Habermas also mit den drei bereits vorgestellten Weltbezügen kommunikativen Handelns, nämlich die objektive, soziale und subjektive Welt, parallelisiert.

Mit dem Konzept der Lebenswelt haben wir die erste Komponente von Habermas' Gesellschaftstheorie – hier verstanden als Antwort auf die Frage der sozialen Ordnung bzw. nach der gesellschaftlichen Integration – kennen gelernt. Doch es ist nicht allein die verbindende Kraft der Lebenswelt, also die Integration über einen gemeinsamen Kulturhaushalt, gemeinsame Werte und Normen sowie persönliche Kompetenzen, welche laut Habermas moderne Gesellschaften zusammenhalten. Neben dieser Sozialintegration über gemeinsame Handlungsorientierungen tritt als zweites Muster die Systemintegration der Gesellschaft. Diese findet gleichsam hinter den Rücken der Handelnden statt. Es sind die unintendierten Handlungsfolgen, welche sich „über die funktionale Vernetzung [...] stabilisieren. Die Integration eines Handlungssystems wird in einem Fall durch einen normativ gesicherten oder kommunikativ erzielten Konsens, im anderen Fall durch eine über das Bewusstsein der Aktoren hinausreichende nicht-normative Regelung von Einzelentscheidungen hergestellt" (Habermas 1981, II: 179). Am offensichtlichsten kommt diese funktionale Vernetzung von Handlungsfolgen im Markt zum Vorschein, der nicht über kommunikative Aushandlungsprozesse, sondern über den anonymen Preismechanismus integriert wird. Aber auch das Verwaltungshandeln verläuft vorwiegend funktional.

Habermas hat sich bei dieser Übernahme funktionalistischer Gedanken wesentlich von Talcott Parsons inspirieren lassen, dem er auch in der Konzeptionalisierung von Geld und Macht als generalisierte Kommunikationsmedien folgt. Gestützt wird die Unterscheidung von System und Lebenswelt darüber hinaus von einer Parallelisierung mit der oben skizzierten Handlungstheorie. Ist nämlich der Komplementärbegriff zur Lebenswelt der des kommunikativen Handelns, so verweisen auch strategisches Handeln und System aufeinander. Dem liegt die Annahme zu Grunde, dass im Markt und im staatlichen Verwaltungshandeln verständigungsorientierte Handlungen lediglich eine Nebenrolle spielen, und dies auch nicht weiter problematisch ist. Im Gegenteil, nach Habermas ist darin in gewisser Weise ein Gewinn zu sehen, werden die Handelnden dadurch doch von einer Art kommunikativer Dauerbelastung befreit. Und erst vor diesem Hintergrund der Ausdifferenzierung von Systemen aus der Lebenswelt ist eine moderne, arbeitsteilige Gesellschaft überhaupt möglich. Bevor es sogleich um die dahinter stehende Theorie der Modernisierung gehen wird, soll an dieser Stelle kurz auf die Kritik an diesem zweistufigen Konzept der Gesellschaft eingegangen werden.

So ist kritisiert worden, dass Habermas die Übernahme funktionalistischen Gedankenguts ohne Not vollzogen habe und eine soziologische Thematisierung unintendierter Handlungsfolgen als wesentlicher Mechanismus der gesellschaftlichen Integration auch im Rahmen der Handlungstheorie erfolgen könne. Dies würde dann auch die „irreführende Eingrenzung der Handlungstheorie auf ‚lebensweltliche' Prozesse" (Joas 1986: 157) vermeiden. Der Hintergrund dieser Kritik ist die Warnung vor einer vorschnellen und simplifizierenden empirischen Verortung der analytischen Kategorien der System- und Sozialintegration. Und zwar gewinne man beim Lesen der *Theorie des kommunikativen Handelns* den Eindruck, in der Lebenswelt würde nur verständigungsorientiert, in den Handlungssystemen der Ökonomie und der staatlichen Verwaltung dagegen nur erfolgsorientiert agiert. Dies ist nun offensichtlich nicht der Fall, und Habermas hat sich wenig später von diesem „reifizierenden Sprachgebrauch" (Habermas 1986: 387) distanziert. Gleichwohl hält er weiterhin an der Notwendigkeit, Gesellschaft als System und Lebenswelt zu konzeptualisieren, fest. Dies führt zu einem zweiten Kritikpunkt.

Hier wird eingewendet, dass durch die Beschreibung ökonomischer Prozesse und des Verwaltungshandelns in einer funktionalistischen Theoriesprache diese Bereiche tendenziell von einer demokratischen Kontrolle abgekoppelt würden. In diesem Sinne sei Habermas' Gesellschaftstheorie aus einer politischen Sicht zu defensiv. Zwar gäbe es durchaus eine Reihe von plausiblen Argumenten, die dafür sprechen, die Umsetzbarkeit radikaldemokratischer Konzepte in modernen Gesellschaften skeptisch zu beurteilen, doch müsse daraus nicht zwangsläufig die begriffliche Ausgliederung kompletter Handlungssphären folgen. Bei Habermas seien dagegen aus theorieimmanenten Gründen die Wirtschaft und der politisch-administrative Komplex vor den Zumutungen demokratischer Einflussnahme weitgehend geschützt; die Demokratisierung der Wirtschaft werde überhaupt nicht mehr

Jürgen Habermas: Das Vernunftpotential der Moderne 651

thematisiert und auf das politisch-administrative System könne nur noch indirekt einge-wirkt werden.[1]

Doch zurück zur Argumentation der *Theorie des kommunikativen Handelns*. Aus-gangspunkt ihrer systematischen Entfaltung ist ja die Kritik am einseitigen Rationalitäts-begriff sowie an den damit einhergehenden fatalistischen Konsequenzen. Habermas will demgegenüber nachweisen, dass Webers These des Sinn- und Freiheitsverlust und auch das katastrophische Szenario, welches in der *Dialektik der Aufklärung* von Horkheimer und Adorno entworfen wird, eine zumindest verkürzte, wenn nicht gar fehlerhafte Theorie der Moderne zugrunde liegt. Entsprechend versucht er eine andere, weniger fatalistische Theo-rie der geschichtlichen Entwicklung zu rekonstruieren.[2] Hierbei bedient er sich wiederum der bekannten Kategorien und einer an Emile Durkheim anschließenden Auffassung der ,Versprachlichung des Sakralen'. Der Kerngedanke ist dabei, dass sich das Rationalitätspo-tential des kommunikativen Handelns erst sukzessive im Verlauf der Menschheitsgeschich-te hat entfalten können, und zwar indem es sich von den sozialen Schranken vormoderner Gesellschaften (enge Verwandtschaftsbeziehungen, rigide Wertsysteme) befreit hat. Ha-bermas spricht in diesem Zusammenhang von einer Rationalisierung der Lebenswelt, wel-che insbesondere dazu führt, dass Moral- und Rechtsvorstellungen formaler werden. Dies erhöht auf der einen Seite den individuellen Handlungsspielraum – und hierin sieht Haber-mas einen unzweifelhaften Fortschritt – auf der anderen Seite werden aber auch der Koor-dinierungsbedarf und mithin das Dissensrisiko zwischen den Akteuren größer. Denn inso-fern sie sich immer weniger auf selbstverständliche Handlungsgewohnheiten und soziale Rollen verlassen können, wächst die Handlungskontingenz. „Auf der Grundlage immer weiter generalisierter Handlungsorientierungen entsteht ein immer dichteres Netz von In-teraktionen, die der unmittelbaren normativen Steuerung entbehren und *auf anderen Wegen* koordiniert werden müssen." (Habermas 1981, II: 269, Herv.i.O.) Die Lösung dieses Prob-lems sieht Habermas in der beschriebenen Entkopplung von Lebenswelt und System. Wirt-schaft und Staat treten aus dem lebensweltlichen Zusammenhang heraus und folgen einer je eigenen Logik. Indem diese Bereiche vom kommunikativen Handeln gleichsam befreit werden, entlasten sie aber auch den Modus der Sozialintegration von Aufgaben, die inner-halb der Lebenswelt nicht mehr erbracht werden können. „Medien wie Geld und Macht setzen an den empirisch motivierten Bindungen an; sie codieren einen zweckrationalen Umgang mit kalkulierbaren Wertmengen und ermöglichen eine generalisierte strategische Einflussnahme auf die Entscheidungen anderer Interaktionsteilnehmer unter Umgehung sprachlicher Konsensbildungsprozesse." (Habermas 1981, II: 273, Herv.i.O.) Eben dies stellt für Habermas einen erheblichen Freiheitsgewinn dar, insofern die Menschen von den Zumutungen traditioneller Moralvorstellungen befreit werden und ihre je individuellen Interessen verfolgen können. Von einem Freiheitsgewinn kann jedoch nur gesprochen wer-den, solange die beiden Subsysteme über das Medium des Rechts an die lebensweltlichen Orientierungen gebunden bleiben und sich nicht auf Kosten der Sozialintegration verselbst-ständigen.

---

[1] Vgl. Berger (1986), McCarthy (1986).

[2] ,Rekonstruieren' meint hier die rationale Nachkonstruktion von Evolutionsprozessen, denen gerade keine evolutionistische Logik unterschoben wird. Insofern distanziert sich Habermas auch von geschichtsphiloso-phischen Entwürfen. Vgl. Habermas (1976) und Joas/Knöbel (2004: 315-318).

Die Zeitdiagnose: Kolonialisierung der Lebenswelt

Die Ausdifferenzierung von Ökonomie und staatlicher Verwaltung muss also nach Habermas nicht zu dem von Weber konstatierten Sinn- und Freiheitsverlust führen. Solange die Logik der Profitmaximierung und auch die Logik bürokratischer Abläufe lebensweltlich eingehegt sind, sind sie durchaus mit den Idealen einer freien und demokratischen Gesellschaft vereinbar. Dies ist jedoch in spätkapitalistischen Gesellschaften nicht der Fall. Systemische Funktionslogiken dringen in lebensweltliche Bereiche ein und verhindern deren eigensinnige Reproduktion. So führen sozialstaatliche Verrechtlichungstendenzen, etwa im Bereich der häuslichen Pflege, zu einer Aushöhlung familiärer Solidaritäten. Aber auch die zunehmende Monetarisierung des Alltagshandelns stellt eine gravierende Bedrohung dar, werden hierdurch doch gewachsene soziale Strukturen – man denke hier an die Nachbarschaftshilfe, aber auch die Solidarität unter Fremden – erodiert. Hinzufügen kann man aus heutiger Perspektive die zunehmende Monetarisierung von Erziehung, Bildung und Kultur. Habermas fasst diese Prozesse folgendermaßen zusammen: „In dem Maße wie das ökonomische System die Lebensform der privaten Haushalte und die Lebensführung von Konsumenten und Beschäftigten seinen Imperativen unterwirft, gewinnen Konsumismus und Besitzindividualismus, Leistungs- und Wettbewerbsmotive prägende Kraft. Die kommunikative Alltagspraxis wird zugunsten eines spezialistisch-utilitaristischen Lebensstils einseitig rationalisiert; und diese medieninduzierte Umstellung auf zweckrationale Handlungsorientierungen ruft die Reaktion eines von diesem Rationalitätsdruck entlastenden Hedonismus hervor." (Habermas 1981, II: 480)

Diese Diagnose ähnelt nicht zufällig der Verdinglichungskritik von Georg Lukács, von der sich auch Horkheimer und Adorno haben inspirieren lassen. Im Gegensatz zu diesen frühen Vertretern der kritischen Theorie geht Habermas jedoch nicht von einem durch Entfremdung und Manipulation entstandenen ‚totalen Verblendungszusammenhang'[3] aus und hält die Kolonialisierungsprozesse gerade in liberal-demokratischen Gesellschaften prinzipiell für umkehrbar. Ansätze hierfür sieht er in den neuen sozialen Bewegungen, deren Proteste sich Habermas zufolge gegen die Monetarisierung und Bürokratisierung der Lebenswelt richten. Auch wenn die meisten dieser Bewegungen einen „eher defensiven Charakter" haben, der „auf die *Eindämmung* formal-organisierter zugunsten kommunikativ-strukturierter Handlungsbereiche gerichtet ist" (Habermas 1981, II: 578, Herv.i.O.), so sie sind doch Beleg dafür, dass in einer zivilgesellschaftlichen politischen Kultur die Kolonialisierungsprozesse nicht ohne Widerstand hingenommen werden. Die Lebenswelt verfügt damit noch über hinreichende Sinnressourcen, um sich der totalen Verdinglichung zu erwehren. Die Frage, auf welchem Wege sich diese lebensweltliche Rationalität in modernen Massengesellschaften Geltung verschaffen kann, bleibt am Ende der *Theorie des kommunikativen Handelns* jedoch weitgehend unbeantwortet.

Deliberative Demokratie

Faktizität und Geltung, Habermas 1992 veröffentlichte umfangreiche Studie zur Rechts- und Demokratietheorie, lässt sich als Fortsetzung der *Theorie des kommunikativen Han-*

---

[3] Instruktiv ist in diesem Zusammenhang Habermas' Kritik an der Theorie der Kulturindustrie von Horkheimer und Adorno am Ende der Theorie des kommunikativen Handelns (vgl. Habermas 1981, II: 571-575).

delns lesen. Ähnlich systematisch angelegt wie diese, geht es um die Begründung und institutionelle Ausbuchstabierung der demokratisch legitimierten „Einflußnahme der Lebenswelt auf die formal organisierten Handlungsbereiche" (Habermas 1981, II: 275). Zu diesem Zweck unterscheidet Habermas im Bereich der Politik nun deutlicher zwischen dem politisch-administrativen System im engeren Sinne und einer Sphäre der politischen Öffentlichkeit. Im politisch-administrativen System findet die Rechtsanwendung bzw. Rechtsdurchsetzung statt. Dabei bildet die im Rahmen der Gesetze operierende Exekutive den Kern des politisch-administrativen Systems. Dort kommt ‚administrative Macht' zur Geltung; diese geht „mit dem Recht in erster Linie instrumentell um" (Habermas 1992: 623). Sie bleibt jedoch abhängig von der Rechtssetzung und hat selbst – zumindest idealer Weise – auf diese keinen Einfluss. Die Rechtssetzung wiederum ist mit normativen Gründen verbunden; es können nach Habermas nur diejenigen Rechte als legitim gelten, die die Zustimmung aller möglicherweise von der Rechtsnorm Betroffenen finden können.[4] Um dies zu gewährleisten, sind bestimmte Verfahren der politischen Willensbildung erforderlich, welche die gleichmäßige Berücksichtigung aller Interessen garantieren sollen. Habermas entwickelt hierfür das Modell einer ‚deliberativen Politik', dessen Grundannahme darin besteht, dass die Legitimität der Rechtsetzung durch die Institutionalisierung von Verfahren kollektiver Willensbildung garantiert wird. In diesen Verfahren – so die Grundthese von Habermas' Demokratietheorie – verkörpert sich die intersubjektivistisch gewendete Vernunft der Bürgerinnen und Bürger: „Eine subjektlos und anonym gewordene, intersubjektivistisch aufgelöste Volkssouveränität zieht sich in die demokratischen Verfahren und in die anspruchsvollen kommunikativen Voraussetzungen ihrer Implementierung zurück. Sie sublimiert sich zu jenen schwer greifbaren Interaktionen zwischen einer rechtsstaatlich institutionalisierten Willensbildung und kulturell mobilisierten Öffentlichkeiten. Die kommunikativ verflüssigte Souveränität bringt sich in der Macht öffentlicher Diskurse zur Geltung, die autonomen Öffentlichkeiten entspringt, aber in den Beschlüssen demokratisch verfaßter Institutionen der Meinungs- und Willensbildung Gestalt annehmen muß, weil die Verantwortung für praktisch folgenreiche Beschlüsse eine klare institutionelle Zurechnung verlangt." (Habermas 1992: 626)

Kommunikative Macht, worunter Habermas im Anschluss an Hannah Arendt die kollektiv erzeugte Wirkmächtigkeit politischen Handelns versteht, wird in der Sphäre der allgemeinen Öffentlichkeit erzeugt. Diese ist größtenteils unstrukturiert – Habermas spricht von einem wilden Komplex (vgl. Habermas 1992: 374) – und insofern offen für fast alle möglichen Beiträge. „Die Öffentlichkeit läßt sich am ehesten als ein Netzwerk für die Kommunikation von Inhalten und Stellungnahmen, also von Meinungen beschreiben." (Habermas 1992: 436) Sie reproduziert sich über kommunikatives Handeln; d.h. in ihr werden Geltungsansprüche erhoben, über die gesellschaftsweit diskutiert wird. Dabei wird um politischen Einfluss gerungen, der dann auf den Prozess der Gesetzgebung einwirkt. Er ist insoweit legitim, wie er in einer weitgehend unvermachteten Öffentlichkeit entsteht, also nicht auf der sozialen Macht einzelner Gruppen beruht. Der politische Einfluss, der in administrative Macht umgesetzt werden kann, bleibt somit abhängig von der Zustimmung der Bürger, und das bedeutet laut Habermas, dass um ihn mit Argumenten geworben werden muss. Die Wählerinnen und Wähler müssen „durch verständliche und allgemein interessie-

---

[4]   Mit diesem Legitimitätskriterium knüpft Habermas an seine Diskursethik an, deren Ausarbeitung er im Anschluss an die *Theorie des kommunikativen Handelns* unternommen hat (vgl. Habermas 1983, 1991).

rende Beiträge" (Habermas 1992: 440) in der Öffentlichkeit von den alternativen Politikangeboten überzeugt werden.

Diese Argumentation beruht im Kern darauf, dass das kommunikative Handeln und die Verfahren der Gesetzgebung als verflüssigter Ort der Volkssouveränität sich wechselseitig stützen. Die Vitalität des demokratischen Prozesses bleibt somit abhängig von einer politischen Kultur, die ihm entgegenkommen muss, „die Denzentrierung der Macht muss sich mit einer durch entsprechende Sozialisationsmuster gestützten liberalen politischen Kultur verbinden" (Habermas 1992: 385). Habermas verweist damit auf die sittlich-moralischen Ressourcen, die im vorpolitischen Bereich der Lebenswelt erzeugt und reproduziert werden müssen. Nun hat er ja in der *Theorie des kommunikativen Handelns* demonstriert, dass diese Ressourcen in spätkapitalistischen Gesellschaften durch Prozesse der Monetarisierung und der Bürokratisierung zunehmend erodiert werden. Vor diesem Hintergrund beißt sich die Katze hier also in den Schwanz. Insofern er nämlich mit *Faktizität und Geltung* auch zeigen wollte, mit welchen Mitteln die Kolonialisierung der Lebenswelt revidiert oder zumindest gestoppt werden kann, kann er sein Modell der deliberativen Demokratie nun gerade nicht unter Verweis auf deren Entgegenkommen stützen. Hierzu passt, dass er es mit diesem sporadischen Hinweis, der Axel Honneth zufolge das „sich hier abzeichnende Problem in den Bereich des soziologischen Funktionalismus" (Honneth 1999: 64) verschiebt, größtenteils bewenden lässt. Eine Theorie kultureller Reproduktion, die über die eher formalen Hinweise der *Theorie des kommunikativen Handelns* hinausgeht, steht hingegen noch aus.

Hinzu kommt, dass Habermas in seiner Auseinandersetzung mit dem republikanischen Politikmodell vor einer ethischen Überdehnung der Demokratie warnt. Im Anschluss an den politischen Liberalismus von John Rawls fordert er vom Staat daher eine möglichst weitgehende Neutralität gegenüber verschieden Konzeptionen des guten Lebens. Somit ist ihm auch der Weg verbaut, mittels einer staatlichen Förderung spezifischer Tugenden den lebensweltlichen Defiziten zu begegnen.[5] Am Ende bleibt dann die Hoffnung, dass die Zivilgesellschaft noch über genügend Ressourcen verfügt, die Medienöffentlichkeit, deren Vermachtung Habermas zumindest einräumt, in „Augenblicken der Mobilisierung" (Habermas 1992: 458) zum Vibrieren zu bringen.

Perspektiven der Kritik

Neben den bereits erwähnten Kritikpunkten sollen abschließend noch zwei allgemeine Probleme von Habermas' Theoriekonzeption zumindest andiskutiert werden. Das eine bezieht sich auf seine Rationalitäts- und Handlungstheorie, das andere betrifft seine Zeitdiagnose.

Bei dem Unterfangen die Vernünftigkeit der Alltagspraxis und deren lebensweltliche Verortung in der Moderne gegen die pessimistischen Auffassungen von Weber einerseits, Horkheimer und Adorno andererseits zu verteidigen, befasst sich Habermas zu einseitig mit der Frage der Rationalität des Handelns. Die enge Verknüpfung von Rationalitäts- und Handlungstheorie führt dazu, dass jene Dimensionen des Handelns systematisch ausgeblendet werden, die zunächst einmal nicht in dieses rationalitätstheoretische Korsett passen

---

[5]   Vgl. hierzu Honneth (1999).

Jürgen Habermas: Das Vernunftpotential der Moderne 655

wollen. In der *Theorie des kommunikativen Handelns* kommt es so zu einer kognitivistischen Engführung, in deren Folge, wie Dmitri Shalin feststellt, die emotionalen und körperlichen Dimensionen des Handelns und deren potentielle Rationalität nur ungenügend zur Geltung kommen: „Reason appears in TCA primarily as thinking (consciousness, understanding, cognition). It has no obvious relation to the human body and noncognitive processes (emotions, feelings, sentiments). What pragmatists call 'experience' has shriveled into verbal intellect, which assumes in TCA a privileged position as a locus of rationality." (Shalin 1992: 254) Die dortige Thematisierung des dramaturgischen Handelns steht mit dieser Einschätzung nur scheinbar im Widerspruch. Auffällig ist, dass Habermas diesem Handlungstypus im weiteren Verlauf seiner Argumentation und auch in den nachfolgenden Schriften nicht systematisch nachgeht. Und in seiner politischen Theorie wird das dramaturgische oder auch expressive Handeln nahezu vollständig vernachlässigt. Er differenziert dort zwar zwischen pragmatischen, ethischen und moralischen Diskursen, doch es bleiben eben Diskurse, in denen um ausschlaggebende Gründe gerungen wird. Ausgeblendet werden damit aber diejenigen Aspekte des politischen Handelns, die sich zunächst einmal nicht kognitiv-rational einholen lassen. Daher ist auch Michael Walzer zuzustimmen, wenn er in Abgrenzung zum Modell einer deliberativen Politik diagnostiziert: „Die Politik kennt außer der Vernunft und oft in Spannung zu ihr noch weitere Werte: Leidenschaft, Engagement, Solidarität, Courage und Konkurrenzverhalten." (Walzer 1999: 41) Nun mag man einwenden, dass es Habermas gerade darum geht, deren Einfluss, eben weil sie anfälliger sind für soziale Macht, einzudämmen. Diese Vorgehensweise ist jedoch nicht unproblematisch: Es kommt aufgrund des starren institutionellen Designs deliberativer Prozesse zu einem Ausschluss derjenigen Beiträge, die nicht mit dem ‚zwanglosen Zwang des besseren Arguments' stechen können oder schlichtweg an den Barrieren des etablierten Institutionensystems auflaufen. Dies führt zum zweiten Kritikpunkt.

In seinem Unterfangen, sich von allzu pessimistischen Deutungen der kapitalistischen Moderne abzugrenzen, sieht Habermas sich genötigt, deren zumindest potentielle Rationalität und Überlegenheit gegenüber vormodernen Gesellschaftsformationen nachzuweisen. Dabei geraten die grundlegenden Strukturen und Institutionen der liberalen Demokratie (Bürokratie, kapitalistische Produktionsweise, Rechtsstaatlichkeit, Eigentumsverhältnisse, Parteienkonkurrenz und periodische Wahlen) tendenziell aus dem Fokus der Kritik, indem er sie als Ausdruck einer höheren Rationalität deutet. Als pathologisch können vor diesem Hintergrund dann lediglich einzelne übersteigerte Funktionslogiken und deren Eindringen in Bereiche der Lebenswelt erscheinen, nicht jedoch die kapitalistische Gesellschaftsformation als solche. Die Konsequenz besteht auf dieser begrifflich-konzeptionellen Ebene in der Zahnlosigkeit einer Gesellschaftsdiagnose, die mit dem Anspruch auftritt, in der Tradition der kritischen Theorie zu stehen. Dies hat Habermas jedoch nicht daran gehindert, immer wieder kritisch zu tagespolitischen Ereignissen, aber auch zu grundlegenden gesellschaftlichen Tendenzen Stellung zu beziehen. Insofern bleibt am Ende im Schaffen von Jürgen Habermas eine Spannung zwischen Theorie und Praxis.

Literatur von Jürgen Habermas

Habermas, J.: Strukturwandel der Öffentlichkeit. Neuwied/Berlin 1962.
Habermas, J.: Erkenntnis und Interesse. Frankfurt/M. 1968.
Habermas, J.: Technik und Wissenschaft als ‚Ideologie'. Frankfurt/M. 1968.

Habermas, J.: Theorie und Praxis. 2. Aufl., Frankfurt/M. 1971.
Habermas, J.: Zur Rekonstruktion des Historischen Materialismus. Frankfurt/M. 1976.
Habermas, J.: Theorie des kommunikativen Handelns, 2 Bände. Frankfurt/M. 1981.
Habermas, J.: Moralbewusstsein und kommunikatives Handeln. Frankfurt/M. 1983.
Habermas, J.: Entgegnung. In: Honneth, A./Joas, J. (Hg.): Kommunikatives Handeln. Frankfurt/M. 1986, S. 327-405.
Habermas, J.: Erläuterungen zur Diskursethik. Frankfurt/M. 1991.
Habermas, J.: Faktizität und Geltung. Beiträge zur Diskurstheorie des Rechts und des demokratischen Rechtstaats. Frankfurt/M. 1992.
Habermas, J.: Kommunikatives Handeln und detranszendentalisierte Vernunft. Stuttgart 2001.

Weitere zitierte Literatur

Berger, J.: Die Versprachlichung des Sakralen und die Entsprachlichung der Ökonomie. In: Honneth, A./Joas, H. (Hg.): Kommunikatives Handeln. Frankfurt/M. 1986, S. 255-277.
Honneth, A.: Demokratie als reflexive Kooperation. John Dewey und die Demokratietheorie der Gegenwart. In: Brunkhorst, H./Niesen, P. (Hg): Das Recht der Republik. Frankfurt/M. 1999, S. 37-65.
Joas, H.: Die unglückliche Ehe von Hermeneutik und Funktionalismus. In Honneth, A./Joas, H. (Hg.): Kommunikatives Handeln. Frankfurt/M. 1986, S. 144-176.
Joas, H./Knöbl, W.: Habermas' ,Theorie des kommunikativen Handelns'. In: Joas, H./Knöbl, W.: Sozialtheorie. Frankfurt/M. 2004, S. 315-350.
McCarthy, T.: Komplexität und Demokratie – die Versuchungen der Systemtheorie. In: Honneth, A./Joas, H. (Hg.): Kommunikatives Handeln. Frankfurt/M. 1986, S. 177-215.
Shalin, D. N.: Critical Theory and the Pragmatist Challenge. In: American Journal of Sociology 98, H. 2, 1992, S. 237-279.
Walzer, M.: Vernunft, Politik, Leidenschaft. Defizite liberaler Theorie. Frankfurt/M. 1999.

Niklas Luhmann: Systemtheoretiker und Poet zivilklinischer Theorie

Bernd Ternes

Einsatz

Lange ist es nicht her, dass in einer Massivität ohnegleichen Theorien des Sozialen sich um den Fortbestand des Sinns, der Gerechtigkeit, des Werdens oder schlicht des Lebenkönnens in der endmodernen, spätkapitalistischen Gesellschaft bemühten – eine halbe Generation nach dem Kriegsende und damit in der Hoffnung, mit den sich in den in 30 bis 40 Jahren angesammelten Erfahrungen nichtkriegerischer Gesellschaftsentwicklung könne etwas Eigenständiges, etwas Eigenwertiges angesprochen und für die Zukunft in Anschlag gebracht werden. Zwar hatte Gesellschaftstheorie, so der Titel dieser Denkbemühungen, bereits um 1980 den Nimbus eines Zuspätkommens. Dennoch: Die Vorstellungen waren, wie diffus auch immer, intakt, Gesellschaft könne noch werden, Gesellschaft sei adressierbar, befinde sich auf dem Weg, egal, ob auf dem zum Abgrund oder dem zur besseren Zukunft. Gesellschaft als Begriff besaß Dignität, Reibungsfläche, Körnigkeit, Widerständigkeit und war eingereiht in eine lange Kette zentraler Begrifflichkeiten menschlicher Existenz überhaupt: Mythos, Gott, Natur, Geschichte, Sprache.

Etwas mehr als 20 Jahre später muss man in der letzten großen narrativistischen Theorie, die noch die Runde zu machen versteht, Sloterdijks Sphärologie (vgl. Sloterdijk 2004), Gesellschaft in Anführungszeichen lesen – Stacheldraht für die Begriffe dies. Von Luhmann hin zu Sloterdijk (mit einem kleinen Umweg über Friedrich Tenbrucks Aversion gegenüber Gesellschaftsbegrifflichkeit) also ein Abfall dessen, was Gesellschaft und Gesellschaftstheorie heißt. Man verwendet, so scheint es, Gesellschaft aus Verlegenheit, nicht aus Überzeugung. In Ermangelung eines anderen Wortes bleibt man beim Althergebrachten und zeigt gleichzeitig, dass man, ist von Gesellschaft die Rede, damit nicht mehr viel aussagt – das gilt selbstredend auch für „die Weltgesellschaft". Man spricht lieber von Kultur, meist ohne zu wissen, welche Resignation in dieser Begriffsentscheidung steckt. Aus sozialen Systemen sind halbopake, halbgeöffnete, ko-isolative Schaumblasen geworden. Gesellschaft, nicht Staat ist verschwunden als Denkadresse, ist verschwunden aus dem sozialphilosophischen Nachdenken; übrig bleiben sich zaghaft bildende Ligen, Menschenligen, deren Bildung zur Zeit noch durch die fast krankhafte Verwendung des Kulturbegriffs verkannt wird. Soziale Systeme verkommen in der Semantik zu sozialen Sicherungssystemen, die sich immer weniger Gesellschaft leisten, immer weniger bezahlte Arbeit, dafür aber immer mehr Exklusion. Sie beginnen, sich nun offensiv ein weiteres Mal von Menschen zu emanzipieren. – Exakt dies, die Emanzipation der Gesellschaft von Menschen als Voraussetzung dafür, dass der Sinnbegriff auch im 21. Jahrhundert noch Sinn macht, war einer der Grundmotive Luhmann'scher Arbeit.

Luhmanns Systemtheorie ist die derzeit kongeniale Beschreibung des gesellschaftlichen Zivilisationsprozesses im endmodernen Zustand – ein Zustand, der von Kultur mindestens noch eine ganze Epoche entfernt ist. Sie ist Ausdruck einer szientistischen, nicht einer kulturalen Semantik der Gesellschaft, sie holt wie keine andere den evolutiven, differentiellen und kommunikationellen Stand der „Weltzivilisation" ein – dies allerdings mit der Geste eines Inventarisierens in der Nachfolge Kants, der Ende des 18. Jahrhunderts „die Anthropologie" einholte. Das Problem, „jetzt, nach dem Abklingen der Aufklärung, einen Sozialbegriff für individuell gebildete Assoziationen und Gefühle zu finden" (Luhmann 1995b: 34), wird von Luhmann zwar als gewichtiger Grund für das Interesse an und die Herausbildung von Kultur gedeutet – doch für ihn und seine theoretische Architektur des Sozialen ist dies nicht von Belang.

In Luhmanns Arbeiten finden sich sehr viele analytische Gemeinsamkeiten mit der kritischen Theorie, dem Marxismus und „dem Dekonstruktivismus". Seine Systemtheorie bietet jedoch im Gegensatz zu diesen und anderen Theorien die Möglichkeit, theoretisch das vor Verwertungshunger rasend gewordene System, das am eigenen Fleisch zu fressen beginnt, zu begleiten, als ob nichts wäre. Luhmanns Werk teilt damit den Bewertungsstatus, der nicht selten dem Hegel'schen Werk zugesprochen wird, nämlich: in eins das Denken der Zeit auf die Spitze zu treiben und zu einem Ende zu bringen. Das Denken der Zeit im Falle Luhmanns ist das des zivilisatorischen *forcings*, also der Entbergungs-, der Analysezeit.

Kontexte: Leben, Zeit, Gesellschaftstheorie

Luhmann, am 8. Dezember 1927 als Sohn eines Brauereibesitzers in Lüneburg geboren, verstarb am 6. November 1998, einen Monat vor Vollendung seines 71. Lebensjahres. Obgleich sein erstes, alleine verfasstes Buch erst 1964 veröffentlicht wurde, er lebensbiographisch mithin sehr spät zu publizieren begann, hinterließ er ein Werk immensen Umfangs und diversester Themen – wenngleich er schon sehr früh nur ein Thema verfolgte: Wie eine universalistische soziologische Theorie-Architektur zu erstellen ist, die Abschied nehmen kann von „althumanistischen" Vorurteilen, und die Anschluss finden kann an kurrente Wissensbestände avancierter Vokabularien der Kybernetik, der Metabiologie – und natürlich der Systemtheorie.

Luhmanns lebenslanges Interesse an Differenz[1], seine Entscheidung, nach dem Krieg Rechtswissenschaften zu studieren, wurde von ihm einmal erläutert mit der Erfahrung, die er ob des Wechsels von der nationalsozialistischen zur demokratischen Gesellschaft machte: „Vorher schien alles in Ordnung zu sein und hinterher schien alles in Ordnung zu sein, alles war anders und alles war dasselbe" (Luhmann 1987: 128). Diese Einschätzung kann schon als eine Art Nucleus gelten für Luhmanns generelle Entscheidung, seine Wissenschaft nicht entlang der *social problems* zu orientieren – wie es „die" kritische Theorie tat – , sondern vielmehr im Abkoppeln von *social problems* (im Sinne von Vorgaben für Problemstellungen) ein Erfordernis für die Ausdifferenzierung von theorieinterner soziologischer Forschung zu sehen. Darin folgte er sehr konsequent Talcott Parsons; nochmals

---

[1] Der Unterschied zu Hegels Philosophie, mit der Luhmanns Theorie immer wieder in Zusammenhang gebracht wird, kann man pointiert so fassen: Hegel interessierte sich für Identität von Identität und Differenz, Luhmann hingegen verfolgte die Differenz von Identität und Differenz.

Luhmann: „Auf jeden Fall ist die Erfahrung mit dem Nazi-Regime für mich keine morali-sche gewesen, sondern eher eine Erfahrung des Willkürlichen, der Macht [...]. Sie sehen, ich habe keinerlei Bedürfnis, auf Einheit hinaus zu denken, es sei denn, daß ich genau wüß-te, welche Differenz denn gemeint ist, deren Einheit formuliert werden soll" (Luhmann 1987: 129).

Nach einer einjährigen Tätigkeit als Verwaltungsbeamter am Oberverwaltungsgericht Lüneburg wechselte Luhmann ins niedersächsische Kultusministerium, vordringlich mit der juristischen Bearbeitung von Nazi-Wiedergutmachungsfällen betraut. Eine Beurlau-bung[2] brachte Luhmann dann in der Zeit von 1960 bis 1961 an die Harvard-Universität zu Talcott Parsons, dem führenden soziologischen Systemtheoretiker seiner Zeit. Nach einer Referentenzeit an der Verwaltungshochschule Speyer konnte Luhmann dann 1966 an der Universität Münster bei Helmut Schelsky und Dieter Claessens in eins promovieren und habilitieren. 1968 schließlich wird er Professor für Soziologie an der neugegründeten Re-formuniversität Bielefeld. An der 1969 dort neugegründeten Fakultät für Soziologie sieht er sich „konfrontiert mit der Aufforderung, Forschungsprojekte zu benennen". Luhmanns Antwort ist mittlerweile Legende: „Mein Projekt lautete damals und seitdem: Theorie der Gesellschaft; Laufzeit: 30 Jahre; Kosten: keine" (Luhmann 1997: 11).

Trotz der recht frühen und erfolgreichen Inszenierung[3] einer über die Fachgrenzen hinaus wirkenden Kontroverse zwischen Luhmann und Habermas (vgl. Habermas/Luh-mann 1971) in der Nachfolge des bekannten Positivismus-Streites scheint es sinnreich, Luhmanns Werk und Wirken erst ab den achtziger Jahren des 20. Jahrhunderts anzusetzen. Das hat nicht allein mit der zu dieser Zeit noch hegemonialen neomarxistischen Theorie-produktion vordringlich der kritischen Theorie zu tun, sondern auch mit Rezeptionsproble-men, die Luhmann verursachte durch seine nicht mehr durch Parsons gedeckte Übernahme des Systembegriffs ins genuin soziokulturelle und kommunikative Feld. Noch 1978 setzte Günter Ropohl den Anspruch der Soziologie, auch Systemtheorie betreiben zu können, durch die Benutzung der Anführungszeichen auf ein Mindestmaß an Achtung. Zu Luhmann schreibt er: „Während Parsons' Konzeption durchweg als ‚strukturell-funktionale Theorie' bekannt ist, gebührt N. Luhmann das zweifelhafte Verdienst, für ein gegenüber Parsons modifiziertes sozialphilosophisches Konzept in höchst mißverständlicher Weise das Etikett ‚Systemtheorie' – ohne einschränkenden Zusatz! – usurpiert und dabei diesen Begriff nicht, wie er selbst meint [...], radikalisiert, sondern jeglicher Präzision beraubt zu haben." (Ro-pohl 1978: 43f.)

---

[2] Zum Motiv dieser beantragten Beurlaubung zwecks Studium kann die folgende Erinnerung Luhmanns etwas Aufschluss geben: „Obwohl ich so manche Jahre im Kultusministerium verbrachte, hatte ich nie ein Interes-se daran, eine richtige Dienstlaufbahn als Beamter einzuschlagen. Ich erinnere mich an ein Gespräch mit ei-nem Referenten aus dem Innenministerium, der mir sagte, daß ich nie ein richtiger Beamter werden würde, wenn ich nicht einmal in einem Landkreis tätig gewesen wäre. Meine Antwort war: ‚Ich lese Hölderlin'." (Luhmann 1987: 131f.)

[3] Inszenierung sage ich deswegen, weil Luhmann immer wieder betont hat, dass die Auseinandersetzung eher wissenschaftspolitisch bzw. theoriepolitisch motiviert war, und nicht der Sache selbst entsprungen ist. Luh-mann: „Ich gewinne [...] nicht viel bei der Lektüre von Habermas. [...] wenn ich nur strikt das lesen würde, was mich [...] in meiner Theorieentwicklung weiter führen würde, würde ich gar nicht auf Habermas kom-men. [...] Ich sehe einfach bei Habermas nicht die Möglichkeit einer wirklich umfassenden Theorie, die dann die Systemtheorie aus sich entläßt und ihr in sich einen Platz zuweist." (Luhmann 1987: 119f.)

Selektiver Rückblick

Gehen wir nochmals zurück in die Zeit um 1980, eine für Gesellschaftstheorie extrem fruchtbare Zeit. 1979 gründeten sich die Grünen. 1981 veröffentlichten Alexander Kluge und Oskar Negt den Riesenband *Geschichte und Eigensinn*; in Frankreich war ein Jahr vorher der zweite Band zu Kapitalismus und Schizophrenie erschienen, Gilles Deleuzes und Felix Guattaris *Mille Plateaux* (erst 1992 in dt. erschienen); 1981 trat auch Jürgen Habermas mit seiner *Theorie des kommunikativen Handelns* an die Öffentlichkeit; zwei Jahre vorher, wiederum in Frankreich, erschien Pierre Bourdieus *La distinction. Critique sociale du Jugement* (1982 in dt. als *Die feinen Unterschiede* herausgegeben).

1981 kam Luhmanns dritter Band seiner Reihe *Soziologische Aufklärung* heraus. Er war und ist der umfangreichste der insgesamt sechs Bände und trug den Subtitel „Soziales System, Gesellschaft, Organisation". Knapp die Hälfte dieses Bandes firmierte unter der Kapitelüberschrift ‚Allgemeine Theorie sozialer Systeme', während sich der Rest evolutionstheoretisch, teilsystemtheoretisch und organisationstheoretisch auslieẞ. Drei Jahre später dann, 1984, erschien endlich sein Grundriss einer allgemeinen Theorie mit dem Titel *Soziale Systeme*, wenn man so will: publikationszeitlich clever angesetzt, da die Rezeptionsstürme der vorher veröffentlichten Bücher längst abgeflacht waren.

Spätestens 1997 konnte man rückblickend sehen, dass das Buch *Soziale Systeme* eine Art Einleitungstext war für ein umfassenderes Buch, das gleichfalls nie als ein einziges Buch gebunden werden könnte ob tausender Seiten. *Soziale Systeme* war also die Einleitung und die Behandlung der Systemtheorie auf abstraktester Ebene; danach kamen dann Bücher Luhmanns, die die jeweiligen Teil- und Funktionssysteme der Gesellschaft abdeckten; 1988 die Wirtschaft der Gesellschaft, 1990 die Wissenschaft, 1993 das Recht, 1995 die Kunst; gleichfalls 1995, erweitert 1996 seine Betrachtungen über die Realität der Massenmedien; und 1997 dann, von vielen als opus magnum angesehen, der Groẞband mit dem Titel *Die Gesellschaft der Gesellschaft*. (Aus dem Nachlass heraus erschienen dann noch die Bände zur Religion, zur Politik und zur Organisation; Themen mithin, die Luhmann immer schon und immer wieder behandelte). Zwischen dieser Hauptlinie seines Publizierens schrieb Luhmann bevorzugt über das Recht, brachte einen mittlerweile von einigen als genial bezeichneten Band zur *Liebe als Passion* heraus (Theoriegegner: Günter Dux), befasste sich mit der Funktion der Religion, hat in seiner zweiten periodischen Publikationsreihe, nämlich die „Gesellschaftsstruktur und Semantik" genannte und wissenssoziologisch angesetzte, vier Bände auf dem Markt, die teilweise Aufsätze enthalten, die ein eigenes Buch rechtfertigen, schrieb über Macht, über Vertrauen, über die Beobachtungen der Moderne; und dazu unendlich viele Aufsätze in Zeitschriften von unvergleichlich verschiedener Provenienz. Luhmann war ein Schreibautomat. In einem Interview meinte er einmal, er schreibe immer mehrere Texte gleichzeitig, und zwar nach dem Lustprinzip: Klappt es mit dem einen nicht, geht er zum anderen. Luhmann gehörte zu den wenigen, die mehr geschrieben haben, als manch einer in seinem Leben lesen wird.

Werk und Wirkung

Schon sehr früh musste man hören, Luhmanns Systemtheorie habe nichts mit dem zu tun, was Wirklichkeit geheißen (vgl. Käsler 1984). Das kommt darauf an, welchen Wirklichkeitsbegriff man hat. Meint man zum Beispiel, Wirklichkeit sei der Augenblick, in dem ein Gegenstand im Begriff ist, sich in seine Beziehungen aufzulösen: dann wäre die Systemtheorie die Wirklichkeitswissenschaft par excellence. Denn es handelt sich vornehmlich um Relationen und Relationierungen von Relationen, die von dieser Theorie in den Begriff gestellt werden. Und natürlich handelt es sich vornehmlich um Augenblicke, sprich: um temporalisiert und operativ gedachte Wirklichkeit, die diese Theorie in den Griff bekommen wollte, getreu dem etwas Sand in die Augen streuenden Motto, die *second order*-Kybernetik habe nur ein Ziel: herauszubekommen, wie sich Systeme in turbulenten Zeiträumen zu sich verhalten, um nicht unterzugehen.

Systemtheorie in der Luhmann'schen Fassung glaubte nicht mehr daran, dass man an etwas Bestimmtes denken könne, denn dies zu glauben hieße glauben, dass durch das Meer schwimmen bedeute, das Meer zu teilen. Die Bestimmung des Nichtbestimmten oder gar Unbestimmten hat eigenartigerweise Franz Joseph Czernin (vgl. Czernin 1992) am Begriff System zur Meisterschaft gebracht, etwa in folgenden Sätzen:

> „system: für jede reihe von sätzen gibt es mindestens eine weise, sie zu verstehen, die jeden satz aus mindestens einem anderen folgern läßt." (Czernin 1992: Bd.1, 18)

> „system: was jeden ausdruck zum element einer ordnung von ausdrücken macht, welche das erzeugt, was wir dann, wenn wir jene ordnung von ausdrücken gebrauchen, als gegenstand bezeichnen." (Czernin 1992: Bd. 1, 117).

> „system: welche behauptungen als wahr angesehen werden, hängt davon ab, welche behauptungen möglich sind; welche behauptungen möglich sind, hängt davon ab, welche behauptungen als wahr angesehen werden." (Czernin 1992: Bd.2, 86)

Oder dieser abschließende Satz zum Problem des Erkennens:

> „die systematische zerstörung dessen, was man für sich selbst hält, zu einem zweck, der sich einem entzieht" (Czernin 1992: Bd.8, 104).

Soziale Systemtheorie und Selbstorganisationskonzepte

Luhmanns Systemtheorie kann man unterschiedlich einordnen. Die kürzeste Art der Einordnung ist, sie auf Talcott Parsons' Theorieprogramm zu beziehen und dann die Unterschiede festzuhalten. Eingewöhnt hat sich die Aussage, dass Parsons eine struktur-funktionalistische Systemtheorie entworfen hat, in der der Begriff der Handlung Penetrationszentrum ist, aufgespannt im so genannten AGIL-Schema (*adaption, goal attainment, integration, latent pattern maintenance*; also: Öffnung, Spezifikation, Schließung, Generalisierung). Luhmanns Theorie hingegen sei eine funktional-strukturelle Theorie, bei der die Funktion Prior gegenüber der Struktur und der Begriff der Kommunikation das erste ist, wovon sich der Begriff der Handlung ableitet.

Eine zweite Einordnung war in der Bundesrepublik wohl die erfolgreichste, nämlich Luhmann an der Referenz kritischer Theorie Habermas'scher Art zu begutachten. Das war allerdings auch umgekehrt so: Luhmanns vor allem rechtssoziologische Texte aus den frühen Jahren hatten offen, meisten aber heimlich die kritische Theorie im Visier als eine

Form theoretischen Denkens, das zu unterkomplex sei, auf den falschen Zentralbegriff setze, zuviel metaphysischen Humanismus enthalte und schlicht noch einem Totalitäts- und Utopieglauben verhaftet sei. Habermas hingegen, der mit seinen Zentralbegriffen des kommunikativen Handelns, der Lebenswelt, des herrschaftsfreien Diskurses und dem der Interaktion den Westmarxismus zu rekonstruieren suchte, warf Luhmann vor, sogar noch hinter den objektiven Idealismus eines Hegel zurückzufallen, generell einen konservativen, typisch deutschen Ansatz von theoretischer Philosophie zu vertreten und die Potentiale der kulturellen Rationalität für die Beziehungen zwischen Kommunikationsverhältnissen und Kommunikationskräften (vormals: Produktivkräfte) zu ignorieren.

Anfang der siebziger Jahre wurde dann die große Luhmann-Habermas-Debatte inszeniert, mit zwei Supplement-Bänden im Schlepptau; verkürzt wurde der Kern des inszenierten Disputs auf die Frage: Wie hältst du es mit der Handlungs-, wie mit der Systemtheorie, vulgo: Können die Menschen ihre soziale Welt noch verändern, oder haben die Menschen keinen direkten Zugang mehr zu ebendieser Welt? Aber auch dieser Disput ist vorbei, spätestens 1992 mit seinem Band *Faktizität und Geltung*, in dem Habermas das Recht auf die Seite der Lebenswelt schlägt, während er es 1981 in seiner *Theorie des kommunikativen Handelns* noch als Derivat von und als Stütze der Machtstrukturen beschrieb, die systematisch unverzerrte Kommunikationsverhältnisse verhindern.

Luhmanns Theorie sozialer Systeme ist eingebettet in das, was man Theorien der Selbstorganisation nennt, die in unterschiedlichen Bereichen seit etwa fünfzig Jahren virulent sind. Luhmann schöpfte quasi aus den Modellen, die anfänglich ohne Wissen voneinander in der Physik, der Chemie, der Biologie und der Kybernetik entworfen worden sind, und braute sich ein eigenes Modell zusammen, das spezifisch und ausschließlich für soziale Systeme gelten sollte, also für Systeme, die sich über das Medium der Kommunikation reproduzieren. Sein Gedanke der Anschlussfähigkeit war immer so zu verstehen, dass nun endlich auch die Soziologie eingereiht werden kann in das neue epistemische Paradigma der Selbstorganisation und sich damit endlich auch auf der Höhe der gegenwärtigen Forschung befindet. Der kleinste gemeinsame Nenner aller Selbstorganisationstheorien des 20. Jahrhunderts wurde, verkürzt formuliert, *in der nichttrivialen, operativ geschlossenen, selbstreferentiellen autopoietischen Maschine dingfest gemacht*. Luhmanns Begehr lag darin, die *soziale* Ausprägung dieser Maschine umfassend zu beschreiben, nachdem die biologische, die chemo-physikalische, die kybernetische und neurologische Fassung dieser Maschine schon halbwegs beschrieben waren.

Luhmann konnte dafür auf die sieben sogenannten Urkonzepte der Selbstorganisation zurückgreifen (Paslack/Knost 1990). Er tat dies ausgiebig und verdeutlichte damit praktisch, was Anschlussfähigkeit und Interdisziplinarität sein kann, systemtheoretisch gar sein muss. Die Konzepte, summarisch aufgezählt:

1. Der systemtheoretisch-kybernetische Ansatz Heinz von Foersters („order from noise")
2. Die Theorie dissipativer Strukturen von Ilya Prigogine („order from fluctuation")
3. Die Theorie der Synergetik Hermann Hakens („order from transgression")
4. Die Theorie autokatalytischer Hyperzyklen Manfred Eigens (mikrostrukturelle Ordnung durch Konkurrenz)
5. Die Theorie der Autopoiesis Humberto Maturanas und Francisco Varelas (Ordnung als Effekt und Bestandteil der zu ordnenden Elemente)

Niklas Luhmann: Systemtheoretiker und Poet zivilklinischer Theorie 663

6. Die Theorie der elastischen Ökosysteme Heinz Hollings (Ordnung durch Ko-evolution)
7. Die Theorie des ‚deterministischen' Chaos von Edward N. Lorenz und Benoit Mandelbrot (Ordnung als dimensionenübergreifende fraktale Selbstähnlichkeit)

Das Gemeinsame dieser verschiedenen Theorien verschiedener Gegenstandsbereiche, die erst in jüngster Zeit ein Bewusstsein für sich entwickelt haben und Transdizilinarität versuchen, ist die starke Betonung von Irregularitäten, Unwahrscheinlichkeiten, Komplexitäten, Geschlossenheit und Uneinsehbarkeit der Selbstbildung. Der Umwelteinfluss wird theorieintern auf den Status einer Perturbation (als Positivbegriff der Disturbation verstanden) runtergefahren; das System selbst entscheidet, ob und wie die Umweltstörungen in die Systemoperationen integriert werden. Punkt. Das zu beschreiben war Luhmanns Ansinnen, bezogen auf Systemoperationen, die sozialer Art sind, bezogen auf eine Umwelt, die mehrheitlich „Mensch" genannt wird.

Dieses „neue" Dispositiv namens Selbstorganisation erreichte seit den achtziger Jahren des 20. Jahrhunderts eine große Wirkung, mit unübersichtlichen Modifizierungen und Diversitäten. Sicher gilt, dass die Gestaltpsychologie, die Gehirn- und künstliche Intelligenzforschung, die systemische Familientherapie, die konstruktivistische Managementforschung, die Rechts- und Medientheorie sowie auch die Linguistik sich haben infizieren lassen von diesem neuen Erklärungsprinzip. Und eben auch die soziologische Theorie der Gesellschaft.

Luhmann übernahm das Konzept der autopoietischen Organisationsform für die Soziologie und applizierte es auf soziale Systeme schlechthin. Mit einer Handvoll begrifflicher Werkzeuge – Interpenetration, symbiotische Beziehung, strukturelle Kopplung, Code/Programm-Differenz – modellierte er in immer wieder variierender Weise das, was er unter Sinn, Komplexität, Medium und Kommunikation verstand. Luhmanns tragende Wände seiner Theoriearchitektur lassen sich als Begriffs- resp. Unterscheidungstripel aufzählen. Als fahrlässig vereinfachende Skizze, die in diesem Kontext nur benennen, nicht erklären kann, könnte dieser Zusammenhang destilliert werden:

Luhmanns Theorie ist Metatheorie der Beziehungen zwischen drei Theorien, denen er nachgeht:

- Kommunikationstheorie, Evolutionstheorie, Differenzierungstheorie.

Diese drei Ebenen erzwingen eine orthogonale Unterscheidung aller Beschreibungen in

- sozial, zeitlich, sachlich.

Die Beschreibungen der Systemtheorie gehen von dem Tripel

- Psyche, Gesellschaft, Leben

aus und optieren dafür, nur etwas über Gesellschaft auszusagen (sozial, zeitlich, sachlich), nichts jedoch über die Psyche oder über das Leben als solches. Gesellschaft lässt sich betrachten in den Unterscheidungseinheiten

- Interaktion, Organisation und eben Gesellschaft.

Alle sozialen Beziehungen können der einen oder der anderen Ebene analytisch zugeordnet werden, wenngleich alle Ebenen zeitgleich wirken. Die Gesellschaft wiederum bildet bestimmte Modalitäten des Beziehens zwischen

- Funktionssystemen, Teilsystemen, Subsystemen

und der Gesellschaft aus: Funktionssysteme beziehen sich, wie der Begriff schon sagt, über die Modalität der Funktion auf Gesellschaft; Teilsysteme/Subsysteme beziehen sich auf andere Systeme im Modus der Leistung; die Beziehung eines Systems auf sich selbst ist demgegenüber reflexionsorientiert und damit Selbstreferenz aktivierend. D.h.: Die Beziehungen in der Gesellschaft zur Gesellschaft, zu anderen Systemen in der Gesellschaft und zu sich selbst sind

- funktionsorientiert, leistungsorientiert, reflexionsorientiert.

Gesellschaft wird nun entlang der drei Theoriesonden Kommunikation, Evolution und Differenzierung beschrieben. Für die Betrachtung, dass Gesellschaft aus Kommunikation besteht, gilt die Unterscheidungsdreiheit

- Information, Mitteilung, Verstehen (Ja/Nein-Stellungnahmen).

Für die Betrachtung, die Gesellschaft in der Dimension ihrer Entstehung, ihres Arrangements sondiert, gilt die Kette

- segmentäre Differenzierung, Zentrum/Peripherie- resp. stratifikatorische Differenzierung, funktionale Differenzierung,

wobei die Systemtheorie hier kein chronologisches, sondern ausschließlich ein hegemoniales Beurteilungsprinzip walten lässt. D.h.: Alle Differenzierungstypen passieren weiterhin gleichzeitig.

Gesellschaft unter evolutiven Gesichtspunkten in den Blick zu nehmen bedeutet schließlich, die Unterscheidungsanweisung

- Variation (Element), Selektion (Struktur), Restabilisierung (System)

anzuwenden. Mit dieser evolutiven Beschreibung entfernt sich die Systemtheorie wie keine andere Gesellschaftstheorie von jeglichen teleologischen resp. geschichtsmetaphysischen Auffassungen, die versuchen, im Vorhandensein und im Entwickeln menschlicher Gesellschaften einen Sinn und eine Richtung zu orten.

Um etwas aussagen, beschreiben zu können, muss die Theorie genauestens auf das Verhältnis von

- unterscheiden, bezeichnen, Unterscheidung

sowie auf das Verhältnis von

- operieren, beobachten, ‚Nachtragung' (Supplement)

achten: Die Beobachtungstheorie, auf der Luhmanns Systemtheorie fußt, geht von einer stetigen, unaufhebbaren Paradoxie des Bezeichnens und Unterscheidens aus: Für diese beiden Operationen nämlich steht nur eine Zeitstelle zur Verfügung, nämlich die Zeit, in der das passiert, was passiert. Das, was beobachtet und folglich unterschieden wird, ist Effekt eines nachträglichen Operierens, das eine Unterscheidung bildet, ohne zu wissen, von was sich die Unterscheidung unterscheidet. Diese Theorieentscheidung Luhmanns, also zu sagen, dass man im Moment des Erkennens zugleich ein weiteres Unerkanntes mitprozessiert, ist eine maßgebliche Einlösung seines generellen Theorieprojektes, zur Abklärung der Aufklärung beizutragen.

Ein letztes Begrifftripel sei noch genannt, das wiederum als orthogonal positioniert, als durch alle Unterscheidungen hindurchgehend gedacht werden muss. Es lautet

- System, Umwelt, System/Umwelt.

Mit dieser grundlegenden Unterscheidung, also der System/Umwelt-Differenz, schließt Luhmann epistemologisch und zudem sehr elegant an die Auflösung des Subjekt-Objekt-Schemas bei Hegel an, der die Reflexion-in-sich (Subjekt/Selbstreferenz) und die Reflexion-in-anderes (Objekt/Fremdreferenz) in der Reflexion-in-sich-und-anders münden ließ, allerdings unter dem Aspekt der Identität. Luhmann macht Ernst mit der Differenz als Differenz und grundiert daher jede beschreibbare Einheit als in sich in System und Umwelt differenziert; also als weder ganz Subjekt noch ganz Objekt Seiendes (siehe weiterführend Günther 1991). Luhmanns Theorie liegt kein Subjekt mehr unter, sondern Differenz. Es ist diese Theorieentscheidung, die für viele Rezipienten die größten Schwierigkeiten bereitet, zwingt sie doch, Abschied zu nehmen von der Vorstellung, es gäbe Gegenstände, Dinge in der Welt, die man nur beschreiben müsse.

Weitere, weiterführende Fragen

Man kann – trotz bald 30 Jahre laufender Kondensierung systemtheoretischen Denkens – die mangelnde Exoterik systemtheoretischer Denkarchitektur auch durch bestimmte Fragen *an* die Systemtheorie eruieren. So ist etwa von Hermann Pfütze ein Ausspruch Luhmanns (wohl Mitte der achtziger Jahre; Pfütze 1988) überliefert, der, bei aller Kryptik, vielleicht jetzt erst mehr Aufschluss zu geben vermag. Der Ausspruch betraf ein Element des „Essenzenkosmos" seiner Theorie und zugleich die Bedingungen zur Ermöglichung der Selbstproduktion seiner Theorie überhaupt. Luhmann also (nach Pfütze): ‚Wenn die differenzlose Einheit, die ich in den Sinnbegriff einbetoniert habe, erreicht ist, ist es zuende'. Was ist zuende: Der Akt des Einbetonierens? Die differenzlose Einheit? Der Sinnbegriff? Gar der Sinn? Und: Wer oder was erreicht überhaupt die einbetonierte differenzlose Einheit im Sinnbegriff? Und was bedeutet erreichen: Beobachten können, anfassen, verzehren, Horizontende? – Die differenzlose Einheit im Sinnbegriff: das ist das Leben. Nicht das lebensphilosophisch verstandene Leben, sondern das Leben als Begriff für Kreation. Die Kreativität, die Selbstproduktion der Theorie Luhmanns hat intern überhaupt keine Möglichkeit, mit sich aufzuhören. Sie hat theorietechnisch die Möglichkeit eines letzten Moments, eines letzten Ereignisses, einer letzten Operation innerhalb des Systems eliminiert. Der heimliche „Gott" der Systemtheorie, hört er auf den Namen „Undsoweiter"?

Eine andere Frage. Seinem Buch *Die Gesellschaft der Gesellschaft* setzt Luhmann einen Satz Spinozas voran (*Ethik*, Teil I, Axiom 2), der übersetzt lautet: „Das, was durch ein anderes nicht aufgefasst werden kann, muss durch sich selbst aufgefasst werden". Ersichtlich geht es hier nicht um eine Form der Selbstauffassung, des Selbstbewusstseins, der Selbstreflexion, nicht um eine Form des Vor-sich-Kommens, denn dann müsste es heißen: „...muss sich durch sich selbst auffassen". Es geht hier um die Vorstellung, dass die Systeme, die aufgefasst werden, ihre Wirklichkeit durch ihr eigenes Wirken erwirken; dass sie den Hintergrund, vor dem sie Figur sind, ebenfalls stellen; dass sie die Ursache, auf die sie die Folge sind, ebenfalls sind; dass sie die Frage, auf die sie Antwort sind, ebenfalls gestellt haben. Luhmann wollte die Welt in solchen Begriffen, die sich nicht mehr von der Realität düpieren lassen, wollte den Begriff stärker machen als seinen Gegenstand. Ist der Preis, den solcherart theoretisch gebauten Systeme zu zahlen haben, der, dass sie nicht mehr *vor sich kommen, aber jederzeit sich vorkommen können*?

War es tatsächlich Luhmanns Begehr, Gesellschaftstheorie jenseits anthropologischer und humanistischer Interpretationsverknüpfungtraditionen so zu bauen, dass ausschließlich in der Sozialität von Sozialsystemen (d.i. in der Kommunikation) Aussagen fundamentiert und ableitbar sind, wobei diese Aussagen über soziale Systeme dann auf Operationsmodi und formale Organisationsprinzipien stoßen, die ihrerseits wiederum nichts Genuines über das soziale System aussagen können, sondern transgesellschaftlich „wirken" – in der Zelle ebenso wie im psychischen System, im Gehirn wie in der Kommunikation, im Immunsystem wie in der Liebe –; war also seine Soziologie (im Bereich der Erkenntnis- resp. der Erkennenstheorie) nur der Aufgabe verpflichtet, die allgemeine Systemtheorie um die Abteilung soziale Systeme zu erweitern? Nur Subjekte benötigen Geist, so Luhmann abfällig. Aber warum benötigt sozialgesellschaftliche Kommunikation Sinn? Näher an Vermutungen gebaut könnte der Gedanke nicht ganz abwegig sein, dass für Luhmann sinnbasierte und -vermittelnde Kommunikation, die auch er mit seiner Theorie betreibt, ihrerseits bloß den Status einer etwas rohen Komplexitätsreduktion inne hat; denn sein Adressat, d.h. der Adressat seiner Theorie, sind die semantischen, symbolischen, sozialen und technischen Maschinen, die Komplexität reduzieren, produzieren und verwalten. Diese Maschinen aber brauchen für sich keinen Sinn, um für Menschen Sinn zu machen: denn sie verhalten sich nur, handeln aber nicht; sie funktionieren nur, oder sie funktionieren nicht. Sie sind schon längst „am Ende", also da, wo die differenzlose Einheit, die im Sinnbegriff einbetoniert wurde, erreicht ist. Nur wissen die kybernetischen Maschinen nichts davon. Und das brauchen sie auch nicht in Bezug auf Handlung; denn Handlungen sind, verallgemeinert, nur Formen der Selbstbeschreibung von Kommunikationssystemen und also „systemrelative autonome Erfindungen. [...] Es handelt sich immer nur um eine Selbstsimplifikation im jeweiligen System" (Teubner 1989: 56f.). Luhmann liefert Maschinen mit seiner Theorie das Zertifikat nach, dass sie die eigentliche Avantgarde aller Nichttoten, dass sie die eigentliche Formobjektivation dessen sind, was Lebendigkeit für sich beansprucht. Aber leider wird er nur von Menschen gelesen, die lesen, dass er sie nicht meint.

Gebrauchsanweisung und Aussicht

Luhmanns begriffliche Strenge und stilistische Trockenheit lässt oft außer acht nehmen, dass seine Texteinheiten auch so gelesen werden sollten, wie es Negt/Kluge und Deleuze/Guattari im Sinn hatten. Es gebe, so Luhmann bezogen auf sein schriftliches Universum, keine Einbahnstraße zum Glück; es gebe keinen singulären Anfang und Aufstieg der begrifflichen Architektur; es gebe verschiedene Module und verschiedene Arten, diese in Beziehung zu setzen. Der Gedanke dahinter ist vielleicht die Vorstellung seiner Theorie als Hologramm, als komplexes Gebilde, das, da es einer unterstellten Weltkomplexität komplex gerecht zu werden versucht, auch vom Leser komplex zu reduzieren sei. Man wird also der Systemtheorie zumindest in der Ausrichtung gerecht, wenn man sich von allen Seiten an sie herantraut und es unterlässt, einen Haupteingang zu suchen.

Hilfreich beim Lesen Luhmanns ist es hingegen, den eigenartigen Stellenwert von Themen als Themen nachzuvollziehen. Denn in den meisten Fällen geht es in den Texten Luhmanns nur um die Theorie selbst, die einfach an einem Sachverhalt, an einem Thema ausprobiert wird. Die Themen sind dann nichts anderes als (stupende und instruktive) Illustrationen, Testläufe, um zu prüfen, inwieweit die Systemtheorie bestimmte neue Erkenntnisse produziert hat und sich in ihrer Bautechnik ändern lassen kann. Themen sind Mittel zum Zwecke der Darstellung der Theorie, nicht die Theorie Mittel zum Zwecke der wissenschaftlichen Behandlung eines Themas. Das ist sicherlich nicht übertrieben formuliert.

Mit der Soziologie entstand ein wenn auch hypertropher Anspruch, von der Gesellschaft aus Verhältnisse zu denken und zu beschreiben: Verhältnisse der Gesellschaft zur Natur, zu Menschen und anderen Gesellschaften, aber auch Verhältnisse der Gesellschaft zu sich selbst. Der Gegenstand Gesellschaft wird zumeist mit Auguste Comte in Verbindung gebracht, den Beginn der Wissensorganisationsform Soziologie betreffend. Seit Comte oder zumindest seit Emile Durkheim scheint man davon ausgegangen zu sein, dass es Gesellschaft gibt, dass sie ein Sonderwesen ist, eine eigenständige, eigenwertige Realität besitzt, dass sie nichts Abgeleitetes mehr ist (etwa so, wie in den griechischen Polistheorien die Polis nichts anderes sein sollte als eine erweiterte Bühne der Freundschaft). Gesellschaft wurde als Begriff ein Dispositiv neuer Problemformen auf unbeantwortbare Fragen, also eine zutiefst menschliche Angelegenheit, vielleicht lacanianisch gesprochen der Riss, der immer wieder neue Selbstbeschreibungen auf den Plan treten lässt (Heinz von Foerster: „Nur die Fragen, die prinzipiell unentscheidbar sind, können wir entscheiden"; von Foerster 1993: Buchrückseite). Man könnte auch sagen, dass der Begriff Gesellschaft die Stelle eingenommen hat, die früher der Name Gottes innehatte. Vergessen sei natürlich nicht, dass nach dem Tode Gottes zuerst Natur der Ersatzkandidat war, dann die Geschichte, dann das Subjekt bei Kant und dann, bei Hegel, das Subjekt plus absolutes Wissen (für viele Denker heute bleibt der Nachfolgegott weiterhin Nietzsche). Marx machte aus dem absoluten Wissen die absolute Praxis, hielt also daran fest, dass die Geschichte des Menschen auf den Menschen als politökonomisch zu fassendes Wesen konvergiert. In der klassenfreien Gesellschaft sollte endlich ein Zustand erreicht werden können, in dem die menschliche Emanzipation von Natur in eine neuen Form von Dialektik umschlägt und eine Emanzipation durch (die menschliche) Natur in Gang bringt.

Die Gesellschaft steht also, so die These, dort, wo früher der unbeobachtbare Gott den Erfahrungszusammenhang und den Grund menschlicher Existenz funktional abzudecken hatte.

Mit Luhmann nun kommt die Geschichte der soziologischen Selbstbeschreibungen von Gesellschaft, überhaupt die Geschichte der Be*schreibung* wohl zu einem Höhepunkt: Denn auch er sagt, sogar noch weitgehender als jeder erkenntnistheoretische Defaitismus: Welt teilt sich nicht mit, Welt lässt sich nur einteilen, erzwingt die Einteilung: und zwar zu jeder Zeit, allgegenwärtig. Trost gibt Luhmann nur darin, dass er sagt: Diese Welt oder dieser Horizont (Husserl) verschwindet niemals. Solange noch etwas heraustritt, um *außer* sich zu geraten und um außer *sich* zu geraten. – Das sind nicht mehr Menschen, sondern nur noch soziale Systeme, in ihren soziomorphen „Spitzenleistungen".

Denn: System heißt Zusammenstellung, also Entfernung von Ferne bei gleichzeitiger Herstellung von Entfernung. Es wird seit dem 18. Jahrhundert sowohl als Fremdwort wie auch alltagssprachlich benutzt. Es führt sich zurück auf das griechisch-lateinische *systema*, das wiederum herrührt aus dem griechischen *synistanai*, eine Bildung aus *syn* (zusammen) und *histanai* (hinstellen, aufstellen, vielleicht auch schon vorstellen, auf jeden Fall: selbständig stehend). Das etymologische Wörterbuch findet eine Nähe der Worte System und Ekstase im griechischen Wort *histanai*. Das könnte zum Gedanken Anlass geben, dass System nicht das Gegenteil von Ekstase und dieses nicht das Gegenteil von System ist, sondern: dass die Bildung eines Systems schon die Ekstase ist. Ekstase bedeutet aus sich heraustreten, außer sich sein; vielleicht ist das sich bildende System, aus der Umwelt heraustretend und damit unwiderruflich Differenz schaffend, ein ekstatischer Vorgang, der in eins mit dem Verlassen der Umwelt ein Einlassen der eigenen Binnenumwelt ist. Zumindest könnte man denken, dass rigide Systembildung wie auch temporäre Systemsprengung nur verschiedene Seiten eines einzigen ekstatischen Vorganges sind. Wenn dem so wäre, stünde ein zentrales Moment Luhmann'scher Gesellschaftstheorie auf dem Spiel: Die Begrenztheit eines Systems und die Grenze eines Systems zu seiner Umwelt im Hinblick auf Kontrollierbarkeit.

Die Annahme von Systemen mit Grenzen, von begrenzten Systemen scheint ihre beruhigende Wirkung und Funktion langsam einzubüßen und sich als fundamentaler Trugschluss der Systemtheorie „herauszustellen". Systeme verschlingen Umwelt, mag deren Komplexität noch so viel größer sein als die des Systems, und wandeln sie zu einer Umwelt *des* Systems. Dieser Wandel ist irreversibel – nicht logisch betrachtet, sondern ökologisch.

Kurzum: Mit Luhmann, dem großen zivilklinischen Theoretiker der Gesellschaft, über Gesellschaft nachzudenken heißt, ohne Wut über die zunehmende Menschunwürdigkeit der Gesellschaft zu raisonieren. Zweifellos ist Niklas Luhmann der erste Diagnostiker und Theoretiker des zivilisatorischen *Big Bang* und seiner Folgen, also des Zusammenbruchs humanistischen Universalismus' – und dennoch ist die Annahme nicht ganz sinnlos, seiner Theorie müsse man jetzt schon historistisch, ja philologisch begegnen.

Literatur von Niklas Luhmann:

Luhmann, N./Habermas. J.: Theorie der Gesellschaft oder Sozialtechnologie – Was leistet die Systemforschung? Frankfurt/Main 1971.
Luhmann, N.: Vertrauen. Ein Mechanismus der Reduktion sozialer Komplexität. Stuttgart 1973.

Luhmann, N.: Soziologische Aufklärung, Bd.1: Aufsätze zur Theorie sozialer Systeme. Opladen 1970.

Luhmann, N.: Soziologische Aufklärung, Bd.2: Aufsätze zur Theorie der Gesellschaft. Opladen 1975.

Luhmann, N.: Soziologische Aufklärung, Bd.3: Soziales System, Gesellschaft, Organisation. Opladen 1981.

Luhmann, N.: Soziologische Aufklärung, Bd.4: Beiträge zur funktionalen Differenzierung der Gesellschaft. Opladen 1987.

Luhmann, N.: Soziologische Aufklärung, Bd.5: Konstruktivistische Perspektiven. Opladen 1990.

Luhmann, N.: Soziologische Aufklärung, Bd.6: Die Soziologie und der Mensch. Opladen 1995a.

Luhmann, N.: Gesellschaftsstruktur und Semantik. Studien zur modernen Wissenssoziologie, 4 Bde, Frankfurt/M. 1980/ 1981/ 1989 /1995b.

Luhmann, N.: Macht. Stuttgart 1975.

Luhmann, N.: Zeit und Handlung – Eine vergessene Theorie. In: ders.: Soziologische Aufklärung, Bd.3: Soziales System, Gesellschaft, Organisation. Opladen 1981, S. 101-125.

Luhmann, N.: Soziale Systeme. Grundriß einer allgemeinen Theorie. Frankfurt/M. 1984.

Luhmann, N.: Ökologische Kommunikation. Kann die moderne Gesellschaft sich auf ökologische Gefährdungen einstellen? Opladen 1986.

Luhmann, N.: Die Autopoiesis des Bewußtseins. In: Hahn, A./Kapp, V. (Hg.): Selbstthematisierung und Selbstzeugnis: Bekenntnis und Geständnis. Frankfurt/M. 1987, S. 25-94.

Luhmann, N.: Archimedes und wir. Interviews, hg. von D. Baecker und G. Stanitzek, Berlin 1987.

Luhmann, N.: Die Wirtschaft der Gesellschaft. Frankfurt/M. 1988.

Luhmann, N.: Neuere Entwicklungen in der Systemtheorie. In: Merkur 4/1988, S. 292-300.

Luhmann, N.: Gleichzeitigkeit und Synchronisation. In: ders.: Soziologische Aufklärung, Bd.5: Konstruktivistische Perspektiven. Opladen 1990, S. 95-130.

Luhmann, N.: Liebe als Passion – Zur Codierung von Intimität. 5. Aufl., Frankfurt/M. 1990.

Luhmann, N.: Die Wissenschaft der Gesellschaft. Frankfurt/M. 1990.

Luhmann, N.: Das Recht der Gesellschaft. Frankfurt/M. 1993.

Luhmann, N.: Die Tücke des Subjekts und die Frage nach dem Menschen. In: Fuchs, P./Göbel, A. (Hg.): Der Mensch – das Medium der Gesellschaft? Frankfurt/M. 1994, S. 40-56.

Luhmann, N.: Brauchen wir eine neuen Mythos? In: ders.: Soziologische Aufklärung, Bd.4: Beiträge zur funktionalen Differenzierung der Gesellschaft. Opladen 1994, S. 254-274.

Luhmann, N.: Die Kunst der Gesellschaft. Frankfurt/M. 1995c.

Luhmann, N.: Kultur als historischer Begriff. In: ders.: Gesellschaftsstruktur und Semantik, Bd. 4, Frankfurt/M. 1995b, S. 31-54.

Luhmann, N.: Die Realität der Massenmedien. Opladen 1996.

Luhmann, N.: Die Gesellschaft der Gesellschaft. 2 Teilbände, Frankfurt/M. 1997.

(Ein ausführliches Verzeichnis von Luhmanns Schriften findet man in: Soziale Systeme. Zeitschrift für soziologische Theorie, Heft 1/1998, S. 233-263)

Weitere zitierte Literatur

Adorno, T. W.: Drei Studien zu Hegel. 4. Aufl., Frankfurt/M. 1991.

Czernin, F. J.: die aphorismen. eine einführung in die mechanik. 8 Bde plus Registerband, Wien 1992.

Dux, G.: Historisch-genetische Theorie der Kultur. Zur prozessualen Logik im kulturellen Wandel. Weilerswist 2000.

Glanville, R.: Objekte. Berlin 1988.

Günther, G.: Idee und Grundriß einer nicht-Aristotelischen Logik. 3. Aufl., Hamburg 1991 (1959).

Käsler, D.: Soziologie: „Flug über den Wolken". In: Der Spiegel, Nr. 50/1984, S. 184-190.

Malinowski, B.: Eine wissenschaftliche Theorie der Kultur. Und andere Aufsätze. Frankfurt/M. 1975.

Maturana, H.R.: Erkennen: Die Organisation und Verkörperung von Wirklichkeit. Ausgewählte Arbeiten zur biologischen Epistemologie. 2., durchges. Aufl., Braunschweig/Wiesbaden 1985.

Nassehi, A.: Das Identische ‚ist' das Nicht-Identische. Bemerkungen zu einer theoretischen Diskussion um Identität und Differenz. In: ZfS, 6/1993, S. 477-481

Paslack, R./Knost, P.: Zur Geschichte der Selbstorganisationsforschung. Ideengeschichtliche Einführung und Bibliographie (1940-1990). Bielefeld 1990.

Pfütze, H.: Theorie ohne Bewußtsein. Zu Niklas Luhmanns Gedankenkonstruktion. In: Merkur 4/1988, S. 300-314.

Ropohl, G.: Einführung in die allgemeine Systemtheorie. In: Lenk, H./Ropohl, G. (Hg.): Systemtheorie als Wissenschaftsprogramm. Königstein/Ts. 1978, S. 9-49.

Sloterdijk, P.: Schäume. Sphären Bd. III. Frankfurt/M. 2004.

Ternes, B.: Invasive Introspektion. Fragen an Niklas Luhmanns Systemtheorie. München 1999.

Ternes, B.: Exzentrische Paradoxie. Sätze zum Jenseits von Differenz und Indifferenz. Marburg 2003.

von Foerster, H.: KybernEthik. Berlin 1993.

Teubner, G.: Recht als autopoietisches System. Frankfurt/M. 1989.

Weber, H. P.: Wie spät ist es? In: AG menschen formen (Hg.): menschen formen, [Bd.1], Marburg 2000, S. 10-59.

Whitehead, A. N.: Prozeß und Realität. Entwurf einer Kosmologie. Frankfurt/M. 1987.

Michael Tomasello: Auf experimentalpsychologischem Wege zu einer kognitiven Kulturtheorie

Frithjof Nungesser

Intellektuelle Kurzbiographie

Von Hause aus ist der am 18. Januar 1950 in Bartow, Florida, geborene Michael Tomasello Psychologe. Im Jahr 1972 erwirbt er seinen BA an der Duke University in North Carolina unter Lise Wallach. Nach eigener Aussage fühlte sich Tomasello von Beginn an zu evolutionären Erklärungsweisen von Verhalten und Kognition hingezogen. Er orientiert sich an den Arbeiten Jean Piagets sowie an den ethologischen Forschungen der Zeit, während er den Behaviorismus schon früh entschieden ablehnt. 1980 folgt die Promotion im Bereich der experimentellen Psychologie an der University of Georgia. Betreut wird seine Arbeit von dem Philosophen und „radikalen Konstruktivisten" Ernst von Glasersfeld, der hier eine Professur für kognitive Psychologie innehat. Tomasello beschäftigt sich vor allem mit den kognitiven und pragmatischen Grundlagen der kindlichen Sprache.

Nach der Promotion wechselt Tomasello als Assistenzprofessor für Psychologie an die Emory University in Atlanta, wo er (später dann als Full Professor) 18 Jahre lang bleiben wird. Zwei auf den ersten Blick sehr unterschiedliche, aber für seine weitere Entwicklung überaus bedeutende Einflüsse aus dieser Zeit seien hervorgehoben. Zum einen hat Tomasello an dem berühmten, der Emory Universität zugehörigen Yerkes Primatenforschungszentrum die Möglichkeit, intensive Studien zu Verhalten und Kognition von Primaten durchzuführen. Zum anderen wird er stark durch den Kognitions- und Lernpsychologen Jerome Bruner beeinflusst – den Tomasello als „a kind of second mentor" bezeichnet – und kommt (vielleicht auch durch diesen) mit dem Werk des russischen Psychologen Lev Vygotskij in Kontakt, das infolge des „Tauwetters" zunächst in der Sowjetunion und dann in den 1960er Jahren in den Vereinigten Staaten wiederentdeckt wird. Das bei Vygotskij und Bruner (und auch bei Piaget) allgegenwärtige Pochen auf die Bedeutung von Interaktion, Kooperation, sozialem und kulturellem Kontext für die kognitive Entwicklung von Kindern ist für das Werk Tomasellos von entscheidender Bedeutung.

Im Jahr 1998 erfolgt schließlich der Schritt über den Atlantik, genauer: an das Leipziger Max Planck Institut für evolutionäre Anthropologie, das Tomasello seitdem gemeinsam mit anderen renommierten Wissenschaftlern leitet. Tomasellos Abteilung widmet sich der „vergleichenden und Entwicklungspsychologie", woran bereits zu erkennen ist, dass er seinen eingeschlagenen Weg fortsetzt: die Forcierung psychologischer Forschung sowohl zu menschlichen Kindern als auch zu Menschenaffen. Durch „Pongoland", das dem Institut angegliederte Wolfgang-Köhler-Primaten-Forschungszentrum auf dem Gelände des Leipziger Zoos, dessen Ko-Direktor Tomasello seit 2001 zusätzlich ist, wird dieses Forschungsprogramm praktisch leichter durchführbar.

Beachtenswert an Tomasellos wissenschaftlicher Leistung ist neben der großen Anzahl von wichtigen Artikeln, einer breitgefächerten Vortrags- und Gutachtertätigkeit und einer Reihe von renommierten Auszeichnungen, darunter der Jean-Nicod- und der Hegel-Preis, dass er seit den späten 1990er Jahren immer wieder Synthesen und Überblickdarstellungen seiner Forschungen vorlegt.[1] Diese für die Disziplin eher untypische „konstruktive Anstrengung einer theoretischen Zusammenschau der erforschten Details" (Habermas 2009: 2) erleichterte die Rezeption seiner Arbeiten jenseits der Welt der Fachjournale. Die Aufmerksamkeit, die seine Forschungen in letzter Zeit gerade auch in den Kultur-, Sozial- und Geisteswissenschaften erfahren haben, belegt den Erfolg dieser Publikationsstrategie.

Diese fächerübergreifende Aufmerksamkeit geht aber nicht nur auf die Form, sondern vor allem auf den Inhalt der von Tomasello vorgelegten Arbeiten zurück. Zwar erachtet dieser vergleichende, methodisch streng kontrollierte experimentalpsychologische Studien von menschlichen Kindern und ihren nächsten Verwandten als den Königsweg, um die kognitiven Spezifika des Menschen zu ergründen. Diese methodische Orientierung am Experiment führt im Werk von Tomasello aber keineswegs zu einem disziplinären „Tunnelblick". Vielmehr ist ein hochgradig interdisziplinärer Hintergrund, zu dem auch die Linguistik, Philosophie und Sozialwissenschaften zu zählen sind, für diese experimentellen Designs konstitutiv. Kulturtheoretisch überaus bedeutend ist hierbei die Tatsache, dass diese, im steten Dialog mit anderen Wissenschaften durchgeführten Studien in einer Kulturpsychologie konvergieren, die zum einen nach den spezifischen kognitiven Fähigkeiten fragt, welche die kulturelle Lebensform des Menschen ermöglichen, zum anderen aber auch die Wirkung kultureller Prozesse auf die menschliche Kognition untersucht.

Von Zeigefingern und Wagenhebern – die kognitiven Grundlagen von Sprache und Kultur

Die Faktenlage erscheint paradox. Auf der einen Seite wissen wir, dass wir nichts anderes als eine weitere Primatenart sind, die sich biologisch nur minimal von ihren Cousins und Cousinen unterscheidet und die zudem in ihrer heutige Form höchstwahrscheinlich erst seit ca. einer viertel Million Jahren existiert. Auf der anderen Seite lassen sich die eklatanten Unterschiede nicht übersehen. Schimpansen und Bonobos sind gewiss auch sehr unterschiedlich in ihrem Verhalten (z.B. de Waal 2007), aber keine der beiden Arten verfügt über Sprache, formt ihre Umwelt in vergleichbarem Maße um oder diskutiert in institutionalisierter Form über „soziale Gerechtigkeit", „Teilchenbeschleuniger" oder gar „Kultur". Wie dies (in so kurzer Zeit) möglich wurde, ist eines der zentralen Rätsel der Humanwissenschaften.

Tomasello glaubt, dieses Rätsel lösen zu können. Dem Versuch, die Vielzahl der nur beim Menschen beobachtbaren Verhaltensweisen und kognitiven Fähigkeiten isoliert voneinander aus der Naturgeschichte heraus zu erklären, erteilt er eine Absage, da er ihn evolu-

---

[1] Zu nennen sind die mit Josep Call im Jahr 1997 veröffentlichte erste große Monographie *Primate Cognition*; das inzwischen in elf Sprachen übersetzte *The Cultural Origins of Human Cognition* (1999; dt. *Die kulturelle Entwicklung des menschlichen Denkens,* 2009a); seine umfassendste linguistische Arbeit *Constructing a Language: A Usage-Based Theory of Language Acquisition* (2005) und die beiden letzten großen Veröffentlichungen *Origins of Human Communication* (2008; dt. *Die Ursprünge der menschlichen Kommunikation,* 2009) und den auf seinen Tanner Lectures basierenden Diskussionsband *Why We Cooperate* (2009b).

Michael Tomasello: Auf experimentalpsychologischem Wege … 673

tionsgeschichtlich als unhaltbar einstuft (vgl. Tomasello 2009a: 255ff.; siehe auch Abschnitt IV). Stattdessen behauptet er, es habe nur eine relativ kleine evolutionäre Adaption gegeben, die ihm zufolge auch in der relativ jungen Geschichte des modernen Menschen erfolgen konnte (vgl. z.B. ebd.: 18). Diese sehr spezifische Adaption konnte allerdings eine enorme Hebelwirkung entfalten, da sie dabei half, Wissen zu speichern und die kulturelle Wirkkraft auf die Kognition im Laufe der Ontogenese fruchtbar zu machen. Das Ergebnis war ein naturgeschichtlich neuer, auf einer viel schnelleren Zeitskala operierender Modus von Veränderung: *kumulative kulturelle Evolution* oder, wie Tomasello formuliert, eine Art kultureller „Wagenheber".

Es ist vielleicht überraschend, aber Menschenaffen mangelt es nicht so sehr an Intelligenz oder Kreativität als an einer Möglichkeit, Innovationen über Generationen weiterzugeben und kooperativ fortzuentwickeln. Primaten sind teils unglaublich raffinierte Problemlöser, aber sie haben nicht die Möglichkeit, sich „auf die Schultern" ihrer Vorgängergenerationen zu stellen (vgl. ebd.: 16, 56f.). Menschen hingegen ist dies möglich. Bei ihnen geht eine Innovation selten verloren, denn zuverlässige Mechanismen *kultureller Weitergabe*, inklusive institutionalisierter Lehrpraktiken, verhindern das Zurückfallen auf einen vorangehenden Zustand. Zudem verfügt der Mensch über die Möglichkeit der *Soziogenese*, „durch welche mehrere Individuen etwas zusammen hervorbringen, was kein Individuum hätte allein schaffen können" (ebd.: 17).[2] Nur durch diese beiden Prozesse lässt sich etwa die kulturelle Evolution des Hammers vom plumpen Stein bis zum multifunktionalen, auch Nägel entfernenden Metallwerkzeug verstehen. Aber auch die Mathematik, soziale Institutionen und sogar die Sprache sind nach Tomasello Ergebnisse jenes Zusammenspiels von Soziogenese und kultureller Weitergabe, welches er als „Wagenheber" bezeichnet (ebd.: 54, 58ff.).[3]

Ein trivial erscheinendes und alltägliches Verhalten kann uns nach Tomasello den entscheidenden Hinweis darauf geben, warum es uns im Gegensatz zu unserer äffischen Verwandtschaft möglich ist, uns auf die Schultern anderer zu stellen: In ihrem natürlichen Lebensraum zeigen Schimpansen nicht auf Gegenstände und sie nutzen auch keine andere Möglichkeit, um Artgenossen auf etwas aufmerksam zu machen (ebd.: 34).[4] Menschliche Kinder dagegen vollführen und verstehen bereits im Alter von einem Jahr jedwede Art von Zeigegeste – und zwar nicht nur imperative. Wenn ein kleines Kind auf einen Heißluftbal-

---

[2]   Menschenaffen sind dagegen eher individuelle Problemlöser, die zwar über gewisse Formen sozialen Lernens, nicht aber über kulturelle Kooperation und Weitergabe verfügen: Primaten lernen zwar *von* anderen, z.B. wenn sie anderen folgen und so neue Orte kennenlernen oder andere beobachten, wie diese die Umwelt in gewisser Weise verändern, etwa einen Baumstamm wegrollen, um Insekten zu finden (Kontakt mit Lernsituationen, Reizvertiefung, Emulationslernen). Sie lernen aber nicht *durch* andere, indem sie ihre Perspektive übernehmen, mit ihnen zusammenarbeiten oder etwas gelehrt bekommen. Vgl. hierzu Tomasello (2009a: 16ff., 40ff.).

[3]   Man erkennt, dass es sich streng genommen um einen amerikanischen Wagenheber handelt. Während Wagenheber hierzulande meist nach dem Scherenprinzip funktionieren, nutzen amerikanische Wagenheber eine Kombination aus Hebel- (Soziogenese) und Sperrklinkeneffekt (kulturelle Weitergabe), um große Lasten zu stemmen.

[4]   Akkulturierte Primaten zeigen hingegen oft imperativ in Gegenwart von Menschen, um gewünschte Dinge, v.a. Nahrung, zu erhalten (aber sie zeigen nie, um Artgenossen zu etwas ähnlichem zu bewegen). Ferner zeigen weder akkulturierte noch andere Schimpansen aus expressiven oder informativen Gründen, d.h. um eine Erfahrung mit anderen zu teilen oder ihnen bei einem Problem zu helfen – weder in der Gegenwart von Artgenossen noch von Menschen (Tomasello 2008: 34ff.). Schließlich verstehen Schimpansen den Sinn von (expressiven und informativen) Zeigegeste nicht, nicht einmal wenn ein Mensch ihnen die Quelle von verstecktem Essen zeigen will (ebd.: 38ff.).

lon am Himmel zeigt, die Augen weit aufreißt und den Blickkontakt mit der Mutter sucht, dann ist es sehr wahrscheinlich, dass es schlicht seine Erfahrung mit ihr teilen möchte (expressive Geste). Ebenfalls mit ungefähr einem Jahr beginnen Kleinkinder zudem damit, anderen mittels Zeigegesten zu helfen, etwa indem sie auf die Position eines verlegten Gegenstands deuten (informative Geste) (vgl. Tomasello 2008: 111-145).

Nach Tomasello offenbart sich in solchen Gesten, die Kinder ohne jede Aufforderung spontan ausführen, der *intrinsisch kooperative Charakter menschlicher Kommunikation* (v.a. ebd.: 72-108, 340-342). Dieser kann in der Hauptsache auf jene spezifisch menschliche sozio-kognitive Fähigkeit zurückgeführt werden, die Tomasello als *geteilte Intentionalität* („shared intentionality") bezeichnet. Geteilte Intentionalität basiert auf mehreren kognitiven und motivationalen Voraussetzungen. Auf *kognitiver Ebene* muss es möglich sein, sich triadische Kommunikationsstrukturen vorzustellen, d.h. ich muss erkennen können, dass in der Zeigegeste eine Beziehung zwischen dem anderen, einem Gegenstand und mir selbst angelegt ist. Ich muss mich also selbst als Teil des Interaktionszusammenhangs geistig repräsentieren. Nur so kann ich verstehen, dass ein anderer vor hat (kommunikative Intention), *meine* Aufmerksamkeit auf ein bestimmtes Objekt oder Ereignis zu lenken (referentielle Intention), um mir etwas Bestimmtes mitzuteilen (soziale Intention). So kann es zum Beispiel sein, dass mir eine Freundin auf einer Wanderung eine Freude machen will, indem sie im Vorbeigehen auf einen Ahorn zeigt, weil sie weiß, dass dies mein Lieblingsbaum ist. Ich kann diese Geste nur verstehen, weil ich weiß, dass sie von meiner Vorliebe weiß. Sie wiederum weiß, dass ich weiß, dass sie von meiner Vorliebe weiß und ist daher sicher, dass ich verstehen werde. Das bedeutet, dass diese Zeigegeste nicht nur ein Verstehen der referentiellen, sozialen und kommunikativen Intention, sondern auch die Fähigkeit zum rekursiven Erkennen geistiger Zustände („Ich weiß, dass Du weißt, dass...") voraussetzt. Diese Fähigkeit ermöglicht ein für menschliche Kommunikation unverzichtbares gemeinsames Hintergrundwissen („common ground"), ohne dass ich nicht verstehen würde, ob sie nicht vielleicht die Richtung des weiteren Weges andeutet oder auf die Kiefer in der Nähe des Ahorns zeigt (vgl. ebd.: 4ff.; 73-82). Auf *motivationaler Ebene* basiert geteilte Intentionalität auf den genuin menschlichen Motiven des Teilens und Helfens (vgl. ebd.: 82-97). Ohne von Normen angeleitet zu sein, vollziehen Kleinkinder expressive (Teilen von Erfahrung, Herstellung sozialer Bindung), informative (Helfen durch Information) oder imperative (um Hilfe bitte) Zeigegesten. Und sie werden verstanden, u.a. weil die anderen die Motive kennen und verstehen. Zudem bitten Menschen um Klärung, wenn sie eine Mitteilung nicht verstehen, worauf hin sich die andere Person auf die neue Situation einstellt und ihre Mitteilung oft modifiziert. Daran wird erkennbar, dass in Kommunikation stets das gemeinsame Ziel verfolgt wird, dass Kommunikation gelingt. Durch gemeinsame Aufmerksamkeit und Intentionalität wird demnach der kognitive „Tunnelblick" aufgebrochen. Wir befinden uns stets in einem geteilten Repräsentations-, Aufmerksamkeits- und Intentionsraum, in dem die eigene egozentrische Perspektive durch das Wissen um die individuellen und gemeinsamen Wahrnehmungen, Ziele und Wissensbestände anderer „übertrumpft" wird (ebd.: 76).[5]

---

[5] Um Missverständnissen vorzubeugen: Das Pochen auf die kooperative Struktur von menschlicher Kommunikation schließt Egoismus, Lüge und Täuschung keineswegs aus. Diese Phänomene widersprechen dem Beschriebenen nicht, sondern werden allererst auf Grundlage dieser kooperativen Kommunikationsstruktur möglich.

Michael Tomasello: Auf experimentalpsychologischem Wege ... 675

Der große Aufwand, den Tomasello auf die experimentelle und theoretische Erforschung von Zeigegesten verwendet, mag verwundern. Denn zumeist wird von Kulturpsychologen und -wissenschaftlern eher die Sprache als kulturermöglichendes Phänomen in den Blick genommen. Tomasello hält dies für einen der großen Fehler der bisherigen Forschungen (ebd.: 342), bleibt hierdurch doch zum einen ungeklärt, wie sich Sprache naturgeschichtlich entwickeln konnte. Diesbezüglich erkennt er in Zeigegesten den „missing link" (ebd.: 54). Zum anderen behauptet er, dass die kognitiven Grundlagen des Zeigens auch die der Sprache sind und im Zeigen bereits einige der beeindruckenden Eigenschaften enthalten sind, die sonst nur der Sprache zugeschrieben werden (vgl. ebd.: 58ff, 82).

Der Weg von der Zeigegeste zur symbolischen Sprache ist in dieser Perspektive nicht so weit, wie gemeinhin angenommen wird. Tomasello betont, dass Kinder ihre ersten Wörter im Rahmen von kooperativen Routinehandlungen mit Erwachsenen erlernen (z.B. Wickeln, Essen, Spielen, Enten füttern) (vgl. ebd.: 157). Allerdings ist dies nicht auf die Assoziation eines Gegenstands mit einem Laut zurückzuführen, denn dazu wären Kinder kognitiv schon mit einem halben Jahr fähig. Vielmehr geschieht es erst, nachdem Kinder ein Verständnis für soziale Kooperation und gemeinsame Aufmerksamkeit auf Grundlage eines gemeinsamen Hintergrundwissens entwickeln, d.h. dann, wenn sie über die komplette kognitive Infrastruktur von geteilter Intentionalität verfügen, also mit circa einem Jahr (vgl. ebd.: 154ff.). Erst wenn ein Kind versteht, dass ein Elternteil Laute dazu benutzt, seine Aufmerksamkeit auf etwas zu lenken; und erst wenn es aufgrund von rekursivem Erkennen geistiger Zustände sowohl weiß, was andere wissen, als auch, was andere über sein Wissen wissen, kann es überhaupt verstehen, auf welchen der unzähligen möglichen Aspekte der Situation sich ein Laut bezieht. Die ersten Wortäußerungen basieren demnach ebenso wie die Zeigegeste auf der sozio-kognitiven Fähigkeit zur geteilten Intentionalität. Tomasello zufolge gilt dies für einfache Wörter wie für später erlernte komplexere Sprachkonstruktionen: in beiden Fällen muss das Kind „verstehen, auf welche Aspekte der Szene gemeinsamer Aufmerksamkeit es nach dem Willen der Erwachsenen achten soll, wenn er diese Sprachkonstruktion verwendet, und dann diese Konstruktion für diese Kommunikationsfunktion kulturell (durch Imitation) lernen." (Tomasello 2009a: 184) Gemäß dieser „sozialpragmatischen Theorie" (ebd.: 146) erlernen Kinder Sprache, indem sie lernen an Interaktionen teilzunehmen.

Dennoch bestehen auch Unterschiede zwischen Zeigegeste und sprachlichem Symbol. Erstens beziehen sich letztere anders als die meisten kindlichen Zeigegesten oft auf Abwesendes (vgl. Tomasello 2008: 149). Zweitens handelt es sich bei sprachlichen Symbolen um intersubjektiv geteilte Konventionen (vgl. ebd.: 220f.; Tomasello 2009a: 136ff.). D.h. die Verbindung zwischen dem Laut „Baum" und der Vorstellung Baum ist in gewisser Weise willkürlich – der Baum könnte auch „Luti" heißen, vorausgesetzt, diese Verknüpfung wird von allen geteilt. Schließlich sind sprachliche Symbole im Gegensatz zu allen Formen nicht-sprachlicher Symbole „perspektivisch" (ebd.: 140f., 159f.). Sie ermöglichen damit, je nach Kommunikationszweck verschiedene Sichtweisen auf denselben Gegenstand zu vermitteln. So können die Worte „Kraftfahrzeug", „Rostlaube", „Schlitten" und „Auto" sehr verschiedene Perspektiven auf dasselbe Objekt kommunizieren.

Sprachliche Symbole unterscheiden sich demnach durchaus von Zeigegesten und sie stellen höhere kognitive Anforderungen. Die kindliche Entwicklungschronologie entspricht diesem Prozess: Erst wenn Kinder zu individueller und anschließend zu geteilter Intentionalität fähig sind, was gewöhnlich zwischen neun und zwölf Monaten geschieht, können sie

Zeigegesten ausführen. Konventionalisierte Sprachsymbole werden meist erst mit 14 bis 18 Monaten verwendet und in fast allen Fällen wurde zuvor über Wochen oder Monate mit Zeigegesten kommuniziert (vgl. Tomasello 2008: 161). Entscheidend hierbei ist für Tomasello, dass diese Entwicklungen nicht auf neuen, sondern auf der fortgeschrittenen Verwendung der vorhandenen sozio-kognitiven Fähigkeiten beruht. So wird schließlich auch klar, warum für Tomasello in der Zeigegeste der Schlüssel zu Kultur verborgen liegt, denn in ihr offenbart sich in basalster Weise jene Fähigkeit der geteilten Intentionalität, die Kinder im Fortlauf zu immer komplexerem Symbolgebrauch befähigt, womit es ihnen schließlich auch möglich wird, an der ganzen Fülle kulturellen Wissens teilzunehmen (vgl. Tomasello 2009a: 140).[6]

Die Sprache als Gerüst des Denkens – die kulturelle Entwicklung der menschlichen Kognition

Für Tomasello ist die Schlussfolgerung „unausweichlich, daß Menschen eine biologisch vererbte Fähigkeit zur kulturellen Lebensform besitzen" (ebd.: 74). Auch für ihn ist „der Mensch von Natur ein Kulturwesen", wie es Gehlen (2004: 80) prägnant formuliert hat. Die Fähigkeit zur Kultur gründet also nicht in der Kultur selbst; sie entspringt nicht aus sich selbst und auch nicht aus dem Nichts. Aus diesem Grund kann auch die Sprache für Tomasello nicht Ausgangspunkt, sondern nur Ergebnis kultureller Prozesse sein, ist sie doch selbst ein Produkt kumulativer kultureller Evolution: „[D]ie Sprache als eine evolutionäre Ursache menschlicher Kognition anzusehen, ist genauso, wie wenn man Geld als evolutionäre Ursache menschlicher Wirtschaftstätigkeit ausgeben würde." (Tomasello 2009a: 124) Stattdessen hat Kultur evolutionsgeschichtlich bestimmbare anthropologische Voraussetzungen. Tomasello sieht diese in der sozio-kognitiven Fähigkeit zur geteilten Intentionalität gegeben.[7]

---

[6] Tomasello hat seine Position bezüglich der kulturermöglichenden sozio-kognitiven Fähigkeit in den letzten Jahren geändert. In früheren Veröffentlichungen ging er davon aus, dass das entscheidende Humanspezifikum darin besteht, „daß nur Menschen ihre Artgenossen als intentionale Akteure wie sich selbst verstehen" (Tomasello 2009a: 18; vgl. auch Tomasello/Call 1997; Tomasello/Rakoczy 2003). Hierauf aufbauend würden sich dann die Fähigkeiten zur Perspektivübernahme, zur gemeinsamen Aufmerksamkeit etc. entwickeln. Demnach würden Menschenaffen durchaus die Differenz zwischen unbelebten und belebten, ihre Bewegungen selbst verursachenden, Dingen verstehen, aber nicht erkennen, dass diese belebten Objekte Ziele haben und nach diesen handeln. Menschliche Kinder dagegen beginnen im Zuge der „Neunmonatsrevolution" andere als intentional Handelnde zu verstehen (vgl. Tomasello 2009a: 83ff.). Neuere primatologische und vergleichende Experimente haben aber gezeigt, dass Menschenaffen in kompetitiven experimentellen Designs durchaus die Wahrnehmungen und Intentionen anderer verstehen und sich entsprechend verhalten, z.B. indem sie versuchen, die Aufmerksamkeit anderer von Futter weg zu lenken, oder indem sie einen Gegenstand zwischen den Artgenossen und das Futter stellen, so dass es dieser nicht sieht (vgl. Tomasello et al. 2003; Tomasello 2006; Call/Tomasello 2008; Kaminski et al. 2008; Tomasello 2008: 45-49). Die hier skizzierte, „aktuelle" Position Tomasellos unterscheidet sich daher von der in *Die kulturelle Entwicklung des menschlichen Denkens* formulierten dahingehend, dass sie den Fokus auf die kooperative Struktur menschlicher Kommunikation richtet. Hierzu passt, dass sich Tomasello in den letzten Jahren intensiv mit den Grundlagen menschlicher Kooperation befasst hat (v.a. 2009b). Ob und auf welche Weise diese theoretischen Modifikationen die im genannten Buch enthaltenen kulturtheoretischen Überlegungen tangieren, kann hier nicht diskutiert werden.

[7] Vgl. zu Tomasellos Sichtweise, wie diese Fähigkeit evolutionär entstehen konnte Tomasello (2008: Kap. 5).

Tomasello macht selbst darauf aufmerksam, dass „im gegenwärtigen intellektuellen Klima" der in den Geistes-, Kultur- und Sozialwissenschaften beliebte Vorwurf des Reduktionismus auch bei ihm schnell bei der Hand sein wird (ebd.: 23). Sich diesem Vorwurf anzuschließen, würde allerdings bedeuten, das Wesentliche an seinem kulturtheoretischen Beitrag zu übersehen. Der Versuch, Kulturfähigkeit anhand von artspezifischen kognitiven Fähigkeiten zu erklären, bedeutet nicht, Kultur auf diese biologischen Zusammenhänge zu reduzieren. Vielmehr ist entscheidend, dass erst auf dieser Grundlage verstanden werden kann, auf welche Weise kulturelle Prozesse auf das menschliche Denken rückwirken und so „diese Grundfähigkeiten in äußerst komplexe und verfeinerte kognitive Fertigkeiten [verwandeln]" (ebd.: 239). Grundlage dieser Verwandlung ist die im letzten Abschnitt dargestellte Fähigkeit zur symbolischen Kommunikation. Denn Symbole helfen nicht nur, das angesammelte Wissen über Generationen hinweg weiterzugeben. Vielmehr bestimmt die symbolische Sprache auch die Art und Weise, wie mit solchen Wissensbeständen umgegangen wird (vgl. ebd.: 210f.). Folglich beeinflusst die Sprache das menschliche Denken nicht nur, sondern sie *ist* eine Form der Kognition; und zwar eine Form, die der Kognition „eine große Komplexität und Flexibilität" verleiht (ebd.: 192, 202).

Im „Schnelldurchlauf" lässt sich andeuten, wieso dies so ist: Zunächst einmal stellt die Sprache verschiedene kognitive Unterscheidungen bereit, anhand derer das Kind die Welt gliedern und ähnliche Phänomene bündeln und hierarchisieren kann. So beinhalten etwa alle Sprachen eine kognitive Unterscheidung zwischen Ereignissen und Sachverhalten auf der einen und „Mitspielern" auf der anderen Seite. Oft geschieht dies z.B. – wie auch im Deutschen – durch die Unterscheidung von Verben und Nomen (vgl. ebd.: 192ff.). Mit diesen Kategorien ist dann ein kreativer, flexibler Umgang möglich, wodurch Ableitungen, Analogien oder Metaphern möglich werden. So kann man etwa eine Eigenschaft zu einem Gegenstand machen („Blau ist meine Lieblingsfarbe") oder einen Gegenstand oder ein Ereignis so behandeln als wäre er/es ein anderer/s („Das Leben ist eine Reise") (vgl. ebd.: 200ff.). Sehr wichtig ist zudem, dass die meisten sprachlichen Symbole von der jeweiligen Wahrnehmungssituation weitgehend unabhängig sind. Sie repräsentieren nicht eine Situation, sondern stellen eine bestimmte Perspektive auf eine Situation dar (vgl. ebd.: 170f., 211). So kann ich eine Situation sehr unterschiedlich beschreiben, je nachdem in welchem Kontext ich mich befinde und worauf ich die Aufmerksamkeit richten will. Tomasello glaubt, dass sich der Großteil der syntaktischen Komplexität der Sprache aus dem sozialen Bedürfnis ergibt, spezielle Perspektiven auf eine Situation auszudrücken (vgl. ebd.: 199). Ginge es nur um eine „neutrale Beschreibung", könnte die Sprache viel einfacher aufgebaut sein.[8] Mittels der durch Sprache möglichen interaktiven Rede wird zudem die Fähigkeit zur begrifflichen Perspektivübernahme eingeübt. Vor allem wenn sie mit Gleichaltrigen streiten, auf Nachfragen reagieren müssen oder mit einem Erwachsenen über eine vorangehende Aussage reden

---

[8]   Beispielsweise kann es sein, dass ich je nach Wissen und Aufmerksamkeit meines Gegenübers „der Hund", „das Tier dort drüben", „er", „der Cockerspaniel" oder „Fido" sagen werde. Und je nachdem, wie der Sachverhalt, dass ‚Fred das Fenster mit dem Stein zerbrach' formuliert wird, ist die Perspektive eine ganz andere. So kann man sagen „Das Fester zerbrach", „Es war Fred, der das Fenster zerbrach", „Der Stein zerbrach das Fenster", „Das Fenster wurde zerbrochen" etc. Bei jeder dieser Äußerungen wird ein bestimmter Teil der Aussage fokussiert, andere Dinge hingegen ausgeblendet. Die entsprechende Wahrnehmungssituation kann aber stets dieselbe sein. Hieran erkennt man nach Tomasellos sprachpragmatischer Theorie, dass sich die Funktion der Sprache vor allem auf soziale Interaktion und nicht auf Repräsentation richtet. Ansonsten würden die Aussagen „Hund" und „Fred zerbrechen Fenster Stein" ausreichen (vgl. hierzu Tomasello 2009a: 197ff., 211).

(didaktische Metarede), beginnen Kinder zu verstehen, dass andere eine eigene Perspektive auf die Dinge haben und dass sich Auffassungen widersprechen können (vgl. ebd.: 216ff.). Anknüpfend an Überlegungen von Vygotskij, Mead und Piaget glaubt Tomasello, dass dieser dialogische Prozess dann von Kindern zunehmend verinnerlicht wird, wodurch es ihnen möglich wird, ohne die Präsenz anderer auf ihre eigenen Gedanken und ihr Handeln zu reflektieren oder mehrere Perspektiven auf einen Sachverhalt einzunehmen (vgl. ebd.: 249ff.). Es überrascht daher auch nicht, dass Redeinteraktionen und ihre Verinnerlichung für das Verständnis moralischer Regeln grundlegend sind (vgl. ebd.: 227ff.). Auch hier betrachtet sich das Kind aus einer externen, sich zunehmend generalisierenden Perspektive – zunächst vielleicht aus der eines Elternteils, später aus einer generalisierten wie der der Gesellschaft (vgl. Tomasello/Rakoczy 2003: 139). Solche Prozesse, in denen das Kind durch dialogische Verinnerlichung zunehmend bewusste Kontrolle über seine eigenen Gedanken und Handlungen und auch über seine Wirkung auf andere gewinnt, benennt Tomasello als „Metarepräsentation" und „repräsentionale Neubeschreibung" (Tomasello 2009a: 241ff.). Sie treten am Ende der frühen Kindheit auf, also in einem Zeitfenster, in dem Kinder – diesen Fähigkeiten entsprechend – in vielen Ländern eingeschult werden.

Über all diese Fähigkeiten verfügt heutzutage „jedes Kind". Es ist daher kaum vorstellbar, dass es („normal" entwickelte) Menschen geben könnte, für die das nicht gilt. Stellen wir uns nun aber mit Tomasello vor, die Erde würde von einem gigantischen Röntgenstrahl getroffen und alle Menschen von mehr als einem Jahr würden zu „extremen Autisten", „und zwar so sehr, daß sie weder absichtlich miteinander noch mit den Kleinkindern kommunizieren können (obwohl sie wundersamerweise die Kleinkinder ernähren und versorgen können)" (ebd.: 265). Die Kinder wären also kommunikativ auf sich allein gestellt. Im Gegensatz etwa zu nativistischen Autoren, die ein angeborenes „Sprachorgan" behaupten, glaubt Tomasello nicht, dass die Kinder in einer solchen Situation im Zuge ihrer Interaktion sofort wieder eine „natürliche" Sprache erlernen würden. Wahrscheinlich würden sie zunächst anhand einfacher gestischer Mittel kommunizieren (Zeigegesten, Pantomime). Es würde wohl viele Generationen – also viele Hebelzüge am kulturellen Wagenheber – benötigen, bis wieder eine Sprache entstünde, die mit heutigen vergleichbar ist. Zumal viele sprachliche Konstruktionen auf der Existenz anderer aufbauen und viele sprachliche Verfeinerungen nötig sind, um die Effizienz des Wagenhebers zu verbessern. Viel länger noch würde es dauern bis „solche Dinge wie Schrift, komplexe Mathematik und Institutionen der Regierung etc." (ebd.: 265) entstünden – wenn es überhaupt wieder dazu käme.

Die Sprache stellt demnach ein historisch gewachsenes und in gewisser Weise kontingentes kulturelles Gerüst dar, das „eine unglaubliche Menge kategorialer Perspektiven und Auffassungen von Gegenständen, Ereignissen und Beziehungen" (ebd.: 215) in sich trägt. Sie ist – um ein eher philosophisches Vokabular zu bemühen – ein Medium des „objektiven Geistes", an dem sich der „subjektive Geist" des Individuums stets von neuem empor hangeln muss. In einem jahrelangen Prozess muss das Kind die Regeln der symbolischen Welt aus der anfangs unübersehbaren Mannigfaltigkeit von sprachlichen und nicht-sprachlichen Handlungen, Gegenständen und Ereignissen herausdestillieren, um am gesellschaftlichen Leben teilnehmen zu können. Hierbei stehen ihm zunächst nur jene angeborenen kognitiven Fertigkeiten der Kategorisierung und Schematisierung zur Verfügung, die es zum Teil auch mit anderen Primaten gemeinsam hat. Neben diese „individuelle Linie der kognitiven Entwicklung" tritt durch die Fähigkeit zur geteilten Intentionalität ab circa einem Jahr eine „kulturelle Entwicklungslinie", die jene Fähigkeiten umfasst, die das Individuum *durch*

Michael Tomasello: Auf experimentalpsychologischem Wege ... 679

andere lernt.[9] Zwischen einem und drei Jahren sind Kinder zunächst „regelrechte Imitationsmaschinen" (ebd.: 203), die versuchen, durch andere die neue Welt der Konventionen und Artefakte zu verstehen. Ab dem vierten Lebensjahr erlangen sie dann zunehmend die Möglichkeit des kreativen Umgangs mit dem Erlernten. Der individuellen Linie der kognitiven Entwicklung kommt nun wieder mehr Bedeutung zu, wobei dieser „kreative Sprung" seinerseits auf den kulturell erworbenen Fähigkeiten beruht (vgl. ebd.: 73). Dieses Wechselspiel zwischen individueller und kultureller Linie der Kognition, für das die Sprache einen „Schlüsselschauplatz" (ebd.: 191) darstellt, ist überaus bedeutend. Würde es nicht existieren, wäre jegliche kulturelle Veränderung unerklärbar. Würde nur die individuelle Linie dominieren, würde kulturelles Lernen durch die Allgegenwart des „kognitiven Tunnelblicks" unmöglich. Wäre hingegen nur die kulturelle Linie wirksam, wäre der Geist des Individuums schlicht der mechanische Abdruck der Kultur und zu jeder Kreativität unfähig.

Von dem Moment an, in dem Kinder zur geteilten Intentionalität fähig sind, beginnen sie in eine gemeinsame, symbolisch strukturierte Welt einzutreten. Sie erben diese kulturelle Umwelt genauso wie sie ihr Genom erben (vgl. ebd.: 105). Die lange Zeit relativer Unreife und die Plastizität der menschlichen Kognition ermöglichen eine tiefgreifende Einbindung von kulturellen Materialien und Informationen in den Prozess der Ontogenese. Diese Tendenz, die bei Säugetieren generell und bei Primaten besonders ausgeprägt ist, findet im Menschen ihre nochmals gesteigerte Fortsetzung. Wird ein Mensch nicht in diese „kulturelle Nische" hineingeboren, so wird er sich, sollte er überhaupt lebensfähig sein, kognitiv nicht normal entwickeln (vgl. ebd.). Der Charakter der kulturellen Nische verändert sich im Laufe der Geschichte stetig. Nachfolgende Generationen treten folglich in eine stets andere kulturelle Welt ein und ihr Denken wird sich entsprechend von dem unseren unterscheiden. Damit wird eine enorm flexible Anpassung an immer neue Umwelten möglich. Die menschliche Kognition ist folglich in wesentlichem Maße kulturell. Auch wenn die Fähigkeit hierzu eine biologische ist, bedeutet dies nicht im Geringsten, Kultur auf biologische Größen zu reduzieren. Vielmehr handelt sich hierbei um einen offenen, dynamischen und kreativen Prozess.

Tomasellos kognitive Kulturpsychologie im Kontext

Nach dieser Skizze von Tomasellos kulturpsychologischen Überlegungen, die natürlich vereinfachen und die Masse an experimentellen Belegen fast vollständig ausblenden musste, soll seine Position zum Abschluss noch einmal kontrastiv verdeutlicht werden. Auffallend ist hierbei Tomasellos Bemühen, Einseitigkeiten und Reduktionismen zu vermeiden.

Besonders deutlich wird dies im Rahmen der für sein gesamtes Werk prägenden kontinuierlichen Auseinandersetzung mit „modularistischen" Kognitionstheorien, in denen der menschliche Geist als eine Art Schweizer Taschenmesser erscheint. Jeder Funktion menschlicher Kognition liegt diesem Ansatz zufolge ein evolutionär separat entstandenes Modul, also eine Art kognitives „Subprogramm", zugrunde (Tooby/Cosmides 2005: 17).[10]

---

[9] Zur Unterscheidung von „individueller" und „kultureller Entwicklungslinie" siehe Tomasello (2009a: 71-74). Zum Unterschied zwischen Lernen-von und Lernen-durch siehe Fußnote 2.

[10] Die Metapher des Schweizer Taschenmessers stammt von John Tooby und Leda Cosmides, zwei der wichtigsten Vertreter der Evolutionären Psychologie. Diesem Ansatz zufolge würde das Gehirn einem integrierten Set hochgradig bereichsspezifischer Funktionen gleichen, die jeweils auf ihren adaptiven Wert in einer

680   Frithjof Nungesser

Besonderen Stellenwert nimmt in diesem Zusammenhang seine Kritik an der These eines genetisch verankerten Sprachmoduls ein, wie sie zuerst von Noam Chomsky und in den letzten Jahren vor allem von Steven Pinker prominent vertreten wurde.[11] In Tomasellos Augen haben solche modularistischen Theorien ein massives Zeitproblem:

> „Es stand einfach nicht genügend Zeit für normale biologische Evolutionsprozesse, wie genetische Variation und natürliche Selektion, zur Verfügung, um Schritt für Schritt jede der kognitiven Fertigkeiten zu erzeugen, die es dem modernen Menschen ermöglichen, komplexe Werkzeuggebräuche und Technologien, komplexe Formen der Kommunikation und Repräsentation durch Symbole und komplexe gesellschaftliche Organisationen und Institutionen zu erfinden und aufrechtzuerhalten." (Tomasello 2009a: 14)

Wie zu sehen war, versucht Tomasello dieses Zeitproblem dadurch zu lösen, dass er nur eine relativ kleine evolutionäre Veränderung der sozialen Kognition behauptet, die dann zur Grundlage kultureller Evolution wurde, die „auf einer um viele Größenordnungen schnelleren Zeitskala operiert als die Prozesse der organischen Evolution" (ebd.: 15). Entsprechend ist Sprache für ihn nur als historisches Produkt kumulativer kultureller Evolution zu verstehen, das ebenso wie Phänomene gestischer Kommunikation oder kulturellen Lernens auf der sozio-kognitiven Kompetenz zur gemeinsamen Intentionalität beruht. Zugleich ist Sprache ein Gerüst, das von Kindern jeder Generation in einem jahrelangen Prozess und im notwendigen Zusammenspiel mit strukturierter sozialer Interaktion (vgl. ebd.: 143; Tomasello 2008: 154ff.) stets wieder von neuem angeeignet wird und in der Folge auf ihre Kognition entscheidend einwirkt. Für Tomasello gibt es folglich genuin *kulturelle* Kognition, die nicht durch angeborene Eigenschaften determiniert ist und daher eine intensive Untersuchung von historischen und ontogenetischen Prozessen zwingend notwendig macht. Im Gegensatz dazu setzen die Modularisten nach Tomasello Kultur unhinterfragt voraus und degradieren sie zu einem notwendigen, aber nicht näher untersuchungswürdigen Auslöser für kognitive Entwicklung. Gewisse kognitive Spezifika wie Sprache sind ihnen zufolge zwar kulturinduziert, weil sie ohne Interaktion mit anderen nicht entstehen (wie bei „Wolfskindern"), aber dennoch weitgehend kulturunabhängig, da sie den genetisch vorherbestimmten Entwicklungsbahnen folgen.

Tomasello kritisiert aber nicht nur die in den Kognitionswissenschaften weit verbreiteten nativistischen oder modularistischen Ansätze, sondern auch die Kulturpsychologie für ihre Einseitigkeiten (vgl. v.a. ebd.: 67, 205ff.). Diese würde zwar sozialen und kulturellen Größen breiten Raum zugestehen, konzentriere sich aber meist zu sehr auf das Kultur*spezifische*, anstatt nach der Funktion *universaler* kultureller Prozesse für die menschliche Kognition zu fragen:[12]

---

für Jäger und Sammler-Kulturen typischen Umwelt zurückgeführt werden können. Überlegungen dieser Art halten zunehmend Einzug in die Kultur- und Sozialpsychologie (vgl. z.B. Buss, Kenrick 1998; Aronson et al. 2008: xxi, 351ff.).

[11] Im Gegensatz zu Chomsky (1999: 111ff.) schreibt Pinker (2000) Evolutionsprozessen bei der Entstehung des „Sprachorgans" zentrale Bedeutung zu. Vgl. zur Kritik Tomasellos an diesen Autoren insbesondere 1995 und 2005.

[12] Tomasello hat hier vor allem die erstmals von Vico, Herder und Humboldt formulierte These der Sprachabhängigkeit aller Erfahrung vor Augen. Diese fand Widerhall in der amerikanischen Kulturanthropologie und wurde hier vor allem von den beiden Linguisten Sapir und Whorf radikalisiert (vgl. Tomasello 2009a: 208). Whorf z.B. vertrat die These, dass die Hopi-Indianer die Realität in fundamental anderer Art und Weise auf-

„Der Fokus nahezu aller Theoretiker richtet sich darauf, wie der Erwerb einer bestimmten natürlichen Sprache (z.B. Hopi) gegenüber einer anderen (z.B. Englisch) die Art und Weise beeinflußt, wie Menschen die Welt begrifflich organisieren [...]. Es gibt jedoch noch eine grundlegendere Frage, und diese Frage bezieht sich auf die Rolle sprachlicher Kommunikation für die kognitive Entwicklung im allgemeinen, nämlich ob man überhaupt eine natürliche Sprache verwendet oder nicht." (ebd.: 208f.)

Erst auf Grundlage eines Verständnisses der kognitiven Bedeutung der universalen Aspekte der Ontogenese ist demnach die Erfassung kulturspezifischer kognitiver Muster, die Tomasello selbst für sehr wahrscheinlich hält, möglich.

Schon an diesen kurzen Ausführungen ist erkennbar, dass sich Tomasellos kognitive Kulturpsychologie durch ihre Einbeziehung der Kultur-, Sozial- und Geisteswissenschaften bei Beibehaltung einer naturwissenschaftlichen Methodologie auszeichnet. Die interdisziplinäre Anschlussfähigkeit seiner Theorie bleibt durch diese Öffnung bewahrt. Natürlich sind die von ihm und seinem Team durchgeführten Experimente und vor allem die aus ihnen gezogenen Schlüsse im Einzelnen stets diskutierbar. Nicht selten vertritt Tomasello eine Minderheitenmeinung innerhalb der Psychologie oder Kognitionswissenschaft – worauf er auch stets hinweist. Dennoch kann es bereits jetzt als sein großes Verdienst gelten, zur Möglichkeit eines neuen produktiven Austauschs zwischen natur- und kulturwissenschaftlichen Disziplinen maßgeblich beigetragen zu haben. Psychologie, Anthropologie und Kognitionswissenschaften sind nun aufgefordert, sozialen und kulturellen Prozessen wieder den ihnen gebührenden Platz einzuräumen.[13] Auf der anderen Seite ist es an den Kultur-, Sozial- und Geisteswissenschaften, ihre oft anzutreffende Aversion gegenüber biologischen, psychologischen und anthropologischen Erklärungsangeboten abzulegen.[14]

Literatur von Michael Tomasello

Tomasello, M.: Language is Not an Instinct. In: Cognitive Development, Jg. 10, 1995, S. 131-156.
Tomasello, M.: Constructing a language. A usage-based theory of language acquisition. Cambridge, Mass. 2005.
Tomasello, M.: Why Dont' Apes Point? In: Enfield, N. J./Levinson, S. C. (Hg.): Roots of human sociality. Culture, cognition, and interaction. Oxford 2006, S. 506-524.
Tomasello, M.: Origins of human communication. Cambridge, Mass. 2008.
Tomasello, M.: Die kulturelle Entwicklung des menschlichen Denkens. Zur Evolution der Kognition. Frankfurt/M. 2009a [1999].
Tomasello, M.: Why We Cooperate. Based on the 2008 Tanner Lectures on Human Values at Stanford. Cambridge, London 2009b.
Tomasello, M./Call, J.: Primate cognition. New York 1997.

---

teilen und erfahren, weil ihre Sprache grammatikalisch grundverschieden von einer Sprache wie dem Englischen sei (vgl. Whorf 2003 [1956]: 11ff.).

[13] Vgl. hierzu beispielhaft die verschiedenen Kritiken an dem „Verschwinden des Sozialen" aus der amerikanischen Sozialpsychologie (Greenwood 2004; Collier et al. 1991).

[14] In manchen Strömungen wie der philosophischen Anthropologie oder dem amerikanischen Pragmatismus war diese Aversion nie vorhanden. Tomasellos Werk weist zu diesen Traditionen eine nicht zu verkennende systematische Nähe auf (vgl. Habermas 2009: 2; siehe auch Jung 2009).

Tomasello, M./Call, J./Hare, B.: Chimpanzees understand psychological states – the question is which ones and to what extend. In: Trends in Cognitive Sciences, Jg. 7, H. 4, 2003, S. 153-156.

Tomasello, M./Rakoczy, H.: What Makes Human Cognition Unique? From Individual to Shared to Collective Intentionality. In: Mind & Language, Jg. 18, H. 2, 2003, S. 121-147.

Call, J./Tomasello, M.: Does the chimpanzee have a theory of mind? 30 years later. In: Trends in Cognitive Sciences, Jg. 12, H. 5, 2008, S. 187-192.

Kaminski, J./Call, J./Tomasello, M.: Chimpanzees know what others know, but not what they believe. In: Cognition, Jg. 109, 2008, S. 224-234.

Für eine vollständige Bibliographie vgl. http://email.eva.mpg.de/~tomas/cv.html [letzter Zugriff 17. Mai 2010].

Weitere im Text zitierte Literatur

Aronson, E./Wilson, T. D./Akert, R. M.: Sozialpsychologie. München 2008.

Buss, D. M./Kenrick, D. T.: Evolutionary Social Psychology. In: Gilbert, D. T./Fiske, S. T./Gardner, L. (Hg.): The Handbook of Social Psychology. 2 Bände. New York 1998, S. 982-1026.

Chomsky, N.: Sprache und Geist. Mit einem Anhang Linguistik und Politik. Frankfurt/M. 1999.

Collier, G./Minton, H. L./Reynolds, G.: Currents of thought in American social psychology. New York 1991.

Gehlen, A.: Der Mensch. Seine Natur und seine Stellung in der Welt. Wiebelsheim 2004 [1940].

Greenwood, J. D.: The disappearance of the social in American social psychology. New York 2004.

Habermas, J.: Laudatio für Michael Tomasello, gehalten anlässlich der Verleihung des Hegel-Preises 2009 am 16. Dezember 2009 in Stuttgart. Online verfügbar unter http://www.stuttgart.de/img/mdb/item/383875/51478.pdf [letzter Zugriff 15.05.2010].

Jung, M.: Der bewusste Ausdruck. Anthropologie der Artikulation. Berlin 2009.

Pinker, S.: The language instinct. How the mind creates language. New York 2000.

Tooby, J./Cosmides, L.: Conceptual Foundations of Evolutionary Psychology. In: Buss, D. M. (Hg.): The Handbook of Evolutionary Psychology. Hoboken, NJ 2005, S. 5-67.

Waal, F. B. M. de: Der Affe in uns. Warum wir sind, wie wir sind. München 2007.

Whorf, B. L.: Sprache – Denken – Wirklichkeit. Beiträge zur Metalinguistik und Sprachphilosophie. Hrsg. v. P. Krausser. Reinbek bei Hamburg 2003 [1956].

Rational Choice: Kultur als Mittel der Handlungsorientierung[1]

Andrea Maurer

Die Geschichte von Rational Choice und Kultur

Innerhalb der Soziologie wird noch oft vermutet, dass „Rational Choice" kulturelle Phänomene nicht erfassen und zum Thema machen könne. Handelt es sich wirklich um zwei Königskinder, die sich nicht finden können? Dazu ist anzumerken, dass „Rational Choice" zunächst einmal ‚nur' eine Handlungstheorie bezeichnet, die nicht mehr, aber auch nicht weniger besagt, als dass die Akteure mit ihrem Handeln Zwecke bestmöglich zu realisieren versuchen.[2] Von dieser *allgemeinen Handlungsannahme* ausgehend haben bereits Thomas Hobbes, David Hume, Adam Smith u. a. moderne Sozialtheoretiker die Entstehung und die Formen des sozialen Zusammenlebens zu erklären versucht (vgl. Maurer/Schmid 2010: Kap. 5). Auch Max Weber hat der Soziologie empfohlen, soziale Regelmäßigkeiten aus dem sinnhaften Handeln der Menschen zu erschließen und dazu im ersten Schritt deren Handeln als ein zweckrationales zu rekonstruieren (vgl. Weber 1980/[1]1922). Karl Popper hat in seiner rationalen Erkenntnistheorie, dem Kritischen Rationalismus, dargelegt, dass für soziologische Erklärungszwecke das menschliche Handeln als ein rationales mit Bezug auf Situationen zu rekonstruieren sei (vgl. Popper 1969) – der Kauf eines Soziologielehrbuchs, das Verfassen eines Liebesbriefes, die Studienfachwahl sind eben nur in Anbetracht konkreter Handlungssituationen als rational bzw. nicht-rational zu erschließen. Diese Tradition der Erklärung sozialer Phänomene aus dem rationalen, d.h. dem bewussten und konsequenzenorientierten Handeln der Individuen wurde in den jungen Sozialwissenschaften vor allem in der Ökonomie schon zu Beginn des 20. Jahrhunderts aufgegriffen, in der Soziologie hingegen erst relativ spät, aber dann international am Ende des vorigen Jahrhunderts (vgl. Elster 1986; Coleman/Fararo 1992).

Einen wichtigen Anstoß dazu gab die zunehmende Kritik innerhalb der Soziologie an reinen Makro- bzw. reinen Mikroerklärungen[3] sowie die zunehmende Konkurrenz durch die Neue Institutionenökonomik, die sich seit den 1970er Jahren auf der Basis rationaler

---

[1]   Ich danke den Herausgebern Dirk Quadflieg und Stephan Moebius sowie Hartmut Esser für ihre Kommentare.

[2]   Für Max Weber (1980/11922) ist rationales Handeln sowohl das bewusste Abwägen von Zwecken, Mitteln und Nebenfolgen wie auch das bewusste, bedingungslose Orientieren an Werten. Im Rational-Choice-Programm beschreibt Rationalität die Fähigkeit der Menschen, sich an Zielen zu orientieren, diese logisch konsistent zu ordnen und das dafür adäquate Handeln auszuwählen. Die durch Herbert Simon (1957) populär gewordene Annahme begrenzter Rationalität meint, dass die Akteure kein vollständiges Wissen über die Situation haben.

[3]   Im ersten Fall sind dies Theorien, die für die Erklärung sozialer Sachverhalte allein Faktoren auf der Strukturebene (wie etwa der Strukturfunktionalismus oder marxistische Theorien), und im zweiten Fall solche, die ausschließlich Annahmen auf der Handlungsebene (Austauschtheorien) einsetzen.

Handlungsmodelle klassischer soziologischer Themen wie Herrschaft, Vertrauen, Normen usw. annimmt. In diesem Zusammenhang rückten *mehrstufige, handlungstheoretisch fundierte* Erklärungen ins Blickfeld der Soziologie und es begann ein reger Austausch darüber, welche Rolle die Handlungstheorie dabei spiele und wie Struktur- und Handlungsannahmen so zu verbinden seien, dass die Defizite naiver Rationalerklärungen wie die der Aufklärung oder des neoklassischen Denkens vermieden werden könnten. Als Anspruch wird vertreten, zwischen individueller und kollektiver Rationalität zu unterscheiden und soziale Phänomene sowohl als geplantes wie auch als ungeplantes, unter Umständen sogar unerwünschtes Ergebnis individuell rationaler Handlungen erklären und dabei nicht nur materiell-objektive Rahmenbedingungen, sondern auch kulturelle und normative erfassen zu können.

Vor diesem Hintergrund wurde die *Theorie der rationalen Wahl* innerhalb der Soziologie als handlungstheoretisches Mikrofundament mehrstufiger Erklärungen entdeckt und verwendet. In Kombination mit der auf Weber und Popper zurückgehenden ‚situationslogischen Analyse' führte dies zur Ausarbeitung mehrstufiger Erklärungen[4], in denen die deduktive Stärke der Theorie der rationalen Wahl zur Geltung kommt, weil sie mit Bezug auf die Handlungssituation und die individuellen Zwecke die ‚beste' Handlung eindeutig bestimmen hilft. Die Theorie der rationalen Wahl gilt heute allgemein als ein Mikrofundament, das einerseits Situationskonstellationen aus Sicht der Akteure in Handlungsmöglichkeiten übersetzen lässt und andererseits mithilfe von Brückenhypothesen auch empirische Konkretionen der Zwecke und der Zweck-Mittel-Relationen ermöglicht. Das bedeutet allgemein, dass die Theorie der rationalen Wahl erweiter- und korrigierbar ist, und konkret, dass sie neben dem Güterkonsum auch die kulturelle Identität oder das soziale Ansehen als individuelle Zwecksetzungen und darüber soziale und kulturelle Faktoren als Mittel der Zweckerreichung oder relevante Situationsfaktoren berücksichtigen kann. So wäre für WissenschaftlerInnen etwa nicht der materielle Konsum sondern die wissenschaftliche Reputation als Zweck zu spezifizieren und als dafür relevante Mittel akademische Titel, Bücher und wissenschaftliche Positionen relevant, um die im Positionswettbewerb konkurriert wird, was gleiche oder verschiedene Startchancen beinhalten kann. Das Rationalitätspostulat besagt ‚nur', dass in dieser Situation rationale WissenschaftlerInnen versuchen werden, so viel Reputation wie möglich zu erreichen, die Situationsbeschreibung legt offen, wie hart der Konkurrenzkampf ist und welche Mittel dafür typisch sind. Soziologische Ausarbeitungen sollten also die Situationsbeschreibung in den Blick nehmen, etwa wie sich die Chancen zwischen Frauen und Männern verändern, wie der internationale Wettbewerb die Lage in Deutschland tangiert und eben auch, wie sich kulturelle Rahmungen verändern, etwa in Form von Leistungskriterien (Lehre versus Forschung, Bücher versus Aufsätze) oder dem Status von Wettbewerb oder Eliten allgemein.

Der US-amerikanische Soziologe *James Coleman* (1990) steht für eine rationalwahlbasierte Sozialtheorie, in den Niederlanden haben insbesondere *Siegwart Lindenberg* und *Reinhard Wippler* an methodologischen Grundlagen gearbeitet (vgl. etwa Lindenberg 1992), der Franzose *Raymond Boudon* hat schon früh auf Paradoxien individuell-rationalen Handelns wie das Phänomen der *Ideologie* hingewiesen (1980) und in Deutschland hat insbesondere *Hartmut Esser* an der Erweiterung des handlungstheoretischen Fundaments gearbeitet und so ausdrücklich Kultur als Situationsrahmung thematisiert (1996; 2001; 2004; 2010). James Coleman hat das rationale Forschungsprogramm stark inspiriert, indem

---

[4] Im Hintergrund steht das sogenannte deduktiv-nomologische Erklärungsmodell von Hempel und Oppenheim (vgl. ausführlich Esser 1993: Kap. B; Maurer/Schmid 2010: Kap. 2).

Rational Choice: Kultur als Mittel der Handlungsorientierung 685

er mit der ,Badewanne' (Coleman 1990: 18) bildhaft veranschaulicht hat, wie handlungstheoretisch fundierte, mehrstufige Erklärungen in der Soziologie anzulegen sind. Für ihn hat die Theorie der rationalen Wahl die Aufgabe, soziologisch relevante Handlungssituationen zu erkennen und starke, empirisch prüfbare Thesen auf der Strukturebene abzuleiten. Bekannt wurden seine Thesen, dass auch schlechte gesellschaftliche Zustände kaum zu Revolutionen führen, weil rationale Egoisten nicht an deren Erfolg glauben, dass Vertrauen durchaus rational wäre, aber nur schwer zu haben ist und dass Organisationen zwar durch die rationale Übertragung von Handlungsrechten durch die Individuen entstehen, deren Entscheidungsmöglichkeiten dann aber einschränken. Coleman hat daran festgehalten, einen möglichst einfachen handlungstheoretischen Kern zu verwenden und das Handeln als bewusstes Kalkulieren von Handlungsfolgen mit Blick auf private Eigeninteressen zu erklären, und Erweiterungen durch Situationsmodelle zu gewinnen. Andere setzen indes auf eine Erweiterung der Theorie der rationalen Wahl. Dazu kann im einfachsten Fall angenommen werden, dass die Erfolgsschätzungen der Akteure von der objektiven Situation abweichen.[5] Weitergehende Erweiterungen setzen dann schon am Kern, den Motiven und Handlungsorientierungen der Akteure an. Dafür waren sozialpsychologische Experimente ausschlaggebend (vgl. insbes. Kahneman/Tversky 1984), die auf Anomalien der Rational-Choice-Theorie wie Risikoaversion, Zeitinkonsistenzen usw. hingewiesen haben, die mit empirischen Erkenntnissen der Sozialpsychologie und der Soziologie korrespondieren, wonach individuelle Entscheidungen meist durch kulturelle Muster gerahmt sind. *Hartmut Esser* (1996; 2001) hat mit Verweis auf die Arbeiten von Alfred Schütz, Max Weber und des Sozialpsychologen Russell Fazio ein formales Handlungsmodell ausgearbeitet, das dies berücksichtigt und insbesondere die von Weber (1980/[1]1922) dargestellten Handlungstypen: das zweckrationale, das wertrationale, das traditionale und das affektuelle Handeln, integriert. Diese erweiterte Fassung der Theorie der rationalen Wahl erlaubt es, neben materiellen und institutionell-normativen auch kulturelle Situationsfaktoren in ihrer Wirkung auf das individuelle Handeln zu erfassen und vor allem den bewussten wie auch den unbewussten Wechsel von einem rational kalkulierenden zu einem kulturell orientierten Handeln zu erfassen. Im Kontext ökonomischer Erklärungen hat vor allem *Douglass North* ,mentale Modelle' als rationales Hilfsmittel der Akteure zur Erschließung der Welt eingeführt und damit die Ökonomie auf die Relevanz von Kultur für die wirtschaftliche Entwicklung hingewiesen (vgl. North 1988).

Was ist und zu welchem Zweck eignet sich Rational Choice?

Die zentrale Herausforderung von Rational-Choice-Erklärungen ist es, Kultur einerseits als Resultat und andererseits als Rahmen rationaler Handlungen zu erfassen und zu erklären. Danach gilt es einerseits zu fragen, w*arum* sich rationale Akteure bewusst oder unbewusst an *kulturellen Mustern* orientieren und welche *kollektiven Effekte* dies hat, und andererseits zu klären, warum sich bestimmte kulturelle Muster *behaupten und verfestigen*? Diese Fragen werden unterschiedlich bearbeitet und beantwortet, je nachdem, ob wir unter ,*Rational Choice*' die *Handlungstheorie*, eine ausgearbeitete *Rational-Choice-Soziologie* oder eine *rationale Sozialtheorie* verstehen.

---

[5] Vgl. für ausführliche Erläuterungen der Wert-Erwartungs-Theorie Lindenberg (1990: 256ff.) oder Esser (1993: 238ff.).

Rational Choice als Handlungstheorie

Die *Theorie der rationalen Handlungswahl* besagt, dass das Handeln der Einzelnen das Ergebnis einer bewussten Entscheidung zwischen Handlungsmöglichkeiten auf der Basis individueller Bewertungen ist.[6] Eine *enge Auslegung* davon ist die vor allem in ökonomischen Erklärungen eingesetzte Nutzentheorie, die als dominantes Handlungsmotiv den Konsum privater Güter ansetzt und weiter davon ausgeht, dass die Akteure bei der Wahl der Handlung auf eine logisch konsistente, stabile und exogen gegebene Präferenzordnung zurückgreifen können, dass sie über alle relevanten Informationen verfügen und den Ertrag jeder Entscheidung kalkulieren.[7] Auf vollkommenen Wettbewerbsmärkten finden diese Wirtschaftsakteure Marktpreise vor, die ihnen die notwendigen Informationen geben, so dass sie nur noch entscheiden müssen, welche Mengen welcher Güter sie kaufen oder verkaufen.[8] Aus der kritisch-konstruktiven Auseinandersetzung mit dem engen Handlungsmodell des ‚homo oeconomicus‘ in Kombination mit dem restriktiven Situationsmodell des vollkommenen Wettbewerbsmarktes[9] ging in der Soziologie eine intensive und fruchtbare Diskussion über die Anlage soziologischer Erklärungen und die dabei zu verwendenden Handlungs- und Situationsmodelle hervor.

In diesem Kontext wurde auch deutlich, dass die ‚kulturlose‘ Argumentation der Ökonomie ihre Begründung darin findet, dass die Marktpreise dort komplexe subjektive *Wahrnehmungs- und Deutungsprozesse* ersetzen und von den Akteuren nicht mehr fordern, als dass sie ihre Interessen kennen und logisch konsistent ordnen und die relevanten Marktpreise richtig wahrnehmen. Die Orientierung an den Marktpreisen ist für eine rationale Nutzenmaximierung ausreichend, da diese den Annahmen folgend alle wichtigen Informationen unverfälscht enthalten und Abweichungen durch den Konkurrenzmechanismus sofort signalisiert werden. Wird die Annahme bekannter, in Wettbewerbsmärkten generierter Marktpreise aufgegeben, können auch in ökonomischen Erklärungen Prozesse der Informationsbeschaffung und -verarbeitung aufgegriffen und dafür auch kollektive Deutungsmuster als Bezugspunkt erkannt werden. In der Informationsökonomie, in der signaling theory oder der Verhaltensökonomik werden seit geraumer Zeit sowohl Informationsbeschaffung als auch Situationsinterpretationen und auch die Präferenzbildung bearbeitet. *Frames* oder mentale Modelle (Denzau/North 1994) gelten in wirtschaftlichen Transaktionen als Informationsquelle. Die Orientierung an Symbolen, Ritualen, Mythen usw. hilft rationalen Akteuren demnach in komplexen Situationen durch die Bereitstellung entscheidungswichtiger Informationen über Mittel und Erfolgschancen.

---

[6] Umfassende Diskussionen der Rational-Choice-Theorie finden sich in Elster (1986) oder Coleman/Fararo (1992).

[7] Die Wissensbeschaffung und -verarbeitung wird so zum Gegenstand rationalen Handelns und das Umschalten von bewusster Konsequenzenkalkulation auf kulturelle Orientierung als rationale Strategie betrachtet.

[8] Die Ökonomie interessiert sich für effiziente Verteilungen knapper und begehrter Ressourcen durch rationale, freiwillige Tauschhandlungen, so dass für sie die Berücksichtigung komplexer Tauschprozesse und Verträge (Transaktionskosten) sowie von Marktversagen (externe Effekte, kollektive Güter) wichtige Erweiterungen sind.

[9] Die kritische Auseinandersetzung mit den beiden Idealtypen des *homo oeconomicus* und des *homo sociologicus* ist in den Sozialwissenschaften einer der Ausgangspunkte für die methodologisch fundierte Diskussion zur Erweiterung von Handlungsmodellen und -theorien (vgl. Lindenberg 1990; Esser 1993; Boudon 1993).

Rational Choice: Kultur als Mittel der Handlungsorientierung 687

Die Rational-Choice-Soziologie

Eine ausgearbeitete *Rational-Choice-Soziologie* setzt die *Theorie der rationalen Handlungswahl* als mikrotheoretisches Fundament in mehrstufigen Erklärungen ein und kombiniert diese mit Situationsmodellen, die *soziale Interdependenzen* erfassen.[10] Damit soll zum einen die Handlungsfähigkeit und zum anderen die Wirkkraft sozialer Strukturen berücksichtigt werden. Dahinter steht die Annahme, dass sich die Soziologie für soziales Handeln interessiert, d.h. für das individuelle Handeln, das in Abhängigkeit von anderen erfolgt, und dass daher aus individuell rationalen Handlungen auch unintendierte Effekte folgen können. Die bekannte Formulierung von der ärgerlichen Tatsache der Gesellschaft hat darin ebenso ihren Bezugspunkt wie die Behandlung von Dilemmata, sozialen Paradoxien, Rätseln usw., die die Geschichte der Soziologie von Anfang an begleitet hat. Die Rational-Choice-Soziologie verwendet dazu meist die aus der Spieltheorie bekannten Modelle, die soziale Interdependenzen als *Interessenkonstellationen* modellieren und Koordinations-, Kooperations- und Konfliktsituationen unterscheiden. Bekannt und vielfach genutzt ist das Gefangenendilemma, das Situationen einfängt, in denen das individuell rationale Handeln angesichts gemeinsamer Interessen dazu führt, dass die vorteilhafte Kooperation systematisch verpasst wird. Konkretisiert wird dies anhand zweier verdächtiger Inhaftierter, denen Hafterleichterung angeboten wird, wenn sie aussagen und sich dabei wechselseitig belasten. Obwohl das gemeinsame Schweigen für beide die beste Lösung wäre, kommt eine Kooperation zwischen den beiden nicht zustande, weil es für jeden Einzelnen besser ist auszusagen, solange er davon ausgehen muss, dass der andere genau dies tut. Die soziologische Perspektive liegt also in den Situationsmodellen, die eine relevante soziale Interdependenzen beschreiben, die aber erst mit Hilfe der Handlungstheorie offen gelegt wird. Den Kern mehrstufiger Erklärungen bildet zwar die Handlungstheorie, sie bedürfen aber immer auch Modellen einer sozialen Handlungssituation und Modellen, die die erklärten, situationsbezogenen Einzelhandlungen in Makroeffekte übersetzen. Erst dann kann auf der einen Seite die Wirkung von Kultur spezifiziert und auf der anderen Seite der Niedergang oder Aufstieg einer Kultur erklärt werden (vgl. Lindenberg 1990; Esser 1996; 2001).

Die Handlungstheorie bzw. das Handlungsmodell sagt, warum und wie kulturelle Muster relevant im Sinne von handlungsleitend werden, d.h., in welchen sozialen Situationstypiken Kultur wirkt. Die Grundregel einer analytischen Modell- und Theoriebildung besagt jedoch auch, dass mit möglichst einfachen Annahmen zu beginnen ist und dass Erweiterungen zuerst bei den soziologisch gehaltvollen Faktoren und dann erst bei den Fähigkeiten der Akteure vorzunehmen sind. Das klassische Rational-Choice-Programm setzt dies um, indem es mit der Annahme eines konsequenzenorientierten, eigennützigen Handelns bei vollständiger bzw. unvollständiger Information beginnt (vgl. Coleman 1990; Lindenberg 1992; vgl. im Überblick Maurer/Schmid 2010). Neuere Rational-Choice-Erklärungen vertreten dagegen, wie etwa Hartmut Esser (1996; 2001; 2004) mit dem *Frame*-Modell, die Position, soziologische Erklärungen mit der Annahme eines von kulturellen Situationsdefinitionen geleiteten Handelns zu beginnen und die bewusste Ertragskalkulation als Spezialfall zu behandeln.

---

[10] Der Rahmen dafür sind der Methodologische Individualismus, eine deduktiv-nomologische Erklärungspraxis und eine analytische Theorie- und Modellbildung.

Rationale Sozialtheorien

Aber auch rationale Sozialtheorien, d.h. allgemeine Theorien des Sozialen, die ausgehend vom rationalen, intentionalen Handeln Einzelner das soziale Zusammenleben ‚problemorientiert' analysieren und Vorschläge für eine rationale Weltgestaltung aus Sicht der Akteure vorlegen wollen, haben in der europäischen Welt eine lange Tradition (vgl. Maurer 2004; Hedström/Stern 2008). Der klassische Bezugspunkt dafür ist Thomas Hobbes, der als Problem eines jeden sozialen Zusammenlebens die freie Verfügbarkeit von Gewalt gesehen und als Naturzustand den Kampf aller gegen alle beschrieben hatte. Wechselseitige Übereinkommen der Einzelnen auf Gewaltverzicht sind Hobbes zufolge zwar aufgrund ihrer Vernunft möglich, aber sie bedürfen einer zentralen Sicherung, des Schwerts an der Wand. Die vielfach diskutierte Lösung von Thomas Hobbes: der durch eine allmächtige Herrschaftsinstanz, den Leviathan, gesicherte Gesellschaftsvertrag, ist der erste Versuch, ausgehend vom rationalen Handeln der Einzelnen eine Sozialanalyse vorzunehmen, die zu einer ‚vernünftigen Gestaltung' der sozialen Welt beitragen will. Ausgehend von der europäischen Aufklärung, vor allem im Gefolge der Französischen Revolution und prominent vertreten durch die Schottische Moralphilosophie, wird diese Tradition bis heute kritisch fortgeführt und findet ihren klassischen Ausdruck in Gesellschaftslehren, die den wirtschaftlichen Wohlstand (Adam Smith), den inneren Frieden (Montesquieu) oder die Stabilität sozialer Ordnung (Max Weber u. a.) in ‚rationalen Verfahren und Strukturen' begründet sehen. In der Ökonomie wird dazu bis heute der Markt als effizienter und universeller Koordinationsmechanismus favorisiert. Die Prominenz des Marktmechanismus erklärt sich vor allem daraus, dass dieser verspricht, allein über das interessengeleitete Handeln der Akteure – ohne Kultur oder soziale Regeln – vorteilhafte, stabile Gleichgewichte hervorzubringen.

Rational-Choice-Erklärungen, Soziologie und Kultur

Rational-Choice-Erklärungen sind keine genuine Kulturtheorie, aber es ist in der Soziologie in Form mehrstufig angelegter und handlungstheoretisch fundierter Erklärungsmodelle in den letzten Jahren zunehmend gelungen, die Engführungen des ökonomischen Programms zu überwinden und Kultur als handlungsleitende Größe und als Erklärungsgegenstand zu entdecken. Kultur kann heute längst als Informationsquelle sowie auch als Definition von Zwecken und Mitteln oder auch als eingeständige Handlungsweise erfasst und so auch die Reproduktion kultureller Artefakte selbst aus dem mehr oder weniger rationalen Handeln der Akteure abgeleitet werden. Im folgenden Abschnitt werden wichtige Thesen der Rational-Choice-Soziologie zu ‚Kultur' skizziert und dabei die schon angesprochene, methodologisch begründete Integrations- und Erweiterungsfähigkeit angewandt. Im einfachsten Fall werden ausgehend von der Annahme begrenzter Wissensbestände oder Informationsverarbeitungsfähigkeiten *Orientierungsprobleme* als Anlass für die Verwendung kultureller Symbole, Rituale, Mythen usw. gesehen (a). Im nächsten Schritt kann der handlungstheoretische Kern so erweitert werden, dass der Wechsel zwischen verschiedenen Handlungsorientierungen im Rahmen einer Theorie rationalen Entscheidens erklärt wird und neben die bewusste Ertragskalkulation auch die mehr oder weniger bewusste Orientierung an kulturellen Mustern tritt (b). Aber auch die parallele Erfassung von Rationalitätslogiken bzw. die Ersetzung der bewussten, kurzfristigen eigennutzorientierten Ertragskalkulation durch ein

Rational Choice: Kultur als Mittel der Handlungsorientierung

Handeln aufgrund ‚guter Gründe' ist möglich und kann Kultur als deren Übermittlerin erfassen (c).

a. Kultur als rationales Orientierungsmittel

Die Hinwendung zu Rationalerklärungen in der Soziologie in den 1970er und 1980er Jahren war zu Anfang vor allem darauf konzentriert, die deduktive Stärke der Theorie der rationalen Wahl, die Ableitung individueller Handlungen in bestimmten Situationen zu nutzen, und deren Kern, die allgemeine Annahme des bewussten, zweckgerichteten Handelns, so lange wie möglich beizubehalten; hierfür stehen vor allem die Arbeiten von James Coleman (1990). Allenfalls wurde die Annahme begrenzter Informationsaufnahme und -verarbeitungsfähigkeiten eingeführt, um die subjektiven Einschätzungen über den Erfolg von Handlungen zu erfassen und dafür kulturelle Muster als hilfreich und vorteilhaft zu erkennen.[11] Schon der Klassiker der ‚begrenzten Rationalität' Herbert Simon (1957) hat soziale Ersatzformen für die begrenzte Rationalität der Individuen ins Blickfeld gerückt. Bei Simon waren dies vor allem Bürokratie, Arbeitsteilung und Standards in kollektiven Entscheidungsprozessen, wohingegen SoziologInnen bereits früh Kultur sowohl in Form von normativen Erwartungen als auch von gemeinsamen Ideen und Vorstellungen als notwendige Rahmung allen sozialen Handelns berücksichtigen wollten. Ein konsequenter Entwicklungsschritt der Rational-Choice-Erklärungen in den 1970er und 1980er Jahren waren Modellierungen, die das rationale Handeln bei gegebenen Zwecken in komplexen, unsicheren Handlungssituationen thematisierten. Kultur wird demnach dann handlungsrelevant, wenn sie etwa über Signale auf wichtige Situationsmerkmale hinweist, zwischen gleich guten Möglichkeiten eine Auswahl vorgibt oder zeitliche oder räumliche Bezugspunkte für eine Koorientierung zur Verfügung stellt. Die sich parallel entwickelnde Neue Institutionenökonomik und die Neue Verhaltensökonomik verbindet mit Rational-Choice-Erklärungen in der Soziologie, dass sie die bewusste Orientierung der Einzelnen an kulturellen Situationsfaktoren als ‚vorteilhaft' für bestimmte Situationen erklären und die Ausbreitung kultureller Muster als das rationale Ergebnis eines evolutionären Selektions- oder auch eines Wettbewerbsprozesses vorstellen. Rituale (vgl. Chwe 2001) und religiöse Ideen (vgl. Iannaccone et al. 1997) werden als Möglichkeit interpretiert, eine individuell rationale Orientierung bzw. eine sozial vorteilhafte Koorientierung in komplexen Situationen trotz eingeschränkter individueller Informationsverarbeitungskapazitäten herzustellen. Die kulturelle Definition von Handlungszwecken und -mitteln kann – wie dies Albert Hirschman (1980) und Max Weber (1988/[1]1922) schon angedacht haben – einen umfassenden gesellschaftlichen ‚Rationalisierungsprozess' beinhalten, in dessen Folge das zweckrationale Handeln zur dominanten Handlungsweise moderner, abendländischer Gesellschaften wird.

b. Der rationale Wechsel zwischen kultureller Orientierung und Ertragskalkulation

In den 1980er Jahren mehrten sich Bemühungen, den handlungstheoretischen Kern zu erweitern und die Orientierung an kulturellen Mustern als eigenständige Handlungsweise in

---

[11] Vgl. für neuere Rationalerklärungen von Ideologien Boudon (1994), von Selbstbindungen Elster (1983), von Ritualen Chwe (2001) sowie von ethnischer Segregation, Migration und Ehescheidungen Esser (2004).

die Theorie zu ‚integrieren' und so neben den materiellen bzw. sozialen auch kulturelle Situationsfaktoren in Form von Wissen, Symbolen, Deutungen, Magie, Religion usw. bei der Erklärung sozialer Phänomene zu berücksichtigen. Sowohl das unbedingte Orientieren an Werten und Normen als auch das unbewusste Orientieren an kulturellem Wissen wird so als ‚rationale Wahl' mit Bezug auf Situationen erklärt (vgl. vor allem Esser 1996; 2001; Lindenberg 1994). Das *Modell der Frame-Selektion* von Hartmut Esser (2001; 2010; Kroneberg 2005) stellt eine formale, integrative Mikrofundierung für soziologische Erklärungen zur Verfügung. Es besagt, dass im Normfall vom automatischen, halbbewussten Orientieren an vorgegebenen *Frames* auszugehen ist und das Handeln der Einzelnen als Routinehandeln zu verstehen sei. Ein bewusstes Reflektieren des *Frame* ist dann zu erwarten, wenn die Symbole des *Frame* von den Akteuren nicht mehr eindeutig in der Situation erkannt werden, wenn etwa die Kleidung bei einer Party nicht stimmt, beim Kauf von Milch und Butter soziale Anerkennung angeboten wird oder in Wirtschaftsunternehmen Heilsbotschaften verkündet werden. Ein *Frame* wird dann „automatisch" durch einen anderen ersetzt, wenn symbolische Hinweise in der Situation für einen neuen *Frame* sprechen. Ein *Frame* kann aber auch „rational" gewechselt werden, wenn die symbolischen Hinweise nicht stimmig sind oder wenn es gute Gründe für die Akteure gibt (wichtige Entscheidungen), die Situationsrahmung genauer zu reflektieren und wenn dann auch noch ein anderer *Frame* als passender oder angemessener erkannt wird. Damit wäre der rationale, nutzenbasierte Wechsel von *Frames* in Betracht zu ziehen, wenn z.B. eine Studienfachwahl oder ein Studienfachwechsel ansteht, wenn über den Wechsel einer beruflichen Position zu entscheiden ist usw. Dann muss aber der *erwartete Nutzen* des neuen *Frame* höher eingeschätzt werden als der des alten und es müssen auch die Wechselkosten gedeckt sein. Der Wechsel vom halbautomatischen Routinehandeln hin zum bewussten, konsequenzenorientierten Handeln ist immer dann rational, wenn hohe Erträge in Aussicht stehen und wenn der Wechsel möglich scheint. Die Beharrlichkeit von Routinen, Gewohnheiten oder Traditionen folgt umgekehrt daraus, dass in vielen Situationen der Erfolg eine konsequenzenorientierten Handelns unsicher ist und weil immer Wechselkosten anfallen bzw. mitunter gar keine Erfolge kalkuliert werden können. Frames setzen situationsspezifische Ziele, Wissensbestände und Sichtweisen und ihre Kenntnis macht es einerseits möglich, das individuelle Handeln als ein sozial adäquates bzw. auch als individuell rationales Handeln zu rekonstruieren und sie können andererseits Wissenschaftlern und Handelnden im Alltag die Situation ‚aufschließen' und auch die relevanten Skripte, d.h. die in dieser Situation passenden und sinnvollen Handlungsmuster ‚erschließen'. Skripte sind das, was die Kultursoziologie als alltagsweltliche Rituale (Tanzfeste, Konsumfetischismus usw.), post-moderne Alltagskulturen (Körperbemalungen, Graffiti usw.), Beziehungsformen (Individualisierung, Liebe in Zeiten der Globalisierung usw.) usw. empirisch beschreibt und offenlegt. Das Rationalprogramm kann darüber hinaus nun theoriegeleitete und prüfbare Aussagen darüber machen, wann und warum bestimmte Akteure komplexe Liebes- und Beziehungsarbeit leisten, andere hingegen in traditionalen Ehen verbleiben, manche Konsumfetischisten sind und andere Asketen ...

Hartmut Esser ist es gelungen, eine umfassende Handlungstheorie auszuformulieren, die eine Erklärung dafür anbietet, warum Akteure in ihrem Handeln sowohl bewusst als auch unbewusst kulturellen Mustern folgen: einfache Alltagssituationen, für die passende und eindeutige Deutungsmuster vorliegen, und macht daran anschließend deutlich, dass damit immer adäquate Skripte verbunden sind, die die passenden Handlungen vorgeben,

Rational Choice: Kultur als Mittel der Handlungsorientierung 691

die nicht eigens gewählt werden.[12] Der Rationalwahlmodus ist Hartmut Esser folgend nicht der Normalfall menschlichen Handelns, sondern tritt dann auf, wenn die Passung (der *match*) von *Frame* und *Situation* gestört ist und wenn die Opportunitätskosten einer fehlerhaften Orientierung so hoch wären, dass sie die Erträge der Routinen außer Kraft setzen würden. Relevant ist ein derart erweitertes Handlungsmodell für Erklärungen des Alltagslebens, aber auch für die Wirtschaftssoziologie, da diese nicht nur direkt mit ökonomischen Erklärungen konkurriert, sondern vielfach auch mit Situationen zu tun hat, in denen das halbautomatische Orientieren an kulturellen Mustern durch das bewusste Ertragskalkulieren abgelöst wird, weil hohe Opportunitätskosten drohen, die relevanten Informationen in Form von Marktpreisen vorliegen und weil andere bedeutsame Muster wie bspw. der *Frame* von Freundschaft und Liebe, die keine direkten Gegenleistungen vorsehen, nicht passen. Und auch bei der Erforschung sozialer Bewegungen, von Rebellionen und Revolutionen bzw. bei all den Situationen, in denen kollektive Güter produziert werden müssen, können Erweiterungen, die kulturelle Muster einbeziehen, zu besseren Erklärungen führen.

c. Rationalitäts- und Handlungslogiken

Noch umfassender ist die Einführung verschiedener Rationalitätslogiken, etwa das Nebeneinanderstellen von individuell rationaler Nutzenorientierung und der rationalen Orientierung an ‚guten Gründen' der jeweiligen Bezugsgruppe, wie dies Raymond Boudon vorschlägt. Neben dem individuell egoistischen wird dann auch das an kollektiven Zielen orientierte Handeln der Akteure als rational gefasst (vgl. Elster 1983; Boudon 1994). Prominent wurde dafür die Fähigkeit zur rationalen Selbstbindung, wie sie in der Antike prominent Odysseus praktizierte, als er sich an den Mast binden ließ, um dem Gesang der Sirenen zu widerstehen, moderne Alltagsmenschen versuchen so dem guten Essen oder dem Rauchen zu entkommen. Durch die Berücksichtigung von Lernprozessen, vor allem in direkten Interaktionen, kann zudem erklärt werden, dass Individuen ihr kurzfristiges egoistisches Vorteilshandeln ‚überwinden', wenn sie in passend zusammengesetzten Gruppen agieren, in denen Kooperation am Anfang steht und sich verstärkt (vgl. Axelrod 1986). Aber auch das Ab- und Aufrechterhalten ‚irrationaler Rituale' sowie die Orientierung an falschen subjektiven Alltagstheorien oder kollektiven Ideologien erklärt sich dann, sofern sie die Realisierung allgemeiner Vorteile gewährleisten (vgl. Boudon 1993).

Eine bemerkenswerte Kraft entfalten rationale Sozialtheorien bei der Analyse von religiösen Ideen und Gemeinschaften, indem sie Religion als rational gewählte und stabilisierte kulturelle Muster analysieren und die dabei hervorgebrachten sozialen Organisationsformen als eine Möglichkeit betrachten, soziale Güter in Gruppen bereitzustellen bzw. die allgemeine Wohlfahrt zu steigern. Von Weber können wir heute noch lernen, dass religiöse Ideen erst dann real werden, wenn sich die jeweiligen Trägerschichten ihnen mehr oder weniger bewusst zuwenden, weil sie für deren Lebensumstände adäquate Muster bieten. Dass sich auch die Inhalte und Formen religiöser Gemeinschaften mit und über die Interessen der beteiligten Akteursgruppen ausbilden (z. B. im Gefolge der Konkurrenz von Priestern und Propheten um Laien), gehört zu den bleibenden Erkenntnissen der Religionssoziologie nach Weber. Neuere religionsökonomische und -soziologische Arbeiten schließen nicht zufällig an diese

---

[12] Vgl. zur Weiterentwicklung des Modells Kroneberg (2005) sowie aktuelle Arbeiten von Hartmut Esser (2010) und zum Integrationspotential von Essers Vorschlag Greshoff/Schimank (2006).

Erkenntnisse an und erklären im Rahmen des Rational-Choice-Ansatzes (vgl. Iannaccone et al. 1997; Stark/Iannaccone 1994) die starke Attraktivität religiöser Ideen und Vergemeinschaftungen im säkularisierten Amerika des 21. Jahrhunderts mit dem Verweis auf dort bereitgestellte gesellschaftliche Ressourcen wie Erwartungssicherheit, soziales Ansehen, Integration usw. Dass sich Akteure bereitfinden, solche religiösen Güter in organisierter Form bereitzustellen, kann aus der Erwartung professioneller Religionsführer und -interpreten erklärt werden, so in den Genuss von sicheren Positionen und daraus resultierenden Erträgen zu gelangen (vgl. Ekelund et al. 1996; Stark/Iannaccone 1994).

Fazit

Dieser Beitrag sollte das Märchen von den Königskindern, die sich angeblich so gar nicht finden können, aufklären und das Verhältnis von Kultur und Rational Choice neu justieren. Zu diesem Zweck wurde dargestellt, wie die Handlungstheorie *Rational Choice*, bzw. das damit oftmals gleichgesetzte Handlungsmodell des *homo oeconomicus*, ausgearbeitet und so erweitert werden kann, dass die *Rational-Choice-Soziologie* wie auch *rationale Sozialtheorien* ein kulturell gerahmtes Handeln thematisieren, analysieren und erklären können. Es hat sich gezeigt, dass Rational-Choice-Erklärungen in der Soziologie längst schon durch systematische Erweiterungen der Handlungsannahmen die Orientierung an kulturellen Mustern erfassen und auch rationale Erklärungen für die Entstehung, den Erfolg und die Reproduktion von Kultur vorlegen. Mit Verweis auf begrenzte individuelle Informationsverarbeitungskapazitäten können kulturelles Wissen, Symbole, Rituale usw. als rationale Hilfsmittel betrachtet werden, mit deren Hilfe die Menschen einerseits Ziele und Mittel und andererseits auch das Handeln der anderen besser einschätzen können als durch ihr individuelles Abschätzung und Kalkulieren. Und auch die unreflektierte, automatische Orientierung an kulturellen Mustern kann als eine Handlungsweise unter anderen in Rational-Choice-Erklärungen integriert werden, weil sie, wie dies Hartmut Esser erklärt, in Standardsituationen des Alltags gut eingespielte Routinen und Regieanweisungen bietet und daher vorteilhafter ist als ein alle Informationen und Konsequenzen bewusst abwägendes Handeln. Kultur kann darüber hinaus auch als Ausdruck ,guter und bewährter Gründe' einer Gruppe verstanden werden, die den Einzelnen Antworten auf existentielle Fragen bieten, über den individuellen Horizont hinausweisen und daher angesichts existentieller Probleme allgemein vorteilhaft sind.

Die Potentiale einer Rational-Choice-Soziologie werden gegenwärtig – und von manchen auch unerwartet – bei der Analyse religiöser Ideen und Gemeinschaften deutlich. Bereits Weber (1980/[1]1922; 1988/[1]1922) hat darauf aufmerksam gemacht, dass der Protestantismus im 16./17. Jahrhundert eine starke ,gesellschaftliche Kraft' werden und den modernen rationalen Kapitalismus mit hervorbringen konnte, weil der Protestantismus eine ,religiöse Ethik' zur Verfügung stellt, die den modernen Stadtbürgern Antworten auf die Frage nach ihrem individuellen Seelenheil bot und in deren Folge das innerweltliche Handeln so systematisierte, dass auf der einen Seite das traditionale ökonomische Handeln durch die rationalen Strukturen des Kapitalismus abgelöst wurde und auf der anderen Seite auch rationale religiöse Organisationsformen wie die Amtskirchen hervorgebracht wurden (vgl. ausführlich Maurer/Schmid 2010, Kap. 6). Religiöse Ideen entfalten eine handlungsleitende Wirkung demnach erst dann, wenn sie z. B. die Legitimation einer hervorgehobe-

Rational Choice: Kultur als Mittel der Handlungsorientierung 693

nen Position bewirken (Stadtbürger) oder Regeln für den Umgang mit der ‚unbeherrschbaren Natur' zur Verfügung stellen (Bauern, Landbevölkerung). Dass die Nachfrage nach religiösen Heilsgütern auch ein hinreichendes Angebot findet, erklärt sich auch schon bei Weber durch das Auftreten von Propheten und Religionsführern, die sich dazu eigens professionalisieren, entsprechende Positionen einnehmen und Konkurrenten ausschalten (vgl. dazu aktuell Ekelund et al. 1996). Die sozialstrukturellen Formen religiöser Gemeinschaften lassen sich aus den Interessenkonstellationen der beteiligten Akteure ableiten, zuvorderst aus der Konkurrenz ‚rivalisierender Anbieter' – für Weber war der Hauptkonflikt der zwischen Priestern und Propheten – um die Gunst der Laien. Neuere religionssoziologische Arbeiten schließen nicht zufällig an diese Erkenntnisse an und erklären im Rahmen des Rational-Choice-Ansatzes eindrücklich, dass trotz Säkularisierung im 21. Jahrhundert – gerade in hochindividualistischen Gesellschaften wie den USA – die Attraktivität bzw. die Nachfrage nach religiösen Ideen und Vergemeinschaftungen hoch ist, weil diese Vorteile für die Individuen hervorbringen, die anderweitig nicht so einfach ‚produziert' werden können, wie Vertrauensbeziehungen, moralische und normative Bindungen, Ethiken, Kreditwürdigkeit usw. (vgl. Iannaccone et al. 1997; Stark/Iannaccone 1994).

Abschließend bleibt aber anzufügen, dass der Schwerpunkt oder doch der Ausgangspunkt von Rational-Choice-Erklärungen die Darstellung und Analyse sozialer Interdependenzmuster ausgehend vom rationalen, eigennützigen Handeln der Akteure ist, weil sich so aus individueller Sicht die Entstehungs- und Bestandsbedingungen vorteilhafter sozialer Institutionen oder Abstimmungsmechanismen entdecken lassen. Die Rational-Choice-Soziologie wird daher im allgemeinen in Rechnung stellen, dass kulturelle Vorgaben nicht *immer*, nicht immer *automatisch* und schon gar nicht *normativ* wirken, sondern dass auch in Solidargruppen Verräter auftreten, trotz zivilgesellschaftlicher Einbindung Steuern nicht bezahlt werden, auch romantisierte Liebes- und Intimbeziehungen Verfallszeiten kennen, sogar ‚teure' Freundschaften aufgekündigt und auch religiöse Bindungen durch ökonomische Erfolge brüchig werden. All dies liefert empirische Evidenz für die These, dass die kulturelle Definition der Situation zwar oft, aber keinesfalls immer die bewusste Ertragskalkulation auf Basis privater Präferenzen und materieller Knappheit ‚rahmen' und damit relativ problemlose kulturelle Lösungen für soziale Handlungs- und Abstimmungsprobleme bereitstellen kann. Kultur wird vor allem dann wirksam werden, wenn sie die Interessen der Akteure aufgreift und bei deren Realisierung hilfreich ist.

Primärliteratur

Boudon, R.: Die Logik gesellschaftlichen Handelns. Eine Einführung in die soziologische Denk- und Arbeitsweise. Darmstadt und Neuwied 1980. [Franz. Orig. 1978]
Chwe, M. S.-Y.: Rational Rituals. Culture, Coordination and Common Knowledge. Princeton 2001.
Coleman, J. S.: Foundations of Social Theory. London und Cambridge 1990. [Deutsche Übersetzung 1991; 1992; 1994]
Coleman, J. S./Fararo, T. J. (Hg.): Rational Choice Theory. Advocacy And Critique. Newbury Park 1992.
Elster, J. (Hg.): Rational Choice. Oxford 1986.
Elster, J.: The Cement of Society. A Study of Social Order. Cambridge 1989.
Esser, H.: Die Definition der Situation. In: KZfSS 48/1996, S. 1-34.
Esser, H.: Soziologie. Spezielle Grundlagen. Sinn und Kultur, Bd. 6, Frankfurt/M. 2001.

Esser, H.: Sinn, Kultur und ‚Rational Choice'. In: Jäger, F./Straub, J. (Hg.): Handbuch der Kulturwissenschaften. Paradigmen und Disziplinen. Stuttgart 2004, S. 248-265.

Esser, H.: Sinn, Kultur und das Modell der soziologischen Erklärung. In: Wohlrab-Sahr, M. (Hg.): Kultursoziologie: Paradigmen, Methoden, Fragestellungen. Wiesbaden 2010, S. 309-335.

Hedström, P./Stern, C.: Rational Choice and Sociology. In: Durlauf, S./Blume, L. E. (Hg.): The New Palgrave Dictionary of Economics. 2. Aufl. Palgrave 2008, S. 872-877.

Iannaccone, L./Finke, R./Stark, R.: Deregulating Religion. The Economics of Church and State. In: Economic Inquiry XXXV/1997, S. 350-364.

Kroneberg, C.: Die Definition der Situation und die variable Rationalität der Akteure. Ein allgemeines Modell des Handels. In: Zeitschrift für Soziologie 34/2005, S. 344-363.

Lindenberg, S.: Rationalität und Kultur. Die verhaltenstheoretische Basis des Einflusses von Kultur auf Transaktionen. In: Haferkamp, H. (Hg.): Sozialstruktur und Kultur. Frankfurt/M. 1990, S. 249-287.

Lindenberg, S.: Homo Socio-oeconomicus. The Emergence of a General Model of Man in the Social Sciences. In: Zeitschrift für die gesamte Staatswissenschaft 146/1994, S. 727-748.

Maurer, A./Schmid, M.: Erklärende Soziologie. Grundlagen, Vertreter und Anwendungsfelder eines soziologischen Forschungsprogramms. Wiesbaden 2010.

North, D. C.: Theorie des institutionellen Wandels. Eine neue Sicht der Wirtschaftsgeschichte. Tübingen 1988. [Amerik. Orig. 1981]

Stark, R./Iannaccone, L. R.: A Supply-Side Reinterpretation of the „Secularization" of Europe. In: Journal for the Scientific Study of Religion 33/1994, S. 230-252.

Weber, M.: Wirtschaft und Gesellschaft. Grundriß einer verstehenden Soziologie. 5. Aufl. Tübingen 1980/[1]1922.

Sekundärliteratur

Axelrod, R.: An Evolutionary Approach to Norms. In: American Political Science Review 80/4, 1986, S. 1095-1111.

Boudon, R.: Beyond The Alternative Between The Homo Sociologicus And The Homo Oeconomicus. Toward A Theory Of Cold Beliefs. In: Sorensen, A./Spilerman, S. (Hg.): Social Theory And Social Policy. London 1993, S. 43-58.

Boudon, R.: The Art of Self-Persuasion. The Social Explanation of False Beliefs. Cambridge 1994.

Denzau, A./North, D. C.: Shared Mental Models. Ideologies and Institutions. In: Kyklos 47/1994, S. 3-31.

Diekmann, A./Voss, T. (Hg.): Rational-Choice-Theorie in den Sozialwissenschaften. Anwendungen und Probleme. München 2004.

Ekelund, R./Hébert, R./Tollison R. D./Anderson, G. M./Davidson, A. B.: The Medieval Church as an Economic Firm. Oxford/New York 1996.

Elster, J.: Subversion der Rationalität. Frankfurt/M. 1983.

Greshoff, R./Schimank U. (Hg.): Integrative Sozialtheorie? Esser – Luhmann – Weber. Wiesbaden 2006.

Hirschman, A. O.: Leidenschaften und Interessen. Politische Begründungen des Kapitalismus vor seinem Sieg. Frankfurt/M. 1980.

Kahneman, D./Tversky, A.: Choices, Values, and Frames. In: American Psychologist 4/1984, S. 341-350.

Lindenberg, S.: The Method of Decreasing Abstraction. In: Coleman, J. S./Fararo, T. J. (Hg.): Rational Choice Theory. Advocacy and Critique. Newbury Park 1992, S. 3-20.

Maurer, A.: Herrschaftssoziologie. Eine Einführung. Frankfurt/M. 2004.

Opp, K.-D./Voss, P./Gern, C.: Die volkseigene Revolution. Stuttgart 1993.

Rational Choice: Kultur als Mittel der Handlungsorientierung

Popper, K. R.: Die Logik der Sozialwissenschaften. In: Adorno, T. W./Dahrendorf, R./Pilot, H./Albert, H./Habermas, J./Popper, K. R. (Hg.): Der Positivismusstreit in der deutschen Soziologie. 4. Aufl. Darmstadt/Neuwied 1969, S. 103-124.

Simon, H.: Models of Man. Social and Rational. New York 1957.

Weber, M.: Gesammelte Aufsätze zur Religionssoziologie I. 9. Aufl. Tübingen 1988/[1]1922.

Herausforderungen der Globalisierung

Shmuel Noah Eisenstadt: Kulturtheoretische Zivilisationsanalyse[1]

Matthias Koenig

Leben und Kontext

Shmuel Noah Eisenstadt wurde am 10. August 1923 in Warschau geboren. Seine Eltern waren wie der Rest der weit verzweigten, ursprünglich aus Weißrussland stammenden jüdischen Familie stark vom Zionismus geprägt. So emigrierte 1935 auch Eisenstadts Mutter – der Vater, Zahnarzt von Beruf, war frühzeitig verstorben – mit ihrem einzigen Sohn nach Palästina, um sich in Tel Aviv als Bankangestellte niederzulassen. Dort besuchte Eisenstadt zunächst das Gymnasium, bevor er 1940 an der *Hebräischen Universität* von Jerusalem das Studium der Geschichte und Soziologie aufnahm. Die zionistische Bewegung, die jüdische Einwanderung nach Palästina und die Gründung des Staates Israel in einer sicherheitspolitisch prekären Umwelt, seine Stellung zur arabischen Bevölkerung, aber auch seine Beziehungen zur jüdischen Diaspora – all dies sind Erfahrungen und Themen, mit denen sich Eisenstadt angefangen von seinen frühen migrations- und jugendsoziologischen Arbeiten bis in sein Spätwerk hinein kontinuierlich beschäftigte (vgl. Eisenstadt 1985 und 1992a). Sie prägten die Denkbewegung, an deren Ende ein in verschiedenste Disziplinen hinein ragendes kultur- und zivilisationstheoretisches Forschungsprogramm stehen sollte.

Ausgangspunkt jener Denkbewegung waren Fragen, die Eisenstadt selbst auf Einflüsse seines akademischen Lehrers Martin Buber zurückführt (vgl. Eisenstadt 1992b: 1-22, v.a. 11 und 2003: 2). Der Religions- und Sozialphilosoph Martin Buber (1878-1965) war seinerseits 1938 aus Frankfurt am Main nach Palästina emigriert, lehrte an der *Hebräischen Universität* das Fach Kultursoziologie und gründete dort 1947 den ersten und für Jahrzehnte wichtigsten Fachbereich für Soziologie in Israel. Es war Buber, bei dem Eisenstadt studierte, 1947 mit einer Dissertationsschrift zu *Wesen und Grenzen des Sozialen* promoviert wurde und als Assistent seine akademische Karriere begann. 1950 übernahm er von ihm die Leitung des Fachbereichs für Soziologie, und 1959 erhielt er dort die Professur für Soziologie, die er bis zu seiner Emeritierung im Jahr 1990 innehatte. Aus Bubers dialogischer Sozialphilosophie griff Eisenstadt insbesondere zwei Gedanken auf: die Frage nach den sozialen Bedingungen von menschlicher Kreativität und zwischenmenschlichem Vertrauen und das methodische Prinzip der Kombination theoretischer, analytischer und empirisch-historischer Perspektiven. Während Buber die Bedingungen von Kreativität nur sehr allgemein im Zusammenspiel direkter intersubjektiver Beziehungen mit einer Orientierung am Transzendenten sah, versuchte Eisenstadt, die konkreten sozialen Konfigurationen, in denen kreatives Handeln möglich ist, präziser zu analysieren. In den 1940er und 1950er Jah-

---

[1] Dieser Text basiert im Wesentlichen auf meinem Beitrag in Kaesler, Dirk (Hg.): Aktuelle Theorien der Soziologie, München 2005: 41-63.

ren lag es auf der Hand, hierzu auf das von Talcott Parsons formulierte strukturfunktionalistische Paradigma zurückzugreifen, das damals die soziologischen Handlungs-, Ordnungs- und Modernisierungstheorien weithin dominierte. Dieses Paradigma, ebenso wie die komparative Forschungsperspektive der britischen Sozialanthropologie, machte sich Eisenstadt während seines Auslandsaufenthalts als Postdoktorand an der *London School of Economics* (1947-48) und während diverser USA-Aufenthalte, u.a. am *Center for Advanced Studies in the Behavioral Studies* in Palo Alto (1955-56), zu eigen. Eisenstadts erste Schaffensperiode, als deren originellstes Werk *The Political Systems of Empires* (Eisenstadt 1963) gilt, steht – trotz konflikttheoretischer Akzentsetzungen – noch ganz im Zeichen jenes strukturfunktionalistischen Paradigmas (zur Periodisierung vgl. Alexander/Colomy 1985). In einer zweiten Schaffensphase wird es kulturtheoretisch modifiziert, in einer dritten dann in ein eigenes, an Max Weber orientiertes zivilisationstheoretisches Forschungsprogramm überführt.

Werk

Bereits für die kulturtheoretische Modifikation des Strukturfunktionalismus stützt sich Eisenstadt auf Max Weber. Neben dem analytischen Fokus auf Eliten als Trägergruppen kultureller Orientierungen (vgl. Eisenstadt 1968b: 3-45) greift Eisenstadt vor allem den Begriff des „Charisma" auf. Eisenstadt sieht ihn als den Schlüssel zur Lösung von Webers – und seinem eigenen – Metaproblem, nämlich den institutionellen Bedingungen von Freiheit und menschlicher Kreativität (Eisenstadt 1968a: xviii, xlix). Bei der Reformulierung des Charisma-Begriffs folgt Eisenstadt seinem Lehrer und Freund Edward Shils, den er an der *LSE* kennen gelernt hatte und der nach seiner anfänglichen Weggenossenschaft mit Parsons eine zunehmend eigenständige theoretische Position entwickelte (vgl. Knöbl 2001: 228-232). Shils deutete das Charisma als Attribut, das all denjenigen Personen, aber auch Rollen, Institutionen und Traditionen zugeschrieben wird, die Antworten auf das menschliche Bedürfnis nach Ordnung anbieten. Dass gerade Eliten für die Integration differenzierter Sozialsysteme wichtig seien, liege daran, dass sie symbolische Modelle sozialer Ordnung formulierten und damit zur Konstruktion eines gesellschaftlichen „Zentrums" beitrügen. Für Eisenstadt eröffnen die Begriffe von Charisma, Zentrum und Eliten ein ganzes Feld komparativ-soziologischer Fragen, die sich auf die konstruktiven und destruktiven Aspekte von Charisma, das Verhältnis symbolischer und organisatorischer Aspekte der Kristallisation von Zentren, die wechselnden Beziehungen von Zentrum und Peripherie und die Kämpfe um die Institutionalisierung sozialer Ordnung erstrecken.

Ebenso wichtig wie die Weber-Rezeption ist allerdings auch die Auseinandersetzung mit der Kritik am strukturfunktionalistischen Denken, wie sie in den 1970er Jahren seitens der Konflikttheorie, der Austauschtheorie, des Symbolischen Interaktionismus, der Ethnomethodologie und des Strukturalismus vorgetragen wurde. Eisenstadt interessieren dabei primär die tauschtheoretischen und strukturalistischen Ansätze, die Antworten auf das bei Parsons ungelöste Problem der Konstitution institutioneller Sphären oder Systeme versprechen. Er positioniert sich dabei zwischen beiden Polen; einerseits argumentiert er, dass der von George C. Homans akzentuierte freie, marktförmige Tausch immer schon durch generalisierten, symbolischen Tausch gerahmt sei, andererseits hebt er gegenüber Claude Lévi-Strauss die historische Variabilität symbolischer Strukturen hervor.

Damit zeichnet sich ein eigenständiger analytischer Begriffsrahmen ab, den Eisenstadt bis in das Spätwerk hinein in seinen Grundzügen beibehält (vgl. Eisenstadt/Curelaru 1976: 347-375; Eisenstadt 1978: 29-62; Eisenstadt 1995: 328-389). Ausgangspunkt ist die Radikalisierung des klassischen soziologischen Problems sozialer Ordnung. Der Mensch – hier folgt Eisenstadt der philosophischen Anthropologie – sucht aufgrund seiner Instinktarmut und Umweltoffenheit nach Ordnung, erfährt jede konkrete Ordnung aber aufgrund seiner Reflexivität als kontingent und ambivalent. Ist damit das Ordnungsproblem bereits aus anthropologischen Gründen prinzipiell unabschließbar, so gilt dies um so mehr aus soziologischen Gründen. Zwar kann Ordnung, also die Kontinuität sozialer Interaktion durch Organisation, Regeln, Rollen etc., durchaus gewährleistet werden, doch die sich dabei herausbildenden Formen sozialer Arbeitsteilung bzw. struktureller Differenzierung erzeugen neue Ungewissheiten. Denn die Allokation von Ressourcen, der Zugang zu Macht, Solidarität und Legitimation sind nicht a priori festgelegt, sondern werden als ungewiss erfahren. Für die Akteure wirft dies die Frage nach dem Sinn sozialer Organisation auf, eine Frage, die in symbolischen Ordnungsvorstellungen zumindest versuchsweise beantwortet wird. Da deren Spezifikation aufgrund der Mehrdeutigkeit von Symbolen aber ihrerseits variabel ist, kommt der Prozess der Institutionalisierung nie zum Abschluss, sondern generiert immer neue Konfliktdynamiken und Wandlungstendenzen.

In jede Institutionalisierung sozialer Ordnung fließen damit sowohl symbolische als auch organisatorische Elemente ein. Die symbolischen Orientierungen umfassen soziale und kosmologische Ordnungsvorstellungen, die Antworten auf die existentielle Ungewissheit des Menschen geben. Aus diesen allgemeinen Orientierungen speisen sich die Konstellationen symbolischer Codes, die allgemeine Prinzipien der Gerechtigkeit, der Macht, Solidarität und Legitimation festlegen. Diese symbolischen Codes variieren entlang verschiedener Bedeutungsachsen, beispielsweise Hierarchie vs. Egalität, Konflikt vs. Harmonie, Passivität vs. Aktivität. Hervorzuheben sind insbesondere die Codes kollektiver Identität, die Eisenstadt mittels der idealtypischen Unterscheidung von Primordialität, Tradition und Universalismus näher analysiert (vgl. Eisenstadt/Giesen 1995). Primordiale Codes definieren die Grenzen von Kollektivitäten durch „natürliche" Merkmale wie Hautfarbe, Herkunft, Geschlecht, Alter, Territorialität usw., sie plausibilisieren egalitäre Solidaritätsformen und sind nach außen hin hochgradig exklusiv. Traditionale bzw. zivile Codes knüpfen Zugehörigkeit an Alltagsroutinen, eröffnen so flexiblere Zugangsmöglichkeiten für Fremde, gehen aber mit stärker ausgeprägten internen Hierarchien einher. Universalistische bzw. heilige Codes schließlich binden Zugehörigkeit an die Anerkennung universalistischer, oft religiöser Prinzipien und betrachten daher alle Menschen als potentielle Mitglieder der Gemeinschaft.

Entscheidend für die Institutionalisierung sozialer Ordnung ist nun, wie die symbolischen Codes miteinander kombiniert und in Grundregeln („ground rules") sozialer Interaktion transformiert werden. Diese Grundregeln – übrigens ein der Spieltheorie entlehnter Begriff – begrenzen den freien, spezialisierten Tausch in den institutionellen Sphären von Familie, Wirtschaft, Schichtung, Politik etc., indem sie langfristig stabile, non-kontraktuelle Muster sozialer Interaktion festlegen. Formuliert werden diese Grundregeln im charismatischen Handeln von Eliten, in dem sich deren symbolische Orientierungen mit Interessen an der Kontrolle von Ressourcen verknüpfen; reproduziert werden sie in Situationen der Sozialisation und des Rituals. Die Formulierung der Grundregeln und ihre Reproduktion basieren damit auf einem eigenen Interaktionstypus, nämlich dem generalisierten, symbolischen

Tausch. Gerade die Beziehungen des generalisierten und des freien Tausch sind es daher, die – neben den symbolischen Codes und den organisatorischen Mechanismen der Teilsysteme bzw. Sphären – für die Analyse sozialer Ordnung von Interesse sind (vgl. Eisenstadt 1995: 215-222).

Durch die Verknüpfung symbolischer und organisatorischer Komponenten in der Spezifizierung von Grundregeln sozialer Interaktion entstehen – das ist die konstruktive Dimension des Charisma – gesellschaftliche Zentren, die gewissermaßen den Kristallisationspunkt sowohl des Systems sozialer Arbeitsteilung als auch der Codierung von Gerechtigkeit, Macht, Solidarität und Sinn darstellen. Die Spezifizierung von Grundregeln sozialer Interaktion und die Konstruktion von Zentren werden jedoch immer als kontingent erfahren und daher – das ist die destruktive Seite des Charismas – zum Ausgangspunkt alternativer Ordnungsvisionen, Protestbewegungen und Konflikt.

Mit diesem im Kern strukturierungstheoretischen begrifflichen Bezugsrahmen (vgl. Eisenstadt 1995: 359f.) erklärt Eisenstadt die stets prekäre Institutionalisierung sozialer Ordnung aus dem dialektischen Zusammenspiel von Handeln („agency"), Sozialstruktur und Kultur. Handlungstheoretisch legt er (implizit) eine analytische Unterscheidung zwischen routinisiertem und charismatischem Handeln zugrunde (vgl. z.B. Eisenstadt 1968a: xx, Eisenstadt 1973: 159f.). Ordnungstheoretisch stellt er (explizit) auf die analytische Autonomie von sozialer Struktur und Kultur ab. Und in seiner Theorie sozialen Wandels betont er die Unabhängigkeit von Prozessen struktureller und symbolischer Differenzierung. Eisenstadt hält zwar an der evolutionstheoretischen Einsicht fest, dass menschlichem Handeln allgemein Tendenzen der Entbettung und Autonomiesteigerung innewohnen; er betont aber, dass entsprechende Differenzierungsprozesse auf struktureller und symbolischer Ebene nicht notwendigerweise kongruent sind, dass soziale Arbeitsteilung und die Entkopplung symbolischer Codes also historisch in unterschiedlichsten Konstellationen auftreten (vgl. v.a. Eisenstadt 2003: 58). Gerade deswegen darf trotz zweifellos kulturtheoretischer Akzentsetzungen (vgl. Alexander/Colomy 1985: 16) Eisenstadts begrifflicher Bezugsrahmen nicht kulturalistisch missverstanden werden. Seine in der zweiten Schaffensphase entstandenen historisch-komparativen Studien zu Staats- und Nationenbildung (vgl. Eisenstadt/Rokkan 1971), zum Verhältnis von Tradition und Moderne (vgl. Eisenstadt 1973, dt. 1979) und zu Revolutionen (vgl. Eisenstadt 1978, dt. 1987, 2006a) zeigen dies sehr deutlich.

Den Durchbruch zu dem zivilisationstheoretischen Forschungsprogramm, mit dem Eisenstadts Name heute verbunden ist, markiert sein am Beginn der dritten Schaffensphase stehender Aufsatz *The Axial Age: The Emergence of Transcendental Visions and the Rise of the Clerics* (Eisenstadt 1982; auch in Eisenstadt 2003: 195-218). Zum entscheidenden Wendepunkt der sozialen Evolution wird hier die sogenannte „Achsenzeit". Mit diesem Begriff hatte der deutsche Philosoph Karl Jaspers (1883-1969) jenen groben Zeitraum zwischen 800 und 200 v. Chr. bezeichnet, in dem die großen Philosophien und Weltreligionen – der Konfuzianismus, der Buddhismus, der Hinduismus, das Judentum, das Christentum und später der Islam – entstanden. Das Konzept der Achsenzeit bzw. der axialen Kulturen ist für Eisenstadt der Schlüssel zur Weiterentwicklung des unabgegoltenen Potentials von Webers *Wirtschaftsethik der Weltreligionen*, weil es eine systematisch-vergleichende Analyse des Wandlungspotentials unterschiedlicher Zivilisationen gestattet und den Weg für eine kulturtheoretisch fundierte Theorie der Vielfalt der Moderne öffnet.

Das zentrale Merkmal axialer Zivilisationen sieht Eisenstadt in der Spannung zwischen transzendenter und mundaner Ordnung. Während in mythischen Weltbildern Jenseits und Diesseits als homologe Ordnungen und ontologisches Kontinuum gedacht worden seien, entstehe in der Achsenzeit eine Diskontinuität beider Ordnungen, in deren Folge die Welt als defizitär gesehen werde. Im Lichte einer transzendenten Vision erschien das Individuum nunmehr als erlösungs-, die soziale Welt als moralisch rekonstruktionsbedürftig. Formuliert und gedanklich durchgearbeitet wurden diese axiale Spannung sowie die Möglichkeiten ihrer Überbrückung durch das charismatische Handeln eines neuen Typus von Eliten, nämlich der Intellektuellen, wie den chinesischen Literati, den hinduistischen Brahmanen, den buddhistischen Sangha, den israelischen Propheten und Priestern und den griechischen Philosophen. Die von diesen formulierten symbolischen Orientierungen verändern die Grundregeln sozialer Interaktion in allen institutionellen Sphären. So tritt in der politischen Sphäre an die Stelle der mythischen Konzeption des Gottkönigs die Idee der Rechenschaftspflicht des Herrschers gegenüber Prinzipien der transzendenten Ordnung, die sich nicht zuletzt auch in einer Ausdifferenzierung des Rechts und einer öffentlichen Sphäre niederschlägt. Das Schichtungssystem wird um neue Prestige-Positionen und Hierarchien ergänzt, die auf Nähe zu den Trägern der transzendenten Ordnungsmodelle basieren. Ebenso verändern die neuen symbolischen Orientierungen auch die Konstruktion von Kollektivitäten und Zentren. Die Grenzen von Solidarität werden nicht mehr allein durch primordiale oder zivile, sondern auch durch heilige bzw. universalistische Codes kollektiver Identität konstituiert, so dass erstmals Kollektivitäten entstehen, die ethnische Grenzen übergreifen. Sobald die achsenzeitliche Spannung einmal institutionalisiert war, konnten sich neben den Intellektuellen potentiell auch andere Gruppen, insbesondere politische Eliten als legitime Träger der transzendenten Ordnung sehen und bei der Konstruktion von Zentren in einen latenten Konflikt mit den Intellektuellen geraten. Gegenüber den Zentren bildeten sich überdies neue Protestbewegungen und Heterodoxien mit oftmals utopischen Orientierungen, so dass aufgrund permanent wechselnder Konstellationen von politischen und intellektuellen Eliten und Protestbewegungen eine historisch neuartige Dynamik sozialen Wandels entsteht.

Mit dem Konzept der Axialität gewinnt Eisenstadt einen komparativen Zugriff auf die Wandlungsdynamiken einzelner Zivilisationen, der entschieden über die Webersche Dichotomie von Tradition und Rationalität hinausgeht. Das von Eisenstadt verfolgte universalgeschichtliche Forschungsprogramm findet seinen ersten Niederschlag in *The Origins and Diversity of Axial Age Civilizations* (Eisenstadt 1986, dt. 1987), worin Beiträge von Althistorikern, Altorientalisten, Indologen, Sinologen und Islamwissenschaftlern zu den achsenzeitlichen Durchbrüchen in den einzelnen Weltreligionen enthalten sind. Den Konfuzianismus deutet Eisenstadt dabei nicht wie Weber als eine weltbejahende Religion, sondern als eine spezifische Ausprägung der Spannung zwischen Transzendenz und Immanenz. Auch hier seien soziale Beziehungen im Lichte einer metaphysischen und ethischen Ordnung bewertet worden, die Auflösung der axialen Spannung sei aber gewissermaßen durch eine Sakralisierung der säkularen Ordnung erfolgt (vgl. Eisenstadt 1986, dt. 1987, Bd. 2: 95). Innerhalb der übrigen, im engeren Sinne religiösen Lösungen der axialen Spannung unterscheidet Eisenstadt einerseits Zivilisationen, in denen die transzendente Ordnung in unpersönlichen Begriffen konzipiert wurde und außerweltliche Orientierungen motiviert habe (Hinduismus und Buddhismus); und andererseits die monotheistischen Zivilisationen (Judentum, Christentum, Islam), die zwischen außer- und innerweltlichen Orientierungen schwankten und in denen die Lösung der Spannung zwischen beiden Ordnungen oftmals, aber nie ausschließlich in der politischen Sphäre gesucht wurde.

Die Analyse der Achsenzeitkulturen ist für Eisenstadt vor allem aber deswegen von Interesse, weil sie eine neuartige Perspektive auf die Moderne eröffnet (vgl. Eidenstadt 2006b). Die Moderne erscheint nämlich nunmehr als ein Durchbruch des heterodoxen Potentials der axialen Zivilisationen. Das kulturelle Programm der Moderne zeichne sich einerseits durch eine Steigerung der axialen Spannung und mit ihr der existentiellen Ungewissheit und Reflexivität des Menschen aus, andererseits durch die Annahme der Gestaltbarkeit der Welt, genauer: der Verwirklichung transzendenter Ordnungen durch innerweltlichen Aktivismus. Dabei werden die typischen Protestthemen heterodoxer Bewegungen, wie z.B. Freiheit und Gleichheit, zu den symbolischen Prämissen der Konstruktion gesellschaftlicher Zentren, während diese ihrerseits, wie die Expansion der Staatsgewalt zeigt, die Peripherie zu durchdringen versuchen. Gerade die politische Sphäre wird dabei zum Schauplatz der aktiven Rekonstruktion der sozialen Welt, mit der Folge, dass Gewalt ideologisiert und kollektive Identitäten politisiert werden, ja auch dass die Grenzen des Politischen selbst zum Gegenstand von Konflikten und Kämpfen werden.

Entstanden ist das kulturelle und politische Programm der Moderne, daran hält Eisenstadt mit Weber fest, zwar zunächst aus den heterodoxen christlichen Bewegungen innerhalb der europäischen Zivilisation (vgl. Eisenstadt 1988: 47-74). Doch im Lichte der Achsenzeitproblematik lässt sich Webers genetische Problemstellung der okzidentalen Sonderentwicklung in die komparative Frage überführen, warum die Moderne auch in außereuropäischen Zivilisationen anschlussfähig war und welche Ausprägungen sie dort angenommen hat. Genau in diese Richtung zielt Eisenstadts Theorie der „multiplen Modernen", welche die Konvergenzannahmen klassischer Modernisierungstheorien radikal in Frage stellt. Eine Vielfalt der Moderne erkennt Eisenstadt bereits innerhalb des Westens, wie er anhand des Vergleichs von Schichtungssystemen, politischer Zentrenbildung, kollektiver Identitätssymbole und sozialer Protestbewegungen in Europa, den USA und Lateinamerika zeigt (vgl. Eisenstadt 2003: 701-722). Erst recht seien außerhalb des Westens aufgrund der dortigen zivilisatorischen Tiefenstrukturen divergente Formen moderner Zivilisation entstanden. So hätten das Chinesische und das Russische Reich unter dem Eindruck der globalen Diffusion der Moderne von heterodoxen Bewegungen getragene politische Revolutionen erfahren, die aus ihnen resultierenden institutionellen Arrangements unterschieden sich aber erheblich von denjenigen in Europa. Von besonderem Interesse ist der Fall Japan als einer vor-axialen Zivilisation, die gleichwohl bereits eine weitreichende Modernisierung durchlaufen hat. Die Aneignung des kulturellen Programms der Moderne sei hier gerade nicht mit einer Revolution einhergegangen, sondern vom Meiji-Kaiser als Restauration interpretiert worden (vgl. Eisenstadt 1996: 264-277); bis heute schlügen sich voraxiale symbolische Orientierungen in den institutionellen Formen der japanischen Gesellschaft nieder, etwa in der Betonung primordialer Identitätscodes, der geringen politischen Bedeutung von Protestbewegungen sowie dem Fehlen einer Zivilgesellschaft und einer öffentlichen Sphäre (vgl. Eisenstadt 2000: 110-173). Auch der Fall Indien als einer außerweltlich orientierten, in symbolischer und struktureller Hinsicht aber ähnlich pluralistischen Zivilisation wie Europa ist aufschlussreich, da hier eine völlig andersartige, nämlich durch das Kastensystem stabilisierte Demokratie entstanden sei (vgl. Eisenstadt 2003: 781-830). Im Horizont der Globalisierung treten diese multiplen modernen Orientierungsmuster, die in der Kontinuität sowohl axialer als auch nicht-axialer Zivilisationen stehen, die aufgrund

Shmuel Noah Eisenstadt: Kulturtheoretische Zivilisationsanalyse

von Migration, Kommunikation und transnationalen öffentlichen Sphären durchaus aber auch innerhalb ein- und derselben Gesellschaft vorliegen könnten, zunehmend in Konkurrenz zueinander.

Die Tragweite von Eisenstadts zivilisationstheoretischer Reformulierung der Modernisierungstheorie zeigt sich mit besonderer Deutlichkeit in seinen jüngsten Schriften zum Fundamentalismus, den er als moderne, totalitäre Umformung heterodoxer, utopischer Bewegungen der monotheistischen Achsenzeitreligionen deutet. Hatte Eisenstadt in seiner ersten Werkphase totalitäre Bewegungen wie den Faschismus und Nationalsozialismus noch als Regression oder Zusammenbruch von Modernisierung gesehen, so betont er nunmehr die totalitären bzw. jakobinischen Komponenten des kulturellen und politischen Programms der Moderne, die immer in Spannung gegenüber dessen pluralistischen, freiheitlichen Komponenten stünden und das Potential der Barbarei in sich bärgen (vgl. Eisenstadt 2003: 561-571). Diese jakobinischen Elemente seien es, die, in Verbindung mit dem modernen Universalismus und Aktivismus, gegenwärtig von fundamentalistischen Protestbewegungen im Judentum, Christentum und insbesondere im Islam angeeignet und sowohl gegen traditionale Lebensstile als auch gegen eher pluralistische Deutungen der Moderne in Stellung gebracht würden (vgl. Eisenstadt 1998: 80).

Wirkungsgeschichte und Kritik

Eisenstadt gehört, wie renommierte Gastprofessuren am *Massachussetts Institute of Technology (M.I.T.)* und Universitäten in Chicago, Washington, Uppsala, Hong Kong, Heidelberg, Konstanz und Erfurt, Ehrendoktorwürden an den Universitäten Duke, Harvard, Helsinki und Tel Aviv sowie zahlreiche internationale Wissenschaftspreise zeigen, zu den international einflussreichsten Soziologen des 20. Jahrhunderts. Allerdings ist die Rezeption von Eisenstadts Werk nicht ohne Hindernisse verlaufen. Oftmals wurden seine Arbeiten pauschal dem strukturfunktionalistischen und modernisierungstheoretischen Paradigma zugerechnet und galten in den 1970er Jahren daher als theoretisch unattraktiv. Erst die in den 1980er Jahren einsetzende internationale Diskussion um eine neue, an Parsons anknüpfende theoretische Synthese hat zum Abbau dieser Rezeptionsbarrieren beigetragen. Es ist aber wohl weniger Eisenstadts Nähe zum „Neofunktionalismus" (so Alexander/Colomy 1985: 21), als vielmehr sein zivilisationstheoretisches Forschungsprogramm zu den Achsenzeitkulturen und der Vielfalt der Moderne, das Eisenstadts eigentliche gegenwärtige Bedeutung begründet. Weit über die Grenzen der Soziologie hinaus hat dieses Forschungsprogramm neue Perspektiven für geschichts- und regionalwissenschaftliche Disziplinen eröffnet (vgl. Arnason/Eisenstadt/Wittrock 2005; Kavolis 1986; Ben-Rafael/Sternberg 2005). Innerhalb der Soziologie gehört Eisenstadt neben Johann Pall Arnason zu den Autoren, die den Zivilisationsbegriff theoretisch rehabilitiert haben und nach wie vor im Mittelpunkt der hochaktuellen Debatten um multiple Modernen stehen (vgl. v.a. Knöbl 2007: 61-110).

Dies bedeutet keineswegs, dass nicht auch berechtigte Kritik an Eisenstadts Forschungsprogramm vorzutragen wäre. So kann ihm trotz seines historischen Kontingenzbewusstseins vorgehalten werden, seine auf einer Aristotelischen Ontologie basierende realtypische Analyse sozialer Konfigurationen begehe eine „fallacy of misplaced concreteness" (Hamilton 1984: 92, 114, 117); tatsächlich tritt die Analyse konkreter historischer Abläufe bei Eisenstadt gegenüber der realtypologischen Einordnung ganzer gesellschaftlicher oder zivilisatorischer Konfigurationen oftmals in den Hintergrund. Blickt man auf historische Details, wird man das Achsenzeitkonzept sehr viel differenzierter beurteilen müssen (vgl. Breuer 1994: 33). Gegenüber Eisenstadts Betrachtung von Zivilisationen als mehr oder weniger abgeschlossenen Einheiten ist ferner auf die beziehungs- und transfergeschichtliche Dimension von deren Entwicklung zu verweisen, wie sie in wirtschaftlicher Dependenz, Kolonialherrschaft und Kriegen zum Ausdruck kommt (vgl. Knöbl 2001: 258-60). Und trotz etlicher Hinweise auf die globale Dimension der Moderne bleiben die Mechanismen der Diffusion kultureller Muster verglichen mit systemtheoretischen und neo-institutionalistischen Theorien der Weltgesellschaft in Eisenstadts Zivilisationsvergleich weitgehend unspezifiziert (vgl. Koenig 2007; Schwinn 2006).

Gleichwohl ist zu betonen, dass Eisenstadts offener, multidimensionaler Begriffsrahmen trotz dieser Kritikpunkte ausbaufähig bleibt. Gerade seine Interpretation der Moderne als einer neuen, globalen Achsenzeitkultur stellt eine immense Herausforderung des soziologischen Denkens dar. Nicht nur verlangt sie von der Soziologie eine radikale Dezentrierung ihres okzidentalen Modernitäts- und Rationalitätsverständnisses. Sie macht auch darauf aufmerksam, dass die Soziologie, soweit sie im Einklang mit den modernen Protestbewegungen und der politischen Philosophie die soziale Wirklichkeit im Lichte einer universalistischen Vernunft als defizitär (z.B. ungerecht oder entfremdet) und daher veränderungsbedürftig deutet, selbst einer axialen Tiefengrammatik folgt und in die kulturellen Antinomien der Moderne verfangen ist (vgl. dazu Alexander 1992: 88). Damit trägt Eisenstadt zur erhöhten Reflexivität und Selbstaufklärung des soziologischen Denkens bei. Dies gilt auch im Blick auf die normativen Implikationen seiner Soziologie; geht man nämlich davon aus, dass die totalitären Potentiale der Moderne nur durch pluralistische institutionelle Arrangements politischer Ordnungen, öffentlicher Sphären und kollektiver Identitäten begrenzt werden können (vgl. Eisenstadt 1999), dann erscheint die Theorie multipler Modernen ihrerseits als ein anti-totalitäres intellektuelles Unterfangen, das, ganz auf der Linie von Bubers Sozialphilosophie, zwischen vermeintlich antagonistischen Wertorientierungen nicht einen „rationalen" Konsens, wohl aber dialogisches Verstehen und Spielräume des Lebens mit Differenzen zu finden versucht.

Literatur von Shmuel Noah Eisenstadt

Arnason, J.P./Eisenstadt, S.N./Wittrock, B. (Hg.): Axial Civilizations and World History. Leiden 2005.
Eisenstadt, S.N.: The Political Systems of Empires. New York 1963.
Eisenstadt, S.N. (Hg.): Max Weber on Charisma and Institution Building. Chicago/London 1968a.
Eisenstadt, S.N. (Hg.): The Protestant Ethic and Modernization: A Comparative View. New York/ London 1968b.
Eisenstadt, S.N.: Social Differentiation and Social Stratification. Glenview, Ill. 1971.
Eisenstadt, S.N.: Tradition, Change, and Modernity. New York et al. 1973; dt. Tradition, Wandel und Modernität. Frankfurt/M. 1979.
Eisenstadt, S.N.: Revolution and the Transformation of Societies. New York 1978; dt. Revolution und die Transformation von Gesellschaften. Opladen 1987.
Eisenstadt, S.N.: The Axial Age: The Emergence of Transcendental Visions and the Rise of the Clerics. In: Archives européennes de sociologie (23) 1982, S. 299-314.
Eisenstadt, S.N.: The Transformation of Israeli Society – An Essay in Interpretation. London. 1985; dt. Die Transformation der israelischen Gesellschaft. Frankfurt/M. 1992.

Eisenstadt, S.N. (Hg.): The Origins and Diversity of Axial Age Civilizations. Albany. 1986; dt. Kulturen der Achsenzeit. Ihre Ursprünge und ihre Vielfalt. 2 Bde. Frankfurt/M. 1987.

Eisenstadt, S.N.: European Civilization in a Comparative Perspective. Oslo. 1988.

Eisenstadt, S.N.: Jewish Civilization. The Jewish Historical Experience in Comparative Perspective. New York 1992a.

Eisenstadt, S.N. (Hg.): Martin Buber. On Intersubjectivity and Cultural Creativity. Chicago 1992b.

Eisenstadt, S.N.: Power, Trust and Meaning. Essays in Sociological Theory and Analysis. Chicago 1995.

Eisenstadt, S.N.: Japanese Civilization – A Comparative View. Chicago 1996.

Eisenstadt, S.N.: Die Antinomien der Moderne. Die jakobinischen Grundzüge der Moderne und des Fundamentalismus. Heterodoxien, Utopismus und Jakobinismus in der Konstitution fundamentalistischer Bewegungen. Frankfurt/M. 1998.

Eisenstadt, S.N.: Paradoxes of Democracy. Fragility, Continuity and Change. Baltimore 1999.

Eisenstadt, S.N.: Die Vielfalt der Moderne. Weilerswist 2000.

Eisenstadt, S.N. (Hg.): Multiple Modernities. New Brunswick 2002.

Eisenstadt, S.N.: Comparative Civilizations & Multiple Modernities. 2 Bände. Leiden 2003.

Eisenstadt, S.N.,/Curelaru, M.: The Form of Sociology – Paradigms and Crises. New York 1976.

Eisenstadt, S.N./Giesen, B.: The construction of collective identity. In: Archives européennes de sociologie (36) 1995, S. 72-102.

Eisenstadt, S.N.: Explorations in Jewish Historical Experience. Leiden 2004.

Eisenstadt, S.N. Die großen Revolutionen und die Kulturen der Moderne. Wiesbaden 2006a.

Eisenstadt, S.N.: Theorie und Moderne. Soziologische Essays. Wiesbaden 2006b.

Eisenstadt, S.N./Rokkan, S. (Hg.): Building States and Nations. II Vol. London 1971.

Weitere zitierte Literatur

Alexander, J./Colomy, P.: Toward Neo-Functionalism: Eisenstadt's Change Theory and Symbolic Interaction. In: Sociological Theory (3/2) 1985, S. 11-23.

Alexander, J.: The Fragility of Progress. An Interpretation of the Turn to Meaning in Eisenstadt's Later Work. In: Acta Sociologica (35) 1992, S. 85-94.

Ben-Rafael, E./Sternberg, Y. (Hg.): Comparing Modernities. Pluralism versus Homogeneity. Essay in Homage to Shmuel N. Eisenstadt. Leiden 2005.

Breuer, S.: Kulturen der Achsenzeit. Leistung und Grenzen eines geschichtsphilosophischen Konzepts. In: Saeculum (45) 1994, S.1-33.

Cohen, E./Lissak, M./Almagor, U. (Hg.): Comparative Social Dynamics. Essays in Honor of S.N. Eisenstadt. Boulder und London 1985.

Hamilton, G.G.: Configurations in History: The Historical Sociology of S.N. Eisenstadt. In: Skocpol, T. (Hg.): Vision and Method in Historical Sociology. Cambridge 1984, S. 85-128.

Kavolis, V.: Civilizational Paradigms in Current Sociology: Dumont vs. Eisenstadt. In: Current Perspectives in Social Theory (7) 1986, S. 125-140.

Knöbl, W.: Spielräume der Modernisierung. Das Ende der Eindeutigkeit. Weilerswist 2001.

Knöbl, W.: Die Kontingenz der Moderne. Frankfurt a.M./New York 2007.

Koenig, M.: Kulturelle Konstruktionen und institutionelle Varianten der Moderne in der Weltgesellschaft. In: Kulturen der Moderne. Soziologische Perspektiven der Gegenwart, hg. von A. Reckwitz und T. Bonacker. Frankfurt am Main/New York 2007, S. 71-96.

Plake, K./Schulz, W.K.: Entillusionierung als Programm. Beiträge zur Soziologie von Shmuel N. Eisenstadt. Weinheim 1993.

Schwinn, T. (Hg.). Die Vielfalt und Einheit der Moderne. Kultur- und strukturvergleichende Analysen. Wiesbaden 2006.

Immanuel Wallerstein: Unthinking Culture?

Bernd Heiter

Der Widerstand gegen die Theorie nimmt gelegentlich eigentümliche Formen an. Anlässlich der deutschen Übersetzung des Buches *Unthinking Social Science. The Limits of Nineteenth-Century Paradigms* schlug der Verlag Beltz-Athenäum zunächst den für interdisziplinäre Schubladen besser geeigneten Titel *Abschied vom 19. Jahrhundert. Für eine Neustrukturierung der Sozialwissenschaften* vor. Immanuel Wallerstein lehnte dankend ab: „I am not writing about ‚Neustrukturierung‘, but about ‚Unthinking‘." (Wallerstein 1995: 5) Nach mehreren Vorschlägen von Hans-Heinrich Nolte, den einen Neologismus durch andere – „Kaputtdenken", „Zerdenken" oder „Wegdenken" – zu übersetzen, fand schließlich der Terminus „Kaputtdenken" die Zustimmung des Autors. Das Provokative und politisch Subversive wurde dadurch auch im deutschen Titel unüberhörbar (aber vielleicht nicht lesbar – das Buch ist seit langem vergriffen). In der Philosophie, den Sozial- und Kulturwissenschaften sind „Konstruktion", „Rekonstruktion" und „Dekonstruktion" geläufige Termini. Aber „Kaputtdenken"? Welche zufälligen personalen Einflüsse führen (I.) zu einem solchen Denken? Wie muss ein Analysedesign gestaltet werden, damit (II.) Untersuchungen von Zeiten und Räumen zu einem Denken des Übergangs führen? Und lässt sich (III.) Kultur überhaupt „kaputtdenken"? Abschließend versucht (IV.) ein kleiner bibliographischer Führer, eine erste Orientierung über die weit verzweigten Diskussionen zu geben.

Eine biographische Wegbeschreibung: Fanon, Braudel und Prigogine

Immanuel Maurice Wallerstein wurde am 28. September 1930 in New York in die Zeit der „großen Depression" hineingeboren. Die Vorfahren, zuletzt in Galizien, Ungarn und Prag beheimatet, hatten eine umfangreiche Wanderungsbewegung hinter sich gebracht; die Wallersteins – deren Namen sich wohl auf den gleichnamigen Ort zwischen Nördlingen und Dinkelsbühl im bayrischen Schwaben zurückführen lässt (vgl. Nolte 1995: 340) – gehörten zu jenen jüdischen Familien, die im Zuge von Pogromen und Vertreibungen in der frühen Neuzeit nach Österreich-Ungarn ausgewandert waren, um am Ende des 19. und zu Beginn des 20. Jahrhunderts wieder nach Deutschland zurückzukehren. Die Eltern, die in den 20er Jahren des letzten Jahrhunderts in Berlin beheimatet waren, wanderten aufgrund der großen Inflation und der instabilen politischen Verhältnisse noch einmal aus, diesmal in die USA.

Die intellektuelle Biographie Immanuel Wallersteins lässt sich in drei Phasen untergliedern. Am Anfang steht (1) die Ausbildung zum politischen Soziologen und die Arbeit als Afrikanist an der Columbia Universität in New York in den 1950er und 1960er Jahren. Danach erfolgt (2) die Entwicklung eines eigenständigen sozialwissenschaftlichen Paradigmas der Analyse von Weltsystemen in den 1970er Jahren, um (3) nach einer epistemo-

Immanuel Wallerstein: Unthinking Culture? 709

logischen Wende am Anfang der 1980er Jahre in einer Etablierung und dem Ausbau des Paradigmas der Weltsystem-Perspektive zu münden, das bis heute Bestand hat.

(1) In der ersten Phase wurde das politische Klima in den USA durch die McCarthy-Zeit bestimmt; Wallerstein schloss deshalb sein Studium 1954 mit einer Magisterarbeit über *McCarthyism and the Conservative* ab. Die intellektuelle Szenerie im *Department of Sociology* an der Columbia Universität beherrschte dagegen der u. a. von Robert K. Merton vertretene Struktur-Funktionalismus. Gleichzeitig bildete sich eine neue Subdisziplin heraus: die politische Soziologie, die von so illustren Gestalten wie Daniel Bell, Ralf Dahrendorf, Johan Galtung, Paul F. Lazarsfeld, S. Martin Lipset und C. Wright Mills bevölkert wurde; zeitgleich lehrte dort aber auch der aus Deutschland immigrierte evangelische Theologe Paul Tillich, der mit einem seiner Zeitbegriffe entscheidenden Einfluss auf Wallerstein ausüben sollte. Im Übergang zu seiner Dissertation von 1959, *The Role of Voluntary Associations in the Nationalist Movements in Ghana and Ivory Coast* (unter verändertem Titel publiziert als: Wallerstein 1964), erarbeitete Wallerstein sich ein eigenes Themenfeld, den afrikanischen Kontinent, der für die erste Phase seiner Theoriebildung insgesamt bestimmend wurde (vgl. Wallerstein 2001a).

Anfang der 60er Jahre traf Wallerstein zweimal mit Frantz Fanon zu längeren Gesprächen zusammen. Zunächst im Sommer 1960 in Accra, Ghana, wo Fanon als reisender Repräsentant der Provisorischen Regierung der Republik Algerien einen Stützpunkt unterhielt, und danach im Herbst 1961 in einem Krankenhaus von Washington D.C., nachdem Fanon gerade *Die Verdammten dieser Erde* (1961) abgeschlossen hatte und sich bereits im Endstadium seiner Leukämieerkrankung befand. Wallerstein unternahm – lange bevor Fanon eine Renaissance im Rahmen der *Cultural Studies* am Anfang der 1990er Jahre erfuhr – ausgedehnte Erklärungen und Verteidigungen von Fanons Positionen (vgl. zuletzt: Wallerstein 1979).

Nach umfangreichen Feldforschungen und Vortragstätigkeiten in Ghana, Nigeria und Tansania kehrte Wallerstein 1967 an die Columbia Universität zurück und sah sich mit dem Problem konfrontiert, dass die politischen Analysen der Umbrüche in Afrika keinen Aufschluss über die Ursprünge der Nationsbildung gaben (vgl. Wallerstein 2001b).

(2) Mit der Entscheidung, seine bisherigen Studien zu den afrikanischen Unabhängigkeitsbewegungen zu beenden und eine neue Vorlesung über die Ursprünge der modernen Welt anzubieten, begann die zweite Phase seiner intellektuellen Biographie, die in die Zeit der 68er Revolution fiel, an der Wallerstein unmittelbar auf dem Campus der Columbia Universität beteiligt war. Die Initialzündung für das neue Projekt bestand in der zunächst nur textlichen Begegnung mit Fernand Braudel, auf dessen Buch *Das Mittelmeer* (1966) Wallerstein durch einen Hinweis des Mittelalterhistorikers Marian Malowist in einer polnischen Afrikanisten-Zeitschrift aufmerksam wurde. In den Jahren 1970/71 ermöglichte eine Einladung an das *Center for Advanced Studies in the Behavioral Sciences* in Palo Alto die Ausarbeitung der Vorlesung zu einer ersten Fassung seines Hauptwerkes, die Wallerstein zur Begutachtung an Braudel schickte. Der erste Teil des mehrbändigen Projekts über *Das moderne Weltsystem – Kapitalistische Landwirtschaft und die Ursprünge der europäischen Weltökonomie im 16. Jahrhundert* konnte erst 1974 nach einer aufwändigen Verlagssuche erscheinen. Die überaus positive Reaktion von Braudel führte schließlich auch zu der gemeinsamen Durchführung eines Seminars in den Jahren 1975/76 am *Maison des Sciences de l'Homme* in Paris, in dem die Thesen des Buches noch einmal geprüft wurden. In der Zwischenzeit (1971-76) lehrte Wallerstein als Professor für Soziologie an der McGill Uni-

versität in Montreal, Kanada. Nach seiner Berufung an die Binghamton Universität (SUNY) in New York gründete Wallerstein gemeinsam mit seinem alten Studienkollegen aus der Columbia-Zeit, Terence K. Hopkins, 1976 das *Fernand Braudel Center for the Study of Economies, Historical Systems, and Civilizations* (FBC), als dessen Direktor er bis heute fungiert. Die Wahl des Namens sollte die programmatische Stoßrichtung der Untersuchungen von Weltsystemen, der sozialen Umstrukturierungsprozesse in zeitlichen und geographischen Ausdehnungen betonen. Die Funktionsweise des FBC hatte dagegen das Ziel, die herrschenden sozialwissenschaftlichen Methoden zu destruieren. Die in *Research Working Groups* (RWGs) institutionalisierte Forschungsweise versuchte gleichzeitig, den Widerstand gegen voreilige theoretische Überformungen von historischen Analysen zu artikulieren (vgl. Wallerstein 2001a: 22ff.). Diese zweite Phase, in der die Etablierung des Paradigmas einer Analyse von Weltsystemen mit Hilfe des FBC gelang, wurde 1980 abgeschlossen durch das Erscheinen des zweiten Bandes *Das moderne Weltsystem II – Der Merkantilismus und die Konsolidierung der europäischen Weltökonomie 1600-1750.*

(3) Die dritte Phase, seit Beginn der 1980er Jahre, wurde eingeleitet durch eine eigentümliche Reaktion Wallersteins auf eine erste Rezeptions- und Kritikwelle seines neuen globalistischen Ansatzes. Die erste persönliche Begegnung auf einer Konferenz 1981 und danach fortwährende Auseinandersetzungen mit Ilya Prigogine – der den Nobelpreis in Chemie 1977 für seine Arbeiten über dissipative Prozesse (Komplexitätsstudien) erhalten hatte – ermöglichten es, der Analyse von Welt-Systemen ein neues wissenschaftstheoretisches Fundament zu geben. Wallerstein übernahm von Prigogine den aus physikalischen und chemischen Kontexten entstammenden Begriff der Bifurkation (vgl. exemplarisch: Prigogine 1997), um aufzuzeigen, dass soziale Systeme, die über einen langen Zeitraum bestimmten Gesetzmäßigkeiten folgen, am Ende aus ihrem Gleichgewicht geraten und Verzweigungspunkte ausbilden, die die Weichenstellung zur Emergenz eines neuen, nichtprognostizierbaren Systems ergeben. Diese Neuorientierung führte zur verstärkten Berücksichtigung von kulturtheoretischen und epistemologischen Fragestellungen. Mitte der 80er Jahre führte Wallerstein gemeinsam mit Etienne Balibar am *Maison des Sciences de l'Homme* ein dreijähriges Projekt-Seminar (1985-87) zu den Themen Rassismus, Ethnizität, Nationalismus und Klassen durch (vgl. Wallerstein/Balibar 1988). Mit Hilfe der *Gulbenkian-Stiftung* gelang es Wallerstein dann 1993, unter seinem Vorsitz eine *Kommission zur Neustrukturierung der Sozialwissenschaften* zu gründen, um einen Bericht über den aktuellen Stand und die Zukunft der Sozialwissenschaften (vgl. Wallerstein et al. 1996a) zu geben, an dem zehn Gelehrte aus den Bereichen der Sozial-, Natur- und Geisteswissenschaften aus unterschiedlichen Weltteilen und sprachlichen Traditionen beteiligt waren. In der Zwischenzeit (1989) war der dritte Band seines immer noch unvollendeten Hauptwerkes *Das moderne Weltsystem III – Die zweite Ära der großen Expansion der kapitalistischen Weltwirtschaft 1730-1840* erschienen. In den letzten 25 Jahren hat Wallerstein eine beindruckende Lehrtätigkeit rund um den Globus entwickelt. Marksteine waren u.a. seine Vorlesungen *Utopistik – Historische Alternativen des 21. Jahrhundert* (Wallerstein 1998) an der Universität von Auckland, Neuseeland, im Oktober 1997 und zuletzt die fünf Vorlesungen *World-Systems Analysis* an der Universität von Santander, Spanien (Wallerstein 2004a). Nach seiner Emeritierung 1999 in Binghamton lehrt Wallerstein seit 2000 als Senior Research Scholar an der Yale Universität.

Der Ansatz: Einheit der Analyse, ZeitRaum und Bifurkation

Wallerstein hat seinen Widerstand gegen die Theorie immer wieder artikuliert: „Weltsystemanalyse'", schreibt er, „ist keine Theorie über das Soziale oder über einen Teil davon. Sie ist ein Protest gegen die Art, wie die sozialwissenschaftliche Untersuchung für uns alle in ihren Anfängen Mitte des 19. Jahrhunderts strukturiert wurde. [...] Da wir Scheuklappen aus dem 19. Jahrhundert tragen, sind wir unfähig, die soziale Aufgabe zu vollbringen, [...] die wirklichen historischen Alternativen rational aufzuzeigen, die vor uns liegen. Die Weltsystemanalyse ist aus einer moralischen und im weitesten Sinne politischen Protesthaltung entstanden." (Wallerstein 1987, 281) Das „Kaputtdenken" der bestehenden sozialwissenschaftlichen Ansätze wird in drei Schritten in eine Analyseform gekleidet: (1) durch zwei Bindestrichakzentuierungen – der Welt-Wirtschaft und der Vielheit von Welt-Systemen – , die eine neu gewonnene Untersuchungseinheit begreiflich machen sollen; (2) in der veränderten Analyse von sozialen Zeitlichkeiten und Räumen; und (3) in dem theoriepolitischen Einsatz eines Denken des Übergangs.

(1) Eine der erwähnten Scheuklappen besteht für Wallerstein in dem, was man methodologischen Nationalismus oder eine Container-Theorie nennen könnte. Der Vorwurf an einen herrschenden Teil der Sozialwissenschaften lautet, dass die Frage nach der Untersuchungseinheit falsch beantwortet wurde. Soziale Handlungen wurden traditionellerweise so konzeptualisiert, dass sie sich im Rahmen eines Staates ereignen, der seinerseits analytisch in politische, ökonomische und sozio-kulturelle Sphären dekomponiert werden kann.[1] Aber auch der weitergehende Versuch der Luhmann'schen Systemtheorie, von einem Konzept der Weltgesellschaft auszugehen, erscheint in diesem Lichte als schief, wenn qua funktionaler Differenzierung die funktionale Ungleichheit strukturell gleicher Teile (Politik, Wirtschaft, Recht, Kultur etc.) behauptet wird.[2] Wallerstein hat im Rekurs auf Fernand Braudel und Karl Polanyi gegen diese Denkweisen – die Einheit der Analyse entweder im Nationalstaat oder in der Weltgesellschaft zu fundieren – seinen Widerstand durch zwei Bindestriche hervorgehoben.

Die erste Bindestrichakzentuierung gewinnt Wallerstein aus einer Analyse der Verwendungsweisen des Begriffs „Welt" in Braudels Untersuchungen (1966) zum Mittelmeer. Braudel übersetzte den deutschen Begriff „Weltwirtschaft" nicht als „économie mondiale", sondern als „économie-monde". Die Pointe liegt für Wallerstein in der begrifflichen Unterscheidung zwischen einem reifizierenden Gebrauch von „Welt" – den Braudel und Wallerstein ablehnen – als einer Entität, innerhalb derer eine Wirtschaft konstruiert werden kann, und dem Gebrauch von „Welt" im Sinne einer Wirtschaft, die selber eine Welt ist, einer Welt-Wirtschaft, in der die wirtschaftlichen Beziehungen die Grenzen der sozialen Welt bestimmen. Neben diesem begrifflichen Unterschied formuliert die Bindestrichakzentuierung aber auch einen geographischen Unterschied. In der ersten Gebrauchsweise ist die „Welt" gleichbedeutend mit dem Globus. Nur die zweite Verwendungsweise impliziert für Wallerstein einen geographischen Raumbegriff, der expansiv gedacht werden kann: „Welt" bedeutet zunächst nur einen Raum mit mehreren Staaten, der erst im Verlauf einer langen historischen Entwicklung den ganzen Globus umfassen kann.

Die zweite Bindestrichakzentuierung entsteht aus einer Verknüpfung von Braudels Begriff der Welt-Wirtschaft mit den Überlegungen Polanyis zu verschiedenen Weisen des

---

[1] Vgl. dazu den Beitrag von Dirk Jörke zu Jürgen Habermas in diesem Band.
[2] Zu Niklas Luhmann vgl. den Beitrag von Bernd Ternes in diesem Band.

ökonomischen Verhaltens, um in historischer Perspektive auf die Vielheit von Welt-Systemen zu verweisen. Polanyis Kategorien (1967) der Reziprozität, der Redistribution und des (Markt-)Austauschs wurden von Wallerstein mit der Unterscheidung von Minisystemen (die keine Welt-Systeme darstellen), Welt-Reichen (Welt-Systeme, die politisch integriert sind) und Welt-Wirtschaften (Welt-Systeme, die marktförmig strukturiert sind) kombiniert. Wallerstein war darüber hinaus mit Braudel der Meinung, dass eine Welt-Wirtschaft – wie andere Welt-Systeme auch – in der historischen Zeit ihres Lebens ein Anfang und Ende besitzt. Aufgrund dieser Vielheit von Welt-Systemen versteht Wallerstein seinen Ansatz nicht als eine Weltsystemtheorie, sondern als eine *Analyse* von Welt-Syste*men*.

Das moderne Welt-System, das sich nach Wallerstein (1974) im langen 16. Jahrhundert herausbildete, ist im Unterschied zu anderen Welt-Systemen eine nach kapitalistischen Prinzipen funktionierende Weltökonomie, die nicht politisch integriert ist. Es gibt verschiedene politische Einheiten innerhalb dieser Welt, die in einem zwischen-staatlichen System organisiert sind. Das Definiens des einheitsstiftenden Moments einer kapitalistischen Welt-Wirtschaft ist zum einen die in ihr konstituierte axiale Arbeitsteilung, die sich mittlerweile über den gesamten Globus erstreckt, versehen mit einem weltweiten Austausch von Gütern, Kapital und Arbeitskraft, und zum anderen die endlose Akkumulation von Kapital (vgl. Wallerstein 2004a: 23ff.)

(2) Insbesondere Braudels bahnbrechende Konzeptualisierung unterschiedlicher sozialer Zeitlichkeiten macht für Wallerstein deutlich, dass die Einheit der Analyse ein Welt-System sein muss, ein historisches System mit expansiven räumlichen und zeitlichen Grenzen, in denen es entsteht, über eine lange Dauer lebt und schließlich zu seinem Ende kommt. Braudel (1958) unterschied vier soziale Zeitlichkeiten: die kurze (*histoire événementielle*), die mittlere (*histoire conjoncturelle*), die lange (*histoire structurelle*) und die sehr lange Dauer. Gegen die Ereignisgeschichte und die ontologischen Strukturen – die für Braudel und Wallerstein ein Ausdruck des Schisma zwischen nomothetischen und idiographischen Wissensarten in den Sozialwissenschaften des 19. Jahrhunderts waren – betont Wallerstein mit Braudel die beiden mittleren Zeitlichkeiten, indem er die Unterscheidung einführt zwischen (a) den zyklischen Rhythmen aus Expansion, Überproduktion, Stagnation und Kontraktion und (b) den säkularen Trends, bestehend aus dem Anteil des Reallohnniveaus an den Produktionskosten, dem Problem der ökologischen Externalisierung von Materialkosten und der Besteuerung, in denen sich die Strukturprobleme eines Weltsystems „in the long run" manifestieren (vgl. Wallerstein 2004a: 30f.). In den zyklischen Rhythmen drücken sich Widersprüche zwischen Wachstumsphasen und Rezessionsschüben einer kapitalistischen Weltökonomie aus; den Begriff der Krise dagegen reserviert Wallerstein für den Übergang, dem langfristigen Trend zu einem neuen Weltsystem (vgl. Wallerstein 1982).

Über Braudel hinausgehend entwickelt Wallerstein die Vorstellung, dass jeder der vier Zeiten ein geographischer Raum zugeordnet werden kann und die Konzeptualisierung der Kategorien Raum und Zeit in einer einheitlichen Kategorie, dem ZeitRaum zu erfolgen hat (vgl. Wallerstein 1993). Der kurzen Dauer entspricht der episodisch-geopolitische Zeit-Raum von Ereignissen. Jede Interpretation von historischen Ereignissen ist dabei wesentlich umstritten. Bei einem Ereignis wie dem 11. September ist zum Beispiel die Frage, seit wann das Phänomen Al-Qaida besteht und woher es stammt, mit einer Reihe von heftigsten Auseinandersetzungen verbunden. Der Grund besteht nach Wallerstein darin, dass diese Ereignisse vor dem Hintergrund eines konjunkturell-ideologischen ZeitRaums (der mittel-

Immanuel Wallerstein: Unthinking Culture? 713

fristigen Dauer) betrachtet werden müssen. Nach dem Zusammenbruch der UdSSR wurde zum Beispiel die räumliche Kategorie Ost-West, die die Teilung der Welt nach dem zweiten Weltkrieg beschrieben hatte, ersetzt durch eine Reihe von Schlagwörtern und „Killer-Oppositionen": Kampf der Kulturen, der Westen (die zivilisierte Welt) und der Rest, Achse des Bösen etc., die alle eine räumliche Konfiguration aufweisen.

Der konjunkturell-ideologische ZeitRaum mit seinen zyklischen Rhythmen ist für Wallerstein eingerahmt von einem strukturellen ZeitRaum der langfristigen Dauer (Braudels „longue durée"), der aus drei geographischen Zonen besteht. Das Zusammenspiel und die Verteilung innerhalb dieser Struktur wird durch eine interne Hierarchisierung des Weltsystems ermöglicht: „The axial division of labor of a capitalist world-economy divides production into core-like products and peripheral products. Core-periphery is a relational concept. […] As a result, there is a constant flow of surplus-value from producers of peripheral products to the producers of core-like products. This has been called unequal exchange. […] Thus, for shorthand purposes we can talk of core states and peripheral states, so long as we remember that we are really talking of a relationship between production processes. Some states have a near even mix of core-like and peripheral products. We may call them semiperipheral states." (Wallerstein 2004a: 28) Der theoriepolitische Einsatz des relationalen Konzepts aus Zentrum, Peripherie und Semi-Peripherie besteht in dem Anspruch, die unterschiedlichen Abhängigkeits-, Entwicklungs- und Modernisierungstheorien „kaputt" zu denken. In den traditionellen Theorieansätzen gibt es eine lineare zeitliche Sequenz von unterentwickelten zu entwickelten Gesellschaften. In der Konstruktion der Weltsystemanalyse gibt es dagegen zunächst eine Welt, die *un*entwickelt ist, und darauf folgen Ausdifferenzierungsprozesse innerhalb eines historischen Systems in entwickelte (Zentrum) und unterentwickelte (Peripherie) geographische Zonen. Andre G. Frank hat das sehr früh als „Entwicklung der Unterentwicklung" (1966) beschrieben.

Mit der Betonung eines konjunkturell-ideologischen und eines strukturellen ZeitRaums wurde der Versuch unternommen, aus dem Schisma des „Methodenstreits" – den „zwei Kulturen" (C. P. Snow) –, das seit dem 19. Jahrhundert andauert, auszubrechen. „Kaputtgedacht" werden sollte einerseits der Ereignis-ZeitRaum idiographischer Ansätze mit dem empiristischen Missverständnis singulärer historischer Fakten und andererseits der ewige ZeitRaum (Braudels sehr lange Dauer) der nomothetischen Sozialwissenschaften. In Wallersteins Perspektive ist der letztere Ansatz noch immer mit den Prämissen einer Newton'schen Mechanik belastet: Systeme sind linear, determiniert und tendieren zur Rückkehr in einen Gleichgewichtszustand.

(3) Den eigentlichen Überstieg über Braudel hinaus wagt Wallerstein mit der Einführung eines fünften Begriffs, dem transformatorischen ZeitRaum. Inspiriert durch Paul Tillichs Unterscheidung (1950: 68) von kairos (griech. „der rechte, günstige Zeitpunkt") und chronos, von qualitativer und quantitativer Zeit, unternimmt Wallerstein den Versuch eines Denkens des Übergangs. Er löst dabei den Begriff der Krise (von griech. *krisis*, Scheidung, Entscheidung) aus seiner traditionellen Umklammerung im Kontext von konjunkturellen Prozessen des Auf- und Abschwungs heraus und reserviert ihn für die Zeit des Übergangs. Die Widersprüche zwischen und innerhalb von zyklischen Rhythmen und säkularen Trends geraten erst dann in eine Krise, wenn ein historisches Sozialsystem in sein Ende eintritt. Paradoxerweise ist das für Wallerstein der Zeitpunkt (*kairos*), an dem der Ausgang aus der Krise des kapitalistischen Weltsystems völlig offen ist und unter dem Druck von antisystemischen Bewegungen eine Entscheidung zu einem neuen Systemdesign möglich wird.

Dieser Vorstellung hat Wallerstein in Anschluss an Prigogine zunächst eine theoretische Fassung gegeben, in der der Begriff „Bifurkation" aus seinem naturwissenschaftlichen Zusammenhang auf historische Sozialsysteme ausgedehnt wird: „[F]ür die Sozialwissenschaften als Ganzes erlangten zwei verbundene Elemente in Prigogines Konstrukt entscheidende Bedeutung. Das erste ist die grundlegende Unbestimmtheit aller Realität – der physischen und deshalb der sozialen. Dabei ist es *nicht* so, als ob es keine Ordnung und keine Erklärung gebe. Prigogine glaubt, dass Realität in einer Art ‚deterministischem Chaos' existiert. Das heißt, er vertritt die Position, dass *für einige Zeit* eine Ordnung existiert, die sich aber unweigerlich selbst auflöst, sobald ihre Entwicklungstendenzen Punkte der ‚Bifurkation' erreichen (also Punkte, wo es zwei gleich gültige Lösungen für die Gleichungen gibt), und dass die Richtung, die bei einer Bifurkation gewählt wird, aus *inneren Gründen* nicht im Voraus bestimmt werden kann. Das ist keine Sache der Unvollständigkeit unserer Kenntnisse, sondern der *Unmöglichkeit* des Vorwissens. [...] Der zweite Beitrag Prigogines bestand darin, dass er darauf beharrte, dass das Konzept der Umkehrbarkeit der Zeit absurd war [...]. Selbstverständlich verstärkte es die Plausibilität unseres Insistierens, dass soziale Systeme *historische* Systeme waren, und dass keine Analyse, gleich auf welcher Ebene, darauf verzichten kann, den ‚Pfeil der Zeit' zu berücksichtigen." (Wallerstein 2001a: 26-28) Eine empirische Überprüfung dieser Konzeption hat es anhand von Untersuchungen zu *The Age of Transition: Trajectory of the World-System, 1945-2025* in einer der RGWs des FBC gegeben (vgl. Wallerstein/Hopkins 1996b). „Kaputtdenken" bedeutet für Wallerstein in diesem Kontext, die gängigen Formen der Multidisziplinarität und das Schisma von ideographisch/nomothetisch durch einen Ansatz, der einer Unidisziplinarität verpflichtet ist, zu ersetzen. Die Pointe der Argumentation besteht in der – für die Sozial- und Naturwissenschaften gleichermaßen geltenden – Koppelung von Determinismus und Indeterminismus. Im Gegensatz zu den Zeiten zyklischer Erneuerung, dem „normalen" Funktionieren eines kapitalistischen Weltsystems, setzen sich in der langen Dauer säkulare Trends durch, die Asymptoten erreichen: Das System ist mit Problemen konfrontiert, die es in seinem eigenen Rahmen nicht mehr lösen kann – das System tritt in eine Bifurkation, in eine Zeit des Chaos ein. In den „normalen" Zeiten gibt es eine Dominante der Struktur über die Handlungen; die anti-systemischen Bewegungen und die gesetzmäßigen Widersprüche des Systems können inkorporiert werden. In „anormalen" Zeiten sind dagegen die Verzweigungen der Struktur und die Handlungsweisen der anti-systemischen Bewegungen indeterminiert.

Kultur als ein agonales Feld: Die Binarismen

Der Dreh- und Angelpunkt in der Kulturgeschichte des modernen kapitalistischen Weltsystems sind für Wallerstein die Folgen der Französischen Revolution, die seit über zweihundert Jahren zur Ausbildung einer gemeinsamen Geokultur geführt haben. Es sind drei „kulturrevolutionäre" Konzepte, die nicht nur das westliche Ideensystem seit 1789 maßgeblich geprägt haben, sondern sich im Laufe der Zeit über das ganze Weltsystem ausbreiteten. Erstens die Akzeptanz der Normalität des politischen Wandels, der nicht mehr als außergewöhnlich oder illegitim betrachtet wurde; zweitens das Konzept der Souveränität, das die Legitimität von autonomen politischen Entscheidungen eines Staates auf seinem Territorium im verfassungsrechtlichen Begriff des „Volkes" als Souverän fundierte; und drittens das

Konzept der Staatsbürgerschaft, in dem die Bevölkerung eines Staates eine Nation konstituiert. In dieser Form einer kulturellen Globalisierung besteht seither das Problem, dass „[t]he political history of the modern world-system in the nineteenth and twentieth centuries became the history of a debate about the line that divides the included from the excluded, but this debate was occurring *within the framework of a geoculture that proclaimed the inclusion of all as the definition of the good society.*" (Wallerstein 2004a: 60)

Diese Problembeschreibung impliziert nach Wallerstein, dass der Einsatz des „Kaputtdenkens" sich im Kontext der Sozialwissenschaften gegen die bis heute wirksame dominante liberale Ideologie des 19. Jahrhunderts wehren muss, dass die Moderne als eine Differenzierung von drei sozialen Sphären zu beschreiben ist: dem Markt, dem Staat und der Zivilgesellschaft, die aufgrund ihrer wechselseitigen Autonomie und differentiellen (Eigen-) Logiken darüber hinaus getrennt – in den Disziplinen der Ökonomie, der Politik und der Soziologie – analysiert werden müssen. Der Begriff Geokultur wurde in Analogie zum Begriff der Geopolitik einer zwischen-staatlichen Systemstruktur gebildet und mit der Metaphorik einer „Unterseite" des Weltsystems ausgestattet, um nicht nur die Aspekte des Überlokalen und Transnationalen zu betonen, sondern vielmehr den Gesichtspunkt eines kulturellen Rahmens, in dem das kapitalistische Weltsystem operiert (vgl. Wallerstein 1991: 11). Dieser Rahmen wird in drei Schritten als ein agonales Feld beschrieben, indem (1) die Begriffsverwendung von „Kultur" mit ihren Familienähnlichkeiten und ausgefransten Rändern als ein Untersuchungsobjekt zur Darstellung kommt, (2) die Homogenisierung und Polarisierung im Weltsystem auf binär-oppositive, aber kulturell symbiotische Paare von Universalismus und Anti-Universalismus zurückgeführt werden, in deren verschiedenen politischen Arenen das Dilemma von Inklusion/Exklusion ausgefochten wird, und (3) die Rolle der neuen anti-systemischen Bewegungen für die Zeit des Übergangs zur Sprache kommt.

(1) Wallerstein (1989b) versucht, in die unübersichtlich gewordenen Verwendungsweisen des Begriffs „Kultur" eine Schneise zu schlagen, indem er eine differentielle (Gebrauch$_1$) und eine hierarchisierende (Gebrauch$_2$) Tonalität im Kulturbegriff unterscheidet. Eine Genealogie der ersten Verwendungsweise (Kultur$_1$) führt zu dem Befund, dass die verschiedenen Wissenschaftsdisziplinen der Geschichte, Anthropologie, Ethnologie und Soziologie mit einem Begriffsapparat arbeiten, der Regularitäten (Eigenschaften, Verhaltensweisen, Wertpräferenzen und Überzeugungen) Personen nach dem Gesichtspunkt zuschreibt, ob sie von ihnen universal, partikular oder singulär geteilt werden. Aus dem Gesichtspunkt der Partikularität entsteht die differentielle Verwendungsweise von Kultur$_1$, wenn es in Form einer Innen/Außen-Differenzierung für Personen innerhalb einer Gruppe möglich wird, ihre Regularitäten von denen anderer Gruppen zu unterscheiden: „In this usage, culture is a way of summarizing the ways in which groups distinguish themselves from other groups. It represents what is shared within the group, and presumably simultaneously not shared (or not entirely shared) outside it." (Wallerstein 1991: 159) Der Terminus „Kultur" wird dagegen nicht für solche Regularitäten verwendet, die universal oder singulär sind. Worauf also findet der Terminus seine Anwendung? Ein Blick auf das institutionelle Design der kapitalistischen Weltwirtschaft hilft hier weiter. Wallerstein beschreibt die institutionelle Struktur in sechs Kategorien: konkrete und virtuelle Märkte; Firmen, die in Märkten operieren; eine Pluralität von Staaten innerhalb eines zwischenstaatlichen Systems; Haushalte, die durch eine Einkommensstruktur definiert sind; Klassen und Statusgruppen oder Identitäten (vgl. Wallerstein 2004a: 24-38). Es sind Nationalstaa-

ten, Klassen und Statusgruppen, die in Formen historischer Konstruktionen ihre „eigenen" Kulturen – vermittels einer formellen oder informellen Organisationsweise – ausbilden. Insbesondere Statusgruppen (objektiv) oder Identitäten (subjektiv) sind askriptive Etikettierungen, denen alle Menschen – klassifiziert nach Nationalitäten, ethnischen Gruppen, religiösen Gemeinschaften und Geschlechtern – angehören. Die Ausbildung von konstanten kulturellen Regularitäten gelingt aber nur durch die Attribuierung von Mitgliedschaften. Die Verwendung von „Kultur$_1$" hat demnach die Funktion, zugleich die Differenz zwischen Gruppen und die Ausbildung konstanter Verhaltensweisen und Wertpräferenzen innerhalb einer Gruppe zu betonen.

Die zweite Verwendungsweise (Kultur$_2$) richtet ihren Blick dagegen auf bestimmte Merkmale innerhalb einer Gruppe, um eine interne Hierarchisierung zu ermöglichen: „We use culture to refer to the ‚higher' arts as opposed to popular or everyday practice. We use culture to signify that which is ‚super-structural' as opposed to that which is the ‚base'. We use culture to signify that which is ‚symbolic' as opposed to that which is ‚material'. These various binary distinctions are not identical, although they all seem to go in the direction of the ancient philosophical distinctions between the ‚ideal' and the ‚real', or between ‚mind' and the ‚body'. Whatever the merits of these binary distinctions, they all go in a quite different structural direction from the other use of culture. They point to a division within the group rather than to the unity of the group (which, of course, is the basis of division between groups)." (Wallerstein 1991: 159) Was den binären Unterscheidungen nach Wallerstein gemeinsam ist, ist ihre Integration in normative Vokabularien zum Zwecke einer Vorranganalyse, die aber faktisch zur Legitimierung von Superioritätsanspruchen führt. „Kultur$_2$" wird als ein ideologisches Muster verwendet, um die Interessen von einigen Personen gegen andere Personen innerhalb derselben Gruppe zu rechtfertigen. Die Binarismen (Universalismus vs. Partikularismus, Menschheit vs. Ethnizität, Welt vs. Nation, Person vs. Geschlecht) müssen dabei von ihren Benutzern nicht unbedingt essentialistisch verstanden werden, sie können vielmehr als soziale Konstruktionen aufgefasst werden, dennoch dienen sie der ideologischen Kraft der Kontrolle, der Sicherstellung des Vorrangs der einen Seite der Unterscheidung vor der anderen.

In dem Maße, wie „Kultur" als ein Ideen-System, ein Rahmenwerk für die unterschiedlichen Interessenansprüche von kollektiven Akteuren in einer kapitalistischen Weltwirtschaft gelten kann, beinhalten die Verwendungsweisen ihres Begriffs – mit einer ständigen Konfusion und dem Umschlagen ihrer beiden Bedeutungen ineinander – zwei Behauptungen, die in ihrer Neutralitätsannahme „kaputtgedacht" werden müssen: einerseits die Behauptung, dass „Kultur$_1$" eine unveränderliche soziale Regularität sei, und andererseits die Behauptung, dass „Kultur$_2$" die Rechtfertigung abgeben könne für unveränderliche Ungleichheiten in einem sich ständig entwickelnden historischen Sozialsystem.

(2) Wie die Binarismen arbeiten, zeigt Wallerstein an drei oppositiven, aber symbiotischen Paaren von (a) Universalismus vs. Nationalismus, (b) Universalismus vs. Rassismus/ Sexismus und (c) Universalismus vs. Partikularismus. In ihnen gibt es jeweils ein kontradiktorisches Widerspruchsverhältnis, das entweder zu einem differentiell-exkludierenden (Kultur$_1$) oder einem hierarchisch-inkludierenden (Kultur$_2$) Trend führt.

(a) Kulturelle Wertsysteme und Praktiken sind von Haus aus partikularistisch; sie bedürfen zu ihrer Legitimierung aber universalistischer Kriterien: Unterschiedliche Werte kandidieren um den Status einer universalisierbaren Norm (vgl. Wallerstein 1991: 184-199). Tritt dieser Prozess nicht ein, besteht die Gefahr der Extermination, des Ausschlusses oder der Vernichtung der Anderen. Die Nationalstaaten sind in der Entwicklung des modernen Weltsystems – insbesondere in der Zeit nach dem Zweiten Weltkrieg – die bevorzugten kulturellen „Container" geworden, in denen sich diese Legitimierungsprozesse abspielen. Durch die wiederholte Etablierung eines zwischen-staatlichen Systems gibt es keine „no-man's-lands" mehr, die Staaten sind in der juridischen Konstruktion souverän, gleichgestellt und kontrollieren autonom ihre Grenzen. Jeder Nationalstaat hat seine eigenen kulturellen Minoritäten und ethnischen Gruppen. Dabei gilt es, zwei Widersprüche zu beachten. Es gibt einerseits den Widerspruch zwischen dem universalistischen Trend zur Homogenisierung der Welt – durch die Etablierung von zwischenstaatlichen Institutionen (WTO, IWF, UN, Menschenrechtserklärungen etc.) – und der gleichzeitigen partikularistischen Voraussetzung von verschiedenen nationalen Kulturen innerhalb dieser Welt. Andererseits besteht der Widerspruch in dem Trend zur Schaffung homogener nationaler Kulturen und der gleichzeitigen Voraussetzung von ethnischen Gruppen und Minderheiten innerhalb dieser Staaten. Entscheidend ist für Wallerstein die unterschiedliche Rolle, die die Staaten in diesen beiden Widersprüchen spielen: „In one case, they have used their force to create cultural diversity, and in the other case to create cultural uniformity. This had made the states the most powerful cultural force in the modern world and the most schizophrenic." (Wallerstein 1991: 192f.)

(b) Der Binarismus von kultureller Gleichförmigkeit und kultureller Vielfalt erklärt sich aus einem anderen symbiotischen Paar, dem von Universalismus und Rassismus/Sexismus (vgl. Wallerstein 1988a). Mit Universalismus ist die positive Norm des Rechts auf gleiche Rücksicht und Achtung einer jeden Person gemeint und die Ablehnung von Präferenzsystemen. Wallerstein ist der Überzeugung, dass Rassismus/Sexismus nicht nur das Gegenteil von Universalismus darstellt, sondern selbst wie eine Norm – wenn auch negative Norm – funktioniert. Es gibt weltweite Bevorzugungsmaßstäbe, die den säkularen Trend zur Steigerung des Reallohnniveaus in den Griff bekommen sollen: „men over women, Whites over Blacks (or non-Whites), adults over children (or the aged), educated over less educated, heterosexuals over gays and lesbians, the bourgeois and professionals over workers, urbanites over rural dwellers. Ethnic rankings are more local, but in every country, there is a dominant ethnicity and then the others. Religious rankings vary cross the world, but in any particular zone everyone is aware of what they are." (Wallerstein 2004a: 39) Dieses System einer kulturellen Hierarchisierung der Arbeitskräfte erlaubt Inklusionsprozesse unter Bedingungen eines höher- oder minderwertigen Rangs: extern, indem Zugangsbedingungen im zwischen-staatlichen System festgelegt werden können, intern durch ein gestuftes System von Rechten, Arbeitsleistungen und Vergütungen. Was ermöglicht das gleichzeitige Funktionieren einer positiven und einer negativen Norm? Eine kulturelle Hierarchisierung im bestehenden Weltsystem, wie Jonathan Friedman (1998) in Anschluss an Wallerstein gezeigt hat, die durch die entgegenlaufenden Vektoren von Hybridisierung und Indigenisierung gekennzeichnet ist. Auf der Ebene der Nationalstaaten gibt es eine Hierarchie zwischen den nationalen Eliten, der Nationalbevölkerung und den ethnischen Gruppen und Minderheiten. An der oberen Spitze des Weltsystems ist ein hybrider Kosmopolitismus entstanden, in dem die Weltbürger der Eliten sich in der *einen* Welt frei bewegen können. In der Mitte reisen die „neuen Heloten" der Arbeitsmigranten in der *anderen* Welt, die im Zentrum und in den Semi-Peripherien des Weltsystems um ihren Zugang kämpfen. Am unteren Ende der Skala streiten die Indigenen um ihre regionale oder nationale Anerkennung. Für Wallerstein ist das antinomische Duo aus Universalismus und Rassismus/Sexismus genauso konstitutiv für das moderne Weltsystem wie die axiale, Zentrum und Peripherie übergreifende Arbeitsteilung.

(c) Ein weiteres Element, Kultur „kaputt" zu denken, stellt Wallersteins These dar, dass Universalismus und Partikularismus nicht nur ein symbiotisches Paar darstellen, sondern sich in der Entwicklung der modernen Geokultur intern pluralisiert haben. Neben dem *inter*-agonalen Feld, in dem sich Universalismus und Partikularismus bekämpfen, gibt es *intra*-agonale Felder, in denen die Universalismen und Partikularismen in einem Familienstreit mit sich selbst kämpfen (vgl. Wallerstein 2003: 114-135). Zu der provozierenden These der Vielzahl von Universalismen gehört die Einteilung in drei Hauptsorten, die das moderne Denken wesentlich beeinflusst haben. Einerseits die Spielarten des religiösen Universalismus der Weltreligionen (Judentum, Christentum, Islam, Buddhismus, Hinduismus). Zweitens die „wirklichen" Universalisten, die den humanistischen und naturwissenschaftlichen Idealen der Aufklärung verbunden sind. Und drittens die Universalisten des Imperativs der „Macht vor Recht", die in der imperialistischen Ausdehnung eine Tugend sehen. In dem inter-agonalen Feld kämpft der Universalismus gegen den Partikularismus, im intra-agonalen Feld bekämpfen sich die Universalismen gegenseitig. Das entgegengesetzte Lager des Partikularismus hat sich in dem Maße differenziert, in dem die Universalismen zu verschiedenen Formen der Unterdrückung und Zerstörung geführt haben. Wallerstein unterscheidet im Wesentlichen zwischen den Minderheiten, dem absteigenden Teil der Mittelschicht und der ständigen Unterschicht. Diesem heterogenen Lager ist eigentümlich, dass politische und kulturelle Ansprüche entweder in einem inter-agonalen Feld mit dem Universalismus, in der Form der Anrufung von universalistischen Kriterien auf gleiche Rücksicht und Achtung, erhoben werden oder in einem intra-agonalen Feld des Partikularismus die Ansprüche gegen gleichermaßen Betroffene gerichtet werden.

(3) Wallersteins theoretische und empirische Analysen laufen in dem Schnittpunkt zusammen, dass wir uns bereits jetzt und für die nächsten fünfzig Jahre in der Zeit eines systemischen Übergangs befinden, dessen Ausgang epistemologisch nicht prognostizierbar (vgl. Wallerstein 2004b), aber praktisch beeinflussbar ist und in zwei unterschiedliche Richtungen verlaufen kann. Es gibt einerseits das Lager der Herrschenden, die „nicht mehr versuchen, das existierende (zur Selbstzerstörung verurteilte) System zu erhalten, sondern sicherzustellen, dass das neu entstehende System die schlechtesten Eigenschaften des existierenden übernimmt – Hierarchie, Privilegien und Ungleichheiten" (Wallerstein 2003, 239f.), und anderseits das Lager der neuen anti-systemischen Bewegungen, das seit den Prozessen von Seattle, Genua und Porto Alegre (Bildung des Weltsozialforums) seine Identität („Wirheit") – im Gegensatz zu den alten anti-systemischen Bewegungen – nicht aus den zu einfachen Kriterien Zivilisation, Klasse, Nation, Rasse oder Ethnizität schöpft, sondern eine Regenbogenkoalition darstellt, die allerdings selbst durch die vielen Partikularismen und die vielen Universalismen zerfurcht ist (vgl. Wallerstein 2003: 114-135).

Wallersteins „Kaputtdenken" des Kulturbegriffs ist keine Spielart des Relativismus; der universale Anspruch der Theoriebildung steht und fällt mit den empirischen Begründungsmöglichkeiten für ein Zeitalter des Übergangs, das zu der normativ unausweichlichen Entscheidung zwischen den beiden Lagern führen soll.

Immanuel Wallerstein: Unthinking Culture?

Ein kleiner bibliographischer Führer: Quellen, Rezeption und Kritik

Alle wichtigen Informationen zu Wallerstein (Curriculum Vitae, Publikationsliste) und den *Research Working Groups* (Inhalte, Mitglieder) sind auf der Homepage des *Fernand Braudel Center* (http://fbc.binghamton.edu) zu finden. Wallerstein schreibt seit einigen Jahren regelmäßige monatliche Kommentare zu aktuellen weltpolitischen Ereignissen, die auf der Homepage – zum Teil auch in deutscher Sprache – dokumentiert sind. Auf einer breiteren Ebene werden die Weltsystemanalysen in zwei Zeitschriften diskutiert: in der *Review*, die seit 1976 im Rahmen des FBC erscheint (Inhaltsverzeichnisse auf der Homepage), und im seit 1994 von Christopher Chase-Dunn herausgegebenen (Online-) *Journal for World-Systems Research* (http://jwsr.ucr.edu), in dem 2000 auch eine zweibändige *Festschrift for Immanuel Wallerstein* erschienen ist.

Zwei Spielarten der externen Kritik wurden für Wallerstein in der zweiten Werkphase am einflussreichsten. Erstens der Angriff, der aus dem „marxistischen Lager" von Robert Brenner (1983) vorgetragen wurde. Wallersteins Theorem des ungleichen Tauschs zwischen Zentrum und Peripherie beinhalte eine Definition des Kapitalismus, die sich an den Austauschverhältnissen und nicht an der Produktionsweise orientiere. Dieser Einwand einer falschen „zirkulationistischen Akzentuierung" (Boris 2005: 188) ist immer wieder erhoben worden. Zweitens die Kritik aus dem „Lager der Staatsautonomisten", vorgetragen von Theda Skocpol (1977) und Aristide Zolberg (1981), die in dem Theoriedesign der Weltsystemanalysen einen ökonomischen Reduktionismus ausmachen, der die Eigenlogik politischer Strukturen nicht angemessen in den Blick bekomme. Eine späte interne Kritik erfolgte dagegen von Andre Gunder Frank (vgl. zuletzt: 2005), der in Form eines „radikalen Revisionismus" behauptet, dass es seit über fünftausend Jahren nur ein einziges Weltsystem gebe. Die gelungenste Übersicht der ganzen Breite der Weltsystemanalysen geben Thomas A. Shannon (1996) in einer Monographie und Thomas D. Hall (2000) in einem Reader.

Die Auseinandersetzung von Wallerstein mit epistemologischen und kulturtheoretischen Fragestellungen und der Rolle der Sozialwissenschaften, in denen Braudel und Prigogine einen ständigen Bezugspunkt bilden, liegen in mehreren Sammelbänden (vgl. Wallerstein 1991; 1995; 1999; 2004b) vor. Den besten Überblick vermittelt das *Interview on Cultural Globalization* (http://www.zmk.uni-freiburg.de/Wallerstein), das Anand Kumar, Frank Welz und Gabriele Tysarzik mit Wallerstein im Juni 1999 in Paris geführt haben.

Für die epistemologische Wende am Beginn der dritten Werkphase war die Frontalkritik von Stanley Aronowitz (1981) für Wallerstein am einflussreichsten. Die Weltsystemanalyse wurde in die Schublade der „großen Erzählungen" eingereiht und für die Vernachlässigung von Legitimitäts- und kulturellen Fragen kritisiert. Eine anders gelagerte Kritik aus kultureller Sicht – am verkappten Eurozentrismus der Weltsystemanalysen – hat Enrique Dussel (1998) vorgelegt.

Literatur von Immanuel Wallerstein

Wallerstein, I.: The Road to Independence: Ghana and Ivory Coast. Paris 1964.
Wallerstein, I. (1974): Das moderne Weltsystem I. Die Anfänge kapitalistischer Landwirtschaft und die europäische Weltökonomie im 16. Jahrhundert. Frankfurt/M. 1986.
Wallerstein, I. (1979): Fanon and the Revolutionary Class. In: Wallerstein 2000, S. 14-32.

Wallerstein, I. (1980): Das moderne Weltsystem II – Der Merkantilismus. Europa zwischen 1600 und 1750. Wien 1998.

Wallerstein, I. (1982): Krise als Übergang. In: Amin, S. et al. (Hg.): Dynamik der globalen Krise. Opladen 1986, S. 4-35.

Wallerstein, I. (1987): Für eine Debatte über das Paradigma. In: Wallerstein 1995, S. 281-304.

Wallerstein, I.: Ideologische Spannungsverhältnisse im Kapitalismus: Universalismus vs. Sexismus und Rassismus. In: Wallerstein, I./Balibar, E.: Rasse, Klasse, Nation. Ambivalente Identitäten. Hamburg 1988, S. 39-48.

Wallerstein, I. (1989a): Die große Expansion – Das moderne Weltsystem III. Die Konsolidierung der Weltwirtschaft im langen 18. Jahrhundert. Wien 2004.

Wallerstein, I.: Geopolitics and Geoculture. Essays on the Changing World-System. Cambridge 1991.

Wallerstein, I. (1993): Der ZeitRaum der Weltsystemanalyse. In: Bögenhold, D. (Hg.): Moderne amerikanische Soziologie. Stuttgart 2000, S. 93-117.

Wallerstein, I.: Die Sozialwissenschaft „kaputtdenken". Die Grenzen der Paradigmen des 19. Jahrhunderts. Weinheim 1995.

Wallerstein, I. et al.: Die Sozialwissenschaften öffnen. Frankfurt/M. 1996a.

Wallerstein, I./Hopkins, T.: The Age of Transition: Trajectory of the World-System, 1945-2025. London 1996b.

Wallerstein, I. (1998): Utopistik. Historische Alternativen des 21. Jahrhundert. Wien 2002.

Wallerstein, I.: The End of the World As We Know It: Social Science for the Twenty-first Century. Minneapolis 1999.

Wallerstein, I.: The Essential Wallerstein. New York 2000.

Wallerstein, I.: Wegbeschreibung der Analyse von Weltsystemen, oder: Wie vermeidet man, eine Theorie zu werden. In: Zeitschrift für Weltgeschichte 2.2, 2001a, S. 9-31.

Wallerstein, I.: World-Systems Analysis. Gespräch mit Andrea Komlosy und Erich Landsteiner. In: Österreichische Zeitschrift für Geschichtswissenschaften 12.2, 2001b, S. 117-131.

Wallerstein, I. (2003): Absturz oder Sinkflug des Adlers. Der Niedergang der amerikanischen Macht. Hamburg 2004.

Wallerstein, I.: World-Systems Analysis. An Introduction. Durham 2004a.

Wallerstein, I.: The Uncertainties of Knowledge. Philadelphia 2004b.

Weitere zitierte Literatur

Aronowitz, S.: A Metatheroretical Critique of Immanuel Wallerstein's The Modern World-System. In: Theory and Society 10, 1981, S. 503-520.

Boris, D.: Immanuel Wallerstein. In: Kaessler, D. (Hg.): Aktuelle Theorien der Soziologie. München 2005, S. 168-195.

Braudel, F. (1958): Geschichte und Sozialwissenschaften. Die lange Dauer. In: Schriften zur Geschichte 1. Stuttgart 1992, S. 49-87.

Braudel, F. (1966): Das Mittelmeer und die mediterrane Welt in der Epoche Philipps II. 3 Bde. Frankfurt/M. 1990.

Brenner, R.: Das Weltsystem. Theoretische und historische Perspektiven. In: Blascke, J. (Hg.): Perspektiven des Weltsystems. Materialien zu Immanuel Wallerstein, ‚Das moderne Weltsystem'. Frankfurt/M. 1983.

Dussel, E.: Beyond Eurocentrism: The World System and the Limits of Modernity. In: Jameson, F./Miyoshi, M. (Hg.): The Cultures of Globalization. Durham 1998, S. 3-31.

Fanon, F. (1961): Die Verdammten dieser Erde. Frankfurt/M. 1981.

Frank, A. G. (1966): Die Entwicklung der Unterentwicklung. In: ders. et al.: Kritik des bürgerlichen Anti-Imperialismus. Berlin 1969.

Frank, A. G.: Orientierung im Weltsystem. Wien 2005.

Friedman, J.: Globalization, Class and Culture in Global Systems. In: Festschrift for Immanuel Wallerstein. Journal of World-Systems Research VI.3, 1998, S. 636-656.

Hall, Th. D. (Hg.): A World-Systems Reader. Lanham 2000.

Nolte, H.-H.: Zur Biographie und Rezeption Wallersteins in Deutschland. In: Wallerstein, I.: Die Sozialwissenschaft „kaputtdenken". Weinheim 1995, S. 340-347.

Polanyi, K. (1967): Die Wirtschaft als eingerichteter Prozess. In: ders.: Ökonomie und Gesellschaft. Frankfurt/M. 1979, S. 219-244.

Prigogine, I.: The End of Certainty: Time, Chaos, and the Laws of Nature. New York 1997. Shannon, Th. R.: An Introduction to the World-System Perspective. 2. Aufl., Boulder 1996.

Skocpol, Th.: Wallerstein's World Capitalist System: A Theoretical and Historical Critique. In: American Journal of Sociology 82.5, 1977, S. 1075-1090.

Tillich, P.: Der Protestantismus. Stuttgart 1950.

Zolberg, A.: Origins of the Modern World System: A Missing Link. In: World Politics 33.2, 1981, S. 253-281.

Ronald Inglehart: Daten auf der Suche nach einer Theorie – Analysen des weltweiten Wertewandels

Jörg Rössel

Einleitung

Ronald Inglehart kann sicherlich als der prominenteste und einflussreichste Forscher auf dem Gebiet des Wertewandels betrachtet werden. Der 1934 geborene amerikanische Politikwissenschaftler lehrte an der University of Michigan in Ann Arbor und hat durch seine zahlreichen Publikationen dieses Forschungsgebiet nachdrücklich geprägt; bis heute bestimmt er die Diskussionen in diesem Feld. Dies wird auch deutlich, wenn man die Zitationshäufigkeit seiner wichtigsten Bücher im Social Science Citation Index analysiert. So findet man für *The Silent Revolution* (1977) mehr als 1300 Zitationen, 1400 für *Culture Shift* (auf deutsch *Kultureller Umbruch* 1989) und immerhin noch fast 900 für *Modernization and Postmodernization* (auf deutsch *Modernisierung und Postmodernisierung* 1998).[1] Neben seinen Publikationen hat Inglehart aber die Erforschung des Wertewandels in einer weiteren Hinsicht maßgeblich geprägt: durch seine Arbeit am World Values Survey als Vorsitzender des Exekutivkommitees. Diese Serie von Umfragen in zahlreichen Ländern der Welt wurde in mittlerweile vier Wellen durchgeführt (1981, 1990-91, 1995-96 und 1999-2001), so dass inzwischen Umfragedaten über die kulturellen Werte und Einstellungen von Menschen in 78 Ländern vorliegen (www.worldvaluessurvey.com). Damit wurde für das Feld des Wertewandels eine Datengrundlage geschaffen, die in anderen sozialwissenschaftlichen Themenfeldern ihresgleichen sucht.

Bekannt geworden ist Ronald Inglehart in den siebziger Jahren durch seine These, dass in den westlichen Ländern ein intergenerationeller Wertewandel von materialistischen hin zu postmaterialistischen Werten stattfindet (vgl. Inglehart 1971; 1977). Basierend auf der empirischen Grundlage des World Values Surveys hat Inglehart diese These dann immer weiter zu einer umfassenden, modernisierungstheoretisch inspirierten Analyse des weltweiten kulturellen Wandels entwickelt. In seinem Buch *Kultureller Umbruch* hat er zu zeigen versucht, dass der Wandel vom Materialismus zum Postmaterialismus nur ein Teil eines größeren kulturellen Umbruchs ist, den er später auch als Postmodernisierung bezeichnet hat (vgl. Inglehart 1989: 226; 1998: 59). In seinen späteren Studien demonstriert er, dass der weltweite kulturelle Wandel entlang von zwei Dimensionen verläuft, so dass neben der Achse der Postmodernisierung auch eine Achse der Modernisierung existiert (vgl. Inglehart 1998; Inglehart/Welzel 2005). In dieser Darstellung von Ingleharts Arbeiten werde ich mich an seiner vollentwickelten Modernisierungstheorie orientieren, wobei der Wandel von materialistischen zu postmaterialistischen Werten in diesen größeren Rahmen eingeordnet wird (Abschnitt 2). Im Anschluss an die Skizze von Ingleharts Analyse des weltweiten

---

[1] Zum Vergleich: Für die deutsche und die englische Ausgabe von Niklas Luhmanns Werk *Soziale Systeme* sind zwischen 750 und 800 Zitationen auffindbar.

Ronald Inglehart: Daten auf der Suche nach einer Theorie 723

kulturellen Wandels werde ich einige seiner Thesen über die Konsequenzen dieses Wandels vor allem für die Politik darstellen (Abschnitt 3).

Modernisierung und kultureller Wandel – eine weltumspannende Perspektive

Die klassische Modernisierungstheorie versucht den Übergang von traditionalen zu modernen Gesellschaften zu beschreiben und zu erklären und lässt sich dabei durch vier Annahmen kennzeichnen (vgl. Berger 1996): Erstens, dass Prozesse gesellschaftlichen Wandels vorwiegend endogen verursacht sind; damit ist zweitens verbunden, dass die Vorreiter der Modernisierung die Nachzügler nicht behindern. Drittens handelt es sich bei der Modernisierung um einen mehrdimensionalen und systemischen Prozess, bei dem sich die Entwicklungen in verschiedenen Bereichen der Gesellschaft gegenseitig unterstützen. Viertens wird schließlich angenommen, dass Modernisierungsprozesse in einem gemeinsamen Ziel konvergieren, wobei in frühen Darstellungen dieses Konzepts häufig die amerikanische Gesellschaft als Endpunkt von Modernisierungsprozessen angenommen wurde.

Inglehart übernimmt aus der Modernisierungstheorie die Vorstellung, dass Wirtschaft, Kultur und politische Institutionen in ihrem Wandel kohärenten Mustern folgen und daher auch in ihrer Entwicklung vorhersagbar sind (vgl. Inglehart 1998: 17, 19-23). Freilich wird dies nicht als eine deterministische These verstanden, die für jede Gesellschaft gilt, sondern als eine probabilistische, so dass bei der Betrachtung einer Vielzahl von Gesellschaften klare Muster von Modernisierungsverläufen erkennbar werden (vgl. Inglehart/Welzel 2005: 46). Dafür bietet er zwei verschiedene Erklärungen an: In *Modernisierung und Postmodernisierung* lehnt er ein ursächliches Primat eines bestimmten gesellschaftlichen Bereichs ab (vgl. Inglehart 1998: 27-30): sowohl die wirtschaftliche Entwicklung bestimmt den kulturellen Wandel, wie auch die kulturellen Werte einen Einfluss auf die wirtschaftliche Entwicklung haben können (vgl. Inglehart 1998: 302-330). Aber nur bestimmte – man könnte auch sagen ‚passende' – Kombinationen von Wirtschaft, Kultur und Politik sind mittel- und langfristig überlebensfähig, so dass hier durch einen Prozess, der ähnlich der natürlichen Selektion verläuft, diejenigen Gesellschaften heraussortiert werden, die nicht lebensfähig sind. Dagegen entwickelt Inglehart in seinem gemeinsam mit Chris Welzel verfassten Buch *Modernization, Cultural Change, and Democracy* eine Erklärung, die in stärkerem Maße vom Primat der ökonomischen Entwicklung ausgeht, deren spezifische Argumente in den folgenden Abschnitten noch genauer behandelt werden (vgl. Inglehart/Welzel 2005: 22-24).

Im Kern hält Inglehart also an den Grundannahmen der Modernisierungstheorie fest, während er aber im Detail gravierende Veränderungen vornimmt: Erstens betrachtet er sozialen Wandel nicht mehr als eine lineare Entwicklung, sondern unterscheidet den Prozess der Modernisierung von der Postmodernisierung (vgl. Inglehart 1998: 23-24). Zweitens nimmt er die gegenwärtige Diskussion über unterschiedliche Formen der Moderne und die Konflikte zwischen den Kulturen auf und behauptet im Anschluss daran, dass kulturelle Modernisierungsprozesse in hohem Maße durch kulturelle Traditionen bestimmt werden (vgl. Inglehart/Baker 2000; Inglehart/Welzel 2005: 65). Drittens weist er auch die Vorstellung zurück, dass Modernisierung eine Art von Verwestlichungs- oder sogar Amerikanisierungsprozess bedeutet. Ganz im Gegenteil betrachtet er die Vereinigten Staaten eher als einen Sonderfall des kulturellen Wandels, da die amerikanische Bevölkerung im Vergleich zu anderen wirtschaftlich hoch entwickelten Staaten „zu wenig säkularisiert" ist (Inglehart

1998: 31-34; Inglehart/Baker 2000). In den empirischen Analysen kristallisieren sich eher Länder wie Schweden oder Norwegen als die Avantgarde des Modernsierungsprozesses heraus (vgl. Inglehart/Welzel 2005: 57). Damit sind die Grundzüge von Ingleharts Analyse von kulturellen Modernisierungsprozessen dargestellt, so dass nun ausführlicher die empirischen Resultate seiner Analysen auf der Basis des World Values Survey dargestellt werden können.

Das Kernstück von Ingleharts Analyse des weltweiten kulturellen Wandels ist eine statistische Auswertung des World Values Survey. Diese betrachtet die Unterstützung für eine Vielzahl von zentralen Werten in zahlreichen Gesellschaften (vgl. Inglehart 1998: 122-124). Dabei versteht er unter Werten relativ tiefsitzende, unveränderliche und generalisierte Vorstellungen von Lebenszielen (vgl. Inglehart 1977: 29). In seiner Untersuchung kristallisieren sich zwei Dimensionen heraus, die einen großen Teil der kulturellen Unterschiede zwischen den Gesellschaften bündeln.[2] Die erste Dimension beschreibt den Wandel von traditionellen, häufig religiös legitimierten Autoritäten hin zu rational-gesetzlichen, also säkularen Autoritäten, man könnte hier durchaus auch von einer Dimension der kulturellen Säkularisierung sprechen. Die zweite Dimension bildet den Gegensatz zwischen Überlebenswerten auf der einen Seite und Werten des Wohlbefindens und der Selbstverwirklichung auf der anderen Seite ab. Damit sind eine weitgehende Loslösung von äußeren Autoritäten und eine Fokussierung auf das Individuum und dessen freie Wahlmöglichkeiten verbunden (vgl. Inglehart/Welzel 2005: 135-138). Der von Inglehart schon in den siebziger Jahren behauptete Wandel von materialistischen zu postmaterialistischen Werten ist ein Teil des kulturellen Wandels entlang dieser zweiten Dimension.

In einem ersten Schritt soll nun die Dimension des Wandels von traditionellen zu säkularen Autoritäten genauer betrachtet werden. Um diese inhaltlich etwas genauer zu charakterisieren können die Items betrachtet werden, die für diese Dimension stehen. Typisch für die kulturelle Orientierung an traditionellen Autoritäten ist die Zustimmung zu Aussagen wie: Gott ist sehr wichtig im Leben, Kinder sollen Gehorsam lernen und nicht Unabhängigkeit, Abtreibung ist niemals zu rechtfertigen oder ein hoher Nationalstolz beim Befragten (vgl. Inglehart/Welzel 2005: 49). Wie wird dieser von Inglehart nun erklärt? Hier fokussiert er vor allem auf die Bedeutung des Industrialisierungsprozesses, also des Übergangs von Agrargesellschaften zu Industriegesellschaften (vgl. Inglehart 1998: 45-46; Inglehart/Welzel 2005: 26-27). Agrargesellschaften sind nach Inglehart durch eine Kultur gekennzeichnet, die für ein stabiles Gleichgewicht in diesen wirtschaftlich und sozial relativ statischen Gesellschaften sorgen soll. Die Wertsysteme dieser Gesellschaften legen damit Prozessen sozialer Mobilität oder der Anhäufung von Reichtum starke Schranken auf und sind durch eine hohe Konformitätsorientierung gekennzeichnet (vgl. Inglehart 1998: 107; 115). Es bleibt nun allerdings in Ingleharts Darstellung etwas unklar, ob der Säkularisierungsprozess und die damit verbundene Hinwendung zu säkular-rationalen Autoritäten – im Sinne der Protestantismusthese von Weber – eine Vorbedingung für die Industrialisierung ist (Inglehart 1998: 107-108) oder ob die mit der Industrialisierung verbundene Kontrolle über die materiellen Lebensbedingungen und die damit verbundene materielle Sicherheit eine Abwendung von traditionell-religiösen Werten mit sich bringt (vgl. Inglehart/Welzel 2005: 26-27; vgl. Norris/Inglehart 2004). In einer bivariaten statistischen Ana-

---

[2] Ingleharts Thesen beruhen auf einer Hauptkomponentenanalyse von 45 Variablen, die jeweils auf dem Länderniveau aggregiert wurden (vgl. Inglehart 1998). Dabei binden die beiden ersten Dimensionen 51 % der Varianz zwischen den Ländern.

lyse kann Inglehart zeigen, dass der Säkularisierungsgrad einer Gesellschaft deutlich mit ihrem Industrialisierungsgrad kovariiert, womit natürlich nicht die Kausalrelation zwischen den beiden Variablen geklärt ist (vgl. Inglehart/Welzel 2005: 59). Etwas anders stellt sich das Ergebnis in einer multivariaten Analyse der Determinanten des Säkularisierungsprozesses dar: Hier berücksichtigen Inglehart und Welzel das BIP pro Kopf und den Anteil der Beschäftigten im industriellen Sektor als Indikatoren für den Modernisierungsprozess und darüber hinaus die Zugehörigkeit zu bestimmten kulturellen Regionen und den Einfluss der kommunistischen Herrschaft als Indikatoren für die kulturelle Tradition einer Gesellschaft (vgl. Inglehart/Welzel 2005: 74). Die Zugehörigkeit zu kulturellen Regionen und der Einfluss der kommunistischen Herrschaft haben je eine ähnliche hohe Erklärungskraft wie das BIP pro Kopf, während sich der Anteil der Beschäftigten in der Industrie als statistisch nicht signifikant erweist. Damit zeigen sich Faktoren, die nicht aus der Modernisierungstheorie ableitbar sind, insgesamt als wichtiger für den Säkularisierungsprozess als die klassischen modernisierungstheoretischen Determinanten.[3]

Ronald Inglehart sieht die Entwicklung der Industriegesellschaft mit der Ausbreitung wissenschaftlicher Rationalität und vor allem der Expansion hierarchischer Bürokratien verbunden, die z. B. die für die Industriegesellschaft typischen Formen der Massenproduktion koordinieren (vgl. Inglehart 1998: 47-49). Diese Organisationsform der Gesellschaft stößt aber an einem bestimmten Punkt an ihre Grenzen: die staatlich-bürokratische Durchdringung der Gesellschaft kann bei einer Staatsquote von 50% in vielen westlichen Gesellschaften nicht weitergeführt werden, ohne dass jede individuelle Initiative erstickt wird. Darüber hinaus sind bürokratische und staatlich dominierte Organisationsformen nicht geeignet, um eine weitere Entwicklung von Wirtschaft und Gesellschaft in postindustrieller Form zu organisieren. Ganz im Einklang mit den Thesen der postindustriellen Gesellschaft in den siebziger Jahren geht Inglehart davon aus, dass mit der Ausbreitung der Dienstleistungsaktivitäten eine Abkehr von der Massenproduktion, eine größere Bedeutung individueller Autonomie im Arbeitsprozess und die Zunahme des Umgangs mit Wissen und Symbolen verbunden ist (vgl. Inglehart 1977: 293-321; Inglehart/Welzel 2005: 27-31). Das Heraufziehen der postindustriellen Wirtschaftsweise verändert also nicht nur die Wirtschaft selbst, sondern hat auch Folgen für die Kultur und die Politik.

Betrachten wir in einem ersten Schritt die mit der Postindustrialisierung verbundenen kulturellen Veränderungen: Der kulturelle Prozess der Postmodernisierung bedeutet nach Inglehart im wesentlichen eine Abwendung von allen Autoritäten und eine Fokussierung auf die Wahlmöglichkeiten des Individuums und seine Lebensqualität, man könnte dies auch einem Prozess der Individualisierung nennen (vgl. Inglehart/Welzel 2005: 135-138; Inglehart 1977: 3; Inglehart 1998: 115-119). Inglehart selbst spricht von einer Entwicklung von Überlebens- hin zu Selbstentfaltungswerten. Um diese kulturelle Entwicklung zu illustrieren, soll wiederum ein Blick auf die Indikatoren geworfen werden, die diese in der Analyse des World Values Survey repräsentieren: Überlebenswerte schließen z. B. die Betonung materialistischer Wertprioritäten ein, eine geringes Ausmaß von Vertrauen gegenüber den Mitmenschen, die Ablehnung von Homosexualität und die Selbstbeschreibung als nicht

---

[3] Es muss freilich festgehalten werden, dass Säkularisierung keineswegs bedeutet, dass sich die Menschen nicht mehr für spirituelle Themen interessieren. Ganz im Gegenteil führen die Zunahme von postmaterialistischen Werten und der Nachdruck auf Werten der Selbstverwirklichung eher zu einer stärkeren Beschäftigung mit Sinnfragen. Diese werden aber nicht mehr im Rahmen von hierarchischen Organisationen verfolgt, sondern in individuellen und freigewählten Kontexten (vgl. Inglehart/Welzel 2005: 31-32).

besonders glücklich (vgl. Inglehart/Welzel 2005: 51). Menschen mit Selbstentfaltungswerten beschreiben sich dementsprechend als eher glücklich, sind eher postmaterialistisch eingestellt sowie tolerant gegenüber Minderheiten. Wie schon angedeutet, erklärt Inglehart die Entwicklung der Selbstentfaltungswerte mit Verweis auf die Entstehung einer postindustriellen Gesellschaft. Dabei müssen vor allem zwei Ursachenkomplexe in den Vordergrund gestellt werden: einerseits die durch das industrielle und postindustrielle Wirtschaftswachstum erzeugte Sicherheit der materiellen Existenz, andererseits die in postindustriellen Gesellschaften größere Autonomie der Menschen (vgl. Inglehart 1998: 51-53; Inglehart 1977: 293-321; Inglehart/Welzel 2005: 27-31). Die materielle Sicherheit der Existenz in spät- und postindustriellen Gesellschaften untergräbt den sogenannten autoritären Reflex, dass nämlich die Menschen in Zeiten schnellen Wandels oder historischer Krisen verunsichert sind und nach sicheren, autoritären Lösungen suchen (vgl. Inglehart 1998: 61-65). Personen, die in materiell gesicherten Verhältnissen aufgewachsen sind und nicht um ihre Existenz fürchten müssen, so Inglehart, entwickeln kein Bedürfnis nach unumschränkten, autoritären Regeln mehr; diese Regeln verlieren in postindustriellen Gesellschaften ihre Funktionalität. Neben der existentiellen Sicherheit tragen postindustrielle Gesellschaften aber noch in einer weiteren Hinsicht zur Entstehung der Selbstentfaltungswerte bei. Diese Gesellschaften sind durch eine gewaltige Expansion des Bildungssystems charakterisiert, die den Menschen eine höhere Entwicklung ihrer kognitiven Fähigkeiten ermöglicht, Inglehart spricht hier von kognitiver Mobilisierung (vgl. Inglehart/Welzel 2005: 28). Aber auch die hierarchische, industriegesellschaftliche Organisation der Gesellschaft verschwindet zunehmend und macht Platz für netzwerkähnliche Organisationsformen und frei gewählte soziale Beziehungen (vgl. Inglehart/Welzel 2005: 29). Die damit verbundene Autonomie der Menschen führt auch zu einer größeren kulturellen Wertschätzung der individuellen Wahlmöglichkeiten. Insgesamt fokussiert diese Erklärung aber vor allem auf die materielle Erfahrungswelt der Menschen, die letztlich von größerer explanatorischer Bedeutung ist als z. B. die Bildung. So argumentieren Inglehart und Welzel auch mit Verweis auf die empirische Analyse des World Values Surveys, dass Menschen mit unterschiedlicher Bildung in der gleichen Gesellschaft sich kulturell sehr viel näher sind als Menschen mit hoher Bildung in unterschiedlich wohlhabenden Gesellschaften (vgl. Inglehart/Welzel 2005: 37).

Genau wie bei der Säkularisierungsdimension haben Inglehart und Welzel auch bei der Dimension des Wandels von Überlebens- zu Selbstentfaltungswerten mit Hilfe von statistischen Verfahren analysiert, welche Faktoren diesen Wandel verursachen. In bivariaten Analysen zeigt sich tatsächlich, dass dieser Wandel vor allem in postindustriellen Dienstleistungsgesellschaften statt findet und nicht in Industriegesellschaften (vgl. Inglehart/Welzel 2005: 60-61). Dieses Bild wird dann allerdings wiederum in der multivariaten statistischen Analyse verändert: hier zeigt sich, dass sowohl das BIP pro Kopf als auch der Anteil der im Dienstleistungsbereich beschäftigten Personen in einer Gesellschaft nur relativ schwach mit dem Wandel von Überlebens- zu Selbstentfaltungswerten korrelieren. Deutlich stärkeren Einfluss haben die Zugehörigkeit zu kulturellen Regionen und die Dauer der kommunistischen Herrschaft in einem Land (vgl. Inglehart/Welzel 2005: 75). Noch stärker als bei den Determinanten des Säkularisierungsprozesses zeigt sich hier also, dass der postmoderne Wandel vor allem eine Entwicklung in bestimmten kulturellen Regionen ist und nur in sehr beschränktem Maße ein Modernisierungsphänomen.

Einen Teil dieser Entwicklung weg von Überlebenswerten hin zu postmodernen Selbstentfaltungswerten macht der Übergang von materialistischen zu postmaterialistischen

Ronald Inglehart: Daten auf der Suche nach einer Theorie

Wertprioritäten aus, der ja auch zu den empirischen Indikatoren für diesen größeren kulturellen Wandel gehört. Mit der Analyse dieses Phänomens ist Inglehart in den siebziger Jahren berühmt geworden, weshalb dieses hier noch einmal gesondert betrachtet werden soll (vgl. Inglehart 1971; 1977). Ganz ähnlich wie beim Wandel von Überlebens- zu Selbstentfaltungswerten hat Inglehart damals diagnostiziert, dass sich in westlichen Gesellschaften eine kulturelle Wende von der Fokussierung auf materielle und sicherheitsorientierte Werte hin zu Werten der Selbstverwirklichung vollzieht. Dabei hat er den Wandel von materialistischen zu postmaterialistischen Werten durch eine mittlerweile berühmt gewordene und vielfach diskutierte Batterie von 4 Zielen in Umfragen abgefragt:[4]

- Aufrechterhaltung von Ruhe und Ordnung
- Mehr Einfluss der Bürger auf die Entscheidungen der Regierung
- Kampf gegen steigende Preise
- Schutz des Rechtes auf freie Meinungsäußerung

Entscheidend an dieser Liste von Zielen ist nun allerdings, dass die Befragten aus diesen vier Zielen ihr wichtigstes und ihr zweitwichtigstes auswählen müssen (Ranking-Verfahren), sie können nicht gegenüber jedem Ziel unabhängig voneinander ihre Präferenz äußern (Rating-Verfahren). Mit dieser Fragebatterie wollte Inglehart die langfristigen und stabilen Wertbindungen der Befragten erheben (vgl. Inglehart 1977: 28-30).[5] Personen, die die beiden postmaterialistischen Ziele auswählen (Einfluss der Bürger und Recht auf freie Meinungsäußerung), werden von ihm als Postmaterialisten klassifiziert, Personen, die die beiden anderen Ziele wählen, als Materialisten. Alle, die eine Kombination von materialistischen und postmaterialistischen Zielen wählen, werden von ihm als Mischtypen bezeichnet. Bei seiner Erklärung dieses Wertewandels hat Inglehart auch genauer spezifiziert, wie sich existenzielle Sicherheit in einen Wandel der Wertprioritäten umsetzt, und dabei seine beiden berühmten Thesen entwickelt, die Mangelhypothese und die Sozialisationshypothese (vgl. Inglehart 1989: 92-96). Die Mangelhypothese unterstellt, dass die Wertprioritäten der Menschen sich an ihrem jeweiligen Kontext orientierten. Den größten Wert misst man denjenigen Gütern bei, die besonders knapp sind, wobei sich die Menschen an einer Bedürfnispyramide[6] orientieren, die von materiellen Bedürfnissen (Nahrung, Bekleidung, Behausung, physische Sicherheit) zu postmateriellen Bedürfnissen (soziale Anerkennung, Selbstverwirklichung, ästhetische Bedürfnisse) reicht. Dies bedeutet also, dass Personen erst dann ihre Wertprioritäten in eine postmaterialistische Richtung verändern, wenn sie das subjektive Gefühl haben, dass ihre materiellen Bedürfnisse befriedigt sind (vgl. Inglehart 1989: 93; 1998: 54; Inglehart/Welzel 2005: 98). Genau diese Bedingung – also wachsender Wohlstand und Abwesenheit von Krieg – war aber in den westlichen Gesellschaften erst im Zeitraum nach dem zweiten Weltkrieg erfüllt (vgl. Inglehart 1977: 21-22). Dies führt aber nicht unmittelbar zu einem Wandel der Werte. Inglehart geht in seiner Sozialisationshypothese zusätzlich davon aus, dass die Werte eines Menschen vor allem in der Kindheit und der Jugendphase geprägt werden und danach relativ stabil bleiben. Dies bedeutet, dass der

---

[4] In der folgenden Form wird der „Inglehart-Index" bis heute in Umfragen wie z.B. der ALLBUS-Umfrage verwendet.

[5] Allerdings hat Inglehart im Laufe der Zeit diese 4 Itembatterie zu einer 12 Itembatterie weiterentwickelt (vgl. Inglehart 1977: 39-53).

[6] Mit dieser Vorstellung orientiert sich Inglehart am Werk des Psychologen Abraham Maslow.

steigende Wohlstand und die Sicherheit der physischen Existenz in westlichen Gesellschaften nur in geringem Maße die Werte der Erwachsenen verändern, sondern vor allem die Werte der nachwachsenden Generationen prägen. Genau dies kann Inglehart in seinen Studien auch immer wieder feststellen: In den älteren Altersgruppen in westlichen Gesellschaften sind die Postmaterialisten eine verschwindend geringe Minderheit, während sie in den jüngeren Alterskohorten eine immer größere Gruppe stellen (vgl. Inglehart 1977: 32; Inglehart 1989: 111-135). Insofern nimmt dann laut Ingleharts These der Anteil von Postmaterialisten in westlichen Gesellschaften vergleichsweise langsam zu, prägt aber mehr und mehr das Antlitz von Gesellschaft und Politik (vgl. Abschnitt 3). In seiner Analyse des Wertewandels wird wiederum der modernisierungstheoretische Charakter von Ingleharts Analysen deutlich: Der Wertewandel wird durch endogene Faktoren, vor allem die Wirtschaftsentwicklung in Gesellschaften, vorangetrieben. Daher zeigt sich auch, dass in relativ armen Gesellschaften, die sich wirtschaftlich langsam entwickeln, dieser Wertewandel über die Generationen hinweg ausbleibt (vgl. Inglehart/Welzel 2005: 107-113). Im Gegensatz zur These vom „Global Village" gibt es keine weltweite Diffusion westlicher Werte, sondern einen immer größeren kulturellen Graben zwischen armen und reichen Gesellschaften (vgl. Inglehart/Welzel 2005: 133).

Vor allem mit seiner Analyse des Wandels vom Materialismus zum Postmaterialismus hat Inglehart große Diskussionen ausgelöst und zum Teil heftige Kritik hervorgerufen. An dieser Stelle sollen die wichtigsten Diskussionspunkte genannt werden, ohne dass sie wirklich tiefgehend behandelt werden könnten:

1. Umstritten war in der Forschung immer wieder die Vorstellung, dass in westlichen Gesellschaften der Wertewandel entlang einer Dimension (Materialismus-Postmaterialismus) verlaufen soll. Gerade für die Selbstverwirklichungswerte wurde dagegen häufig argumentiert, dass diese wiederum größere materielle Investitionen erfordern, also eher von einer Synthese von materiellen und postmateriellen Werten gesprochen werden solle (vgl. Klein/Ohr 2004: 154-162; vgl. aber Inglehart 1989: 169-207).[7]
2. Als kritikwürdig wurde auch Ingleharts Erklärung des Wertewandels angesehen, da diese gewisse Uneindeutigkeiten aufweist. Gerade sein Verweis auf das subjektive Gefühl von existentieller Sicherheit erzeugt einige Probleme: So kann einerseits gefragt werden, warum Inglehart diese These eigentlich nie systematisch empirisch getestet hat, obwohl über Umfragedaten das Gefühl existentieller Sicherheit eigentlich auch abgefragt werden könnte. Andererseits stellt sich die Frage, von welchen Kriterien oder vorgängigen Wertmaßstäben das subjektive Gefühl existentieller Sicherheit eigentlich abhängt (vgl. hierzu auch Ingleharts eigene Diskussion über Aspirationsniveaus und Lebenszufriedenheit: Inglehart 1977: 116-148; Inglehart 1989: 269-303). Aus theoretischer Perspektive wurde darüber hinaus bemängelt, dass Inglehart den Prozessen und Mechanismen der Sozialisation von Personen keinerlei Aufmerksamkeit schenkt (vgl. Thome 1985). Mit seiner bisherigen Theorie, die fast ausschließlich auf die materielle Sicherheit von Personen fokussiert, kann z.B. die starke Bedeutung kultureller Traditionen im Prozess des weltweiten kulturellen Wandels nicht erklärt werden. Auch in empirischen Studien findet Ingleharts Argumentation nur eine beschränkte Unter-

---

[7] Für die Bundesrepublik kann sogar festgestellt werden, dass es keinen systematischen Zuwachs des Anteils von reinen Postmaterialisten seit den siebziger Jahren gegeben hat (vgl. Klein/Ohr 2004). Dies scheint aber eine Ausnahme zu sein (vgl. Inglehart/Abramson 1994).

stützung. Im Gegensatz zu seinen Thesen hat die ökonomische Situation in der Kindheit und der Jugend in den vorliegenden empirischen Studien keinen Einfluss auf die Wertprioritäten einer Person, sondern lediglich deren Bildung und deren ökonomische Situation in der Gegenwart. Eine wichtige Bedeutung hat darüber hinaus das Ausmaß, in dem eine Person den zweiten Weltkrieg erlebt hat (vgl. De Graaf/Evans 1996; Duch/Taylor 1993). Im Hinblick auf diese Diskussion muss wohl festgehalten werden, dass Inglehart es versäumt hat, eine wirklich differenzierte Erklärung für die Entstehung von Werten auf der Individualebene vorzulegen und diese auch systematisch empirisch zu testen.

3. Massive Kritik wurde auch an Ingleharts Indikatoren für die Messung des Wertewandels geübt: Einerseits wurde darauf verwiesen, dass diese keine stabilen Werte messen, sondern eher kontextabhängige Einstellungen. Dies gilt vor allem für den Kampf gegen steigende Preise (vgl. Clarke/Dutt 1991). Darüber hinaus wurde auch gegenüber dem verwendeten Ranking-Verfahren immer wieder Kritik geübt, da die abgefragten Ziele sich faktisch nicht ausschließen und zudem die Mehrdimensionalität des Wertewandels hier methodisch unterdrückt werde (vgl. Klein/Arzheimer 1999).

4. Schließlich wurde auch die empirische Gültigkeit der Sozialisationshypothese in Frage gestellt, da sich einerseits starke Schwankungen des Anteils von Postmaterialisten und Materialisten auf der aggregierten Ebene finden und andererseits in Panelstudien auch individuell die Auswahl der Wertprioritäten schwanke, was von Inglehart aber bestritten wird (vgl. Clarke/Dutt 1991; Klein/Pötschke 2004; dagegen De Graaf et al. 1989 und Inglehart 1989: 138-168).

5. Vor allem in seinen Analysen des weltweiten Kulturwandels verlässt sich Inglehart fast vollständig auf die Analyse von Querschnittsdaten (vgl. Inglehart 1998: 102-103). Damit ist aber implizit die These verbunden, dass die heutigen Gesellschaften auf einem niedrigen ökonomischen Entwicklungsniveau den heute reichen Gesellschaften vor den Phasen der Industrialisierung oder Postindustrialisierung gleichen. Dies ist eine höchst problematische Annahme, die sich z. B. darin zeigt, dass der Nationalstolz – ein historisch betrachtet moderner und antireligiöser Wert – in Ingleharts Analysen stark mit der Orientierung an religiösen Autoritäten korreliert (vgl. Inglehart/Welzel 2005: 49). Daher muss es verwundern, dass er nicht auf Untersuchungen zurückgreift, die mit Hilfe von Inhaltsanalysen auch Zeitreihenanalysen des Kulturwandels ermöglichen und in häufigen Fällen Ergebnisse zeigen, die mit Ingleharts Thesen kompatibel sind (vgl. Eisner 1990; Buchmann/Eisner 1997; Gerhards 2003).

Konsequenzen des kulturellen Wandels

In seinem Forschungsprogramm interessiert sich Ronald Inglehart nicht nur für den Wertewandel selbst, sondern auch für dessen gesellschaftliche Konsequenzen, wobei er ein besonderes Augenmerk auf die politischen Folgen des kulturellen Wandels legt. Dabei setzt er voraus, dass Werte und Einstellungen das Verhalten prägen, wenn auch nicht deterministisch (vgl. Inglehart 1998: 78-80). An dieser Stelle sollen drei Phänomene betrachtet werden, die nach Inglehart als Folgen des weltweiten kulturellen Wandels begriffen werden können: erstens die Entstehung und Verbreitung demokratischer Regime, zweitens die zunehmende Gleichheit zwischen den Geschlechtern und drittens die Entstehung der sogenannten ‚neuen' Politik.

Schon in der klassischen Modernisierungstheorie war ein zentrales Thema die Erklärung der Entstehung und Stabilität von demokratischen Regimen. Die grundlegende Annahme hier ist, dass sozioökonomische Modernisierung auch zu Prozessen der Demokratisierung führt. Und tatsächlich ist der Zusammenhang zwischen dem sozioökonomischem Entwicklungsniveau eines Landes und der Existenz von demokratischen Regimen durch zahlreiche empirische Studien bestätigt worden. Dabei fand sich schon zu Beginn der modernisierungstheoretischen Diskussion die Annahme, dass dieser Zusammenhang über den Zwischenschritt der Kultur erklärt werden müsse: Sozioökonomische Entwicklung führe zu einer veränderten Kultur, diese wiederum ermögliche und stabilisiere demokratische Regime, so die These. Mit den Daten des World Values Survey ist es Inglehart nun möglich, diese These auch systematisch zu testen. In seinen ersten Überlegungen zu dieser Frage ging er davon aus, dass Demokratien von einer sogenannten „Civic Culture" ermöglicht werden, deren Kern durch Vertrauen in die Mitmenschen und durch die Lebenszufriedenheit ausgemacht wird (vgl. Inglehart 1989: 62; 1998: 227-301). Einerseits konnte aber gegen dieses Modell auf der theoretischen Ebene eingewandt werden, dass gar nicht einzusehen ist, warum diese Einstellungssyndrome nur demokratische Regime stabilisieren sollen, da ja auch autoritäre durch zufriedene und vertrauensvolle Untertanen gestützt würden (vgl. Inglehart/Welzel 2005: 245-271; Welzel 2002). Andererseits waren aber auch die empirischen Resultate nicht überzeugend (vgl. Inglehart 1998: 227-301), so dass Inglehart unter dem Einfluss von Welzels Modell der Humanentwicklung (vgl. Welzel 2002) eine neue These entwickelt hat, die zudem eine größere Konsistenz mit seinem Modell des kulturellen Wandels besitzt (vgl. Inglehart/Welzel 2005). Die Behauptung ist, dass die Entwicklung von Überlebens- hin zu Selbstentfaltungswerten eine zentrale Ursache für die Entstehung und Ausbreitung von Demokratien ist, da diese Werte einen genuinen Wunsch nach Freiheit und Mitbestimmung zum Ausdruck bringen (vgl. Inglehart/Welzel 2005: 60). In sorgfältigen statistischen Analysen können Inglehart und Welzel zeigen, dass das Niveau der Demokratie in einem Land hochgradig von der Ausbreitung der Selbstentfaltungswerte bestimmt wird (vgl. Inglehart/Welzel 2005: 178-204). Damit ergibt sich eine deutliche Unterstützung für das klassische modernisierungstheoretische Modell der Entstehung und Ausbreitung von Demokratien, in dem der Prozess der sozioökonomischen Modernisierung zur Durchsetzung von Selbstentfaltungs- und Freiheitswerten in der Bevölkerung führt, diese wiederum übt demokratisierenden Druck auf die Eliten aus, die sich in den meisten Gesellschaften freilich auch nicht dem Wertewandel verschließen können (vgl. Inglehart/ Welzel 2005: 218-223, vgl. zur Kritik Rössel 2002). Vor allem dank der Daten des World Values Survey ist es Inglehart tatsächlich gelungen, die klassische modernisierungstheoretische Erklärung der Entstehung von Demokratien einen Schritt weiter zu bringen, freilich mit der gravierenden Einschränkung, dass der kulturelle Wandel nur in relativ geringem Maße von ökonomischen Modernisierungsprozessen beeinflusst wird (vgl. Abschnitt 2).

Aber nicht nur die Ausbreitung von demokratischen Regimen verknüpft Inglehart mit dem Prozess des weltweiten kulturellen Wandels. In seiner gemeinsam mit Pippa Norris verfassten Studie über die zunehmende Gleichheit zwischen den Geschlechtern können die beiden Autoren zeigen, dass die kulturelle Akzeptanz der Gleichheit zwischen den Geschlechtern nur ein Teil des weltweiten Wandels von Überlebens- zu Selbstentfaltungswerten ist (vgl. Inglehart/Norris 2003: 29-48; Inglehart/Welzel 2005: 49-53). Auch im Detail kann demonstriert werden, dass der Wandel zum Postmaterialismus und die Akzeptanz der Gleichheit der Geschlechter das Wahlverhalten von Männern und Frauen beeinflusst (vgl. Inglehart/Norris 2003: 97), einen positiven Einfluss auf die Beteiligung von Frauen an Protestaktivitäten (vgl. Inglehart/Norris 2003: 124-125) sowie starke Auswirkungen auf die Akzeptanz von Frauen als politischen Führungspersönlichkeiten hat (vgl. Inglehart/Norris 2003: 140). Zusammenfassend zeigt sich also, dass der kulturelle Wandel die Chancen für die Gleichheit der Geschlechter in der Politik deutlich erhöht und damit diese auch zu einem zentralen Bestandteil moderner Vorstellungen von Demokratie gemacht hat.

Schon in seinen Studien der siebziger und achtziger Jahre hat Inglehart zu zeigen versucht, dass mit dem Wertewandel eine Verschiebung von der traditionellen zu einer neuen Politik verbunden ist (vgl. Inglehart 1977; 1989). Darunter können vor allem zwei Veränderungen subsummiert werden: 1) Die alte, an materialistischen Werten orientierte Politik in Industriegesellschaften war durch eine Klassenspaltung im Wahlverhalten und im Parteiensystem charakterisiert. Die Arbeiterklasse mit ihren Wünschen nach ökonomischer Umverteilung unterstützte die Linke, während die Mittelklasse, die an einer Stabilisierung des ökonomischen Status Quo interessiert war, die konservativen Parteien wählte. Die Verschiebung zu postmaterialistischen Werten führt allerdings dazu, dass Wählergruppen entstehen, die sich auf dieser klassischen Konfliktlinie nicht verorten können, so dass in der Politik ein Veränderungsdruck entsteht: Neue Themen wie Umweltschutz, Minoritätenrechte und Bürgerbeteiligung kommen auf die Agenda, neue Parteien, die diese Themen aufgreifen entstehen. Vor allem aber geht die Klassenspaltung im Wahlverhalten zurück und die kulturellen Werte gewinnen einen gewissen Einfluss auf die Wahlentscheidung (vgl. Inglehart 1977: 200; 217; Inglehart 1989: 326, 357). Diese These hat freilich massiven Widerspruch gefunden: So zeigt Müller für die Bundesrepublik (vgl. Müller 1998), dass sich faktisch nur marginale Veränderungen in der Bedeutung der Klassenspaltung für das Wahlverhalten zeigen und darüber hinaus auch die Verortung der Wähler auf der Materialismus-Postmaterialismus Dimension nur einen geringen Einfluss auf die Wahlentscheidung hat. Auch Inglehart konzediert, dass das Wahlverhalten sich nicht so stark verändert hat, weil die bürokratisch organisierten Massenparteien und die institutionalisierte Politik nur langsam auf die sich verändernde Kultur bei den Bürgern reagiert haben (vgl. Inglehart 1989: 361). 2) Sehr viel deutlicher ist daher die neue Politik in den Formen der politischen Beteiligung erkennbar. Die Bürger ziehen sich aus den traditionellen, hierarchischen, elitegelenkten Organisationen zurück und vertrauen diesen immer weniger, was sich unter anderem in einer sinkenden Wahlbeteiligung und einer geringeren Bindung an die Parteien niederschlägt (vgl. Inglehart/Welzel 2005: 116; Inglehart 1989: 416-460). An deren Stelle treten selbstorganisierte politische Beteiligungsformen, die die Eliten herausfordern, wie Unterschriftenaktionen, Demonstrationen und soziale Bewegungen. Daher kann Inglehart mit seinen empirischen Studien auch nicht die Klagen über das verschwindende soziale Kapital und die erodierende Zivilgesellschaft unterstützen. In den Daten des World Values Survey zeigt sich für die westlichen Gesellschaften in den vergangenen Jahrzehnten eine deutliche Zunahme der politischen Beteiligung, aber eben nicht in den alten Formen der elitengelenkten Politik, sondern in neuen Formen (vgl. Inglehart/Welzel 2005: 115-126). Hier argumentiert Inglehart, dass vor allem Menschen mit Selbstentfaltungswerten bzw. postmaterialistischen Werteinstellungen diese neuen Beteiligungsformen in überproportionalem Maße tragen (vgl. Inglehart/Welzel 2005: 124; Inglehart 1989: 481-484). Freilich muss auch hier – ähnlich wie beim Wahlverhalten – darauf verwiesen werden, dass systematische Analysen der Beteiligung an sozialen Bewegungen unter Kontrolle theoretisch relevanter Determinanten des Protestverhaltens nur eine verschwindend geringer Bedeutung der postmaterialistischen Einstellungen feststellen können (vgl. Opp 1990).

Zusammenfassung und Fazit

Zusammenfassend betrachtet hat Ronald Inglehart mit dem World Values Survey eine hervorragende Datengrundlage für systematische empirische Analysen des weltweiten kulturellen Wandels konstruiert. Seine eigenen empirischen Untersuchungen sind theoretisch relativ locker an ein nur grob skizziertes modernisierungstheoretisches Modell angeknüpft. Dabei kann er sehr deutlich zeigen, dass sich die kulturellen Werte in einem großen Teil der Welt vor allem entlang von zwei Wertedimensionen unterscheiden, die man im Anschluss an klassische soziologische Diskussionen als Säkularisierungs- und Individualisierungsdimension bezeichnen kann. Darüber hinaus wird in seinen Untersuchungen deutlich, dass die Entwicklung entlang dieser Dimensionen – anders als in der klassischen Modernisierungstheorie angenommen wurde – nur in einem begrenzten Maße durch die sozioökonomische Entwicklung eines Landes erklärt werden kann, dass aber vor allem die kulturellen Traditionen eine entscheidende Rolle bei der Erklärung des Kulturwandels spielen. Schließlich kann Inglehart auch sehr überzeugend demonstrieren, dass dieser weltweite Wertewandel mit wichtigen politischen Konsequenzen verbunden ist, nicht zuletzt mit der Ausbreitung von demokratischen Regimen und der Gleichheit der Geschlechter. Ihre Schwachstelle zeigen Ingleharts Forschungen aber auf der theoretischen Ebene. Bisher ist es ihm nicht gelungen, eine wirklich differenzierte theoretische Erklärung für die Wertentstehung bei Individuen vorzulegen, die z. B. auch erklären könnte, warum es eine so starke Rolle der kulturellen Traditionen im Kulturwandel gibt. Auch seine Annahmen über die Steuerung des Verhaltens durch Werte bewegen sich auf einem theoretisch ausgesprochen hemdsärmeligen Niveau, so dass er auch nie wirklich systematisch die Relevanz von kulturellen Werten für das Verhalten untersucht hat. Seine empirischen Analysen bleiben ganz überwiegend bivariat oder berücksichtigen lediglich Variablen der klassischen Variablensoziologie. Jenseits dieser gravierenden theoretischen Defizite, die aber viele andere Kulturtheorien mit der Theorie des weltweiten Kulturwandels von Inglehart teilen, erbringen seine empirischen Analysen eine Vielzahl von wichtigen und gehaltvollen Einsichten. Dies ist weit mehr als viele der konkurrierenden Ansätze für sich beanspruchen können.

Literatur von Ronald Inglehart

Inglehart, R.: The Silent Revolution in Europe: Intergenerational Change in Post-Industrial Societies. In: American Political Science Review 65, 1971, S. 991-1017.
Inglehart, R.: The Silent Revolution. Changing Values and Political Styles Among Western Publics. Princeton/NJ 1977.
Inglehart, R.: Kultureller Umbruch. Wertwandel in der westlichen Welt. Frankfurt/M. 1989.
Inglehart, R.: Modernisierung und Postmodernisierung: kultureller, wirtschaftlicher und politischer Wandel in 43 Gesellschaften. Frankfurt/M. 1998.
Inglehart, R./Abramson, P. R.: Economic Security and Value Change. In: American Political Science Review 88, 1994, S. 336-354.

Ronald Inglehart: Daten auf der Suche nach einer Theorie 733

Inglehart, R./Baker, W.: Modernization, Cultural Change, and the Persistence of Traditional Values. In: American Sociological Review 65, 2000, S. 19-51.
Inglehart, R./Norris, P.: Rising Tide. Gender Equality and Cultural Change Around the World. Cambridge 2003.
Inglehart, R./Welzel, C.: Modernization, Cultural Change, and Democracy. The Human Development Sequence. Cambridge 2005.
Norris, P./Inglehart, R.: Sacred and Secular: Religion and Politics Worldwide. Cambridge 2004.

Weitere zitierte Literatur

Berger, J.: Was behauptet die Modernisierungstheorie wirklich – und was wird ihr bloß unterstellt? In: Leviathan 24, 1996, S. 45-62.
Buchmann, M./Eisner, M.: The Transition from the Utilitarian to the Expressive Self, 1900-1992. In: Poetics 25, 1997, S. 157-175.
Clarke, H.D./Dutt, N.: Measuring Value Change in Western Industrialized Societies: The Impact of Unemployment. In: American Political Science Review 85, 1991, S. 905-920.
De Graaf, N.D./Hagenaars, J./Luijkx, R.: Intragenerational Stability of Postmaterialism in Germany, the Netherlands and the United States. In: European Sociological Review 5, 1989, S. 183-201.
De Graaf, N.D/Evans, G.: Why are the Young More Postmaterialist? A Cross-National Analysis of Individual and Contextual Influences on Postmaterial Values. In: Comparative Political Studies 28, 1996, S. 608-635.
Duch, R./Taylor, M.: Postmaterialism and the Economic Condition. In: American Journal of Political Science 37, 1993, S. 446-479.
Eisner, M.: Long-Term Dynamics of Political Values in International Perspective. European Journal of Political Research 18,1990, S. 605-621.
Gerhards, J.: Die Moderne und ihre Vornamen. Wiesbaden 2003.
Klein, M./Arzheimer, K.: Ranking- und Rating-Verfahren zur Messung von Wertorientierungen, Untersucht am Beispiel des Inglehart-Index: Empirische Befunde eines Methodenexperiments. In: Kölner Zeitschrift für Soziologie und Sozialpsychologie 51, 1999, S. 550-564.
Klein, M./Ohr, D.: Ändert der Wertewandel seine Richtung? Die Entwicklung gesellschaftlicher Wertorientierungen in der Bundesrepublik zwischen 1980 und 2000. In: Schmitt-Beck, R./Wasmer, M./Koch, A. (Hg.): Sozialer und politischer Wandel in Deutschland. Wiesbaden 2004.
Klein, M./Pötschke, M.: Die intra-individuelle Stabilität gesellschaftlicher Wertorientierungen. Eine Mehrebenenanalyse auf der Grundlage des sozio-ökonomischen Panels (SOEP). In: Kölner Zeitschrift für Soziologie und Sozialpsychologie 56, 2004, S. 432-456.
Müller, W.: Klassenstruktur und Parteiensystem. Zum Wandel der Klassenspaltung im Wahlverhalten. In: Kölner Zeitschrift für Soziologie und Sozialpsychologie 50, 1998, S. 3-46.
Opp, K. D.: Postmaterialism, Collective Action, and Political Protest. In: American Journal of Political Science 34, 1990, S. 212-235.
Rössel, J.: Zurück zur Modernisierungstheorie. In: Forschungsjournal Neue Soziale Bewegungen 15, 2002, S. 106-108.
Thome, H.: Wandel zu postmaterialistischen Werten? Theoretische und empirische Einwände gegen Ingleharts Theorie-Versuch. In: Soziale Welt 36,1985, S. 27-59.
Welzel, C.: Fluchtpunkt Humanentwicklung. Über die Grundlagen der Demokratie und die Ursachen ihrer Ausbreitung. Wiesbaden 2002.

Roland Robertson: Kultur im Spannungsfeld der Glokalisierung

Jörg Dürrschmidt

‚Who now reads Robertson?'

Diese scheinbar triviale Frage ermöglicht uns zwei erste Zugriffe auf Robertsons Werk. Zum einen ist sie ein Hinweis auf dessen theoriegeschichtliche Einbettung. ‚Who now reads Spencer?' fragte Talcott Parsons (1937) in seinem Werk *The Structure of Social Action*. Diese latent provokative Frage wurde Parsons oft entgegengehalten und in ein ‚Who now reads Parsons?' abgewandelt. Robertson ist bemüht, diese Linie nicht fortzusetzen, und gegenüber Parsons, auf dessen intellektuellen Schultern er steht, despektierlich zu klingen. Ganz im Gegenteil, er bemüht sich, die Systemtheorie Parsons für die eigene Globalisierungstheorie fruchtbar zu machen und somit vielmehr ein ‚How to read Parsons?' zum unterschwelligen Kompass seines Nachdenkens über die Welt als Ganze zu machen (vgl. Turner/Robertson 1991). Dieses Verhältnis zu Parsons' Theorie ist, noch vor allen Auseinandersetzungen über die Rolle von Kultur im Globalisierungsprozess, ein erster Scheidepunkt zwischen Robertson und seinen Hauptkonkurrenten um die Ausrichtung einer global orientierten Soziologie für das 21. Jahrhundert, Immanuel Wallerstein und Anthony Giddens.[1]

Zum anderen ist die einführende Frage daher durchaus im direkten Wortsinn zu verstehen – und gar nicht so einfach zu beantworten. Es ist zunächst unbestritten, dass Robertson einer, vielleicht der Pionier einer expliziten Globalisierungstheorie war und ist. Lange bevor in den 90er Jahren Globalisierung zu einem Modewort wurde, hatte Robertson diesen Begriff zum Fokus seiner Überlegungen gemacht. Sozialwissenschaftliche Standardwerke zur Globalisierung anerkennen dies mit Worten wie z.B. „key figure in the formalization and specification of the concept of globalization" (Waters 1995: 39) und „leading globalization theorist" (Cohen/Kennedy 2000: 24). Und dennoch, während sein Hauptwerk *Globalization: Social Theory and Global Culture* (1992) zum Zitierstandard des Globalisierungsdiskurses geworden und in mehrere Sprachen, u.a. Japanisch, übersetzt worden ist, so bleibt doch die substantielle und detaillierte Auseinandersetzung mit Robertsons Theoriegebäude hinter der Präsenz in den Literaturlisten zurück. An dieser Stelle verbinden sich beide Zugriffe mit der Biografie Robertsons. Ulf Hannerz (1998: 92) hat Robertsons Werk prägnant als ‚mid-Atlantic sociology' beschrieben. Als Teil der britischen akademischen Diaspora in den USA hat er seit den 70er Jahren wesentliche Teile seiner Karriere dort verbracht, ohne intellektuell wirklich heimisch zu werden. Dies hat einerseits wohl mit dem Festhalten an seiner Parsons'schen Denkschule zu tun, von der man sich in den USA in den 70er Jahren gerade wegzuorientieren versuchte. Dies hat wohl auch mit einer abstrakt theo-

---

[1] Zu Immanuel Wallerstein vgl. den Beitrag von Bernd Heiter in diesem Band.

Roland Robertson: Kultur im Spannungsfeld der Glokalisierung 735

retischen Ausrichtung von Robertsons Soziologie zu tun, wiederum in Schieflage zu einer generell mehr empirisch-methodisch und *policy*-orientierten amerikanischen Sozialwissenschaft. Zudem war Robertsons durchgehender Arbeits- und Publikationsschwerpunkt der von ihm selbst so benannte ‚TCS circle' (Robertson 1996: 127) um Mike Featherstone und das britische Fachjournal *Theory, Culture, and Society*. Schließlich ist anzumerken, dass der akademische Geschmack innerhalb des Globalisierungsdiskurses dem *easy-to-follow* Schreibstil eines Anthony Giddens mehr Resonanz entgegen gebracht hat als dem doch recht abstrakten und komplexen Denken Robertsons (vgl. Roudometof 1997). Für den deutschsprachigen Diskurs kommt hinzu, dass die offensichtliche Affinität zwischen Anthony Giddens und Ulrich Beck im Rahmen des Theorieansatzes einer *Reflexiven Modernisierung* (Beck et al. 1996) die hiesigen Debatten dominiert, wobei Beck (1997) dennoch anzurechnen ist, dass er Robertson (1998; 2003) in die deutschsprachige Globalisierungsdiskussion kontinuierlich eingeführt hat.[2]

Die Anfänge

Robertson (1992: 4) selbst kokettiert mit der Anekdote, dass, als Studienanfänger konfrontiert mit der Entscheidung, zunächst Soziologie oder *International Relations* zu studieren, er sich ‚cultural sociology' als einen Kompromiss zwischen seinen Interessen für das Weltgeschehen einerseits und Religion andererseits zurechtlegte. Diese Interessenkonstellation wurde prägend für eine akademische Karriere, die ihre ersten Etappen in Leeds, Essex und York (UK) nahm, ihn dann in den 70er Jahren nach Pittsburgh (USA) brachte, von wo er – unterbrochen von Forschungs- und Lehraufenthalten in u.a. Schweden, Japan, Hong Kong, Brasilien und der Tschechischen Republik – 1999 nach Aberdeen (UK) zurückkehrte.

Im *International Relations*-Ansatz sah Robertson vor allem die notwendige Horizonterweiterung der gängigen strukturfunktionalistischen Systemtheorie (Parsons), die Gesellschaften als funktional nach innen integrierte Ganzheiten dachte. Modernisierung sollte jedoch nicht mehr nur aus der inneren Logik des Systems (Anpassung durch Differenzierung und (Re)integration) verstanden werden, sondern auch durch reflexive Zielsetzung aus Vergleich und Beispielnahme im internationalen Bezugsrahmen. Das von Robertson oft bemühte Beispiel Japans in der Meiji Epoche, aber auch Russland unter Peter dem Großen stehen für diese voluntaristische Öffnung nach außen. Während aber der *International Relations*-Ansatz den Sozialwissenschaften einen potentiell globalen Analyserahmen verschaffte, so blieb er doch wenig aussagekräftig über die soziokulturelle Dimension der inter-nationalen Welt. Was für Robertson und seinen damaligen Kollaborateur J. P. Nettl somit auf der Tagesordnung stand, war eine Verknüpfung von soziokulturellem Fokus und internationaler Dimension in der Modernisierungsdiskussion – prägnant gesagt: eine ‚sociology of international relations' (Robertson 1990: 18; Robertson/Nettl 1968). Eine der in diesem Kontext aufgeworfenen Fragen ist die nach der kulturellen Stabilität und normativen Integration eines inter-nationalen bzw. inter-gesellschaftlichen Systems. Welche Auswirkungen würde inter-nationale Integration auf der soziokulturellen Ebene zeigen, aber auch: wie würden sich kulturelle Kontinuitäten und Diskontinuitäten, die sich nicht mit Nationalstaatsgrenzen decken, auf die Integration auf ökonomischer und politischer Ebene

---

[2] Zu Ulrich Beck vgl. den Beitrag von Angelika Poferl in diesem Band.

niederschlagen? Angesprochen ist hier vornehmlich die Tatsache langfristig tradierter religiös gerahmter zivilisatorischer Weltbilder mit unterschiedlichen Formen der Weltzu- bzw. Weltabgewandtheit, von Rationalismus und Ritualismus, Innen- und Außengeleitetheit, linearem und zyklischen Zeitverständnis (Nettl/Robertson 1968: 129ff., 152ff.).

Hier finden wir die Verknüpfung zu Robertsons zweitem Interessenschwerpunkt. Seit seinen frühen Arbeiten zur Soziologie der Religion macht er immer wieder deutlich, dass er kein Religionssoziologe sei, sondern ein Soziologe „dedicated to the idea of religion as culture" (Robertson 1970: 3). Robertson interessiert also nicht die Organisationsform religiöser Gruppen, auch nicht Säkularisierungsprozesse in einzelnen Gesellschaften, sein Interesse gilt allein der Religion als einer kulturellen Form, durch die die Welt erfahren wird. Religion wird für ihn an der Stelle interessant, wo sie zu widerstreitenden Deutungsversuchen des sich formierenden internationalen Systems führt, und/oder wo sie den Individuen eine Form der Orientierung in einer komplexer werdenden Welt gibt (vgl. Robertson/Chirico 1991). Eine solche Soziologie, die sich nicht mit Kultur (und darin Religion eingeschlossen) als Sub-Dimension von Gesellschaft beschäftigt, sondern vielmehr die Aufdeckung der Wechselwirkung von gesellschaftlichen Strukturen und kulturellen Symbolen und Deutungsmustern als generellen Analysestil hat, nennt er in dem seine erste Schaffensperiode abschließenden *Meaning and Change* (1978: 7) „for want of a better term cultural sociology". Zwischen der ‚sociology of international relations' und der ‚cultural sociology' baut sich also in Robertsons frühem Schaffen ein Forschungsfokus auf, der wohl umschrieben werden kann mit der Suche nach den soziokulturellen Ordnungsmustern einer sich inter-nationalisierenden Gesellschaft einerseits und Fragen kollektiver und personaler Identitätsfindung in diesem zunehmend erweiterten Weltbezug andererseits.

Das ‚Globale Feld'

Innerhalb des in den 90er Jahren vielstimmig einsetzenden „globo-babble" (Waters 1995: 38) profilierte sich auch dank Robertson in der Soziologe eine relativ eigenständige Globalisierungsdebatte. In seinem Bemühen, die Globalisierungssoziologie von der *International Relations*-Theorie, aber auch von ökonomistisch (Wallerstein) oder politisch (Gilpin) definierten Weltsystemtheorien zu emanzipieren, erfolgt in Robertsons Ansatz eine Refokussierung auf die kulturellen Dynamiken der Globalisierung. Was Robertson vorhergehenden und konkurrierenden Ansätzen gleichermaßen entgegenhält, ist eine „voluntaristic theory of globalization" (Robertson 1992: 61ff.), eine Theorie also, die Globalisierung als einen komplexen, von sozialen Handlungsentwürfen und kulturellen Interpretationen mitbestimmten und daher potentiell offenen Prozess verstehen will. Von der gängigen Sekundärliteratur wird Robertson zusammen mit Giddens in die multikausale bzw. multidimensionale ‚Schule' innerhalb der Globalisierungstheorie eingeordnet. In Gegenüberstellung zu den (eindimensionalen) Ansätzen Gilpins, Rosenaus oder Wallersteins stimmen beide Autoren darin überein, dass Globalisierung nicht hinreichend durch die eindimensionale kausale Logik eines politisch oder ökonomisch definierten Weltsystems erklärbar ist (vgl. Robertson 1990: 22). Zugleich vernachlässigt diese gängige Einordnung aber den Fakt, dass Robertson seinen Ansatz gleichermaßen, wenn nicht noch deutlicherer, in Abgrenzung von Giddens' Modell von Globalisierung als der weltweiten Ausbreitung der institutionellen Formen der Westlichen Moderne entwickelt. Auch in Giddens' Analyse fehlt, so Robertson,

Roland Robertson: Kultur im Spannungsfeld der Glokalisierung 737

die Perspektive auf Kultur als eigenständiger Dimension globaler Entwicklung (vgl. Robertson 1992: 143ff.).

Neben David Harveys Idee der ‚time-space-compression' (Harvey 1990) und Anthony Giddens' Konzept einer ‚time-space-distanciation' (Giddens 1991) stellt Robertsons Modell des ‚global field' (Robertson 1992), bestimmt als relativierendes Bezugsfeld unterschiedlicher im globalen Kontext operierender Akteure, einen wesentlichen Theoriebaustein für den Globalisierungsdiskurs bereit. Schon in seiner Definition von Globalisierung arbeitet Robertson seinem Modell eines ‚globalen Feldes' vor. Im Gegensatz zu anderen gängigen Definitionen von Globalisierung, die die räumliche Ganzheit und Endlichkeit des Planeten Erde (vgl. Albrow 1996), die raum-zeit-reduzierende Kapazität neuer Kommunikationstechnologien (vgl. Harvey 1990) oder aber die raum-zeitliche Emanzipation sozialer Interaktion von lokalen Milieus (vgl. Giddens 1991) betonen, bringt Robertson eine in ihrer Dualität subjektiver und objektiver Prozesse zunächst ungelenk wirkende Definition in Anschlag: „Globalization as a concept refers both to the compression of the world and the intensification of consciousness of the world as a whole" (Robertson 1992: 8).

Bewusst wird hier auf eine nähere Bestimmung der materiellen Faktoren verzichtet, die ein Zusammenrücken der Welt induzieren, um stattdessen das Bewusstsein von der Welt als Ganzer hervorzuheben. Implizit ist hier im Sinne einer makrosoziologischen Auslegung des Thomas-Axioms mitgedacht, dass die Wahrnehmung der Welt als Ganzer in seiner Handlungskonsequenz tatsächlich dazu beiträgt, dass sich das Zusammenrücken der Welt realisiert (vgl. Robertson/Lechner 1985: 109). Materielle Interdependenzen und das Bewusstsein darüber sind somit nur zwei Seiten in ein und demselben Prozess. Globalisierung kann daher in einem zweiten Anlauf unter Aufhebung des Dualismus definiert werden als „[...] in its most general sense a process whereby the world becomes a single place" (Robertson 1992: 135.). Ulrich Beck bringt die Tragweite dieser – wie gesagt zunächst so ungelenk daherkommenden – Definition zum Vorschein wenn er sie als „[...] die Schlüsselfrage der Kultursoziologie der Globalisierung" bezeichnet, weil hier die neue *conditio humanitas* an die „geweckte Aufmerksamkeit und Bewusstheit für Globalität" gebunden wird (vgl. Beck 1997: 88). An dieser Stelle melden sich aber auch kritische Stimmen, die anmerken, dass die Idee der ‚world becoming a single place' unweigerlich eine Form materieller Konnektivität und gar Integration mitschwingen lässt, und dass Robertson vage bleibt über das Zustandekommen und die Art und Weise dieser Verknüpfungen (vgl. Friedman 1995: 70).

Aus Robertsons Sicht laufen diese Kritiken ins Leere, insofern in erster Linie nicht auf materielle und infrastrukturelle Verknüpfungen reflektiert wird, wenn von ‚compression of the world' die Rede ist, sondern auf eine phänomenologische Zuständlichkeit, in der unterschiedliche soziale Akteure ihre Existenz und ihr Handeln zunehmend mit Bezug aufeinander und in bezug auf die Welt als Ganze und auch widersprüchlich interpretieren. Es geht also in erster Linie um die Verknüpfung von Relevanzstrukturen, nicht um technologische oder infrastrukturelle Verbundenheit. Ausdrücklich spricht Robertson von „global unicity" statt „unity" (Robertson 1992: 6; vgl. Tomlinson 1999: 11f.).

Diese Gedanken werden gebündelt im Modell des ‚globalen Feldes' (Robertson 1992: 26ff.). Hierbei handelt es sich um die idealtypische Darstellung der Hauptkoordinaten in deren Zusammenspiel der Prozess der Globalisierung sich entwickelt: a) Individuum, b) (Nationalstaats-)Gesellschaften, c) das internationale System der Gesellschaften und d) die Menschheit. Wichtig ist, dass es sich hier um eine offene Konfiguration handelt, d.h. die

738   Jörg Dürrschmidt

vier Komponenten des globalen Feldes sind nicht hierarchisch geordnet. Vielmehr findet eine Vielzahl von Relativierungen oder besser: Bezugserweiterungen statt. Im globalen Feld ist so z.B. das Individuum nicht mehr nur vornehmlich als Staatsbürger eines Nationalstaates definiert, sondern Individualität und biografische Identität bilden sich auch durch den kritisch vergleichenden Blick auf Entwicklungen in anderen Nationalstaatsgesellschaften, im Hinblick auf die im inter-nationalen Kontext verankerten Menschenrechte sowie durch das Selbstverständnis als Teil der menschlichen Gattung und deren Schicksal auf diesem Planeten heraus (vgl. Robertson 1992: 104f.; vgl. Waters 1995: 43).

Resultat dieser Positionierungen und Relativierungen in der globalen Arena ist zunächst die einfache Feststellung: „the conditions of and for the identification of individual and collective selves and individual and collective others are becoming ever more complex" (Robertson 1992: 98). Innerhalb dieser neuen kulturellen Komplexität lässt sich aber nun ein strukturierendes Prinzip ausmachen, ein ‚globewide cultural nexus' oder auch ‚universalism-particularism nexus'. Robertson argumentiert, dass in der globalen Arena „[…] we are […] witness to – and participants in – a twofold process involving the interpenetration of the universalization of particularism and the particularization of universalism" (Robertson 1992: 100). Vereinfacht gesagt wird hier von Robertson eine zweifache Kontextualisierung und Relativierung angesprochen: die Aneignung universeller Werte, Praktiken und Institutionen im Kontext lokaler und regionaler lebensweltlicher Gemeinschaften einerseits sowie die Werbung für bzw. Verteidigung von lokalen und regionalen Identitätsformen auf globaler Bühne andererseits. Die konkrete Durchdringung des Universalen und Partikularen kommt in verschiedensten Formen zum Ausdruck. Die Universalisierung von Partikularismus drückt sich z.B. aus in der zunehmend globalen Verbreitung nationalistischer und fundamentalistischer Bewegungen, während sich die Partikularisierung des Universalen u.a. in der flexiblen Zuschneidung globaler Konsumangebote für lokale Geschmäcker zeigt (vgl. Robertson 1992: 178). Auf komplexerem Niveau strukturiert der ‚universalism-particularism nexus' darüber hinaus die Interaktion konkurrierender zivilisatorischer Projekte. Die Kompression der Welt in einen singulären Handlungs- und Erfahrungszusammenhang bedeutet so auf der einen Seite, dass die spezifischen Beiträge der verschiedenen Zivilisationen zur Weltgeschichte deutlicher werden, weil ihr ‚global calling' vergleichbarer wird (vgl. Robertson 1992: 130). Umgekehrt sehen sich verschiedene zivilisatorische Entwürfe in ihren partikulären Moral- und Wertvorstellungen durch die Idee universaler Menschenrechte herausgefordert. Kulturelle Globalisierung ist aus dieser Problemsicht auf den kleinsten Nenner gebracht „the coming into, often problematic, conjunction of different forms of life" (Robertson 1992: 27).

Was Robertson also in der Konsequenz in seinem Modell des ‚globalen Feldes' beschreibt, ist die strukturale Kontingenz von Situationsdefinitionen und Identitätsfindungen im Weltbezug. Dementsprechend bewusst zurückhaltend ist er mit substantiellen Definitionen von Kultur, auf der eine Idee globaler Kultur einfach aufsatteln könnte. Dahinter steht die Befürchtung, die ausgerufene Suche nach den neuen Formen globaler kultureller Komplexität vorschnell in ein bekanntes Muster zu pressen – das der normativen kulturellen Integration nach dem Vorbild des Nationalstaats (vgl. Robertson 1988: 4; 1991). Stattdessen möchte Robertson Kultur als einen offenen und pluralistischen Prozess verstanden wissen:

> „I do not mean that globalization involves in and of itself the crystallization of a cohesive system. On the other hand I do maintain that globalization involves the development of something

Roland Robertson: Kultur im Spannungsfeld der Glokalisierung 739

like a global culture – not as normatively binding, but rather as a whole and its variety" (Robertson 1992: 135).

Dass diese Vielfalt sich nicht in bindungslosen Relativismus auflöst – dafür steht die strukturelle Rahmung des ‚globalen Feldes' durch den ‚universalism-particularism nexus'.

Mit seinem Modell des ‚globalen Feldes' und der darin angelegten ‚strukturalen Kontingenz' von Identitätsbildung und Situationsdefinition bezieht Robertson somit Position in einer zentralen Frage der Globalisierungsdebatte: die Frage nach Homogenisierungs- oder Heterogenisierungstendenzen als bestimmender Resultante von Globalisierung. Robertsons Antwort dazu auf den Punkt gebracht lautet: ‚difference-within-sameness' (Robertson 2001: 462). Die Artikulation von lokaler Differenz und unterscheidbarer kultureller Identität erfolgt nach den Spielregeln globalisierter Anerkennungsprozeduren. Treffend wird dieses reflexive Oszillieren zwischen Partikularem und Universalem von Anthony King in direktem Bezug auf Robertson auf den Punkt gebracht wenn er schreibt: „The degree to which cultures are self-consciously ‚different' is an indication of how much they are the same" (King 1991a: 153).

Das impliziert aber auch, dass Robertson die verschiedensten Spielarten fundamentalistischer und anti-globaler Bewegungen in die Gestaltungsdynamik globaler Kultur einbegreift. Statt in eine global/universal/progressiv vs. lokal/partikular/fundamentalistisch Dichotomie zurückzufallen, sieht er im Inhalt so unterschiedliche Bewegungen wie die Umweltbewegung oder den islamischen Fundamentalismus strukturell doch als Teil der kulturellen Dynamik des ‚globalen Feldes', weil sie sich im Wettbewerb um die ‚richtige' Situationsdefinition an der ‚global human condition' ausrichten, wenn auch mit unterschiedlichem Vorzeichen. Eine Sichtweise, die zudem zu differenzierter Analyse zwingt, weil vieles von dem, was sich als anti-global gibt, tatsächlich eher anti-modern, anti-westlich oder anti-amerikanisch ausgerichtet ist (vgl. Robertson 1992: 80, 178). Wenn hier die Interpretationsbemühungen und Positionierungsversuche verschiedener soziokultureller Akteure bemüht werden, dann ist damit von Robertson auch die prinzipielle Offenheit des Globalisierungsprozesses in seiner konkreten Gestaltung angesprochen. So wäre rückblickend, zumindest im Prinzip, eine andere Gestaltung der Welt als Ganzer möglich gewesen als die, die sich momentan manifestiert hat: u.a. etwa durch den globalen Triumph einer Weltreligion, die globale Hegemonie einer Staatenallianz oder den Sieg der proletarischen Internationale (vgl. Robertson 1990: 21).

Die Dynamik der Glokalisierung

Zur Mitte der 90er Jahre hatte die Globalisierungsdiskussion eine gewisse Sättigung erreicht, die viele von ‚globaloney', also dem sterilen und leeren Geschwafel über Globalisierung, reden ließ (vgl. Harvey 1996: 1), oder aber dazu bewegte, sich auf die Suche nach tragfähigeren Begriffen in Richtung ‚Transnationalisierung' zu wenden (vgl. z.B. Hannerz 1998: 6). Ein Unbehagen über die analytische Überspanntheit des Begriffs lässt sich auch bei Robertson feststellen. In einem Beitrag, der als ein Plädoyer für eine ‚reflexive theory of globalization' beschriebenen werden kann, fordert er eine zweite Runde der soziologischen Globalisierungsdebatte, für die er eine geänderte analytische Strategie erforderlich sieht: „[…] we should begin with the task of complexification before we engage in the task of simplification" (Robertson/Khondker 1998: 26f.).

Hintergrund ist ein sich im Diskurs breitmachendes Verständnis von Globalisierung als undifferenziertes und unkontrollierbares Makrophänomen, das lokale und regionale kulturelle Unterschiede einebnet, dem teilweise durch die im Kern der soziologischen Globalisierungsdebatte verwendete Metaphern – etwa der Begriff ‚juggernaut‘ bei Giddens (vgl. Giddens 1991: 139) – Vorschub geleistet wurde. Dadurch wurde eine Diskurswahrnehmung generiert, in der das Lokale dem Globalen scheinbar unvermittelt und man könnte fast sagen, hilflos und feindlich gegenüber steht. Vor diesem Hintergrund also ergänzt Robertson den ‚universalism-particularism nexus‘ um den ‚local-global nexus‘. Er spricht jetzt zunehmend weniger von Globalisierung als von Glokalisierung, definiert als „[…] simultaneity and interpenetration of what are conveniently called the global and the local“ (Robertson 1995: 30). Der Begriff impliziert die Aufhebung der Polarität von Globalem und Lokalem in einer Dynamik (logischer) Gleichzeitigkeit von globaler Lokalisierung und lokaler Globalisierung, wie sie sich z.B. in der quasi-globalen Verbreitung generalisierter Milieus wie Flughäfen oder Fast Food Ketten mit ihrer dennoch lokalspezifischen Einbettung manifestiert.

Erreicht wird durch den ‚Glokalisierungsbegriff‘ eine Grundierung des Globalisierungsbegriffs in mehrfacher Hinsicht. War durch den ‚universalism-particularism nexus‘ (vgl. vorherigen Abschnitt) immer schon ein dynamisches statt statisches Verständnis von Kultur gegeben, so ist der ‚global-local nexus‘ eine raum-zeitliche Konkretisierung dessen. Damit wird zweitens der empirisch-analytische Zugriff auf globale Kultur erleichtert. Ulrich Beck spricht im Kontext des Glokalisierungsbegriffs treffend von einer „methodischpragmatischen Wende“ (Beck 1997: 91). ‚Glokalisierung‘ ist aus dieser Sicht durchaus als Aufforderung zur empirisch orientierten Entschlüsselung von Globalisierung als gelebter Realität und als partiell gestaltbarem Prozess zu sehen, der nicht auf eine anonyme weltwirtschaftliche Logik reduziert werden kann.

Robertson selbst hat einen seiner wenigen Versuche in dieser Richtung in die Welt des ‚global game‘ (Fußball) unternommen (vgl. Giulianotti/Robertson 2004). Das Konzept wird hier fruchtbar gemacht u.a. bei der Analyse der Marketing Strategien und Transferpolitiken global agierender Fußballclubs wie Real Madrid oder Manchester United. Der Fußball wird als eine der dynamischsten Domänen der Glokalisierung beschrieben. Es handelt sich um eine der symbolischen Formen, in der die widersprüchliche Logik von Universalisierung und Partikularisierung ausgespielt wird. Durch supranationale Institutionenbildung (z.B. FIFA) und die translokale Vernetzung Gleichgesinnter (z.B. Fan Clubs) wirkt Fußballkultur quer zum Partikularismus territorial definierter Gesellschaften und Gemeinschaften. Zugleich jedoch eröffnet sie ein weites symbolisches Feld für die Repräsentation distinkter Identitäten, von der Nation über die Lokalität und Nachbarschaft bis hin zur je eigenen Körperlichkeit.

Letztlich gestattet der Verweis auf das ‚Heim-Spiel‘ im Fußball den Brückenschlag zu einem dritten Aspekt, der im Begriff der Glokalisierung angelegten Grundierung der Globalisierungstheorie: „Globalization is as much about people as anything else“ (Robertson 2001: 465). Fußballmilieus mit ihrer Ritualisierung des Heimspiels im eigenen Stadion, bei dem zumindest bei Großclubs wie Manchester United die wenigsten Zuschauer noch aus der unmittelbaren Nachbarschaft kommen und Fanclubs zugleich transnational vernetzt sind, stellen ein prägnantes Beispiel für die symbolische Konstruktion von ‚Heimat‘ dar. ‚Heimat‘ ist, zumindest in diesem Beispiel, überall da, wo ManU ‚zu Hause‘ ist. Robertson kommt es also darauf an, die Dichotomie von Lokalem und Globalem nicht nur im Abstrakten aufzuheben, sondern sie auch in der gelebten Realität des Alltags aufzulösen. Das Lokale im Sinne von ‚Heimat' und ‚zu Hause' ist dann nicht mehr als Schutz- und Trutzburg gegen das übermächtige Globale gedacht, sondern wird selbst im globalen oder besser translokalen Zusammenhang generiert (Robertson 1995). In diesem Sinne ist ‚Heimat' analytisch von einem puristischen Verständnis von Lokalität und Ortsbindung zu trennen. Ortsbindung ist dann nicht mehr eine metaphysische Gegebenheit, die der ‚homeless mind' (Berger et al. 1974) unwiederbringlich verloren hat, sondern eine aktive Kompetenz „to identify ‚home' [...] upon the (contested) construction and organization of interlaced categories of space and time" (Robertson 1995: 35).

Anknüpfungen: ‚how to read Robertson?'

Das direkte Engagement mit Robertsons Theorie fällt nicht immer so leicht wie im Zusammenhang seiner Anwendung des Glo*k*alisierungsbegriffs auf die konkrete Strukturierung der globalen Welt des Fußballs. Das hat sicher mit den eingangs erwähnten Besonderheiten des Schreib- und Denkstils an sich zu tun, mehr aber noch mit dem Unbehagen, das sich meldet ob der Kluft, die sich immer wieder öffnet zwischen dem Anspruch, die ‚konkrete Strukturierung der Welt als Ganzer, [...] in der wir leben' (vgl. Robertson 1992: 53) zu entschlüsseln, und der hochabstrakten Weise, in der diese soziokulturelle Wirklichkeit dann theoretisiert wird. Robertsons Gedankengebäude ist beileibe keine ‚grounded theory of globalization'. Sie ist ein kontinuierlicher theoretischer Vorentwurf einer solchen. Insofern kann dem von Zygmunt Bauman bereits 1979 in einer Rezension zu Robertson geäußerten Bedauern immer noch zugestimmt werden, wenn er auf „[...] Robertson's regrettable unwillingness to step beyond the toolmakers shop on to the factory floor itself, where the tools find both their ultimate test and their raison d'être" (Bauman 1979: 377) verweist.[3]

Dennoch hat Robertson mit der Durchsetzung eines Perspektivenwechsels auf Kultur und mit der Einführung des Begriffs der ‚Glo*k*alisierung' der sozialwissenschaftlichen Globalisierungsdebatte eine Inspiration gegeben, hinter die nicht zurückgegangen werden kann. Insofern ist Robertsons Theorie ein programmatischer Entwurf, der Anknüpfungen sucht und bietet. Einige mögliche solcher Verknüpfungen sollen kurz skizziert werden.

Nicht überraschend bieten sich solche Verknüpfungen zunächst über das Modell des ‚globalen Feldes'. Arjun Appadurai hat fast parallel dazu sein Modell einer ‚new global cultural economy' entwickelt. Während Robertsons Modell des ‚globalen Feldes' zwar Auflösung hierarchischer und statischer Strukturierungen im Denken über Globalisierung und globale Kultur postuliert, bleibt die in diesem Modell verfolgte ‚Relativierung' (vgl. oben) von Akteuren und Kontexten doch ziemlich ‚geordnet' und im Abstrakten befangen (particular-universal nexus). Appadurai stellt dem das bildhafte Konzept einer ‚Landschaft' entterritorialisierter ‚globaler Flüsse' gegenüber. Im einzelnen betreffen diese Landschaften die Mobilität von Menschen (*ethnoscapes*), von Technologie (*technoscapes*), von Geld- und Finanzmitteln (*financescapes*), von Kommunikationsmittel (*mediascapes*) sowie die Verbreitung von Ideen und Ideologien (*ideoscapes*). Die Metapher der ‚Landschaft' ist mit bedacht gewählt und vermitteln den Kern von Appadurais Argument (vgl. Appadurai 1990: 296f.): den Verweis auf den perspektivischen und veränderlichen Charakter der globalen

---

[3] Zu Zygmunt Bauman vgl. den Beitrag von Thomas Kron und Melanie Reddig in diesem Band.

Kulturlandschaft. Das analytische Erfassen einer solch komplexen und fließenden ‚Ökonomie kultureller Ordnung‘ bedarf nach Appadurai einer ‚Makroethnographie‘, die das Überlappen, aber auch Gegeneinanderstreben territorialer und symbolischer Welten, das Ineinanderverschieben lokaler, regionaler und globaler Lebensweltkontexte erforscht (vgl. Appadurai 1998: 16ff.). Es handelt sich hier nur um die Darstellung der elementarsten Grundzüge der ‚globalen Kulturökonomie‘, und doch ist, im Vergleich zu Robertsons ‚globalem Feld‘, die Affinität dieses Modells für empirische Verfeinerung offensichtlich. Appadurais Ansatz stand z.B. Pate für Albrows Konzept der ‚socioscapes‘ (vgl. Albrow 1997), das im Kontext der Forschung zum Alltag in der globalen Stadt entwickelten wurde, während Waters (1995: 157) von ‚sacriscapes‘, also sich zwischen Lokalitäten und Regionen aufspannenden Räume religiöser Zugehörigkeit und Praxis, und ‚leisurescapes‘ (Tourismus und Unterhaltungsindustrien) spricht. Unschwer ließen sich darüber hinaus Konkretisierungen in Richtung ‚armsscapes‘, ‚fashionscapes‘ oder ‚drugscapes‘ vorstellen.

Eine andere, ebenfalls in den Rahmen einer ‚macroanthropology of culture‘ platzierte Anknüpfung an das ‚globale Feld‘ wird durch Ulf Hannerz’ Untersuchungen zur Zirkulation von Kultur zwischen Zentrum und Peripherie gegeben. Er stellt zunächst die aktive Rolle sozialer Akteure in den Vordergrund, denn: „cultures are not themselves living beings, they are shaped and carried by people in varying social constellations, pursuing different aims“ (Hannerz 1998: 66ff.). Dennoch ist auch in diesem Modell die Komplexität globaler Kultur einer Strukturierung unterworfen. Nach Hannerz wird globale Kultur in vier ‚organizational frames‘ generiert und zirkuliert: dem Alltag mit der Zuhandenheit des Haushalts, dem Staat mit seinen Bildungsinstitutionen und Medien, dem Markt und der Verwarenwirtschaftlichung der Kultur und schließlich den (sozialen) Bewegungen mit ihrem sowohl missionarischen als auch gegenkulturellen Potential. Angestrebt wird somit ein Begriff von (globaler) Kultur, der nicht-territorialisierte Formen symbolischer Zirkulation und kultureller Identität in Betracht zieht, der kein Primat auf persönliche bzw. lokalisierte face-to-face Beziehungen setzt und die unhintergehbare Pluralität von Perspektiven und Sinnhorizonten innerhalb der sich überlappenden und überschneidenden Landschaften transnationaler kultureller Netzwerke aufzeigt.

Der Gedanke der ‚Entterritorialisierung‘ soziokultureller Ordnungen sowie des ‚reembedding‘ von Identitäten in symbolischen Formen wird von Scott Lash und John Urry weiter in eine postmoderne Richtung vorangetrieben (vgl. Lash/Urry 1994). Ihren Ausgangspunkt von Marx’ Analyse zum ‚Zirkulationsprozess des Kapitals‘ (Kapital Bd. II) und eigenen Vorarbeiten zur Entwicklung eines ‚disorganized capitalism‘ nehmend, zeigt ihr Ansatz Affinität sowohl zu Appadurais als auch Robertsons Überlegungen. Auf der einen Seite zeigt die Rede von „a structure of flows, a decentred set of economies of signs in space“ (vgl. Lash/Urry 1994: 307f.) die Nähe zu Appadurais Theorie verflüssigter globaler Landschaften. Zugleich jedoch ist eine gewisse Abgrenzung von Appadurais ‚chaostheoretischem Ansatz‘ (vgl. Robertson 1992: 103) zu erkennen, indem gezeigt wird, dass Prozesse von Dezentrierung, Entterritorialisierung und Entmaterialisierung in der globalen Kulturökonomie nicht notwendigerweise deren völlige Deregulierung und die Abwesenheit struktureller Rahmenbedingungen impliziert. Vielmehr kommt es zur Herausbildung von ‚new cores and hierarchies’. Diese manifestieren sich u.a. im Zusammenspiel von neuen Informationstechnologien und globalen Städten und den sich daraus ergebenden Formen entterritorialisierter Dominanz und Kontrolle (vgl. Lash/Urry 1994: 6f., 22ff.). Gezeigt wird also, dass radikale ‚Ausbettungsprozesse‘ auch im Kontext einer postmodernen organisier-

Roland Robertson: Kultur im Spannungsfeld der Glokalisierung 743

ten globalen Kulturökonomie komplementiert werden durch ‚Wiedereinbettungsprozesse‘ in nicht-territorial definierte und flexible Strukturen von Macht und (ungleichen) Abhängigkeiten.

Ein weiterer Anknüpfungspunkt ergibt sich über den Begriff der Glo*k*alisierung in die Stadtsoziologie hinein. Schon frühzeitig hatte Anthony King gefragt, ob es denn nicht die Stadträume der ‚global cities‘ sind, in denen sich ganz konkret die ‚Strukturierung der Welt als Ganzer‘ reflektiert, bzw. in deren Stadtkultur sich das zeigt, was Robertson als ‚the world becoming a single place‘ beschreibt (vgl. King 1991). Nachfolgend hat sich eine ganze Reihe von Studien ergeben, die direkt (vgl. u.a. Eade 1997) oder indirekt (vgl. u.a. Cvetkovitch/Kellner 1997) Robertsons Problemstellung aufnehmen und in Konzepten wie ‚Mikroglobalisierung‘ (Dürrschmidt 2000) oder ‚Translokalität‘ (Smith 2001) weiterentwickeln.

Und letztlich ist der Gegenwartssoziologie mit dem Anstoß der Diskussion um die Möglichkeit einer globalen Kultur durch Robertson eine Daueraufgabe gestellt worden. Robertsons Theorie der globalen Kultur ist, so soll abschließend festgehalten werden, eine der Konnektivität und der Relativierung, nicht der Integration und Vereinheitlichung. Das bedeutet zum einen wohl, dass mit Jan Nederveen Pieterse von einem ‚Ende introvertierter Kulturen‘ gesprochen werden kann (vgl. Nederveen Pieterse 1995: 62). Das heißt aber auch, dass sich die diskursive Logik von kultureller Reproduktion ändert. Es scheint dieser Konfiguration neuer kultureller Vernetzungen und Verknüpfungen zunächst angemessen, mit Hannerz von einem Verschwinden alter kultureller Distinktionen, aber gleichzeitigen Hervorbringen neuer kultureller Differenzierungen zu sprechen (vgl. Hannerz 1998: 64). Wie immer bei polar zugespitzten Diskussionen kann auch beim Problem Homogenisierung oder Heterogenisierung von globaler Kultur eine gewisse Nachlässigkeit im Auseinanderhalten von Problemebenen beobachtet werden. Argumente zu ‚Massenkultur‘, ‚Amerikanisierung‘, ‚Verwestlichung‘, ‚Standardisierung‘ meinen scheinbar dasselbe, zwingen uns aber gerade deshalb, über die Bedeutung des Kulturbegriffs in ‚global culture‘ nachzudenken: bezieht sich die Rede von einer ‚global culture‘ auf kulturelle Güter, Konsumartikel und Modestile oder auf einen umfassend strukturierten und weltweit geteilten Sinnhorizont? Mit Featherstone ließe sich dann in einer ersten Annäherung argumentieren, dass die Existenz einer einheitlich-integrativen ‚global culture‘ im Sinne einer Nationalstaatskultur, also einer nur auf die Weltgesellschaft erweiterten integrativen Sinnkonfiguration zu verneinen wäre, während eine Globalisierung partieller kultureller Muster, wie sie sich in Konsumverhalten und Alltagskultur zeigen, durchaus gegeben ist (vgl. Featherstone 1992: 1f.). Hiervon wiederum wären die sich u.a. um transnationale Berufswelten entwickelnden ‚third cultures‘ zu unterscheiden. Und letztlich lässt sich hiervon wiederum ein vergleichsweise abstraktes Verständnis von ‚global culture‘ im Sinne eines ganzheitlich-globalen Wertehorizonts unterscheiden. So etwa von Martin Albrow angedacht im Konzept des ‚Globalismus‘, also dem Verpflichtetsein menschlichen Handelns gegenüber Werten, die sich aus dem Zustand des Planeten Erde herleiten (vgl. Albrow 1996: 166). Ganz zu schweigen von so lapidaren Unterscheidungen wie Hoch- und Volkskultur, Berufskultur und Stadtkultur. Es ließe sich in Anbetracht der vielfältigen und komplexen, d.h. vertikalen wie horizontalen Vernetzungen zwischen Kulturformen innerhalb der globalen Arena sogar von einem ‚globalen Sinnpool‘ (Hannerz 1998: 50) reden. Aber die distributive Logik dieses Sinnpools macht es sofort einsichtig, wenn für eine ‚weichere‘ Definition von ‚global cultures‘ im Plural plädiert wird (vgl. Featherstone 1992: 10).

Die mit dem Phänomen der globalen Kultur gestellte Aufgabe hat eine weitere Dimension. Zur Erfassung einer solchen komplexen kulturellen Landschaft ist immer wieder schnell von Interdisziplinarität die Rede. Robertson geht einen Schritt weiter. Für ihn sind ‚Global Studies' eine transdisziplinäre Angelegenheit (vgl. Robertson 1996). Das Erfassen globaler Komplexität wird so nicht nur einen geänderten begrifflichen Werkzeugkasten der einzelnen sozialwissenschaftlichen Disziplinen notwendig machen, sondern das Beziehungsgefüge der klar um- und abgegrenzten Disziplinarität ins Wanken bringen. Und: So wenig Soziologie seit jeher ohne kulturelle Bezüge auskommen konnte, von daher immer schon auch Kultursoziologie im besten Sinne war, sowenig wird sich der durch die ‚Global Studies' erschlossene Analyserahmen in einer reinen Teildisziplin einhegen lassen.

Literatur von Roland Robertson

Giulianotti, R./Robertson, R.: The Globalization of Football: a study in the glocalization of the ‚serious life'. In: British Journal of Sociology 55(4), 2004, S. 545-568.
Robertson, R.: Was heißt nun Amerikanisierung? In: Beck, U. et al. (Hg.): Globales Amerika: die kulturellen Folgen der Globalisierung. Bielefeld 2003, S. 327-336.
Robertson, R.: Globalization Theory 2000+: Major Problematics. In: Ritzer, G. and Smart, B. (eds): Handbook of Social Theory. London 2001.
Robertson, R.: Glokalisierung: Homogenität und Heterogenität in Raum und Zeit. In: Beck, U. (Hg.): Perspektiven der Weltgesellschaft. Frankfurt/M. 1998, S.192-220.
Robertson, R.: Globality, Globalization and Transdisziplinarity. In: Theory, Culture and Society, 13(4), 1996, S. 127-132.
Robertson, R.: Globalization: Social Theory and Global Culture. London 1992.
Robertson, R./Khondker, H.H.: Discourses of Globalization. Preliminary Considerationes. In: International Sociology 13(1), 1998, S. 25-40.
Robertson, R./Turner, B.S.: How to read Parsons? In: (eds): Talcott Parsons: Theorist of Modernity. London 1991, S. 252-259.
Robertson, R.: Mapping the Global Condition: Globalization as the Central Concept. In: Featherstone, M. (Hg.): Global Culture: Nationalism, Globalization, and Modernity. London 1990, S.15-30.
Robertson, R./Chirico, J.: Humanity, Globalization, and Worldwide Religious Resurgence: a theoretical exploration. In: Sociological Analysis 46 (3), 1985, S. 219-242.
Robertson, R./Lechner, F.: Modernization, Globalization and the Problem of Culture in World-Systems Theory. In: Theory Culture and Society 2(3), 1985, S.103-117
Robertson, R.: The Sociological Interpretation of Religion. Oxford 1970.
Nettl, J.P./Robertson, R.: International Systems and the Modernization of Societies: the formation of national goals and attitudes. London 1968.

Weitere zitierte Literatur

Albrow, M.: The Global Age: state and society beyond modernity. Cambridge 1996.
Appadurai, A.: Modernity at Large: cultural dimensions of globalization. Minneapolis 1998.
Appadurai, A.: Disjuncture and Difference in the Global Cultural Economy. In: Featherstone, M. (Hg.): Global Culture: Nationalism, Globalization and Modernity. London 1990, S. 295-310.
Bauman, Z.: Review: Meaning and Change: Explorations in the Cultural Sociology of Modern Societies. In: British Journal of Sociology 30 (3), 1979, S. 376-377.
Beck, U. et al.: Reflexive Modernisierung: eine Kontroverse. Frankfurt/M. 1996.

Beck, U.: Was ist Globalisierung: Irrtümer des Globalismus – Antworten auf Globalisierung. Frankfurt/M. 1997.

Berger, P.L. et al.: The Homeless Mind: Modernization and Consciousness. Harmondsworth. 1974.

Cohen, R./Kennedy, P.: Global Sociology. London 2000.

Cvetkovic, A./Kellner, D.: Articulating the Global and the Local: globalization and cultural studies. Oxford 1997.

Dürrschmidt, J: Everyday Lives in the Global City: the delinking of locale and milieu. London 2000.

Eade, J. (Hg.): Living the Global City: Globalization as local process. London 1997.

Friedman, J.: Global System, Globalization and the Parameters of Modernity. In: Featherstone, M./Lash, S./Robertson, R. (Hg.): Global Modernities. London 1995, S. 69-90.

Giddens, A.: The Consequences of Modernity. Cambridge 1991.

Hannerz, U.: Transnational Connections: culture, people, places. London 1998.

Harvey, D.: Justice, Nature, and the Geography of Difference. Oxford 1996.

Harvey, D.: The Condition of Postmodernity: an inquiry into the origins of cultural change. Oxford 1990.

King, A.: The Global, the Urban and the World. In: ders. (Hg.): Culture, Globalization and the World-System: contemporary conditions for the presentation of identity. London 1991, S. 149-154.

Lash, S./Urry, J.: Economies of Signs and Space. London 1994.

Nederveen Pieterse, J.N.: Globalization as Hybridization. In: Featherstone, M./Lash, S./Robertson, R. (Hg.): Global Modernities. London 1995, S. 45-68.

Parsons, T: The Structure of Social Action. New York 1937.

Roudometof, V.: Preparing for the 21st Century. In: Sociological Forum 12 (4), 1997, S. 661-670.

Smith, M.P.: Transnational Urbanism: locating globalization London. 2001.

Tomlinson, J.: Globalization and Culture. Chicago. 1999.

Waters, M.: Globalization. London 1995.

Ulrich Beck: Für einen „Kosmopolitismus mit Wurzeln und Flügeln"

Angelika Poferl

Einleitung

Wenn es darum geht, Prozesse der Globalisierung und Transnationalisierung als ‚Herausforderung' zu begreifen, dann ist Ulrich Beck gewiss ein Autor, der dies nicht mit alarmistischen Untertönen und Schreckensszenarien einer bedrohten, vermeintlich heilen Welt des Nationalen verknüpft. Herausforderung bedeutet im Werk Becks in erster Linie Anregung und Inspiration, eine Aufforderung zur Analyse neuartiger gesellschaftlicher Entwicklungstendenzen und Phänomenbereiche sowie eine Anforderung an die sozialwissenschaftliche, insbesondere soziologische Theoriebildung und Forschung, ihren Themenkreis und analytischen Horizont radikal zu erweitern. Soziologie ist und soll *Wirklichkeitswissenschaft* sein; in dieser Auffassung bleibt Beck dem Klassiker Max Weber ebenso wie seinem Mentor Karl-Martin Bolte treu. Wo soziologische Routinen diese Aufgabe nicht erfüllen, geht es jedoch darum, ihre Macht zu durchbrechen und andere, weiterführende Perspektiven an deren Stelle zu setzen. In diesem Sinne stellen Formen der Globalisierung und Transnationalisierung – befragt auf und beforscht in ihren transformativen Potentialen – eine Provokation des Denkens und der Erkenntniskategorien dar; sie bieten Anlass, die Reflexion auf Gesellschaft über eingeübte und vertraute Schemata der Wahrnehmung und Interpretation hinauszutreiben und auf neue gesellschaftstheoretische und methodologische Grundlagen zu stellen. Zweifel an Gewissheiten und eingeschliffenen Sehgewohnheiten, Lust auf Erkenntnis und Neugier als Programm – darin liegt eine Grundhaltung und ein Wissenschaftsstil begründet, der das Werk von Beck auf unverwechselbare Weise prägt. Beides findet Ausdruck in maßgeblich von ihm entwickelten Theorie *Reflexiver Modernisierung*, die den umwälzenden, „grundstürzenden" (Beck) Charakter aktueller gesellschaftlicher Modernisierungsprozesse zu identifizieren beansprucht, und ist deutlicher, konsequenter denn je in den jüngsten Arbeiten zur Entfaltung eines *„realistischen Kosmopolitismus"* der Soziologie angelegt.

Beck liefert nicht allein eine ‚Zeitdiagnose' moderner und sich modernisierender Gesellschaften, ein Etikett, das der Autor durchaus selbstbewusst in Anspruch nimmt. Ein zentraler Focus und ganz entscheidender Beitrag des Werks liegt darin, eine spezifische *analytische Einstellung* , eine *Art und und Weise* des wissenschaftlichen Zugriffs auf soziale Wirklichkeit zu begründen, die weitreichende erkenntnistheoretische, methodologische, struktur- und nicht zuletzt kulturtheoretische Implikationen hat.

Die Soziologie Becks ist wie kaum eine andere im deutschen Sprachraum von dem Wunsch auf Mitteilbarkeit und Verständlichkeit beeinflusst. Beck vertritt eine Soziologie, die Probleme benennen, die etwas *sagen* und *gehört* werden will. Dem entspricht die exponierte öffentliche Rolle, die der Wissenschaftler seit Mitte der 1980er Jahre einnimmt. Das

Ulrich Beck: Für einen „Kosmopolitismus mit Wurzeln und Flügeln"   747

Bemühen, in die gesellschaftliche Verständigung außerhalb des akademischen Elfenbeinturms hinein zu wirken, wurde 2004 durch die Verleihung des Schrader-Preises[1] gewürdigt.

Leben und sozio-historischer Kontext

Beck wird 1944 in Pommern geboren. Er wächst in Hannover auf und nimmt 1966 in Freiburg das Studium der Rechtswissenschaft auf. Nach einem Semester wechselt Beck Studienfach und -ort. Er geht nach München und beginnt an der dortigen Ludwig-Maximilians-Universität (LMU) das Studium der Soziologie, Philosophie, Psychologie und Politikwissenschaft, dabei wird er durch ein Stipendium der Studienstiftung des Deutschen Volkes unterstützt. 1972 erfolgt die Promotion, danach arbeitet Beck als wissenschaftlicher Mitarbeiter im Sonderforschungsbereich 101 der LMU „Theoretische Grundlagen sozialwissenschaftlicher Berufs- und Arbeitskräfteforschung". Er habilitiert 1979 an der LMU und erhält die venia legendi für Soziologie. Im gleichen Jahr wird Beck ein Heisenberg-Stipendium der deutschen Forschungsgemeinschaft bewilligt; er erhält zwei Rufe und nimmt eine Professur für Soziologie in Münster an. 1980 wird er Herausgeber der Zeitschrift „Soziale Welt", die er bis heute ko-editiert; 1981-1988 koordiniert er einen Forschungsschwerpunkt der Deutschen Forschungsgemeinschaft zum Thema „Verwendung sozialwissenschaftlichen Wissens". 1981 wechselt Beck auf eine Professur für Soziologie in Bamberg, die er bis 1992 innehat. Zwischenzeitlich hält er sich als Fellow am Kulturwissenschaftlichen Institut Essen und danach am Wissenschaftskolleg Berlin auf. 1992 wird Beck auf einen Lehrstuhl für Soziologie an die Ludwig-Maximilians-Universität München berufen, wo er bis zu seiner Emeritierung im Jahr 2009 tätig ist. Er ist 1995-1997 Mitglied der Kommission für Zukunftsfragen der Freistaaten Bayern und Sachsen und geht 1995 bis 1998 als Distinguished Research Professor an das College of Cardiff (University of Wales); einen späteren Ruf nach Cardiff lehnt er ab. 1996 erhält Beck die Ehrendoktorwürde der Universität Jyväskylä in Finnland. seit 1997 lehrt Beck zudem als British Journal of Sociology Visiting Centennial Professor an der London School of Economics and Political Science. Er ist Sprecher des Sonderforschungsbereiches 536 „Reflexive Modernisierung. Analysen zur Selbsttransformation der industriellen Moderne" (1999-2009), der an der LMU angesiedelt ist. 2008 wird Beck als Senior Loeb Fellow an die Harvard University und als Research Fellow an das Max-Planck-Institut Göttingen berufen. 2008 wird er als Senior Loeb Fellow an die Harvard University und des Weiteren als Research Fellow an das Max-Planck-Institut Göttingen berufen. Beck gibt die Edition Zweite Moderne im Suhrkamp Verlag heraus. Seine Bücher sind in 35 Sprachen übersetzt worden.

Der sozio-historische Kontext seiner Arbeiten ist in gewisser Weise identisch mit dem Hauptgegenstand seines wissenschaftlichen Werks. Beck ist in die noch „Erste Moderne", die Kriegs- und Nachkriegszeit hineingeboren und gerät lebens- und zeitgeschichtlich in die beginnende, von ihm später so bezeichnete „Zweite Moderne" hinein. Er wird zum Zeitzeugen einerseits eine Ära der Wohlstandssteigerung, der Wohlfahrtsentwicklung, der ge-

---

[1]   Mit dem Preis der Schader-Stiftung werden satzungsgemäß Wissenschaftler ausgezeichnet, die „aufgrund wegweisender wissenschaftlicher Arbeit und durch vorbildliches Engagement im Dialog mit der Praxis einen Beitrag zur Lösung von gesellschaftlichen Problemen geleistet haben" (Manfred Schmidt in der Laudatio anlässlich der Preisverleihung an Ulrich Beck am 28. April 2005 in Darmstadt, htpp://www.schader-stiftung.de/schader_stiftung/829.php).

sellschaftlichen Öffnung und Demokratisierung, andererseits der Verdrängung des Nationalsozialismus, der sich anbahnenden Wachstums- und Sozialstaatskrisen und der Erfahrung, dass der „kurze Traum immerwährender Prosperität" (Burkart Lutz) durch Wiederaufbau, Wirtschaftswunder, Fortschrittsoptimismus der 1950er und 60er Jahre tatsächlich nur ein kurzer war. Beck studiert in den Jahren der Studentenbewegung (ohne eigene größere Beteiligung daran), er hat die Anti-AKW-Bewegung, die Umweltbewegung, die Friedensbewegung, die Frauenbewegung und die von zivilgesellschaftlichen Akteuren, von einer kritischen Öffentlichkeit ausgehende Dynamisierung gesellschaftlicher Verhältnisse vor Augen; zugleich die relative Unbewegtheit gesellschaftlicher Institutionen und etablierter Politiksysteme, den anhaltenden Kontroll- und Beherrschbarkeitsmythos, den strukturkonservativen Glauben an ein ‚Weiter so' gesellschaftlicher Modernisierung, den er selbst Ende der 1980er Jahre als „organisierte Unverantwortlichkeit" (Beck 1988) beschreiben sollte.

Das wissenschaftliche Werk Becks ist von verschiedenen Einflüssen und Diskussionszusammenhängen gekennzeichnet:

Erkennbare Spuren im Gesamtwerk haben die Arbeiten des ‚frühen' Beck hinterlassen. Dazu gehören zum einen die Befassung mit dem *Theorie-Praxis-Problem*, dem Verhältnis von Objektivität und Normativität und der Frage nach der Verwendung sozialwissenschaftlichen Wissens im Spannungsfeld von „Soziologie und Praxis" – Themen, die Beck ausgehend von seiner Dissertation über weitere Arbeiten in den 1970er und 80er Jahren verfolgt (vgl. Beck 1974, 1982; Beck/Bonß 1989). Als durchgehend prägend erweist sich zum anderen die Perspektive einer *„subjektorientierten Soziologie"*, wie sie im Rahmen der von Beck und anderen betriebenen Berufssoziologie unter Karl-Martin Bolte ebenfalls in dieser Zeit entwickelt worden ist (vgl. Beck/Brater/Daheim 1980). Sie bewahrt für Beck Relevanz weit über den ursprünglich berufssoziologischen Bereich hinaus; repräsentiert ist darin eine Soziologie, die nicht an systemischen Eigenmechanismen interessiert ist, sondern stets nach der Bedeutung gesellschaftlicher Prozesse und Strukturen für die darin involvierten Akteure fragt.

Mitte der 1980er Jahre rückt die Modernisierungsproblematik sowie die Auseinandersetzung mit erzeugten zivilisatorischen Risiken und Wandlungstendenzen der industriellen Moderne in den Vordergrund. Stehen die Abfassung der *Risikogesellschaft* 1986 und die darin eingearbeiteten Thesen der *Individualisierung* und *reflexiven Modernisierung* noch im Zeichen der Auseinandersetzung mit den klassischen Referenzautoren Marx und Weber (auf die Beck auch in späteren Schriften häufig zurück kommt), so gehen Anregungen seit den 1990er Jahren vor allem von der angelsächsischen Diskussion über *Modernisierung, Enttraditionalisierung* und *Globalisierung* (vgl. Beck 1996, 1997c, 1998, 1999, 2002a) aus. Produktive Arbeitsbeziehungen bestehen zu Anthony Giddens, Scott Lash, Barbara Adam, Martin Albrow, John Urry, David Held, Zygmunt Bauman, Richard Sennett, Saskia Sassen und anderen mehr. Was die in vieler Hinsicht sehr unterschiedlichen Autoren und Autorinnen untereinander und mit Beck verbindet, ist das Bemühen, eine – wie Beck es nennt – „neue Grammatik des Sozialen und Politischen" unter Bedingungen fortschreitender gesellschaftlicher Modernisierung und ihrer globalen Dimension zu entschlüsseln. Die Verknüpfung von Risiko-, Individualisierungs- und Globalisierungsthematik findet im Konzept der Weltrisikogesellschaft (Beck 1999, 2007a) ihren aktuellen Ausdruck. Die daran anschließende These der Entstehung einer erfahrungsverbundenen „globalen Gefahrengemeinschaft" (Beck 2002a) lässt Beck auch einen amerikanischen Klassiker, den Pragmatismus John Deweys in seiner demokratietheoretischen Ausrichtung, wieder entdecken.

Eine weitere Quelle der Inspiration, die sich insbesondere in der Befassung mit Individualisierungsprozessen niederschlägt, bietet der Existentialismus Jean-Paul Sartres. Zu einem wichtigen Anknüpfungspunkt werden hier die ambivalenten Begriffe von *Freisetzung* und *Freiheit*, von Beck jedoch nicht philosophisch, sondern als historisch und soziologisch beschreibbares Element der *condition humaine* gedeutet. Eingestimmt durch die Ideen Sartres und in nachfolgender Auseinandersetzung mit kaum mehr ‚regional‘ zuordenbaren Strömungen wie dem Republikanismus Immanuel Kants, den Beobachtungen von Alexis de Tocqueville und der Philosophie Hannah Arendts hebt Beck – neben sozialstrukturellen Entwicklungen der Freisetzung aus tradierten Soziallagen – das Moment der politischen Freiheit als umfassende „Sinnquelle der Moderne" (Beck 1997b) hervor. In Frankreich bestehen enge Kontakte zu Bruno Latour, dessen provokante Kritik des Modernisierungsbegriffs weitere Diskussionsmöglichkeiten eröffnet. Eine theoretische und theoriepolitische, auch in öffentlichen Debatten ausgetragene Gegnerschaft zeigt sich hingegen zu Pierre Bourdieu – ein Autor, den mit Beck wohl allein der passionierte Einsatz für die je vertretene Soziologie verbindet.

Instruktiv wird für Beck Ende der 1990er Jahre die Diskussion über unterschiedliche „Wege in die Moderne" (Göran Therborn), „multiple Modernen" (Shmuel Eisenstadt) und die *globale Verflechtung von Modernen* – „entangled modernities" (Shalini Randeria) –, die die Begrenztheit klassischer bzw. ‚einfacher‘ Modernisierungstheorien unterstreichen und zur Relativierung eines einheitlichen Modernisierungsbegriffs veranlassen. Nachhaltigen Eindruck hinterlässt in diesem Zusammenhang auch die Begegnung mit Vertretern der *postcolonal studies*, deren Perspektiven (z.B. in Form der Arbeiten Paul Gilroys, Arjun Appadurais) in neueren Schriften aufgegriffen werden, um die Unzulässigkeit einer schlichten Übertragung westlicher Modernisierungskonzeptionen zu verdeutlichen. Beck arbeitet den aus dieser Richtung erhobenen Vorwurf eines imperialen Gestus ethnozentristischer Modernisierungstheorie in seine eigenen Überlegungen ein, was zu der aktuell entfalteten Position einer kritischen Anerkennung kultureller Differenzen unter dem Vorzeichen eines „kosmopolitischen Blicks" (vgl. Beck 2004) führt.

Aufgenommen werden zudem Anstöße der feministischen Diskussion. Schon in der *Risikogesellschaft* geht Beck auf das Thema der *Geschlechterbeziehungen* ein. Das Diktum einer erreichten „verbalen Aufgeschlossenheit bei weitgehender Verhaltensstarre" (Beck 1986) der Männer ist zu einem bekannten Bonmot der Kennzeichnung zwiespältiger moderner Wandlungstendenzen geworden. Der ebenso 1986 eingeführte Begriff einer „halbierten Modernisierung" (d.h. einer quasi-ständisch geteilten, sozial vorenthaltenen Modernisierung) hat neben Beschränkungen der Herkunft wesentlich die Restriktionen des Geschlechts vor Augen.[2] Im Rahmen der Auseinandersetzung mit dem Globalisierungsthema und seiner Folgen insbesondere auch für die Analyse *sozialer Ungleichheiten* (vgl. Beck/Grande 2004; Beck 2004a, 2007a und b; 2008a, 2008b) nimmt Beck schließlich explizit auf die von Nancy Fraser ausgearbeitete Unterscheidung zwischen sozioökonomischer „Umverteilung" und kultureller „Anerkennung" als zentralen Aspekten gesellschaftlicher Teilhabe und Positionierung Bezug. Damit kommen Asymmetrien der sozialen Wahr-

---

[2] Beck ist von feministischer Seite teils zustimmend, teils kritisch diskutiert worden, vgl. dazu unter anderem bspw. Kahlert (2001). Zu einer vielzitierten Ausarbeitung des Konzepts weiblicher Individualisierung vgl. Beck-Gernsheim (1983).

nehmung und Bewertung von Verschiedenheit und Hierarchie in den Blick, die Beck vor allem in transnationaler Hinsicht beleuchtet. Der Begriff der *Anerkennung* wird so zu einem richtungsweisenden Konzept auch über den engeren Kontext von Ungleichheit hinaus und mit der oben schon angesprochenen universalismuskritischen Frage des Umgangs mit *Differenz* verknüpft.

In erster Linie ist es wiederum der angelsächsische Diskussionskontext, der Beck zu seinem dezidiert empirisch-analytisch verstandenen Ansatz eines *sozialwissenschaftlichen Kosmopolitismus* in Abgrenzung von normativen Konzeptionen führt. In einem wohl selbst nur kosmopolitisch fassbaren Raum haben unter anderem Nathan Sznaider und Daniel Levy die Ausarbeitung des Kosmopolitismuskonzepts begleitet. Wie zu zeigen sein wird, fließen hier allerdings zentrale Linien des Beck'schen Werkes insgesamt zusammen. In jüngsten Arbeiten greift Beck (2008c) die Frage nach der wieder erwachten gesellschaftlichen *Bedeutung des Religiösen* unter dem Vorzeichen von Individualisierungs- und Kosmopolitisierungsprozessen auf. Die Auseinandersetzung mit internationalen und deutschen Beiträgen der Kulturwissenschaften und Religionssoziologie – so z.B. Peter L. Bergers, Thomas Luckmanns und Hans-Georg Soeffners – nimmt hierbei einen eigenen Stellenwert ein.

Innerhalb Deutschlands bestehen enge Verbindungen zu den ehemaligen Mitarbeitern Ronald Hitzler und Peter A. Berger, zum Sozialphilosophen und Gesellschaftstheorektiker Jürgen Habermas, dem Politikwissenschaftler Edgar Grande, den Soziologen Wolfgang Bonß und Christoph Lau; letztere gehören ebenfalls dem Sonderforschungsbereich „Reflexive Modernisierung" an. Wissenschaftliche Leistungen schöpfen auch aus der Kreativität intellektueller Partnerschaften und Gefühlsbindungen, aus Denkbewegungen, die gemeinsam gelebt werden. Wegweisende Ideen, Begriffe und Argumentationsfiguren der Theorieproduktion Becks sind im Austausch mit Elisabeth Beck-Gernsheim und deren Arbeiten z.B. zum weiblichen Individualisierungsprozess, zum Wandel der Familie, zur Gentechnik, zur Problematik von Migration, Transnationalisierung und Ethnisierung entstanden.

Werkbesprechung[3]

Die Arbeiten, mit denen Beck einem breiteren Publikum bekannt wird, umfassen ein Spektrum, das von Fragen industriegesellschaftlicher Risikoproduktion und deren Folgen, von Ungleichheit und Individualisierung, Subpolitik und Zivilgesellschaft bis hin zu Globalisierung und Transnationalisierung reicht. Entsprechende Übersichtsdarstellungen liegen vor;[4]

---

[3] Teile der werkgeschichtlichen Übersicht sind in überarbeiteter Form aus Poferl/Sznaider (2004b) übernommen.

[4] Zu Beck als einem Vertreter zeitgenössischer soziologischer Theoriezusammenhänge vgl. bspw. Treibel (1995), Volkmann (2000), Hitzler (2005), Mikl-Horke (2001), Schroer (2009); zu thematischen Kontinuitäten und insbesondere auch den Arbeiten vor Erscheinen der *Risikogesellschaft* vgl. Koenen (2004), zum Theorie- und Forschungsprogramm Reflexiver Modernisierung vgl. Bonß/Lau (2004). Beck/Bonß/Lau (2003), Beck/Lau (2005a, 2005b) sowie die Bände des gleichnamigen Sonderforschungsbereiches: Beck/Bonß (2001), Beck/Lau (2004). Eine Auswahl thematisch unterschiedlich ausgerichteter Diskussionen des Beck'schen Werkes findet sich Poferl/Sznaider (2004a). Einen Einblick in die aktuelle angelsächsische Diskussion geben bspw. Stevenson (2000), Mythen (2004), Gille (2007), Martell (2008), Skrbis (2008), Smith (2008).

Ulrich Beck: Für einen „Kosmopolitismus mit Wurzeln und Flügeln" 751

in einschlägigen Lehrbüchern und Sammelbänden wird darüber hinaus in je spezifischer Hinsicht auf Beck eingegangen.

Konzentrieren wir uns auf die Nachzeichnung inhaltlicher Linien, dann zeigt sich, dass die thematisch übergreifende Klammer durch die bereits erwähnte Theorie *Reflexiver Modernisierung* oder Theorie der *Zweiten Moderne* vorgegeben ist. Dieser Argumentationszusammenhang baut zentral auf der Unterscheidung von *Erster* und *Zweiter Moderne* auf. Als Erste Moderne gilt die Epoche der Industriemoderne, wie sie sich im 19. und insbesondere dann im 20. Jahrhundert herausgebildet und etabliert hat. Die Gesellschaften der Ersten Moderne lassen sich durch eine Reihe von Merkmalen charakterisieren, die zum Kernbestand gesellschaftlicher Modernisierung zählen. Sie zeichnen sich u.a. als funktional differenzierte und marktkapitalistisch geprägte Erwerbsgesellschaften mit begrenzten Formen der Individualisierung, mehr oder weniger geschlossenen Milieus und Klassenlagen, Mustern geschlechtsspezifischer Arbeitsteilung sowie wohlfahrts- und nationalstaatlichen Organisationsformen aus; des Weiteren existieren relativ klare Abgrenzungen von Natur und Gesellschaft, ein wissenschaftlich definiertes Rationalitätskonzept mit einem Begriff instrumenteller Kontrolle und Vernunft dominiert.

Diese Gegebenheiten und Prämissen werden – so die Grundthese des Ansatzes – durch Prozesse fortschreitender Modernisierung in Frage gestellt. Behauptet wird ein fundamentaler gesellschaftlicher *Strukturwandel,* der in gegenwärtigen Entwicklungen einer „Radikalisierung" oder eben auch „Modernisierung" der Moderne angelegt ist.[5] Die besondere Bedeutung dieses Wandels liegt darin, dass nicht nur einzelne Bereiche und Oberflächenerscheinungen verändert, sondern *konstitutive* Denk- und Handlungsrahmen der klassischen Industriegesellschaft aufgehoben und ersetzt werden. Die Moderne (genauer: Die Erste Moderne) gerinnt damit ihrerseits zu ‚Tradition' – einer Tradition, die in den Sog immer neuer Transformationsprozesse gerät:

> „Die westliche Moderne wird sich selbst zum Thema und zum Problem; ihre Basisprinzipien, Grundunterscheidungen und Schlüsselinstitutionen lösen sich im Zuge radikalisierter Modernisierung von innen her auf; das Projekt der Moderne muss neu verhandelt, revidiert, restrukturiert werden." (Beck/Bonß/Lau 2001: 11)

Diese Situation, die sich in eine Fülle von Einzelentwicklungen aufgliedert, markiert den Übergang von der „Ersten" oder „Einfachen" zur „Zweiten" oder „Reflexiven" Moderne. Er stellt – der Theoriesprache folgend – einen institutionellen und alltagspraktisch wirksamen „Metawandel" dar, d.h. einen umfassenden, strukturell durchgreifenden Wandel, der zu einer Umgestaltung historisch-konkreter Grundlagen und „Basisprämissen" gesellschaftlichen Zusammenlebens (z.B. der Arbeits- und Lebensformen, der politischen Ordnungs- und Handlungskonzeptionen, der Natur- und Geschlechterverhältnisse) führt (vgl. Beck 1993, Beck/Giddens/Lash 1996; Beck/Bonß 2001). Es handelt sich hierbei um eine Selbsttransformation von Moderne, die erhebliche Umwälzungen mit sich bringt. Deren Auslöser sind weitreichende gesellschaftliche Probleme: Anhaltende Arbeitslosigkeit, flexible Unterbeschäftigung und die damit verknüpfte Krise der Erwerbsgesellschaft; neuartige milieu- und geschlechtsübergreifende Individualisierungsschübe, die mit Befreiungen, aber auch

---

[5] Von den vielen Schriften sei hier vor allem auf Beck (1983, 1986, 1988, 1993, 1996, 1997a, 1999, 2000a), Beck/Giddens/Lash (1996) sowie Beck/Bonß (2001), Beck/Lau (2004), Beck/Bonß/Lau (2003), Beck/Lau (2005a, 2005b) verwiesen.

Zumutungen verbunden sind; wachsende technisch-ökologische Risiken ebenso wie die Krise des Wohlfahrtsstaates und eine zunehmend prekäre Existenzsicherung gehören dazu. Ein bedeutendes Phänomen, auf das noch weiter einzugehen sein wird, sind Prozesse der Globalisierung und Transnationalisierung, worunter Formen der Überschreitung und *Entgrenzung* national gefasster gesellschaftlicher Struktur- und Handlungszusammenhänge verstanden werden.

Mit dieser Denkfigur hat Beck eine eigene, markante Position in der die Soziologie begründenden Befassung mit dem Modernisierungsthema eingenommen. In doppelter Absetzungsbewegung sowohl von herkömmlichen Modernisierungstheorien[6] als auch vom Diskussionskomplex der Postmoderne[7] geht es darum, einen Ansatz zu entfalten, der die Erosion *und* Weiterentwicklung der Moderne begrifflich und empirisch zu fassen erlaubt. Enthalten sind darin freilich kategoriale, methodologische und epistemologische Herausforderungen, die weit über eine bloße Anwendung vorhandener Begriffsapparate und Schemata hinausgehen. Diese gleichen mehr und mehr – so der Vorwurf Becks an die Sozialwissenschaften, aber auch an Politik, Administration, Wirtschaft, Öffentlichkeit – *„Zombie-Kategorien"*, d.h. Kategorien, die an Altem festhalten, blind gegenüber Neuem sind und überholte Realität konservieren. Die verfolgte Theorie- und Forschungsprogrammatik geht so von der Diagnose gleichsam erstarrter Interpretationsverhältnisse und Forschungsroutinen aus und ist als Gegenentwurf zu lesen; mit anderen Worten: als unbedingtes Plädoyer dafür, Wege jenseits eingeübter, konventioneller Sichtweisen zu wagen und die Analyse gesellschaftlicher Wirklichkeit durch eine Öffnung der Perspektiven, durch theoretische Phantasie und empirische Kreativität neu zu beflügeln. In Verbindung damit orientieren sich die Arbeiten Becks daran, politische Entscheidungs-, Handlungs- und Gestaltungsräume in der Wahrnehmung und Bearbeitung gesellschaftlicher Problemlagen freizulegen.

Ein wegweisendes Dokument der von Beck angestoßenen Diskussion über Folgeprobleme industrieller Modernisierung und darin eingelagerte Tendenzen einer Selbstaufhebung der Ersten bzw. einfachen Moderne stellt das 1986 erschienene Buch zur *Risikogesellschaft* dar. Die Architektur der Theorie Reflexiver Modernisierung baut auf inhaltlichen Säulen auf – Risikoproduktion, Individualisierung, Subpolitik, Globalisierung –, für die in dieser Schrift bereits das Fundament gelegt ist. Die *Risikogesellschaft* lenkt den Blick auf Schattenseiten und zerstörerische Potentiale der Industriemoderne in Form von *zivilisatorischen Selbstgefährdungen* neuartiger Qualität und ungeahnten Ausmaßes. Errungenschaften der Moderne werden dadurch in ihr Gegenteil verkehrt; die ökonomische Vernutzung und technische Überformung der Natur zehrt materielle und symbolische Voraussetzungen industrieller Natur-Gesellschafts-Verhältnisse ebenso wie daran gekoppelte Fortschritts- oder Wachstumsziele auf. Dieses Thema verbindet sich mit der These einer Auflösung traditio-

---

[6] Unter dieses Verdikt fallen nicht immer genau benannte Strömungen. Kritisiert werden vor allem strukturfunktionalistische und evolutionstheoretische Denkweisen sowie neuere Ansätze im Paradigma der System- und Differenzierungstheorie ebenso wie der Klassentheorie, aber auch Unzulänglichkeiten bei ansonsten durchaus geschätzten Klassikern wie Marx und Weber. Entschieden wendet sich Beck gegen ein Konzept „weitergehender Modernisierung" wie es im deutschen Sprachraum Wolfgang Zapf vertritt (vgl. dazu bereits Beck 1991 sowie die Debatten in Zapf 1991).

[7] Diese Markierung bleibt bei Beck durchwegs eigentümlich vage. Das Label ‚Postmoderne' steht für Beliebigkeit, für entfesselten Relativismus, Partikularismus, die Verabschiedung aufklärerischer Ansprüche, die Auflösung jeglicher Sinnzusammenhänge und Strukturen. Dass Beck bisweilen selbst als Postmoderner gehandelt wurde, kann angesichts solcher Urteile kaum überzeugen, oftmals erscheint die Abgrenzung ihrerseits stilisiert. Eine differenziertere Auseinandersetzung steht bislang aus.

Ulrich Beck: Für einen „Kosmopolitismus mit Wurzeln und Flügeln"   753

naler industriegesellschaftlicher Sozialstrukturen, wofür der Begriff der *Individualisierung* steht. Sie umfasst die Herauslösung der Lebensführung aus historisch vorgegebenen Sozialformen und -bindungen, den Verlust von traditionalen Gewissheiten und Handlungssicherheiten ebenso wie neue Arten der sozialen Einbindung, der Vergemeinschaftung und Reintegration. Fraglos vorgegebene Kollektividentitäten (gegossen in Klasse, Geschlecht, Ethnizität) brechen auf; die Risikohaftigkeit gesellschaftlicher Existenzweisen unter den Bedingungen einer radikalisierten Moderne wird auch in ihrer sozialen Dimension sichtbar. Individualisierung bezeichnet – was zum Teil bis heute missverstanden wird – weder eine Präferenz noch eine Einstellung oder gar eine Milieuspezifikation. Zum Ausdruck kommt darin, was Beck später in Anspielung auf den Existentialismus Sartres als ein ‚verdammt Sein' zum individualisierten Leben im Zuge strukturell irreversibler *Freisetzungen* nennt (vgl. Beck 1993; Beck/Beck-Gernsheim 1994). Ebenso Mitte der 80er Jahre eingeführt wird das Konzept einer *Subpolitisierung* der Moderne. Ergänzend zur wachsenden Bedeutung von posttraditionaler „Selbst-Kultur" und „Selbst-Organisation" umschreibt es einerseits die „Selbst-Politik" (Beck 1997a) von Akteuren außerhalb politischer Institutionen; andererseits richtet sich der Begriff auf das (sub-)politische Potential neuartiger Risikoerfahrungen, das den Mechanismus einer grundlegenden Selbst-Infragestellung industriemoderner Verhältnisse in Gang setzt (vgl. Beck 1993; Beck 1996). Subpolitische Prozesse verleihen der Transformation der Moderne ihre eigentliche Dynamik, dies auch insoweit, als sie das Moment einer unumgänglichen *Handlungsaufforderung* repräsentieren. Sie sind prinzipiell ambivalent und treten in der „Folgen-Reflexion" (Beck 2002a) einer alarmierten Öffentlichkeit, in emanzipatorisch-zivilgesellschaftlichen Aktivitäten, in der experimentellen Normalität des Alltagshandelns ebenso wie in Fundamentalismen oder in Gestalt des aufbegehrenden „häßlichen Bürgers" (Beck 1997b) in Erscheinung. Angedeutet ist 1986 schließlich schon das Thema der *Globalisierung*, an das leitende Frage- und Problemstellungen der neueren Schriften Becks anschließen.

Diese hier nur grob umrissenen thematischen Schwerpunkte sind in zahlreichen Publikationen weiter behandelt, d.h. in unterschiedlichen Facetten ausbuchstabiert, ergänzt, modifiziert und argumentativ zugespitzt worden. Zu nennen sind – in unvollständiger Aufzählung – Titel wie *Gegengifte* (1988), *Das ganz normale Chaos der Liebe* (mit Elisabeth Beck-Gernsheim 1990), *Die Erfindung des Politischen* (1993), *Riskante Freiheiten* (mit Elisabeth Beck-Gernsheim 1994), *Reflexive Modernisierung* (mit Anthony Giddens und Scott Lash 1996), *Kinder der Freiheit* (1997b), *Was ist Globalisierung?* (1997c), *Perspektiven der Weltgesellschaft* (1998), *World Risk Society* (1999), *Freiheit oder Kapitalismus* (mit Johannes Willms 2000a), *The Risk Society and Beyond: Critical Issues for Social Theory* (mit Barbara Adam und Jost van Loon 2000) *Individualization* (mit Elisabeth Beck-Gernsheim 2002) sowie der dreibändige Zyklus *Macht und Gegenmacht im globalen Zeitalter* (2002a), *Der kosmopolitische Blick oder: Krieg ist Frieden* (2004a) und *Das kosmopolitische Europa* (mit Edgar Grande 2004), der der Problematik von Globalisierung und Transnationalisierung als einem Bestandteil der Zweiten Moderne und der daran unmittelbar anschließenden Ausarbeitung einer kosmopolitischen Perspektive gewidmet ist.

Eine aktuelle Reformulierung des Konzepts der Risikogesellschaft, die sowohl die Erfahrung neuartiger *globaler Risiken* als auch die enorm breite Diskussion und Wirkungsgeschichte der 1986 und 1999 (nur auf englisch) erschienenen Werke zu eben diesem Thema aufnimmt, legt Beck mit der *Weltrisikogesellschaft* (2007a) vor. In der erneuten Hinwendung zu ungleichheitssoziologischen Frage- und Problemstellungen arbeitet Beck unter dem Stichwort der *Neuvermessung der Ungleichheit unter den Menschen* (2008a; vgl. auch Beck/Grande 2004 sowie Beck 2004a, 2007a und b, 2008b) eine Perspektive der Individualisierung und Transnationalisierung sozialer Ungleichheiten aus, die die Entgrenzung sozialer Gleichheitsnormen und -erwartungen (insbesondere im Bezugsrahmen der Menschenrechte), neuartige Formen der Sichtbarkeit globaler Ungleichheiten und die Erosion von Natur-Gesellschafts-Grenzen (allen voran in Gestalt des Klimawandels) betont. Voraussetzungen und Erscheinungsformen eines neuartigen „Polytheismus des Religiösen" – komprimiert in der Formel des *„eigenen Gottes"* – werden in einem weiteren Werk zum Thema. Darin geht Beck (2008c) den Ambivalenzen zwischen Gewalt- und Toleranzpotentialen von Religion unter weltrisikogesellschaftlichen Bedingungen nach. Individualisierung und Kosmopolitisierung werden dabei dezidiert als „zwei Momente refflexiver Modernisierung" und „(verschiedene) Formen der Enttraditionalisierung" (Beck 2008c: 111) in Relation gesetzt und spezifiziert.

Der Wandel von der Ersten Moderne zur Zweiten Moderne ist nicht als lineares Phasenmodell zu begreifen. Ein zentraler Motor sind *Nebenfolgen,* d.h. Errungenschaften der Moderne, die sich in ihr Gegenteil verkehren und/oder nicht-intendierte, nicht bzw. zunächst nicht gesehene Folgen zeitigen. Typisch ist darüber hinaus eine *Verflechtung von Kontinuität* und *Bruch:* Neuere Überlegungen gehen davon aus, dass *Basisprinzipien* in Erster und Zweiter Moderne (z.B. Staatlichkeit, das Postulat der Egalität, die individuelle Reproduktion durch Erwerbsarbeit, funktionale Inklusion) konstant bleiben. Unter Basisprinzipien werden „kognitiv-normative Mindestanforderungen des ‚Projekts der Moderne'" verstanden, die als „die ‚treibende Kraft' hinter diesem Projekt" wirken und dessen Entwicklungsdynamik regulieren (Beck/Bonß/Lau 2004: 21). Die institutionellen *Umsetzungen* dieser Prinzipien – die *Basisinstitutionen* – dagegen wandeln sich, da sie immer weniger geeignet sind, gültige „Modernisierungsimperative" (Beck/Bonß/Lau 2004: 21) zu erfüllen. Anders formuliert: Es sind die Imperative der Moderne selbst, die – je mehr und je konsequenter sie sich durchsetzen – den einmal erdachten „institutionellen Lösungen" ihre Legitimationsgrundlage entziehen. Institutionelle Muster (wie z.B. die Vollbeschäftigungsgesellschaft, die bürgerliche Kleinfamilie, nationalstaatliche Souveränität, wohlfahrtsstaatliche Absicherung) erodieren; damit werden auch soziale Beziehungen und Alltagspraktiken verändert. Des Weiteren ist das Augenmerk nicht nur auf Formen der Auflösung gegebener Verhältnisse, sondern auch der Herausbildung neuer Strukturen, d.h. auf die Verknüpfung von Prozessen gesellschaftlicher *De-* und *Restrukturierung* gerichtet. Beck versucht, dergleichen Doppelbewegungen mit der vielfach verwendeten Formel des ‚Sowohl-als-auch' – im Gegensatz zu ‚Entweder-oder' – auf den Punkt zu bringen. Reagiert wird damit auf die unauflösbare *Ambivalenz,* die Uneindeutigkeit sozialer Wirklichkeit, die Beck – hierin an Zygmunt Bauman angelehnt – als einen Grundzug der radikalisierten Moderne begreift.[8]

Die roten Fäden, die das Werk Becks durchziehen, sind erkennbar. Zugleich lassen sich Zäsuren und Einschnitte ausmachen. Eine wichtige, nachfolgende Arbeiten stark beeinflussende ‚Wende' zeigt sich seit Mitte der 90er Jahre im Aufgreifen des Globalisierungs- und Transnationalisierungsthemas, das seinen vorläufigen Höhepunkt in den zuletzt vorgelegten Entwürfen einer *kosmopolitischen Soziologie,* d.h. einer die realen und kategorialen Grenzen von Nationalgesellschaften überschreitenden Soziologie, erreicht. Dies

---

[8]   Zu Zygmunt Bauman vgl. den Beitrag von Thomas Kron und Melanie Reddig in diesem Band.

verbindet sich mit dem Anspruch, eine „Neue Kritische Theorie" in „kosmopolitischer Absicht" (Beck 2002: 19, Beck 2003) zu entwickeln.

Ein Problem des wissenschaftlichen und öffentlichen Diskurses über Moderne, das Beck hier in besonderem Maße hervorhebt, ist das Denken in nationalstaatlichen Kategorien. Es geht dabei nicht um das Thema eines normativen oder politischen Nationalismus. Im Mittelpunkt der Kritik steht die erkenntnisleitende Vorstellung einer territorialen Bindung von Gesellschaft, die sich mit Vorstellungen nationaler Abschließbarkeit einerseits, Homogenität, Gleichheit, Ähnlichkeit andererseits verknüpft. Darin enthalten ist ein „Container-Modell" von Gesellschaft, das – so Beck – angesichts gegenwärtiger Entwicklungen ungenügend ist. Es führt darüber hinaus zu einer Haltung, die Beck als *„methodologischen Nationalismus"* in der Akteursperspektive gesellschaftlicher, aber auch in der Beobachterperspektive sozialwissenschaftlicher Weltwahrnehmung dekonstruiert.

Problematisch an diesem methodologischen Nationalismus ist, dass weder real existierende Pluralitäten von Arbeits-, Familien-, Lebensformen noch Entgrenzungen (z. B. im Bereich der Unternehmensorganisationen, der Rechtsräume, der kulturellen Identitäten, der sozialen Beziehungen und Netzwerke, der zivilgesellschaftlichen Bewegungen) gesehen werden. Sie kommen allenfalls als Abweichung in den Blick, was systematische Gründe hat: Modernisierungstheorien, die nur *ein* bestimmtes Modell von Moderne voraussetzen, beinhalten zahlreiche unreflektierte Normalitätsunterstellungen. Die Gleichsetzung von Gesellschaft und Nationalstaat ist eine davon; sie ist zentral, da sie maßgebliche Kategorien der Definition und Beschreibung von Moderne prägt. Tiefgreifende Prozesse der Umgestaltung gesellschaftlicher Realität durch Globalisierung und Transnationalisierung bleiben dabei jedoch unberücksichtigt. Konkret bedeutet dies die Ausblendung *„globaler Interdependenzzusammenhänge"*, die sich de facto zunehmend ausweiten und verdichten.

Die Folge davon ist, dass gesellschaftliche Handlungs- und Erfahrungsräume nicht länger geschlossen sind – eine solche Vorstellung wird nach Beck zur Fiktion. Das Nebeneinander von Globalem und Lokalem, von differenten (ökonomischen, kulturellen, politischen und sozialen) Lebens- und Organisationsformen löst die Unterscheidung von ‚national' und ‚international', von ‚innen' und ‚außen' auf. Das Modell der Ersten als einer im Kern nationalstaatlich begriffenen Moderne wird fragwürdig, die Einheit von kultureller Identität (‚Volk', ‚Nation'), Raum und Staat als – symbolisch freilich praxismächtige – Imagination erkennbar. Beck greift zur Kennzeichnung einer dergestalt *entgrenzten Moderne* oftmals auf die sozialwissenschaftliche Metapher eines *„Zeitalters der Ströme"* (Beck/Bonß/Lau 2004: 16) zurück – kulturelle Bilderströme, Bewegungen von Menschen, Kapital, Waren, Dienstleistungen, die über nationalstaatliche Grenzen hinweg fließen. Hinter all dem steht das Unbehagen an der Borniertheit eines universalen Modernisierungsbegriffs. Abgelehnt werden pauschale Vereinheitlichungsperspektiven ebenso wie ein imperialer „farbenblinde(r) Universalismus" (Beck/Grande 2004: 278), dem Beck die Notwendigkeit einer Situierung und Kontextualisierung gesellschaftlicher Denk- und Handlungsnormen – gefasst in der Figur eines *„kontextuellen Universalismus"* (Beck 2004a: 87ff, Hervorhebung im Original) – gegenüberstellt. Umso weniger jedoch lässt sich von einem historisch spezifischen Erfahrungsraum (europäisch, amerikanisch etc.) auf eine Theorie ‚der' Gesellschaften schließen; repräsentiert wäre darin das schlechte Vorbild einer „universalistischen Soziologie des Nationalen" (Beck 2004a: 17) und ihrer unreflektierten Mythen von Modernität.

Wie lässt sich dem begegnen? Als Gegenprogramm zu den Einseitigkeiten und Verkürzungen eines methodologischen Nationalismus entwirft Beck die Perspektive eines *„kosmopolitischen Blicks"* (Beck 2004a; vgl. auch Beck 2000b, 2002b, 2004b, 2006, 2007d und e, Beck/Sznaider 2006).). Dieser zielt nicht auf eine philosophische Einstellung. Auch geht es nicht primär um das Studium von Globalisierung. Entwickelt werden soll das empirisch-analytische Instrumentarium eines *„methodologischen"* oder *„realistischen Kosmopolitismus"*. Bezeichnet ist damit ein Ansatz, wahrgenommene Interdependenzen und reale Synthesen von Globalem und Lokalem auf allen Ebenen der Gesellschaftsanalyse (auf der Ebene der systemischen Funktionslogiken und der Institutionen, in den sozialen Beziehungen, in den alltäglichen sozialen Praktiken) zu untersuchen. Mit der Verbindung von Prozessen der Globalisierung und Lokalisierung schließt Beck an den von Roland Robertson eingeführten Begriff der „Glokalisierung" an.[9]

Die Perspektive des kosmopolitischen Blicks baut wesentlich auf Annahmen der Entortung bzw. De-Territorialisierung in realem und metaphorischem Sinne auf. Sie umfasst fünf grundlegende *Konstitutionsprinzipien* (Beck 2004a: 16):

1. das Prinzip der weltgesellschaftlichen *Krisenerfahrung* und *Interdependenz*, die Grenzen zwischen Innen und Außen aufhebt;
2. das Prinzip der Anerkennung weltgesellschaftlicher Differenzen, des daraus resultierenden Konfliktcharakters und der Anerkennung der „Andersheit der Anderen";
3. das Prinzip der kosmopolitischen *Empathie* und des *Perspektivenwechsels* sowie die damit verknüpfte „virtuelle" Austauschbarkeit der Lagen;
4. das Prinzip der *Unlebbarkeit einer grenzenlosen Weltgesellschaft* sowie der damit verbundene Drang oder auch die Notwendigkeit, neue Grenzen zu ziehen;
5. das Prinzip der *Melange*, d.h. der Erkenntnis, dass lokale, regionale, nationale, globale, historisch gewachsene und neu erzeugte Kulturen und Traditionen sich vermischen.

Globalisierungs- und Transnationalisierungsprozesse unterlaufen die Grundlagen der Ersten Moderne auf spezifische Weise. Ihre herausragende Bedeutung besteht darin, die Grundkategorie und Unterstellung einer nationalen Verfasstheit des Gesellschaftlichen samt der darin eingelassenen Eindimensionalitäten und Exklusionen in Frage zu stellen. Wegweisend ist dabei für Beck der Gedanke einer *„inneren Globalisierung"* von gesellschaftlichen Lebens- und Handlungsräumen oder die *„Kosmopolitisierung"* der Staatsnation von innen heraus. Sie beinhaltet letztlich die Pluralisierung vielschichtiger Grenzen – zwischen ‚Wir' und ‚Anderen', aber auch zwischen Natur und Gesellschaft, Wissen und Nichtwissen, Subjekt und Objekt, Krieg und Frieden, Leben und Tod; diese wird zum Grundpfeiler einer „kosmopolitischen Methodologie" der Erforschung neuer Lebenswelten. Insoweit den Blick über nationale Rahmen hinaus zu öffnen, eine solche Öffnung nahe zu legen oder auch zu erzwingen, macht – so Beck – das Veränderungspotential von innerer Globalisierung bzw. Kosmopolitisierung auf realgesellschaftlicher und ihr Anregungspotential auf wissenschaftlicher Ebene aus. Gegen die „Selbstverewigung" national gefärbter Kategorien der Weltsicht schlägt Beck einen Kosmopolitismus „mit Wurzeln und Flügeln" (Beck 2002 a) vor.

---

[9]   Zu Roland Robertson vgl. den Beitrag von Jörg Dürrschmidt in diesem Band.

Im Durchgang durch das Beck'sche Werk zeigt sich an, dass die Perspektive einer kosmopolitischen Soziologie weit mehr als eine bloße thematische Erweiterung der Theorie reflexiver Modernisierung darstellt. Neuere Debatten um Reflexive Modernisierung kreisen um die Frage einer *„Politik der Grenze in der entgrenzten Moderne"* (Beck/Bonß/Lau 2004: 15; Hervorhebung im Original); der Begriff der Entgrenzung wird hier mit dem Begriff der Entscheidung verknüpft:

> „Richtig ist [...] – und darauf legt die Theorie reflexiver Modernisierung besonderen Wert –, *daß Entgrenzung Entscheidung erzwingt: je mehr Entgrenzung, desto mehr Entscheidungszwänge, desto mehr provisorisch-moralische Grenzkonstruktionen, das heißt Grenzpolitik.* [...] Während sie die institutionalisierten Entscheidungskonventionen ihrer Grundlagen beraubt, erzeugt die entgrenzte Moderne nämlich Entscheidungszwänge. Die Turbulenzen, die als Folge dieses Dilemmas auf allen Handlungsebenen und in allen Handlungskontexten entstehen, bilden das Schlüsselproblem für Gegenwart und Zukunft der Zweiten Moderne." (Beck/Bonß/Lau 2004: 15; Hervorhebung im Original)

Beide Theoriekomponenten – der Aspekt der strukturellen „Reflexivität" wie auch der „kosmopolitische Blick" – arbeiten sich damit an das Kernproblem der Vermittlung von *Ent-* und *Be*grenzung als grundlegenden Merkmalen realgesellschaftlicher Transformationen *und* als erkenntnisleitenden Dimensionen einer strikt doppelseitigen Analyseperspektive ab. Beck tritt überwiegend als Gesellschaftstheoretiker in Erscheinung, weswegen allgemeine sozialtheorische Überlegungen zur Gegenstandskonstitution und Überlegungen zur Gegenszandsadäquanz spezieller Methoden und Techniken eine untergeordnete Rolle spielen. Das Wechselspiel von Entgrenzung und Entscheidung lässt sich jedoch als Mechanismus *neuartiger Strukturbildungen*[10] entziffern – übersetzt man Entgrenzung als De-Strukturierung und Entscheidung als Auftakt zur Re-Strukturierung – nicht weniger als den Erkenntnisspielraum einer kosmopolitischen Perspektive ‚braucht'. Anders formuliert: Wenn das Verhältnis von Entgrenzung und Entscheidung zum Dreh- und Angelpunkt eines gesellschaftlichen Strukturwandels wird, dann setzt die Erkenntnis dieses Wandels die Offenheit und Möglichkeit, entsprechende Vorgänge und Praktiken *empirisch einholen* und *theoretisch denken* zu können, voraus. Der Begriff der *Weltrisikogesellschaft* wird vor einem solchen Hintergrund zum Synonym dafür, dass „alle scheinbar längst zu Tode beantworteten Fragen sich quicklebendig mit neuer Unbeantwortbarkeit neu stellen" (Beck 2007a: 12). Paradigmatisch ist und bleibt in den neueren Schriften dabei die Frage der Wahrnehmung und des Umgangs mit kultureller ‚Andersheit':

> „Weltrisikogesellschaft ist ein anderes Wort für die Unausgrenzbarkeit der kulturell Anderen. Es kennzeichnet die Dichte, in der alle mit allen in der neuen Unmittelbarkeit einer zugewiesenen Nachbarschaft leben." (Beck 2008c: 111; vgl. auch Beck 2007c)

---

[10] Hier ließe sich unmittelbar an die Strukturierungstheorie von Anthony Giddens anschließen. In den Arbeiten von Beck selbst wird diese – im Gegensatz zur Modernisierungstheorie Giddens' – kaum aufgegriffen (zu einem Vergleich der beiden Autoren vgl. Poferl 2004).

758   Angelika Poferl

Wirkungsgeschichte und Kritik

Die Schriften Becks haben eine für soziologische Literatur ungewöhnlich hohe Resonanz erzielt. Dies gilt zunächst für die Arbeiten zur Risikothematik, die die inner- und außerakademische Diskussion über die ökologische Frage ebenso wie über Folgen der Technik- und Wissenschaftsentwicklung stark beeinflusst haben. Auch die Individualisierungsthese hat Wellen geschlagen und breite Kreise gezogen. Beide damit verknüpfte Konzepte – „Risikogesellschaft" und „Individualisierung" à la Beck – sind in das grundbegriffliche Vokabular sozialwissenschaftlicher Disziplinen und in den öffentlichen Diskurs eingegangen. Der umfassendere Ansatz Reflexiver Modernisierung hat sich im soziologischen Theoriekanon (fast) etabliert. Die Themen der Globalisierung, Transnationalisierung und Kosmopolitisierung sind dagegen in Deutschland vergleichsweise zögernd und verhalten aufgenommen worden – auf internationaler Ebene wird dies weitaus stärker diskutiert. Dies alles bedeutet jedoch nicht, dass in der Einschätzung der Beiträge Becks in irgendeiner Weise Konsens bestünde – die mitunter schwer zu enträtselnde Verflechtung diagnostischer, wissenschaftsprogrammatischer und gesellschaftspolitischer Absichten erscheint den einen faszinierend, anderen gilt sie als unstatthaft und ärgerlich. Beck kann nicht nur zu den bekanntesten, sondern auch umstrittensten Vertretern zeitgenössischer Soziologie gezählt werden.

Zu verweisen ist daher auch auf die vielfach vorgetragene Kritik[11], wobei zwischen ernst und weniger ernst zu nehmenden Vorwürfen zu unterscheiden ist. Plattitüden wie ‚Feuilleton', ‚Schwabinger Soziologie' etc. müssen nicht weiter diskutiert werden, sie spiegeln eher die Distinktionsreflexe des wissenschaftlichen Betriebs wider. Schwerer wiegt die Klage über mangelnde empirische Fundierung.[12] Die Ergebnisse des knapp ein Jahrzehnt laufenden und im Sommer 2009 abgeschlossenen Sonderforschungsbereiches dürften dies entkräften; auch zeichnen sich die Arbeiten Becks durch reichhaltige Bezüge auf Sekundärliteraturlagen und Befunde aus unterschiedlichsten Quellen aus. Unbenommen dessen ist der Zugang Becks jedoch bewusst gegen einen naiven Empirismus eingestellt – wo entsprechende Aufmerksamkeit und Sensibilitäten für zentrale Probleme fehlen, kann auch die ausgefeilteste Forschung nichts erreichen. Nicht zuletzt sieht das Beck'sche Werk sich dem akademischen Generalverdacht ausgesetzt, Kriterien der begrifflichen Reinheit, der Konsistenz, Stringenz und Kohärenz zu unterlaufen – mit anderen Worten: keine formal angemessene ‚Theorie' zu sein. Dies läuft allerdings ins Leere: Theoriebildung wird in den Schriften Becks als *work in progress* betrieben, als offener Prozess und unendliche Verkettung der Entwicklung von Fragestellungen und Kategorien, der Reflexion, des Insistierens und Neukonfigurierens von analytischem Werkzeug und Vokabular. Darüber hinaus hat Soziologie sich an der gesellschaftlichen und politischen Relevanz der von ihr bearbeiteten Themen zu messen.

Beck verfolgt keine globale System- oder Institutionentheorie, die Handlungspotentiale von Akteuren sowie deren historisch-gesellschaftliche Bedingungen stehen im Vordergrund. Gesellschaftliche Verhältnisse sind immer auch „Definitionsverhältnisse" bzw. „Definitionsmachtverhältnisse" (Beck), die die Wahrnehmung prägen und umgekehrt nur durch das Zusammenwirken von veränderter Erfahrung und veränderter Wahrnehmung zu durch-

---

[11]   Vgl. unter anderem Alexander (1996), Weiss (1998), Friedrichs (1998), Schwinn (1999), Münch (2002), Becker-Schmidt (2004a) sowie bspw. die im British Journal of Sociology ausgetragene Debatte zwischen Atkinson (2007a, b) und Beck (2007b).

[12]   Vgl. zuvor bereits Beck/Hajer/Kesselring (1999).

Ulrich Beck: Für einen „Kosmopolitismus mit Wurzeln und Flügeln"

brechen sind – dieses Verständnis zieht sich durch das Gesamtwerk hindurch und kann auch auf wissenschaftliche ‚Denkverhältnisse' übertragen werden. In diesem Sinne ist Beck ein Kulturtheoretiker, den im Kontext einer verflüssigten Moderne nicht vorrangig das Flüchtige, sondern die Frage nach Struktur (Strukturtransformation, Strukturbildung) interessiert. Zugleich ist er ein Strukturtheoretiker, der gegen jegliche Hypostasierung struktureller Determination[13] die Dimensionen der Sinnstiftung und des Handelns, des Wissens und der Praxis vor Augen hat.

Literatur von Ulrich Beck

Beck, U.: Objektivität und Normativität. Die Theorie-Praxis-Debatte in der modernen deutschen und amerikanischen Soziologie. Frankfurt/M. 1974.
Beck, U. (Hg.): Soziologie und Praxis, Sonderband 1 der Sozialen Welt, Göttingen 1982.
Beck, U.: Jenseits von Stand und Klasse? In: Kreckel, R. (Hg.): Soziale Ungleichheiten (Sonderband 2 der Sozialen Welt). Göttingen 1983, S. 35-74.
Beck, U.: Risikogesellschaft. Auf dem Weg in eine andere Moderne. Frankfurt/M. 1986.
Beck, U.: Gegengifte. Die organisierte Unverantwortlichkeit. Frankfurt/M. 1988.
Beck, U.: Der Konflikt der zwei Modernen. In: Zapf, W. (Hg.): Die Modernisierung moderner Gesellschaften. Verhandlungen des 25. Deutschen Soziologentages in Frankfurt am Main 1990. Frankfurt/M. 1991, S. 40-53.
Beck, U.: Die Erfindung des Politischen. Frankfurt/M. 1993.
Beck, U.: Weltrisikogesellschaft, Weltöffentlichkeit und globale Subpolitik. Ökologische Fragen im Bezugsrahmen fabrizierter Unsicherheiten. In: Diekmann, A./Jäger, C. C. (Hg.): Umweltsoziologie (Sonderheft 36 der Kölner Zeitschrift für Soziologie und Sozialpsychologie). Opladen 1996, S. 119-147.
Beck, U.: Die uneindeutige Sozialstruktur: Was heißt Armut, was Reichtum in der ‚Selbst-Kultur'? In: Beck, U./Sopp, P. (Hg.): Individualisierung und Integration. Neue Konfliktlinien und neuer Integrationsmodus. Opladen 1997a, S. 183-197.
Beck, U. (Hg.): Kinder der Freiheit. Frankfurt/M. 1997b.
Beck, U.: Was ist Globalisierung? Irrtümer des Globalismus – Antworten auf Globalisierung. Frankfurt/M. 1997c.
Beck, U. (Hg.): Perspektiven der Weltgesellschaft. Frankfurt/M. 1998.
Beck, U.: World Risk Society. Cambridge u.a. 1999.
Beck, U. (im Gespräch mit Johannes Willms): Freiheit oder Kapitalismus. Frankfurt/M. 2000a.
Beck, U.: The Cosmopolitan Perspective: Sociology of the Second Age of Modernity. In: British Journal of Sociology, 51, 2000b, S. 79-105.
Beck, U.: Macht und Gegenmacht im globalen Zeitalter. Neue weltpolitische Ökonomie, Frankfurt/M. 2002a.
Beck, U.: The Cosmopolitan Society and its Enemies, In: Theory, Culture & Society, 19, 2002b, S. 17-44.
Beck, U.: Toward a New Critical Theory with a Cosmopolitan Intent. In: Constellations, 10, 2003, S. 453-468.
Beck, U.: Der kosmopolitische Blick oder: Krieg ist Frieden. Frankfurt/M. 2004a.
Beck, U.: Cosmopolitan Realism: On the Distinction between Cosmopolitan in Philosophy and the Social Sciences. In: Global Networks, 4, 2004b, S. 131-156.

---

[13] Vgl. dazu auch Poferl (1999, 2009).

Beck, U.: Kosmopolitisierung ohne Kosmopolitik: Zehn Thesen zum Unterschied zwischen Kosmopolitismus in Philosophie und Sozialwissenschaft. In: Berking, H. (Hg.): Die Macht des Lokalen in einer Welt ohne Grenzen. Frankfurt/M./New York 2006, S. 252-270.

Beck, U: Weltrisikogesellschaft. Auf der Suche nach der verlorenen Sicherheit. Frankfurt/M. 2007a.

Beck, U. Beyond Class and Nation: Reframing Social Inequalities in a Globalizing World. In: British Journal of Sociology, 58, 2007b, S. 679-705.

Beck, U. (Hg.): Generation Global. Frankfurt/M. 2007c.

Beck, U: Cosmopolitanism: A Critical Theory for the Tnwenty-first Century. In: Ritzer, G. (Hg.): The Blackwell Companion to Globalization. Malden, MA/Oxford, UK 2007 d.

Beck, U: The Cosmopolitan Condition: Why Methodological Nationalism Fails. In: Theory, Culture & Society, 24, 2007 e, S. 286-290.

Beck, U: Die Neuvermessung der Ungleichheit unter den Menschen. Frankfurt/M. 2008a.

Beck, U.: Jenseits von Klasse und Nation. Individualisierung und Transnationalisierung sozialer Ungleichheiten. In: Soziale Welt, 59, 2008b, S. 301-325.

Beck, U: Der eigene Gott. Von der Friedensfähigkeit und dem Gewaltpotential der Religionen. Frankfurt/M./Leipzig 2008c.

Beck, U./Adam, B./Loon, J. van (Hg.): The Risk Society and Beyond: Critical Issues for Social Theory. London/Thousand Oaks/New Delhi 2000.

Beck, U./Beck-Gernsheim, E.: Das ganz normale Chaos der Liebe. Frankfurt/M. 1990.

Beck, U./Beck-Gernsheim, E. (Hg.): Riskante Freiheiten. Individualisierung in modernen Gesellschaften. Frankfurt/M. 1994.

Beck, U./Beck-Gernsheim, E.: Individualization. Institutionalized Individualism and its Social and Political Consequences. London u.a. 2002.

Beck, U./Bonß, W. (Hg.): Weder Sozialtechnologie noch Aufklärung? Frankfurt/M. 1989.

Beck, U./Bonß, W. (Hg.): Die Modernisierung der Moderne. Frankfurt/M. 2001.

Beck, U./Bonß, W./Lau, C.: Theorie reflexiver Modernisierung – Fragestellungen, Hypothesen, Forschungsprogramme. In: Beck, U./Bonß, W. (Hg.), Die Modernisierung der Moderne. Frankfurt/M. 2001, S. 11-59

Beck, U./Bonß/W./Lau, C.: The Theory of Reflexive Modernization: Problematic, Hypotheses and Research Programme. In: Theory, Culture & Society, 20, 2003, S. 1-133.

Beck, U./Bonß, W./Lau, C.: Entgrenzung erzwingt Entscheidung: Was ist neu an der Theorie reflexiver Modernisierung? In: Beck, U./Lau, C. (H.g.): Entgrenzung und Entscheidung: Was ist neu an der Theorie reflexiver Modernisierung? Frankfurt/M. 2004, S. 13-62.

Beck, U./Brater, M./Daheim, H.-J.: Die Soziologie der Arbeit und Berufe. Reinbek b. Hamburg 1980.

Beck, U./Hajer, M./Kesselring, S.(Hg.): Der unscharfe Ort der Politik. Empirische Fallstudien zur Theorie der reflexiven Modernisierung. Opladen 1999.Beck, U./Giddens, A./Lash, S.: Reflexive Modernisierung. Eine Kontroverse. Frankfurt/M. 1996.

Beck, U./Grande, E.: Das kosmopolitische Europa. Gesellschaft und Politik in der Zweiten Moderne. Frankfurt/M. 2004.

Beck, U./Lau, C. (Hg.): Entgrenzung und Entscheidung: Was ist neu an der Theorie reflexiver Modernisierung? Frankfurt/M. 2004.

Beck, U./Lau, C: Second Modernity as a Research Agenda: Theoretical and Empirical Explorations in the 'Meta-Change' of Modern Society. In: British Journal of Sociology, 56, 2005a, S. 525-557.

Beck,U./Lau, C: Theorie und Empirie reflexiver Modernisierung. Von der Notwendigkeit und den Schwierigkeiten, einen historischen Gesellschaftswandel innerhalb der Moderne zu beobachten und zu begreifen. In: Soziale Welt, 56, 2005b, S. 107-135.

Beck, U./Sznaider, N.: Unpacking Cosmopoltanism for the Social Sciences. A Research Agenda. In: British Journal of Sociology 57, S. 1-23.

Weitere im Text zitierte Literatur

Alexander, J.C.: Critical Reflections on 'Reflexive Modernization'. In: Theory, Culture & Society, 13, 1996, S. 133-138.

Atkinson, W.: Beck, Individualization and the Death of Class: A Critique. In: British Journal of Sociology, 58, 2007a, S. 349-366.

Atkinson, W. Beyond False Oppositions: A replay to Beck. In: British Journal of Sociology, 58, 2007b, S. 707-715.

Becker-Schmidt, R.: Selbstreflexion als kritische Urteilskraft, Reflexivität als soziales Potential. Notizen zu Ansätzen kritischer Theorie. In: Poferl, A./Sznaider, N. (Hg.): Ulrichs Becks kosmopolitisches Projekt. Auf dem Weg in eine andere Soziologie. Baden-Baden 2004a, S. 53-71.

Beck-Gernsheim, E.: Vom „Dasein für andere" zum Anspruch auf ein Stück „eigenes Leben". In: Soziale Welt 34, 1983, S. 307-340.

Bonß, W./Lau, C.: Reflexive Modernisierung – Theorie und Forschungsprogramm. In: Poferl, A./Sznaider, N. (Hg.): Ulrichs Becks kosmopolitisches Projekt. Auf dem Weg in eine andere Soziologie. Baden-Baden 2004a, S. 35-52.

Friedrichs, J. (Hg.): Die Individualisierungsthese. Opladen 1998.

Gille, Z.: Cosmopolitan Vision: By Ulrich Beck. In: American Journal of Sociology, 113, 2007, S. 264-266.

Hitzler, R.: Ulrich Beck. In: Kaesler, D. (Hg.): Aktuelle Theorien der Soziolgie. Von Shmuel N. Eisenstadt bis zur Postmoderne. München 2005, S. 267-285.

Kahlert, H.: „Die Welt wird nicht von Ideen verändert, sondern von Ereignissen." Hannah Arendts Modernisierungskritik im Spiegel aktueller Zeitdiagnosen. In: Kahlert, H./Lenz, C. (Hg.): Die Neubestimmung des Politischen. Denkbewegungen im Dialog mit Hannah Arendt. Königstein/Taunus 2001, S. 299-334.Koenen, E.J.: Leitmotive. Thematische Kontinuitäten im Werk von Ulrich Beck. In: Poferl, A./Sznaider, N. (Hg.): Ulrichs Becks kosmopolitisches Projekt. Auf dem Weg in eine andere Soziologie. Baden-Baden 2004a, S. 23-34.

Martell, L.: Beck's Cosmopolitan Politics. In: Contemporary Politics, 14, 2008, S.129-143.

Mikl-Horke, G.: Die Zweite Moderne als politisches Projekt. In: Dies.: Soziologie. Historischer Kontexte und soziologische Theorie-Entwürfe. München/Wien 2001, S. 375-382.

Münch, R.: Die „Zweite Moderne": Realität oder Fiktion? Kritische Fragen an die Theorie der „reflexiven". Modernisierung. In: Kölner Zeitschrift für Soziologie und Sozialpsychologie, 54, 2002, S. 417-443.

Mythen, G.: Ulrich Beck. A Critical Introduction to the Risk Society. London 2004.

Poferl, A.: Gesellschaft im Selbstversuch. Der Kick am Gegenstand – oder: Zu einer Perspektive experimenteller Soziologie. In: Soziale Welt, 50, 1999, S. 363-372.

Poferl, A.: Die Kosmopolitik des Alltags. Zur Ökologischen Frage als Handlungsproblem. Berlin 2004.

Poferl, A.: Orientierung am Subjekt? Eine konzeptionelle Reflexion zur Theorie und Methodologie reflexiver Modernisierung. In: Weihrich, M./Böhle, F. (Hg.): Handeln unter Unsicherheit. Wiesbaden 2009, S. 211-242.

Poferl, A./Sznaider, N. (Hg.): Ulrichs Becks kosmopolitisches Projekt. Auf dem Weg in eine andere Soziologie. Baden-Baden 2004a.

Poferl, A./Sznaider, N.: Auf dem Weg in eine andere Soziologie. Einleitung. In: Poferl, A./Sznaider, N. (Hg.): Ulrichs Becks kosmopolitisches Projekt. Auf dem Weg in eine andere Soziologie. Baden-Baden 2004b, S. 9-16.

Schroer, M.: Theorie Reflexiver Modernisierung. In: Kneer, G./Schroer, M. (Hg.): Handbuch Soziologische Theorien. Wiesbaden 2009, S. 491-515.

Schwinn, Th: Gibt es eine „Zweite Moderne"? Über den Umgang mit soziologischen Diagnosen. In: Soziale Welt, 50, 1999, S. 423-432.

Skrbis, Z.: Cosmopolitan Vision: By Ulrich Beck. In: Journal of Sociology, 44, 2008, S. 102-104.

Smith, W.: A Cosmopolitan Sociology: Ulrich Beck's Trilogy on the Global Age. In: Global Networks, 8, 2008, S. 253-259.

Stevenson, N.: Ulrich Beck In: Elliot, A./Turner, B. S. (Hg.): Profiles in Contemporary Social Theory. London/Thousand Oaks/New Delhi 2000, S. 304-314.

Treibel, A.: Dualität von Handlung und Struktur (Beck, Giddens). In: Dies.: Einführung in soziologische Theorien der Gegenwart. Opladen 1995, S. 227-252.

Volkmann, U.: Das schwierige Leben in der Zweiten Moderne – Ulrich Becks „Risikogesellschaft". In: Schimank, U./Volkmann, U. (Hg.): Soziologische Gegenwartsdiagnosen I. Eine Bestandsaufnahme. Opladen 2000, S. 23-40.

Weiss, J.: Die zweite Moderne – eine neue Suhrkamp-Edition. In: Soziologische Revue, 21, 1998, S. 415-426.

Zapf, W.: Modernisierung und Modernisierungstheorien. In: Die Modernisierung moderner Gesellschaften. Verhandlungen des 25. Deutschen Soziologentages in Frankfurt am Main 1990. Frankfurt/M. 1991, S. 23-39.

John W. Meyer: Kultur als Hintergrundwissen und Konstituens sozialer Handlungen

Konstanze Senge

Biografische Anmerkungen[1]

John W. Meyer wurde 1935 als Sohn von Jacob und Esther Meyer in einer kleinen ländlichen Gemeinde in der Nähe von Smithville, Ohio geboren. Das Familien- und Gemeindeleben war sehr stark von der Oak Grove Wiedertäufer Kirche (Mennonite Church) bestimmt. Sein Vater, der damals Geschichte an der Western Reserve University lehrte, war aktiv in der Kirche engagiert, wenn er auch als kontroverse und fast progressive Figur in der Wiedertäufer-Gemeinde galt. Die Oak Grove Kongregation, in der Meyer aufwuchs, war verglichen mit der traditionellen Wiedertäufer-Kirche relativ offen und frei. Erst später, während seiner College-Jahre, lernte Meyer die eher strenge und enge Welt der Wiedertäufer kennen: Zwischen 1951-1954 besuchte Meyer das Goshen College, wo er Psychologie und Soziologie studierte und währenddessen schon sehr bald die Idee entwickelte, ein weiterführendes Studium anzuschließen. So leistete er nach dem College zunächst Zivildienst als *medical tester*[2] und nahm zugleich das Graduate-Studium an der University von Colorado auf. Die freie wissenschaftliche Arbeit führte ihm immer mehr vor Augen, dass das strikte Kirchenleben in der Wiedertäufer-Gemeinde nicht sein Lebensentwurf war. Er realisierte damals „my poor fit in the Mennonite world" (Meyer 2003: 268). Denn seine Tätigkeit als Wissenschaftler lehrte ihn, dass „qualities that were seen as defects in the rural and Mennonite contexts became immedeately, on entering graduate school, virtues. Naturally that made life much easier, since it turned costly disabilities into positive resources of action" (ebd.). 1950 wurde Meyer in der Kirche inaktiv. 1957 machte er in Colorado seinen Master of Arts und wechselte im selben Jahr an die Columbia University, wo er als Student am damals bedeutendsten Methoden-Lehrstuhl bei Paul Lazarsfeld sein Interesse an den quantitativen Analyseverfahren und an empirischer Forschung vertiefen konnte. Seinen PhD erhielt Meyer 1965. 1966 wechselte er bereits nach Stanford, wo er bis heute forscht und lehrt. Mit über 200 wissenschaftlichen Beiträgen ist Meyer einer der bedeutendsten Vertreter des soziologischen Neo-Institutionalismus, eines der derzeit wichtigsten Ansätze der Organisationswissenschaft. Die zentralen Ideen und Konzepte des Neo-Institutionalismus wurden insbesondere von John Meyer, Richard Scott, Brian Rowan, Powell DiMaggio,

---

[1] Öffentliche biografische Anmerkungen zum Leben von John W. Meyer sind rar, so dass hier die wenigen auffindbaren Passagen z.T. wörtlich übersetzt wurden. Für diese biografische Lücke gibt es einen Grund: Denn während man in Deutschland oder Japan eher geneigt ist davon auszugehen, dass akademische berufliche Tätigkeiten, Denken und Ideen biografisch bestimmt sind, vertritt man in den USA eher die Ansicht, dass wissenschaftliche Beiträge durch hoch motivierte Individuen und die erforderliche Technologie produziert werden.

[2] Es handelte sich hierbei um Langzeitstudien (2 Jahre), in denen die Auswirkungen spezifisch behandelter Nahrung auf den menschlichen Organismus untersucht wurden.

Lynne Zucker (um nur die wichtigen Gründerpersönlichkeiten zu nennen) in den 1970er Jahren entwickelt. Der Neo-Institutionalismus betont im Unterschied zum Mainstream der US-amerikanischen Organisationswissenschaft die Bedeutung von Werten und Normen für erfolgreiche Organisationen und untersucht diese stets in Abhängigkeit von ihrem gesellschaftlichen Umfeld (vgl. Senge 2007).

Das Werk von John W. Meyer: Grundannahmen der World-Polity-Forschung

Nach über 30 Jahren neo-institutionalistischen Forschens lässt sich mittlerweile eine Zweiteilung der neo-institutionalistischen Arbeit konstatieren, nämlich einerseits ein engerer organisationssoziologischer Forschungsstrang und andererseits die so genannte neo-institutionalistische World-Polity-Forschung, die sich die Analyse der Weltkultur zur Aufgabe gemacht hat.[3] Beide Richtungen basieren auf denselben Grundannahmen, heben die Bedeutung von Organisationen hervor und für beide Forschungsrichtungen sind Meyers Arbeiten essentiell. Da eine signifikante wissenschaftliche Auseinandersetzung mit kulturtheoretischen Überlegungen sich nur in den Arbeiten zur World-Polity-Forschung findet, sollen im Folgenden die Arbeiten von John W. Meyer aus diesem Bereich im Vordergrund stehen. Wichtige andere Autoren auf dem Gebiet der World-Polity-Forschung sind vor allem John Boli, Gili S. Driori, David J. Frank, Ronald Jepperson, Georg Krücken, George M. Thomas und Francisco O. Ramirez. Die meisten wichtigen Arbeiten Meyers wurden als Aufsätze in US-amerikanischen Zeitschriften veröffentlicht oder als Beitrag in einem Reader, der sich explizit der Untersuchung der World-Polity oder ihren Prinzipien widmet. Zu nennen sind diesbezüglich folgende neuere Sammelbände: "World Society" (vgl. Krücken/Driori 2009), „Globalization and Organization" (vgl. Driori/Meyer/Hwang 2006), „Scientization: Making a World Safe for Organizing" (vgl. Drori/Meyer 2006), „Constructing a World Culture" (vgl. Frank/Schofer/Tuma/Meyer 1999). Zentrale Beiträge zur World-Polity-Forschung finden sich in dem von Georg Krücken editierten Band „Weltkultur" (Meyer 2005).

Den ursprünglichen Anstoß für die systematische Entwicklung einer neo-institutionalistischen World-Polity-Forschung bilden die von John Meyer Anfang der 1970er Jahre durchgeführten Analysen über den Aufbau und die Funktionsweise des Bildungssystems der Vereinigten Staaten, die zunächst als Zeitschriften-Artikel veröffentlicht wurden (vgl. Meyer 1970; 1977). Mit „High School Effects on College Institution" (Meyer 1970) und „The Effects of Education as an Institution" (Meyer 1977) konnte Meyer nachweisen, dass US-amerikanische Schulen mit der Definition und Umsetzung von Sozialisationszielen nicht einfach nur die von den Kultusministern geplanten und festgelegten bildungspolitischen Ziele umsetzen, an deren Ende „reife" Schüler standen, welche auf die notwendigen zukünftigen gesellschaftlichen Aufgaben vorbereitet waren. Vielmehr zeigte Meyer, dass die bildungspolitischen Ziele durch die Gesellschaft und den in ihr verankerten kulturellen Prinzipien festgelegt werden. Belegen ließ sich diese These vor allem dadurch, dass große Unterschiede in der Qualität der Ausbildung und den zur Verfügung stehenden Ressourcen amerikanischer Colleges kaum einen Einfluss auf die Vorstellung der College-Studenten von sich selbst als „reifer Schüler" bzw. „graduate" hatten. Diese Vorstellungen ähnelten sich näm-

---

[3] Für nähere Erläuterungen des Begriffs „World-Polity" (dt. Weltkultur) siehe unten.

lich erstaunerlicherweise deutlich, und zwar trotz der höchst unterschiedlichen Voraussetzungen an den Colleges. Für Meyer deutete dieser Befund auf eine übergeordnete Kultur, durch welche die Schüler in dem Verständnis ihrer Identität beeinflusst wurden. Diese übergeordnete Kultur, so das Ergebnis weiterer Forschung, legt nicht nur die bildungspolitischen Ziele fest, wie den College-Abschluss, sondern auch wie das Selbstverständnis der Akteure geartet ist, z.B. das Verständnis eines Studenten von sich als „graduate".

John W. Meyer ging es in den frühen Arbeiten insbesondere um die Herleitung der sozialen Konstituierungsprozesse „unserer" Vorstellungen des modernen Individuums, der legitimen Operationsweise von (Bildungs-)Organisationen sowie von Nationalstaaten und ihren Programmen. In diesem Sinne kann die neo-institutionalistische World-Polity-Forschung seit ihren Anfängen als „Ideologiekritik" verstanden werden. Denn ihre Vertreter nehmen Individuen, Organisationen und Staaten und die mit diesen verbundenen Vorstellungen über das angemessene Verhalten derselben nicht als „face value", sondern decken die Selbstverständlichkeiten auf, mit denen wir modernen Kulturmenschen das Handeln von Individuen, Organisationen und Staaten betrachten und bewerten. Zu zeigen, dass diese Selbstverständlichkeiten kontingent und kulturell definiert sind, war eines der zentralen Anliegen von Meyer. Möglich wurde eine derartige Kritik durch die Erkenntnis, dass soziales Handeln in modernen Gesellschaften maßgeblich durch institutionalisierte Regeln geprägt ist, und dass diese Regeln Ausdruck einer übergreifenden Kultur sind, nämlich der World-Polity. World-Polity bezeichnet eine kulturelle Ordnung, vornehmlich westlicher Gesellschaften, deren Strukturmomente und allgemeine Prinzipien zunehmend global diffundieren. Die World-Polity ist also keine territorial gedachte Einheit, sondern eine kulturelle (vgl. Senge/Hellmann 2006: 21ff.).

Die zentralen Strukturmomente der World-Polity sehen Meyer et al. dabei im Staat als einzig legitimer Autorität für die Artikulation territorialer Ansprüche (vgl. Meyer 1987), in Organisationen als dominantem Koordinationsprinzip kollektiven Handelns (vgl. Meyer/Boli/Thomas/Ramirez 1997; Zucker 1983) und im modernen rationalen Individuum als Zuschreibungsinstanz von Handlungen (vgl. Meyer/Boli/Thomas/Ramirez 1997). Zu den allgemeinen Prinzipien der kulturellen World-Polity-Ordnung gehören vor allem der selbstverständliche Glaube der Akteure der World-Polity an Fortschritt, Gerechtigkeit und Rationalität. Die Diffusion der Strukturmomente und Prinzipien wird vor allem von internationalen Nichtregierungsorganisationen (NGO's) wie z.B. Amnesty International, der Weltbank etc., internationalen politischen Organisationsverbänden wie die Europäische Union (EU) und internationalen Unternehmen getragen sowie durch so genannte „Andere". Unter „Anderen" versteht Meyer die Berater der Akteure; meist handelt es sich um „professionals", d.h. Wissenschaftler, Rechts- oder Moralexperten, welche die Träger des modernen Wissens sind. Meyer beschreibt sie auch als „Priester" der Moderne, die mehr Macht auf uns ausüben können als Geld. „Andere" haben nach den Regeln der World-Polity keinen Akteurstatus, da sie im Unterschied zu Akteuren interesselos sein sollen (vgl. Meyer 2005a: 141ff.; Meyer/Jepperson 2000).

Die Dynamik der World-Polity wird Meyer zufolge durchaus durch dominante Akteure geprägt. Aber er distanziert sich von der Vorstellung, dass der Wandel der Weltkultur allein auf dem zweckgerichteten Handeln der Akteure beruht (vgl. Meyer/Boli/Thomas/Ramirez 2005: 120). Wandel und Dynamik sind vielmehr inhärente Merkmale der Weltkultur. Das bedeutet, dass Akteure die Rolle von Agenten zur Umsetzung der kollektiven Güter der World-Polity einnehmen, „auch wenn sie selbst ihr Handeln für rational und am Eigeninteresse orientiert halten" (ebd. 120f.).

Viele Merkmale des modernen Nationalstaats, der Funktionsweise von Organisationen, Typik individuellen Handelns sowie die Dynamik zwischen diesen Akteuren sind, so die zentrale These Meyers, von globalen kulturellen Modellen abgeleitet. Damit definieren die kulturellen Modelle der World-Polity, was in modernen Gesellschaften als angemessenes Verhalten von Individuen, Organisationen und Staaten gilt, um die umfassenden, wiederum kulturell definierten Ziele wie Fortschritt, Gerechtigkeit und Rationalität zu erreichen (vgl. Meyer/Boli/Thomas 1987: 12).

Positionierung der neo-institutionalistischen World-Polity-Forschung im wissenschaftlichen Feld: Der makrophänomenologische Ansatz

Mit der These der kulturellen Bedingtheit der sozialen Wirklichkeit steht die neo-institutionalistische World-Polity-Forschung in deutlicher Abgrenzung zu anderen Analysen der Weltgesellschaft und des Nationalstaats. Nach Meyer unterscheidet sie sich als makrophänomenologischer Ansatz von mikrorealistischen, makrorealistischen und mikrophänomenologischen Theorien. Diese vernachlässigen in der Beschreibung und Erklärung von (staatlichem) Handeln kulturelle Prozesse (vgl. Meyer/Boli/Thomas/Ramirez 2005: 87ff.). Mikrorealistische Theorien, auch „neorealistisch" genannt, konzipieren den Nationalstaat als zweckgerichteten rationalen Akteur, dessen Handeln sich an den Bedürfnissen und Interessen seiner Bürger orientiert (vgl. Waltz 1979). Kultur ist für diese Ansätze von untergeordneter Bedeutung. Verweise auf Kultur beziehen sich meist auf tradierte lokale oder nationale Verhaltensgewohnheiten, nicht jedoch auf globale. Zwar werden in manchen Strömungen kulturelle Institutionen untersucht, die staatliches Handeln beschränken. Jedoch werden die Entstehung und das Bestehen derartiger Institutionen überwiegend mit mikroökonomischen Argumenten erklärt, was dem Meyerschen Kulturverständnis widerspricht (vgl. Keohane 1986; Krasner 1983). Makrorealistische Ansätze hingegen, von denen sich der makrophänomenologische Ansatz Meyers ebenfalls unterscheidet, betrachten Nationalstaaten als Ergebnis eines globalen Netzwerkes von wirtschaftlichen und politischen Macht- und Handelsbeziehungen (vgl. Wallerstein 1974; Tilly 1992). Stellung, Strategie und Aktivitäten des Nationalstaates ergeben sich aus seiner Position innerhalb globaler wirtschaftlicher und politischer Konkurrenz-Relationen im Verhältnis zu anderen Staaten und werden nicht kausal auf die Kultur zurückgeführt. Kultur dient lediglich als Ideologie der Herrschenden und dient der Integration von Kollektiven (vgl. Meyer/Boli/Thomas/Ramirez 2005). Die mikrophänomenologische Theorierichtung, welche zu dem makrophänomenologischen Ansatz Meyers zumindest eine gewisse Nähe aufweist, betrachtet den Nationalstaat als Ergebnis nationaler kultureller Interpretationsprozesse. Diese Interpretationsprozesse werden durch kulturelle Institutionen geprägt, welche ihre Wirkung aber lokal oder national und nicht global wie im makrophänomenologischen Ansatz entfalten (vgl. Almond/Verba 1963; March/Olsen 1989). Zwar gibt es durchaus Versuche, den Kulturbegriff auf die globale Ebene auszuweiten, jedoch wird dieser durch die Anwendungsbereiche auf expressive Gewohnheiten wie Geschmacksstandards und Konsumneigungen marginalisiert (vgl. Sklair 1991).

Der von Meyer vertretene makrophänomenologische Ansatz sieht den Nationalstaat hingegen als kulturell konstruiert und organisiert. Diesbezüglich weist er der globalen Weltkultur den zentralen kausalen Status zu. Für ihn ist aber nicht nur der Nationalstaat, sondern „das gesamte Gebäude der Moderne als eine wesentlich kulturelle Einrichtung zu betrachten" wie Meyer in dem Aufsatz „Der sich wandelnde kulturelle Gehalt des Nationalstaats" (2005a: 139) resümiert. Kultur entsteht für ihn nicht aus lokalen Besonderheiten und Interaktionsprozessen, sondern wirkt auf globaler Ebene realitätserzeugend (vgl. Meyer/Boli/Thomas 1987).

So gilt heute für moderne Gesellschaften, dass sie sich im Glauben an Fortschritt, Gerechtigkeit und der Durchsetzung zweckrationaler Handlungsorientierungen entwickeln. Ferner orientieren sich Nationalstaaten an den Prinzipien Staatsbürgerschaft, ökonomischer Fortschritt und Gerechtigkeit.[4] Diese Modelle breiten sich nach Meyer et al. immer weiter aus und besitzen allgemein universelle Gültigkeit. Es sei aber noch einmal betont, dass man Meyer grundlegend missverstehen würde, wenn man die Orientierung an den kulturellen Prinzipien der World-Polity als freiwilliges und bewusstes, möglicherweise rein strategisches Handeln begreift. Dies ist gerade nicht der Fall: Nationalstaaten, Organisationen und Individuen sind durch die Kultur von außen konstruierte Einheiten, die den in der Kultur der World-Polity zum Ausdruck kommenden Erwartungen entsprechen bzw. entsprechen werden müssen, sofern sie als legitime Einheiten gelten wollen. Denn nur, wer nach den Regeln der Weltkultur spielt, wird als Akteur anerkannt. Nach Meyer folgen die Akteure moderner Gesellschaften dem Drehbuch der Weltkultur und gelten deshalb als „scripted". Und mehr noch: Erst die World-Polity erzeugt die modernen Akteure und legitimiert ihre Handlungen. So macht zum Beispiel die Auferlegung von staatlichen Programmen zur Unterstützung von Lesben und Schwulen die Identitätsdefinition von Lesben und Schwulen umso wahrscheinlicher. Vergleichbar ist auch der Wandel in der westlichen Vorstellung des Arbeiters, weil sich dadurch ändert, was als Arbeit gilt, wie gearbeitet wird und wie Arbeit organisational koordiniert wird (vgl. Meyer/Boli/Thomas 1987: 22). Krücken fasst diese Position wie folgt zusammen: „Es sind nicht Akteure und ihre Interessen, die Gesellschaft konstituieren (‚bottom up'), sondern es verhält sich umgekehrt: In fortwährenden Rationalisierungsprozessen erzeugt die Gesellschaft – hier verstanden als überindividuelle Vorstellungswelt der ‚world polity', die sich aus den kulturellen Grundprinzipien der Moderne zusammensetzt – die sie bevölkernden Akteure (‚top down')." (Krücken 2006: 142)

Obwohl die Weltkultur die modernen sozialen Einheiten und deren Handlungen konstituiert, ist ihr Geltungsbereich allgemeiner und universeller als die Handlungen, die sie erzeugt. Denn die Regeln der Weltkultur werden mit Naturgesetzen und moralischen Gesetzen in Verbindung gebracht, auf deren Grundlage das Handeln in Wirtschaft, Politik und Bildung durch den sehr abstrakten Glauben an Fortschritt, Gerechtigkeit und Rationalität legitimiert wird (vgl. Meyer/Boli/Thomas 1987: 27ff.; Meyer 2005b: 173). So geht man heute davon aus, dass die Prinzipien der Menschenrechte und des Wirtschaftswachstums für moderne Gesellschaften unhinterfragt gelten. Meyer und andere Vertreter zeigen aber

---

[4] Meyer und andere Forscher haben eine Reihe weiterer Merkmale entdeckt und untersucht, die eine deutliche strukturelle Isomorphie von historisch einst höchst differenten Gesellschaften belegen; dazu zählen vor allem: Schulbildung nach standardisierten Lehrplänen (vgl. Meyer/Kamens/Benavot 1992), Datenerfassungssysteme über wirtschaftliche und demografische Entwicklungen (vgl. Ventresca 1995), Maßnahmen zur Geburtenkontrolle (vgl. Barrett/Frank 1999), formale Gleichberechtigung der Frau (vgl. Charles 1992), Umweltschutzmaßnahmen (vgl. Frank/Hironaka/Meyer/Schofer/Tuma 1999).

die soziale Bedingtheit dieser Prinzipien auf und entlarven sie damit als historische kulturelle Praxis.

Gerade weil die Prinzipien der Weltkultur keine Naturgesetze sind, kommt es häufig zu so genannten Entkopplungserscheinungen. Gemeint ist damit eine Differenz zwischen den Vorgaben der Weltkultur und der tatsächlichen sozialen Praxis. Zwar orientieren sich Nationalstaaten, Organisationen und Individuen am Modell der (oftmals externen) Weltkultur und versuchen, die Prinzipien zu adaptieren. Da manche Bestandteile der Weltkultur sich häufig aber nicht mit den lokalen Gewohnheiten, Bedürfnissen, Traditionen und Finanzierungsmöglichkeiten abstimmen lassen, kann die Weltkultur als System nicht komplett importiert werden. Zudem sind für Meyer die Prinzipien der Weltkultur in sich widersprüchlich, so dass eine Realisierung nicht möglich ist und Entkopplung prinzipiell erwartbar (vgl. Meyer/Boli/Thomas/Ramirez 2005: 99ff.). Damit erweist sich zum Beispiel für Organisationen, die im Sinne weltkultureller Vorgaben als legitime Akteure gelten wollen, die Anpassung an eben solche Vorgaben als oftmals im Konflikt stehend mit den alltäglichen Aufgaben. Als Konsequenz unterscheidet sich das, was Organisationen tun, oftmals in zentralen Aspekten von dem, was sie vorgeben zu tun bzw. was sie anstreben. Diese Widersprüche dürfen aber nicht nur mit Zynismus bewertet werden. Aus Sicht der Akteure mag zwar nur eine schwache Korrelation zwischen Programmen oder Formalstruktur und aktuellem Handeln vorliegen, aber immerhin erweist sich eine solche Entkopplungsstrategie in der jeweiligen Situation als ein durchaus praktisches und pragmatisches Verhalten.[5]

Der Kulturbegriff in der World-Polity-Forschung

In Analogie zu den oben beschriebenen Unterschieden der anderen Ansätzen entwickelt Meyer ein für die hiesige Weltgesellschafts- oder Nationalstaatenforschung recht ungewöhnliches Verständnis von Kultur, welches Kultur als eine Art Protostufe sozialer Praxis versteht. Er selbst grenzt seinen Kulturbegriff an verschiedenen Stellen von einem expressiven und primordialen Verständnis von Kultur ab (vgl. Meyer 2005a: 139). Für ihn ist Kultur also weder ein Bündel von Werten und Normen, noch steht Kultur notwendigerweise in Verbindung mit einer affektiven Motivationsbasis und einer ästhetischen Wertschätzung (vgl. Parsons 1951). Auch lässt sich Kultur nicht auf ethnische Zugehörigkeiten reduzieren. Meyers Kulturbegriff ist wesentlich weiter. Für ihn geht Kultur allen sozialen Handlungen voraus und bildet das Hintergrundwissen der modernen Gesellschaft. Meyer bezeichnet Kultur auch als „kognitive Modelle", wobei „kognitiv" nicht auf einen rational erschlossenen Wissensakt zielt, sondern neutral eher im Sinne von „Informationsverarbeitung" gemeint ist und damit auch bzw. gerade unbewusst bleibendes Wissen mit einschließt (vgl. Meyer 1992; Jepperson/Swidler 1994). Wesentlich ist, dass Meyer stets die ontologisierende Wirkung von Kultur hervorhebt: Denn die kognitiven kulturellen Modelle definieren, über welche Merkmale, Zwecke, Souveränität, Ressourcen und Technologien moderne Akteure legitimerweise verfügen und definieren derart den ontologischen Wert von Akteuren (vgl. Meyer 2005a: 133; Meyer/Boli/Thomas 1987: 20ff.). Da Rationalität das zentrale Grundprinzip der World-Polity ist, ist es Meyer wichtig zu betonen, dass sich Kultur auch

---

[5]   Zudem gibt es nach Meyer auf der Ebene der Weltgesellschaft eine durchaus enge Korrelation zwischen den Prinzipien der World-Polity, den Programmen und aktuellem Handeln (vgl. Meyer/Boli/Thomas/Ramirez 2005: 101f.).

auf die konstitutiven Regeln der modernen Rationalität bezieht. Dass nämlich, wie oben bereits beschrieben, die Mythen der Moderne wie Rationalität, Fortschritt und Gerechtigkeit nicht jenseits unserer Kultur liegen, sondern erst durch kulturelle Vorstellungen entstanden sind (vgl. Meyer 2005a: 160). Die Akteure werden daher in der Deutung ihrer eigenen Wirklichkeit immer wieder auf ihren blinden Fleck zurückgeworfen. Selbst die aufklärerischen Sozialwissenschaften in der Gestalt des „cultural turn", welche die „irrationalen" Aspekte der modernen Kultur aufdecken und solide Forschungen vorweisen, gehen Meyer nicht weit genug:

> „Für den Bereich Wissenschaft verfügen wir über solide Forschungen über wissenschaftliche Organisationen und Karrieren sowie über sorgfältige kritische Forschungen über die Willkür wissenschaftlichen Arbeitens, Denkens und Tuns. Dagegen gibt es so gut wie keine brauchbaren Untersuchungen über wissenschaftliche Autorität – darüber, warum die Welt auf die Wissenschaft hört. Für den Bereich der Religion gibt es Untersuchungen über Karrieren, Organisationen sowie Befragungen über den Glauben von Individuen, aber so gut wie keine Untersuchungen darüber, warum die Religion als kultureller Rahmen Autorität besitzt" (Mayer 2005a: 160f.).

Meyer stellt damit gewissermaßen auch die sozialwissenschaftliche Forschung an den Pranger, da sie nicht in der Lage ist, ihre eigene Befangenheit reflexiv einzuholen bzw. ausreichend zu problematisieren. Aufgrund der derart erscheinenden „Unfehlbarkeit" moderner Prinzipien bringt Meyer die Prinzipien der World-Polity in die Nähe religiöser Wahrheiten, ähnlich wie er die „Anderen" als Priester der Moderne sieht. Beide sind von nahezu unhinterfragbarer Autorität. In diesem Sinne hat die Kultur der World-Polity für Meyer einen „Durkheimian aspect", da die Weltgesellschaft aus einem kollektiven kulturellen Kosmos besteht, welcher die Identitäten und Handlungsmuster der Moderne tiefgehend penetriert (vgl. Meyer 2009).

Kritik des Meyerschen Kulturbegriffs

Meyers Äußerungen zum Verständnis von Kultur in seinem Werk sind relativ knapp angesichts der Zentralität, die er Kultur zuschreibt (vgl. Meyer 2009; 2005a: 139). Auseinandersetzungen zum Kulturverständnis finden sich in der Regel als kleinere Kapitel in Aufsätzen, eine tiefe theoretische Auseinandersetzung mit dem Kulturbegriff gibt es hingegen nicht. Wichtig ist für Meyer demnach nicht eine dezidierte Begriffsdefinition, die allen Anwendungen in seinen Texten standhält, sondern der Aspekt, dass Kultur Wirklichkeit und Wissen erzeugt. Kultur - um es einmal schlicht zu formulieren - „war eigentlich immer schon vorher da", geht also zeitlich allem Wissen voraus. Die Frage, die sich damit unweigerlich stellt, ist die Frage nach der Entstehung, dem Anfang. Meyer artikuliert diese Frage selbst, geht ihr aber nur sehr bedingt nach. So finden sich Erläuterungen mit Verweis auf die christliche Tradition, die aber keine befriedigende Erklärung liefern, sondern eher Spuren für zukünftige Forschung legen (vgl. Meyer/Boli/Thomas 1987: 27ff.). Entscheidend ist für ihn die aus empirischem Material gewonnene Erkenntnis, dass insbesondere nach dem Zweiten Weltkrieg Prozesse zu beobachten sind, die den Einfluss einer globalen Kultur auf Nationalstaaten und andere moderne Akteure belegen.

Was aber nicht im Vordergrund der World-Polity-Forschung steht, ist eine Untersuchung der Umsetzung der kulturellen World-Polity-Prinzipien in lokalen Kontexten. Dies wäre jedoch wichtig, weil die zunehmende Adaption spezifischer Programme kaum etwas darüber aussagt, wie die Programme tatsächlich umgesetzt werden. Zwar konnten Meyer und andere oftmals zeigen, dass Programme (oder Formalstruktur) und Aktivitätsstruktur entkoppelt werden. Wie weit derartige Entkopplungen aber reichen, bleibt in den meisten Fällen unerforscht. Dafür wäre es notwendig, soziale Praktiken zu untersuchen und die Bedeutungen zu ermitteln, die Akteure den Programmen und ihren Maßnahmen zuschreiben, um sie auf ihre Einheitlichkeit hin zu untersuchen. Da in der World-Polity-Forschung jedoch hauptsächlich quantitative Längsschnittanalysen durchgeführt werden, zielt diese Untersuchungsmethode an der Ermittlung der Zuschreibung sozialer Bedeutungen vorbei. Damit, so könnte man sagen, verlässt die World-Polity-Forschung ihre eigenen neo-institutionalistischen Wurzeln, insofern sie die kognitiven und kulturellen Aspekte von Wirklichkeit, auf die der Neo-Institutionalismus im Besonderen in der Theorie hinweist, nicht mehr ausreichend in der Analyse berücksichtigt (vgl. Schneiberg/Clemens 2006). Ohne eine dezidierte Erforschung der Reichweite von Entkopplung, Adaption oder Translation (vgl. Becker-Ritterspach/Becker-Ritterspach 2006) bleibt die Frage ungeklärt, ob es überzeugend ist, von einer einheitlichen Kultur, einer Weltkultur zu sprechen. Diese Frage stellt sich umso mehr, da auch die Prinzipien der World-Polity wie Fortschritt, Gerechtigkeit, Rationalität von Meyer nicht eindeutig definiert werden. So kann man, wie Krücken schreibt, z.B. das World-Polity-Prinzip „Gerechtigkeit" im Sinne einer kollektiv-egalitären oder aber individuell-meritokratischen Gerechtigkeit auffassen (vgl. Krücken 2005: 314). Mit Meyer würde man sagen, dass genau darin der Erfolg der Ausbreitung der World-Polity liegt, nämlich, dass ihre Ziele interpretationsoffen sind und derart Raum und Zeit für Anpassungen und Adaption bieten.

Ferner bleibt ein erkenntnistheoretischer Einwand, der bei Meyer zwar an verschiedenen Stellen mitschwingt, dem er aber nicht dezidiert nachgeht: Denn wenn die World-Polity sich durch kulturelle Regeln konstituiert, die insbesondere auch die Wissenschaft prägen bzw. von ihr geprägt werden, bedeutet das nicht auch, dass Meyer und sein Denken und Wissen ebenfalls von dieser Kultur erzeugt werden? Wie also kann sein Wissen die dominante Kultur umgehen und über sie aufklären? Bleibt Meyer mit der Herleitung eines in vielen Aspekten überzeugenden Argumentes nicht ebenfalls dem Rationalitätsmythos verpflichtet?

Literatur von John W. Meyer und Co-Autoren:

Meyer, J. W.: High school Effects on College Institution. In: American Journal of Sociology, 1970, Vol. 76, S. 59-70.
Meyer, J. W.: The Effects of Education as an Institution. In: American Journal of Sociology, 1977, Vol. 83, S. 55-77.
Meyer, J. W.: The World Polity and the Authority of the Nation-State. In: Thomas, G. M./Meyer, J. W./Ramirez, F. O./Boli, J. (Hg.): Institutional Structure. Constituting State, Society, and the Individual. Newbury Park 1987, S. 41-70.
Meyer, J. W.: From Constructionism to Neo-Institutionalism: Reflections on Berger and Luckmann. In: Perspectives, 1992, Vol. 15, S. 11-12.

Meyer, J. W.: Reflections on a Half-Century of Mennonite Change. In: The Mennonite Quarterly Review, 2003, Vol. 77, S. 257-276.

Meyer, J. W. (Hg.): Weltkultur. Wie die westlichen Prinzipien die Welt durchdringen. Frankfurt/M. 2005.

Meyer, J. W.: Der sich wandelnde kulturelle Gehalt des Nationalstaats. In: Meyer, J. W. (Hg.): Weltkultur. Wie die westlichen Prinzipien die Welt durchdringen. Frankfurt/M. 2005a, S. 133-162.

Meyer, J. W.: Die Europäische Union und die Globalisierung der Kultur. In: Meyer, J. W. (Hg.): Weltkultur. Wie die westlichen Prinzipien die Welt durchdringen. Frankfurt/M.: 2005b: S. 163-178.

Meyer, J. W.: Reflections: Institutional Theory and World Society. In: Krücken, G./Driori, G. (Hg.): World Society. The Writings of John W. Meyer. Oxford 2009, S. 36-67.

Meyer, J. W./Boli, J./Thomas, G.: Ontology and Rationalization in the Western Cultural Account. In: Thomas, G./Meyer, J. W./Ramirez, F. O./Boli, J. (Hg.): Institutional Structure: Constituting State, Society, and the Individual. Newbury Park 1987, S. 12-37.

Meyer, J. W./Boli, J./Thomas, G./Ramirez, F. O.: Die Weltgesellschaft und der Nationalstaat. In: Meyer, J. W. (Hg.): Weltkultur. Wie die westlichen Prinzipien die Welt durchdringen. Frankfurt/M. 2005, S. 85-132.

Meyer, J. W./Jepperson, R.: The 'Actors' of Modern Society: The Cultural Constitution of Social Agency. In: Sociological Theory, 2000, Vol. 18, S. 100-120.

Meyer, J. W./Kamens, D. H./Benavot, A.: School Knowledge for the Masses. London 1992.

Driori, G./Meyer, J. W.: Scientization: Making a World Safe for Organizing. Cambridge 2006.

Driori, G./Meyer, J. W./Hwang, H.: Globalization and Organization. Oxford 2006.

Frank, D./Hironaka, A./Meyer, J. W./Schofer, E./Tuma, N.: The Rationalization and Organization of Nature in World Culture. In: Boli, J./Thomas, G. (Ed.): Constructing World Culture. Stanford 1999, S. 81-99.

Frank, D./Schofer, E./Tuma, N./Meyer, J. W.: Constructing World Culture. Stanford 1999.

Weitere zitierte Literatur

Almond, G./Verba, S.: The Civic Culture. Princeton 1963.

Barrett, D./Frank, D.: Population Control for National Development. In: Boli, J./Thomas, G./ (Hg.): Constructing World Culture. Stanford 1999.

Becker-Ritterspach, F./Becker-Ritterspach, J.: Isomorphie und Entkopplung im Neo-Institutionalismus. In: Senge, K./Hellmann, K.-U. (Hg.): Einführung in den Neo-Institutionalismus. Wiesbaden 2006, S. 102-117.

Charles, M.: Cross-National Variation in Occupational Sex Segregation. In: American Sociological Review, 1992, Vol. 57, S. 483-502.

Jepperson, R./Swidler, A.: What Properties of Culture Should we Measure? In: Poetics, 1994, Vol. 22, S. 359-371.

Keohane, R. O.: Connecting Law and Society. Englewood Cliffs 1986.

Krasner, St. (Hg.): International Regimes. Ithaca 1983.

Krücken, G.: World Polity Forschung. In: Senge, K./Hellmann, K.-U. (Hg.): Einführung in den Neo-Institutionalismus. Wiesbaden 2006, S. 139-149.

Krücken, G.: Der „world-polity"-Ansatz in der Globalisierungsdiskussion. In: Meyer, J. W. (Hg.): Weltkultur. Wie die westlichen Prinzipien die Welt durchdringen. Frankfurt/M. 2005, S. 299-318.

Krücken, G./Driori, G. (Hg.): World Society. The Writings of John W. Meyer. Oxford 2009.

March, J./Olsen, J. P.: Rediscovering Institutions. New York 1989.

Parsons, T.: The Social System. New York 1951.

Schneiberg, M./Clemens, E.: The Typical Tools for the Job: Research Strategies in Institutional Analysis. In: Sociological Theory, 2006, Vol. 24, S. 195-227.

Senge, K.: Was ist neu am Neo-Institutionalismus? In: Österreichische Zeitschrift für Soziologie, 2007, Heft 1, S. 42-65.

Senge, K./Hellmann, K. U.: Einleitung. In: Senge, K./Hellmann, K.-U. (Hg.): Einführung in den Neo-Institutionalismus. Wiesbaden, 2006, S. 7-31.

Sklair, L.: Sociology of the Global System. London, 1991.

Tilly, Ch.: Coercion, Capital, and European States, A.D. 990 to 1990. Cambridge 1992.

Ventresca, M.: Counting People When People Count. Stanford 1995.

Wallerstein, I.: The Modern World System I. New York 1974.

Waltz, K. M.: Theory of International Politics. Reading 1997.

Zucker, L. G.: Organizations as Institutions. In: Bacharach, S. B. (Hg.): Advances in Organizational Theory. Research in the Sociology of Organizations. Vol. 2. Greenwich, Conn. 1983, S. 1-47.

Autorinnen und Autoren

Johannes Angermüller, Dr., Juniorprofessor am Institut für Soziologie an der Universität Mainz. Studium der Soziologie, Osteuropäischen Geschichte und Amerikanistik an der Universität Erlangen-Nürnberg; Studienaufenthalte in Russland, USA und Frankreich; 2003 Promotion an den Universitäten Magdeburg und Paris XII über eine Diskursanalyse des intellektuellen Felds in Frankreich. Zu seinen Arbeitsschwerpunkten gehören Diskursanalyse, Kommunikationsforschung, Soziolinguistik, Qualitative Methoden der empirischen Sozialforschung, Wissenschafts- und Intellektuellensoziologie, Politische Kommunikation, transnationale Öffentlichkeiten, globalisierte Medienkulturen in Frankreich, USA, der Russischen Föderation und Deutschland, Allgemeine Gesellschafts- und Kulturtheorie sowie politische Theorie. Publikationen: Nach dem Strukturalismus. Theoriediskurs und intellektuelles Feld in Frankreich, 2007; Autonomie und Heteronomie des Politischen: Politisches Denken zwischen Poststrukturalismus und Post-Marxismus, 2004. Homepage: http://www.johannes-angermueller.de

Jochen Bonz, Dr. phil., war wissenschaftlicher Koordinator des Doktorandenkollegs "Prozessualität in transkulturellen Kontexten: Dynamik und Resistenz" an der Universität Bremen und ist derzeit Vertretungsprofessor für Soziologie mit dem Schwerpunkt Mediensoziologie an der Justus-Liebig-Universität Gießen. Arbeitsschwerpunkte: Popkulturforschung, Soziologie des Hörens, qualitative empirische Rezeptionsforschung, Kulturtheorie. Publikationen u.a.: Subjekte des Tracks - Ethnografie einer postmodernen / anderen Subkultur, 2008; „Kulturwissenschaftliche Anmerkungen zum Verhältnis von Schule und Popkultur", in: J.-A. Sohns/R. Utikal (Hg): Popkultur trifft Schule, 2009.

Peter J. Bräunlein, PD Dr., Religionswissenschaftler und Ethnologe. Feldforschungen auf den Philippinen zur Kosmologie einer tribalen Gemeinschaft sowie zu Passionsritualen der bäuerlichen Gesellschaft (1986-88; 1996, 1997, 1998). Promotion in Ethnologie (Freiburg 1992) und Habilitation in Religionswissenschaft (Bremen 2003). Seit 2000 als Hochschuldozent im Fachgebiet Religionswissenschaft der Philipps-Universität Marburg und Leiter der dortigen Religionskundlichen Sammlung tätig. Publikationen u.a.: Religion & Museum. Zur visuellen Repräsentation von Religion/en im öffentlichen Raum, 2004; „Migration, Globalisierung und das TV-Mahabharata. Anregungen der Medien-Ethnologie für Religionswissenschaft und Cultural Studies", in: U. Göttlich (Hg.): Populäre Kultur als repräsentative Kultur, 2002; „Auf der Suche nach den ‚träumenden Senoi'. Ein Beitrag zur Faszinationsgeschichte des Traumes", in: KEA – Zeitschrift für Kulturwissenschaften, 13/2000.

Kathrin Busch, Prof. Dr., Professorin für Kulturtheorie/Kulturwissenschaften an der Merz Akademie – Hochschule für Gestaltung Stuttgart. Arbeitsschwerpunkte: Französische Gegenwartsphilosophie, Künstlerische Forschung, Kulturtheorie des Pathischen. Publikationen: Geschicktes Geben. Aporien der Gabe bei Jacques Derrida, 2004; Pathos. Konturen eines kulturwissenschaftlichen Grundbegriffs (hg. mit I. Därmann), 2007; A Portrait of the Artist as a Researcher (hg. mit D. Lesage). AS – a visual culture quarterly 179, 2007.

Jörg Dürrschmidt, Dr. rer. soc., ist derzeit Fellow am IFK in Wien. Arbeitsschwerpunkte: Globalisierung, postsozialistische Transformation, schrumpfende Städte, Alltagsmilieus. Buchveröffentlichungen: Globalization, Modernity and Social Change: hotspots of transition (mit G. Taylor), 2007; Globalisierung, 2002; Everyday Lives in the Global City: the delinking of locale and milieu, 2000.

Petra Gehring, Prof. Dr. phil., Studium der Philosophie, Politik- und Rechtswissenschaft in Gießen, Marburg und Bochum. Promotion 1992, Habilitation 2000, seit 2002 Professorin für Philosophie, Institut für Philosophie der TU Darmstadt. Arbeitsgebiete: Metaphysik und Metaphysikkritik im 19. und 20. Jahrhundert, Phänomenologie, (Post)Strukturalismus, Theorie- und Machtgeschichte der Lebenswissenschaften, Zeichen – Sprache – Medien, Philosophische Begriffsgeschichte, Metaphorologie. Letzte Veröffentlichungen: Theorien des Todes, 2010; Traum und Wirklichkeit. Zur Geschichte einer Unterscheidung, 2008; Was ist Biomacht? Vom zweifelhaften Mehrwert des Lebens, 2006; Foucault – Die Philosophie im Archiv, 2004.

Lars Gertenbach, M.A., Wissenschaftlicher Mitarbeiter im Institut für Soziologie an der Universität Jena. Forschungsschwerpunkte: Soziologische Theorie, Kultursoziologie, Poststrukturalismus, Kritische Theorie, ANT. Publikationen: Die Kultivierung des Marktes. Foucault und die Gouvernementalität des Neoliberalismus, 2007; Ein "Denken des Außen". Michel Foucault und die Soziologie der Exklusion, in: Soziale Systeme. Zeitschrift für soziologische Theorie, Bd. 14, Heft 2, 2008; Theorien der Gemeinschaft zur Einführung (zus. mit H. Laux, H. Rosa u. D. Strecker), 2010.

Udo Göttlich, PD Dr., Professor (i.V.) für Allgemeine Soziologie an der Universität der Bundeswehr München sowie Leiter der Forschungsgruppe „Politik und Kommunikation" am Rhein-Ruhr-Institut für Sozialforschung und Politikberatung der Universität Duisburg-Essen. Arbeits- und Forschungsschwerpunkte: Medien-, Kommunikations- und Kultursoziologie, Cultural Studies Approach, Soziologische Theorien. Aktuelle Publikation: Die Kreativität des Handelns in der Medienaneignung. Zur handlungstheoretischen Kritik der Wirkungs- und Rezeptionsforschung, 2006; Red. eines Themenheftes der ÖZS, 4/2007: Die Soziologie der Cultural Studies.

Volker Gottowik, Dr. habil., Privatdozent am Institut für Ethnologie der Goethe-Universität in Frankfurt/M.; Promotion in Mainz mit einer Arbeit über Clifford Geertz und die Krise der ethnographischen Repräsentation; Habilitation in Frankfurt/M. mit einer Arbeit über Ritual, Mythos und Maskerade; Forschungsaufenthalte in Indonesien, Ghana und Äthiopien; zahlreiche Gastdozenturen u.a. auf Bali und in den USA; Fellow am IFK in Wien (2008); Forschungsschwerpunkte: Interkulturelle Hermeneutik, Symboltheorie, Religion, Urbanität und Lebensstil. Publikationen: Zwischen Aneignung und Verfremdung. Ethnologische Gratwanderungen (hg. mit H. Jebens und E. Platte), 2009; Zwischen Synkretismus und Orthodoxie. Zur religiösen Dynamik Südostasiens (hg. mit A. Hornbacher), in: Themenheft der Zeitschrift für Ethnologie 133(1), 2008; Zwischen dichter und dünner Be-

Autorinnen und Autoren 775

schreibung: Clifford Geertz' Beitrag zur Writing Culture-Debatte, in: I. Därmann/Ch. Jamme (Hg.): Kulturwissenschaften. Konzepte, Theorien, Autoren, 2007.

Hans Peter Hahn, Prof. Dr. phil., Studium der Ethnologie und Archäologie in Frankfurt am Main, Promotion 1994, Habilitation 2003, seit 2007 Professor für Ethnologie, am Institut für Ethnologie der Goethe-Universität Frankfurt. Seit 2007 stellv. Vorsitzender der deutschen Gesellschaft für Völkerkunde. Arbeitsgebiete: Materielle Kultur, Handwerk und Konsum, Wirtschaftsethnologie, Globalisierung und Migration. Regionaler Schwerpunkt: Westafrika (Ghana, Togo, Burkina Faso). Neuere Veröffentlichungen: Materielle Kultur - Eine Einführung, 2005; Cultures of Migration (hg. gem. mit Georg Klute), 2007; Consumption in Africa, 2008.

Karin Harrasser, Dr. phil.,wissenschaftliche Mitarbeiterin an der Kunsthochschule für Medien Köln, Medien und Kulturwissenschaften. Studium Germanistik und Geschichte an der Universität Wien, Juniorfellowship am IFK/Wien & Research Scholar an der Duke University/North Carolina. Promotion zum Thema „Computerhystorien. Erzählungen der digitalen Kulturen 1984f", Post-doc-Stipendium am Graduiertenkolleg „Codierung von Gewalt im medialen Wandel" an der Humboldt-Universität zu Berlin. Jüngere Publikationen: Ambiente. Das Leben und seine Räume (hg. mit Th. Brandstetter u. G. Friesinge), 2010; Grenzflächen des Meeres (hg. mit Th. Brandstetter u. G. Friesinge), 2010; Sehnsucht nach Evidenz (hg. mit H. Lethen u. E. Timm), 2009 (=Zeitschrift für Kulturwissenschaften 1/2009).

Bernd Heiter, M.A., Studium der Philosophie, Soziologie und Germanistik in Berlin und Konstanz. Nach langjähriger Mitarbeit am FFP (Frankfurter-Foucault-Projekt) Mitherausgeber und Ko-Autor in: Michel Foucault. Das Wahrsprechen des Anderen. Zwei Vorlesungen von 1983/84, 2. Aufl. 1992. Seit 2001 Tätigkeiten im Rahmen der „Gesellschaft für Philosophie und Wissenschaften der Psyche" (www.gpwp.de). Arbeitsschwerpunkte: Politische Theorie, Rechts- und Sprachphilosophie. Letzte Publikation: „Weltgesellschaft(en), Exklusion und soziale Asgrenzung", in: B. Heiter/Ch. Kupke (Hg.): Andersheit, Fremdheit, Exklusion, 2009; „...nicht dermaßen regiert zu werden'. Über juridische Formen, Hartz IV und Widerstandspraktiken", in: D. Hechler/A. Philipps (Hg.): Widerstand denken. Michel Foucault und die Grenzen der Macht, 2008; „Leute zurechtmachen. Über Praktiken neoliberaler Gouvernementalität", in: Dirk Quadflieg (Hg.): Selbst und Selbstverlust, 2008.

Andreas Hetzel, PD Dr. phil., Privatdozent für Philosophie an der TU Darmstadt sowie Lehrbeauftragter an der Universität Klagenfurt. Forschungsschwerpunkte: Sprach-, Sozial- und Kulturphilosophie, Politische Theorie, antike Rhetorik. Veröffentlichungen u.a.: Die Wirksamkeit der Rede. Zum Sprachverständnis der antiken Rhetorik (im Erscheinen); Pragmatismus. Philosophie der Zukunft? (hg. mit J. Kertscher und M. Rölli), 2008; Negativität und Unbestimmtheit. Beiträge zu einer Philosophie des Nichtwissens (als Hg.), 2009.

Mechthild Hetzel, Dr. phil., Vertretungsprofessur für Philosophie an der Päd. Hochschule Heidelberg. Schwerpunkte: Sozialphilosophie, philosophische Bildungstheorie, Philosophie der Europäischen Aufklärung. Letzte Buchveröffentlichung: Provokation des Ethischen. Diskurse über Behinderung und ihre Kritik, 2007.

Lutz Hieber, Prof. Dr. phil. Dipl.-Phys., lehrt am Institut für Soziologie der Universität Hannover. Schwerpunkte: Kultursoziologie, politische Soziologie, Kunstsoziologie. Als Kunstsammler in mehreren Museums- und Kunstvereins-Ausstellungen. Jüngste Publikationen: Technische Reproduzierbarkeit: Zur Kultursoziologie massenmedialer Vervielfältigung (hg. mit Dominik Schrage), 2007; KörperFormen – Mode Macht Erotik [Schriften des Historischen Museums Hannover, Bd. 32] (mit Andreas Urban), 2008; Avantgarden und Politik: Künstlerischer Aktivismus von Dada bis zur Postmoderne (hg. mit Stephan Moebius), 2009.

Kai Hochscheid, Dr., Studium der Philosophie und der Anglistik/Amerikanistik; Promotion 2007. Derzeit Lehrbeauftragter für Philosophie an der Hochschule für Künste Bremen sowie an der Universität Bremen. Zusammenarbeit mit dem Forschungskolleg Inter-/Transkulturelle Philosophie der Universität zu Köln. Arbeitsgebiete: Deutscher Idealismus, Hermeneutik, Erkenntnistheorie, französische poststrukturalistische Theorien. Veröffentlichungen: Grund-Erfahrungen des Denkens. Das Denken des Denkens bei Fichte, Schelling, Heidegger und Derrida, 2009; „Philosophische Religion. Schelling in der Spannung zwischen negativer und positiver Philosophie", in: C. Bickmann/T. Voßhenrich/H.-J. Scheidgen/M. Wirtz (Hg.): Weltphilosophien im Gespräch Bd. 1, Rationalität und Spiritualität, 2009; Heidegger – Ontologische Differenz und Ereignis, in: C. Bickmann/M. Wirtz (Hg.): Weltphilosophien im Gespräch, Bd. 4/I, Selbstverhältnis und Weltbezug, 2010.

Hans Joas, Prof. Dr., Leiter des Max-Weber-Kollegs für kultur- und sozialwissenschaftliche Studien der Universität Erfurt und Professor für Soziologie und Social Thought an der University of Chicago. Forschungsschwerpunkte: Soziologische Theorie und Sozialphilosophie, Religionssoziologie, Soziologie von Krieg und Frieden. Neuere Publikationen: Kriegsverdrängung (mit W. Knöbl), 2008; Sozialtheorie (mit W. Knöbl), 2004; Braucht der Mensch Religion?, 2004.

Dirk Jörke, PD Dr. phil., derzeit wissenschaftlicher Mitarbeiter am Institut für Politikwissenschaft der Universität Greifswald. Studium der Politikwissenschaft, Soziologie, Geschichte und Philosophie in Kiel und Hamburg. Forschungsbereiche: Demokratietheorie, Ideengeschichte, Pragmatismus, politische Anthropologie. Aktuelle Veröffentlichungen u.a.: Aristoteles' *Rhetorik*: Eine Anleitung zur Emotionspolitik, in: Österreichische Zeitschrift für Politikwissenschaft Heft 2/2010; Was kommt nach der Postdemokratie? in: Vorgänge. Zeitschrift für Bürgerrechte und Gesellschaftspolitik 190, 2010; Politische Anthropologie: Geschichte Gegenwart Möglichkeiten (hg. mit B. Ladwig), 2009.

Matthias Junge, Prof. Dr., Studium der Philosophie, Sozialarbeit und Soziologie in Bamberg. Diplom in Soziologie 1987 in Bamberg. Promotion 1995 ebenfalls in Bamberg, Habilitation 2000 an der TU Chemnitz. Seit 2004 Professur für Soziologische Theorien und Theoriegeschichte an der Universität Rostock. Forschungsschwerpunkte: Gesellschaftsanalyse, Zeitdiagnose, Kultursoziologie. Ausgewählte Veröffentlichungen: Soziologische Theorien nach Parsons (mit D. Brock/H. Diefenbach/R. Keller/D. Villanyi), 2008; Kultursoziologie. Eine Einführung in die Kulturtheorien, 2009; Georg Simmel kompakt, 2009.

Autorinnen und Autoren

Heike Kämpf, Prof. Dr., lehrt Philosophie an der TU Darmstadt. Arbeitsgebiete: Anthropologie, feministische Philosophie, Sozialphilosophie, Kulturtheorie, Hermeneutik. Publikationen u.a.: Der Mensch als homo pictor? (hg. mit R. Schott), 1995; Tauschbeziehungen. Zur anthropologischen Fundierung des Symbolbegriffs, 1995; Helmuth Plessner. Eine Einführung, 2001; Die Exzentrizität des Verstehens. Zur Debatte um die Verstehbarkeit des Fremden zwischen Hermeneutik und Ethnologie, 2003.

Reiner Keller, Prof. Dr., Professor für Soziologie an der Universität Koblenz Landau, Campus Landau. Arbeitsgebiete: Diskursforschung, Wissens- und Kultursoziologie, Körpersoziologie, Bildungssoziologie, Soziologische Theorie, französische Soziologie, qualitative Sozialforschung. Ausgewählte Publikationen: Diskursforschung. Eine Einführung für SozialwissenschaftlerInnen, 4. Aufl. 2010; Wissenssoziologische Diskursanalyse. Grundlegung eines Forschungsprogramms, 3. Aufl. 2010; Michel Foucault, 2008.

Thomas Keller, Prof. Dr., Lehrtätigkeit an der FU Berlin, der Université de Limoges, Université de Strasbourg, TU Karlsruhe, seit 1999 Professor an der Université de Provence (Deutsch-französische Kulturwissenschaft), verantw. Forschungsgruppe ECHANGES (Aix), Forschungsschwerpunkte: Deutsch-französische Kulturtransfers, Biographien, Gedächtnisorte. Veröffentlichungen (nur Bücher seit 2005): Leben und Geschichte. Anthropologische und ethnologische Diskurse der Zwischenkriegszeit (hg. mit Wolfgang Eßbach), 2005; Lieux de migration/lieux de mémoire franco-allemands (hg. mit J.-M. Guillon), Cahiers d'Etudes Germaniques 53 (2007); Biographien und Staatlichkeit/Biographies et Pratiques de l'Etat (hg. mit Georges Lüdi), 2008.

Hubert Knoblauch, Prof. Dr., Professor für Allgemeine Soziologie an der Technischen Universität Berlin. MA in Konstanz 1985. Promotion 1989 an der Universität Konstanz. Forschungsschwerpunkte: Wissen, Kommunikation, Religion, Qualitative Methoden. Ausgewählte Buchpublikationen: Kommunikationskultur, 1995; Wissenssoziologie, 2005; Die Populäre Religion. Auf dem Weg in eine spirituelle Gesellschaft?, 2009.

Matthias Koenig, Prof. Dr., Professor für Soziologie mit Schwerpunkt Religionssoziologie an der Georg-August-Universität Göttingen. Forschungsschwerpunkte: Kultur- und Religionssoziologie, Menschenrechte, soziologische Theorie. Publikationen: Menschenrechte, 2005; Religionskontroversen in Frankreich und Deutschland (hg. mit Jean-Paul Willaime, 2008; International Migration and the Governance of Religious Diversity (hg. mit P. Bramadat), 2009.

Werner Krauss, Dr., ist Ethnologe, er lehrt und forscht am Zentrum für Mittelmeerstudien an der Ruhr-Universität Bochum. Langjährige Feldforschungen in Portugal und Norddeutschland, Forschungsprojekte zu Naturkatastrophen, Umweltkonflikten, globalem Wandel sowie zur Klima- und Küstenforschung. Schwerpunkte sind u.a. die Ethnologie Europas, politische Ökologie, die Ethnologie von Landschaften und Science & Technology Studies. Veröffentlichungen u.a.: „Culture Contributes to Perceptions of Climate Change" (mit H. von Storch), in: Nieman Reports, Vol. 59, No. 4, 2006; „Die goldene Ringelgansfeder. Dingpolitik an der Nordsee", in: G. Kneer/M. Schroer/E. Schüttpelz (Hg.): Bruno Latours Kollektive, 2006; „Localizing Climate Change: A Multi-Sited Approach", in: M.

Falzon (Hg.): Multi-Sited Ethnography, 2009; „The 'Dingpolitik' of Wind Energy in Northern German Landscapes: An Ethnographic Case Study", in: Landscape Research Vol. 35/2, 2010.

Thomas Kron, Prof. Dr., Magister Artium in Soziologie, Politik- und Medienwissenschaften 1997 in Düsseldorf, Promotion zum Dr. rer. pol. 2000 in Bamberg, Habilitation 2005 in Hagen. Z.Z. Universitätsprofessor für Soziologie an der RWTH Aachen University. Schwerpunkte u.a.: Systemtheorie, Akteurtheorie, Terrorismus. Ausgewählte Veröffentlichungen: „Die Physik sozialen Wandels", in: Hamburg Review of Social Sciences, Heft 2, 2007; Zygmunt Baumann. Soziologie zwischen Postmoderne, Ethik und Gegenwartsdiagnosen (mit M. Junge), 2007; Individualisierung (mit M. Horacek), 2009; Zeitgenössische soziologische Theorien, 2010.

Franziska Kümmerling, M.A., Studium der Medienwissenschaften, Psychologie und Neueren Geschichte an der Friedrich-Schiller-Universität Jena, seit 2009 Promovendin und Stipendiatin der Graduiertenakademie Jena – im Rahmen der Forschungsinitiative „Grundlagenforschung Bild und Wahrnehmung"; Forschungsschwerpunkte: Perspektivtheorien des 20. und 21. Jahrhunderts, Theoriebildung zur Bildräumlichkeit, Bildtheorie, historische Modelle der visuellen Wahrnehmung. Publikationen: Mitarbeit an S. Günzel (Hg.): Handbuch Raum, 2010; „Utopia and Dystopia" sowie „Bachtin, Michail", in: H. J. Birx (Hg.): Encyclopedia of Time, 2009; „Die Augen übergehen: Passagen zu Text, Bild und Realität", in: Schöngeist, 18/2008, S. 33-35.

Karsten Kumoll, Dr., ist Referent in der Geschäftsstelle des Wissenschaftsrates in Köln. Er studierte Soziologie und Ethnologie an der Universität Freiburg und der London School of Economics. Promotion in Soziologie an der Universität Freiburg, Forschungsaufenthalt am Department of Sociology der Harvard University. Wichtigste Veröffentlichungen: „From the Native's Point of View"? Kulturelle Globalisierung nach Clifford Geertz und Pierre Bourdieu, 2005; Kultur, Geschichte und die Indigenisierung der Moderne. Eine Analyse des Gesamtwerks von Marshall Sahlins, 2007; Beyond Writing Culture: Current Intersections of Epistemologies and Representational Practices (Hg. mit O. Zenker), 2010.

Christian Kupke, freischaffender Philosoph und Honorardozent mit den Arbeitsschwerpunkten: Philosophie und Psychoanalyse, Philosophie und Psychiatrie, Zeit-Psychopathologie der Schizophrenien und Melancholien. Gründungs- und Vorstandsmitglied der Berliner „Gesellschaft für Philosophie und Wissenschaften der Psyche" (http://www.gpwp.de). Letzte Veröffentlichungen: Lacan – Trieb und Begehren (Hg.), 2007; Andersheit – Fremdheit – Exklusion (hg. mit B. Heiter), 2009; Der Begriff Zeit in der Psychopathologie, Berlin 2009. Aufsätze in verschiedenen Sammelbänden und Zeitschriften; im World Wide Web u.a.: http://www.jp.philo.at und http://www.jfpp.org.

Ronald Kurt, Apl. Prof. Dr., Studium der Soziologie, Philosophie und Germanistik an der Heinrich-Heine-Universität Düsseldorf (1984-1989). Promotion an der FernUniversität Hagen (1993). Habilitation an der Universität Konstanz (2001). Privatdozent an der Universität Konstanz für das Fach Soziologie. Seit Oktober 2004 Fellow am Kulturwissenschaftlichen Institut in Essen, wo er seit 2008 das DFG-Projekt „Interkulturelles Verstehen in Schulen des Ruhrgebiets" leitet. Veröffentlichungen: Indien und Europa. Ein kultur- und musiksoziologischer Verstehensversuch, 2009. Menschliches Handeln als Improvisation (mit K. Näumann), 2008; Hermeneutik. Eine sozialwissenschaftliche Einführung, 2004.

Andreas Langenohl, Prof. Dr. habil., seit 2010 Professor für Soziologie mit dem Schwerpunkt Allgemeiner Gesellschaftsvergleich an der Justus-Liebig-Universität Gießen. 2007 bis 2010 Leiter der Forschungsgruppe „Idiome der Gesellschaftsanalyse" am Exzellenzcluster „Kulturelle Grundlagen von Integration" der Universität Konstanz, 2009 bis 2010 Gastprofessor in der Fachgruppe Soziologie der Universität Gent. Forschungsschwerpunkte: Epistemologie der Sozialwissenschaften, Modernisierungstheorie, kollektive Erinnerung, Transformations- und Transnationalisierungsforschung, Soziologie der Finanzmärkte. Publikationen: Tradition und Gesellschaftskritik. Eine Rekonstruktion der Modernisierungstheorie, 2007; Finanzmarkt und Temporalität. Imaginäre Zeit und die kulturelle Repräsentation der Gesellschaft (= Qualitative Soziologie, Bd. 7), 2007; Erinnerung und Modernisierung. Die Rekonstruktion politischer Kollektivität am Beispiel des Neuen Russland (= Formen der Erinnerung, Bd. 7), 2000.

Manfred Lauermann, Dr. phil., seit 1978 Lehre und Forschung in Soziologie und Philosophie. Zuletzt Soziologe an der TU Dresden: Schwerpunkt Soziologiegeschichte und Kultursoziologe, als Philosoph (Schwerpunkt Spinoza) DAAD- Professur in Brasilien. Lebt als Privatgelehrter in Hannover. Letzte Veröffentlichungen: Zu Georg Lukács, über Tönnies Gemeinschaft und Gesellschaft; zum Verhältnis SDS zur DDR-Philosophie, Lektürekurs Empire und zur Planwirtschaft.

Christian Lavagno, Dr., Privatdozent für Philosophie an der Universität Osnabrück. Arbeitsschwerpunkte: Geschichte der Philosophie (mit dem Schwerpunkt Moderne), Sozialphilosophie, Erkenntnistheorie, Philosophie und Literatur. Letzte Buchpublikation: Rekonstruktion der Moderne – Eine Untersuchung zu Habermas und Foucault, 2003.

Andrea Maurer, Prof. Dr., Studium der Wirtschafts- und Sozialwissenschaften, seit 2002 Professorin für Soziologie an der Universität der Bundeswehr München. Arbeitsschwerpunkte: Soziologische Theoriebildung, Neue Institutionentheorien, Wirtschafts- und Organisationssoziologie, Herrschaft. Letzte Veröffentlichungen: Handbuch der Wirtschaftssoziologie, 2008; Erklärende Soziologie (gem. mit M. Schmid), 2010; Wirtschaftssoziologie nach Max Weber, 2010. Homepage: www.unibw.de/paed/orgsoz/pers/maurer

Stephan Moebius, Prof. Dr. habil., Soziologe und Kulturwissenschaftler, Professor für Soziologische Theorie und Ideengeschichte an der Karl-Franzens-Universität Graz. Forschungsschwerpunkte: Kultursoziologie, Soziologische Theorie, Soziologiegeschichte, Religionssoziologie, Intellektuellensoziologie, Kunstsoziologie. Jüngste Publikationen: Kultur. Einführung in die Kultursoziologie, 2009; Poststrukturalistische Sozialwissenschaften (hg. mit A. Reckwitz) 2008; Soziologische Kontroversen (hg. mit G. Kneer), 2010. Homepage: www.stephanmoebius.de

Claus Morisch, Dr., Studium der Philosophie, Psychologie und Pädagogik an der Universität Augsburg von 1994-2000. Promotion im Jahre 2001 mit anschließendem Lehrauftrag an der Philosophisch-sozialwissenschaftlichen Fakultät. Buchveröffentlichung: Technikphilosophie bei Paul Virilio, 2002. Seit 1984 freiberuflicher Fachsportlehrer.

Maria Muhle, Dr. phil., wissenschaftliche Mitarbeiterin an der Professur Geschichte und Theorie Künstlicher Welten, Fakultat Medien, Bauhaus-Universität Weimar. Forschungsschwerpunkte: Politische Philosophie, Ästhetik, Medientheorie, Geschichte der Lebenswissenschaften. Jüngste Publikationen: „Ästhetischer Realismus: Strategien post-repräsentativer Darstellung anhand von *A bientôt j'espère* und *Classe de Lutte*", in: Th. Hübel/S. Mattl/D. Robnik (Hg.): Das Streit-Bild, 2010; „Zweierlei Vitalismus", in: F. Balke/M. Rölli (Hg.), Gilles Deleuze: Philosophie und Nicht-Philosophie. Aktuelle Diskussionen, 2010; Eine Genealogie der Biopolitik. Zum Begriff des Lebens bei Foucault und Canguilhem, 2008.

Miriam Nandi, Dr. phil., wissenschaftliche Mitarbeiterin am Englischen Seminar der Universität Freiburg. Studium der Soziologie, Philosophie und englischen Philologie in Freiburg und Reading (GB). 2002-2003 Mitarbeit am SFB 541 „Identitäten/Alteritäten", 2005 Besuch der School of Criticism and Theory an der Cornell University, 2006 Promotion. Seit 2009 Förderung durch das Margarete-von-Wrangell Habilitationsprogramm für Frauen. Arbeitsschwerpunkte: Postkoloniale Theorie, indisch-englische und muttersprachliche indische Literatur, Psychoanalyse und Literatur. Veröffentlichungen (Auswahl): M/Other India/s, 2007. Gayatri Chakravorty Spivak. Eine interkulturelle Einführung, 2009. „Am I that Other? – Postkoloniale Intellektuelle und die Grenzen des Postkolonialismus", in: J. Reuter/P. Villa (Hg.): Postkoloniale Soziologie. Empirische Befunde, theoretische Anschlüsse, politische Interventionen, 2009.

Gerd Nollmann, Prof. Dr., Professor für Soziologie an der Universität Karlsruhe. Studium der Sozialwissenschaften und Philosophie 1991-1996, Promotion 1996, Lektor und Programmleiter Westdeutscher Verlag/Gabler/Deutscher Universitäts-Verlag 1996-2000, Marketing- und Vertriebsleiter Vandenhoeck Ruprecht 2000-1. Forschungsschwerpunkte: Sozialstrukturanalyse, Wirtschaftssoziologie. Publikationen u.a.: Endstation Amerika?, 2005; „Erhöht Globalisierung die Ungleichheit der Einkommen?", in: Kölner Zeitschrift für Soziologie und Sozialpsychologie 4/2006; „Working Poor. Eine vergleichende Längsschnittstudie für Deutschland und die USA", in: Kölner Zeitschrift für Soziologie und Sozialpsychologie 2009.

Frithjof Nungesser, M.A., Studium der Wissenschaftlichen Politik, Soziologie und Philosophie in Freiburg i. Br. und Toronto. 2008-2009 wissenschaftlicher Mitarbeiter im DFG-Projekt „Wirkungsgeschichte des Denkens von Marcel Mauss" (geleitet von Stephan Moebius); seit 2010 Universitätsassistent am Lehrstuhl für Soziologische Theorie und Ideengeschichte des Instituts für Soziologie der Karl-Franzens-Universität Graz. Forschungsschwerpunkte: Sozialtheorie, Anthropologie, Sozialpsychologie, Kultursoziologie.

Sven Opitz, M.A. in Politische Wissenschaft; Promotion zum Thema „An der Grenze des Rechts: Inklusion/Exklusion im Zeichen der Sicherheit" (eingereicht), ab 2010 wissenschaftlicher Mitarbeiter am Lehrbereich für soziologische Theorie an der Uni Hamburg, zuvor am Institut für Soziologie der Uni Basel. Seit 2008 Mitherausgeber von „Foucault

Studies". Forschungsschwerpunkte: Schnittstellen zwischen poststrukturalistischer Theorie und Systemtheorie, Rechtssoziologie, Sicherheitsdispositive, immaterielle Arbeit. Publikationen: „Exklusion. Grenzgänge des Sozialen", in: S. Moebius/A. Reckwitz (Hg.): Poststrukturalistische Sozialwissenschaften, 2008; „Katastrophale Szenarien: Gegenwärtige Zukunft in Recht und Ökonomie" (mit U. Tellmann), in: Leviathan, Sonderheft 25,: Sichtbarkeitsregime. Überwachung, Sicherheit und Privatheit im 21. Jahrhundert, 2009; „Government Unlimited: The Security Dispositiv of Illiberal Governmentality", in: U. Bröckling/S. Krasmann/T. Lemke (Hg.): Governmentality: Current Issues and Future Challenges, 2009.

Berndt Ostendorf, Prof. Dr., Professor em. für Kulturgeschichte am Amerika-Institut, Ludwig Maximilians Universität München. Arbeitsgebiete: Nordamerikanische Kulturgeschichte mit den Schwerpunkten: politische Kultur, transatlantische Beziehungen, Einwanderung, Ethnizität, Multikulturalismus, Populärkultur und Religion. Publikationen: „Die historischen Ursachen der religiösen Vielfalt in den USA", in: J. Casanova/H. Joas et. al: Religion und die umstrittene Moderne, 2010. „Einwanderungsland USA? Zwischen NAFTA und Terrorismus", in: Rat für Migration. Politische Essays zu Migration und Integration, Ausgabe 1/2007; „Creole Cultures and the Process of Creolization: With Special Attention to Louisiana", in: J. Lowe (Hg.): Louisiana Culture from the Colonial Era to Katrina, 2008. „Kulturlosigkeit", in: W. Kremp/W. Tönnesmann (Hg.): Lexikon der populären Amerikabilder, 2008.

Christian Papilloud, Prof. Dr., Professor am Dpt. de Sociologie an der Universität Caen Basse-Normandie. Forschungsschwerpunkt: Neue Sozialitätsformen. Letzte Publikation: Gift – Marcel Mauss' Kulturtheorie der Gabe (hg. mit S. Moebius), 2006.

Angelika Poferl, Prof. Dr. phil., Juniorprofessorin an der Ludwig-Maximilians-Universität München für Qualitative Methoden und Allgemeine Soziologie. Forschungsschwerpunkte: Sozialer Wandel, Modernisierung, Globalisierung, soziale Ungleichheiten, Familien- und Geschlechterverhältnisse, Umwelt. Ausgewählte Veröffentlichungen: Ulrich Becks kosmopolitisches Projekt. Auf dem Weg in eine andere Soziologie (hg. mit N. Sznaider), 2004; Die Kosmopolitik des Alltags. Zur Ökologischen Frage als Handlungsproblem, 2004; Große Armut, großer Reichtum: Zur Transnationalisierung sozialer Ungleichheiten (hg. mit U. Beck), 2010.

Manfred Prisching, Prof. Dr., Studium der Rechtswissenschaften (Dr. jur. 1974) und der Volkswirtschaftslehre (Mag. rer. soc. oec. 1977). Habilitation 1985. Diverse Preise und Gastprofessuren, u.a. in Maastricht und Harvard. 1997-2001 wissenschaftlicher Leiter der Technikum Joanneum GmbH (Fachhochschule). Korr. Mitglied der Österreichischen Akademie der Wissenschaften. Mitglied des Österreichischen Wissenschaftsrates. Arbeitsschwerpunkte: Wirtschaftstheorie und -politik, Politiksoziologie, Kultursoziologie, Wissenschaftssoziologie, sozialwissenschaftliche Theorie und Ideengeschichte, Zeitdiagnose. Publikationen: Good Bye New Orleans, 2006; Die zweidimensionale Gesellschaft, 2006; Bildungsideologien, 2008; Das Selbst. Die Maske. Der Bluff, 2009.

Dirk Quadflieg, Dr. phil., wiss. Mitarbeiter am Institut für Philosophie der Goethe-Universität Frankfurt am Main und assoziiertes Mitglied am dortigen Exzellenzcluster „Die Herausbildung normativer Ordnungen". Forschungsschwerpunkte: Philosophie und Kulturtheorie der Moderne, Sprach- und Texttheorien, neuere französische Philosophie, Sozialphilosophie und Psychoanalyse. Publikationen u. a.: Das Sein der Sprache. Foucaults Archäologie der Moderne, 2006; Differenz und Raum. Zwischen Hegel, Wittgenstein und Derrida, 2007; „Negativität und Selbsttranszendenz. Hegel und Mauss als Denker einer dreirelationalen Anerkennung" (mit S. Moebius), in: Journal Phänomenologie, Heft 31, 2009.

Andreas Reckwitz, Prof. Dr. phil., Professor für vergleichende Kultursoziologie an der Europa-Universität Viadrina, Frankfurt/Oder. Forschungsschwerpunkte: Kultursoziologie und Historische Soziologie von Identitäts- und Subjektformen; Kulturtheorie. Wichtigste Buchveröffentlichungen: Die Transformation der Kulturtheorien. Zur Entwicklung eines Theorieprogramms, 2000; Das hybride Subjekt. Eine Theorie der Subjektkulturen von der bürgerlichen Moderne zur Postmoderne, 2006; Unscharfe Grenzen. Perspektiven der Kultursoziologie, 2008.

Melanie Reddig, Dr., ist akademische Rätin am Lehrstuhl für Theoretische Soziologie an der Heinrich-Heine-Universität Düsseldorf. Gegenwärtige Forschungsschwerpunkte: Soziologische Gegenwartsdiagnosen, Religiöser Fundamentalismus und Terrorismus. Publikationen: „Die Konstruktion von Naturwelt und Sozialwelt. Latours und Luhmanns ökologische Krisendiagnose im Vergleich", in: B. Peuker/M. Voss (Hg.): Verschwindet die Natur? Die Akteur-Netzwerk-Theorie in der umweltsoziologischen Diskussion, 2006; Analysen des transnationalen Terrorismus. Soziologische Perspektiven (hg. mit T. Kron), 2007.

Marc Rölli, PD Dr. phil., seit 2002 wissenschaftlicher Mitarbeiter am Institut für Philosophie der TU Darmstadt, z. Zt. Vertretung der Professur für Theoretische Philosophie. Forschungsschwerpunkte: Geschichte der philosophischen Anthropologie, französische Philosophie des 20. Jahrhunderts, Wissenschaftstheorie und –geschichte der Biologie und Eugenik, Phänomenologie, Machttheorie, Pragmatismus, philosophische Ästhetik. Buchveröffentlichungen: Ambivalenzen des Todes (hg. mit P. Gehring und M. Saborowski), 2007; Pragmatismus – Philosophie der Zukunft? (hg. mit A. Hetzel und J. Kertscher), 2008; Macht. Begriff und Wirkung in der politischen Philosophie der Gegenwart (hg. mit R. Krause), 2008.

Jochen Roose, Prof. Dr., ist Juniorprofessor für Soziologie europäischer Gesellschaften am Institut für Soziologie der Freien Universität Berlin. Arbeitsgebiete sind Soziologie Europas, politische Soziologie, Kultursoziologie und Methoden der empirischen Sozialforschung. Veröffentlichungen: Die Europäisierung von Umweltorganisationen, 2003; Vergesellschaftung an Europas Binnengrenzen, 2010; Fans. Soziologische Perspektiven (hg. mit M. S. Schäfer und Th. Schmidt-Lux), 2010.

Jörg Rössel, Prof. Dr., Professor für Soziologie am Soziologischen Institut der Universität Zürich. Forschungsschwerpunkte: Soziologische Theorie, Empirische Kultursoziologie, Sozialstrukturanalyse, Politische Soziologie. Publikationen: „Vom rationalen Akteur zum

Autorinnen und Autoren

,Systemic Dope'. Eine Auseinandersetzung mit der Sozialtheorie von Hartmut Esser", in: Berliner Journal für Soziologie 18, 2008; „Conditions for the Explanatory Power of Life Styles", in: European Sociological Review 24, 2008; Sozialstrukturanalyse. Eine kompakte Einführung, 2009.

Michael Schetsche, PD Dr., Politologe und Soziologe, Privatdozent am Institut für Soziologie der Universität Freiburg und Abteilungsleiter am Institut für Grenzgebiete der Psychologie und Psychohygiene Freiburg. Forschungsschwerpunkte: Wissens- und Mediensoziologie, Soziologie sozialer Probleme und Anomalien, qualitative Prognostik. Veröffentlichungen: Sexuelle Sozialisation (mit R.-B. Schmidt), 2009; Der andere Glaube (hg. mit R. Gründer und I. Schmied-Knittel), 2009; Sexuelle Verwahrlosung (hg. mit R.-B. Schmidt), 2010.

Johannes Scheu, M.A., ist Wissenschaftlicher Mitarbeiter in der Forschungsgruppe „Idiome der Gesellschaftsanalyse" am Exzellenzcluster „Kulturelle Grundlagen von Integration" an der Universität Konstanz. Studium der Soziologie und Politikwissenschaft in Freiburg i.Br. und Paris. Themenrelevante Publikationen: „Heilige Gewalt – Heiliges Leben. Giorgio Agambens homo sacer im Kontext von René Girards Opfertheorie", in: J. Böckelmann et al. (Hg.): Die gouvernementale Maschine. Beiträge zur politischen Philosophie Giorgio Agambens, 2007; „Wenn das Innen zum Außen wird. Soziologische Fragen an Giorgio Agamben", in: Soziale Systeme, Jg. 14/2, 2008.

Bernt Schnettler, Prof. Dr., Lehrstuhl für Kultur- und Religionssoziologie an der Universität Bayreuth. Herausgeber der Reihe „Klassiker der Wissenssoziologie" (www.ubk.de/kw). Forschungsschwerpunkte: Wissenssoziologie, Religionssoziologie, Phänomenologie, Interpretative Methoden, Ethnografie, Gattungsanalyse, Visuelle Soziologie, Videoanalyse. Jüngere Publikationen: Zukunftsvisionen. Transzendenzerfahrung und soziale Wirklichkeit, 2004; Phänomenologie und Soziologie. Positionen, Problemfelder, Analysen (hg. mit J. Raab, M. Pfadenhauer, P. Stegmaier und J. Dreher), 2008; Video-Analysis. Methodology and Methods (hg. mit H. Knoblauch, J. Raab und H.-G. Soeffner), 2009. Weitere Informationen unter www.soz.uni-bayreuth.de.

Konstanze Senge, Dr. phil., Studium der Kommunikationswissenschaft, Germanistik und Psychologie (MA) an der Universität Essen und der Soziologie (MA) an der Boston University, USA. 2005 Promotion zum Dr. phil. am Institut für Soziologie der TU Darmstadt. Derzeit wissenschaftliche Assistentin am Institut für Soziologie der Universität Hamburg. Forschungs- und Lehrschwerpunkte: Wirtschafts- und Organisationssoziologie, insbesondere CSR, Emotionen und Finanzmarkt, Einzelhandel, Theorien der Organisationen, Neo-Institutionalismus. Zuletzt u.a. veröffentlicht: Einführung in den Neo-Institutionalismus (hg. mit K.-U. Hellmann), 2006; CSR im Einzelhandel (hg. mit M. Aßländer), 2008; Das Neue am Neo-Institutionalismus, 2010.

Samuel Strehle, M.A., studierte Soziologie und Philosophie an der Universität Freiburg i.Br. und ist derzeit Stipendiat im Graduiertenkolleg „Das Reale in der Kultur der Moderne" an der Universität Konstanz. Promotion zum Thema: „Bildsoziologie als Kulturtheorie. Entwurf für eine kultursoziologische Theorie der Bilder". Forschungsschwerpunkte: Kulturtheorie, Bild-/Medien-/Filmsoziologie, Poststrukturalismus, Psychoanalyse. Ausgewählte Veröffentlichungen: „Evidenzkraft und Beherrschungsmacht. Bildwissenschaftliche und soziologische Zugänge zur Modellfunktion von Bildern", in: I. Reichle/S. Siegel/A. Spelten (Hg.): Visuelle Modelle, 2008; „Fortsetzung des Aufstands mit anderen Mitteln? Eine kultursoziologische und medientheoretische Analyse des Graffiti-Writings", in: S. Szabo/S. Strehle (Hg.): Unterhaltungswissenschaft. Populärkultur im Diskurs der Cultural Studies, 2008; „Jenseits des Tausches. Karl Marx und die Soziologie der Gabe", in: Berliner Journal für Soziologie, Nr. 1/2009.

Karen Struve, Dr. phil., Wissenschaftliche Mitarbeiterin am Fachbereich Sprach- und Literaturwissenschaften (Romanistik) der Universität Bremen. Forschungsschwerpunkte: Französische und frankophone Gegenwartsliteraturen, poststrukturalistische und postkoloniale Literatur- und Kulturtheorien, Gender-Theorien, Identitäts-, Geschichts- und Raumkonstruktionen in der Literatur. Publikationen: Von der Wirklichkeit zur Wissenschaft. Forschungsmethoden in den Sprach-, Literatur- und Kulturwissenschaften (hg. mit C. Solte-Gresser und N. Ueckmann), 2005; „Les artistes de l'intime". Erotische Körper im Spannungsfeld zwischen Öffentlichkeit und Intimität bei Christine Angot, Catherine Millet und Annie Ernaux, 2005; „Écriture transculturelle beur". Die Beur-Literatur als Laboratorium transkultureller Identitätsfiktionen (Dissertationsschrift, ausgezeichnet mit dem Prix Germaine de Staël 2008), 2009.

Bernd Ternes, Dr. phil. habil., Privatdozent am Institut für Soziologie der Freien Universität Berlin; Gründer des wissenschaftlichen Vereins Beatitude-Fortuning und der Arbeitsgruppe „menschen formen" (beide Berlin), Mitbetreiber des Buchverlages sine causa. Schwerpunkte: Historische Anthropologie, Kultursoziologie, Technikphilosophie. Letzte Publikationen: Menschen formen Menschenformen (Hg.), 2009; Soziologische Marginalien, Bde 5 + 6, 2009; Karl Marx. Eine Einführung, 2008; Plateau. Zeitschrift für experimentelle Kulturanthropologie, H. 4/2009: Essay (Ausgabe hg. mit T. Jung, Hefthg.: T. Leder, D. Löffler). Kontakt: www.menschenformen.de

Konrad Thomas †, Prof. Dr. theol., war 1962 Assistent am Soziologischen Seminar der Georg-August-Universität Göttingen, von 1969 bis 1971 Gastprofessor an der Osmania-Universität in Hyderabad/Indien und von 1983 bis 1995 Professor am Soziologischen Seminar der Georg-August-Universität Göttingen mit dem Schwerpunkt kulturtheoretische Fragen. Publikationen u.a.: Rivalität 1990; Zugehörigkeit und Abgrenzung, 1997.

Katrin Trüstedt, Prof., ist Juniorprofessorin für Allgemeine und Vergleichende Literaturwissenschaft an der Universität Erfurt. Von 2005 bis 2009 wissenschaftliche Mitarbeiterin am Lehrstuhl Westeuropäische Literaturen an der Europa-Universität Viadrina sowie Koordinatorin des Graduiertenkollegs „Lebensformen und Lebenswissen". Dissertation 2008 zum „Sea-change of Comedy: Shakespeares Tempest und das Umschlagen von Tragödie in Komödie"; geplantes Habilitationsprojekt im Forschungsfeld von Recht und Literatur zu Figuren der „Stellvertretung". Letzte Veröffentlichung: Happy Days: Lebenswissen nach Cavell (hg. mit K. Thiele), 2009.

Autorinnen und Autoren

Christian Vähling, Diplom-Sozialwissenschaftler, Studium an der Universität Bremen. Arbeitet als freischaffender Autor und Mediengestalter in Bremen. Schwerpunkte: Theorie und Wissenssoziologie, Mediensoziologie und Kriminologie. Seit 1999 verschiedene Veröffentlichungen in Zeitschriften, Anthologien und im Internet, u.a.: „Bildidiotismus und Jugendnot: Wie deutsche Pädagogen Kinderseelen retteten", in: B. Ihme (Hg.): Comic! Jahrbuch 2004, 2003; „Dekonstruktion des Verschwindens", in: city.crime.control (Hg.): Tales from Hazyland. Geschichten aus der Stadt des Verschwindens (Projektreader), 2005.

Jörg Volbers, Dr. phil., Wissenschaftlicher Mitarbeiter im Institut für Philosophie der FU Berlin und Mitglied im Sonderforschungsbereich 447 „Kulturen des Performativen". Arbeitsschwerpunkte sind Theorien der Praxis und der Subjektivität (Wittgenstein, Foucault, Bourdieu) sowie historische Epistemologie. Letzte Veröffentlichungen: Lebensform und Selbsterkenntnis. Kritische Subjektivität nach Wittgenstein und Foucault, 2009; Wittgenstein – Philosophie als ‚Arbeit an einem selbst' (hg. mit G. Gebauer und F. Goppelsröder), 2009.

Rainer Winter, Prof. Dr., studierte Psychologie, Philosophie, Soziologie und Cultural Studies in Trier, Frankfurt a.M., Paris, Urbana-Champaign und Madison. Er lehrte an den Universitäten in Trier, Aachen, Potsdam-Babelsberg (HFF), Saarbrücken, Dresden, Gießen und Bern sowie an der Fachhochschule für Design Rheinland-Pfalz. Seit 2002 Professor für Medien- und Kulturtheorie an der Alpen-Adria Universität Klagenfurt. Wichtige Veröffentlichungen: Der produktive Zuschauer. Medienaneignung als kultureller und ästhetischer Prozess, 1995; Die Kunst des Eigensinns. Cultural Studies als Kritik der Macht, 2001. Widerstand im Netz, 2010. Herausgeber der Buchreihe *Cultural Studies* im Bielefelder Transcript Verlag (seit 2001 mehr als 36 Bände).

Geoffrey Winthrop-Young, Dr., Studium der Germanistik, Anglistik und Neueren Geschichte in Freiburg und Vancouver; nach Lehrtätigkeit an der University of Manitoba und der University of Waterloo Professor am Department of Central, Eastern and Northern European Studies, University of British Columbia (Vancouver). Arbeitsschwerpunkte: Medien, Posthumanismus, Science Fiction. Letzte Publikationen: Friedrich Kittler zur Einführung, 2005; Kittler and the Media, 2010; diverse Aufsätze zur deutschen Medientheorie; Nachwort zur Neuübersetzung von Jakob von Uexkülls „Streifzüge durch die Umwelten von Tieren und Menschen"; Übersetzung von Cornelia Vismann, Files: Law and Media Technology, 2008.

Umfassender Überblick zu den Speziellen Soziologien

> Profunde Einführung in grundlegende Themenbereiche

Georg Kneer /
Markus Schroer (Hrsg.)
**Handbuch
Spezielle Soziologien**

2010. 734 S. Geb. EUR 49,95
ISBN 978-3-531-15313-1

Erhältlich im Buchhandel
oder beim Verlag.
Änderungen vorbehalten.
Stand: Juli 2010.

Das „Handbuch Spezielle Soziologien" gibt einen umfassenden Überblick über die weit verzweigte Landschaft soziologischer Teilgebiete und Praxisfelder. Im Gegensatz zu vergleichbaren Buchprojekten versammelt der Band in über vierzig Einzelbeiträgen neben den einschlägigen Gegenstands- und Forschungsfeldern der Soziologie wie etwa der Familien-, Kultur- und Religionssoziologie auch oftmals vernachlässigte Bereiche wie etwa die Architektursoziologie, die Musiksoziologie und die Soziologie des Sterbens und des Todes.

Damit wird sowohl dem interessierten Laien, den Studierenden von Bachelor- und Masterstudiengängen als auch den professionellen Lehrern und Forschern der Soziologie ein Gesamtbild des Faches vermittelt. Die jeweiligen Artikel führen grundlegend in die einzelnen Teilbereiche der Soziologie ein und informieren über Genese, Entwicklung und den gegenwärtigen Stand des Forschungsfeldes.

Das „Handbuch Spezielle Soziologien" bietet durch die konzeptionelle Ausrichtung, die Breite der dargestellten Teilbereichssoziologien sowie die Qualität und Lesbarkeit der Einzelbeiträge bekannter Autorinnen und Autoren eine profunde Einführung in die grundlegenden Themenbereiche der Soziologie.

www.vs-verlag.de

Abraham-Lincoln-Straße 46
65189 Wiesbaden
Tel. 0611.7878-722
Fax 0611.7878-400

Printed by Publishers' Graphics LLC USA
DBT131112.15.19.84